J.B. METZLER

MIX
Papier aus verantwortungsvollen Quellen
Paper from responsible sources
FSC® C105338

Skandinavische Literaturgeschichte

unter Mitarbeit von
Annegret Heitmann, Vuokko Hirvonen, Karin Hoff,
Malan Marnersdóttir, Stefan Moster, Klaus Müller-Wille,
Thomas Seiler, Frithjof Strauß, Kirsten Thisted
und Antje Wischmann

herausgegeben von Jürg Glauser

Mit 280 Abbildungen

Verlag J. B. Metzler
Stuttgart · Weimar

Nordic Culture Fund

Gedruckt mit Unterstützung des Nordischen Kulturfonds (Kopenhagen), der Philosophischen Fakultät der Universität Zürich, der Freiwilligen Akademischen Gesellschaft (Basel) und der Max Geldner-Stiftung (Basel)

Bibliografische Information der Deutschen Nationalbibliothek
Die Deutsche Nationalbibliothek verzeichnet diese Publikation in der Deutschen Nationalbibliografie; detaillierte bibliografische Daten sind im Internet über http://dnb.d-nb.de abrufbar.

Gedruckt auf chlorfrei gebleichtem, säurefreiem und alterungsbeständigem Papier

ISBN-13: 978-3-476-01973-8
ISBN-10: 3-476-01973-X

Dieses Werk einschließlich aller seiner Teile ist urheberrechtlich geschützt. Jede Verwertung außerhalb der engen Grenzen des Urheberrechtsgesetzes ist ohne Zustimmung des Verlages unzulässig und strafbar. Das gilt insbesondere für Vervielfältigungen, Übersetzungen, Mikroverfilmungen und die Einspeicherung und Verarbeitung in elektronischen Systemen.

© 2006 J.B. Metzler'sche Verlagsbuchhandlung und Carl Ernst Poeschel Verlag GmbH in Stuttgart
www.metzlerverlag.de
info@metzlerverlag.de

Einbandgestaltung: Willy Löffelhardt
Satz: Typomedia GmbH, Ostfildern
Druck und Bindung: Kösel, Krugzell
www.koeselbuch.de

Printed in Germany
November / 2006

Velag J.B. Metzler Stuttgart · Weimar

Inhaltsverzeichnis

Vorwort IX
    Hinweise zur Benutzung des Bandes und zur Aussprache
    skandinavischer Schriftzeichen   XVIII

Mittelalter (800-1500)
(Jürg Glauser)

    Ursprungserzählungen   1
    Schriftmagie, Sprachphilosophie: Erzählen und Überliefern   11
    Europäisches Mittelalter und skandinavische Literatur   22
    Gewalt, Fragmente, Basteleien:
    die *ars combinatoria* der Skalden   33
    Begründungsgeschichten:
    der Mythencharakter der isländischen Literatur   40

Frühe Neuzeit (1500-1720)
(Jürg Glauser)

    Neue Anfänge   51
    Im Zeichen der Rhetorik   61
    Dichten in der Muttersprache   66

Aufklärung (1720-1800)
(Karin Hoff)

    Voraussetzungen und Reaktionen
    auf die europäische Aufklärung   79
    Die Aufklärung als politische und kulturelle Herausforderung
    in Dänemark/Norwegen   80
    Die schwedische Literatur im Zeitalter der Aufklärung   102
    Isländische Literatur 1750-1830 *(Jürg Glauser)*   122

Romantik – Biedermeier – Poetischer Realismus (1800-1870)
(Klaus Müller-Wille)

    Die Literatur findet sich und ihre Geschichte   131
    Autorinszenierungen   138
    Romantische Ironie   144
    Den Menschen neu erfinden:
    Subjekt- und Liebeskonzepte   157
    Imaginierte Nationen, imaginierte Fremdwelten   173

Die Moderne im Durchbruch (1870-1910)
(Annegret Heitmann)

    Modernität – Modernisierung – moderner Durchbruch   183
    Repräsentationsformen des Neuen oder:
    Wie kommt die Welt in den Text?   190
    Zwischen Innen- und Außenwelt: Körper und Geschlecht   202
    Auf der Suche nach Korrespondenzen:
    Repräsentationsformen des Unsichtbaren   214

Klassische Moderne (1910-1940)
(Frithjof Strauß)

    Epoche und Rezeption   230
    Von der Weltanschauung zur Welt-Anschauung:
    bürgerliche Ideologeme in der Diskussion   237
    Alltagsrealismen   250
    Kulturradikalismus und Kulturkampf: Politik der Form   258
    Europäische Avantgarde – nationale Tradition:
    das Ringen der isländischen Literatur um Formen und Inhalte
    (Jürg Glauser)   264

Modernismus (1940-1980)
(Thomas Seiler)

    Vom Krisenbewusstsein zur Bewusstseinskrise   271
    Individuum und Existenz   274
    Konfrontation und Engagement   293
    System und Schrift   310
    Nationalitätsdiskurse, Atomdichtung, modernistische Prosa:
    die isländische Nachkriegsliteratur *(Jürg Glauser)*   319

Gegenwart (1980-2000)
(Antje Wischmann)

    Einleitung   332
    Erweiterter Realismus   335
    Neue literarische Tendenzen   341
    Literatur intermedial   367
    Isländische Gegenwartsliteratur und die neuen Medien *(Jürg Glauser)*   378

Färöische Literatur
(Malan Marnersdóttir)

    Einleitung   390
    Die färöische Dichtung im Mittelalter und in der frühen Neuzeit   391
    Nationalromantik   393
    Die erste Hälfte des 20. Jahrhunderts   396
    Moderne und Gegenwartsliteratur   400

Finnische Literatur
(Stefan Moster)

Einleitung   409
Von den Anfängen bis zur Entstehung einer literarischen Kultur   411
Der nationale Umbruch und die neue Funktion der Literatur   417
Vom ersten Roman zur modernen Literatur   424
Von der Etablierung des Modernismus zur literarischen Pluralität   436

Saamische Literatur
(Vuokko Hirvonen)

Einleitung   447
Die traditionelle Form des Joiks   448
Die Entstehung der erzählenden Literatur nach 1900   451
1970–1990: Der saamischen Literatur wachsen Flügel   454
1990–2000: Gedichte vermitteln weibliche Wahrnehmung und flechten Sehnen   459

Grönländische Literatur
(Kirsten Thisted)

Einleitung   463
Traditionelle Formen des Erzählens   463
1910–1970   467
1970–2000   472

Bibliographie   478
Register   491
Bildquellen   518

Vorwort

Mit der vorliegenden Literaturgeschichte wird erstmals der Versuch unternommen, die Geschichte sämtlicher Literaturen der skandinavischen Länder von den Anfängen bis heute in einem Band für ein deutschsprachiges Publikum darzustellen. Natürlich werden manche einwenden – unter ihnen auch einige der Beiträgerinnen und Beiträger selbst –, dass ein solches Unternehmen wohl von vornherein zum Scheitern verurteilt sein muss. Denn einmal ganz abgesehen von der allgemeinen Methodenproblematik, die sich mit jeder (Literatur-)Geschichtsschreibung verbindet und die unten etwas näher im Hinblick auf die spezifische Situation der einzelnen skandinavischen Literaturen ausgeführt werden soll, stellt sich einem Unterfangen der hier angestrebten Art eine Reihe nur schwer überwindbarer Hindernisse entgegen: Ist der schiere Umfang der literarischen Texte nicht einfach viel zu groß für eine Darstellung in einem einzigen Band? Immerhin gilt es, rund 1200 Jahre literarischen Schaffens in dänischer, färöischer, finnischer, grönländischer, isländischer, norwegischer, saamischer und schwedischer Sprache zu behandeln, wozu für die einzelnen Nationalliteraturen jeweils eigene, umfangreiche Werke zur Verfügung stehen. Führt die durch den begrenzten Umfang notwendig gewordene Schwerpunktsetzung nicht automatisch zu einer unzulässigen Auswahl, die wichtige Texte und literarische Phänomene völlig außer Acht lassen muss, so dass die Darstellung nicht mehr den Anspruch erheben darf, eine Literaturgeschichte zu sein? Gibt es überhaupt so etwas wie eine »Skandinavische Literatur« und ist es beispielsweise legitim, so unterschiedliche Literaturen wie die schwedische und die grönländische, die färöische und die finnische in denselben Zusammenhang zu stellen? Ist mit anderen Worten – um Davids Perkins' vielzitierten Buchtitel *Is Literary History Possible?* (1992) abzuwandeln – eine solche Literaturgeschichte, ist diese *Skandinavische Literaturgeschichte* überhaupt möglich?

Eine neue Skandinavische Literaturgeschichte

Wenn der Herausgeber und die Beiträgerinnen und Beiträger trotz dieser Bedenken versucht haben, die Geschichte der skandinavischen Literaturen in einer komprimierten Darstellung zu behandeln, dann sind es zunächst in erster Linie pragmatische Erwägungen gewesen, die sie bewogen haben, sich auf ein solches Projekt einzulassen. Die Überlegungen, die zum vorliegenden Buch geführt haben, sind auf Grund mehrjähriger Erfahrungen im akademischen Unterricht entstanden: Obwohl das Interesse an der skandinavischen Literatur unter den Studierenden wie auch außerhalb der Universität beträchtlich ist, fehlen einführende Darstellungen auf Deutsch zur Zeit fast völlig.

Grenzen und Möglichkeiten

Die hier vorliegende *Skandinavische Literaturgeschichte* beschreibt die Entwicklung der Literaturen in den skandinavischen Ländern Dänemark, Norwegen, Schweden, Finnland, Island, Färöer, Grönland unter Einschluss der saamischen Literatur von den Anfängen bis 2000. Dieses umfangreiche Material wird in acht große, chronologische Abschnitte unterteilt: Anfänge bis ca. 1500 (Wikingerzeit, Mittelalter); 1500–1720 (Frühe Neuzeit); 1720–1800 (Aufklärung); 1800–1870 (Romantik, Biedermeier, Poetischer Realismus); 1870–1910 (Moderner Durchbruch, Neuromantik); 1910–40 (Zwi-

Umfang, Aufbau, Ausrichtung

schenkriegsliteraturen); 1940–1980 (Modernismus); 1980–2000 (Gegenwartsliteraturen). Innerhalb dieser Epochen werden die Literaturen der drei zentralen Länder Dänemark, Norwegen und Schweden sowie teilweise Islands nach Möglichkeit komparativ dargestellt, während die färöische, finnische, saamische und grönländische Literatur in eigenen Kapiteln behandelt werden. Die Berücksichtigung der literarischen Kulturen der Färinger sowie der Finnen, Saami und Grönländer, deren Texte nicht in nordgermanischen Sprachen verfasst sind, stellt eine der hauptsächlichen Neuerungen dieses Bandes dar. Besonderes Gewicht erhält die Darstellung der jüngsten Literatur mit benachbarten Kunstrichtungen, da hierzu kaum deutschsprachige Sekundärliteratur existiert und das Interesse gerade an diesen neuesten Entwicklungen allgemein sehr groß ist. Während es in Dänemark, Norwegen, Schweden und Finnland große, zusammenhängende Darstellungen der Geschichte der jeweiligen Nationalliteraturen aus neuerer Zeit gibt, ist eine isländische Literaturgeschichte noch immer nicht abgeschlossen und steckt die färöische Literaturgeschichtsschreibung ganz in den Anfängen; ebenso existieren nur kurze Überblicke über die Literaturen in saamischer und grönländischer Sprache.

Die Geschichte der skandinavischen Literaturhistoriographie

Ein kleiner Streifzug durch die Geschichte der skandinavischen Literaturgeschichtsschreibung kann diese Feststellung etwas perspektivieren. Die ersten Beschäftigungen mit Dichtung als historisches Faktum lassen sich in Dänemark und Schweden im 17. Jh. beobachten, als Gelehrte wie Albert Bartholin oder Johannes Schefferus bibliographische Verzeichnisse erarbeiteten. Zahlreiche andere Bibliographien über den Buchbestand in handschriftlicher Form stammen aus derselben Periode, z.B. von Olaus Sparrman, Elias Palmskiöld, Peder Terpager, Peder Syv, Jochum Halling usw. Eine erzählende, zusammenhängende Literaturgeschichte im engeren Sinn vermittelten diese lexikographischen Werke allerdings noch nicht. Erst gegen Ende des 18. Jh. entstanden auf der Grundlage dieser Vorarbeiten mit Rasmus Nyerups und K.L. Rahbeks *Bidrag til den danske Digtekunsts Historie*, I-IV (Beiträge zur Geschichte der dänischen Dichtkunst, 1800-08) die ersten ›geschmacksästhetischen und patriotischen‹ und danach mit Bernard Severin Ingemanns, Johan Ludvig Heibergs, Christian Molbecks u.a. Werken die ersten ›nationalen‹ Literaturgeschichten Dänemarks In Schweden war es vor allem der romantische Dichter P.D.A. Atterbom, der als erster Professor für Ästhetik in Uppsala eine philosophisch konzipierte Literaturgeschichte – *Svenska siare och skalder* (Schwedische Seher und Dichter, 1841–55) – vorlegte (vgl. auch das Kapitel »Romantik – Biedermeier – Poetischer Realismus« von Klaus Müller-Wille in diesem Band).

Nationalromantische Literaturgeschichtsschreibung

Mitte des 19. Jh. markierte in Dänemark die Darstellung *Bidrag til den danske Literaturs Historie*, I-V (Beiträge zur Geschichte der dänischen Literatur, 1853-61) von N.M. Petersen einen ersten Höhepunkt der Literaturgeschichtsschreibung in nationalhistorischem Geist. Der Blick zurück auf die Geschichte der eigenen Literatur belegte, so Petersens Überzeugung, nachdrücklich, dass Dänemark einmal bessere Zeiten als die gegenwärtige erlebt hatte, so dass die Betrachtung der in der Literatur verankerten geistigen Taten einen wohltuenden Einfluss auf die eigene Generation haben würde. In der zeittypischen Koppelung von Volk, Muttersprache und Vaterland erhielt hier in Zeiten nationaler Krisen die Literaturgeschichtsschreibung eine kompensatorische, bestätigende und versichernde Aufgabe. Auch norwegische Wissenschaftler wie Hans Olaf Hansen, *Den norske Literatur fra 1814 indtil vore Dage* (Die norwegische Literatur von 1814 bis in unsere Tage, 1862), oder Lorentz Dietrichson, *Omrids af den norske Poesis Historie*, I-II (Skizze der norwegischen Poesie, 1866/69), figurierten Literaturgeschichte als einen

›mythischen Verlauf‹. Um 1900 wurden dann – wie beispielsweise in Henrik Jægers *Illustreret norsk Literaturhistorie*, I-III (Illustrierte norwegische Literaturgeschichte, 1896) – jene Textkorpora in die nationalen Literaturgeschichten aufgenommen, die mehr oder weniger bis heute Bestand haben.

Konstruktionen des Nationalkanons

Die geschichtliche Betrachtungsweise von Literatur setzte sich in der zweiten Hälfte des 19. Jh. als herrschendes Paradigma in der Literaturwissenschaft an den skandinavischen Universitäten durch. So konnte Lars Lönnröth etwa den äußerst produktiven Uppsalienser Literaturhistoriker Henrik Schück als den eigentlichen ›Vater der schwedischen Literaturgeschichtsschreibung‹ bezeichnen. Schück war zusammen mit Karl Warburg Autor der lange Zeit maßgeblichen *Illustrerad svensk litteraturhistoria*, I-IV (Illustrierte schwedische Literaturgeschichte, 1896, ²1911; neue, überarbeitete Auflage, I-VI, 1926-30; dritte, vollständig überarbeitete Auflage 1952), die in der von E.N. Tigerstedt herausgegebenen *Ny illustrerad svensk litteraturhistoria*, I-V (Neue illustrierte schwedische Literaturgeschichte, 1955-66, ²1967) eine ebenso wirkungsmächtige Nachfolgerin hatte. Die Entsprechungen zu Schück/Warburg waren in Dänemark Carl S. Petersens und Vilhelm Andersens *Illustreret dansk litteraturhistorie*, I-IV (Illustrierte dänische Literaturgeschichte, 1916-34) und in Norwegen *Norsk litteraturhistorie*, I-VI (Norwegische Literaturgeschichte, 1923-55, ²1957-63) von Francis Bull, Fredrik Paasche, A. H. Winsnes, Philip Houm. Diese Darstellungen, die in ihrem Materialreichtum nicht mehr übertroffen worden sind – die dänische Literaturgeschichte von Petersen/Andersen umfasste z. B. gegen 4000 Seiten –, waren methodisch überwiegend entsprechend den in Skandinavien vorherrschenden Richtungen des Positivismus und des Biographismus geschrieben.

Bis um die Mitte des 20. Jh. erhielten somit Dänemark, Schweden wie Norwegen große, bildungsbürgerliche Nationalliteraturgeschichten, die die Bedeutung der literarhistorischen Traditionen hervorhoben und vor allem die älteren Perioden und die klassischen Werke und Autoren in den Mittelpunkt stellten. In diesem Zeitraum entstanden so in den jeweiligen Ländern kanonisierte Literaturgeschichten: großformatige Prachtwerke mit repräsentativem Charakter, die durchaus auch akademische, wissenschaftliche Ansprüche befriedigen sollten und oft mit ausführlichen Bibliographien versehen waren, methodisch das Spiegelbild der auf den männlichen Kanon ausgerichteten, bürgerlichen Literaturwissenschaft.

Kanonisierte Literaturgeschichten

Ab den 1960er Jahren lässt sich eine interessante neue, wiederum sehr zeittypische Entwicklung in der skandinavischen Literaturhistoriographie feststellen: Inhaltlich fand eine Hinwendung zu den aktuelleren Perioden der Literaturgeschichte statt und es wurden in viel größerem Umfang als zuvor Gegenwartsautorinnen und -autoren behandelt. Gleichzeitig verließ die Literaturgeschichte in den 60er und 70er Jahren den Elfenbeinturm. Die Bücher wurden in kleineren, handlichen Formaten herausgegeben, richteten sich mit einem populären, nicht-akademischen Stil gezielt auch an ein größeres Lesepublikum, verzichteten auf den gelehrten Apparat (Anmerkungen usw.), waren weniger textbeladen und materialreich, dafür umso umfassender bebildert. Dass diese ›sozialdemokratischen‹ Literaturgeschichten auf ein beträchtliches Echo stießen, zeigen ihre große Auflagen. Die vom Kopenhagener Verlag Politiken herausgegebene *Dansk litteraturhistorie*, I-IV (Dänische Literaturgeschichte, 1964-66; neue, erweiterte Auflage, I-VI, 1976-77) erzielte schon 1967 eine 2. Auflage und brachte es rasch auf 60000 Exemplare. Ein norwegisches Pendant kam 1974-75 mit der von Edvard Beyer edierten *Norges litteraturhistorie*, I-VI (Norwegische Literaturgeschichte) heraus, wobei hier der Unterschied gegenüber Paasche/Bulls offiziöser älterer Litera-

Literaturgeschichte wird zur Populärwissenschaft

turgeschichte besonders augenfällig war. *Den svenska litteraturen*, I-VII (Die schwedische Literatur), von Lars Lönnroth und Sven Delblanc herausgegeben (1987–90; I-III, ²1990), war dann die erste Literaturgeschichte Skandinaviens, die in großem Ausmaß auf Farbillustrationen setzte und die neuen Möglichkeiten der Drucktechnik ausnützte; sie war in bester Weise popularisierend, in Bezug auf Materialfülle und Umfang wesentlich begrenzter als die älteren schwedischen Literaturgeschichten. In den einbändigen dänischen *Litteratur-historier. Perspektiver på dansk teksthistorie fra 1620 til nutiden* (Literatur-Geschichten. Perspektiven auf die dänische Textgeschichte von 1620 bis zur Gegenwart, 1994, ²2004) von Jette Lundbo Levy u. a. wird Literaturgeschichte in Form eines Buches und eines Tonträgers vermittelt.

Die in den 70er, 80er und 90er Jahren entstandenen Literaturgeschichten waren in der Regel sozial- und mentalitätshistorischen Paradigmen verpflichtet. Das herausragendste Beispiel ist *Dansk Litteraturhistorie* (Dänische Literaturgeschichte), die 1983–85 erschien und mit ihren neun Bänden eine Summe der materialistischen Literaturwissenschaft der 70er Jahre darstellte.

Herausforderungen des Kanons

Die radikalste Herausforderung an den literaturhistoriographischen Kanon stellten allerdings die seit den 80er Jahren erscheinenden Frauen- und Gender-Literaturgeschichten dar. In der von Elisabeth Møller Jensen herausgegebenen *Nordisk kvindelitteraturhistorie*, I-V (Nordische Frauenliteraturgeschichte, 1993-98) ist das große Gegenprojekt einer Geschichte der von Frauen geschriebenen Literatur in allen skandinavischen Ländern (inkl. sämtlicher kleinerer Sprachen) auf einem methodisch anspruchsvollen Niveau verwirklicht worden.

Aktuelle Literaturgeschichten in Skandinavien

In den letzten Jahren sind vor allem in Dänemark eine beachtliche Produktion von Literaturgeschichten und eine damit zusammenhängende theoretische Diskussion zu verzeichnen. Als Beispiele seien erwähnt das ambitionierte Vorhaben von Pil Dahlerup, als Alleinverfasserin die gesamte Entwicklung der dänischen Literatur in einer mehrbändigen, fortlaufenden Geschichte darzustellen (*Dansk litteratur* [Dänische Literatur], von der bisher die zwei Bände zum Mittelalter erschienen sind [1998]), eine von Jens Anker Jørgensen und Knud Wentzel herausgegebene komprimierte Geschichte unter dem Titel *Hovedsporet. Dansk litteraturs historie* (Die Hauptspur. Geschichte der dänischen Literatur, 2005) sowie jüngst eine umfassende, auf fünf Bände angelegte, zur Zeit noch im Entstehen begriffene Darstellung, Klaus P. Mortensen, May Schack (Hg.), *Dansk litteraturs historie* (Geschichte der dänischen Literatur, 2006-). Eine vor kurzem in Dänemark erschienene Festschrift trug den vielsagenden Titel »Der Kampf um die Literaturgeschichte«.

Mindestens zwei Aspekte sind an dieser literaturhistoriographischen Tätigkeit, wie sie vor allem in Dänemark zum Ausdruck kommt, erwähnenswert. Zum einen ist nach dem genannten historisch und soziologisch ausgerichteten Interesse der früheren Jahrzehnte methodisch eine deutliche ›Rückkehr zur Literatur‹ zu konstatieren. P. Dahlerup beispielsweise hat für ihr Vorgehen den Begriff ›New Literarity‹ geprägt und betont, dass Aufgabe der Literaturgeschichtsschreibung die Darstellung der spezifisch literarischen und künstlerischen Dimensionen von Literatur, also der ›literarischen Energie‹, zu sein habe. Auch für den schwedischen Literaturhistoriographen Göran Hägg stehen in seiner einbändigen *Den svenska litteraturhistorien* (Die schwedische Literaturgeschichte, 1996) wieder »die literarischen Qualitäten des Textes im Zentrum«. Norwegische Literaturgeschichten neueren Datums mit entsprechender Ausrichtung sind *Norsk litteratur i tusen år. Teksthistoriske linjer* (Norwegische Literatur während tausend Jahren. Texthistorische Linien) von Bjarne Fidjestøl u. a. (1994) und *Norsk litteraturhistorie* (Norwegische Literaturgeschichte) von Per Thomas Andersen (2001). In Norwegen ist seit Beyers achtbändiger *Norges litteraturhistorie* in den 70er Jahren keine größere Literaturgeschichte mehr erschienen.

Der zweite für die augenblickliche Diskussion in Dänemark bezeichnende Aspekt ist der enge Zusammenhang, in dem diese Literaturgeschichten mit einer allgemeinen bildungspolitischen, vom dänischen Unterrichtsministerium in Gang gebrachten Debatte über einen für die Schulen verbindlichen Kanon an klassischer dänischer Literatur stehen. In der Auseinandersetzung um diesen »dänischen Literaturkanon« wird die Rolle, die der sehr eng gefassten literarischen Tradition für die Definition einer als nicht mehr gewährleistet empfundenen nationalen und kulturellen Eigenart zugeschrieben wird, mit Händen greifbar. Dass auch die literaturhistoriographische Tätigkeit in einem solchen politischen Umfeld erneut durchaus brisant sein kann, versteht sich von selbst.

Brisante Kanondiskussionen

Die (übrigens noch nie untersuchte) Geschichte der deutschsprachigen Literaturgeschichtsschreibung ist demgegenüber naturgemäß weniger spektakulär und rascher abgehandelt. Als moderne Fremdsprachenphilologie und als eigenständiges Universitätsfach konstituierte sich die Nordistik oder Skandinavistik eigentlich erst in den 1960er und 70er Jahren. Seither hat sich das Schwergewicht innerhalb des Faches, das zuvor in der Mediävistik gelegen hatte, in markanter Weise auf die neuere skandinavische Literaturwissenschaft verlagert.

Skandinavische Literaturgeschichten auf Deutsch

Für den Bereich der skandinavistischen Mediävistik (Altnordistik) sind als wichtigste literaturgeschichtliche Arbeiten in deutscher Sprache zu nennen Eugen Mogks im *Grundriss der germanischen Philologie* erschienene *Geschichte der norwegisch-isländischen Literatur* (1893, ²1904), Jan de Vries‹ *Altnordische Literaturgeschichte* (1941–42, ²1964–67, ebenfalls im *Grundriss der germanischen Philologie*, ³1999), Jónas Kristjánssons *Eddas und Sagas. Die mittelalterliche Literatur Islands* (1984), eine Übersetzung aus dem Isländischen, und schließlich Heiko Ueckers »kurzgefasste« *Geschichte der altnordischen Literatur* in Reclams Universal-Bibliothek (2004).

Die erste gesamtskandinavische Literaturgeschichte auf Deutsch, die auch die neueren Epochen berücksichtigt, legte der Jenaer Nordist Philipp Schweitzer mit der dreibändigen Darstellung *Geschichte der skandinavischen Litteratur* (1886-89) vor. Schweitzer, u.a. mit Ibsen persönlich bekannt, war ein hervorragender Kenner vor allem der norwegischen und isländischen Literatur des 18. und 19. Jh. und hatte seine äußerst materialreiche, dafür stark lexikographisch-reihende Literaturgeschichte von über 900 Seiten im Rahmen eines vierjährigen Aufenthalts in den nordischen Ländern verfasst. Sein Werk behandelt schwerpunktmäßig die aktuelle skandinavische Literatur des 19. Jh. und geht auch in kurzen Abschnitten auf die finnische und die färöische Literatur ein. Eine weitere Literaturgeschichte aller skandinavischen Länder stammt von der Lundenser Literaturhistorikerin Hilma Borelius; ihre für das *Handbuch der Literaturwissenschaft* geschriebene Darstellung *Die nordischen Literaturen* (1931) ist der biographisch-psychologischen Methode verpflichtet. Die populäre und anekdotisch gehaltene »Geschichte des skandinavischen Schrifttums von den Runen bis zur Gegenwart«, die Heinz Barüske unter dem Titel *Die Nordischen Literaturen* (1974) herausgab, kam über einen ersten Band nicht hinaus. Ein von Horst Bien herausgegebenes Taschenlexikon *Nordeuropäische Literaturen* (1980) enthält nützliche kurze Überblicke über die nordeuropäischen Literaturen, stellt jedoch keine literaturhistorische Darstellung im eigentlichen Sinn dar. 1982 erschien das zweibändige Werk *Nordische Literaturgeschichte*, bei dem es sich um die deutsche

Übersetzung der vom dänischen Literaturhistoriker Mogens Brøndsted herausgegebenen Darstellung *Nordens litteratur* (Die Literatur des Nordens) handelt, an der Fachleute aus allen nordischen Ländern mitwirkten. Brøndsteds Literaturgeschichte war wesentlich dem Gedanken der nordischen Kulturzusammenarbeit verpflichtet. Im gleichen Jahr kam mit der ersten Auflage der von Fritz Paul edierten *Grundzüge der skandinavischen Literaturen* (^{2}1991) jene Literaturgeschichte heraus, die das Standardwerk für den akademischen Unterricht in den letzten 25 Jahren gewesen ist. Die von einer Gruppe von sieben deutschsprachigen Skandinavisten verfassten *Grundzüge* stellen die Geschichte der Literaturen Dänemarks, Islands, Norwegens und Schwedens seit der Reformation dar; die Literaturen in finnischer, saamischer und grönländischer Sprache und das nordische Mittelalter werden in dieser Literaturgeschichte, die in die Endphase der Etablierung der Neuskandinavistik an den deutschsprachigen Universitäten fiel, nicht berücksichtigt.

Ein Blick über die Grenzen des deutschen Sprachgebietes hinaus zeigt, dass auch in anderen Ländern die Situation sehr heterogen ist: Auf Französisch verfasste Régis Boyer noch 1996 eine *Histoire des Littérature scandinaves* in einem Band, während von einer großen amerikanischen Reihe von *Histories of Scandinavian Literature* (Hauptherausgeber Sven H. Rossel) bisher vier umfangreiche, nach Nationalliteraturen getrennte Bände zur Geschichte der dänischen, finnischen, norwegischen und schwedischen Literatur erschienen sind (1992-98).

Vielfalt der Thematik und Darstellung

Die *Skandinavische Literaturgeschichte* setzt sich wie erwähnt zum Ziel, die Literaturen aller skandinavischen Länder in der historischen Dimension zu beschreiben. Um das zu erreichen, muss sie die Heterogenität, die Vielfalt und die Ungleichzeitigkeit dieser literarischen Traditionen in den Vordergrund rücken und zum Thema der Darstellung machen. Wenn auch die von außen angelegte Sicht auf einen literarischen Raum vielleicht geeignet ist, große Linien herauszustellen, so heißt dies nicht, dass damit die Unterschiede zwischen den einzelnen Literaturen verwischt werden sollen. Eine homogenisierende Darstellung mit vereinheitlichenden Gesichtspunkten ist nicht angestrebt, vielmehr werden die Literaturen in ihrem Zusammenwirken, Miteinander und Gegeneinander beschrieben. Zugleich wird allerdings die literarische Überlieferung nicht in eine Reihe bezugslos nebeneinander existierender Nationalliteraturen aufgelöst. Wo dies angemessen, sinnvoll und möglich ist (etwa im 19. Jh.), stellen die einzelnen Kapitel komparatistische Querbezüge her; in anderen Fällen drängt sich eine getrennte Behandlung der einzelnen Literaturen zu gewissen Zeitpunkten auf (18. Jh.) oder bestimmte Nationalliteraturen werden ganz für sich behandelt (Finnland, Färöer, Grönland, Saamisch).

Die heterogenen, aber vergleichbaren Literaturen Skandinaviens erfordern unterschiedliche Schwerpunktsetzungen und methodische Zugangsweisen, was auf verschiedene Phänomene aufmerksam machen kann. Beispielsweise stellt sich im Fall der Literatur Finnlands, die sowohl auf Finnisch wie auf Schwedisch geschrieben wird (wozu das Saamische noch hinzukommt), die Frage nach dem Verhältnis von national abgegrenzter Literatur (und damit Literaturgeschichte) und Sprache: Zählen die Schwedisch schreibenden Autorinnen und Autoren der finnlandschwedischen Minderheit Finnlands zur finnischen oder zur schwedischen Literatur bzw. zu beiden oder zu keiner von beiden? Die neue große Geschichte der finnlandschwedischen Literatur, *Finlands svenska litteraturhistoria*, I-II (Finnlands schwedische Literaturgeschichte, 1999/2000), geht hier den letzteren Weg. Im vorliegenden Band werden demgegenüber finnlandschwedische Autoren wie Franzén, Creutz,

Södergran, Diktonius zusammen mit der (reichs-)schwedischen Literatur behandelt, also eher sprachliche Kriterien angelegt (vgl. dazu auch die einführenden Überlegungen von Stefan Moster im Beitrag »Finnische Literatur«). Auch die Einbeziehung der kleineren nordischen Literaturen wie der saamischen hebt viele Unentscheidbarkeiten, mit der sich die Literaturhistoriographie konfrontiert sieht, hervor. Die saamische Literatur kann nämlich nicht national definiert werden, sondern wird zugleich in Norwegen, Schweden, Finnland und Russland geschrieben, gehört also zur Kultur einer ethnischen Minorität in verschiedenen Ländern, was zum Problem ihrer Ein- bzw. Ausgrenzung in Bezug auf die jeweiligen nationalliterarischen Textkorpora führt. Die färöische und die grönländische Literatur zeigen über ihre eigenen Fälle hinausweisende Problematiken von Kulturen auf, die sich in postkolonialen Situationen befinden: Wie verhält sich ihre oft zweisprachige Literaturtradition zu der des Mutterlandes? Fragen dieser Art lassen sich hier natürlich nicht lösen, sie werden in den folgenden Kapiteln jedoch immerhin angesprochen und problematisiert. Hoffentlich zeigt die Lektüre, dass der erstmalige Versuch, diese bisher noch nie beschriebenen Literaturen im Rahmen einer skandinavischen Literaturgeschichte zu integrieren, insofern geglückt ist, als gerade sie dazu beitragen können, einige grundsätzliche Aspekte der historischen Entwicklung der Literaturen in den skandinavischen Ländern klarer zu fokussieren.

Die kleineren Literaturen

Was Auswahl und Darstellungsweise betrifft, so sind diese primär von den gewählten Schwerpunktsetzungen der Beiträgerinnen und Beiträger in ihren Kapiteln bestimmt, sie sind aber auch durch den äußeren Rahmen vorgegeben. Allein schon aus Platzgründen ist das Buch nicht lexikographisch, sondern repräsentativ und selektiv ausgerichtet. Reine Nennungen von Namen oder Werken, die nicht vertieft werden können, finden sich kaum. Stattdessen geht es um exemplarische Behandlungen einzelner Aspekte, während manchmal auch wichtige Werke und Autoren und u.U. ganze Strömungen bewusst ausgelassen sind. Man darf von der vorliegenden Darstellung also nicht eine bloße Faktenvermittlung erwarten; als handbuchartiges Nachschlagewerk, das den Gesamtbestand der nordischen Literaturen aufarbeiten würde, kann es nicht dienen. Vielmehr liegt der Akzent dieser Literaturgeschichte auf der diskursiven Erörterung ausgewählter, allerdings als wichtig und interessant erachteter Phänomene. Neben raschen Überblicken über ganze Epochen mit einigen wenigen Stichwörtern stehen konzentrierte Behandlungen ausgewählter Passagen, in denen auch (teilweise neue) Textdeutungen vorgenommen werden, so dass bestimmte Aspekte anders als bisher in den Vordergrund treten können. Vor allem in den Abschnitten, die sich mit der aktuellen Literatur Skandinaviens beschäftigen, müssen rigorose Selektionen vorgenommen werden. Das von Antje Wischmann verfasste Kapitel »Gegenwart« zeigt beispielsweise einige einleitend benannte Linien auf und wählt die behandelten Werke strikt aufgrund dieser Linien aus.

Auswahlkriterien und Schwerpunktsetzungen

Bereiche, die aus diesen Gründen gar nicht oder nur ansatzweise behandelt werden, sind etwa die in fremden Sprachen (Lateinisch, Deutsch, in den letzten Jahren und Jahrzehnten vermehrt Migrantensprachen) verfasste Dichtung oder die Kinder- und Jugendliteratur, auf die es zwar immer wieder einzelne Hinweise gibt, die aber doch nicht in der gebotenen Ausführlichkeit dargestellt werden kann und eigentlich eine eigene Behandlung erforderte. In vielen Fällen wird die Auswahlbibliographie am Ende des Bandes helfen, Lücken zu schließen und Vertiefungen vorzunehmen.

Eine grundsätzliche Schwierigkeit bei der Ausarbeitung dieser Literaturgeschichte bestand darin, dass sie auf verschiedene Erwartungen und Bedürf-

Zielpublikum

nisse Rücksicht zu nehmen hat. Der Notwendigkeit, deutschsprachigen Leserinnen und Lesern vermutlich über weite Strecken unbekannte Namen und Werke erstmals vorzustellen, kollidierte manchmal mit dem Wunsch der Beiträgerinnen und Beiträger – die zudem vor die Herausforderung gestellt waren, einen Text ohne Fußnoten zu schreiben – nach Problematisierung und Differenzierung der besprochenen Fragen. Die Darstellung sollte einerseits einem nicht-spezialisierten Publikum zugänglich und andererseits doch auf einem auch gegenüber den Fachkollegen vertretbaren Forschungsstand gehalten sein. Die erwähnten Schwierigkeiten, die Geschichte von sechs Nationalliteraturen von den Anfängen bis heute mit Ausblicken auf zwei *emergent literatures* im Rahmen eines einzigen Bandes darzustellen, ließen sich insofern etwas relativieren, als sich gerade in der deutschsprachigen Skandinavistik eine Blickweise auf die Gemeinsamkeiten und eine Gewohnheit zur komparatistischen Betrachtung der skandinavischen Literaturen herausgebildet hat.

Dieser Darstellung liegt kein Konzept einer literarhistorischen Entwicklungslogik zugrunde, eine finalistisch-teleologische Argumentation, die das Neue notwendig als die konsequente Folge des Alten sieht, konnte hoffentlich in den meisten Fällen vermieden werden, und der Titel *Skandinavische Literaturgeschichte* ist auch nicht so zu verstehen, dass hier die eine verbindliche Darstellung der Geschichte der skandinavischen Literatur vorgelegt würde. Vielmehr ist er zu denken als (eine) Geschichte der skandinavischen Literaturen, wobei der Plural auf die Mehrzahl von nationalen Literaturen in Nordeuropa und auf die unterschiedlichen Literaturen innerhalb dieser selbst abzielt.

Eine *Geschichte der skandinavischen Literaturen*

Gegenüber zahlreichen früheren, auch deutschsprachigen, Darstellungen sind die hier angewendeten literaturwissenschaftlichen Vorgehensweisen nicht biographistisch oder sozialgeschichtlich, sondern orientieren sich an den methodischen und konzeptionellen Möglichkeiten, die die literatur- und kulturwissenschaftlichen Diskussionen der letzten Jahre erbracht haben. Auf diese Weise sollte gewährleistet sein, dass neben den großen Texten der Klassiker, die es natürlich zu beschreiben gilt, auch andere, weniger bekannte Phänomene wahrgenommen werden, so dass sich die Darstellung nicht lediglich als Abfolge kanonisierter Werke liest, sondern möglichst facettenreiche und differenzierte Einblicke in das literarische Geschehen zu unterschiedlichen Epochen und in unterschiedlichen Ländern vermittelt. Eine methodische Klammer, die verschiedene Kapitel miteinander verbindet, ließ sich beispielsweise durch den Aspekt der Medialität herstellen. Die Erkenntnisse der neueren postkolonialen Studien sind in einzelnen Kapiteln auf die ›neuen‹ Literaturen angewendet worden, was entsprechende Quervergleiche ermöglicht.

Medialität und Postkolonialismus

Der Verzicht auf das biographische Beschreibungsmuster hat dazu geführt, dass in mehreren Fällen das Werk eines Autors in verschiedenen Kapiteln behandelt wird (etwa Ibsen, Strindberg, Hamsun, Laxness, Inger Christensen). Hier lassen sich neben unterschiedlichen Schreibtemperamenten auch zugleich die verschiedenen Vorgehensweisen beobachten, was – durchaus ein Abbild des augenblicklichen Methodenpluralismus in der Literaturwissenschaft – eher ein Vorzug denn ein Nachteil einer von mehreren Verfasserinnen und Verfassern geschriebenen Literaturgeschichte ist. So schlägt sich hoffentlich die Kontingenz der literaturhistoriographischen Praxis in den einzelnen Kapiteln selbst nieder.

Periodisierung

Periodisierung ist nicht ein vordringliches Interesse dieser Literaturgeschichte, zumal die üblicherweise vorgeschlagenen Periodisierungen für die kleineren Literaturen ohnehin meist unbrauchbar sind. In der Regel werden hier größere zeitliche Einheiten als in früheren Literaturgeschichten zusammengefasst, etwa wenn für den Zeitraum 1500–1720 keine Trennung in Humanismus/Reformation und Barock vorgenommen oder wenn die Phase 1870–1910 als Einheit behandelt wird. Die Kapitel sind der einfacheren Orientierung halber mit traditionellen Begriffen wie ›Mittelalter‹ oder ›Romantik – Biedermeier – Poetischer Realismus‹ überschrieben, auch auf die Gefahr des Missverständnisses hin, dass hier eine repräsentative Literaturgeschichte entsprechend älteren Kanonkonzeptionen geschrieben würde. Literaturgeschichtliche Kontingenz wird nirgends augenfälliger als bei der Periodisierung und bei den Epochenbezeichnungen.

Es ist unvermeidlich, dass eine Literaturgeschichte immer auch kanonisierende Funktionen hat. Die in diesem Vorwort und in den einzelnen Kapiteln vorgenommenen Relativierungen und Kontextualisierungen sowie die Hinweise auf andere literaturwissenschaftliche und -geschichtliche Hilfsmittel in der Bibliographie sollten aber deutlich machen, dass die hier vorgelegte Literaturgeschichte nur eine von vielen möglichen Darstellungen der Geschichte der skandinavischen Literaturen ist: Sie will nicht vorgeben, eine vollständige und systematische Behandlung des gewaltigen Stoffes bieten zu können, und sie ist ständig darum bemüht, Verweise auf anderes zu machen.

Die Rede vom Versuchscharakter, der diesem Werk eignet, ist mehr als eine Floskel und durchaus ernst gemeint. Dem vorliegenden Projekt haftet etwas Unfertiges und Nicht-Endgültiges an, eine gewisse Vorläufigkeit, mit der heute Literaturgeschichten geschrieben werden und die Pil Dahlerup auf die Formel gebracht hat, dass »alles immer anders gemacht werden kann«. Eine solche gewollte und keineswegs nur der Umfangsbegrenzung geschuldete Unabgeschlossenheit der Darstellung, die sowohl die methodischen Zugangsweisen wie die thematische Auswahl in den einzelnen Abschnitten bestimmt, kann – dies war zumindest die Hoffnung derer, die das Projekt getragen haben – das Prozesshafte und die Dynamik von Literatur in ihren spezifischen historischen Ausdifferenzierungen vielleicht am besten beschreiben. Wenn die *Skandinavische Literaturgeschichte* auf dieser Basis zur Beschäftigung mit der faszinierenden Vielfalt der vergangenen und gegenwärtigen literarischen Kulturen in Skandinavien anzuregen vermag, ist eines der Hauptziele von Herausgeber und Beiträgerinnen und Beiträgern erreicht.

Unabgeschlossenheit

Der Nordische Ministerrat (Kopenhagen), die Philosophische Fakultät der Universität Zürich, die Freiwillige Akademische Gesellschaft (Basel), und die Max Geldner-Stiftung (Basel), haben durch großzügige Zuschüsse in dankenswerter Weise die Erarbeitung und den Druck des vorliegenden Bandes ermöglicht.

Die Passagen über die isländische Literatur im Kapitel »Die Moderne im Durchbruch« von Annegret Heitmann entstanden in Zusammenarbeit mit Benedikt Hjartarson.

Simone Bobst, Anna Katharina Dömling und Simone Ochsner haben in unterschiedlichen Phasen der Arbeiten bei der Übersetzung, Redigierung, Bildbeschaffung wertvolle Hilfe geleistet. Mit Akribie und unermüdlichem Einsatz sind die Endredaktion, Korrektur und Erstellung des Registers von Franziska Kreis besorgt worden. Dr. Oliver Schütze hat als zuständiger Lektor des Verlags auch diesen Band der Metzler Literaturgeschichten von Anfang an kompetent, engagiert und mit ruhiger Beharrlichkeit begleitet. Als Herausgeber danke ich ihnen allen sehr herzlich, denn ohne ihre tatkräftige Unterstützung hätte das Buch nicht in dieser Form entstehen können.

Zürich und Basel, Oktober 2006　　　　　　　　　　　　　　　　　Jürg Glauser

Hinweise zur Benutzung des Bandes und zur Aussprache skandinavischer Schriftzeichen

Im Text werden die skandinavischen Originaltitel kursiviert mit Erscheinungsjahr in Klammern angeführt. Ist eine gedruckte deutsche Übersetzung des Werks vorhanden, werden bei der Erstnennung auch der Titel der ersten deutschen Übersetzung und ihr Erscheinungsjahr genannt, z.B.: *Kristnihald undir jökli* (1968 [= Erscheinungsjahr des Originals]; Seelsorge am Gletscher, 1974 [= Titel und Erscheinungsjahr der ersten gedruckten deutschen Übersetzung]). Ist keine gedruckte Übersetzung auf Deutsch vorhanden, wird eine wörtliche Übersetzung des Originaltitels angefügt, z.B.: *Leigjandinn* (Der Mieter, 1969 [= Übersetzung des Originaltitels, Erscheinungsjahr des Originals]).

Lebensdaten und Nationalitätszugehörigkeit der skandinavischen Autorinnen und Autoren finden sich im Register.

Es können hier keine deckenden Aussprachregeln für alle skandinavischen Sprachen gegeben werden. Interessierte seien auf die in der Bibliographie verzeichneten sprachwissenschaftlichen Werke verwiesen. Die im Deutschen nicht gebräuchlichen skandinavischen Schriftzeichen haben die folgenden, ungefähren Lautwerte:

Å/å   dän., norw., schwed. meist *o*
Aa/aa ältere dän. und norw. Schreibweise für Å/å mit dem gleichen Lautwert
Æ/æ   dän., norw. meist *ä*, isländ. *ai*, fär. *ä*, *ea* oder *a*
Á/á   isländ. *au*, fär. meist *o* oder *oa*, saam. *ä*-artig
Č/č   saam. etwa *ts*, mit palatalisiertem *s*
Ð/ð   isländ. *th* wie in englisch *the*, fär. meist nicht ausgesprochen
đ   saam. *th* wie in englisch *the*
É/é   isländ. *je*
Í/í   isländ. geschlossenes *i*, fär. meist *ui*
Ŋ/ŋ   saam. *ng*
Ø/ø   dän., norw., fär. meist *ö*
Œ/œ   altnord. *ö*
Ǫ/ǫ   altn., wird im Folgenden als *ö* wiedergegeben
Ó/ó   isländ. *ou*, fär. meist *ö*, *e* oder *ou*
Š/š   saam. (leicht palatalisiertes) *s*
Ú/ú   isländ. *u*, fär. meist *ü*, *i* oder *üu*-artig
Ý/ý   isländ. geschlossenes *i*, fär. meist *ui*
Ž/ž   saam. etwa *ts* mit palatalisiertem *s*
Þ/þ   isländ. *th* wie in englisch *think*

Mittelalter (800–1500)

Ursprungserzählungen

Die Entstehung der Dichtkunst: der Mythos vom Skaldenmet

Auf seine Frage, woher die Dichtung stamme, erhält der Meerriese Ægir bei einem Gelage in Ásgarðr von seinem Nachbarn, dem Asen Bragi, eine präzise, erschöpfende Antwort. Die Asen, so erzählt Bragi laut Snorri Sturlusons *Edda*, versöhnten sich nach einem Krieg mit ihren Feinden, den Vanen. Zur Besiegelung des Friedens spuckten beide Parteien in ein Gefäß und aus dieser Flüssigkeit schufen die Asen einen Menschen, Kvasir, der an Klugheit von niemandem übertroffen wurde. Die Zwerge Fjalarr und Galarr erschlugen heimtückisch Kvasir, ließen sein Blut in den Kessel Óðrørir und die Gefäße Són und Boðn fließen, vermischten es mit Honig, und daraus wurde jener Met, der jeden, der von ihm trinkt, zum Dichter oder Gelehrten macht. Den Asen erzählten die Zwerge, Kvasir sei an seinem Verstand erstickt. Als nächstes brachten Fjalarr und Galarr den Riesen Gillingr und seine Frau um. Gillings Neffe Suttungr verschleppte die beiden Zwerge auf eine Schäre, die bei Flut unter Wasser stand. Sie erkauften sich ihr Leben dadurch, dass sie Suttungr als Wiedergutmachung für die Tötung seines Onkels den Met aushändigten, den der Riese von da an im Felsen Hnitbjörg von seiner Tochter Gunnlöð aufbewahren ließ.

Speichelmengung und Dichtermet

Als Antwort auf Ægirs nächste Frage, wie denn die Asen zum Met des Suttungr gekommen seien, erzählt Bragi weiter: Óðinn wetzte neun Knechten, die Gras mähten, die Sensen. Die Sensen schnitten danach viel besser und die Knechte wollten Óðinn den Wetzstein abkaufen. Er warf ihn in die Luft hinauf, und da sie ihn alle auffangen wollten, schnitten sie einander mit den Sensen den Hals ab. Óðinn bot sich unter dem Namen Bölverkr beim Riesen Baugi, Suttungs Bruder und Herr der toten Knechte, als Ersatz für sie an. Als Lohn für die Arbeit von neun Männern während eines Sommers verlangte er einen Schluck des Dichtermets. Baugi willigte ein, ihn zu seinem Bruder zu begleiten. Suttungr gab jedoch keinen einzigen Tropfen des Mets heraus. Nun ließ Bölverkr Baugi mit dem Bohrer Rati ein Loch in den Felsen bohren. Baugi sagte, das Loch sei gebohrt, doch als Bölverkr durch das Loch blies, flogen ihm die Späne entgegen. Er ließ Baugi weiterbohren und blies dann ein zweites Mal ins Loch. Als die Späne hinein flogen, verwandelte er sich in eine Schlange und schlüpfte durch das Loch ins Innere des Felsens. Baugi stach noch mit dem Bohrer nach ihm, doch er verfehlte ihn. Bölverkr schlief drei Nächte mit Gunnlöð, worauf sie ihm erlaubte, drei Schlicke vom Met zu nehmen. Mit dem ersten Schluck leerte er den Kessel Óðrørir, mit dem zweiten Boðn, mit dem dritten Són. Danach verwandelte er sich in einen Adler und flog davon, verfolgt von Suttungr, der sich ebenfalls in einen Adler verwandelt hatte. Als die Asen Óðinn nach Ásgarðr fliegen sahen, stellten sie Gefäße hinaus und Óðinn spuckte den Met in diese Gefäße aus. Da er von Suttungr fast noch erwischt worden wäre, ließ er einen Teil des Mets hinten

Verstellungen, Verwandlungen, Raub

Das Durchbohren des Felsen

Óðinn bringt den Dichtermet nach Ásgarðr

Melsteðs Edda, isländische Handschrift der *Snorra Edda* (17. Jh.)

Schlechte und gute Dichtung

hinaus. Um diesen Teil kümmerte man sich nicht; jeder, der wollte, konnte davon haben und dies wurde der Teil der schlechten Dichter genannt. Suttungs Met gab Óðinn den Asen und jenen, die gut dichten konnten.

Literatur ist, das zeigt das kurze Resümee der Erzählung von der Entstehung und dem Raub des Dichtermets, in der Konzeption des herausragendsten Schriftstellers und Poetologen des isländischen Mittelalters von Anfang an und in ihrer Grundlage aufs engste mit Gewaltausübung und Täuschung verbunden. Die Episode findet sich im zweiten Kapitel des dritten Teils von Snorris *Edda* (um 1220), den sog. *Skáldskaparmál* (Dichtungsrede), die die gewichtigste sprach- und dichtungstheoretische Arbeit aus dem skandinavischen 13. Jh. darstellt, und verweist als ein eigentlicher Zentralmythos der altnordischen Dichtung auf eine ganze Reihe von Fragestellungen, die sich geradezu paradigmatisch mit dieser Dichtung verbinden. Aus dem Mythos lassen sich nämlich weitreichende Überlegungen ableiten, wie dies unzählige metapoetische Umschreibungen der Skalden bezeugen, die auf eben diese Erzählung Bezug nehmen und etwa Dichtung als ›Blut Kvasirs‹, ›Óðinns Trunk‹ und ähnlich bezeichnen. Der Mythos formuliert in seiner spezifischen, ebenso plastischen wie drastischen Erzählweise aber auch ganz allgemein mittelalterliche Vorstellungen darüber, wie die heidnischen Vorfahren der christlichen Isländer die Herkunft und Basis des Dichtens imaginiert haben sollen.

Ursprünge und Anfänge: Definitionen

Heute konzipiert die Literaturgeschichtsschreibung die Entstehung der altnordischen Literatur natürlich in anderen Kategorien, als Snorri dies in seiner Dichtungslehre in Form der Narration tat. Doch während es zwar möglich ist, die Entwicklung einzelner Texte und Themen der Literatur des skandinavischen Mittelalters nachzuzeichnen, verlieren sich, wie man zu sagen pflegt, die Anfänge der altnordischen Literatur als solche im Dunkeln des vorschriftlichen Erzählens. Nach wie vor ungelöst und vermutlich auch gar nicht zu lösen sind dabei jedoch gerade jene Fragen, um die sich die Altskandinavistik während langer Zeit vor allem und intensiv kümmerte: die hypothetischen Ursprünge der Gattungen und die allenfalls mit einiger Wahrscheinlichkeit zu (re)konstruierenden, oralen Vorstufen bestimmter Erzählungen und Stoffe, die gegenüber den Ausformungen, wie sie in konkret überlieferten Handschriften aus späterer Zeit fassbar sind, größeres Prestige genossen, insofern man in ihnen dem Ursprünglichen als dem vermeintlich Echten und Unverfälschten und damit Wertvolleren näher zu kommen glaubte. Diese Ausrichtung auf Entstehung und Vorgeschichte ist allerdings nicht völlig willkürlich, sie liegt vielmehr mindestens teilweise im literarischen Material selber begründet. Wer sich mit der Geschichte der altnordischen Literatur und der Geschichte ihrer Erforschung befasst, ist ständig mit einem doppelten Blick konfrontiert. Denn ein Hauptmerkmal altnordischer Texte ist, dass sie immer zugleich rückwärts und auf die Gegenwart ausgerichtet sind, dass sie mental-religiös und stofflich, formal, sprachlich, medial ›Altes‹ aufnehmen, zu ›Neuem‹ umarbeiten und es weitergeben. Die Literatur des skandinavischen Mittelalters, zumal jene Islands, ist selten ungebrochen mittelalterlich und enthält in der Regel viel Vormittelalterliches, während gleichzeitig diese vormittelalterlichen Elemente in der mittelalterlichen Überlieferung nirgends unvermittelt zum Ausdruck kommen, sondern immer in irgendeiner Weise mittelalterlich und manchmal sogar frühneuzeitlich perspektiviert sind. Eine solche Feststellung zu treffen, heißt in keiner Weise, die Überlieferungssituation der altnordischen Dichtung ob ihrer Unvollständigkeit und Fragmentarität zu beklagen. Das kann nur tun, wer sich ausschließlich für die Stoffe dieser Literatur interessiert. Alles andere als mangelhaft, bietet die altnordische Dichtung nämlich nicht zuletzt wegen der ›spät‹ überlieferten ›alten‹ Erzählungen eine höchst faszinierende, komplex vielschichtige Textwelt.

Vormittelalterliches im Mittelalterlichen

Diese altnordische Textwelt an einigen repräsentativen Beispielen zu skizzieren, ist das Ziel dieses ersten Kapitels, das die Literaturen des skandinavischen Mittelalters behandelt. Dabei wurde für die folgenden Ausführungen bewusst eine Darstellungsweise gewählt, die der Transmission folgt und den überlieferten Texten und damit einer literaturwissenschaftlichen Betrachtung Priorität einräumt, was nicht bedeutet, dass dadurch die Berechtigung alternativer, zum Beispiel altertumskundlich-religionsgeschichtlicher oder historisch-anthropologischer Zugänge zum Korpus der altnordischen Texte grundsätzlich in Abrede gestellt würde. Die rigorose Auswahl der behandelten Texte und Fragestellungen und die Beschränkung der Darstellung auf vorwiegend literarische Aspekte sind dabei zum einen natürlich durch den begrenzten Umfang eines kompakten Überblicks vorgegeben. Sie sind jedoch – und das ist wichtiger – zum anderen eine Konsequenz der Tatsache, dass der aktuelle Kenntnisstand eine zusammenhängende, gleichmäßig fortlaufende Beschreibung der Entstehung, der Entwicklung und des Endes der Dichtung im mittelalterlichen Skandinavien eigentlich nicht erlaubt. Zeit und Text lassen sich, um es auf den Punkt zu bringen, in einer kommentierenden Erzählung nicht oder methodisch nur unbefriedigend zusammenbringen. Die Selektion, die notgedrungen zu Lücken in der Darstellung führt und eine vollständige Abdeckung der altnordischen Literaturgeschichte verunmöglicht, wurde also ebenso sehr aus grundsätzlichen Erwägungen wie aus Rücksicht auf die Umfangsbeschränkung vorgenommen. Die folgenden Ausführungen versuchen, das literarisch Spezifische einzelner altnordischer Texte und Gattungen beispielhaft und hoffentlich aussagekräftig zu beschreiben; sie erheben keinerlei Anspruch, systematische Kategorisierungen der gesamten altnordischen Literatur vorzulegen und können keine lexikonartige Vollständigkeit bieten. Diese Aufgabe erfüllen einige neuere Handbücher (etwa jene von Margaret Clunies Ross, Rory McTurk oder Heiko Uecker), auf die an dieser Stelle ausdrücklich hingewiesen sei.

Auswahl, Methode

Altnordische Literatur – eine Kurzdefinition

Bei allen Vorbehalten, die sich aus diesen Überlegungen ergeben, lässt sich der Gegenstand, den eine altnordische Literaturgeschichte darzustellen hat, etwa in folgender Weise eingrenzen. Als altnordisch wird jene Literatur bezeichnet, die im skandinavischen Nordeuropa im Zeitraum ca. 800 – ca. 1500 n.Chr. entstand und in altnordischer Sprache ab dem 11. Jh. niedergeschrieben wurde. Dabei handelt es sich um eine ausdifferenzierte literarische Überlieferung, die in eine ostnordische, d.h. altdänische, altschwedische und gutnische, und eine westnordische, d.h. altnorwegische, altisländische und altfäröische Tradition unterteilt werden kann. Je nach Ausgangspunkt und Vorgehensweise der Betrachtung werden die nach der Christianisierung der nordischen Länder im 10. und 11. Jh. in lateinischer Sprache verfassten Texte, die vor allem in Dänemark und Schweden den Großteil der erhaltenen Textmasse aus dem Mittelalter ausmachen, zur altnordischen Literatur hinzugezählt. Aus dem Gebiet des heutigen Finnland, das im Mittelalter weitgehend schwedisch dominiert war, sind lateinische und altschwedische Texte überliefert, während Finnisch erst nach der Reformation im 16. Jh. zur Schriftsprache wurde.

Die Untergliederung in eine west- und eine ostnordische Literatur folgt nicht allein sprachgeschichtlichen Kriterien, die diese beiden Bereiche mit den dazugehörigen Sprachen Isländisch, Färöisch, Westnorwegisch bzw. Dänisch, Ostnorwegisch, Schwedisch (übrigens bis heute) voneinander abheben. Vielmehr verteilen sich die literarischen Gattungen und Medien – jedoch nicht die Themen und Stoffe, die in diesen Gattungen und Medien erzählt werden! – mit wenigen Ausnahmen recht genau auf die beiden sprachlichen und geographischen Gebiete. Die mittelalterlichen Literaturen Dänemarks und Schwedens sind im Wesentlichen kontinental geprägt und weisen zahlreiche Ähnlichkeiten beispielsweise mit der deutschen Literatur des Mittelalters auf. Für die alt- und mitteldänische und die altschwedische Literatur sind in erster Linie von der Kirche veranlasste oder allgemein religiöse Gattungen wie Legenden, Viten, Mirakel, Visionen, Mystik, Bibelübersetzungen, Psalmen, Mariendichtung, Heiligenspiele, religiöse Balladen, in zweiter Linie weltliche Gattungen wie die Gesetze, Geschichtsschreibung und Chronik, höfische Versromane und weltliche Balladen zu nennen, also Literatur, die sich größtenteils aus der christlichen Welt und ihren ästhetischen Vorstellungen herleiten lässt. Dichterische Texte und Gattungen aus der heidnischen Zeit finden sich in Dänemark und Schweden in Anspielungen und Einzelstrophen auf Runeninschriften (beispielsweise Rök oder Karlevi), während die auf Gutnisch, der Sprache des mittelalterlichen Gotland, geschriebene *Guta saga*, eine Prosaerzählung über die Geschichte der Insel, im Kontext der ostnordischen Literatur einen Sonderfall darstellt.

Westnordische Literatur

Die literarische Überlieferung Norwegens und Islands – auf den Färöer-Inseln wurde im Mittelalter Literatur nicht aufgezeichnet – unterscheidet sich von jener Dänemarks und Schwedens radikal. Hier sind nicht nur sozusagen alle im ostnordischen Gebiet vertretenen religiösen und weltlichen Gattungen vertreten, sondern es finden sich hier mit der Skaldik, der Edda und der Saga jene drei Hauptgattungen, die dank ihrer ästhetischen Qualität und ihres Umfangs die Bedeutung der altnorwegisch-isländischen Literatur begründen. Oft wird deshalb altnordische Literatur mit der altnorwegisch-isländischen oder gar allein mit der altisländischen gleichgesetzt, was allerdings weder literaturgeschichtlich noch terminologisch korrekt ist. Wie angedeutet kann die altnorwegisch-isländische Literatur nicht in gleichem Maß wie die dänische und schwedische auf die auch in allen anderen Literaturen des europäischen Mittelalters vertretenen Gattungen eingegrenzt werden.

Ostnordische Literatur

Denn sowohl die skaldischen Gedichte wie die Eddalieder und die Prosasagas haben keine unmittelbaren genauen Entsprechungen außerhalb der norwegischen und isländischen Literatur. Und obwohl sie in den materiellen Überlieferungsformen der Handschriften eindeutig als Medien einer hoch- und spätmittelalterlichen christlichen Kultur definiert ist, darf der bereits angesprochene vor-christliche und damit vor-schriftliche Anteil dieser Literatur nicht übersehen werden.

Bezeichnete im Altnordischen das Wort *skáld* ganz allgemein »Dichter« (etymologisch ist es vermutlich mit dem deutschen »schelten« verwandt), versteht man unter dem modernen Kunstbegriff Skaldik jenen Teil der altwestnordischen Dichtung, der nicht zum Korpus der eddischen Gedichte gezählt wird. Es handelt sich bei der Skaldik um eine Dichtung, deren wichtigste formale Charakteristika die Strophenform (in der Regel acht Zeilen, die in zwei Hälften aufgeteilt werden), der in aller germanischer Dichtung verbreitete Stabreim, eine Vielzahl verschiedener Versmaße, eine hochartifizielle Syntax und die ebenso raffinierte Verwendung rhetorischer Mittel wie Synonyme, Metaphern, Metonymien (*kenningar, heiti*) sind. Die ältesten bezeugten und bewahrten skaldischen Gedichte dürften ins 9. Jh. zu datieren sein, die jüngsten wurden in der ersten Hälfte des 16. Jh. geschrieben. Überliefert sind diese Gedichte in oft fragmentarischer Form vor allem als Zitate in Sagahandschriften aus dem 12.-15. Jh. Hauptsächliche Themen der Skaldik sind Fürstenpreis, Genealogie, heidnische Mythologie und christliche Religion, geschichtliche Ereignisse; auch gibt es eine umfangreiche Gelegenheits- und Liebesdichtung. Die häufig namentlich bekannten Dichter, meist Norweger und Isländer, werden als Skalden bezeichnet. Ab dem frühen 14. Jh. wurde die klassische Skaldik mehr und mehr von den Rímur (Plural von *ríma*), narrativen, balladenähnlichen Verszyklen, abgelöst. Die Rímur, die mit dem Kenning-System und den Versmaßen die Hauptelemente der Skaldik weiterführen und ausbauen, waren im isländischen Spätmittelalter, in der frühen Neuzeit und bis zu Beginn des 20. Jh. die beliebteste literarische Gattung überhaupt, was eine äußerst umfangreiche handschriftliche Überlieferung vor allem aus dem 18. und 19. Jh. eindrücklich belegt.

Skaldik

Rímur

Auch die Etymologie des Wortes *edda* als Beschreibung für einen Teil der altnordischen Dichtung ist ungeklärt; von den verschiedenen Deutungsversuchen – zu óðr, »Dichtung«, das auch mit Óðinn in Verbindung zu bringen ist; zum isländischen Hof Oddi, auf dem Snorri Sturluson ausgebildet wurde, evtl. mit der Bedeutung »Buch von Oddi«; zum altisländischen Wort *edda* für »Urgroßmutter«; zum lateinischen *edo* im Sinn von »sammeln, herausgeben« – hat sich keiner richtig durchgesetzt. Heute verwendet die Forschung Edda für zwei verschiedene Textgruppen. Erstens wird darunter die zweite Hauptgruppe der altwestnordischen Dichtung neben der Skaldik zusammengefasst, die gegenüber letzterer eine einfachere Sprache und weniger komplizierte Metren verwendet. Die Edda – zur Abgrenzung von Snorri Sturlusons *Edda* auch *Ältere Edda*, *Poetische Edda* oder *Lieder-Edda* genannt – gehört ebenfalls zum Korpus der strophischen Stabreimdichtung. Die einzelnen, vermutlich zwischen dem 9. und dem 13. Jh. entstandenen, im Unterschied zur Skaldik anonymen Gedichte sind in isländischen Handschriften ab dem 13. Jh. überliefert, wobei der Codex Regius der *Älteren Edda* (die Handschrift *Gammel kongelig samling 2365 4to*, früher in der Königlichen Bibliothek in Kopenhagen, seit 1971 in Island aufbewahrt) die Hauptquelle bildet. Diese Handschrift von ca. 1270 beinhaltet zehn Gedichte über die vor-christliche Mythologie und 19 Gedichte über Stoffe der nordgermanischen Heldensage. Zweitens wird Edda für das um 1220 geschriebene Werk des Snorri

Edda

Sturluson verwendet, das deshalb auch als *Snorra Edda* oder als *Jüngere Edda* (da sie teilweise auf den älteren Eddagedichten aufbaut) bzw. *Prosa-Edda* bezeichnet wird. Die *Snorra Edda* umfasst einen Prolog, einen Abschnitt mit mythologischen Erzählungen (*Gylfaginning*, Täuschung des Gylfi), einen ebenfalls mythologische Stoffe enthaltenden Abschnitt über die altisländische Dichtungslehre (*Skáldskaparmál*) sowie eine Aufzählung von 102 Strophen (*Háttatal*, Versmaßverzeichnis) und gehört gattungsmäßig am ehesten zu den Poetiken.

Saga

Saga ist von *segja*, »sagen, erzählen«, abgeleitet und bezeichnet als Gattungsbegriff eine prosimetrische Erzählung (Prosatext mit Anteilen von Strophen-Zitaten) unterschiedlicher Länge und unterschiedlichen Inhalts. Der Terminus Saga/Sagas sollte nicht mit Sage/Sagen verwechselt werden. Die Bezeichnung *saga* (Plural *sögur*) ist schon im Altisländischen belegt. Sagas entstanden in der überlieferten Form ab der zweiten Hälfte des 12. Jh., die handschriftliche Überlieferung setzte im späten 12. und frühen 13. Jh. ein. Die Saga stellt die umfangreichste der drei altnorwegisch-isländischen Hauptgattungen dar; in der Regel wurden die einzelnen Erzählungen mehrfach, oft in Dutzenden von Handschriften über längere Zeiträume hinweg kopiert und verbreitet und in Island wurde die Tradition der Manuskriptüberlieferung mittelalterlicher Prosatexte bis zu Beginn des 20. Jh. weitergeführt. Die isländische Sagaliteratur wird vorwiegend nach thematischen Kriterien in eine Reihe von Untergruppen aufgeteilt: Die Königssagas (Konungasögur) als älteste und umfangreichste Untergruppe behandeln die norwegische und allgemein nordische Geschichte von den Anfängen bis ins 13. Jh., oft in Form von Königsbiographien; die Vorzeitsagas (Fornaldarsögur) greifen Stoffe aus der nordischen Frühgeschichte auf, die oft auch in der germanischen Heldensage verarbeitet sind; die etwa drei Dutzend Isländersagas (Íslendingasögur) beschreiben Ereignisse in Island im Zeitraum von der Besiedlung im 9. Jh. bis ins 11. Jh.; die Bischofssagas (Biskupasögur) und die Saga von den Sturlungen (*Sturlunga saga*) handeln von der isländischen Kirchengeschichte und historischen Ereignissen in Island im 12. und 13. Jh.; die Heiligensagas (Heilagra manna sögur) sind Übersetzungen und isländische Originale hagiographischer Texte; die Rittersagas (Riddarasögur) stellen Übersetzungen meist altfranzösischer und anglo-normannischer Werke der höfischen Dichtung und der Heldensage dar; die Märchensagas (Lygisögur) sind spätmittelalterliche, nicht-übersetzte Erzählungen, die die Rittersagas und die Vorzeitsagas weiterführen; die Antikensagas sind Übersetzungen historischer Werke aus dem Latein. Nicht zur Sagaliteratur im eigentlichen Sinn gehört die umfangreiche Sachprosa in altisländischer Sprache.

Medien, Gattungen, Transformationen

Ein Spezifikum der altnordischen Literatur besteht in der Mischung der Medien und Genres: Es gibt, wie sich am Beispiel der eingangs zitierten Erzählung von der Herkunft der Dichtkunst gut illustrieren lässt, kaum einen Text, der gattungsmäßig nicht hybrid wäre, kaum ein Thema, das medial nicht multifunktional behandelt würde. So wurde, um mit dem zweiten Aspekt zu beginnen, die konkrete Dichtermet-Mythe nicht nur von den norwegischen und isländischen Skalden und in der altisländischen *Snorra Edda*, also im westnordischen Raum, immer wieder erzählt und variiert. Unter der Voraussetzung, dass die vorgenommenen Datierungen und Deutungen richtig sind, ist sie auch in einem ganz anderen Medium, aus einer anderen Zeit und in einem anderem Gebiet des Nordens belegt: Auf einem gotländischen Bild-

Mythos vom Dichtermet, gotländischer Bildstein Lärbro St. Hammars III (8. Jh.)

stein der sogenannten Periode C von um 700 n.Chr. (Lärbro St. Hammars III) ist im zweitobersten Bildfeld eine Figurengruppe dargestellt, die von rechts nach links eine schwerttragende Männerfigur, unter deren Hand den Kopf einer Schlange, eine Frauenfigur mit Trinkschale und eine Männerfigur in Vogelgewandung zeigt. Folgt man dem schwedischen Archäologen Sune Lindquist, der die Bemalung des Steins ausführte, haben wir es hier mit einer bildlichen Repräsentation eben des Mythos zu tun, wie Óðinn sich den Dichtermet beschaffte. Die Ausgestaltung der Erzählung auf dem Bildstein folgt der für dieses Medium typischen simultanen Darstellungsweise der wichtigsten Elemente: Schlangen- und Adlerverwandlung (Óðinn), Verteidiger / Angreifer (Suttungr), Frau (Gunnlöð), Trinkgefäß (Dichtermet). Entscheidend an einer solchen Interpretation des im 8. Jh. in Gotland entstandenen Bildes ist allerdings, dass sie allein mit Hilfe der schriftlich überlieferten Erzählung, wie sie von Snorri im 13. Jh. fixiert wurde, zu realisieren ist. Die methodisch keineswegs unproblematische Zuweisung des Bildsteins Lärbro St. Hammars III zum Mythos vom Dichtermet setzt – für uns – einen Text voraus, denn ohne dessen Kenntnis ließe sich die Bildsequenz nicht in einen sinnvollen narrativen Ablauf bringen. Handelt es sich bei den Szenen auf dem Bildstein tatsächlich um Elemente der gleichen mythologischen Erzählung wie jene, von der Snorri berichtet, können wir ihre Bekanntheit in der sogenannten Vendelzeit (550–800 n.Chr.) im Osten des schwedischen Gebiets annehmen.

Gotländischer Bildstein Lärbro St. Hammars III

Bild und Text

Da andere Bilddarstellungen aus Schweden ebenfalls mit schriftlich bewahrten Mythen in isländischen Handschriften in Verbindung gebracht werden können – beispielsweise die Erzählung von Þórrs Fischfang, die auch in der eddischen *Hymiskviða* (Hymir-Lied) behandelt wird –, ist, wiederum mit aller Vorsicht, davon auszugehen, dass der gotländische Bildstein keinen Einzelfall darstellt. Vielmehr wäre das schwedische und gotländische Bildmaterial ein Beleg für die Verbreitung mythologischer Erzählungen im östlichen Norden vor dem Beginn des Mittelalters mit der Einführung des Christentums und der lateinischen Schrift. Völlig unklar ist allerdings, wie man sich die konkrete Form dieser oral überlieferten Mythen vorzustellen hat: als Stabreimgedichte, wie sie die isländische Literatur des Mittelalters in den Eddaliedern aufweist oder als ungebundene, freier zu improvisierende Erzählungen? Hatten sie denselben Inhalt und Aufbau wie die schriftlich bekannten Texte? Medienhistorisch noch interessanter ist die – ebenfalls nicht zu beantwortende – Frage, welche Rolle solche auf Steinen angebrachten Bilder bei der Transmission dieser Mythen, die im Ostnordischen keinerlei schriftliche

Textanlässe

Spuren hinterließen, spielten. Handelte es sich um Piktogramme, die der Aktualisierung allgemein bekannter mythologischer (und in anderen Fällen heroischer) Texte dienten? Stellten die Bilder gewissermaßen Textanlässe her – und führten zum Beispiel zur Rezitation von Texten oder zur Unterhaltung über deren Inhalte – und konstituierten sie dadurch Teile des literarischen Gedächtnisses? Auch wenn die Überlieferungslage hier nicht mehr als Spekulationen erlaubt, ist doch festzuhalten, dass die Geschichte, wie Óðinn dem Riesen Suttungr und seiner Tochter Gunnlöð den »teuren Met« entwendete, im vendelzeitlichen, wikingerzeitlichen (800–1060 n.Chr.) und mittelalterlichen Norden in irgendeiner Form bekannt war und verbildlicht wie verschriftlicht verbreitet wurde. Die Eingrenzung und Definition der altnordischen Literatur wird nicht erleichtert, wenn mündliche Ausformungen, die nur mittelbar über viel jüngere schriftliche Erzählungen oder in ganz anderen als den sprachlichen Medien bezeugt sind, ebenfalls berücksichtigt werden sollen; doch nicht zuletzt unter medialen Gesichtspunkten sind die (möglichen) Belege auf eine (eventuelle) Kultur der bildgestützten Oralität durchaus bemerkenswert.

Gattungshybridität

Auch in Bezug auf die Gattungszuordnung ist Snorris Erzählung repräsentativ für die altisländische Literatur, denn an diesem kurzen Text sind alle wichtigsten altwestnordischen Genres in der einen oder anderen Weise beteiligt. Die *Snorra Edda* ist ein Prosatext, der mythologisches Wissen, wie es vor allem in der Lieder-Edda zu finden ist, aufgreift und damit die Herkunft der Skaldik erklärt, was an einer Reihe von Kenningar illustriert wird. Bezüglich der Funktion ist sie ein Poetik- und Rhetorikhandbuch, und diese Dichtungslehre ist wiederum gattungsmäßig vielfach vernetzt und mit anderen altisländischen Texten verknüpft. Beispielsweise wird im Eddagedicht *Hávamál* (Lied des Hohen) in unklaren Allusionen auf Óðinns Besuch bei Suttungr und Gunnlöð in einer möglicherweise anderen, vermutlich früheren Form des Mythos referiert. Óðinn erzählt hier in einem Abschnitt über das Trinken, wie er bei Gunnlöð und Fjalarr »in den Federn jenes Vogels gefesselt war«, der »Reiher des Vergessens heißt« und bei Gelagen »den Männern den Sinn stiehlt« (Strophen 13–14), und an einer anderen Stelle in den *Hávamál* heißt es, dass ihm »Gunnlöð auf einem goldenen Stuhl einen Schluck des teuren Mets gab«, sie ihn liebte, er sie und Suttungr jedoch betrogen habe – »wie soll man seinen Treuschwüren glauben?« (Strophen 104–110). Unter Umständen sind dies Spuren einer älteren, in der Edda nur sehr bruchstückhaft überlieferten Erzählung, die weniger mit der Herkunft der Dichtung als mit der Inthronisierung eines neuen Königs, evtl. sogar im Rahmen einer Heiligen Hochzeit (hier zwischen Gunnlöð und Óðinn) zu tun hat.

Dieser kurze Ausblick auf einen anderen Text mit gleicher oder vergleichbarer Thematik verweist auf eine weitere Eigenschaft mittelalterlicher skandinavischer Erzählungen. Sie sind in aller Regel mehrfach überliefert, wobei diese sogenannte ›Multiformität‹ nicht an das Medium der Mündlichkeit gebunden ist, denn auch die handschriftliche Überlieferung von Texten ist an sich ›unfest‹, so dass jedes Manuskript ein singuläres Textereignis darstellt. Die Mehrfachüberlieferung hat darüber hinaus eine Zeittiefe zur Folge, die als ein weiteres spezifisches Merkmal der altnordischen Literatur bezeichnet werden darf. Diese Zeittiefe äußert sich darin, dass die Texte – wiederum in der Regel – nicht nur in mehreren verschiedenen Fassungen, sondern auch aus mehreren verschiedenen Zeiten belegt sind, am Beispiel der Erzählung von Óðinn und Gunnlöð wie gesehen aus dem schwedischen 8. Jh. (gotländischer Bildstein), aus dem norwegisch-isländischen 10./11. Jh. (Eddagedicht *Hávamál*), aus dem isländischen 13. Jh. (Prosatext *Snorra Edda*) und aus der

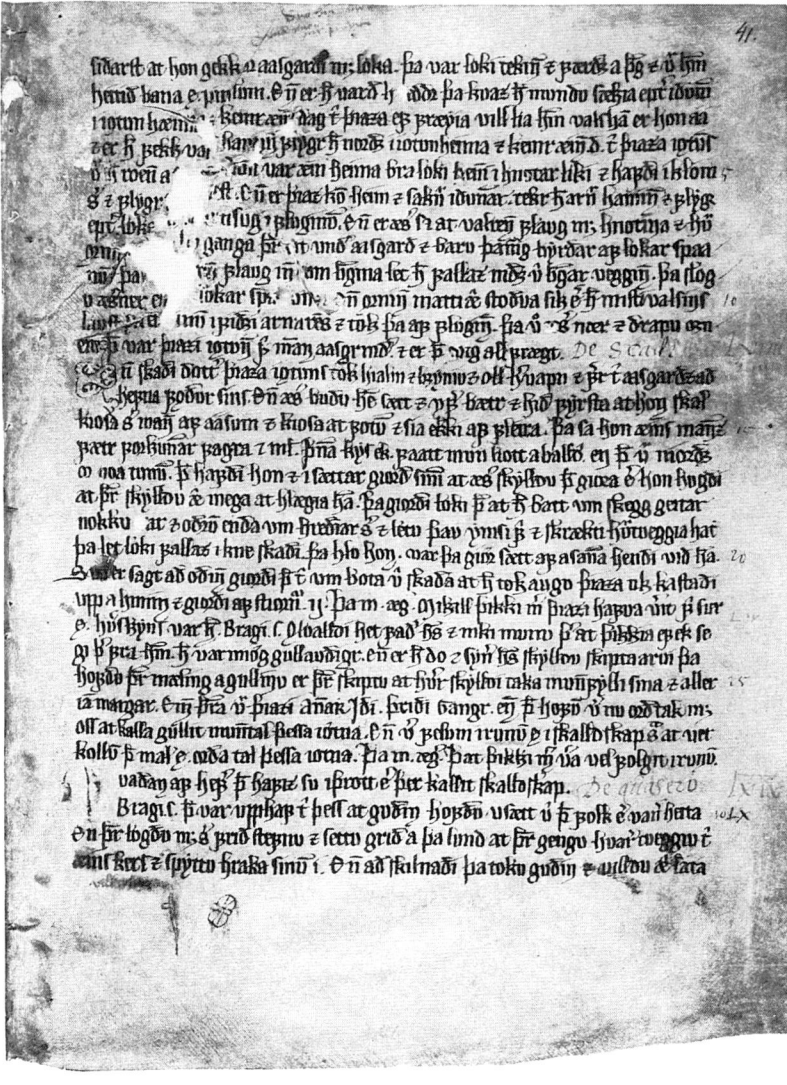

Codex Wormianus, isländische Handschrift der *Snorra Edda* (ca. 1350)

isländischen frühen Neuzeit (junge Papierhandschriften der *Snorra Edda*, etwa die sogenannte *Melsteðs Edda* aus dem 17. Jh., aus der einige hier aufgenommenen Illustrationen stammen; unzählige, auf der Grundlage des Mythos gebildete Kenningar in der Skaldik und den *Rímur*), wie übrigens auch aus dem skandinavischen 18. und 19. Jh. (Olof von Dalin, Jens Baggesen, Erik Johan Stagnelius u.v.a.). Es gibt also von einer altnordischen Erzählung meist nicht die eine, verbindliche, richtige Textfassung, eine Erzählung setzt sich vielmehr aus mehreren, oft miteinander konkurrierenden Fassungen, also als Transmissionsverlauf über mehrere Gattungen und mehrere Perioden hinweg zusammen. Dies bewirkt auch, dass altnordische Texte etwas Palimpsestartiges an sich haben, zum einen, indem man im Norden wie anderswo in der mittelalterlichen Manuskriptkultur ganz konkret die Schrift

Palimpsestcharakter der altnordischen Literatur

in älteren Handschriften abschabte und neu überschrieb, zum anderen in einem erweiterten Sinn, indem ältere Texte ständig in jüngere Formen übertragen und in diesen überliefert wurden, wobei die früheren Fassungen oft in den späteren durchschienen. Dies alles führt die Geschichte von Óðinn, Gunnlöð und dem (Dichter-)Met in prägnanter Weise vor.

Auf der thematischen Ebene ist Snorris Erzählung ebenfalls sehr vielschichtig. Als Erstes fällt vielleicht auf, dass sich der Text über ein ausgeprägtes Bewusstsein über die Stofflichkeit von Dichtung ausweist. Snorri beschreibt die materielle Zusammensetzung der einzelnen Bestandteile des Dichtermets so konkret, dass der isländische Literaturwissenschaftler Viðar Hreinsson einmal die Frage stellen konnte, wie denn der Skaldenmet geschmeckt habe: Die Ingredienzien des Getränks sind Spucke, Blut und Honig, alles hintergeschluckt und wieder erbrochen. Die *Snorra Edda* übernimmt hier zwei Topoi, die die Herkunft der Dichtkunst erklären: Einerseits wird Dichten vor allem im europäischen Mittelalter als Inspiration, als Gottesgabe gesehen, andererseits wird ihre Ausübung auf die Einnahme eines (Rausch-)Getränks zurückgeführt, ein Motiv, das vielleicht indoeuropäische Verbindungen hat. Der Text ist in dieser Hinsicht allerdings etwas ambivalent, da er die heidnische Dimension des Mythos zwar deutlich benennt, sich von ihr aus der christlichen Optik jedoch zugleich distanziert – die Gottesgabe Dichtung ist in Snorris *Edda* immerhin die Gabe eines betrügerischen Heidengötzen.

Weiterhin stellt die eddische Überlieferung der Mythe von Óðinn und Gunnlöð zumindest in einer intertextuellen, die Vers- und die Prosatexte umfassenden Lektüre einen wenn auch vagen Zusammenhang her zwischen dem Umstand, dass Dichten zwar immer Erinnern ist, dieses jedoch nur auf der Basis von gleichzeitigem Vergessen erfolgen kann. Deutlicher formuliert der Text dagegen, dass eine andere Voraussetzung von Kunst die Gewalt ist. Zwar ist das Wesen, das aus dem Speichel der Asen und Vanen nach der Beilegung ihres Krieges geschaffen wird, ein Bild für den Frieden und die Macht des Geistes, doch wird Kvasir umgebracht. Die erste Erschaffung des Dichtergetränks ist die Folge einer scheinbar grundlosen, jedenfalls im Text unmotivierten Gewaltausübung, und von da an ist das weitere Geschick des Mets untrennbar mit Gewalt, Totschlägen, Verwandlungen und Betrügereien verbunden. Der Sieg, den die Götter als jene, die die Kultur repräsentieren, mit der Heimholung des Skaldenmets über die Naturwesen (Zwerge und Riesen) erringen, basiert in dieser Mythenerzählung auf Aggression ebenso wie auf Verhandlung. Literatur und Gewalt werden hier sehr nah zusammengeführt.

Für die im 13. Jh. verfasste *Snorra Edda* beruhen Entstehung und Herkunft der Literatur auf Täuschungen und es lässt sich hier unschwer ein sprach- und dichtungsskeptischer Zug, der Traditionen in der antiken Rhetorikgeschichte aufgreift, erkennen. Dem Besitz guter Literatur voraus gehen Täuschung und Tötung, sie sind dieser Dichtung in den Kenningar immer eingeschrieben. In der altnordischen Überlieferung ist der Gott, der die Dichtung beschafft, auch der Gott, der am meisten betrügt. Dichtung und Wissen gründen auf Chaos, können wohl vermitteln – was eine der Hauptfunktionen von Mythen ist –, sind aber ihrerseits Anlass zu neuem Chaos. Verunsicherung, die für die Moderne als zentrales Element phantastischer Literatur bestimmt worden ist, wird bei Snorri narrativ inszeniert, einerseits auf der thematischen, andererseits auf der diskursiven Ebene. Denn die Dichtermet-Erzählung handelt nicht nur davon, wie Óðinn sich durch Verstellungen, Verführungen und Verwandlungen – in eine Schlange, wobei die

Wie schmeckt der Dichtermet?

Erinnern und Vergessen

Worauf basiert Kunst?

Täuschungen, Verunsicherungen

christliche Interpretation seine Verteufelung nahelegt, und in einen Vogel – des kostbaren Mets bemächtigt. Die größte und tiefgreifendste Verunsicherung ist jene, die der Text selber herbeiführt. Wie die *Gylfaginning*, der zweite Teil der *Snorra Edda*, sind die *Skáldskaparmál* nämlich eine *ginning*, eine Täuschung. In der analog zur *Gylfaginning* angelegten Rahmenerzählung verwirren die Asen dem Meerriesen Ægir die Sicht (das Altisländische kennt hierfür den Begriff *sjónhverfingar*, Sinnestäuschung). Das folgende Gespräch, das die Form eines Magister-Discipulus-Dialogs hat, sich also an eine im Mittelalter weit verbreitete Gattung der Wissensdichtung anlehnt, führt thematisch und rhetorisch vor, dass Dichtung oft nicht nur das ist, wofür man sie hält. Was von Ægir zum Nennwert genommen werden muss, entpuppt sich schon auf der nächsten Ebene der Erzählung als simples Blendwerk. Die *Snorra Edda* ›handelt‹ gewissermaßen davon, was gute Literatur im Grund ist: die ständige Erzeugung von Verunsicherungen und Uneindeutigkeiten. Sie gibt gleichzeitig eine Art Lektüreanweisung, indem sie zeigt, dass man sich nicht ohne weiteres auf das verlassen sollte, was in der Dichtung an der Oberfläche gesagt wird. So führt Snorri in seiner Edda mit der Erzählung über die Herkunft der Dichtung der Skalden auch vor, wie Dichtung gelesen werden soll. Der im vorliegenden Einleitungsabschnitt sozusagen als Vignette verwendete Text zeigt die Vieldeutigkeit und Mehrdimensionalität der altnordischen Überlieferung, die unter anderem in der ihr eigenen Form des multiform überlieferten Mythos darüber nachdenkt, woher Dichtung kommt, wie sie sich entwickelt hat, was ihre Grundlagen sind und wie sie funktioniert.

Gylfi befragt Hárr, Jafnhárr und Þriði, Snorra Edda

Schriftmagie, Sprachphilosophie: Erzählen und Überliefern

Die ›konkrete Poesie‹ der Runeninschriften

Auch im folgenden Beispiel wird der Gestus des Zurückblickens deutlich. Wie Snorri Sturluson in der *Edda* wendet der dänische Historiker Saxo Grammaticus, der eine halbe Generation vor dem isländischen Autor lebte, in seinem magistralen 16-bändigen, in geschliffenem Latein geschriebenen Werk *Gesta Danorum* (Die Taten der Dänen, vor 1190–nach 1208), das die Geschichte der dänischen Könige in einem großen Bogen vom mythenhaften Namensgeber des Landes, Dan, bis ins Jahr 1187 entwirft, seinen Blick aus dem Mittelalter rückwärts auf das nordische ›Altertum‹. In der *Præfatio* (I, 3), in der er traditionskonform unter anderem Rechenschaft über seine Quellen ablegt, erwähnt Saxo als Erstes – noch vor den Erzählungen der geschichtskundigen Isländer und seines Auftraggebers Bischof Absalon –, dass er seine Darstellung auf die Spuren alter Gedichte abstütze, die die Dänen früher »in Steine und Felsen mit den Buchstaben ihrer eigenen Sprache eingehauen« hätten. Denn genau wie die Römer hätten sie nicht nur ihre eigenen Großtaten in Versen beschrieben, sondern sie zusammen mit den Taten ihrer Vorväter, von denen man in der Muttersprache gesungen habe, in Stein verewigt. In ihrem Drang, die Erinnerung an ihre Taten weiterzugeben, hätten sie – in Unkenntnis der lateinischen Sprache und Schrift – große Steinblöcke an der Stelle von Büchern und Klippen als Buchseiten verwendet.

Das Mittelalter entdeckt das Altertum

Saxos ›Schrifttheorie‹

Was Saxo hier in seinem übergeordneten Projekt, die Dignität der dänischen Kultur mit allen Mitteln der mittellateinischen Rhetorik zu glorifizieren, beschreibt, ist die Bedeutung, die die Runeninschriften seiner Meinung nach für die Transmission der heroischen Dichtung haben. Er bleibt allerdings vage und gibt keine konkreten Beispiele für solche Texte, stellt dafür aber interessante Überlegungen an, die die Möglichkeiten der Schrift im Prozess der Gedächtniskonstruktion betreffen. Dass die Schrift im Mittelalter mehr als nur aufgezeichnete Sprache ist und oft auch Aspekte des Performativen hat, zeigen Saxos Überlegungen sehr schön. Die schriftlichen Spuren, die wie Fährten (*vestigia*) auf etwas in der Vorzeit deuten, bewahren die Überlieferung nicht nur auf passive Weise, sie stellen sie gewissermaßen erst selber her. Die Runeninschriften, für Saxo sozusagen petrizierte mündliche Gesänge, entstehen in und aus der Landschaft. Die in Stein gehauenen Taten der Alten (*Danorum antiquiores*) werden zu Denkmälern, die Saxo, dank der Schrift in der Landschaft, nämlich der Runen, wie Bücher aus der Vergangenheit liest. Klarer kann der Gedanke, wie sich Geschichte aus der Natur entwickelt, kaum ausgedrückt werden. Saxos *Gesta Danorum* ist dabei ein Text, der sich ähnlich wie Snorris *Edda* in zwei Richtungen orientiert: Stofflich thematisiert er eigene – hier dänische – Vergangenheit und konstruiert die Geschichte des Landes, formal lehnt er sich antikisierend an die Silberne Latinität an und will zeigen, dass auch Dänemark eine respektable Vergangenheit vorweisen kann.

Saxos Silberne Latinität

Saxos metaphorische Ausführungen greifen einen bestimmten Funktionsbereich der Runen heraus und setzen die runischen Inschriften als Überlieferungsträger der lateinischen Schriftkultur gleich. Dass dies keineswegs die einzige Verwendungsmöglichkeit der ältesten germanischen Schrift war, legen die frühesten erhaltenen Inschriften selbst und die Verweise auf Runenkenntnisse in der altnordischen Literatur nahe. Es ist nicht ausgeschlossen, wenn auch nicht eindeutig belegbar, dass Runen anfänglich mit gewissen magischen Aspekten verbunden waren. *Rún* (Plural *rúnar* und *rúnir*) bedeutete im Altnordischen sowohl »Geheimnis« wie »Buchstabe«. Die Entwicklung und Entstehung der Runen – eine treffendere, da vorsichtigere Beschreibung als ›Entdeckung‹, da die Runenschrift Vorbilder, wohl nicht zuletzt in lateinischen Inschriften, hatte – geht vielleicht ins 1. Jh. n. Chr. zurück, mit größerer Sicherheit datiert sind Inschriften aus Dänemark und Norwegen aus der zweiten Hälfte des 2. Jh. Unter dem heutigen Begriff Runen versteht man eine Buchstabenschrift, die nach den ersten sechs Zeichen als *Futhark* (das th gibt das Schriftzeichen þ, »Thorn«, wieder) bezeichnet wird. Die ältere, gemeingermanische Runenreihe – aus dem Zeitraum ca. 150 bis ca. 700 n. Chr. – bestand aus 24, die jüngere, skandinavische Runenreihe – aus dem Zeitraum ca. 800 n. Chr. bis ins ausgehende Mittelalter – aus 16 Zeichen. Insgesamt sind gegen 7000 größere und kleinere Runeninschriften bewahrt, davon die überwiegende Mehrheit aus dem Gebiet der skandinavischen Länder; knapp 4000 Inschriften entfallen auf Schweden, etwa 1600 auf Norwegen und etwa 850 auf Dänemark. Die Anzahl der Inschriften im älteren Futhark beträgt etwa 350.

Runen – eine Kurzdefinition

Karlevi

Eine ganze Reihe vor allem längerer Runentexte aus der Wikingerzeit haben literarischen Charakter und sind aufgrund ihres Alters von Bedeutung für die (Vor-)Geschichte der altnordischen Literatur. So bietet beispielsweise der Stein aus dem öländischen Karlevi aus der Zeit um 1000 n.Chr. als Erinnerungsinschrift für einen Wikingerhäuptling eine vollständige Strophe im skaldischen *dróttkvætt*-Versmaß. Die mit rund 750 Zeichen längste aller bewahrten Runeninschriften, Rök aus Östergötland/Mittelschweden (erste

Hälfte 9. Jh.), enthält in einem enigmatischen, weitgehend ungedeuteten Kontext die im eddischen *fornyrðislag*-Metrum verfasste, sogenannte Theoderich-Strophe, die sich in irgendeiner Weise auf den Gotenkönig Theoderich d. Gr. zu beziehen und Kenntnis der germanischen Heldensage über Dietrich von Bern im schwedischen Gebiet zu bezeugen scheint.

Rök

Im vorliegenden Zusammenhang mindestens ebenso wichtig sind aber die zahlreichen sprach- und schrift-, oder besser schreibreflektierenden Aspekte, die sich mit der Runenüberlieferung verbinden. Schon Inschriften, die zu den frühesten im älteren Futhark gehören, zeigen ein sehr ausgeprägtes Bewusstsein für ihre Medialität und Schriftlichkeit. Immer wieder wird der Vorgang des Schreibens der Inschrift als solcher thematisiert, etwa in der häufig zitierten Inschrift aus dem südjütländischen Gallehus (um 400): *ek Hlewagastiʀ Holtijaʀ horna tawido* (»Ich, Hlewagast, Sohn des Holt bzw. Bewohner des Holzes/Waldes, machte das Horn«). Bei dieser auf einem Goldhorn angebrachten Inschrift handelt es sich trotz des »ältesten germanischen Stabreimverses« (Wolfgang Krause) nicht um einen literarischen Text im strikten Sinn. Bemerkenswert ist, dass sich der Runenmeister darauf beschränkt, seine Tätigkeit als Hersteller des Gegenstandes und der Inschrift hervorzuheben. Zu den runischen Texten, die wie diese keineswegs seltenen ›Ich-Inschriften‹ ihre Schriftlichkeit besonders zur Schau stellen, gehören vor allem jene Inschriften, die ausschließlich aus einer Runenreihe bestehen. Insgesamt sind aus dem 5. und 6. Jh. neun solcher Inschriften bewahrt, darunter die Futhark-Inschrift auf einer Grabplatte aus dem gotländischen Kylver (5. Jh.), die sämtliche 24 Zeichen klar auflistet: fuþarkgwhnijïpʀstbemlŋdo. In diesen kurzen Texten schlägt sich die intensive Auseinandersetzung, die um die Kulturtechnik Schrift geführt wird, besonders deutlich nieder. Was auch immer die Hintergründe der Entstehung der Runenschrift gewesen sein mögen, in den bewahrten Inschriften aus der frühen Periode wird ablesbar, wie sich ein Medium Raum verschafft und für ganz unterschiedliche Bedürfnisse – von der magischen Abwehr über die Erinnerung an Verstorbene bis zur Aufzeichnung historischer und heroischer Ereignisse – eingesetzt wird. Aus den zahlreichen, in verschiedener Weise mit dem Schreibprozess als solchem befassten Inschriften scheint auch hervorzugehen, dass sich dieses neue Medium seiner Stellung erst versichern muss.

Gallehus

Neues Medium

Runeninschrift von Kylver, Gotland, mit vollständigem *Futhark* (5. Jh.)

Runenstein von Torsätra, Schweden (11. Jh.)

In den späteren, d. h. wikingerzeitlichen und mittelalterlichen, Inschriften, die also zu einer Zeit entstanden, als die runische und dann sogar die alphabetische Schriftlichkeit längst etabliert war, wird demgegenüber auch häufiger mit der Verbindung von Text und Bild experimentiert. Vor allem die dichte Überlieferung schwedischer Erinnerungsinschriften aus der Wikingerzeit erlaubt es, sich eine Vorstellung von den unterschiedlichen Formeln zu machen, die die Inschriften verwenden und die (in einem anachronistischen Vergleich) manchmal an die *ready made*-Technik konkreter Poesie des 20. Jh. erinnern. Ähnlich wie in diesen avantgardistischen Texten haben wir es in den Runeninschriften aus dem 11. und 12. Jh. mit einem Schreibkonzept zu tun, das die Oberfläche der Schrift, die minimalistisch verknappte, oft aus einzelnen Versatzstücken bestehende Textur, visuelle Aspekte als gleichberechtigt neben den textuellen, das Skulpturenhafte der Schrift, also all das hervorhebt, was man ihre Materialität nennen könnte. Buchstaben, Formeln, Text- und Bildformen konstituieren diese Inschriften, deren physische Elemente auf der Bild- und Textoberfläche des Steins als eigentliche Kombination von Einzelzeichen, Text, Bild, Rahmen ins Licht gerückt werden. Dass solche kleinen Gesamtkunstwerke als ›textuelle Gemälde‹ oft eine gewisse Rätselhaftigkeit anstreben, machen ihre Künstler manchmal explizit zum Thema des Textes. Als ein Beispiel unter vielen fordert so der Runenmeister Asbjörn – der »den Stein haute, als Denkmal bemalt« und die Inschrift »mit Runen band« – am Schluss der komplex strukturierten Inschrift von Nybble im schwedischen Södermanland zur Entzifferung und Deutung des Textes auf: *Raði saʀ kunni* (»Deute [die Runen], wer kann«).

Runen in der Edda

Weit weniger nüchtern als in Saxos medien- und gedächtnistheoretischem Vorwort zu den *Gesta Danorum* setzt sich die mittelalterliche isländische Dichtung in einzelnen Eddaliedern mit Herkunft und Funktion der Runen auseinander. Laut den *Hávamál* erwirbt Óðinn im Rahmen eines initiationsartigen ›Selbstopfers‹ (»neun ganze Nächte, mit dem Speer verwundet, und Óðinn geopfert, selber mir selber«, Strophe 138) die Kenntnis der Runen – »Ich nahm die Runen auf, schreiend, fiel wieder herab« (Strophe 139) – und erhält darauf »einen Trunk des teuren Mets, geschöpft aus Óðrerir« (Strophe 140): Die Beherrschung des Runenschreibens und der Dichtung werden in diesem *Rúnatalsþáttr Óðins* (Óðins Runenverzeichnis) in ein und demselben Zusammenhang gesehen. Dicht- wie Schreibkunst stammen von den Göttern ab. Im Eddagedicht *Sigrdrífumál* (Gedicht der Sigrdrífa) wird eine funktionale Kategorisierung der Runen vorgelegt, wenn es dort heißt, dass es Siegrunen gibt, die man aufs Schwert ritzen soll, aber auch Bierrunen, die man auf Horn, Handrücken und Nagel ritzt und die einem helfen, dass eine Frau einen nicht betrügt, Rettungsrunen, mit denen man das Kind aus dem Leib lösen kann, Brandungsrunen, die das Schiff schützen, heilende Zweigrunen, Sprach-, Gedanken- und Buchrunen (Strophen 6–19). Egill Skallagrímsson, der Titelheld der *Egils saga Skalla-Grímssonar* (Saga von Egill, dem Sohn des Skalla-Grímr, um 1230) ist Dichter und wendet seine Runenkenntnisse zur Heilung an. Aus diesen und zahlreichen anderen Belegen klingt noch aus der mittelalterlichen Überlieferung Islands die Überzeugung an, dass Sprache, wenn sie aufgeschrieben ist, eine größere Kraft besitzt.

Sprachreflexion

Dichtung, Schrift und insbesondere Sprache werden im mittelalterlichen Norden aber auch in ganz anderen Kategorien zum Gegenstand wissenschaftlicher Erörterungen gemacht. Auf die umfangreiche sprachphilosophische Tätigkeit, die vor allem von dänischen Gelehrten des 13. Jh. ausgeübt wurde, kann hier nur summarisch und oberflächlicher hingewiesen werden, als sie es verdienen würde. Sie spielte sich ausschließlich auf Latein ab, war an die Universitäten, vor allem in Paris, gebunden und hatte somit nur mittelbare Auswirkungen auf die dänische und nordische Literatur des hohen und späten Mittelalters (Dänemark und Schweden erhielten erst im 15. Jh. eigene Universitäten). Neben dem großen Schöpfungsepos *Hexaëmeron* (Sechstageswerk) des dänischen Erzbischofs Anders Suneson ist vor allem auf die beiden Philosophen Martinus de Dacia und Boethius de Dacia zu verweisen, deren Herkunftsnamen angeben, dass sie aus der Kirchenprovinz Dacia (neben Dänemark auch Norwegen und Schweden) stammten. Sie wirkten in den 1270er Jahren an der Sorbonne und verfertigten zahlreiche Schriften zur Grammatik, Logik, Naturphilosophie, Metaphysik, Ethik und Rhetorik. Ihre Hauptwerke tragen beide den Titel *Modi significandi* (Bezeichnungsweisen, 1270er Jahre) und stellen gewichtige Beiträge zur Sprachanalyse der Zeit dar. Martinus wie Boethius gehörten zu den Hauptexponenten des sogenannten ›Modismus‹ (abgeleitet von lateinisch *modus*, »Weise«), einer besonders zwischen 1270 und 1300 gepflegten Strömung, die die Zusammenhänge von Sprech-/Bedeutungs- und Denk-/Seinsweisen (*modi*) untersuchte.

Im Unterschied zu dieser lateinischen, kontinentaleuropäischen, eher theoretischen Sprachphilosophie wurde in Island bereits um die Mitte des 12. Jh. eine in der Volkssprache verfasste, auf die spezifischen Anforderungen des Altisländischen als Schriftsprache orientierte, sozusagen angewandte Sprachwissenschaft entwickelt. Sie ist in vier sogenannten Grammatischen Abhandlungen (*málfræðiritgerðir*) bewahrt und zählt zu den frühesten volkssprachigen Beschäftigungen mit Sprache im Mittelalter überhaupt. Die einzelnen Abhandlungen entstanden vermutlich um 1150 (Erste Abhandlung), Ende des 12. Jh. oder in den letzten drei Jahrzehnten des 13. Jh. (Zweite Abhandlung), um 1250 (Dritte Abhandlung), Ende des 13. Jh. (Vierte Abhandlung). Mit Ausnahme der Dritten Abhandlung, die vom isländischen Dichter Óláfr Þórðarson stammt, sind die Texte anonym. Bemerkenswert für einen literarhistorischen Zusammenhang ist insbesondere, dass in diesen Abhandlungen eine Norm für die Kodifizierung der Volkssprache mit lateinischer Schrift etabliert wurde, was eine der wichtigsten Voraussetzungen für die isländische Handschriftenkultur des 13.–16. Jh. darstellte. Die vier Abhandlungen haben unterschiedliche Inhalte, Dispositionen und Ziele; in der Ersten geht es vor allem um die orthographische Anpassung des lateinischen Alphabets an das Isländische und dessen phonologische Analyse, die Zweite und die Vierte beschäftigen sich mit der Phonemdistribution, während die Dritte im ersten Abschnitt über die »Grundlage der Grammatik« (*Málfræðinnar grundvöllr*) in Anlehnung an die Lehre von den acht Teilen der Rede in der klassischen Grammatiktheorie handelt und einen Vergleich zwischen dem Alphabet und dem Futhark vornimmt, im zweiten Abschnitt über die »Wissenschaft vom Sprachschmuck« (*Málskrúðsfræði*) die Hauptfiguren der Rede entsprechend der klassischen und mittelalterlichen Rhetorik präsentiert. Mit Vorlagen in der Sprachtheorie, wie sie das europäische Mittelalter bereithielt, und in derer kongenialer Zusammenführung mit den runischen, eddischen und vor allem skaldischen Überlegungen zur Rolle von Sprache setzen die vier isländischen grammatischen Abhandlungen die lateinische Schriftlichkeit und die Verwendung des lateinischen Alphabets für Texte in den Volkssprachen voraus und demonstrieren in erster Linie, wie Isländisch als Schriftsprache funktional am besten auszugestalten ist. Wie vor allem Margaret Clunies

Modi significandi

Grammatische Abhandlungen

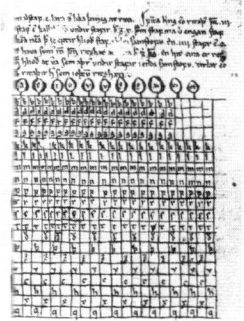

Vokal-Konsonant-Relation, *Zweite Grammatische Abhandlung*, isländische Handschrift (frühes 14. Jh.)

Ross für die *Skáldskaparmál* gezeigt hat, knüpfen die Sprachwissenschaftler im isländischen 13. Jh. in ihren Bestrebungen, klassisch-mittelalterliche Gelehrsamkeit mit der einheimischen Tradition zu verbinden, an die ›Renaissance‹ des 12. Jh. in Europa an.

Dass sich die altnordische Literatur im Rahmen ihrer eigenen Ausdrucksformen ebenfalls Problemstellungen, bei denen Fragen von Zeichen, Medien und Schrift eine Rolle spielen, annimmt, kann wiederum mit einer kleinen Beispielreihe gezeigt werden. Im Eddagedicht *Atlakviða in grœnlenzca* (Atlilied), das von der verräterischen Einladung des Hunnenkönigs Atli an die Brüder seiner Frau Guðrún berichtet, fragt Högni in Strophe 8 seinen Bruder Gunnarr: »Was denkst du, will uns die Frau andeuten, da sie uns einen Ring sandte, der mit Wolfshaar umwickelt ist?« Und er gibt auch gleich seine Interpretation dieses Zeichens: »Ich denke, dass sie uns eine Warnung schickte […] wölfisch [d.h. unheilvoll] ist unser Weg, wenn wir die Einladung annehmen.« Bekanntlich lässt sich Gunnarr weder von Guðrúns Warnung noch von Högnis Deutung davon abhalten, zu Atli aufzubrechen, und das führt zum Tod der beiden Brüder. Das eddische Gedicht *Atlamál in grœnlenzco* (Jüngeres Atlilied) erzählt denselben Stoff wie die *Atlakviða*, allerdings in einer ausführlicheren, vermutlich später entstandenen Fassung, die manchmal im Gegensatz zur szenisch knappen (›altgermanischen‹) Darstellungsweise der *Atlakviða* als balladenhaft-mittelalterlich bezeichnet worden ist. In den *Atlamál* wird ausdrücklich erwähnt, dass Guðrún vom geplanten Verrat ihres Mannes Atli erfahren hat, ihren Brüdern helfen will und dass sie deshalb »Runen ritzte«, die Vingi – ein Vertrauter König Atlis – »fälschte«, ehe er sie den Boten mitgibt (Strophen 3-4). Högnis gebildete Frau Kostbera, die sich »auf Runen verstand, las die Buchstaben beim hellen Feuer […] die Runen waren so wirr, dass es schwierig war, sie zu deuten«. Kostbera warnt Högni: »Ich deutete die Runen, die deine Schwester ritzte, die Helle lud dich dieses Mal nicht ein. Eines wundert mich am meisten […], was der Wissenden geschah, dass sie wirr ritzte; denn darauf war hingewiesen, dass euer beider Tod gemeint sei, wenn ihr rasch kämet; die Frau ließ einen Buchstaben aus, oder andere verursachten es« (Strophen 9, 11-12). Die *Atlamál* kennen das Motiv des mit Wolfshaar umwickelten Ringes nicht, so dass man sich die hier beschriebene Runenmitteilung vielleicht am ehesten auf einem Holzstäbchen zu denken hat, wie sie für den mittelalterlichen Norden vor allem aus Bergen überliefert sind. In der *Völsunga saga* (Saga von den Völsungen, um 1260–70), einer Vorzeitsaga, die die Heldensagenstoffe der Edda als fortlaufende Prosaerzählung präsentiert, findet sich die Warnung ebenfalls. Allerdings vertraut hier Guðrún nicht einer Mitteilungsform allein, sie ritzt vielmehr zuerst Runen (wiederum wird nicht erwähnt, auf welches Material) und wickelt dann Wolfshaare um einen Goldring. Beides übergibt sie Vingi, der »die Runen entdeckte und sie auf eine andere Weise wendete und zwar so, dass Guðrún in den Runen [die Brüder] aufforderte zu kommen«. Högni deutet die Wolfshaare als Warnung, doch Vingi kann ihm die Runen zeigen. Als Kostbera diese untersucht, stellt sich heraus, »dass etwas anderes geritzt

Guðrúns Warnungen

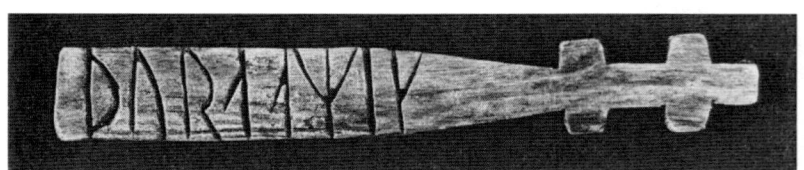

»Thura besitzt mich« – spätmittelalterliches Runenmerkzeichen aus Holz, Norwegen

war als darunter war und dass die Runen verwirrt waren«. Unnötig zu sagen, dass auch hier die Warnungen in den Wind geschlagen werden und das Unglück seinen Lauf nimmt.

Diese hochgradig literarisierte und stilisierte Motivsequenz in einer germanischen bzw. balladesken Form eines Heldenliedes und einer Prosaauflösung zeigt verschiedene Möglichkeiten des Umgangs mit der Schrift. Die ältere Fassung des *Atlilieds* verwendet mit dem Wolfshaar ein nicht-schriftliches, nicht-sprachliches Zeichen. Der Code ist für den Empfänger eindeutig, die Mitteilung kann nicht verändert werden. Im *Jüngeren Atlilied*, in dem die Warnung über ein sprachliches und schriftliches Zeichen erfolgt, ist die Mitteilung nicht mehr eindeutig, kann der schriftliche Text verändert, gefälscht werden. Dieser Text wird von der Leserin als Palimpsest im eigentlichen Sinn erkannt, nämlich als geschriebener Text, unter dem ursprünglich etwas anderes stand als das, was jetzt zu lesen ist. Die Motivbehandlung erfordert, dass die Schrifttechnik vorhanden ist. Es lässt sich hier auch beobachten, wie Varianz in der mittelalterlichen Schreibkultur als Überschreiben eines älteren Textes entstehen kann, und gleichzeitig manifestiert sich in den *Atlamál* eine seit Platon verbreitete Skepsis gegenüber der Schrift (so etwa Joseph Harris). In der *Völsunga saga* schließlich, die die beiden Motivstränge miteinander verbindet, erklärt und kommentiert der Erzähler ausdrücklich Guðrúns Beweggründe. Ihre verdoppelte Warnung zeigt auch, dass Medien sich in der historischen Entwicklung nicht einfach konsekutiv ablösen, sondern dass sie ineinandergreifen und gleichzeitig nebeneinander existieren können. In dieser Hinsicht geben die drei Textstellen ein bemerkenswertes Bild von einer implizit geführten Mediendiskussion in der isländischen Literatur um die Mitte des 13. Jh., die eine Vertrautheit mit Schrift voraussetzt.

Nicht-sprachliche Zeichen

Medienwandel, Medienwechsel

Verschriftung, Verschriftlichung

Als die ersten christlichen Missionare im 8. und 9. Jh. in die nordischen Länder zogen, trafen sie also nicht auf schriftlose Gesellschaften, auch wenn die Kenntnis der Runenschrift zu diesem Zeitpunkt nicht allgemein verbreitet, sondern nach wie vor die Angelegenheit und das Privileg einiger Weniger war. Das Christentum, das sich in Dänemark im 10., in Norwegen im späten 10. und frühen 11., in Island im frühen 11. und in Schweden im 11. und 12. Jh. durchsetzte, brachte jedoch mit der klösterlichen Schreibkultur die Grundlage für die eigentliche Verschriftung der nordischen Sprachen mit sich. Unter Verschriftung ist »die Umsetzung von Gesprochenem in das Medium der Schrift« als »individuell-kognitive Leistung« und als »das soziokulturelle bzw. -historische Umfeld« zu verstehen, während von Verschriftlichung gesprochen wird, wenn – auf der Basis der Verschriftung – einzelne Gattungen oder Texte im Hinblick auf die schriftliche Form konzipiert und niedergeschrieben werden (Hildegard L.C. Tristram). Die Verschriftung der nordischen Sprachen, also der Übergang Skandinaviens zur Schriftlichkeit, ist dabei ein komplexer und keineswegs einsträngiger und geradliniger Vorgang. In den verschiedenen Ländern und Regionen setzte sich die neue Kulturtechnik zu unterschiedlichen Zeiten und in unterschiedlichem Umfang durch, was zu einem großen Teil mit dem jeweils andersartigen Verhältnis zwischen Latein und Volkssprache zu tun hatte. Als Grundmuster, nach dem sich die Verschriftung im Norden vollzog, kann man aber ansetzen, dass als Erstes die Runenschrift für einige speziell definierte Bereiche eingesetzt wurde, dass darauf im Zug der Christianisierung im 10. und 11. Jh. das lateinische Alphabet für Texte in lateinischer Sprache verwendet wurde und

Verschriftung und Verschriftlichung

Runen, Latein, Volkssprache

Oralität, Literarität, Vokalität

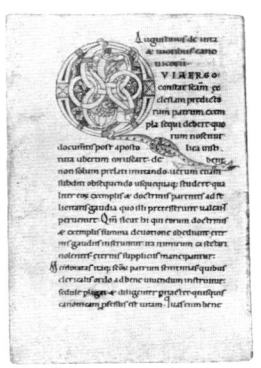

Necrologium Lundense, Handschrift mit lateinischen Einträgen (ab 1123)

dass schließlich diese Schrift auch für Texte in den Volkssprachen benutzt wurde.

Mit der zweiten Phase der Verschriftung beginnt die Eingliederung Skandinaviens in die Kultur der Kirche des Mittelalters, wobei sich der Übergang vom Latein zu den Volkssprachen für die einzelnen Gattungen ganz unterschiedlich vollzog. In einer ersten Stufe wurden lateinische Handschriften in der Regel ohne Bearbeitungen oder sprachliche Eingriffe in einem mehr oder weniger geschlossenen, lateinisch-gelehrten, d.h. meist kirchlichen Kreislauf kopiert. In einer weiteren Stufe konnten lateinische Handschriften mit Elementen in den Volkssprachen (z.T. als einzelne Glossen oder interlineare Übersetzungen) versehen werden. In einer dritten Stufe wurden ausschließlich volkssprachige Handschriften ohne Latein geschrieben. Das Latein war für den überwiegenden Teil der Bevölkerung die Sprache der feierlichen Zeremonien: Die liturgischen Bücher hatten als Requisiten in den Kulthandlungen ihren festen Platz und die Kirchenbesucher waren Zuschauer in einem Akt, den der Pfarrer mit den heiligen Gefäßen, Kleidern und Büchern durchführte; dies war die einzige Form, in der sie mit der lateinischen Buch- und Schriftkultur in Kontakt kamen. Das Buch repräsentierte jedoch noch lange nach dem Übergang zur schriftlichen Verwendung der Volkssprache einen herausragenden, oft geradezu heiligen Gegenstand und war – was vor allem frühe Gesetzeshandschriften wie das *Skånske Lov* (Schonisches Gesetz) von ca. 1200 zeigen – noch kein gewöhnliches Gebrauchsobjekt.

Die drei Schrift- und zwei Sprachtraditionen waren spätestens ab dem 12. Jh. gleichzeitig in Gebrauch und in zahlreicher Weise untereinander vermischt. Hinzu kommt, dass die Tradition der mündlichen Dichtung natürlich weiter existierte, sich entwickelte, neben der stets dominierender werdenden Schriftlichkeit – manchmal als »suppressed tradition« (Judy Quinn) – immer mitzudenken ist und Teil der Überlieferungsvarianz war. Bei mittelalterlicher Literatur allgemein und besonders für den Norden ist deshalb davon auszugehen, dass die Oralität und die Literarität nie völlig getrennte Bereiche waren. Mittelalterliche Texte waren in der Regel immer für eine aurale – über das Ohr laufende – Vermittlung gedacht, ob sie nun tendenziell eher schriftlich oder mündlich konzipiert waren: Die Stimme verschwand nach dem Einzug der Schrift nicht aus der Dichtung und die Vokalität (Ursula Schaefer) blieb im gesamten Mittelalter ein bestimmendes Element der Literatur.

Die ältesten Handschriften mit lateinischer Schrift stammen naturgemäß aus Dänemark, das als erstes der skandinavischen Länder christianisiert wurde und der europäischen Schreibkultur am nächsten lag. Nach dem Übertritt des dänischen Königshauses zum neuen Glauben um 960 wurde im 11. und 12. Jh. die Kirchenorganisation etabliert; um 1070 bestanden bereits etwa 550 Kirchen im Land. Orte der Schriftkultur waren die Klöster, deren Gründung in Dänemark noch vor 1100 einsetzte (z.B. ein Benediktinerkloster in Odense 1090, daneben solche in Skovkloster und Næstved), und die Stiftsstädte, von denen es 1060 bereits deren acht gab. Im frühen 12. Jh. wird Lund zum wichtigsten Schreibzentrum der nordischen Kirche. Hier entsteht 1123 mit dem lateinischen *Necrologium Lundense* (Lundenser Totenverzeichnis) die älteste wichtige, heute noch bewahrte Handschrift Dänemarks. Etwa gleichzeitig beginnt sich neben der kirchlichen auch die weltliche Obrigkeit in vermehrtem Maß der Schrift für die Administration zu bedienen. So stammt das älteste dänische Diplom aus dem Jahre 1135. Um die Mitte des 13. Jh. erfasst die volkssprachige Verschriftlichung die Gattung der sogenannten Landschaftsgesetze und das Dänische wird erstmals für größere Textkorpora verwendet.

Die älteste bewahrte Handschrift, die mit Sicherheit in Schweden hergestellt wurde, ist das sogenannte Kalendarium von Vallentuna von 1198 (*Vallentunakalendariet*). Die Handschriftenproduktion nimmt hier erst im 13. Jh. einen größeren Umfang an und ganz allgemein setzt die handschriftliche Überlieferung in Schweden spät ein. Heute sind rund 500 mittelalterliche Handschriften aus Schweden auf Latein und Altschwedisch erhalten, wovon ein Großteil aus dem späten Mittelalter und aus Vadstena stammt (15./16. Jh.). Die klerikale Literatur hatte auch in Schweden ihren Ursprung in den Stiftsstädten Uppsala, Strängnäs, Linköping, Skara, Åbo und den anfänglich nur spärlichen Klöstern (Alvastra, Varnhem, Roma, Sigtuna, Skänninge u.a.). Obwohl eine geographische Nähe dieser Orte mit jenen Gebieten ins Auge sticht, in denen die alte wikingerzeitliche und die mittelalterliche Runenüberlieferung besonders dicht war, gab es wohl nur wenige Verbindungen zwischen dieser frühen klerikalen Schriftkultur und den umliegenden Bauernsiedlungen. Während Latein in Schweden seit dem Übergang vom 12. zum 13. Jh. bis zur Reformation verwendet wurde, dauerte die mittelalterliche Phase der Herstellung von Handschriften mit Texten auf Altschwedisch lediglich von etwa 1300 bis etwa 1520. Zu den am frühesten verschriftlichten altschwedischen Gattungen zählen die Gesetze, von denen rund 400 Handschriften erhalten sind, darunter als älteste das Landschaftsgesetz von Västergötland (*Västgötalagen*) von ca. 1280 (Handschrift B:59 in der Königl. Bibliothek Stockholm). In größerem Umfang sind die anderen Gattungen der altschwedischen Überlieferung jedoch erst aus der zweiten Hälfte des 14. Jh. überliefert (z.B. der Codex Bureanus [Handschrift A:34 in der Königl. Bibliothek Stockholm] von 1350–70 mit dem Altschwedischen Legendarium [*Fornsvenska legendariet*]); die Mehrzahl der Handschriften stammt aus der zweiten Hälfte des 15. und dem frühen 16. Jh. und umfasst vor allem die *Offenbarungen* der Heiligen Birgitta sowie religiöse und weltliche Übersetzungsliteratur. Im 14. und 15. Jh. besaß neben Vadstena auch das birgittinische Kloster Nådendal in Finnland ein produktives Skriptorium. In Gotland wurde um 1350 eine Handschrift der *Guta saga* (Geschichte der Gotländer, entstanden um 1220) und des *Gutalag* (Gesetz der Gotländer, älteste Teile wohl ebenfalls um 1220) geschrieben, die die wichtigste Quelle für die älteste Sprachstufe des Gutnischen darstellt.

Laut Kurt Schier lässt sich die Tatsache, dass die weltliche Dichtung auf Altschwedisch von relativ bescheidenem Umfang war, unter anderem damit erklären, dass im mittelalterlichen Schweden – im Unterschied etwa zu Island, wo es im nordisländischen Kloster Þingeyrar eine eigentliche Benediktinerschule mit einer großen Bedeutung für die Entstehung der verschriftlichten Sagaliteratur gab – die Zisterzienser eine wichtigere Rolle spielten als die Benediktiner, die sich gerade durch ihre schriftkulturelle Tradition auszeichneten. Dass es im Mittelalter keine schwedische Literatur vom Rang und Umfang der isländischen gab, wäre demnach auch eine Folge der fehlenden Verankerung der benediktinischen Klöster in Schweden.

Im westlichen Norden herrschten im Mittelalter in vielfacher Weise andere Bedingungen für die Verschriftung als in den ostnordischen Ländern, die in den Hauptlinien mit den deutschen Gegebenheiten übereinstimmten. Die unterschiedliche Verteilung von Latein und Volkssprache und die größere Rolle des Altnorwegischen bzw. des Altisländischen an der gesamten Manuskriptüberlieferung in Norwegen und Island dürfte mit der allgemeinen kulturellen Situation, vor allem aber mit den etwas weniger engen Beziehungen zum Kontinent und mit der Mission zu tun haben. Norwegen pflegte seit dem 10. Jh. vielfältige Kontakte zum englischen Raum und hatte zahl-

Handschriftenüberlieferung in Schweden

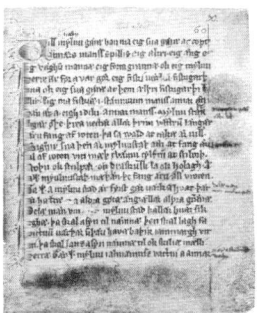

Äldre Västgötalagen, altschwedische Handschrift (ca. 1280)

Warum hat Schweden keine Edda?

reiche dynastische Verbindungen mit dem Adel in England und Schottland. Insbesondere erfolgte die Bekehrung zum christlichen Glauben im 10. und frühen 11. Jh. wesentlich von England aus, was vermutlich dazu beitrug, dass in Norwegen und Island die volkssprachigen Gattungen früher und umfassender als in Dänemark und Schweden verschriftlicht wurden. Dabei muss Island aufgrund seiner einzigartigen mittelalterlichen Kultur als Sonderfall bezeichnet werden, der vielleicht nur noch mit Irland vergleichbar ist.

Handschriftenüberlieferung in Norwegen

Auch in Norwegen waren die Domkirchen und Klöster entscheidend für die Etablierung der lateinischen Schreibkultur; Nidaros, das heutige Trondheim, wurde 1152 nach Lund (1104) und noch vor Uppsala (1164) zum zweiten Erzbistum des Nordens, und es gab Bistümer in Oslo (später nach Hamar verlegt) und Bergen. Die ersten Benediktinerabteien wurden um 1100 in Nidaros und ca. 1110/15 in Bergen gegründet. Im 13. und 14. Jh. spielten neben dem nach wie vor wichtigen Nidaros vor allem die beiden Städte Bergen und Oslo wichtige Rollen als literarische Zentren. In Bergen, dem Zentrum des norwegischen Reiches im 13. Jh., lagen die Kanzlei, der Hof und die Hanse in unmittelbarer Nähe nebeneinander. Handels- und Kulturverbindungen bestanden sowohl zum anglonormannischen England wie zu den norddeutschen Hansestädten und den atlantischen Inseln; in diesen Kontakten liegt die Erklärung für die Entwicklung der norwegischen Schriftkultur des 12.–14. Jh. Oslo wurde um die Festung Akershus im ausgehenden Mittelalter zum Hauptsitz des norwegischen Hofes; von hier wurde u. a. höfische Literatur nach Schweden vermittelt. Auf Latein finden sich in Norwegen außer den überall vertretenen Gattungen wie liturgische Texte, Diplome, Briefe mit der *Historia de antiquitate regum norwagensium* (Geschichte der Vergangenheit der norwegischen Könige, wahrscheinlich 1177–78) des Theodoricus Monachus und der anonymen *Historia Norwegiæ* (Geschichte Norwegens, vor 1211) zwei frühe Beispiele der lateinischen Historiographie. Zudem ist in Norwegen im Gegensatz zu Schweden und Dänemark eine große Zahl volkssprachiger Werke aus dem 13. und 14. Jh. überliefert, allerdings oft in isländischen Handschriften: Von den im 11. und 12. Jh. kodifizierten Landschaftsgesetzen sind früheste Handschriften aus dem 12. Jh. erhalten. Zu den ältesten Belegen für die altwestnordische Prosa gehört die Handschrift AM 619 4to von ca. 1200 der *Gamalnorsk homiliebok* (Altnorwegisches Homilienbuch), einer vermutlich in der Nähe von Bergen (Klöster Munkalíf oder Selja) entstandenen Predigtsammlung. Im Lauf des 13. Jh. wurden Textgruppen wie das Gefolgschaftsrecht (*Hirðskrá*), der Königsspiegel (*Konungs skuggsjá/Speculum regale*), höfische Dichtung (*Riddarasögur*) verschriftlicht.

Handschriftenüberlieferung auf den Färöern

Von den Handschriften, die im Mittelalter auf den Färöern in altfäröischer Sprache geschrieben wurden, sind vor allem verschiedene Abschriften des sogenannten *Seyðabrævið* (Schafsbrief), des 1298 erlassenen Gesetzes für die Inseln, bewahrt, dessen älteste erhaltene Handschriften aus dem 14. Jh. datieren. Die für die färöische Literatur wichtigste Gattung der Tanzballaden (*kvæði, tættir*) wurde erst im 18. und 19. Jh. verschriftlicht.

Handschriftenüberlieferung in Island

In Island tritt die lateinische Überlieferung gegenüber der volkssprachigen in den Hintergrund. Die Verschriftlichung der verschiedenen Gattungen auf Altisländisch begann in der ersten Hälfte und um die Mitte des 12. Jh. mit dem Gesetz des Freistaats (*Grágás*, wörtlich übersetzt »Graugans«), Genealogien, Bibelexegese und Historiographie (Ari inn fróði Þorgilssons *Íslendingabók* [Isländerbuch, ca. 1125] u. a.), wissenschaftlicher Literatur, dehnte sich in der zweiten Hälfte des 12. Jh. auf Texte wie den *Elucidarius* (übersetztes didaktisches, enzyklopädisches Werk, 12. Jh., älteste Handschrift um

1200) und den *Physiologus* (übersetzte Naturkunde, 12. Jh., älteste Handschrift ebenfalls um 1200) und narrative Gattungen wie die übersetzten Heiligensagas und die Königssagas aus und wurde im 13. Jh. mit den Bischofssagas und zeitgenössischen Sagas, den Eddaliedern, den Isländer-, Vorzeit-, Ritter- und schließlich Märchensagas abgeschlossen. Älteste erhaltene isländische Manuskriptfragmente stammen aus dem Zeitraum kurz vor oder um 1200 – das älteste Dokument mit isländischer Schrift ist der sogenannte *Reykjahóltsmáldagi* (Güterverzeichnis des Hofes Reykholt) von etwa 1185 –, ein Großteil der bewahrten Handschriften datiert aus dem ausgehenden 13. und vor allem aus dem 14., 15. und frühen 16. Jh. Nach einer durch die Reformationswirren verursachten Unterbrechung in der zweiten Hälfte des 16. Jh. kam es im 17. Jh. zu einer sogenannten Renaissance in der isländischen Handschriftenproduktion: Viele der mittelalterlichen Gattungen wurden auf quasi-mittelalterliche Weise von Hand kopiert, eine Tätigkeit, die sich für Sagas, Rímur, Gedichte bis zum Beginn des 20. Jh. hielt.

Die Verschriftlichung der einzelnen Hauptgattungen der altisländischen Literatur – Saga, Edda, Skaldik – vollzieht sich völlig unterschiedlich. Während die ab dem 9. Jh. entstandenen Eddalieder um die Mitte des 13. Jh. erstmals niedergeschrieben wurden und als Sammlung in einer Haupthandschrift von ca. 1270 sowie anderen Aufzeichnungen aus dem 13. und 14. Jh. dokumentiert vorliegen, wurde die Skaldik, die vermutlich ebenfalls im 9. Jh. entstand, nie als gesammeltes Korpus verschriftlicht, sondern mit wenigen Ausnahmen in die Handschriften der prosimetrischen Königs- und Isländersagas aufgenommen. Zu den ältesten Skaldik-Handschriften gehört die *Placitusdrápa* (Lobgedicht auf Placitus/Eustachius) von ca. 1200. Auch bei den meisten Isländersagas, deren Datierung besonders problematisch ist, klafft eine beträchtliche zeitliche Lücke zwischen Verschriftlichung und ältesten bewahrten Handschriften. Aus der Gruppe der ältesten Isländersagas, die etwa zwischen 1200/1220 und 1280 entstanden und zu der Texte wie die *Bjarnar saga Hítdœlakappa* (Saga von Björn, dem Helden aus Hítardalr), *Egils saga Skalla-Grímssonar*, *Fóstbrœðra saga* (Saga von den Schwurbrüdern), *Færeyinga saga* (Saga von den Färingern), *Grœnlendinga saga* (Saga von den Grönländern), *Hallfreðar saga vandræðaskáld* (Saga von Hallfreðr, dem schwierigen Dichter), *Kormáks saga* (Saga von Kormákr) u.a. gehören, ist lediglich für die *Egils saga* ein Handschriftenfragment von ca. 1250 erhalten (das älteste bewahrte Manuskript einer Isländersaga überhaupt), wäh-

Gamalnorsk homiliebok, altnorwegische Handschrift (ca. 1200)

Seyðabrævið, färöische Handschrift (14 Jh.) (Abb. rechts)

Gattungsverschriftlichung und Transmission

rend die anderen Sagas sozusagen alle erst in Sammelhandschriften ab dem 14. Jh. belegt sind. Auch für die Gruppe der in der zweiten Jahrhunderthälfte verfassten Isländersagas – *Eyrbyggja saga* (Saga von den Leuten auf Eyr), *Gísla saga Súrssonar* (Saga von Gísli, dem Sohn von Súrr), *Hrafnkels saga* (Saga von Hrafnkell), *Njáls saga* (Saga von Njáll) u.a. – setzt die erhaltene handschriftliche Überlieferung frühestens um 1300 ein. Für die Gruppe der späten Isländersagas – *Bárðar saga Snæfellsáss* (Saga von Bárðr, dem Schutzgeist von Snæfell), *Kjalnesinga saga* (Saga der Leute von Kjalarnes), *Króka-Refs saga* (Saga von Króka-Refr), *Víglundar saga* (Saga von Víglundr) u.a. –, die im 14. und 15. Jh. entstanden, erstreckt sich die handschriftliche Überlieferung bis in die frühe Neuzeit, ja von der bekanntesten dieser jüngeren Isländersagas, der *Grettis saga Ásmundarsonar* (Saga von Grettir Ásmundarson) existieren keine Handschriften, die älter als 1475 sind. Die drei großen isländischen Textkorpora wurden demnach spät verschriftlicht und ihre erhaltene, d.h. belegte, handschriftliche Transmission erfolgte in der Regel noch viel später. In mancherlei Hinsicht trägt ihre Überlieferung Züge des Spätmittelalterlichen und des Frühneuzeitlichen.

Europäisches Mittelalter und skandinavische Literatur

Birgitta von Schweden – die heilige Vermittlerin

Älteste Abbildung der Birgitta, italienische Handschrift (vor 1348)

Eine gegenüber Snorris Mythos vom Dichtermet und Saxos These von der Tradierung der Heldensagen wesentlich andere Konzeption, wie Dichtung entsteht, in die Welt kommt und welche Aufgabe sie dort hat, bietet jener Text, der oft als Hauptwerk der schwedischen Literatur des Mittelalters bezeichnet worden ist, die *Revelationes celestes* (entstanden 1344–73, 8 Bücher; *Himmlische Offenbarungen*, 1502), auch *Liber celestis reueleaciones* (Das himmlische Buch von den Offenbarungen) genannt, der Heiligen Birgitta von Schweden. Hier findet sich im Kapitel 52 des 1. Buches (1344–49) eine genaue Darstellung der Entstehung und Verbreitung eines heiligen Textes: Die Offenbarung beginnt damit, dass Maria zu ihrem Sohn spricht, ihn segnet und bittet, dafür zu sorgen, dass seine Worte (*verba tua*) in den Herzen seiner Freunde Wurzeln schlagen mögen und über die ganze Welt verbreitet werden. Christus segnet und preist seinerseits die Mutter. Ihretwegen will er seine Worte in den Herzen seiner Freunde festigen. Darauf wendet sich der Herr an seine Braut (*sponsa*) Birgitta. Sie solle ihrem Beichtvater, Jesu Freund, den Auftrag erteilen, dass er »diese geschriebenen Worte gewissenhaft vorlegt und sie dem Erzbischof und danach dem zweiten Bischof überreicht, und wenn diese genau untersucht worden sind, soll er sie an den dritten Bischof senden«. Weiter weist Jesus Birgitta an: »Sag ihm [dem Beichtvater] auch in meinem Auftrag: ›Ich bin dein Schöpfer und der Erlöser der Seelen. Ich bin Gott, den du über alle schätzt und liebst. […].« Der Beichtvater müsse seine Liebe zu Christus in seinen Taten zeigen. »Und meine Worte, die ich mit meinem eigenen Mund gesprochen habe, sollst du in die Öffentlichkeit bringen und sie in eigener Person dem Oberhaupt der Kirche vortragen […]. Und außerdem sollst du, zur weiteren Verdeutlichung meiner Worte, zum Papst das Zeugnis derer mitführen, denen meine Worte wohl schmecken und gefallen.« Der Landesherr, den Jesus zu seinem Glied auser-

Jesu Worte

wählt habe, solle ihm dabei helfen und ihn für die Reise mit wohlerworbenen Gütern versehen.

Aufgefordert von der Heiligen Jungfrau lässt der Herr hier über seine Braut und deren Beichtvater dem Papst und anderen Prälaten seine Botschaft zukommen. Diese Worte, Gottes Wort, das Zentrale der Offenbarung, werden von Maria und Jesus mittels einer Reihe von Vergleichen näher beschrieben: sie sind wie das Pech (*quasi bitumen*), das Noahs Arche zusammenhielt, und haften in den Sinnen und Herzen seiner Freunde; sie sind wie die lieblichsten Zweige und wohlriechendsten Blumen (*quasi flores odoriferi*) und tragen Früchte wie die wunderbare Dattelpalme, deren Süße die Seele erquickt; und sie sind – in einer eigenartigen Weise, die fast an die *Snorra Edda* erinnert, wird ›Text‹ hier wieder mit Verzehren und Auswerfen in Verbindung gebracht – wie »das Fett (*quasi aruina*), das desto schneller schmilzt, je größer die Wärme im Inneren ist. Wenn es aber keine Wärme gibt, dann wird es ausgeworfen und kommt nicht in die Eingeweide hinunter. So sind meine Worte, denn je mehr der Mensch in meiner Liebe glüht, wenn er sie isst und kaut, desto mehr wird er von der Süßigkeit der himmlischen Freude und der inneren Liebe genährt und desto stärker entflammt er in Liebe zu mir. Aber jene, denen meine Worte nicht gefallen, die haben wie Fett im Mund, das sie anwidert und das sie sogleich ausspucken und darauf treten.«

Pech, Blumen, Datteln, Fett

Birgitta, der in Ekstase oder in Meditation bzw. bei der Lektüre die Botschaften und Mitteilungen Jesu offenbart werden, fällt als Sprachrohr Gottes in diesem Kommunikationsprozess die Rolle zu, für die Verbreitung seines Wortes zu sorgen. Ihre Aufgabe ist es, im Auftrag des Herrn das Himmlische für die Irdischen zu vermitteln, eine Tätigkeit, für die es die Bezeichnungen *mediatio* (Vermitteln) und *revelatio* (Offenbaren) gibt. Die weitere Ausführung der göttlichen Aufträge obliegt dann mit dem Beichtvater, den Bischöfen, dem Erzbischof und dem Papst den Vertretern der Kirche. In einem für die bewahrte Form von Birgittas Texten spezifischen Wechsel zwischen exaltiertem Marienlob und krudem Materialismus setzt das 52. Kapitel eine Bildsprache ein, die sich an der lateinisch-biblischen Tradition orientiert und wohl vor allem von Heinrich Seuse übernommen wurde. Der Text ist von einer Metaphorik der Pflanzen, Gerüche, Düfte, Süßigkeit durchzogen und spricht den Seh-, Geruchs- und Geschmackssinn an, und er imaginiert die Christenheit als eine komplexe Familienbeziehung mit Mutter, Sohn, Braut, Vater.

Medium Gottes

Biblische Duftmetaphorik

Im Zentrum der Kommunikation zwischen Christus und dem Papst stehen Birgitta und ihr Beichtvater, über die sich die Offenbarung konstituiert. Damit thematisiert das 52. Kapitel des 1. Buches unter anderem den Medienwechsel von gesprochener zu geschriebener Sprache und verweist zugleich auf das reale, auch außertextlich relevante Transmissionsphänomen des Sprachenwechsels Schwedisch/Latein, das die *Revelationes* als Ganzes bestimmt. Diese für die mittelalterliche kirchliche Schreibkultur charakteristische Übersetzungsaktivität war eine der Voraussetzungen dafür, dass sich das Schwedische als Literatursprache überhaupt etablieren konnte. Der Verlauf lässt sich an der Entstehungs- und Überlieferungsgeschichte von Birgittas Offenbarungen schön illustrieren, ist aber nicht auf sie beschränkt.

Die Forschung setzt etwa folgenden Verlauf an: Nach dem Tod ihres Mannes, des schwedischen Lagmanns und Reichsrats Ulf Gudmarsson, im Jahr 1344 ließ sich seine 42-jährige Witwe Birgitta Birgersdotter, Mutter von acht Kindern, im Zisterzienserkloster Alvstra/Östergötland nieder. Die Offenbarungen, die sie sporadisch schon früher gehabt hatte, nahmen danach an Häufigkeit und Intensität zu. In Zuständen der Meditation nahm Birgitta

Textentstehung

Eigenhändige Handschrift der Birgitta (1360er Jahre)

Diktat, Entwurf, Übersetzung

andere Realitäten wahr und diktierte nach der Rückkehr zu sich selbst auf Schwedisch (sie verfügte wohl über vermutlich passive Lateinkenntnisse, schrieb aber wissentlich nie in dieser Sprache) ihrem Beichtvater oder Sekretär ihre Erlebnisse, die dieser niederschrieb und auf Latein übersetzte. Als Sekretäre wirkten am längsten der Subprior von Alvastra, Petrus Olovsson, und ein Geistlicher mit dem gleichen Namen aus Skänninge; ihr Beichtvater in Rom war der Spanier Alfonso, ehemaliger Bischof von Jaén. Manchmal verfasste Birgitta selber einen Bericht auf Altschwedisch (*fornsvenska*) – von diesen ansonsten verlorenen Texten sind zwei Blätter eines von Birgitta selbst geschriebenen Papiermanuskripts, die sogenannten Autographe, bewahrt (1360er Jahre) –, den der Sekretär auf Latein übersetzte. Diese ins Lateinische übertragenen Fassungen wurden dann in den 80er Jahren – möglicherweise im Zusammenhang mit der Einweihung des Klosters in Vadstena 1384 – ihrerseits ins Schwedische (rück)übersetzt, während Birgittas schwedische Originale die Vorlage für Übersetzungen ins Norwegische abgaben.

Literaturtheoretiker als Beichtvater

Eine erste theologische Prüfung und Auswahl der Offenbarungen erfolgte in den 40er Jahren durch Birgittas schwedischen Beichtvater, Magister Mattias von Linköping, und Bischof Henning aus Åbo. Mattias war auch der Verfasser des Prologs zu Birgittas frühesten Offenbarungen, einer Poetik (*Poetria*), die als erste die wiederentdeckte *Poetik* des Aristoteles verwendete, und einer Rhetorik (*Testa nucis*, Nussschale). Schon um 1345 hatte Birgitta mit der Niederschrift der Regeln für ein neues Kloster, das in Vadstena errichtet werden sollte, begonnen. Fünf Jahre später reiste sie nach Rom, wo sie bis zu ihrem Tod 1373 blieb. Der Orden wurde 1378 offiziell anerkannt. Ihre Kanonisierung erfolgte 1391.

Lateinische Texttradition

An der Textgeschichte war maßgeblich ihr letzter Beichtvater Alfonso beteiligt, der den schriftlichen Nachlass chronologisch ordnete und in acht Büchern versammelte. Auf Alfonso geht die stilistische Bearbeitung der von den schwedischen Klerikern angefertigten, in einfachem Latein gehaltenen ersten Übersetzungen zurück. Sie bestand darin, dass er diese den rhetorischen Gattungskonventionen und der Stilebene, wie sie in Europa gängig waren, anpasste. Nach einer rund einhundertjährigen handschriftlichen Transmission – es existieren weit über 100, an zahlreichen Orten in Europa geschriebene lateinische Handschriften – wurde dieser lateinische Standardtext 1492 erstmals von zwei Mönchen in Vadstena ediert und in Lübeck gedruckt; 1502 erschien die erste deutsche Ausgabe (Nürnberg), und es gab bald auch Ausgaben auf Schwedisch, Englisch, Niederländisch, Italienisch, Französisch, Tschechisch.

Nicht zuletzt am Basler Konzil (1431–49) wurden die Orthodoxie und die Authentizität der *Revelationes*, die vom Leben Christi und Mariä, allgemeinen Reflexionen über das Dasein, aber auch konkret von Klosterangelegenheiten und Botschaften an bestimmte Personen wie den schwedischen König oder den Papst handelten, heftig debattiert. Insbesondere spielte die Frage eine Rolle, ob denn eine Frau überhaupt das Medium Gottes sein könne. Im Lauf des 15. Jh. setzten sich jedoch ihre Befürworter durch und am Ende des Mittelalters war die Heilige Birgitta von Schweden zu einer der mächtigsten weiblichen Stimmen in der Christenheit geworden (Claire L. Sahlin), eine Stimme allerdings, die von zahlreichen kirchlichen Würdenträgern vermittelt, gefiltert und redigiert worden war. Denn an der Produktion der *Himmlischen Offenbarungen* waren neben der späteren Heiligen selber ihre vier Beichtväter und zahllose Kopisten beteiligt, und diese beschränkten sich nicht darauf, die Texte zu übersetzen, zu bearbeiten und anzupassen, auszuwählen und zu ordnen, sondern sie fügten mit einem Prolog (Magister Mattias), einer Biographie (Peter Olovsson von Alvstra und Peter Olovsson von Skänninge), einem Offizium (Birger Gregersson) und anderen Schriften einen ganzen Ring von neuen Texten – eigentlichen Paratexten – um die Kerntexte hinzu. Birgittas *Revelationes* sind ein Paradebeispiel für die Überlieferung mittelalterlicher Literatur, in der ein Text in mehreren Fassungen, oft wie im vorliegenden Fall zudem in verschiedenen Sprachen (Latein, zahlreiche Volkssprachen) und Medien (mündlich/schriftlich, Handschrift/Druck) verbreitet wurde. Die *Himmlischen Offenbarungen* zeigen auch sehr deutlich, wie die Kanonisierung das Ergebnis eines bewusst herbeigeführten Textprozesses war.

Birgitta im Gebet, lateinische Ausgabe (1492)

Zur Entstehungsgeschichte dieser Kanontexte gehören auch die Bilder, die schon früh fester Bestandteil der Handschriften und später vor allem der Drucke waren. So stammt die älteste Abbildung der Birgitta aus einem italienischen Kodex, der vor 1384 geschrieben wurde. Zusammen mit den umfangreichen Gemälden und Skulpturen von Birgitta, die in Schweden und im Ausland ab dem späten 14. Jh. entstanden, trugen die Illuminationen und Holzschnitte wesentlich zur Birgitta-Ikonologie bei. Zu den typischen Szenen, in denen die Heilige in den Handschriften und Drucken immer wieder dargestellt wird, gehören die Ekstase und die meditierende Lektüre, das Gebet, die Vermittlung der Worte Gottes, die Schreibtätigkeit der Sekretäre. Bilder gehörten ganz offensichtlich von Anfang an zu den Texten der Birgitta. In gleichem Maß, wie Bilder im Mittelalter Geschichten erzählten und damit lesbar wurden, waren mittelalterliche Texte, ob handgeschrieben oder gedruckt, nicht nur Objekte, die und aus denen (vor)gelesen wurde(n), sie dienten vielmehr gerade in der Kombination mit Bildern auch der Betrachtung.

Text und Bild im Spätmittelalter

Die erhaltenen altschwedischen Übersetzungen der lateinischen Texte – es handelt sich um rund ein Dutzend, zwischen dem späten 14. und frühen 16. Jh. entstandener Handschriften – gehen, wie vor allem der schwedische Mediävist Lars Wollin gezeigt hat, alle auf das klösterliche Skriptorium in Vadstena zurück. Hier bildete sich mit Ausgangspunkt in eben dieser, gegenüber der lateinischen sekundären, altschwedischen Birgitta-Tradition das literarische Schwedisch im späten Mittelalter als Übersetzungssprache heraus, wobei die »Birgittinische Textbehandlung« sowohl in der eigentlichen Übertragung der eleganten lateinischen Texte von Alfonso bestand, was in einem »lateinveredelten Altschwedisch« resultierte, wie in der nachfolgenden Bearbeitung, der »Verwaltung des Altschwedischen« im Kloster von Vadstena, so dass man in der schwedischen Sprach- und Literaturgeschichte von einem für diese Texte spezifischen »Birgitta-Schwedisch« spricht: Verschiedene Lesergruppen innerhalb und außerhalb des Klosters wurden mit schwedischen Texten versorgt, die keineswegs sklavisch übersetzt worden waren und mehr oder weniger starke Lateineinflüsse aufwiesen. Diese wechselnden Sprachformen der Offenbarungen trugen das Ihre dazu bei, dass die Texte Birgittas in einer ausgeprägten, mittelalter- und manuskriptspezifischen Varianz vorliegen. Die zwei verschiedene sprachliche Traditionen umfassende Textproduktion, die ihren Ursprung im Literaturzentrum Vadstena hatte, war quan-

Altschwedische Texttradition

»Birgittinisches« Schwedisch

Vadstena als literarisches Zentrum

titativ äußerst voluminös und entsprach etwa der gesamten restlichen Handschriftenüberlieferung im mittelalterlichen Schweden. Bei ihrer Auflösung umfasste die Klosterbibliothek über 1400 Bände, während die meisten europäischen Klosterbibliotheken nicht über 200 Bände besaßen und es etwa in Clairvaux Ende des 15. Jh. auch nicht mehr als ca. 1700 Bände gab.

Die Schrift- und Schreibkultur der kontinentaleuropäischen Kirche war der Hintergrund, vor dem in Schweden Texte wie die *Himmlischen Offenbarungen* entstehen und in der überlieferten Form verbreitet werden konnten. Im Fall der Heiligen Birgitta lässt sich jedoch auch von der Rückwirkung einer von Schweden aus gehenden Bewegung auf das Geistesleben des spätmittelalterlichen Europa außerhalb Skandinaviens sprechen, denn der von Birgitta initiierte Orden fand rasch Verbreitung und bis Ende des 15. Jh. waren in Skandinavien, Deutschland, England, Polen, Estland, Italien und Spanien zwischen 60 und 70 Birgittinische Klöster gegründet worden.

Übersetzen als Gottesdienst und Kulturtransfer

Während des 12. Jh. etablierte sich die klösterliche Schreibkultur und mit ihr die Lateinschriftlichkeit überall in den nordischen Ländern und zwischen dem 12. und dem 14. Jh. wurden die wichtigsten Gattungen der religiösen und weltlichen Literatur in den Volkssprachen verschriftlicht. Diese volkssprachige Verschriftlichung kam auf der Grundlage des umfassenden und umfangreichen Übersetzungswesens zustande, das neben dem Abschreiben die Haupttätigkeit der mittelalterlichen Textproduktion darstellte. Übersetzen aus dem Latein war auch für die Entwicklung anderer germanischer Sprachen zu Schriftsprachen die zentrale Operation: Das »erste Zeugnis des germanischen Schrifttums« (Wulfilas Übersetzung der Bibel ins Gotische aus dem 4. Jh.) ebenso wie die ersten Wörter »des ersten deutschen Buches« (althochdeutsch *abrogans* »demütig« und *samftmoat* »sanftmütig« aus dem *Abrogans* von ca. 750) entstanden als Übersetzungsleistungen (Peter Wapnewski). Ohne die Übersetzungen, die für die Kirche und den Hof angefertigt wurden, wäre auch im Norden eine volkssprachige Dichtung undenkbar – im Wesentlichen wurde die Kultur des europäischen Mittelalters durch die Schrift und die Übersetzung nach Skandinavien vermittelt, sie bildeten als tragende Säulen des Bildungssystems die Basis der Aneignung von Wissen.

Übersetzen im Mittelalter

Wissensaneignung

Der für die mittelalterliche Schriftherstellung elementare Akt des Übersetzens wird im Mittelalter in der Regel als Teil der sogenannten *translatio* betrachtet, was eigentlich das Übertragen an einen anderen Ort, z.B. die Überführung der Überreste eines christlichen Märtyrers, bezeichnet. Mit dem Begriff der *translatio imperii* wird die Vorstellung ausgedrückt, dass der Verlauf der Weltgeschichte als eine Abfolge von Weltreichen zu betrachten sei, während hinter dem vor allem von karolingischen Wissenschaftlern gepflegten Konzept der *translatio studii* die Überzeugung steht, dass im Lauf der Geschichte das Zentrum der Kultur und Bildung sozusagen von einem Ort zum anderen (Athen, Rom, Frankenreich) gewandert sei. Das *studium* – verstanden als Förderung und Aneignung dieser Gelehrsamkeit an den neuen Orten und in den (auch sprachlich) neuen Kontexten – bestand nicht zuletzt im Kopieren der (heiligen) Schriften. Die *interpretatio* als sprachpraktische Technik, wie sie in der Rhetorik zur Anwendung kam, zielte darauf ab, mit Hilfe von Synonymen eine (oft Wort-zu-Wort-)Übersetzung eines Textes zu erstellen, wobei es sich um eine zwischensprachliche Rohübersetzung oder Paraphrase wie auch um innersprachliche Bearbeitungen handeln konnte. Unter dem komplexen Begriff der *imitatio*, der in der Mimesis-Diskussion

Translatio studii, interpretatio, imitatio

der Poetik und Rhetorik eine wichtige Rolle spielte, wurde im Zusammenhang mit Übersetzung von Texten die sprachlich-stilistische und gattungsmäßige Nachahmung normativer Autoren oder Werke verstanden; häufig fiel die Anpassung eines Textes oder eines Stoffes an eine Gattung in einer intralingualen Übersetzung ebenfalls unter die imitatio.

Wo unser heutiges Textverständnis von der Autonomie eines gedruckten Werks ausgeht und deutlich zwischen Autor als dem eigentlichen Texthersteller und den Bearbeitern – Kompilator, Übersetzer, Redakteur usw. – unterscheidet, gab es in der mittelalterlichen Handschriftenkultur diesbezüglich keine prinzipiellen hierarchischen Unterschiede. Jeder an der Überlieferung eines literarischen Textes Beteiligte griff in den Prozess der literarischen Produktion ein, was u.a. zur Unfestigkeit der Texte der mittelalterlichen Varianz führte. Vorlagen, egal ob in einer fremdsprachigen Form oder in der eigenen Volkssprache, wurden den aktuellen und sich ständig ändernden Erwartungen (der Gattung, des Mäzens oder der Mäzenin, des Publikums usw.) und äußeren Bedingungen (zu verschiedenen Zeiten, in anderen Ländern und damit oftmals in anderen Sprachen, anderer bildungsmäßiger oder sozialer Gruppen usw.) angepasst, und so ist es angemessener, bei den im Folgenden zu behandelnden Phänomenen der Übertragung von Texten der europäischen Kultur des Mittelalters in die nordischen Sprachen von Adaption und Neuschreibung als von Übersetzung im engen Verständnis zu sprechen.

Kreative Übersetzer

Mit der umfassenden Adaption von Texttechniken, Textinhalten und Textformen, zuerst und lange ausschließlich aus dem Latein (ab dem 11. Jh.), später zusätzlich aus dem Altfranzösischen/Anglonormannischen (vielleicht ab dem späten 12., mit Sicherheit ab dem frühen 13. Jh.) und dann immer mehr auch aus dem Niederdeutschen (ab dem 13. Jh.) wurden Erzählmodi, Korpora, Gattungen als neue Texträume ins Dänische, Schwedische, Norwegische und Isländische überführt. An erster Stelle sind hier die grundlegenden Werke und Genres der Kirche zu nennen. Bibelübersetzungen standen im skandinavischen Mittelalter zwar nicht im Vordergrund der klösterlichen Übersetzungsaktivitäten; so gibt es beispielsweise keine Anzeichen dafür, dass die ganze Heilige Schrift vor der Reformation in eine skandinavische Volkssprache übersetzt worden wäre. Aber die Gattung ist doch u.a. durch Werke wie die altnorwegisch-isländische *Stjórn* (»Herrschaft«, Anfang 14. Jh.) – eine Kompilation auf der Basis der ersten Bücher des Alten Testaments –, eine altschwedische Paraphrase der fünf Bücher Mose (erste Hälfte 14. Jh.) und eine späte dänische Bibelübersetzung (aus dem Zeitraum 1475–90) belegt. In der gesamten altisländischen Dichtung, aber naturgemäß auch in der dänischen und schwedischen Legenden- und Gebetsliteratur finden sich zahlreiche biblische Allusionen, die manchmal auf Teilübersetzungen der Bibel zurückzuführen sind. Umfangreicher bewahrt und von ausschlaggebender Bedeutung für die Etablierung der mittelalterlichen Dichtung Skandinaviens allgemein sind die Übertragungen der Gattungen Hagiographie, Legende, Mirakel. Adaptionen von Viten und Legenden gehören zur Schicht der ältesten übersetzten Texte und die entscheidende Rolle der früh ins Altisländische übertragenen Heiligenleben (Heilagra manna sögur) für die Herausbildung der Sagaliteratur als solcher ist wiederholt betont worden (Gabriel Turville-Petre u.a.). In Dänemark und Schweden wurden Erzählungen über die internationalen und die einheimischen Heiligen anfänglich wohl sämtlich auf Latein geschrieben, doch schon um 1300 entstand beispielsweise in Schweden mit dem *Fornsvenska legendariet* (Altschwedisches Legendarium) auf der Grundlage der *Legenda aurea* (Goldene Legenden, 1260er–80er Jahre) eine Sammlung, die zu den ältesten umfangreicheren Texten in altschwe-

Adaption von Gattungen und Erzählmodi

Bibelübersetzungen im Mittelalter

St. Göran och draken – der Heilige Georg kämpft gegen den Drachen, Holzskulptur in der Storkyrkan in Stockholm (15. Jh.)

Heiligenleben

discher Sprache gehört. Früheste norwegische und isländische Handschriftenfragmente mit übersetzten Heiligenleben stammen aus dem 12. Jh., und dieses Korpus, dessen sprach- und literaturgeschichtlicher Einfluss auf die Entwicklung der mittelalterlichen isländischen Kultur nicht hoch genug eingeschätzt werden kann, umfasst über 100 Heilagra manna sögur sowie weitere voluminöse Sammlungen wie die *Postola sögur* (Sagas von den Aposteln, älteste Fragmente zweite Hälfte 12. Jh.) und die *Maríu saga* (Saga von Maria, entstanden um die Mitte des 13. Jh.). Im Rahmen dieser facetten- und umfangreichen Translationsbestrebungen, die man als eigentliches schreibenden Gottesdienst bezeichnen kann, wurden mit Stütze in der lateinischen Überlieferung die Möglichkeiten des volkssprachigen Schreibens in verschiedenen formalen Mustern erprobt und ausgedehnt, was vor allem in der westnordischen Literatur zur Herausbildung eines außerordentlich reichen Gattungsspektrums führte. Ein sehr illustratives Beispiel für diese Gattungsausdehnung in Kombination mit der Aneignung fremder Ausdrucksweisen bietet

Frühchristliche Skaldik

die frühchristliche Dichtung Islands, die zwar keine Übersetzungsliteratur im engeren Sinn ist, die aber die traditionellen Formen der Skaldik den Stoffen des neuen Glaubens und der für den Norden jungen christlichen Literatur öffnete, so dass in der zweiten Hälfte des 12. Jh. mit Preisgedichten auf die Heiligen der Kirche (*Placítusdrápa*, *Geisli* [Lichtstrahl, ein Gedicht über St. Olav]) und Texten wie *Leiðarvísan* (Wegweiser, ein Gedicht über ethisch richtiges Verhalten) oder *Harmsól* (Sorgensonne, ein Gedicht über das Glaubensbekenntnis und die Gnade) vorher unbekannte Töne einer religiösen Innerlichkeit in die christliche Dichtung Einzug hielten.

Zu den weltlichen Übersetzungsgenres gehört ein Großteil der aus dem Norden erhaltenen Fachprosa und wissenschaftlichen und didaktischen Literatur über Themen wie Theologie (*Elucidarius*), Naturkunde (*Physiologus*, Lapidarien usw.), Komputistik (also Zeitrechnung), Kosmographie/Kartographie, Erziehung, Medizin (z.B. frühe dänische Kräuterbücher des Henrik Harpestreng aus dem 13. Jh.), Kochen (dänische Rezepte von ca. 1300) u.a., in denen das Weltbild und das Weltwissen des mittelalterlichen Europa Eingang in die nordischen Texte fand. Im Bereich der Historiographie entstand mit Ausgangspunkt in der lateinischen Tradition die eigenständige, für das skandinavische Mittelalter spezifische Gattung der Konungasögur. Diese Sagas zeigen, wie sich in enger Anlehnung an lateinische Biographien über norwegische Könige und nordische Heilige (z.B. Óláfr Tryggvason, Óláfr Haraldsson, Heiliger Magnús von den Orkneys), die von isländischen Geistlichen in der zweiten Hälfte des 12. Jh., z.T. auf Latein, z.T. auf Altisländisch, verfasst wurden, eine neue historiographische Gattung in der Volkssprache herausbildete. Die Königssagas der ältesten und der formativen Periode (1120–1190 bzw. 1190–1220) wie das verlorene Werk *Hryggjarstykki* (»Rückenstück«, evtl. in der Bedeutung »[einzelnes Blatt eines] Kalbsfell[s]«, Mitte 12. Jh.) von Eiríkr Oddsson, die *Óláfs saga Tryggvasonar* (Saga von Olav Tryggvason, 1190er Jahre) des Benediktiners Oddr Snorrason aus dem Kloster Þingeyrar oder die verschiedenen Fassungen der *Óláfs saga helga* (Saga von Olav dem Heiligen) – *Älteste Óláfs saga helga* (um 1200), *Lífssaga* (Lebensgeschichte, vor 1230) – entstanden alle als Adaptionen lateinischer Vorbilder oder als direkte Übertragungen einer (oft verlorenen) lateinischen Vita. Eine Zwischen- und Übergangsstufe zwischen eigentlicher Historiographie und höfischer Dichtung markieren historische Werke des Altertums und des Mittelalters, die ebenfalls zu den am frühesten übersetzten Gruppen der Prosaliteratur gehören. In den Titeln dieser Sagas – *Veraldar saga* (Weltgeschichte, um 1190), *Gyðinga saga* (Geschichte der Juden, 1250/60), *Trójumanna saga* (Geschichte der Trojaner, um 1200), *Alexanders saga* (Geschichte von Alexander dem Großen, 1250/60), *Rómverja saga* (Geschichte der Römer, um 1200), *Breta sögur* (Geschichten der Briten, nach 1200) – tritt der doppelte Charakter des Gattungsbegriffs *saga* als »Geschichte« und »Erzählung« besonders deutlich hervor. Diese Antikensagas machten dem Norden das auf griechischen, römischen, englischen Schriftstellern und Gelehrten (etwa Dares Phrygius, Sallust, Lukan, Galterus de Castellione, Geoffrey of Monmouth) aufbauende Wissen über die antike und mittelalterliche Weltgeschichte in narrativer Form zugänglich.

Fachtexte und Historiographie

Königssagas

Antikensagas

Die Entdeckung der Fiktionalität

Ein herausragendes Beispiel für die Aneignung kulturellen Wissens durch die Adaption von Textmodellen aus einem anderen literarischen Zusammenhang bietet die höfische Dichtung. Vermutlich wurden die ersten altfranzösischen und anglonormannischen Romane im zweiten Viertel des 13. Jh. ins Altnorwegische übertragen. Wenn die Angaben des (allerdings erst in Handschriften aus dem 17. Jh. erhaltenen) Prologs der *Tristrams saga ok Ísöndar* (Saga von Tristram und Ísönd) stimmen, entstand diese *Tristan*-Erzählung in der altwestnordischen Form im Auftrag des norwegischen Königs Hákon Hákonarson im Jahr 1226; ein Mönch namens Robert soll die Übersetzung des anglonormannischen Textes, der wahrscheinlich zur sogenannten ›spielmännischen‹ Fassung des *Tristan* gehörte, ausgeführt haben. Weitere altnorwegische und altisländische Adaptionen französischer Erzählungen (Romane,

Rittersagas

fabliaux, lais) der *matière de Bretagne*, die also aus dem keltisch-normannischen Stoffkreis stammen, sind die *Möttuls saga* (Saga vom Mantel, französische Vorlage *Lai du cort mantel*), dann vier Sagas, die auf Romane Chrétiens de Troyes zurückgehen – *Ívens saga* (Saga von Íven, französische Vorlage *Yvain*), *Erex saga* (Saga von Erex, französische Vorlage *Erec et Enide*), *Parcevals saga* und *Valvers þáttr* (Saga von Parceval, Erzählung von Valver [Gauvain], französische Vorlage *Perceval*) – sowie die *Strengleikar* (Gesungene Geschichten), eine Sammlung von übersetzten *lais*, die Marie de France und anderen zugeordnet werden. Außerdem wurden Erzählungen aus der sogenannten *matière d'aventure* (Stoffkreis mit vorwiegend phantastisch-orientalischen Motiven) – *Flóres saga ok Blankiflúr* (Saga von Flóres und Blankiflúr, französische Vorlage *Floire et Blancheflor*), *Partalopa saga* (Saga von Partalopi, französische Vorlage *Partenopeus de Blois*), *Clári saga* (Saga von Clárus, Vorlage unbekannt, evtl. lateinisch) – übertragen sowie als umfangreiche Textgruppe Erzählungen aus der Gattung der französischen Heldensage, die sogenannten *chansons de geste* aus der *matière de France* (französischer Stoffkreis), *Karlamagnús saga* (Saga von Karl dem Großen, eine aus sieben Einzelsagas bestehende Kompilation von Texten aus dem Karls-Kreis, französische und lateinische Vorlagen u.a. *Chanson de Roland, Historia Caroli Magni, Le Chevalier Ogier de Danemarche, Chanson d'Aspremont, Chanson des Saisnes, Voyage de Charlemagne en Orient, Moniage Guillaume*), *Elis saga ok Rósamundu* (Saga von Elis und Rósamunda, französische Vorlage *Elie de Saint Gille*), *Bevers saga* (Saga von Bever, anglonormannische Vorlage *Boeve de Haumtone*). Alle diese Übertragungen wurden wahrscheinlich zwischen der Mitte des 13. und dem frühen 14. Jh. in Norwegen und Island vorgenommen. Zu den Rittersagas werden manchmal auch die in einem ähnlichen kulturellen Kontext entstandenen *Piðreks saga*, die Stoffe der germanischen Heldensage bearbeitet, und die *Barlaams saga ok Josaphats* (Saga von Barlaam und Josaphat), eine Übersetzung der beliebten Legende aus dem Lateinischen gestellt.

Teilweise mit Ausgangspunkt in den norwegischen Übersetzungen, teilweise als direkte Bearbeitungen französischer und deutscher Vorlagen wurden in den ersten Jahrzehnten des 14. Jh. drei Erzählungen ins Altschwedische übertragen. Bei diesen nach der Mäzenin, der norwegischen Königin Eufemia, bezeichneten *Eufemiavisor* (Eufemia-Gedichte) – *Herr Ivan* (wahrscheinlich 1303; gleiche Vorlage wie *Ívens saga*), *Hertig Fredrik av Normandie* (Herzog Fredrik aus der Normandie, wahrscheinlich 1308, Vorlage ein verlorenes deutsches Gedicht, das seinerseits eine verlorene französische Erzählung zur Grundlage hatte) und *Flores och Blanzeflor* (Flores und Blanzeflor, wahrscheinlich 1311–12, gleiche Vorlage wie *Flóres saga*) – handelt es sich im Unterschied zu den norwegischen und isländischen Prosafassungen um Gedichte, die den Knittelvers verwenden und somit formal den französischen Versromanen näherstehen. Die schwedischen Texte wurden in der zweiten Hälfte des 15. Jh. ins Mitteldänische übertragen und 1504 und 1509 gedruckt. Aus der gleichen Zeit stammen Bearbeitungen der *Karlamagnús saga*: *Karl Magnus* (schwedisch, ca. 1400), *Karl Magnus' Krønike* (Chronik von Karl dem Großen, dänisch, 15. Jh., Drucke 1509 und 1534).

Es ist zudem nicht unwahrscheinlich, dass im gleichen Entstehungszusammenhang mit Rittersagas und *Eufemiavisor* die Ballade als eine weitere große Gattung mit ungeheurer Nachwirkung und Langlebigkeit anzusiedeln ist. Wie der schwedische Balladenforscher Bengt R. Jonsson gezeigt hat, wurden die Formen und Stoffe der frühesten Tanzballaden im späten 13. Jh. aus Frankreich über das anglonormannische England nach Norwegen, das enge

Eufemiavisor, schwedische Handschrift (14. Jh.)

Tanzballaden

Beziehungen zu diesem Raum hatte, gebracht, auf derselben Route also, die auch für die Rittersagastoffe angenommen wird. Von Bergen und Oslo, den Zentren dieser umfangreichen Vermittlungstätigkeit, wurden die neuen Erzählformen – Rittersagas, *Eufemiavisor*, Balladen – in die anderen Länder und Sprachen des Nordens verbreitet: In Island fertigte man wie in Norwegen Übertragungen aus dem Französischen und Lateinischen an und es bildete sich auf ihrer Grundlage die sehr produktive Gattung der Märchensagas heraus; außerdem entstand hier um 1300 wohl auch unter dem Einfluss der Balladen die spezifisch isländische Gattung der Rímur; auf den Färöern wurde vor allem die Tanzballade rezipiert, aus denen sich die wichtigsten Formen der färöischen Literatur entwickelten; in Schweden und in Dänemark wurden im 14. und 15. Jh. die höfischen Versromane und eng mit diesen verbunden die Balladen adaptiert.

Die stoffgeschichtlichen Verästelungen dieser Texte wurden hier so ausführlich dargestellt, um einen Eindruck von der Vielfalt und Überlieferungsdichte der Gattung *romance* im mittelalterlichen Skandinavien zu vermitteln. Ein Überblick über die nordische Literatur des 13. Jh. ergibt, dass die wichtigsten Gruppen der altfranzösischen Dichtung des 12. und 13. Jh. (Heldenlied, höfischer Roman, *fabliaux*, *lais*) ins Altnorwegische bzw. ins Altisländische übertragen und die zentralen literarischen Figuren des europäischen Mittelalters (Roland, Tristan, Iwein, Erec, Parceval) im Norden bekannt und verfügbar waren. Ähnlich wie in der mittelhochdeutschen Dichtung (Hartmann von Aue, Gottfried von Straßburg, Wolfram von Eschenbach u.v.a.) begründeten Adaptionen und Umschreibungen der höfischen Romane Frankreichs in Norwegen und Island, darauf in Schweden und Dänemark eine völlig neue Dimension der Epik. Wichtiger als der an sich schon beachtliche quantitative Umfang sind dabei die Auswirkungen, die die neuen Genres im Bereich der narrativen Möglichkeiten, also der Erzählformen und Erzählmodi, mit sich brachten und die abschließend kurz skizziert werden sollen.

Neue Gattung – neue Erzählmöglichkeiten

Im zweiten Kapitel der *Ívens saga* erzählt der Artus-Ritter Kalebrant, wie er einmal vor sieben Jahre in einem Wald auf ein Wesen traf, das er wie folgt beschrieb: »Ich sah einen hässlichen schwarzen Mann auf einem Baumstamm sitzen. Er hatte eine große Keule in seiner Hand. Er hatte einen größeren Kopf als ein Esel, sein ganzes Haar stand auf. Er hatte eine Glatze auf der Stirn, die zwei Spannen breit war. Er hatte Ohren, die offen und innen mit Haar bewachsen waren, pechschwarze Augen und eine krumme Nase. Der Mund so breit wie der eines Löwen. Seine Zähne waren scharf und groß wie die eines Wildschweins. Er hatte viel Haar und einen Bart wie ein Pferdeschwanz. Sein Kinn war mit der Brust zusammengewachsen. Er hatte einen langen, buckligen Rücken und lehnte sich auf seine Keule. In seiner Kleidung hatte er weder Wolle noch Leinen, sondern er hatte zwei Ochsenhäute um sich geschlungen. [...] Und als er mich bemerkte, schaute er mich an und sagte doch nichts. Deshalb dachte ich, er sei ohne Verstand.« Kalebrants erste Frage an diese Erscheinung, die ihm umso fremder vorkam, als er die Nacht zuvor bei einem Ritter und seiner Tochter im größten Luxus verbracht hatte, lautete denn auch: »Bist du ein Mensch oder ein Geist oder sonst ein Wesen?« Der andere, der im Wald wilde Tiere hütete, antwortete, er sei ein Mensch und kein übernatürlicher Geist, und fragte seinerseits Kalebrant, wer er denn sei. Dieser sagte, er sei ein Ritter auf der Suche nach Abenteuern, damit er seine Tapferkeit und Ritterschaft erproben könne. Der Waldmensch antwortete, er habe noch nie von Abenteuern gehört, wies ihm dann aber doch den Weg zur magischen Quelle, die letztlich zum Auszug des Haupthelden der Saga, Íven, führt.

Begegnung mit dem Fremden

Kalebrant nimmt den ›Wilden Mann‹ anfänglich als halbtierische, kulturlose Naturgestalt wahr. Indem diese sich als Mensch mit der Fähigkeit zu sprechen und zu denken entpuppt, wird der Ritter, der sich außerhalb des zum Zentrum gehörenden Raums des Hofs und der Burg befindet, auf alternative Formen menschlicher Existenz aufmerksam gemacht, die nicht zufällig am Rand dieses Universums angesiedelt sind. Auf der anderen Seite ist dem Hirten die Lebensform des Ritters unverständlich. Die Begegnung mit dem Fremden relativiert die Position des Ritters somit gleich zwei Mal kurz nacheinander und zeigt ihm, dass es mehr als (s)eine Art zu leben gibt. In Fällen wie diesen lernt die Saga – hier durchaus als Gattungsbegriff verstanden –, gewissermaßen im Konjunktiv zu erzählen.

Möglichkeitsformen

Auch andere Rittersagas erkunden verschiedene Existenzformen, ja ein Text wie die *Tristrams saga* nimmt solche Potentialitäten zum Anlass, ein bewusstes Spiel mit uneindeutigen Identitäten zu treiben, und führt im Rahmen ihrer ausführlichen Geschichte einen Plot vor, der von Anfang bis Ende auf Täuschungen, Verstellungen und Missverständnissen beruht. Dieser Text lebt nämlich geradezu davon, dass er beispielsweise immer wieder zeigt, wie unzuverlässig Namen, also Identitäten sind, indem sie abgelegt oder verheimlicht werden können: Tristram nennt sich bei der ersten Begegnung mit seiner späteren Geliebten Trantris, »weil er fürchtete, dass der König und seine Feinde erkennen würden, wer er war«. Die gleichen Namen werden für verschiedene wichtige Figuren verwendet: Ísönd heißt gleich wie ihre Mutter, und als Tristram später die Schwester eines Herzogs heiratet, um seine geliebte Ísönd zu vergessen, trägt diese denselben Namen. Gegen Ende der Saga kommt ein großer, schöner Ritter zu Tristram und bittet ihn, seine Frau suchen zu helfen; er sagt, er heiße Tristram der Zwerg, »mit falschem Namen, denn ich bin ein sehr großer Mann«. Die Unterstützung, die Tristram diesem Fremden, der seinen eigenen Namen trägt, gewährt, führt zum Tod der beiden, denn im Kampf gegen sieben Brüder, die sich des Schlosses von Tristram dem Zwerg bemächtigt haben, fällt Tristram der Zwerg und Tristram selber wird durch ein vergiftetes Schwert verwundet (Kapitel 94–95). Seine eifersüchtige Frau Ísönd täuscht den todkranken Tristram, indem sie ihn glauben lässt, Königin Ísönd, die ›richtige‹ Ísönd, die er nach wie vor liebt, komme nicht zu seiner Hilfe. Tristram stirbt aus Verzweiflung, da er annimmt, Ísönd habe ihn verstoßen, diese findet ihren Geliebten nur noch tot vor und stirbt selber aus Kummer. Einige isländische Handschriften versuchen zwar, zwischen Ísönd, Tristrams Geliebter, und seiner Frau zu unterscheiden, indem sie letztere Ísodd nennen, doch diese klärende Trennung ändert nur wenig an der grundlegenden Verunsicherung, die in der Saga durch solche Namenspiele hervorgerufen werden soll und die im idealen Fall zu einem Nachdenken über die Möglichkeiten von und in Dichtung führen kann. Hier lässt sich beobachten, wie ein neuer Erzählmodus den Anlass bietet, die Welt in der Literatur auszuloten.

Spiel mit Namen

Fiktionale Welten

Es ist alles andere als ein Zufall, dass diese Innovationen im Kontext der Sagaliteratur das Ergebnis von Übersetzen als Prozess der kulturellen Aneignung und der Fortsetzung, Neu- und Umschreibung literarischer Texte waren. Die Rittersagas, sowohl die übersetzten norwegischen wie später die originalen isländischen, die *Eufemiavisor* und viele Balladen waren Glieder in Textreihen, die die keltischen, französischen, anglonormannischen, skandinavischen Erzählungen miteinander verbanden. In ihnen machte die skandinavische Dichtung des 13. Jh. erstmals in größerem Ausmaß Bekanntschaft mit den avanciertesten Formen und den neuen narrativen und rhetorischen Mitteln des höfischen Versromans, wie sie von Chrétien de Troyes musterbildend entwickelt worden waren. Diese Gattung trug überall in den europäischen Literaturen des Mittelalters maßgeblich dazu bei, die Grenzen des fiktionalen Erzählens auszuweiten – wie das Beispiel der altnorwegischen und isländischen Riddarasögur zeigt, auch im mittelalterlichen Norden. In diesen Erzählungen fand ein Dialog mit fremden Kulturen statt, eine Auseinandersetzung, die in Annahme und Abgrenzung bestand, und sich in der Adaption textuell vermittelter, neuer Ausdrucksformen niederschlug. Das explizite Reden über Gefühle etwa ist ein Beispiel für die literarischen Innovationen, die als Teil der höfischen Dichtung rezipiert wurden und die danach den Erzählmodus der jüngeren Eddalieder und Isländersagas, der Märchensagas sowie Balladen bestimmten.

Emotionalität

In zahlreichen Handschriften weisen Prologe, Epiloge und Erzählerkommentare im Text darauf hin, dass es sich bei den Rittersagas nicht um Originale handelt, sondern dass sie vielmehr auf fremdsprachigen Vorlagen beruhen. Die Existenz dieser Vorlagen wie der Übersetzungen selbst als geschriebene Texte wird dabei immer wieder hervorgehoben, so dass die Gattung von allem Anfang an über ein ausgeprägtes Schrift- und Schriftlichkeitsbewusstsein verfügt, das literarhistorisch gesehen ebenfalls eine zentrale Neuerung darstellt. Mit der ausdrücklichen Nennung von *bók* »Buch« wird beispielsweise in Prologen wie jenen der *Strengleikar* oder der *Þiðreks saga* ein Begriff eingeführt, der das Medium der Schrift in Unterscheidung zu dem der Mündlichkeit exponiert. Die *saga*, d. h. die »Erzählung«, von der in diesen Kommentaren ebenfalls ausdrücklich gesprochen wird, kann – so die kluge Ausführung des Erzähler-»Ichs« (*ek*) – verschiedene Formen in unterschiedlichen Sprachen annehmen: *bok þessor er hinn virðulege hacon konongr let norrœna or volsko male* (dieses Buch, das der würdige König Hákon aus der welschen [französischen] Sprache ins Nordische übersetzen ließ), heißt es in der Forrœða (Vorwort) der *Strengleikar*. An solchen und ähnlichen narratologischen und medientheoretischen Überlegungen lässt sich mitverfolgen, wie allmählich ein Reflektieren über die Möglichkeiten des metafiktionalen Erzählens entsteht.

Translation und Erzählerkommentare

Gewalt, Fragmente, Basteleien: *die* ars combinatoria *der Skalden*

Die Faszination der Zerstückelung

Die *Ragnarsdrápa* (Preisgedicht auf Ragnarr), ein vermutlich im 9. Jh. entstandenes, fragmentarisch überliefertes Gedicht, das Bragi hinn gamli (der Alte) Boddason, der allgemein als ältester, namentlich bezeugter Skalde gilt, zugeschrieben wird, präsentiert eine der zahllosen Darstellungen exorbitanter Gewalt in der altnordischen Literatur. Nach zwei Halbstrophen, deren Zugehörigkeit zu diesem Gedicht und an dieser Stelle unsicher ist, zitiert Bragi in den Strophen 3–7 mit dem Tod der Brüder Hamðir und Sörli bei König Jörmunrekkr eine der Kernszenen der skandinavischen Heldensage: »Jörmunrekkr erwachte wie aus einem schlimmen Traum zusammen mit den blutbespritzten Scharen im Kampf; im Haus von Randvérs Vätern [Jörmunrekkr] entstand ein Kampf, als die rabenschwarzen Brüder von Erpr [Hamðir und Sörli] ihren Kummer rächten. Das Blut des Kriegers [Jörmunrekkr] floss über die Bänke in den Saal, wo man die abgeschlagenen Hände und Füße

Das erste skaldische Gedicht

und das Blut sah; er fiel häuptlings in das mit Blut vermischte Bier – das ist auf dem Schild gemalt. Dort standen die Krieger, so dass sie den Schlafraum des Königs umringten; sogleich wurden Hamðir und Sörli mit harten Steinen beworfen. Der Krieger ließ Gjúkis Nachkommen [Hamðir und Sörli] ganz steinigen, die Svanhildrs Geliebtem [Jörmunrekkr] das Leben nehmen wollten, und alle vergelten den Söhnen Jónakrs [Hamðir und Sörli] die kraftvollprächtigen Stirnhiebe des Schwertes und die Wunden. Ich sage, dass dieser Fall der Seekrieger auf dem schönen Schild ist; Ragnarr gab mir den Schild mit vielen Geschichten.« Auf den drei anderen Teilen des bilderverzierten Schildes, dessen Beschreibung sich Bragis *Ragnarsdrápa* zum Inhalt macht, wird auf Szenen aus der Hilde-Sage (Hilde hetzt im sogenannten *Hjaðningavíg* ihren Vater Högni und ihren Entführer Heðinn gegeneinander auf) und auf die Mythen von Gefjon, die mit ihrem Riesenochsen ein Stück Land vom Schwedenkönig Gylfi gewinnt, und von Þórrs Fischfang angespielt.

Altnordische Ekphrasis: Schildbeschreibung

Die Sage von Sörli und Hamðir beschließt in der norrönen Überlieferung des Codex Regius der Lieder-Edda den Nibelungenzyklus und erzählt, wie die beiden Brüder, angestachelt von ihrer Mutter Guðrún, zum mächtigen Gotenkönig Jörmunrekkr ziehen, um an ihm den Tod ihrer Halbschwester Svanhildr – Guðrúns Tochter aus ihrer Ehe mit Sigurðr – zu rächen; diese hatte Jörmunrekkr geheiratet, ihn jedoch mit dessen Sohn Randvér betrogen, weshalb ihr Mann sie von Pferden hatte zertrampeln und seinen eigenen Sohn aufhängen lassen. Hamðir und Sörli gelingt es zwar, König Jörmunrekkr Hände und Füße abzuschlagen, doch weil sie auf dem Weg zum Kampf aus Hochmut ihren Halbbruder Erpr umgebracht haben, fehlt ihnen nun dessen Unterstützung und sie werden, da Waffen ihnen nichts anhaben können, von Jörmunkrekkrs Männern zu Tode gesteinigt.

Gewalt als thematische Dominante

Vorausgesetzt, dass die allgemein akzeptierte Datierung der *Ragnarsdrápa* zutrifft, verweist gleich das älteste bewahrte skaldische Gedicht in seinem Allusionsverfahren auf jene »Grausamkeit der Heldensage«, von der Walter Haug als einem eigentlichen Gattungsmerkmal spricht. Wiederholt wird beispielsweise in den isländischen Eddagedichten regelrecht ausgemalt, was die Forschung neutral als Sigurðrs ›Betttod‹ definiert und es klassifikatorisch seinem ›Waldtod‹ gegenüberstellt: Guðrún, Sigurðrs Frau, erwacht im Ehebett und »fließt im Blut« des von ihren eigenen Brüdern erschlagenen Mannes. Die Faszination der Heldensage, der Mythologie und damit der Skaldik, die sich dieser Erzählungen als thematischer Vorlagen bedient, an solchen zerstückelten, durchbohrten Körpern und abgetrennten Gliedmaßen ist allgegenwärtig, und das Motiv des ›Fließens im Blut‹ kann durchaus als Chiffre für die nordgermanische Heldendichtung als Ganzes stehen, wenn es auch selten so krass wie in den eddischen *Hamðismál* (Hamdir-Lied), dem ausführlichsten Beleg der Hamðir-Sörli-Sage, von einer Figur selbst ausgesprochen wird: »[…] im Blut, geströmt aus der Brust der Goten, lagen die Männer. Da sprach dies Hamðir, der Hochgemute: […] ›Deine Füße siehst du, deine Hände siehst du, Jörmunrekkr, ins heiße Feuer geworfen.‹ Da brüllte der Götterentstammte [Jörmunrekkr], kühn in der Brünne, als ob ein Bär brüllte: ›Steinigt die Männer, da Speere nicht beißen, weder Schwerter noch Eisen, die Söhne Jónakrs.‹ […] Dort fiel Sörli an der Giebelwand der Halle und Hamðir sank an der Rückseite des Hauses nieder.« (Strophen 23–31)

In sämtlichen Gattungen der altnordischen Literatur wimmelt es von Darstellungen fragmentarisierter Körper. Manchmal sind solche Zerstückelungsszenen Bestandteil von Weltentstehungs- und Fruchtbarkeitsmythen: Erde und Himmel werden laut der eddischen Kosmogonie aus den Körperteilen des erschlagenen Urriesen Ymir geschaffen (*Gylfaginning*, Kapitel 8). Der

Szenen aus der Sigurdsage: Sigurd durchsticht der Drachen; Vogelweissagung; Grani mit dem Hort; Braten des Drachenherzens; Enthauptung des Schmieds. Runentragender Bildstein in Ramsundsberget, Schweden (11. Jh.)

Leichnam des norwegischen Königs Hálfdan svarti wird in vier Teile zerlegt und an vier verschiedenen Orten beerdigt, um gutes Wachstum in allen Landesteilen zu sichern (*Hálfdanar saga svarta* [Saga von Hálfdan dem Schwarzen], Kapitel 9 in Snorri Sturlusons *Heimskringla*). Ent-Gliederungen, Des-Integrationen kommen aber auch in anderen Zusammenhängen vor: Der Fenriswolf beißt dem Gott Týrr den Arm ab, als er bemerkt, dass die Asen ihn getäuscht und in Fesseln gelegt haben. Egill Skalla-Grímsson wiederum beißt einem Widersacher die Kehle durch und drückt einem anderen ein Auge aus. Der gemarterte Körper des christlichen Märtyrers steht im Zentrum der umfangreichen hagiographischen Dichtung und findet seinen Niederschlag auch in der bildenden Kunst. Die *Sturlunga saga* listet lange Reihen systematischer Verstümmelungen auf. In den Ritter- und Märchensagas überbieten sich die Helden darin, im Zweikampf ihre Feinde in zwei Hälften zu spalten.

Diese geschundenen, durchbohrten, zerbissenen, zerstückelten Körper erfüllen in den individuellen Texten und Genres natürlich ganz unterschiedliche Aufgaben. Die Gewalttaten, denen sie ausgesetzt sind, und die Bestrafungen, die an ihnen vorgenommen werden, zielen jedoch häufig auf jene Körperteile, die diese Handlungen ausgelöst haben. Durch Kastration und Blendung werden beispielsweise in historisierenden Texten, die wie die Königssagas oder zeitgenössischen Sagas Bürgerkriegstraumata dokumentieren, Feinde, die besiegt worden sind, aber nicht getötet werden dürfen, weil es sich um Blutsverwandte handelt, ihrer Handlungs- und Zeugungsfähigkeit beraubt. In der sogenannten Haupteslösung (*höfuðlausn*), einer Untergruppe skaldischer Texte, rettet der Skalde seinen Kopf, indem er ein Gedicht auf den Fürsten vorträgt: Egill, der »Böses gegen den König gesprochen hat, kann das mit Lobesworten büßen« (*Egils saga*, Kapitel 59); Óttar svarti (der Schwarze), der wegen eines Liebesgedichts auf die Königin in Schwierigkeiten gerät, befreit sich mit einem Preisgedicht auf den König; Þórarinn loftunga (Lobeszunge), der dem König zuerst nur ein weniger prestigevolles Gedicht ohne Refrain, einen sogenannten *flokkr*, vorträgt, muss mit einer *drápa*, die solche Refrainstrophen enthält, nachbessern, um sich zu retten. Mund, Kehle, Halspartie bringen den Kopf der (sprachlich) offensiv agierenden Skalden dieser Haupteslösungsgedichte in Gefahr und ermöglichen seine Rettung. Die heroische und mythologische Dichtung und einige ›archaische‹ Isländersagas wie die *Egils saga* zeigen oft sehr plastisch und krass die Entleerung von Körpern – Blut, Schweiß, Speichel, Sperma, Exkremente, Erbrochenes, Wörter – und machen damit immer auch auf deren gefährdeten, unstabilen

Dichten gegen den Tod

Sigurd durchsticht den Schmied, Portal der Stabkirche von Hylestad, Norwegen (13. Jh.)

Status aufmerksam. Gewisse Körper leisten jedoch auch Widerstand gegen ihre Zerstückelung: Nach Egill Skalla-Grímssons Tod will ein Pfarrer die Dicke seines Schädels ausmessen, »er nahm eine ziemliche große Handaxt und schwang sie mit einer Hand so kräftig er konnte und schlug mit dem Axtrücken auf den Schädel und wollte ihn zerbrechen, aber wo die Axt auftraf, wurde er weiß, aber er bekam keine Delle und sprang auch nicht« (*Egils saga*, Kapitel 86). All diese abgetrennten Glieder, abgehauenen Köpfe, von Armen abgelösten Hände haben schon in der alten Literatur »etwas ungemein Unheimliches« (Freud). Oft erzählen die Sagas und Skaldengedichte, indem sie solche Phantasien von *le corps morcelé* (Lacan) fast traumartig visualisieren und dies manchmal geradezu in einer Art und Weise tun, wie sie mit der Ästhetik der Moderne assoziiert wird (etwa Dalí). Andererseits erzeugt auch die Vervielfachung von Körpern in den Doppel- und Wiedergängern, von denen die Sagaliteratur mit großer Freude erzählt, den phantastischen Effekt einer beunruhigenden Uneindeutigkeit von Identität. Imaginationen der Gewalt sind der Skaldik auf der thematischen und der formalen Ebene eingeschrieben – von ihrem ersten Auftauchen in der Überlieferung an lebt sie von dem Aggressionspotential der Heldendichtung, indem sie die ›Extreme‹ (Klaus von See) der ins germanische *heroic age* (Chadwick) zurückreichenden Gattungen Heldensage und Heldenlied übernimmt und in der Kenning formal komprimiert umsetzt.

Zersplitterung der Überlieferung

Es ist, als fände die Fragmentarisierung, die die Skaldendichtung auf der Ebene der Thematik inszeniert, ihre Entsprechungen in der Überlieferung der Gattung. Zum einleitend konstatierten Palimpsestcharakter der altnordischen Literatur tritt nämlich ihr Fragmentcharakter hinzu, der nirgendwo deutlicher zu beobachten ist als eben in der Skaldik. Wie oben angedeutet, geht die Forschung davon aus, dass es sich bei der *Ragnarsdrápa* um ein Bildgedicht handelt, also einen Text, der ein Gemälde oder einen Kunstgegenstand beschreibt, im vorliegenden Fall einen Schild. Als Textanlass stellt man sich vor, dass solche Ekphrasen Gegengaben eines Skalden darstellten, mit denen er sich bei seinem Mäzen, einem frühwikingerzeitlichen Fürsten, für ein Geschenk erkenntlich zeigte (Margaret Clunies Ross). Allerdings wurde Bragis Gedicht, um bei der *Ragnarsdrápa* zu bleiben, im Mittelalter lediglich in Form von Zitaten einzelner Strophen in Snorris *Edda* überliefert und geht in seiner Textgestalt als zusammenhängendes Schildgedicht auf eine im 19. Jh. vorgenommene Konstruktion zurück, was für die Skaldik durchaus typisch ist. Vor allem die längeren Gedichte sind in der Regel ausschließlich im Rahmen spätmittelmittelalterlicher Sagahandschriften bewahrt und kaum je in ihrer integralen Gestalt vorhanden. Allgemein ist der Status der skaldischen Texttransmission in gleichem Maß zerstückelt und prekär wie jener der skaldischen Körper, was jedoch dem Kunstempfinden des Mittelalters keine Mühe bereitet zu haben scheint. Das Bedürfnis, aus den überlieferten Einzelteilen und Splittern ein organisches Ganzes zu (re)konstruieren, entspringt erst dem Wunsch der Philologie nach zusammenhängenden Einheiten, die sich als geschlossene, sozusagen moderne Kunstwerke lesen lassen.

Philologie und Texteinheit

Die Atomisierung findet ihren Niederschlag jedoch auch in der poetischen Sprache der Skaldik selbst. Die Syntax der Dróttkvætt-Strophe und die Komposition der Kenning weisen nämlich Strukturen auf, die die Zersplitterung auf der formalen Ebene aufnehmen. So können die zueinander gehörenden Bestandteile einer skaldischen Halbstrophe (*helmingr*) über alle vier Zeilen verstreut sein. Es ist kein Zufall, dass der norwegische Mediävist Hallvard Lie 1957 einen Aufsatz über »Natur« und »Unnatur« als skaldisches Stilprinzip verfasste, zu einer Zeit, als die Diskussion über die modernistische

Lyrik in Norwegen eben einsetzte. Es hieße allerdings, die Merkmale der skaldischen Poetik grundlegend zu verkennen, wenn sie an einer realistischen Norm gemessen würden: In der Skaldik wird die Syntax vielmehr gezielt an ihre Grenzen getrieben, oft (wie Else Mundal neulich wieder betont hat), um in einer Art von Kraftakt zu erproben, wie weit sich poetische Sprache überhaupt ausdehnen lässt (was in Anbetracht des hohen Alters dieser frühesten altnordischen Gedichte größeren Umfangs literaturgeschichtlich bemerkenswert ist). Dass sie dabei den zentrifugalen Kräften nicht völlig nachgibt und ganz fragmentarisiert wird, hängt mit der ›Bändigung‹ durch das Regelwerk zusammen, das für die Erzeugung der Kenningar und Stab- und Binnenreime gilt.

Das skaldische Kaleidoskop

Diese Regeln, die den metrischen Rahmen abstecken, innerhalb dessen sich die Skaldik entfalten kann, sind in mittelalterlichen Poetiken und *claves metricae* (Versschlüssel) niedergeschrieben und aus der dichterischen Praxis der norwegischen und isländischen Skalden abzuleiten. Vor allem ist es die *Snorra Edda*, die im vierten und letzten Teil, dem *Háttatal* (Versmaßverzeichnis), das ganze metrische Spektrum der skaldischen Dichtung beschreibt. Anhand einer Serie von drei Gedichten in 102 Strophen, die von einem ausführlichen Kommentar begleitet sind, führt Snorri hier die Vielfalt der Versmaße und Reimmöglichkeiten vor. Einen Vorläufer hat das *Háttatal* im *Háttalykill* (Versmaßschlüssel), der dem Orkney-Jarl Rögnvaldr Kali Kolsson und dem Isländer Hallr Þórarinsson zugeschrieben wird und in den 1140er Jahren entstanden sein dürfte. Natürlich steht Snorris *Háttatal* zudem in der lateinischen Tradition, auch wenn er und andere isländische Metriker sich in gewissen Punkten von dieser abgrenzen. Die manchmal postulierte direkte Übernahme der mittelirischen Metrik kann dagegen ausgeschlossen werden.

Metriktheorie

Thematisch und genremäßig sind in dieser am schwersten zugänglichen der drei altnordischen Hauptgattungen – laut Klaus von See »sicherlich die bedeutendste, weil sie eigenständiger und charakteristischer ist als die anderen« – so unterschiedliche Bereiche vertreten wie Fürstenpreis, Begräbnisgedicht, Genealogie, Bildbeschreibung, Göttermythen und Heldenerzählungen, Christentum, historische Ereignisse, Gelegenheitsdichtung, Liebeslied, Spott. Bei dieser stofflichen Breite ist die Skaldik als Dichtungsform einer Kombinationsästhetik verpflichtet. Ähnlich wie das von Lévi-Strauss beschriebene ›wilde Denken‹ beruht das skaldische Dichten auf einer Art Basteln (*bricolage*): Aus einer begrenzten Anzahl von Einzelteilen werden in einem fortlaufenden Umbau immer neue Kombinationen hergestellt; Neues wird auf der Grundlage von Altem konstruiert und im Prozess der Interpretation und Transmission dekonstruiert; die Kombinatorik hat etwas kontrolliert Kontingentes an sich. Als »Fürst des Jordans« und »Herrscher der Welt« bezeichnet der Skalde Sighvatr Þórðarson in seiner *Erfidrápa Óláfs helga* (Erinnerungsgedicht für den Heiligen Olav, ca. 1040) den christlichen Gott und Christus und verbindet in den beiden einfachen Kenningar *Jórðánar gramr, hersir heims* alte Herrscherbezeichnungen mit neuer Bedeutung.

Komplexe Schemaliteratur

Die skaldische Variationskunst besteht darin, dass in den Texten ein Spiel mit bekannten Erzählungen stattfindet, auf welche in ausgeklügelten Verfahren verwiesen wird. Diese Allusionen sind zum einen rein inhaltlicher Art, z. B. wenn in Bragis *Ragnarsdrápa* die erwähnten Mythen und Heldensagen ausdrücklich mit Nennung der Figuren zitiert werden. Häufiger kommt jedoch vor, dass die Anspielungen Teile der Kenningar sind und in diesen Fällen

Die Mytho-Motorik der Skaldendichtung

beruht das skaldische Erzählen auf dem komprimierten Abrufen von Stoffen und Texten, so dass in den Kenningar eigentliche Kürzestnarrationen entstehen. Indem die Kenning immer auf Texte außerhalb der konkret vorliegenden Strophe hindeutet, erhält das Dichten der Skalden etwas grundlegend Grenzüberschreitendes. Die diesen intertextuellen Verweisen auf die zitierten Themen zugrunde liegende Motorik generiert entsprechend den Regeln, die etwa der Mythos von der Entstehung der Dichtung umschreibt, neue Kenningar. In den Poetiken und Metriken werden deshalb auch nicht abschließende Listen oder Inventare von dichterischen Ausdrücken vorgelegt, sondern Beschreibungen des Systems zur Bildung neuer Konstruktionen. Die Verdichtung und die Allusion der Kenning erlauben es, vielschichtige Gedankengänge auf engstem Raum zu konzentrieren und im Grunde unzusammenhängende Elemente miteinander zu verbinden. Der Skalde sieht, wie Jón Helgason es ausdrückte, oft zwei Dinge gleichzeitig. So sagt Arnórr Þórðarson jarlaskáld (Dichter der Jarle) in der ersten *Magnúsdrápa* (1046/47) von König Magnús, dass er »auf Meitis Hügeln mit den Skis des Meeres läuft«. Als Grundidee haben wir hier das einfache Bild eines Skiläufers. Die Bestimmungswörter im Genitiv (›Meitis Hügel‹ bzw. ›Skis des Meeres‹) lenken diese Vorstellung jedoch in eine andere Richtung, denn Meiti ist ein Seekönig und dessen ›Hügel‹ sind die ›Wellen‹, während die ›Skis des Meeres‹ für die ›Schiffe‹ stehen, so dass sich das Bild des Königs auf einer Segelfahrt ergibt. Da die Kenning in

Vorstellungs- und Zeitebenen in den Kenningar

den Bestimmungswörtern häufig auf die mythologische und heroische Sphäre verweist, kommt es im skaldischen Text immer wieder auch zu Kollisionen der Zeiten. In einem Eilífr Goðrúnarson zugeschriebenen Gedichtfragment, der sogenannten *Christus-Strophe* von um 1000 heißt es beispielsweise: »So hat der mächtige König Roms seine Macht über die Heidenländer gefestigt; man sagt, er habe seinen Sitz im Süden bei Urds Brunnen.« Hier wird Rom als Zentrum der Christenheit, wo Christus sich als Herrscher niedergelassen hat, dem Brunnen der Norne Urd aus dem Asenglauben gegenübergestellt und auch die Kenning für ›Länder der Heiden‹ – ›die Länder der Götter der Klippen‹ = ›Riesen‹ = ›Heiden‹ – spielt auf die alte Mythologie an. Die Präsenz unterschiedlicher Zeitebenen und Bildvorstellungen im selben dichterischen Ausdruck gehört zu den raffiniertesten Stilmitteln der altnordischen Kenningkunst und zeichnet die Skaldik als hochentwickeltes Dichtungsverfahren aus. Ihr extremes, radikal durchgehaltenes Formbewusstsein macht kontrastiv auf Grenzen anderer Verständnisse von Lyrik aufmerksam.

Ein Stilmittel wie die Verschlungenheit ist oft als zentrales Formprinzip der skaldischen Syntax bezeichnet und in Analogie zur wikingerzeitlichen Bildkunst gesetzt worden. In der Tat sind gewisse Parallelen zwischen den beiden etwa gleichzeitig auftretenden Kunstarten – Dróttkvætt der Skaldik/ Ornamentik der Bildstile (z.B. Oseberg [9. Jh.], Ringerike, Urnes [11. – frühes 12. Jh.) – nicht von der Hand zu weisen, auch wenn eine Herleitung der Skaldik einzig aus der darstellenden Kunst natürlich nicht haltbar ist.

Da die skaldischen Gedichte oft fragmentarisch überliefert und (auch, aber nicht ausschließlich deswegen) häufig schwer verständlich sind, erhalten ihre in den Handschriften vorgenommenen Kontextualisierungen eine große Rolle. Nicht selten handelt es sich dabei um nachträgliche, der Handlung der Sagaprosa angepasste Konstruktionen der Entstehungs- und Aufführungssituationen einzelner Strophen oder eines Zyklus. Diese Kontexte heben die große Bedeutung der Relation Skalde – Adressat – Publikum hervor und liefern in der Regel anekdotische Begründungen der Textanlässe. Ein besonders deutliches Beispiel bieten die erwähnten Haupteslösungsgedichte; hier stellen erst die narrativen Abschnitte der Sagas den Hintergrund zum Verständnis

Detail am Portal der Stabkirche von Urnes, Norwegen (11. Jh.)

der Strophen her. Auch ein abgeschlossenes Gedicht, das trotz schlechter Überlieferung ohne weiteres für sich allein stehen kann, wie Egill Skalla-Grímssons metapoetisches *Sonatorrek* (Der Söhne Verlust, um 960?), in welchem er im Gestus einer radikalen Auseinandersetzung mit Óðinn abrechnet und den Tod von zwei seiner Söhne beklagt, erhält durch die Einbettung in die *Egils saga* eine weitere Dimension, da dem Text eine autotherapeutische Wirkung bei der Überwindung von Egills Schmerz über den Verlust und seines Lebensüberdrusses zugeschrieben wird: »Egill begann wieder aufzuleben, je weiter er mit dem Dichten kam, und als das Gedicht vollendet war, da trug er es […] vor; dann stand er aus seinem Bett auf und setzte sich in den Hochsitz; dieses Gedicht nannte er *Sonatorrek*. Dann ließ Egill für seine Söhne nach der alten Sitte ein Totenfest halten.« (Kapitel 78)

Texte im Vollzug

In der sehr umfangreichen altisländischen Gelegenheitsdichtung (sogenannte *lausavísur* [lose Strophen]), die nicht mit der goethezeitlichen Konzeption des Dichtens aus Anlass einer subjektiv empfundenen Gelegenheit gleichgestellt werden darf, sondern im Zusammenhang mit der vor-modernen Dichtungspraxis der Normpoetik zu sehen ist, wird Dichten meist als Improvisation dargestellt. So erzählt die *Óláfs saga Tryggvasonar*, wie Hallfreðr Óttarsson an den Hof in Trondheim kommt, vom König selber getauft wird und den Beinamen »schwieriger Dichter« (*vandræðaskáld*) erhält, als Geschenk ein Schwert ohne Scheide bekommt und eine Strophe dichten soll, in dem das Wort ›Schwert‹ in jeder Zeile vorkommt: »Hallfreðr dichtete: ›Eines ist das Schwert unter den Schwertern, / das mich schwertreich machte; / für die Bewegungs-Götter der Schwerter [Krieger] / wird es nun schwertvoll werden. / Es wird keinen Mangel an Schwertern geben, / wert bin ich dreier Schwerte / Grassoden [Scheiden], wenn es gäbe / eine Scheide zu dem Schwert.‹ Da gab ihm der König die Scheide und sagte: ›Schwert kommt aber nicht in jeder Zeile vor.‹ Hallfreðr antwortete: ›Dafür zwei Mal in derselben.‹ ›So ist es‹, sagte der König.« (*Heimskringla*, *Óláfs saga Tryggvasonar*, Kapitel 83) Gelegenheitsstrophen erfüllen in den Sagas unterschiedlichste erzähltechnische Aufgaben – sie zeigen, wie sich ein jugendlicher Dichter profiliert, drücken persönliche Empfindungen von Figuren aus, leiten neue Erzählstränge ein, retardieren die Handlung, deuten auf Zukünftiges (Träume, Warnungen, Prophezeiungen) usw. – und sind von ganz unterschiedlichen Sprechern formuliert; in der *Eyrbyggja saga* (Saga von den Leuten auf Eyr, um 1240) etwa sagt ein abgetrennter Menschenkopf, der auf einem Hügel liegt, Totschläge voraus: »Der Rücken des Hügels ist gerötet vom Blut, verhüllen wird er die Häupter der Männer.« (Kapitel 43)

Die Kunst der Improvisation

Diese Tradition des Improvisierens von Gedichten wurde in der isländischen Dichtungstheorie des 17. Jh. dann einem vor allem bei Neumond auftretenden, poetischen Rausch zugeschrieben (*poetica vertigo*), der sogar dem deutschen Poetiker Daniel Georg Morhof in seinem *Unterricht von der teutschen Sprache und Poesie* (1682) bekannt war: »Sie haben dieser Poesey grosse geheime fast zäubrische Krafft zugeschrieben wie sie dann auch ihre *Runas magicas* gehabt. Einige haben einen gewissen Trieb der Natur dazu gehabt / den sie Scallviingl, dass ist einen Poetschen Schwindel nennen / welcher sich gemeinlich mit dem neuen Mohn eingefunden / da diese auff solche art Lunatici oder Mohnsüchtige Poeten ihre Verse mit ungläublicher Fertigkeit außgeschüttet.« Die isländische Volksliteratur kennt bis ins 20. Jh. die Figur des *kraftaskáld*, des mit magischen Fähigkeiten ausgestatteten Dichters, der mittels seiner Wortkunst Schaden zufügen oder abwehren kann.

Die große Wirkung, die der Dichtung im mittelalterlichen Island beigemessen wurde, tritt in Fällen wie der Prosa, die das *Sonatorrek* umrahmt,

Die Kraft der Dichtung   klar zu Tage. Die Überzeugung, dass von Dichtung eine ganz besondere Macht ausgehe, zeigt sich in einer Gesellschaft, die wie die nordische (vergleichbar etwa der antiken griechischen) das Prinzip der Ehre des Individuums zum zentralen Movens erhebt, neben dem Preis- vor allem im Schmähgedicht. Im sogenannten *níð* (etymologisch mit ›Neid‹ verwandt, mit der Bedeutung ›Spott‹, ›Verhöhnung‹) wird die pragmatische Funktion der poetischen Sprache besonders deutlich. Meist handelt es sich um Einzelstrophen, mit denen eine Person in ihrer sozialen oder sexuellen Integrität gekränkt wird; der äußerst schwerwiegende Vorwurf der passiven Homosexualität stellt das Gegenüber in der öffentlichen Rede als unmännlich dar und untergräbt sein Prestige. Literarische Belege finden sich dafür, dass die Verhöhnung in den *níðvísur* (Schmähstrophen) durch begleitende Handlungen wie dem Errichten einer mit Runen beritzten, mit einem Pferdekopf versehenen Schmähstange (*níðstöng*) in ihrer Wirkung noch verstärkt werden konnte (*Egils saga*, Kapitel 57) oder dass eine Holzskulptur (*tréníð*, Holzschmähung) zwei Männer in einer ehrenrührigen Position hintereinander darstellte. »Das erschien als ein übler Fund, und man war der Meinung, dass die Lage keines der beiden, die dort standen, gut war, am wenigsten jenes, der vorne stand« (*Bjarnar saga*, Kapitel 17; ähnlich *Gísla saga*, Kapitel 2). *Níð* wurde im Gesetz des isländischen Freistaats (*Grágás*) ähnlich wie das Verfassen von Liebesgedichten für eine Frau (*mansöngvar*) streng sanktioniert. Mit der herausragenden Bedeutung, die der Dichtung zugeschrieben wurde, hängt die Rolle des Skalden zusammen, die er in den meisten Erzählungen einnimmt. Zu dieser Charakterisierung der Dichter als auserwählte Außenseiter passen Anekdoten, die schildern, wie sie ihre poetischen Begabungen erlangten. Von Sighvatr Þórðarson zum Beispiel heißt es in der *Óláfs saga helga* (*Flateyjarbók*), er habe sich in seiner Jugend nur langsam entwickelt; nachdem er aber einmal einen besonders schönen Fisch gefangen und zuerst dessen Kopf und dann das ganze Tier verzehrt habe, habe er sogleich eine tadellose Dróttkvætt-Strophe gesprochen; darauf wurde Sighvatr zum isländischen Skalden, der für seine sagenhafte Improvisationsfähigkeit berühmt war und von dem mit über 160 am meisten Strophen überhaupt bewahrt sind.

Begründungsgeschichten: der Mythencharakter der isländischen Literatur

Kartierungen, Genealogien, Verwandlungen

Im Kapitel 40 der *Egils saga* wird von einem Ballspiel berichtet, das zu folgenden Handlungen Anlass gibt: Der zwölfjährige Egill und sein älterer Freund Þórðr spielen gegen Egills Vater Skalla-Grímr und die beiden Jungen gewinnen die Überhand. Nach Sonnenuntergang jedoch wachsen Skalla-Grímrs Kräfte, er hebt den starken Þórðr hoch und wirft ihn mit solcher Gewalt nieder, dass dieser sogleich stirbt. Danach packt er den eigenen Sohn. Die zauberkundige Magd Brák, die Egill in seiner Kindheit aufgezogen hat, fährt dazwischen und Skalla-Grímr lässt Egill los und greift nach ihr. Brák läuft davon und kommt, verfolgt von Skalla-Grímr, an das äußerste Ende der Halbinsel Digranes, von wo sie in den Sund springt. »Skalla-Grímr warf ihr einen großen Stein nach und traf sie zwischen die Schultern, und weder sie noch der Stein kam danach wieder herauf; dort heißt es jetzt Brákarsund

(Sund der Brák).« Darauf erschlägt Egill den Gutsverwalter seines Vaters, den dieser sehr schätzte. – Die Episode vom Ballspiel (*knattleikr*), in dem Skalla-Grímr den besten Freund seines Sohnes umbringt, und von der Magd Brák, die sich für ihr Ziehkind opfert und von ihm gerächt wird, wird in der Saga in wenigen Zeilen abgehandelt. Die Szene, in ihrer lakonischen Erzählweise schon fast zynisch, bringt eine ganze Reihe von Elementen auf den Punkt, die für diesen Text, die Gattung Isländersaga und die altnordische Literatur des 13. Jh. im Allgemeinen kennzeichnend sind und von denen im Folgenden einige etwas genauer betrachtet werden sollen.

Tödliche Spiele

Die um 1220 entstandene *Egils saga* ist wie erwähnt vermutlich eine der ältesten Isländersagas – vielleicht steht sie sogar am Anfang der Isländersaga als schriftliche Gattung – und sie gehört zu den umfangreichsten Erzählungen dieser Sagagruppe. Es ist nicht auszuschließen, lässt sich jedoch auch nicht belegen, dass sie von Snorri Sturluson verfasst wurde, der dynastische Beziehungen zu der in der Saga beschriebenen Familie hatte und dessen übrige Schriften, vor allem die *Heimskringla*, zahlreiche Gemeinsamkeiten mit der *Egils saga* aufweisen. Diese Erzählung stellt die Schicksale und Taten mehrerer Generationen aus dem Geschlecht des Norwegers Kveld-Úlfr Bjálfason dar. Das erste Drittel der Saga erzählt, wie sich Kveld-Úlfr und sein Sohn Skalla-Grímr mit dem norwegischen König Haraldr hárfagri (Schönhaar) verfeinden und zur Auswanderung nach Island entschließen. Kveld-Úlfr stirbt zwar auf der Überfahrt, doch sein aufs Meer gelassener Sarg zeigt dem Sohn, wo er sich niederlassen soll. Skalla-Grímr nimmt umfangreiche Landstücke im Borgarfjörðr im westlichen Island in Besitz und errichtet zahlreiche Höfe. Seine Landnahme wird sehr ausführlich beschrieben: »Skalla-Grímr ging dort an Land, wo eine große Landzunge ins Meer hinausging […] und dort entluden sie das Schiff. Die Landzunge nannten sie Knarrarnes [Schiff-Landzunge]. Dann erkundete Skalla-Grímr das Land, und es war dort ein großes Moorland, weit zwischen Berg und Strand, genug Möglichkeiten für Seehundjagd und Fischfang. […] Dann nahm Skalla-Grímr Land zwischen Berg und Strand, die ganzen Mýrar [Moore] bis hinunter nach Selalón [Seehundbucht] und oben bis zum Borgarhraun [Lavazunge von Borg], im Süden bis zu den Hafnarfjöll [Hafenbergen] und alles Land im Einzugsgebiet der Flüsse des Borgarfjörðr [Fjord von Borg]. Im Frühjahr danach brachte er das Schiff nach Süden in den Fjord und in die Bucht, die der Stelle am nächsten lag, an der Kveld-Úlfr an Land gekommen war, und errichtete dort einen Hof und nannte ihn Borg [Burg, Felsen] und den Fjord Borgarfjörðr, und auch den Bezirk oberhalb nannten sie nach dem Fjord.« (Kapitel 28)

Landnahmemänner als Gründungsväter

Die Beschreibung von Skalla-Gríms Landnahme und Erkundung und Besiedlung des Borgarfjörðr breitet sich über mehrere Kapitel aus und steckt die geographischen Umrisse der Ländereien, die er sich in einem der zentralen Machtbereiche des mittelalterlichen Island zu eigen machte, genau (und bis heute nachvollziehbar) ab. Der Verweis auf die norwegische Reichsgeschichte ermöglicht eine Datierung dieser Landnahme etwa ins Jahr 890. In dieser (fingierten) räumlichen und zeitlichen Referentialität zeigt sich eines der bevorzugten Stilmittel der Isländersaga: ihre auf die Erzeugung von Historizität und Glaubhaftigkeit abzielende Erzählweise, eine höchst raffinierte Rhetorik, die immer wieder den Eindruck eines realistischen Berichts erweckt. In dieser ›großen Erzählung‹, auf dem die isländische Kultur ihren Gründungsmythos aufbaut, geht es um die außerordentlichen Umstände der Herkunft und des Ursprungs. Sagas wie die *Egils saga* und historische Texte wie die *Landnámabók* – das sogenannte Besiedlungsbuch, das im frühen 12. Jh. entstanden sein dürfte, in verschiedenen Redaktionen aus dem 13./14.

Der ›Realismus‹ der Saga

Ausblick von Borg über den Borgarfjörður

Saga und Ethnogenese

Semiotisierung der Landschaft

und dem 17. Jh. erhalten ist und eine systematische Auflistung von rund 430 Siedlern und ihren *landnám* in topographischer Anordnung rund um das Land mit Nennung von über 3500 Personen- und gegen 1500 Orts- und Hofnamen enthält – erzählen nämlich stets die gleiche Erzählung von der Entstehung Islands als eines mythisch geprägten Vorgangs der Rebellion (der führenden Schicht freiheitsliebender Norweger gegen den tyrannischen Herrscher Haraldr), des Exodus (über die hohe See) sowie der Ansiedlung und Etablierung einer sozialen Ordnung (durch die Oligarchie der auf die Landnahmemänner zurückgehenden Clans, sogenannte Goden) im neuen Land. Der Topos von der Inbesitznahme dieser *terra nova* – und damit einer *terra nullius*, also eines Niemandslandes – wird leicht, aber signifikant dahingehend abgewandelt, dass einige historische Texte wie die *Íslendingabók* von Ari hinn fróði (der Weise), die die Entdeckung Islands schildern, erwähnen, auf der Insel hätten vor der Ankunft der Norweger irische Einsiedlermönche gelebt, womit Island zu einem in seinen allerersten Anfängen christlichen Land gemacht wird, welches danach von ›edlen Heiden‹ entdeckt, besiedelt und aufgebaut wurde, um schließlich im Jahr 999 oder 1000 ›richtig‹ zum Christentum überzutreten.

Die meisten Isländersagas verwenden einen nicht unwesentlichen Teil ihrer narrativen Energie darauf, den an kulturellen Zeichen leeren Raum, in dem die Siedler ankommen, mit Bedeutung zu füllen. Die Sagas tun dies, indem sie – oft ganz ähnlich wie neuzeitliche Volkssagen – mittels Erzählungen über Ortsnamen die Landschaft zum Sprechen bringen: Knarrarnes ist jene Landspitze, an der Skalla-Grímr sein Schiff entlud, Brákarsund jener Sund, in dem Egills Amme versenkt wurde usw. Diese ätiologischen Sagen verleihen der namen- und zeichenlosen Landschaft Bedeutung, also Kultur. Die Konstruktion von Geschichte, eines der Hauptanliegen der Gattung Isländersaga, erfolgt über die Erzählung kleiner Geschichten, die häufig ihren Anlass in eben solchen Ortsnamen haben. Mit dem in der englischsprachigen Kulturtheorie verwendeten Begriff *mapping*, der etwa so viel wie »Kartieren« bedeutet, lässt sich dieser Prozess der kulturellen (meist dominant männlichen) Aneignung von (weiblicher) Landschaft und damit der Transformation von Landschaft in Kultur, wie ihn die Sagaliteratur darstellt, sehr präzis fassen. Die Verortung von Kultur, die die *Egils saga Skalla-Grímssonar* hier vornimmt, konstruiert eine Erinnerungsfigur, indem die Natur – als konkrete isländische Landschaft, die die Gemeinschaft umgibt – durch Sagas be-schrieben wird, indem ihr Erzählungen ein-geschrieben werden.

Neben der Kartierung von leerem Raum ist die Genealogie ein weiteres Hauptmittel, mit dem die Isländersagas Kontinuität, also Geschichte, konstruieren und in einen Dialog mit der Vergangenheit treten (Vésteinn Ólason). Die fiktionale Aneignung des Vergangenen schlägt sich zuerst in den Schriften der isländischen Historiker des 12. Jh. (z. B. Ari hinn fróði) und dann vor allem in den Sagas des 13. Jh. nieder. Diese Texte sind jedoch nicht nur Dialoge mit der Vergangenheit, sondern nehmen auch die Form eines Dialogs über die Vergangenheit an: Erinnerungen und Imaginationen über die Besiedlungszeit und die Freistaatszeit, die in den Isländersagas thematisiert werden, stammen zu einem wesentlichen Teil aus dem späten 13. Jh., als die Texte verschriftlicht wurden. Ein zentrales Element dieses Erinnerungsdiskurses sind naturgemäß Herkunftsgeschichten, gehören doch Genealogien zu den typischsten und ursprünglichsten Formen kultureller Mnemotechnik und verbinden die mythischen Anfänge mit der Gegenwart (Jan Assmann). Bereits im isländischen 13. Jh. etablierte dynastische Momente einzelner Texte führen im Lauf des 14. und 15. Jh. durch die systematische Verwendung genealogischer Erzählmuster zu dem von Margaret Clunies Ross beschriebenen Phänomen eines ›Familienbesitzes der Vergangenheit‹: Texte aus dem 13. Jh. wie die *Egils saga Skalla-Grímssonar*, die *Landnámabók* und die Vorzeitsagas über die sogenannten Hrafnistumenn (ein berühmtes norwegisches Geschlecht), oder lange nach 1300 entstandene Erzählungen wie die *Grettis saga Ásmundarsonar* weisen einzelnen Häuptlingsfamilien einen privilegierten Status zu. Dieser wird primär über genealogische Anknüpfungen an prominente Dynastien in Norwegen vermittelt, denn Herrschaft braucht auch im mittelalterlichen Island Herkunft. Diese literarische Konstruktion von Vergangenheit wird in den großen Sammelcodices des 14. Jh. (vor allem in den Handschriften, die wie die *Möðruvallabók* und die *Vatnshyrna* Isländersagas enthalten, aber auch in umfangreichen Kompilationen wie der *Flateyjarbók*, *Hauksbók* oder *Bergsbók*, die verschiedene Gattungen überliefern) einem weiteren Auswahl- und Kodifizierungsprozess unterworfen, der nochmals die Spuren einer Wahrnehmung und Darstellung trägt, die auf die familiäre Herkunft des Auftraggebers bzw. seiner Frau und deren sozialen, ökonomischen und vor allem ›mythologischen‹ Status fokussiert sind.

Isländersagas, Vorzeit- und Gegenwartssagas enthalten Darstellungen der sagenhaften Vergangenheit einzelner Familien, die in die Zeit zurückreicht, ehe der eine große Stammvater des Geschlechts aus Norwegen auswanderte und nach Island übersiedelte, und es wird weiter erzählt, wie sich die isländische Gesellschaft von der frühen Zeit der Besiedlung über die Konversion des Landes bis in die unmittelbare Vergangenheit des 11. und 12. Jh. entwickelte. Im Prozess des Erzählens erschafft sich die Gruppe der mittelalterlichen Häuptlinge eine vormittelalterliche Vergangenheit in Form der Sagaliteratur und diese Literatur wird für sie zur Geschichte. Während ›Tradition‹ für Kontinuität, Fortschreiben und Fortsetzen steht und nicht mit Rückgriffen über Brüche hinweg, auch nicht mit Verdrängen und Vergessen rechnet, ermöglicht die ›Erinnerung‹ die Erfahrung einer historischen Differenz. Erst das Bewusstsein, dass ein Bruch erfolgt ist, führt zur Schaffung von Vergangenheit. Aus einem solchen affektiven, kreativen Umgang mit Erinnerungen

Genealogisierungen

Die Attraktion der Herkunft

Tradition und Erinnerung

entsteht kulturelles Gedächtnis, das einen Vergangenheitsbezug herstellt und den Bruch überwindet. Für den vorliegenden Fall der Isländersagas bedeutet dies, dass sie erst nach dem Bruch von ›1262/64‹, als Island auf Unabhängigkeit verzichtet und Teil des norwegischen Reichs wird, zum Medium des kulturellen Gedächtnisses in Island werden. Ohne die auf den Verlust der Selbständigkeit folgende Phase Ende des 13. und Anfang des 14. Jh. gäbe es kein isländisches Vergangenheitsbewusstsein in der in den Isländersagas repräsentierten Form.

Sagas als kulturelles Gedächtnis

Isländer-, Vorzeit- und Gegenwartssagas, Texte wie Aris *Íslendingabók* und die verschiedenen Versionen der *Landnámabók* sind unter einem solchen Gesichtspunkt Elemente der mythenbehafteten Erzählung über die Vorgeschichte, den Exodus, die Einwanderung und Besiedlung, den Glaubenswechsel. Dieser Meta-Text hebt die Kontingenzen der historischen Entwicklung auf und stellt einen in sich schlüssigen, bis zu einem gewissen Grad als logisch und konsequent dargestellten Verlauf her, so dass die auf fiktionaler Basis beruhende Geschichtsauffassung, die diese Texte entwerfen, dank ihrer sinnstiftenden Kraft als eine narrativ wohlstrukturierte Einheit in das kulturelle Gedächtnis aufgenommen werden kann. Dieses ist auf Fixpunkte in der Vergangenheit gerichtet und kann die Identität der erinnernden Gruppe durch den Vergangenheitsbezug fundieren (Assmann). Genau dies geschieht mit den Isländersagas im ausgehenden 13., im 14. und 15. Jh., als sich isländische Häuptlinge, die ihren sozialen und politischen Ursprung in der Goden-Oligarchie des 11. und 12. Jh. haben, ihre Vergangenheit in symbolischen Formen repräsentieren lassen, was die Sagatexte zu gruppendefinierenden Vergangenheitserzählungen macht.

Das genealogische Denken, wie es in diesen Erzählungen zum Ausdruck kommt, wird durch Elemente des mythischen Denkens ergänzt. Die Mythisierung der Ursprünge – eines Königshauses, eines Geschlechts, der Isländer insgesamt – trägt wesentlich dazu bei, die Unterschiede zwischen dem ›damals‹ und dem ›heute‹ sichtbar zu machen. Die Gegenüberstellung, die beispielsweise die Isländersagas oder die Königssagas von den mythisch-heidnischen Anfängen und der christlichen Gegenwart vornehmen, ist dabei nicht nur eine zeitliche, sondern vielmehr eine mentalitätsmäßige und religiöse. In der *Eyrbyggja saga* wird ein heidnischer Tempel mit Vergleichen auf die heutigen, also mittelalterlichen Kirchen beschrieben; zu den Vorfahren und Verwandten von Egill Skalla-Grímsson gehören Úlfr hinn óargi (Wolf der Mutige), Bjálfi und Hallbera (Hall-Bärin), Hallbjörn hálftröll (Hall-Bär der Halbtroll), Ketill hængr (Hakenlachs), Kveld-Úlfr (Abend-Wolf), Þórólfr (Thor-Wolf) und diese halbtierisch-heidnischen Merkmale prägen die Personen – Egill trägt selber Züge des Werwolfs und des Bärs – und gehen erst mit den späteren Generationen in der Zeit nach der Christianisierung verloren; die dänischen und schwedisch-norwegischen Königsgeschlechter werden bei Saxo und Snorri (*Ynglinga saga* der *Heimskringla*) auf mythische Zeiten zurückgeführt; die Heldensagenkompilation der *Völsunga saga* und *Ragnars saga loðbrókar* zeigt den Prozess der Mythisierung der Heldendichtung in der norrönen Überlieferung des 13. und 14. Jh.; zahlreiche Vorzeitsagas versehen herausragende isländische Geschlechter mit prestigeträchtigen Ahnen in der alten Heimat.

Denken in Mythen

Nimmt man die in der Lieder-Edda, der Prosa-Edda, der Skaldik dokumentierte mythologische Dichtung im engeren Sinn hinzu, so kann man mit Margaret Clunies Ross vom Mythos als einem zentralen Denkmuster im Island des 13. Jh. sprechen. Große und wichtige Teile der isländischen Literatur zeugen von der Beschäftigung mit den alten Göttergeschichten und das Den-

Arbeit am Mythos

ken in Mythen strukturiert wie gesehen auch den Blick auf die Vergangenheit, die Rechtfertigung der eigenen Stellung und die Ansprüche, die man in der Gesellschaft daraus ableitet. In diesen Kartierungen, Genealogisierungen und Mythisierungen steckt eine erzählerische Dynamik, die bewirkt, dass aus Geschichten Geschichte (gemacht) wird.

Text macht Geschichte

Erinnerungsräume

Im zweiten Teil der *Njáls saga* wird erzählt, wie Njálls Hof Bergþórshváll von einer Gruppe von Angreifern umzingelt und in Brand gesteckt wird. Njáll und seine Frau Bergþóra lehnen es ab, das ihnen angebotene freie Geleit anzunehmen und das bereits brennende Haus zu verlassen, denn Njáll bezeichnet sich als zu alt, um seine Söhne, denen der Anschlag gilt, zu rächen und Bergþóra will ihren Mann nicht verlassen: »Jung wurde ich mit Njáll verheiratet und ich habe ihm versprochen, dass Eines über uns beide gehen soll.« Ehe sich die beiden in ihr Bett legen, um dort den Tod zu erwarten, weist Njáll seinen Verwalter an: »Nun sollst du sehen, wo wir uns hinlegen und wie ich uns bette, denn ich will mich nicht mehr von der Stelle rühren, auch wenn mich Rauch oder Feuer plagen; du wirst dann am genauesten erraten, wo unsere Gebeine zu suchen sind.« Der Verwalter darf sich in Sicherheit bringen, während Njáll, Bergþóra und ihr Enkel, der sich nicht von der Großmutter trennen will, unter einer Ochsenhaut dem Feuer zum Opfer fallen. (Kap. 129) – Njáll, neben Gunnarr á Hlíðarendi die Hauptfigur dieser umfangreichsten, um 1280 verfassten Isländersaga, ist sich als weiser, alter, aber dennoch nicht unbescheidener Mann bewusst, dass für seinen Nachruhm auch die Art und Weise seines Todes von Bedeutung ist und dass dazu das Auffinden des Leichnams gehört. Mit seiner Anweisung an den Verwalter will er sicherstellen, dass die Nachwelt den Platz, an dem er stirbt, auch wirklich findet. Obschon die kleine Szene im Ablauf des großen Überfalls nur nebenbei erwähnt und vom Text gar nicht weiter kommentiert wird, scheint Njáll sich hier geradezu auf die Gründungsanekdote der klassischen Memorialtechnik zu beziehen. Diese wird bekanntlich dem griechischen Dichter Simonides von Keos zugeschrieben, welcher die zur Unkenntlichkeit verstümmelten Leichen der Teilnehmer eines Festmahls, über denen die Halle zusammengestürzt war, identifizieren konnte, da er sich ihre Sitzordnung eingeprägt hatte. Wie der Grieche Simonides im 6. Jh. v.Chr. weiß der Isländer Njáll im Herbst des Jahres 1010 oder 1011 n.Chr., in dem er laut der Chronologie der *Njáls saga* ums Leben kommt, dass sich Erinnerung am besten über Orte (*loci*) konstituiert.

Gedächtnistheorie der Saga

Die Saga greift neben der Verräumlichung aber noch zu einem weiteren Mittel, um die Erinnerung an den gesetzeskundigen Vermittler Njáll zu sichern. Als die Spuren der Verwüstung, die der Mordbrand angerichtet hat, in Augenschein genommen werden, findet man die Leichen von Njáll, Bergþóra und dem kleinen Jungen unter der Ochsenhaut. Vom Jungen ist nur ein Finger verkohlt, den er unter der Haut hervor steckte. »›Der Körper von Bergþóra‹ – sagt der als Vertrauensmann und Überlieferungsträger hinzugezogene Hjalti Skeggjason, eine gewichtige, mit großer Autorität ausgestattete Figur in der isländischen Gesellschaft um die Jahrtausendwende – »scheint mir so zu sein, wie man vermuten konnte und doch gut bewahrt. Aber Njálls Aussehen und Körper scheinen mir so hell zu sein, dass ich noch nie einen gleichhellen Körper eines toten Mannes gesehen habe.‹ Alle sagten, dass dies so sei.« (Kap. 132) Der legendenhafte Zug, der Njáll in die Nähe eines christlichen Märtyrers rückt, konterkariert zwar die im Kapitel 129 anzitierte Ge-

Njálls Märtyrertod

dächtnistechnik, da die Leichen der Verstorbenen ja auch ohne Kenntnis des Sterbeorts hätten identifiziert werden können. Doch der unversehrte Leichnam trägt wesentlich zur Glorifizierung des Verstorbenen bei.

Wie sich Erinnerung vor allem am räumlichen Denken orientiert, zeigt auch Snorri Sturluson, der im Prolog der *Heimskringla* darauf hinweist, dass in den Gedichten *Ynglingatal* (Verzeichnis des Ynglingar-Geschlechts, 9. Jh., von Þjóðólfr ór Hvini) und *Háleygjatal* (Verzeichnis der Leute von Hálogaland, 10. Jh., von Eyvindr Finnsson skáldaspillir), die er im Folgenden zur Grundlage seiner Darstellung der frühen Geschichte Norwegens macht, neben den Todesumständen und Todesarten der Könige auch ihre Begräbnisorte erwähnt sind. Ausgehend von diesen Orten (Beerdigungs- oder Grabhügelstätte, *legstaðr* bzw. *haugstaðr*) kristallisiert sich das Gedächtnis an die verstorbenen Fürsten. Indem er die Entwicklung der Grabsitten in der alten Zeit – zuerst die *brunaöld* (Brennalter, in dem die Menschen eingeäschert und den herausragendsten unter ihnen zum Gedenken Bautasteine errichtet wurden), darauf die *haugsöld* (Hügelalter, in dem sie in Grabhügeln beerdigt wurden) – ausdrücklich kommentiert, macht Snorri zugleich auf die Unterschiede zwischen den früheren Epochen der Menschheitsgeschichte und dem jetzigen Zustand aufmerksam. Der als *siðaskipti* (wörtlich ›Wechsel der Sitten‹) bezeichnete Glaubenswechsel vom Heidentum zum Christentum markiert auch in der *Heimskringla* den entscheidenden Punkt in diesem historischen Verlauf.

Andere Prologe, vor allem in übersetzten und übersetzungsnahen Werken, betonen demgegenüber stärker als Snorri die Bedeutung der Schrift für die Sicherstellung der Überlieferung und Erinnerung. In der *Forrœða* (Vorrede) der *Strengleikar*, die auf die altfranzösischen *lais* von Marie der France zurückgehen, heißt es beispielsweise, die Geschichten seien »zur beständigen Erinnerung in Büchern aufgeschrieben worden«. Und die *Þiðreks saga af Bern* thematisiert im Prolog ebenfalls sehr ausführlich und differenziert die Funktion der schriftlichen Transmission für die Erhaltung und Verbreitung von historischem Wissen: »Wenn man unbekannte und lange Geschichten lernen will, ist es besser und geht weniger leicht aus dem Gedächtnis, wenn sie aufgeschrieben sind.«

Wie oben in Zusammenhang der *Egils saga* bereits ausgeführt, ist es in der Sagaliteratur primär und immer wieder die Landschaft und die in ihr lokalisierten Ereignisse, denen eine entscheidende Rolle als Garant der Erinnerung zukommt. Ein Text wie die *Grettis saga* ist untrennbar mit der isländischen Topographie verbunden und nimmt eine literarische Kartierung weiter Teile des Landes vor. Die pikareske Figur des starken Grettir lebte denn auch wie kaum eine andere in der Erinnerung und Imagination der Isländer durch die Jahrhunderte; zahllose, noch heute existierende Ortsnamen vom Typ *Grettisþúfa* (Grettishügel) oder *Grettisbæli* (Grettishöhle) erinnern an sein Herumirren und seine Taten während der fünfzehnjährigen Acht.

Erinnern bedingt jedoch auch Selektion und damit Verdrängen und Vergessen, und auch dafür bietet die altisländische Literatur eine Reihe von Beispielen auf der thematischen wie der medialen Ebene. In der eddischen Sigurd-Dichtung (*Grípisspá* [Voraussagung des Grípir] und evtl. im verlorenen *Großen Sigurd-Lied*) und entsprechend in der *Völsunga saga*, die sich im Kapitel 28 auf diese Stelle bezieht, ist der Vergessenheitstrank, den Sigurðr einnimmt, die Voraussetzung, dass er Brynhildr vergisst und Guðrún zu lieben beginnt, was erst die Katastrophe auslöst; nach seinem Tod wird auch Guðrún ein Vergessenheitstrank eingegeben (*Guðrúnarkviða önnur* [Zweites Gudrun-Lied]). In den *Hávamál* heißt es in den Strophen 13 und 14, Óðinn

Medien der Gedächtniskonstitution

Helgafell, Aquarell von
W. G. Collingwood (1897)

sei während eines Besuches bei Gunnlöð so betrunken gewesen, dass er in den Federn des »Reihers des Vergessens« (*óminnishegri*) gefangen war, wodurch eine wohl nur fragmentarisch überlieferte, aber doch bemerkenswerte Verbindung von Dichten (Mythos vom Dichtermet) und Vergessen vorgenommen wird. Laut der Theorie der isländischen Literatur- und Gender-Forscherin Helga Kress muss gar die gesamte Geschichte der altisländischen Literatur als ein großer und systematischer Prozess der Ausgrenzung und Verdrängung verstanden werden. Beim Übergang von der Mündlichkeit zur Schriftlichkeit, der als Folge der Bekehrung eintrat, und im Rahmen der Verschriftlichung der Dichtung sei nämlich die alte, vor-christliche, orale Kultur, in denen die Frauen eine wichtige Bedeutung als Literaturträgerinnen innegehabt hätten, von der neuen, christlichen, literalen Kultur der Männer verdrängt worden, so dass sie in den überlieferten Texten nur noch in Fragmenten und Spuren dokumentiert sei. Ein thematisches Beispiel für diese Ausgrenzung des Weiblichen aus dem schriftlichen Kanon ist die Magd Brák in der *Egils saga*, die als zauberkundige Repräsentantin einer älteren Kultur keinen Platz in der Gesellschaft (und der Literatur) der Männer mehr hat und deshalb ganz konkret versenkt und zum Schweigen gebracht wird – ein Mechanismus, der sich in der altnordischen Literatur, vor allem in den Vorzeit- und Isländersagas und der Edda, allgemein gegen Riesinnen, Zauberinnen und andere widerspenstige Frauen richtet.

Das verdrängte Matriarchat

Die wichtigsten Erinnerungsräume sind schließlich die Handschriften selbst, die die Literatur bewahren. Codices wie die von Vésteinn Ólason ›eine Art Grabstein‹ genannte Haupthandschrift der Lieder-Edda, die *Möðruvallabók* (Buch von Möðruvellir, Mitte 14. Jh., mit 200 Blatt und elf Erzählungen die wichtigste mittelalterliche Isländersaga-Sammlung), die *Flateyjarbók* (Buch von Flatey, 1387–94, 225 Folioblätter, umfangreichste Handschrift des mittelalterlichen Island überhaupt mit einer Kompilation von Königssagas und anderen Texten), aber auch die Manuskripte einzelner großer Sagas, wie jene der früh und außerordentlich breit überlieferten *Njáls saga* sind als ›Textarenen‹ bezeichnet worden, in denen die entscheidenden Ereignisse der isländischen Geschichte in verbindlicher Form repräsentiert

Handschriften und Textinszenierungen

sind. In diesen textuellen Erinnerungsräumen wirken Raum – als kartierte und semiotisierte Landschaft und als vielfältige Gedächtnisorte –, Zeit – in der religionshistorischen Gegenüberstellung von ›damals‹ und ›jetzt‹ (*þá* und *nú*) – und Herkunft – mit der Betonung der mythischen Ursprünge und dem genealogischen Muster der Herkunftskonstruktion – zusammen und gewährleisten, dass die Erzählungen über die Zeit der Vorväter der Gegenwart Sinn vermitteln können und deshalb nicht verloren gehen.

Island – eine Textgeschichte

Unerlässlich für die kontinuierliche Auseinandersetzung mit einer dergestalt vermittelten Vergangenheit sind neben dem 13. Jh., in dem die Sagas und die Eddalieder als schriftliche Texte entstanden, das 14. und 15. Jh., in denen die Texte, die Gattungen und die in diesen entworfenen Geschichtsbilder weiter überliefert wurden. In Epochen, in denen die Überlieferung aus Gründen der historischen Entwicklung an Selbstverständlichkeit verliert, besteht ein erhöhter Bedarf an Erklärung. Dies kann auch zur Kodifizierung von Wissen über die Vergangenheit führen, und genau dieser Prozess lässt sich in den isländischen Sammelhandschriften des 14. und 15. Jh. feststellen. Der Phase der Verschriftlichung der Sagas folgt in Island wie in vielen vergleichbaren Kulturen eine Phase der Kodifizierung, die auch gewisse Züge eines aktiv betriebenen Kanonisierungsprozesses trägt. Die quantitativ umfassende und sich über eine lange Zeitdauer erstreckende Überlieferung der im 13. und frühen 14. Jh. erstmals verschriftlichten Texte kann keinesfalls als rein reproduktiv bezeichnet werden. Das diachrone Moment, das die Transmissionsgegebenheiten für die isländischen Sagas in der medialen Form der Manuskripte mit sich bringen, enthält so zentrale Aspekte wie Varianz, Medienwechsel, Re-Oralisierung, Zeittiefe der Überlieferung, während auf der synchronen Ebene immer wieder zu beobachten ist, dass sich konventionelle Gattungsgrenzen auflösen, etwa zwischen den Isländersagas und den Vorzeitsagas oder den Rittersagas, aber auch zwischen den Isländersagas und historisch intendierten Werken im engeren Sinn wie die *Landnámabók*. Auch im Hinblick auf die variante handschriftliche Transmission ist eine Tendenz zur Auflösung der festen Grenzen eines Textes vorhanden, wenn ältere Fassungen durch neuere ersetzt werden, so dass sich ›ein Sagatext‹ eigentlich nur als Ensemble der Varianten bzw. als Ergebnis der durch die Intertextualität produzierten Möglichkeiten realisieren lässt. In dieser spät- und nachmittelalterlichen Überlieferungsphase liegt in kulturhistorischer Perspektive geradezu das eigentlich Spezifische der isländischen Literatur des Mittelalters.

Kanonkonstruktionen

Textvarianz und Gattungsüberschreitungen

Ganz generell muss auf die Verschriftlichung der Überlieferung, die die Kodifizierung der Isländersagas mit sich brachte, als wichtige Entstehungsbedingung von Vergangenheit hingewiesen werden. Erst mit der Schrift erhielten die isländischen Schreiber die Freiheit, die Vergangenheit neu zu schaffen und mündliche Traditionen einzubauen (Clunies Ross). Erst die medialen Errungenschaften, die die Schrift mit sich brachte, ermöglichte jedoch auch die Herausbildung einer Poetik der Intertextualität, wie sie für die Isländersagas und angrenzende Gattungen spezifisch ist, und dadurch das Entstehen eines Feldes von kohärenten, vergangenheitsbezogenen Erzählungen mit fundierenden Funktionen in Bezug auf einzelne Gruppen der isländischen Gesellschaft im isländischen Hoch- und Spätmittelalter.

In der Wahrnehmung jener mittelalterlichen Isländer, die aus unterschiedlichen Gründen ein sehr profundes Interesse an der Verschriftlichung und Transmission der Texte hatten, lässt sich auch ein Verlauf vom Mythos über die Literatur zur Geschichte feststellen, in welchem mythologisch geprägte Ursprungs- und Herkunftserzählungen konstruiert und – vermittelt in der Form der Saga – als eigene Vergangenheit akzeptiert und als verbindlich weitergegeben werden. Auswanderung und Landnahme stehen als markante Erinnerungsfiguren im isländischen kulturellen Gedächtnis, wobei natürlich nicht die Historizität, sondern vielmehr die Funktionen dieser Geschichtskonstruktionen in der Erinnerung entscheidend sind, denn in der erzählenden Form der Prosatexte repräsentiert sich die Vergangenheit, die erinnert wird, weil sie als wichtig betrachtet wird. Die Landnahme durch den Ahnherrn der Dynastie ist dabei die fundierende Handlung, die zur zentralen Begründung der Identität der Gruppe wird. Anders als bei jenen Mythisierungsprozessen, bei denen aus dem historischen Ereignis ein überzeitlicher Mythos hergestellt wird, könnte man im Fall der isländischen Sagaliteratur des 13. und 14. Jh. von einem Historisierungsprozess sprechen. Dieser umfasst allerdings in der Form der Saga ununterscheidbar Mythos und Geschichte.

Egill Skallagrímsson, isländische Handschrift (17. Jh.)

In dem ›interessierten Erinnern‹, das sich in diesen isländischen Erzählungen niederschlägt, findet ein sogenanntes ›heißes‹ Gedächtnis seinen Ausdruck, während ein ›kaltes‹ historisches Gedächtnis Formen der chronologischen Kontrolle generiert. Die literarische Überlieferung des Nordens ist mit diesem Begriffspaar recht präzis beschrieben: In Norwegen und im übrigen mittelalterlichen Norden – mit wenigen Ausnahmen wie beispielsweise der *Guta saga* – entstehen Textformen, in denen mit der Vergangenheit weit weniger kreativ umgegangen wird. In Island führt der produktive Umgang mit dem Vergangenen zu einer Semiotisierung der Geschichte, die in die Gattung der Saga mündet. Nur die Tatsache, dass die Sagaliteratur zum Hauptmedium für das kulturelle Gedächtnis Islands wurde, ermöglichte ihre handschriftliche Überlieferung bis zum Beginn der Moderne am Anfang des 20. Jh.

›Heißes‹ und ›kaltes‹ Gedächtnis

Für den durchschlagenden Erfolg der Rhetorisierungen und Konstruktionen, die die Sagas vornehmen, spricht nicht allein die Tatsache, dass die von den fiktionalen Erzählungen des isländischen Mittelalters entworfene Deutung der nationalen Geschichte zwischen dem 9. und dem 11. Jh. von den Isländern des ausgehenden Mittelalters und der frühen Neuzeit übernommen und hypostasiert wurde, sondern dass sich noch – im Gefolge der nationalromantischen Ideologie – die philologische Forschung des späten 19. und des 20. Jh. aufgrund ihrer vermeintlich realistisch-neutralen Erzählmodi veranlasst sah, an diese Bilder und Erzählungen anzuknüpfen und aus ihnen die Vorstellungen von einer Realität hinter den Textfiktionen zu konstruieren.

Der dänische Historiograph Saxo Grammaticus lag falsch, als er in seinen *Gesta Danorum* behauptete, die Isländer erinnerten die Großtaten anderer Völker, um dadurch den Mangel an solchen bei sich selber zu kompensieren: Die großangelegten Rekonstruktionen der isländischen Vergangenheit, die zur Etablierung literarischer Gattungen wie der Isländersagas führten, widerlegen Saxos Verdikt nämlich mit aller wünschbaren Deutlichkeit. In diesen Erzählungen, die in ihrer spezifischen Fiktionalität neue soziale und literarische Räume repräsentieren, ist die selbstkonstruierte Erinnerung an die für die Isländer epochalen Ereignisse von Auswanderung und Besiedlung, von Wiederaufbau der Gesellschaft in einem neuen Land und Glaubenswechsel niedergeschrieben. Auf diese Weise handelt die Sagaliteratur durchaus von bemerkenswerten, also erinnerungswürdigen, eigenen Taten, wovon auch der aktive und produktive Umgang mit diesen Erzählungen lange Zeit nach ihrer Verschriftlichung zeugt. Indem sie den Bruch, den die Ereignisse in der Geschichte des 13. Jh. markieren, überbrücken, werden die Sagas zu maß-

Saxos Irrtum

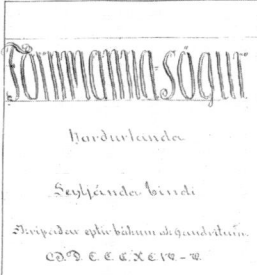

Isländische Sagahandschrift (Ende 19 Jh.)

geblichen Elementen in der Konstituierung des kulturellen Gedächtnisses im mittelalterlichen Island. Ohne die spätmittelalterliche Rezeption und die sich anschließende, produktive frühneuzeitliche Transmission der Texte in handschriftlicher und semi-oraler Form hätte sich die literarisch determinierte Erinnerung an die eigene Geschichte jedoch nicht so sehr im kollektiven Bewusstsein Islands verfestigen und stabilisieren können, dass sie über Jahrhunderte hindurch die große Erzählung der mythischen Herkunft und Entstehung sowie des jeweils gegenwärtigen Selbstverständnisses begründete.

Viele Sagas werden in den Handschriften mit Schreiberformeln wie »hier endet die Saga von NN« beschlossen. Zum letzten Mal wurde ein solcher Satz in einer isländischen Handschrift allerdings nicht vor den ersten Jahrzehnten des 20. Jh. geschrieben. Ein bemerkenswertes Charakteristikum der isländischen Kultur-, Literatur- und Mediengeschichte, das sie allenfalls mit der irischen teilt, besteht nämlich darin, dass die Sagaüberlieferung am Ende des Mittelalters keineswegs zu Ende war, dass vielmehr im 17. Jh. nach einer Unterbrechung während des Reformationszeitalters an die Tradition der handschriftlichen Vermittlung mittelalterlicher Erzählinhalte und -gattungen angeknüpft wurde, dass die Transmissionsform des Manuskripts für die Sagas und Rímur auch nach Einführung des Buchdrucks, der bis Ende des 18. Jh. auf die Herstellung von theologischen und juristischen Texten beschränkt war, existierte und dass diese prolongierte, quasi-mittelalterliche Handschriftlichkeit erst mit der Auflösung der sogenannten Abendwachen (*kvöldvökur*), an denen zur Handarbeit Sagas aus handgeschriebenen Manuskripten vorgelesen wurden, im Zeitraum zwischen etwa 1880 und 1920 ihre Funktion verlor und aufgegeben wurde. Damit kam eine ebenso dynamische und kreative wie langlebige Textgeschichte zu ihrem Ende.

Das Ende der Saga

Abendwache auf einem isländischen Bauernhof mit Sagavorlesung, Stich (19. Jh.)

Frühe Neuzeit (1500–1720)

Neue Anfänge

Das atlantische Projekt

Im siebten Kapitel des ersten Buches seiner monumentalen Darstellung *Atland eller Manheim* (Atlantis oder Menschenwelt, 5 Bände, 1679–1702) behandelt der schwedische Naturwissenschaftler, Mediziner und Historiker Olof Rudbeck, Professor in Uppsala, das hohe Alter seiner Heimat, das »aus den ältesten Schriften der Ägypter, Griechen und Lateiner wie auch unseren Schriften bewiesen wird. Verschiedene Namen werden hier angeführt, zuallererst Atland«, und bringt mit dieser Formulierung jene Vorstellungen auf den Punkt, die gewissermaßen als Summe des schwedischen Geschichtsverständnisses in der frühen Neuzeit gelten können: Schweden, dessen kulturelle Dignität seiner politischen Stellung als einer der führenden Mächte im Europa des 17. Jh. entspricht, ist die Wiege der menschlichen Zivilisation. Denn Rudbeck – neben vielem anderen einer der Entdecker der Lymphgefäße und maßgeblicher Pionier der Botanik, nach dem die Rudbeckia (Sonnenhut), eine Gattung aus der Familie der Korbblütengewächse, benannt ist – konstruiert in *Atland* einen Ursprungsmythos über die Entstehung einer nationalen Kultur, die mit den Anfängen der Menschheitsgeschichte überhaupt kongruent ist. Platons Atlantis, »von wo« laut Rudbecks Untertitel »Japhets Nachkommen, die vornehmsten kaiserlichen und königlichen Geschlechter in die ganze Welt, sie zu regieren, ausgewandert sind, so wie auch diese nachfolgenden Völker auszogen, nämlich die Skythen, Bore[=Saturnus]-Kinder, Asen, Riesen, Göten, Phrygier, Trojaner, Amazonen, Thraker, Libyer, Mauren, Trolle, Gallier, Kämpen, Kimber, Sachsen, Germanen, Swear, Langobarden, Wandalen, Heruler, Gepiden, Deutschen, Angeln, Pikten, Dänen, Seeräuber und andere«, ist, so führt der schwedisch-lateinische Text auf über 2500 Seiten und in zahlreichen Abbildungen aus, nämlich nichts anderes als jenes Land, aus dem entsprechend mittelalterlicher und frühneuzeitlicher Tradition die mächtigen kriegerischen Goten auswanderten (Jordanes' *Getica* [Geschichte der Goten, 551], Johannes Magnus' *Historia de omnibus Gothorum Sveonumque regibus* [Geschichte aller Könige der Göten und Schweden, 1554] u.a.) und in dem nach antiker Auffassung die friedfertigen gebildeten Hyperboreer lebten (vgl. Pindar, *Pythien* 10, 29 ff., u.a.) – eben Schweden.

Körpersäfte und Bewusstseinsströme

Die rhetorische Struktur von Rudbecks atlantischem Projekt ist somit bereits auf dem Titelblatt eloquent angelegt. In der Vorrede, in der er seine eigene Aufgabe als Historiker darin sieht, einen Weg durch den dichten Urwald der Überlieferungen zurück zu den Anfängen zu schlagen, fordert er vom »günstigen Leser«, er solle sich für die Lektüre des Werks viel Zeit nehmen und es entweder zehn Mal oder gar nicht erst lesen. Die äußere Motivation, einen solchen Riesentext zu verfassen, war eine Aufforderung des Historikers Olof Verelius gewesen, Rudbeck solle zu der von Verelius besorgten Erstausgabe der *Hervarar saga på Gammal Götska* (Saga von Hervör, in altem Gö-

Die Insel der Seligen – jenseits des Nordwinds

Ausschnitt aus dem Titelkupfer von Olof Rudbecks *Atlantica* (1679)

Echos von Pindar ...

... und von Platon

tisch, 1672) eine Karte von Schweden anfertigen. Aus dieser einfachen Bestellung einer Landkarte resultierte eines der bemerkenswertesten Werke der frühen Neuzeit in Skandinavien. Rudbecks *Atland* ist nämlich wie gesehen eine auf außerordentlich gründlichem Quellenstudium basierende Darstellung, in der eine Deutung der Ereignisse nach der Sintflut und dem Turmbau zu Babel, der Übertragung der in Skythien = Götaland = Schweden entwickelten Hochkultur in andere Länder und die präzise Verortung der Hyperboreer in Schweden vorgelegt werden. Wenn Rudbeck von den »hyperboreischen Schweden« (*de yfwerborne Swear*) spricht, knüpft er u. a. an Johannes Bureus an, einen der Begründer der schwedischen Historiographie, Sprach- und Kulturgeschichte, der schon früher im 17. Jh. erkannt hatte: »Wenn sie [die ausländischen Gelehrten] nicht verrückt sind, können sie ja sehen, dass die Hyperborei in Scandia sind.« Die Verbindung seiner Heimat mit Atlantis dagegen war Rudbecks eigene wissenschaftliche Leistung. Dass beispielsweise dessen Hauptort, wie ihn Platon im *Timaios* und *Kritias* beschrieben hatte, im heidnischen Alt-Uppsala lag, stand für ihn außer Zweifel, konnte er doch exakt 102 Merkmale festmachen, die für eine Identifizierung von Schweden und Atlantis sprachen.

Was Rudbecks Methode betrifft, so ist immer wieder sein kreativer Umgang mit den Quellen hervorgehoben worden. Zu diesen gehören für ihn neben der Geographie, der Natur, der Besiedlung und den alten Inschriften eines Landes (Runen- und Bildsteine, von denen es in Schweden so viele gebe) in erster Linie die mündlichen Sagen (*traditio*) und die schriftlich niedergeschriebenen Geschichten (*historia*), die jedoch beide im Verlauf der Transmission verändert worden seien, so dass man es außer mit »klaren und deutlichen Worten« auch immer wieder mit »Gleichnissen« und »Mythologien« zu tun habe. Im Zentrum von Rudbecks Bemühungen steht wie erwähnt der Nachweis des Ursprungs und der Geschichte Schwedens, sein dafür gewähltes Vorgehen ist empirisch und komparatistisch. So zählt er zu den ersten grabenden Archäologen in Schweden und studiert sein Material, die

Bodenschnitte, mit den Augen des Anatomen, der er auch ist. Er studiert Sitten und Bräuche und hauptsächlich die Sprachen der Völker, wobei er nicht ganz so weit wie Georg Stiernhielm geht, der Schwedisch zur ältesten Sprache überhaupt erklärt. Die postulierte Reinheit der schwedischen Sprache ergibt sich für Rudbeck aus der Tatsache, dass Schweden nie von fremden Mächten erobert wurde; dass sie besonders altertümlich sei, aus dem Umstand, dass sie viele einsilbige Wörter aufweise, zum Beispiel *vän* (Freund), von dem *vänlig* (freundlich), aber auch das lateinische *Venus* abgeleitet seien. Die drei Hauptsprachen in Europa sind laut Rudbeck das Hebräische (die älteste Sprache), das Skythische (das »nichts anderes als das Götische« oder »Schwedische« sei) und das Keltische (von dem das Lateinische, Spanische, Französische abstammten). Sprachgeschichtlich-etymologische Überlegungen dieser Art spielten bei Autoren wie Bureus, Stiernhielm, Verelius in Schweden und Ole Worm in Dänemark im 17. Jh. eine prominente Rolle und wurden oft durch schrift- und medienhistorische Untersuchungen der Runen ergänzt.

Die älteste Sprache

In der religionswissenschaftlichen Interpretation der antiken und nordischen Mythologien geht es Rudbeck vor allem um die Lösung der in den Schriften der Alten angelegten Enigmata. Er spricht davon, dass in dem zur Debatte stehenden *tempus mythologicum* (also der Rätselzeit) Symbole, Mythen usw. von einem Volk auf das andere übertragen worden seien. So sind für ihn Apollo, der die Hyperboreer besuchte, und der altnordische Gott Baldur ein und dieselbe Figur. Bei diesen Mythendeutungen schenkt er eher den »wahren Träumern« wie dem Harfenspieler Orpheus als den »unwahren Schreibern« vom Schlag eines Ptolemaios Glauben. Dieses Verfahren der Textinterpretation weist, wie Mats Malm gezeigt hat, enge Verbindungen zur barocken Sprachkonzeption und Symbolwelt auf, wie sie etwa in der Emblematik zum Ausdruck kommt. Rudbecks spezifischer Stil und die Enigmatik werden in der *Atlantica* zur eigentlichen Forschungsmethode. Mit seinem phantasievollen Sprachgebrauch erzeugt er oft bilderreiche Assoziationen – für die Sprachverwirrung und die Zerstreuung der Menschheit wählt er beispielsweise den Vergleich mit dem Blut, das vom Herz aus in alle Körperteile strömt – und seine durch Analogiebildungen konstruierten Etymologisierungen ergeben häufig metonymische Ketten von hoher Faszination.

Die Wahrheit des Traumes

Rudbecks »götisches Deutungsmodell« (Malm) mag sich aus heutiger Sicht etwas wirr ausnehmen und seine spekulativen Mythenvergleiche erscheinen natürlich über weite Strecken beliebig. Sein Text ist jedoch bei genauerer Betrachtung keineswegs nur jener skurrile erratische Block, als den ihn zuerst einige skeptische Zeitgenossen und dann vor allem die quellenkritische Historiographie des 18. Jh. hingestellt haben. In ihrem Wissenschaftsverständnis und ihrer Textualität ist die *Atlantica* vielmehr ein höchst komplexes Gebilde, das in fast allen Aspekten sehr zeittypische Züge trägt und geradezu als Ikone der Jahrzehnte, in der das kulturelle Mäzenatentum des schwedischen Reichskanzlers Magnus Gabriel de la Gardie in höchster Blüte stand, bezeichnet werden kann (Eriksson). Rudbeck setzte sich zum Ziel, von den allerersten Anfängen zu erzählen und er tat dies in einer der gewaltigen Aufgabe entsprechenden Form. Wichtige Komponenten der *Atlantica* waren die Verwendung des Schwedischen als Primärsprache für ein historiographisches und kulturwissenschaftliches Werk, die Publikation des Textes in einem aufwendigen Druck mit Illustrationen und die Anbindung des Autors an die Universität, alles Faktoren des Literatur- und Wissenschaftsbetriebs, die durch die frühneuzeitlichen Medialitätsformen bestimmt waren.

Medialitätsformen der frühen Neuzeit

Zusammen mit der Reformation bildeten die Universitäten, der Buchdruck und die Nationalsprachen die Eckpunkte dieser neuen medialen Situation, die in der Frühneuzeit eigentliche Neuanfänge darstellten und es rechtfertigen, im 16. Jh. eine gewisse medien- und literaturgeschichtliche Zäsur anzusetzen. Es bleibt allerdings fraglich, ob diese Änderungen allein schon eine völlig neue Epoche definieren, die sich auch mentalitätsgeschichtlich radikal vom Mittelalter abhebt, oder ob nicht besser von einer Phase der differenzierten Übergänge und Veränderungsprozesse zu sprechen ist, die sich im Lauf der Vormoderne über längere Zeitläufe hinweg ergeben. Denn in Bezug auf die genannten Größen Glauben, Wissenschaft, Medientechnologie, Sprache ist zumindest in den skandinavischen Ländern, die mit den norddeutschen Gebieten eine kulturelle Einheit bilden, eher von Gleichzeitigkeiten und Zusammenwirken älterer und neuerer Formen und allmählichen Ablösungen als von abrupten Wechseln auszugehen. Die folgenden Ausführungen versuchen deshalb auf Kontinuitäten wie auf Innovationen aufmerksam zu machen.

›Mittelalter‹ – ›Frühe Neuzeit‹ – ›Vormoderne‹

Die zwei ältesten Universitäten in Skandinavien wurden in der zweiten Hälfte des 15. Jh. errichtet (Uppsala 1477, Kopenhagen 1479), was in die zweite Gründungsphase der europäischen Universitäten fällt. Das Hauptziel, das der schwedische und der dänische König mit diesen Einrichtungen verfolgten, war die Sicherstellung der Pfarrerausbildung. Beide Universitäten erhielten aber sämtliche Fakultäten, neben der Theologischen auch eine Juristische, Medizinische und Philosophische. Wirkliche Bedeutung gewannen sie allerdings erst, als sie nach den Wirren der Reformationszeit neu etabliert wurden; für Uppsala waren besonders die umfangreichen Donationen von König Gustav II. Adolf 1624 entscheidend. Schweden gründete im 17. Jh. weitere Universitäten, nämlich 1632 in Estland (Dorpat/Tartu), 1640 in Finnland (Åbo/Turku; 1828 geschlossen und in Helsingfors/Helsinki neu errichtet) und 1668 in Lund. In Dänemark blieb Kopenhagen bis 1928, als Aarhus hinzu kam, die einzige Universität. In Norwegen, Island und auf den Färöern wurden erst in neuerer Zeit Universitäten gegründet (Kristiania/Oslo 1811, Reykjavík 1911, Tórshavn 1956). Während des ganzen 16. Jh. spielten die norddeutschen Universitäten (Rostock, Greifswald, Wittenberg u.a.) eine große Rolle für Studenten aus den skandinavischen Ländern.

Neue Wissensorganisationen

Anfänglich unabhängig von den neu gegründeten Universitäten entwickelte sich in den letzten Jahrzehnten des 15. Jh. der Buchdruck in Dänemark und Schweden. Die ersten Drucke, die in diesen beiden Ländern hergestellt wurden, stammten vom gleichen Drucker Johann Snell, der zuvor in Rostock und Lübeck gewirkt hatte. 1482 besorgte Snell in Odense, wohin er zum Druck eines *Breviarium Ottoniense* (Breviar von Odense, undatiert) einberufen worden war, die *Descriptio obsidionis urbis Rhodie* (Beschreibung der Belagerung der Stadt Rhodos) von Guillaume Caoursin. Ein Jahr später entstand das erste Buch Schwedens, *Dyalogus creaturarum moralizatus* (Sittenlehrendes Gespräch der Schöpfung), evtl. von Maynus de Mayneriis, dessen Kolophon angibt, es sei »impressus per Johannem Snell [...] in stockholm [...] Anno domini M.CCCC.lxxxiij« (gedruckt von Johann Snell in Stockholm 1483). Zur gleichen Zeit wurden bei Lucas Brandis in Lübeck weitere Breviare und Missalien für den Bischof von Odense angefertigt. 1534 wurde mit dem *Breviarium Holense* (Breviar von Hólar) das erste Buch in Island gedruckt. Die frühesten Bücher Skandinaviens wurden also von Druckern gemacht, die für kirchliche Auftraggeber arbeiteten, und waren auf

Buchdruck

Ältestes dänisches Buch (1482)

Lateinisch verfasst. Erst in einer weiteren Etappe wurden Werke in den Volkssprachen gedruckt: *Den danske Rimkrønike* (Die dänische Reimchronik, Kopenhagen 1495), *Aff dyäfwlsens frästilse* von Johannes Gerson (Von der Versuchung des Teufels, Stockholm 1495), *Hid nya Testament* (Das neue Testament, Roskilde 1540, als erstes gedrucktes Buch in isländischer Sprache) bzw. *Passio. Það er píning vors herr Jesu Christí* von Antonius Corvinus (Passion, das ist die Folter unseres Herrn Jesu Christ, Breiðabólstaður 1559), als erstes in Island auf Isländisch gedrucktes Buch. Für Finnland sieht die Entwicklung entsprechend aus: 1488 wurde in Lübeck mit dem *Missale Aboense* (Messbuch von Åbo) das erste für den Gebrauch in Finnland bestimmte Buch hergestellt; das erste Buch in finnischer Sprache stammte vom Reformatoren Mikael Agricola, *Abc-kirja* (Abc-Buch, Stockholm, wahrscheinlich 1543), der auch das Neue Testament übersetzte (*Se Wsi Testamenti*, Stockholm 1548); eine vollständige Bibelübersetzung auf Finnisch, *Biblia*, erschien 1642 in Stockholm.

Ältestes schwedisches Buch, Kolophon (1483)

Mit Ausnahme des schwedischen Vadstena, wo im Birgittenkloster vorübergehend eine Druckerei eingerichtet wurde, kam es im 15. Jh. in Skandinavien nicht zur Errichtung fester Druckereien. Ambulante Drucker wie Snell, Stephan Arndes oder Bartholomäus Gothan versorgten den anfänglich noch sehr begrenzten Bedarf an Druckerzeugnissen in Dänemark und Schweden. Der erste schwedische Drucker, Paul Grijs, ist für den Zeitraum 1510–19 belegt. Mit der Etablierung einer königlichen Druckerei in Schweden (meist in Stockholm, zum Teil in Uppsala) wurde die Basis für eine systematischere und umfangreichere Buchherstellung geschaffen. Auch Dänemark erhielt um 1490 mit dem Holländer Gotfred von Ghemen seinen ersten permanenten Drucker, der sich auf Arbeiten für die Universität und auf populäre Schriften in dänischer Sprache mit Wurzeln im Mittelalter konzentrierte. Im 16. Jh. kamen in größerem Umfang Texte für die Kanzleien und Universitäten und schließlich die Reformationsschriften hinzu. Bis in die zweite Hälfte des 17. Jh. wurden aus den norddeutschen Druckerstädten weiterhin Bücher für den dänischen und schwedischen Markt in diesen Sprachen importiert.

Erstes Buch auf Isländisch (1540)

In Dänemark lassen sich für den Zeitraum 1482–1500 (der für den Kontinent als Inkunabel-Zeit gilt) 18 Drucke nachweisen, bis zum Ende der Inkunabel-Zeit in Skandinavien (d.h. bis 1550) nochmals ca. 290. In Schweden lauten die entsprechenden Zahlen für den Zeitraum 1483–1500 37 Drucke (wobei die relativ hohe Zahl vor allem durch die Aktivitäten der Vadstena-Druckerei bedingt ist) und für 1501–50 ca. 140.

Inkunabeln in Skandinavien

Die Einführung der Technologie des Buchdrucks brachte keineswegs eine sofortige Umstellung der schriftlichen Kommunikationsformen mit sich. Das neue Medium setzte sich nur langsam durch und sämtliche Bereiche der literarischen Produktion im 16. und 17. Jh. waren von der Gleichzeitigkeit, dem Neben- und Miteinander und der Mischung der Überlieferungsträger Handschrift/Buchdruck geprägt. Insofern waren sowohl der neue Buchdruck wie die alte Handschrift Medien, welche die traditionell zwischen Mittelalter und früher Neuzeit gelegte Epochenschwelle mühelos überschritten.

Eine sanfte Revolution

Stärker als die katholische Kirche machten sich in Nordeuropa in der ersten Hälfte des 16. Jh. die Vertreter der Reformation das neue Medium zu Nutze. Ein Beispiel ist das isländische Neue Testament, das im dänischen Roskilde gedruckt werden musste, da die einzige Druckerei Islands in Besitz des letzten katholischen Bischofs Jón Arason war. Die Reformation, die auf der Grundlage der Luther-Reformation vorgenommen wurde, verlief in den einzelnen skandinavischen Ländern unterschiedlich. Sie wurde in Dänemark, Norwegen und auf den Färöern zwischen 1527 und 1537, in Island zwischen

Theologie und Medien

1539 und 1550, in Schweden zwischen 1527 und 1544 nach teilweise heftigen Auseinandersetzungen durchgeführt und stellte nach der Auflösung der seit 1397 bestehenden Kalmarer Union im Jahre 1523, die die Bildung der beiden Doppelmonarchien Dänemark-Norwegen und Schweden-Finnland mit sich brachte, eine weitere Erschütterung der bestehenden, spätmittelalterlichen Konstellationen dar. Für die kulturhistorische Entwicklung der folgenden Jahrhunderte ganz zentrale Konsequenzen der Reformation waren u. a. die Stärkung der zentralen Königsmacht, die Verstaatlichung von Kirchenbesitz und die Erhebung des Königs zum Oberhaupt der Kirche, alles Voraussetzungen für den sogenannten Triumph der lutherischen Orthodoxie im frühen 17. Jh. Da der Großteil der Übersetzungen religiöser Texte aus dem Hochdeutschen vorgenommen wurde, verdrängte diese Sprachform das Niederdeutsche als die in Skandinavien dominierende Fremd- und Prestigesprache.

Eine Religion des gedruckten Buches

In der Tat gab es in ganz Nordeuropa einen engen Zusammenhang zwischen dem Siegeszug der neuen Glaubensform und dem neuen Medium. Er schlug sich in der sprichwörtlichen Flut von polemischen Streitschriften nieder, mit denen beide Seiten gegeneinander anschreiben – Poul Helgesen/Paulus Helie, Christiern Pedersen, Hans Tausen, Peder Palladius, Olaus Petri u.v.a. –, manifestierte sich jedoch vor allem in den großen Druckwerken, die mit königlicher Unterstützung die wichtigsten Texte der reformatorischen Kirche ausmachten: Psalmbücher, Gebetsbücher und schließlich die Bibel. So erschienen 1526 in Schweden das Neue Testament in schwedischer Sprache (*Thet Nyia Testamente på Swensko*, übersetzt von Laurentius Andreæ) und 1541 Gustav Vasas große Kirchenbibel (*Biblia, thet är, all then helgha scrifft på Swensko* [Bibel, das ist die ganze Heilige Schrift auf Schwedisch], sogenannte »Gustav Vasas bibel«, übersetzt u.a. von Laurentius Petri). Unter diesem König wurde die schwedische Buchherstellung zu einer staatlichen Institution. Auf Dänisch waren bereits 1524 (lediglich zwei Jahre nach Luthers erster Übersetzung in eine Volkssprache) und 1529 Ausgaben des Neuen Testaments erschienen: *Thet Nøye Testamenth* (Wittenberg 1524, sogenanntes »Christiern II's nye testamente« [Das Neue Testament von König Christian II.], übersetzt u.a. von Hans Mikkelsen und Christian Vinter) bzw. *Det nye Testamente* (Antwerpen 1529, übersetzt von Pedersen). 1550 druckte dann Christian Dietz in Kopenhagen auf der Grundlage einer niederdeutschen Luther-Bibel, welche er selber 1533–34 in Lübeck besorgt hatte, die für König Christian III. veranstaltete dänische Bibel (*Biblia. Det er den gantske Hellige Scrifft, vdsat paa Danske* [Bibel. Das ist die ganze Heilige Schrift, ins Dänische übersetzt], sogenannte »Christian den Tredjes Bibel«, hauptsächlich übersetzt von Pedersen sowie Peder Palladius, Niels Hemmingsen und Peder Tidemand). Die dänische Bibel von 1550, die Luthers Wittenberg-Bibel folgte, gab ihrerseits das Modell für die isländische Bibelübersetzung (*Biblía. Það er öll Heilög Ritning, vtlögd a Norrænu* [Bibel. Das ist die ganze Heilige Schrift, ins Nordische übersetzt], Hólar 1584, sogenannte »Guðbrandsbiblía« [Bibel von Bischof Guðbrandur Þorláksson]) ab.

Königliche Kirchenbibeln

Buchdruck, Reformation, Lesefähigkeit

Diese Bibelausgaben stellen die literarischen und drucktechnischen Hauptleistungen des Jahrhunderts dar. Dass sie in den Volkssprachen herauskamen, machte sie nicht nur zu Gründungstexten der neuen Kirche, sondern ebenfalls zu Dokumenten, die – auch in dieser Beziehung der Luther-Bibel im Deutschen vergleichbar – den Beginn neuer Perioden der skandinavischen Nationalsprachen markierten. Die ›Medienrevolution‹, die durch den Protestantismus befördert wurde, trug auch zur relativ hohen Alphabetismusrate in den nordischen Ländern in der frühen Neuzeit bei. Mit

Dänische Reformationsbibel (1550) (links)

Schwedische Barockbibel (1703)

weitreichenden Folgen für die sprachliche, literarische, kultur- und mediengeschichtliche Entwicklung erhielten also Dänemark, Schweden, Finnland und Island im 16. Jh. Übersetzungen der Bibel und der wichtigsten Reformationsschriften in die Volkssprachen, und diese Übersetzungen wurden in Buchform verbreitet. Davon unterschieden sich die zu Schweden und Dänemark gehörenden saamischen und grönländischen Gebiete, die erst im Zusammenhang mit den Kolonialisierungsbestrebungen im 18. Jh. umfassender mit gedrucktem theologischen Schrifttum versorgt wurden, und vor allem Norwegen (das erst 1643 eine eigene Druckerei erhielt) und die Färöer-Inseln, beides Teile des dänischen Reiches. In Norwegen und auf den Färöern kam es im 15./16. Jh. weder zur Einführung des Buchdrucks noch zu Bibelübersetzungen. Die frühneuzeitliche Sprachgeschichte dieser beiden Länder ist denn auch bestimmt durch die Dichotomisierung zwischen einer oralen bzw. handschriftlich semi-oralen Kultur in der (meist dialektal geprägten) Muttersprache und einer dänisch beeinflussten Kirchen- und Beamtenkultur, die sich über das Medium des gedruckten Textes konstituierte. Norwegen und die Färöer erhielten erst im Lauf des 19. und 20. Jh. Übersetzungen der Bibel in die Nationalsprachen. In den anderen Ländern des Nordens wurde dagegen die Muttersprache zum Idiom, das im kirchlichen Alltag (Gebet, Kirchenlied) und in der sich entwickelnden Literatur verwendet werden konnte.

Kirchensprache und Druckkultur

Außer dem religiösen Bereich, der die meisten Kräfte der literarischen Tätigkeit im 16. Jh. absorbiert, wird das neue Medium naturgemäß für humanistische Schriften skandinavischer Gelehrter verwendet. Von Helgesen stammen beispielsweise einige dänische Erasmus-Übersetzungen. Pedersens Ausgaben von Saxo (1514) und *Kong Olger Danskis Krønike* (Chronik von König Olger von Dänemark, 1534), Arild Huitfeldts *Danmarckis Rigis Krønicke* (Chronik des Reichs Dänemark, erst 1652 erschienen) und Anders Sørensen Vedels *Den Danske Krønicke* (Die dänische Chronik, 1575, eine

Humanismus

A. S. Vedels Übersetzung von Saxos *Dänischer Chronik* (1575)

Texte, Bilder, Karten

Titelseite *Reinicke Foss*, dänisch (1555)

Übersetzung von Saxos *Gesta Danorum*) dokumentieren die große Beliebtheit der mittelalterlichen Gattung Chronik in der frühen Neuzeit. Vedels *It Hundrede vduaalde Danske Viser* (Einhundert ausgewählte dänische Lieder, 1591) ist die erste Sammlung von Balladen (*folkeviser*), die im Druck erscheint. Die Werke der Norweger Absalon Pederssøn Beyer (*Om Norgis Rige* [Über das Reich Norwegen], 1560er Jahre) und Peder Claussøn Friis' (*Om Diur, Fiske, Fugle, og Træer udi Norrige* [Über Tiere, Fische, Vögel und Bäume in Norwegen], 1599) und *Norrigis Bescriffuelse* [Beschreibung Norwegens, erst 1632 erschienen]) gehören zur Gruppe der dann besonders im 17. und 18. Jh. beliebten topographisch-historischen Landesbeschreibungen. Ein schwedisches Beispiel für diese Gattung ist Johannes Messenius' *Sveopentaprotopolis. Thet är the fem förnämste och älste Sweriges och Götes Huvudstäder* (S. Das ist die fünf vornehmsten und ältesten Hauptstädte in Svealand und Götaland, lateinisch 1611, schwedisch 1612), ein Pionierwerk der antiquarisch-topographischen Forschung. Die beiden Brüder Johannes Magnus und Olaus Magnus, die letzten katholischen Erzbischöfe von Schweden, verfassen im italienischen Exil zwei umfangreiche Darstellungen der schwedischen Geschichte und der nordischen Kultur: *Historia de omnibus Gothorum Sveonumque regibus* bzw. *Historia de gentibus septentrionalibus* (Geschichte von den Völkern im Norden, Rom 1555). Von Olaus Magnus stammt auch die *Carta Marina* (Venedig 1539), eine »sorgfältig erarbeitete Beschreibung der nordischen Länder und der in diesen vorkommenden Mirabilien«. Olaus Magnus' Ethnographie und seine außerordentliche Karte, die über Jahrhunderte das Bild der nordeuropäischen Gebiete im Ausland prägten, kombinieren die verschiedenen Möglichkeiten der Drucktechnik in bemerkenswerter Weise und stellen vielschichtige Text-Bild-Karten-Werke mit mehreren Diskursebenen dar, den Konzepten des Humanismus entsprechend und realisiert mit italienischem Buchdruckwissen. Doch die Reformation ist im 16. Jh. in Skandinavien nie weit entfernt, am wenigsten in den Büchern: So wird beispielsweise Oluf Chrysostomus' – des ersten Professors für Rhetorik an der Universität in Kopenhagen – Gelegenheitsgedicht *Lamentatio ecclesie* (Klagelied der Kirche) 1529 in Malmø gedruckt; durch die Beigabe eines Vorworts, eines Nachworts und von Randbemerkungen der Reformatoren Peder Laurenssen und Frans Vormordsen wird die humanistische Oration von reformatorischen Nebentexten regelrecht umschlossen.

Ab den 30er Jahren des 16. Jh. beginnen in Dänemark Übersetzungen meist deutscher didaktischer und erzählender Historienbücher und Frühromane zu erscheinen. Beispiele für diese international verbreiteten Lesestoffe, die zu den frühesten narrativen Prosatexten auf Dänisch und Schwedisch gehören, sind etwa *Griseldis* (1528), *Sigismunda* (1528), *Marcolfus* (ca. 1540), *En Ræffue Bog, som kaldes paa Tyske Reinicke Foss* (Ein Fuchsbuch, das auf Deutsch Reinicke Fuchs heißt, 1555), *Uglspil* (Eulenspiegel, vor 1571), *De syv vise Mestre* (Die sieben weisen Meister, 1571–75), *Fortunatus* (1575), *Magelona* (1583), *Faust* (1588), *Kong Appolonius* (König A., ca. 1591), *Kejser Octavianus* (Kaiser O., 1597), *Melusina* (1613) usw. In Schweden werden erst im Lauf des 17. Jh. solche Historienbücher gedruckt. Bereits im 16. Jh. verwendet man für diese Texte in der Regel kleinere Druckformate (meist Oktav), was belegt, dass von Anfang an eine Aufteilung des Gattungsspektrums auf Formate und Ausstattung vorgenommen wird: Neben den großformatigen Prachtwerken mit repräsentativem Charakter (Bibeln, Chroniken usw.) gibt es handlichere Bücher für weniger öffentliche Lesesituationen. Die zahlreichen Drucke dieser Historienbücher, die oft in rascher Folge wieder aufgelegt werden, zeigen, wie die neue Medialitätsform gleich nach

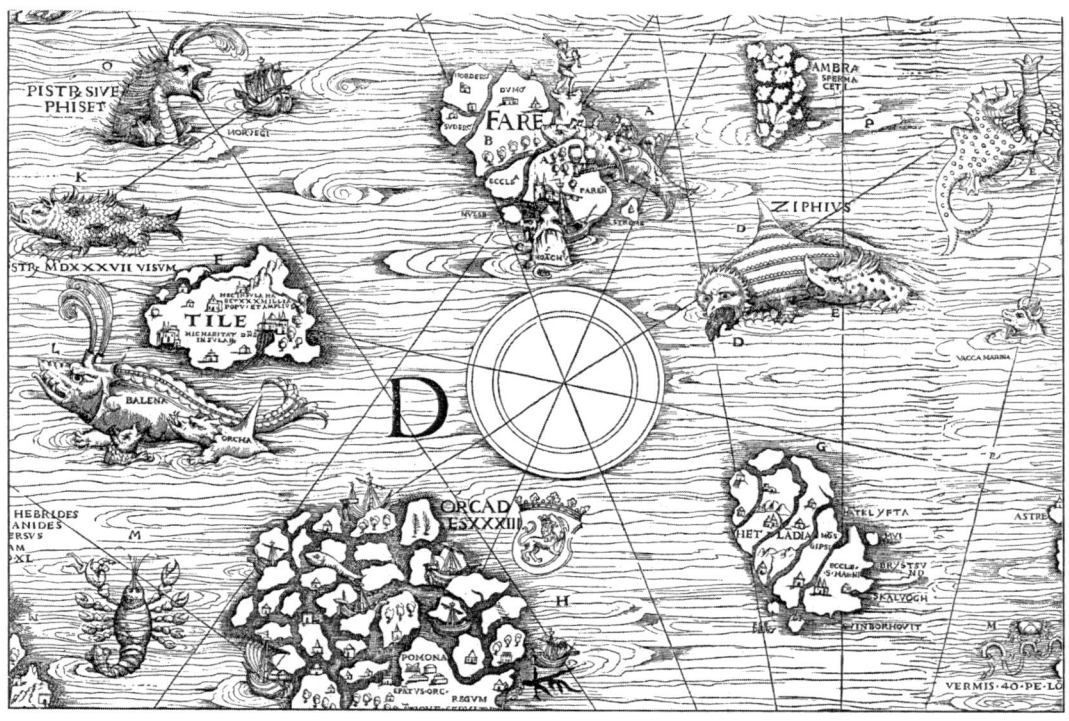

Ausschnitt aus der *Carta marina* (Druckstock D mit der fiktiven Insel Tile) des Olaus Magnus (1539)

der Einführung des Buchdrucks für die Erfahrung imaginärer Welten eingesetzt wird.

Die ersten Bücher, die in Schweden und Dänemark im Zeitalter des ausgehenden Katholizismus und der Reformation herausgegeben wurden, tragen noch viele Züge der Vordruck-Epoche. Ihr Seitenlayout und ihre Bebilderungen (Initialen, Illuminationen usw.) gleichen spätmittelalterlichen Handschriften oft fast zur Verwechslung. Vor allem die während der Glaubenskriege in den 20er und 30er Jahren des 16. Jh. gedruckten Texte sind zudem von der Wortkultur der volkssprachigen Predigt bestimmt und haben in der Regel eine ausgeprägt dialogische, oft polemisch-fehdenhafte Struktur. Der Impetus, den die Autoren aus den harten Auseinandersetzungen um die Inhalte und Formen der Glaubensausübung übernehmen, schlägt sich in ihren Texten nieder, die dadurch häufig den Eindruck von niedergeschriebenen Redesituationen vermitteln. Die Rhetorik der Verkündung ist in diesen frühen Büchern omnipräsent und die Reformation lässt sich in gewissem Sinn als eine große, zu gedruckten Texten gewordene Debatte verstehen. So ist die Glosse oder der Kommentar die wissenschaftliche Hauptgattung der Zeit und die Form, in der sowohl die Katholiken wie Helgesen als auch die Reformatoren wie Tausen ihre Polemiken fassen. *Edt kort antswar ...* (Eine kurze Antwort) lautet beispielsweise der Titel von Tausens Zweiter Viborger Fehdeschrift (1528), der dadurch direkt auf den Text, auf den er reagiert, Bezug nimmt, also eine Antwort, eine Übersetzung, eine Auslegung, einen Kommentar darstellt. Die Texte der Reformationszeit machen sich das neue Medium des Buchdrucks rasch zu eigen und realisieren dessen intertextuelle Möglichkeiten, indem sie schon in der Selbstdefinition diese Hinweise auf

Gedruckte Polemik

Reformatorische Intertextualität

andere Texte formulieren. Die Texte eines Olaus Petri, Poul Helgesen, Hans Tausen, Christiern Pedersen u. a. laden sich mit der sozialen Dynamik und der symbolischen Energie, mit der die theologischen Diskurse geführt werden, auf und strotzen in den besten Fällen vor sprachlicher und rhetorischer Vitalität. In älteren Literaturgeschichten wird dem skandinavischen 16. Jh. immer wieder vorgeworfen, es habe keine Dichtung von Rang und Bestand hervorgebracht. Ein kurzer Blick auf die immense intellektuelle und handwerkliche Kraft, mit denen im Zeitalter der Reformation in der Literatur der Übergang von der alten zur neuen Zeit vollzogen wird, straft dieses Urteil Lügen.

Mit der fortlaufenden und immer differenzierteren Verwendung des Buchdrucks entwickelte sich allmählich ein neues Schriftbewusstsein, das sich an der Buchseite und der Räumlichkeit des Drucks orientierte. Wie Jørgen Fafner in Anlehnung an Walter J. Ong an dänischem Material gezeigt hat, spielte hierbei auch im Norden die sogenannte ramistische Rhetorik Ende des 16. Jh. eine entscheidende Rolle, in Dänemark vor allem von Anders Krag und Jacob Madsen Aarhus vertreten. War zuvor die Schrift hauptsächlich als Hilfsmittel des gesprochenen Wortes betrachtet worden, so wurde sie, vereinfacht ausgedrückt, mehr und mehr zum Medium der Erkenntnis selbst. Die Texte gingen von einer oralen/auralen immer stärker in eine visuell-optische Existenzform über. Die Drucke ermöglichten beispielsweise mit großen Abbildungen, etwa auf den Titelseiten, eine nicht nur hörende, sondern zusätzlich auch visuelle Wahrnehmung des Textes. Titel wurden oft zweifarbig mit schwarz und rot gedruckt. In einem frühneuzeitlichen Buch gab es in der Regel viel zu sehen. Typographisch bot sich zudem die Möglichkeit, direkte Beziehungen zwischen Textinhalten und äußerer Form herzustellen. In Stiernhielms *Hercules* (1658) wird z. B. das Motiv des *memento mori* (»Gedenke des Todes«) effektvoll über mehrere Zeilen variiert, bis die Auflistung

Schwedisches Figurengedicht (1675)

Druckerei von Henrik Keyser, Stockholm (1691)

mitten in der Hexameterzeile auch optisch deutlich sichtbar abbricht: »I dät mörke ewiga Tysta!« (In dem dunklen, ewigen Schweigen!). Eine schwedische Grabschrift über *Then grymma Dödhen* (Der grausame Tod, 1675) von Samuel Tallenius hat die graphische Form des Sensenmannes, handelt nicht nur vom Tod, sondern stellt ihn selbst in eigener Figur dar. Der isländische Psalmendichter Hallgrímur Pétursson spielt noch in einer Handschrift des Psalmes *Guð á himnum hjálpi mér* (Gott im Himmel helfe mir) in ähnlicher Weise mit der Typographie, wenn er in einer Zeile ein Herz malt: » [...] so ♥ᵈ huggun finne« (so dass das ♥ Trost finde).

Selbstbewusst und selbstreferentiell verweist das Ende des 17. Jh. fest verankerte Medium auf seinen etablierten Status, wenn der Königliche und Universitätsdrucker Henrik Keyser 1691 in Stockholm einen Druck Stilproben mit der Abbildung einer Druckerei und der Überschrift »Solche neun Stück Pressen sind zur Zeit in Betrieb und Arbeit in meiner Druckerei« versieht.

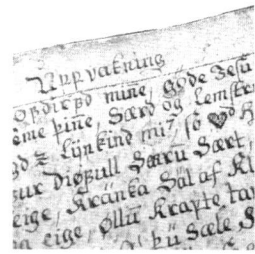

Hallgrímur Péturssons Handschrift

Im Zeichen der Rhetorik

Folgenreiche Reden

Olof Rudbeck baut in der *Atlantica* einen Teil seiner Argumentation auf der sogenannten Gotizismus-Ideologie auf. Diese besagt wie erwähnt, dass die Goten, die sich weite Gebiete Europas unterworfen hatten, aus Schweden ausgewandert waren und dass folglich die neuzeitlichen Bewohner dieses Landes, insbesondere seine Herrscher, auf eine ruhmvolle dynastische Vergangenheit zurückblicken konnten. Wenn Rudbeck seine großangelegte Darstellung von Schwedens historischer Bedeutung, kulturellem Erbe und politischer Geltung auf die gotizistische Rhetorik abstützt und sie neben der Hyperboreer-These zu einem Hauptpfeiler seines Geschichtskonzepts macht, ist er keineswegs der Erste, sondern er befindet sich im 17. Jh. bereits am Ende einer Reihe durchaus prominenter schwedischer Redner und Autoren, die sich dazu geäußert haben.

Konstruktionen eines Geschichtskonzepts

Zum ersten Mal wurde die These einer europäischen Öffentlichkeit anlässlich des Basler Reformkonzils (1431–49) am 12. November 1434 vorgetragen, als Nicolaus Ragvaldi, Bischof von Växjö in Schweden und »Redner des ehrwürdigen Herrn Ericus, König der Götar und Schweden am Konzil in Basel«, eine *Oratio de præeminentia regnorum Gothiæ et Suetiæ*, also eine Rede über die Vortrefflichkeit der Könige von Gothia und Svetia hielt. Ragvaldi beteiligte sich mit dieser Einlassung an Rangstreitigkeiten der Konzilteilnehmer und wollte mit dem Rückgriff auf die von Jordanes und anderen mittelalterlichen Autoren beschriebene Auswanderung der Goten nachweisen, dass er als der Vertreter des nordischen Unionskönigs Erik XIII. von Pommern Anspruch auf einen der privilegiertesten Plätze am Konzil erheben könne. Ragvaldi hatte mit seiner Rede nicht den angestrebten Erfolg, doch er begründete eine Tradition der politisch-patriotischen Legitimierung, die vor allem im Schweden des 17. Jh. (Stichwort Großmachtpolitik und Altertumskunde) und 19. Jh. (Stichwort Altertumsbegeisterung der Romantik, z.B. im sogenannten Götiska förbundet) nachhaltige politische und literaturgeschichtliche Konsequenzen haben sollte.

Konzilrede: Legitimation

Ragvaldis Oration also solche ist allerdings nicht unmittelbar zugänglich, sondern lediglich durch ein Referat in Johannes Magnus' rund einhundert

Jahre später erschienener *Historia de omnibus Gothorum Sveonumque regibus* (1554) erhalten, in dem Ragvaldis Ausführungen auf eine Aufzählung der wichtigsten Herrscher gotischer Herkunft beschränkt sind. Dagegen gibt die *Historia* den eigentlichen Vorschlag und die Eingabe – entsprechend rhetorischer Lehre als »Propositio et Protestatio« bezeichnet – an das Konzil offenbar recht getreu und ungekürzt wieder. In Magnus' dem humanistischen Geist verpflichteten, in über zwanzigjähriger Arbeit zusammengetragenen Werk wird das gotizistische Ideologem erstmals in systematischer Form entwickelt. Wie Kurt Johannesson in einer einflussreichen Studie gezeigt hat, beruft sich der Text – übrigens auch die *Historia de gentibus septentrionalibus* von Olaus Magnus – auf die Vergangenheit, um gegen Missstände in der Gegenwart (den tyrannischen König und die häretischen Protestanten) anzukämpfen. Geschichte ist in den beiden rhetorisch geschickt angelegten Geschichten der Magnus-Brüder Anlass oder Vorwand, ein Gegenbild von der schwedischen Gesellschaft zu entwerfen. Die These von Magnus, dass Schweden die Urheimat der Goten nach der Sintflut gewesen sei und diese von dort aus Asien, Griechenland und Rom erobert hätten, dennoch aber keine Barbaren gewesen seien, konkurrierte auch mit Saxo Grammaticus' dänisch orientierter Version einer Geschichte des nordischen Altertums, und seine *Historia* hatte wohl nicht zuletzt deswegen einen so durchschlagenden Einfluss auf die schwedische Historiographie. Johan Nordström sprach einmal von dem »eisernen Griff«, mit dem der Gotizismus, wie er von Magnus interpretiert worden war, die »Vorstellungswelt der Schweden« umklammert habe. Daneben lassen sich wichtige Teile von Magnus' Buch auch als Fürstenspiegel lesen, der sich mit zahlreichen warnenden Exempla, wie sie für historische und didaktische Texte der Renaissance typisch waren, an Gustav Vasa und seine Söhne richtete.

Einmal gedruckt vorliegend, entwickelte das Konzept eine noch viel umfassendere Dynamik. Unter den zahlreichen Reden ragen besonders jene von Johan Skytte (Johannes Schroderus) und König Gustav II. Adolf heraus. Skytte hielt während seiner Studienjahre 1599 vor der Akademie in Marburg eine Rede zum Thema *Oratio de Svecorum Gothorumque vetustate et fortitudine militari*, die 1604 auf Lateinisch, im selben Jahr und nochmals 1678 auf Schwedisch, 1608 und 1609 auf Deutsch unter dem Titel *Oratio [...] Darinnen auch etwas gehandelt wird von der alten Schweden vnd Gothen Tapfferkeit vnd manlichen thaten in Kriegssachen* herauskam. Hier zitiert Skytte Johannes Magnus über weite Strecken wörtlich, und 1599, als er über »Vornehmheit der freien Künste und die edle Würde der Wohlredenheit« spricht (*Oratio in qva ostenditur artium liberalium majestas, & nobilis eloquentiæ dignitas*), bezieht er sich gar explizit auf Ragvaldis Basler Rede.

Vor allem Johannesson hat in mehreren Publikationen darauf aufmerksam gemacht, wie gezielt das Argumentationsmuster des Gotizismus danach während des Dreißigjährigen Krieges eingesetzt wurde. So berief sich etwa König Gustav II. Adolf in seiner »Abschiedsrede an die Stände am Reichstag in Stockholm« (*Avskedstalet till ständerna vid riksdagen i Stockholm*) am 19. Mai 1630, unmittelbar vor der Einschiffung nach Deutschland, auf den »über die ganze Welt verbreiteten, unsterblichen Namen unserer alten Vorväter, der Goten« und stellte sich selbst direkt in die Nachfolge des sagenhaften Gotenherrschers Berik, der von Schweden aus die Welt erobert hatte, um seine kriegsmüden Landsleute von der Notwendigkeit des neuerlichen Feldzuges zu überzeugen. Knapp zweihundert Jahre nach Ragvaldi ließ sich der Gotizismus also unmittelbar für eine royalistisch-patriotische Kriegsrhetorik funktionalisieren, und weitere 50 Jahre später konnte er in Rudbecks grandi-

Humanistische Historiographie: Zeitkritik

Akademiereden: Glorifizierung

Ständerede: Kriegshetze

oser Abhandlung vom Anfang der Kulturen wie gesehen in einem neuen Kontext nochmals ganz anders akzentuiert werden.

Redekunst als Institution und System

Dass die Rhetorik während der frühen Neuzeit in den kulturellen und politischen Eliten Skandinaviens einen so hohen Stellenwert einnahm, erstaunt nicht. Neue Anfänge wurden am Übergang vom Mittelalter zur Renaissance und zum Humanismus auch auf diesem Gebiet gemacht und man wendete sich von der mittelalterlichen Scholastik ab und rezipierte verstärkt die Traditionen der antiken Rhetorik-Theorien. Wie in den norddeutschen Gebieten war die Ausbildung in den Adels- und Bürgerschulen und an den Universitäten Dänemarks, Norwegens und Schwedens nach der Reformation von den gleichen, maßgeblich von Philipp Melanchthon geprägten Paradigmen der Lehre – Aristotelismus, Klassikerlektüre usw. – bestimmt. Der Rhetorik, manchmal in der spezifischen Ausformung des Ramismus (einer vom Franzosen Pierre de la Ramée/Petrus Ramus durchgeführten Rhetorikreform), meistens jedoch gemäß der lutherischen Orthodoxie, kam in diesem Bildungssystem eine wichtige Aufgabe zu. Hauptsächliche Träger und Foren der neuen Rhetorik waren neben den Schulen und der Kirche die Adels- und Königshöfe mit ihren umfassenden Ansprüchen auf Repräsentation und Vorlieben für Inszenierungen. Ebenso spielte die neulateinische Dichtung auch in den nordischen Ländern eine ganz zentrale Rolle. In ihr wurden stilistische, thematische, gattungsmäßige Innovationen oft zuerst umgesetzt.

Rhetorik zwischen Orthodoxie und Reform

Bedeutung der Lateindichtung

Sehr gut sind die von Johannesson untersuchte rhetorische Ausbildung und deren praktische Umsetzung am schwedischen Hof des 16. Jh. dokumentiert. An den beiden Söhnen Gustav Vasas, Erik XIV. und Johan III., lässt sich das Verhältnis von Fürstenbildung, Rhetorik und politischer Tätigkeit besonders deutlich beobachten. Bei ihnen treten die Vorstellungen vom idealen adligen Redner klar hervor, denn beide Prinzen erhalten von ausländischen Lehrern eine umfassende humanistische Ausbildung. So ist von ihnen aus den Jahren 1520–70 umfängliches Material in handschriftlicher und gedruckter Form, sowohl auf Latein, Schwedisch wie Deutsch, erhalten; es handelt sich neben Lehrmaterial um Beispiele nationaler Propaganda, die die schwedische Kanzlei gegen Dänemark richtete, um Manifeste für die europäischen Höfe und die Hansestädte, um offene Briefe an die Bauernbevölkerung, um humanistische Lateindichtung usw. Als König setzt Erik XIV. die Rhetorik, die er in seiner Erziehung als eine Wörter wie Körper – Stimme, Gestik – einbeziehende *eloquentia* (Beredsamkeit) einstudiert hat, bewusst als politisches Instrument ein. Von einer 1564 in schwedischer Sprache gehaltenen Reichstagsrede gegen die Dänen (*Oratio contra Danos*) sind eigenhändige Entwürfe des Königs auf Latein bewahrt. Hier zeigt sich das Vermögen Eriks XIV., seine öffentlichen Auftritte den jeweiligen Gegebenheiten anzupassen – eine der Hauptforderungen der frühneuzeitlichen Rhetorik. Während seiner acht Jahre dauernden Gefangenschaft, in die ihn sein Bruder gebracht hat, bereitet sich Erik auf seine Verteidigung vor, um mit Hilfe der rhetorischen Künste die Herrschaft über das schwedische Reich zurückzugewinnen. Die handschriftliche Zeichnung eines Rhetors in einem seiner Bücher stammt wahrscheinlich vom König selber und stellt ihn in Rednerpose dar.

Politische Rhetorik im Geiste des Erasmus

Erik XIV. als Redner

Zu den skandinavischen Autoren, die sich im 17. Jh. am deutlichsten über Rollen des Redners und Aufgaben der Rhetorik äußern, gehört der bereits erwähnte Johan Skytte. Er macht Ende des 16. Jh. am »Collegium regium Stockholmense« von König Johan III. Bekanntschaft mit dem Ramismus und setzt sich nach ausgedehnten Studienaufenthalten als Kanzler der Universität Uppsala und Erzieher des späteren Königs Gustav II. Adolf mit Vehemenz für diese Richtung ein. Skyttes Rednerideal ist in Übereinstimmung mit der pragmatischen Rhetorik von Ramus eine Verbindung von lateinischer Rhetorik mit Betonung der *elocutio* und *actio* (also der Aufführungsmomente einer Rede) und praktischer, politischer Tätigkeit im Sinne eines Dienstes am Vaterland. In Reden – z.B. einer *Oratio [...] sine eloquentiae ad eruditionis fastigium perveniri non posse* (Rede [...], dass man ohne Wohlredenheit nicht den Gipfel der Gelehrsamkeit erreichen kann, gehalten in Marburg 1598, gedruckt 1604) und in der an den Kronprinzen gerichteten Schrift *Een kort Vnderwijsning: vthi huad konster och dygder een fursteligh person skall sigh öfwe och bruke, then ther tencker med tijdhen lyckosalighen regere land och rijke* (Eine kurze Unterweisung: in welchen Künsten und Tugenden eine fürstliche Person sich üben soll, die mit der Zeit glücklich Land und Reich zu regieren gedenkt, 1694), die die Bedeutung der Rhetorik für die Erziehung der Jugend behandeln, und in einem Kanzlerbrief an die Universität Uppsala von 1634 über das Latein- und Rhetorikstudium formuliert Skytte als wichtigste Elemente seiner Vorstellungen die Einheit von Politik- und Geschichtswissenschaft und Rhetorik sowie die auf dem Studium der klassischen Autoren gegründete und politisch orientierte Beredsamkeit, deren erzieherischen Ziele allgemein mit ›Tugend‹ und ›Ehre‹ umschrieben werden. Die 1622 von ihm errichtete »Skytteanische Professur« ist folglich der Kombination von ramistischer Rhetorik und Politikwissenschaft gewidmet, wobei die Inhaber in den Stiftungsbestimmungen ausdrücklich auf »methodus Rameus« verpflichtet werden. Diese Professur, die im 17. Jh. als renommiertester Lehrstuhl in Uppsala galt, besteht übrigens heute noch – allerdings im Gefolge der Krise der Rhetorik im späten 19. Jh. bezeichnenderweise auf Politologie beschränkt (Barbro Lewin).

Verkörpert Skytte den bürgerlich-akademischen Rednertyp des frühen 17. Jh., so ist einer der glänzendsten Redner Schwedens in der zweiten Jahrhunderthälfte der hochadlige Reichskanzler De la Gardie. Seine in Uppsala und auf Reisen absolvierten Studien haben in der humanistischen Tradition die umfassende Geistesbildung (*nobilitas animi*) zum Ziel, und ihr Erziehungsideal ist der höfisch gebildete *honnête homme*, der sich auch in modernen Fremdsprachen, Musik und militärischen Künsten auskennt. Anhand zweier von De la Gardie angelegten Florilegienhandschriften mit sogenannten *loci communes*, d.h. aus der antiken und mittelalterlichen Tradition übernommenen kurzen Texten und Textteilen, kann seine früheste rhetorische Schulung recht genau rekonstruiert werden: *Exempla* betonen den Wert des Patriotismus, der Ehrfurcht vor dem Vater, der Keuschheit und der stoischen Ideale allgemein. Sowohl als politischer wie als akademischer und theologischer Redner hat De la Gardie Erfolg, wobei ihm vor allem seine Beherrschung aller drei rhetorischer Genera zum Durchbruch als Politiker verhilft. Entsprechend den Vorgaben der klassischen Rhetorik gelingt es ihm nämlich, seine Rede den jeweiligen Zuhörern und Umständen anzupassen und das erforderliche *decorum* immer zu beachten. Anlässlich der Krönungsfeierlichkeiten für den schwedischen König Karl XI. im Jahre 1672 hält er nicht weniger als fünf zeremonielle Reden. Über dreißig Jahre lang ist De la Gardie Kanzler der Universität Uppsala und kann sich zu Recht als *civis academicus* betrachten; in dieser Eigenschaft hält er beispielsweise bei der Donation der Silberbibel, des sogenannten *Codex argenteus* (6. Jh.), der Wulfilas Übersetzung der Heiligen Schrift ins Gotische enthält, an die Universitätsbibliothek 1669 eine Rede, in der er seiner Liebe zu den Wissenschaften Ausdruck ver-

Skyttes patriotische Rhetorik

Redekunst und Staatskunde

Ein cortegiano *im schwedischen Barock*

Die Rhetorik des Mäzenatentums

leiht und die Wichtigkeit des Studiums der nationalen – nicht unerwartet gotischen – Vergangenheit hervorhebt (Leif Åslund). De la Gardies Reden zeichnen sich durch intensives Zitieren bekannter Maximen und Verwendung von *exempla* aus der schwedischen Geschichte aus und er ist auch in dieser Hinsicht ein sehr typischer Vertreter seines Standes und seiner Zeit.

Die frühneuzeitliche Rhetorik umfasste sämtliche öffentliche Äußerungen, neben politischen und diplomatischen auch die wissenschaftlichen – akademische Reden und Disputationen bildeten feste Bestandteile der Lehrpläne und folgten genau vorgeschriebenen Regeln – sowie natürlich die theologischen und juristischen. Die Predigt, jene Redeform, mit der die allermeisten Menschen am häufigsten in Kontakt kamen, wurde als Rede von der Kanzel verstanden und orientierte sich an der offiziellen Doktrin. Für die einzelnen Genres der von Pfarrern gehaltenen Reden, etwa die Begräbnis- oder Leichenrede, gab es spezifische Anforderungen, wie denn allgemein die verschiedenen Sparten der Gelegenheitsgedichte, des quantitativ umfangreichsten Bereichs der literarischen Produktion in der frühen Neuzeit, für jedes Ereignis im menschlichen Leben – von der Geburt bis zum Tod – eine adäquate ästhetische Form bereithielten.

Kanzelreden des Luthertums

Die Überzeugungskraft der rhetorisch passend vorgetragenen Argumentation wurde natürlich auch für Figuren und Gattungen literarischer Texte nutzbar gemacht. So ist beispielsweise Stiernhielms *Hercules* als eine Gerichtsverhandlung aufgebaut, die den Titelhelden und damit den Leser in die Position des Richters versetzt, der zwischen den Argumenten der beiden um Hercules streitenden Parteien, der Allegorien der Lust bzw. der Tugend, zu entscheiden hat. Auch andere Texte des nordischen Barocks wie Leonora Christinas *Jammers Minde* (Sorgengedächtnis, 1673–85), Agneta Horns *Leverne* (Autobiographie, 1650er Jahre), die anonyme Schrift *Bröllops beswärs Ihugkommelse* (Hochzeitsmühenerinnerung, Mitte/zweite Hälfte 17. Jh.) die vermutlich von Stiernhielm stammt, usw. sind entsprechend den einzelnen Teilen einer Gerichtsrede (Verteidigung, Anklage usw.) und der Argumentationslehre angelegt. Ganze Gedichtsammlungen wie Lars Johansons (Lucidors) *Helicons Blomster* (Helicons Blumen, 1688) »spiegeln in ihrer Anordnung viel von der damaligen Auffassung von dichterischem Wert, Gattungen und Gattungseinteilungen« (Stina Hansson) und sind in Bezug auf Plazierung und Behandlung der einzelnen Gedichte den Erfordernissen der Stillehre der Rhetorik angepasst. In einer Zeit, in der sich die literarische Sprache allgemein ihren Status erst noch erobern muss, ist zahlreichen barocken Texten eine Legitimierungsstrategie eingeschrieben, die ebenfalls rhetorischen Regeln folgt (Malm).

Im Zeitalter der Variationspoetik

Die Rhetorik bildet das Fundament, auf dem die ganze Literatur, Kunst, Musik, Architektur usw. des 16. und 17. Jh. basiert: Hofzeremonien zu bestimmten Anlässen, Ballettaufführungen am Hof Königin Christinas und andere Happenings und Events, die Errichtung von Gartenanlagen und Triumphbögen, die manchmal geradezu an Installationen erinnern, sowie – nicht zuletzt – die bildliche und textuelle Repräsentation all dessen in Form von Prachtwerken wie Erik Dahlbergs *Svecia antiqua et hodierna* (Schweden in der Vergangenheit und Gegenwart, 1667–1715), der größten Sammlung von Ansichten schwedischer Städte und Bauten, die den nationalen Stolz und Anspruch des Landes am Ende seiner Großmachtsperiode in einer allumfassenden rhetorischen Geste dokumentiert und dafür das Medium des Kupferstichs einsetzt. Aus all den Texten und anderen überlieferten Dokumenten der Zeit lässt sich eine durchgängige und tiefgreifende Rhetorisierung des öffentlichen Lebens und der künstlerischen und sozialen Aktivitäten ablesen.

Die Rhetorik des Kupferstichs

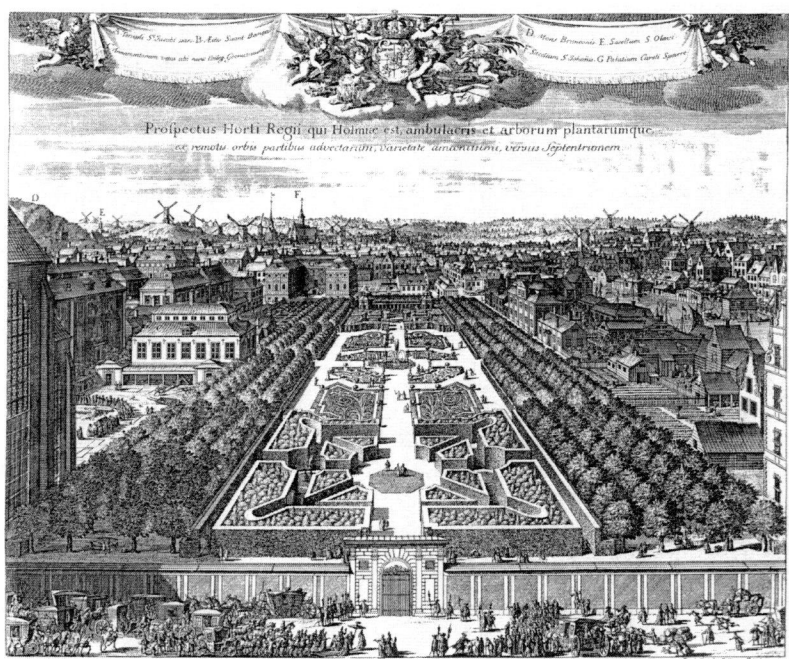

Ansicht der königlichen Gärten in Stockholm, Erik Dahlberg, *Svecia antiqua et hodierna* (1667–1715)

Diese sind in ihrer Geregeltheit pathetisch-pompös und zugleich spielerisch-experimentell in ihrem Inszenierungs- und Verweischarakter.

Dichten in der Muttersprache

Literarische Innovationen im 17. Jahrhundert

Für Johannes Bureus gehörte das Schwedische deshalb zu den sogenannten Hauptsprachen, weil es über eine eigene Schrift (die Runen), eine eigene Grammatik und eine eigene Poetik verfügte. Eine der Anforderungen an eine Nationalsprache im späten 16. und 17. Jh. war, dass sie sich über eine schriftliche Tradition sowie die sprachwissenschaftliche und poetologische Beschäftigung mit der Muttersprache ausweisen können musste, um mit den alten Sprachen zu konkurrieren. Und in der Tat erfolgten im 17. Jh. (wie beispielsweise für das Deutsche) für das Dänische und Schwedische im Bereich der Metrik und der Poetik maßgebliche Innovationen: In Anlehnung an kontinentale, oft antike, über die neulateinische Dichtung vermittelte Modelle übernahm man neue Versformen und Gattungen und man begann gleichzeitig, über diese Neuerungen theoretisch zu reflektieren. Der entscheidende Schritt wurde getan, indem die Muttersprachen – im 16. Jh. als Sprache der neuen Kirche entstanden und auf der Basis des neuen Mediums des Buchdrucks und der Rhetorik – nun auch für literarische Texte im engeren Sinn verwendet wurden. Zu Recht wird in diesem Zusammenhang immer wieder auf das Werk Georg Stiernhielms hingewiesen, der im Titel einer Anthologie eigener Gedichte schreiben konnte, dass mit ihm »erst die Gesangsgöttinnen

Stiernhielms selbstinszenierter Gründungsmythos

lernten, auf Schwedisch zu dichten und spielen« (*Musæ suethizantes, The är sång-gudinnor, nu först lärande dichta och spela på swenska*, 1668). Stiernhielm nahm für sich selbstbewusst in Anspruch, eine neue Ära in der schwedischen Geistesgeschichte einzuleiten, indem er jener Sprache, die er für die Ursprache der Menschheit hielt, endlich die ihr gebührende Würde als literarisches Ausdrucksmittel verschaffte.

Georg Stiernhielm

Um die Jahrhundertmitte gab es Ansätze zu systematischeren Verslehren, die sich auch mit der Opitzschen Reform auseinandersetzten, also der Ablösung des syllabischen durch das akzentuierende Versmaß, oder – wie es Petrus Lagerlöf in seiner Vorlesung *Inledning till det Swenska Poeteriet* (Ende 1690er Jahre) formulierte: »då wy willja scandera wåra verser, icke efter Pedes som wy icke hafwa i wårt språk, utan hwarannan stafwelse måste antingen Eleveras eller deprimeras« (Wenn wir unsere Verse skandieren wollen, dürfen wir es nicht nach Füßen tun, die wir in unserer Sprache nicht haben, sondern jede Silbe muss entweder gehoben oder gesenkt werden). In Dänemark sind die lateinische *Rythmologia Danica* (Dänische Verskunst, 1649) von Hans Mikkelsen Ravn und die dänischen *Synopsis Prosodiæ Danicæ* (Auszug aus der dänischen Reimkunst, 1650) bzw. die umfangreiche, postum erschienene Fassung *Prosodia Danica* (Dänische Reimkunst, 1671) von Søren Poulsen Gotlænder Judichær zu erwähnen, in Schweden Laurentius Fornelius' lateinische *Poetica tripartita* (Dreiteilige Poetik, 1643) oder Andreas Arvidis *Manuductio ad poesin svecanam* (Handbuch zur schwedischen Dichtung, 1651), die im Untertitel – *En kort handledning til the swenske poeterij, versz- eller rijmkonsten* (Eine kurze Anleitung zur schwedischen Poesie, Vers- oder Reimkunst) – bereits andeutet, dass ihr Interesse weniger »den allgemeinen poetologischen Fragen nach dem Wesen der Dichtung«, sondern eher den »poietischen Aspekten (wie technische Fingerfertigkeit, Findigkeit, Flexibilität angesichts zufälliger Gelegenheiten u.a.)« gilt (Barbara Sabel).

Arvidis kontingente Poetik

Eine umfassende und zusammenhängende Theorie der Dichtungslehre wird im 17. Jh. in Skandinavien noch nicht geschrieben, Ansätze finden sich in den eben genannten Verslehren und vor allem auch in Vorwörtern anderer Werke. So enthält beispielsweise Anders Arrebos gewaltiges Schöpfungsepos *Hexaëmeron Rhythmico-Danicum. Det er: Verdens Første Vges Sex Dages præctige oc mæctige Giernninger* (Hexaëmeron in dänischen Versen. Das ist: Die prächtigen und mächtigen Taten der sechs Tage der ersten Woche der Welt, entstanden 1630–37, postum gedruckt 1661), das am Anfang der frühbarocken Dichtung in Dänemark steht, in dem von seinem Sohn Christen Anders Arrebo verfassten Vorwort eine ausführlichere poetologische Diskussion. Unter anderem verweist dieser auf die Tatsache, dass die Versarten, die »unsere alten gotischen, kimbrischen und dänischen Skaldrer in ihren Reimen und Liedern brauchten, nun von allen vergessen sind«, während doch die »Italiener und Franzosen« begonnen hätten, »in ihren Sprachen auf Trochäische und Jambische Art mit vielen lebenslustigen Veränderungen zu reimen und wohlklingende Gedichte zu verfassen« und »die Deutschen in ihrer Sprache dem Franzosen glücklich gefolgt und im Jahre 1617 ihr Collegium fructiferum oder Fruchtbringende Gesellschaft errichteten«. Mit Opitz, Schottel, Harsdörffer und dem Holländer Cats als Vorbildern sei Arrebos epochaler Text entstanden – »unsere Muttersprache zu zieren und ehren« –, womit auch das Dänische ein diesen Literaturen ebenbürtiges Werk aufzuweisen habe.

Arrebos Schöpfungsgedicht – Erschaffung der neuen dänischen Dichtung

Große Texte der skandinavischen Barockdichtung, die die literarische Entwicklung wesentlich beeinflussten bzw. als bemerkenswerte ästhetische

Thomas Kingo

Theologie vs. Poetik

Islands skaldische Barockdichtung

Leistungen Beachtung verdienen, verdanken ihre Existenz dieser Adaption der neuen Modelle. Aus der Fülle ragen der Sonettenkranz *Wenerid* des schwedischen Pseudonyms Skogekär Bergbo (Waldliebender Bergbewohner) heraus, der um die Jahrhundermitte am Hof Königin Christinas entstanden sein dürfte und als Vertreter der Spätrenaissance eine Art »götischen Petrarkismus« markierte (Lars Burman) oder das nach antiken Formen gestaltete Hexameterepos *Hercules* von Stiernhielm, welches das ganze Spektrum der neuen Literatursprache Schwedisch aufzeigte.

Dass die Rezeption der neuen Kunstpoesie allerdings keineswegs immer ungestört verlief, sondern vor allem im Bereich der theologischen Texte und dort insbesondere im Fall der Psalmen regelmäßig zu Konflikten führte, zeigt etwa die Diskussion, die sich um Thomas Kingos *Danmarks Og Norges Kirkers Forordnede Psalme=Bog. Vinter=Parten* (Das verordnete Psalmenbuch für die Kirchen Dänemarks und Norwegens. Winterteil) entspann. In der Zuschrift der ersten Fassung 1689 stellte Kingo fest, dass die aus der Reformationszeit stammenden Kirchenlieder entsprechend den neuen metrischen Regeln überarbeitet werden müssten. Ihre Verfasser – »die guten seligen Männer« – hätten mehr auf die Endreime als auf die Versmaße und den Rhythmus geachtet, sei doch »die poetische Kunst in jenen Zeiten, in dieser und anderer Reiche Muttersprache, noch nicht zu der Art und Übung gekommen wie jetzt«. Die poetologisch-ästhetisch argumentierende Forderung nach Reformen am überlieferten Textbestand der Psalmen rief die orthodoxen Textbewahrer auf den Plan. In der Ausgabe, die nach langen Streitigkeiten und Missverständnissen 1699 endlich als neues Psalmenbuch erscheinen konnte, fielen Kingos dichtungstheoretische Ausführungen weg. Sein Projekt, aus den Psalmen eine moderne Kunstform zu machen, scheiterte, da es die Textform zu sehr verändern wollte, und zwar bezeichnenderweise auch typographisch: Entgegen der nicht als offiziell anerkannten Fassung 1689, die die Kirchenlieder als Gedichte in abgesetzter Form druckte, wurden die Lieder in der bereinigten Fassung 1699 als Prosa wiedergegeben. Die Verwendung der neuen Versmaße stellte ganz offensichtlich eine so grundlegende Innovation dar, dass sie von der konservativen Orthodoxie (wohl mit guten Gründen) als das erkannt wurde, was sie wirklich war: eine Revision der Glaubensinhalte über das Medium der sprachlichen Form.

Im Unterschied zur dänischen, norwegischen und schwedischen Literatur, die sich im Rahmen der Dichtungsreformen des 17. Jh. zumeist an vormittelalterlichen und außerskandinavischen Vorbildern orientierten, wurde in der Lyrik Islands die im Mittelalter entwickelte Dichtungstheorie der Skaldik, vor allem der *Snorra Edda*, direkt weitergeführt und mit der aus Dänemark und Deutschland übernommenen Stillehre der Barockrhetorik zu oft hochartifiziellen, neuen Formen kombiniert.

Die Literatur des skandinavischen 17. Jh. führt einerseits zentrale Gattungen der vorausliegenden Perioden weiter. In der geistlichen Dichtung – Schöpfungsepik, Passionsdichtung usw. – gibt es eine umfassende, wenn auch durch die Reformation neu in bestimmte Richtungen gelenkte Kontinuität von Gattungen und Themen. In der weltlichen Dichtung ist es etwa die Chronik, die im Mittelalter ebenso wie in der frühen Neuzeit zu den beliebtesten Genres gehört.

Ein interessantes Fallbeispiel für den unvollständigen, keineswegs einsträngigen Übergang von der Mündlichkeit und Handschriftlichkeit zur Druckkultur und Visualität und zugleich für die Überlieferungskontinuität über die Grenze Mittelalter-Neuzeit hinweg bieten die skandinavischen Balladen. Sie entstanden nach allgemeiner Einschätzung im 13. und 14. Jh.,

Das »Herzbuch«, dänische Balladenhandschrift (16. Jh.)

vermutlich im Zusammenhang mit der Übertragung der ritterlich-feudalen Dichtung (Riddarasögur und *Eufemiavisor*) an den norwegischen Hof, und wurden von dort als Tanzballaden auf die atlantischen Inseln und nach Schweden sowie Dänemark weiterverbreitet. Von ganz wenigen fragmentarischen Spuren abgesehen, sind jedoch aus mittelalterlicher Zeit keinerlei Balladen erhalten. Ihre für uns nachvollziehbare Überlieferung in handschriftlicher und gedruckter Form setzte nicht vor dem 16. und 17. Jh. ein, als Vedel und Peder Syv ihre Ausgaben publizierten (Letzterer im Rahmen einer Erweiterung von Vedels *Hundredvisebog* [1591] als *Tohundrede Viser om Konger, Kæmper og andre* [Zweihundert Lieder über Könige, Helden und andere, 1695]) und vor allem in Dänemark adlige Frauen sogenannte Liederbücher (*visebøger*), private Anthologien von Liedern und Balladen in oft besonders schön ausgestatteten Manuskripten, anzulegen begannen. Im 18., 19. und frühen 20. Jh. wurden die Balladen als vermeintliche Träger der alten Volkskultur – deshalb auf Dänisch und Norwegisch oft auch als *folkeviser* (Volksballaden) bezeichnet – in großem Stil gesammelt und ediert, wobei vor allem die wissenschaftliche Ausgabe der *Danmarks gamle Folkeviser* (Dänemarks alte Volksballaden, 1–12, 1853–1976) einen Meilenstein in der internationalen Balladenforschung darstellte. Mit ihrer charakteristischen Formelsprache gehört die Ballade in der Geschichte der Literatur der nordischen Länder zu den beliebtesten Gattungen überhaupt. Sie wurde während Jahrhunderten in sämtlichen Gebieten Nordeuropas gepflegt und erreichte eine außerordentliche Vielfalt und Qualität an Themen, Formen und Erzählweisen.

Mittelalterballaden und folkeviser

Neben dieser Fortführung und Adaption alter Formen schafft die Literatur des 17. Jh. in wesentlichen Gebieten jedoch auch eine Erweiterung des Gattungsspektrums. Zögerlich werden Genres entwickelt wie der Roman und das Drama, die im 18. und 19. Jh. so zentral wurden. Die Autobiographie nimmt einen wichtigen Platz im Grenzbereich zwischen religiöser und weltlicher Prosa ein (Leonora Christina, Agneta Horn). Es gibt erste Beispiele für

Gattungsvielfalt

Runenschrift im Norden, Vignette in Olaus Magnus' *Historia de gentibus septentrionalibus* (1555)

Titelseite von Johannes Schefferus' *Lapponia* (1673)

Reiseberichte (etwa *Reisubók*, die 1661 geschriebene Schilderung einer 1622–25 unternommenen Indienreise des Isländers Jón Ólafssón), Zeitungen (Anders Bordings rund 15000 Alexandriner-Zeilen umfassender *Den danske Mercurius* [Der dänische Merkur, 1666–77], der Nachrichtenerzählungen aus der Welt der Kolonien aufnimmt), Völkerkunden (Johannes Schefferus' *Lapponia* [1673], die erste Monographie über die Lappen und zugleich die erste Schrift überhaupt, die einer einzelnen Ethnie gewidmet ist). Das 17. Jh. ist auch das Jahrhundert des Schwanks und es wird ein repräsentativer Teil der deutschen Schwankliteratur ins Dänische übersetzt und gelangt von dort nach Schweden und Island.

Die Dynamik, die diese innovativen Formen und Gattungen mit sich brachten, wurde durch die »paraliterarischen« Texte der neuen Wissenschaften noch verstärkt. Sie waren wesentlich vom Buchdruck gefördert und bedienten sich der technologischen Errungenschaften, etwa in der Wiedergabe von Abbildungen. In diesen Zusammenhang gehört auch die Errichtung von Museen oder Kuriosensammlungen, in denen der Zug zum Enzyklopädischen, der dem 17. Jh. in besonderem Maß eignete, deutlich zum Ausdruck kommt. Als Teil der Historiographie und Altertumskunde etablierte sich als wichtiger Wissenschaftszweig und in enger Verbindung mit der Verslehre die Sprachforschung. Sie war schon im 16. Jh. besonders an den Runen interessiert gewesen (etwa Olaus Magnus) und wurde u.a. bei den Schweden Bureus, Stiernhielm und Urban Hiärne, den Dänen Ole Worm und Syv, dem Isländer Árni Magnússon zu einer bedeutenden, Grammatik, Etymologie, Sprach- und Schriftgeschichte (Runologie), Handschriftenphilologie umfassenden Disziplin.

Barocktexte

Problematischer Barock

Der mit der Literatur und Kultur des 17. Jh. am engsten verbundene und am häufigsten verwendete Begriff ist zugleich wie kaum ein anderer literaturhistorischer Terminus umstritten: Barock. In der skandinavischen Literaturwissenschaft wurde er lange nicht als Periodenbezeichnung verwendet und hat sich hier nie in der gleichen Weise wie in der deutschen Forschung durchgesetzt. Stattdessen werden oft weiterreichende Termini wie Renaissance oder Klassizismus, manchmal für die Literatur der frühen Neuzeit insgesamt, verwendet. In jüngerer Zeit spricht man deshalb häufiger von Barock im Sinn eines Stil- bzw. besser eines Textphänomens. Der barocke Text ist in dieser spezifischen Terminologie ein den rhetorischen, poetischen, metrischen, emblematischen Regeln verpflichteter und durch die medialen Voraussetzungen des 17. Jh. definierter Text. Er macht auf sich selber als Text aufmerksam, stellt sozusagen seine Textualität zur Schau und lebt von Selbstinszenierungen. Diese Verfahren lenken die Aufmerksamkeit weg vom Inhalt und von der Bedeutung und hin zum Äußeren und zum sprachlichen Schmuck. In barocken Texten wird das Schreiben als solches thematisiert und auf die Materialität des Textes als (Hand-)Schrift, Text, Druck hingewiesen.

Diese Verweise sind jedoch kein Selbstzweck. Im 48. *Passíusálmur* (Passionspsalm) von Hallgrímur Pétursson etwa findet sich in den ersten Strophen eine große Zahl von metafiktionalen Hinweisen und der Entstehungsprozess und die Textform des Gedichts werden hier ausführlich kommentiert – »wie die Schrift berichtet«, »ich berichte es geradeaus«, »ich erfuhr«, »wie berichtet werden soll« usw. Dabei bleibt es aber nicht, denn die Verweise auf diese äußeren Aspekte leiten allmählich über zum Dichtersubjekt, das ein Glaubensbekenntnis ablegt, ein Gebet spricht, welches in das abschließende Gotteslob mündet (Strophe 18 f.). So wird in diesem Fall die enge Verbindung von Stoff, literarischer Verarbeitung und zentralem Gedanken (Preis Gottes) herausgestrichen.

Syvs *Nogle betenkninger om det Cimbriske Sprog* (Einige Überlegungen zur kimbrischen [dänischen] Sprache, 1663), eine grundlegende sprachwissenschaftliche Arbeit, trägt ein interessantes Titelkupfer. Elf Embleme beschreiben die Themen der elf Kapitel des Buches. Das sechste Sinnbild zeigt eine schreibende Hand mit einem Auge auf der Handfläche und der Devise »Habe Augen auf der Hand«. Hier wird Schreibpraxis, Schreibrichtigkeit, direkt mit Sehen korreliert, was der erwähnten Visualisierungstendenz in der Druckzeit entspricht. Die Prozesshaftigkeit des barocken Textes wird häufig durch solche emblematischen Situationen in Gang gebracht.

Zum Text des Barocks gehört auch, dass er in der Regel, jedenfalls wenn gedruckt, von zahlreichen Paratexten umgeben ist: Titel, Dedikationen, Widmungsgedichte, Vorwörter usw. verschaffen dem ›eigentlichen‹ Text Autorität. Sogar ein so einfacher Druck wie die dritte Auflage von Dorothe Engelbretsdatters *Siælens Sang-Offer* (Gesangsopfer der Seele, ca. 1680) enthält: ein Titelkupfer mit einem Bildnis der Autorin und einem Gedicht; das ausführliche Titelblatt, das den »Hohen Himmelsgott« direkt anspricht und von »Af den Der Er Dig [...] al Ære og Tieniste skyldig« (von der, die Dir alle Ehre und Dienst schuldig ist) stammt, wobei in den Versalen D E D der Name der Autorin versteckt ist; einen Begleittext des Zensors; eine Dedikation; eine Anrede an den Leser; das Imprimatur. Erst danach beginnen die Lieder. In *Taare-Offer* (Tränenopfer, 1685) verbergen sich die Initialen von Dorothe Engelbretsdatter und ihrem verstorbenen Mann Ambrosius Hardenbeck hinter der Formel »Fra Verden Den Enlige Døer Som Altid Haster Bort« (Von der Welt stirbt der Einsame weg, der immer davoneilt), an anderer Stelle bezeichnet sie sich als »Din Elendige Datter« (Deine elende Tochter). Auch Leonora Christina verwendet in *Jammers Minde* dasselbe Muster, wenn sie von sich als »Leidender Christin« spricht.

Dass der barocke Text sprachlich und formal ein internationales Phänomen ist, zeigt sich an Gedichten, die mehrere Sprachen einsetzen. Lucidor beispielsweise verwendet in einem 1669 verfassten Hochzeitsgedicht (*Bruhd-Fakla [...] Vptänd af Lucidor den olycklige* [Brautfackel, von Lucidor dem Unglücklichen angezündet) nicht weniger als fünf Sprachen: Ein erster Abschnitt (Gilliare Kuaal [Freierqualen]) im Umfang von 72 Zeilen ist auf Schwedisch gehalten, danach folgen 37 Zeilen auf Lateinisch, sieben auf Italienisch, neun auf Französisch und 16 auf Deutsch, ehe das schwungvolle

P. Syvs *Nogle betenkninger*, Emblem auf Titelseite (1663)

Barocke Nebentexte

Gedicht mit dem schwedischen »I högsta Hast« (In größter Eile) beendet wird. Lucidors Text macht, indem es mit Fremdsprachenkenntnissen brilliert, auf den Umstand aufmerksam, dass die (national)sprachliche Realisierung eines Gedankens in einem barocken Gedicht bis zu einem gewissen Grad kontingent sein kann.

Mangel an Originalität

Ein häufiger Vorwurf an die barocke Literatur betrifft ihre fehlende Originalität. In der Tat waren die Autoren des 17. Jh. große Meister des ›Ausschreibens‹ anderer Texte, wie der Fachbegriff lautet. Allerdings ist die Forderung, dass ein Text ›neu‹ im Sinn von original, noch nie da gewesen zu sein habe, angesichts aller vormoderner Dichtung anachronistisch. Im Zeitalter der Repertoiredichtung (Stina Hansson) ging es gerade darum, vorhandene Texte zu kennen, um sie in Übereinstimmung mit den Absichten und Erfordernissen des eigenen Textes neu zusammenzusetzen. Das Anlegen von Exzerpten war Teil der schulischen Ausbildung, die es einem ermöglichen sollte, in späteren schriftlichen wie mündlichen Kommunikationssituationen die jeweils passenden Ausdrucksformen zu finden. Wenn beispielsweise die Forschung festgestellt hat, Arrebos *Hexaëmeron* bestehe fast gänzlich aus dem Material früherer Werke anderer Autoren und bekannter Texte – dasselbe würde für Haquin Spegels entsprechendes schwedisches Schöpfungsepos *Guds Werk och Hwila* (Gottes Werk und Ruhe, 1685, Neuausgabe 1705) gelten –, so ist dies sicher korrekt; die damit verbundene Wertung, *Hexaëmeron* bzw. *Guds Werk och Hwila* seien nicht original, verkennt jedoch die grundlegenden Bedingungen, unter denen barocke Texte entstanden.

Textbegriff der Frühdruckzeit

Eine der Folgen des Buchdrucks ist die Entstehung eines gegenüber den früheren Perioden, in denen die Handschriftenkultur vorherrschte, neuen Begriffs von Autorschaft. Wo im Mittelalter – schematisch dargestellt – ein anonymer Schreiber einen Text niederschrieb, der bei der nächsten Abschrift verändert wurde, verantwortet der frühneuzeitliche Autor einen Text, der in einer verbindlichen Form gedruckt wird. Der Druck ermöglicht die im Prinzip grenzenlose Verbreitung eines Textes in unverändertem Wortlaut und in beliebiger Anzahl, und dieses neue, technisch anspruchsvollere Medium hat weitreichende Konsequenzen für die Legitimation eines Textes – bis hin zur Privilegienerteilung für ein bestimmtes literarisches Werk durch die Obrigkeit, z. B. Engelbretsdatters *Sang-Offer*, dessen Erstauflage 1678 das erste norwegische Werk mit einem königlichen Privileg war.

Drucken und Gebären

Nur vor einem solchen Hintergrund ist es überhaupt möglich, vom ›ersten Dichter‹ einer Literatur zu sprechen. Nicht zufällig wählt man dabei oft die Bezeichnung ›Vater‹ – Arrebo der ›Vater der dänischen Dichtung‹, Stiernhielm der ›Vater der schwedischen Dichtung‹ –, denn die Metapher des Buches als Kind ist wesentlich im Druckzeitalter verankert. Der Gleichung liegt die Vorstellung zugrunde, dass ein Buch wie ein Mensch einen Körper habe und folglich von einem Erzeuger oder einer Erzeugerin abstamme, was sich im Englischen elegant auf die Formel *printing/parenting* bringen lässt. In der »Vorrede an das Buch« (*Nordlands Trompet* [Nordlandstrompete, 1696, gedruckt 1739]) von Petter Dass heißt es: »Sag dann: Mein Vater ist ein Pfarrer / Bekleidet mit einem nordländischen Messegewand.« In Skogekär Bergbos Gedicht *Visorna tala till läsaren* (Die Lieder sprechen zum Leser) aus der Sammlung *Fyratijo små wisor* (40 kleine Lieder, 1682 erschienen), das genau diese Thematik aufgreift, erzählen die Gedichte selbst von ihrem Verhältnis zum Autor, der seinen wirklichen Namen hinter dem Pseudonym versteckte bzw. seine Texte verheimlichte: »Unser Vater war so hart und streng gegen uns alle, / dass er uns nie seine Töchter nennen wollte.« Der Dichter als Vater, die Gedichte als seine Töchter, ihre Körper die Wörter, ihr

Geist die Stimme (»Unser Körper besteht aus Wörtern, aus Stimme ist unser Geist«) – Skogekär Bergbo dehnt das Konzept bis an seine Grenzen. Dorothe Engelbretsdatter, Leonora Christina, Agneta Horn sind schreibende Mütter und die beiden Letzteren richten ihre Texte explizit an ihre Kinder.

Dem Wunsch, den Text im eigentlichen Sinn zu autorisieren, stehen die vielen autorlosen Texte der Zeit gegenüber, die vor allem im 19. und 20. Jh. ein Problem für die philologische Wissenschaft darstellten. Anonyme oder auch pseudonyme Texte – die also ihre Kinder verstoßen bzw. sich nicht zu ihnen bekennen – sind für ein Literaturverständnis, das von einem autorverantworteten Text ausgeht, problematisch, denn sie verstoßen gegen die Regel der legitimen Herkunft. Die Texte von Skogekär Bergbo – neben *Wenerid* und *Fyrtijo små wisor* auch *Thet Swenska Språketz Klagemål* (Klage der schwedischen Sprache, 1658 gedruckt) – oder das vielleicht Stiernhielm zuzuschreibende *Bröllops besvärs Ihugkommelse* sind in der schwedischen Literatur des 17. Jh. solche Fälle, die in ihrer Autorlosigkeit, Autonomie und somit in gewissem Sinn ihrer Unkontrollierbarkeit und Unbeherrschbarkeit eine Herausforderung an die biographistische Literaturwissenschaft bildeten. Diese verwendete denn auch viel Energie darauf, mit stilistischen und sprachstatistischen Methoden den autorlosen Texten zu Leibe zu rücken, wobei die Bemühungen von einem gewissen Unverständnis gegenüber der rhetorisch bedingten Autorunabhängigkeit zeugen, die den barocken Text charakterisieren und ihn freier verfügbar als moderne Texte machen.

Die Angst vor herrenlosen Texten

Überhaupt hat die Literaturgeschichte vor der ›rhetorischen Wende‹, die in den 1960er Jahren eintrat, mit der barocken Literatur oft Mühe gehabt. Das lässt sich an der Bewertung einzelner Autoren aus dem 17. Jh. gut illustrieren. Für die Zeitgenossen zeichnete sich ein Dichter dadurch aus, dass er die Texte in Übereinstimmung mit den Konventionen der Rhetorik verfertigen konnte und zwar vom Gelegenheitsgedicht (ein Lebereim oder ein Pferdegedicht, z. B. Stefán Ólafsson) bis zum Heldenepos. Die spätere Rezeption gewisser Autoren und Texte bzw. der ganzen Epoche unterschied sich deutlich davon. Im frühen 18. Jh. von Aufklärern wie Ludvig Holberg heftig attackiert (z. B. im komischen Heldengedicht *Peder Paars*, 1719–20), wurden die Rhetorizität und die Tendenz zur Äußerlichkeit der barocken Texte bald einmal zum Inbegriff von Gedankenleere, Unnatürlichkeit, Überladenheit, Schwülstigkeit, alles Elemente, die dem Stilwillen des französischen Klassizismus zuwiderliefen, und in dieser Phase der Rhetorik-Kritik entstand denn auch die pejorative Bewertung der Dichtung des 17. Jh. In den ersten wissenschaftlichen Texteditionen und Autorbiographien zum Barock, die im Laufe des 19. Jh. herausgebracht wurden, ist eine eigenartige ›Ent-Barockisierung‹ festzustellen: Gerade jene Aspekte in den Texten des 17. Jh., die als besonders zeittypisch und ›barock‹ gelten können – also die rhetorischen, poetologischen, stilistischen Elemente der Variationsdichtung – wurden in ihrer Zeittypik nicht erkannt, sondern vielmehr individualisiert, sozusagen entrhetorisiert, und biographisch gelesen. Gute Beispiele für solche Lektüren sind etwa Matthías Jochumssons oder Halldór Laxness' Arbeiten über den isländischen Barockdichter Hallgrímur Pétursson, die aufgrund der völligen Vernachlässigung der ausgeprägten Rhetorik seiner Texte zu sehr merkwürdigen, viel zu persönlich-biographischen Einschätzungen kommen, oder die Versuche schwedischer Literaturwissenschaftler, die schlecht dokumentierte Biographie des Dichters Lasse Lucidor auf der Grundlage der zuvor rekonstruierten Chronologie seiner Texte zu erzählen, oder jene norwegischen Forscher, die Dorothe Engelbretsdatters barockspezifische Tränen-Metaphorik direkt auf ihre persönlichen Erlebnisse zurückbinden. In all diesen Fällen

Wie entsteht ein barocker Autor?

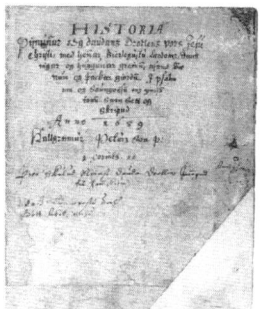

Hallgrímur Péturssons *Passionspsalmen*, Autograph (1659)

wurde die Tatsache übersehen, dass zwischen der Gattung, in der ein bestimmtes Gedicht für eine bestimmte Gelegenheit angefertigt wurde, und der jeweiligen persönlichen Befindlichkeit des Autors oder der Autorin keineswegs ein Zusammenhang zu bestehen brauchte, ermöglichten doch die Regeln der Poetik gerade die weitestgehende Verfügbarkeit von Themen und Stoffen, die in vorgegebenen Formen behandelt wurden.

Textverfahren, Themen, Sprachstile

Gotteslob

Das Ziel der beeindruckenden Vielfalt an Stilen und Formen, die die barocken Texte ausbreiten, besteht letztlich darin, die Gesamtheit der Schöpfung im Medium der Sprache zu beschreiben. Um diese Repräsentationsabsicht zu erreichen, wird als ein Hauptmodus des literarischen Erzählens immer wieder die Enzyklopädie herangezogen und einige der herausragendsten Werke der Literatur des dänischen, norwegischen und schwedischen 17. Jh. fallen denn auch in diese Kategorie. Arrebos *Hexaëmeron* und Spegels *Guds Werk och Hwila*, die beide die erste Woche der Welt schildern und zur Gattung der Schöpfungsdichtung gehören, bedienen sich über weite Strecken des rhetorischen Mittels der enzyklopädischen Auflistung, um die natürliche Umwelt in ihrer ganzen Herrlichkeit – »Herlighed« (Arrebo) – darzustellen. Komposition und Abfolge dieser beiden Texte orientieren sich in ihrem aufzählenden Charakter natürlich an den ersten Büchern der Bibel. Doch auch weltliche Texte verwenden dasselbe Muster. So trägt Petter Dass' *Nordlands Trompet, i Vers forfattet* (Nordlandstrompete, in Versen verfasst) den Obertitel »Beschreibung des Amtes Nordland im Bistum Trondheim« (*Beskrivelse over Nordlands Amt i Trondhiems Stift*). Das »nationale Heldengedicht über den nordnorwegischen Fischerbauern«, das als wichtigstes Werk der Barockliteratur in Norwegen gilt, steht damit in der Gattungstradition der topographischen Dichtung mit dänischen Vorbildern wie Michel Mogensøn, Holger Arctander, Claus Christofersen Lyschander, Arrebo. Es handelt der Reihe nach die geographische Lage, die Vögel, die schwimmenden Tiere, die Landwirtschaft, die Lappen und Finnen, die einzelnen Regionen von Norrland ab.

Pracht und Fülle der Natur

Zu Beginn von *Bröllops besvärs Ihugkommelse* wird die Lebenskraft der Natur in der Paarungszeit im Frühling breit und lebhaft ausgemalt und danach folgendermaßen zusammengefasst: »Die Summe ist, dass alle Tiere, alle Fische, Vögel und Pflanzen / sich zusammenpaaren, ein jedes Ding bekämpft der kleine Cupido.« In allen diesen Texten wird nach Kräften das Lob des Lebens gesungen, oder, wie es Arent Berntsen in einer Darstellung der Ressourcen seiner Heimat ausdrückt, *Danmarckis oc Norgis Fructbar Herlighed* (Die fruchtbare Herrlichkeit Dänemarks und Norwegens, 1656).

Die Angemessenheit des Umfangs

Selbstverständlich sind sich die Autoren der Hoffnungslosigkeit ihres Unterfangen, die Welt als Ganzes zu beschreiben, bewusst, was sie auch in zahlreichen metapoetischen Kommentaren thematisieren. Spegel drückt das Dilemma in *Guds Werk och Hwila* mit einer rhetorischen Schlaufe wie folgt aus: »Dieses Werk ist ausführlich geworden. Aber würde oder könnte ich so viele Erklärungen schreiben, wie es Gottes Wunder erforderten, und so viel Danksagung, wie seine Wohltaten verdienten, dann wäre dieses Buch das größte geworden, das je geschrieben worden wäre […]; denn weder können zu viele noch zu viele zu viel tun, was Gott wollte und verdiente, dass wir alle in alle Ewigkeit tun sollten, nämlich seine Allmacht preisen, seine Weisheit loben, seine Barmherzigkeit besingen. So dass man, wenn man es betrachtet, nichts anderes sagen kann, als dass ich viel zu wenig geschrieben habe und dass mehrere, die es besser können, mehr schreiben müssen.« Spegel will –

wie Arrebo oder Dass – Gottes »große Werke in diesem Werk« zeigen, und eben eine solche Repräsentation, die Abbildung der Schöpfung im jubelnden Text, macht *Guds Werk och Hwila*, *Hexaëmeron*, *Nordlands Trompet* zu einer Art von Predigten.

Der Dialog des Ichs mit Gott ist zahlreichen barocken Texten eingeschrieben. Der erste Abendgesang (»Dend første Aftensang«) in Kingos *Aandelige Siunge-Koor* (Geistlicher Singchor, 1–2, 1674–81) etwa ist ein ganz an Gott gerichtetes Lied, in dem das vom Herrn beschützte und vom Satan verfolgte Ich – selbstbewusst und ungeduldig – Gott mit Aufforderungen, Wünschen, Bitten geradezu überhäuft: »sei du«, »lass mich«, »gib mir«, »komm doch«, »lass, oh Gott«, »erleuchte doch«, »mach«, »segne«, »setze«, »denk«, »lass«, »lass«, »lass«. Der Gesamttext von *Aandelige Siunge-Koor* kann mit den je sieben Morgen-, Abend- und Bußpsalmen als Wochenstruktur des christlichen Alltagslebens gelesen werden. Dieser Aspekt des ständigen Gottesdienstes, der in den Texten vollzogen wird (Marita Akhøj Nielsen), darf bei der Beschäftigung mit der kirchlichen Literatur des 17. Jh. nie aus den Augen gelassen werden. So ist beispielsweise das einflussreichste Prosawerk der isländischen Kirche die sogenannte *Vídalínspostilla* (Postille von Bischof Jón Vídalín, 1718), die mit ihrem Bestand an barocken Predigten während annähernd zweihundert Jahren verwendet wurde.

Zwiesprache mit dem Herrn

Die Antikenrezeption, ebenfalls eine der charakteristischen Elemente barocker Texte des Nordens, erfolgte in vielerlei Formen und reichte von der kreativen Neubearbeitung eines heroischen Themas der klassischen Dichtung wie in Stiernhielms *Hercules* bis zur Verwendung von Figurenkonstellationen der antiken Mythologie für pornographische Gedichte wie Lucidors *Nys när Frigga satt i bade* (Neulich, als Frigga [Venus] im Bade saß).

Nachahmung der Antike

Ein Merkmal der spezifischen Verfahren des Barocktextes ist der Sprachstil, der in ganz unterschiedlicher Weise realisiert wird. Arrebos *Hexaëmeron* reiht schon auf dem Titelblatt eine Vielzahl von Superlativen aneinander und erzeugt einen Eindruck von Hochgestimmtheit: die erste Woche, prächtige und mächtige Taten, allerhöchster Schöpfer, allesvermögender Finger, allermeisterlichst, unbegreifliche Weisheit, unbeschreibliche Güte, höchstverdiente Ehre, edelste Kreatur, heilige und herrliche Betrachtung. Im erzählenden Text gelingt es Arrebo, mit überraschenden Ausrufen eine unvergleichliche Lebendigkeit herzustellen. Bei der »Beschreibung der hässlichen Schlangen« bricht er aus: »Hilf Gott, Wie bin ich erschrocken, mein Blut verändert sich ganz, / ein eis-kalter Angst-Frost durchwandert meinen Leib: / mein Haar steht zu Berge, und alle Glieder zittern, / Die Beine können mich nicht tragen, kein Geist ist in der Brust, / Denn was mein Auge sieht, kränkt meine Natur, / Ah, ah! Hier begegnet mir die zornige Todes-Figur!« Die gleiche Stelle lautet bei Spegel wesentlich nüchterner: »Ich muss jetzt anfangen, obwohl ich mich sehr davor fürchte«.

Barocker Sprachstil

Die Bild- und Motivwelt der Texte ist von starken Antithesen geprägt. Wie in der Malerei sind diese oft mit dem Sehen und dem Gegensatz von Hell und Dunkel verbunden (z.B. *Wenerid*). In den zahlreichen Beschreibungen und Aufzählungen schlägt sich häufig die Freude am Konkreten nieder. Die Dichtung des 17. Jh. hat eine ausgeprägte Vorliebe für das Physische, Sinnliche. Töne, Klänge, Lärm gehören zur Barockdichtung ebenso wie die ausmalende Schilderung von Flüssigkeiten (Tränen, Blut, Schweiß), die Nachahmung der Wirkung von Geschmäcken (Süße, Bitterkeit, Salzigkeit), lieblichen und unangenehmen Gerüchen und Essenzen. Die Fülle eines Festmahls wird plastisch-anschaulich und rhetorisch vielfach variierend beschrieben, bis hin zu den Folgen nach Abzug der Hochzeitsgesellschaft: »Das Essen in den Gästen,

Die Düfte der Poesie

Der Körper der barocken Sprache

Titelkupfer von Dorothe Engelbretsdatters *Tränen-Opfer* (1685)

Todes- und Gottesgewissheit

das Futter in den Pferden, das Feuerholz aufgebraucht, / Alles ist in Unordnung, alle Regale gefüllt mit leeren Schüsseln, / der Keller ist dann trocken« (*Bröllops besvärs Ihugkommelse*). In *Nordlands Trompet* greift Dass zur Metapher des Essens für die Dichtung – seine Beschreibung des einfachen Volkes im Norden wird mit einem bescheidenem Mahl ohne ausländische Gerichte, ohne Schauessen, königliche Küche, Suppe auf Französisch, ohne gebratene Fasane, Tauben, Kapaune, ohne Gewürze oder Trauben verglichen – und damit zu einem seit Vergil verwendeten Bescheidenheitstopos. Dass bietet in seinem Text dem Leser nur währschafte und einheimische Speisen wie Köhler, Butter, geräucherten Schinken, Kohl und Grütze. Doch sinnlich-konkret werden in barocken Texten auch abstrakte Vorstellungen und metaphysische Gegebenheiten erfahrbar gemacht, so etwa der Tod in Stiernhielms *Hercules*. Wie bereits erwähnt werden häufig auch die dichterische Sprache und der Text mit einem Körper versehen, personifiziert und als geschlechtliches Wesen, meist eine Frau, dargestellt. Sprache kann sich aber auch lediglich als Stimme zu erkennen geben, wie beispielsweise das Schwedische in *Thet Swenska Språketz Klagemål*. Sprache ist zudem selbst Thema zahlreicher Texte: Stiernhielm gibt in *Hercules* einen Leitfaden für die gute Sprachverwendung, schwelgt jedoch zugleich in der unkeuschen, liederlichen Sprache der Lusta (Mats Malm).

Mit der Tendenz zur konkreten Veranschaulichung hängt die Ästhetik des (leidenden) Körpers in barocken Texten zusammen. Leonora Christina entwickelt in *Jammers Minde* eine eigentliche Theorie des Gedächtnisses, das den geplagten, eingesperrten Körper zum Bezugspunkt hat. Ihr Buch handelt von der Erinnerung an die Leiden während einer zwanzigjährigen Gefangenschaft, durch das sie sich das eigene Leben erschreibt. Erinnerung ist für Christina Leonora immer mit Leid – Jammer, Widerwärtigkeiten, Elendigkeit – verbunden. Geradezu genüsslich werden die qualvollen Umstände, unter denen ihre politischen Gegner sterben, aufgelistet. Dorothe Engelbretsdatters *Taare-Offer*, eine Sammlung geistlicher Lieder, ist mit einer »in Weinen polierten Feder geschrieben«. Die Lieder sind Ausdruck einer innerlichen Bräutigams-Mystik, die von Jesus als »meiner Seele Bräutigam« sprechen, den Erlöser zur Muse nehmen und ihn so zum Anlass und zum Objekt haben. Hallgrímur Péturssons *Passíusálmar* (Passionspsalmen, 1666) diskutieren in einer eigentlichen Zur-Schau-Stellung der Marterszenen feinste Details des sterbenden Körpers Jesu am Kreuz und verknüpfen die Imitatio Christi, die einen wichtigen Teil der geistlichen Barockdichtung ausmacht, gerade mit diesen Schmerzempfindungen. Der Körper der barocken Literatur wird in diesen Szenen in seiner Bedrohtheit und Vergänglichkeit dargestellt, die nur von der dichterischen Sprache überwunden werden können.

Das Motiv des plötzlichen Todes ist denn auch allgegenwärtig: »Heute jung, schön, kräftig und reich, / morgen tot und eine erkaltete Leiche«, wie Lars Wivallius in *Om döden till de dödelige* (Über den Tod zu den Sterblichen) sagt, oder, in der Version von Hallgrímur Pétursson: »So wie die eine Blume / auf glattem Boden wächst, / schön mit reiner Blüte / zuerst in der Morgenstunde, / in einem schnellen Augenblick / rasch abgeschnitten wird, / Farbe und Blätter verlor, / endet das Menschenleben rasch« (*Allt eins og blómstríð eina* [So wie die eine Blume]). Im Unterschied zu modernistischen Texten, die in ähnlicher Weise mit Allegorien der Zerstörung arbeiten, bleibt in den barocken Gedichten am Schluss jedoch immer die Gewissheit auf die Erlösung bestehen: »Herr Jesus, du bist mein Schutz« (Hallgrímur Pétursson). »Far, verden, far vel« (Fahr, Welt, fahr wohl), sagt denn auch Kingo in einem seiner bekanntesten Psalmen und der erste der isländischen Passions-

Guðbrandur Þorláksson, isländischer Bischof und Bibelübersetzer (links)

Hallgrímur Pétursson

psalmen setzt ein mit dem Ausruf: »Auf, auf, meine Seele und all mein Gemüt, / Auf mein Herz und die Stimme dazu.«

Zu den wichtigen Textverfahren der barocken Literatur gehört die Emblematik. Eines der bekanntesten der vielen Bildnisse, die der niederländische Maler Karel van Mander für den dänischen Hof ausführte, zeigt Leonora Christina in einem Arrangement voll emblematischer Verweise: Das Bild stammt aus der Zeit vor der Inhaftierung, als die Tochter von Christian IV. und Gattin von Corfitz Ulfeldt auf dem Höhepunkt ihrer Macht stand, und inszeniert sie als prunkvoll gekleidete Dame des Hochadels; ihre Schwangerschaft verweist auf ihren Status als Mutter; der Wolfshund rechts vorne steht für ihren Mann (*Ulf-* bedeutet Wolf), der kleine Hund links für ihre unerschütterliche Treue als Ehefrau. Die Elemente, die das Bild dominieren (Stand, Mutterschaft, Treue), werden von Leonora Christina in der autobiographischen Erinnerungs- und Gefängnisschrift *Jammers Minde* gezielt aufgegriffen und dienen dort zur rhetorischen Stilisierung des Dichtersubjekts in der Rolle Hiobs. Textliche und bildliche Repräsentation derselben Aspekte einer Figur sind effektvoll miteinander kontrastiert und ergeben eine überzeugende Gesamtaussage.

Leonora Christina

Eine kurze abschließende Deutung des Frontispizes im Illustrationsband von Olof Rudbecks *Atlantica* (im Ausschnitt abgebildet am Anfang des Kapitels, S. 52) kann einige Linien der frühneuzeitlichen literarischen Kultur Skandinaviens nochmals auf den Punkt bringen. Auch bei diesem Bild handelt es sich um eine Darstellung, die mit emblematischen und rhetorischen Mitteln arbeitet und bildliche und textuelle Verfahren zueinander in Beziehung setzt. Der Kupferstich zeigt einen als Wissenschaftler des 17. Jh. gekleideten Mann, der Rudbeck selber darstellt. Er ist von einer Gruppe von Männern umgeben, die als antike Dichter, Philosophen und Gelehrte namentlich gekennzeichnet sind (Platon, Hesiod usw.), und schneidet mit einem Messer einen Erdball auf. Links neben ihm steht Chronos (Sense, geflügeltes Stundenglas) und deutet mit einem Lineal auf die deckungsgleich unter Schweden (»Svecia«) liegende Insel der Götter (»Deorum Insvla«). Der Hintergrund gibt den Blick in den Himmel mit den Sternbildern des großen und kleinen Bären frei. Am unteren Rand des Bildes steht eine Unterschrift mit dem Text »Et nos homines«.

Emblematische Texte

Die Umrahmung der Gruppe mit Vorhängen und die Perspektive auf die

Szene deuten darauf hin, dass hier eine Handlung vor sich geht, die mit einer Sezierung in einem anatomischen Theater gleichzusetzen ist – mit dem Unterschied, dass keine Leiche, sondern ein geographisches Territorium aufgeschnitten und dadurch eine Nation, eine Kultur, eine Geschichte freigelegt wird. Rudbeck war wie erwähnt einer der führenden Mediziner seiner Zeit und errichtete 1662–63 das erste Theatrum Anatomicum in Uppsala (in Kopenhagen war ein solches bereits 1642 eröffnet worden), wo er schon früher viele Sezierungen und öffentliche Demonstrationen durchgeführt hatte, 1652 eine in Anwesenheit von Königin Christina. Die Darstellung zeigt Rudbeck in seiner doppelten Rolle als Anatom und Archäolog, der unter der Oberfläche (der Haut bzw. der Erde) die wahren Sachverhalte zu erkennen vermag. Dass er einen Globus seziert, ist ebenfalls kein Zufall in Anbetracht des Entstehungsanlasses der *Atlantica* (Kartographie). Das Sinnbild lässt sich mit der Überschrift »Die Zeit befördert die Wahrheit an den Tag« umschreiben, was von den Gelehrten aus der alten Zeit bestätigt wird, wenn sie ausrufen: »Auch wir sind Menschen«, das heißt, wir haben in Bezug auf Atlantis geirrt.

Rudbeck bringt die Hauptanliegen seiner großangelegten Untersuchung über den Ursprung und die Wanderung der menschlichen Kultur und die Bedeutung, die Schweden in dieser Geschichte spielte, in der knappen Form des Bildmediums, das auf Texte verweist, zum Ausdruck. Das Frontispiz des Druckes inszeniert die Kernthesen von der Herkunft und Geltung der schwedischen Großmacht. Rudbecks *Atlantica*, ein barocker Traum von einer idealen Welt, konnte nicht mehr vollständig erscheinen, denn die meisten Bögen des vierten und letzten Bandes fielen dem Brand von Uppsala 1702 zum Opfer. Allmählich begannen sich im 18. Jh. Wissenschaften und Künste in neue Richtungen zu bewegen, und so markiert Rudbecks Werk das Ende einer Phase und fasst gleichzeitig ihre Hauptideen und Textverfahren in einzigartiger, unüberbietbarer Weise zusammen.

Textualität der Emblematik

Aufklärung
(1720–1800)

Voraussetzungen und Reaktionen auf die europäische Aufklärung

Nicht als Impulsgeber, sondern als Empfänger der europäischen Aufklärungsideen treten die skandinavischen Literaturen im 18. Jh. in Erscheinung. Die Vorstellung von der Befreiung des Menschen aus seiner Unmündigkeit, die Vorherrschaft der Vernunft, die Konstituierung eines selbstbestimmten Subjekts sowie das Bestreben nach Emanzipation von Autoritäten kommen vermittelt über die Lektüre der französischen, englischen und deutschen Aufklärungsschriften oder aber durch die persönliche Begegnung mit den Intellektuellen und Künstlern auf ihren Europareisen nach Skandinavien. Dabei sind es vor allem die französischen Enzyklopädisten und Voltaires Schriften, die zunächst rezipiert werden, später kommen Rousseaus, Montesquieus und mit Verzögerung auch Kants philosophische Werke hinzu. Auch die englischen Sensualisten, allen voran Shaftesbury und Sterne, gewinnen im Zuge des Interesses an der Aufklärung und an den ihr scheinbar gegenläufigen Tendenzen an Bedeutung. Der Vernunft wird nach und nach das Gefühl zur Seite gestellt, das damit gleichermaßen Gegenstand und Movens der Literatur wird. Das heißt, die Ideen der Aufklärung finden in all ihren Facetten Einlass in die skandinavischen Literaturen und haben weitreichende Auswirkungen, wenn etwa Genres wie der utopische Roman, die Verlachkomödie, Lehrgedichte und Satiren große Popularität erlangen. Sie bedeuten aber zugleich auch eine starke Abhängigkeit von den kontinentaleuropäischen Ländern. Das Projekt der Aufklärung setzt sich somit in den einzelnen skandinavischen Literaturen mit Verzögerung und als Reaktion auf die europäischen Bewegungen und insbesondere auf die Französische Revolution 1789 durch. Gegen Ende des Jahrhunderts jedoch wird sich das Verhältnis zumindest partiell ändern: Aus den Empfängern werden selbst Impulsgeber, welche die Ideen der Aufklärung auf jeweils individuelle Weise umsetzen und damit als Stilvorbilder rezipiert werden. Sie stellen der Dominanz der jetzt als fremd empfundenen Kulturen, dem Französischen und Deutschen, das Eigene entgegen. Dieses Eigene entwickelt sich vor allem auch aus der Wiederentdeckung der mittelalterlichen nordischen Dichtung. Und von hier gehen wiederum Anregungen für andere Literaturen aus.

Empfänger europäischer Aufklärungsideen

Die zentrale Bewegung, welche diese Entwicklung kennzeichnet, ist das Wechselverhältnis von Freiheit und Institutionalisierung: Die Literatur und der Literaturbetrieb nehmen die Ideen der Aufklärung auf, die sie einerseits als Befreiung von den Zwängen der Autoritäten verstehen; andererseits verlangt die Vernunft auch klare Regeln, Ordnungssysteme, die Grenzen setzen, die Freiheit zügeln. Es unterliegt der Verantwortung des vernünftig Handelnden, die Freiheit zu reglementieren. So erfüllen die neu gegründeten Institutionen wie literarische Gesellschaften, Zeitschriften und Wissenschaftsakademien auf der einen Seite die Aufgabe, dem entstehenden kulturellen und in-

Freiheit und Institutionalisierung

tellektuellen Selbstbewusstsein ein Forum zu schaffen, andererseits haben diese Institutionen auch eine Kontrollfunktion inne, die einer allzu großzügigen Auslegung von Freiheit und Mündigkeit vorbeugen sollen. Neben diesem – unabhängig von den jeweiligen politischen und kulturellen Entwicklungen – allen skandinavischen Literaturen zu dieser Zeit gemeinsamen Wechselverhältnis wird in der zweiten Hälfte des 18. Jh. ein anderes immer wichtiger: nämlich das von Vernunft und Gefühl. Die Vorherrschaft der *ratio* als Grundlage aufgeklärten Denkens wird nun in ihrer Ausschließlichkeit in Frage gestellt. Das Gefühl, als das Andere der Vernunft, tritt hinzu. Diese beiden Leitambivalenzen von Freiheit und Institutionalisierung sowie die von Vernunft und Gefühl lassen sich als gemeinsamer Nenner der dänisch/norwegischen und der schwedischen Literatur im 18. Jh. beobachten.

Vernunft und Gefühl

Deutlich kristallisieren sich nämlich auch die Unterschiede in den einzelnen skandinavischen Literaturen im Zeitalter der Aufklärung heraus: Während Dänemark/Norwegen zunächst den französischen Klassizismus zum Stilvorbild haben, sich dann aber zunehmend an den deutschen Entwicklungen orientieren, lässt sich für die schwedische Literatur eine starke Konzentration auf kulturelle und ideengeschichtliche Bewegungen in Frankreich feststellen. Lediglich gegen Ende des 18. Jh. setzen sich auch englische und – mit der Rezeption von Goethes frühen Schriften, insbesondere des *Werthers* – deutsche Einflüsse durch. Das bedeutet, dass sich die skandinavischen Literaturen unabhängig voneinander mit den Ideen der europäischen Aufklärung auseinandersetzen, dass es also zu Akzentverschiebungen und nur in wenigen Fällen zu parallelen Entwicklungen oder sogar gesamtskandinavischen Ereignissen kommt. Bedingt werden diese unterschiedlichen Wege natürlich auch durch die politischen Verhältnisse und Entscheidungen, die zu diesem Zeitpunkt ebenfalls verschieden ausfallen.

Unterschiedliche Entwicklungen in Dänemark/Norwegen und Schweden

Die Aufklärung als politische und kulturelle Herausforderung in Dänemark/Norwegen

Die Entwicklung der Aufklärung in Dänemark/Norwegen ist auf das Engste verknüpft mit dem Bestreben nach einer Sicherung des Absolutismus, des *enevælde*. Die Zentralgewalt des Königs bedeutet eine starke Einschränkung des Handlungsspielraums des Adels bei gleichzeitiger Förderung eines vornehmlich deutschsprachigen Beamtentums. Zwar stehen die absolutistischen Herrscher in Dänemark den Aufklärungsideen nicht prinzipiell entgegen, die jeweiligen Vorstellungen von der Meinungsfreiheit, der Freiheit der Künste und der kulturellen Tradition variieren jedoch im Laufe des Jahrhunderts und hängen maßgeblich auch von der Einstellung zur Religion und zur deutschen Kultur ab. Diese gewinnt nämlich zunehmend an Einfluss, was für den kulturellen und religiösen Ideentransfer von Deutschland nach Dänemark und schließlich auch in umgekehrter Richtung weitreichende Folgen hat.

Aufgeklärter Absolutismus

Eine besondere Position nimmt dabei der Pietismus ein, der von Halle und Jena aus nach Dänemark gelangt. Zunächst in Løgumkloster bei Tønder, in Christiansfeld und später auch in Kopenhagen entstehen die ersten pietistischen Zentren im Norden. Vor allem König Christian VI. (reg. 1730–46) ist ein glühender Anhänger des Pietismus, und das wirkt sich nicht nur auf das politische Klima, sondern auch auf das öffentliche kulturelle Leben aus: Er lässt das gerade erst gegründete Theater *Den danske Skueplads* (Die dänische

Pietismus

Schaubühne) schließen, in dem die eigens für diese Bühne geschriebenen Komödien des Aufklärungsautors Ludvig Holberg gespielt werden. Dieser Eingriff bedeutet den Abbruch einer sich gerade etablierenden Theatertradition. Auch andere kulturelle Vergnügungen werden unter der streng pietistischen Herrschaft Christians VI. untersagt, so dass es nunmehr versteckte literarische Formen sind, in denen Herrscherkritik und Aufklärung gleichermaßen zum Ausdruck kommen: etwa in Fabeln, dem utopischen Roman oder Satiren.

Christian VI., Gemälde von J.S. Wahl (1740)

Gleichwohl bedeutet der starke Einfluss des Pietismus in Dänemark nicht grundsätzlich die Ablehnung aufgeklärten Denkens. Er setzt deutliche Prioritäten in eine andere Richtung: So werden caritative Einrichtungen und Schulen gegründet. Inhaltlich konzentriert sich das pietistische Denken auf das einzelne Subjekt (weniger auf die bürgerliche Öffentlichkeit) und betont das individuelle, persönliche Erlebnis und das Gefühl. Diese Form der Frömmigkeit hat große Auswirkung nicht nur auf die geistliche Dichtung dieser Zeit, und ihre Spuren reichen weit über die Anfänge des 18. Jh. hinaus. Aber ungeachtet dieser auch für die literarische Entwicklung bedeutsamen Seite des Pietismus sind Theater und Literatur unter der Herrschaft Christians VI. starken Einschränkungen ausgesetzt.

Einen neuen Aufschwung erhält das kulturelle Leben erst unter seinem Nachfolger Frederik V. (reg. 1746–66). Zudem trägt er mit dazu bei, dass die deutsche Beamtenschaft in Dänemark an Einfluss gewinnt. Das hat erneut Konsequenzen für die Kulturpolitik. Auf Fürsprache des deutschen Beraters Johan Hartvig Ernst Bernsdorff wird 1751 zunächst der Autor des *Messias*, Friedrich Gottlieb Klopstock, nach Kopenhagen berufen. Kurze Zeit darauf folgt mit dem Literaten und Theologen Johann Andreas Cramer ein zweiter Deutscher, der vor allem als Herausgeber der Zeitschrift *Der nordische Aufseher* Aufmerksamkeit erregt. Dieser deutsche Kreis wird ein wichtiges kulturelles Zentrum in Kopenhagen, das sich nicht nur zu ästhetischen, sondern auch zu politischen Fragen äußert. Wenngleich damit der deutsch-dänische Kultur- und Ideenaustausch seinen Höhepunkt erreicht, werden zahlreiche andere Künstler und Wissenschaftler aus ganz Europa, darunter der Schweizer Historiker Paul Henri Mallet und der französische Bildhauer Jacques François Joseph Saly, nach Dänemark berufen. Mallet legt mit seiner *Histoire de Dannemarc* (1758–77) nicht nur eine umfassende dänische Geschichte vor, er setzt vor allem mit seinen *Monumens de la mythologie et de la poésie des Celtes et particulièrement des anciens Scandinaves* (1756) deutliche Akzente, indem er die mittelalterliche Literatur des Nordens zum Gegenstand seiner Untersuchung macht und damit das Interesse für die norröne Dichtung weckt. Durch den Bildhauer Saly und den schwedischen Maler Carl Gustav Pilo gelangt die Akademie der Künste in Kopenhagen in den 1750er und 1760er Jahren zu einem internationalen Ruf. Zur Stärkung der Außenwirkung des Musiklebens tragen italienische Sänger und vor allem die Komponisten Paolo Scalabrini und Guiseppe Sarti bei. Die Orientierung an der Weltliteratur und dem internationalen Kunstbetrieb wird dabei als notwendig angesehen. Ebenso wie sich die Künstler als Kosmopoliten verstehen, die überall dort zuhause sind, wo ihre Arbeit unterstützt und gefördert wird, versteht sich der Königshof auch als internationales Kunstforum. Eine spezifisch dänische Kunst gilt es zunächt nicht zu betreiben, wenngleich schon ab 1740 pränationale Diskurse im Umlauf sind. Mit dem Entstehen der Nation um 1800 wird dann jedoch die Herausbildung des Dänischen als Aufgabe auf allen kulturellen Feldern verstanden.

Klopstock in Kopenhagen

Kopenhagen als internationales Kulturzentrum

Die dominante deutsche Stellung wird allerdings in den 1770er Jahren in jeder Hinsicht – politisch, sprachlich, kulturell – deutlich eingeschränkt.

1766 kommt als Nachfolger des kunstfördernden Fredrik V. mit König Christian VII. ein sehr schwacher und psychisch labiler König an die Macht. Die ›deutsche‹ Politik, die Staatsminister Bernsdorff mit Elan betreibt, erfährt zunächst noch eine Steigerung, als der aus Altona stammende Leibarzt des Königs, Johann Friedrich Struensee, seinen Einfluss auf den König und die Königin nutzt, um seine politischen Vorstellungen durchzusetzen. Er stürzt Bernsdorff und initiiert hastig und ohne Absprachen eine Reihe von grundlegenden Reformen, die auf wenig Zustimmung stoßen. Ein Liebesverhältnis

Struensee-Affäre

mit der Königin führt schließlich zum Ende der »Struensee-Affäre«. Struensee wird hingerichtet und die Königin des Landes verwiesen. Einflussreichster Politiker wird nun der Minister Ove Høegh-Guldberg, dessen Bestrebungen auf eine Eindämmung der deutschen Dominanz und die Stärkung des Dänischen hinauslaufen. Für das kulturelle und speziell das literarische Wechselverhältnis zwischen Dänemark und Deutschland hat das natürlich auch Folgen, wenngleich aufgrund der über Jahre hinweg aufgebauten engen Beziehungen der Austausch fortbesteht: Insbesondere die bilingualen, in deutscher und dänischer Sprache publizierenden Autoren tragen dazu bei, dass das bikulturelle Modell nicht vollkommen aufgegeben wird. Auch gelangen unter dem Kronprinzen und späteren König Fredrik VI. wieder deutsche Minister an die Macht.

Geht es in Dänemark also stark um die ebenso konstruktive wie zunehmend kritische Auseinandersetzung mit der deutschen Kultur und auch

Norwegens Sonderstellung

Sprache, so orientiert sich Norwegen in eine andere Richtung. Eine Beschäftigung mit den Aufklärungsideen findet hier vornehmlich vor dem Hintergrund der Emanzipationsbestrebungen statt: Das vorrangige Anliegen ist die Unabhängigkeit von Dänemark, an das man politisch gebunden und dessen Hauptstadt auch das Zentrum des kulturellen Lebens ist. Unter den französischen Aufklärungsphilosophen, die in der norwegische Diskussion aufgenommen werden, ist besonders Montesquieu zu erwähnen: Im Anschluss an den von ihm formulierten Gedanken einer klimaabhängigen Kultur gründet man den Anspruch auf eine eigene Tradition, Geschichte und Gesetzgebung unabhängig von Dänemark. Damit einher geht das Bestreben, auch eine spezifisch norwegische Literatur zu etablieren. So entsteht neben dem Deutschen Kreis in Kopenhagen ein norwegischer: *Det norske litteraire Selskab*. Ästhetisch ist der Kreis eher konservativ, der klassizistischen Poetik verhaftet; politisch versteht er sich jedoch als das Forum für eine junge, selbstbewusste Generation, welche die Unabhängigkeit Norwegens propagiert. *Det norske Selskab* schließt explizit an die altwestnordische Tradition an und sieht hier die Wurzeln der norwegischen Literatur und Geschichte.

Auch in diesem Punkt gibt es Überschneidungen mit dem dänischen und dem schwedischen Geschichtsverständnis der zweiten Hälfte des 18. Jh. Das nordische Mittelalter wird von allen skandinavischen Literaturen ebenso als Fundus für literarische Stoffe wie zur Konstituierung eines jeweils spezifischen kulturellen Gedächtnisses herangezogen. Bei den nun entstehenden Nationen dient es der Etablierung einer Tradition, deren Differenz zur kontinentaleuropäischen Tradition als wichtiger angesehen wird als zuvor die

nation building

Gemeinsamkeiten. Mit diesem Prozess des *nation building* geht auch eine Akzentverschiebung von einem im Sinne der Aufklärung kosmopolitischen Denken hin zu einem nationalen einher, und die ›Weltliteratur‹, als deren Teil sich die skandinavischen Literaturen im Zeitalter der Aufklärung begreifen, weicht mehr und mehr der entstehenden ›National‹-Literatur. Auch hier stehen politischer und ästhetischer Anspruch in einer engen Beziehung zueinander.

Literatur als Medium der Aufklärung in Dänemark/Norwegen: Ludvig Holberg

Geradezu als Personifikation der kulturellen und insbesondere auch literarischen Verbindungen von Dänemark und Norwegen kann man den bekanntesten dänisch-norwegischen Aufklärungsautor, Ludvig Holberg, lesen: Holberg stammt aus Bergen in Norwegen, geschrieben und gewirkt hat er jedoch hauptsächlich in Dänemark, so dass er selbstverständlicher Bestandteil sowohl der norwegischen als auch der dänischen Literatur- und Kulturgeschichte geworden ist. An der jeweiligen literaturhistorischen Einordnung Holbergs wird aber noch mehr deutlich: nämlich das Bemühen von Seiten der Literaturgeschichte, im Nachhinein eine nationale Zuordnung vorzunehmen, die den Autor als eindeutig einer Seite zugehörig festschreibt. Der Aufklärer Holberg selbst verstand sich als Kosmopolit, der sich – trotz umfangreicher neulateinischer Produktion – für dänisch als Literatur- und vor allem auch Theatersprache eingesetzt hat, ohne dass er damit die norwegische Herkunft vergessen machen sollte, was in seinen kulturhistorischen Schriften, wie etwa *Bergens Beskrivelse* (Beschreibung Bergens, 1737) deutlich wird.

Kosmopolitismus und Patriotismus

Ludvig Holberg

Welche Funktionen Literatur als Medium der Aufklärung erfüllen kann, welche Formen zu ihrer Vermittlung möglich sind, zeigt Holbergs ebenso umfangreiches wie vielfältiges Œuvre. Von den diversen literarischen Genres (Komödie, Roman, Satire, Versepos, Fabel, Parabel, Brief, Autobiographie, bis hin zu philosophischen, historischen und juristischen Schriften) hat er kaum eine Form oder ein Wissensgebiet ausgelassen, das ihm die Möglichkeit bot, seine Vorstellungen aufgeklärten Denkens und Handelns zu formulieren. Mit den Ideen der Aufklärung in Berührung gekommen ist Holberg nach seinem Studium in Kopenhagen vor allem auf seinen Reisen durch Europa. Er besucht die großen europäischen Zentren, wo er die entscheidenden Impulse für seine literarischen und wissenschaftlichen Auseinandersetzungen mit dem spätbarocken und dem aufgeklärten Denken erhält. Insbesondere das Studium des englischen Empirismus und der konstitutionellen Monarchie hinterlässt starke Eindrücke. Es prägt Holbergs politisch-programmatische Haltung, wie sie zunächst in den historischen Schriften zum Ausdruck kommt. Auch in seinen ersten Versuchen als Dichter, die er erst mit Mitte dreißig unternimmt, spielt die Idealvorstellung einer aufgeklärten Monarchie eine wichtige Rolle. Er debütiert mit satirischen Versen: Im komischen Heldenepos *Peder Paars* (1719–20; Peter Paars, 1750) werden die dänischen Verhältnisse seiner Zeit ironisch vorgeführt. Gleichzeitig demonstriert *Peder Paars* auch das Verhältnis zur literarischen Tradition, indem es antike Stoffe, die *Odyssee* und Vergils *Aeneis*, zum Ausgangspunkt nimmt und parodiert. Das Geschehen wird auf dänische Verhältnisse übertragen. Der Held verirrt sich im Kattegat, und die Bürokratie, Naivität und Bestechlichkeit weltlicher und kirchlicher Amtsträger werden lächerlich gemacht und in ihrer Beschränktheit gezeigt.

Antike Dichtung und dänische Gegenwart

Auch seine Komödien nehmen diese Elemente von Traditionsbezug und spezifischer Anbindung an das Eigene auf. Es geht immer sowohl um die Bewahrung des Bestehenden als auch um einen Regelbruch: Ist es in der Satire der ironische Verweis auf den hohen Stoff der antiken Literatur, der die Lächerlichkeit verkrusteter Strukturen deutlich macht, so demonstrieren die Komödien, mit denen Holberg weit über die Grenzen Dänemarks hinaus bekannt wurde, ebenfalls die Orientierung an der traditionellen Normenpoetik sowie die Abweichung von der Norm, indem die Stücke nicht nur auf dänische Verhältnisse zugeschnitten, sondern auch in dänischer Sprache verfasst sind und damit zugleich das Eigene der Lächerlichkeit preisgeben. Es gilt also nicht nur das etablierte, gebildete Publikum zu erreichen, es geht auch um die Öffnung des Theaters für eine größere Öffentlichkeit, die ganz im Sinne der als maßgeblich verstandenen Poetik des Horaz unterhalten und gebildet werden soll. Gerade die Komödie soll die Ideen der Aufklärung transportieren, einem breiten Publikum menschliche Schwächen und Eitelkeiten anschaulich vorführen, zu vernünftigem Handeln anregen und nicht zuletzt absolutistischer Sozialdisziplinierung zuarbeiten.

Den danske Skueplads

Es sind die besonderen Möglichkeiten des Theaters, ein volkssprachliches Forum zu schaffen und damit die sich etablierende bürgerliche Öffentlichkeit anzusprechen, die Holberg schließlich zur Komödiendichtung führen Er trägt mit dazu bei, dass 1722 in der Lille Grønnegade in Kopenhagen das erste dänische Theater *Den danske Skueplads* (Die dänische Schaubühne) eingerichtet werden kann, und schreibt dafür innerhalb von s.echs Jahren in einem »poetischen Raptus«, wie er es selbst nennt, insgesamt 26 Stücke, allesamt Komödien. Auch hier schließt er an literarische Traditionen an, vor allem an die Dramen von Plautus und Molière, und übernimmt Komödienformen, wie die Verlach- und Charakterkomödie. Mit *Ulysses von Ithacia* (1725) legt er zudem eine Genreparodie vor, in der die Haupt- und Staatsaktionen der dänischen Wanderbühnen ebenso Zielscheibe des Spotts sind wie die übertriebene Formstrenge auch bei komischen Stoffen. Dennoch zeigen die Stücke die Orientierung an der Normenpoetik und die Konzentration auf den skandinavischen, besonders den dänischen Raum: Sie folgen den Regeln des französischen Klassizismus, sie variieren bekannte Muster; die komischen Helden der Stücke entstammen alle dem dänisch-norwegischen Milieu, es handelt sich nicht einfach um Übertragungen aus französischen Komödien. Und sie sind Medien der Aufklärung insofern, als sie zu vernünftigem Handeln aufrufen und den *common sense* an die Stelle eines blinden Vertrauens auf die Autoritäten gestellt wissen wollen. Die Autoritätskritik geht allerdings niemals so weit, dass die gesellschaftliche Ordnung grundsätzlich in Frage gestellt würde. Die Komödien sind einem aufgeklärten Absolutismus, einer konstitutionellen Monarchie verpflichtet, die komischen Helden, die zu Selbstüberschätzung und Missbrauch ihrer Freiheit neigen, fügen sich am Ende wieder in das absolutistische System ein. Gegenstand der Komik sind bestimmte Moden, die Unvernunft des Einzelnen, der ihnen unbedacht folgt; der Kritik ausgesetzt wird außerdem eine übertriebene Bürokratie, die bloßer Selbstzweck ist und nicht das Wohl der Menschen im Blick hat.

Aufgeklärte Vernunft und Systemtreue

Die bekanntesten Stücke Holbergs demonstrieren diese Ambivalenz zwischen aufgeklärter Vernunft und Systemtreue nachdrücklich. In *Den politiske Kandestøber* (1722; Der Politische Kannengießer, 1742) wird der Handwerker Hermann von Bremen, der seine eigentliche Aufgabe als Kannengießer vernachlässigt, weil er sich zum Politiker berufen fühlt, nach einigen raffiniert eingefädelten Verwirrungen auf den Weg der Vernunft zurückgeführt. Denn der nach Höherem strebende Kannengießer will auch der Heirat seiner Tochter mit dem Handwerker Antonius nicht länger zustimmen: Engelke soll einen politisch interessierten Mann heiraten. Dieser – in den Augen seiner Frau – vermessene Wunsch Hermanns sowie die Tatsache, dass er seinen beruflichen Verpflichtungen nicht mehr nachkommt, führen zu einem Streich: Ein paar junge Adlige machen den Kannengießer zum Bürgermeister, ein Amt, das er offensichtlich nur theoretisch auszuüben vermag. Die Amtsgeschäfte überfordern ihn derart, dass er sich am Ende erhängen möchte. Gerettet und zur Vernunft gebracht wird er schließlich von dem zuvor als un-

Die dänische Schaubühne, zeitgenössischer Stich

standesgemäß abgelehnten Antonius. Somit erkennt der Kannengießer, dass seine großen Worte über eine bessere Politik sich nicht in die Regierungspraxis umsetzen lassen, dass er zwar ein guter Kannengießer, aber ein schlechter Politiker ist. Es wird in diesem Stück darüber hinaus auch über bürokratische Unsinnigkeiten gelacht und über die blamablen Bemühungen, großbürgerliche Verhaltensweise zu kopieren, am meisten jedoch über die Unfähigkeit des Politik treibenden Handwerkers, der am Ende wieder zu seinen Kannen zurückkehrt.

Nach diesem Muster funktionieren viele von Holbergs Komödien: etwa *Erasmus Montanus* (1731; Erasmus Montanus, 1744), der eigentlich Rasmus Berg heißt und mit Vorliebe Latein spricht, um seine Bildung unter Beweis zu stellen und sich damit vor der bäuerlichen Gesellschaft lächerlich macht. Er wird am Ende ebenso zum Gebrauch des gesunden Menschenverstandes bekehrt wie der Held in *Jean de France* (1722; Jean de France oder Der deutsche Franzose, 1741), der nicht mehr Hans Frandsen heißen möchte und aus übertriebener Liebe für alles Vornehme und Französische nicht nur seinen Namen ändert, sondern auch den Bezug zur dänischen Realität zu verlieren droht. Auch er kehrt nach einigen komischen Verwirrungen wieder in seinen Alltag und an den ihm zustehenden Platz in der Gesellschaft zurück.

Die Grenzen dieser Ambivalenz zwischen freiem Handeln und Einbindung in die gesellschaftliche Ordnung, die Grenzen auch dieser standardisierten Komödienform, macht jedoch eine Ausnahme unter den Komödien deutlich, und zwar eines der bekanntesten Stücke Holbergs überhaupt: *Jeppe paa Bjerget* (1722; Der verwandelte Bauer, 1744). Der Protagonist Jeppe, ein ebenso gutmütiger wie schwacher und trunksüchtiger Bauer, der zu Hause nichts zu sagen hat, wird nicht zu einem ordentlichen Glied der Gesellschaft, er ändert sich nicht, sondern er ist und bleibt ein Säufer. Seine Feststellung:

»Da sagen die Leute im Dorf, Jeppe trinkt, aber sie sagen nicht, warum Jeppe trinkt«, gilt auch dann noch, als er eine Reihe von Abenteuern und Träumen hinter sich hat, die ihn zur Besinnung hätten bringen können. Jeppe hat sich nach seinen Erlebnissen nicht zum vernünftig handelnden Menschen gewandelt, denn auch seine Lebensumstände sind nach wie vor die gleichen: Seine Frau Nisse bedroht ihn weiter mit der Knute »Meister Erich« und betrügt ihn mit dem Küster, die Leute lachen nach wie vor über ihn, und Jeppe trägt immer noch sein ganzes Geld ins Wirtshaus. Diese Komödie folgt offensichtlich anderen Regeln: Sie demonstriert die Tragikomik eines unverbesserlichen Helden in einem erstarrten Milieu.

Zensur und Utopie

Die Aufführungen der Komödien an *Den danske Skueplads* sind sehr erfolgreich; abrupt abgebrochen wird die Produktion jedoch vorerst durch die Schließung des Theaters unter Christian VI. Dieser Eingriff hat nicht nur Folgen für Holbergs Theaterdichtung, sondern für seine gesamte Tätigkeit als Schriftsteller. Seine Kritik am Pietismus und an dessen Einschränkung kultureller und publizistischer Freiheiten übt Holberg schließlich in seinem ersten Roman *Nicolai Klimii Iter subterraneum* (1741; Nicolaus Klims Unterirdische Reise, 1741). Er schreibt ihn anonym auf Latein und lässt ihn außerhalb Dänemarks, in Leipzig, drucken, wo er bereits ein Jahr später ins Deutsche übersetzt wird, auch Übertragungen ins Dänische folgen, die bekannteste allerdings erst 1789 von Jens Baggesen, der die Aktualität des Buches im Revolutionsjahr erkennt und sie in der Übersetzung auch deutlich macht. *Niels Klim* ist ein utopischer Roman, in seiner Form der europäischen Aufklärungsliteratur verbunden. Er knüpft ebenso wie *Peder Paars* und die Komödien an bekannte literarische Traditionen an (u.a. Thomas Morus' *Utopia*, 1516, und Jonathan Swifts *Gulliver's Travels*, 1726) und überträgt sie auf die Situation in Dänemark/Norwegen in der Mitte des 18. Jh. Der Student Niels Klim fällt bei einer Höhlenexpedition in Bergen ins Innere der Erde und lernt auf seiner Reise durch die unterirdische Welt die verschiedensten Staatsformen kennen. Er kommt auch zum Idealstaat Potu, in dem vernunftbegabte Baummenschen leben. In diesem aufgeklärt-absolutistischen Staat herrschen Toleranz und Religionsfreiheit. Die Fähigkeit und nicht allein das Geschlecht bestimmen den beruflichen Werdegang der Bürger von Potu: Männern und Frauen stehen gehobene Positionen gleichermaßen offen. Die Geistesfreiheit der Potuaner bezieht sich natürlich auch auf das Feld der Literatur, allein der Verstoß gegen den guten Geschmack und den gesunden Menschenverstand erlaubt einen Eingriff von Seiten der Behörden: »Blos deshalb sind Censuren und Bücherrevisionen hier eingeführt, ganz anders also auch hierin, wie auf unsrer Erde, wo die besten Schriften blos deshalb von den Censoren unterdrückt werden, weil sie von irgend einer dominirenden Meinung oder von recipirten Formeln ein wenig abweichen oder die Laster und Sottisen der Grossen mit freimütiger Laune verspotten.« Damit thematisiert der Roman auch die eigene Sache, die Angst vor der Zensur, die dazu bewogen hat, diese Utopie, die Vorstellung davon, wie »die beste aller Welten« noch zu verbessern sei, ausgerechnet in der Sprache der Gebildeten vorzulegen, auf Latein. Der wissenschaftliche Anspruch ist offensichtlich, denn trotz des durchgängig gewahrten ironischen Tons der Erzählung schließt sie sowohl an zeitgenössische ethnographische Schriften und Reiseromane als auch an theoretische Aufklärungsschriften und wissenschaftliche Abhandlungen an und erhofft sich dadurch eine internationale, gebildete Leserschaft.

Niels Klims unterirdische Reise, Titelseite der Originalausgabe (1741)

Die scharfe Kritik am pietistischen dänischen Regime wird vor allem durch die zahlreichen Vergleiche mit der idealen Welt der Potuaner und den

Niels Klim stürzt ins Innere der Erde

Baummenschen in Potu

Illustrationen zu *Niels Klims unterirdische Reise* (1786/88)

Zuständen in Dänemark deutlich, eine Kritik, die in Dänemark auch erkannt wurde. Dass der Roman, trotz seiner theoretischen Reflexionen, geradezu zum dänischen Volksroman avanciert, liegt zweifelsohne an der Übersetzung des Holberg in vieler Hinsicht verwandten Autors Jens Baggesen, der diesen Roman in ein zeitgemäßes Dänisch übertragen und damit zahlreiche Leser angesprochen hat. Gleichzeitig demonstriert dieses Beispiel die Bedeutung, die Holbergs Schriften für das Zeitalter der Aufklärung in Skandinavien gehabt haben. Er ist einer der wenigen Autoren überhaupt, deren Texte auch für die schwedische Aufklärungsliteratur stilbildend gewesen sind, nicht nur schwedische, sondern Autoren aus ganz Europa nehmen ihn nun ebenfalls zum Vorbild. Signifikant ist sein unablässiges Bemühen um die Realisierung der Aufklärung in einer Monarchie ebenso wie die Aufklärung der einzelnen Bürger durch Abbau von Vorurteilen, die vor allem Gegenstand der *Moralske Tanker* (1744; Moralische Gedanken, 1744) sind, oder der blinde Autoritätsglaube, sei er religiös oder mit der Staatsraison motiviert: Diese Themen sind Gegenstand seiner *Epistler* (1748–54; Briefe, 1749–55) und *Moralske Fabler* (Moralische Fabeln, 1751). Holberg ist einer der skandinavischen Autoren, die sich mit der in Europa im 18. Jh. so populären Gattung der Fabel auseinandersetzen und sie nicht nur übersetzen, sondern auch selbst Fabeln schreiben. Auch hier knüpft er an die literarische Tradition der Antike an und nimmt sich die Fabeln von Äsop und Horaz zum Vorbild.

Holberg als literarisches Vorbild

Seine Lebenserinnerungen, die von dieser gemäßigten, die Grenzen niemals sprengenden aufgeklärten Haltung erzählen, beginnt Holberg schon 1728 in autobiographischen Briefen niederzuschreiben. Der letzte Teil der auf lateinisch verfaßten *Ad virum perillustrem Epistola* (Nachricht von meinem Leben, 1745) erscheint 1743. In ironischem Ton beschreibt er die wichtigsten Stationen seiner Europareisen. Es ist weniger eine subjektive Lebensschau, die hier vorgelegt wird – das erzählende Ich tritt stark zurück –, sondern vielmehr eine idealtypische kulturhistorische Darstellung der zentralen Aufklärungsbewegungen in Europa. Diese Sicht, die mehr das Allgemeine als das Subjektive verfolgt, lässt sich im großen Bildungsprojekt nachvollziehen, der Einrichtung einer Bildungsakademie zur Ausbildung junger Beamter, der Akademie von Sorø. Gemäß seinem politischen Programm, das nicht die

Autobiographie

Revolution, sondern die Reform des Staates, im Sinne eines starken gebildeten Beamtenstandes fordert, das gleichzeitig auch den Rahmen der Bildungsinhalte setzen will, verwirklicht diese Einrichtung die aufgeklärt-absolutistischen Grundlagen. Ebenso wie in den historischen Schriften geht es auch hier um die Kenntnis der Vergangenheit, mit der nicht einfach gebrochen werden soll, sondern die als Grundlage für Neuerungen angesehen wird. Gerade diese Aufgabe der neu gegründeten Institution hat ebenso wie Holbergs historiographische und ästhetische Schriften eine breite Zustimmung gefunden und Modellcharakter gehabt.

Pietismus und Gefühl als Gegenmodell zur weltlichen ratio

Vertritt Holberg einen säkularisierten Bildungs- und Aufklärungsbegriff, so lassen sich etwa zeitgleich in der dänischen Dichtung religiöse, dem Pietismus verpflichtete Gegenmodelle beobachten. Sie profitieren, im Unterschied zu *Den danske Skueplads*, von der rigiden Politik Christians VI. Auch ihr Programm nimmt das Verhältnis des Einzelnen zur Obrigkeit in den Blick, es steht ebenfalls – zumindest in einzelnen Aspekten – der aufgeklärten Vernunft nahe, aber die Akzentsetzungen sind völlig andere als in Holbergs Schriften. Es geht hier nicht um Gesellschafts- und Religionskritik, sondern vielmehr um die Verbreitung des pietistischen Frömmigkeitsideals, das jedoch die Bildung möglichst vieler Bürger mit einschließt. Eine Gemeinsamkeit mit Holbergs Programm zeigt sich darin, dass auch von Seiten der pietistischen Autoren die dänische Sprache als Literatur- und als Kirchensprache, als Voraussetzung für das Erreichen möglichst vieler Menschen angesehen wird. Gleichzeitig geht es den Vertretern der Erweckungsbewegung jedoch nicht um die Verfestigung der Grenzen zwischen Dänen und Deutschen, sondern vielmehr um eine grenzüberschreitende Missionierung. Durch caritative Einrichtungen versuchen sie darüber hinaus ihr Programm der Nächstenliebe durchzusetzen, ein Programm, das sich der Vorstellung von der Gleichheit aller Menschen ungeachtet des sozialen Status ganz im Sinne auch des aufgeklärten Denkens verschrieben hat. Die Zentren der pietistischen Bewegung in Dänemark entstehen nach dem Halleschen Vorbild zunächst vor allem auf dem Land, in Südjütland, in Tønder, Løgumkloster, Christiansfeld und Ribe. Hier setzt auch die Publikationstätigkeit der Erweckten ein: In Tønder gibt der pietistische Probst Johann Hermann Schrader 1731 sein *Vollständiges Gesangbuch*, genannt *Tønder-salmebogen* heraus, und dieses deutschsprachige »Psalmenbuch« wird richtungsweisend für eine Reihe von weiteren, nun dänischsprachigen Gesangbüchern. Schließlich entsteht auf Anregung des Königs in Kopenhagen *Den nye Psalme-Bog* (Das neue Psalmenbuch, 1740), zusammengetragen vom Hofpastor Erik Pontoppidan.

Der bekannteste und für die weltliche Literatur einflussreichste Kirchenlieddichter ist als »dänischer und dritter Pastor« ebenfalls in Tønder tätig: Hans Adolph Brorson. Während seine Amtskollegen in deutscher Sprache predigen, spricht er von Amts wegen auf Dänisch, um möglichst viele, des Lateinischen nicht mächtige, Menschen zu erreichen. Seine schriftstellerische Arbeit besteht zudem aus Übersetzungen deutscher Kirchenlieder, unter anderem von den Barockdichtern Paul Gerhardt und Johann Scheffler (Angelus Silesius) und den pietistischen Lieddichtern Christian Friedrich Richter und Johann Anastasius Freylinghausen. Brorsons Übertragungen sind direkt, wortgetreu und häufig einfach gereimt, sollen spontane Wiedergabe der Vorlagen sein und wirken dabei volksnah und weniger theologisch-abstrakt als die Originale. Ziel dieser Übersetzungen ist nicht so sehr das Bemühen um

Dänisch als Literatur- und Kirchensprache

Deutsches Gesangbuch der St. Petri Gemeinde in Kopenhagen (1741)

einen spezifisch dänischen Volksstil als vielmehr die direkte Ansprache an die Gläubigen – unabhängig davon, ob sie deutsch- oder dänischsprachig sind. Dieses gemeinsame gesungene Glaubenserlebnis zeichnet sich durch seinen stark emotionalen, alle Sinne einbeziehenden Charakter aus. Damit setzt die pietistische Dichtung einen deutlich anderen Akzent als die weltliche Dichtung im frühen 18. Jh.: Die unmittelbare, subjektive Empfindung, der Dialog mit Jesus, zu dem ein direktes Liebesverhältnis aufgebaut wird, überschreitet die Grenzen von diesseitiger Welt und Jenseits und beschreibt in einer emotional aufgeladenen Sprache einen Ort enthobener Sinnlichkeit. Sie wird deutlich etwa im Jesus-Minnelied *Den yndigste Rose er funden* (Die lieblichste Rose ist gefunden):

Übersetzungen deutscher Kirchenlieder

> Nu, Jesu, du stedse skal være
> Mit smykke, min rose og ære,
> Du gandske mit hierte betager,
> Din sødhed jeg finder og smager.

(Nun, Jesus, sollst du immerdar, / mein Schmuck, meine Rose und Ehre sein. / Du nimmst mein ganzes Herz ein, / Deine Süße empfinde und schmecke ich.)

Hans Adolph Brorson, Gemälde von J. Hörner (1756)

Es ist die sinnliche Wahrnehmung, die in diesem Lied angesprochen wird und das dadurch auch einen erotischen Unterton erhält. Alle Sinne setzt das lyrische Ich zur Charakterisierung seines unmittelbaren Verhältnisses zu Jesus ein: Diese Konzentration auf das Sensuelle, die sich jedoch allein in der religiösen Erfahrung und nicht im weltlichen Vergnügen niederschlagen darf, weist über sich hinaus auf die säkulare Dichtung der zweiten Hälfte des 18. Jh., in der die subjektive Empfindung, das Gefühl zunehmend auch außerhalb der pietistischen Bewegung Einlass finde. Gesammelt sind Brorsons Übersetzungen aus *Propst Johann Hermann Schraders Gesangbuch* ebenso wie seine mehr als 80 Neuschöpfungen im Psalmenbuch *Troens rare Klenodie* (Das seltene Kleinod des Glaubens, 1739) und in der postum veröffentlichten Sammlung *Svane-Sang* (Schwanengesang, 1765).

Sinnliche Erfahrung Gottes

Konstitutiv für die pietistische Dichtung Mitte des 18. Jh. ist, dass sie einerseits – und da schließt sie an die Tradition Thomas Kingos und die mystische Jesusminne des Barock an und deutet zugleich bereits auf den dritten großen dänischen Kirchenlieddichter, Nicolai Frederik Severin Grundtvig, hin – die Bedeutung der dänischen Sprache hervorhebt und damit zur Verbreitung der Kirchenlieder erheblich beiträgt, andererseits ist sie eine internationale Bewegung, die sich eben nicht über entstehende nationale Differenzen definiert, sondern allein über die Zugehörigkeit oder Nicht-Zugehörigkeit zur Erweckungsbewegung. Wirkungsvoll und richtungsweisend auch für die weltliche Dichtung ist sie vor allem aufgrund ihrer Hinwendung zum Gefühl. Der *ratio* stellt sie schon sehr früh die sinnliche Wahrnehmung entgegen. Und diese ›andere Seite‹ gewinnt im Zeitalter der Aufklärung zunehmend an Bedeutung.

Das Gefühl als das Andere der Vernunft

Der deutsche Kreis in Kopenhagen und die Genieästhetik

Sowohl Holbergs Einsatz für die aufgeklärte Vernunft als auch die auf die sinnliche Wahrnehmung des Einzelnen ausgerichtete Perspektive der Pietisten differenzieren sich auf dem literarischen Markt weiter aus und lassen sich ebenso losgelöst voneinander wie miteinander verwoben wiederfinden. Richtungsweisend für das kulturelle Leben ist zunächst jedoch die Absage an die rigide pietistische Politik. Der kunstinteressierte Frederik V. schafft ein anderes, kulturfreundliches Klima: So werden das Theater und die Oper wieder geöffnet und durch die Gründung von Bildungs- und Kultureinrichtungen wird eine Erneuerung und Belebung auf den Feldern von Literatur, Musik und Bildkunst betrieben. Die sowohl an den Königshof als auch an die Akademie von Sorø berufenen Künstler und Wissenschaftler tragen zur Entwicklung des intellektuellen und künstlerischen Milieus entscheidend bei. Konstitutiv für die Berufung auswärtiger Künstler und Gelehrter ist das neue Selbstverständnis, welches sich über die Teilhabe am europäischen Kultur- und Geistesleben definiert. Das deutsch-dänische Verhältnis spielt dabei eine besondere Rolle, und das aus mehreren Gründen: Zum einen dominiert die deutsche Sprache im Gesamtstaat zunehmend das politische und kulturelle Leben, zum anderen gibt es gegenläufige Tendenzen, die – zum Teil an Holbergs politisch-ästhetisches Programm anknüpfend – das Dänische als Sprache des Königreichs Dänemark im internationalen Kontext gefördert wissen wollen. Beide Positionen bestehen über Jahre hinweg nebeneinander, bis sich gegen Ende des Jahrhunderts mehr und mehr die nationale Abgrenzung durchsetzt.

Deutsch-dänische Kulturpolitik

Der vornehmlich deutschsprachige Kreis von Intellektuellen und Künstlern und die insgesamt kosmopolitische Atmosphäre am Königshof weisen weit über die Grenzen Dänemarks hinaus. Dabei vertritt gerade Klopstock, dem für die Vollendung des *Messias* ein dänisches Staatsstipendium gewährt wird, eine einseitig deutsche Perspektive. Er spricht und schreibt ausschließlich auf Deutsch, gleichzeitig wirkt er aber nachhaltig auf die dänische Literatur der Zeit und wird zum großen Stilvorbild. Mit seiner Dichtung gewinnt die Genieästhetik in Dänemark an Bedeutung, und das Literaturverständnis ändert sich insofern grundlegend, als nun dem frei schöpferischen Genie eine zuvor in diesem Maße unbekannte Herrschaft und Autonomie über den Text zukommt. Das selbstbestimmte Subjekt behauptet seine Autorität und nimmt sich die Freiheit, sich über die Normenpoetik hinwegzusetzen. Diese Absage an das klassizistische Regelwerk bedeutet die Loslösung von einem Dichtungsideal, das Holberg ausdrücklich vertreten hat; die Genieästhetik beruft sich auf andere literarische Traditionen, auf Shakespeare, Macphersons *Ossian* und auf Klopstock. »Die nördliche Verpflanzung der witzigen Köpfe«, wie Lessing die Kulturpolitik Frederiks V. bezeichnet hat, hat also weitreichende Konsequenzen für den literarischen Betrieb: Es wird ein neues Dichtungsverständnis propagiert, und auch das Verhältnis zur kulturellen Tradition ändert sich grundsätzlich, indem zum einen die Vorbilder ausgetauscht werden und zum anderen jede neue Dichtung für sich den Anspruch auf Originalität erhebt.

Normenpoetik und Genieästhetik

Literaturvermittlung und Literaturbetrieb

Gilt Klopstock als Vermittler der Genieästhetik in Dänemark und als Vertreter der deutschen Literatur, so machen andere Autoren, die im Zuge der Berufung Klopstocks ebenfalls aus Deutschland nach Kopenhagen kommen, die spezifische bilinguale und bikulturelle Situation stark und schöpfen daraus ihr ästhetisches und aufklärerisches Potential. Wegweisend für eine grundsätzlich kosmopolitische Annäherung an dieses deutsch-dänische Wechselverhältnis ist der Schriftsteller Johann Elias Schlegel, der bereits vor Klopstock 1743 als Sekretär des sächsischen Gesandten nach Kopenhagen kommt und das kosmopolitische Klima dort zu schätzen weiß. Anders als Klopstock sucht er die Teilhabe am dänischen Kulturleben und reflektiert gleichzeitig in der von ihm herausgegebenen Wochenzeitung *Der Fremde*

J. E. Schlegels bikulturelle Programmatik

programmatisch und selbstkritisch seine Position als deutschsprachiger Autor in einem dänischen Kontext. Als Anhänger der Aufklärung steht er für die grenzüberschreitende Position des Weltbürgers und erklärten Deutschdänen und trifft damit vor allem bei dem viel älteren Ludvig Holberg auf freundschaftliche Zustimmung und Anerkennung. Schlegel wiederum bekundet seine Begeisterung für Holbergs Arbeit in seiner dramaturgischen Schrift *Gedanken über die Aufnahme des dänischen Theaters*, die 1747 anlässlich der Wiedereröffnung von *Den danske Skueplads* erscheint. Schließlich setzt er seine Vorstellungen vom Zusammenwirken von Dänen und Deutschen ebenso wie seine Reflexionen über das Theater im jungen Genre des historischen Dramas um: Das Schauspiel *Canut* (1746) ist in deutscher Sprache geschrieben und hat einen dänischen historischen Stoff zum Thema.

Johann Elias Schlegel, *Der Fremde* (1745)

Die unterschiedlichen Positionen zum deutsch-dänischen Kulturaustausch finden ihr Forum in weiteren Publikationsorganen, die dem Vorbild des englischen *The Spectator* folgen, wie etwa die von Jørgen Riis herausgegebene Zeitschrift *Den Danske Spectator* (Der dänische Aufseher, 1744–45). Johann Andreas Cramer, der nur kurze Zeit nach Klopstock nach Kopenhagen berufen wird, versteht anders als dieser Dänemark durchaus als ›zweites Vaterland‹, in dem er die Ideen der Aufklärung, vor allem die von Leibniz und Wolff, publik machen möchte. Dazu gründet er die Wochenzeitung *Der nordische Aufseher*, die das Meinungsbild des deutschen Kreises entscheidend mitbestimmt, die aber auch erfolgreich durch Übersetzungen zwischen dänisch-norwegischer und deutscher Literatur vermittelt. So ist sie unter anderem Publikationsort für den norwegischen Autor Christian Braunmann Tullin. Dessen Gedicht *En Maji-Dag* (1758; Der Maitag, 1758–61) zeigt in der Landschafts- und Naturschilderung deutliche Spuren der Auseinandersetzung mit der deutschen Literatur der Zeit, vor allem mit Klopstock und Haller. Durch Cramers deutsche Übersetzung des Gedichts und die Veröffentlichung im *Nordischen Aufseher* stößt das Gedicht in Deutschland, unter anderem bei Lessing, auf große Zustimmung.

Ein breite Öffentlichkeit erreicht aber auch das dänische Gegenstück zum *Nordischen Aufseher*: Jens Schielderup Sneedorfs *Den patriotiske Tilskuer* (Der patriotische Aufseher, 1761–63). Sneedorf ist an der Förderung und Vereinheitlichung der dänischen Sprache gelegen, ein Projekt, das er ebenfalls mit der 1759 gegründeten *Selskab til skiønne og nyttige Videnskabers Forfremmelse* (Gesellschaft zur Förderung der schönen und nützlichen Wissenschaften) verfolgt Diese Gesellschaft bemüht sich zunächst um die Publikation solcher Texte, die als förderungswürdig und als Beitrag zur Verfeinerung der dänischen Sprache verstanden werden, in diesem Sinne dienen sie auch als Konstituenten eines dänischen Selbstverständnisses, das sich von dem deutschen unterscheidet. Das heißt, das deutlich aufklärerisch motivierte Unternehmen Sneedorfs zeigt bereits nationale Züge. Hier differenziert sich Dänisches in Abgrenzung zum Deutschen deutlich heraus. Und im Zuge dieser Ausdifferenzierung wird nun verstärkt der Blick auf die nordische Vorzeit geworfen, die als die eigene Kulturtradition definiert wird.

Der nordische Aufseher und Den patriotiske Tilskuer

Auf die nordische Tradition beruft sich auch der Deutschdäne Heinrich Wilhelm von Gerstenberg, der mit seiner Zeitschrift *Briefe über die Merkwürdigkeiten der Literatur* (1766–67, Fortsetzung 1770) eine neue Ästhetik begründet. Er knüpft nicht nur an Shakespeare und die Genieästhetik an, sondern sucht in der Volksdichtung und dem nordischen Altertum nach stilistischen und thematischen Bezügen, die sein neues Dichtungsideal vervollständigen sollen. Im Unterschied zu Sneedorf bewertet er die Wiederentdeckung der norrönen Dichtung jedoch nicht nur als Bestätigung eines

Die Entdeckung des Nordischen

spezifisch nordischen Selbstverständnisses, sondern schreibt ihr ein grenzüberschreitendes, ›weltliterarisches‹ Potential zu. Diese theoretischen, poetologisch-programmatischen Reflexionen über die neue Dichtung in den *Briefen*, die von Dänen und Deutschen rezipiert werden, überführt Gerstenberg auch in die literarische Praxis: In den beiden Gedichten *Gedicht eines Skalden* (1766) sowie *Iduna* (1767) wird dem entstehenden Nationaldenken nun die Vorstellung eines grenzüberschreitenden, weltbürgerlichen Kunstprogramms entgegengestellt: eine Konzeption, die sich allerdings bei den zunehmend national denkenden Gruppen weder auf der deutschen noch auf der dänischen Seite durchsetzen kann.

Dennoch ist es gerade diese kosmopolitische Position, die sich in den 1760er Jahren auch außerhalb des literarischen Feldes behauptet. Ein prägnantes Beispiel auch für eine internationale Wissenschaftspolitik ist die ›Arabische Reise‹, eine Jemen-Expedition mit deutscher, dänischer und schwedischer Beteiligung in den Jahren 1761 bis 1767. Auf Anregung des Göttinger Orientalisten Johann David Michaelis und mit finanzieller Unterstützung des dänischen Königs kann diese wissenschaftliche Erkundungsreise eines bis dahin unbekannten Raumes umgesetzt werden. Neben dem Orientalisten Michaelis und seinem dänischen Schüler Friedrich von Haven komplettieren der schwedische Botaniker Peter Forsskål, ein Linné-Schüler, und der deutsche Naturwissenschaftler Carsten Niebuhr die erste internationale und interdisziplinäre Forschungsexpedition, die von natur- und geisteswissenschaftlichem Interesse geleitet ist. Als einziger Überlebender hat Carsten Niebuhr die Forschungsergebnisse der Expedition unter dem Titel *Reisebeschreibung nach Arabien* (1774–78) schließlich in Kopenhagen publiziert. Die Aufzeichnungen dokumentieren eine Sicht auf die Fremde, die von wissenschaftlichem Interesse an einem bis dahin fast ausschließlich aus der Bibel bekannten Raum geprägt ist. Literarisch wurde die *Reisebeschreibung nach Arabien* knapp 200 Jahre später vom dänischen Autor Thorkild Hansen wiederaufgenommen: In seinem halbdokumentarischen Roman *Det lykkelige Arabien* (1962; Reise nach Arabien, 1965) greift er die Jemen-Expedition auf und erzählt sie, auf der Basis von Niebuhrs Notizen, aus der Perspektive des einzigen Überlebenden.

Das Zusammenwirken von Naturwissenschaften, Philosophie und Literatur zeichnet auch die auf Holbergs Initiative ins Leben gerufene Akademie von Sorø aus, die zum Zentrum der aufgeklärten Ideen avanciert. Auch hier arbeiten Deutsche und Dänen miteinander, etwa der Pädagoge Johann Bernhard Basedow, der wichtige Anregungen zur Reformierung des Schulwesens gegeben hat, sowie Ove Høegh-Guldberg, dessen rationalistisches Weltbild sich in seinen theologischen Schriften *Den naturlige Theologie* (Die natürliche Theologie, 1765) und *Den aabenbarede Theologie* (Die geoffenbarte Theologie, 1773) niedergeschlagen hat. Gleichzeitig vertritt der überzeugte Aufklärer Høegh-Guldberg die dänische Perspektive, die in einem distanzierten, zunehmend ablehnenden Verhältnis zu den deutschen Intellektuellen und Künstlern steht. Die Akademie von Sorø repräsentiert also sowohl das kosmopolitische Zusammenwirken als auch das sich allmählich herausbildende nationale Denken.

Die Entdeckung der arabischen Welt

Carsten Niebuhr auf der ›Arabischen Reise‹

Die Akademie von Sorø

Die Akademie von Sorø, zeitgenössischer Stich

Emanzipation der norwegischen Literatur:
Det norske litteraire Selskab

Die enge Verflechtung der norwegischen Literatur mit der dänischen führt gerade unter der starken deutschen Position in Kopenhagen zu allmählichen Abgrenzungstendenzen. Die Distanzierung von Dänemark auch auf dem Feld der Literatur ist jedoch ein langsamer Prozess, der zunächst über Jahre hinweg zwei Modelle nebeneinander bestehen lässt: Zum einen versteht sich die norwegische Literatur als selbstverständlicher Teil der dänischen Kultur, zum anderen proklamiert sie zunehmend den Anspruch auf eine eigene, von der Dominanz des Dänischen und auch des Deutschen losgelöste ›National‹-Literatur. Inspiriert wird diese Bewegung durch die Wiederentdeckung der altwestnordischen, norrönen Literatur, die auch die Norweger mit einer anderen Akzentsetzung als Vorläufer der eigenen für sich reklamieren. In der Organisationsform orientiert sich die Gruppe am Deutschen Kreis in Kopenhagen: Nach diesem Vorbild und der sich in Trondheim bildenden *Trondhjemske lærde Selskab* entsteht 1772 in der dänischen Hauptstadt *Det norske litteraire Selskab*. Die Gesellschaften fördern insbesondere die Entdeckung und Erforschung der norwegischen Geschichte als Zeugnis des spezifisch norwegischen kulturellen Gedächtnisses. So legt Gerhard Schøning 1771–81 eine dreibändige norwegische Reichsgeschichte, *Norges Riiges Historie*, vor, welche bis zu Olaf Tryggvason zurückgeht. Die Forderung nach der Selbständigkeit des norwegischen Reiches wird damit historisch legitimiert.

Norwegische Geschichte

Ästhetisch orientieren sich die explizit norwegischen Autoren am französischen Klassizismus und stellen sich damit bewusst in die Tradition ihres großen Vorläufers Holberg. Entschieden abgelehnt werden die Strömungen, die der Deutsche Kreis in Kopenhagen repräsentiert: Empfindsamkeit, Sturm und Drang, der Bruch mit dem Klassizismus. Deutlich wird diese Gegenbewegung in den Publikationen der norwegischen Studentenbewegung, welche den sich herausbildenden Nationaldiskurs vertritt. Ihre Lieder, Gelegenheitsgedichte und Aphorismen erscheinen unter dem Titel *Poetiske Samlinger* in drei Bänden (1775, 1783 und 1793) und dokumentieren zum großen Teil ein Dichtungsideal, das sich am Klassizismus orientiert und sich von den neuen literarischen Strömungen, für die der dänische ›National‹-Dichter Johannes Ewald steht, abgrenzt. Einzelne Beiträger der Anthologien, wie etwa der

Nationaldiskurse

junge Peter Harboe Frimann, versuchen jedoch Anregungen der ›jungen‹ dänischen Literatur zu übernehmen und auf norwegische Verhältnisse zu übertragen: In seinem Gedicht *St. Sunnives Kloster paa Selløe med omliggende faste Land* (St. Sunnives Kloster mit dem ihm umgebenden Festland, 1774), das im ersten Band der *Poetiske Samlinger* erschien, greift er auf ein mittelalterliches Thema zurück. Dabei geht es um die Konstruktion eines Stimmungsbildes, das neben traditionelle Landschaftsbilder auch das subjektive Naturerlebnis stellt. Die *Poetiske Samlinger* vertreten somit mit unterschiedlichen Akzentsetzungen sowohl politisch als auch poetologisch das vom pränationalen Diskurs dominierte Programm von *Det norske Selskab*.

Deren Mitglieder Johan Nordahl Brun und Claus Fasting schließen mit ihren alle im Jahr 1772 entstehenden Dramen ebenfalls an diese Forderungen an. Bruns streng klassizistisch aufgebaute Tragödie *Zarine* und sein patriotisches Trauerspiel *Einer Tambeskielver* unterstützen den Prozess des *nation building* ebenso nachhaltig wie Fastings klassizistisches Trauerspiel *Hermione*. *Einer Tambeskielver* gilt als das erste norwegische Historiendrama, das auf die Sagaliteratur zurückgeht. Aufgrund seiner antidänischen Ausrichtung durfte es zunächst nicht in Kopenhagen gespielt werden.

Subjektivität und Dänentum

Das Nebeneinander von Regelpoetik und Traditionsbrüchen, von Vernunftdenken und sensualistischen Strömungen sowie von kosmopolitischem und sich etablierendem nationalen Denken charakterisiert auch die dänische Literatur der zweiten Hälfte des 18. Jh. Hier kommen die verschiedenen, das Jahrhundert der Aufklärung bestimmenden Richtungen zusammen und bestimmen nicht nur das literarische, sondern das gesamte kulturelle Leben. Die Bestimmung des Eigenen und damit die Abgrenzung vom Deutschen und Europäischen wird jedoch zunehmend wichtiger als der Rückgriff auf das Gemeinsame. Dennoch besteht auch die internationale, weltbürgerliche Perspektive fort: Insbesondere in den Reiseberichten und -romanen dieser Zeit kommt der Wunsch nach einer grenzüberschreitenden ›Weltliteratur‹ zum Ausdruck.

National- und Weltliteratur

Für die Etablierung der dänischen Nationalliteratur ist vor allem Johannes Ewald von zentraler Bedeutung. Anregungen vom deutschen Kreis um Klopstock, als dessen dänischen Schüler er sich bezeichnet, sehr wohl aufnehmend, distanziert er sich jedoch auch deutlich von der deutschen Kulturherrschaft in Dänemark. Er schreibt ausschließlich auf dänisch, und seine Dichtungskonzeption gilt gleichermaßen der Etablierung der dänischen Literatursprache und einem Dichterverständnis, das auf Genialität und selbstbestimmter Autorschaft beruht. Seine Stoffe entnimmt er häufig der norrönen Literatur und orientiert sich dabei an Saxos *Gesta Danorum* und der dänischen Übersetzung der *Snorra-Edda*. Als Sohn des Pfarrers Enevold Ewald, eines bedeutenden Vertreters des Pietismus, ist er mit der sensuellen Kirchenlieddichtung vertraut. Das Publikum, das er anspricht, ist denn auch die bürgerliche Öffentlichkeit, der die Dichtung ebenso nationales Identifikationsmuster wie moralische Instanz sein soll. Diese Forderungen jedenfalls erhebt Ewald in der 1767 erschienenen poetologischen Schrift *De poesis natura et indole*. Dichtung soll Intellekt und Gefühl ansprechen und darüber hinaus im Dienste des Vaterlandes stehen: Die Hinwendung zur Nationaldichtung wird damit auch theoretisch reflektiert.

Ewald als Nationaldichter

Diese poetologischen Überlegungen setzt Ewald in der Lyrik, der Dramatik und verschiedenen Prosaformen, von der satirischen Erzählung bis zum – postum erschienenen – autobiographischen Roman um. Seine ersten Er-

Johannes Ewald

folge feiert Ewald als Dramatiker: mit den Tragödien *Adam og Ewa* (1769; Der Fall des ersten Menschen, 1772) und *Rolf Krage* (1770; Rolf Krage, 1772). Während *Adam og Ewa* der klassizistischen Norm folgend in Alexandrinern verfasst ist, ist das historische Schauspiel *Rolf Krage*, inspiriert von Klopstocks *Messias* und vor allem von Shakespeares historischen Dramen, in Prosa geschrieben. Zudem hat es einen nordischen Stoff zum Thema und schlägt damit deutlich einen patriotischen Ton an. Moralisches Handeln und die Gefühlswelt des Helden bestimmen diese erste dänische Tragödie im neuen Stil. Den historischen Stoff greift später Adam Oehlenschläger in seinem Gedicht *Hrolf Krake* (1828) auf. Der Kampf zwischen öffentlichem und privatem Interesse, zwischen Pflicht und Neigung ist Gegenstand des ebenfalls auf die nordische Mythologie zurückgehenden tragischen Singspiels *Balders Død* (1773, gedruckt 1775; Balders Tod, 1780). Auch der letzte zu Ewalds Lebzeiten veröffentlichte Text ist ein Singspiel: *Fiskerne* (1778; Die Fischer. Ein Singspiel in drey Aufzügen, 1786). Das Stück schließt an eine reale Begebenheit an. Bei einem Unwetter gerät ein schottisches Schiff in Seenot und strandet in Hornbæk bei Kopenhagen. Nur der Schiffseigner kann sich am Mast festhalten, und den Fischern von Hornbæk gelingt es nach einigen vergeblichen Bemühungen ihn zu retten. Im Zentrum des heroischen Singspiels stehen die Vorbereitungen und die Ausführung dieser Rettungsfahrt sowie die Einzelschicksale der Fischer, ihre Beziehungen untereinander und zu ihren Familien. Die Ehefrauen versuchen die Männer von der gefährlichen Aktion zurückzuhalten: Der Einsatz des Lebens und der Existenz der Familien sei zu hoch für einen unbekannten Gestrandeten. Am Ende kehren die Fischer jedoch glücklich und heldenhaft mit dem Fremden zu ihren Familien zurück

In *Fiskerne* wird nun in jeder Hinsicht mit der Normenpoetik gebrochen, denn die Protagonisten gehören nicht der oberen Bevölkerungsschicht an, sondern sie sind Fischer, Vertreter des einfachen Volkes. Nicht die Geburt adelt sie, sondern ihr Verhalten. Auch rekurriert dieses Stück nicht auf einen heroischen Stoff aus der Mythologie oder einer glorreichen Vergangenheit, sondern auf einen realen Vorfall der Zeitgeschichte. Dabei erinnern die persönlichen Konflikte der Fischer, die der Rettungsaktion vorausgehen, durchaus an die Zerrissenheit tragischer Helden, aber die Konflikte betreffen nun die unkonventionelle Besetzung aus der Unterschicht. *Fiskerne* schließt damit eine Entwicklung ab, welche die allmähliche Lösung von einem dominierenden Stilideal und hin zu einem anderen kennzeichnet, das sich auch am Bürgerlichen Trauerspiel, etwa Lessings *Miss Sarah Sampson*, orientiert. Repräsentanten des einfachen Volkes können nun auch Helden eines hohen tragischen Stoffes sein. Der Bezug zu einer realen Begebenheit und die Reflexion sich ändernder gesellschaftlicher Verhältnisse wird hier als richtungweisend für die Kunst verstanden. Und gleichzeitig repräsentieren die Fischer – darin liegt die nationale Komponente des Stückes – das dänische Volk, das in seiner Gesamtheit angesprochen wird. Gestützt wird diese Intention noch durch die Rezeptionsgeschichte: Das Preislied auf die Fischer *Kong Christian stod ved højen Mast* (König Christian stand am hohen Mast) ist später zur dänischen Königshymne geworden.

Vor allem jedoch Ewalds Lyrik markiert einen signifikanten Wendepunkt in der dänischen Dichtung. Das Subjekt, das in den Gedichten spricht, ist auf sich allein zurückgeworfen, beschreibt das unmittelbare Empfinden, die Unaufhaltsamkeit der Vergänglichkeit ebenso wie den geglückten Augenblick. Insbesondere das subjektive Erleben der Natur bedeutet einen Einschnitt in der Lyrik, der bereits auf eine Naturerfahrung hinweist, wie sie später im

Selbstverständnis des Dichters als Autor

Neue Dramenformen

Fiskerne, 1. Akt, Kupferstich von D. Chodowiecki (1780/87)

Subjektive Empfindung

romantischen Text zum Ausdruck kommt. So kennzeichnet die Unmittelbarkeit der subjektiven Erfahrung das Gedicht *Haab og Erindring* (Hoffnung und Erinnerung, 1772), in dem ein zeittypisches Thema, nämlich die Freundschaft, gestaltet wird. Das lyrische Ich formuliert in emphatischem Ton die Hoffnung auf den Stillstand des flüchtigen Moments des Glücks:

> Hold paa dit Nu, min Siæl! Forsøg at smage
> Det Øyeblik, som er!
> O, bind det Flygtige, hold det tilbage
> Med stærke Følelser.

(Halte dein Jetzt fest, meine Seele! Versuche / den Augenblick, der ist, zu schmecken! / O, binde das Flüchtige, halte es zurück / mit starken Gefühlen.)

Diese Hoffnung lässt sich nur in der Erinnerung aufrecht erhalten, die Erinnerung, »die Mutter der Hoffnung«, vermag den glücklichen Augenblick zu bewahren. Hoffnung und Erinnerung werden vom lyrischen Ich als allein mittels der Sprache zu bewahrende Größen verstanden. In emphatischen Ausrufen wird das Glück beschworen, der Ausdruck selbst, die Beschwörung dieses Moments, bemüht sich um das Unmögliche: das Festhalten und Bewahren des Schönen, dessen Vergänglichkeit bewusst ist – und zugleich der Verweis auf die Zukunft als Träger der Hoffnung. Die Sprache, das Gedicht selbst ist das Medium der Erinnerung, auch wenn es immer nur einen Ausschnitt festhalten kann. Dieses Moment der Selbstreflexion verweist auf einen Paradigmenwechsel in der Dichtung. Sie ist nun auch ihr eigener Gegenstand, indem sie die sprachliche Bewältigung des geglückten Momentes, der bereits Vergangenheit ist, zum Thema macht. Die Referenz auf das, was außerhalb der Sprache selbst liegt, tritt zunehmend in den Hintergrund. Die Dichtung erscheint vielmehr als Reflexion einer Erfahrung, die nur mittels der Sprache aufrecht zu erhalten ist.

Autobiographisches Schreiben zwischen Tradition und Selbst(er)findung

Levned og Meninger

Die Selbstreflexion ist, wenngleich mit einer anderen Akzentsetzung, ebenfalls Gegenstand der erst nach Ewalds Tod veröffentlichten unvollständigen Autobiographie *Levned og Meninger* (Leben und Ansichten, 1804–08). Anders als Holbergs autobiographische Briefe, in denen die Einbindung des einzelnen Lebens in einen allgemeinen gesellschaftlichen Kontext erfolgt und die Beschreitung eines ›goldenen Mittelweges‹ zwischen öffentlichem und privatem Interesse propagiert wird, konzentriert sich Ewalds Autobiographie auf subjektive Erfahrungen, die sich nicht generalisieren lassen. Die Bekenntnisse des jungen Johannes Ewald, sein aus bürgerlicher Perspektive missglücktes Leben, werden ohne Beschönigung vorgetragen: Rousseaus *Confessions* dienen hier ebenso als Referenz wie Laurence Sternes Romane *Tristram Shandy* und *Sentimental Journey*. Der Erzähler beginnt seinen fragmentarischen und episodenhaften Lebensbericht mit seiner Flucht aus Kopenhagen. Zusammen mit seinem Bruder will er im Siebenjährigen Krieg auf preußischer Seite kämpfen und dabei zu Ruhm kommen, um sich als seiner Geliebten würdig zu erweisen. Aber er schafft es nur zum Trommler, und die Angebetete heiratet einen anderen. Neben dieser Rahmenhandlung geht es in den Bekenntnissen jedoch hauptsächlich um die Darstellung einer Biographie, die den Erwartungen der Außenwelt und vor allem der bürgerlich-pietistischen Familie nicht gerecht wird. Episoden, die im heiter-ironischen

Weinrausch erzählt werden, wechseln sich mit den bekenntnishaften Schilderungen eigener menschlicher Schwächen ab. Zentrale Themen sind immer wieder die unglückliche Liebe und das Künstlertum. Der Rausch wird dabei einerseits zur Voraussetzung von Kreativität und Lebensfreude stilisiert, andererseits ist er der Grund für das Scheitern einer bürgerlichen Existenz. Das erzählende Ich präsentiert sein Leben als permanente Überschreitung: Die Grenzen zwischen Leiden und Frohsinn, Scheitern und dichterischer Schöpfung sind damit ebenso gemeint wie die Abweichung von gesellschaftlichen Normen und Erwartungen. Gerade der ironisch-gebrochene Ton von *Levned og Meninger* signalisiert zudem eine weitere Abweichung, nämlich die deutliche Distanz zwischen Autor und Protagonist der Biographie.

Auch eine Autorin, nämlich Charlotte Dorothea Biehl, legt eine Autobiographie vor, welche die Ausdifferenzierung dieses subjektiven Genres nun aus weiblicher Perspektive deutlich macht. Anders als Ewalds fragmentarische Bekenntnisse, die bereits kurz nach seinem Tod zunächst in Zeitschriften und dann als Monographie erschienen sind, werden Biehls autobiographische Aufzeichnungen in Briefform *Mit ubetydelige Levnets Løb* (Der Verlauf meines unbedeutenden Lebens, 1787) erst 1909 gedruckt. Biehls Lebensbeschreibung unterscheidet sich in vielen Punkten von Ewalds und auch Holbergs Vorgaben, wenngleich sie mit Ewalds Lebensbericht die subjektive Perspektive verbindet. Biehls Briefroman ist die erste weibliche bürgerliche Autobiographie in Dänemark. Und ihre Lebensgeschichte handelt auch vorrangig von der Rolle der Autorin als gebildete Frau in einem bürgerlichen Kontext. In einem subjektiven und direkten Stil präsentiert sich die Erzählerin als selbstbewusste, gutaussehende, belesene, an der literarischen Tradition orientierte Frau. Zugleich macht sie deutlich, wie stark ihre Entwicklung durch ihre Rolle als Frau dominiert wird: Im Konflikt zwischen Gefühl und Vernunft und sowohl ihrer als auch ihrer Eltern Unbeugsamkeit scheitern ihre Versuche, eine standesgemäße Ehe einzugehen; auch ihre Möglichkeiten, als Autorin anerkannt und gefördert zu werden und durch eigenen Verdienst zu Reichtum zu gelangen, sind eingeschränkt. Die Sehnsucht der Erzählerin nach einem erfüllten Leben orientiert sich deutlich an den zeittypischen männlichen Idealen, die auch Holberg in seinen auf Latein verfassten Lebensbriefen verfolgt. Unabhängig davon, ob Biehl Holbergs Lebensbericht wirklich kannte oder nicht, erscheint das dort entworfene männliche Lebensideal als Folie für die eigenen – unerfüllten – Wünsche. Dem gesunden Menschenverstand, der Holbergs Erzähler leitet, steht in *Mit ubetydelige Levnets Løb* eine weibliche Erzählerfigur gegenüber, die einerseits in ihrer traditionellen Frauenrolle gefangen bleibt und sich andererseits vom ›goldenen Mittelweg‹ wegbewegt, indem sie für sich auch den Anspruch auf Genialität und Abweichung vom traditionellen Muster in Anspruch nimmt. Dass dieses Projekt scheitern muss, ist Teil eines literarischen Programms, das auf die spezifische Situation einer schreibenden Frau aufmerksam macht. Biehls Autobiographie beschreibt also gerade in der Schilderung der Negativerlebnisse und des Scheiterns einen neuen Weg der weiblichen Autobiographie: Gebunden an die männlichen Autoritäten, behauptet sie entschieden ihren Ort als vernunftbegabte Frau, welche die Privilegien der männlichen Schriftstellerkollegen – Anerkennung, Selbstbestimmung und finanzielle Unabhängigkeit – auch für sich beansprucht und ihren Wunsch nach Selbstverwirklichung formuliert.

Weibliche bürgerliche Autobiographie

Charlotte Dorothea Biehl

Europäische Literatur und Wiederbelebung des dänisch-norwegischen Theaters

Zu ihren Lebzeiten ist Biehl vor allem durch ihre Übersetzungstätigkeiten, ihre moralischen Erzählungen und ihre Komödien bekannt geworden. Die Stagnation des Theaters und insbesondere der Komödie nach der Schließung von *Den danske Skueplads* hatte weitreichende Folgen: Ewalds heroische Dramen und die Wiederaufnahme der Holberg-Komödien allein vermögen diese Lücke nicht zu schließen. Es sind schließlich weibliche Autoren, welche sich die zeitgenössische europäische Komödiendichtung zum Vorbild nehmen und diese Gattung weiterführen: Neben Biehl sind hier die Schauspielerin und Dramatikerin Anna Catharina von Passow sowie Birgitte Catharine Boye zu nennen. Alle drei Autorinnen repräsentieren die gebildete und vernunftbegabte Frau, die souverän ihre Rolle im kulturellen Leben behauptet. Orientierungsmuster für dieses Rollenbild ist Holbergs Vorstellung von der emanzipierten Frau, wie er sie nicht nur in *Niels Klim*, sondern auch in der Erzählung *Zille Hans Dotters Gynaicologia eller Forsvars Skrift for Qvinde-Kiønnet* (Verteidigungsschrift für das weibliche Geschlecht, 1722) entworfen hat. Charakteristisch ist gerade für die weiblichen Autorschaften, dass sie im patriotischen Diskurs das Dänische präferieren. Es geht darum, auch die im Lateinischen, Französischen oder Deutschen nur wenig geschulten weiblichen Rezipienten zu erreichen. Darüber hinaus entdeckt vor allem von Passow auch das Nordische als Motivfundus für die Literatur und nimmt in ihren Stücken norröne Stoffe auf. Zusammen mit dem theaterbegeisterten, ehemaligen Bürgermeister von Trondheim, dem Norweger Niels Krog Bredal, bietet für von Passow also noch vor Johannes Ewald die nordische Mythologie ein bedeutendes Stoff- und Themenfeld. Bredal setzt dieses neue Material in seinem Opernlibretto *Gram og Signe* (Gram und Signe, 1756) zur Musik von Sarti um und schreibt mit dem Singspiel *Tronfølgen i Sidon* (Die Thronfolge in Sidon, 1771) ein weiteres Stück im Stil des Rokoko mit Elementen aus der nordischen Mythologie. Als Quelle dienen ihm und von Passow Mallets *Histoire de Dannemarc* sowie seine *Monumens de la mythologie et de la poésie des Celtes et particulièrement des anciens Scandinaves*. So geht es etwa in von Passows Einakter *Den uventede Forlibelse eller Cupido Philosoph* (Die unerwartete Verliebtheit oder Cupido, der Philosoph) um die Begegnung zwischen nordischer und römischer Götterwelt. In diesem Zusammentreffen beider Welten siegt am Ende die kluge und listige Freya über den römischen Gott Cupido. Die Kontrastierung der klassischen Antike mit der nordischen Vorzeit demonstriert nachdrücklich eine in heiter-ironischem Ton vorgetragene Parteinahme für das Nordische als das Unverbrauchte und Ursprüngliche. Von Passows verspielte Hirtenstücke zeigen damit eine deutliche Tendenz zur ›National‹-Dichtung. In der Bearbeitung norröner Stoffe für die Bühne folgt Birgitte Catharine Boye von Passow, etwa in dem Huldigungsstück *Gorm den Gamle* (Gorm der Alte, 1784), das den dänischen Heldenmut in eine nordische Tradition stellt oder dem heroischen Schauspiel *Sigrid eller Regnalds Død* (Sigrid oder Regnalds Tod, 1785), das ebenfalls die ungebrochene Verbindung zwischen heroischer Vorzeit und zeitgenössischer Geschichte feiert.

Die verschiedenen Formen ästhetischer und sozialer Überschreitungen, die Traditionsbrüche ebenso wie die Hinwendung zum Nationalen, die Ewalds und von Passows Texte kennzeichnen, lassen sich auch in Biehls Arbeiten für das Theater erkennen. Das Nationale und die Gestaltung eines heroischen nordischen Mittelalters spielen in ihren Texten allerdings keine besondere

Dänisch-norwegische Dramatikerinnen

Klassizimus und nordische Mythologie

Rolle, als Übersetzerin europäischer Schlüsseltexte partizipiert sie vielmehr an der Idee eines grenzüberschreitenden, internationalen Kulturaustauschs. Ihre Aufgabe sieht sie darin, die ›Weltliteratur‹ dem dänischen Publikum zugänglich zu machen. Das ist ihr Beitrag zur Volksaufklärung, eine Funktion der Literatur, die ebenfalls in dem von Holberg postulierten Bildungsauftrag ein Vorbild hat. Auch ihre Komödiendichtung orientiert sich an Holbergs Lustspielen, wenngleich die europäische Theatertradition für sie ebenso wichtig gewesen ist. Insbesondere die Schauspiele des Italieners Carlo Goldoni und des Franzosen Philippe Néricault Destouches dienen nicht selten als Vorlagen und Hypotexte. Wie sie verwendet auch Biehl Elemente der *commedia dell'arte*, und anders als bei Holberg sind die lächerlichen, sich selbst überschätzenden Helden in ihren Komödien nur Nebenfiguren. Im Zentrum stehen oft weibliche Protagonisten im heiratsfähigen Alter, und Schauplatz ist der bürgerliche Salon oder ein anderes bürgerliches Ambiente. Die komischen Konflikte konzentrieren sich zumeist auf die Zeit der Verlobung, der Hochzeitsvorbereitungen oder die Ehe, und am Ende siegt das aufrichtig liebende Herz, das sich in zahlreichen Gesprächen und Konversationen auch durch die Gabe ausweist, zuhören zu können. Wichtig ist dabei die aufgeklärte Botschaft, welche die wahre, unverfälschte, der Neigung und keinen anderen Interessen folgende Liebe als moralisch gut und vernünftig darstellt. Besonderes Aufsehen erregt 1764 die Aufführung ihres anonym angekündigten Stückes *Den kierlige Mand* (Der liebenswürdige Mann, 1764) in *Den danske Skueplads*, in der der *commedia dell'arte* entlehnte Figuren, Henrik und Pernille, auftreten. Es geht hier, wie in vielen ihrer anderen Komödien auch, um ein neues Ideal des Ehemanns; der Patriarch wird abgelöst vom liebevollen und empfindsamen Geliebten und Freund, der sich der Ehe als würdig erweist. Anders als etwa im in Deutschland zur gleichen Zeit entstehenden Bürgerlichen Trauerspiel werden weniger gesellschaftliche Hierarchien als Auslöser eines dramatischen Konfliktes gesehen. Vielmehr wird hier die Unvereinbarkeit von bürgerlicher Norm und dem Ideal von selbstbestimmter Liebesbeziehung thematisiert. Der Preis der Tugendhaftigkeit und des moralisch einwandfreien Handelns verbindet Biehls Komödien, trotz aller Unterschiede, auch mit den Schauspielen ihrer Kolleginnen von Passow und Boye.

Biehls bürgerliche Lustspiele

Die Ablösung von einem dominierenden Stilideal ist auch Thema der Komödie *Kierlighed uden Strømper* (Der Bräutigam ohne Strümpfe, 1827), die der Norweger Johann Herman Wessel im Jahr 1772 schreibt. Wessel ist aktives Mitglied von *Det norske Selskab* und unterstützt die norwegischen Emanzipationsbestrebungen von der dänischen Vorherrschaft. Der von der Gesellschaft vertretenen Normenpoetik steht er jedoch kritisch gegenüber. In *Kierlighed uden Strømper* parodiert er nicht nur die Regeltreue der gleichzeitig entstehenden norwegischen Trauerspiele von Brun und Fasting, sondern auch die des als Ideal gefeierten französischen Tragödientypus. Wessels nach klassizistischer Norm aufgebaute Komödie erhält ihre Komik durch die Kontrastierung von hoher Form und lächerlichem Konflikt: Den Protagonisten, die dem Kleinbürgertum entstammen, fehlen bei der Hochzeit die Strümpfe, und dieses Ereignis löst die Katastrophe aus. Äußerst erfolgreich war das Stück nicht nur wegen seiner witzigen parodistischen Elemente, sondern auch aufgrund der Gesangseinlagen, zu denen Scalabrini die Musik schrieb.

Wessels Genreparodie

Emphatische Aufklärung und Abwehr der Romantik

Das 18. Jh. als Jahrhundert der Aufklärung lässt unterschiedliche Stadien und Schwerpunktsetzungen erkennen. Dominiert zu Beginn des Jahrhunderts der Rationalismus auch die Literatur, kommen mit der starken deutschen Fraktion am dänischen Königshof empfindsame und sensualistische Ausdrucksformen hinzu, die dem Gefühl als andere Seite der Vernunft mehr Platz einräumen. Tritt nach und nach neben die kosmopolitische Grundhaltung ein Interesse am Nationalen als dem Eigenen, welches als deutliche Abgrenzung vom Anderen, Fremden verstanden wird, so zeigen die Texte Jens Baggesens, in welchem Maße sich frühaufklärerische Vorstellungen mit empfindsamen Strömungen verbinden lassen. Ungeachtet der sich etablierenden Nationaldiskurse versteht Baggesen sich als Weltbürger, der sich in den verschiedensten europäischen Ländern, die er bereist, zu Hause fühlt. Das entstehende Nationalbewusstsein in Dänemark und die Abgrenzungsbewegungen von Deutschland beobachtet er mit Unbehagen und Distanz. Damit einher geht auch eine kritische Haltung zu den entstehenden romantischen Texten und insbesondere zur romantischen Verehrung des Mittelalters, die etwa um 1800 einsetzt.

Nation und Weltbürgertum

Kant- und Holberg-Rezeption

Jens Immanuel Baggesen entwickelt sein Interesse für Literatur und Philosophie autodidaktisch. Nach dem Studium in Kopenhagen wird er vom Dichter Christen H. Pram in den deutschen Kreis eingeführt und mit der deutschen Kultur vertraut gemacht. Er beschäftigt sich mit der deutschen Philosophie der Aufklärung und nimmt – begeistert von Kants Schriften – den zweiten Vornamen Immanuel an. Die Auseinandersetzung mit Kants *Kritik der reinen Vernunft* (1781) hat sich auch in Baggesens Schriften niedergeschlagen. Sie äußert sich insbesondere in der Aneignung der Grundzüge aufgeklärten Handelns, was sowohl die Freiheit des Einzelnen als auch die Verantwortung für die Allgemeinheit einschließt, das öffentliche und das private Interesse berücksichtigt; der Kategorische Imperativ wird in den philosophischen und literarischen Schriften ebenso reflektiert wie die Vorstellung, dass das Zeitalter der Aufklärung ein Prozess sei, der gerade erst begonnen habe. Die Nähe zum deutschen Kreis, die Beschäftigung mit der deutschen Aufklärungsphilosophie, seine kurzzeitige Kieler Professur und seine häufigen Reisen durch Europa führen dazu, dass Baggesen nicht nur in dänischer, sondern auch in deutscher Sprache publiziert und in beiden Sprachen und Kulturen gleichermaßen zu Hause ist.

Jens Baggesen

Als vorbildlich werden einmal mehr Holbergs Schriften verstanden. Baggesen überträgt Holbergs auf Latein verfassten Roman *Niels Klim* kongenial ins Dänische: mit einer deutlichen Übersetzersignatur, welche die Aktualität des utopischen Romans im Jahr 1789 unterstreicht. Andere Übersetzungstätigkeiten, die seine Rolle als Kulturvermittler unterstreichen, etwa der Versuch, Holbergs *Politiske Kandestøber* ins Deutsche zu übertragen, haben nicht die gleiche Aufmerksamkeit erfahren wie die Übersetzung des Romans, aber sie zeigen ähnliche Aktualisierungstendenzen mit dem Ziel, auch über die Grenzen Dänemarks hinaus ein möglichst breites zeitgenössisches Publikum zu erreichen.

Holger-Danske-Fejden

Die selbstverständliche Teilhabe an mehreren Kulturen bedeutet jedoch eine kosmopolitische Perspektive, die gerade gegen Ende des Jahrhunderts auf Widerspruch stößt. Die Diskussion über die Frage, inwieweit sich das Dänische vom Deutschen entfernen solle, kulminiert schließlich in der *Tyskerfejden* oder *Holger-Danske*-Fehde im Jahr 1789. Ursache der Auseinandersetzung ist das erste dänische Opernlibretto überhaupt, das Baggesen für

Kunzens Oper *Holger Danske* geschrieben hat. Das Opernlibretto wird als deutsche Form von den zunehmend national gesinnten dänisch-norwegischen Kreisen in Kopenhagen abgelehnt. Baggesen verlässt daraufhin Dänemark und begibt sich noch im selben Jahr auf eine Reise durch Deutschland, die Schweiz und Frankreich. Aufgeschrieben hat er die Stationen der Reise, die Eindrücke und Empfindungen in dem fragmentarischen Reiseroman *Labyrinten* (1792–93; Baggesen oder Das Labyrinth, 1793–95). Der Roman hat später durch Baggesens Söhne eine Fortsetzung unter dem Titel *Digtervandringer* (Dichterwanderungen, 1830-31) erfahren, in der die nachgelassenen Notizen von einem Parisaufenthalt und Wanderungen durch die Schweiz aufgenommen wurden. *Labyrinten* ist ein autobiographisches Zeugnis, das sich durch die Subjektivität des Berichts über die Städte und Landschaften ebenso auszeichnet wie durch detaillierte Beobachtungen, die Schilderungen von Begegnungen mit namhaften Schriftstellern (Gerstenberg und Voss) und empfindsame Wahrnehmung von unterschiedlichsten Stimmungen. Die Nähe zu Sternes *Sentimental Journey* (1768) ist offensichtlich: Der Erzähler fühlt sich Vernunft und Gefühl gleichermaßen verpflichtet. Es geht ihm sowohl um die Rezipienten, die er über die gesellschaftlichen und kulturellen Zustände im Jahr der Revolution aufklären möchte, als auch um die Verwirklung seiner selbst. So vertritt er die Ideen der Französischen Revolution mit Emphase, ruft auf dem Hermannsberg bei Pyrmont zur Verbrüderung aller Völker auf, entsetzt sich angesichts der Judengasse in Frankfurt über die ungleichen Lebensbedingungen der Menschen und den Ausschluss der Andersgläubigen und jubelt im Juli 1789 im kleinen hessischen Friedberg über die Nachricht vom Ausbruch der Französischen Revolution. Als er von deren blutigen Auswirkungen hört, distanziert er sich jedoch von der *terreur*. Ähnlich ambivalent, nämlich als erhaben und unheimlich zugleich, bewertet er das Straßburger Münster und formuliert sein Unbehagen angesichts dieses gewaltigen Repräsentationsbaus des Mittelalters. Die Verehrung des Mittelalters verweist für ihn, den emphatischen und gefühlsbetonten Aufklärer, auf die Romantik, die er als rückwartsgewandt ablehnt. Zugleich setzt er sich in diesem Passus mit Johann Wolfgang von Goethes Aufsatz *Von deutscher Baukunst* (1773) auseinander: Baggesen lehnt das »Epos aus Steinen«, wie er die Kathedrale bezeichnet, als überladen und beängstigend ab. Goethes Einschätzung entspricht zunächst ebenfalls dem Winckelmannschen Stilideal, das Klarheit und Einfachheit propagiert, weicht dann allerdings einem Gefühl der Ergriffenheit angesichts des Gotischen. Die Tatsache, dass das Gefühl eine solche Revision der Sichtweise auszulösen vermag, erscheint als die dominante Erfahrung seiner Auseinandersetzung mit der Kathedrale. Die subjektive Empfindung überwiegt die rationale Reflexion: Goethes Text vertritt nachhaltig die Position des Sturm und Drang. Baggesen hingegen bewertet das Gotische zwanzig Jahre nach Goethes Text negativ, sein Schaudern angesichts des Erhabenen reflektiert er als irrationale Überwältigung des Mittelalters: »Ich war und blieb zwischen den Wänden dieser Kirche in der Barbarei des Mittelalters. Nichts erinnerte mich an unser Jahrhundert, abgesehen von meinem Schwindel.« (*Labyrinten*) Befreiung empfindet der Erzähler von *Labyrinten* erst wieder auf der Turmspitze, außerhalb der als bedrückend empfundenen gotischen Mauern. Die Verpflichtung gegenüber ›seinem‹ Zeitalter der Aufklärung steht in deutlichem Kontrast zur Sturm und Drang-Ästhetik, die das Ungeordnete, Spontane und Emotionale mit der Klarheit der Aufklärung zu verbinden bestrebt ist.

Baggesens Ablehnung des Mittelalters und die reservierte Haltung gegenüber der Romantik, das entschlossene Festhalten an der Aufklärung, trotz

Reiseroman

Von deutscher Baukunst

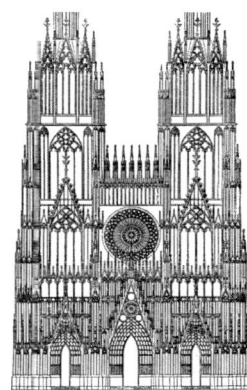

Straßburger Münster

Baggesen-Oehlenschläger-Fehde

der gewachsenen Skepsis Kants Schriften gegenüber, erfährt ihren Höhepunkt Jahre später in einer weiteren Literatur-Fehde, die von einer öffentlichen Kritik Baggesens an einem Drama von Adam Oehlenschläger gelöst wird. In dieser Auseinandersetzung treffen mit Baggesen als Vertreter des Weltbürgertums und der Aufklärung und Oehlenschläger als Vertreter der dänischen Nationalromantik zwei ästhetische und politische Paradigmen aufeinander. Der Dichterstreit signalisiert zudem die wachsende Bedeutung der Literaturkritik im öffentlichen kulturellen Leben: Die Debatte über die ›National‹-Literatur, die mit der ›alten‹ Position der aufgeklärten Vernunft kontrastiert wird, ist Gegenstand der Literaturkritik. Baggesen versteht Literaturkritik ausdrücklich als meinungsbildendes Instrument der Aufklärung. Und dennoch bezieht die Öffentlichkeit in diesem Streit zum großen Teil die Position des die ›neue‹ Literatur vertretenden Oehlenschläger.

Publikationen in deutscher Sprache

Baggesen ist auch als Lyriker und als Verfasser sprachtheoretischer und philosophischer Schriften bekannt geworden, die – verfasst in deutscher Sprache – als *Philosophischer Nachlaß* erst 1858 bis 1863 erschienen sind. Auch diese Schriften kennzeichnet ein ambitioniertes Streben nach dem Einklang von Ethik und Ästhetik, von humanistischem Ideal und zeitgenössischen Problemstellungen. Die Suche nach Akzeptanz als dänischer und als deutscher Autor sowie das Oszillieren zwischen den Gegensätzen von Vernunft und Gefühl, rationaler Weltsicht und Ergriffenheit angesichts des Erhabenen in der Natur prägen auch seine Gedichte. Mit dem auf Deutsch geschriebenen Epos *Parthenaïs oder die Alpenreise* (1795–1803, dänische Übersetzung erst 1965) schließt er an die Naturdichtung Albrecht von Hallers und dessen Gedicht *Die Alpen* (1732) an. Die *Parthenaïs* erhält jedoch über diesen Bezug hinaus eine spezifische Spannung durch die Kontrastierung und Zusammenführung von antiker Mythologie und dänischer Volkskultur. Die Auseinandersetzung mit literarischen Traditionen zeigt sich auch in der Satire *Der vollendete Faust,* die erst 1836 gedruckt wird, und im humoristisch-parodistischen Epos *Adam und Eva* (1826), in dem er die biblische Geschichte neu erzählt. Im Rückgriff auf die klassische Antike und in der Stellungnahme für die Ideen der europäischen Aufklärung, für die Freiheit des Denkens und der Künste, für ein grenzüberschreitendes Weltbürgertum und die Ablehnung des Nationalgedankens steht Baggesen den romantischen Texten kritisch gegenüber. Die Literaturgeschichtsschreibung hat den bilingualen und bikulturellen Autor allerdings im 19. Jh. – einseitig – zu einem dänischen Nationaldichter gemacht; damit sind Baggesens deutschsprachige Texte weitgehend in Vergessenheit geraten.

Die schwedische Literatur im Zeitalter der Aufklärung

Anders als in Dänemark und Norwegen orientiert sich das kulturelle Leben im Schweden des 18. Jh. an Frankreich. Mit der Berufung von Descartes an den schwedischen Königshof unter der Herrschaft von Königin Christina im Jahr 1649 kommen die Ideen der Aufklärung schon früh nach Schweden: Vor allem die Förderung der Wissenschaften wird von da an vorangetrieben. Gleichwohl bleibt die Aufklärung über lange Zeit hinweg eine auf einzelne bildungspolitische, wissenschaftliche und kulturelle Bereiche konzentrierte Bewegung. Gehen zu Beginn die Impulse vor allem von der Auseinandersetzzung mit den französischen Enzyklopädisten aus, so differenzieren sich nach und nach einzelne Teilbereiche heraus, für welche die Beschäftigung mit der Aufklärungsphilosphie grundlegend ist: ein rationalistisches Vorgehen in der naturwissenschaftlichen Forschung, die Etablierung einer bürgerlichen Öffentlichkeit, die Schaffung von kulturellen und wissenschaftlichen Einrichtungen als Diskussionsforen und die Entstehung von Zeitungen und Zeitschriften.

Die kulturellen und literarischen Entwicklungen in Schweden unterliegen ebenfalls den politischen Interessen des jeweiligen Herrschers. Politisches und kulturelles Zentrum ist der Königshof in Stockholm, die alten Universitätsstädte Lund und Uppsala fördern zwar die Naturwissenschaften, ansonsten reagieren sie auf die Anregungen, die von Stockholm ausgehen; Initiatoren der Aufklärungsbewegung in Schweden sind sie jedoch nicht. Neben den französischen Enzyklopädisten sind es vor allem englische Einflüsse, der Parlamentarismus und der Utilitarismus, die für die Entwicklung in Schweden zunächst maßgeblich sind. Nach dem Ende der Großmachtzeit geht es in der Konsolidierungsphase um neue Orientierungsmuster, und England und Frankreich nehmen in dieser Situation eine Vorreiterfunktion ein. Im Zuge dieser internationalen Ausrichtung werden zunächst vor allem die Naturwissenschaften gefördert. Auf diesem Gebiet setzt sich der Rationalismus als erstes durch – mit großem Erfolg.

Stockholm als kulturelles Zentrum

Zur Verbreitung der rationalistischen Weltsicht in Schweden sorgt die Schwester des preußischen Königs Friedrich II., die schwedische Königin Louisa Ulrika, die mit der Einrichtung der Wissenschaftsakademie, *Vitterhetsakademi*, 1753 auch ein Diskussionsforum für die neuen Ideen schafft. Unter anderem wird d'Alembert in die Akademie gewählt. In den *Handlingar* (Untersuchungen), dem Publikationsorgan der *Vetenskapsakademi*, erscheinen 1742 die Forschungsergebnisse des Uppsalienser Professors für Astronomie, Anders Celsius, unter dem Titel *Observationer om twänne beständiga grader på en thermometer* (Beobachtungen über zwei beständige Grade auf dem Thermometer) über die Erfindung des 100°-Thermometers.

Akademien

Neben diesen Erfolgen, welche die Wissenschaft im Zuge der Aufklärungsphilosophie feiert, kristallisiert sich allmählich eine bürgerliche Öffentlichkeit heraus, die am wissenschaftlichen und kulturellen Leben regen Anteil nimmt. Wenngleich sich das entstehende Bürgertum zu Beginn weitgehend an den Vorstellungen und Regeln des Adels orientiert, emanzipiert sich das bürgerliche Selbstbewusstsein nach und nach von den traditionellen Mustern. Es entstehen Pubikationsorgane nach englischem Vorbild, Zeitungen und Zeitschriften, literarische Gesellschaften und Vereinigungen. In diesem Zusammenhang ist es vor allem auch das weibliche Bürgertum, das nun in Erscheinung tritt: Als Leserinnen, Briefschreiberinnen, gebildete Gesprächspartnerinnen und schließlich auch als Autorinnen und selbstverständliche Mitglieder der literarischen Gesellschaften und Gruppierungen treten Frauen im öffentlichen literarischen Diskurs zunehmend in Erscheinung.

Bürgerliche Öffentlichkeit

Bis sich jedoch die Aufklärungsideen auf dem kulturellen und insbesondere dem literarischen Feld endgültig durchsetzen können, dauert es noch. Mit der Machtübernahme des kunstliebenden und -fördernden Königs Gustav III. im Jahr 1772 erleben die Künste einen enormen Aufschwung: Das Königlich dramatische Theater, *Dramaten*, die Oper und die Schwedische Akademie werden gegründet. Mit der Förderung der freien Künste geht also zugleich ihre Institutionalisierung einher, und diese Institutionen kontrollieren den literarischen Markt. Diejenigen, die nicht im Sinne des aufgeklärtabsolutistischen Königs agieren, deren Texte sich der Normenpoetik entzie-

Gustavianische Klassik

Die Krönung Gustavs III., Gemälde von C. G. Pilo

hen, fallen aus seiner Gunst und damit auch aus dem System. Hier bildet sich ein gegenläufiges Potential, und die oppositionellen Künstler äußern ihren Protest. Öffentlich ausgetragene Debatten in den Zeitungen und Zeitschriften demonstrieren das rege kulturelle Leben, aber auch die rigide Politik Gustavs III., dessen Geschmack und Stilvorstellung verbindlich werden. Vorbild für seinen Königshof, für die neu gegründete Schwedische Akademie und für seine Kulturförderung ist der französische Klassizismus. Mit der Errichtung eines Denkmals für Descartes in Stockholm durch den bedeutenden Bildhauer Johan Tobias Sergel erinnert Gustav III. an die Berufung des Philosophen nach Schweden und stellt sich damit auch in diese aufgeklärt-absolutistische Tradition. Insbesondere die in Voltaires Schriften praktizierte Verbindung von scharf formulierten Aufklärungsforderungen und streng eingehaltener Regelpoetik avanciert zum verbindlichen Stilvorbild, und Abweichungen davon finden kaum Gnade vor dem Urteil des Königs.

Das ambivalente Verhältnis von Freiheit und Institutionalisierung oder Disziplinierung bestimmt die Kulturpolitik Gustavs III. nachhaltig. Einerseits trägt sein Engagement zur Herausbildung und Emanzipation der Künste entscheidend bei, indem er mit den Theater- und Opernhäusern, der Akademie und einem großzügigen Mäzenatentum Stockholm zum Zentrum eines lebendigen kulturellen Lebens macht, junge Künstler fördert und auch selbst als Dramenautor daran teilhat, andererseits gibt der König den Rahmen genau vor und setzt damit den freien Künsten deutliche Grenzen. Diese Grenzen betreffen auch die Verschärfung der unter seiner Mutter noch gelockerten Zensurbestimmungen. Nach dem Mord an Gustav III. in der Oper im Jahr 1792 wird unter der Übergangsregierung Gustaf Adolf Reutersholms entgegen der Erwartung der oppositionellen Autoren die Publikationsfreiheit noch weiter eingeschränkt, so dass einige Autoren ins Ausland gehen. Denn trotz der starken Ausrichtung an Frankreich haben sich mittlerweile wie in Dänemark auch andere literarische Strömungen in Schweden durchsetzen können: So gewinnen zunehmend sowohl der englische Sensualismus, mit Sterne, Young und Shaftesbury als auch die deutsche Genieästhetik mit Klopstock und dem jungen Goethe an Bedeutung. Diese Autorschaften werden als Gegenmodell zum herrschenden Geschmack am Königshof gesehen und zu Stilvorbildern für Schriftsteller, die sich der Hofkultur entgegenstellen. Ähnlich wie in der dänischen Literatur der Zeit steht gefühlsbetonte Dichtung nicht allein in der europäischen Tradition, die sie zweifellos fortschreibt, sie hat auch in Schweden ihren Vorläufer in der religiösen Literatur und schließt teilweise an die pietistische Lyrik, aber auch die von Emanuel Swedenborg vertretene mystische Richtung an. Anders als in Dänemark fördert der Hof die sensualistischen Strömungen und das Aufkommen der Genieästhetik nicht, sondern lehnt sie entschieden ab.

Englische und deutsche Strömungen

Die Debatten über die Bedeutung der klassizistischen Poetik und über die Legitimität von Verstößen dagegen werden zum Teil öffentlich in den literarischen Zeitschriften ausgetragen und geben Aufschluss über den literarischen Markt, in dem sich die Literaturkritik als eigenes Genre etabliert. So bildet sich nicht nur der Beruf des Schriftstellers heraus, sondern auch der des Kritikers. Damit emanzipieren sich allmählich die Autoren von den Autoritäten.

Prosa der Wirklichkeit und die Entdeckung der Geschichte

Schon früh beginnt auch in Schweden nach englischem und deutschem Vorbild die Herausgabe literarischer Zeitungen und moralischer Wochenschriften. Damit verbunden ist die Entwicklung einer ›neu‹-schwedischen Prosasprache, die sich an der gesprochenen Sprache und nicht wie bisher an der lateinischen Literatursprache orientiert und die sich sowohl in den Zeitungsbeiträgen als auch in den ersten Romanen all.mählich durchsetzen kann. Ziel dieser Erneuerung der Literatursprache ist es, ein möglichst großes Publikum anzusprechen, das gebildet und mit den Ideen der Aufklärung vertraut gemacht werden soll. Die Zeitungen und Zeitschriften werden ebenso als Multiplikatoren der Aufklärungsideen verstanden wie die Prosaliteratur, die ersten Romane, die auch als Beitrag zur Volksaufklärung gelesen werden wollen. Zur Realisierung einer ungekünstelten und natürlichen schwedischen Literatursprache bedarf es auch der Übersetzungen lateinischer und zentraler europäischer Texte ins Schwedische.

Entwicklung der schwedischen Prosasprache

Maßgeblichen Anteil an der Reform der schwedischen Prosasprache hat der bekannteste Autor der schwedischen Frühaufklärung: Olof von Dalin. Er versteht sich als Sprachrohr vor allem der französischen Aufklärungsideen, und zu ihrer Verbreitung trägt er entscheidend bei. Die von ihm anonym herausgegebene Wochenzeitung *Then swänska Argus* (Der schwedische Argus, 1732–34) übernimmt die Funktion, sowohl zu unterhalten als auch mit den Ideen der Aufklärung vertraut zu machen. Nach dem Vorbild der englischen Wochenschrift *The Spectator* tritt der Verfasser für die konstitutio-

Then swänska Argus

nelle Verfassung und die Gleichheit aller Menschen ein. Er beklagt menschliche Schwächen und Laster ebenso wie er Vorschläge zur Verbesserung der schwedischen Sprache und des Konversationsstils unterbreitet. Gezielt werden die Vorliebe für lateinische Fremdwörter und umständliche Periphrasen als Merkmale eines gehobenen Stils parodiert. Diesem Stilideal setzt der *Argus* die Klarheit und Satzkürze entgegen. Damit hat die Zeitschrift gleich mehrere Stoßrichtungen. Sie ist zum einen ein politisches Organ und setzt zum anderen mit ihren sprachpolitischen Vorschlägen auch ästhetische Maßstäbe, welche die Verbindung von Politik und Kunst deutlich hervorheben. Und sie ist Vorreiter für eine Reihe von bedeutenden Zeitungen und Zeitschriften, die in der Folge von *Then swänska Argus* erscheinen sollen.

Schwedische Geschichte

Neben dieser publizistischen Tätigkeit ist Dalin vor allem wegen seiner allegorischen Prosaerzählung über die schwedischen Könige von Gustav Vasa bis zur Gegenwart, *Sagan om hästen* (Die Sage vom Pferd, 1740), bekannt geworden. Stilistisch lehnt sich der Prosatext in vieler Hinsicht an den *Argus* an. Er parodiert die Herrscherpersönlichkeiten, die jedoch nicht nur als Typen, sondern auch als Individuen dargestellt werden, und ist zugleich ein politischer Text. Der wichtigste Appell gilt dem Frieden, der schwedischen Einigung und Einheit zu einem Zeitpunkt, zu dem die Kriegserklärung an Russland, 1741, unmittelbar bevorsteht und diskutiert wird.

Die schwedische Geschichte und der Rückgriff auf die Vergangenheit sind auch Thema der ersten schwedischen Romane, die etwa zeitgleich mit Dalins Schriften entstehen. Dalins Überlegungen zur Lebendigkeit des Stils und zu einer möglichst natürlichen Sprachverwendung werden hier ansatzweise aufgenommen. Wie Dalins *Argus* orientiert sich auch der Roman an der englischen Literatur des 18. Jh. Vor allem die bürgerlichen Gegenwartsromane von Richardson und Fielding sind auch in Schweden sehr beliebt. Die nun entstehenden schwedischen Romane verbindet allerdings mit der Erzählweise und Thematik von Richardsons *Pamela* und Fieldings *Tom Jones* nur wenig, denn sie sind, anders als die Vorbilder, keine Gegenwartsschilderungen, sondern haben historische Stoffe zum Gegenstand. Der erste schwedische Roman *Adalriks och Giöthildas äfwentyr* (Adalriks und Göthildas Abenteuer, 1742–44) ist ein Gemeinschaftswerk von Jacob Mörk und Anders Törngren. Die Handlung spielt im nordischen Mittelalter und geht auf Episoden aus Snorri Sturlusons *Heimskringla* zurück. Neben der Verwendung der schwedischen Sprache als Prosasprache ist es dieser Rückgriff auf die nordische Mythologie, welche die ›Modernität‹ des Textes ausmacht. In seiner Erzählweise erinnert er jedoch an die Liebes- und Abenteuerromane des 17. Jh. Auch der zweite schwedische Roman, von Jacob Mörk allein geschrieben, *Thekla* (1749–58), nimmt einen historischen Stoff auf, eine Heiligenlegende aus dem antiken Rom – in seiner Form wenig originell. Dabei geht es einerseits um die Rekonstruktion eines kollektiven Gedächtnisses, das im Kontext der pränationalen Diskurse auch in Schweden an Bedeutung gewinnt; andererseits steht der Rekurs auf die Historie im Dienste eines aufgeklärten Bildungsauftrags: Die Leser sollen unterhalten und zugleich über die Geschichte belehrt werden.

Die ersten Romane

Systematisierung von Wissenschaft und Literatur

Mit dem Interesse an der Historie im Allgemeinen und an der nordischen Mythologie und der schwedischen Geschichte im Besonderen geht der Wunsch nach der wissenschaftlichen Erkundung der schwedischen Natur und Landschaft einher, vor allem der bis dahin kaum erschlossenen Regionen im Norden des Landes. Die Entdeckung des Fremden im eigenen Land motiviert hier ebenso zur Untersuchung wie das Bestreben, die Natur systematisch zu erfassen. Dieser Aufgabe hat sich der Mediziner, Biologe und Literat Carl von Linné Zeit seines Lebens gewidmet. Seine große Leistung auf dem Gebiet der Botanik liegt in der Bestimmung der Pflanzen nach Geschlechtsmerkmalen. Seine Forschungsergebnisse hat er in den Schriften *Flora lapponica* (1735), *Systema naturae* (1735; Naturae-Systema, 1740) und *Philosophia botanica* (1751) veröffentlicht und damit auch weit über die Grenzen Schwedens hinaus für Aufsehen gesorgt. In *Species plantarum* (1753) wendet er die Aufteilung nach dem Geschlecht, die binäre Nomenklatur, erstmalig an. Insbesondere in Holland, und in Deutschland, wo einige seiner Arbeiten in den *Hamburger Berichten von gelehrten Sachen* publiziert werden, finden seine Ideen große Anerkennung. Seine Forschungsbeiträge werden in vielen europäischen Universitäten diskutiert, für seine Tendenz zur Nivellierung der Abweichungen bei der Klassifikation wird er auch nach seinen Tod noch vielfach kritisiert.

Carl von Linné

Dennoch ist es dieses systematische Beobachtungsvermögen, das Linnés literarische und wissenschaftliche Texte auszeichnet: Seine Beschreibungen der Reisen nach Nordschweden und in andere Regionen des Landes sind aufgrund der Detailfreudigkeit und Genauigkeit sowohl wissenschaftlich als auch literarisch interessant. Sie beruhen gleichermaßen auf tiefer Religiosität, dem Glauben an die göttliche Autorität, und auf aufgeklärter Vernunft. Im Detail wird stets das Ganze gesucht, die göttliche Ordnung ist oberste Instanz, dient als Muster für die Systematisierung der Natur, nicht nur der Pflanzen-, sondern auch der Tierwelt.

Die Reiseberichte sind in einer Mischung aus Latein und Schwedisch verfasst: Anregungen für das Schwedische als Prosasprache hat Linné aus Dalins *Argus* übernommen, vor allem die Kürze der Sätze sowie die knappe, lakonische Darstellung der Einzelbeobachtungen. In seiner Bildlichkeit orientiert sich Linné vielfach am Alten Testament und an der klassischen Rhetorik. Seine berühmteste Reise, eine Fußwanderung nach Lappland, hat er im *Iter Lapponicum* (1732; Lappländische Reise, 1964) beschrieben: Teils Reisetagebuch, teils schriftlicher Reisebericht für seinen Auftraggeber, die

Die Erkundung Nordschwedens

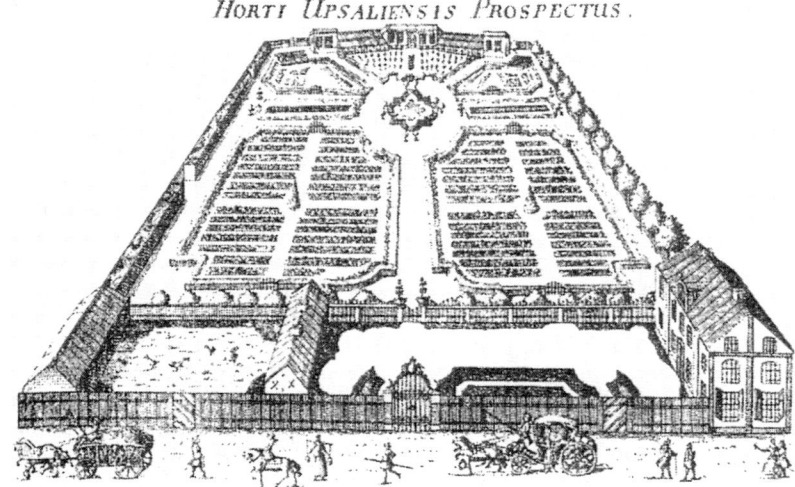

Der botanische Garten von Uppsala nach der Reorganisation durch Linné (1745)

Carl von Linné in lappländischer Tracht

Nemesis Divina

Universität in Uppsala, ist der Text ein mentalitätshistorisches Dokument der Lebensbedingungen der Samen im 18. Jh. So informiert das Buch sowohl über die Tier- und Pflanzenwelt als auch über die kulturhistorische Bedeutung des bis dahin weitgehend unbekannten Raumes und den Alltag seiner Bewohner. Und es ist auch hier die Kombination von akribischer Beschreibung von Einzelheiten und dem Verweis auf die allgemeinen Zusammenhänge, welche die Besonderheit dieser natur- und kulturwissenschaftlichen Studie ausmacht. Das unscheinbare Detail ist stets Teil eines größeren Zusammenhangs, und diese Verbindung zwischen Einzelnem und Allgemeinen herzustellen erweist sich als Movens der Reise und des Erzählens davon.

Auch Linnés Alterswerk *Nemesis Divina* (Die göttliche Vergeltung, etwa 1745–75) präsentiert sich, ähnlich wie die Reisebeschreibungen, als ein Konvolut von teilweise unzusammenhängenden Aufzeichnungen, Notizen und Lebensregeln, in denen sich der Verfasser dem Verhältnis von göttlicher Gnade und Vergeltung widmet. Theologisch ist der Text stärker den religiösen Vorstellungen des 17. Jh. als der Aufklärung verbunden. Der für die wissenschaftlichen Studien zentrale Gedanke, dass das einzelne Subjekt und jedes einzelne Lebewesen nicht nur sich selbst, sondern immer auch der göttlichen Autorität unterworfen ist, leitet die Reflexionen der *Nemesis Divina*. Der Text, der ebenfalls ein Gemisch aus Latein und Schwedisch ist, zeichnet sich zudem durch ein umfängliches Verweissystem auf andere Texte aus: Neben der Bibel und der klassischen antiken Literatur sind es auch schwedische und neulateinische Quellen, die immer wieder zitiert werden. Damit stellt sich der Text deutlich in eine literarische Tradition und hat gleichzeitig an der Etablierung einer neuen teil. Denn dieses Verfahren, das sich einerseits am kulturellen Gedächtnis orientiert und daran festhält und andererseits in der spezifischen Anordnung, der subjektiven Auswahl der Bezugsgrößen, Anspruch auf Originalität erhebt, wird zum Stilvorbild nicht nur der Prosaliteratur.

Grenzbereiche zwischen Wissenschaft, Religion und Mystik

Emanuel Swedenborg

Die Verbindung von Tradition und Wissenschaft kennzeichnet auf eine ganz andere Weise die Schriften des neben Linné international wohl bekanntesten schwedischen Autors der Zeit: Emanuel Swedenborg. Swedenborg ist weniger als Literat denn zunächst als Wissenschaftler und später als Religionsstifter bekannt geworden. Seine Bedeutung für die Literatur liegt folglich auch mehr in der Wirkungsgeschichte seiner Schriften begründet: Weit über sein Jahrhundert hinaus hat er nicht nur in Schweden mit C.J.L. Almqvist und August Strindberg, Gunnar Ekelöf und Lars Gyllensten Anhänger gefunden. In der angelsächsischen Literatur sind es besonders William Blake und Henry James, die sich intensiv mit Swedenborgs Schriften beschäftigt haben, in Deutschland Goethe und Novalis und in Frankreich unter anderem Baudelaire und Balzac.

Mystisch-sentimentale Strömungen

Swedenborgs Schriften setzen in der schwedischen Literatur des 18. Jh. deutliche Akzente, denn sie stellen den rationalistischen Strömungen die mystische und religiöse Erfahrung entgegen. Swedenborg, der aus einem streng pietistischen Milieu stammt (sein Vater war der dogmatisch-pietistische Bischof und Kirchenlieddichter Jesper Svedberg), widmet sich zunächst als Assistent des Universalgelehrten Christopher Polhem den Naturwissenschaften und versteht wie dieser die Welt als eine nach göttlichem Plan funktionierende Maschine. Nach mäßigem Erfolg als Naturwissenschaftler wendet sich Swedenborg mehr und mehr der Psychologie und Religion zu. Die

Spuren des vertrauten Pietismus, den sein Vater gelehrt hat, finden sich dort ebenso wieder wie die Begegnung mit der Herrnhuter Richtung Zinzendorfs. Das heißt, und darin liegt Swedenborgs Attraktion für seine Zeitgenossen, er entdeckt früh die Faszination des Anderen der Vernunft, sein Interesse gilt Träumen und Visionen, den Grenzbereichen zwischen Realem und Irrealem, und er bestimmt sie mit ›vernünftiger‹ Nomenklatur.

Träume und Visionen

In den 1730er Jahren wird die Mystik zum zentralen Thema; aufgezeichnet hat er die seelischen Zustände und die spirituellen Erfahrungen seiner ersten Christusvision im Tagebuch *Drömboken* (Das Traumbuch, 1744, veröffentlicht 1747), das für Strindbergs *Ockulta Dagboken* (Das okkulte Tagebuch 1896–1908, erschienen postum 1977) eine wichtige Inspirations- und Bezugsquelle werden sollte. Swedenborg hat noch eine zweite Vision: Diese reflektiert er – Miltons *Paradise Lost* in vielem verwandt – im Schöpfungsgedicht *De cultu et amore Dei* (1745; Gottes-Anbetung und Gottes-Liebe, 1949). Der Ursprung der Menschheit wird darin als paradiesischer Zustand beschrieben. Im Stil und in der neulateinischen Sprache knüpft der Text an die barocke Literatur an, er nimmt jedoch auch die »Korrespondenzlehre« auf, die für Swedenborgs folgende theologische Schriften zentral ist. Diese Arbeiten, zunächst das achtbändige Sammelwerk *Arcana coelestia* (1749–56; Himmlische Geheimnisse, 1837–69), auf das sich Goethe später beziehen wird, konzentrieren sich nämlich nun auf die Bibelauslegung und finden zu jeder buchstäblichen Auslegung noch einen verborgenen allegorischen Sinn, dem materiellen Sein korrespondiert ein geistiges. Der Prophet Swedenborg vermag diese Korrespondenzen zu erfassen und herzustellen. Die Ergebnisse seiner spirituellen Erfahrungen, die ihn auch zum Religionsgründer werden lassen, reflektiert er in der *Vera christiania religio* (1771; Die wahre christliche Religion, 1873) und einem weiteren Tagebuch, das nicht zur Veröffentlichung bestimmt war: *Diarium spirituale* (Geistliches Tagebuch, 1747–63; erstmals herausgegeben 1843–46). Kern seiner theologischen Überlegungen

Korrespondenzlehre

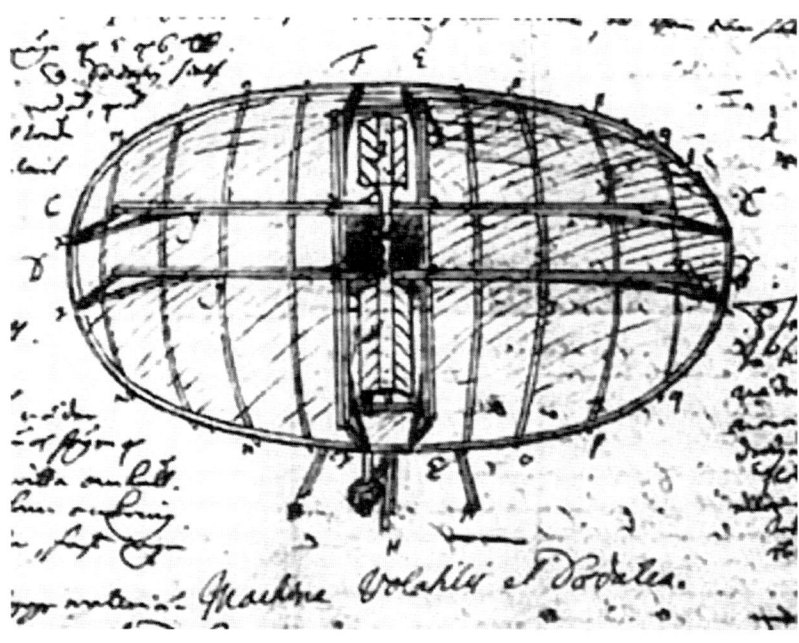

Swedenborgs Flugmaschine »Machina volabilis et Daedalea«, eigenhändige Zeichnung

ist die Leugnung der Trinitätslehre und die Vorstellung, dass Gott, der die Welt aus sich heraus geschaffen hat, auch Mensch ist, jedoch nur über einen rein geistigen Körper verfügt. Das ganze Universum wird als menschlicher Körper verstanden, und nach dem Tod geht das Leben so weiter wie zuvor: Diejenigen, die in ihrem irdischen Dasein moralisch gut gelebt und gehandelt haben, leben im himmlischen Paradies weiter, das sich vor allem durch Nächstenliebe auszeichnet. Den im Sinne Swedenborgs moralisch Verwerflichen steht nur die Hölle offen, das Inferno, das entsprechend furchtbar geschildert wird. Swedenborg selbst sieht sich als Mittler zwischen diesen Welten; er hat Einblick in Himmel und Hölle.

Insbesondere die Vorstellung vom himmlischen Jerusalem, der ›Neuen Kirche‹, ist ebenso phantastisch wie realitätsbezogen. Die jenseitige Welt, die Swedenborg beschreibt, verheißt die Realisierung menschlicher Träume und Sehnsüchte (Liebe, Harmonie und Frieden) und ist in ihrer Anschaulichkeit erstaunlich wirklichkeitsnah und den Anfängen seiner wissenschaftlichen Arbeiten auf das Engste verbunden: Die himmlische Welt zeichnet sich durch vernünftiges Handeln und die Optimierung der »besten aller Welten« aus. Andererseits ist Swedenborgs Paradies eines, das sich von der äußeren Wirklichkeit abwendet und den inneren, seelischen Zustand beschreibt. Die Realität erscheint dann nur noch als Repräsentation der Seele, spiegelt deren Empfindungen wider und verändert sich auch mit ihnen. Es ist diese Betonung der Veränderlichkeit menschlicher Gefühle und des Seelenlebens, die zur Bedeutung von Swedenborgs Schriften im Schweden des späten 18. Jh. entscheidend beigetragen hat. Unter den Literaten sind es besonders die Kritiker des Klassizismus, die seine mystischen Ideen aufgreifen, etwa Thomas Thorild. Ein Großteil seiner Anhänger organisiert sich nach seinem Tod in der »Neuen Kirche«. Auch hier zeigt sich die im Zeitalter der Aufklärung so typische Bewegung, welche auch die der vorherrschenden Meinung entgegenstehenden Positionen zu institutionalisieren weiß.

Freie Institutionen und organisierte Öffentlichkeit

So unterschiedlich Linnés und Swedenborgs Forschungen und Positionen auch sind, passt es doch in den kulturellen Kontext, dass sie beide, zum Teil gleichzeitig Mitglieder derselben Institution, nämlich der *Vetenskapsakademi*, sind. Die sowohl von Regierungsseite als auch von Künstlern und Wissenschaftlern selbst vorangetriebene Organisation des Wissens und der Künste führt zur Einrichtung wissenschaftlicher und literarischer Gesellschaften. Sie treten nun, sehr viel energischer als die Universitäten, für die Ideen der Aufklärung ebenso ein wie für eine verstärkte Förderung der Kultur und Literatur. Man will ein Forum schaffen, das der bürgerlichen gebildeten Öffentlichkeit die Möglichkeit zur (Mit-)Gestaltung des kulturellen Lebens gibt.

Organisation des Wissens

Neben der *Vitterhetsakademi* entsteht eine »Ordensgesellschaft«, die sich wissenschaftlichen und vor allem literarischen Fragen widmet: *Tankebyggarorden* (Gesellschaft der Gedankenbauer). Wenngleich die Gesellschaft auch adlige Mitglieder hat, ist es das Bürgertum, welches die Regeln vorgibt: Es herrschen gleiche Rechte für alle, Herkunft, Vermögen und gesellschaftlicher Stand spielen nur eine untergeordnete Rolle. Dass die Literatur zum zentralen Gegenstand der Gesellschaft avanciert, liegt unter anderem an ihrem Sekretär Olof von Dalin, der es auch versteht, die Mitglieder zum Verfassen von Texten anzuregen, die in den Publikationsorganen der Gesellschaft erscheinen: *Våra Försök* (Unsere Versuche, 3 Bände, 1753, 1754 und 1765) sowie *Witterhetsarbeten* (Arbeiten zur schönen Literatur, 2 Bände, 1759 und 1762).

Literarische Gesellschaften

Gustav Philip Creutz und Gustaf Fredrik Gyllenborg debütieren hier als Dichter, und mit Hedvig Charlotta Nordenflycht gehört dem *Tankebyggarorden* die herausragende Autorin dieser Zeit an. Obwohl die Beiträge der Mitglieder anonym erscheinen, tragen doch die meisten Artikel die Handschrift dieser drei Autoren, die sich in unterschiedlichen Genres ausdrücken. Gyllenborg schreibt vor allem satirische Gedichte nach Boileaus Muster. Die Satire *Verlds-föraktaren* (Der Menschenfeind, 1762) verweist darüber hinaus auf Molières *Le Misanthrope* und Rousseaus Zivilisationskritik: Dem weltverachtenden Protagonisten wird die Vorstellung eines harmonischen und friedvollen Landlebens entgegengehalten. Deutlich zeigt dieser Text die Spuren der zeitgenössischen Diskussionen – die Kontrastierung von dekadenter Hofkultur und Landidylle und Pastoraldichtung – ebenso wie die Auseinandersetzung mit den literarischen Traditionen, vor allem dem französischen Klassizismus.

Hirtendichtung und Hofkultur

Die Natur und das Verhältnis des Menschen zur Natur, die er sich im Zeitalter der Aufklärung einerseits zu eigen macht und der er sich andererseits mit Emphase selbst unterwirft, ist ein zentrales Thema, das in *Våra Försök* immer wieder durchgespielt wird. So geht es auch in Creutz' *Sommer-Qväde* (Sommerlied, 1756) um Natur und um Natürlichkeit als Verhaltens- und Stilideal. Damit nehmen die Gedichte der »Gedankenbauer« einen in der kontinentaleuropäischen Ästhetik dominierenden Diskurs auf. Die Dichtung orientiert sich jedoch nicht allein an literarischen Mustern, sondern greift auch auf Vorlagen aus der Bildkunst zurück. Vor allem der Landschaftsmalerei des Franzosen Claude Lorrain, die auch in der deutschen Literatur der Zeit, unter anderem von Goethe, zum Stilvorbild erhoben wird, kommt hier eine herausragende Bedeutung zu. Die im Bild präsentierte Detailtreue und die Darstellung eines harmonischen Einklangs von Mensch und Natur bilden gleichermaßen die Vorlagen für die sprachliche Bewältigung des Erhabenen. Die Idee vom Erhabenen, die ebenfalls über die Rezeption europäischer Texte in die schwedische Literatur eingeht, meint das ambivalente Verhältnis des Menschen zur Natur, das von Ehrfurcht und Schwäche angesichts übermächtiger Größe einerseits und Bewunderung und Erfahrung des Schönen in der Natur andererseits geprägt ist. Die Harmonie von Mensch und Natur wird als Idealbild entworfen.

Durch den *Tankebyggarorden* werden also die aktuellen ästhetischen Debatten, die in Europa geführt werden, auch in die schwedische Literatur eingeführt. Neben der Vorstellung vom Erhabenen und der Funktion der Bildlichkeit im sprachlichen Kunstwerk, die sich auf die wiederentdeckte Horazische Forderung nach einer Wechselwirkung von Bild und Dichtung bezieht, stehen der französische Klassizismus und zugleich seine Überwindung im Zentrum des Interesses. Das Versepos *Atis och Camilla* (Atis und Camilla, 1761) von Creutz realisiert eine Vielzahl dieser zeigenössischen ästhetischen und poetischen Forderungen. In seinem dramatischen Aufbau nimmt *Atis och Camilla* einerseits Bezug auf den strengen Aufbau der Tragödie. Darüber hinaus liegt dem Epos ein tragischer Stoff zugrunde: der Konflikt zweier Liebender zwischen Pflicht und Neigung. Andererseits setzt sich der Text mit seinem versöhnlichen Ende, die Liebenden finden schließlich zueinander, über dieses Muster hinweg. Heroisches steht hier neben stark erotischen Episoden, Elemente der Rokokodichtung kontrastieren mit zeitgenössischen Idyllenelementen, und scheint der Text zunächst deutlich vom französischen Klassizismus inspiriert, so ist zugleich Rousseaus Roman *Julie ou La nouvelle Héloïse* (1760) als Hypotext präsent. Auch die Verflechtung mit der Bildkunst ist augenfällig: In der ›Zeichnung‹ der Hirtenidylle fallen deutliche

ut pictura poesis

Landschaft mit Cephalus und Procris vereint durch Diana, Gemälde von C. Lorrain

Parallelen zur bildnerischen Bearbeitung des Genres auf. Neben Lorrains Landschaften dienen vor allem die Pastoralszenen von François Boucher als Vorlage. Damit gestaltet sich dieses bis heute populäre Epos als eklektizistische Stilübung und programmatischer Text dergestalt, dass hier die verschiedenen europäischen Konzepte einer ›modernen‹ Literatur aufgenommen und zusammengeführt werden. Dieses selektive Verfahren bedeutet die Kombination des scheinbar Gegenläufigen ebenso wie die Referenz auf ein anderes Medium, nämlich das Bild. Das Versepos *Atis och Camilla* ist insofern charakteristisch für die Arbeit der literarischen Gesellschaft, als es auch als Multiplikator der internationalen Diskussionen über die verschiedenen künstlerischen Ausdrucksformen und ihre Rolle im Zeitalter der Aufklärung fungiert.

Die Ideen des *Tankebyggarorden* führt ab 1766 die literarische Gesellschaft *Utile Dulci* in vielfacher Hinsicht weiter; die Publikation der Schriften erfolgt nun in der Reihe *Vitterhets-Nöjen* (Die Vergnügungen der schönen Literatur). Die Horazische Formel *Utile dulci* ist zugleich Motto der ersten Ausgabe von Dalins *Argus* gewesen. Und mit dieser poetologischen Forderung, unterhaltsam und nützlich zu sein, zieht *Utile Dulci* nach und nach viele neue Autoren und Autorinnen der Zeit an: Anna Maria und Carl Peter Lenngren, Gustaf Frederik Gyllenborg, Johan Gabriel Oxenstierna und Johan Henric Kellgren, der zur führenden Persönlichkeit dieses Kreises aufsteigt. Die Öffentlichkeit nimmt an den Ausschreibungen der Gesellschaft regen Anteil. Jährlich wird ein Preis für den geistreichsten und besten Text vergeben. Die Außenwirkung dieser Preisvergabe demonstriert der Dichterstreit zwischen Johan Henric Kellgren und seinem großen Gegenspieler, dem Autor Thomas Thorild, der für sein Gedicht *Passionerna* (Die Leidenschaften, 1785) nur den zweiten Preis erhält. Das löst eine der heftigsten Literaturfehden in der schwedischen Geschichte aus.

Mit der Regierungsübernahme Gustavs III. erfährt das kulturelle Leben, vor allem das Theater, einen weiteren Aufschwung, und auch die literarischen

Preisdichtung

»Snille och smak«, Motto der Schwedischen Akademie, mit dem Wappen von Gustav III. und Gustav IV. Adolf

Gesellschaften erhalten seine Unterstützung. Allerdings gilt das Hauptinteresse jetzt nicht mehr dem ästhetischen Experiment, das die Gesellschaften bis dahin gefördert haben, der freie Umgang mit der literarischen Tradition und den zeitgenössischen europäischen Entwicklungen wird nun weitestgehend zugunsten einer Idee aufgegeben. Die schwedische Kultur orientiert sich unter der Herrschaft des Königs an der französischen, und der Klassizismus wird zum dominierenden Stilideal. Zur Reglementierung dieser Leitidee wird 1786 im Anschluss an die bereits bestehenden Gesellschaften und nach Vorbild der *Academie française* die schwedische Akademie eingerichtet. Das Leitmotiv von *Svenska Akademien* lautet »snille och smak«, Genie und Geschmack, und nach diesen Kriterien werden die Preisträger der jährlichen Ausschreibungen beurteilt. Die Akademie widmet sich neben der Literatur auch – bis heute – der Sprache. Als ›Sprachwächter‹ bemüht sie sich zunächst um die Etablierung der schwedischen Sprache im internationalen Kontext. Damit einher gehen Bestrebungen nach einer möglichst natürlichen schwedischen Literatursprache, und schließlich die Absage an das Lateinische. So werden auch Übersetzungen ins Schwedische angeregt: Kellgren, der Mitglied der Akademie ist, überträgt die Poetik des Horaz, und auch andere ›weltliterarische‹ Texte werden nun einer breiten Öffentlichkeit zugänglich gemacht. Grundsätzliches Ziel der Akademie ist die Kontrolle über das zeitgenössische kulturelle Leben, sowie die Etablierung eines kulturellen Gedächtnisses, das genau diese Erinnerungsgemeinschaft, welche die Akademie fördert, bewahrt wissen will.

Svenska Akademien

Weibliche Rollenmuster

Mit Hedvig Charlotta Nordenflycht und Anna Maria Lenngren partizipieren zwei der bekanntesten Autorinnen der Zeit aktiv am literarischen Leben: Ihre Rolle als Frau scheint weder für die Aufnahme noch für die Akzeptanz ihrer Schriften eine besondere Bedeutung gehabt zu haben. Sie setzen sich beide auch mit ihrer spezifischen Situation als schreibende Frauen auseinander und reflektieren die Stellungnahmen ihrer männlichen Schriftstellerkollegen zum Geschlechterverhältnis und zur Forderung nach der Gleichberechtigung von Frauen auf dem sozialen und kulturellen Feld. Die Vorlagen haben unter anderem Ludvig Holberg und Jean-Jacques Rousseau geliefert: Holbergs in unterschiedlichen Zusammenhängen und Textsorten formuliertes Eintreten für die gleichen Rechte von Männern und Frauen im öffentlichen

Geschlechterdiskurs

Leben wird in den literarischen Gesellschaften und moralischen Wochenschriften wie *Posten* (Die Post) ebenso diskutiert wie das in Rousseaus Brief an d'Alembert 1758 entworfene Natürlichkeitsideal der Frau (vor allem als Mutter und Hausfrau). Nordenflycht, die eine wichtige Rolle im *Tankebyggarorden* spielt, nimmt in ihren Schriften Bezug auf die zeitgenössische Debatte über das Geschlechterverhältnis und stellt in ihrem in eleganten Alexandrinern verfassten *Fruentimrets Forsvar, emot J.J. Rousseau, medborgare i Genève* (Die Verteidigung der Frau, gegen J.J. Rousseau, Bürger von Genf, 1758) der Idealisierung von Frauen ebenso wie weiblichen Rollenklischees und traditionellen Frauenbildern ihr Selbstverständnis und Selbstbewusstsein als schreibende Frau entgegen und beklagt ausdrücklich, dass Frauen öffentliche Ämter und berufliche Anerkennung versagt bleiben.

Nordenflycht hat sich dieser Regel widersetzt und als Berufsschriftstellerin selbst für ihren Lebensunterhalt gesorgt. Neben der Lyrik publiziert sie vor allem Satiren, kurze Prosastücke und Briefe. Zeugen die Texte einerseits vom Engagement für die Gleichheit aller Menschen, für die Freiheit des Wortes und verbesserte Bildungsbedingungen, so zeichnet sich insbesondere ihre Lyrik durch einen bis dahin in der schwedischen Literatur unbekannten subjektiven Ton aus.

Das lyrische Subjekt

Das selbstbestimmte Subjekt nimmt sich die Freiheit, seine Empfindungen, wie Liebe und Trauer, in einer ›unbesetzten‹, originellen Bildsprache zum Thema zu machen. Sich selbst und nicht allein der literarischen Konvention ist das lyrische Subjekt in der Darstellung seiner Gefühlswelt unterworfen: So beschreibt es in der Anthologie *Den sörjande Turtur-Dufwan* (Die trauernde Turteltaube, 1743) das unmittelbare Gefühl, die Sprache setzt sich über die literarische Tradition und rhetorische Muster hinweg. Und dennoch intendieren die Gedichte Wiedererkennbarkeit beim Publikum: Sie sind bis auf wenige Ausnahmen zu bekannten Melodien geschrieben. So sind sie einerseits nicht repräsentativ für eine allgemeine Trauer, sondern Ausdruck subjektiv empfundenen Schmerzes, andererseits nehmen sie Bekanntes auf, um ein möglichst breites Publikum anzusprechen. Nordenflychts Texte reflektieren den Prozess der Aufklärung als eine ambivalente Bewegung zwischen Öffentlichkeit, dem Einsatz für die Meinungsfreiheit, und Privatheit. Das aufgeklärte Subjekt ist nicht nur der *ratio*, sondern auch dem Gefühl verpflichtet. Und dieser private Raum öffnet sich im Gedicht.

Ganz anders geht Anna Maria Lenngren mit ihrer Rolle als schreibende Frau in der Öffentlichkeit um. Lenngren, die als Mitglied der Schwedischen Akademie im öffentlichen kulturellen Leben steht, lässt dennoch ihre Gedichte, Satiren und Kritiken anonym publizieren. Sie schreibt vor allem für die Zeitung *Stockholms Posten*, in der auch Kellgren und ihr Mann Carl Peter Lenngren veröffentlichen.

Stockholms Posten

Stockholms Posten, die 1784 von dem Verleger und Anhänger der Herrnhuter Bewegung Johan Christopher Holmberg gegründet wird, ist das Forum der Aufklärungsvertreter und auch der Ort, an dem die meisten literarischen und politischen Debatten der Zeit ausgetragen werden. Die Verbindung dieses Aufklärungsorgans zum Pietismus, dem nicht nur der Gründer der Zeitung, sondern auch Anna Maria Lenngren nahesteht, zeigt die enge Verknüpfung dieser zentralen Ideen des 18. Jh. auch in Schweden.

Lenngrens Texte, die erst postum gesammelt unter dem Titel *Skaldeförsök* (Dichtungsversuche, 1819) erscheinen, zeichnen sich einerseits durch eine spitze Feder aus, durch Ironie, Parodie und Satire, andererseits repräsentieren sie die Anschauung einer Bürgerlichen, welche die Ideale des Bürgertums bewusst weiterträgt: Familie, Tugend und ein Frauenbild, das sich überwiegend über die Rollenzuweisung als Hausfrau und Mutter definiert. Ihr Thema

Anna Maria Lenngren

ist denn auch der bürgerliche Alltag, und hier entwirft sie ungewöhnlich realistische Bilder des sozialen Ungleichgewichts. So werden in den Adelssatiren *Portraitarne* (Die Porträts) oder *Grevinnan* (Die Gräfin) unsinnige, allein auf Tradition gründende Adelsprivilegien vorgeführt. Die Perspektive des Dienstpersonals, die der Sicht der adligen Damen entgegengestellt wird, demonstriert eine Position, welche die Ideen der Aufklärung, vor allem die Forderung nach Gleichheit und Gerechtigkeit, emphatisch vertritt. In ihrer ›realistischen‹ Darstellung verweisen die Texte auf die Alltagserzählungen des 19. Jh., wie sie etwa Fredrika Bremer schreiben wird. Zugleich wird in Lenngrens Texten durch ironische Brechung eine Distanz zum Gegenstand gewahrt. Und hier manifestiert sich der fundamentale Unterschied zu Nordenflychts Dichtungs- und Frauenverständnis: Während Nordenflycht auf der einen Seite für sich mit Nachdruck die Position einer schreibenden Frau in der Gesellschaft reklamiert, tritt Lenngren als Autorin mit eigener Autorsignatur in ihren Texten stark zurück. Diese Zurückhaltung zeigt sich auch in ihren Texten, die jedoch in gesellschaftlichen Fragen deutlich Position beziehen. In Nordenflychts Texten geht es weniger um das gesellschaftliche Ganze als vielmehr um die subjektive Erfahrung. Damit präsentieren die beiden Autorinnen, die das literarische Leben in Schweden mitgestalten, zwei völlig unterschiedliche Modelle weiblicher Autorschaft, und beide sind auf jeweils individuelle Weise in den kulturellen Kontext eingebunden.

Bürgerliche Realität

Theorie und Praxis der Aufklärung am Hof Gustavs III.

Im Rahmen der gesetzten Grenzen, welche die künstlerische Freiheit ebenso fördern wie reglementieren, herrscht unter Gustav III. ein reges kulturelles und intellektuelles Klima. Vorreiter der theoretischen Reflexion der Aufklärung und ihrer Bedeutung für die schwedische Politik und Kultur ist Nils von Rosenstein, der zur Verbreitung und Diskussion von Kants philosophischen Schriften entscheidend beiträgt. Neben die französische und englische Aufklärungsphilosophie tritt zunehmend die deutsche. Und gegen Ende des Jahrhunderts beherrschen Kants Schriften und vor allem seine *Beantwortung der Frage: Was ist Aufklärung?* (1783) die philosophischen Seminare an den Universitäten. Rosenstein setzt sich in seiner Rede *Försök till en afhandling om upplysningen, till dess beskaffenhet, nytta och nödvändighet för samhället* (Versuch einer Abhandlung über die Aufklärung, ihre Beschaffenheit, ihren Nutzen und ihre Notwendigkeit für die Gesellschaft, 1789) mit der Aufklärungsphilosophie auseinander und bekennt sich zum freien Gebrauch der Vernunft. An dieser Position eines aufgeklärten Absolutismus hält der loyale Anhänger des Königs und Vermittler von dessen Vorstellungen auch nach der Französischen Revolution fest, wenngleich sich das politische Klima in Schweden und damit das Verhältnis zu Frankreich stark verändert hat. Denn Rosenstein vertritt als aktives Mitglied der Akademie und als theoretischer Denker einen Vernunftbegriff, der die Verantwortung des Einzelnen in den Dienst des Allgemeinen gestellt wissen will. Verantwortung bedeutet in diesem Zusammenhang die Einbindung in ein (Herrschafts-)System, das die Freiheit des Bürger einerseits gewährleistet und andererseits kontrolliert.

» Was ist Aufklärung?«

Vermitteln Rosensteins Schriften und Reden das theoretische und ökonomische Fundament der Schwedischen Akademie, als deren ständiges Mitglied er von Beginn an tätig ist, so setzen die ›Hofpoeten‹ Carl Gustaf af Leopold, Johan Henric Kellgren sowie Johan Gabriel Oxenstierna diese Ideen in die ästhetische Praxis um. Alle diese Autoren vertreten einen strengen Klassizismus und lehnen die »neue Sekte« der Swedenborgianer, wie Kellgren sie

Hofpoeten und Neue Sekte

Johan Henric Kellgren

Gustav III. und Kellgren als Dramatiker

Dichtung im Dienst der aufgeklärten Vernunft

nennt, ebenso ab wie die aus England und Deutschland kommenden empfindsamen Strömungen und den Sturm und Drang. Zugleich zeigen sich insbesondere in Oxenstiernas und auch Leopolds späten Texten Tendenzen einer realistischen Alltagsschilderung. Die klassizistische Formensprache überlagert jedoch die Anbindung an die soziale Realität des späten 18. Jh. Leopolds Gedichte und moralische Reflexionen postulieren vornehmlich den gesunden Menschenverstand als Leitbild menschlichen Handels, zudem setzen sie sich intensiv mit der Theodizee-Frage auseinander, einer der zentralen Debatten des 18. Jh. Im Gedicht *Försynen* (Die Vorsehung, 1792) wird die Frage nach der Rechtfertigung Gottes angesichts des Bösen in der Welt und der Handlungsunfähigkeit der Menschen gegenüber der Allmacht Gottes diskutiert. Die hier präsentierten Positionen sind wenig originell, eine Antwort bleibt das Gedicht schuldig. Seine Aufgabe besteht vielmehr in der klaren Darstellung des Konflikts.

Die zunächst streng an der Regelpoetik des Franzosen Boileau ausgerichteten Gedichte, Literaturkritiken, dramatischen und epischen Texte entsprechen so sehr dem Geschmack des Königs, dass er 1786 mit Kellgren zusammen das historische Drama *Gustav Wasa* schreibt. Das Drama ist insofern ein aussagekräftiges Beispiel für den Literaturbetrieb der Zeit, als es paradigmatisch die vom Hof geförderte Poetik umsetzt, es nimmt darüber hinaus das ›moderne‹ Genre des historischen Dramas auf und stellt Gustav III. in eine Reihe mit seinem berühmten und heldenhaften Vorfahren Gustav Vasa. Damit stellt sich das Drama in den Dienst des pränationalen Diskurses.

Kellgrens Arbeiten orientieren sich jedoch nicht nur am höfischen Geschmack, sondern verstehen sich vor allem als Medien einer radikalen religionskritischen Aufklärung. Unverkennbares Stilvorbild sind Voltaires Schriften, nicht nur in der formalen Strenge lassen sich Parallelen erkennen, sondern auch in der deutlichen Absage an religiöse Weltdeutungsmuster. Kellgren führt in seinen Schriften einen energischen Kampf gegen *Ljusets fiender* (Die Feinde des Lichtes, 1860), die Feinde des Lichts, wie eines seiner bekanntesten Gedichte von 1792 heißt. Vornehmliche Gegner sind alle mystischen Strömungen, Swedenborg und seine Anhänger, sowie diejenigen, die dem Stilideal des französischen Klassizismus andere Formen entgegenstellen und das Gefühl als der Vernunft gleichberechtigte Größe ins Zentrum der Dichtung rücken, allen voran der von der Genieästhetik und dem englischen Sensualismus inspirierte Dichterkollege Thomas Thorild. In programmatischen Gedichten, *Mina löjen* (Worüber ich mich lustig mache, 1778) und *Man äger ej snille för det man är galen* (Man besitzt nicht Genie, weil man verrückt ist, 1787), geschrieben für die von ihm 1787 gegründete Ordensgesellschaft *Pro sensu communi*, bringt Kellgren seine rationalistische Opposition zur Genieästhetik, die den freien Rhythmus und die originelle Schöpfung an Stelle der Regelpoetik setzt, mit Nachdruck und in ironischem Ton zum Ausdruck. Mit der polemischen Differenzierung zwischen Vernunft und Wahnsinn, als einer die Freiheit der Aufklärung überschreitenden Bewegung, führt der Text die Unvereinbarkeit von Norm und Normverstoß vor. Die Terminologie von Verrücktheit und Vernunft nimmt darüber hinaus den zeitgenössischen Diskurs über Einschluss und Ausgrenzung des von der Norm Abweichenden auf, der in der Medizin geführt wird und der auch für die Gegner von Kellgrens ästhetischer Programmatik bedeutsam ist.

Die Grenzen der Vernunft

Kellgrens energischer Einsatz für die Regelpoetik stößt jedoch an seine Grenzen und führt um 1790 zu einem Richtungswechsel, der sich sowohl in seinen literaturkritischen Beurteilungen als auch in den eigenen ästhetischen Umsetzungen sowie der Distanzierung von Gustav III. nachvollziehen lässt. Seine Gedichte folgen zwar nach wie vor einer strengen Formvorgaben, lassen jedoch eine Akzentverschiebung hin zu einem subjektiven Blickwinkel erkennen: eine Reaktion auf die Geniebewegung, die Kellgren zwar energisch ablehnt, der sich seine Texte jedoch nicht mehr entziehen. In dem Gedicht *Den nya Skapelsen eller Inbildningens Verld* (1790; Die neue Schöpfung, 1868) geht es um die Kraft der Liebe, die aus dem Nichts und der Finsternis Licht und Fülle hervorzubringen vermag. In einer deutlichen Anlehnung an die *Genesis* wird der Liebende zum Schöpfer, der selbst erst durch die Liebe zum Leben erweckt wurde. Auslöser dieses kreativen Aktes ist das geliebte Du, das unmittelbar angesprochen wird:

Die neue Schöpfung

> Du, som av skönhet och behagen
> en ren och himmelsk urbild ger!
> Jag såg dig – och från denna dagen
> jag endast dig i världen ser.

(Die Du aus Schönheit und Wohlgefallen / ein reines und himmlisches Urbild bist! / Ich sah Dich – und von diesem Tag an / sehe ich nur Dich in der Welt.)

Das lyrische Ich wird durch die Liebe inspiriert, es ist nicht allein die Vernunft, die das Subjekt bestimmt, sondern auch das Gefühl. Und damit einher geht einerseits das Zugeständnis einer unbeherrschbaren, affektiven Seite des Menschen und andererseits das Selbstverständnis des Dichters als Genie.

Eine veränderte Wahrnehmung lässt sich insbesondere in Kellgrens Beurteilung von Carl Michael Bellmans Gedichten und Liedern nachvollziehen. Nach anfänglicher Ablehnung und polemischen Angriffen gegen den in der Gunst des Königs stehenden unorthodoxen Dichter sorgt er für die Veröffentlichung von dessen Sammlung *Fredmans Epistlar* (1790; Fredmans Episteln, 1909), an deren Auswahl er maßgeblich beteiligt ist. In seiner Vorrede würdigt er Bellmans Texte als Ausdruck von Genialität und Originalität, zudem hebt er die untrennbare Verbindung von Musik und Text hervor. Bellmans Lieder weichen in der Tat in vieler Hinsicht von der Norm ab: Sie greifen sowohl literarische als auch musikalische Vorlagen und mündliche Traditionen auf und sind in ihren Bezügen auf die Anakreontik und die Rokokodichtung der Hochkultur ebenso verbunden wie der Volkskultur, die in den Anspielungen auf die Balladendichtung und Trinklieder und -sprüche zum Ausdruck kommt. Die Kombination aus Text und Musik ist unabdingbarer Bestandteil von Bellmans Dichtung: Im Vortrag, von ihm selbst gesungen und musikalisch begleitet, kommen beide Teile kongenial zusammen. Wenngleich Bellman von der Förderung durch den Hof abhängig ist, lassen sich die Lieder nicht in den Hofgeschmack integrieren, sie thematisieren, so sehr sie auch der realen Wirklichkeit verhaftet sind, weniger die aufgeklärte Vernunft als vielmehr die aus der anakreontischen Dichtung bekannten Themen von Liebe, Wein, Rausch, Überschwang, Geselligkeit, Tod und Vergänglichkeit, und beschreiben mit Vorliebe die Ideallandschaft des *locus amoenus* als Schauplatz irdischer Vergnügungen. Bereits seine frühen Texte zeichnen sich durch die Distanz zu den kulturellen Institutionen und zur Hochliteratur

Kellgren und Bellman

Elemente der Hoch- und Volkskultur

aus: Er schreibt Bibel- und Ordensparodien und gründet eine eigene literarische Ordensgesellschaft, der als einziges Mitglied er selbst angehört und in der er, auch dem anakreontischen Muster folgend, selbst als Bacchus auftritt. Die Lieder und Parodien, die in diesem Kontext entstehen, werden später als *Bacchi Orden* (1932) und *Bacchi Tempel* (1935) herausgegeben.

Charakteristisch für die Parodien ebenso wie für die bekanntesten Liedersammlungen *Fredmans Epistlar* und *Fredmans Sånger* (Fredmans Lieder, 1791) ist der Bezug zur Gegenwart, reale Personen sind Vorbilder für die in den Liedern geschilderten Gestalten, die allesamt dem Stockholmer Milieu entstammen: Handwerker, wie der der Trunksucht verfallene Uhrmacher Fredman oder die Muse Ulla Winblad, die eigentlich Maria Christina Kjellström heißt und dem Tugendideal der Gesellschaft in keiner Weise entspricht. Und aus der Zusammenführung von kultureller Tradition, hohem Stil, grotesken und parodistischen Elementen und dem besonderen Personal, dessen Alltagsleben detailliert beobachtet und beschrieben wird, ergibt sich die spezifische Spannung der Lieder. Dieser Kontrast wird durch die zahlreichen Bibelanspielungen, zu denen auch der auf die Paulusbriefe anspielende Titel *Epistlar* gehört, ebenso betont wie durch die Rhetorik, die gleichermaßen auf die barocke Emblematik wie auf die zeitgenössische Realität verweist. Denn trotz aller Deutlichkeit, mit der die soziale Wirklichkeit, die Trunksucht und Todesnähe, beschrieben werden, bleibt immer eine Distanz, die insbesondere durch die traditionelle Rhetorik der Texte geschaffen wird. So beschreibt der Uhrmacher Fredman in der *Epistel 27* die Todesnähe mit bekannten Bildern:

Barocke Emblematik und Realität des Alltags

> Gubben är gammal, urverken dras
> visaren visar, timman ilar.
> Döden sitt timglas har ställt vid mitt glas,
> kring buteljen strött sina pilar.
> Törstig jag skådar min stjärna och sol.
> Vandringsman hör du mitt basfiol.
> – Movitz, din tjänare vilar.

(Der Greis ist alt, das Uhrwerk läuft ab, / Der Zeiger geht weiter, die Zeit eilt. / Der Tod hat sein Stundenglas neben mein Glas gestellt, / um die Flasche seine Pfeile gestreut. / Durstig schaue ich meinen Stern und Sonne. / Wanderer, höre meine Bassgeige. / – Movitz, dein Diener ruht.)

Die Bilder von Stundenglas und Uhr entstammen der barocken Emblematik. Die Epistel bietet somit mehrere Lesarten an: sowohl eine realistische, auf die soziale und psychische Situation des Handwerkers bezogene, als auch eine allegorisch-repräsentative, welche bekannte rhetorische Muster aufgreift. Dabei erscheint die Variation literarischer Konventionen und Topoi als dominierendes Stilmerkmal der poetischen Sprache Bellmans. Durch mythologische und biblische Anspielungen werden die tragischen ebenso wie die banalen Ereignisse des Alltags ohne jede Sentimentalität und auf humoristische Weise in eine andere Sphäre transponiert.

Carl Michael Bellman, Zeichnung von J.T. Sergel

Die Popularität von Bellmans Liedern lässt in seinen letzten Lebensjahren, nach dem Tod Gustavs III., deutlich nach. Ungebrochen weitergeführt wird sie jedoch vor allem in den literarischen Gesellschaften, die sich nach dem Muster von Bellmans *Bacchi Orden* organisieren: im bürgerlichen Orden *Par Bricole*, der von zwei Freunden Bellmans, den Dramatikern Carl Israel Hallman und Olof Kexél ins Leben gerufen wird, und in der Bellman-Gesellschaft, die im 19. Jh. seine Lied- und Parodietradition fortführt. Die Rezeption dokumentiert eindrücklich die Wirkungsmacht von Bellmans *Epistlar* und

Bellman-Rezeption

Sånger: Sie erleben auch außerhalb der Gesellschaften in der Volkskultur schon Anfang des 19. Jh. eine Renaissance und prägen die schwedische Liedkultur nachhaltig bis in die Gegenwart.

Gegenmodelle und Antipoden der Gustavianischen Klassik

Überschreitet Bellman in seinen Liedern auf der einen Seite die Grenzen der klassizistischen Norm und des Vernunftpostulats, auf der anderen die medialen Grenzen zwischen Literatur und Musik, so hebt der Admiral, Künstler, Kunsttheoretiker und Literat Carl August Ehrensvärd die Grenzen zwischen Wort- und Bildkunst, Klassizismus und Regelbruch, radikaler Aufklärung und schwärmerischer Begeisterung auf. Wie Winckelmann orientiert sich Ehrensvärd an der klassischen römischen Antike als ästhetischem Ideal: In seinem aphoristischen Reisebericht *Resa til Italien* (Reise nach Italien, 1786) hält er der Dominanz der französischen Klassik die römische Antike als Stilideal entgegen und findet auch im gegenwärtigen Süditalien die Fortführung dieser traditionsreichen Geschichte und blühenden Kultur. In seinen ästhetischen Reflexionen *De fria konsters philosophi* (Die Philosophie der freien Künste, 1786) kontrastiert er die süditalienische Alltagskultur mit der schwedischen. Die Unterschiede werden teilweise – Montesquieus Ideen aufgreifend – auf die klimatischen Verhältnisse zurückgeführt. Scharf kritisiert wird aber auch die rigide (Kultur-)Politik des ehemals verehrten Gustav III., die eine Erweiterung des Kunstbegriffs über die Norm hinaus nicht zulasse. Seine aphoristische Prosa erinnert in ihrer Detailtreue und Übertragung der Einzelbeobachtung auf das Allgemeine an Linnés Reiseschilderungen und führt damit die Entwicklung der schwedischen Prosasprache konsequent weiter; komplettiert wird die Prosa durch Zeichnungen und Karikaturen, die weit mehr als eine illustrative Funktion haben: Sie sind Teil des ›Gesamtkunstwerks‹.

Italien als Vorbild

Die Aneignung der Gustavianischen Klassik und die Begeisterung für die empfindsamen und idealistischen Strömungen lassen sich auch bei Frans Michael Franzén erkennen, dessen frühe Gedichte auf Kellgrens Zustimmung stoßen. Er orientiert sich weniger an der italienischen Klassik als am Ossianischen Ton und der norrönen Dichtung, die er mit dem klassischen Stilideal zu vereinbaren sucht. Persönlicher Ausdruck und Preis des Naturschönen kommen in regellosen Versen wie in traditionellen Formen zum Ausdruck. Seinen Durchbruch hat er mit den *Selmasånger* (Selmalieder, 1793), vor allem dem Gedicht *Menniskans anlete* (Des Menschen Antlitz, 1793), in dem mit einer starken Natursymbolik die Nähe des schöpferischen Menschen zu Gott besungen wird. In *Sången öfver grefve Gustaf Philip Creutz* (Lied über Graf G.P.C., 1802) wird die Anbindung an die Gustavianische Klassik und deren Affinität zur französischen Hofkultur, für die Creutz als Dichter und als schwedischer Diplomat in Paris paradigmatisch steht, ebenso deutlich wie die Berufung auf die finnlandschwedische Natur und Landschaft, in der Creutz wie Franzén aufgewachsen sind. Die nordische Welt und Mythologie, die besonderen Lebensbedingungen und Traditionen in Nordeuropa werden mit der klassischen Antike und dem Klassizismus kontrastiert und beides wird in Stoffwahl und Komposition des Gedichtes reflektiert. Die Nähe zu Ehrensvärds künstlerischen Grenzüberschreitungen lässt sich in Franzéns früher Prosa erkennen. Insbesondere sein *Resedagbok 1795–96* (Reisetagebuch 1795–96), in dem er auf den Spuren von Baggesen eine Reise durch Dänemark, Deutschland, Frankreich und England dokumentiert, zeichnet sich durch einen subjektiven Blick auf die Geschehnisse Ende des 19. Jh. aus.

Eigenes und Fremdes

Seine Perspektive ist jedoch eine andere als die Baggesens: Franzén nimmt die europäischen Metropolen und Provinzstädte aus einer dezidiert schwedischen Perspektive wahr und vergleicht die Fremde mit dem Eigenen, deren Differenz zunehmend zum Thema wird.

Die Auseinandersetzung mit der antiken Dichtung und die Begeisterung für die sensualistischen Strömungen kommen auch bei Johan Olof Wallin zum Ausdruck. Er übersetzt zunächst die *Aeneis* und Horaz' Oden mit dem Anspruch, den Ton des Originals, dessen Metrum und Rhythmus, kongenial ins Schwedische zu übertragen. Und es sind die klassischen Texte und Schillers programmatische Schriften, an welchen sich Wallins eigene poetische Texte orientieren: die poetologischen wie die stilistischen Vorgaben dienen ihm als Vorbilder. Er ist hauptsächlich als Psalmendichter bekannt geworden, zunächst mit Modernisierungen älterer Texte, schließlich als Autor eigener Lieder (*Försök till svensk psalmbok* [Versuch eines schwedischen Psalmenbuches, 1816]). Auch in diesen Liedern wird die Verbindung von Formstrenge und Formauflösung zugleich deutlich. In einer auf Inspiration und Originalität setzenden Bildlichkeit wird in den Oden Gottes Nähe zum Menschen beschworen. Damit kommt eine in der schwedischen Dichtung bislang weitgehend unbekannte Bildlichkeit und Metaphorik zum Ausdruck, die jedoch den Bezug zu den bekannten Liedern immer wieder herstellt. Wechselnde Rhythmen unterstreichen die Suche nach einem unverbrauchten, lebendigen Ton. Mit Wallins Psalmendichtung hält die ungebundene Form von Klopstocks Oden Einzug in die schwedische Dichtung.

Neue Psalmendichtung

Mit Ehrensvärds keineswegs repräsentativem, jedoch anregendem ästhetischen Programm lässt sich eine Akzentverschiebung von der Gustavianischen Klassik hin zu einem an der deutschen und englischen Literatur- und Kunsttheorie ausgerichteten Stilideal erkennen: eine Position, die unter anderen Vorzeichen, aber mit einer ähnlichen Stoßrichtung die kritischen und ästhetischen Schriften Thomas Thorilds und Bengt Lidners kennzeichnet. Thorilds lyrische und literaturkritische Arbeiten stehen in deutlicher Opposition zur Hochkultur am Hof Gustavs III. Mit seinen Gedichten in freien Rhythmen und Hexametern und seinen heftigen Angriffen auf die Dichterkollegen, vor allem auf Kellgren und Leopold, vertritt er mit Nachdruck ein anderes Dichtungsideal, das sich am Leitbegriff der Freiheit orientiert. Die in Thorilds ästhetischen, philosophischen und literaturkritischen Schriften erwähnten Vorbilder sind denn auch die englischen Sensualisten und die Regelstürmer des deutschen Sturm und Drang. Als emphatischer Aufklärer sieht er hier sein politisches Ideal von Freiheit auch in der Kunst verwirklicht und tritt in seinen ästhetischen und philosophischen Schriften für diese Vorstellungen ein. Sein Verfahren ist in hohem Maße eklektizistisch, er rekurriert auf die unterschiedlichsten philosophischen und literarischen Traditionen, auf Spinoza und Leibniz, auf Shakespeare und Klopstock, und widerspricht den Normvorstellungen am Königshof. Seine Methode ist die Polemik, mit der er gegen das Stilideal der Akademie und der Gesellschaften vorgeht und die er vor allem in seinem großen Essay zur Bedeutung und Funktion der Literaturkritik einsetzt: *En critik öfver critiker* (Eine Kritik über Kritiker, 1791–92). Die Schrift über die Rolle und Funktion der Literaturkritik ist eine Reaktion auf die Ablehnung von Thorilds Preisgedicht *Passionerna* (Die Leidenschaften), das er 1785 der Gesellschaft *Utile dulci* vorgelegt und das nur den zweiten Preis erhalten hatte. Gerichtet ist sie vor allem gegen Kellgren, der sich ausdrücklich gegen das in freien Rhythmen und unregelmäßigen Versen und Strophen verfasste Poem ausgesprochen hatte. In der *Critik* formuliert Thorild sein ästhetisches Programm und setzt es zugleich in die poetische

Thomas Thorild

Eklektizismus und Polemik als Methode

Praxis um. Die Forderung nach einer natürlichen Prosasprache, die sich deutlich an Dalin orientiert, wird im Text selbst vorgeführt, der mit anschaulichen Beispielen, Elementen der Alltagssprache ebenso wie einer unkonventionellen und dennoch klassisch geschulten Rhetorik und Bildlichkeit diesem Anspruch gerecht zu werden versucht. Die Sprache soll, so eine der drei Hauptthesen der *Critik*, dem Gegenstand angemessen sein, sich nicht der Norm, sondern der Sache unterwerfen. Und für die Literaturkritik fordert er ebenfalls eine dem jeweiligen Text adäquate Beurteilung. Vor dem Hintergrund einerseits eines emphatischen Aufklärungsverständnisses, das die Freiheit des Subjekts und des Wortes vertritt, und andererseits der Begeisterung für die Genieästhetik entwirft der »Autor von *Passionerna*«, wie er sich selbst bezeichnet, ein Gegenprogramm zur vorherrschenden Poetik, das sich einerseits über die Regeln hinwegsetzt und andererseits auch neue Regeln einführt, die sich an der englischen und deutschen Literatur orientieren. Seine kritischen Prosatexte sind ihrerseits auch zum Stilvorbild unter anderem für Strindberg geworden, der in Thorilds provokanten Forderungen die Anfänge der modernen schwedischen Prosasprache gesehen hat.

Theorie der Literaturkritik

Ebenso polemisch sind auch Thorilds Forderungen nach der Gleichberechtigung der Frau in der Gesellschaft, die er in der Prosaschrift *Om Quinnokönets naturliga höghet* (1793; Über die natürliche Größe des Weibergeschlechts, 1998) entwickelt. In diesem Text stellt er die Frau als dem Mann weit überlegen dar – und schließt zugleich in seiner Würdigung des »Weibergeschlechts« an Rousseaus Frauenbild an, das die Frau in erster Linie als Naturwesen sieht. Die Idee einer radikalen Revision herkömmlicher Geschlechterhierarchie wird damit von einer naturmythischen Vorstellung von der Frau unterlaufen.

Für die Publikation seiner Texte schafft sich Thorild mit der Herausgabe der Wochenschrift *Den nye granskaren* (Der neue Forscher, ab 1784) einen eigenen Ort, der ausdrücklich in Opposition zu den etablierten Gesellschaften und der Akademie steht. Sein Eintreten für die politische und literarische Freiheit führt 1793 zur Landesverweisung. In Greifswald setzt er seine publizistische und poetische Arbeit in deutscher und lateinischer Sprache fort. Thorilds nicht-schwedische Schriften sind jedoch weitgehend in Vergessenheit geraten. Mit seinen in der Greifswalder Zeit zum Teil in der Zeitschrift *Die Gelehrtenwelt* oder als Monographien veröffentlichten literaturkritischen und philosophischen Schriften nimmt er aktiv an der Seite seiner deutschen Kollegen Herder und Jean Paul an den aktuellen europäischen politischen Debatten über die Rolle der Aufklärung nach der Französischen Revolution ebenso wie an ästhetischen Diskursen teil. Es ist die permanente Überschreitung, die sein Programm und seine Texte kennzeichnen: die Überscheitung der Grenzen zwischen Literatur und Literaturkritik, die Überschreitung von Landesgrenzen und die Teilhabe an mehreren Kulturen und Sprachen. Das selektive Verfahren, mit dem literarische und philosophische Traditionen abgerufen werden, macht es zudem unmöglich, die Texte einem System oder einer literaturhistorischen Epoche zuzuordnen. Die Dynamik der Texte, die immer auch einen didaktisch-aufklärerischen Anspruche erheben, verweigert sich der Kategorisierung.

Thorild als deutschsprachiger Autor

Dieser programmatischen Forderung nach einer ›neuen‹, der Gustavianischen Klassik entgegen wirkenden Literatur, kommen die Texte Bengt Lidners in weiten Teilen nach. Auch sie sind geprägt von der Beschäftigung mit der deutschen Literatur, mit Klopstocks Lyrik und vor allem mit Goethes Roman *Die Leiden des jungen Werthers*, und demonstrieren damit ihrerseits die Abwendung vom französischen Klassizismus. Lidners Gedichte und

Die Theodizee-Frage

Dramen setzen sich mit zentralen Fragen der Spätaufklärung auseinander. So wird im Gedicht *Grevinnan Spastaras död* (Gräfin Spastaras Tod, 1783), das auf eine reale Begebenheit, das Erdbeben von Messina 1783, zurückgeht, die Theodizee-Frage aufgenommen: Voltaires Gedicht über das Erdbeben von Lissabon *Le désastre de Lisbonne* (1756) und Kants Reaktion auf die Naturkatastrophe, *Geschichte und Naturbeschreibung der merkwürdigsten Vorfälle des Erdbebens* (1756) sind hier die Vorbilder. Allerdings geht es in Lidners Gedicht weniger um die theoretische Reflexion der Problematik als um das persönliche Schicksal einer Mutter, die bei dem Versuch, ihr Kind zu retten, ebenfalls ums Leben kommt. Sein Ausgangspunkt liegt nicht in der Frage nach den Grenzen der *ratio*, sondern in der Trauer über ein verlorenes Paradies, den Verlust des Einklangs von Mensch und Natur.

Diese verlorene Harmonie, die sich auch in der Dissoziation des Subjekts zeigt, und die mentale Verwischung der Grenzen zwischen Wahnsinn und Vernunft werden auch in dem Gedicht *De galne* (Die Wahnsinnigen, 1792) vorgeführt: Es besteht aus drei Episoden, deren Protagonisten aus unterschiedlichen Gründen dem Wahnsinn verfallen und in das Hospital *Danviken*, eine der ersten schwedischen Anstalten für Arme und geistig Kranke, eingeschlossen sind. Mit dem religiösen Zweifel, Kindsmord und unglücklicher Liebe werden zeittypische Themen aufgegriffen, welche die Ursache für den Ausbruch aus der sozialen Gemeinschaft sind. An diesen Beispielen werden nun die Abweichung von der gesellschaftlichen Norm, starke Gefühle und Leidenschaften, der Ausbruch aus der Gemeinschaft durch Suizid und auch die Rückführung in die Sozialisation präsentiert. Dabei wird der Wahnsinn als sozial bedingt, als Reaktion auf die jeweiligen Lebensumstände erklärt. Das Gedicht appelliert an das Mitleid und Verständnis der Rezipienten für die Situation der ›Wahnsinnigen‹ und kritisiert die Ausgrenzung derjenigen, die von der Norm abweichen. Mit diesem Gedicht werden ebenso wie mit dem historischen Drama *Erik XIV* (1781–82, Erstaufführung 1843), in dessen Zentrum der dem Wahnsinn verfallene Sohn Gustav Vasas, König Erik XIV. steht, die Grenzen der Vernunft demonstriert. So erweisen sich seine Texte ebenso wie die Thorilds nicht nur als gegenläufige Modelle zur Gustavianischen Klassik, vielmehr führen sie den Prozess der Aufklärung explizit fort und stellen zugleich deren Ausgrenzungstendenzen durch die Schaffung von Institutionen und Disziplinen kritisch zur Disposition. Damit wird die zentrale Leitambivalenz des Zeitalters der Aufklärung, die von Freiheit und Institutionalisierung, zum dominierenden Streitpunkt der schwedischen Literatur des ausgehenden 18. Jahrhunderts.

Wahnsinn und Vernunft

Isländische Literatur 1750–1830

Wenn es zutrifft, dass jede literaturhistorische Epoche einen Gründungsmythos braucht, der ihr einen eigenen Platz in der Literaturgeschichte verschafft, dann ist der Beginn der ›Aufklärung in Island‹ zweifellos mit jener Besteigung des Vulkans Hekla anzusetzen, die Eggert Ólafsson und Bjarni Pálsson in der Nacht zum 20. Juni des Jahres 1750 unternahmen und welche die von Eggert Ólafsson verfasste, 1772 postum in zwei Bänden von Gerhard Schøning herausgegebene *Reise igiennem Island* (Reise durch Island) detailliert schildert. Ganz ähnlich wie die Initiation der ›Romantik in Dänemark‹ – die von der Literaturgeschichtsschreibung traditionell auf Henrik Steffens' und

SUMMIT OF HEKLA AS SEEN FROM NAIFURHOLT.

Hekla, Stich aus G. S. Mackenzies *Travels in Iceland* (1811)

Adam Oehlenschlägers Spaziergang im Jahr 1802 zurückgeführt wird (vgl. im Kapitel zur Romantik S. 131) – vollzieht sich der Durchbruch zur Aufklärung in der isländischen Geschichte im Rahmen einer Wanderung in der Natur. Anlass der Handlung, die zu Bericht und Bewertung, also zu einem Text führt, ist hier allerdings nicht das schon vom Pietisten Francke empfohlene, meist jedoch eher mit der Romantik verknüpfte Gespräch im Freien, sondern vielmehr der Drang der beiden Aufklärer – Eggert Ólafsson als Jurist und Naturwissenschafter, Bjarni Pálsson als Arzt –, erstmals den als gefährlich geltenden Berg, den man im frühneuzeitlichen Europa unter Namen wie Hækkenfjeld, Heckenfeld u. a. als Eingang zur Hölle fürchtete, zu erklimmen.

Textanlass der Aufklärung

Der Text ist in den großen Zügen das Resultat mehrerer zwischen 1752 und 1757 »auf Veranstaltung der Gesellschaft der Wissenschaften in Kopenhagen« durchgeführter Reisen, enthält aber in der gedruckten Ausgabe auch einzelne Beschreibungen, die weiter zurückreichen. An der Oberfläche ist Eggert Ólafssons und Bjarni Pálssons *Reise* ein nüchtern angelegtes, Fakten referierendes Werk, das möglichst systematisch die Naturgeschichte des Landes erfassen und mit der Sprache der modernen Wissenschaften repräsentieren will. Es bietet mit »51 einschlägigen Kupferstichen und einer neu angefertigten Karte über Island« die erste umfassende Bebilderung einer Islanddarstellung und prägt bis weit ins 19. Jh. das Wissen, das man sich im Ausland über isländische Geologie, Fauna, Geographie usw. verschaffen kann. Die »ökonomische Beschreibung Islands« wirft zugleich einen sehr klaren ethnographischen Blick der Elite auf die Bevölkerung und wird noch immer als kulturhistorische Quelle über die Lebensverhältnisse im 18. Jh. herangezogen. Es handelt sich also bei Eggert Ólafssons und Bjarni Pálssons *Reise* um einen in jeder Hinsicht zeittypischen Text, der sich im Hinblick auf den Anspruch und die Gattungskonventionen nahtlos in die Reihe vergleichbarer Unternehmungen des 18. Jh. – etwa Carl von Linnés Berichte über seine Reisen in Schweden oder Schønings *Reise, som giennem en Deel af Norge [...] er giort og beskreven* (Reise, die durch einen Teil Norwegens ge-

Topographisch-ökonomische Schriften

macht und beschrieben wurde, Teildruck 1778, vollständiger Druck 1979–80) – einfügt und der selber mehrere Fortsetzungen findet, z. B. in den populär gewordenen Beschreibungen von Islandaufenthalten durch meist adlige Reisende aus England und Schottland wie Sir Joseph Banks (Bericht in Briefform durch den Schweden Uno von Troil, *Bref rörande en resa till Island 1772* [Briefe betreffend eine Reise nach Island im Jahr 1772, 1777]), William Jackson Hooker, *Journal of a Tour in Iceland* (1811), Sir George Stewart Mackenzie, *Travels in the Island of Iceland, during the Summer of the Year MDCCCX* (1811) oder den Begründer der Bibelgesellschaft in Dänemark, den Schotten Ebenezer Henderson, *Iceland; or the Journal of a Residence in that Island, during the Years 1814 and 1815* (1818). Eggert Ólafssons und Bjarni Pálssons *Reise* zeigt aber auch, dass Island aus der Perspektive des Kopenhagener Zentrums der Monarchie zwischen dem 15. und dem 18. Jh. zum unbekannten Territorium geworden ist, das sozusagen ein weiteres Mal entdeckt werden muss und dessen kolonialen Status in Bezug auf das dänische Mutterland die ausgesandten jungen Wissenschaftler exakt umreißen.

An einigen Stellen wird der zurückhaltende Duktus der *Reise* durchbrochen und der Text beginnt, eine ausgeklügeltere Metaphorik zu entfalten. Eine sehr deutliche Rhetorisierung erfährt vor allem die erwähnte Beschreibung der Hekla-Begehung, die als Triumph der (natur)wissenschaftlichen Vernunft über den Aberglauben zelebriert wird. Die beiden Reisenden, die ihren ängstlichen Führer hinter sich gelassen haben, gelangen um Mitternacht zum Gipfel des Berges und stellen fest: »Hier war alles still und nichts als Eis zu sehen; dagegen sah man keine Ritzen oder Wasserfälle und noch weniger emporsprudelndes Quellwasser, Rauch oder Feuer. Es war hell wie am Tag; wir sahen weit und breit umher, alle Eisberge des Ostlandes und weit weg einen viereckigen hohen Berg: er sah aus wie ein Schloss.« Bilder für Licht, Höhe, Weitblick und Sehen halten die Erstbesteigung des Vulkans fest, von dem die Einheimischen wie in der dunklen Zeit noch immer behaupten, ihn zu untersuchen sei vermessen. Dem »alten, auf Aberglauben gegründeten Gerede«, die Hekla werde von merkwürdigen schwarzen, rabenähnlichen Vögeln mit scharfen Eisenschnäbeln bewacht, hält Eggert Ólafssons Bericht eine Auflistung der Gesteinsvorkommnisse (Bimsstein, Asche usw.), Schnee- und Eisbeschaffenheit und Terrainverhältnisse entgegen, und so beweist die Neugier der aktiv handelnden Wissenschaft den Irrtum des ›Papismus‹. Nach dieser Beschreibung des Ausblicks von der Spitze ist der Entschluss denn auch rasch gefasst: »Hier oben war nichts weiter zu verrichten. Wir hatten unseren Wunsch erreicht, die Hekla zu besteigen, und wendeten deshalb wieder hinunter.«

Die aufklärerische Polemik gegen das, was pauschal und etwas diffus als Aberglaube der alten Zeit und einfältigen Leute genannt wird und die in der starken Dichotomisierung von Helligkeit und Dunkelheit, Oben und Unten dieser Passage zum Ausdruck kommt, ist Bestandteil von Eggert Ólafssons Ästhetik. In seinem poetologischen Programm orientiert sich Eggert Ólafsson direkt an der *Edda* und Horaz, setzt aber auch Konzepte von Boileau und Gottsched um. Am klarsten formuliert er seine ästhetischen Vorstellungen in der Vorrede der um 1768 verfassten, erst 1832 erschienenen Sammlung *Kvæði* (Gedichte), einem wichtigen literarhistorischen Dokument der isländischen Aufklärung. Hier heißt es u. a., wenig originell, dafür umso zeittypisch-überzeitlicher: »Ein vollkommener Dichter muss diese Hauptgaben besitzen: Beredsamkeit, Geist, Geschmack.« Diese Qualitäten – also »treffende und wenige Wörter, voller Sinn und Sachinhalte, dichterische Würde

Aberglaube und Geologie

und Scharfsinn« – findet er neben antiken Autoren bei Isländern wie Hallgrímur Pétursson oder Jón Vídalín. Dabei steht Eggert Ólafsson noch ganz in der Tradition der klassizistischen Rhetorik, wenn er festhält, dass die Dichtkunst nichts anderes als »die oberste Stufe der Redekunst« sei und »Absicht und Zweck der Dichter und Redner dieselben« sein müssten, nämlich »die Herzen der Menschen zu rühren und sie zur Übereinstimmung zu bewegen«. Und zugleich bezeichnet er mit einer Allusion auf Vergil seine Gedichte demütig als einfache Alltagskost und bedient sich eines Topos, den beispielsweise auch Petter Dass in seiner *Nordlands Trompet* (Nordlandstrompete, 1678–98, gedruckt 1739) verwendete.

In seiner eigenen lyrischen Praxis befindet sich Eggert Ólafsson allerdings des Öftern in einem Dilemma. Als Anhänger der antikisierenden Richtung kann er die poetische Maxime der Schlankheit und Klarheit nur selten umsetzen, bedeutet doch diese *fornaldarstefna* im Kontext der isländischen Literatur des 18. Jh. die aktive Rezeption der in der *Prosa-Edda* kodifizierten skaldischen Kenningar und Metren. Im markanten Gegensatz zum Modernisierer Magnús Stephensen, der die isländische Literatur Ende des 18. und Anfang des 19. Jh. dominieren wird und der in seinem Kampf gegen die Überbleibsel des Alten auch die mittelalterliche Überlieferung überwinden will, repräsentiert diese für Eggert Ólafsson gerade einen thematischen und formalen Haupteinflussbereich. Das Goldene Zeitalter liegt für ihn noch immer in der Vergangenheit, stellt jedoch keinen absoluten Gegensatz zur Moderne dar. So setzt er beispielsweise in *Rata-ljóð* die Serie der Verarbeitungen des Gunnlöð-Stoffes fort und umschreibt dieses »Gedicht über Rati« in der Rubrik als »Gleichnis zwischen dem Bohrer Rati, mit dem Óðinn ein Loch in Hvítbjörg bohrte, und dem großen Erdbohrer, der 1755 nach Island gebracht wurde, und mit dem zwei Tage lang sieben Ellen tief in den Berg unter der heißen Quelle in Laugarnes im Süden gebohrt wurde«. Der Text, der technologische Neuerungen in Dimensionen der nordischen Mythologie darstellt, steckt voller sexueller Metaphern; die bereits in der altisländischen Mythe angedeutete, von Helga Kress beobachtete gender-poetische Verbindung von *rati* (»Bohrer«) / *rita* (»schreiben«), die im englischen *pen/penis* eine Entsprechung hat, wird in Eggert Ólafssons Gedicht explizit ausformuliert. Auch den »Reiher des Vergessens« macht er zum Thema, und zwar im langen Gedankengedicht *Hegra-kvæði* (Reihergedicht), das in einer komplexen Bildsprache von der Trunksucht bzw. der Geschichte der Trunkenheit handelt. Der Rückgriff auf die skaldische Poetik führt konsequenterweise oft zu einer »Dunkelheit in der Sprache«, die sich in komplizierten metaphorischen Umschreibungen und syntaktischen Strukturen niederschlägt und nicht selten zu einer umfassenden Unverständlichkeit steigern kann, wie sie der Norm des Klassizismus eigentlich zuwiderläuft.

In Bezug auf die thematisierten Inhalte und weltanschaulichen Positionen ist Eggert Ólafsson dagegen ganz Aufklärer. Sein bekanntester Text und neben dem Reisebericht bedeutendstes Werk, das vor 1762 entstandene, manchmal »*Georgica* Islands« genannte Lehrgedicht *Búnaðarbálkur* (Zyklus vom Landleben), etwa entwirft in der dynamischen Rhetorik seiner 160 Strophen eine Bewegung von der Not des rückständigen Landlebens (*Eymdaróður*) über die Lust an der bukolisch geschilderten Natur (*Náttúrulyst*) in die Utopie des Tals der Seligen (*Munaðardæla*), welche sich über Elemente der Volksaufklärung und Fortschrittsgläubigkeit herstellt. Die Zeitkritik, die Spuren der Ständesatire des 17. Jh. fortführt, bei Eggert Ólafsson aber mit den aufklärerischen Ambitionen verbunden wird, ist das Thema zahlreicher kürzerer Lehr- und Gelegenheitsgedichte. In ihnen geißelt er nicht nur soziale

Nutzen und Erfreuen, Rühren und Bewegen auf Isländisch

Die isländische Querelle des anciens et des modernes

Titelseite von Eggert Ólafssons *Kvæði* (1832)

und mentale Missstände, sondern formuliert auch Visionen einer technisch fortgeschritteneren Gesellschaft im agrarischen Island.

Vermutlich aus dem Jahr 1757 stammt die Schrift *Uppkast til forsagna um brúðkaupssiðu hér á landi* (Entwurf zu Vorschriften über Hochzeitsbräuche hierzulande), in der Eggert Ólafsson in 21 Kapiteln die einzelnen Teile einer idealtypischen Hochzeitsfeier beschreibt und ihre Performativität als wohlinszeniertes Gesamtkunstwerk minutiös dokumentiert. Die Schilderung der Abfolge der Rituale, der Bewegungen der Hochzeitsteilnehmer, der Reden, Gedichte, Lieder weisen ihn – wie die Gelegenheitsgedichte – als profunden Kenner der Rhetorik aus.

Hochzeit als rhetorischer Anlass

Eggert Ólafsson verfasste daneben eine ganze Reihe von patriotischen Naturgedichten, die im nationalromantischen 19. und frühen 20. Jh. kanonisiert wurden, so das zum Preis des Vaterlandes gesungene *Ísland ögrum skorið* (Island, von Buchten zerschnitten). In diesen Texten geht der frühe Patriotismus eine Verbindung mit der Naturverherrlichung ein, die Traditionslinien der älteren topographischen Dichtung weiterführt, aber auch Inspirationen von Haller, Thomson, Tullin aufnimmt. Immer wieder werden hier auch Aspekte des Nationalen thematisiert, wobei das Land häufig allegorisch als Frau auftritt, wie im Gedicht *Ísland*, »in dem Island, in der Gestalt einer Frau, seine Lebensgeschichte erzählt [...]. Dieses Gedicht ist größtenteils traurig, vermischt mit Wehklagen und Satiren; endet aber doch mit guter Hoffnung und süßen Träumen.« Das vielzitierte *Sótt og dauði Íslenzkunnar, hinnar afgömlu móður vorrar* (Krankheit und Tod des Isländischen, unserer uralten Mutter) steht mit seiner auf das Konzept eines reinen, unvermischten und unbeschmutzten Sprachkörpers ausgerichteten Sprachkritik am Anfang der mächtigen puristischen Bewegung Islands, die bis heute die sprachpolitische Diskussion prägt. Was bei den Nationalromantikern später oft metaphorisch verhüllt wird, bezieht Eggert Ólafssons Gedicht krass auf die physiologischen Details: Die Muttersprache ist hier im Verdauungsapparat erkrankt, da ihr die ausländische Sprache (die vielen Danismen) gleich wie ausländisches Essen nicht bekommt. Die groteske Handlung führt schließlich zum Tod der isländischen Sprache und zu ihrer Mumifizierung. Dieser sprachpatriotische Purismus gewinnt im Zusammenhang mit der Besetzung Islands während des Zweiten Weltkriegs eine erneute Dimension, als die Reinheit des isländischen Volkskörpers als Ganzes zur Debatte gestellt wird.

Der kranke Körper der unreinen Sprache

Rhetorik und Literatur standen in Island – wie in Dänemark und Norwegen – im 18. Jh. überwiegend im Zeichen der lutherischen Orthodoxie und des Pietismus, der die wichtigste reformerische Strömung darstellte und weitreichende Auswirkungen auf die Volksfrömmigkeit und die kulturellen Praktiken hatte. In Island war diese Richtung vor allem mit dem dänischen Theologen Ludvig Harboe verbunden, der im Rahmen eines Aufenthalts als Generalvisitator in den 40er Jahren grundlegende Änderungen im isländischen Kirchen- und Schulwesen veranlasste. Auf ihn gehen u. a. zwei auch für die Literaturgeschichte zentrale Erlasse von 1746 zurück, die die Hauszucht und Visitationspflicht in pietistischem Geist regelten (*Tilskipun um húsagann, Tilskipun um húsvitjanir*) und beispielsweise auch Verbote der Lektüre von Sagas und Rímur enthielten, die in ihrer Rhetorik Traditionsspuren der reformatorischen Hausväterliteratur erkennen lassen: »Jeder Hausvater soll seine Kinder und Hausleute fleißig daran erinnern, die Arbeit und die Verrichtungen mit einem Gebet an Gott zu beginnen [...], wogegen sie ernsthaft und unter Strafe daran zu erinnern sind, dass sie sich davor hüten, unziemliche Rede und Scherz, Schimpfen und Fluchen, eitle Historien oder sogenannte Sögur und leichtfertige Gedichte oder Rímur vorzutragen, die sich

Pietistische Polemik gegen die Sagaliteratur

einem Christen nicht ziemen und die den heiligen Geist betrüben.« Seine eifrigsten Anhänger unter den anfänglich sehr zurückhaltenden Isländern hatte Harboe im Rektor der Kathedralschule von Skálholt, Jón Þorkelsson, und vor allem im Pfarrer Þorsteinn Pétursson á Staðarbakka in Nordisland, dessen tagebuchartige Autobiographie (*Biographia Thorsteni Petri*, 1750–85) zu den bedeutenden Beispielen dieser Gattung in der isländischen Literatur des 18. Jh. gehört, nicht zuletzt, da sie die Widerstände und Auseinandersetzungen, die die pietistischen Reformbestrebungen auslösten, engagiert und parteiisch aus erster Hand beschreibt. 1757 verfasste Þorsteinn Pétursson auf der gleichen Grundlage eine Streitschrift gegen populäre Unterhaltungsformen und Vorstellungen, *Manducus eða Leikafæla* (Fresser oder Spielverderber), die sich mit entsprechenden Werken dänischer Geistlichen, etwa Erik Pontoppidans lateinisches Pamphlet gegen den Aberglauben des Volkes (*Everriculum fermenti veteris seu residuæ in Danico orbe cum paganismi tum papismi reliqviæ in apricum prolatæ* [Kehrbesen für den alten Sauerteig oder in den dänischen Reichen zurückgebliebene Reste und hier ans Tageslicht gebrachte Spuren des Heidentums wie des Papismus, 1736]), vergleichen lassen. Eine der wichtigsten Konsequenzen, die der Pietismus für die isländische Kulturgeschichte mit sich brachte, war übrigens der im europäischen Vergleich außerordentlich hohe Alphabetisierungsgrad der Isländer im späten 18. Jh., der auf über 80 % geschätzt wird.

Lesefähigkeit

In den letzten Jahrzehnten des Jahrhunderts setzten sich die Ideen der Aufklärung unter den isländischen Beamten und Pfarrern allmählich stärker durch. Wie im Fall der Romantik (Zeitschrift *Fjölnir*, 1835–47) und des Naturalismus (Zeitschrift *Verðandi*, 1888) spielten dabei Druckerzeugnisse, die von Isländern in Kopenhagen herausgegeben wurden, eine wesentliche Rolle. Vor allem waren es die *Rit* (Schriften) der Isländischen gelehrten Gesellschaft (*Hið íslenzka lærdómslistafélag*), die 1779–98 in 15 Bänden herauskamen, welche erstmals in größerem Umfang und systematisch ökonomische, agrarische, soziale Themen im Sinn des Rationalismus und der neuen Naturwissenschaften behandelten und dafür ein puristisches Isländisch verwendeten. Diese Gesellschaft fand 1817 eine Nachfolgerin in der noch heute bestehenden Isländischen Literaturgesellschaft (*Hið íslenzka bókmenntafélag*). Ein weiteres Phänomen verdient in diesem Zusammenhang Erwähnung. Nachdem die einzige Druckerei, die in Island bestand, seit der Reformation unter der Kontrolle der Kirche, meist des Bistums in Hólar im Norden, gewesen war, konnte erst 1773 eine zweite Druckerei im westisländischen Hrappsey errichtet werden, die 1795 von der Isländischen Landesaufklärungsgesellschaft (*Hið íslenzka landsuppfræðingarfélag*, 1794–1827) übernommen, nach Leirárgarðar gebracht und 1799 mit der Hólar-Druckerei zusammengelegt wurde; 1815 wurde sie nach Beitistaðir und 1819 nach Viðey verlegt. Treibende Kraft der vor allem im Hinblick auf den Betrieb der Druckerei gegründeten Aufklärungsgesellschaft war Magnús Stephensen, unter dessen Ägide sich so die einzige Druckerei des Landes kurz vor 1800 aus der Vorherrschaft der Kirche emanzipierte und zum Medium und eigentlichen Sprachrohr der vor allem im Westen und Süden des Landes angesiedelten Aufklärung wurde.

Druckerei und Aufklärung

Das Spektrum der Drucke, die in Hrappsey, Leirárgarðar, Beitistaðir und Viðey besorgt wurden, war beachtlich und umfasste neben den traditionellen theologischen, juristischen und ökonomischen Gattungen z.B. die erste isländische, noch auf Dänisch verfasste Zeitschrift (*Islandske Maanedstidender* [Isländische Monatsneuigkeiten, 1773–76]), später auch Zeitschriften auf Isländisch (*Minnisverð tíðindi* [Erinnerungswürdige Neuigkeiten, 1796–

Magnús Stephensen

1808]; *Klausturpósturinn* [Die Klosterpost, 1818–27]), pädagogische Schriften (u. a. Übersetzungen von Campe), Gedichtsammlungen und Anthologien mit aufklärungstheoretischen Texten, aber auch das erste Kochbuch in Island (das von Magnús Stephensen geschriebene, unter dem Namen seiner Schwägerin Marta María Stephensen herausgegebene *Einfalt matreiðsluvasakver fyrir heldri manna húsfreyjur* [Einfaches Taschenkochbüchlein für Hausfrauen aus besserem Stand, 1800]). In den Publikationen *Kvöldvökurnar,* I–II (Abendwachen, 1794) von Hannes Finnsson und *Skemmtileg vinagleði í fróðlegum samræðum og ljóðmælum* (Unterhaltsame Freude für Freunde in lehrreichen Gesprächen und Gedichten, 1797) von Magnús Stephensen wurden die wichtigsten programmatischen Texte der isländischen Aufklärung vorgelegt. Hannes Finnsson vertritt in der Vorrede zu den *Kvöldvökurnar,* die hauptsächlich aus Übersetzungen deutscher Erzählungen bestehen, eine gemäßigte Form der Volksaufklärung, der es allgemein um Säuberung der alten Vorstellungen und Verbesserung der Sitten des gemeinen Mannes zu tun ist. Magnús Stephensen beginnt sein an die »Freunde des Lichts« gerichtetes, dialogisches Werk, das in der Tradition der Aufklärungspädagogik steht, mit dem Programmartikel *Upplýsingin* (Die Aufklärung), der einen bemerkenswerten Zusammenhang zwischen Aufklärung, Buchlektüre und menschlichem Glück herstellt. Die bei Eggert Ólafsson und Bjarni Pálsson skizzierte Licht-Metaphorik wird hier zur zentralen Argumentationsfigur, über die sich Aufklärung definiert. In dem Gedicht *Ljóssins óvinir* (Die Feinde des Lichts) – einer Übersetzung eines gleichnamigen Gedichts des Dänen Knud Lyhne Rahbek, seinerseits eine Bearbeitung eines satirischen Programmgedichts des Schweden Henric Kellgren über die konservativen Gegner der Aufklärung (vgl. S. 116) – wird diese Polemik auch im Titel relevant.

Als ungetrübte Erfolgsgeschichte präsentiert sich die Entwicklung der isländischen Literatur, Künste und Wissenschaften während des eben zu Ende gegangenen Jahrhunderts in Magnús Stephensens kulturhistorischem Rückblick *Island i det Attende Aarhundrede* (Island im 18. Jahrhundert, 1808), in der er ein optimistisches Bild von den Errungenschaften entwirft, die die Isländer in sämtlichen modernen Wissensgebieten – mit der vielsagenden Ausnahme der Philosophie – vorzuweisen hätten. Im 18. Jh., so Stephensen in dieser Schrift, die eine grandiose Selbstinszenierung des Autors und seines Projekts bietet, sei mehr erreicht worden als in jedem anderen Jahrhundert zuvor und die moderne Dichtung verdiene die gleiche Beachtung wie jene des Mittelalters. Zu dieser von Stephensen als erfolgreich gewerteten kulturellen Erneuerung – tatsächlich einer ›Revolution von oben‹ – trugen nicht zuletzt die in großer Zahl veröffentlichten Übersetzungen bei. Sie stellten einen hauptsächlichen Modernisierungsfaktor dar: Sowohl neue Inhalte – in zunehmendem Grad ist die Textproduktion von ökonomischen Schriften geprägt – wie vor allem neue oder noch kaum verwendete Formen und Gattungen (etwa die Fabel oder der Roman) waren das Ergebnis dieser umfangreichen Übersetzungstätigkeiten im 18. und frühen 19. Jh. Wie Wayne M. Senner gezeigt hat, wurden größtenteils deutsche Autoren wie Hagedorn, Ewald von Kleist, Lessing, Rabener, Gellert ins Isländische übertragen, aber auch aus dem Dänischen, Norwegischen und Englischen – manchmal über die Zwischenstufe des Deutschen – wurde übersetzt. Schon 1745 hatte der gelehrte Polyhistor Jón Ólafsson úr Grunnavík Holbergs utopischen Aufklärungsroman *Nicolai Klimii Iter subterraneum* (Nicolaus Klims Unterirdische Reise, 1741) ins Isländische übertragen: *Sagan eður æventýrið af Nicolause Klím* (Die Geschichte oder das Märchen von Nicolaus Klim). Als Herausgeber und Übersetzer wirkten später meist Geistliche und Beamte, der bekannteste unter ihnen war der Pfarrer Jón Þorláksson á Bægisá, der nicht nur Miltons *Paradise Lost* übersetzte – was ihm die Bezeichnung »Milton der Isländer« eintrug –, sondern auch Popes *An Essay on Man*, Klopstocks *Messias* und zahlreiche Gedichte von Tullin, Gellert, Baggesen u. a. Mit Þorvaldur Böðvarssons später Übersetzung von Gessners tragischem Epos *Der Tod Abels* (1758) – *Abels dauði*, ca. 1826–31 – liegt ein Beispiel dafür vor, dass ein deutscher Text, der in den 1750er und 60er Jahren eine außerordentliche Verbreitung in Europa hatte, in Island noch mit beträchtlicher Verzögerung rezipiert werden konnte.

Der isländische Milton und Klopstock

Obwohl in Island bis Ende des 19. Jh. die soziokulturelle Grundlage für ein bürgerliches Theater fehlte, entstanden im 18. Jh. Ansätze zu einem Drama, etwa von Snorri Björnsson á Húsafelli, dessen nach 1757 verfasster Einakter *Sperðill* (Name der Hauptperson) allgemein als erster bewahrter Theatertext Islands gilt, oder von Sigurður Pétursson. Neben diesen modernen Formen, die sich an den Modellen der europäischen Aufklärung und der deutschen Klassik orientierten, umfasste das Spektrum der isländischen Literatur in der zweiten Jahrhunderthälfte weiterhin traditionelle bzw. ältere Gattungen wie die Autobiographie – außer Þorsteinn Pétursson etwa Jón Steingrímsson (mit einer sehr bemerkenswerten, noch stark in der barocken Tradition stehenden *Ævisaga* [Lebensgeschichte, 1784–91]) –, den Reisebericht – Árni Magnússon frá Geitastekk, Eiríkur Björnsson víðförli (der Weitgereiste) –, Sagas und Rímur – Jón Hjaltalín u.v.a. Der überwiegende Teil dieser Texte ist ausschließlich handschriftlich überliefert, doch in den 50er Jahren erschienen als bemerkenswerte Ausnahme in Hólar erstmals Drucke von Isländersagas – *Nokkrir margfróðir söguþættir Íslendinga* (Einige sehr gelehrte Geschichtserzählungen der Isländer) und *Ágætar fornmannasögur* (Ausgezeichnete Geschichten von den Alten), beide 1756 – und von übersetzten Robinsonaden – *Þess svenska Gustav Landkrons og þess engelska Bertholds fábreytilegir Robinsons, eður lífs- og ævisögur* (Die unterhaltsamen Robinsone oder Schicksals- und Lebensgeschichten des Schweden Gustav Landkron und des Engländers Berthold) aus dem gleichen Jahr. Diese Ausgaben von Saga- und Romanliteratur stellen zwar literatur- und medienhistorisch sowie literatursoziologisch interessante Phänomene dar, sie waren jedoch von der Publikumsreaktion und dem Absatz her betrachtet ein totales Fiasko, was ganz einfach damit zusammenhängt, dass die gattungsmäßige Verteilung auf bestimmte Medien und literarische Kreisläufe bis ins späte 19. Jh. und frühe 20. Jh. strikt geregelt war und beispielsweise Sagas fast ausschließlich in der medialen Form der handschriftlichen Kopie verbreitet und gelesen bzw. laut vorgelesen wurden. Die frühen Sagaausgaben im 18. Jh. ebenso wie die Populärdrucke von Sagas, die ab den 1850er Jahren zu erscheinen begannen, hatten in diesem sehr traditionell bestimmten Feld keine wirkliche Chancen sich durchzusetzen. Demgegenüber war die weltliche Literatur, die in den Jahrzehnten vor und nach 1800 in gedruckter Form herauskam, eine Angelegenheit der Elite, die sich aus höheren Beamten und Pfarrern rekrutierte und mehrheitlich der Sache der Aufklärung verpflichtet war.

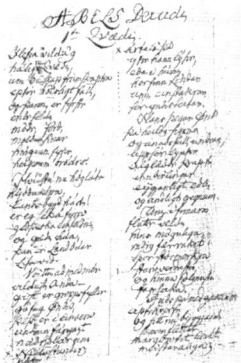

Gessners *Der Tod Abels* auf Isländisch (ca. 1830)

Dass deren Erfolg nicht ganz so ungetrübt war, wie es Magnús Stephensens fortschrittsoptimistische Darstellung gern glauben machte, lässt sich an folgender Konstellation sehen: Sozusagen gleichzeitig mit den von Hannes Finnsson oder Magnús Stephensen besorgten Drucken *Kvöldvökurnar, Vinagleði* oder *Margvíslegt gaman og alvara*, 1 (Verschiedenerlei Spaß und Ernst, 1798) entstand ein bis ins späte 20. Jh. nie edierter Text, den man als ersten isländischen Roman bezeichnet hat, Eiríkur Laxdals *Ólafs saga Þór-*

Erste isländische Sagaausgabe (1756)

Elfengeschichte – der erste Roman

hallasonar (Saga von Ólafur Þórhallason, 1795–1803). Diese auch ›Die große Elfengeschichte‹ (*Álfasagan míkla*) genannte Erzählung verkörperte mit ihrem Insistieren auf der Realität des Phantastischen, dem thematisch und gattungsmäßig Grenzüberschreitenden und dem Stilprinzip des Ungelehrt-Konkreten all jene ideologischen und literarischen Elemente, gegen die die Aufklärer so vehement anfochten. Es handelt sich bei der *Ólafs saga Þórhallasonar* um eine Art Pikareskroman mit Linien, die zurück in die Tradition des populären Geister- und Elfenglaubens wie auch vorwärts in die Poetik der phantastischen Romantik verweisen.

Eiríkur Laxdal, der mit *Ólandssaga* (Nichtlands-Geschichte, kurz nach 1775) bereits eine ähnliche utopische Sagengeschichte geschrieben hatte, die jedoch sehr schlecht überliefert ist, stand mit seinem im eigentlichen Wortsinn unorthodoxen, gattungsunkonformen Text für jene volkstümliche Dichtung, die eine Art widerstrebende Spur in der isländischen Literatur des 17., 18. und 19. Jh. darstellte und die sich oft mit der schon bei den mittelalterlichen Skalden festzustellenden Aura der ›Kraftdichtung‹ verband. Eine Vertreterin dieser Dichtung war etwa Björg Einarsdóttir (Látra-Björg), die sich als Autorin von Gelegenheitsgedichten über Menschen und Gegenden in verschiedenen Teilen des Landes und als aggressive Nachfahrin der scharfzüngigen Skalden Achtung verschaffte. Über Snorri Björnsson zirkulierten Sagen, in denen er mit seinen Gedichten schädliche Sendegeister in die Erde zwang. Jón Steingrímsson erhielt den Übernamen ›Feuerpfarrer‹, nachdem er kraft seines Wortes einen Lavastrom unmittelbar vor der Kirche zum Stillstand gebracht hatte. Dichter wie Sigurður Breiðfjörð, dessen *Rímur af Tistrani og Indíönu* (Rímur von Tistran und Indíana, 1831) eine polemische Rezension von Jónas Hallgrímsson (*Fjölnir*, 1837) veranlassten, oder Hjálmar Jónsson á Bólu (Bólu-Hjálmar) gehörten aufgrund ihrer umfangreichen Rímur-Zyklen zu den populärsten Schriftstellern im frühen 19. Jh. überhaupt und standen oft in explizitem Gegensatz zur modernitätsfreundlichen Elite. »So wie die Rímur (in Island) gedichtet werden und bisher gedichtet worden sind, gereichen sie fast alle dem Volk zur Schande – es nützt nichts, wenn man sie verheimlicht – und darüber hinaus führen sie beträchtlich viel Schlechtes herbei: sie verderben das Gefühl dafür, was schön und dichterisch ist und sich in guter Dichtung geziemt [...]«, beginnt beispielsweise Jónas Hallgrímssons häufig zitierte Besprechung, ein Schlüsseldokument der Romantik in Island, das wesentliche Elemente des Aufklärungsdiskurses weiterführt.

Die Macht der Dichtung

Island – ein locus horribilis?

In älteren, oft nationalromantisch geprägten Darstellungen der politischen, wirtschaftlichen, kulturellen Geschichte Islands im 18. Jh. herrscht meist eine ausgesprochene Krisenrhetorik vor: Das Land sei von Naturkatastrophen und Seuchen, Bevölkerungsrückgang, Monopolhandel und Misswirtschaft so gebeutelt gewesen, dass es sich auf einem absoluten Tiefstand seiner Entwicklung befunden habe. Diese Einschätzung der Epoche steht in auffallendem Widerspruch zu Magnús Stephensen und in der Tat erweist sich bei näherem Hinschauen, dass dessen Glorifzierung der Errungenschaften der Aufklärung in Island zwar sicher eigenen Interessen geschuldet und deshalb wenig objektiv war, dass die literarische Situation jedoch von einer ganzen Reihe weiterführender Innovationen geprägt war, die durchaus auf der Höhe der internationalen ästhetischen und poetologischen Diskussion waren, und dass aber auch – was die Beschäftigung mit dieser vielschichtigen Literatur so faszinierend macht – die Dichtung im Island des ausgehenden 18. Jh. vom Klang zahlreicher gegenläufiger, zum Teil verharrender, zum Teil vorausweisender Stimmen durchzogen war.

Romantik – Biedermeier – Poetischer Realismus (1800–1870)

Die Literatur findet sich und ihre Geschichte

Goldenes Zeitalter und Morgenröte der Literatur – Ursprungsmythen der Romantik

Folgt man traditionelleren literaturhistorischen Darstellungen, dann lässt sich der Zeitpunkt, an dem die Romantik Skandinavien erreicht, genau datieren. Im Juli 1802 kehrt der Geologe und Naturphilosoph Henrich Steffens nach einem siebenjährigen Studien- und Forschungsaufenthalt aus Jena nach Kopenhagen zurück. Dort hält er einen vielbeachteten und umstrittenen Vorlesungszyklus, der das dänische Publikum mit den Ideen der deutschen Romantik vertraut macht.

Die Epoche im Gepäck – Steffens' Begründung der Romantik

Steffens kann im besten Sinne als Prototyp eines Grenzgängers und Kulturvermittlers zwischen Deutschland und Skandinavien gelten. In Jena pflegt er engen Kontakt mit dem Kreis um die Gebrüder Schlegel, Novalis und Tieck. Die deutlichsten Spuren hinterlässt allerdings die Begegnung mit Schelling, dessen erste naturphilosophische Vorlesungsreihe Steffens 1798 in Jena besucht. In seinen eigenen Vorlesungen, die er 1803 unter dem Titel *Indledning til philosophiske Forelæsninger* (Einleitung zu philosophischen Vorlesungen) publiziert, untermauert Steffens das neue, organische Denken Schellings mit naturwissenschaftlichen Belegen aus der Mineralogie, Botanik und Physik. Der Diskurs ist durch waghalsige Analogiebildungen zwischen naturwissenschaftlichen Beobachtungen und metaphysischen Reflexionen geprägt, die Steffens' grundlegende These einer durch geistige Kräfte regulierten Natur belegen sollen. Die polemische Kritik der Vorlesung gilt dem mechanistischen Denken der Aufklärung, durch das die lebendige Einheit der Natur – und dazu zählt Steffens auch den Menschen in seiner Ganzheit – in ihre Einzelteile und Funktionselemente zerlegt und dadurch zum toten Objekt eines zweckrationalen Verstandes degradiert werde.

Henrich Steffens, Ölgemälde von C. A. Lorentzen (1804)

Mindestens ebenso wichtig wie der Inhalt der Vorlesung ist die Wirkung, die der Vortragsreihe zugeschrieben wird. So ließe sich etwa die Entdeckung des Elektromagnetismus durch Hans Christian Ørsted indirekt auf Ideen Steffens' zurückführen. Die spekulative Rede über den »Geist in der Natur« (*Aanden i Naturen*, 1849–50; Der Geist in der Natur, 1850–51) erhält hier eine einleuchtende empirische Grundlage. Während Ørsted maßgeblich zum langen Fortwirken des naturphilosophischen Denkens beiträgt, sorgt Adam Oehlenschläger schon früh für dessen populäre literarische Verbreitung. Laut seiner Autobiographie lässt er sich in einem sechzehnstündigen Gespräch von Steffens bekehren. Daraufhin verfertigt er sein Gesellenstück – das programmatische Gedicht *Guldhornene* (Die Goldhörner), welches er 1803 in der Gedichtsammlung mit dem schlichten Titel *Digte af Adam Øhlenslæger*

Oehlenschlägers Bekehrung

(Lieder und Romanzen, 1830) publizieren wird. Der Fund und Verlust der berühmten Goldhörner von Gallehus wird mit der Evokation eines mythischen Zeitalters verbunden, das an den prosaischen Gegebenheiten der Moderne scheitert. Die Einschmelzung der Hörner, welche 1802 aus der Kunstkammer in Kopenhagen entwendet wurden, wird als Symptom eines ökonomischen Zweckrationalismus gedeutet, gegen den Oehlenschläger ein poetisch-mythisches Volksempfinden setzt, das er wiederzuerwecken sucht.

Es überrascht nicht, dass der Naturphilosoph seinerseits nicht zögert, Oehlenschläger zum Dichter zu adeln: »De er jo virkelig en Digter!« (Sie sind ja wirklich ein Dichter!). Mit diesem vielzitierten Lob beschert Steffens der dänischen Nation ihren ersten ›wirklichen‹ Autor und – wie im Gedicht vorweggenommen – ein neues *guldalder* (goldenes Zeitalter). Bis heute wird das frühe 19. Jh. in Dänemark als kulturelle Blütezeit begriffen, die in der Einheit von Literatur, Philosophie, Kunst (Bertel Thorvaldsen) und den von Steffens beeinflussten Naturwissenschaften besteht.

Diese Anekdote, die nur allzu gerne von der nationalen Literaturgeschichtsschreibung übernommen wurde, inszeniert einen Wendepunkt in der dänischen Literatur. Andererseits macht genau diese Inszenierung die Anekdote so aufschlussreich. Sie zeugt nämlich nicht nur von dem neuen literarischen, sondern auch von dem neuen literarhistorischen Selbstverständnis der romantischen Schule. Der Epochenbruch wird als Demonstration einer sich im Vollzug befindenden Literaturgeschichte selbstbezüglich in Szene gesetzt und mythisch überhöht.

Phosphoros *und* Aurora – *Die Uppsalienser Romantik*

Dieser Befund lässt sich untermauern, wenn man den inszenierten Epochenbruch in Dänemark mit dem Einsatz der Romantik in Schweden vergleicht, wo sich die ›Neue Schule‹ mit rund zehn Jahren Verspätung etabliert. Zentrum dieser Bewegung ist der Kreis uppsaliensischer Studenten um Per Daniel Amadeus Atterbom, Vilhelm Fredrik Palmblad und Lorenzo Hammarsköld. Die Mitglieder des sogenannten *Aurora*-Bundes machen sich – in Anlehnung an ihre deutschen Vorbilder aus Jena – als Beiträger von gemeinsam herausgegebenen Zeitschriften einen Namen, wobei das Publikationsorgan *Phosphoros* (1810–13) als das schwedische Pendant zum Schlegelschen *Athenaeum* (1798–1800) zu bezeichnen ist. Der griechische Gott des Morgensterns Phosphoros wird zusammen mit seinem weiblichen Pendant Aurora für eine literarische Bewegung in Anspruch genommen, die ein ganzes *järnålder* (eisernes Zeitalter) der schwedischen Literatur überwinden will. Schon die verspätete Rezeption der deutschen Romantik zeigt, dass die Zustandsbeschreibung des literarischen Lebens im Schweden der 10er Jahre, bei aller polemischen Stilisierung, schlüssig ist. Das betrifft weniger die Qualität der einheimischen Literaturproduktion als die Rahmenbedingungen von Literatur selbst. Die Regierungszeit Gustav IV. Adolfs (1796–1809) ist durch eine rigide Zensur geprägt, die jegliche literarische Entwicklung im Keim erstickt. Die Auseinandersetzungen, welche die »Kämpfer der Morgenröte« führen, um die schwedische Literatur an europäische Standards heranzuführen, richten sich in erster Linie gegen die Schwedische Akademie – insbesondere den Hofdichter Carl Gustaf Leopold und den Herausgeber Pehr Adam Wallmark, der in seinen Zeitschriften die ästhetischen Positionen des akademischen Klassizismus verteidigt. Die Auseinandersetzung findet darüber hinaus in literarisch anspruchsvollen Satiren wie Atterboms Drama *Rimmarbandet* (Die Reimbande, 1810) oder dem gemeinschaftlich verfassten Versepos *Markalls sömnlösa nätter* (Markalls schlaflose Nächte, 1820–21) statt. Wichtig ist, dass die Kritik im Gegensatz zu den entsprechenden Entwicklungen in Deutschland und Dänemark weniger der literarischen Aufklärung gilt,

Titelseite der Zeitschrift *Phosphoros*

die sich im Rahmen einer bürgerlichen Öffentlichkeit etabliert, als den Vertretern einer höfischen Institution, die sich noch an Wertmaßstäben des französischen Klassizismus orientieren.

Noch deutlicher werden die Unterschiede in der Entwicklung der skandinavischen Literaturen, wenn man die Verhältnisse in Norwegen betrachtet. Zwar gewinnt Norwegen 1814 durch die Loslösung von Dänemark und die Personalunion mit Schweden größere staatliche Unabhängigkeit, doch bleibt das literarische Leben lange von Kopenhagen abhängig (noch Ibsen und Hamsun publizieren in der dänischen Hauptstadt). Durch die enge Verbindung zum Kopenhagener Kulturbetrieb wird die romantische Philosophie in Norwegen relativ früh rezipiert und findet in dem Philosophen Niels Treschow einen wirkungsmächtigen Vertreter. Ein literarischer Niederschlag ist aber erst in den Schriften Henrik Wergelands zu verzeichnen, der sein Versepos *Skabelsen, Mennesket og Messias* (Die Schöpfung, der Mensch und der Messias, 1830) mit programmatischen Widmungsgedichten an Steffens und Treschow einleitet. Dabei kann von einer genuin romantischen Schulbildung wie in Schweden oder Dänemark aber nicht die Rede sein. Vielmehr werden die literarischen Debatten in Norwegen seit Erscheinen von *Skabelsen, Mennesket og Messias* durch Diskussionen über die Möglichkeit und den Status einer Nationalliteratur geprägt, die ihren markantesten Ausdruck in der Auseinandersetzung zwischen Wergeland und Johan Sebastian Welhaven findet. Die unterschiedlichen europäischen Strömungen, auf die sich die Widersacher in dieser öffentlich geführten Fehde berufen, lassen sich weder mit der Dichotomie von Aufklärung und Romantik noch mit derjenigen von Romantik und Realismus fassen.

Auch die finnlandschwedische Romantik, die sich im Umfeld der Akademie Åbo konstituiert, ist eher mit der Frage nach einer nationalen Abgrenzung als mit dem Anspruch einer dezidierten Epochenzäsur beschäftigt. Das gleiche gilt für die isländische Romantik, die sich noch deutlich am Kopenhagener Kulturleben orientiert. Auch wenn Steffens' Ideen über Bjarni Thorarensen schon in den 10ern nach Island gelangten, wird der eigentliche Einsatz der isländischen Romantik mit der Begründung der Kopenhagener Zeitschrift *Fjölnir* (1835–47) in Zusammenhang gebracht. Die Zeitschrift, die mit Artikeln zu Politik, Ökonomie, Naturwissenschaft und Poesie völlig unterschiedliche Diskursformen vereinigt, konstituiert eine neue Form einer dezidiert isländischen Öffentlichkeit. Erst dieses Forum wird es dem bedeutendsten Vertreter der isländischen Romantik, Jónas Hallgrímsson, ermöglichen, die isländische Literatur an europäische Standards heranzuführen. Neben eigenen Gedichten publiziert er Übersetzungen aktueller europäischer Literatur (u.a. Heine) und begründet in der Zeitschrift eine eigenständige isländische Literaturkritik.

Schon der einleitende Blick auf die Selbstwahrnehmung der neuen literarischen Bewegungen zeigt die Unterschiede in der Entwicklung der skandinavischen Literaturen des frühen 19. Jh. auf. Dennoch lassen sich genügend Gemeinsamkeiten angeben, die es erlauben, von einer ›nordischen Romantik‹ zu reden.

Literarische Selbstfindung – Romantik in Norwegen, Finnland und Island

Philosophie der Kunst

Mit der Romantik gewinnt die Literatur endgültig philosophische Relevanz. Das heißt, dass literarische Texte nicht zur sinnlichen Vermittlung von moralischen Lehrsätzen in Anspruch genommen werden, die außerhalb der Literatur Gültigkeit besitzen, sondern dass sie als Kunstprodukte Erkenntnisse zu

Autonomie der Kunst vermitteln helfen, die von der Philosophie schlichtweg nicht formuliert werden können. Die philosophische Aufwertung der Kunst, die sich mit der romantischen Kritik an den poetologischen Konzepten der Aufklärung vollzieht, ist ohne Bezug auf die Entwicklung der idealistischen Philosophie in Deutschland undenkbar. Kant selbst bereitet die Aufwertung der Ästhetik durch seine *Kritik der Urteilskraft* (1790) vor, in der er das Konzept einer autonomen Kunst entwickelt. Man spricht von einer Autonomie der Kunst, sobald ihre Funktion weder über eine, wie auch immer geartete, Moral noch über ein Korsett von Kunstregeln bestimmt wird. Autonome Kunst definiert sich allein über das spezifische Wesen, die Idee von Kunst selbst. Die Romantiker führen diese ästhetischen Überlegungen fort und wenden sie gegen Kant selbst. Dabei wird das autonome ästhetische Gefühl zu einem Erkenntnisvermögen aufgewertet, das gegen die Begrenztheit des reinen Verstandesdenkens ausgespielt wird. Während Schelling dem freien Kunstempfinden schließlich eine religiöse Funktion zuschreibt, begreift Schlegel es als ein paradoxes Reflexionsmittel, welches die Möglichkeiten des traditionellen philosophischen Denkens experimentell übersteigt.

Mit Bezug auf die deutsche Philosophie, in Dänemark und Norwegen von Steffens und Treschow, in Schweden von Benjamin Höijer und Samuel Grubbe vermittelt, tritt die Ästhetik für kurze Zeit in den Rang einer innovativen Leitwissenschaft. Konkret schlägt sich das in der Einrichtung von Ästhetikprofessuren nieder, die im Verlauf des späten 18. und frühen 19. Jh. in Kopenhagen, Lund und Uppsala gegründet und mit prominenten Vertretern der romantischen Schule – u.a. Atterbom, Oehlenschläger, Knud Lyne Rahbek und Carsten Hauch – besetzt werden. Im Feld autonomieästhetischer Entwürfe lassen sich klassizistische Varianten von eigentlich romantischen Entwürfen abgrenzen. Während erstere auf die Vorbildfunktion der antiken Kunst oder zumindest auf ein ahistorisches und universell gültiges Kunstideal setzen, fußen letztere auf der Einsicht in die Historizität von Kunst. Obwohl sich in Skandinavien poetologische wie literarische Belege für beide Tendenzen finden, wird die Differenz zwischen Klassik und Romantik, die in Deutschland traditionell mit der Opposition zwischen Weimarer und Jenaer Schule verknüpft ist, nicht schulbildend. Vielmehr orientiert man sich scheinbar mühelos an den widersprüchlichen Vorgaben, was zum Teil zu überraschenden Brüchen innerhalb einzelner theoretischer Entwürfe und literarischer Werke führt. Das Zusammenspiel zwischen Literatur und ästhetisch-philosophischer Reflexion prägt die literarische Entwicklung des frühen 19. Jh. und findet seinen Niederschlag in einer neuen Form von Literaturkritik, welche die normierende Wertung von Literatur durch ein hermeneutisches Verstehen zu überwinden versucht. Das Bemühen, dem ›Geist der Literatur‹ gerecht zu werden, mündet mit Rahbeks und Rasmus Nyerups *Bidrag til den danske Digtekunsts Historie* (Beiträge zur Geschichte der dänischen Dichtkunst, 1800), Hammarskölds *Svenska Vitterheten* (Schöne Literatur Schwedens, 1818–19) und Atterboms *Svenska Siare och Skalder* (Schwedische Seher und Skalden, 1841–55) in erste Ansätze einer nationalen Literaturgeschichtsschreibung.

Erfindung der Literaturgeschichte

Esoterische Öffentlichkeit

Literatursoziologisch betrachtet schlagen sich die Veränderungen des Kunst- und Literaturverständnisses in der Ausbildung elitärer bürgerlicher Literaturzirkel nieder, die nicht von ungefähr in Universitätsnähe entstehen. Es handelt sich um eine Form ausschließender Öffentlichkeit, die sich sowohl von der höfischen wie von der bürgerlichen Öffentlichkeit abgrenzt. Die Starrheit höfischer Umgangsformen wird ebenso kritisiert wie die vermeintliche Geistlosigkeit einer populären bürgerlichen Kultur, die sich allein an den ökonomischen Bedürfnissen des entstehenden Literaturmarktes ausrichte. Das skandinavische Literaturleben konzentriert sich in dieser Zeit auf wenige Salons, in denen sich ein nahezu familiärer Kreis von Bildungsbürgern trifft.

Die enorme Bedeutung, die das deutsche Kulturleben für die skandinavische Romantik besitzt, ist unübersehbar. Zahlreiche Lebens- und Reisebeschreibungen zeugen von sehr engen Kontakten zu den Kreisen der deutschen Klassik und Romantik, wobei insbesondere Atterboms *Minnen från Tyskland och Italien* (1859; Aufzeichnungen [...] aus Deutschland und Italien aus den Jahren 1817–19, 1867) einen auch für den deutschen Leser aufschlussreichen Blick auf das romantische Deutschland vermitteln. Auch im frühen 19. Jh. setzt sich die Tradition des literarischen Grenzgangs zwischen Deutschland und Dänemark fort. Henrich (oder eben Heinrich) Steffens, Adolph Wilhelm Schack Staffeldt und Oehlenschläger, der sogar von seinem ursprünglich dänischen Namen Øhlenslæger Abstand nimmt, erzielen mit eigenen Übersetzungen sowie mit original auf Deutsch verfassten Texten Erfolge, die von der nationalsprachlichen Literaturgeschichtsschreibung in Deutschland und Dänemark weitestgehend ignoriert wurden.

Zäsuren: Realismen in einer Biedermeierzeit

Sicherlich gehört die Einsicht in die Historizität von Kultur, die zur Entstehung der Literaturgeschichtsschreibung führt, zu den nachhaltigsten Erkenntnissen der Romantik. Den mit dieser Erkenntnis verbundenen Anforderungen an ein innovatives Schreiben fallen die Romantiker schließlich selbst zum Opfer. Spätestens Ende der 30er Jahren gelten die ästhetischen Positionen der Schellingschen Kunst- und Naturphilosophie und ihrer skandinavischen Adepten in ganz Skandinavien als veraltet.

Ausschlaggebend für die ästhetische Debatte in Dänemark ist das Wirken des Dramatikers Johan Ludvig Heiberg, der das Kopenhagener Kulturleben ab den späten 20ern als Herausgeber und tonangebender Kritiker der Zeitschriften *Kjøbenhavns flyvende Post* (Kopenhagens fliegende Post, 1827–1830), *Interims-Blade* (1834–37) und *Intelligensblade* (1842–44) maßgeblich prägt. Als Direktor des Königlichen Theaters versammelt er die zweite Generation der dänischen Romantik um sich. Heibergs Denken ist nachhaltig von Hegel beeinflusst, den er in Dänemark einführt und dem er auch auf Deutsch verfasste philosophische und ästhetische Schriften widmet. Mit Hegel wendet er sich gegen die romantische Glorifizierung der Kunst und stellt die ursprüngliche Hierarchie zwischen philosophischer Reflexion und ästhetischem Empfinden wieder her. Für größtes Aufsehen sorgt seine scharfe Kritik an Oehlenschlägers Dramatik im Stile Baggesens.

In Schweden formiert sich der Widerstand gegen die romantische Schule aus ihren eigenen Reihen. Mit Erik Gustaf Geijer und Carl Jonas Love Almqvist wenden sich zwei Autoren, die zum weiteren Umfeld der Phosphoristen gezählt werden können, von ihren Mitstreitern ab. Beiden setzen sich gegen Ende der 30er öffentlich für einen sozial verpflichteten Liberalismus und eine im weitesten Sinn politisch motivierte Literatur ein.

Folgt man den im letzten Abschnitt genannten Kriterien, dann lässt sich der Wechsel zwischen Romantik und dem sogenannten Poetischen Realismus gut konturieren. Philosophisch kann man mit aller gebotenen Vorsicht von einem Übergang von der Schellingschen Kunst- und Naturphilosophie zum Systemdenken Hegels sprechen. Poetologisch spiegelt sich dieser Übergang in der Forderung nach einer lebensnahen Kunst, also in der Rehabilitation mimetischer Abbildungstechniken. Die erkenntnistheoretische oder parareligi-

Romantik versus Realismus

Titelvignette von *Kjøbenhavns flyvende Post*

Johan Ludvig Heiberg, Ölgemälde von S. Schack (1840)

öse Funktion der Kunst wird zugunsten ihres gesellschaftskritischen Potentials aufgegeben. Dieses wird allerdings noch an das ästhetische Kriterium einer harmonisierenden bzw. idealisierenden Wiedergabe der Wirklichkeit gebunden.

Die veränderten poetologischen Vorgaben schlagen sich weniger in der Ausformulierung neuer ästhetischer Theorien als im Wandel der Literaturkritik nieder, der wiederum eng mit literatursoziologischen Veränderungen verbunden ist. Im Verlauf der 30er beginnt sich in Skandinavien ein literarischer Markt zu konstituieren, der es einzelnen Schriftstellern erlaubt, von ihren literarischen Produkten zu leben. Mit diesem Markt, der sich an den Lesegewohnheiten kleinbürgerlicher Familien ausrichtet, etabliert sich eine öffentliche Literaturkritik, die über die liberale Hauptstadtpresse Einfluss auf das Kaufverhalten der Leser ausübt. Exemplarisch lässt sich der erneute strukturelle Wandel der bürgerlich-literarischen Öffentlichkeit an dem rasanten Aufstieg der Stockholmer Tageszeitung *Aftonbladet* (Abendblatt, seit 1830) illustrieren, der von dem Publizisten Lars Johan Hierta vorangetrieben wird. Während sich Hierta an englischen Vorbildern orientiert, importiert Meïr Aron Goldschmidt den bissigen französischen Journalismus nach Dänemark. In der Tat gehörte seine Wochenzeitschrift *Corsaren* (1840–55) zu den meistgelesenen Blättern Dänemarks. Sie ist vor allem durch Satiren bekannt geworden, die auch vor dem Privatleben der dänischen Geistesgrößen (u.a. Kierkegaard) nicht halt macht. Das öffentliche Antasten der tabuisierten Privatsphäre wirkte zutiefst verstörend auf die kleine Welt des dänischen Biedermeier.

Schließlich lässt sich der Epochenbruch aus einem komparatistischen Blickwinkel belegen. Die Kritik an der ›Deutschtümelei‹ der romantischen Schulen geht mit einer verstärkten Aufmerksamkeit für die neueste Romanliteratur aus England und Frankreich einher. Auch die politisch radikale Literatur des deutschen Vormärz wird in Skandinavien wahrgenommen. Es ist allerdings für das gemäßigtere politische Klima in Skandinavien bezeichnend, dass nur Heines ›romantische‹ Schriften, d.h. seine Romantikkritik, seine Lyrik und seine ironischen Reiseberichte, ein markantes literarisches Echo finden.

Vor dem Zeitungsbüro,
Lithographie von
J.A. Cronstedt (1841)

Trotz der hier verkürzt wiedergegebenen Kriterien hat sich die Forschung mit der Abgrenzung zwischen Romantik und Poetischem Realismus viel schwerer getan als mit derjenigen zwischen Aufklärung und Romantik. Definiert man die Epochen über außerliterarische Kriterien, etwa Weltanschauung oder politisches Bewusstsein der Autoren, verwickelt man sich schnell in methodische Probleme. Auch Definitionen, mit denen man verschiedene Strömungen der Romantik (philosophisch-reflexive Frühromantik, nihilistischer Romantismus oder schwarze Romantik, poetischer Realismus und harmonisierend-kleinbürgerliches Biedermeier) differenziert hat, kranken daran, dass sie sich auf das schwer zu fassende Phänomen des Wirklichkeitsgehaltes von Literatur abstützen.

Romantik und Realismus als Konstruktion

Das wissenschaftliche Romantikverständnis unterliegt seit der poststrukturalistisch inspirierten Forschung der 1980er Jahre einem massiven Wandel. Die Frage nach der weltanschaulichen und geistesgeschichtlichen Bedeutung von einzelnen Texten ist seit dieser Zeit dem Interesse für ihre spezifische Funktionsweise gewichen. Man hat zeigen können, dass das Interesse der Literatur dieses Zeitraums in erster Linie der Sprache und ihrer Auswirkung auf das Denken gilt. In den avanciertesten Dichtungen der Epoche wird die strukturbildende Macht der Sprache kritisch reflektiert – ja, Sprache selbst verändert. Dies kommt in ganz unterschiedlichen literarischen Projekten zum Ausdruck. Auf der einen Seite stehen (post)modern anmutende literarische Experimente, die auf eine fortlaufende sprachliche Dynamisierung des Denkens setzen. Die Gesellschaft soll über ihre Kommunikationsmedien revolutioniert werden. Auf der anderen Seite wird die Einsicht in die sprachliche Verfasstheit und Relativität des Denkens umgekehrt dazu genutzt, neue symbolische Systeme zu kreieren. Der Verlust einer sinngebenden religiösen oder philosophischen Instanz wird durch eine Mythifizierung von Kunst, Volk und Subjekt ästhetisch überwunden.

Die Sprache neu erfinden

Wenn in diesem Kapitel auf die Aufgliederung zwischen Romantik und poetischen Realismus verzichtet wird, so nicht, weil die entsprechende literaturhistorische Entwicklung einfach negiert werden soll, sondern weil das Gegensatzpaar zu ungenau erscheint, um die subtilen Brüche und Spannungen zu kennzeichnen, die sich sowohl aus einer diachronen als auch aus einer synchronen Betrachtung des literarischen Materials ableiten lassen.

Autorinszenierungen

Unreflektiert dichten – Geburt und Krise des autorfixierten Schreibens

Die sich wandelnde Auffassung über die Rolle und Funktion der Autorschaft gehört zu den Neuerungen, welche die Produktions- und Rezeptionsbedingungen von Literatur am nachhaltigsten verändern. Die Vorstellung des Genies, das an keine Regeln gebunden ist, in seinem Schaffen aber unbewusst Regeln begründet, reicht weit in das 18. Jh. zurück. Sie wird aber erst im späten 18. Jh. durch Kant und Schiller theoretisch fundiert und im frühen 19. Jh. normbildend.

In Dänemark erhält die Konzeption des Genies eine spezifische Ausprägung. Die wenig anspruchsvollen und schmalen theoretischen Schriften Oehlenschlägers, die um den Begriff des Dichters kreisen, zeugen von einer genauen Kenntnis von Schillers ästhetischen Arbeiten. Dabei leitet Oehlenschläger aus Schillers Bemerkungen über das unreflektierte Schaffen Goethes eine regelrechte Infantilisierungsstrategie ab. Diese zeigt sich allerdings weniger in seinen theoretischen Texten als in dem Lustspiel *Aladdin* (Aladdin, 1808), das Oehlenschläger 1805 im zweiten Band des Sammelwerkes *Poetiske Skrifter* (Poetische Schriften) publiziert. Das Stück kann als das wirkungsmächtigste dänische Drama des frühen 19. Jh. bezeichnet werden.

Adam Oehlenschläger, Ölgemälde von J. L. Lund (1809)

Ein infantiles Genie: Aladdin in Dänemark

Aus heutiger Perspektive mag der Erfolg von *Aladdin* nur erstaunen. Dies gilt weniger für das exotische Sujet aus *1001 Nacht*, für das sich im europäischen Kontext viele Vergleiche finden, als für die auf den ersten Blick nahezu bizarr anmutende Schlichtheit der Personen- und Handlungsstruktur des Stückes. Oehlenschläger verhehlt zu keinem Zeitpunkt, dass er ein Märchen auf die Bühne bringt. Mit dem vergrübelten und ehrgeizigen Gelehrten Noureddin und dem selbstgenügsamen Schneidersohn und Naturburschen Aladdin stehen sich zwei bis zur Verzerrung klar entgegengesetzte Aktanten gegenüber, die als reine Personifikationen der Prinzipien von Wissen und Glück gekennzeichnet sind. Der Geist aus der Flasche, um den sie streiten, wiederum wird im Stück selbst als Allegorie der Einbildungskraft bezeichnet, wodurch sich die metapoetische Intention des Dramas erschließt: Das große Kind Aladdin, dem die Apfelsinen in den Turban fallen und dem trotz seiner Passivität Königreich und Prinzessin zuteil werden, steht repräsentativ für das volkstümliche, phantasievolle Naturgenie, welches für den Text *Aladdin* selbst verantwortlich zeichnet. Nicht Wissen, sondern Naturbegabung und glückliches Talent sind für den Erfolg künstlerischer Projekte verantwortlich. Dass die Gleichsetzung von Autor und Held auch vom zeitgenössischen Publikum verstanden worden ist, zeigt ein Blick auf die damalige Rezeption. Eine böse Variante dieser Lesart bietet Baggesen in seiner Polemik *Noureddin til Aladdin* (Noureddin an Aladdin, 1807), in der er in die Rolle des Noureddin schlüpft, um dem jungen Aladdin/Oehlenschläger eine Nachhilfestunde in Sachen Poetik und Dramaturgie zu erteilen.

Auch in weiteren Stücken – insbesondere in dem zuerst auf Deutsch verfassten Künstlerdrama *Corregio* (1811; Corregio, 1816) – setzt Oehlenschläger sein spezifisches Konzept von Autorschaft dramatisch in Szene. Das Geniekonzept Goethes, das auf die mythischen Gestalten des Prometheus oder die alttestamentarische Vorstellung eines Schöpfergottes rekurriert, wird dabei zusehends von einem Künstlerverständnis ersetzt, in dem das Genie als Nachfolger Christi auftritt. Die Thematisierung der ›sanften‹ und vergänglichen Form von Autorschaft geht mit einschneidenden textuellen Konsequenzen einher. Die erwähnten Dramen zielen nicht auf einen tiefen, auktorial verbürgten Sinn, sondern begnügen sich mit einer oberflächlichen Inszenierung ihrer sprachlichen und erzählerischen Mittel, die allenfalls temporäre Stimmungsbilder erzeugen. Insgesamt stellt Oehlenschlägers Vorgehen, das selbstverständlich jeglicher Naivität entbehrt, nur die erste Variante unterschiedlichster Bemühungen dar, mit denen sich Schriftsteller aus allen skandinavischen Nationen selbst eine pointierte Autorenrolle zuschreiben. Zwei skandinavische Künstlerromane aus den 1830er Jahre können zu den international erfolgreichsten Versuchen dieser Art von auktorialer Selbstvermarktung gezählt werden.

Wie kaum ein anderer hat sich Hans Christian Andersen das Konzept Oehlenschlägers zu eigen gemacht. Dabei etabliert er sich mit seinen autobiographischen Schriften und Künstlerromanen, in denen er explizit auf das Vorbild *Aladdin* anspielt, nicht über den dänischen, sondern über den deutschen Markt. Wie bei Oehlenschläger führt die kritische Thematisierung des Geniegedankens zu einer schleichenden Auflösung der Textfunktion Autorschaft, die es Andersen erlaubt, durchaus modern anmutende Textkonzepte zu realisieren.

Adam Oehlenschläger, Lithographie von J. W. Tegner (1846)

Dies gilt in besonderer Weise für seinen ersten großen Roman *Improvisatoren* (1835; Jugendleben und Träume eines italienischen Dichters, 1835). Wie in vielen dänischen Romanen spielt die Handlung in Italien, das zu dieser Zeit als Platzhalter für Wunschvorstellungen aller Art einzustehen beginnt. Der Rückgriff auf Phantasmen und Klischees kennzeichnet auch die Wahl der Hauptfigur. Held und Erzähler des Romans, Antonio, ist ein Kind des Volkes – eine sensible Waise, die aufgrund ihrer reinen Stimme und einer natürlichen Anlage zum improvisierten Gedichtvortrag Eingang in die höchsten Gesellschaftskreise findet, im Verlaufe des Romans aber ständig von ihrer asozialen Vergangenheit eingeholt wird. Der Roman lebt von merkwürdigen Spannungen und Brüchen, da sich Andersen in der Wahl der Handlungselemente an den gänzlich widersprüchlichen Traditionen von Räuber- und Künstlerroman zu orientieren scheint. Genreszenen aus dem römischen Bettler- und Banditenleben stehen neben prätentiösen Berichten von Lektüre- und Kunsterlebnissen, die den Bildungsweg und die künstlerische Karriere von Antonio belegen. Aufgrund seiner auffällig frühen Thematisierung von Improvisationstechniken ist der Roman als Vorläufer einer skandinavischen Jazzästhetik in Anspruch genommen worden. Tatsächlich scheinen sich die ästhetischen Exkurse, mit denen der Ich-Erzähler die performativen Qualitäten einer stets neu variierten Improvisation von der Starrheit einer klassizistischen Werkästhetik abgrenzt, auch auf der formalen Ebene des Buches niederzuschlagen. Mit der bewussten Anlehnung an Erzählformen und -themen aus der Populärkultur sprengt das Buch den formalen Rahmen vergleichbarer Künstlerromane aus dem deutschsprachigen Raum. Entwicklungs- und Liebesgeschichte des Helden dienen lediglich als vage Folie, um in einem losen Bilderreigen unterschiedliche Tableaus zu präsentieren, die nichts anderes als den bildungsbürgerlichen Blick auf Italien selbst spiegeln. Obwohl der Autor tatsächlich auf die Erfahrungen einer ausgedehnten Bildungsreise durch Italien zurückgreifen konnte, zeugen seine Darstellungen weniger von einer authentischen Wahrnehmung des Landes als von dem genauen Wissen darüber, was man seit Goethe über Italien gelesen haben sollte. In der Verwendung von Versatzstücken aus unterschiedlichsten Traditionen dieses Italiendiskurses, die z.T. mit grotesken und erotischen Elementen aus einer populären Italokultur vermengt werden, bietet sich der Roman als eine faszi-

Andersen als Improvisator

Collage aus
H.C. Andersens
Christines Billedbog
(1859)

nierend schillernde Zitatcollage dar, in welcher der Autor Andersen völlig hinter dem Improvisator Andersen zurücktritt.

Es ist erstaunlich, dass Andersen mit der Figur des Improvisators schon ein Alternativkonzept entwickelt, bevor er sich in dem nachfolgenden Roman *Kun en Spillemand* (1837; Nur ein Geiger, 1847) daran macht, den Geniegedanken und die damit zusammenhängende Kunstauffassung zu hinterfragen. *Kun en Spillemand* ist, wie *Improvisatoren* auch, von der Forschung lange als verkappte Autobiographie Andersens gelesen worden. Um so auffälliger ist, dass Andersen in dem Roman keinesfalls eine Erfolgsgeschichte, sondern den Prozess eines künstlerischen Scheiterns schildert. Kein anderer als Søren Kierkegaard, der sich in seiner ersten Publikation *Af en endnu Levendes Papirer* (1838; Aus eines noch Lebenden Papieren, 1960) kritisch mit diesem Buch auseinandersetzt, hat ein sehr genaues Gespür für die negative Tendenz des Romans bewiesen. Er erkennt, dass Andersen keinen Einzelfall zu schildern sucht, sondern eine auf Versöhnung und Harmonie abzielende ästhetische Doktrin in Frage stellt.

Visionäre Autorschaften – Religiöse Kunst oder künstliche Religion?

Während das Konzept der Autorschaft bei Oehlenschläger und Andersen noch um eine spezifische Form von künstlerischer Produktivität kreist, gewinnt der Begriff des schöpferischen Genies bei anderen Autoren schon explizit religiöse Züge. Die religiöse Überhöhung des Kunstschaffens kennzeichnet vor allem eine visionäre Ideenlyrik, welche in dem Dänen Staffeldt, dem Norweger Wergeland sowie dem Schweden Erik Johan Stagnelius drei prominente skandinavische Vertreter findet. In ihren poetischen Entwürfen wird die Natur oder die Menschheitsgeschichte als lesbarer Text inszeniert, um den gleichermaßen göttlichen wie auktorialen Geist zum Ausdruck zu bringen, der sich hinter diesem beseelten Zeichensystem verbirgt. Um die Natur oder die Geschichte aber als derart erfüllten Zeichenraum wahrnehmen und darstellen zu können, bedarf es einer – von den Dichtern selbst immer wieder thematisierten – religiösen oder dichterischen Einweihung. Der Dichter wird als selbstbewusstes Spiegelbild oder als Stellvertreter Gottes in Szene gesetzt, dem es in seinen künstlerischen Kreationen eigentlich erst gelingt, den verborgenen Sinn von Schöpfung und Schöpfungsgeschichte zu offenbaren.

Narzissmus und Weltverzweiflung

Die zahlreichen metapoetischen Gedichte, die Staffeldt in der zweiten Abteilung seiner *Digte* (Gedichte, 1804) versammelt, zeugen davon, dass sich der auf Rügen geborene und in Schleswig-Gottorp verstorbene Autor viel sicherer in der philosophischen und ästhetischen Diskussion des deutschen Idealismus bewegte als seine Kopenhagener Zeitgenossen. Die meisten dieser Gedichte sind der Frage nach dem Dichterischen gewidmet. Dabei bestimmt Staffeldt die Autorrolle stets auf der Grenze zwischen narzisstischer Allmachtsphantasie und Weltverzweiflung. Einerseits wird der Dichter explizit als Stifter einer neuen pantheistischen Religion inszeniert, dem es in seinen Kunstprodukten gelingt, das Absolute – die Welt als beseelte Ganzheit – zu repräsentieren. Selbst die Figur einer gewaltsam-erhabenen Natur, die seine Gedichte durchzieht, schränkt die Allmacht dieses Künstlers keineswegs ein, sondern steigert sie. Immerhin gelingt es dem Dichter, die einschüchternde Erfahrung des Erhabenen umzukehren, indem er sie ästhetisch genießbar macht. Andererseits wird dieser optimistische Blick auf die Kunst in den Gedichten Staffeldts immer wieder gebrochen. Ein krasses Beispiel dafür bieten etwa das als »unvollendete Selbstmörderchakteristik« bezeichnete Gedicht *Ved Emmas Dødsseng* (An Emmas Todesbett), das in einigen Strophen in reinste Blasphemie umschlägt. Die resignativen bis nihilistischen Züge der Gedichte sollten dabei nicht als Zeichen einer gespaltenen Künstlerseele missverstanden werden. Die Resignation ist vielmehr ästhetisch motiviert. Indem die mit allerlei Allegorien und mythischen Personifikationen überladenen Gedichte selbst auf ihre Künstlichkeit aufmerksam machen, stellen sie die Relativität und Unzuverlässigkeit der entwickelten pantheistischen Kunstreligion bloß. Offensichtlich ist sich Staffeldt sehr wohl bewusst, dass die Erfahrung einer beseelten und sprechenden Natur letztendlich nur auf zerbrechlichen sprachlichen Figuren beruht.

Religion als Revolution

Während Staffeldt die Rolle des Dichters als Visionär also durchaus kritisch überdenkt, übernimmt der junge Wergeland sie zunächst ungebrochen. Immerhin handelt es sich bei seinem umfangreichen Versepos *Skabelsen, Mennesket og Messias* um eine an Milton und Klopstock orientierte Darstellung der Entwicklungsgeschichte des Weltgeistes. Mit der Kapitelabfolge von Schöpfungsgeschichte, Sündenfall und Welterlösung tritt das Epos unverhohlen die Nachfolge der Bibel an. Schon im einleitenden Kapitel – einer Diskussion, die diverse Weltgeister angesichts der just entstandenen Weltschöpfung führen – wird verdeutlicht, dass sich die Schöpfung nur als werdende organische Totalität verstehen lässt, in der sich die Gegensatzpaare von Ewigkeit und Gegenwart, Geist und Materie, Verstand und Emotion, Mann und Frau, Schöpfer und Schöpfung harmonisch versöhnen. Diese idealistische Folie wird im zweiten Teil des Epos zusehends von einer politischen Rhetorik überblendet. Im Zentrum des dargebotenen Geschichtsmodells steht ein mit religiösen und politischen Implikationen überfrachteter Emanzipationsgedanke. Mit Szenen aus der Bibel, aber auch mit kurzen Abstechern in die orientalische, mexikanische, antike und germanische Frühzeit wird Geschichte als ständiger Widerstreit zwischen tyrannischer und priesterlicher Unterdrückung und Aufbegehren des Volkes dargestellt, den Wergeland auf das dialektische Wechselspiel zwischen materieller Fesselung und Befreiung des Weltgeistes zurückführt.

Erik Johan Stagnelius, Zeichnung von L.G. Malmberg (um 1820)

Religion und Todestrieb

Auch bei Stagnelius steht der Gedanke einer religiösen Aufwertung der Poesie im Zentrum. Allerdings setzt er diese Form von artifizieller Religiosität in einer wesentlich anspruchsvolleren Lyrik um als der junge Wergeland. Sein in drei Heften publiziertes Hauptwerk *Liljor i Saron* (1821; Die Lilien in Saron, 1851), das neben Gedichten auch das Drama mit dem bezeichnenden Titel *Martyrerna* (Die Märtyrer, 1851) enthält, ist als Beleg für eine einschneidende religiöse Bekehrung gelesen worden. Stagnelius selbst geht in einem Prospekt zu der Sammlung ausführlich auf den theosophischen Hintergrund seiner Religionspoesie ein. Sie beruht auf einer gnostischen Tradition, die von Böhme über Swedenborg bis hin zu einem von Schelling geprägten Neuplatonismus reicht. In *Liljor i Saron* verschränkt Stagnelius diese theosophische Tradition mit dem Konzept einer himmlischen Liebe und Erotik, die ihrerseits von einer Todessehnsucht überblendet wird. Aus einer psychoanalytischen Perspektive betrachtet kreisen die Gedichte um einen libidinös besetzten Todestrieb – ein Verlangen nach Unendlichkeit, das zu einer spezifischen Form der Erkenntnis aufgewertet wird. Ein schönes Beispiel für dieses libidinöse Religionskonzept bietet das längste Stück der Sammlung, *Kärleken* (Die Liebe), welches von Stagnelius selbst als »metaphysisches Lehrgedicht« bezeichnet wird. Das Stück mündet in die Apotheose einer himmlischen Geliebten mit dem bezeichnenden Namen Amanda, die nichts anderes als eine abstrakte Allegorie der platonischen Liebe vorstellen soll. Dabei steht die Zeichenfunktion Amandas im Kontrast zu den sinnlich-erotischen Beschreibungen des lyrischen Ichs, die auf die materielle Körperlichkeit der Geliebten zielen. Die Zweideutigkeit der verwendeten Zeichen ist im hohen Maße strukturbildend. Der Widerstreit zwischen der bildlichen und der buchstäblichen Ebene der Beschreibung führt zu Widersprüchen und Paradoxien innerhalb der Sprache, die sich nicht aufheben lassen. Genau diese Form des unabschließbaren Sprechens aber stellt die Unendlichkeit des Begehrens sicher, um die es dem lyrischen Ich eigentlich zu gehen scheint. Das religiöse Ideal wird nicht einfach als Ideal abgebildet, sondern als Sprachbild inszeniert, welches ein körperliches und seelisches Begehren hervorruft, das es selbst nicht einlösen kann.

Die ideengeschichtlichen Interpretationen, die dem religionshistorischen Hintergrund von Stagnelius' Lyrik gewidmet waren, haben lange Zeit den Blick für seine ausgeprägten zeichentheoretischen Interessen verstellt. Seine besondere Aufmerksamkeit für das sprachliche Zeichen schlägt sich zunächst in einer Thematisierung von Schrift und Sprache nieder. Immer wieder geht Stagnelius in seinen Gedichten auf die fundamentale Erweiterung der visionären Möglichkeiten ein, die durch die Erfindung von Buchstaben und

Schrift bedingt sind. So kreist das programmatische Einleitungsgedicht *Det gifs ett Ord allena* (Es gibt nur ein Wort) von *Liljor i Saron* um die Signifikantenkette »G-U-D« (G-O-T-T), die buchstäblich auf die Natur projiziert wird, um »Sternenbuchstaben« und »Blumenschrift« als sinnvolle Zeichenfolgen zu entziffern. Wie Novalis ist Stagnelius einer Sprache der Dinge auf der Spur. Die Lesbarkeit von Schrift und Natur – also die Fähigkeit, aus toter oder stummer Materie lebendige und sprechende Vorstellungsbilder hervorzurufen – wird von Stagnelius selbst auf ein poetisches Vermögen zurückgeführt, welches er in seinen Gedichten immer wieder als höchstes intellektuelles Organ des Menschen feiert. Und in der Tat scheint er dem »Spiel der Einbildungskraft«, d.h. dem Spiel der Phantasie, völlig freien Lauf lassen zu wollen. Seine Gedichte, wie z.B. *Kärleken*, bewegen sich häufig in einem rein imaginären oder metaphorischen Raum, der jede Anbindung an eine wie auch immer geartete Realität verloren hat. Häufig lässt sich in den Gedichten selbst verfolgen, wie sich die Metaphern verselbständigen. Ein poetisches Bild, das Stagnelius benutzt, um einen theoretischen Sachverhalt oder einen emotionalen Zustand zu beschreiben, dient als Ausgangspunkt für neue metaphorische Umschreibungen, deren Beschreibung wieder neue Sprachbilder hervorruft. Ein Beispiel mag diese Verfahrensweise illustrieren. Schon oben wurde erwähnt, dass die Allegorie einer himmlischen Geliebten, die in *Kärleken* beschrieben wird, aufgrund der konkreten Schilderung des poetischen Ichs verstörend sinnliche Züge gewinnt. Dabei werden die Augen, Wangen und Lippen Amandas als Ausgangspunkt für neue Metaphern genommen, die in einen weiteren virtuellen Raum führen:

Zeichenspiel und Bilderflucht

> Skön, lik strålen i ditt blåa öga,
> Glänste själen fordom vid den höga
> Gudathronen i Cherubers chor.
> Ljuft hon brann, som dina kinders blomma,
> Log som dina läppar, tills den fromma
> Sjönk, förledd, ur sina himlar neder
> Till det grus där vanskligheten bor.

(Schön, wie der Strahl in deinem blauen Auge / glänzte die Seele einst am hohen / Gottesthron im Chor der Cherubim. / Sie brannte mild, wie die Blüte deiner Wangen / lächelte wie deine Lippen, bis die Fromme, / verleitet, aus ihren Himmeln hinab versank / zu dem Schutt, wo die Unsicherheit wohnt.)

Schon Stagnelius' Zeitgenossen ist diese Bilderflucht seiner Poesie aufgefallen. Sie wurde früh als realitätsferne Schwärmerei interpretiert und auf eine maßlose Lektüre von Novalis' Schriften sowie den übermäßigen Gebrauch von alkoholischen Rauschmitteln und Opiaten zurückgeführt, dem der Autor in frühen Jahren zum Opfer fiel. Doch diese biobibliographische Erklärung greift zu kurz. Stagnelius ist sich der Bedeutung seines dynamischen Bildgebrauches durchaus bewusst. Die Gedichte kreisen immer wieder um den prekären Moment, in dem die sprachliche Architektur seiner Phantasiewelten in sich zusammenbricht. Hinter der Fassade der Metaphern und Allegorien offenbart sich eine leere Idealität. Meist wird dieser Umschlag (wie in der oben zitierten Strophe) in eine narrative Folie gebracht. Aus dem symbolisierten Himmel fällt das lyrische Ich in eine Betrachtung der leblosen Dingwelt zurück. Wenn das poetische Vermögen – also die Lesefähigkeit – in sich kollabiert, erscheint Natur plötzlich als eine entleerte Buchstabenfolge ohne Sinn.

In seinen besten Gedichten macht Stagnelius diesen Umschlag, hinter dem sich nichts anderes als ein desillusionierendes Spiel mit Schrift und Sprache selbst verbirgt, rhetorisch produktiv. Dabei treibt er den zweideutigen Zeichengebrauch so weit, dass sich der Betrachter in einem ständigen Wechselspiel zwischen der himmlisch-metaphorischen und der buchstäblich-materialistischen Bedeutungsebene der Sprache verliert. Das bekannteste Beispiel hierfür bietet das schon 1818 entstandene Hochzeitsgedicht *Till Förruttnelsen* (An die Verwesung). Die Allegorie der Verwesung wird als begehrenswerte Geliebte geschildert, die das lyrische Ich zur Brautnacht begrüßt. Wem schon die Wahl des Sujets provokativ erscheint, der wird durch die konsequente Vermischung der unterschiedlichen Bildebenen vollends verstört. So gipfelt die morbide Erotik des Gedichts in dem Begehren, das eigene Denken und Fühlen in Würmern aufgelöst zu sehen.

Nicht zuletzt aufgrund ihres ausgeprägten Sprachbewusstseins nimmt Stagnelius' Dichtung eine Ausnahmestellung in der skandinavischen Lyrik des frühen 19. Jh. ein. Die experimentellen Verfahrensweisen, die er entwickelt, um neue Formen des Sprechens zu kreieren, stehen in einem engen Zusammenhang zu anderen Formen selbstreflexiven Schreibens, die man unter dem Begriff der romantischen Ironie zusammenfassen kann.

Romantische Ironie

Schlegels Ironiebegriff

Allgemein definiert, besteht das Wesen der Ironie darin, etwas durch sein Gegenteil zu verstehen zu geben. Dagegen bezeichnet die romantische Ironie Schlegelscher Prägung eine philosophische Denkfigur, die sich in einem unendlichen Wechselspiel zwischen Gegensätzen äußert. Die romantische Ironie steht für die Unabschließbarkeit von Reflexionsprozessen, die als Freiheit des Denkens gefeiert wird. Sie setzt sich gegen jede Erkenntnistheorie, Ethik oder Ästhetik zur Wehr, die mit dem Anspruch auftritt, endgültig zu sein. Folgerichtig mündet Friedrich Schlegels Theorie in das Bemühen, auch sein eigenes Denkkonzept mit Hilfe einer ›Ironie der Ironie‹ kritisch zu hinterfragen. Dabei ist er sich völlig bewusst, dass sich die entsprechende Idee einer fortlaufenden Selbstironisierung vor allem sprachlich-literarisch realisieren lässt.

Als rhetorisch-literarische Figur betrachtet kommt die romantische Ironie in Schreibweisen zum Ausdruck, die ihre eigene Entstehung und Funktionsweise zum zentralen Thema der Darstellung machen und ironisch unterlaufen. Durch diese kritische Selbstthematisierung verwickeln sie sich in Zweideutigkeiten und Paradoxien. In diesem Sinn ließe sich das Konzept der romantischen Ironie als eigentlicher Gegenpol zu den in den beiden vorhergehenden Abschnitten skizzierten, autorfixierten Schreibweisen darstellen, die Texte auf die Intention eines Autors (oder einer Autorfigur) festlegen.

Da sich die Darstellung romantisch-ironischer Praktiken im Folgenden vage an den einzelnen Gattungen orientieren wird, soll zunächst auf das neue Gattungsverständnis in der Epoche eingegangen werden, das indirekt mit der Vorstellung einer selbstkritischen Literatur der Literatur zusammenhängt.

Zwischengattungen

Das Konzept einer selbstbezüglichen Poesie, die ihre eigenen Grundlagen theoretisch in Frage stellt, bedingt zwangsläufig eine kritische Reflexion traditioneller gattungspoetischer Vorgaben. Die Absage an die klassischen Gattungsformen schlägt sich schon in Oehlenschlägers *Digte* nieder. Die Sammlung ist durch einen spielerisch-souveränen Umgang mit historisch und geographisch entlegenen Versformen gekennzeichnet, die teilweise neu in die dänische Literatur eingeführt werden. Noch folgenreicher als diese Wiederbelebung von nicht kanonisierten Formen sind diverse Versuche, die starren Gattungskonzepte des 18. Jh. durch eine Verschmelzung verschiedener Literatur- und Kunstformen aufzuheben. Während man sich im 18. Jh. noch darum bemühte, den einzelnen Gattungen und Künsten eine spezifische Funktion zuzuschreiben, ist man im frühen 19. Jh. im Gegenteil an einer Entgrenzung der klassischen Ausdrucksformen interessiert.

So formuliert etwa Friedrich Schlegel im 116. *Athenaeumsfragment* eine Kritik an dem differenzierenden Kunstverständnis der Aufklärung und entwirft das Konzept einer progressiven Universalpoesie. Die romantische Poesie soll nicht nur alle Gattungen vereinen, sondern auch Philosophie und Rhetorik, Genialität und Kritik sowie Kunstpoesie und Naturpoesie vermischen. Dabei geht es Schlegel keineswegs um eine regellose und plumpe Entdifferenzierung zwischen Gattungen, Kunstarten und Diskursen. Vielmehr sollen die differenzierten Ausdrucksformen in ein Zusammenspiel gebracht werden, über das sie sich gegenseitig in ihrer Funktionsweise beleuchten. Schlegel macht ganz deutlich, dass das Konzept der progressiven Universalpoesie ohne den Rückgriff auf eine romantisch-ironische Kritik dieses Konzeptes undenkbar ist.

Progressive Universalpoesie

Mit Carl Jonas Love Almqvists *Fria fantasier hvilka, betraktade såsom ett helt, af Herr Hugo Löwenstjerna stundom kallades Törnrosens bok, stundom En irrande Hind* (Freie Phantasien, welche, als ein Ganzes betrachtet, von Herr Hugo Löwenstjerna manchmal Dornrosenbuch genannt wurden, manchmal Eine irrende Hirschkuh, 1832–51) liegt ein – wohl auch im europäischen Kontext – einzigartiger Versuch vor, Schlegels umfassenden Poesiebegriff in einem Text umzusetzen. Schon der Umfang der Sammlung verdeutlicht diesen Anspruch. Das unter dem Titel *Törnrosens bok* bekannte Werk erscheint in vierzehn taschenbuchförmigen Duodez- und drei mächtigen Imperialoktavbänden. Darüber hinaus ist umfangreiches Handschriftenmaterial überliefert, das an den Erzählrahmen der Sammlung anknüpft. Sämtliche Texte werden in der Fiktion als Schriften einer Schlossgesellschaft bezeichnet, die sich ursprünglich als einfache Erzählrunde konstituiert. Der lockere Erzählrahmen erlaubt es Almqvist, fast seine gesamte Produktion in das *Dornrosenbuch* einzubinden. Neben zahlreichen literarischen Gattungen aus der älteren und jüngeren europäischen sowie der orientalischen Literatur beinhaltet die Sammlung religiöse und kunsttheoretische Essays, Musiknoten und Liedtexte. Später wird die Erzählrunde um eine Akademie ergänzt, so dass zusehends pseudowissenschaftliche Essays in das Kompilationswerk einfließen. In den nachgelassenen Handschriften, aus denen das 1400 Folioseiten umfassende Werk *Svenska rim* (Schwedische Reime) herausragt, besteht die Dornrosen-Fiktion nur noch aus Mitschriften ausschweifender Akademiegespräche.

Titelblatt von C.J.L. Almqvists *Törnrosens bok*

Entscheidend ist dabei, dass das Konzept der Sammlung in den darin enthaltenen Texten selbst vorgestellt wird. In den Rahmenromanen *Jagtslottet* (1832; Das Jagdschloss, 1912), *Hinden* (Die Hirschkuh, 1833) und *Baron Julius K** (1835) kommen die Angehörigen des Jagdschlosses nicht nur auf die Idee eines organischen Gesamtkunstwerkes zu sprechen, sondern diskutieren auch über die technischen und ökonomischen Fragen, welche den Druck und die Herausgabe des *Dornrosenbuches* betreffen. Dabei wird die Vorstellung eines ganzheitlichen Gesamtkunstwerkes als versponnene Idee eines naiven Kunstliebhabers präsentiert und somit romantisch-ironisch unterlaufen. In diesem Sinne setzt Almqvist nicht auf eine homogene organische Vereinigung der unterschiedlichen Gattungen, Kunstarten und Diskurse, sondern auf die Spannungen, welche durch die Zusammenführung eines heterogenen Materials hervorgerufen werden.

Törnrosens bok stellt ein extremes Beispiel für eine generelle Tendenz in der Literatur des frühen 19. Jh. dar. Zahlreiche Texte gehen dem Wechselverhältnis zwischen Gattungen und Künsten nach und überdenken festgelegte Differenzen. Texte, die Literatur über Malerei, Musik, Skulptur oder Tanz bestimmen, tragen automatisch dazu bei, diese Kunstarten als Texte verstehen zu lernen. Zu welchen unterschiedlichen Ergebnissen diese Verschränkungen zwischen Gattungen und Kunstformen führen können, mögen zwei prominente Beispiele illustrieren, die dem Verhältnis zwischen Malerei und Literatur gewidmet sind. In seiner kleinen Sammlung *Billedbog uden Billeder* (1839; Bilderbuch ohne Bilder, 1841) kreiert Andersen eine neue Gattung literarischer Stimmungsbilder. In einer Reihe unterschiedlicher Tableaus verzichtet er konsequent auf die Beschreibung von zeitlich ausgedehnten Handlungen. Während Andersen auf diese Weise dazu beiträgt, die spezifische Temporalität von Text und Malerei im strikten Widerstreit zu Lessings entsprechenden Vorgaben aus dem *Laokoon* (1766) zu überdenken, nutzt Wergeland den Bezug auf ein einzelnes Bildkunstwerk, um in seinem Lyrikband *Jan van Huysums Blomsterstykke* auf das abstrakte poetologische Problem bildlicher und textueller Repräsentation einzugehen.

Mit der Vermischung von unterschiedlichen Gattungen, Kunstformen und Diskursen konnte sich Almqvist auf eine recht alltägliche Kunstpraxis beziehen, die allerdings keinen direkten Niederschlag in materiellen Kunstprodukten fand. Im zeitgenössischen Salonleben bemühte man sich um eine Zusammenführung verschiedenster Kunstarten sowie um eine geistreiche Konversation, die eben diese Zusammenführung kritisch reflektiert. Grundlegende Voraussetzung eines geglückten Salons ist dabei die vollkommen gleichberechtigte Aktivität aller Teilnehmer. In der Jenaer Romantik wird diese Form eines gemeinschaftlichen Kunstschaffens gegenüber dem traditionellen Kunstverständnis aufgewertet, das an die kontrollierenden Instanzen von Schöpfer und Werk gebunden bleibt. In der jüngeren Forschung ist der romantische Salon als modernes Kunstkonzept wiederentdeckt worden. Schon aufgrund der Vergänglichkeit des gemeinsam produzierten Kunstproduktes erinnert die Inszenierung des Salons an *performance*-Konzepte der 1960er Jahre. Nicht von ungefähr sind es die vom literarischen Markt ausgeschlossenen Frauen, welche den Rahmen für diese Institution setzen. Während Karen Margarete Rahbek aus ihrem Salon im Bakkehus die tonangebende literarische Institution in Kopenhagen kreiert, macht sich Magdalena Silfverstolpe als bekannteste Gastgeberin Schwedens einen Namen. Unter anderem ihren Memoiren ist es zu verdanken, dass sich das Salonleben der Zeit rekonstruieren lässt.

Satire, Farce und Singspiel – Spielformen des romantisch-ironischen Dramas

Den wohl ersten literarischen Beleg für das Konzept romantisch-ironischen Schreibens in Skandinavien stellt ausgerechnet ein Stück Oehlenschlägers dar. Sein *Sanct Hansaften-Spil* (1803; St. Johannis-Abend-Spiel, 1853) wird in der gleichen Gedichtsammlung *Digte* publiziert wie *Guldhornene*. Den äußerst losen Rahmen des dargebotenen Bilderreigens setzt ein Abend im

Interartialität als Kunstkritik

Der Salon als Kunstkonzept

Reflexionskomik

Kopenhagener Tierpark. Geschildert und kommentiert werden dabei u. a. flanierende Bürger, die Darbietungen von Gauklern und Marionettenspielern, ein dichtender Papagei sowie die Bilderwelt eines Guckkastens. Wichtig ist der intertextuelle Bezug zu Shakespeares *Midsummer Night's Dream*, der in einem zweiten Prolog explizit angekündigt wird. Shakespeares doppelbödige Inszenierung eines Theaters im Theater wird zum Vorbild für die gesamte Struktur der Komödie genommen. Schon in der doppelten Rahmung des Stückes mit zwei sich widersprechenden Prologen wird der Zuschauer auf das Feuerwerk von Ideen vorbereitet, mit denen sich der Autor über die drei dramatischen Einheiten und die repräsentative Funktion des Theaters hinwegsetzen wird. In ständigen Illusionsbrüchen und selbstkritischen Kommentaren stellen die Figuren, allen voran ein subversiver Harlekin, die zur Stilfigur verkommene Larmoyanz einer sentimental-aufklärerischen Tradition bloß. Sie machen sich aber auch über die romantische Verehrung von nordisch-heidnischen Relikten sowie über die Qualität und Ästhetik der vorgeführten ironischen Komödie selbst lustig. Als Vorbild für diesen ausgeprägten selbstdestruktiven Zug des Dramas dient zweifelsohne Ludwig Tiecks Komödie *Der gestiefelte Kater* (1797). Allerdings gelingt es Oehlenschläger, den selbstreflexiven Anspruch des Stückes mit Elementen einer volkstümlichen Tradition zu verbinden, die durch das Stück gleichermaßen unterlaufen wie bestätigt wird.

Mit seinem *Julespøg og Nytaarsløier* (Weihnachtsspäße und Neujahrspossen, 1817) schreibt der junge Johan Ludvig Heiberg eine überdrehte Fortsetzung von *Sanct Hansaften-Spil*. Dabei treibt er das anti-mimetische Prinzip der romantischen Komödie u. a. mit Rückgriff auf das barocke Stilmittel der Allegorie auf die Spitze. Handelnde Figuren sind neben der Phantasie u. a. die Muse Thalia, der Zweck sowie das alte und das neue Jahr. Daneben treten Figuren aus Holbergs Komödien, neueren dänischen Dramen, eine ganze Menge biblisches Personal und mehrere Gegenstände (ein Stiefel, eine Flöte, ein Buch etc.) auf. Die Illusionsbrüche, u. a. Kommentare einer Harlekinfigur, des Dichters, des Platzanweisers und des Bühnenbildners, werden bis zu einem Grad verfeinert, dass einem schon beim Lesen des Stückes schwindelig wird. Auf der Bühne wird nicht nur die Theaterszene – mit Schauspielern und gespielten Zuschauern – verdoppelt, sondern auch die Technik des Illusionsbruches selbst. Ein fiktiver Brand auf der inszenierten Bühne führt zum Auftritt einer Feuerwehrtruppe, die sich in das Stück im Stück einmischt und die sich mit den ›wirklichen Feuerwehrleuten‹ und den ›wirklichen Zuschauern‹ in einen Disput darüber verwickelt, welcher Zuschauerraum nun der inszenierte und welcher der reale sei. In einigen Komödien der Jahre 1820–40 führt Heiberg die romantisch-ironische Tradition weiter. Mit seinen Stücken *Recensenten og Dyret* (Der Rezensent und das Tier, 1826), *Fata Morgana* (1838), *Syvsoverdag* (Siebenschläfertag, 1840) und dem allegorischen Drama *Nøddeknækkerne* (Die Nussknacker, 1845) liefert er dabei anspruchsvolle, wenn auch wesentlich nüchternere theoretisch-literarische Betrachtungen als in dem durchtriebenen *Julespøg*.

Der Erfolg der romantischen Komödie geht mit einer Kanonisierung Holbergs einher, dessen Lustspiele als Inbegriff dänischen Nationalgemüts verstanden werden. Diesem Umstand ist das Kuriosum zu verdanken, dass das Konzept einer Nationaldramatik in Dänemark vor allem mit einer Komödie in Zusammenhang gebracht wird. Heibergs Lustspiel *Elverhøi* (1828; Die Elfen, 1844) prägt bis heute das Bild Christians IV., der als volksnaher Märchenkönig abgebildet wird. Mit seiner an Hegel orientierten gattungstheoretischen Abhandlung *Om Vaudevillen som dramatisk Digtart* (Über das Vau-

Heibergs Komödien

Vaudeville als Nationaldramatik

deville als dramatische Dichtart, 1826) wertet Heiberg sogar das Singspiel nationalästhetisch auf. Die Begeisterung für diese ›leichte Gattung‹ teilt Heiberg mit einer ganzen Reihe von Autoren der zweiten Guldalder-Generation – zu nennen wären Henrik Hertz und Jens Christian Hostrup –, die sich auf das Verfassen von unterhaltenden Singspielen kaprizieren. Dabei wird das selbstreferentielle Prinzip der romantischen Komödie völlig zugunsten einer volksnahen und humoresken Darstellung des bürgerlichen Kopenhagener Alltagslebens aufgegeben. Mit der Vaudeville-Tradition wird der Grundstein für die Kopenhagener Revue- und Unterhaltungstradition gelegt, deren innovatives Potential spätestens vom literarischen Diskurs der Zwischenkriegszeit wiederentdeckt wird.

Die dänische Tradition des humoresken Dramas findet in Schweden keine adäquate Entsprechung. Dagegen knüpft Wergeland an die Stücke Oehlenschlägers und Heibergs an. In mehreren Farcen, die er unter dem Pseudonym Siful Sifadda veröffentlicht – u.a. *Harlequin Virtuos* (1830), *Om Smag og Behag man ikke disputere* (Über Geschmack lässt sich nicht streiten, 1832) und *Papegøien* (Der Papagei, 1835), nimmt er das literarische Umfeld Dänemarks und Norwegens sowie sein eigenes satirisches Schreiben auf den Arm.

Titelseite von H. Wergelands *Harlequin virtuos*

In Schweden schlagen sich romantisch-ironische Strategien in den Tragödien von Stagnelius nieder, in denen repräsentations- und kunsttheoretische Fragen diskutiert werden. Neben dem Trauerspiel *Martyrerna*, das die Frage nach der Möglichkeit einer christlichen Tragödie behandelt, sind hier insbesondere die Stücke *Bacchanterna* (Die Bacchanten, 1822) und *Riddartornet* (Der Ritterturm, 1825) hervorzuheben. Das erstgenannte Stück, das die Verfolgung und Ermordung Orpheus' schildert, lädt zu philosophischen Spekulationen über das Phänomen der Illusion selbst ein. Die abgründige Handlung im *Ritterturm*, die eine besonders perverse, da kalkulierte Form eines väterlichen Inzestes schildert, mündet nicht nur in eine Reflexion über familiäre Gewalt ein, sondern liefert darüber hinaus eine Theorie der Wirkungsweise affektiver Spiegelungen (die auch für das Theater maßgeblich sind).

Reflektiert Schreiben – Roman, Arabeske und Märchenspiel

Es hat wahrscheinlich mit dem besonderen Verhältnis zwischen Oehlenschläger und Tieck zu tun, dass die Textfigur der romantischen Ironie in Skandinavien zuerst dramatisch verwirklicht wird. Schlegel selbst entwickelt sein selbstreflexives Literaturkonzept im Rahmen seiner Auseinandersetzung mit der modernen Gattung des Romans. In seinem *Brief über den Roman*, der in ein längeres *Gespräch über die Poesie* (1800) integriert ist, werden mit Cervantes, Diderot, Sterne und vor allem mit Jean Paul und Goethe die Vorbilder für ein selbstbezügliches Schreiben benannt, welches er – in Anlehnung an die nicht-mimetische und unabgeschlossene Abbildungsform von Ornamenten – als arabesk bezeichnet.

Insel Felsenburg in Dänemark

Sucht man nach ersten Beispielen eines selbstbezüglichen Romans in Dänemark, dann käme wieder ein Text Oehlenschlägers in Frage. Seine in zwei Versionen auf Dänisch und Deutsch verfassten *Øen i Sydhavet* (1824–25)/*Die Inseln im Südmeere* (1826) sind von der Forschung lange Zeit unterschätzt worden, handelt es sich bei dem umfassenden Vierbänder doch ›lediglich‹ um eine Bearbeitung der *Wunderlichen Fata einiger Seefahrer* (1731) von Johann Gottfried Schnabel, die Tieck, mit explizitem Hinweis auf Oehlenschläger, 1828 unter dem geläufigen Titel *Die Insel Felsenburg* wieder auf den Markt bringt. Schon der grundlegende Bezug auf einen anderen Text deutet auf das hohe selbstreferentielle Niveau hin, welches den Roman aus heutiger Sicht auszeichnet. Oehlenschläger nutzt die additive Struktur der *Wunderlichen Fata* aus, um in zahlreichen Binnenerzählungen eine ganze Enzyklopädie vom Mittelalter bis zur Frühen Neuzeit zu entfalten. Neben diversen Geistesgrößen (insbesondere Luther) tauchen vermehrt Künstler (Ariost, Fleming, Shakespeare) in den Binnengeschichten auf, die es dem Autor erlauben, ausführliche kunsttheoretische Reflexionen in den Text zu integrieren.

Einen noch kühneren Versuch, mit dem tatsächlich das Konzept eines arabesken Romans verwirklicht wird, liefert Andersen mit seinem literarischen Debüt *Fodreise fra Holmens Canal til Østpynten af Amager* (1829; Abenteuer und Mährchen einer Neujahrsnacht, 1846). Die geschilderte Wanderung des Autors dient allein der Schilderung der Genese des Buches selbst. Dabei gibt sich das Stück von Anfang an als Persiflage auf die Schreibweise E.T.A. Hoffmanns zu erkennen. Tatsächlich erinnert das Feuerwerk an formalen und inhaltlichen Ideen, die in einer losen szenischen Abfolge aneinandergereiht werden, an Hoffmanns *Goldenen Topf* (1814), *Klein Zaches* (1819) oder *Prinzessin Brambilla* (1820). Unter den zahlreichen Allegorien und Personifikationen, mit denen sich der Autor auf seinem Spaziergang herumschlagen muss, befinden sich auch die *Elixiere des Teufels* (1815–16) – hier ein sprechendes Buch, das über seinen Lebensweg von der Druckpresse zur Leihbibliothek berichtet. Doch Hoffmann bleibt nicht alleiniges Vorbild: Mit ihren unzähligen intertextuellen Querverweisen, die von bösen Satiren der dänischen Gegenwartsliteratur bis zum ambitiösen Zitat antiker Vorlagen reichen, sowie ihren subtilen Illusionsbrüchen lässt sich die *Fodreise* genauso gut als prosaisches Pendant zu Heibergs *Julespøg og Nytaarsløier* bezeichnen.

Spazieren im Netzwerk der Texte

Der erste romantische Roman ist allerdings nicht in Dänemark, sondern in Schweden erschienen. Dort findet Schlegels *Brief über den Roman* in Vilhelm Palmblads Aufsatz *Öfver Romanen* (Über den Roman, 1810) eine bemerkenswerte Entsprechung. Wie bei Schlegel wird der poetologische Entwurf als ein Gespräch unter Freunden präsentiert, die widersprüchliche Positionen zur Entwicklung und Bedeutung der europäischen Romangeschichte vertreten. Bei den Figuren handelt es sich um die Protagonisten eines umfangreichen Romans, den Palmblad unter den Titeln *Vådelden, Fjällhvalfvet, Resorna, Slottet Stjerneborg* und *Åreskutan* (Der Unglücksbrand, Das Berggewölbe, Die Reisen, Das Schloss Sternenburg und Das Ruderboot, 1812–18) in der wichtigen literarischen Zeitschrift *Poetisk Kalender* (1812–22) veröffentlicht. Aufgrund seiner konsequenten selbstreferentiellen Anlage kann der Text durchaus als erster romantischer Roman Skandinaviens bezeichnet werden.

Als Meister der romantisch-ironischen Prosa ist indes nicht Palmblad, sondern Almqvist in die skandinavische Literaturgeschichte eingegangen. Das mag daran liegen, dass er mit den Essays *Äfven om Humor, och Stil deri* (Auch über den Humor, und den Stil darin, 1833) und *Dialog om sättet att sluta sycken* (Dialog über die Art, Stücke zu beenden, 1835) zwei eigenständige theoretische Beiträge zum Thema liefert, die als frühe Dokumente einer am Leser orientierten Poetologie des offenen Kunstwerkes gewürdigt worden sind. Vor allem *Drottningens juvelsmycke* (1834; Der Königin Juwelenschmuck, 1846) gilt als Beleg dafür, dass Almqvist seine theoretischen Positionen auch wirklich einlöst. Mit Geschichten um die Verschwörung gegen Gustav III. werden Ereignisse aus der jüngsten schwedischen Vergangenheit geschildert. Der innovative Charakter des Textes, der als vierter Band in

Carl Jonas Love Almqvist, Lithographie von A.J. Salmson (1843)

Törnrosens bok eingeht, offenbart sich schon in der Mischung unterschiedlicher Gattungen, Kunstarten und Diskurse. Dramatische Szenen stehen neben Briefen und Prosapassagen, in die Lieder, Musiknoten und kopierte Rechtsdokumente eingebunden werden. In diesem Zusammenhang soll allerdings nur die romantisch-ironische Anlage des Textes interessieren, die sich schon in der Wahl des Sujets niederschlägt. Der kuriose Tod Gustavs III., der verkleidet auf einem Opernball ermordet wird, steht stellvertretend für die Theatralität einer aristokratischen Kultur, in der die Differenz zwischen Schauspiel und Realität, Schein und Sein aufgelöst ist. Die Äußerlichkeit der Hofkultur wird dabei nicht kritisiert, sondern umgekehrt für ein theatrales Spiel mit Verkleidungen, Vortäuschungen und Verwechslungen produktiv gemacht, welches die bürgerlichen Ideen von Ursprünglichkeit und subjektiver Identität unterläuft. Dies gilt insbesondere für die zentrale Figur des Romans, die mit einer ganzen Reihe von Namen, u. a. als Azouras, donna Zouras, don Azouras, Lazuli, Tintomara, Tint'om'-Hara und la Tourneros, vorgestellt wird. Tintomara bleibt eine in jeglicher Beziehung schillernde, unfassbare Gestalt. Als verführerisches männlich-weibliches Wesen, das gleichermaßen auf der künstlichen Welt der Bühne wie in der wilden Natur zu Hause ist, entzieht sie sich dem Begehren der weiblichen wie männlichen Protagonisten, die versuchen, sie auf eine Identität – und sei es die einer indifferenten, keuschen Androgynität – festzulegen. Sie ist und bleibt lediglich als ein Kind des Theaters zu fassen. Ja, sie verkörpert in letzter Konsequenz nichts anderes als die Dynamik und die Ambivalenz des Textes selbst, der sich nicht auf eine semantische Identität festschreiben lässt, sondern der die Leser zu einer gleichermaßen unabschließbaren wie lustvollen Lektüretätigkeit verführt. Mit der Figur Tintomara und ihren aufdringlichen männlichen wie weiblichen Liebhabern bildet Almqvist so den scheiternden Akt des Lesens im Roman selbst ab, wodurch er den Leser in ein potenziertes ironisches Spiel verwickelt.

Zwei Stockholmer Romanautoren der gleichen Zeit stehen Almqvist in puncto Selbstironie und formaler Innovation in nichts nach. Insbesondere Clas Livijn, der schon 1812 eine Übersetzung von Tiecks *Gestiefeltem Kater* publiziert, legt mit *Spader Dame* (s. u.) und dem erst 1993 publizierten Quodlibet *Riddar S:t Jöran* (Der Ritter St. Georg) zwei Romane vor, die sich durch ihren gleichermaßen spielerischen wie bewussten Umgang mit Sprache und Schrift auszeichnen. Das gleiche gilt für Carl Fredric Dahlgren, dessen Romane allerdings noch von einem Einfluss der satirischen Schreibweisen von Sterne, Jean Paul und Baggesen zeugen. Wenn sich die humoresken Autoren in Dänemark an Holberg ausrichten, so geht die Begründung einer romantischen Komik in Schweden mit einer Kanonisierung der Texte Bellmans einher. Mit seinen schillernden *Molbergs epistlar* (Molbergs Episteln, 1819–20), die als Musterexempel für den gattungssprengenden romantisch-ironischen Roman bezeichnet werden können, wird Dahlgren diesem Vorbild ein literarisches Denkmal setzen.

Der ambitionierteste Versuch, das Konzept einer potenzierten Poesie poetisch einzulösen, stammt von Atterbom. Seine als Märchenspiel titulierte *Lycksalighetens ö* (1824; Die Insel der Glückseligkeit, 1831–33), die sich als Mischung zwischen Versepos und Drama darbietet, stellt nach eigenem Bekunden den Versuch dar, die Geschichte oder Tragödie der Poesie selbst nachzugestalten. Geschildert wird die Aufnahme des Königs Astolf ins sagenhafte Reich der Poesie, wo er den sinnlich-erotischen Reizen der Herrscherin Felicia verfällt. Das Stück endet mit einem ethischen oder besser politischen Appell. Angesichts des Verfalls seines eigenen Heimatlandes, das von einem

Tintomara und die Allegorie des Lesens

Märchenspiel als Kunstkritik

bürokratischen Debattierklub liberaler Republikaner zugrunde gerichtet wurde, sieht sich Astolf gezwungen, zur irdischen Welt zurückzukehren und das Königtum in seiner Heimat zu restituieren. Sein Versuch, erneut zu Felicia zu gelangen, scheitert. Schon der Handlungsverlauf macht den allegorischen Charakter des Märchenspiels deutlich. Angesichts der vielen Kommentare, mit denen die ohnehin als Allegorien gekennzeichneten Figuren des Stückes auf ihre abstrakte Bedeutung hinweisen, könnte man sogar von einer emblematischen Struktur des Textes sprechen. Diese Struktur ist um so auffälliger, da sie im krassen Widerspruch zu der an Schelling orientierten Hochschätzung für das lebendige Symbol zu stehen scheint, die Atterbom in seinen ästhetischen Schriften aus der gleichen Zeit vertritt. Der Rückgriff auf Allegorie und Emblem darf allerdings nicht als Rückgriff auf ein barockes Formeninventar missverstanden werden. Die Allegorien werden im Stück selbst als historisch bedingte Verfallsform der Poesie thematisiert und in ihrer Funktionsweise problematisiert. Dieser romantisch-ironische Selbstbezug eröffnet eine komplexe Diskussion von unterschiedlichen rhetorischen Figuren und Tropen. Im Zentrum des Stückes steht nicht die Bedeutung dieser Sprachbilder, sondern die reflektierte Entfesselung ihrer jeweils spezifischen Dynamik.

Im Hinblick auf das im weitesten Sinne zeichentheoretische Potential des Stückes erscheinen die intertextuellen Bezüge, die Atterbom mit Verwendung der Gattungsangabe andeutet, wichtiger zu sein als die Quellenangaben, mit denen er auf die Herkunft des Stoffes aus der Volksliteratur verweist. *Lycksalighetens ö* reiht sich in die Tradition romantischer Kunstmärchen ein. Die Art und Weise, wie ein Märchenstoff für die Formulierung kunsttheoretischer Diskussion benutzt wird, erinnert an Tiecks entsprechendes Unterfangen aus dem *Phantasus* (1812–16) oder an das Märchen Klingsohrs, das Novalis in den *Heinrich von Ofterdingen* (1802) integriert. Dabei stellt *Lycksalighetens ö* keineswegs den ersten skandinavischen Entwurf eines solchen ästhetischen Kunstmärchens dar. Schon Bernhard Severin Ingemann orientiert sich in einigen seiner *Eventyr og Fortællinger* (1820; Abenteuer und Erzählungen in Callot-Hoffmanscher Manier, 1826) an den Vorgaben Tiecks und E.T.A. Hoffmanns. In Schweden ist es Almqvist, der in seinen frühen mythopoetischen Stücken *Guldfågel i paradis* (Goldvogel im Paradies, 1821) und *Rosaura eller Sagan om Behagets vingar* (Rosaura oder Über die Flügel der Anmut, 1822) zeichentheoretische Fragen der Zeit aufgreift. Schließlich liefert Atterbom mit seinem *Fågel Blå* (Vogel blau, 1813) selbst eine Vorlage für sein späteres Stück.

Selbstbezug der Zeichen – Zur Begründung einer materialistischen Lyrik

In der Lyrik, die von der Fiktion eines sprechenden Ichs lebt, finden sich mehr und mehr Gedichte, die über den Prozess des Lesens, d.h. über das Verhältnis von Schrift und Stimme und damit über die Materialität der Sprache selbst zu reflektieren beginnen. Einen eindrücklichen Beleg für diese Tendenz liefert Atterbom mit seinem in der Zeitschrift *Phosphoros* publizierten Gedicht *Minnesrunor* (Gedächtnisrunen, 1812), in dem die Modalitäten von Schreiben und Lesen ausführlich erläutert und auf ihre weitgehenden philosophischen Implikationen (Gedächtnis und Nachleben nach dem Tod) hin befragt werden. Auch seine bekannteste Lyriksammlung *Blommorna* (Die Blumen, 1812), in der unterschiedliche Blumenarten zu Wort kommen, kreist um die rhetorische Figur, welche das Lesen selbst abbildet.

Prosopopoiia als Figur des Lesens

Die Prosopopoiia bezeichnet in der Rhetorik die Figur, die es uns erlaubt, stummen Gegenständen ein Gesicht und eine Stimme zu verleihen. Wenn Atterbom die Blumen zum Sprechen bringt, dann ahmt er mit diesem poetischen Verfahren nichts anderes als den Akt der Lektüre nach, mithilfe dessen der Leser der stummen Schrift eine Stimme verleiht. Dies führt durchaus zu einer kritischen Reflexion der medialen Bedingungen der Möglichkeit einer idealistischen (durchgeistigten) Poesie. Allerdings werden die daran geknüpften ästhetischen Vorstellungen bei Atterbom noch keineswegs gebrochen. Dies geschieht eher in den selbstreferentiellen Gedichten von Wergeland und Emil Aarestrup, die zu Recht als Vorläufer einer modernistischen Lyrik bezeichnet worden sind.

Wergelands modernistische Lyrik

Schon in seinen *Digte. Første Ring* (Gedichte. Erster Ring, 1829) wartet Wergeland mit formalen Experimenten auf, die auf den ersten Blick modern anmuten. Die Hymne an die Freiheit, die im Zentrum der Sammlung steht, schlägt sich formal in einer progressiven Vermischung unterschiedlicher Gattungsformen nieder. Insgesamt ist die Sammlung durch eine Vorliebe für die freie Form der Ode geprägt, die allerdings immer wieder gebrochen und mit traditionellen, gereimten Strophenformen kombiniert wird. Die Inszenierung solch formaler Brüche sollte nicht darüber hinwegtäuschen, dass sich Wergeland in seiner entgrenzenden Schreibweise auf viele romantische Vorläufer oder sogar auf späte Vertreter der Empfindsamkeit (insbesondere Ewald) berufen konnte. Inhaltlich dagegen lehnt er sich an genuin romantische Vorbilder an. Stagnelius' Amanda findet in Wergelands Stella ein norwegisches Pendant. In den meisten der *Digte. Første Ring* kommt der Dichter auf diese himmlische Geliebte zu sprechen, die als personifizierte Form des Weltgeistes wechselweise für das erotische, ästhetische, religiöse (pantheistische) oder politische Ideal des lyrischen Ichs einsteht.

Im Gegensatz zum vermeintlich progressiven Frühwerk Wergelands erschließt sich das Potential seiner biederen späteren Dichtungen erst auf den zweiten Blick. Dies gilt für die intime Liebeslyrik der *Poesier* (Poesien, 1838) genauso wie für *Jan van Huysums Blomsterstykke* (Das Blumenstück des Jan van Huysum, 1840). Diese Sammlung eignet sich ausgezeichnet, um den Unterschied zum romantisch-ironischen Projekt Atterboms zu skizzieren. Die »Blumen der Blumen«, die Wergeland zum Sprechen bringt, sind im Gegensatz zu denen von Atterbom rein künstlich (es handelt sich um die Blumen eines Gemäldes). Nicht Natur wird poetisiert, sondern Kunst potenziert. Folgerichtig handelt der Text allein von dem poetischen Verfahren, mit dem man Bilder in Text und Text in Bilder übersetzt. Es ist durchaus symptomatisch für die kühle Tendenz des Textes, dass dabei nicht die Geschichte eines genialen Künstlers, sondern diejenige eines wahnsinnigen Vaters erzählt wird, der in dem Blumengebinde van Huysums die Gesichtszüge seiner verstorbenen Kinder wiedererkennt.

Den Durchbruch zum lyrischen Modernismus vollzieht Wergeland schließlich mit einer Sammlung von vier Prosagedichten, die er 1841 unter dem ironischen Titel *Sujetter for Versemagere* (Sujets, 1995) zusammenfasst. Folgt man dem deutschen Übersetzer und Herausgeber der *Sujets* Heinrich Detering, nimmt Wergeland in diesen Gedichten formal und inhaltlich vieles von dem vorweg, was mit Bertrands *Le Gaspard de la nuit* (1842) und Baudelaires *Spleen de Paris* (ab 1855) als Beginn des europäischen Modernismus gefeiert wird. Schon das erste und programmatische Gedicht der Sujets *Dødningskallen* (Totenschädel) gibt das subversive Spiel mit einer romantischen Tradition vor, welches die gesamte Sammlung prägt. Das Gedicht ist an den Totenschädel einer jung verstorbenen Schönheit adressiert. Es lebt von der

Henrik Wergeland, Zeichnung von A. Tidemand (1845)

kontrastiven Verschränkung von Erotik und Tod, Schönheit und Hässlichkeit sowie Geist und Materie. Wenn sich Wergeland mit diesen Vexierbildern noch an eine Bildtradition anlehnt, die vom Barock bis hin zur Romantik fortlebt, so wird diese Bezugnahme an einer entscheidenden Stelle unterbrochen. Denn im Gegensatz zu Stagnelius, der die schaurig-schönen Bilder von *Till Förruttnelsen* zumindest noch mit einem virtuellen Erlösungsversprechen verbindet, münden die Betrachtungen des lyrischen Ichs in *Dødningskallen* in einen rein materialistischen Ästhetizismus, der die ganzheitliche Vorstellung eines beseelten (Text-)Körpers endgültig destruiert und auf die abstrakte Schönheit einer bloßen Knochenkonstruktion (Buchstabenkombination) hin überschreitet:

> Gaa til Tingenes Væsen! Føl Henrykkelsen, Dødelige, i at omfavne denne Hvirvelsøile! Den er endnu smekkrere end Jomfruens Slankhed. Bedæk med tusinde brændende Kys de fiintdreiede Knogler, lige forstenede Lilieknopper, værdige at være Kuglerne i en bedende Engels Rosenkrands! Besyng Tindingernes Elfenbeensdiadem, Pandehvælvet liig en huul Stjernes Skal, Tændernes uforgjængelige Klenodier, Ribbenenes Tvillingsharper, Hoftebladenes endnu fuldkomnere Harmoni end Sommerfuglenes udslagne Vingers, Reisningens yndige Dristighed, det hele Skelets herlige Konstruction af Skjønhedslinier, som have faaet Marmorets Evighed!

(Geh in das Wesen der Dinge! Fühl die Entzückung, Sterblicher, im Umarmen dieser Wirbelsäule: noch zierlicher ist sie als die Schlankheit der Jungfrau! Bedecke mit tausend brennenden Küssen die feingedrehten Knöchel, versteinerte Lilienknospen, würdig, Kugeln zu sein im Rosenkranz betender Engel! Besinge das Elfenbeindiadem der Schläfen, das Stirngewölbe gleich einer hohlen Sternenschale, der Zähne unvergängliche Kleinodien, die Zwillingsharfen der Rippen, die Harmonie in den Hüftknochen, vollkommener als geöffnete Schmetterlingsflügel, die liebliche Keckheit des Bauplans, des ganzen Skeletts herrliche Konstruktion aus Schönheitslinien, die nun ewig sind wie der Marmor. [Übersetzung: Heinrich Detering])

Als Arzt ist auch Emil Aarestrup für einen derartigen ästhetischen Materialismus prädestiniert. Die einzige Gedichtsammlung *Digte* (Gedichte, 1838), die er zu Lebzeiten publiziert, enthält einen ganzen Zyklus erotischer Situationen (*Erotiske Situationer*), in denen es von Armen, Beinen, Nacken, Hälsen, Schultern, Fingern, Lippen und Augen nur so wimmelt. Noch bemerkenswerter als der Sensualismus, der sich aus einer solchen Konzentration auf körperliche Details ableiten lässt, ist die neue semiotische Struktur, mit der Aarestrup das Sujet von Erotik und Verführung gestaltet. Die körperlichen Fragmente rufen metonymische Assoziationen hervor, welche die inhaltliche Struktur der Gedichte vorgeben. Die Strophen bewegen sich häufig in Sprüngen: etwa von dem Finger zur Schulter, von der Schulter zum Kinn, vom Kinn zur Stimme, von der Stimme zum Blick etc. Die metonymischen Ketten von Körperteilen oder besser Körperzeichen lassen sich weder synekdotisch zu einer Ganzheit ergänzen noch metaphorisch als Träger einer wie auch immer gearteten transzendenten Bedeutung vereinnahmen. Die (Körper-)Zeichen selbst verführen zu einer infiniten Lektürebewegung, indem sie sich einer abschließenden Bestimmung entziehen. In diesem Sinne fallen die Gedichte schon auf einer fundamentalen semiotischen Ebene aus dem Rahmen gültiger idealistischer Bewertungsmaßstäbe heraus, die stets auf ganzheitliche Konzepte von Körper und Text zielen.

Emil Aarestrup (um 1850)

Aarestrups Materialismus färbt auch auf seinen Umgang mit der Sprache selbst ab. Seine Aufmerksamkeit für das rohe Zeichenmaterial lässt sich insbesondere an der umfangreichen Sammlung von Ritornellen illustrieren, die in die *Digte* sowie in die postum veröffentlichten *Efterladte Digte* (Nachge-

Sprachlicher Sensualismus

lassene Gedichte, 1863) eingehen. Das Ritornell ist ein Dreizeiler, in dem der erste und dritte Vers miteinander reimen. Wie viele literarische Kurzformen lädt das Ritornell zu einem konzentrierten und selbstbezüglichen Sprachgebrauch ein, in dem die bezeichnende Funktion der Sprache zugunsten des reinen Sprechaktes – der Sprache als Handlung – zurücktritt. Aarestrups *Ritorneller* (Ritornellen) handeln nicht nur von Sprache, in diesen Gedichten handelt Sprache selbst:

> Du lyrisk smidige! du giftig stærke
> Du Rimets musikalske Klapperslange,
> Hvem skulde ei din Trylleskjønhed mærke?

(Du lyrisch geschmeidige! du giftig starke / Du musikalische Klapperschlange des Reims, / Wer würde deine Zauberschönheit nicht bemerken?)

Das Wort »Klapperslange« fungiert in diesem Ritornell nicht nur als Metapher, sondern als nicht übersetzbares lautliches Exempel für die verzauberte und verzaubernde Sprache selbst.

Dialektische Lyrik – Kierkegaard als dänischer Romancier

Einen späten Beleg dafür, wie aufmerksam man die poetologischen Debatten um den Begriff der Ironie in Skandinavien verfolgte, liefert Kierkegaards Dissertation *Om Begrebet Ironi* (1841; Über den Begriff der Ironie, 1929). Auch wenn seine Kritik an der vermeintlichen Egozentrik des Schlegelschen Ironiekonzeptes von Missverständnissen lebt, bleibt Kierkegaards ethisch motivierter Vorwurf an der Unentschiedenheit einer romantisch-ironischen Haltung im hohen Maße aktuell.

Manuskriptästhetik

Die Kritik Kierkegaards steht im krassen Widerspruch zu der Verwendung ironischer Schreibweisen, die einige seiner eigenen Schriften charakterisieren. Tatsächlich zeugt schon das komplexe Spiel mit unterschiedlichen Erzählrahmen, das seinen ersten großen ›Roman‹ *Enten-Eller* (1843; Entweder-Oder, 1885) prägt, davon, wie sehr sich der Philosoph Kierkegaard an den raffinierten literarischen Schreibweisen seines Kopenhagener Umfeldes orientierte. So wird das Buch von einer Herausgeberfiktion eingeleitet, die Kierkegaard direkt aus der zeitgenössischen Romanliteratur entlehnen konnte. Das Textmaterial wird vom fiktiven Herausgeber des Buches, Victor Eremita, als geheimnisvoller Manuskriptfund präsentiert. Die im ersten Teil des Buches aufgenommenen Texte, die als Papiere A's bezeichnet werden, können dieser Fiktion zufolge weder chronologisch geordnet noch einer bestimmten Autorschaft zugeschrieben werden. Die lose Anordnung dieses ersten Textabschnittes erlaubt es Eremita, ganz unterschiedliche Gattungen in dem Buch zu vereinigen. So enthalten A's Papiere zahlreiche Aphorismen und Fragmente, zwei ästhetische Essays, eine Literaturkritik und die Novelle *Forførerens Dagbog* (1843; Das Tagebuch eines Verführers, 1885). Der unterkühlte Held dieser wohl bekanntesten Erzählung des dänischen Biedermeiers berichtet von einer durch und durch reflektierten Verführung, die er als Verführung ästhetisch genießt. Die Figur ist als moderne Version Don Juans bezeichnet worden, erinnert in ihrer distanzierten Art aber viel eher an den Vicomte de Valmont, den amoralischen Helden von Choderlos de Laclos' *Liaisons dangereuses* (1782).

Im Gegensatz zu den Papieren A's wirken die im zweiten Teil des Buches aufgeführten Papiere B's einheitlicher. Der geistreiche und philosophisch-versponnene Stil des ersten Teils wird durch eine getragene und allgemein ver-

ständliche Rhetorik ersetzt und die Argumentation folgt im Ganzen einem
großen Bogen. Die strengere Form der Papiere ist Programm. Denn während
das lose Textkonvolut von A's Papieren um die Begriffe einer Ästhetik des
Augenblicks und der Erotik kreist, beschäftigt sich B, der in der Fiktion als
Assessor Wilhelm bezeichnet wird, mit zeitlosen ethischen Fragen. Seine Papiere werden in der Fiktion als Briefe an A vorgestellt, in denen er A von
einem moralisch verantwortungsvollen Lebensentwurf zu überzeugen versucht. Grundpfeiler seines Konzeptes ist die Institution der Ehe, die dem
ironischen Modell einer sich selbst genießenden Verführung gegenübergestellt wird.

Stadienlehre

Die *Stadier paa Livets Vei* (1845; Stadien auf dem Lebensweg, 1886) können in vielerlei Hinsicht als Fortsetzung von *Enten-Eller* bezeichnet werden.
Kierkegaard entwickelt die dialektische Alternative zwischen den Positionen
des Ästhetikers und des Ethikers sowie das literarische Verfahren von *Enten-Eller* weiter. Auch dieses Buch erscheint unter einem Pseudonym. Als Herausgeber fungiert diesmal ein Buchbinder, der heterogenes Textmaterial zusammenfügt. Das Prinzip der fiktiven Herausgeberschaft wird in den *Stadier*
weiterentwickelt. Insgesamt zeichnen sich drei weitere Herausgeber für die
einzelnen Teile des Buches verantwortlich. Im ersten Teil In Vino Veritas, in
dem von einem Gastmahl berichtet wird, treten dabei Herausgeber und
Helden früherer Bücher Kierkegaards auf. In fünf Reden, die der Frau und
der Liebe gewidmet sind, führen sie den theoretischen Ansatz des Ästhetikers
fort. Im Zentrum ihrer Reden steht das Prinzip einer distanzierenden Reflexion, die in einer asketisch-nihilistischen Weltverachtung oder einem genießerischen Ästhetizismus zum Ausdruck kommen kann. Im zweiten Teil des
Werkes kommt noch einmal der Assessor Wilhelm zu Wort, der den fünf Reden zu begegnen und sein Konzept eines ethisch begründeten Lebensentwurfes
zu vertiefen sucht. Im dritten Teil dagegen wird eine religiös-christliche Alternative entwickelt, welche die Positionen von Ästhetik und Ethik überwindet
bzw. in einem höheren Stadium zusammenführt. In gezielter Korrespondenz
zu *Forførerens Dagbog* wird das Tagebuch eines schwermütigen jungen
Mannes präsentiert, der von seiner gescheiterten Verlobung berichtet. Der
Glaube, dem sich der junge Mann verpflichtet fühlt, lässt ihn ethisch schuldig
werden. Obwohl er sich der moralischen Tragweite seines Eheversprechens
bewusst ist, bricht er dieses, um seinen eben nicht gesellschaftlich, sondern
religiös motivierten Wertmaßstäben gerecht zu werden. Sein Glaube bietet
aber keine neue moralische Sicherheit, sondern lässt ihn die Schwere seines
ethischen Vergehens noch deutlicher spüren. Die Religiosität selbst ruft so
einen ethischen Widerspruch hervor, der sich nicht lösen lässt. Der Herausgeber dieses dritten Abschnittes, Frater Taciturnus, nutzt das fiktive Dokument
als Ausgangspunkt für einen theoretischen Entwurf. Dabei arbeitet er die
Gegensätze zur selbstgenügsamen Position des Ethikers heraus und unterstreicht die zutiefst paradoxe Form des verhandelten Religionskonzeptes.

Søren Kierkegaard,
Skizze von W. Marstrand
(1870)

Der Text *Frygt og Bæven* (1843; Furcht und Zittern, 1882), der von Kierkegaard selbst als »dialektische Lyrik« klassifiziert wird, entwickelt dieses
spezifische Religionsverständnis an Hand eines biblischen Exempels. Abraham, der in seinem wahnsinnigen Glauben bereit ist, allen natürlichen und
gesellschaftlichen Gesetzen zu trotzen und seinen Sohn für Gott zu opfern,
wird von Gott selbst an dieser Handlung gehindert. Auf diese Weise entzieht
Gott Abraham sogar die moralische Sicherheit, in seinem Glauben richtig
gehandelt zu haben. Wieder führt der Glaube zu einem doppelten Schuldempfinden (einem *double bind*), das den Glauben paradoxerweise zu potenzieren hilft.

(De)konstruktion des Ästhetischen

In seinen späteren Selbstkommentaren *Om min Forfatter-Virksomhed* (1851; Eine Verfasser-Existenz eigener Art, 1873) und *Synspunkter for min Forfatter-Virksomhed* (1859; Der Gesichtspunkt für meine Wirksamkeit als Schriftsteller, 1922) geht Kierkegaard ausführlich auf die Motive ein, die ihn dazu bewogen haben, seine ersten Bücher unter Pseudonymen herauszugeben und nach literarischen Mustern zu gestalten. Dabei operiert er in erster Linie mit einem rhetorischen Argument. Mit der ästhetischen Produktionsweise soll schlicht das Interesse der Leser geweckt werden. Erst dieses Interesse ermögliche es, sie langsam von einem ästhetischen über ein ethisches zu einem religiösen Weltverständnis zu bekehren. Man hat die Selbstkommentare lange Zeit wörtlich gelesen und Kierkegaards Werk auf die skizzierte Stadienlehre reduziert. Dabei sind die beiden Texte *Om min Forfatter-Virksomhed* und *Synspunkter for min Forfatter-Virksomhed* selbst mehrfach gerahmt, ironisch gebrochen und in sich widersprüchlich. Die Überlegenheit der Positionen von Ethik und Religion wird, wie in *Enten-Eller* oder den *Stadier paa Livets Vei*, in einer Argumentation formuliert, die eben ästhetisch-literarischen Kriterien folgt. Nur in dieser Zweideutigkeit wahrt die Stadienlehre die Offenheit, die Kierkegaard gegenüber dem geschlossenen Denksystem der Hegelianer einfordert. Immer wieder wendet er sich gegen die Selbstsicherheit, mit der die zeitgenössische Philosophie existentielle Probleme von Liebe, Schuld und Tod in einem rationalen Denksystem aufhebt und den einzelnen Menschen von seiner je einzigartigen ethischen Verantwortung entbindet.

Ästhetik der Wiederholung

Während Kierkegaard aufgrund dieser Kritik lange Zeit als Vordenker der deutschen und französischen Existentialisten (Heidegger, Jaspers, Sartre) gewürdigt worden ist, wird er heute als Impulsgeber des Poststrukturalismus wiederentdeckt. Die literarische (romantisch-ironische) Anlage seiner Texte demonstriert ein sprachtheoretisches Bewusstsein, das weit über das auf Sinn und Sein zentrierte Denken der Existentialisten hinausgeht. Dies lässt sich insbesondere an seinem schmalen Buch *Gjentagelsen* (1843; Die Wiederholung, 1909) illustrieren. Der Text, der wieder mit verschiedenen Erzählern und Herausgebern operiert, kann gleichermaßen als Reisebericht aus dem zeitgenössischen Berlin, als Liebesnovelle und als philosophischer Traktat gelesen werden. Auf der Grundlage dieser in vielerlei Hinsicht unfesten Textform entwickelt Kierkegaard eine fundamentale Kritik am Denken der Repräsentation. Das dynamische oder theatralische Konzept der Wiederholung, welches sich gegen die Hegelianische Vorstellung von bewahrender Identität und Erinnerung wendet, ist von französischen Philosophen wie Gilles Deleuze und Jacques Derrida aufgegriffen und weitergeführt worden. Einen späten Niederschlag hat das Buch in dem jüngst erschienenen Text *La reprise* (2001) von Alain Robbe-Grillet gefunden. In seiner spielerischen Auseinandersetzung mit dem Originaltext verdeutlicht Robbe-Grillet sehr schön, mit welchen literarischen Mitteln Kierkegaard seine philosophischen Konzepte umsetzt.

Den Menschen neu erfinden: Subjekt- und Liebeskonzepte

Sich selbst gestalten – Bildungsroman und Autobiographie

Die Vorstellung von Subjektivität gehört zweifelsohne zu den nachhaltigsten Erfindungen der in vielfacher Hinsicht ›egozentrischen‹ Literatur des frühen 19. Jh. Nicht, dass die Literatur des 18. Jh. keine subjektiven Schreib- und Ausdrucksweisen kannte. Doch während die Vorstellung des Subjektes in der Aufklärung noch an die Idee einer allgemeinen naturgegebenen Emotionalität des Menschen geknüpft war, hängt die spezifische Form der Subjektkonstitution, die sich seit Beginn des 19. Jh. durchzusetzen beginnt, mit einem neuen Bildungskonzept zusammen. Subjektivität in diesem Sinne ist nicht naturgegeben, sondern erschafft sich im Selbstbezug, das heißt über einen fortlaufenden (meist künstlerischen) Schulungs- oder Reifeprozess, selbst. Wenn die Literatur auf der einen Seite Modelle für diese Form von Subjektivität entwirft, so setzt sie sich auf der anderen Seite kritisch mit der regulierenden Funktion eben dieser Modelle auseinander.

Auch in Skandinavien fungieren *Wilhelm Meisters Lehrjahre* (1795–96) als die literarische Folie für einen Bildungsroman, welcher dieses spezifische Konzept von Subjektivität regelrecht kreiert. Narratologisch ausgedrückt greift der Bildungsroman auf einen relativ simplen Erzählverlauf zurück: Ein Subjektaktant (meist ein jugendlicher männlicher Held) bricht aus seinem durch jeweilige Normen bestimmten Heimatraum aus, zu dem er erst nach langem Aufenthalt in der Fremde zurückkehrt. Im Zentrum des Geschehens stehen die Erlebnisse und Begegnungen in der Fremde. Der Held muss lernen, sich selbständig mit neuen Normen auseinanderzusetzen oder sein Handeln gar durch eigene Normen zu regulieren. Am Ende dieses Reifeprozesses erfolgt eine gesellschaftliche Reintegration, die in der Regel durch eine Ehe besiegelt wird. Von den zahllosen Romanen und Novellen, die mit diesem Muster spielen – zu nennen wären etwa Palmblads oben erwähnte Romansuite aus dem *Poetisk Kalender*, Hauchs *En polsk Familie* (1839; Eine polnische Familie, 1840) oder Andersens *At være eller ikke være* (1857; Sein oder nicht sein, 1857) –, sei lediglich ein herausragendes Werk erwähnt, das zu einer Problematisierung des Bildungsromans sowie des damit verknüpften Subjektkonzeptes beiträgt.

Bildung und Bildungsroman

Schon der Titel von Meïr Aron Goldschmidts voluminösem Mehrteiler *Hjemløs* (1853–57; Heimatlos, 1854–58) ist als provozierende Absage an den gesellschaftsbejahenden Impetus des Bildungsromans zu verstehen. Die Handlung führt vom Künstler- und Bohemienleben Kopenhagens nach Italien und zurück nach Dänemark. Den Höhepunkt bildet ein Aufenthalt in der Schweiz, wobei mehrere Handlungsstränge auf der Petersinsel Rousseaus zusammengeführt werden. Auch wenn der Roman mit diesem Handlungsverlauf zentrale Orte und Momente bürgerlicher Selbstfindung zitiert, endet er eben nicht mit der Integration des Helden Otto Krøyer in der dänischen Gesellschaft. Krøyers politische Emanzipationsprojekte scheitern und auch seine Beziehung zu seiner inzwischen verheirateten Jugendliebe findet kein glückliches Ende. Insgesamt handelt es sich bei dem reflektierten Text, der zahlreiche zeitgenössische Diskurse über Ästhetik, Geschlecht und Politik zitiert, um einen Roman der verlorenen Illusionen. Als solcher wird er viele Nachfolger in der dänischen Literatur nach sich ziehen (zu denken ist vor allen Dingen an *Niels Lyhne* (1880; Niels Lyhne, 1889) von Jens Peter Jacob-

Ohne Heimat

sen). Man hat Goldschmidts Skepsis gegenüber den diesseitigen Heilsversprechen einer bürgerlichen Bildungskultur nicht zuletzt auf seine jüdische Herkunft zurückgeführt. Schon früh wurde Goldschmidt mit den ausgrenzenden Praktiken konfrontiert, über die sich der chauvinistische Kulturbetrieb des keineswegs goldenen Zeitalters konstituierte. In der Tat schreibt Goldschmidt schon zehn Jahre vor *Hjemløs* die Erzählung *En Jøde* (1845; Ein Jude, 1856), in der er ausführlich auf den inneren Zwiespalt eingeht, dem die im eigenen Land verfolgten dänischen Juden ausgesetzt sind. Auch dieses Buch kann als ein desillusionierender Entwicklungsroman bezeichnet werden, in dem der Held ausgerechnet im dänischen Orientalismus eine Projektionsfläche findet, welche es ihm auf ironische Weise erlaubt, seine gebrochene Identität zu spiegeln.

Autobiographie als Kunstprogramm

Inwieweit die narrative Struktur des Bildungsromans auch auf andere erzählerische Gattungen abfärbt, ließe sich gut an zahlreichen Autobiographien der Zeit illustrieren. Wichtiger als der Bezug zu *Wilhelm Meisters Lehrjahre* ist hier derjenige zu Goethes eigener Autobiographie *Dichtung und Wahrheit* (1811–14), mit der er die Gattung ästhetisch aufwertet. Wieder ist es Oehlenschläger, der sich als erster an den Vorgaben seines Idols abarbeitet und sein eigenes Leben als Kunstprodukt inszeniert. Nicht von ungefähr steht eine keineswegs spannungsfreie Begegnung mit Goethe im Zentrum seiner ursprünglich auf Deutsch publizierten *Selbstbiographie des Verfassers bis zu seinem dreissigsten Jahre* (1829).

Auch Andersens erste (Auto)Biographien erscheinen in Deutschland. Im Anhang zu den deutschen Übersetzungen *Nur ein Geiger* (1838) und *Abenteuer und Mährchen einer Neujahrsnacht* (1846) veröffentlichen die Herausgeber biographische Skizzen. Die Texte stammen indirekt aus der Hand Andersens, der eine um 1833 entstandene dänische Vorlage über seine Kindheits- und Jugenderlebnisse unter Kritikern zirkulieren lässt. Dieses dänische Manuskript wurde 1926 wiederentdeckt und unter dem Titel *Levnedsbog* (Lebensbuch, 1993) publiziert. Andersens spätere Autobiographien – das ebenfalls zuerst in deutscher Übersetzung publizierte *Märchen meines Lebens ohne Dichtung* (1847) sowie *Mit Livs Eventyr* (1855; Das Märchen meines Lebens, 1911) – zeigen jedoch, dass er wesentliche Impulse von seinen deutschen Biographen übernimmt und dass sich hinter der vermeintlichen Autonomie des ›Sich-Selbst-Schreibens‹ eine massive äußerliche ›Zuschreibung‹ verbirgt. Die Kreation des ›Andersen-Mythos‹, mit dem sich der Autor insbesondere im biedermeierlichen Deutschland verkaufen kann, bedient das Bild eines unschuldigen und auserwählten Kindes, welches sich erfolgreich gegen die Zumutungen und Widerwärtigkeiten von Proletariat, sexueller Verführung und strenger Schulmeisterei zur Wehr setzt.

Wieder stehen Andersens und Oehlenschlägers Werke stellvertretend für zahlreiche auktoriale Selbststilisierungen der Zeit, die keineswegs nur als kulturhistorische Dokumente von Bedeutung sind. So müsste u. a. auf Geijers *Minnen* (Erinnerungen, 1834), Ingemanns *Levnetsbog* (Lebensbuch, 1862), Goldschmidts *Livserindringer og Resultater* (Lebenserinnerungen und Resultate, 1877), und Emilie Flygare-Carléns *Minnen af svenskt författarliv 1840–60* (Erinnerungen schwedischen Autorenlebens 1840–60, 1878) eingegangen werden. Schon aufgrund ihres Umfangs nimmt Steffens' zehnbändige Autobiographie *Was ich erlebte* (1840–44) einen besonderen Status in der europäischen Geschichte der Gattung ein. In diesem Zusammenhang seien aber lediglich drei Texte erwähnt, die freiwillig oder unfreiwillig mit den Konventionen der ›goethezeitlichen‹ Autobiographie brechen.

Autobiographie der Autobiographie

Wergeland schreibt seine Autobiographie *Hassel-Nødder med og uden*

Hans Christian Andersen, Photographien von H. Tilemann (1865)

Kjerne, dog til Tidsfordriv, plukkede af min henvisnede Livs-Busk (Haselnüsse, mit und ohne Kern, doch zum Zeitvertreib, gepflückt von meinem verwelkenden Lebens-Busch, 1845) regelrecht auf dem Totenbett. Hinter dem Titel des Werkes verbirgt sich ein komplexes poetologisches Konzept, das in einem Widmungsgedicht erläutert wird. Die Allegorie der vom Lebensbusch gepflückten Haselnüsse erklärt sich auf den ersten Blick über die anekdotische Struktur des Textes. Wergeland präsentiert keinen gerundeten Lebensbericht, sondern eine Folge in sich geschlossener Erinnerungsbilder. Diese lassen sich allenfalls zu drei lose verbundenen Reihen anordnen, die um die ersten Liebschaften des Autors, seine Reiseerlebnisse und sein gespanntes Verhältnis zum norwegisch-schwedischen König kreisen. Die Abkehr von einer großen Erzählung, die den Text kennzeichnet, hat offensichtlich mit der Kritik an der traditionellen Autobiographie zu tun, die Wergeland mit dem Bild der hohlen Nüsse vertieft. Im Widmungsgedicht gibt er diesen den Vorzug vor den gefüllten Nüssen. Manche der hohlen Nüsse würden nämlich Schmetterlingsraupen beherbergen und stünden somit für eine Form von Wiederbelebung ein, die den gefüllten Nüssen verwehrt bleibe. Liest man die Gegenüberstellung der vollen und hohlen Nüsse als Allegorie des autobiographischen Schreibens selbst, dann bezeichnet Wergeland mit diesem Bild ein durchaus modernes Gedächtniskonzept. Erinnerung wird als ein dynamischer Prozess verstanden, der erst über den gezielten Verlust von gespeicherter Information in Gang gesetzt werden kann. Die Reflexion über Bedingungen und Möglichkeiten des autobiographischen Schreibens dominiert die gesamte Autobiographie. Höhepunkt dieser metapoetologischen Strategie bildet eine Szene, in der Wergeland seinen eigenen Totenkopf sprechen lässt. Der sprechende Totenkopf unterläuft auf subtile und ironische Weise den naiven Lektüreakt der zukünftigen Leser, welche meinen, die Stimme des toten Autors Wergeland über den Text wiederbeleben zu können.

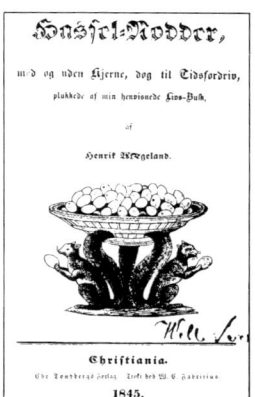

Titelseite von H. Wergelands *Hassel-Nødder*

Wergelands Schwester Camilla Collett scheint die Autobiographie ihres Bruders sehr aufmerksam gelesen zu haben. Die Darstellung seines Todes sowie die Reflexion über sein autobiographisches Projekt nimmt eine zentrale Stellung in ihrer eigenen Autobiographie ein, die sie 1863 anonym unter dem Titel *I de lange Nætter* (In den langen Nächten) veröffentlicht. Schaut man auf die Struktur des Textes, dann geht Collett noch innovativer vor als

Namlose Autobiographik

ihr Bruder. Die in zwanzig Nächte unterteilte Autobiographie enthält neben lose aneinander gereihten anekdotischen Schilderungen aus der Kindheit und Schulzeit der Heldin einen Briefwechsel mit einer Leserin sowie eine phantastische Erzählung mit dem Titel *Paa et gammelt Herresæde* (Auf einem alten Herrensitz). Der Einbezug von Briefwechsel und Erzählung in die Autobiographie ergeben nur dann Sinn, wenn man die Stücke als poetologische Reflexionen über das autobiographische Schreiben selbst liest. Im Zentrum der phantastischen Erzählung steht eine sprechende Porträtgallerie. Dabei diskutieren die Porträtierten nicht von ungefähr darüber, wie man sich unsterblich machen und einen Namen im nationalen Gedächtnis bewahren kann. Der Diskurs wird durch den Vorschlag eines Ästhetikers dominiert, der in der Aufwertung des Lebens zur Kunst die beste Strategie eines solchen Überlebens sieht. Dass Collett selbst dieser idealistischen Versöhnung von Leben, Tod und Kunst durchaus kritisch gegenübersteht, wird in dem eingefügten Briefwechsel deutlich. Dort geht sie nämlich u.a. auf die Frage ein, wieso sie als Frau anonym publiziert und damit darauf verzichtet, sich einen (unsterblichen) Namen zu machen. Mit Anspielungen auf ihren Bruder distanziert sie sich von einem männlichen, autorzentrierten Schreiben. Damit tritt sie insgesamt für eine andere Form der Autobiographie ein, die nicht auf die Fiktion eines auktorialen Überlebens durch den Text setzt, sondern die in dem Verlust dieser kontrollierenden Schreibinstanz eine Chance für eine fortdauernde, auf Spuren und Fragmente angewiesene Gedächtnisarbeit sieht. Dass sie ihre zeitgenössischen Leser offensichtlich mit diesem Konzept überfordert, zeigt die stark geglättete Fassung des Textes, die sie 1892 unter eigenem Namen publiziert. Die Anekdoten sind in eine chronologische Abfolge gebracht und der fiktionale Text ist durch zwei Reiseberichte aus dem norwegischen Umland ersetzt worden.

Dass Colletts Bemühung um eine alternative Autobiographik keineswegs auf alle weiblichen Selbstdarstellungen der Zeit übertragen werden kann, ließe sich an Johanne Louise Heibergs umfassender Selbstdarstellung *Et Liv gjenoplevet i Erindringen* (Ein Leben, in der Erinnerung wiedererlebt, 1891) demonstrieren, in der sie sich an die autobiographischen Schriften Andersens anlehnt. Dabei verweist Heiberg, die prominenteste Schauspielerin im Kopenhagen des 19. Jh., mehrfach auf die Kindsbraut Mignon aus *Wilhelm Meisters Lehrjahren*. Einerseits gibt dieses Selbstbild über die ästhetischen Erwartungen und Phantasmen des zeitgenössischen dänischen Theaterpublikums Auskunft. Auf der anderen Seite legt Heibergs zwanghafter Versuch, dem idealistischen Kunstverständnis der Zeit zu entsprechen, die Brüche und Spannungen offen, die das keineswegs harmonische Biedermeier kennzeichnen. Die ständige Thematisierung von Sexualität (und Homosexualität) ist dafür genauso symptomatisch wie die antisemitische Panik, mit der die Autorin auf ihre vermeintlich jüdische Herkunft reagiert.

Johanne Louise Heiberg, Ölgemälde von E. Jerichau (1852)

Spießbürger, Säufer und Studenten – Grenzziehung des bürgerlichen Subjektes

Literatur und Norm

Das Konzept individueller Einzigartigkeit, das im letzten Kapitel vorgestellt wurde, ist paradoxerweise an Normierungsstrategien geknüpft, welche Formen des Andersartigen zu bestimmen und konsequent aufzuheben suchen. Der Weg zur Selbstfindung vollzieht sich in klar gesetzten Grenzen. So scheut sich etwa Andersen in seinen Lebensberichten nicht, seine Leser durch tabuisierte Zonen wie Fabrikshallen, Armen- und Irrenhäuser und sogar Bordelle zu führen, um eine negative Bestimmung des Ortes zu leisten, an dem Subjektivität überhaupt nur entstehen kann. Außerhalb der Grenzen der ›normalen‹ bürgerlichen Kleinfamilie scheint es bei ihm keine Subjekte zu geben. Wenn sich die Literatur auf der einen Seite an diesem Normierungsprozess beteiligt, so setzt sie sich auf der anderen Seite kritisch mit ihm auseinander. Dies gilt gleichermaßen für die aufkommende Kritik am Leben des Spieß- und Durchschnittsbürgers wie für die lustbesetzte Thematisierung von Wahnsinn, Kriminalität, Alkohol und Sexualität, die ab dem frühen 19. Jh. in die Literatur Einzug hält.

Das wohl schönste Exempel für die Abrechnung mit dem bürgerlichen Durchschnittsleben stellt ein drei Bände umfassendes Verspos dar, das Frederik Paludan-Müller unter dem bezeichnenden Titel *Adam Homo* (1842–49; Adam Homo, 1883) publiziert. Die Satire, die mit dem durchgängigen Gebrauch von Oktaven an die erzählende Heldendichtung der italienischen Renaissance anknüpft, spielt mit einer Überforderung der Gattung, indem der gescheiterte Lebensentwurf eines zeitgenössischen Biedermanns in die Form eines Heldenepos gebracht wird. Aufgrund der souveränen Gestaltung dieser Differenz zwischen Form und Inhalt erinnert das Stück an den rund zehn Jahre früher veröffentlichten *Eugen Onegin* (1823–31) von Alexander Puschkin, auch wenn der *Adam Homo* mit seinen grellen bis grotesk-bizarren Szenen eher in der satirisch-humoristischen Tradition von Parodien auf *Odyssee* und *Aeneis* verwurzelt ist, die in Holbergs *Peder Paars* (1719–20; Peder Paars, 1750) einen prominenten dänischen Vertreter gefunden hat.

Helden ohne Charakter

Auch Heiberg veröffentlicht eine bitterböse Satire auf den Kopenhagener Biedermann. Seine Komödie *En Sjæl efter Døden* (Eine Seele nach dem Tode, 1861), die er in der Sammlung *Nye Digte* (Neue Gedichte, 1841) publiziert, ist dem Nachleben einer krämerischen Bürgerseele gewidmet, die sich im Jenseits der Verachtung St. Peters und dem Spott des Aristophanes ausgeliefert sieht. Der Kleinbürger, der weder im Paradies noch im Elysium Einlass findet, fühlt sich wider Erwarten in der Hölle zu Hause. Hier kann er sein langweiliges Leben fortführen. Er kann zur Börse und zur freien Universität gehen, dänische Gazetten und Romane lesen, und hier werden mit Andersens *Mulatten* (1840; Horatio, der Mulatte, 1844) und *Maurerpigen* (1840; Raphaella, 1847) genau jene Stücke gespielt, die er zu Lebzeiten im Kopenhagener Theater bewundert hat.

Carl Bagger und Steen Steensen Blicher gestalten ihre Abrechnung mit den lauen Moralvorstellungen und Lebensgewohnheiten ihrer Leser auf eine subtilere Art und Weise. Beide greifen die biedermeierliche Kultur an, indem sie deren Bigotterie an höchst dubiosen Erzählerfiguren vorführen. *Min Broders Levnet* (1835; Meines Bruders Leben, 1847) von Bagger konfrontiert den Leser mit drastischen Darstellungen des Lotterlebens von Arthur, welches durch Alkoholkonsum, Tagträumerei und sexuelle Ausschweifung geprägt ist. Als eigentlicher Held des Romans entpuppt sich bei genauerem Hinsehen allerdings der frömmelnde Bruder Arthurs, der als Ich-Erzähler jede Gelegenheit nutzt, um die moralische Unterlegenheit seines Bruders herauszustreichen. Der Text macht sehr deutlich, dass sich hinter der Auseinandersetzung mit dem Bruder keineswegs ethische Überlegungen, sondern reine Affekte verbergen. Der Erzähler lebt an seinem Bruder eine ödipale Revolte gegen seinen Vater aus. Die eheliche Verbindung des Erzählers mit der ehemaligen Geliebten seines Bruders, die am Ende des Romans angedeutet wird, trägt somit inzestuöse Züge. Insgesamt führt der Roman auf eindringliche Art und Weise vor, welche Verdrängungsleistungen und psychopathologischen Störungen die auf die Kleinfamilie konzentrierte Kultur des Biedermeiers zeitigt.

Dubiose Erzähler

Mit einer ganz ähnlichen Dekonstruktion der Erzählerfigur operiert Blicher in seiner Novelle *Sildig Opvaagnen* (Spätes Erwachen, 1828), die er wie viele seiner Erzählungen in seiner eigenen Zeitschrift *Nordlyset* (Nordlicht, 1827–29) veröffentlicht. Blicher, der lange Zeit nur als literarischer Entdecker der jütischen Heidelandschaft wahrgenommen wurde, gehört zweifelsohne zu den virtuosesten Erzählern des dänischen Biedermeiers. Nahezu alle Novellen, die Blicher in den Zeitschriften *Læsefrugter* (Lesefrüchte, 1818–33) und *Nordlyset* publiziert und von denen insbesondere die Erzählungen *Brudstykker af en Landsbydegns Dagbog* (1824; Aus dem Tagebuch eines Dorfküsters, 1902) sowie die Kriminalerzählung *Præsten i Vejlbye* (1829; Der Pfarrer in Veilby, 1916) hervorzuheben sind, leben von einer komplexen formalen Gestaltung. Die Art und Weise, wie Blicher mit Tagebuchfiktionen und komplex gestaffelten Erzählrahmen arbeitet, erinnert durchaus an die erzählerischen Verfahrensweisen Kierkegaards, der ein bekennender Bewunderer Blichers war. In der Novelle *Sildig Opvaagnen* wählt Blicher einen Theologen als Ich-Erzähler, der den Liebesränken seiner Nachbarn nachgeht. Dabei verraten die Berichte mehr über das verdrängte Begehren des Beobachters als über die vermeintlichen moralischen Verfehlungen seiner Umwelt.

Stilisierter Normbruch

Die Schilderung der Langeweile und Doppelmoral des bürgerlichen Durchschnittslebens steht in engem Zusammenhang zu Darstellungen des Studenten- und Künstlerlebens. In diesen Texten wird die Normüberschreitung selbst zu einer Norm gemacht, welche in den gegebenen Grenzen von der Gesellschaft toleriert und reguliert werden kann. Als wichtigstes literarisches Dokument, das einen Mythos des Studentenlebens in Dänemark begründet, kann Poul Martin Møllers Fragment gebliebener Roman *En dansk Students Eventyr* (Abenteuer eines dänischen Studenten) bezeichnet werden, der 1843 postum veröffentlicht wird. Der Roman bietet eine lose Folge von humoristischen Anekdoten dar, welche von den Streichen und amourösen Abenteuern des Studenten Fritz Klinger berichten.

Inwieweit die Schilderung des libertinen Lebenswandels von Studenten und Künstlern auch für literarische Grenzüberschreitungen produktiv gemacht werden, zeigen die Romane *Fra Gaden* (Von der Straße, 1847) von Poul Chievitz sowie *Fra Piazza del Popolo* (1867; Von der Piazza del Popolo, 1870) von Vilhelm Bergsøe. Mit seiner komplexen Rahmengestaltung und dem virtuosen Spiel mit zahlreichen Intertexten gehört *Fra Gaden* sicherlich zu den formal anspruchvollsten Texten des hier besprochenen Zeitraums. Die Erzähler des Romans, die sich durch alkoholische Exzesse und eine lose Sexualmoral auszeichnen, decken auf ihrem Weg durch das nächtliche Kopenhagen die Perversionen und Verbrechen eines zutiefst bigotten Bürgertums auf. So wird der Leser in einer der zahlreichen Binnenerzählungen mit dem Lebensbericht eines Stubenmädchens konfrontiert, das von seinen Zieheltern zur Prostitution gezwungen und durch seinen ersten Freier vergewaltigt wurde.

Gegenüber den gezielten ästhetischen Normbrüchen, mit denen Chievitz arbeitet, wirkt die Gestaltung von *Fra Piazza del Popolo* auf den ersten Blick konventionell. Mit der Erzählerrunde einer skandinavischen Künstlergruppe, die sich allabendlich in Rom trifft, knüpft Bergsøe an die italienische Erzähltradition der Renaissance an. Acht Binnengeschichten werden im Verlaufe der Handlung miteinander und mit der Rahmenerzählung verknüpft. Der eigentliche Wert des Textes liegt aber nicht in dem aus diesem Verfahren resultierenden großen Erzählungzusammenhang, sondern in den skurrilen Künstler-Anekdoten, die am Rande präsentiert werden und welche die Vorstellung von Erzählbarkeit selbst in Frage stellen. Dies gilt etwa für die Geschichte des Engländers Signor Naso, der an einem zu großen (Riech-) Organ leidet. Einer der Erzähler beobachtet dessen autoerotisches Spiel mit einer Gliederpuppe. Die verstörende Beobachtungsszene wirft einen kritisches Licht auf das voyeuristische Interesse des Lesers. Auch die sexuelle Ersatzhandlung Nasos, die in jeder Hinsicht aus dem Rahmen des Erzählten fällt, ließe sich auf die Haltung der Leser übertragen, die sich an den erzählbaren Normüberschreitungen dänischer Künstler in Italien ergötzen.

Jenseits von ›Ich‹ und ›Selbst‹ – *Wahnsinn und textuelle Auflösung des Subjektes*

Von der Bestimmung und kritischen Verortung bürgerlicher Subjektivität sind die literarischen Reflexionen zu unterscheiden, die der philosophischen Frage nach dem Wesen von Subjektivität selbst gewidmet sind. Diese Reflexionen kommen vor allem in Texten zum Ausdruck, welche die Schattenseite des Subjektes, den Wahnsinn als das Andere der Vernunft, ausloten. Sie schlagen sich aber auch in Stücken nieder, die dem abstrakten Verhältnis zwischen Sprache und Subjektivität gewidmet sind und die in eine Dekonstruktion des Subjektes münden.

Literatur und Wahnsinn

Die literarische Darstellung des Wahnsinns ist zunächst auf die Rezeption der populären Gattungen von Schauerroman und *gothic novel* zurückzuführen, die aus England und Deutschland auf den skandinavischen Buchmarkt gelangen. Die traditionelle Literaturwissenschaft hat lange Zeit den maßgeblichen Einfluss von populären Autoren (etwa Christian Heinrich Spieß, der neben zahlreichen Ritter-, Räuber- und Schauerromanen u. a. die *Biographien der Wahnsinnigen* (1796) verfasst) verdrängt. Schöne Beispiele für das Nachwirken dieser populären Literatur liefern u. a. die Erzählsammlungen Ingemanns und Blichers. So werden in Ingemanns Erzählung *Altertavlen i Sorø* (Das Altarbild von Sorø, 1820) sämtliche Motive trivialer Erzählkunst bedient. Hinter dem latenten Wahnsinn des Helden, der sich am Ende der Erzählung das Leben nimmt, verbirgt sich eine Geschichte von Ehebruch und Mord, die ein inszestuöses Verhältnis zwischen zwei Geschwisterkindern nach sich zieht. Auch Blicher nimmt mit der Erzählung *Hosekræmmeren* (1829; Der Strumpfkrämer, 1849) eine schaurige Moritat in seine Novellensammlung auf. Der Ich-Erzähler berichtet von seiner Begegnung mit einer wahnsinnigen Krämerstochter, welche ihrem Geliebten aus lauter Liebe die Kehle durchschnitten hat.

Genauso wie Ingemann und Blicher spielt Almqvist in zahlreichen seiner Erzähltexte mit Vorlagen aus der Populärliteratur. Am deutlichsten wird dies in seinem 1822 entstandenen Debütroman *Amorina. Den förrykta frökens lefnadslopp och sällsynta bedrifter* (Amorina. Der Lebenslauf und die merkwürdigen Taten des verrückten Fräuleins), den er 1839 in einer stark revidierten zweiten Fassung publiziert. Das Buch, das schon im Titel auf das Thema Wahnsinn verweist und dem »großen Tollhaus« gewidmet wird, kombiniert Elemente aus Groteske, Schauerroman und phantastischer Erzählung mit Strukturen und Motiven der Heiligenlegende. Neben Amorina spielt der Gardist Johannes eine Hauptrolle, der sich im Verlaufe des Stückes als blutlüsterner Teufelsanbeter entpuppt. Nicht von ungefähr endet die Handlung in Danviken, der damaligen Stockholmer ›Irrenanstalt‹. Gerade die zweite Fassung des Textes, die von einer illusionsbrechenden und sprachreflektierten Herausgeberfiktion eingeleitet wird, zeigt, inwiefern Almqvist die Versatzstücke aus den unterschiedlichen literarischen Traditionen ver-

›Ver-rückt‹ Schreiben

wendet, um sie in einer experimentellen Schreibweise gegeneinander auszuspielen. Die Darstellung des Wahnsinns wird also mit einer Verfremdung herkömmlicher literarischer Muster, einer ›ver-rückten‹ Erzählweise, verbunden, die indirekt auf das Verhältnis zwischen Subjektivität, Erzählung und Sprache aufmerksam macht.

Noch deutlicher wird das Bemühen um einen ›verrückten‹ Sprachgebrauch bei Clas Livijn, der mit *Spader Dame* (Pik Dame, 1824) einen der besten Romane der skandinavischen Romantik schreibt. Im Vorwort des Romans wird der Text als briefliche Hinterlassenschaft eines Wahnsinnigen bezeichnet, die der fiktive Herausgeber in Danviken gefunden habe. Die Briefe, in denen der Ich-Erzähler seine unglückliche Liebesgeschichte samt beginnendem Wahnsinn schildert, mögen auf den ersten Blick an Goethes *Werther* erinnern. Wenn man allerdings schon den Bezug zur deutschen Literatur sucht, dann liegt der Vergleich zu Georg Büchners *Lenz* (1839) näher. Genau wie Büchner gilt Livijns Interesse nämlich weniger den Emotionen des liebenden Ichs als den sprachlichen Verschiebungen, welche das aus den Fugen geratene Subjekt kennzeichnen. So wird der Text zusehends von verschrobenen Metaphern und Allegorien durchsetzt, welche in ihrer Dysfunktionalität auf die fundamentale rhetorische Mechanik der Sprache aufmerksam machen.

Skandinavische Phantastik

Auch wenn Livijns *Spader Dame* aufgrund ihrer subtilen Sprachgestaltung eine Ausnahme in der Literatur des frühen 19. Jh. bleibt, schlägt sich das Interesse um andere Text- oder Sprachformen auch in populäreren Gattungen nieder. Dies gilt insbesondere für die Tradition der phantastischen Literatur, die in dieser Zeit begründet wird. Das Aufkommen und die weite Verbreitung dieser Textgattung, die in Skandinavien eng mit der Rezeption der Schriften E.T.A. Hoffmanns verflochten ist, ist hervorragend von Stephan Michael Schröder dokumentiert worden. Seit den 1970er Jahren wird die phantastische Literatur nicht mehr über Inhalte, sondern über ein strukturelles Merkmal bestimmt, das im Moment der Unentscheidbarkeit zum Ausdruck kommt. Der Leser wird in phantastischen Texten mit gespenstischen Ereignissen konfrontiert, die sich weder ›natürlich‹ (psychologisch-naturwissenschaftlich) erklären lassen, noch den wunderbaren Gesetzen einer rein fiktionalen Welt (wie etwa im Märchen) gehorchen. Der reine phantastische Text bleibt also per definitionem zweideutig und lässt sich nicht durch eine wie auch immer geartete Lektüre abschließen.

Das Rätsel der Sphinx

Inwieweit das Aufkommen der Gattung mit einer generellen Krise des Subjektes (der subjektiven Wahrnehmung) verquickt ist, lässt sich an Ingemanns Novelle mit dem bezeichnenden Titel *Sphinxen. Et Eventyr i den Callot-Hoffmannske Maneer* (Die Sphinx. Ein Märchen in der Callot-Hoffmannschen Manier, 1820) illustrieren. Ingemann greift das bekannte Doppelgängermotiv E.T.A. Hoffmanns auf und führt die schon zu Beginn der Handlung vom Helden aufgeworfene Frage »Wer bin ich?« in einer atemberaubenden Staffelung von phantastischen Szenen aus. Der Leser verliert zwangsläufig den Überblick über die Zweideutigkeiten, die durch den Text hervorgebracht werden. Dies betrifft in erster Linie das Verhältnis zwischen dargestellter Fiktion und Wirklichkeit, also zwischen der Wahrnehmung und der reinen Imagination des Helden. Genauso unklar bleibt die Relation zwischen den beiden handelnden ›Ichs‹ und den zwei gegensätzlichen Verkörperungen ihrer Geliebten. Vor allem aber wird die traditionelle Relation zwischen geschriebenem und schreibendem Ich durcheinandergebracht. Bis zum Schluss lässt der Text offen, ob der Held der Erzählung diese Erzählung als Subjekt selber schreibt, oder ob er sich als Objekt in den Fängen einer Hoffmannschen Erzählung, d.h. eines phantastischen Sprachspiels verliert. Auch wenn die Thematisierung vom schreibenden und geschriebenen Ich zu allerlei metapoetischen Reflexionen genutzt wird, stehen philosophische Fragen im Zentrum des Textes. Wie bei Hoffmann wird die Begegnung mit dem eigenen Ich genutzt, um auf Probleme der Identitätsphilosophie aufmerksam zu machen. Wer versucht, das Rätsel der Sphinx zu lösen und sein eigenes Ich reflexiv zu bestimmen, der endet wie der Held der Erzählung zwangsläufig in einem sich unendlich verdoppelnden Spiegelsaal, in dem nicht mehr zwischen Bild und Abbild geschieden werden kann.

Auf ähnliche Probleme gehen zwei in den späten 1860er Jahren entstandene Dramen ein, die zweifelsohne zu den bekanntesten literarischen Thematisierungen der Subjektproblematik gehören. In seinen miteinander korrespondierenden dramatischen Gedichten *Brand* (1866; Brand, 1872) und *Peer Gynt* (1867; Peer Gynt, 1881) macht sich der junge Henrik Ibsen daran, die Vorstellung des autonomen Subjektes von zwei Blickwinkeln aus kritisch zu durchleuchten. Während Brand einen Kult des souveränen Subjektes betreibt, das den Glauben durch den Willen ersetzt, ist Peer Gynt umgekehrt als durch und durch willenlose Person gekennzeichnet, die sich stets selbst genug ist. Beide Helden enden am Rande des Wahnsinns. Dabei ist die Figur des Brand zunächst positiv besetzt. Er verkörpert die Idee des selbstbestimmten Subjektes, das sich den Institutionen von Kirche und Staat entgegenstellt und auch vor dem Tod nicht zurückschreckt, um sich und seinen selbstgesetzten Idealen treu zu bleiben. Mit seiner schroffen Ablehnung jeglicher gesellschaftlicher Konvention sowie der pathetischen Überhöhung von Selbstpräsenz und Ideal bietet er ein Vorbild für zahlreiche religiöse Weltverbesserer und Revolutionäre des späten 19. und 20. Jh. Zum Glück bleibt dieses durch und durch männlich bestimmte Ideal im Text keineswegs ungebrochen. Am Ende des Dramas wird Brand als Desperado entlarvt, der seine Anhängerschaft verliert und sogar Frau und Kind opfert, um seinem Motto »Alles oder Nichts« treu zu bleiben. Die immer wieder bediente Metapher des eigenen Wegs führt ihn keineswegs zu sich selbst, sondern wortwörtlich in die Irre. Er endet in einer eisigen Gletscherlandschaft in der Gesellschaft eines Wahnsinnigen.

Brand als Desperado

Genauso wie *Brand* ist *Peer Gynt* von zahlreichen subjekttheoretischen Exkursen durchsetzt, wobei auch Ibsen seinen Helden direkt auf die existentielle Frage der Sphinx stoßen lässt. Oberflächlich betrachtet laboriert der Text mit einer Kritik an der Substanzlosigkeit bürgerlicher Lebensentwürfe. Auf seinem Lebensweg, der ihn in erster Linie durch den Orient führt, nimmt der norwegische Bauernjunge Peer Gynt nacheinander die Rollen eines Sklavenhändlers, Exporteurs von heidnischen Devotionalien, Kolonialisten, falschen Propheten und Altertumsforschers an. In der Art und Weise, mit der er deren ausbeuterische Praktiken ideologisch übertüncht, passt er sich perfekt den Strategien an, mit denen sich der westliche Imperialismus des Orients bemächtigte. Im Stück wird diese Karriere explizit mit dem unselbständigen Verhalten der Trolle, Tiere oder eben Wahnsinnigen parallelisiert, denen der Held auf seinem Lebensweg begegnet. Ausgehend von dieser Kritik hat man dem Stück existentielle Tiefe zugeschrieben. Immerhin wird der Held am Ende des Dramas von einer Personifikation des Todes mit seinem verpfuschten äußerlichen Leben und den vergeudeten Alternativen von wahrhaftigem Sein und erfüllter Liebesehe konfrontiert. Indes werden genau die idealistischen Alternativen von Schein und Sein, Hülle und Kern, Oberfläche und Tiefe vom humoresken Stück selbst sabotiert. So entpuppt sich der Vertreter einer Hegelianischen Theorie des Selbstbewusstseins mit dem bezeich-

Subjekt ohne Kern – Peer Gynt

Hermann Schomberg (Peer) und Cläre Kaiser (Anitra) in der Inszenierung von Ibsens *Peer Gynt* am Schauspielhaus Frankfurt a. M. (23.10.1937)

nenden Namen Begriffenfeldt in einer grotesken Szene als wahnsinnig gewordener Vorsteher einer Irrenanstalt. Schließlich führt Peer Gynt in einer der bekanntesten Allegorien des Stückes an einer Zwiebel vor, dass das Subjekt keinen inneren Kern besitzt, sondern nur aus einer unendlichen Reihung verschiedener Subjektpositionen bestehen kann. Insgesamt steht also nicht Peer Gynt als Schwärmer und Selbstbetrüger in der Kritik, sondern die Ideen von Subjektivität, Innerlichkeit und Eigentlichkeit selbst, deren ideologische Funktionen am orientalistischen Diskurs vorgeführt werden. Gegen die idealistische Vorstellung einer sich selbst aneignenden Subjektivität setzt der Text eine Ethik und eine Erkenntnistheorie, die dem Anderen des Eigenen verpflichtet sind. Am Ende des Textes sieht sich Peer Gynt vor die paradoxe Einsicht gestellt, dass sein ›eigentliches‹ Ich ein Anderer bzw. eine Andere ist. Mit der konsequenten Zersplitterung der Handlung in unterschiedliche Stationen zieht Ibsen die dramatischen Konsequenzen aus diesem neuen Subjektverständnis.

Mit der Figur des Peer Gynt konnte sich Ibsen auf zwei prominente dänische Vorlagen beziehen. Orientiert man sich an dem reinen Handlungsverlauf des Stückes, d.h. der huresken Schilderung eines Bürgers, der die eigentlich wichtigen Dinge des Lebens für seine berufliche Karriere opfert, so ist die Nähe zu Paludan-Müllers *Adam Homo* kaum verkennbar. Im Hinblick auf die angesprochene Subjektproblematik erscheint jedoch der Bezug zu Hans Egede Schacks Roman *Phantasterne* (Die Phantasten, 1857) interessanter. Die Selbstvergessenheit Peer Gynts wird nicht nur durch seine groteske Anpassung an unterschiedliche berufliche Rollenmuster verdeutlicht, sondern auch durch seine Abhängigkeit von diversen literarischen Vorgaben. Tatsächlich scheint es dem Schwärmer Peer Gynt unmöglich zu sein, zwischen der Fiktion dieser Vorgaben und der Realität seines eigenen Lebens zu unterscheiden. Gleiches gilt für die Helden von Schacks *Phantasterne*. Die lesenswerte Satire ist als eine moderne Fortsetzung des Don Quixote konzipiert, die »verschiedene Arten von Novellen im Leben« ausführt. Geschildert werden die Lebensläufe dreier Leseratten, die in ihren unterschiedlichen Ent-

Ein moderner Don Quixote

wicklungsgängen drei verschiedene Erzählmuster nachzuahmen scheinen. Während sich der erste als Realist gebärdet, der eine vorgegebene Berufskarriere verfolgt, endet der zweite im Glauben, Jesus selbst zu sein, als Wahnsinniger in einer Irrenanstalt. Im Zentrum des Romans steht der Lebensweg des Dritten, der als Ich-Erzähler auftritt. Auch er versucht, Phantasterei und Lesewut zu überwinden. Allerdings wird diese Entsagung vom Text als Element eines durch und durch romantischen Märchens inszeniert. Nachdem der Erzähler der Phantasie abgeschworen hat, findet er sein Glück in den Armen einer spanischen Prinzessin. Mit dieser selbstironischen Wendung führt der Text vor, dass die realistische Abrechnung mit der Wirklichkeitsflucht romantischer Phantasten selbst nur einem literarischen Topos folgt. Im Gegensatz zu einer früheren Forschungsmeinung ist der Roman also nicht als Plädoyer für einen Realismus misszuverstehen. Vielmehr zeigt Schack, dass man sich dem Einfluss von sprachlichen und literarischen Rollenmustern nicht einfach dadurch entziehen kann, indem man sie verleugnet.

Bereits 1836 legt Hans Christian Andersen mit O.T. (O.T., 1837) einen Roman vor, der die oben angesprochene Reflexion über das Verhältnis von Text und Subjekt vorwegnimmt. Wie so häufig bei Andersen steht ein gesellschaftlicher Aufsteiger im Vordergrund der Handlung, und wieder stellt die Auseinandersetzung mit seiner asozialen Vergangenheit das Movens des Geschehens dar. Im Gegensatz zu anderen Helden Andersens aber trägt Otto Thostrup das Trauma seiner sozialen Herkunft buchstäblich am eigenen Körper. Die Buchstaben O.T., die ihm in die Schulter tätowiert sind, bezeichnen nämlich nicht nur seine Initialen und die Signifikanten, aus denen sich sein Vorname O-T-T-O zusammensetzt, sondern dienen als Kürzel für »Odense Tugthus«, das ist das Gefängnis, in dem Thostrup aufgewachsen ist. Während man sich früher auf die soziale Thematik des Romans beschränkt hat, ist die jüngste Forschung den semiotischen Fragestellungen nachgegangen, welche die offensichtliche Thematisierung der Buchstäblichkeit des Textes nach sich zieht. Den Kern von Ottos Identitätskrise bildet nicht seine soziale Herkunft. Sie wird vielmehr durch die Erkenntnis ausgelöst, dass die Kommunikationsmedien nicht frei verfügbar sind, sondern über den Helden selbst verfügen. Die als Stigma empfundene Codierung des Körpers wie das Erleben der puren Körperlichkeit der Zeichen stehen dabei als zwei Symptome für eine Erschütterung des Verhältnisses von Sprache und Körper ein, welche eine massive Krise des Subjektes nach sich zieht.

Zur Kritik des Sprach-Körpers

Scherenschnitt von H.C. Andersen (1830)

Liebe, Ehe und Sexualität – Literatur und die Codierung von Intimität

Das neue Konzept von Subjektivität ist mit einem massiven Wandel des Liebesverständnisses verknüpft. Unter Liebe werden im Folgenden weniger Gefühle verstanden als der sich wandelnde Code, über den sich Gefühle überhaupt erst bilden können. Zweifelsohne stellt die Literatur in dem hier zu behandelnden Zeitraum noch das bevorzugte Medium dar, über das die ›Sprache der Liebe‹ kreiert wird. Angesichts der Masse entsprechender Belege könnte man sogar meinen, dass es zu den zentralen Funktionen der Literatur dieser Zeit gehörte, Liebenden vorzuschreiben, wie sie sich zu verhalten und vor allen Dingen, wie sie sich zu unterhalten hätten. Die Beliebtheit des Themas mag auch damit zu tun haben, dass sich um 1800 ein markanter Umbruch im Reden über die Liebe abzeichnet. Während sich der Liebesdiskurs bis ins 18. Jh. grob gesagt an den besonderen Eigenschaften des geliebten Objektes orientierte, definiert sich das Konzept einer romantischen Liebe

Eine neue Sprache der Liebe

selbstreferentiell über das Lieben selbst. Das Lieben um der Liebe selbst willen aber ist risikoreich, da es sich weder über den gesellschaftlichen Status, die Schönheit oder die Tugend der geliebten Person legitimieren kann, sondern aus sich selbst heraus am Leben erhalten werden muss. Dagegen wird die romantische Liebe über das Versprechen eines vollständigen Verstehens legitimiert, über das sich die Liebenden einander des Wertes ihrer einzigartigen Subjektivität versichern.

Dänische Wertheriaden

Auch in Skandinavien ist die Vorstellung einer solchen Individualität stiftenden Liebe an die emphatische Rezeption eines Selbstmörderschicksals gebunden. Mit den *Leiden des jungen Werthers* (1774) erfindet Goethe bekanntlich nicht nur einen neuen Sprachgebrauch, der sich voll und ganz in der Manifestation der Emotionalität des sprechenden Subjektes erschöpft, sondern eben auch eine neue Rhetorik der Liebe. Auch wenn schon im 18. Jh. erste kritische dänische Adaptionen des Stoffes vorliegen, wird der Druck des Romans selbst von der Zensur verboten. So setzt die eigentliche literarische Rezeption des *Werthers* erst zu Beginn des 19. Jh. ein. Den eindrucksvollsten Beleg für die Selbständigkeit und Qualität der dänischen Wertheriaden liefern die fast ausschließlich in Gedichten abgefaßten *Varners poetiske Vandringer* (Varners poetische Wanderungen), welche Ingemann 1813 in seiner Gedichtsammlung *Procne* veröffentlicht. Der jegliche Gattungsnormen sprengende Text überbietet Goethes Rhetorik subjektzentrierten Schreibens. Einige der im Text veröffentlichten Gedichte können als reine Lautmalereien beschrieben werden, in welchen die referentielle Funktion der Sprache nahezu vollständig unterlaufen wird, um ihren emotionalen Ausdruckswert zu steigern. Von größerer Wirkung als das formelle Experiment Ingemanns sind die *Efterladte Breve af Gabrielis* (Nachgelassenen Briefe von Gabrielis), die der Philosoph Frederik Christian Sibbern 1826 publiziert. Sibbern gehört zweifelsohne zu den prägenden Kulturpersönlichkeiten der Epoche, der u.a. mit seinem Essay *Om Elskov eller Kjerlighed imellem Mand og Qvinde* (Über die Liebe oder die Zuneigung zwischen Mann und Frau, 1819) und seiner *Psychologie* (1843) entscheidende Beiträge zum Subjekt- und Liebesdiskurs der Zeit liefert. Die Briefe Gabrielis' legen sich eng an die Vorlage Goethes an. Allerdings nimmt der Roman eine andere Wende. Geschildert wird der therapeutische Prozess, über den es dem Protagonisten gelingt, sich wieder zu fangen. In diesem Sinne entpuppt sich das Buch als ein geschickter Metatext, welcher das Spiegelverhältnis zwischen Literatur und Subjektivität pragmatisch ausnutzt.

Liebesideal und sexuelles Begehren

Schon oben wurde angeführt, dass das neue Liebeskonzept in einer veränderten Struktur des Begehrens mündet. Nicht das Liebesobjekt steht im Zentrum der Aufmerksamkeit des Liebenden, sondern die Liebe selbst. Einen literarischen Niederschlag findet diese subjektbezogene Liebe wie bereits dargestellt etwa in der Lyrik von Stagnelius und Wergeland. Weder Amanda noch Stella, die das abstrakte Ideal des zu Liebenden verkörpern, verweisen auf ein konkretes Gegenüber. Dass die Relation zwischen lyrischem Ich und diesem Liebesideal von Stagnelius und Wergeland als eine körperlich-erotische Beziehung gedacht wird, gehört durchaus zum Konzept. Sexualität wird nicht negiert, sondern als zentraler Bestandteil des Liebens aufgewertet und damit dem Reden über die Liebe selbst unterworfen. Einen weiteren Beleg für die philosophisch-spekulative Aufwertung von Liebe und Sexualität liefert Almqvist in seiner Jugendschrift *Murnis*, welche er erst 1845 in einer stark revidierten Fassung unter dem Titel *De dödas sagor* (Die Sagen der Toten) publiziert. Angesichts des Inhalts des um 1819 entstandenen Originalmanuskriptes wird klar, warum die ursprüngliche Textfassung erst 1960 veröffentlicht werden konnte. Mit Anlehnung an die Visionen Swedenborgs setzt Almqvist das Verhältnis zwischen Gott und Menschheit metaphorisch um und bildet es konsequent als erotische Relation ab. Dabei rutscht der religiöse Diskurs immer wieder in rein pornographische Szenen ab. Diese Szenen gipfeln in der Beschreibung eines alles vereinenden Geschlechtsaktes, bei dem ein göttlicher Phallus die Vagina jenes übergreifenden Körpers penetriert, den die Menschheit als organische Ganzheit bildet. Selbst wenn *Murnis* nur eine extreme Position innerhalb des weiten Feldes neuer Liebeskonzepte einnimmt, wird deutlich, was für eine Herausforderung die neuen Ansprüche an Liebe und Sexualität für alltägliche Beziehungen dargestellt haben mussten. Dies kommt nicht zuletzt in einer häufig attestierten Krise der Institution Ehe zum Ausdruck.

Einen Beleg für diese Krise liefert etwa Mathilde Fibigers vieldiskutierter Briefroman *Clara Raphael* (1851). Die junge Heldin des Buches löst den vorprogrammierten Konflikt zwischen dem Anspruch an das Ideal der Liebe und der faden gesellschaftlichen Konvention der Ehe schlicht dadurch, dass sie ihrer Liebe entsagt und stirbt. Um dieser und anderen Sackgassen zu entgehen, tragen unzählige Romane dazu bei, die Beziehungen zwischen den Geschlechtern neu zu regulieren. Sie alle verhandeln indirekt oder direkt ein Modell von Liebesheirat, welches verspricht, den Konflikt zwischen der äußerlichen Konventionalität eines Eheversprechens und der Eigentlichkeit einer Liebesbeziehung zu lösen. Hort der auf diese Weise neu codierten Form von Intimität ist die Privatsphäre der bürgerlichen Kleinfamilie. Sophie von Knorring und Fredrika Bremer, die eine zentrale Stellung in der Begründung einer schwedischen Romantradition einnehmen, veröffentlichen nahezu ausschließlich Texte zu diesem Themenkomplex. Dabei greift von Knorring in ihren insgesamt neun Romanen immer wieder auf das Motiv der verbotenen Liebe zurück. Handlung und Gespräche ihrer Romanfiguren kreisen in ständigen Wiederholungen um die Gegensatzpaare von Pflicht und Neigung, gesellschaftlicher Konvention und erotischem Begehren. Das ununterbrochene Reden über den virtuellen Tabubruch ermöglicht es ihnen dabei, den alles entscheidenden Sexualakt aufzuschieben und ihr Begehren am Leben zu erhalten. Wenn von Knorrings Romane in dieser Erzählstruktur und ihrer pathetischen Rhetorik einerseits vorhersehbar erscheinen, tragen sie andererseits aufgrund einer ironischen Erzählhaltung zu einer Brechung der melodramatischen Erzählkonventionen bei. Ja, in *Illusionerna* (1836; Täuschungen, 1839) werden die durch die Trivialliteratur geweckten Wunschvorstellungen selbst explizit thematisiert und kritisiert.

Ehe oder Liebe

Während von Knorrings Romane noch in einem adligen Milieu spielen, konzentriert sich Fredrika Bremer in ihren Texten auf die kleine Welt der bürgerlichen Intimsphäre. Der Wechsel der Handlungsorte schlägt sich im Ton der Romane nieder. Die Texte von Knorrings sind noch vom Pathos und Witz höfischer Konversationsformen geprägt, Bremers Erzählungen dagegen leben von der gedämpft-sentimentalen Rhetorik des bürgerlichen Gefühlslebens. Mit ihren *Teckningar utur hvardagslifvet* (1828–31; Skizzen aus dem Alltagsleben, 1841–48) begründet sie eine Gattung alltagsrealistischer Schilderungen, die sie in zahlreichen Fortsetzungsromanen, u.a. *Famillen H**** (1830–31; Die Familie H., 1841), *Grannarne* (1837; Die Nachbarn, 1839) und *Hemmet* (1839; Das Haus, 1840), fortführt. Der bisweilen rührselige Blick auf die Fährnisse des Familienlebens erfreut sich in Schweden wie auch im deutschsprachigen Raum einer großen Beliebtheit.

Erst in ihrem letzten Roman *Hertha, eller en själs historia* (1856; Hertha, 1856) formuliert Bremer eine explizite Kritik an patriarchalischen Familien-

Emanzipationsliteratur

strukturen. Dabei hätte sie sich schon an einem norwegischen Vorbild orientieren können, das zwei Jahre vorher erscheint. Colletts *Amtmandens Døttre* (1854–55; Die Amtmanns-Töchter, 1864) sind als ein Pamphlet wider die Vernunfts- und Versorgungsehe gelesen worden. Geschildert werden die unglücklichen Biographien der im Titel genannten Töchter, die Ehen eingehen, ohne zu lieben. Die Reihung der verschiedenen Lebensberichte verdeutlicht, dass es sich bei den gescheiterten Liebesbeziehungen und unglücklichen Ehen nicht um Einzelschicksale, sondern um ein soziales Phänomen handelt. Folgerichtig wurde der Text als realistischer Tendenzroman klassifiziert und als ungemein wichtiger Vorläufer für die ehekritischen Darstellungen des modernen Durchbruchs gewürdigt. Immerhin beteiligt sich Collett mit mehreren Essays am emanzipatorischen Diskurs der 80er Jahre. Eine solche Interpretation von *Amtmandens Døttre* droht allerdings die ästhetischen Qualitäten des Romans zu unterschlagen, der eben nicht als Essay publiziert worden ist. Die komplexe formale Gestaltung des Textes, der mit unterschiedlichen Erzählern, Erzählrahmen und -formen operiert, spricht gegen eine allzu eindeutige Lesart.

Im Gegensatz zur komplexen Gestaltung von *Amtmandens Døttre* wirkt der bekannteste Beziehungsroman des frühen 19. Jh. recht schlicht. Dreh- und Angelpunkt von Almqvists *Det går an* (1839; Es geht an, 1845) stellt eine längere Replik der Heldin dar, in der sie wider die Ehe und für das Konzept eheähnlicher Liebesgemeinschaften plädiert. Die heftigen Reaktionen auf den Roman haben wahrscheinlich damit zu tun, dass er nicht mehr mit der Opposition zwischen Vernunftehe und Liebesbeziehung arbeitet. Die Heldin scheint in ihrer Kritik an der Ehe selbst gegen das Modell einer Liebesheirat zu argumentieren. In ihren Ausführungen legt sie das Paradox offen, dass eine wirklich auf die Liebe gegründete Ehe nicht mit dem Anspruch auftreten kann, ewig zu halten. Die Gründe gegen die Ehe dagegen sind auch pragmatischer Natur. Als ökonomisch planende Geschäftsfrau will sie ihren Handel nicht den Unwägbarkeiten ihres Liebeslebens aussetzen. Wahrscheinlich ist die massive Kritik der Zeitgenossen genau auf diesen von einer Frau vertretenen Pragmatismus zurückzuführen. Ihre sachliche Argumentation in Liebesdingen lässt einen Rollentausch im Sprachspiel ›Liebe‹ erahnen, der gründlicher mit den Formen imaginierter Weiblichkeit aufräumt als die vagen Andeutungen auf den außerehelichen Geschlechtsverkehr zwischen den Helden.

Logik der Liebe

Wie Almqvist geht auch Thomasine Gyllembourg-Ehrensvärd den Paradoxien nach, die der Vorstellung einer Liebesehe innewohnen. In der dänischen Literaturgeschichtsschreibung hat Gyllembourg vor allem als Autorin der Novelle *En Hverdagshistorie* (1828; Eine Alltagsgeschichte, 1852) Beachtung gefunden, die sie wie viele ihrer Erzählungen anonym in *Kjøbenhavns flyvende Post* (der Zeitschrift ihres Sohnes Heiberg) veröffentlicht. Aufgrund ihres Titels ist diese Erzählung als erstes Indiz für einen Alltagsrealismus angesehen worden, der die philosophisch-spekulative Literatur der frühen Romantik ablöse. Allerdings wird alles andere als eine alltägliche Geschichte erzählt: Ähnlich wie in Goethes *Wahlverwandtschaften* kreist die Handlung um ein Viereckverhältnis. Dabei durchlebt der Held und Ich-Erzähler des Stückes eine ethische Krise. Im Zentrum der Erzählung steht seine Beziehung zur Stiefschwester seiner Verlobten, die ihrerseits von ihrem Verlobten verlassen worden ist. Die Empörung über das unverantwortliche Verhalten dieses Mannes hindert den Helden nicht, dessen Treuebruch spiegelbildlich zu wiederholen. Der versöhnliche Schluss des Stückes trägt kaum über dessen Abgründe hinweg: In einer Doppelheirat kommen die betro-

Thomasine Gyllembourg, Ölgemälde von J. Juel (1795)

genen Verlobten jeweils mit den betrügenden Ehebrechern zusammen. Insgesamt scheint der Text einer genau kalkulierten Versuchsanordnung zu folgen, die der Kontingenz und Temporalität der Liebe in einer Art psychologischem Experiment auf den Grund geht. Auch andere Texte Gyllembourgs bestechen eher durch ihre theoretisch kalkulierte Konzeption als durch ihren vermeintlichen Realismus. So bildet sie etwa in der programmatischen Erzählung *To Tidsaldre* (1845; Zwei Zeitalter, 1848) das schwer zu fassende Phänomen des Zeitgeistes literarisch ab. Es ist kaum verwunderlich, dass Kierkegaard dieser Erzählung eine umfassende Rezension widmet, die er als eigenständiges Buch *En litterær Anmeldelse* (1846; Eine literarische Anzeige, 1954) publiziert.

Hintergründige Märchen: Der andere Andersen

Die Neukonzeption der Ehe ist an die Ausbildung einer spezifisch bürgerlichen Form von Intimsphäre gebunden. Spätestens seit dem frühen 19. Jh. identifiziert sich die Bourgeoisie über ihre Privatwelt. Die abgesteckten Grenzen der Kleinfamilie sollen es den Familienmitgliedern erlauben, sich von äußerlichen Zwängen zu lösen und sich im besten Fall selbst zu finden. Die Naivität des Kindes bildet dabei eine bevorzugte Projektionsfläche für die natürliche Emotionalität und Kreativität, die sich im familiären Rahmen ausbilden soll. So wird auch die Vorstellung von Kindheit als einer in sich wertvollen Entwicklungsperiode überhaupt erst zu dieser Zeit erfunden. Die gewandelte Auffassung über den eigenständigen Wert der Kindheit schlägt sich nicht zuletzt in der biedermeierlichen Kinderliteratur nieder. Während aufklärerische Pädagogen noch mit direkten Handlungsvorgaben (d.h. mit dem Gegensatz von artigen und unartigen Kindern) operieren, sucht man im 19. Jh. die natürliche Imaginationskraft und Emotionalität des Kindes literarisch zu schulen.

Erfindung der Kindheit

Mit Andersen nimmt die skandinavische Literatur eine herausragende Rolle in der Konstitution einer vermeintlich kindgerechten Literatur ein. 1835 gibt er den ersten Band seiner berühmten Reihe *Eventyr, fortalte for Børn* (Märchen, 1839) heraus, der mehrere Märchensammlungen unter verschiedenen Titeln folgen werden. Andersen war sich sicherlich nicht bewusst, dass ausgerechnet diese Sammlungen seinen nationalen und internationalen Ruhm begründen würden. In späten Jahren distanziert er sich sogar gezielt vom Image des Kinderbuchautors.

Als ein Hauptcharakteristikum der Andersenschen Märchen gilt deren besondere Sprachform. Schon Brandes hebt den mündlichen Stil der mit direkten Anreden und Ausrufen durchsetzten Diktion hervor, die einer eigenwilligen Syntax folgt. Aufgrund von Rhythmisierungen, Reimwörtern und Alliterationen gewinnt die Sprache nahezu lyrische Qualität. Aus heutiger Perspektive wirkt die stilistische Inkohärenz der Märchen entscheidender als ihre vermeintliche Mündlichkeit. So wird der mündliche Stil häufig durch manieristische Tendenzen, etwa eine gesuchte Rhetorik oder eine sperrige Interpunktion, gebrochen. Sentimentale Stimmungsbilder prallen auf derbe Umgangssprache, Pathos auf Ironie, abstrakte Allegorien auf sinnliche Schilderungen. Der dissonante Sprachgebrauch schlägt sich auch in übergeordneten Textstrukturen nieder. Andersen bemüht sich nicht so sehr darum, eigenständige und in sich geschlossene Kunstmärchen zu erfinden, sondern zitiert in den *Eventyr* ganz unterschiedliche literarische Traditionen (Volksmärchen, Mythen, Legenden, zeitgenössische Romane, Essays etc.), die in überraschenden Kombinationen zusammengeführt werden.

Dissonante Märchen

Spielzeugwelten

Die experimentelle Schreibweise Andersens wurde lange Zeit als Anlehnung an das wilde Sprechen und Denken des Kindes interpretiert, dessen besondere Vorstellungswelt auch die Sujets der Texte präge. Die Märchen würden nicht von ungefähr um die Welt des bürgerlichen Interieurs kreisen. Neben Kaffeekannen, Stopfnadeln, Sparschweinen oder Zinnsoldaten agieren in erster Linie zahme Haustiere, sanfte Vögel und Pflanzen. Diese Züge legen die Vermutung nahe, dass es dem Kinderbuchautor Andersen nicht gelingt, aus dem Wunschdenken seiner beseelten Spielzeugwelt auszubrechen. Denkt man an die Liebes-Allegorik in *Sneedronningen* (Die Schneekönigin, 1845) oder die sentimental-schöne Abbildung einer (bürgerlichen) Bilderbuch-Karriere in *Den grimme Ælling* (Das hässliche Entlein, 1844), so ist man geneigt, dieser Einschätzung zu folgen. In diesem Sinne könnte die sentimentale Geschichte von *Den lille Pige med Svovstikkerne* (Das kleine Mädchen mit den Zündhölzern, 1846) als allegorische Darstellung der Märchen selbst interpretiert werden. Anstatt sich gegen die soziale Ungerechtigkeit aufzulehnen, erfreut sich der Erzähler an den (märchenhaften) Illusionen der Heldin, die ihr selbst den Tod zu versüßen helfen.

Angesichts des drastischen Endes, das viele seiner Märchen nehmen, kann von einer versöhnlich-harmonisierenden Weltsicht Andersens allerdings überhaupt keine Rede sein. So muss etwa Karen, die kleine Heldin von *De røde Skoe* (Die roten Schuhe, 1845), teuer für ihre Lust an Tanz und schönem Schuhwerk bezahlen. Sie wird von einem gestrengen Engel zu einem ewigen Tanzen verdammt, bis sie Gnade bei einem Scharfrichter findet, der ihr kurzerhand die Füße abschlägt. Die Lust, mit der Andersen solch gewalttätige Szenarien ausmalt, kann kaum mit dem Bild des sanftmütigen Kinderfreundes in Einklang gebracht werden. Der Autor scheint sich vielmehr an der archaischen Erzählweise des Märchens zu erfreuen, mit der er auch mehrere seiner Helden unverschuldet und plötzlich in den Tod schickt: »Der Brauer ist tot, die Tante ist tot, der Student ist tot, er, dessen Gedankenfunken in den

Schräge Märchen

Eimer gingen. Am Ende ist alles im Eimer.« Der fröhlich-destruktive Nihilismus, der in diesem Zitat aus *Tante Tandpine* (Tante Zahnschmerz, 1872) zum Ausdruck kommt, ist für viele der *Eventyr* symptomatisch. Andersen schreibt geradezu gegen die versöhnlich-sentimentale Tendenz des Biedermeiers an. In diesem Sinne wenden sich die Texte nicht nur an Kinder, sondern in einer Art Doppeladressierung auch an erwachsene Leser.

Die Märchen verschleiern keineswegs die bestehenden politischen Verhältnisse, sondern gehen recht aggressiv gegen diese an. So endet etwa die Geschichte des kleinen Soldaten in *Fyrtøiet* (Das Feuerzeug, 1835) mit einem souveränen Königsmord. Auch das wohl bekannteste Märchen Andersens, *Keiserens nye Klæder* (Des Kaisers neue Kleider, 1837), ist von der Forschung jüngst als abstrakter theoretischer Entwurf gelesen worden, in dem der Autor den komplexen Zusammenhang von Körperlichkeit, Politik und Ästhetik beleuchtet. Mit der recht offensichtlichen Thematisierung von Sexualität und Homosexualität in *Den lille Havfrue* (Die kleine Meerjungfrau, 1837) oder *Dynd-Kongens Datter* (Schlammkönigs Tochter, 1858) deckt Andersen weitere Tabuthemen des Biedermeiers auf.

Nicht nur diese gezielten Normverstöße machen Andersen zu einem modernen Autor. Mehrere seiner Märchen, wie etwa *Det nye Aarhundredes Musa* (Die Muse des neuen Jahrhunderts, 1861), lassen sich als poetologische Entwürfe interpretieren, in denen der Autor präzise auf die einschneidenden Veränderungen des Modernisierungsprozesses eingeht und die entsprechenden ästhetischen Konsequenzen zieht. Mit *Dryaden* (Die Dryade, 1868) schreibt er die erste Großstadterzählung der skandinavischen Literatur. In *Et*

Stykke Perlesnor (Ein Stück Perlenschnur, 1859), das dem modernen Sujet der Eisenbahnreise gewidmet ist, wird die Erfahrung von Geschwindigkeit und beschleunigter Wahrnehmung ästhetisch umgesetzt. In gleicher Weise entwickelt das kleine Stück *Vanddraaben* (Der Wassertropfen, 1848) eine poetische Reflexion über mikroskopische Beobachtungen. Auch die neuen Medien werden von Andersen literarisch entdeckt. So ist etwa das Doppelgänger-Märchen *Skyggen* (Der Schatten, 1847) als früher Reflex auf das gespenstische Medium der Photographie interpretiert worden.

Manche der Märchen erscheinen allerdings so schräg, dass sie selbst dem Projekt der Moderne entraten. Dies gilt etwa für *Klods-Hans* (Hans Tolpatsch, 1855), der seine Prinzessin mit dem gemeinsamen Verzehr einer toten Krähe und Kuhfäkalien gewinnt. Wie andere Märchen auch kreist dieses Stück um eine radikale Form von Souveränität, die nicht einmal vor den etablierten Grenzen zwischen Mensch und Tier halt macht.

Imaginierte Nationen, imaginierte Fremdwelten

Phantasmen der Volksgemeinschaft

Das frühe 19. Jh. gilt bei Historikern gemeinhin als die Zeit der Erfindung des Nationalgedankens. Dabei wird Nation als eine vorgestellte politische Gemeinschaft definiert, die begrenzt und souverän ist. Dieses Konzept von Nation wird von einem dynastischen Staatsverständnis unterschieden, bei dem die Einheit eines Staates durch dessen Führung hergestellt wird und somit allein an juristische und politische Kriterien gebunden ist. Nationalität dagegen ist an die Vorstellung einer inneren Verwandtschaft oder wie auch immer gearteten Identität der Gemeinschaft geknüpft, die man historisch, sprachlich oder gar biologisch bestimmt. Produkt dieser Wunsch- oder Wahnvorstellungen ist die Idee von Volk und Volkskörper.

Obwohl in Skandinavien alte Dynastien herrschen, liefert der politische Diskurs des frühen 19. Jh. gute Beispiele für die Erfindung der skandinavischen Nationen und Völker. Dies gilt zunächst für die beiden ›großen‹ Nationen, die auf unterschiedliche Art und Weise in die Wirrnisse der Napoleonischen Kriege verwickelt werden. Dänemark muss im Verlauf des 19. Jh. mehrere schwere politische Kränkungen hinnehmen. 1807 erlebt Kopenhagen den ersten kriegerischen Angriff auf eine Zivilbevölkerung. Die völlig wehrlose Stadt wird von der britischen Flotte bombardiert. Im 1814 geschlossenen Frieden von Kiel verliert man Norwegen an Schweden, und 1864 fällt Schleswig-Holstein im zweiten deutsch-dänischen Krieg an Preußen. Der politische Niedergang des Vielvölkerstaates befördert die Wahnvorstellung einer nationalen Schicksalsgemeinschaft der ›wirklichen‹ Dänen. Auch Schweden ist gefährdet, zwischen den Fronten der Großmächte zerrieben zu werden und das Schicksal Polens zu teilen. Allerdings entpuppt sich die Ernennung des napoleonischen Generals Jean Baptiste Bernadotte zum schwedischen König als geschickter politischer Schachzug, so dass das Land zu den Gewinnern der Napoleonischen Kriege gezählt werden kann. Spätestens mit der Berufung eines französischen Militärs auf den Thron hält eine dezidiert nationalistische Kriegsrhetorik in die schwedische Politik und Literatur Einzug. Während die Erfindung der dänischen und schwedischen Nation in einem Zusammenhang mit der Kriegspolitik der beiden Länder steht, ist die Entdeckung eines isländischen und finnischen Volkstums an die entstehenden

Skandinavien und die Napoleonischen Kriege

Unabhängigkeitsbewegungen der Länder gebunden. Wie in Norwegen, das im Rahmen der Personalunion mit Schweden eine größere politische Unabhängigkeit und eine eigene Verfassung erhält, beschäftigt man sich in diesen Ländern das ganze 19. Jh. hindurch mit den Fragen von Nationalsprache und Nationalliteratur.

Bedenkt man, dass die Nation *per definitionem* nur auf der Vorstellung ihrer Mitglieder beruht, dann wird deutlich, welche herausragende Rolle die Literatur bei der Erfindung nationaler Identität einnimmt. Die nationale Tendenz der Literatur schlägt sich sowohl in der Wiederentdeckung einer einheimischen literarischen Tradition als auch in der Erfindung von nationaler Geschichte und nationaler Landschaft nieder. Vor allem aber wird die Sprache als Hort des National- oder Volksgeistes entdeckt, den Herder schon im späten 18. Jh. heraufbeschwört.

In Dänemark ist die Erfindung von Volk und Nation nahezu untrennbar mit dem Namen Nicolai Frederik Severin Grundtvig verbunden. Grundtvig ist heute als Kirchenreformer und Begründer der ungemein einflussreichen dänischen Volksschulbewegung bekannt. Der auch über die Grenze Dänemarks hinweg wirkende Grundtvigianismus definiert sich über eine reformatorische Auffassung von Christentum und Pädagogik. Dabei werden die Werte Einfachheit, Schlichtheit und Liebe von Grundtvig konsequent auf Stimme und Geist des Volkes projiziert. So sind seine Schriften, mit denen er sich vom amtskirchlichen Rationalismus absetzt, stets von einem anti-intellektuellen Sentiment sowie einer erdig-völkischen Rhetorik getragen. Im Zusammenhang mit der Nationenbildung sind die Texte interessant, in denen er sich um die Wiederbelebung einer (alt)nordischen Tradition bemüht. Dazu zählen u. a. seine Übersetzungen der *Gesta Danorum* des Saxo Grammaticus sowie der *Heimskringla* von Snorri Sturluson. In zwei Darstellungen der nordischen Mythologie (1808 und 1832) bemüht er sich um eine synkretistische Versöhnung zwischen Edda, christlichen Ideen und idealistischer Philosophie.

Neue Mythologien

Grundtvigs Begeisterung für die Ursprünglichkeit norröner Mythen ist durch mehrere moderne Adaptionen von Stoffen und Motiven der altisländischen Literatur vermittelt. Insbesondere Oehlenschläger nimmt mit seiner Sammlung *Nordiske Digte* (Nordische Gedichte, 1807) eine Vorreiterrolle in der Wiederbelebung der skandinavischen Literatur des Mittelalters ein. Die in dieser Sammlung enthaltenen Stücke, etwa das humoreske Epos *Thors Rejse til Jothunheim* (Die Götter des Nordens, 1829) sowie das mythologische Trauerspiel *Baldur hin Gode* (Balder der Gute, 1839), werden in der Folge durch zahllose Dramen, Erzählungen und Epen ergänzt, in denen Oehlenschläger Stoffe aus der altisländischen Literatur verarbeitet. Die größte Wirkung entfalten Romanzyklen, in denen er mit unterschiedlichen metrischen Vorgaben aus dem Mittelalter und einer einheimischen volkstümlichen Tradition spielt. Dazu gehören die Sammlung mythologischer Porträts in *Nordens Guder* (1819; Die Götter Nordens, 1829) sowie der dreiteilige Zyklus *Helge* (1814; Helge, 1839), der später durch die Sagaerzählung *Hroars saga* (1817; König Hroar in Leire, 1822) und das Heldenepos *Hrolf Krake* (1828) ergänzt wird.

Mit der Rückbesinnung auf die nordische Mythologie konnte sich Oehlenschläger auf Herders programmatischen Artikel *Iduna, oder der Apfel der Verjüngung* (1796) beziehen, in dem dieser explizit für eine künstlerische Wiederbelebung der (in seinen Augen) ›germanischen‹ Götterwelt eintritt. Welche Wirkung dieser Artikel für die Konstitution der skandinavischen Nationalliteraturen besitzt, ließe sich auch an umfangreichem schwedischem

Material illustrieren. Das Interesse für Stoffe und Motive der norrönen Literatur wird von einer Stockholmer Vereinigung mit dem Namen *Götiska förbundet* (Gothischer Bund) vorangetrieben. Organ des Verbundes ist die Zeitschrift *Iduna* (1811–24). Ihr Herausgeber Geijer trägt mit zahlreichen Artikeln und Gedichten zum Renommee der Zeitschrift bei. Mit seinen Gedichten *Odalbonden* (Der Freibauer, 1811) und *Vikingen* (Der Wikinger, 1811) kreiert er zwei Stereotypen norröner Männlichkeit.

Mit dem in 24 Gesängen gegliederten Romanzenzyklus *Frithiofs saga* (1825; Die Frithiofs-Sage, 1826) schließt Esaias Tegnér inhaltlich wie formal an Oehlenschlägers *Helge* an. Im Gegensatz zum dänischen Vorbild bemüht sich Tegnér deutlicher um eine klassizistische Überformung des norrönen Materials. Ja, er lässt seinen Helden sogar nach Griechenland reisen und über die Kunst des antiken Tempelbaus sinnieren. Es mag an der prätentiösen Ambition Tegnérs liegen, dass die *Frithiofs saga* in zahlreichen Auflagen ins Deutsche übersetzt wurde und zu den international erfolgreichsten Werken der skandinavischen Romantik gezählt werden kann.

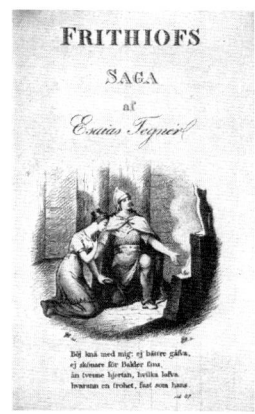

Titelseite von E. Tegnérs *Frithjofs saga*

Auch wenn die Darstellung norröner Sujets z. T. mit einer Wiederbelebung von mittelalterlichen Versmaßen aus Skandinavien verbunden ist, werden die manieristisch wirkenden Stilzüge der norrönen Poesie – wie etwa die komplexe Bildsprache der Skaldik – bezeichnenderweise übergangen. Genau diese Stilzüge aber greift der bedeutendste Vertreter der isländischen Romantik, Jónas Hallgrímsson, auf. Die literarische Wiederentdeckung der Skaldik läuft parallel zur Forschung des Literaturwissenschaftlers Konrað Gíslason, der der formalen Gestaltung von Skaldik und Edda mehrere Untersuchungen widmet. Insgesamt unterscheiden sich die formal anspruchsvollen Gedichte von Jónas wohltuend von anderen volkstümelnden Ansätzen in der skandinavischen Literatur. Wenn er etwa Heines Lyrik in eddische Versformen und Kenningar (besondere Form der altisländischen Metapher) übersetzt, dann nutzt er die strengen formalen Vorgaben des isländischen Mittelalters für gezielte sprachliche Experimente. Auch Jónas' eigene Gedichte leben von der produktiven Spannung zwischen altertümlichem Formenvokabular, eigentümlicher Metaphorik und dem unbedingten Anspruch auf Modernität, dessen er sich nicht zuletzt durch eine Vielzahl von intertextuellen Querverweisen auf aktuelle Tendenzen in der europäischen Literatur versichert.

Neue Skaldik

Der Wiederentdeckung des norrönen Erbes geht mit Sammlungen von skandinavischen Volksliedern und Balladen einher. Im Anschluss an die *Folkeviser* (Volkslieder), die Rahbek 1812–14 in Dänemark veröffentlicht, folgen *Svenska folkvisor* (1814–17; Volkssagen und Volkslieder aus Schwedens älterer und neuerer Zeit, 1842) von Geijer und Arvid August Afzelius und die *Svenska fornsånger* (Alte schwedische Lieder, 1834–42) von Adolph Ivar Arwidsson. 1853 werden die skandinavischen Sammlungen durch Magnus Bostrup Landstads *Norske Folkeviser* (Norwegische Volkslieder) komplettiert.

Erfindung der Volksliteratur

Wie prägend die Entdeckung der volkstümlichen epischen Dichtkunst für die literarische Entwicklung in Skandinavien sein wird, zeichnet sich schon in den *Digte* von Oehlenschläger und Staffeldt ab, die bereits zahlreiche Romanzen und Balladen enthalten. Auch Welhavens *Nyere Digte* (Neuere Gedichte, 1845) und *Halvhundrede Digte* (1848; Ausgewählte Gedichte, 1884) präsentieren neben Landschaftsdarstellungen Romanzen und Balladen über Themen und Motive aus der norwegischen Geschichte, die in Anlehnung an harmonieästhetische Vorstellungen Schillers gestaltet werden. Die Hinwendung zur epischen Lyrik kommt schon früh in Großformen zum Ausdruck, in denen einzelne Romanzen zu Versepen zusammengefügt werden. Dabei greift Ingemann in der Darstellung des mittelalterlichen Geschehens in *De sorte Riddere* (Die schwarzen Ritter, 1814) auf Märchen-Motive zurück, um den verhandelten religiösen und politischen Weltanschauungen den Anstrich universeller und ahistorischer Gültigkeit zu geben. Ein ähnliches Konzept verfolgen der finnlandschwedische Autor Johan Ludvig Runeberg und der Däne Christian Winther. Während sich Runeberg in seinem 1844 entstandenen Epos *Kung Fjalar* (König Fjalar, 1877) an der Folie Ossian orientiert und in die Rolle eines frühzeitlich-raunenden Barden schlüpft, setzt sich Winther in seinem in freien Nibelungenstrophen abgefassten Versepos *Hjortens Flugt* (1856; Des Hirsches Flucht, 1857) mit den Zerrbildern einer zerstörerischen weiblichen Erotik und eines dunklen slawischen Heidentums auseinander, um den Eindruck von Volksnähe zu erzeugen. Beide Autoren lassen sich zu diesem Zeitpunkt wohl auf ein gezieltes Spiel mit den nicht mehr aktuellen reaktionären Schreibweisen der frühen Romantik ein, denn eigentlich gelten solche volkstümelnden Darstellungen spätestens ab den 30er Jahren als überholt.

Zu dieser Zeit wird dagegen die vermeintlich realistische Abbildung bäuerlich-rustikaler Sujets beliebt. Runeberg selbst wird in den 30ern mit seinen epischen Gedichten *Elgskyttarne* (1832; Die Elchjäger, 1891), *Hanna* (1836; Hanna, 1850) und *Julqvällen* (1841; Der Weihnachtsabend, 1852) als literarischer Entdecker der finnischen Landbevölkerung gefeiert. International wirkungsmächtiger sind die am Stil der isländischen Saga orientierten Erzählungen *Synnøve Solbakken* (1857; Synnöve Solbakken, 1857), *Arne* (1858; Arne, 1860) und *En glad Gut* (1860; Ein frischer Bursche, 1861), mit denen sich Bjørnstjerne Bjørnson einen Namen als Schilderer des norwegischen Bauernalltags macht.

Das Interesse für die Volksliteratur lässt sich auch auf den maßgeblichen Einfluss der Gebrüder Grimm zurückführen, die in dieser Zeit einen engen brieflichen Kontakt zu ihren skandinavischen Kollegen pflegen. Auch ihre *Kinder- und Hausmärchen* (1812–22) dienen als Vorbild für skandinavische Märchensammlungen. Dabei stoßen insbesondere die *Norske Folkeeventyr* (1841–44; Norwegische Volksmärchen, 1847) von Peter Christian Asbjørnsen und Jørgen Moe sowie die *Íslenzk æfintýri* (Isländische Märchen, 1852) von Jón Árnason und Magnús Grímsson auf internationales Interesse. Gerade die vermeintlich abgeschlossene Welt Islands verführt zum Glauben, dass hier noch eine autarke mündliche Erzählkultur fortlebt. So verwundert es nicht, dass mit Konrad Maurer 1858 ein deutscher Professor auf die Insel reist, um ein heterogenes Prosamaterial (u.a. Spuk- und Zaubergeschichten, Legenden, historische Stoffe, Märchen, Schwänke) zu sammeln, das er übersetzt und 1860 unter dem Titel *Isländische Volkssagen der Gegenwart* herausgibt. Es ist bezeichnend, dass eine nicht minder lebendige mündliche Gattung bei den Begründern und Bewunderern der isländischen Nationalliteratur umstritten bleibt. Zwar hätte die Rímur-Dichtung mit ihrer Anlehnung an das Formenvokabular der Skaldik durchaus als typisch isländische Gattung Beachtung finden können. Mit den *Núma rímur* (Rímur von Númi, 1835) und seinen *Rímur af Tistrani og Indíönu* (Rímur von Tistran und Indíana, 1831) veröffentlicht Sigurður Breiðfjörð zwei populäre Verszyklen, die von der Lebendigkeit der Gattung im frühen 19. Jh. zeugen. Aufgrund ihrer Vorliebe für einen nahezu barock anmutenden Stilwechsel zwischen Pathos, Ironie und derber Komik sowie aufgrund der exotischen Stoffe, stießen diese Texte allerdings auf erheblichen Widerstand der Herausgeber der Zeitschrift *Fjölnir*. Jónas Hallgrímsson macht den qualitativen Verfall der isländischen Literatur sogar an der Rímur-Dichtung fest.

Frontispiz zu
J. L. Runebergs *Hanna*

Die buchstäbliche Erfindung einer authentischen Volksliteratur wird von einer Suche nach einer authentischen Volkssprache begleitet. Das wissenschaftliche Sprachverständnis unterliegt im frühen 19. Jh. einem einschneidenden Wandel. Sprache wird nicht mehr als transparentes Zeichensystem begriffen, das lediglich der Repräsentation und Informationsvermittlung dient, sondern wird als lebendige Substanz verstanden, deren Geschichte über den Geist ihrer Anwender und die komplexe Verwandtschaft zwischen verschiedenen Sprachfamilien Auskunft gibt. Mit dem dänischen Linguisten Rasmus Rask nimmt Skandinavien maßgeblichen Anteil an der Begründung einer vergleichenden Sprachwissenschaft. Das neue Sprachverständnis bereitet eine Sprachpolitik vor, welche die Pflege der Landessprache als nationale Aufgabe begreift. Schon am Ende des 19. Jh. erscheint es selbstverständlich, Volk und Nation über Sprache zu definieren. Letzteres zeitigt insbesondere in Norwegen Konsequenzen, wo man sich dezidiert von der dänischen Schriftsprache absetzt. So legt der norwegische Philologe Ivar Aasen mit seinen Standardwerken *Norsk Grammatik* (Norwegische Grammatik, 1864) und *Norsk Ordbok* (Norwegisches Wörterbuch, 1873) die Grundlage für das *Landsmaal* (das heutige *nynorsk*), das sowohl von der dänischen wie der dem Dänischen angeglichenen, neueren norwegischen Schriftsprache *Rigsmaal* (das heutige *bokmål*) abgegrenzt werden kann. Aasen selbst (re)konstruiert sein *Landsmaal* aus norrönen Quellen sowie den Dialekten des Westlandes, die er systematisch dokumentiert. Seit Erscheinen der beiden Werke Aasens verfügt Norwegen über zwei Schriftsprachen, was einen langen, bis in die Gegenwart reichenden Sprachstreit zur Folge hat. Einen ersten literarischen Niederschlag findet das *Landsmaal* in den Texten von Aasmund Olafsson Vinje. In seiner Zeitschrift *Dølen* (Der Talbewohner, 1858–70) nutzt er den sprachlichen Bezug zu einer bäuerlichen Kultur aus, um seine satirische Abrechnung mit aktuellen Themen aus der norwegischen Politik und Kultur zu unterstreichen.

Phantasma der Volkssprache

Neben Volksliteratur und Volkssprache dient Geschichte und Natur als bevorzugte Projektionsfläche nationaler Identitätsstiftung. Dabei wird die Vorstellung einer zielgerichtet voranschreitenden Geschichte selbst erst um 1800 kreiert. Als Begründer entsprechend konzipierter Nationalgeschichten gelten der Däne Christian Molbech, der Schwede Geijer sowie der Norweger Peter Andreas Munch. Alle drei publizieren sowohl umfassende Darstellungen der jeweiligen Landesgeschichte wie theoretische Werke, in denen sie das neue Geschichtsverständnis erläutern.

Ihren prägnantesten literarischen Niederschlag finden die neuen Konzepte von Nationalgeschichte im historischen Roman, dessen Entstehung in Skandinavien an die Rezeption der Schriften Walter Scotts gebunden ist. Dabei nehmen die vier Romane *Valdemar Seier* (1826; Waldemar der Sieger, 1827), *Erik Menveds Barndom* (1828; Die erste Jugend Erick Menweds, 1829), *Kong Erik og de Fredløse* (1833; König Erik und die Geächteten, 1834) sowie *Prinds Otto af Danmark og hans Samtid* (1835; Prinz Otto und seine Zeit, 1835), in denen Ingemann die frühe dänische Historie (re)konstruiert, schon aufgrund ihres unerhörten Umfangs eine Sonderstellung in der europäischen Geschichte dieser Gattung ein. Angeregt durch die historischen Dramen Schillers versuchen sich zahlreiche skandinavische Autoren an einer Dramatisierung ihrer Nationalgeschichte. Allerdings werden heute von diesen Stücken allenfalls noch Bjørnsons *Sigurd Slembe* (1862; Sigurd Slembe, 1903) und Ibsens *Kongs-Emnerne* (1864; Die Kronprätendenten, 1872) gespielt. Beide Dramen wählen einen Stoff aus altisländischen Königssagas, um die aktuelle Frage nach der nationalen Unabhängigkeit Norwegens vor einem

Historienroman und Historiendrama

Johan Ludvig Runeberg, Ölgemälde von C. P. Mazér (1837)

Erfindung der Nationallandschaft

geschichtsträchtigen Hintergrund zu entfalten. Dabei bleibt der Fortschritts- und Nationalglauben des siegreichen Königs Håkon Håkonsson in Ibsens Stück keineswegs ungebrochen. Die Figur des Skalden Jatgeir erlaubt es Ibsen, Håkons völkische Rhetorik als eine rein literarische Fiktion zu entlarven. Der vorgeführten Naivität dieses Königs wird mit der Figur des Bischofs Nikolas Arnessøns ein Vertreter eines ätzenden und provokanten Materialismus gegenübergestellt, der das (mit dem Stück selbst) auf die Bühne gebrachte Konzept von Nationalgeschichte kritisch hinterfragt.

Die literarische Kreation von nationalen Heldenmythen macht nicht vor der Gegenwart halt. Mit seinem epischen Gedichtzyklus *Fänrik Ståls sägner* (1848–60; Die Sagen des Fähnrich Stål, 1852) liefert Runeberg eine anekdotenreiche Darstellung des Krieges zwischen Schweden-Finnland und Russland, an dessen Ende Finnland 1809 an Russland fallen wird. Im Zentrum des Textes stehen weniger die Kriegstaten der Heeresführer als die zur Identifikation anregende aufopfernde Treue des einfachen Soldaten. Die Begeisterung, mit welcher der Text in Finnland und in Schweden aufgenommen wurde, lässt sich auf die hochideologische Schreibweise Runebergs zurückführen. Die konsequente Konzentration auf Einzelschicksale erlaubt es ihm, das Kriegsgeschehen völlig zu entpolitisieren. Der Krieg erscheint im Text als eine Naturgewalt, vor der sich beide Konfliktparteien zu bewähren haben. In diesem Sinn werden die dargestellten Einzelschicksale zu Typen einer spezifisch finnischen oder finnland-schwedischen Menschennnatur aufgewertet, die sich eben erst in der Krise der Niederlage offenbart.

Die Verbindung von Natur und Menschennatur prägt schon das Eröffnungsgedicht des Bandes, das den Titel *Vårt land* (1848; Unser Land, 1852) trägt. Runeberg erfindet eine Nationallandschaft, indem er einige karge Naturelemente (See, Wald, Felsen) zusammensetzt und mit einem vagen semantischen Inhalt füllt. Meist wird dabei auf die ursprüngliche Landnahme vermeintlicher Urahnen verwiesen. So entstehen Landschaftszeichen, die mit entsprechenden Attributen metaphorisch auf das (karge, schlichte, harte etc.) ›Wesen‹ der Finnen verweisen.

Vor allem isländische Texte kreisen um dieses Phantasma einer nationalen Landschaft. Dabei greift man auf eine literarische Tradition zurück, die sich schon früh daran gemacht hat, die Insel semantisch aufzuladen und in einen kulturellen Gedächtnisraum zu übersetzen. Die Entdeckung der isländischen Landschaft im frühen 19. Jh. ist mit der Wiederentdeckung der altisländischen Literatur verschränkt. Dies hat zwei Konsequenzen: Zum einen eignet man sich die Natur über die isländischen Sagas nochmals als nationales Eigentum an; zum anderen wird die Generation der Landnahme- und klassischen Sagazeit in einer Art rückwärts gewandter Utopie zu einer natürlichen Gemeinschaft stilisiert, deren politische Organisation zum Vorbild für die Forderung nach einem autonomen und demokratisch organisierten Staat Island genommen wird.

Bjarni Thorarensen nimmt in seiner Lyrik, die in den 1810er und 20er Jahren entsteht, die meisten Topoi späterer Landschaftsdichter vorweg. Schon er laboriert mit den beliebten Gegensatzpaaren von Eis und Feuer, Gletscher und Vulkan etc., um die Erhabenheit und (emotionale) Tiefe der isländischen Natur zu unterstreichen. Diese Landschaftsbeschreibungen, die mit Titeln wie *Íslands minni* (Gedächtnis Islands) und *Ísland* versehen sind, werden mit Hinweisen auf Helden der Sagazeit verwoben. Dabei wird u.a. Gunnar von Hlíðarendi als Prototyp des gleichermaßen heiß- wie kaltblütigen Nationalhelden in Anspruch genommen. In der Tat bietet die berühmte Szene aus der *Njáls saga* eine Fülle von Motiven und Handlungselementen,

Cauldron of boiling mud, Krísuvík, Skizze von G. Mackenzie (1811)

die man braucht, um einen nationalistischen Plot zu erfinden. Der vom Pferd stürzende Gunnar wird der Schönheit der isländischen Natur gewahr und entschließt sich, eher in Island zu sterben als seine Heimat zu verlassen. Jónas Hallgrímsson wird diesem Sujet gleich ein ganzes Gedicht widmen, das er 1838 unter dem Titel *Gunnarshólmi* in *Fjölnir* publiziert. Dabei bildet die Szene aus der Saga nur noch den losen Rahmen für eine ausführliche Landschaftsbeschreibung, die ein Panorama über ein im Süden Islands gelegenes Gletschermündungsgebiet bietet. Auch in anderen Texten wie dem bekannten *Ísland* (1835) wird der Bezug zur Welt der Sagas, insbesondere dem Althing, der zentralen politischen Institution des alten Island, mit der Aufzählung signifikanter Landschaftselemente verknüpft. In den Jahren 1839–42 unternimmt Jónas, der als Geologe im Auftrag von Kopenhagener Wissenschaftlern arbeitet, ausgedehnte Reisen auf der Insel. Er nutzt diese Fahrten gleichermaßen für eine geologische wie für eine poetische Neukartierung seines Heimatlandes. So entstehen zahlreiche Poeme, die einzelnen Gletschern, Vulkanen, Wasserfällen und Inseln Islands gewidmet sind.

Skandinavismus und Regionalbewusstsein

Das Konzept des Nationalbewusstseins lässt sich gleichermaßen auf einen kleineren wie auf einen größeren Maßstab übertragen. In Skandinavien wird im Verlauf des 19. Jh. nicht nur das regionale Selbstverständnis einzelner Landesteile geweckt, sondern auch die Idee einer inneren Verwandtschaft der skandinavischen Völker aufgebracht. Dagegen findet die im deutschen Sprachraum verbreitete Vorstellung einer germanischen Urgemeinschaft kein größeres Echo. Einen literarischen Niederschlag finden die Ideen von Regionalbewusstsein und Skandinavismus in Reisebeschreibungen, die in die eigene Provinz oder die nordischen Nachbarländer führen – zu nennen wären stellvertretend Oehlenschlägers Verserzählung *Langelands-Reisen* (Die Langelands-Reise, 1804) oder Andersens *I Sverrig* (1851; In Schweden, 1851) –, sowie in rein fiktionalen Texten. So gelingt es Blicher, sich in Kopenhagen förmlich als literarischer Erfinder der jütischen Heidelandschaft zu etablieren. Mit *E Bindstouw* (1842; Die Strickstube, 1940) findet er einen passenden Erzählrahmen, in den er in jütländischem Dialekt abgefasste Erzählungen und Lieder integrieren kann.

Faszination des Anderen

Orientalismus in Skandinavien

Das Konzept von Nationalität ist untrennbar mit Bestimmungen des Fremden und Anderen verknüpft. Als entsprechende Projektionsflächen dienen in Skandinavien in erste Linie Länder des südlichen Europa und des Orients. Während die Italienbegeisterung nicht zuletzt durch skandinavische Künstlerkolonien in Rom am Leben erhalten wird, beruht das vermehrte Aufkommen orientalistischer Sujets alleine auf der Rezeption von literarischen Vorgaben. Als Inspirationsquellen dienen so unterschiedliche Texte wie François René Chateaubriands *Atala* (1801), Friedrich Schlegels *Über die Sprache und Weisheit der Inder* (1808), Goethes *West-Östlicher Diwan* (1819) und Byrons *Don Juan* (1819–21). Folgt man der These moderner Kulturwissenschaftler, dann nehmen alle diese Texte an der symbolischen Bewältigung des Orients teil, die der faktischen politischen Machtübernahme durch die europäische Kolonialisation folgt. Auch in Skandinavien, das nicht direkt am Imperialismus des frühen 19. Jh. teilnimmt, schlägt sich die Vorliebe für orientalische Sujets in zahlreichen literarischen Exempeln nieder. Zu denken wäre u.a. an Wergelands Befreiungsdrama *Den indiske Cholera* (Die indische Cholera, 1835), Paludan-Müllers byroneskes Versepos *Zuleimas Flugt* (Zuleimas Flucht, 1835), Ingemanns Novelle *Araberen i Constantinopel* (Der Araber in Konstantinopel, 1850) oder an eine ganze Reihe von Stücken, die Almqvist in die Imperialoktavausgabe von *Törnrosens bok* (1839) einfließen lässt (u.a. *Semiramis*, *Ormus och Ariman* [Ormus und Ahriman, 1912] und *Schems-El-Nihar*). Drei Darstellungen, die den kolonialen Konflikt nach Neuseeland, Grönland und Martinique verlegen, bestätigen das Fortwirken orientalistischer Denkmuster. Denn obwohl sich Almqvist und Ingemann in ihren Erzählungen *Parjumouf* (Parjumouf, 1817) und *Kunnuk og Naja* (Kunnuk und Naja, 1842) sowie Andersen in dem Drama *Mulatten* (Der Mulatte, 1840) darum bemühen, dem Lokalkolorit der gesuchten Handlungsorte gerecht zu werden, greifen sie in Personenkonstellation und Handlungsverlauf auf die standardisierten Stereotypen und Erzählmuster des Orientalismus zurück.

Der begehrenswerte Orient

Dabei werden die für das 18. Jh. wichtigen Fragen nach der anderen Ethik und Religion des Orients zusehends von den Phantasmen der Ursprünglichkeit und Authentizität der exotischen Fremdkultur verdrängt, die in der Fiktion einer ursprünglicheren Sprache, Poesie und Religion des Orients und in erotischen Wunschvorstellungen zum Ausdruck kommen. Kein Wunder also, dass die Auseinandersetzung mit der anderen Kultur in zahlreichen Texten auf eine Begegnung zwischen Mann und Frau reduziert wird. Mit seiner Novelle *Amala* (1817) liefert Vilhelm Palmblad ein Paradebeispiel für diese Form des orientalistischen Diskurses. Erzählt wird die Geschichte eines schwedischen Bürgersohns, der aus den engen Normen seiner Heimatwelt ausbricht und nach Indien flieht. Durch seine Beteiligung an indischen Aufständen gegen die britischen Usurpatoren gewinnt er die Liebe der Inderin Amala. Obwohl der Held über diese Beziehung im wahrsten Sinne des Wortes neue Lebenslust erlangt, wird er Amala verlassen und allein nach Schweden zurückkehren. Der Aufenthalt in Indien erfüllt die Funktion einer Erfrischungskur, über die sich der Held einer vermeintlich authentischen und ursprünglichen Form von Sinnlichkeit versichert, die ihm in der Warenwelt des bürgerlichen Kapitalismus abhanden gekommen ist. Mit seinem Roman *Singoalla* (1857; Singoalla, 1885), der von einer verbotenen Liebe zwischen dem edlen schwedischen Ritter Erland und dem Zigeunermädchen Singoalla handelt, liefert Viktor Rydberg einen späten Reflex auf den Exotismus des frühen

19. Jh. Auch wenn der Roman mit den Gegensatzpaaren von Nord und Süd, Tag und Nacht, Christentum und Heidentum, Blondinen und Brunetten etc. operiert, wird das simple Muster dieser Denkstrukturen im Verlauf der Handlung hinterfragt. Die Begegnung zwischen den Kulturen wird dabei zusehends als Metapher eines inneren Konfliktes inszeniert, über den sich die Bilder des Anderen als Wunsch- und Wahnvorstellungen der eigenen Kultur entschlüsseln lassen. Singoalla und ihr uneheliches Kind stehen für das Unbewusste Erlands. Als Gespenster und Wiedergänger verkörpern sie seine sexuellen und gewalttätigen Phantasien, die er auch unter Zuhilfenahme der gesamten abendländischen Kultur nicht in den Griff bekommt.

Auch bei Almqvist bleibt die ausgeprägt chauvinistische Form des orientalistischen Diskurses nicht ungebrochen. In seiner raffinierten Novelle *Palatset* (1838; Der Palast, 1913), die ebenfalls in *Törnrosens bok* eingeht, führt er einen männlichen Erzähler vor, der durch seine begrenzte eurozentrische Verstehens- und Handlungsweise zum Untergang einer japanischen Kleinstfamilie beiträgt. Nicht von ungefähr greift Almqvist auf das ungewöhnliche japanische Sujet zurück. Der Bezug auf die ausgeprägte japanische Zeichenkultur erlaubt es ihm, noch gründlicher mit den Authentizitätsvorstellungen seiner Zeitgenossen abzurechnen.

In den exotischen Abenteuerromanen des frühen 19. Jh., welche die Populärkultur bis in unsere Zeit prägen, werden ganz andere Bilder von Fremdkultur entworfen. Bei James Fenimore Cooper u.a. wird die Darstellung von blutrünstigen Indianern, listigen Piraten und menschenfressenden Exoten genutzt, um Schreckbilder des Anderen zu entwerfen, vor denen das kolonialisatorische Bestreben der männlichen weißen Helden und der mit ihnen verbündeten edlen Wilden als zivilisatorisches Projekt gerechtfertigt werden kann. Die stereotypen narrativen Muster sowie die pathetische Rhetorik dieser Melodramen werden schon früh in den skandinavischen Literaturen aufgenommen. Dabei wird der Schauplatz des Abenteuers nach Skandinavien verlegt. Dies gilt zum einen für die Romane von Flygare-Carlén und Rydberg, die in ihren Texten *Rosen på Tistelön* (1842; Die Rose von Tistelön, 1843) und *Fribytaren på Östersjön* (1857; Der Korsar, 1924) Ostseeküste und Ostsee als Schauplatz für schauerromantische Stimmungsbilder und blutige Auseinandersetzungen zwischen hinterhältig-brutalen Schmugglern und heldenhaften Zollbeamten wählen. Zum anderen wird die Stadt als exotischer Fremdraum entdeckt. Als Vorbild für zahllose Groß- und Kleinstadtdarstellungen, in denen sich ein strahlender Held mit den verbrecherischen, gewalttätigen und sexuellen Anormalitäten einer in jeglicher Hinsicht monströsen städtischen Paria auseinandersetzt, gelten die *Mystères de Paris* (1843) von Eugène Sue. Der Feuilletonroman, der sich explizit auf das Vorbild Cooper und den exotischen Abenteuerroman bezieht, hält ganz Frankreich über Monate in Atem. Als schwedische Vertreter dieses Romantypus können der späte Almqvist, August Blanche und Carl Fredrik Ridderstad genannt werden. Mit der Entdeckung der Sujets Paris und Stockholm in ihren Romanen *Gabrièle Mimanso* (1841–42; Gabrièle Mimanso, 1842) und *Smaragdbruden* (Die Smaragdbraut, 1845), *Vålnaden* (Das Gespenst, 1847) und *Sonen av söder och nord* (1851; Armand, 1859) sowie *Samvetet eller Stockholms Mysterier* (1851; Das Gewissen oder die Geheimnisse von Stockholm, 1851–52) nehmen diese gescholtenen Produzenten einer Trivialliteratur eine wichtige Funktion für die hochgelobten Großstadtdarsteller der 80er Generation ein.

Selbstverständlich bilden die unterschiedlichen Spielformen des Exotismus nur eine Variante in der Konstruktion von Alterität. Genauso wirkungsvoll

(Un)heimliche Exotismen

Kunst des Reisens

Collage aus H.C. Andersens *Christines Billedbog* (1859) (links)

Die gute Stube des Polizeireviers, Stich von C.S. Hallbeck (1871)

sind die Bilder der Fremde, die in zeitgenössischen Reiseromanen entworfen werden. Als Meister dieser Gattung gilt Andersen. Seine Reiseberichte führen den Leser ins benachbarte und südliche Europa – u.a. nach Deutschland (*Skyggebilleder af en Reise til Harzen, det sachsiske Schweiz etc. etc. i Sommeren 1831* [1831; Reiseschatten: Von einem Ausflug nach dem Harz, der sächsischen Schweiz im Sommer 1831, 1847]), Schweden (*I Sverrig*, 1851), Spanien (*I Spanien* [1863; In Spanien, 1864]) und Portugal (*Et Besøg i Portugal* [1866; Reisebilder aus Spanien und Portugal, 1988]) –, sowie über den Balkan und Griechenland bis in die Türkei (*En Digters Bazar* [1842; Eines Dichters Bazar, 1843]). Seine Darstellungen sind nicht nur aus kulturhistorischen Gründen von Interesse (dies gilt insbesondere für die eindringlichen Schilderungen der modernen Reisetechniken Eisenbahn und Dampfschiff), sondern auch aus einer ästhetischen Perspektive. Dabei lehnt sich Andersen mit seinen anekdotisch-impressionistischen Schilderungen, dem mündlichen Stil und seinen ironischen Kommentaren an die Reiseberichte Heinrich Heines an. Als zweite große skandinavische Reisende des 19. Jh. kann Bremer bezeichnet werden. Ihre Reiseberichte, die sie unter den Titeln *Hemmen i den nya verlden* (Das Zuhause in der neuen Welt, 1853) und *Lifvet i gamla verlden* (Das Leben in der alten Welt, 1860–62) veröffentlicht, führen nach Amerika und Kuba sowie nach Rom, Athen und Jerusalem. Sie sind von der Forschung vor allem aufgrund der Konstruktion der Fremdbilder wahrgenommen worden. Die Konflikte in den Fremdwelten dienen Bremer als Projektionsflächen, um Konflikte in der schwedischen Gesellschaft darzustellen.

Die Moderne im Durchbruch (1870–1910)

Modernität – Modernisierung – moderner Durchbruch

Das Jahr 1870 markiert nicht nur eine von Literarhistorikern im Nachhinein gesetzte, sondern eine auch dem Selbstverständnis und dem ästhetischen Credo der Epoche entsprechende Zäsur. Das programmatisch annoncierte Neue wurde in der zeitgenössischen Debatte als ›Modernität‹ gefasst, so dass dem Terminus seine Relativität genommen wird: Die skandinavische Literaturgeschichtsschreibung hat die Selbstbezeichnung des Chef-Programmatikers der Epoche, Georg Brandes, übernommen, der sie mit seinem Buchtitel *Det moderne Gjennembruds Mænd* (Die Männer des Modernen Durchbruchs, 1883) aus zeitgenössischer Perspektive rückschauend benannt hatte. Seine Ideen erlangten Bekanntheit weit über Skandinavien hinaus und verliehen dem Epitheton des ›Modernen‹ die Attraktivität eines Slogans. Im Rekurs auf seine wirksam formulierten Zielsetzungen sowie die tiefgreifenden sozialen und kulturellen Veränderungen sieht man bis heute die Zeit als durch Modernität und ›das Neue‹ charakterisiert: »[A]ber die meisten von ihnen waren erfüllt von dem, was damals das Neue war, trunken von den Theorien des Neuen, wild von der Kraft des Neuen [...]« heißt es in J. P. Jacobsens *Niels Lyhne* (1880; Niels Lyhne, 1889).

Die Männer des Modernen Durchbruchs

Strittig ist in der Historiographie lediglich, ob diese Epoche des Modernen schwerpunktmäßig die zwei Jahrzehnte der 70er und 80er Jahre umfasst oder ob sie bis zur oder bis kurz nach der Jahrhundertwende auszudehnen ist. Die Verfechter des ersten Standpunkts argumentieren überwiegend sozialhistorisch: An politischen, ökonomischen und sozialen Faktoren orientiert, lässt sich ein Einschnitt um das Jahr 1890 erkennen, der durch eine neue Welle an poetologischen Programmerklärungen unterstützt wird und sich vom realistisch-sozialkritischen Paradigma distanziert. Sehr verallgemeinert zerfiele dann die literarische Entwicklung in eine auf die Gesellschaft, das Emanzipatorische und die Theoreme des Naturalismus bezogene und eine auf das Subjekt, die Psyche und das ›Irrationale‹ konzentrierte Phase, die man in Analogie zu Brandes' Wortschöpfung auch als »den seelischen Durchbruch« bezeichnet hat. Eine solche Zweiteilung der Zeitspanne unterschätzt jedoch die fortschrittsskeptischen Leistungen gerade der bekanntesten Werke der 80er Jahre als auch das kulturkritische Potential der auf das Subjekt konzentrierten Texte. Daher hat sich in jüngerer Zeit eine Tendenz abgezeichnet, die Epoche insgesamt am europäischen Modernitätsparadigma orientiert als »frühe Moderne« zu verstehen. In ihrem Klassiker zur Literatur der europäischen Moderne maßen Bradbury und McFarlane schon 1976 der skandinavischen Literatur vor der Jahrhundertwende eine Schlüsselfunktion zu: »In trying to pin Modernism down – tentatively and crudely – in terms of

Literarhistorische Konturierungen der Epoche

Neue Kommunikationswege:
Brücken in Norwegen

Modernisierung und
Modernität

men, books and years, attention is first drawn to Scandinavia«, schrieben sie in ihrer Einleitung, verwiesen auf Brandes und räumten vor allem den dramatischen Werken Ibsens und Strindbergs einen wichtigen Status für die Herausbildung der europäischen Moderne ein.

Während »moderner Durchbruch« im Verständnis von Brandes Hinwendung zur Alltagsrealität und ihren Problemfeldern bedeutet und in erster Linie eine im Sinne von Rationalität formulierte Distanzierung von der Versöhnlichkeit des Idealismus beinhaltet, umfasst das Paradigma der Moderne eine post-naturalistische, sprachskeptische Kulturkritik. Gemeinsam ist beiden, dass sie auf einen Modernisierungsschub in der Gesellschaft reagierten, der als Folge der Industrialisierung und Technisierung im 19. Jh. europaweit dominant war. Die agrarisch geprägten Staaten Skandinaviens erreichte diese Entwicklung vergleichsweise spät, kam dafür aber mit explosiver Kraft zum Tragen: Bauboom, Ausbau des Transport- und Kommunikationsnetzes und die Intensivierung des Handels wie die Expansion der Industrie sowie die damit verbundene Landflucht veränderten die Flächenländer grundlegend. Diskursiv gefasst wurden die Neuerungen durch das zeittypische Leitkonzept der Entwicklung, das sowohl auf materielle wie auf ideelle Veränderungen beziehbar ist: Es impliziert Bewegung, Veränderbarkeit und Fortschritt und ließ sich zudem durch aktuelle naturwissenschaftliche Ansätze untermauern. Die dominanten Diskurse der Zeit reflektieren die gesellschaftliche Modernisierung – zum Teil in zukunftsorientiertem Optimismus oder auch als Bedrohung und Fremdheitsphänomen. In der literarischen Repräsentation brechen sich oft hoffnungsfrohes Bewusstsein der Innovationen mit Krisenempfindung und Entfremdungsgefühl. Das Verständnis der Epoche zwischen 1870 und 1910 unter diesem Modernitätsparadigma erlaubt es, das diskursive Geflecht sowohl in Relation zur gesellschaftlichen Modernisierung als auch als experimentell-spielerische medialisierte Repräsentationsformen, die ›das Neue‹ in seiner Komplexität als Krise und Chance gleichermaßen fassen, zu erkennen. »Neu waren sie,« so fährt der obige Erzählerkommentar aus *Niels Lyhne* fort, »verbittert neu, neu bis zur Übertreibung, und das vielleicht nicht zuletzt, weil es im Innersten eine seltsam instinktstarke Sehnsucht gab, die übertönt werden musste, eine Sehnsucht, die das Neue nicht stillen konnte.«

Markt und Medien

Auch die Literatur selbst unterlag der Modernisierung insofern, als sie sich als ein marktabhängiges Phänomen etablierte, dessen Institutionalisierungsformen Teil des Technisierungs- und Kommerzialisierungsschubes waren. Sie gehörten einem expandierenden Medienmarkt an, der einem wachsenden Publikum Unterhaltung, Anregung und Meinungen bot, von dessen Gunst und Kaufkraft die Autoren wiederum abhängig waren. Die entscheidenden Formen waren Druckerzeugnisse unterschiedlichen Zuschnitts: Tageszeitungen, die im letzen Drittel des 19. Jh. einen Boom und eine Auffächerung der Formen erlebten, die populären Wochenmagazine und schließlich Bücher, übersetzte Erfolgsromane von Dumas, Sue, Dickens, Cooper oder Conan Doyle, und die belletristischen Neuerscheinungen des eigenen Landes, die v.a. vom Bildungsbürgertum und den Angehörigen der neuen sogenannten Grossistenkultur gekauft wurden. Als ein Erfolg konnte es angesehen werden, wenn z.B. August Strindbergs Debütroman *Röda rummet* (1879; Das rote Zimmer, 1889) in den ersten beiden Jahren vier Auflagen von insgesamt 6000 Exemplaren erreichte und damit in aller Munde war. Wesentlich höhere Verkaufszahlen der heute kanonisierten Literatur lassen sich für Schweden erst für Selma Lagerlöfs Bücher zu Beginn des 20. Jh. nachweisen.

Medienboom und Grossistenkultur

Doch blieb die Reichweite von Belletristik der von preiswerteren Druckerzeugnissen quantitativ deutlich unterlegen. Die Demokratisierung der Gesellschaften wurde in erster Linie in der Entwicklung des Zeitungsmarktes medial reflektiert, der unterschiedliche politische Haltungen erlaubte und verbreitete, sowohl parteipolitisch als auch gruppen- und regionenspezifisch fächerte sich das Spektrum der sich etablierenden Massenpresse auf. Doch trotz der rapide steigenden Zahl von Tageszeitungen – die Anzahl kulminierte z.B. in Dänemark zu Beginn des Jh. (1914) mit 241, meist politisch und regional spezialisierten Zeitungen – gab es Zentralorgane, die die politische wie auch die intellektuelle Meinungsbildung dominierten. In Dänemark war es das oppositionelle Organ *Politiken* (gegr. 1884), das von Viggo Hørup und Georg Brandes' jüngerem Bruder Edvard geleitet wurde und ein Sprachrohr für die Ideen des ›modernen Durchbruchs‹ darstellte. Als Rezensionsorgan der neuen Literatur hatte das Blatt großen Einfluss, populär wurde es nicht zuletzt durch Kopenhagen-Causerien und seinen neuartigen Reportagestil. In Schweden hatte sich *Dagens Nyheter* durch neue Drucktechniken, Distributionsformen und einen knappen Stil seit seiner Gründung 1864 zu der auflagenstärksten Tageszeitung entwickelt. Das etablierte Bürgertum las das seit 1884 bestehende *Svenska Dagbladet*, in dem die Schriftsteller Oscar Levertin und vor allem Verner von Heidenstam, der Einfluss und Status wie kein zweiter schwedischer Autor besessen hat, den konservativen literarischen Ton angaben. Die enge Beziehung von Presse und Literatur lässt sich an der Redakteurs- und Rezensententätigkeit vieler Schriftsteller der Epoche ablesen: Herman Bang schrieb für *Nationaltidende*, Henrik Pontoppidan für *Politiken*, Kristian Elster und Arne Garborg für das norwegische *Aftenbladet* und für *Svenska Dagbladet* Hjalmar Söderberg, der das journalistische Milieu auch zu einem Romansujet (*Den allvarsamma leken* [1912; Das ernste Spiel, 1927]) gemacht hat. In Island gründete der Dichter Einar

Der Zeitungsmarkt und die Schriftsteller

Illustreret Familie-Journal

Verlage und Absatzchancen

Benediktsson die erste Tageszeitung *Dagskrá* im Jahre 1896, die u.a. literarische Aufsätze enthielt. Einen lange vernachlässigten bedeutenden Status hatte vor allem in Norwegen eine Gruppe weiblicher Kritiker, unter ihnen Amalie Skram und Mathilde Schjøtt, deren Beiträge Ansätze zu einer frauensolidarischen Gegenöffentlichkeit erkennen lassen.

Auch in den populären Wochenzeitschriften publizierten die heute kanonisierten Autoren der Epoche. Sie erlebten – nicht zuletzt durch den Publikumsappell einer Vielzahl von damals aktuellen, v.a. satirischen Illustrationen – steigende Auflagenzahlen und erreichten breite Leserschichten. Marktführend in Dänemark wurde *Illustreret Familie-Journal*, dessen Titel Programm war und das demzufolge einen abwechslungsreichen Inhalt von Erzählungen und Fortsetzungsromanen, Reiseschilderungen, populärwissenschaftlichen Ratgebertexten sowie Rätseln, Bildergeschichten und Witzen bot. Nur wenige aus einer Vielzahl von Magazinen – zwischen 1880 und 1900 kamen allein in Dänemark 260 neu hinzu – konnten sich dauerhaft etablieren, doch abonnierte um 1900 jede zweite dänische Familie eine Wochenzeitschrift. Das *Familie-Journal* gab es auch in einer norwegischen und einer schwedischen Übersetzung; höhere Popularität erlangten in Schweden *Allers Familiejournal* und *Ny Illustrerat Tidning*.

Die für die aktuelle Belletristik wichtigsten Verlage waren die Häuser Bonnier in Schweden und Gyldendal für Dänemark und Norwegen, die die Werke der führenden Autoren wie Fröding, Lagerlöf, Strindberg, Jacobsen, Bang sowie die sogenannten ›vier Großen‹ der norwegischen Literatur – Ibsen, Bjørnson, Lie und Kielland – herausbrachten. Wegen der geringen Absatzchancen hatte sich in Norwegen noch kein unabhängiger Buchmarkt etablieren können; besonders wegen der in Norwegen erst ab 1896 greifenden internationalen Copyright-Vereinbarung (Berner Konvention, 1886) war die Vermarktung durch einen kompetenten Verleger wie Frederik Hegel von Gyldendal notwendig. Als Bjørnson sein erstes Theaterstück in Dänemark drucken ließ, erhob sich Protest in seinem Heimatland. Doch sein Beispiel machte Schule: Insgesamt publizierten zwischen 1860 und 1890 ca. neunzig norwegische Autoren in dänischen Verlagen. Die Auflagenzahlen belegen, dass norwegische Literatur im südlichen Nachbarland hohe Popularität erlangte, allen voran Bjørnsons Erzählungen und Lies Romane; die erfolgreichsten von ihnen wurden in Auflagen von jeweils über 40 000 Exemplaren gedruckt. Andererseits hatte die norwegische Abhängigkeit vom dänischen Publikum sprachpolitische Konsequenzen: Auf *Nynorsk* geschriebene Literatur blieb chancenlos, und ein Zwang zur Verständlichkeit hatte die Anpassung an die Normen dänischer Schriftsprache in Lexik und Orthographie zur Folge, was natürlich von der *Landsmaal*-Bewegung nicht ohne Kritik hingenommen wurde. Erst gegen Ende des Jahrhunderts setzte sich eine eigenständige norwegische Verlagsbranche durch, die sich in ihrer Etablierungsphase auf Aschehougs Erfolge mit Fridtjof Nansens populären Expeditionsberichten stützen konnte. Auch Island hatte noch keinen eigenständigen Buchmarkt, viele Werke erschienen im Selbstverlag, in Zeitschriften oder auch in Dänemark oder Kanada (New Iceland).

Eine gesamtskandinavische Kultur

Alles in allem kann man die literarische Kultur dieser Epoche als gesamtskandinavische Einheit betrachten, wie es nicht zuletzt der umfangreiche Briefwechsel der Gebrüder Brandes mit dänischen, norwegischen und schwedischen Schriftstellern unter Beweis stellt. Man kannte, beriet und kritisierte sich gegenseitig, die wichtigsten Debatten der Zeit machten an den Ländergrenzen nicht halt. Auch in das geographisch entferntere Island bestanden viele persönliche Kontakte, so forderte Brandes um die Jahrhundertwende dazu auf, isländische Gegenwartsliteratur in Dänemark bekannt zu machen. Wenn auch der politisch intendierte Skandinavismus durch das mangelnde Engagement der Nachbarstaaten während der Kriegsereignisse im Jahre 1864 an Glaubwürdigkeit verloren hatte, blieben die kulturellen Verbindungen bis zur Jahrhundertwende eng. Bjørnson und Lie traten für eine neue nordische Gemeinschaft auf demokratischer, volksnaher Basis ein; Brandes hielt Vorlesungen im gesamten Norden; Bang und Bjørnson gingen in den Nachbarländern auf Tournee; Strindbergs und Ibsens Stücke feierten (Ur)aufführungen in Kopenhagen, das als dem zentralen Europa nächste Kulturmetropole erlebt wurde. Und was im Bewusstsein der Zeitgenossen galt, hat in der Literaturgeschichtsschreibung bis heute Bestand: Die Programmatik Brandes' figuriert in den Literaturgeschichten aller nordischer Länder an prominenter Stelle, auch die Debatten über Sittlichkeit und Druckfreiheit kann man nur länderübergreifend behandeln.

Kultureller Skandinavismus

Gegen Ende des 19. Jh. setzte sich jedoch – trotz des gemeinsamen Marktes, der grenzüberschreitenden Debatten und der engen Kontakte der Autoren – zunehmend eine nationalliterarische Kanonisierung durch, was besonders im Falle Norwegens einer politischen Notwendigkeit entsprach. Denn dass die Gemeinsamkeit der Literaturen der ehemaligen ›Zwillingsländer‹ Dänemark und Norwegen eher einem kolonialen Verhältnis der Unterordnung entsprach, lässt sich schon daran ablesen, dass das Wort *felleslitteratur* (gemeinsame Literatur) nur im norwegischen Sprachgebrauch existiert und das Schulfach, in dem die Muttersprache und die heimische Literatur gelehrt wird, in Norwegen bis zur Jahrhundertmitte *Dansk* (Dänisch) hieß. Bis zum Ende des Jahrhunderts hatte sich dann auch in Norwegen – das lassen Schulbücher und Lehrpläne erkennen – die Kanonisierung einer eigenständigen norwegischen Literatur durchgesetzt, wozu die internationalen Erfolge der ›vier Großen‹ einen wichtigen Teil beigetragen haben.

Fragwürdige felleslitteratur

Die Großstadt als Fokus der Modernisierung

Während die mediale Entwicklung sich als ein dichter Blätterwald darstellt, der auf Informations- und Unterhaltungsbedürfnis, erhöhte Freizeit, Demokratisierung und Differenzierung der Gesellschaft wie auch – nicht zuletzt – auf die neue Papierindustrie schließen lässt, kann man am augenfälligsten die Erscheinungsformen der gesellschaftlichen Modernisierung am Phänomen der Urbanisierung ablesen. Das plötzliche Anwachsen der bis dahin provinziellen nordischen Hauptstädte zu modernen Metropolen ist sowohl durch konjunkturabhängige Entwicklungen als auch technologische Innovationen – wie die Einführung der elektrischen Beleuchtung im Jahre 1881 – bedingt und macht sie gleichzeitig sichtbar. In Stockholm wurde ab 1877 ein öffentliches Verkehrsnetz und 1880 ein Telefonnetz angelegt. Strandvägen wurde als Flaniermeile ausgebaut, Läden mit Schaufenstern zeigten das neue Warenangebot und es entwickelte sich eine öffentliche Vergnügungs- und Cafékultur. Das lange Zeit kleinstädtische Oslo bekam mit der Karl-Johans-Gate zwischen dem neuen Schloss und Parlamentsgebäude eine Flanierstrecke mit Bühnencharakter. In Kopenhagen erfolgte die Schleifung der Wälle im Jahr nach Brandes aufrüttelnden Vorlesungen über die »Hauptströmungen in der europäischen Literatur des 19. Jahrhunderts« und lässt einen geistigen, einen ökonomischen und einen architektonisch-verkehrstechnischen Aufbruch

Ansicht Karl-Johans-Gate Oslo, links hinten das Königliche Schloss

Modernisierung der Metropolen

analog führen. Neue Stadtviertel entstanden, die Bevölkerungszahl verdoppelte sich innerhalb von 20 Jahren. Reykjavíks Entwicklung zu einer modernen Großstadt vollzieht sich erst sehr viel später, trotzdem wurden in Island Großstadtphänomene aus kulturkritischer Sicht häufig mit Reykjavík verbunden. Als das Neue der Städte wurden vor allem Tempo, Masse, Lärm und Unruhe empfunden. Die Befreiung aus Enge und Traditionen brachte als ihre Kehrseite Anonymisierung, Fragmentarisierung und Nivellierung mit sich. Die Reize der modernen Zeit und ihre Wirkung auf den Menschen wurden in medizinischen und wahrnehmungstheoretischen Diskursen über Nervenkrankheiten und ein neues Sehen reflektiert. Und die Literatur beteiligte sich

Aften på Karl Johan, E. Munch (1892)

mit dem Genre des Großstadtromans, das durch einige der bekanntesten epochentypischen Werke konstituiert wird und das Stadterlebnis der Zeitgenossen präfiguriert: Strindbergs *Röda rummet*, Bangs *Stuk* (1887; Stuck, 1982), Hamsuns *Sult* (1890; Hunger, 1891) oder Söderbergs *Lifvets fiender* (Die Feinde des Lebens, 1891). Diese Romane bündeln ein befreites Fortschrittserlebnis mit Skepsis gegenüber der neuen Urbanität; die Schilderung ihrer Wirkung auf den Menschen verlangt ihrer Ästhetik ein neues Wahrnehmungskonzept ab. Schnelllebigkeit, Eindrucksvielfalt und Vereinzelung entsprechen einer Dynamisierung des Erzählens und geben die autoritative Monoperspektivität der Darstellungsform auf. Besonders Bangs Romanästhetik liefert mit ihrem szenischen, fragmentarischen Verfahren, ihren Perspektivenwechseln und der kommentarlosen, phänomenologischen Registrierung eine eindrucksvolle und zugleich distanziert-desillusionierte Repräsentation der neuen städtischen Wirklichkeit.

Die Diskursivierung des Neuen: das Entwicklungskonzept in Philosophie und Wissenschaft

Die Vielzahl von sichtbaren Entwicklungen der Modernisierung ging mit einer Verwissenschaftlichung ihrer Erfassung einher, die gleichzeitig einer Spezialisierung entsprach: Mensch und Welt wurden einer ›Biologisierung‹, ›Ökonomisierung‹ und ›Soziologisierung‹ unterworfen. Es handelte sich geradezu um ein Feuerwerk der theoretischen Bewältigungsversuche, nie zuvor war etwa gleichzeitig eine solche konkurrierende Menge innovativer Denkansätze formuliert und erfolgreich verbreitet worden. Es erstaunt darum, dass die wissenschaftlichen Disziplinen in der zeitgenössischen populären wie auch der literarischen Rezeption wiederum zu einer relativ einheitlichen Konzeption zusammengefügt wurden: Als ein Extrakt aus der Vielzahl neuerer Theoreme und Ideen entnahm der moderne Mensch v.a. die Botschaft einer Freisetzung aus traditionellen religiösen, familiären und ständischen Bindungen. Das Wahrheitskonzept wurde empirisch begründet; biologische, philosophische und soziologische Forschungsmeinungen legten die Entwicklungsfähigkeit des Menschen und die Veränderbarkeit der Welt nahe.

Wissensdiskurse

Wohl den größten Einfluss auf das Bewusstsein des Menschen von sich selbst hatten die sehr schnell popularisierten Forschungsergebnisse Charles Darwins. Die Entdeckungen seiner Forschungsreisen, die er in umfangreichen wissenschaftlichen Werken wie *On the Origin of Species by Means of Natural Selection* (1859) und *On the Descent of Man* (1871) darlegte, lassen sich zusammenfassen in der Erkenntnis vom Zusammenhang alles Lebendigen, von der Sicht auf den Menschen als ein biologisches Wesen, das wie alle Lebewesen den Gesetzen der Natur und ihren Regeln von Anpassung, Selektion und Evolution unterworfen ist. Die Grundgedanken von der natürlichen Zuchtwahl und Auslese und dem Kampf ums Dasein – den Darwin selbst ausdrücklich metaphorisch verstanden wissen wollte – wurden in der populären Rezeption auf Herbert Spencers unabhängig von Darwin formuliertes Entwicklungskonzept der menschlichen Gemeinschaft übertragen und insofern in die Nähe liberalistischer und utilitaristischer Ideen gerückt. John Stuart Mills ethische Theorie, die in *Utilitarianism* (1861) die Leitvorstellung von Glück und Nützlichkeit als Maxime menschlichen Handelns formulierte, wurde wie Auguste Comtes *Discours sur l'esprit positif* (1844) als gesellschaftsreformatorisches Modell verstanden. Besonders Comtes Geschichtsphilosophie, die eine Utopie der positiven, d.h. der tatsächlichen, nützlichen, logischen und genauen, Erkenntnisse entwirft, bekräftigt in ihrer Diesseitsbezogenheit und durch ihr Stadiendenken den Fortschrittsglauben der Epoche. Unterstützt durch Hippolyte Taines Determinismus, der sich in die eingängige Formel von »race, milieu, moment« pressen lässt, und die Religionskritik Ludwig Feuerbachs teilten all diese in unterschiedlichen Wissenschaften beheimateten Ideen einen optimistischen und am Modell der Entwicklung orientierten Rationalismus. Man hat von einer ›zweiten Aufklärung‹ gesprochen, die materialistisch fundiert und an der Leitlinie der Naturwissenschaften orientiert war und daher kausale Zusammenhänge favorisierte.

In der skandinavischen Wissenschaftslandschaft wurden die Diskurse zum Teil schnell aufgenommen, andere wurden kritisch diskutiert; der Darwinismus wurde innerhalb der akademischen Naturwissenschaft sofort akzeptiert, stieß aber auf den Widerstand der Kirche und der idealistisch beeinflussten Philosophie. Die Rezeption von Comtes Schriften führte 1879 zur Bildung der »Positivistischen Gesellschaft« (*Positivistiska samfundet*) in Stockholm. Die wichtigste kulturelle Vermittlerrolle spielte Georg Brandes, dessen Status am besten in der ebenfalls damals entstehenden Position des unabhängigen, zeitkritischen Intellektuellen gefasst werden kann. In seiner Vortragstätigkeit führte er seine Interpretation der in Europa kursierenden Entwicklungskonzepte vor. Die Bedeutung der fortschritts- und entwicklungsorientierten Theoreme für die Literatur beruhte also nicht zuletzt auf persönlicher Vermittlungstätigkeit. Brandes hatte Comte, Taine, Renan und Mill in Paris kennengelernt, er promovierte über Taine und übersetzte Mill. In seiner legendären Vorlesungsreihe über die »Hauptströmungen der Literatur des 19. Jahrhunderts« trat er 1871 für die Freiheit der Forschung und des Geistes sowie für Fortschritt und Entwicklung ein. An die Literatur richtete er in diesem Zusammenhang einen Appell zur Aktualität und Kritik am Bestehenden. Seine formelhafte Wendung »dass eine Literatur in unserer Zeit lebt, zeigt sich daran, dass sie Probleme zur Debatte stellt« wurde wie eine Fanfare aufgenommen. Wenn auch die Bedeutung Brandes' für den Epochenwechsel überzeichnet und mythisiert worden ist, kommt ihm eine bedeutende Katalysatorfunktion zu, die er als intellektuelle Instanz für die Epoche ausübte.

Brandes als kritischer Intellektueller

Georg Brandes

Repräsentationsformen des Neuen oder: Wie kommt die Welt in den Text?

Es stellt sich jedoch die Frage, wie die Relationen zwischen der Modernisierung von Wirtschaft und Staat, von technischer und medialer Entwicklung sowie der dominanten Diskursivierung der Zeit und der modernen Literatur genau zu fassen sind. Ein erster Blick in die vorliegenden Texte lässt auf Anhieb die von Brandes geforderte thematische Orientierung an der modernen Zeit erkennen. Doch gleichzeitig wird deutlich, dass die Repräsentation der Außenwelt immer schon diskursiv vermittelt – als Intertextualitätsphänomen – in den literarischen Werken auftritt: Das Leben wird mit Darwin, das Milieu mit Taine, die Religion mit Feuerbach betrachtet. Nicht nur die großen Auflagenzahlen der Magazine und die Menge der neuen Zeitungen erweisen also die moderne Welt als eine durch und durch medialisierte.

Im Falle des naturwissenschaftlich ausgebildeten Dänen Jens Peter Jacobsen ist eine solche textuelle Prägung seiner Beobachtungen nicht erstaunlich, da er – als eine weitere Vermittlerfigur – die beiden Hauptwerke Darwins in seine Muttersprache übertrug. In mehreren populärwissenschaftlichen Artikeln, die zwischen 1870 und 73 in *Nyt Dansk Maanedsskrift* erschienen, zitierte und kommentierte er nicht nur die Ideen Darwins, sondern zeigte sich auch vom Haeckelschen Monismus beeinflusst, der seinen Niederschlag in der Naturauffassung seines Debütwerks *Mogens* (1871; Mogens, 1877) fand. Die Übereinstimmung von Mensch und Natur in dieser Erzählung changiert allerdings zwischen einem modernen anti-metaphysischen Glauben an die Gesetzmäßigkeiten der Natur und einer Vorstellung von ihrer Beseelung, für die auch Haeckel eintrat. Diskussionsszenen des Prosatextes lassen derartige Zeitdebatten in direkter Weise ablesen.

In ähnlich unmittelbarer diskursiver Spiegelung fanden die sozialen Umbrüche und die dominanten theoretischen Reflexionen Eingang in die thematische Gestaltung vieler Werke. So waren die Aktanten Vertreter neuer Berufe: Unternehmer, Ingenieure, Journalisten, Wissenschaftler oder Photographen. In Drachmanns frühen Gedichten tauchten sogar »Englische Sozialisten« und in »King Mob« das großstädtische Proletariat auf. Die Arbeitswelt bot nicht nur Kulisse, sondern Basis für den Konfliktstoff der Texte; Lies, Kiellands und Amalie Skrams Seefahrtsromane erklären sich aus dem Aufschwung von Schifffahrt und Handel in Norwegen. Die ökonomische Entwicklung mit Hochkonjunktur in den 70er und der darauffolgenden Stagnation in den 80er Jahren legitimiert die Handlung in Bjørnsons Drama *En Fallit* (1875; Ein Bankrott, 1875) und Lies Roman *En Malstrøm* (1884; Ein Mahlstrom, 1888). Die Religionskritik bietet die Basis für eine satirische Präsentation des puritanischen Protestantismus in Kiellands Roman *Skipper Worse* (1882; Schiffer Worse, 1885) oder der heuchlerischen Kirchenvertreter in Pontopppidans Erzählung *Isbjørnen* (1887; Der Eisbär, 1903) und Gestur Pálssons *Vordraumur* (1888; Ein Frühlingstraum, 1977). Durch die Fokussierung auf das Schicksal von Nähmädchen – wie in Lies *Maisa Jons* (1889; Maisa Jons, 1900) – oder das Landproletariat – wie in Victoria Benedictssons *Från Skåne* (Aus Schonen, 1884) – werden vor allem die determinierenden Faktoren des Milieus in den Vordergrund gestellt. Lies Roman *Livsslaven* (1883; Lebenslänglich verurteilt, 1884) signalisiert schon im Titel Determinismus und Milieustudium, die ebenfalls in Þorgils gjallandis *Gamalt og nýtt* (Altes und Neues, 1892) oder *Upp við fossa* (Oben bei den Wasserfällen, 1902) bedeutsam sind. Die Vererbungsthematik wird in Bangs Debütroman *Haabløse Slægter* (1880; Hoffnungslose Geschlechter, 1900) impuls- und titelgebend. Pontoppidans Erzählungen *Fra Hytterne* (1887; Aus ländlichen Hütten, 1896) rufen einleitend programmatisch Darwins Satz vom Kampf ums Dasein auf, der hier gesellschaftskritisch gewendet wird. Es zeichnet die Werke Bjørnsons aus, dass sie sich oft am nächsten am Puls der Zeit befanden, er thematisierte meist als erster und mit direkter gesellschaftspolitischer Relevanz Themen und Probleme seiner Gegenwart: den Eisenbahnbau in *Det ny System* (1878; Das neue System, 1878), Christentumskritik in *Over Ævne I* (1883; Über die Kraft, 1886) oder den optimistischen Entwicklungsgedanken in seiner Bedeutung für Pädagogik und Erziehung in *Det flager i Byen og på Havnen* (1884; Flaggen über Stadt und Hafen, 1904). Ein solches Aufgreifen von aktuellen Themen in gesellschaftskritischer Absicht wurde im Umfeld des Brandes-Kreises gefordert und begrüßt, von späteren Lesern allerdings häufig als ›Tendenzdichtung‹ abgelehnt. Diese Abwertung traf – im Zuge der Kanonisierung – nicht zuletzt weibliche Autoren, wie z. B. die v.a. als Dramatikerinnen bekannt gewordenen Alfhild Agrell und Anne Charlotte Edgren Leffler, deren in den 80er Jahren erfolgreiche Stücke die Stellung der Frau in der Gesellschaft anklagten. Das Leben von Frauen wird in Dramen wie Agrells *Ensam* (Einsam, 1882) oder Erzählungen wie

Literatur als Diskussionsforum dominanter Diskurse

Lefflers *Ur lifvet*, I-II (Aus dem Leben, 1882–83) durch Mangelsituationen, Verluste und Resignation bestimmt, ihre Erotik in psychologischen Porträts als verdinglicht oder angstbeladen herausgearbeitet.

Brandes' und Bangs literarische Programmatik

Entscheidend für die Charakterisierung der Literatur der frühen Moderne ist jedoch nicht die thematische Ausrichtung an den Problemen der Gegenwart. Erst durch eine spezifische Formgebung wird sie Ausdruck der ihr zugesprochenen Modernität und kann die Modernisierung in ihren Ambivalenzen reflektieren. Nun hatte Brandes bei seinem Aufruf für eine problemdebattierende Literatur zwar die Themenfelder Sexualität, Ehe, Eigentumsverhältnisse und Religion als die dringenden Anliegen der Zeit benannt, eine Ästhetik hat er in dem Zusammenhang allerdings nicht entworfen. In seinen zahlreichen literarhistorischen und -kritischen Publikationen hat er jedoch deutliche Grundsätze einer ästhetischen Formenlehre entwickelt. Zunächst einmal formulierte er sein Credo, ein Buch sei für ihn eine Handlung, eine performative Verankerung und Aufgabenstellung der Literatur. Zum zweiten lassen wiederholte Bekenntnisse zur Verwissenschaftlichung der Literatur und zum Naturforscherblick des Autors eine Nähe zum Naturalismus Zolascher Prägung vermuten, von dessen Determinismus er sich jedoch immer distanziert hat. Dass der Blick auf den Menschen ein psychologischer und nicht ein biologischer, und Wahrheitsschilderung seiner Vorstellung nach stets poetisch vermittelt sein sollte, zeigt vor allem ein kleiner Artikel mit dem Titel *Det uendeligt Smaa og det uendeligt Store i Poesien* (Das unendlich Kleine und das unendlich Große in der Poesie, 1870), in dem seine ästhetischen Anschauungen einen repräsentativen Ausdruck fanden.

»*Ein Buch ist für mich eine Handlung*«

Entscheidendes Wertungskriterium ist ihm die harmonische Entsprechung von Detailbeobachtung und Ideengehalt. Brandes fordert die mimetische Qualität der Repliken, deren »Natürlichkeit« er schätzt und vom Abstrakten, Ideellen und Oratorischen unterschieden wissen will. Lokalkolorit, die Sinne ansprechende Beschreibungskunst und psychologische Charakterzeichnung sollen zu Anschaulichkeit in Übereinstimmung mit der Aussage führen, die nur indirekt hervortritt: vertreten durch das »unendlich Kleine«, im Detail der Geste, der Replik, der Anschaulichkeit. Er führt diese Gedanken am Beispiel Shakespeares aus, und so ist auch seine Dichtungslehre klassisch und idealistisch und von einer spezifischen Ästhetik der Moderne weit entfernt.

Eine solche wurde vielmehr von dem jungen dänischen Schriftsteller Bang formuliert, der in mehreren Zusammenhängen als ein Widersacher Brandes' auftrat. Mit seinem Buch *Realisme og Realister* (Realismus und Realisten, 1879) veröffentlichte er eine wegweisende ästhetische Konzeption, die er durch spätere poetologische Aufsätze (v.a. den Beitrag *Der Impressionismus. Ein kleine Replik*, 1890) ergänzte und als »impressionistisch« bezeichnete. Wie Brandes fordert er, die Literatur solle »malen« und ein Schriftsteller müsse »ein lebendiger Ausdruck seiner Zeit sein« sein. Die Umsetzung solcher Aktualität bestimmte Bang durch eine neue Methode, die ihre Argumente in auffälliger Analogie zu Malerei und Visualität entfaltet und deutliche Parallelen im französischen Impressionismus hat, mit dem sie im Folgenden analog geführt wird.

Herman Bang

Impressionistische Ästhetik

Bangs radikale Forderung, auf eine »geschlossene künstlerische Komposition und eine absolute Einheit« zu verzichten, erhellt sich aus Monets Gemälde *À la plage à Trouville* (1870), das seine Wirkung durch einen unkonventionellen Bildaufbau erreicht: Zwei weibliche Figuren sind seitlich positi-

À la plage à Trouville, C. Monet (1870)

oniert, während die Bildmitte von einer leeren Fläche beherrscht wird, die durch einen zentral platzierten leeren Stuhl ironisch markiert wird. Lediglich die Komposition gibt Auskunft über Zufälligkeit und Isolation, über Mangel an Zusammenhang und Sinn. Eine nicht gefüllte Fläche, der unausgewogene Kontrast zwischen Licht und Dunkel und die aus dem Bild fliehenden Kompositionslinien zwingen das Auge, unruhig hin und her zu wandern, ohne die Leere überwinden zu können. Die von Bang geforderte erzählerische Abstinenz, das Verschwinden jeglicher Kommentierung hinter den Handlungen der Figuren, ergibt sich als Korrelat der mangelnden kompositorischen Einheit.

Gerade dort, wo man Harmonie und Gemeinsamkeit erwarten könnte, beim Zusammentreffen vieler Menschen unterschiedlicher Herkunft bei Freizeitvergnügen, auf öffentlichen Plätzen oder im Café, bietet das unruhige Leben nur eine Fassade der Verbundenheit. Viele impressionistische Gemälde behandeln diese Thematik, ein eindringliches Beispiel gibt Manets *La serveuse de Bocks* (1878). Der soziale Kommentar liegt in der Verflachung der Perspektive, alles Dargestellte wird gleichgeordnet, in eine Ebene transponiert. Doch dann drängt sich dem Betrachter der Blick auf den perspektivisch wie sozial störenden Hut in der Bildmitte auf. Die soziale Ironie wird durch die dargestellten Blickrichtungen bestätigt, die bei allen Personen aus dem Bild, aus der nur vermeintlichen Gemeinsamkeit hinausführt. Bang bezeichnet solch einen Mangel an perspektivischer Tiefe als Sehen »mit chinesischen Augen«, das bewirkt, dass »jedes Detail auf dieselbe Ebene vorrückt« und der impressionistische Autor »alle seine Details in einer zinnsoldatenartigen Reihe aufmarschieren lässt«.

Die Sonntagsausflüge auf den Bildern der Impressionisten und in Bangs Romanen spiegeln also eine illusionäre und vorübergehende Gemeinschaft. Umgeben von Naturschönheit sind die Menschen in Monets Gemälde des

»Sehen mit chinesischen Augen«

Die Illusion des Blicks

La serveuse de Bocks, E. Manet (1878)

Albertine, Ch. Krohg (1884)

Ausflugsortes *La Grenouillère* (1869) unbedeutende Statisten, ihre Gesichter nur Masken. Die Flüchtigkeit der Pinselstriche indiziert die Kürze des erholenden Aufenthaltes, die Hektik der Moderne lässt sich nicht abstreifen. So ist auch Bangs Forderung an den Schriftsteller, »die äußerste Illusion bewegten Lebens« hervorzubringen, nicht nur als realistische Umsetzung von Lebendigkeit zu begreifen. Bewegung und Illusion erweisen sich als Existenzform der Moderne, die sich der Menschen bemächtigt. Die Flüchtigkeit der Darstellungsform bringt eine Undurchschaubarkeit des Dargestellten mit sich und bildet die Auflösung verlässlicher Werte ab, wie sie die Perspektivenverschiebungen vor allem in den Gemälden Manets immer wieder umsetzen. Das Sehen selbst erweist sich als Illusion.

Auch für Bang ist die Hinterfragung der Werte durch die Verunsicherung der Rezipientenperspektive zu erreichen, die sich aus der Abstinenz des Erzählers ergibt: »Die Autoren lassen sprechen, sie sprechen nicht, sondern lassen das Leben moralisieren.« Bei der Beschreibung der erzählerischen Objektivität argumentiert Bang wiederum mit einem optischen Vergleich: »das Gesehene hängt, so wissen wir, von den Augen ab, die sehen«. Diese Relativität des erkennenden Blicks wird durch die häufige Darstellung von Spiegelungen in den impressionistischen Gemälden umgesetzt. In Manets *Un bar aux Folies-Bergère* (1881–82) wird der sich als unmittelbar darstellende Eindruck der Realität durch einen anderen Blickwinkel auf dasselbe Objekt im Spiegel gebrochen und so ein doppelter Blick hervorgebracht. Die Verzerrung der Perspektive hinterfragt sowohl den einen wie auch den anderen Blick, die Position des Betrachters wird in die Reflexionswirkung einbezogen, seine Wirklichkeitssicht verunsichert. Auch in Bangs Poetik figurieren das Motiv des Spiegels und das indirekte Sehen. Die impressionistische Erzählkunst, so schreibt er, »scheut jegliche direkte Darstellung und zeigt uns nur die Gefühle der Menschen in einer Reihe von Spiegeln – ihren Handlungen«. Dieses Bekenntnis zur indirekten – und unzuverlässigen – Mitteilung kehrt

zurück zum Ausgangspunkt dieser impressionistischen Poetik, der Abstinenz des Erzählers, der seine Wirkungsmittel aus Plotkonstruktion, Komposition und Leerstellen bezieht.

Impressionistisches Erzählen

Eine solche Erzählform hat eine Narrativisierung der Modernitätserfahrung erlaubt. Durch die Auflösung von Kausalverbindungen und die Dominanz von Parataxen wird Zusammenhanglosigkeit signalisiert, durch die Wahl bestimmter Verbformen und unbestimmter Konstruktionen Passivität ausgedrückt, durch die phänomenologische, oft metonymisch umgesetzte Erfassung der Dingoberflächen die Integration des Menschen in Naturzusammenhänge impliziert. Der auch als Maler und Kunsttheoretiker bekannte Christian Krohg zeichnet die Hauptperson seines Romans *Albertine* (1886; Albertine, 1888) aus impressionistischer Perspektive; Dialogreichtum, erzählerische Objektivität und die Verwendung von erlebter Rede führen zu einer Ambivalenz von Distanz und Verständnis im Verhältnis des Lesers zur Protagonistin und geben einer Wertekrise Ausdruck. Aber gerade die wertfreie – und somit provokative – Erzählung über ein Nähmädchen, das zur Prostituierten wird, erregte den Anstoß der Zeitgenossen und der Justiz. In einem Prozess wegen »Verstoßes gegen die Sittlichkeit« wird der Autor schuldig gesprochen und das Buch verboten.

»*Phänomenologische Apperzeption*«

Auch Jonas Lie zählt in der norwegischen Literaturgeschichtsschreibung zu den Impressionisten, programmatisch hat er sich von dem distanziert, was er als die »nackten Rippen« der Tendenzdichtung bezeichnet hat und sich zum »Sehen« des Dichters, zum Primat der Form bekannt. Seine Darstellungsform zeichnet sich denn auch durch erzählerische Objektivität, szenische Präsentation und die häufige Verwendung von erlebter Rede aus, die nuancierte psychologische Porträts ermöglicht. Der Roman *Et Samliv* (1887; Eine Ehe, 1908) gibt Eindrücke ohne erzählerische Wertung in impressionistischer Manier wieder, um eine Ehegeschichte mit einem ökonomischen Ruin analog zu führen. In *Kommandørens Døtre* (1886; Die Töchter des Kommandeurs, 1887) allerdings wird der Konventionsdruck, der den beiden Titelfiguren die Verwirklichung ihrer Liebe versagt, in psychologisch einfühlsamem, aber weitgehend traditionellem Realismus beschrieben. Etwas später findet sich eine impressionistische Darstellungsform in *Upp við fossa* von Þorgils gjallandi. Die Dänin Illa Christensen entwickelt die Kurzform der Skizze und der Szene zu ihrem bevorzugten literarischen Ausdruck, in dem die erzählerische Zentralperspektive teilweise aufgegeben wird zugunsten eines ausschnitthaften Blicks. Das visuell geprägte, impressionistische Erzählen in *Skitser* (Skizzen, 1884) und *Skitser. Anden Samling* (Skizzen. Zweite Sammlung, 1886) setzt die Passivität und Getriebenheit der Figuren im großstädtischen Umfeld in Szene, die Menschen treten als Zuschauer hervor.

Impressionistische Erzähler

Am konsequentesten wurde die literarische Praxis des Impressionismus – und das kann kaum erstaunen – durch ihren Theoretiker Bang zur Ausführung gebracht. In seinen Erzählungen und dem kurzen Roman *Ved Vejen* (1886; Am Wege, 1919) hat er die von ihm sogenannten »stillen Existenzen« beschrieben, die stummen Melancholiker, denen eine Realisierung ihrer Lebensträume versagt ist. Schon der einleitende Absatz verankert den Text in einer impressionistischen Ästhetik: ein Beginn nicht nur in medias res, sondern mitten in einer Geste, die ein Alltagsbild (des Jackenwechsels) festhält. Impression steht statt Deskription, der Leser wird zum Zuschauer, der Prozess der Wahrnehmung selbst macht auf sich aufmerksam. Die folgende erste

Szene stellt – gleich der Exposition im Theater – das Figurenrepertoire vor: Die Abwesenheit des Erzählers »lässt sehen« und Hierarchien oder Kausalzusammenhänge vermissen, die kurzen, kommentarlosen Repliken vermitteln Unruhe und Gegenwärtigkeit, die fehlende Inquit-Formel (»... sagte er«) bringt Entindividualisierung mit sich, eine fast verwirrende Dialogstruktur spiegelt Stimmengewirr und Gleichzeitigkeit. Sobald die scheue Katinka Bai als stumme Statistin der Expositions-Szene auftritt, stellt sich jedoch der Eindruck von Passivität ein, der das kommende Leiden antizipiert, aber auch von Ruhe und Statik, die einen deutlichen Gegensatz zum impressionistischen Bewegungsbild markieren. Jedesmal wenn die Hauptperson auftritt, scheint sich ein eingefrorener Moment über den Text zu legen, wie er auch die monochromen, großflächigen Gemälde des zeitgenössischen Malers Vilhelm Hammershøi und ihre Figuren kennzeichnet. Katinka spricht wenig, sie wird durch die auffallend genaue Bezeichnung ihrer Aufenthaltsorte charakterisiert, ständig ist sie umgeben von Pforten, Hecken oder Fenstern, Türrahmen, Möbeln oder Gartenhäusern; sie wird von den Dingen ihrer Umgebung förmlich gerahmt und gestützt. Die enge Beziehung zwischen den Räumen und der Hauptfigur impliziert eine kulturelle Bestimmung der Weiblichkeit, die dem Verfahren Hammershøis sehr nahe kommt. Der zurückhaltende Blick auf die Frau in ihrer häuslichen Umgebung zeugt von Respekt, kann aber die kulturelle Codierung und Determination des Geschlechts nicht leugnen. Ihre Ästhetisierung macht sie verführerisch und unhintergehbar zugleich. So ergeben sich Interieurs im Hammershøischen Sinne, die Katinka charakterisieren und gleichzeitig fixieren. Im Wechsel mit den unruhigen, impressionistischen Gesellschaftsszenen interpunktieren sie den Roman.

Zimmer mit Klavier und schwarzgekleideter Frau, V. Hammershøi (1901)

Bangs Doppelblick

Ein ähnlicher doppelter Blick kennzeichnet die Mehrzahl der Werke Bangs. Der Kriegsroman *Tine* (1889; Tine, 1903) führt eine vergebliche Liebesgeschichte mit dem Kriegsgeschehen und der Niederlage von 1864 parallel, eine brutal zerstörerische Gegenwart steht im Kontrast zu einer idyllisch empfundenen, aber unwiederbringlich verlorenen Zeit. Auch in *Ludvigsbakke* (1896; Ludwigshöhe. Roman einer Krankenpflegerin, 1908) werden eine vergangene Welt und die erbarmungslose moderne Zeit des Geldes, des Wettbewerbs und der Berechnung einander unversöhnlich gegenübergestellt.

Augenerotik

Unter Verzicht auf Rückblicke auf verlorene heile Welten erreicht Ola Hansson einen noch radikaleren Impressionismus. Sein Erzählband *Sensitiva amorosa* (1887; Sensitiva amorosa. Neue Herzprobleme, 1892) zieht schon die Konsequenzen aus der desillusionierten Sicht auf die als heuchlerisch wahrgenommene Außenwelt und konzentriert sich in neun Einzelporträts auf individuelle psychische Reaktionsmuster, die bis ins Detail hinein nachgezeichnet werden. Erzählerisch wird der Rückzug durch eine konsequente Innensicht vermittelt, so dass sich der ursprüngliche Anspruch auf Objektivität – in äußerster Konsequenz – in sein Gegenteil verkehrt hat. Die skizzenhaften Metamorphosen der Liebe, so könnte man die voneinander unabhängigen Monologe nennen, reflektieren verfeinerte Empfindungen, den Augenblick, in dem Genuss in sein Gegenteil umschlägt. Dabei folgen sie einem Primat des Sehens, das sich in Augenerotik und Handlungsunfähigkeit äußert und ein Subjektverständnis der Isolation und Dezentrierung vermittelt, dem die Zersplitterung der Narration entspricht.

Visuelle Poetik: Jens Peter Jacobsen

Stilistisch wird die impressionistische Poetik auch schon in Jacobsens Debüterzählung *Mogens* verwirklicht, doch blieb der harmonisierende Schluss des

Textes einem idealistischen Paradigma verpflichtet. Mit dem historischen Roman *Fru Marie Grubbe* (1876; Frau Marie Grubbe, 1876) erlangte der Autor die begeisterte Zustimmung des Brandes-Kreises und galt als der Prototyp des modernen Schriftstellers. Dabei ging es Brandes v.a. um die Präzision der Beschreibungen, die Verwissenschaftlichung der Menschendarstellung, die den Menschen als Naturwesen versteht. Frei von Idealisierungen wird der Entwicklungsgang der Marie Grubbe, deren sozialer Abstieg dem Erlangen von persönlicher und erotischer Zufriedenheit zuwiderläuft, in seinem Bedingungsgefüge nachgezeichnet, wobei die irrationalen Momente der psychischen Struktur nicht zu kurz kommen.

J.P. Jacobsen, Gemälde von E. Josephson (1879)

Niels Lyhne ist in der zeittypischen Form des Entwicklungsromans geschrieben, die auf den Plan trat, als es galt, die Veränderbarkeit des Menschen und seine Freisetzung aus überkommenen Normen formal umzusetzen. Auch die Thematik dieser Entwicklungsgeschichte eines Anti-Helden, der im Krieg von 1864 stirbt, entsprach der Programmatik des modernen Durchbruchs: Es ging um Determination, Entwicklung, Atheismus, das ›Neue‹ der Kunst und das Verhältnis der Geschlechter. Ein langsamer, nahezu lyrischer Erzählduktus unterscheidet den Text von der impressionistischen Augenblicksästhetik. Und die formale Gestaltung der zeittypischen Themen und Diskurse Vererbung, Atheismus, Sexualität und neue Kunst machte aus dem angeblichen Thesenroman den Vorläufer einer selbstreflexiven modernen Ästhetik, wie sie sich andernorts erst um die Jahrhundertwende herausbildete.

Niels Lyhne *als Entwicklungsroman*

Der Roman beginnt mit einem Porträt der Eltern des Helden und signalisiert gleich in der 5. Zeile mit dem Gebrauch des Wortes »erben« den naturalistischen Diskurs. Doch wenn am Ende der Einleitung das ererbte und erworbene Potential zusammengefasst wird, kommentiert der Erzähler: »Und so wächst Niels denn auf, und alle Kindheitseindrücke formen den weichen Ton, alles formt und alles hat Bedeutung, das, was ist, und das, was geträumt wird, das, was gewusst, und das, was geahnt wird [...].« Zwar wird mit der Ton-Metapher der biblische Schöpfungsmythos aufgerufen und gewissermaßen naturalistisch außer Kraft gesetzt, doch es gilt zu beachten, dass die formenden Kräfte neben Realität und Wissen auch Träume und Ahnungen sind. Das bedeutet zum einen, dass das Subjektverständnis Komponenten des Psychischen und des Irrationalen enthält, die eine erst um die Jahrhundertwende virulent werdende Diskursformation antizipieren. Zum anderen – und romanintern – impliziert diese Faktorenvielfalt ein Konfliktpotential, an dem der Protagonist scheitern wird. Zur Desillusion trägt auch die Freidenker-Thematik des Romans bei. Auch hier kursieren zeittypische Diskurse, explizit kommt in einer Diskussionsszene eine Feuerbachsche Christentumskritik zum Ausdruck. Doch die zeitgenössische Rezeption, die darin eine atheistische Programmerklärung zu erkennen glaubte, griff zu kurz: Der Diskurs wird durch Niels' Selbstzweifel seiner programmatischen Kraft beraubt und gibt Selbstentfremdung, nicht aber Freisetzung Ausdruck.

Desillusion und Dekadenz

Besonders das als Doppelthema präsentierte Verhältnis zu Kunst und Erotik stellt sich als kritische Auseinandersetzung mit idealistischen Traditionen dar, bleibt aber ohne Alternative. Denn mit dem Projekt, ›das Neue‹ in der Kunst zu verwirklichen, scheitert Niels ebenfalls. In diesem Künstlerroman ist das Kunstschaffen nicht Produktion sondern Projektion; eine Botschaft fehlt, das Programm des Neuen bleibt leer. So vertritt auch die Ästhetik des Romans selber mitnichten die realistische Alltagskunst, ohne Botschaft entsteht Ästhetizismus, eine Welt des Scheins. Eine Distanznahme gegenüber den Entwicklungsmöglichkeiten der Realität impliziert schließlich nicht zuletzt das dargestellte Geschlechterverhältnis; viermal verliebt sich Niels, schon seine erste Liebe zu der *femme fatale* Edele kulminiert in einem dekadenten Tableau, das eine Welt verbotener Künstlichkeit assoziiert. Auch die Erotik ist ein ästhetizistisches Projekt, in manchen Passagen durch eine Bühnenmetaphorik als inszenierte Begegnung zweier Spieler markiert. Doch es ist kein belangloses Spiel, untrennbar ist die Beziehung der Geschlechter in dem Roman an Machtverhältnisse gebunden. Die Einsamkeit des Protagonisten erweist sich letztlich als unüberbrückbar, das Subjekt existiert beziehungs- und ziellos in einer fremden Welt; als existentielle Aufgabe wird resigniert formuliert, »das Leben zu ertragen wie es war«. Die Poetik der Ästhetisierung, die Scheinhaftigkeit und Daseinsfremde umsetzt, reflektiert konsequent die Strategie der Distanznahme.

Jacobsens poetologisches Vermächtnis

Inwiefern der viel gerühmte Stil Jacobsens Ausdruck einer neuen, modernen Wahrnehmung sein konnte, unterstreicht der postum veröffentlichte Text *Fra Skitsebogen* (1882; Hier müssten Rosen stehen, 1889), der als poetologisches Vermächtnis gelesen werden kann. Im Medium der zeichnerischen Skizze vorgetragen, ruft der fast handlungslose Prosatext ein romantisches Zeichenrepertoire auf – Rosen, Campagna, einen Wanderer, eine vergangene Zeit und eine alte Villa und schließlich zwei Pagen –, um es allerdings mit sanfter Ironie als brüchig und bloße Projektion zu entlarven. Der gesamte Text ist im Modus des Irrealen gehalten und gibt durch seine Struktur einer Prozessualität Ausdruck, die an die bildkünstlerische Form des *non-finito* erinnert. Die vor allem visuellen Eindrücke der Gartenszenerie werden in eine arabeske Sprache übersetzt, die geschilderte Natur wird zum Ornament. Die für Jacobsen typische arabeske Schreibweise entsteht auf syntaktischer und klanglicher Ebene durch häufige Frageformen, die eine steigende Intonation mit sich führen, durch an Lyrik erinnernde Zeilenumbrüche, durch lange, nahezu schwingende Sätze mit mehrfachen Parataxen oder Einschüben, die das Ranken und Winden der Arabeske nachbilden, und durch rhythmische Sprach- und Klangformen. Auf der Ebene der Wortbildung sind es die Neologismen zu geflochtenen, rankenden Gebilden und auf semantischer Ebene die Vokabeln des Schwingens, Wogens und Wiegens. Die Metamorphosen des ›als ob‹ bilden die Sehnsucht und die ins Unendliche sich fortsetzende Imagination ab. In der Makrostruktur des Textes tritt diese Wahrnehmungsform am deutlichsten zu Tage: Die verschiedenen Erzählebenen, die als Skizzenblätter präsentiert werden, führen immer weiter hinein in einen Imaginationsraum, in dem schließlich ein *Proverbe dramatique*, ein Stegreifspiel, entworfen wird, das deutlich als Fiktion markiert wird und auf seine eigene Theatralität aufmerksam macht. An die Stelle von Mimesis ist Simulation getreten, an den Platz der Wirklichkeit die Projektion. Damit wird die seit der Renaissance dominierende rationalistische Erkenntnisform der Zentralperspektive hinterfragt zugunsten von einer Prozessualität des Blicks – in Jacobsens Dichtung haben wir es dezidiert mit einer neuen, einer modernen Wahrnehmung zu tun.

Heinrich Voglers Illustration zu *Fra Skitsebogen*

Theatrale Zitatkunst: Henrik Ibsen

Wie die Ideen von der Veränderbarkeit des Menschen die Gattung des Entwicklungsromans auf den Plan rufen, so begünstigt die Hinwendung zur Alltagsrealität das Zeitdrama und die Determinationslehre die Renaissance seiner analytischen Form. Als deren Meister hat sich Henrik Ibsen erwiesen, dessen Gesellschaftsdramen den wohl wichtigsten Beitrag zur Literatur der hier beschriebenen Epoche liefern: wegen ihrer Prominenz, ihrer gesellschaftlichen wie literarischen Wirkung, ihrer innovativen Bühnentechnik und ihrer doppelbödigen Repräsentation der Modernität. Ibsens Stücke zeichnen sich durch eine minimalistische Zitationskunst aus, die die Probleme der zeitgenössischen Realität in den Text hineinzitiert, sie scheinbar alltagssprachlich vermittelt, aber durch mythologische, theatral-selbstreflexive oder auch visuelle Muster hinterfragt und prismenhaft beleuchtet.

Et Dukkehjem (1879; Nora oder ein Puppenheim, 1880) wurde durch seinen provokativ-offenen Schluss zum europäischen Diskussionsthema. Die Zitathaltigkeit von Ibsens Dramen verbirgt sich hinter der scheinbaren Schlichtheit der Dialoge, die auf Mimesis-Effekte und Wiedererkennbarkeit angelegt sind. Doch unter der inszenierten Alltäglichkeit klingt ein vielfacher Resonanzboden von sozialen und kulturellen Kontexten. Besonders deutlich sind die Diskurse von Ökonomie, Religion, Biologie und Gesellschaft markiert, wobei der letztgenannte Bereich sich auffächern lässt in juristische, moralische und soziale Aspekte. Sie werden gebündelt in vier Superzeichen, die das Drama sprachlich und visuell prägen: das Puppenheim, das Weihnachtsfest, der Schuldschein und die Tarantella. Die Diskursfäden laufen zusammen in dem zentralen Thema der Position und der sogenannten ›Natur‹ der Frau.

Die ökonomische Thematik ist in vielen Stücken Ibsens auffällig präsent. Schon bei ihrem ersten Auftritt hat Nora das Portemonnaie in der Hand, der erste Dialog mit ihrem Ehemann dreht sich um Geld, das dominante Wortfeld der Einführungsszene leitet auf den plot-konstituierenden Konflikt hin: Noras Unterschriftenfälschung und Verschuldung; in den mit Banknoten gefüllten Goldpapierpäckchen am Weihnachtsbaum findet das Thema zeichenhaften Ausdruck. Die durch Goldpapier nur äußerlich veredelten profanen Geldscheine als Liebesbeweise am Christbaum verquicken Ökonomie, Liebe und Religion; die mangelnde Trennschärfe und die gegenseitige Abhängigkeit weist die Zeichenensembles als Ideologeme aus. Auch Noras Lieblingswort »wunderbar« wird in einer großen Spannweite von Bedeutungen, vom kindlichen, ständig wiederholten verstärkenden Adverb bis hin zum religiös aufgeladenen Opferdiskurs verwendet und schließlich von Helmer ratlos fragend übernommen und seines vermeintlichen Sinns entleert. Die anzitierte Vererbungslehre wird desavouiert durch die auch schon Zeitgenossen lächerlich erscheinende Verbindung von juristischen Verfehlungen und den damals viel diskutierten Erbanlagen.

Als ein Superzeichen durchzieht die Tarantella das Stück. Der neapolitanische Volkstanz lässt an mediterrane Lebensfreude und Erinnerungen an die glückliche Zeit des Italienaufenthaltes der jungverheirateten Helmers denken. Die symbolische Bedeutung des Tanzes ist uneindeutig: Er ist einerseits durch seinen Namen mit der Tarantel verbunden, deren tödlicher Giftbiss Schmerz und einen Todestanz auslösen soll; andererseits gilt er als Brautwerbetanz, dessen Schritte sexuelles Begehren ausdrücken. Die drameninternen Verständnismöglichkeiten – der Tanzenden selbst, der Voyeure auf der Bühne und der Zuschauer im Publikum – fügen weitere Deutungsmöglichkeiten hinzu, die schwindelerregende Drehbewegung des Tanzes korrespondiert mit einer Spirale des Zeichenprozesses, der sich von folkloristischem Muster über die nörgelnde Reglementierung des Gatten und den voyeuristischen Blick Ranks bis hin zur Ambivalenz von Todesangst und Befreiungsversuch Noras hochschraubt. Der wilde Tanz kommt also einem Befreiungsversuch gleich, der sich eines konventionellen Zeichenrepertoires bedient und es umdeutet. Doch die Ekstase Noras steigert nur den Reglementierungsdrang und den Besitzerstolz ihres Mannes.

Henrik Ibsen (1870)

Der Schuldschein als Superzeichen

Szene aus *Ein Puppenheim* (Kopenhagener Erstaufführung 21.12.1879)

Die Semiosebewegung des Tanzes

Resignifikation der Rollen

Nicht nur im Tanz, sondern durchgehend ist Noras Handeln von Aneignungs- und Umdeutungsprozessen bestimmt. Sie akzeptiert die ihr zugeschriebene Singvogelrolle, um Helmer gütig zu stimmen, sie spielt die Verschwenderin, um Geld für die Rückzahlung der Schulden zu ergattern, sie kann Register von Hilflosigkeit, Charme, Naivität und Verführungskunst ziehen und plagiiert damit die sogenannte ›Natur‹ der Frau. Doch auch der Machtgewinn der Resignifikation kann nicht dauerhaft aus dem Zirkel der Zuschreibungen ausbrechen. So wird denn auch die Abrechnung der berühmten Schlussszene nicht von emanzipatorischer Programmatik, sondern von einer Vielzahl negativer Aussagen bestimmt, die auf eine Negation der im vorherigen Text gebündelten Diskurse hinauslaufen. Anstelle einer Botschaft stehen die sprachlose Geste des Türknallens und ein Fragezeichen als letztes Satzzeichen des Textes. Die angebliche Emanzipation Noras wird schon 1879 von der Spiralbewegung einer Desillusionierung erfasst.

Jedes der Gesellschaftsdramen Ibsens hat brisante Fragen aufgeworfen und Tabus gebrochen, zur Weltliteratur und zu den bis heute – nach Shakespeare – am meisten gespielten Theaterstücken sind sie durch ihre vieldeutige und stets neu aktualisierbare Zeichen-, Bühnen- und Sprachkunst geworden. Weil schon die Texte die zeittypischen Diskurse (wie die Vererbungsthematik in *Gengangere* [1881; Gespenster, 1884] oder den (photographischen) Illusionismus in *Vildanden* [1884; Die Wildente, 1887]) selbstreflexiv wenden, kann das psychologische Konfliktpotential die mangelnde Authentizität des Subjekts oder die Lebenslüge ihre inhärenten gesellschaftlichen Machtmechanismen durchschaubar machen. Mit *Rosmersholm* (1886; Rosmersholm, 1887) und *Fruen fra Havet* (1888; Die Frau vom Meer, 1889) wird die Diskursivierung auf Bereiche der Psyche und des Unbewussten ausgedehnt – nicht zufällig hat Sigmund Freud *Rosmersholm* zum Gegenstand einer psychoanalytischen Betrachtung genommen. Doch als Bühnenkünstler ist Ibsen stets Philosoph, Gesellschaftskritiker und Psychoanalytiker gleichzeitig: In seiner Form der Theatralisierung, der konsequenten Verdoppelung der Theatersituation, trifft er die Befindlichkeit des modernen Menschen in Selbstbetrug und Lebensflucht.

Theatralität als Existenzform

Es gibt Lesarten – und Selbstäußerungen Ibsens –, die alle seine Dramen als Teile einer zusammenhängenden Argumentationskette betrachten. So ist die Titelheldin von *Hedda Gabler* (1890; Hedda Gabler, 1891) oft zu Nora in Beziehung gesetzt worden. Während das frühere Drama Skandale auslöste, begegnete die Kritik der Hedda nur mit ratlosem Unverständnis – die Hauptperson wirkte als Enigma, als Un-Frau. Sie ist wohl die schweigsamste Heldin der Weltliteratur; die Sprache dieses Dramas operiert mit Verknappungen, Verschweigen und wiederum mit Zitaten – von Klischees und Allgemeinplätzen. »So etwas tut man doch nicht« lautet die letzte, den Selbstmord Heddas kommentierende Replik. Die Kommunikation funktioniert den Sprechern zum Trotz und stets auf zwei Ebenen. Die Thematik der Geschlechterbeziehung setzt sich in *Hedda Gabler* fort, indem das dichotomisch gesetzte Verhältnis von Männlichkeit und Weiblichkeit durch Hedda – als Generalstocher und durch ein Paar Duellpistolen charakterisiert – und ihren Mann Tesmann – von zwei Tanten erzogen und mit Pantoffeln bedacht – gegenüber den Normen verkehrt wird. Durch den Rollentausch delegitimiert das Drama die Rede von der Natur der Frau und offenbart die kulturelle Konstruktion des Geschlechts. Heddas mangelnde ›Weiblichkeit‹ hat Erklärungsversuche psychoanalytischer Art auf den Plan gerufen. Das Drama selbst führt das Rollenverhalten durch eine Spiel-im-Spiel-Technik als uneigentliches und als Machtspiel vor. Das inszenatorische Agieren der Figuren lässt sie schon in-

Pantoffeln und Pistolen

nerhalb der Fiktion als verschiedene Personen hervortreten; das Subjektverständnis zeigt sich als gebrochen.

Der selbstreflexive Charakter des Dramas, der durch das theatrale Rollenspiel, die durchgehende Ironisierung sowie das wichtige Motiv des zunächst verlorenen, dann zerrissenen und letztlich verbrannten Manuskripts auf seine eigene prekäre Stellung zurückweist, antizipiert das Spätwerk Ibsens. Sein letztes Drama *Naar vi døde vaagner* (1899; Wenn wir Toten erwachen. Ein dramatischer Epilog, 1900) hat er selbst als einen Epilog bezeichnet. Die Künstlerthematik wird mit einem machtkritischen Impetus, das Verhältnis von Künstler und Modell, von Subjekt und Objekt betreffend, vorgetragen. Doch das Thema sowie das gesamte Drama werden von unauflösbaren Ambivalenzen bestimmt, die Täter und Opfer, Aktivität und Passivität, Voyeurismus und Exhibitionismus sowie Leben und Tod einander durchdringen lassen. Wie in den meisten seiner Stücke entwirft Ibsen auch hier einander relativierende Handlungsstränge und Personenkonstellationen, die den ambivalenten Charakter hervorbringen. Das zentrale Oxymoron vom lebendigen Totsein, das in Rubeks künstlerischer Krise wie in Irenes resigniert-zynischem Dasein zum Ausdruck kommt, aber auch die Inauthentizität des Lebens insgesamt betrifft, macht das Scheitern der vorgeführten Lebensentwürfe und ihrer künstlerischen Repräsentation unwiderruflich. Die intendierte Idealität des Kunstwerkes, dessen Titel »Der Tag der Auferstehung« das Geschehen ironisch kommentiert, wird durch die Selbstsucht des Künstlers, die Versteinerung der Menschlichkeit sowie die Untrennbarkeit von Blick und Macht, Kunst und Kontrolle ad absurdum geführt. Der in die Katastrophe mündende Versuch, Kunst und Leben zu vertauschen, desavouiert auch die durch sprachliche Überhöhungen aufgerufenen zeittypischen Konzepte von Ästhetizismus und Vitalismus, selbst der Sinnstiftungsversuch des Opfermythos wird parodierend als nutzlos entlarvt. Am Ende von Ibsens letztem Drama bleibt zwar die Sehnsucht nach Authentizität, aber der Kunst wird die Hilfestellung dabei und jegliches Sinnpotenzial abgesprochen.

Selbstreflexive Machtkritik

Rezeption in Deutschland

Ibsen wurde in Deutschland als deutscher Dichter gefeiert. Das hat erstens den harmlosen biographischen Grund, dass er – wie zeitweise auch Brandes, Garborg, Lie, Bjørnson, Strindberg und andere – etliche Jahre in Deutschland gelebt hat. Berlin wurde damals als moderne Künstlermetropole aufgesucht; im legendären Gasthaus zum »Schwarzen Ferkel« beförderte das Zusammenleben der Künstler (u. a. Strindberg und Munch) Beziehungskrisen wie literarische Produktivität zugleich, während Münchens Attraktivität eher in billigen Wohnungen, gutem Bier und Arbeitsruhe bestand. Es indiziert zum zweiten den Erfolg und den Bekanntheitsgrad, den Ibsen, aber auch etliche andere skandinavische Schriftsteller seiner Generation in Deutschland hatten: »Diese Stadt ist eine Ibsenstadt« schrieb Alfred Kerr 1898 über Berlin, »und sie erweist sich allein hierdurch als die erste und fortgeschrittenste Theaterstadt der Welt.« Zu den vieldiskutierten Aufführungen seiner Stücke – *Hedda Gabler* verursachte bei der Uraufführung in München 1890 einen Skandal – kamen schon zu Lebzeiten des Dramatikers bis zu fünf konkurrierende Übersetzungen seiner Werke gleichzeitig, die hohe Auflagen von bis zu über einer Million Exemplaren erreichten, sowie mehrere Werkausgaben, 1899 bei Reclam, 1890 bei Samuel Fischer und 1889–1904 die edel ausgestatte Gesamtausgabe im selben Verlag, die dem Haus einen der größten Verkaufserfolge seiner Geschichte bescherte. Jacobsen und Bang wurden

Skandale und Erfolge

übrigens mit einer zeitlichen Verzögerung als *fin de siècle*-Autoren rezipiert. Alexander Kiellands *Garman*-Romane, *Garman & Worse* (1880; Garman & Worse, 1881) und *Skipper Worse*, gaben nicht zuletzt Thomas Manns *Buddenbrooks* wichtige Impulse, die in der stofflichen Parallele der Genealogie eines Handelshauses bestehen, aber auch Manns ambivalentem Erzählton und seiner feinen Ironie vergleichbar sind. Auch Brandes, Garborg, Lie, Bjørnson und Strindberg erreichten hohe Auflagenzahlen und Popularität. Der Münchener Albert-Langen-Verlag konstituierte sich 1890 mit der Übersetzung von Hamsuns *Mysterien*. Die Erfolge waren Teil einer Skandinavienmode, die die Werke weniger hervorzubringen als vielmehr zu hinterfragen schienen. Denn zum dritten implizierte die Feier Ibsens als deutscher Dichter eine Aneignung und Vereinnahmung, die, in ideologischer Absicht, das gemeinsame ›Germanische« (z. B. ›Mannhaftigkeit‹ und ›Kampfslust‹) der skandinavischen und deutschen Literatur betonte, aber mit den Intentionen und Werkaussagen der kritischen frühen Moderne nichts gemein hatte.

Das ›Nordische‹ als eskapistische Strategie

Unterstützt wurde diese germanentümelnde Rezeption, die den im Nationalsozialismus virulenten rassistischen Impetus antizipierte, durch die jährlichen Nordlandfahrten von Kaiser Wilhelm II. auf seiner Yacht »Hohenzollern«. Seine Begeisterung für Natur und Lebensart, vor allem aber für Mythen und Helden der Vorzeit steht in enger Beziehung zur Rezeption der Literatur als ›präkapitalistische Idylle‹. Schon die Übersetzungen, die etwa die avantgardistischen Momente der impressionistischen Prosa nicht zu realisieren vermochten, stellen eine erste verharmlosende Rezeptionsstufe dar. Ähnliche Konsequenzen hatte die Theaterrezeption, die z. B. Ibsen zwang, für die deutschen Inszenierungen den provokativen Schluss von *Et Dukkehjem* in eine hoffnungsfrohe Harmonisierung zu ändern. So hatte die Erfolgsgeschichte der skandinavischen Literatur in Deutschland eine sprichwörtliche Kehrseite: Die Rezeption verdrehte Autorintention und ästhetische Funktion des modernekritischen Impetus in einen kompensatorischen und rückwärtsgewandten Irrationalismus. Das deutsche Kompensationsbedürfnis gegenüber der immer schnelllebigeren, technisierten Zeit brachte ein Konzept des ›Nordischen‹ hervor, das Einsamkeit, Stille, Natur und Ursprünglichkeit konnotierte, und instrumentalisierte es zu antimoderner Zivilisationsflucht.

Zwischen Innen- und Außenwelt: Körper und Geschlecht

Wie wenig diese Rezeption den Ideen der Texte selbst entspricht, zeigt das die Epoche durchziehende Thema der damals sogenannten ›Frauenfrage‹. Der einflussreiche Brandes hatte Mills *On the Subjection of Women* (1869) schon im Jahr seines Erscheinens übersetzt, es mit einem engagierten Vorwort versehen und sah sich als Vorkämpfer der Frauenbewegung. Literatur und die sich konstituierende Emanzipationsbewegung standen in einem engen Wechselverhältnis, die Diskussionen in Bezug auf berufliche und juristische Gleichstellung, Erziehung und – vor allem – Versorgungsehe, Sexualmoral und Prostitution wurden von Literaten und in der Literatur geführt. Neben den Dramen Ibsens trugen v. a. eine große Anzahl weiblicher Autoren mit ihren Werken zu einem kritischen Bewusstsein in der Geschlechterpolitik bei, indem sie den Entwicklungsbegriff auf den Status und das Leben der Frau übertrugen. Die wohl bekannteste von ihnen, Amalie Skram, stellt in einer

Emanzipationsdebatte

Reihe von Eheromanen aber nicht nur mangelnde Rechte der Frau, sondern vor allem Verhinderungen erfüllter erotischer Beziehung dar, die durch phantasmatische Erfahrungen begründet sind. Verdrängte Impulse, neurotische oder masochistische Tendenzen, wie sie in *Forraadt* (1892; Verraten, 1897) den Konflikt bestimmen, entheben Skrams Menschendarstellung einem deterministischen Naturalismus, dem die Literaturgeschichtsschreibung sie im Allgemeinen zuordnet. Die Kategorisierung liegt nahe, weil ihr Werk, radikaler als das ihrer Zeitgenossen, soziales Elend, das Abstoßende und Schmutzige detailliert beobachtet und zur Aufzeichnung bringt. Doch der Blick registriert nicht nur das äußerlich Sichtbare; er lässt das verdeckte Tabuisierte, das Rätselhafte des Körpers, wie es in Verführung, Vergewaltigung und Schwangerschaft in *Lucie* (1888; Lucie, 1898) zum Ausdruck kommt, erkennen und geht damit weit über die rational gefasste Emanzipationsdebatte hinaus. In Skrams Prosawerken wird der Körper als ein Zeichenträger und als Grenzbereich zwischen Subjekt und Welt erkannt und in den Mittelpunkt des Interesses gerückt.

Amalie Skram (1871)

Männlichkeit, Weiblichkeit, Sittlichkeit

Neben dieser kanonisierten Autorin beteiligte sich, so haben Ergebnisse der Frauenforschung in den letzten 20 Jahren eindeutig belegt, eine große Anzahl von Autorinnen an den aktuellen Debatten über Gleichstellung und Geschlecht. In Schweden z. B. debütierten zwischen 1879 und 1889 148 Schriftstellerinnen, in Dänemark waren es 70 zwischen 1870 und 1890. Ihre Wiederentdeckung hat vor allem das Bild der in der Zeit sogenannten ›Sittlichkeitsfehde‹ gründlich verändert, an der in den 80er Jahren fast alle führenden skandinavischen Schriftsteller mitwirkten. Die traditionelle Literaturgeschichtsschreibung sah die Fehde durch Bjørnsons Drama *En Hanske* (1883; Ein Handschuh, 1888) ausgelöst, in dem die gesellschaftlich sanktionierte Doppelmoral angeklagt wird und die Forderung nach vor- und außerehelicher sexueller Enthaltsamkeit auch für das männliche Geschlecht zum Ausdruck kommt. Bjørnsons »Handschuhmoral« fand Unterstützung bei Vertreterinnen der sich institutionalisierenden Frauenbewegung. Als ihre Gegner traten die Gruppierungen um Brandes, der sich für die sogenannte ›freie Liebe‹ einsetzte, der Einzelkämpfer Strindberg, der vom Standpunkt der Männlichkeit Bjørnsons blauäugige Forderungen zynisch konterkarierte, und als radikalste Stimme die antibürgerliche Position der Mitglieder der Kristiania-Boheme auf. Beschlagnahmungen von Schriften dieses Osloer Künstlerkreises, von Christian Krohgs *Albertine* und Hans Jægers *Fra Kristiania-Bohêmen* (1885; Christiania-Bohême, 1902), führten die Sittlichkeitsdebatte über in eine öffentlichkeitswirksame Diskussion über Druckfreiheit und Zensur. Die Mitglieder dieser subkulturellen Bewegung gaben ihrer antibürgerlichen Haltung durch einen extremen Individualismus Ausdruck, zu dem ein radikales Ausleben einer freien Erotik gehörte. Programmatisch inszenierten sie ihr eigenes Leben als Kunstwerk und Beitrag zur Kulturdebatte. Christian Krohgs Gemälde seiner Frau Oda setzt durch Farbgebung und Positur, durch Kleidung und Frisur solche anti-bürgerlichen, provokanten Signale. Zentral wie auf dem Bild war auch die Stellung Odas in der Gruppe, nicht zuletzt in dem Dreiecksverhältnis zwischen ihr, Krohg und Jæger. Aber sie hatte diese Mittelpunktsstellung, wie auf dem Bild, als Objekt der Bewunderung inne, plakativ wird sie zu Schau gestellt; ihre subjektive Sicht, die sie selbst als Malerin zum Ausdruck brachte, hat erst die heutige Zeit anerkannt.

Positionen in der ›Sittlichkeitsfehde‹

Die Kristiania-Boheme

Oda Krohg, Gemälde von Ch. Krohg (1888)

Sittlichkeit und verunsicherte Männlichkeit

Wenn auch literarische Beiträge von Frauen in traditionellen Darstellungen eine Leerstelle in diesem Kräftefeld der Sittlichkeitsfehde ausmachen, so erklärt sich das, weil die eben geschilderte Auseinandersetzung im Grunde eine Männlichkeitsdebatte ist, die als verunsicherte Reaktion auf schwindende Differenzierungen und Privilegien zu begreifen ist. Für die beteiligten Schriftstellerinnen, wie Amanda Kerfstedt, Laura Kieler oder Emma Gad, machte es wenig Sinn, sich in einer derartigen Debatte zu positionieren. In ihren Beiträgen wird die Frage der Sexualmoral vielmehr in eine umfassendere Hinterfragung der Geschlechtscharaktere im modernen Zeitalter integriert. Das zeigt beispielhaft Stella Kleves Erzählung *Pyrrhussegrar* (Pyrrhussiege, 1886), die auf dem Höhepunkt der Moraldebatte erschien und für erhebliche Furore sorgte. Die Hauptperson der Erzählung ist nach Montreux gekommen, weil sie an unheilbarer Lungentuberkulose leidet. Die Krankheit befindet sich in einem so fortgeschrittenen Stadium, dass der Text handlungslos bleibt und nur aus Erinnerungsbildern an erotische Situationen besteht, die jeweils in Entsagung und Aufrechterhaltung der Konvention münden. Die Unterordnung der sexuellen Neigung unter gesellschaftliche Anstandsregeln habe – so meint der behandelnde Arzt – neben einer ererbten Veranlagung zum Ausbruch der tödlichen Krankheit geführt.

»Pyrrhussiege« oder die Folgen der Enthaltsamkeit

Stella Kleve schreibt damit eine Gegendarstellung zu Strindbergs *Dygdens lön* (Der Lohn der Tugend, in: *Giftas I* [1884; Die Verheirateten, 1889]), der sexuelle Enthaltsamkeit als fatal für das männliche Geschlecht dargestellt hatte. Wie er bezieht sie sich auf ein damals populäres medizinisches Werk des sogenannten »englischen Doktors«, George Drysdale, das 1855 anonym in England erschienen war und schnell ein Verkaufsschlager wurde. Vom medizinischen Standpunkt aus, so heißt es dort, sei jede übersteigerte oder untertriebene Aktivität schädlich, sehr explizit setzt sich Drysdale für das Ausleben des Sexualtriebes auch bei jungen, unverheirateten Leuten ein. In Schweden lancierte Knut Wicksell im Anschluss an diese Thesen 1880 übrigens eine Debatte um Präventionsmittel. Wenn in *Pyrrhussegrar* nun eine Krankheitsgeschichte à la Drysdale über eine Frau erzählt wird, lag die Provokation in erster Linie darin, welche Konsequenzen die Umkehrung der gewohnten Zuschreibungen von Aktivität und Passivität für den im Text zugrundegelegten Blick und die Bestimmung des ›anderen‹ Geschlechts hatte. Hier wird der männliche Körper zum Objekt gemacht, mit der Erinnernden sehen wir muskulöse Arme, den entblößten Hals, ein trikotbekleidetes Bein, den nackten Arm eines Ruderers, einen sonnengebräunten Nacken unter einem Militärkragen. Der sexualisierte Blick richtet sich nicht auf das Individuum, er tranchiert genießend den Körper und unterwirft ihn.

Textuelle ›Perversionen‹

Die Überzeichnung operiert mit Verdrehungen einer ›Normalität‹, die neben den herrschenden Moralvorstellungen auch den rechtlichen, sozialen und pädagogischen Code sowie religiöse Normen aus den Angeln hebt, denn die Beziehung von Mann und Frau ist hier ausschließlich von sexueller Anziehung, nicht aber von den gesellschaftlichen Aufgaben der Ehe und den Idealen der Liebe bestimmt. Die Diktion der Pervertierung erstreckt sich selbst auf die im Text dominante medizinische Argumentation, indem Drysdales Theorie an die damals tödliche Lungentuberkulose, die Volkskrankheit der Zeit, gerade in der Literatur bevorzugt mit weiblichem Leiden assoziiert, gekoppelt wird. Weiblichkeit wird nicht nur an Krankheit allgemein, sondern speziell an »ihre vom Schwindel befallene Phantasie, die von einer fixen Idee beherrscht war«, also an eine Form der Hysterie, gebunden. Genau wie das trikotbekleidete Bein zur Männlichkeit so steht auch das weibliche Leiden zu einer ›eigentlichen Weiblichkeit‹ nicht in einer metonymischen, sondern in einer verzerrten Relation. Der Text lässt keine Schlüsse auf eine klare Bestimmung der Geschlechterdifferenz zu, sondern nur auf deren diskursive Bestimmungen, in denen sie sich erschöpft.

Sexualität als Wissenschaft

Kleves Erzählung wirkt also als ein Experimentierfeld mehrerer aktueller Diskurse, von denen ein dominanter die Bestimmung des Menschen und des Geschlechts an medizinische Definitionen knüpfte. Havelock Ellis versuchte in seinem populären Buch *Man and Woman* (1894) die Unterschiede zwischen Mann und Frau entwicklungsbiologisch und statistisch zu erfassen und dabei zwischen erworbenen und ererbten Eigenschaften zu unterscheiden. Mit seinen Bestrebungen, Inneres und Äußeres zu korrelieren, begründete er die Wissenschaft von Geschlecht und Sexualität, analog etwa zu den Versuchen Cesare Lombrosos, den Charakter des Kriminellen zu erkunden und festzuschreiben. Die Verwissenschaftlichung der Medizin, die mit bedeutenden Entdeckungen wie der Tuberkelbakterien (1882), der Chromosomen (1884) und der Röntgenstrahlen (1895) einherging, führte nicht zuletzt zur Herausbildung der Neurologie als eigenständiger Disziplin. Mit dem Aufkommen von Spezialisten bekamen plötzlich auch diverse körperliche Erscheinungsformen und Phobien, Herzrasen, Kopfschmerzen oder Albträume als Nervenkrankheiten einen Namen. Diagnosen von Neurasthenie und Hysterie stiegen in den Krankenhäusern sprunghaft an und erlaubten die Behandlung von psycho-physischen Krisensymptomen, die gleichzeitig geschlechtsspezifisch codiert wurden. Eine wichtige Stellung nahm die Beschreibung der Hysterie ein, die von Charcot inszeniert und – im Anschluss daran – von Freud als nicht organische, sondern psychische und therapierbare Krankheit beschrieben wurde. An die Stelle der ›Geisteskrankheit‹ tritt das Trauma, das seinerseits benutzt wurde, um eine neue Normierung von Weiblichkeit zu begründen.

Inneres und Äußeres

Hysterie und Weiblichkeit

Die Literatur lässt die Macht dieser Diskurse prägnant hervortreten. Die moderne Nervosität, die Sensitivität gegenüber Erscheinungsformen der technisierten Zeit wird an die Felder der Wissenschaft, aber auch der Pathologie geknüpft. Den bis dahin vorherrschenden materialistischen Erklärungsmodellen wird ein Körperdiskurs entgegengehalten, der eine Membran zwischen äußerer Erfahrungswelt und dem menschlichen Empfinden bildet. Das Emanzipationsdenken geht also über in eine Erkundung und Neubestimmung des Geschlechts, wie sie vor allem am Werk Victoria Benedictssons verfolgt werden kann. Ihr Roman mit dem vielsagenden Titel *Pengar* (1885; Geld, 1890) erhob zunächst die Forderung nach Ausbildung und Entwicklungsmöglichkeit und stellte Versorgungsehe und die notorische sexuelle Unwissenheit der Frauen an den Pranger. Ihre postum herausgegebene Erzählung *Ur mörkret* (Aus dem Dunkel, 1888) hinterfragte dagegen die Dichotomisierung der Geschlechterordnung selbst. Erfahrungen und Zuschreibungen an die beiden Geschlechter kommen nicht zur Deckung, die Suche nach einer Alternative zu den Zwängen der Dichotomie resultiert in einer Problematisierung und schließlich Negation des Körpers. So bleibt die fragile Weiblichkeit in der Erzählung eine Stimme aus dem Dunkel, die allerdings ihre erzwungene Körperlosigkeit als Anklage einsetzt und damit das letzte Wort behält: »und er hatte keine Antwort.« Die unvollendete Erzählung *Den bergtagna* (Die Verzauberte, 1890) behandelt eine ähnliche Pygmalion-Thematik wie fast zehn Jahre später Ibsens *Naar vi døde vaagner*. Künstler und Objekt stehen in einem Verführungs- und Abhängigkeitsver-

Hinterfragung der Geschlechterordnung

Victoria Benedictsson (1888)

hältnis zueinander; die Frau wird dem Blick unterworfen, zunächst auf ihren Körper reduziert und als solcher zum Kunstwerk gemacht, das in *Den bergtagna* allerdings eine subversive Botschaft enthält, indem es auf die Widersprüche der Weiblichkeit und das Verschwiegene des männlichen Ermächtigungsaktes aufmerksam machen kann.

Dieser Verunsicherung, in die Entwicklungsforderung und Egalitätsprinzip die Geschlechterdebatte geführt hatten, begegnete eine neue Strömung mit einem konsequenten Gegenentwurf. Das Komplementaritätsprinzip ging nicht von gleichen, sondern einander ergänzenden Geschlechtscharakteren aus, priorisierte allerdings im Gegensatz zur Egalitätsprämisse die Qualitäten spezifischer Femininität höher. Diese neue Lehre fand in Skandinavien mit Ellen Key, der deutsch publizierenden (schwedisch verheirateten) Kosmopolitin Laura Marholm-Hansson und Hulda Garborg drei prominente Vertreterinnen. Marholm-Hansson erreichte mit *Das Buch der Frauen* (1895) Bestseller-Status, Ellen Key setzte in *Missbrukad kvinnokraft* (1896; Missbrauchte Frauenkraft, 1989) die »weibliche Besonderheit« auf die Agenda, in der Mutterschaft im Zentrum einer neuen Geschlechterphilosophie stand.

Geschlechterkampf und Bilddiskurs: August Strindberg

August Strindberg

Problematisierung der Autorschaft

Das Subjekt als Diskursknotenpunkt

Die provokativste Stimme in diesem Streitfeld um Geschlecht und Macht gehörte August Strindberg. Wie Ibsen ein Meister der Bühnenkunst, daneben ungeheuer produktiver Romancier und als solcher Erneuerer der schwedischen Sprache sowie Verfasser von essayistischen und okkultistischen Schriften, kommt ihm das Verdienst zu, in sehr prononcierter Weise die Position der Männlichkeit innerhalb der Geschlechterdebatte eingenommen und sie als solche inszeniert und markiert zu haben. Diese Positionsbestimmung, die als Misogynie rezipiert worden ist, geht einher mit zwei anderen Qualitäten seines Werks: zum einen seiner seismographischen Fähigkeit, aktuelle Diskurse und Trends aufzuspüren und abzubilden oder sie gar zu antizipieren. Zum anderen stellt Strindberg durch seine permanente Selbstinszenierung das Problem der Autorschaft zur Debatte und hinterfragt die als selbstverständlich angenommene Einheit der Autorposition und die deterministische Nachordnung des Textes gegenüber dem Leben. Alle drei Grundzüge des Strindbergschen Werkes gehen mit einem Verstoß an einem Identitätsideal einher, das durch den dynamischen Charakter des Œuvres, seinen Innovationsdrang sowie die Suche nach psycho-physischen Korrespondenzen und dem Unsichtbaren in zunehmendem Maße als brüchig erweist.

Der autobiographische Roman *Tjänstekvinnans son* (1886–1909; Der Sohn der Magd. Die Entwicklungsgeschichte einer Seele, 1909–10) trägt zur Begründung des ›Mythos Strindberg‹ bei, in dem sich schonungslose Offenheit, Rebellion und Inszenierung brechen. Die Beschreibung der eigenen Entwicklungsgeschichte stellt das Subjekt in das Zentrum unterschiedlicher Diskursformationen, die Seelen- und Sozialgeschichte überblenden. Doch das Repräsentative der positivistischen, biologistischen, psychologischen und sozialkritischen Diskursivierungen wird durch Posen spielerischer Selbstinszenierung eingeholt. Nicht zuletzt die fragwürdige Zuverlässigkeit des Erzählers und metaphorische Überhöhungen des angeblich wissenschaftlich-rationalen Romanprojekts bringen Ambivalenzen hervor, die ein einer gültigen Wahrheit verpflichtetes Identitätskonzept verhindern, und statt dessen die Figur des hin-und-her-geworfenen Außenseiters als Reaktion auf die Moderne konturieren. Als eine Figur des ›Übergangs‹ nimmt der Protagonist Johan – unter unmittelbarem Rückgriff auf aktuelle Arbeiten der zeitgenössischen Psychowissenschaften – im übrigen als männlicher Hysteriker eine paradoxe und prekäre Stellung im Gegensatzgefüge der Geschlechter ein.

Auch das programmatisch als »naturalistisch« bezeichnete Drama *Fröken Julie* (1888; Fräulein Julie, 1888) widerspricht dem im Vorwort proklamierten Determinismus insofern, als Verflechtungen von sozialen und biologischen, männlichen und weiblichen, aktiven und passiven Zuschreibungen die Handlung und die Figuren in ambivalenter Weise bestimmen. Die Traumerzählungen der beiden Protagonisten lassen die soziale wie die geschlechtliche Entdifferenzierung, die Jean zum Emporkömmling und Julie zum sexuell fordernden ›Mannweib‹ werden lässt, am Beispiel der Rollenwechsel und damit verbundenen Verunsicherungen der modernen Gesellschaft erkennen. Auch in diesem Stück werden mit Verweisen auf Hysterie und Hypnose Erklärungsversuche herangezogen, die den positivistischen Rationalismus überschreiten, durch alternative Entwürfe eines dominanten Machtdiskurses jedoch ihrerseits konterkariert werden: Die Stiefel und das Sprachrohr des Grafen sind immer auf der Bühne präsent. Insgesamt entwirft Strindberg in seinem meistgespielten Einakter ein komplexes Gefüge von sozialen, biologischen, kulturellen, psychologischen und pathologischen Faktoren, als deren Gemeinsamkeit hervortritt, dass sie das Subjekt einem Bedingungsgefüge der Macht aussetzen, in dem es sich als fragiles, substanzloses Wesen durch Anpassung zu behaupten hat.

Bedingungsgefüge der Macht

Das vorausgehende Drama *Fadren* (1887; Der Vater, 1888) widmete sich explizit der schwindenden Macht der Männlichkeit; obwohl die Hauptperson, der Rittmeister, als Wissenschaftler und Angehöriger des Militärs ein doppeltes Männlichkeitsideal verkörpert, unterliegt er dem Ränkespiel seiner Frau. Die Zuschreibungen an die Geschlechter zeigen sich allerdings auch hier in chiastischer Verschränkung und Verkehrung, wenn der Vater um das Kind und die Frau um die Macht kämpft. Die Sammlungen *Giftas I* und *II* (1884 und 1886; Die Verheirateten, 1889) standen, nicht zuletzt durch einen viel beachteten Prozess wegen Gotteslästerung, im Zentrum öffentlicher Debatten, zumal die Erzählung *Ett dockhem* (Ein Puppenheim) schon durch den Titel als eine ironische Entgegnung auf Ibsens Drama markiert war. Wiederum lässt die Sexualitätsthematik den Körper als Ort diskursiver Einschreibungen erkennen. Indem die Prosatexte die erzählte Realität durch eine allegorisch-parodistische Diktion aber deutlich als Fiktion oder gar als Exemplum markieren, stellen sie die dargestellten Themen der Ehe, der Sexualität, der Doppelmoral einerseits mit dem Anspruch auf Wahrhaftigkeit dar, andererseits markieren sie den eigenen Status als Beiträge in einer Debatte, in der Setzungen und Behauptungen den Status von Wahrheiten einnehmen.

Prozess wegen Blasphemie

In dem Roman *I hafsbandet* (1890; An offener See, 1893) wird die Krise des Subjekts in parodistischer Diktion einer ambivalenten Erzählersicht unterstellt. Die narrative Gestaltung des Stoffes entfaltet ein dichtes intertextuelles Netz, um soziale und psychologische Bestimmungen des modernen Menschen mit mythologischen, aktuellen naturwissenschaftlichen und philosophischen Diskursen zu konfrontieren und einer durch und durch rätselhaften Menschlichkeit Ausdruck zu verleihen. Das Meer erfüllt ein breites Bedeutungsspektrum vom Gegenstand naturwissenschaftlicher Forschung und Lebensgrundlage der Bevölkerung bis hin zur mythischen »Allmutter«; zu Beginn unterwirft sich der Protagonist, Ingenieur Dr. Axel Borg, der sich dem Rationalismus verschrieben hat und nach Übermenschentum strebt, die stürmische See, am Ende segelt er »zu dem neuen Weihnachtsstern« hinaus aufs offene Meer.

Das Rätsel Mensch

Borg war gekommen, um auf wissenschaftlicher Grundlage die Erträge der Fischer zu optimieren, doch stößt er auf Unverständnis und Ablehnung, zieht sich resigniert in die Isolation zurück, und bildet so eine Insel auf der Insel. Die erzählerische Ambivalenz produziert mal Mitleid, mal Verachtungen gegenüber dem Helden, dem Willensstärke ebenso eignet wie Überheblichkeit und dessen ausschließliche Priorisierung der Ratio ihn als ein unvollständiges Subjekt hervortreten lassen. An einer zentralen Szene lassen sich die Zwiespältigkeiten, von denen der Roman durchzogen ist, exemplifizieren. Der Ingenieur will sein Können unter Beweis stellen, indem er die graue schwedische Schärenlandschaft in ein Panorama Italiens verwandelt. Nicht zuletzt um einer Frau zu imponieren, macht sich Borg mit Dynamit, Spitzhacke und Salzsäure ans Werk. Aus der Ferne betrachtet soll die Landschaft, unter Berücksichtigung von exakt berechneten Effekten der Luftspiegelung und nach mechanischer Manipulation von Bäumen und Felsen, aussehen wie eine südländische Szenerie mit Pinien, Palast und Pergola. Die Schimäre gelingt und misslingt zugleich. Die ironische Pointe verzeichnet, dass dem Übermenschen Borg zwar eine Transformation der Landschaft gelingt, doch anstelle der intendierten mediterranen Lieblichkeit wird eine furchterregende ›Toteninsel‹ hervorgerufen. Die Wirkung ist allerdings umso nachhaltiger: Nicht nur Maria ist beeindruckt, die gesamte Bevölkerung des Fischerdorfes wird in Angst und Schrecken versetzt, vermutet Gottes Zorn und ruft den kompetenten Ingenieur um Hilfe an, so dass der Rationalist urplötzlich und entgegen seiner Absicht zur Heilsfigur wird.

Wissenschaft und Kunst als Manipulation

Die Episode argumentiert wiederum am Paradigma der Visualität und zeigt eine Antizipation der Erweiterung des herkömmlichen Bildbegriffs, die die Kunst der Avantgarde prägen wird, einerseits und die Macht von Bildern, die schon das biblische Bilderverbot zu bannen versuchte, andererseits. Die Machtentfaltung wird als Wechselspiel von Intention, Werk und Wahrnehmung entworfen. Wenn die erzielte Wirkung sich konträr zur intendierten entfaltet, ist das der Macht des Zufalls geschuldet, den Strindberg als wichtigen Faktor von Kreativität beschrieben hat. Die Verbindung von Blick und Macht zaubert aus dem Rationalisten einen »trollkarl« (Magier) und situiert das Kunstwerk als Teil einer Unterwerfungsgeschichte: des Weiblichen, der Natur und des Irrationalen. Doch in Strindbergs ironisierender Optik verfehlt die Machtgeste ihr Objekt, sie steigert allerdings ihr Potential. Klar wird aber auch, dass nur die abergläubische Gefühlsduselei dem Übermenschen seine fragwürdige Größe verleiht, Rationalität, Macht und Unterwerfungsgeste werden ausgestellt und ins Lächerliche gezogen.

Die Macht der Bilder

»Müde Männer«: Dekadenz

Mit Voranschreiten des Romans verliert Borg seine männliche Kraft und regrediert zum hilflosen Kind. Damit ist auch er einer der vielen dekadenten »müden Männer«, denen Arne Garborg in seinem Romantitel *Trætte Mænd* (1891; Müde Seelen [!], 1893) ein Denkmal gesetzt hat. Als Reaktion auf die nivellierende Erfahrung der Modernität und des Geschlechterverhältnisses setzt sich gegen die Jahrhundertwende ein Endzeitbewusstsein durch, das man – meist in französischer Schreibweise – als *décadence* bezeichnet hat. Nun sind apokalyptische Vorstellungen überzeitlich nachweisbar (und besonders in Bezug auf das römische Reich entwickelt worden) und können religiös, gruppenspezifisch, lebensweltlich oder psychologisch codiert sein. Um 1900 versteht sich die Verfallserwartung der ›zu spät Geborenen‹ als eine ästhetische Bewegung. Der programmatische Essay von Paul Bourget *Theo-*

Symposium, Gemälde von A. Gallén-Kallela (1894)

rie der Dekadenz (1883) stellt eine Beziehung von Gesellschaft und Individuum, Organismus und Zelle her und überträgt den Befund dann auf die Sprache und eine ästhetische Ebene. Als Dekadenz versteht er den Überfluss der Einzelteile und die Verselbständigung der Teile gegenüber dem Ganzen. Während diese Atomisierung für die Gesellschaft den Verfall zur Folge hat, wird in der Kunst der Sieg der Teile über das Ganze zum ästhetischen Prinzip, das die moderne Verlusterfahrung von Ordnung und Zentrum adäquat wiedergibt. Als bewusste Strategie impliziert die pessimistische Stimmung zwar eine Lebenshaltung, die aus der Distanz literarischer Reflexion aber als Attitüde markiert wird.

Der Sieg der Teile über das Ganze

In erster Linie lässt sich die literarische Dekadenz an ihren Handlungsträgern festmachen, die selbstverständlich Anti-Helden sind: hypersensibel, handlungsunfähig, müde und – am vorherrschenden Verständnis gemessen – unmännlich. Sie sind Träumer, Flaneure, Dandys und Dilettanten, vor allem aber sind sie Künstler, die im Medium der Ästhetik und der Mittelbarkeit leben. Schon Jacobsens Niels Lyhne war als unproduktiver Schriftsteller der Typ des dekadenten Helden. Demgegenüber stehen die Projektionen gefährlicher Weiblichkeit. Komplementär zur männlichen Schwäche werden Medusen, Sirenen und *femmes fatales* entworfen, die Reflexionen der Sexualisierung der Frau und – wiederum – der Nivellierung der Differenz sind und ihrerseits diese Entdifferenzierung fortschreiben und vorantreiben. Doch die Macht der Frau ist sicher kein soziales, sondern ein tiefenpsychologisches und kulturelles Phänomen.

Madonna, E. Munch (1902)

Neben *Niels Lyhne* schreibt sich auch schon Bangs Debütroman *Haabløse Slægter* in das Szenario der Dekadenz ein, der durch seine Theater-Thematik den Aspekt des Lebens-Schauspiels, der Künstlichkeit und der Inszenierung unterstreicht. Auch Hanssons Prosaskizzen *Sensitiva amorosa* präsentieren übersensible Flaneure und eine handlungsunfähige, dekadente Erotik; die Sammlung *Parias* (Parias, 1890) wendet sich dem zeittypischen Interesse an der kriminellen Psyche zu. Oscar Levertins *Nya dikter* (Neue Gedichte, 1894)

Lebenstheater

weisen Motive morbider und melancholischer Erotik auf, und Gustaf af Geijerstams Roman *Medusas hufvud* (1895; Das Haupt der Medusa, 1897) ruft schon im Titel die dekadente Geschlechterkonstellation auf. In Norwegen leistet Arne Dybfest mit seinem melodramatischen und stilistisch klischeebeladenen Roman *Ira* (1891; Ira, 1901) einen interessanten Beitrag zur Dekadenzliteratur, weil eine monomanische Liebesbeziehung, in der Sexualität ausschließlich als Machtspiel fungiert, eine Biographie zur Krankengeschichte macht. Tryggve Andersens Roman *Mot Kvæld* (Gegen Abend, 1900) ist wegen seiner apokalyptischen Schlussszene in die Literaturgeschichte eingegangen, liefert aber auch durch die Engführung von dekadentem Bewusstsein und Wahnsinn einen Diskussionsansatz.

Den originellsten Beitrag der skandinavischen Literatur zum ästhetischen Phänomen der Dekadenz stellt Garborgs Roman *Trætte Mænd* dar. Mit einem seiner aphorismenähnlichen, resignierten Sätze »›Die Zeit ist alt‹ – ›Die Welt ist alt‹ ... klingt es aus Paris« markiert der Text seinen eigenen Status – *Dekadenz als Zitat* und den der Dekadenz – als sekundär, als Zitat. Der Inhalt des Romans erschöpft sich weitgehend in den Reflexionen des Erzählers Gabriel Gram, der über Liebe und die Frauen, Wissenschaft und Religion, Kunst und Tod räsoniert. In seinen Gedanken werden unterschiedliche Aspekte der Dekadenz – ihre biologische, körperliche, ökonomische und erotische Seite – aufgerufen, aber stets gleichzeitig ironisierend hinterfragt. Wenn Gram darüber grübelt, dass er »von Geburt an alt« gewesen sei, bringt er die Vererbungslehre ins Spiel, zu der er aber sofort eine Distanz markiert: »Es ist wohl vererbt. Alles soll ja heute vererbt sein.« Doch wenn auch die Ironie gegenüber den zeittypischen Diskursen überwiegt, bleibt die Symptomatik erhalten: Krankheit (»Erkältung der Seele«), Nervosität, Lebens-Müdigkeit. Die Grübelei führt ihn in zunehmende Isolation und gipfelt in Reflexionen über den eigenen solipsistischen Status, der mit der Tagebuchform und der Handlungslosigkeit korrespondiert. Liebes- und Kunstprojekt sind unter diesen Voraussetzungen zum Scheitern verurteilt; der Roman, den Gram projektiert, bleibt in der Vorläufigkeit befangen, kommt über Skizzen nicht hinaus. Sein Verhältnis zu den Frauen operiert mit einer Spaltung des Weiblichen, die er auf drei unterschiedliche Frauentypen projiziert und die mit einer Krise der Männlichkeit und der Spaltung des eigenen Subjekts in einem zwangsläufigen Wechselverhältnis steht. Die Vergeblichkeit ist dem erotischen Projekt daher inhärent; Liebe ist nur als Imagination aus der Entfernung möglich, aber keine realisierbare Erfahrung mehr. Der schließliche Weg des Protagonisten in die Religion ist von den Lesern oft als Aussage des Romans missverstanden worden, unterliegt aber wie alle anderen Weltanschauungen der Relativität, nicht zufällig endet der Roman mit dem Wort »Hölle«.

War die Dekadenz für die literarische Elite eine Möglichkeit, ihre Empfindung der Fremdheit und der mangelnden Einheit des Subjekts in der Pose des Décadent abzubilden, bedeutet das Zeitphänomen für andere ein Feindbild und eine Gefahr. Als einen Gegenentwurf zu Dekadenz und Tatenlosigkeit *Flucht in die Kälte* kann man die gleichzeitig virulente Bewegung der Entdeckungsfahrten ins Eismeer und Gebirge sowie zum Nordpol betrachten. In der skandinavischen wie der Welt-Öffentlichkeit bejubelt wurden die zum Teil waghalsigen und höchst strapaziösen Exeditionen Fridtjof Nansens, Roald Amundsens, Vilhjálmur Stefánssons, Sven Hedins und Salomon August Andrées. Ihre Reiseberichte waren Verkaufserfolge, sie nahmen einen Heldenstatus in der Bevölkerung ein und verkörperten ein Männlichkeitsideal, in dem Kälte und Härte synonym waren und mit Rationalität und Fortschritt korrespondierten. Die so begriffene Modernität setzt sich ab von den warmen Stuben und der

Fridtjof Nansen vor der Fram

›Plüschkultur‹ des Bürgertums. Nansens Bericht *Fram over Polhavet* (1897; In Nacht und Eis. Die Norwegische Polarexpedition 1893–1896, 1897) zeigt nicht nur eine interessante Semantisierung des feindlichen Eises als weiblich, sondern auch die eigenen Anstrengungen als Flucht vor Verweichlichung, die die Geschlechterdifferenz selbst in die menschenleere Pollandschaft einträgt. »Lasst uns Not leiden; aber lasst uns um unser Leben kämpfen« lautet die Losung, die Kälte fordert und vor der Idylle im »warmen Bauch« des Schiffes fliehen möchte. Seine Unruhe, sein Handlungsdrang, schließlich der nicht geplante Aufbruch auf Skiern zum Pol – d. h. sein Heldentum – erweisen sich als ein Entkommen vor dem gefährlichen Nichtstun, vor Passivität und Dekadenz. Für Island gilt eine partiell abweichende Semantisierung, da seit der Romantik der Naturraum als ursprünglich und als Garant des nationalen (männlichen) Charakters gilt, der gegen die ›Bedrohung‹ der gesellschaftlichen und ästhetischen Modernisierung verteidigt werden muss.

Eisberge und ihre Spitzen: 1890 im Querschnitt

Trotz gewisser Gemeinsamkeiten unterscheiden sich die Schriften der Entdecker und der Décadents natürlich grundlegend: Das betrifft ihre Posen wie ihr Publikum, ihre Themen wie ihre Techniken. Obwohl also im Meer der Texte sehr unterschiedliche Inseln lagern, sind es immer nur die Spitzen der Eisberge, die die Literaturgeschichtsschreibung verzeichnet. Eine Selektion ist unumgänglich, und sie wird in dieser Branche in der Regel durch formale und thematische Innovation, durch Qualitätskriterien der Literarizität bestimmt. Anhand dieser Kriterien lassen sich dann Grenzziehungen ablesen, Linien, an denen das Neue sich besonders markant abzeichnet. Das Jahr 1890 gilt in der skandinavischen Literatur als eine solche Grenze, die Bedeutung jenseits ihrer selbst hat, weil sich seither – besonders in der schwedischen Literaturgeschichtsschreibung – ein Dezennienprinzip eingebürgert hat, das Innovation im Zehnjahresabstand erwartet und verzeichnet.

Literarhistorische Grenzziehungen

Verkaufserfolge

In der Tat ist das Jahr ein besonderes in der skandinavischen Literatur: Neben Hauptwerken wie Ibsens *Hedda Gabler*, Strindbergs *I hafsbandet* und Hamsuns *Sult* wurden auch Drachmanns zweibändiger Entwicklungsroman *Forskrevet*, I-II (Verschrieben, 1904) und Lies *Onde Magter* (Böse Mächte, 1901) publiziert, die alle eine kritische Distanz zum Rationalismus der Brandesschen Programmatik markieren. Daneben listen die Buchverzeichnisse nicht nur die immer wieder neu aufgelegten Erfolgsromane der Dänen Carit Etlar und H.F. Ewald auf, die vor allem durch ihre historischen Schilderungen anhaltende Popularität genossen, sondern auch eine Fülle von übersetzten Titeln. Von der kurz zuvor verstorbenen E. Marlitt erschien in Dänemark 1890 der Roman *Hos Kammerraaden* (Im Hause des Kommerzienrates, 1877), und die Kriminalliteratur hält mit den Abenteuern Sherlock Holmes' gerade ihren Einzug in die schwedische Lesewelt. Doch es gab auch in diesem Jahr ein neues Buch von A.U. Bååth, der sich in seinen konventionell-realistischen Genrebildern dem Landleben in Schonen widmete und – als Philologe – popularisierende Lektüren der altisländischen Sagas vorlegte, so dass Innovation und Tradition, Populäres und Elitäres nebeneinander stehen. Der meistgelesene norwegische Autor war nicht Ibsen oder Bjørnson, sondern mit Abstand der fleißige Rudolf Muus, der zwischen 1881 und 1917 eine große Anzahl an Romanen, weit über 100 Novellen und Dramen sowie mehrere tausend Indianererzählungen verfasste, vom Publikum geliebt, aber von der offiziellen Literaturkritik ignoriert wurde.

Im »Jahrhundert des Kindes«

Amalie Skram publizierte im Jahr des hier angelegten Querschnitts ein Buch mit dem Titel *Børnefortællinger* (Kindererzählungen) und von C.A. Wetterbergh, der als Onkel Adam Redakteur der Zeitschrift *Linnéa* gewesen und im Jahr zuvor gestorben war, gab es eine von Jenny Nyström illustrierte Auswahl seiner Onkel-Adam-Erzählungen. Die Kinderliteratur begann sich als eine angesehene Form zu etablieren. Erst 10 Jahre später erschien Ellen Keys Programmschrift *Barnets århundrade* (1900; Das Jahrhundert des Kindes, 1902), doch schon vor der Jahrhundertwende differenzierte sich die Kinderbuchproduktion von den bis dahin moralisierenden Schriften mit fast ausschließlich erzieherischen Zielen (vertreten z.B. von der dänischen *skolelærerlitteratur* [Schullehrerliteratur]) zu einer Vielzahl von literarischen Formen: Kinderlieder und -reime, kinderspezifische Magazine, illustrierte Märchensammlungen, die ersten Kinder- und Jugendromane und kinderspezifische Publikationsserien wie *Barnbibliotek Saga* (Kinderbibliothek Saga) in Schweden oder die isländischen Zeitschriften *Dýravinurinn* (Der Tierfreund) und *Barnablaðið* (Das Kinderblatt). Eine große Rolle in der Kinderliteratur spielte auch damals schon die Illustration, zu der neben Jenny Nyström und Ottilia Adelborg auch Carl Larsson und Christian Krohg beitrugen. 1871 erschien in Schweden der erste bis heute gelesene Kinderbuchklassiker, Viktor Rydbergs Erzählung *Lille Viggs äfventyr på julafton* (1874; Klein Viks Abenteuer am Weihnachtsabend, 1902), in der die Abenteuer zu einem glücklichen Ende kommen, wie überhaupt idealisierte Milieus und eine Harmonisierung der Konflikte vorherrschend waren. Zwei weitere Klassiker erlangten europäische Bekanntheit: Elsa Beskows *Puttes äfventyr i blåbärsskogen* (1901; Hänschen im Blaubeerenwald, 1903) und Selma Lagerlöfs literarische Schwedenreise *Nils Holgerssons underbara resa genom Sverige* (1906–07; Wunderbare Reise des kleinen Nils Holgersson mit den Wildgänsen, 1907–08), ein Welterfolg, der das Ergebnis einer Auftragsarbeit für das Schulwesen war. In Norwegen schuf Bernt Lie die Figur des *Svend Bidevind*,

Jugendliche Helden

Titelheld mehrerer Jungenbücher, und ungefähr gleichzeitig schrieb Dikken Zwilgmeyer ihre Bücher über Inger Johanne, die sich – für ein Mädchen der

Jahrhundertwende – recht unkonventionell verhielt. Ihre Abenteuer fanden viele Leserinnen: Schon 1903 hatten sich über 600 000 Exemplare von Zwilgmeyers Kinderbüchern in Norwegen verkauft. Während die Autorennamen verraten, dass sich in Skandinavien Kinder- und Erwachsenenliteratur – bis heute – nicht durch ihre Produzenten unterscheiden, waren zur Jahrhundertwende Milieu und Handlungskonstruktion der für Kinder intendierten Bücher im Gegensatz zu Durchbruch oder Dekadenz deutlich harmonisierend. Es entwickelte sich aber – ausgehend von dem reformpädagogischen Kindheitsmodell und den frühen Kinderbuchklassikern – besonders in Schweden eine kinderliterarische Form, die nicht nur das Alter, sondern auch die besonderen Fähigkeiten seines Lesepublikums zur Phantasie ernst nahm und kreativ erzählerisch umsetzte.

Wenig Beachtung in der Literaturwissenschaft findet die Tatsache, dass seit der großen Auswanderungswelle um 1890 eine skandinavisch-amerikanische Literatur im Entstehen begriffen war. Weil als Reaktion auf die sozialen und ökonomischen Veränderungen v.a. aus Norwegen und Schweden über 2 Millionen Menschen in die USA auswanderten und dort skandinavische Siedlungen bildeten, die zum Teil wesentlich größer waren als die Städte in ihrer Heimat, findet sich ein deutlicher Reflex dieser Erfahrung in Literatur und Medien. Aufgrund der identitätstragenden Funktion der Sprache gab es eine Vielzahl von Zeitungs- und Zeitschriftenpublikationen in norwegischer und schwedischer Sprache in den USA. Die Abbildungen der Amerikaerfahrung in der Fiktion, wie z.B. bei der Schwedin Hilma Angered-Strandberg oder dem Norweger Kristofer Janson, die beide nur vorübergehend in den USA lebten, müssen in erster Linie als sozialhistorische Verarbeitung der Emigrationssituation verstanden werden. Bemerkenswert an Angered-Strandbergs Romanen *Den nya världen* (Die neue Welt, 1898) und *På prärien* (In der Prärie, 1898) ist der fortschrittskritische Impetus, mit dem eine sozialrealistische Schilderung der vielgelobten neuen Welt und ihrer urbanen Zentren vorgetragen wird. In Jansons Romanen, wie *Et Arbeidsdyr* (Ein Arbeitstier, 1889) oder *Sara* (Sara, 1891), und nicht zuletzt in der Erzählung *Vildrose* (Wildrose, 1887) wird die Begegnung mit dem Fremden – in Person der alten wie der neuen Amerikaner und der Indianer – zum Testfall, in dem die Einwanderer einer zum Teil unerwarteten Alterität begegnen, die eine Veränderung und Konturierung der eigenen Subjektsposition ablesbar macht. Die Auswanderungswelle aus Island fand hauptsächlich zwischen 1870 und 1914 statt, und »New Iceland« (in der Gegend um Winnipeg) bildete sich zu einem Zentrum isländischer Literaturproduktion heraus. Thematisiert wird die Erfahrung in Gunnsteinn Eyjólfssons *Eleonóra* (1894) und Einar H. Kvarans *Vonir* (1890; Hoffnungen, 1938). Die letztgenannte Erzählung arbeitet die doppelte Fremdheit des isländischen Emigranten durch eine Parallelführung einer Auswanderungs- mit einer vergeblichen Liebesgeschichte heraus. Durch geschickte Wechsel des erzählerischen Fokus tritt die Alterität der männlichen Hauptperson anschaulich hervor; doch wenn auch die ihm vorausgefahrene Geliebte in der neuen Welt vollends zu einer englisch sprechenden, feinen Dame und damit zu einer Fremden geworden ist, fühlt er sich von der Weite des Landes letztlich doch aufgenommen. Seine existentielle Einsamkeit findet in der endlosen Ebene ein schützendes Äquivalent und einen Identifikationsrahmen. Einen nationalistischen Impetus weisen eine Reihe von isländischen Emigrantenerzählungen auf, wie z.B. Jóhann Magnús Bjarnasons *Íslenskt heljarmenni* (Ein isländischer Kraftmensch, 1910).

Emigration in die Neue Welt

Auf der Suche nach Korrespondenzen: Repräsentationsformen des Unsichtbaren

Hamsuns programmatischer Auftritt

Janson hatte als seinen Sekretär den heruntergekommenen Landsmann Enrt Petersen beschäftigt, der seine Amerikaerfahrungen 1888 in dem polemischen Pamphlet *Fra det moderne Amerikas Aandsliv* (Vom Geistesleben des modernen Amerika) verarbeitete und wenige Monate später unter dem Namen Hamsun mit einem literarischen Text, einem Kapitel aus *Sult*, debütierte. Vor dem literarischen Auftritt machte er mit Vorträgen und Aufsätzen von sich reden, in der er die Literatur seiner Gegenwart äußerst kritisch beurteilte und mit dem Anspruch einer neuen Dichtungstheorie auftrat. In seinem Amerikabuch, das die USA pauschal der Kulturlosigkeit anklagt und rassistische und anti-demokratische Gedanken äußert, nennt er als Fundament des mangelnden Geisteslebens den Materialismus der amerikanischen Gesellschaft. Die Diagnose, die den Amerikanern zuschreibt, Muskeltiere, aber keine Menschen zu sein, deren Fäuste die Erde bebauen, aber deren Gehirne nicht denken könnten, lässt sich zurückwenden auf sein eigenes späteres Werk, in dem ein einfaches Landleben einen so wichtigen Stellenwert einnehmen sollte. Um 1890 mündete Hamsuns Suche nach einer Alternative zur realistischen Alltagsliteratur in der Forderung nach einer Erkundung der Psyche und einer geistesaristokratischen Haltung – womit der andere Pol seiner späteren, immer Ambivalenzen produzierenden Romane, vorweggenommen ist. Der Aufsatz *Fra det ubevidste Sjæleliv* (Aus dem unbewussten Seelenleben, 1890) formuliert im Titel programmatisch die Hinwendung zum Inneren, Irrationalen, Rätselhaften des Menschen, das allerdings – das wusste auch Hamsun – nicht zuletzt von Strindbergs Charakteren vorweggenommen worden war.

Suche nach dem Unbewussten

Eine Innovation der Literatur unter diesem Vorzeichen wird nicht nur von Hamsun angemahnt; es formiert sich eine Bewegung, die zum selben Zeitpunkt die Gesetze des Unbewussten und des Geistigen zum neuen Gegenstand der Literatur und das Unsichtbare sichtbar machen will. Die jetzt explizit formulierte Introspektion kann als eine Konsequenz aus der Diskursivierung des Körpers gelten, dessen Grenzen durchlässig und fragwürdig geworden, aber dessen Gesetzmäßigkeiten unklar geblieben waren. In diesem Sinne zieht der programmatisch vorgebrachte Appell im Grunde nur die logische Konsequenz aus vorhergehenden subjektkritischen Ansätzen, wie sie Autoren des Impressionismus, der Décadence oder des analytischen Dramas formuliert hatten. Die Suche nach Korrespondenzen zwischen einem fragwürdigen Außen und einem rätselhaften Innen ist nicht so neu, wie sie sich den Anschein gibt. Sie bekommt allerdings wenige Jahre später theoretisch Unterstützung und neue Begründungen durch die Psychoanalyse Freuds und die Philosophie Nietzsches.

Neue Dichtungsprogramme

Doch schon vor den neuen Masterdiskursen – und geradezu entgegen ihren Absichten – haben Dichtungsprogramme und der Wunsch nach Erneuerung in Skandinavien Konjunktur: In Dänemark gründete eine Gruppe junger Lyriker die – kurzlebige – Zeitschrift *Taarnet* (Der Turm, 1893–94), in deren zweiter Nummer Johannes Jørgensen seine symbolistische Lehre darlegte. Schon der Turm als Titelwort des Blattes sollte die erhabene Perspektive des Dichters semiotisieren, aus der heraus Jørgensen gegen den »gottlosen Naturalismus« opponierte und den Glauben an die Realität der Seele verkündete. Nur der Dichter, so argumentierte er unter Rückgriff auf eine romantische Genieästhetik, »erkennt hinter den zeitlichen Dingen die Ewigkeit, aus der seine Seele entsprungen ist«. Jørgensens Plädoyer für eine

»heimliche Welt« hatte von Anfang an einen religiösen Unterton, so ist es nicht verwunderlich, dass der symbolistische Lyriker zum Katholizismus konvertierte und damit den letzten Ausweg der dekadenten Helden lebensweltlich – und gänzlich unironisch – nachvollzog. Ein zweiter dänischer Programmatiker, der Literaturwissenschaftler Valdemar Vedel, bricht in einem Aufsatz in *Ny Jord* (Neue Erde, 1888) eine Lanze für die Phantasie und eine »kraftvolle Renaissance«.

Damit ist ein Stichwort genannt für den schwedischen Beitrag in diesem Streitquartett, das Verner von Heidenstam unter dem ebenso vielsagenden Titel *Renässans* (Renaissance, 1889) publiziert, der zugleich einen Hinweis auf sein zyklisches Geschichtsverständnis gibt. Mit der von ihm sogenannten Wiedergeburt meint er eine Synthese aus Resignation und Freude, nach der die Zeit seiner Ansicht nach dürste. Kritisch setzt er sich vom »Schuhmacherrealismus« ab und prägt damit ein Schlagwort der Vernichtung. Den verlangten Neubeginn setzt er zu einem Gattungswechsel parallel: Nach der Zeit des Romans sei jetzt die Zeit der Lyrik gekommen, die idealistischem Gedankengut Ausdruck verleihen könne und solle. Auch einen nationalen Führungswechsel sieht Heidenstam damit einhergehen: Während der Naturalismus eine vorrangig dänische und norwegische Kunst gewesen sei (er wird dabei an die bedeutende Position von Brandes und Ibsen gedacht haben), würde jetzt die Zeit des schwedischen Geisteslebens anbrechen. Er formuliert also gleichzeitig mit einem literarischen ein nationales Programm, so dass seine Entwicklung zu einem erfolgreichen Nationalskalden gut begründbar ist. Seine Hinwendung zu Schweden entsprach nationalromantischen Tendenzen der Bildkunst (bei Carl Larsson oder Anders Zorn) sowie Bewegungen in der Ethnographie, die zur Gründung des Stockholmer Freilichtmuseums Skansen durch Artur Hazelius führten, das 1891 als eine Manifestation der heimischen Kultur eingeweiht wurde. Eine Entsprechung gab es auch zur Etablierung von *Svenska Turistföreningen* (Schwedischer Touristenverein, 1885) und zur beginnenden Wander- und Freiluftbewegung. So ist es vielleicht nur konsequent, wenn Heidenstams zentrallyrische Form, der naiv-symbolistische Gefühlsausdruck und die traditionelle Formsprache seiner Dichtung nur im nationalen Kontext Bedeutung verleihen.

Recht hatte Heidenstam mit seiner sehr offenen Bestimmung der neuen Literatur, die er aus heterogenen Elementen konstituiert sah. Viel zu kurz griff er mit seinen idealistischen Postulaten, denn als ein bestimmender Faktor der aktuellen wie der kommenden Literatur sollte sich die Lehre Nietzsches erweisen, die seine Programmatik nicht zur Kenntnis nahm. Die Bezeichnung dieses Jahrzehnts in der schwedischen Literaturgeschichtsschreibung als ›neuromantisches‹ verkennt die transnationalen diskursiven Zusammenhänge, in denen auch die eigene Literatur steht.

Renaissance der Phantasie

Nationale Töne

Jahresschrift der *Svenska Turistföreningen* (1900)

Nietzsche im Norden

Die Beziehungen und der Bedeutungstransfer zwischen Nietzsche und dem Norden sind wechselseitig. Denn erst durch die Rezeption zweier Skandinavier, die dann um die Ehre wetteifern durften, wurde Nietzsche in den 90er Jahren in seiner Heimat wahrgenommen. Es war zunächst wieder einmal der stets aufmerksame Brandes, der 1887 den für das 20. Jh. wegweisenden Denker entdeckte und eine Korrespondenz begann. Am 3.4.1888 teilte Brandes seinem neuen Brieffreund mit, dass er beschlossen habe, »ihn auf einen Schlag berühmt zu machen«. Eine Woche später begann er mit einer öffentlichen Vorlesungsreihe, die begeisterte Zustimmung in Kopenhagen fand und

Brandes entdeckt Nietzsche

Ausgangspunkt für die Rezeption Nietzsches auch in Deutschland und Europa wurde.

Nietzsches Denken bedeutete gegenüber dem naturwissenschaftlich orientierten Fortschritts- und Nützlichkeitsglauben einen radikalen Schnitt. Im Zentrum seiner Philosophie stand das im 3. Buch der *Fröhlichen Wissenschaft* (1882) geprägte Diktum vom »Tod Gottes«, aus dem er völlig neue Begründungsdimensionen für die Stellung des Menschen folgert. Aus der damit einhergehenden Negierung von Wahrheit und Sinn ergibt sich für Nietzsche eine konsequent nominalistische Erkenntnistheorie: Der Schein ist ihm die einzige Realität der Dinge, die Wahrheit ist Fiktion, die Wirklichkeit stellt sich als sprachliche Repräsentation dar. Da mit dem Tod Gottes die Frage nach dem Grund des Seienden, jegliche Metaphysik also, ausgeschlossen ist, beschränkt sich die Erkenntnismöglichkeit auf den Zeichencharakter der Welt; das Subjekt ist kein einheitsstiftender Bezugspunkt mehr, sondern ebenfalls Schein, Projektion einer grammatischen Kategorie. Das fehlende Ziel und der fehlende Grund ergeben Nietzsches Nihilismus, die Umwertung aller Werte. Freigesetzt durch den Immoralismus wird dann eine fundamentale Kritik an Historismus, Wissenschaft, Theologie und Politik möglich, die sich gegen die »Bildungsphilister« und ihre »Gartenhausidylle« und »Pseudokultur« wendet. Diesen Mittelmäßigen hält er die Idee vom Übermenschen entgegen, der fähig ist, seinen Überdruss in einer radikalen Bewegung in ein dionysisches Ja-Sagen zur Welt zu wenden und die »ewige Wiederkehr des Gleichen« zu zelebrieren, die das Chaos und die Scheinhaftigkeit der Welt annimmt und sich als »Willen zur Macht« aneignet. Als Wesen der Gesellschaft wird Gewalt gesehen, der subjektive Wille erhält als dominante Kategorie, jenseits der moralphilosophischen Werte von gut und böse, einen leitenden Stellenwert – ebenso wie die Kunst, die allein der Subjektivität Ausdruck verleihen kann. In diesem Sinne ist auch Nietzsche – wie aus anderen Motiven vor ihm Kierkegaard – ein Dichterphilosoph, dessen künstlerische Formensprache seiner nur ästhetisch begründbaren Philosophie entspricht.

Nietzsches »Umwertung aller Werte«

Friedrich Nietzsche, E. Munch (1906)

Möglicherweise war die intensive Kierkegaard-Rezeption, die Brandes und die meisten skandinavischen Schriftsteller seiner Generation durchlebt hatten, eine Voraussetzung für die Offenheit gegenüber der Lehre Nietzsches, die zwar eine diametral entgegengesetzte Zielrichtung verfolgte, doch auch auf den Wert von Subjektivität setzte. Unmittelbarer Anstoß für die bereitwillige Aufnahme der radikalen Ideen war aber das Diktum des Übermenschen, das Brandes in das Zentrum seiner Nietzsche-Interpretation stellte. Er sah in dem deutschen Denker den großen Einsamen, konzentrierte sich auf den Begriff des Bildungsphilisters und seinen Gegenpart, den überlegenen Individualisten, der gegen die Widerstände seiner Gegenwart zu kämpfen hat. Es ist eine sehr selektive, stark identifikatorische Lesart, die Nietzsche als eine Art Brandes-Figur in Skandinavien bekannt macht. Der radikale Immoralismus, der Zeichencharakter der Welt, die Subjektkritik bleiben dabei ausgeklammert. Wenn Brandes wiederholt mit dem Gegensatz vom genialen Einzelnen und der Masse operiert, bleibt die Einheit des Subjekts unangetastet; auch an Konzepten wie Verantwortung und Gewissen hält er fest. Doch die Veröffentlichung der Vorlesungsreihe unter dem von Nietzsche gelobten Titel *Aristokratisk Radikalisme* (1889; Aristocratischer Radicalismus. Eine Abhandlung über Friedrich Nietzsche, 1890) machte erstmalig auf den deutschen Denker aufmerksam und wurde in Skandinavien nahezu zum geflügelten Wort, das in der Literatur unmittelbar reflektiert wurde. Allerdings spiegeln Werke wie *Hedda Gabler*, *Trætte Mænd* oder *I*

Der ›Übermensch‹ im Fokus der Rezeption

hafsbandet die Theoreme Nietzsches nicht nachvollziehend, sondern greifen sie in selbstkritischer Wendung auf, indem z.B. selbst die Übermenschen noch Menschen bleiben, die letztlich scheitern.

Brandes' Rolle als Vermittler erstreckte sich in diesem Fall zurück in das Heimatland Nietzsches, denn die Übersetzung der überarbeiteten Vorlesungsreihe machte auf den Philosophen nun auch in Deutschland aufmerksam. Mit der ersten deutschsprachigen Publikation über Nietzsche war ihm jedoch Hansson um einige Monate zuvorgekommen – als eine pikante Anekdote in diesem Wettstreit kann erwähnt werden, dass dessen Frau Laura Marholm-Hansson – wie manche meinen, zu langsam – an der Übersetzung des Artikels von Brandes arbeitete, während ihr Ehemann sein *Friedrich Nietzsche – seine Persönlichkeit und sein System* (1889) betiteltes Buch als erster auf den deutschen Markt brachte. Auch Hanssons Nietzsche-Rezeption ist selektiv und wiederum identifikatorisch, setzt allerdings andere Akzente als Brandes, in denen vor allem das Künstlertum und die Mystik Betonung fanden. Er ging weiter als Brandes, wenn er die Macht als treibende Kraft anerkannte und einen neuen Menschen proklamierte, entschärfte allerdings die Radikalität, wenn er statt der Umwertung aller Werte ein Wertekontinuum ohne kategoriale Grenzen annahm. In seiner Optik wird der Ausnahmestatus des Künstlers zu einer fast romantisch anmutenden Genielehre, die allerdings ein gefährliches Leben bejaht. Deutlich wird, dass die beiden Skandinavier – sicher unabhängig voneinander – jeweils ihr eigenes Selbstverständnis spiegelnd und daher stark vereinfachend und entradikalisiert, unterschiedliche Seiten des komplexen Werkes in den Vordergrund gestellt und – trotz ihrer selektiven Wahrnehmung – den Anstoß zu einer Vermittlung geliefert haben.

Ola Hanssons Nietzsche-Buch

Metapoesie

Die Betonung der Ästhetik und der sprachlichen Form in Programmatik und Philosophie rief – nach einer Zeit der Dominanz der epischen und der dramatischen Formen – die Lyrik auf den Plan, die als eine der Repräsentation des Nicht-Sichtbaren und der Scheinhaftigkeit angemessene verdichtete Form gelten konnte. Wenn Nietzsche die Realität als »Gewimmel von Metaphern und Metonymien« ansah, formulierte er einen der Ausgangspunkte modernistischer Lyrik, deren Beginn in Skandinavien in einigen Werken der Jahrhundertwende zumindest punktuell vorweggenommen wurde. Im Umfeld der neuen Dichtungsprogramme profilierten sich etliche Lyriker, die Popularität in ihren Heimatländern erlangten, wie Erik Axel Karlfeldt und Oscar Levertin in Schweden, Helge Rode und Viggo Stuckenberg in Dänemark, Nils Collett Vogt und Vilhelm Krag in Norwegen, Sigurður Sigurðsson, Hulda und Jóhann G. Sigurðsson in Island. Die schwedischen Dichter sind nicht zuletzt als Skalden ihrer Heimatregionen in die Literaturgeschichte eingegangen, allen gemeinsam ist eine auf das Subjekt und die Seele konzentrierte Thematik und eine am Symbolhaften orientierte Darstellungsform, die aber weitgehend traditionellen Mitteln von Reim, Metrum und Bildsprache verhaftet blieb. Auch die Dichtung Einar Benediktssons verbindet, so z.B. in *Sögur og kvæði* (Geschichten und Lieder, 1897) oder *Stjörnudýrð* (Sternenpracht, 1896), eine symbolistische Ästhetik mit nationalen Zügen. Einzelne Werke setzten jedoch formal innovative Akzente und qualifizieren sich damit für eine herausgehobene Stellung in der Literaturhistorie, die ihren Verlauf aus Erneuerungen ableitet, die ihrerseits – in dieser Zeit der frühen Moderne – auch der Literatur selbst als Wertkriterium galten.

Lyrik der Introspektion

»Dies ist also die Erde.«

In diesem, auf Innovation ausgerichteten Sinne wird Sigbjørn Obstfelders Gedicht *Jeg ser* (Ich sehe, in: *Digte* [1893; Gedichte, 1914]) als erstes modernistisches Gedicht Skandinaviens bezeichnet. In seinem Manifest *Allegro sentimentale* (Allegro sentimentale, 1884) hatte der Dichter formuliert, er wolle dem Unsagbaren, den »Gefühlen, die nicht die Form der Gedanken haben«, Ausdruck geben, d.h. subtile psychische Phänomene zu seinem Darstellungsgegenstand machen. Er verfolgte intensiv die Position des Subjekts in der Welt und (ver)zweifelte an einer möglichen sinnhaften Verbindung. Nur als mystische Phantasie war für ihn die Relation des Subjekts mit der es umgebenden Welt, die Einheit von Geist und Materie denkbar. Dominant ist das elementare Fremdheitsgefühl des modernen Ich, das in der berühmt gewordenen Gedichtzeile »Ich bin wohl auf einen falschen Planeten gekommen« einprägsamen Ausdruck gefunden hat. Die Erkenntnis der eigenen Bedeutungslosigkeit geht einher mit der Empfindung der Monotonie des Daseins, die formal in den freien Rhythmen, Wiederholungen und Echoeffekten Niederschlag findet. Doch die – in Skandinavien damals neuen – freien Verse vereinten Schockwirkung mit Banalität: Die Schlichtheit im Ausdruck widersetzte sich jeglicher Überhöhung des Themas und machte auf die Alltäglichkeit der Entfremdungserfahrung aufmerksam. Der Traditionsbruch in der Form ist gleichzeitig Ausdruck der modernen Befindlichkeit, das gesamte Gedicht mit der Evokation einer Katastrophe Expression einer krisenhaften Subjektivität.

Entmystifizierung der Entfremdung

Obstfelder, Munch und der Rhythmus alles Lebendigen

Deutliche Parallelen lassen sich aufzeigen zwischen Obstfelders Werken, v.a. dem kurzen Ich-Roman *Korset* (1896; Das Kreuz. Eine Liebesgeschichte, 1900), und der gleichzeitigen Bildkunst Edvard Munchs. Sie betreffen die Thematik der Entfremdung und Sinnkrise der Moderne, die Motive Eifersucht, Liebesverlust und Melancholie ebenso wie das ästhetische Prinzip, das danach strebt, das Innere des Menschen mit der äußeren Welt in Verbindung zu setzen. Diese Relationierung geht von der Existenz von kosmischen Kraftfeldern, einem alles verbindenden Rhythmus und kosmo-organischen Zusammenhängen aus, die maltechnisch in der Linienführung Munchscher Gemälde sichtbar gemacht wird. Solchen zeitgenössischen monistischen ›Atomtheorien‹ gibt auch Obstfelders *En Præsts Dagbog* (1900; Tagebuch eines Priesters, 1901) Ausdruck. Der vielfach beobachtete rhythmische Charakter des Werkes in seiner Gesamtheit ist eine Reflexion der um 1900 virulenten Suche nach dem ›Rhythmus des Lebens‹, die sich aus der Modernitätserfahrung mit ihrer Geschwindigkeit und ihrer Monotonie sowie aus der Erforschung des Unbewussten gleichermaßen speist.

Charakteristisch für die expressiv-symbolistische Lyrik der Jahrhundertwende sind neben dem thematisch bestimmenden Ich-Verlust und Fremdheitserlebnis die Verdichtung des Ausdrucks, die mit einer Doppelbödigkeit, einer Polyvalenz der Semantik operiert und einer Spaltung der Wahrnehmung, einer Verkehrung von Eigentlichem und Uneigentlichem entspricht. Sie ist gleichzeitig Reflexion einer Wahrheitssuche, die in der Sprache, im Gedicht selbst, gesucht wird, so dass das Dichten selbst zum Thema wird. Sprachliche Experimente, freie Verse, Wortneuschöpfungen und Assoziationsreichtum, Musikalisierung und Rhythmisierung sind nicht ein dem Inhalt Äußeres, sondern bergen die Idee einer alternativen Realität. In ihr verbirgt sich eine ambivalente Haltung zur Modernitätserfahrung, in der sich Lebensangst und -flucht, Sinnsuche und -findung überlagern können.

Alternative Sprachwelten

Als ambivalent wird auch das Werk Sophus Claussens bewertet, zum einen, weil es nur in Teilen dem modernen Lebensgefühl entspricht, zum zweiten, weil sich in das Fremdheitserleben immer wieder Daseinsfreude mischt.

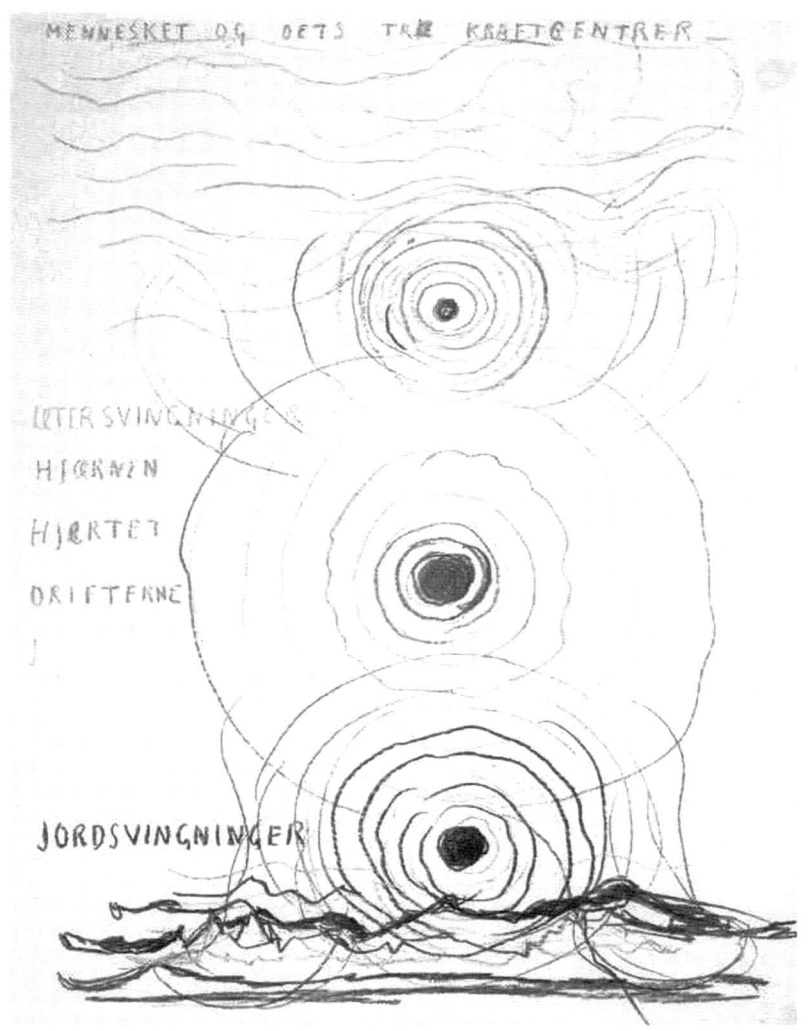

E. Munchs Darstellung
der ›kosmischen
Kraftfelder‹ (1930–35)

Obwohl die Suche nach Korrespondenzen anhält, der Wunsch »Erde und Seele zu vereinigen«, wie Claussen es ausdrückte, inszeniert sein Reisebuch *Antonius i Paris* (Antonius in Paris, 1896) in selbstreflexiv-travestierender Manier, dass es die gesuchten Verbindungen nur zwischen den Wörtern gibt, die an die Stelle erotischer Erfüllung treten. In dem Italienbuch *Valfart* (Wallfahrt, 1896) entwickelt er seinen charakteristisch-lockeren »Parlandoton« und befreit in dem reimlosen Gedichtzyklus das traditionsbeladene Thema von seiner Patina. In Überblendungen von überkommenen und aktuellen Italienbildern geht er respektlos mit Tradition, antiker Kunst, Religion sowie der Reisemetapher um und lässt seinen Wanderer Silvio in der Desillusion enden. Claussens bekanntestes Gedicht ist das programmatisch-metapoetische *Ekbátana*, das – sprachschöpferisch – die Entstehung eines Gedichts und damit sich selbst behandelt. Der Verschiebungsprozess, in dem die Erinnerung zum Traum und zum Gedicht wird, beinhaltet ein instabiles Identi-

Titelblatt von Sophus Claussens *Valfart*

Volksliedton und Rollengedicht

Intermedialität

Die Tuschzeichnung

tätserlebnis, das auf die Welt und die Gesetze des Gedichts angewiesen ist. »Ekbátana« wirkt nur als Wort, das Sinn nicht durch seine Referentialität, sondern durch seinen Klang, seine poetische Materialität erhält. Die neue Betonung gibt einer alternativen Welt Gestalt, die dichterische Ausformung, die sich auf Mittel wie Musikalität, Rhythmus, Assoziation und Suggestion stützt, weist über sich selbst hinaus, ohne sich auf ein stabiles Signifikat zu beziehen, ohne Symbolwert zu haben. Die Metapoesie ist also in ihrem Verweis auf sich selbst Ausdruck einer Reaktion auf die Modernität, die Medialität der Literatur kann als Kompensation oder Abwehr der Außenwelt eingesetzt werden.

Ähnliche Charakteristika eignen der Lyrik Gustaf Frödings, der in der schwedischen Literaturgeschichte vor allem als populärer Värmland-Dichter gilt. Doch der Volksliedton, die dialektale Prägung, die Sujets der Provinz und die Posen der Figuren werden – mit Geschicklichkeit und sprachlicher Präzision – eingesetzt, um Formen des Rollengedichts herauszubilden, die Auswege aus Dekadenz und Entfremdung formulieren. Die vielfältigen spielerischen Strategien des Werkes reichen von orthographischen Experimenten über Wortspiele und linguistisches *code switching* bis hin zu einem reichen Repertoire intertextueller Anspielungen und metaliterarischer Reflexionen. Die linguistische Vielfalt sowie die unterschiedlichen Attitüden und pseudonymen Positionen verweisen auf das erzwungene Rollenspiel des modernen Menschen, Wechselhaftigkeit und mangelnde Kohärenz indizieren eine Spaltung des Subjekts. Frödings Gedichte beruhen auf einer Diskrepanz von Realität und ihrem Erleben, geben Depression und unhintergehbarer Sehnsucht Ausdruck. Doch in der Akzeptanz des Sinnverlusts werden alternative Klangwelten entworfen, mit den vielfältigen Mitteln der Sprache Schutzschilde gegen die moderne Welt errichtet, die man als Ausdruck einer Modernekritik, aber auch als Sehnsucht nach einer vormodernen Zeit lesen kann. Gerade durch diese Ambivalenz sind Fröding und Claussen repräsentativ für eine Lyrikergeneration, der selbstreflexive Gestus ist jedoch auch für andere Gattungen konstitutiv.

Medialität und Selbstreflexivität

Das bewusste Umgehen mit der eigenen Medialität wird in etlichen Fällen durch eine Bezugnahme auf andere Medien wie Musik, Bildkunst, Photographie oder Tanz konturiert. Der intermediale Schritt, der in so verschiedenen Werken wie Ibsens *Et dukkehjem* und Bangs *Irene Holm* (1886; Irene Holm, 1911) (Tanz), Strindbergs Erzählung *Utveckling* (Entwicklung, in: *Svenska öden och äventyr I* [1883; Schwedische Schicksale und Abenteuer I, 1902]) und Victoria Benedictssons *Den bergtagna* (Bildkunst) oder Obstfelders *Digte* (Musik) eine Rolle spielt, ist dabei mehr als nur thematischer Schwerpunkt: Der Verweis auf das andere Medium akzentuiert eine neue Wahrnehmung, eine Krise des zentralperspektivischen Illusionismus sowie die selbstkritische Reflexion des eigenen Status.

So schildert in der nur zweieinhalb Seiten langen Erzählung *Tuschritningen* (Die Tuschzeichnung, in: *Historietter* [1898; Historietten, 1905]) von Hjalmar Söderberg ein Ich-Erzähler im Rückblick, wie er vor vielen Jahren, als er »noch über den Sinn des Lebens grübelte«, eine Zigarre kauft und bei der Gelegenheit der Verkäuferin eine Tuschzeichnung zeigt und ihre Meinung dazu erfragt. Sie fragt zurück nach der Bedeutung der Zeichnung, die der Erzähler als »nichts Besonderes« abtut und sich an einer Beschreibung der auf dem Bild dargestellten Natur versucht. Sie betrachtet das Blatt von fern und nah, hält es gegen das Licht und beginnt schließlich zu weinen, weil sie, ein armes Mädchen ohne Bildung, sich zum Narren gehalten fühlt. Der Erzähler schließt mit einem Resümee: »Ja, seither sind mehrere Jahre vergangen. Ich rauche nun andere Zigarren und kaufe sie in einem anderen Geschäft, und ich grüble nicht länger über den Sinn des Lebens; aber nicht deshalb, weil ich glauben würde, ihn gefunden zu haben.«

Im Mittelpunkt der unscheinbar daherkommenden Erzählung steht eine nicht identifizierbare Zeichnung, um die herum ein dichtes Netz an Bedeutungsfäden geknüpft ist, die den Zusammenhang von Kunst, Leben und Natur anzitieren. Historisch lässt sich der Text als eine typische *fin de siècle*-Erzählung situieren, im Text aufgerufene Zeichen wie Zigarren, Spielkarten, Geld, das vergebliche Grübeln über den Lebenssinn sowie die Nähe zum Künstlertum lassen an die Figur des Flaneurs denken, die abschließende Vagheit der Aussage, die Rückwärtsgewandtheit der Erzählung und die Aura der Vergeblichkeit fallen ganz in den Kontext der Dekadenz. Unterstrichen wird diese Historisierung durch sexuelle Anspielungen und die Geschlechterdichotomie sowie vor allem durch die angeblich bedeutungslose, aber schöne Zeichnung, die eine *l'art pour l'art*-Kunstauffassung zu repräsentieren scheint.

L'art pour l'art und Dekadenz

Die Unscheinbarkeit der Erzählung entspricht der gewöhnlichen Zeichnung, die allerdings ein enigmatisches Potential enthält. Sie wird zum Zeichen für die Frage nach Sinn: Für den Erzähler ist sie wechselweise ein ikonisches Zeichen für eine Landschaft oder ein symbolisches Zeichen für Schönheit, für den Leser wird sie in der historisierenden Lesart wohl eher zum Symbol für die Kunst allgemein. Die Betrachtung aus nahem oder weitem Abstand verweist aber auf ihre Materialität als aus Tusche gefertigte Striche. Die Verzweiflung der Verkäuferin geht einher mit dem Unvermögen des Ich-Erzählers, die Funktion einer der Bildkunst inhärenten Verschränkung von Materialverwendung und Überbietung des Faktischen verbalisieren zu können. Zugänglich sind ihr nur die Materialität der Zeichnung sowie die Illusion der dargestellten Landschaft. Das Hindurchsehen durch das Blatt offenbart keine Tiefgründigkeit der Kunst, sondern eben die im Material selbst befindliche Doppelung der Illusion. Da der Erzähler in anderer Weise auf Sinnsuche ist, vermag er die Verschränkung von Eigentlichem und Uneigentlichem, von Zeigen und Vortäuschen nicht zu erklären, die das Spezifikum der Tuschzeichnung wie auch von Söderbergs Erzählung selbst ist. Denn die arbeitet ja, insofern als sie sich als sprachlich verfasster Text auf die nur vage vorstellbare Visualität einer fiktiven Zeichnung stützt, mit einem leeren Zentrum, das seinerseits Äquivalent der im Text thematisierten Sinnsuche ist. Die malerische Form der Tuschzeichnung, die Flüchtigkeit, Vorläufigkeit und Andeutungstechnik impliziert, spiegelt nicht nur ein weiteres Mal die Kurzform der *Historietter*, sondern antizipiert eine anti-kanonische Form der Aussparung und Komprimierung späterer modernistischer oder abstrakter Kunst, der auch mit Ratlosigkeit begegnet werden wird, weil sie die gewohnten Denkbewegungen der Betrachter durchbricht. Über den medialen Status hinaus, der die Verkäuferin verunsichert, verweist der Text als ganzes auf das Funktionieren von Kunst, ihre kulturelle Codierung und die damit verbundenen gesellschaftlichen Erwartungen. Die metapoetische Frage nach dem Status von Kunst impliziert schon eine Ironisierung des aufgerufenen *l'art pour l'art*-Diskurses: Der diskursanalytisch sich aufdrängenden Kategorisierung begegnet die Erzählung mit einer selbstkritischen Ambivalenz. Die Modernität wird nicht zuletzt in dieser Selbstreferenz sichtbar, die ironisierend mit dem eigenen Status umgeht und die im narrativen Verlauf gestellte

Hjalmar Söderberg, Selbstporträt (1895)

Selbstreferentielle Ambivalenz

Sinnfrage in paradoxer Weise auf sich selbst bezieht. Eine derartig kunstvolle Banalisierung der eigenen Existenz weist auf die Täuschungsmanöver der Avantgarden voraus.

Da etliche der schon genannten Texte einen medialen Selbstbezug erkennen lassen, muss dieser Verweis auf den eigenen Status als ein wichtiges Kennzeichen der frühen Moderne gesehen werden. Es betrifft die selbstreferentielle Erzählhaltung in Obstfelders Prosa, die Ironisierung im Diskurs Garborgs oder die Theatralität in den Dramen Ibsens und Strindbergs. Deutlich akzentuiert wird das Verfahren wiederum durch einen intermedialen Bezug in Ibsens *Vildanden*. Die Fotografie ist in mehrfacher Weise als Illusionismus und Täuschung codiert: Der Beruf des Fotografen, durch Konsul Werle ermöglicht, stellt die Basis der Lebenslüge von Hjalmar Ekdal dar, die – durch die doppelte Täuschung, dass Ehefrau oder Tochter an seiner Stelle arbeiten und bei dieser Tätigkeit ständig mit Retuschierungen operieren – anhand der Möglichkeiten des Mediums abgebildet und gesteigert wird. Das Sehen unterliegt einer stetigen Täuschung, die Realität der Familie wird als Bild inszeniert, die Metaphorik der Blindheit durchzieht das Stück. Schließlich wird die einzige nicht an den Täuschungen beteiligte Person vom Verlust der Sehkraft bedroht.

Lange übersehen worden ist die selbstreferentielle Dimension in Selma Lagerlöfs Texten. Doch auch ihr Erzählwerk durchziehen Verweise auf das eigene Verfahren, ironisierende Anspielungen und den Textstatus markierende Intertexte. Wenn der »Kaiser von Portugallien« (in der gleichnamigen Erzählung von 1914) auf seinem Rückzug in das Innere seherische Fähigkeit einerseits, aber lächerlichen Ruhm und abnehmende soziale Bezüge andererseits erreicht, so ist das lesbar als eine selbstkritische oder parodistische Sicht der eigenen Dichtung.

Regionen der Psyche: Selma Lagerlöf

Das Debüt des umfangreichen Œuvres, für das Selma Lagerlöf 1909 als erste Frau den Nobelpreis erhielt, weckte Verwunderung und Begeisterung gleichermaßen. Thema, Erzählton, Genre und Struktur von *Gösta Berlings saga* (1891; Gösta Berling, 1896) waren derart unerwartet, dass erst eine lobende Rezension des autoritativen Brandes den Weg des Erfolgs ebnen musste. Doch obwohl Lagerlöf in den Folgejahren zu einer der meistgelesenen und meistübersetzten schwedischen Autorinnen wurde (in mehr als 40 Sprachen, allein in Deutschland gibt es ca. 60 Ausgaben der *Gösta Berlings saga*), hat die wissenschaftliche Rezeption erst in jüngerer Zeit die Komplexität ihrer Texte erkannt. Lange haben das Image als *sagotant* (Märchentante), das durch ihren fingiert-mündlichen Erzählton hervorgerufen wird, und ihr Bezug auf die Heimatregion Värmland, die ihr häufig Milieu und Sujet lieferte, haben also vermeintlicher Regionalismus und Archaismus den Blick verstellt für die Modernität und Vielschichtigkeit, die sich – im wörtlichen Sinne – unter der Oberfläche der Sagen und Mythen, der melodramatischen und das »Übernatürliche« aufrufenden Elemente verbargen.

In ihrem letzten Werk, dem dritten Teil ihrer Autobiographie *Dagbok för Selma Ottilia Lovisa Lagerlöf* (1932; Das Tagebuch der Selma Ottilia Louvisa Lagerlöf, 1984), in dem sie als 72-Jährige in die Rolle der 14-Jährigen schlüpft und damit nicht nur die Fiktion eines authentischen Tagebuchs vorspiegelt, sondern gleichzeitig in einer ›Dichterbiographie‹ Schreiben und Leben ineinander blendet, hat sie ihre Poetik im Rückblick entfaltet. Schlüsselstellen sind wieder einmal Bildbetrachtungen einer Darstellung von »Karl X.

Selma Lagerlöf

Fingierte Mündlichkeit

Autobiographie als Poetik

Gustaf am Totenbett Axel Oxenstiernas«, die das Grausame und Desillusionierende der Realität durchaus erkennen lassen, sie aber in einer bewusst gewählten Strategie hinter imaginären »schönen Vorhängen« verbergen. Auch das Schreiben ist eine Strategie, die für die 14-Jährige Passion, Flucht und Verarbeitung gleichzeitig bedeutet, was in der Poetik Lagerlöfs der Ambivalenz von sprachlicher, narrativer und mythologischer Überformung mit der nie verschwiegenen Konfliktlage, ja oft existentiellen Grenzsituation entspricht.

Die Konfliktmuster ihrer Erzählungen und Romane bündeln soziale mit tiefenpsychologischen und ethischen Problemstellungen, die Dichotomien von als männlich und weiblich codierten Werten werden in Rollenspielen, Verwandlungen und Verdoppelungen entfaltet und kontrastiert. Die Form der Legende, der Volkssage oder des Gleichnisses findet keine simple allegorisierende Auflösung, die übernatürlichen oder wunderbaren Ereignisse sind weder bloßer Nervenkitzel noch verharmlosende Verschleierung: Wenn Lagerlöfs Texte stets Schichtenmodelle darstellen, die das Wichtigste verbergen, bildet sie mit dieser Camouflage-Technik gleichzeitig die Struktur der menschlichen Psyche ab, die ihre Erzählungen zu ergründen suchen. Die Träume und Visionen in *Herr Arnes penningar* (1903; Herrn Arnes Schatz, 1904), Scheintod und Wiederauferstehungen in *En herrgårdssägen* (1899; Eine Gutsgeschichte, 1901), die Taten und Gedanken des Wahnsinnigen in *Kejsarn av Portugallien* (1914; Der Kaiser von Portugallien, 1935) verfolgen zeichenhaft Strukturen des Unterbewussten, bilden Traumata nach, die Schuld, Liebeskonflikte und Tod verbergen. Zur selben Zeit wie Sigmund

Camouflage als Abbild der Psyche

Schlussszene aus
Herr Arnes penningar,
Illustration von
A. Edelfelt (1903)

Freud, der in seiner *Traumdeutung* (1900) den latenten Trauminhalt im Chaos des Traumtextes zu entziffern suchte, trug die schwedische Dichterin mit ihrer Phantasie und Imagination zur Diskursivierung des Unbewussten, zum Diskurs der Psychoanalyse bei, der bei ihr vom Verständnis für das Abweichende, das Andere getragen wird.

Gösta Berlings saga: Intertexte und Subtexte

Schon ihr berühmtes Debütwerk *Gösta Berlings saga* enthält viele der genannten Charakteristika: Sagenstoffe und Värmland-Kolorit, Teufelspakt, Liebesabenteuer und Wildheit, mythologische und literarische Intertexte (Don Juan, Amor und Psyche, den Fauststoff, Madame de Staëls *Corinne* etc.). Die episodische Struktur, die mit jedem Kapitel eine neue Geschichte anklingen lässt, verbirgt die durchgehenden Subtexte von sozialer Umwälzung und Verunsicherung, Revolte gegen gesellschaftliche Normen und Hierarchien, von destruktiven Emotionen und Schuld, Machtstrukturen im Verhältnis der Geschlechter, Rollenwechseln und Versöhnungen. »Mein Roman, liebe Tante,« entfaltete die Autorin ihr Vorhaben in einem Brief an Sophie Adlersparre, »ist die Geschichte einer großen Umwälzung.« »Die wilde Jagd des Abenteuers«, mit der Gösta Berling und die zwölf Kavaliere ein Jahr lang die Ordnung außer Kraft setzen, mündet schließlich in eine Verheißung von Humanität, eine Utopie von Liebe als vereinender Kraft. Doch der Doppelblick, der Hedonismus mit Chaos (die Kavaliere) und Entsagung mit Härte (die Majorin) paart, verhindert, dass die Harmonie um den Preis der Vereinfachung erreicht wird: Jede Erzählung wird durch ihre Sub- und Intertexte relativiert.

Einheit in diesem Kaleidoskop einer im Realen verankerten, aber dennoch phantastischen Welt schafft die Erzählstimme, die einer traditionellen, überschaubaren Welt zu entstammen scheint. Einer Welt in Bewegung wird ein ordnender Duktus entgegengesetzt, das Anekdotische enthält ein Element fingierter Mündlichkeit, das allerdings wiederum Einfachheit nur vortäuscht, da ja gerade die Stimme Träger der komplexen Schichtstruktur von realistischer Verankerung, Mythen, Träumen und Widersprüchen ist. Die Einheit schaffende Autorität verschleiert die Lakunen des Berichteten, die sich z.B. an den Übergängen von Erzähler- zu Figurenperspektive ergeben, und entspricht damit wiederum verdrängenden Mechanismen der menschlichen Psyche.

Keine heile Welt

Selbst die häufig mit Lagerlöf in Verbindung gebrachte Beschränkung auf das Regionale wird im Werk konterkariert. Nicht nur die weltweite Verbreitung ihrer Bücher, sondern auch die Verbindung von regionalen mit klassischen Mythen und weltliterarischen Intertexten, die Gegenüberstellung von Dalarna und Jerusalem im Auswandererroman gleichen Namens (*Jerusalem I: I Dalarne* [1901; Jerusalem I: In Dalarne, 1902]); *Jerusalem II: I det heliga landet* [1902; Jerusalem II: Im heiligen Lande, 1903]) oder die Überblendung von Christentum und Sozialismus am Beispiel Siziliens in *Antikrists mirakler* (1897; Wunder des Antichrist, 1899) zeigen, dass die Konflikte eben nicht regionaler Natur sind. Reisen und Aufbrüche bilden häufig die dynamische Grundstruktur ihrer Werke ab. Ihre dreiteilige Autobiographie mit dem Obertitel *Mårbacka* (1922, 1930 und 1932) führt auf dem Weg zur Dichtung denn auch weg von den Realitäten des heimatlichen Gutshofes Mårbacka in die Mythen der Vergangenheit einerseits und in die Großstadt Stockholm als Ort der Modernität andererseits, wo sich im dritten Band kontrastiv zur (sowohl sozialhistorisch wie individualpsychologisch) verlorenen ›heilen Welt‹ aus Verlust, Konflikt und Einsamkeit die Camouflage-Technik des Erzählens herausbildet, für die zeichenhaft das naive Erzählen des fingierten Tagebuchs steht. Durch Lagerlöfs ethischen und machtkritischen Impetus, die implizite (und erst von der Gender-Forschung entdeckte) Kritik am herkömmlichen dichotomischen Geschlechterverhältnis und durch ihre phantasiegeleitete Erkundung der menschlichen Psyche gehört ihr Erzählwerk zur modernen europäischen Literatur des 20. Jahrhunderts.

Zivilisationskritik und Gegenwelt: Knut Hamsun

Wenn auch der erzählerische Duktus von Lagerlöf und Hamsun kaum unterschiedlicher sein könnte, so verbindet die beiden Werke das doppelte und zunächst widersprüchlich scheinende Interesse an der menschlichen Psyche mit der Erkundung der ›natürlichen‹ Natur. Beide Beobachtungsfelder werden in Relation zu sozialen Bindungen und dem erotischen Verhältnis der Geschlechter fiktional ausagiert und erprobt. Auch die Hamsun-Forschung hat, parallel zur wissenschaftlichen Beschäftigung mit den Texten Lagerlöfs, erst in jüngster Zeit die Komplexität der Romane als inszenierte Widersprüchlichkeit offengelegt. Bis vor ca. 20 Jahren hat die Forschungsgeschichte dazu geneigt, einzelne Aspekte der vielschichtigen Texte – die Schilderung der Naturschönheit, die sprachliche Brillanz, die latente Gewaltverherrlichung und schließlich die psychoanalytische Durchdringung – zu verabsolutieren. So folgte in der deutschen Rezeption einer Phase der schwärmerischen Naturverherrlichung (die in der Apotheose des ›Nordischen‹ gipfelte) eine ideologiekritische Entlarvung der faschistoiden Züge, die bereits im Frühwerk Hamsuns den späteren Anhänger Nazi-Deutschlands zu erkennen glaubte. Ein schon 1937 geschriebener Aufsatz von Leo Löwenthal, der Hamsuns Texten eine autoritäre Ideologie und ›präfaschistische Naturvergaffung‹ attestierte, sollte einerseits die politische Entwicklung des Autors und andererseits die ideologiekritische Forschung der 1970er Jahre vorwegnehmen. Hinter der Komplexität des Werks selbst blieb jegliche einseitige Thesenbildung allerdings zurück.

Der Debütroman *Sult* setzte die Programmatik vom »Kreuzverhör der Seele« durch die konsequente Innenperspektive des Ich-Romans in einem perfekten Entwurf um. In der anonymen Umgebung der modernen Großstadt irrt der sensible, introvertierte Held vom Hunger gepeinigt umher. Durch die Verschränkung einer sozialen mit einer körperlichen und einer psychischen Mangelsituation erhält die Titelmetapher eine existentielle Tragweite: Subjektivität ist nur noch als Spaltung, als Phantasma oder als kompensatorische Projektion erreichbar, so dass es nur logisch ist, wenn die Handlungsarmut durch Assoziationsreichtum ersetzt wird, der mit sprachlicher Brillanz und Äquilibristik schroffer Gegensätze vermittelt wird. Zum Künstlerroman wird der Monolog des namen- und geschichtslosen asozialen Anti-Helden allerdings auch durch den Mangel selbst, der hervorgebracht wird durch die Zurückweisung seiner Schriften durch den Markt, was andererseits einer Freisetzung gleichkommt. Der fiktionale Selbstentwurf des modernen Künstlers ist an die Dezentrierung des Subjekts gebunden, dessen fundamentale Entfremdung gleichzeitig eine neue, ins Extrem geschärfte Wahrnehmung hervorbringt.

Wenn Hamsun in seinen nächsten Romanen die Ich-Perspektive durch einen auktorialen Erzähler ersetzt, bedeutet das keine Absage an die Erkundung der modernen Psyche. Vielmehr erreicht die narrative Umsetzung eine Komplizierung, ja Verrätselung der geschilderten Ereignisse und Personen, wenn einem unzuverlässigen, ironischen Helden wie dem Scharlatan Johan Nagel in *Mysterier* (1892; Mysterien, 1894) ein ebensolcher unglaubwürdiger Erzähler an die Seite gestellt wird. Auch Nagel ist ein geschichtsloser

Knut Hamsun

Die Entdeckung der inszenierten Widersprüchlichkeit

Hunger als existentieller Mangel

Fremde Helden, unzuverlässige Erzähler

Hamsun-Karikatur
von O. Gulbransson

Pan zwischen Wald und Welt

Die Irrationalität der Zivilisationsflucht

Fremder, nietzscheanischer Ausnahmemensch und Hochstapler gleichermaßen, »ein lebender Widerspruch«, dessen manipulative Machtentfaltung durch dieselbe Abwehrreaktion gegenüber den Spaltungserfahrungen der Modernität bedingt ist wie die widersprüchlichen Kommentare des Erzählers. Doch während die ›Mysterien‹ dieses Romans sein Publikum verwirrten, führte eine vergleichbare Strategie im folgenden Werk zu jeweils einseitigen, komplexitätsreduzierenden Reaktionen.

Pan. Af Løjtnant Thomas Glahns Papirer (1894; Pan. Aus Lieutenant Thomas Glahns Papieren, 1895) spielt die Subjekt-Problematik in der abgelegenen Natur der nordischen Wälder durch und wurde prompt als Naturidylle und als Rückkehr aus der problematischen Modernität in die heile Gegenwelt der Natur gelesen. Dabei ist der angeblichen Natürlichkeit ihre Brüchigkeit und Flüchtigkeit von Anfang an eingeschrieben: Die Hütte, in die Glahn sich zurückzieht, gehört zum Imperium des Großunternehmers Mack und liegt bezeichnenderweise auf der Grenze zwischen Wald und Welt. Und Glahns Leben in der Waldeinsamkeit, im vorgeblichen Einklang mit den Gesetzen der Natur ist stets durchdrungen von rastlosem Sehnen nach Zweisamkeit und gesellschaftlicher Akzeptanz, sein Wechsel zwischen Jägerfell und Uniform verweist zeichenhaft auf den theatralen Charakter seiner Existenz. Das Idyll stellt sich nicht nur als Fluchtpunkt vor der modernen Zivilisation, sondern auch der eigenen angstbeladenen Sexualität und bedrohten Männlichkeit heraus, die Glahn nicht hinter sich lassen kann. Die Begegnungen mit den drei Frauen des Romans müssen als Projektionen gelesen werden, sie werden erlebt als Verlockung und Bedrohung zugleich, doch über ihren wahren Charakter oder die psychologische Motivation ihrer Handlungen kann die subjektive Perspektive des Ich-Erzählers keine Auskunft geben. Im Verhältnis zu Edvarda entfaltet sich das gesamte Register von möglichen Verliebtheitsgefühlen und entlarvt die der Liebe inhärente Machtstruktur, ekstatische wie narzisstische, masochistische wie sadistische Züge. *Pan* ist weder einfach ein Liebes- noch ein Naturroman, sondern eher ein Entwurf über die Natur der Liebe, wobei ›Natürlichkeit‹ nicht mit Einfachheit zu verwechseln ist.

Das im Roman niedergelegte Naturkonzept findet im Bild von den »berauschten Blumen« ein adäquates Zeichen: Unauflösbar verschränkt sind Schönheit und Dekadenz, Natürlichkeit und Erotik, überblendet wird die Projektion eigener Gefühle auf die Natur, als untrennbar erweisen sich Natur und Kultur. So steht die lyrische Sprache des gesamten Textes, die Musikalität des Stils und die stimmungsgeladene Beschreibungskunst, nie im Dienste simpler Naturverherrlichung. Der lyrische Appell des ekstatischen Naturerlebnisses indiziert die Irrealität wie die Irrationalität der Zivilisationsflucht, ihren kompensatorischen Charakter, den die eingelagerte mythologische Ebene des Erzählens noch verstärkt und als rückwärtsgewandte Phantasie markiert. Eine weitere narrative Komplizierung ergibt sich aus dem Epilog der Erzählung, der, einige Jahre später von einem anderen Erzähler berichtet, über Glahns Tod in Indien informiert und eine Steigerung von Klassen- auf Rassengegensätze, vom Wald zum Dschungel und von der symbolischen Kastration zum Mord beinhaltet. Hier wird die Sehnsucht des einsamen Jägers endgültig als Unterwerfungsgeschichte und Machtszenario entfaltet.

Bekenntnis zur Wirklichkeit: Johannes V. Jensen

Im Werk des dänischen Zeitgenossen Johannes V. Jensen lassen sich markante Parallelen – in der Exotik und Naturbewunderung, der Macht- und

Männlichkeitsanalyse – zu der Thematik der Werke Hamsuns finden, doch zeigt sich eine grundlegend andere Haltung gegenüber der modernen Zivilisation. Jensen begann sein Schreiben mit Romanen über dekadente Helden, die er später aus seinem Gesamtwerk eliminiert sehen wollte. Seinen Neubeginn setzte er selbst auf das Jahrhundertwendejahr an, als er mit *Kongens Fald* (1900–01; Des Königs Fall, 1912) einen historischen Roman über Dänemark um 1500 veröffentlichte, der in polyphoner Diktion eine polyvalente Abrechnung mit Ich-Zentrierung, Handlungsschwäche und Sinnentleerung vornahm. Aus der Perspektive einer Nebenfigur kommen die historischen Ereignisse u.a. des Stockholmer Blutbades in den Blick, die Identitätsthematik ist mühelos von der historischen auf die Gegenwartsebene übertragbar, doch die Stimmenvielfalt des Textes, die unterschiedlichen Register und konträren Stilebenen rufen die stets vorhandenen Konterkarierungen und Durchkreuzungen von Modernem und Archaischem, von Gewalt und Erotik, Ganzheit und Spaltung, Heimat und Heimatlosigkeit in Erinnerung.

Johannes V. Jensen, Porträt von V. Andersen (1906)

Programmatisch trat Jensen etwa gleichzeitig mit einem Reportagenbuch u.a. von der Pariser Weltausstellung hervor, das eine Huldigung an die moderne Zeit und ihren technischen Fortschritt darstellte: »Hör zu, wie diese Stadt, wie gewaltig diese Stadt da unten singt! Das ist ein Vers aus Eisen, Reime aus Stahl und Stein [...]. Das zwanzigste Jahrhundert saust über den Kopf. Ich bekenne mich zur Wirklichkeit, ich bekenne.« Die Begeisterung, die das Fortschrittsdenken der Epoche nach Dekadenz, Dezentrierung und Desillusion an ihrem Ende erneut trägt, versteht sich als Bejahung der nunmehr entfalteten Moderne: der Maschinen, der Technik, der Großstadt. Doch der Titel dieser Programmschrift *Den gotiske Renaissance* (Die gotische Renaissance, 1901) verrät den Preis für die Akzeptanz der neuen Realität: Ästhetisch wie ideologisch ist das Programm verbunden mit den Wertsetzungen des »Gotischen«, womit eine künstlerische Repräsentation des Strebens nach Absolutheit und Größe ebenso gemeint ist wie eine ›Rasse‹. Die Zuschreibung kultureller Leistungen an eine bestimmte ethnische Gruppierung trägt ihren Gegenpol der Abwertung des Anderen in sich: Das europäische Fortschrittsdenken baut auf imperialistische und rassistische Fundamente.

Antizipation des Funktionalismus

Bei aller Fragwürdigkeit, naiv ist das Pathos der Wirklichkeitsakzeptanz bei Jensen nicht: Die Konstruktion eines neuen technisch geprägten Raumes überbrückt die Empfindung der existentiellen Leere, der Rhythmus der Maschinen ordnet und strukturiert die chaotisch gewordene Umwelt. Die Sammlung *Digte 1906* (Gedichte 1906, 1906) bringt diese kompensatorische und konstruktivistische Wirklichkeitsauffassung in freien Versen, mit erweitertem, ernüchtertem Lexikon, »ohne lyrisches Gefuchtel« (Einar Elkær) zum Ausdruck. Die beherrschte, unterkühlte Diktion der Gedichte macht den Willensakt ablesbar, der der Realität eine ordnende Wahrnehmung aufzwingt und auf Verdrängungen baut (vgl. *Paa Memphis Station* [Auf dem Bahnhof von Memphis] und *Ved Frokosten* [Beim Frühstück]). Die Leere von Raum und Zeit, wie sie im Gedicht *Interferens* beschrieben wird, drängt den Autor dazu, eine konstruktive Überblendung und Transzendierung von Oppositionen wie Altem und Neuem, Primitivem und Modernem, Natur und Kultur vorzunehmen, der er mit dem Genre der »Mythen« Ausdruck gegeben hat. Besonders die von einer Weltreise inspirierten exotischen Erzählungen, wie *Kulien* (Der Kuli, 1907) oder *Forsvundne Skove* (Verschwundene Wälder, 1899), sind zwar deutlich dem kolonialen Diskurs verpflichtet, doch legen sie keine simple Dichotomisierung von Eigenem und Anderem, keine unreflektierte Ausgrenzung und Stigmatisierung nahe. Zwar operieren die

Wahrnehmung als Konstruktion

Texte gerade mit diesen ideologischen Kategorisierungen rassistischer und imperialistischer Provenienz, allerdings um sie durch interne Ambivalenzen der Bildsprache und durch wechselnde erzählerische Fokalisierung ad absurdum zu führen. Das Eigene bleibt als uneindeutige Instanz derselben melancholischen Sehnsucht unterworfen wie das komplex gezeichnete, ebenso heimatlose Andere. Wenn der Name des chinesischen Kulis Hoang Tschin Fo diskriminierend als »etwas wie ein Husten, Niesen und Schnupfen« bezeichnet wird, repräsentiert dieser Erzählerkommentar kolonialen Sarkasmus und parodiert gleichzeitig die Ignoranz der angeblichen Herrenmenschen. Die erzählerische Reise um die Welt führt Jensen immer weiter weg von den eindeutigen Botschaften des Darwinismus, den sein Werk beständig aufgreift und diskutiert.

Neue Welt, neue Medien, neue Wahrnehmung – ein Resümee

Der fortschreitenden Technisierung, der Öffnung der Welt und der Veränderung der Wahrnehmung entspricht eine mediale Entwicklung, die die hier fokussierte Epoche begleitet. War am Anfang von der Revolution der Printmedien und der Flut diskursiver Produkte die Rede, steht an ihrem Ausgang der Schritt zu neuen medialen Repräsentations- und Wahrnehmungsformen, die das 20. Jh. dominieren werden. Traten auch das neue Supermedium Film und die Dokumentationsmöglichkeit durch Pressefotografie erst nach dem Ersten Weltkrieg dominant in die Öffentlichkeit, lassen sich die Spuren des medialen Umbruchs vom Wort zum Bild schon im 19. Jh. verfolgen: Ibsens *Vildanden* warnt vor dem inhärenten Illusionismus nur vorgeblich mimetischer Bilder, Benedictssons *Den bergtagna* vor der impliziten Machthierarchie bildnerischer Repräsentation, und Söderbergs *Tuschritningen* erinnert an die doppelte Struktur von Wahrnehmung und Wahrgenommenem. Am intensivsten hat sich Strindberg mit dem Medienwechsel vom Wort zum Bild befasst: als experimenteller Maler abstrakter Sujets und als Fotograf der menschlichen Psyche. Sowohl in seinen Selbstporträts, vor allem aber in seinen photographischen Experimenten machte er sich neue Techniken der Bildrepräsentation zu eigen, um zu der erstrebten Korrespondenz von Innerem und Äußerem zu gelangen, das die Epoche umgetrieben hatte. In Strindbergs Werk – seine literarischen wie seine essayistischen und ›wissenschaftlichen‹ Schriften – gehen damit zwei Merkmale der europäischen Moderne ein, die sich in den Künsten der Avantgarde manifestieren werden: das Moment des Agonalen, bei ihm als Kampf der Gehirne und Kampf der Geschlechter gefasst, und das Moment der Abstraktion als Reaktion auf die Erlebnisse der Kontingenz. Beides antwortet auf die Entdifferenzierungserfahrung des modernen Subjekts und ist bemüht, dissoziative Wahrnehmungen zugleich sichtbar zu machen und zu bewältigen.

In *Inferno* (1897; Inferno, 1898) und den okkultistischen und spekulativ naturphilosophischen Schriften der 90er Jahre vereint Strindberg Konzepte der Metaphysik und der Wissenschaft, sucht er die Geheimnisse des Menschen in Prozessen der ›Energetik‹ und Korrespondenztheorien zu ergründen. Indem das Medium der Fotografie und die Experimente der ›Celestographien‹ und ›Cristallogramme‹, bei denen Glasplatten ohne Linse, Apparat und chemische Fixierung belichtet wurden, eine so große Rolle in seinen Bestrebungen spielte, bildet sich die Interdependenz von Mensch und Medium ab. Die Werke zeigen gleichzeitig, wie das Streben nach Abbildung des Inneren eine völlig veränderte Form der Mimesis hervorbringt, die Ähnlichkeit nur auf abstrakter Ebene reproduziert. Wenn auch der Glaube an die positi-

---

Vom Wort zum Bild

Strindbergs Abwehr der Kontingenz

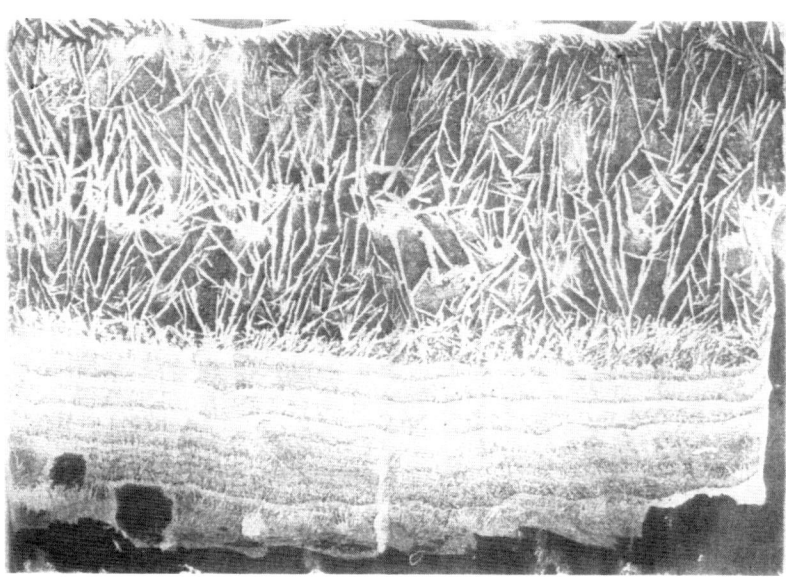

Photogramm einer
Kristallisation
von A. Strindberg
(1890er Jahre)

vistische Welterfassung okkulter Tiefenperspektivik gewichen ist, trägt immer noch die Frage danach, wie das Verhältnis von Mensch und Welt repräsentierbar sei, das künstlerische Bemühen. Doch das Krisenerleben, das die Modernitätserfahrung mit sich gebracht hat, muss durch agonale Verfahren oder Tendenzen zur Abstraktion gebändigt werden, die – durch ihren Wahrheits- und Absolutheitsanspruch – dem verunsicherten Subjekt einen neuen Standort verleihen. In seinen Einaktern und Kammerspielen, wie *Pelikanen* (1907; Der Scheiterhaufen, 1908) oder *Spöksonaten* (1907; Die Gespenstersonate, 1908), inszeniert Strindberg mit extrem reduziertem Personal und in thematischer Zuspitzung die zerstörerische Macht menschlicher Beziehungen in Ehe, Dreieckskonstellationen und Familie. Die Stationendramen ziehen die Konsequenz aus Kommunikationslosigkeit und existentieller Einsamkeit des Subjekts, indem sie auf einen Handlungsansatz verzichten und den Menschen als Träger von Projektionen und Rollen und das Leben als Schein zur Darstellung bringen. Damit revolutionieren sie die Dramenform hin zu einem handlungslosen Seelendrama, das der Erinnerung und dem Unbewussten (in *Till Damaskus* [1889–1904; Nach Damaskus, 1912]) und der Projektion von Träumen (*Ett drömspel* [1902; Ein Traumspiel, 1903]) gewidmet ist. In diesen späten Texten Strindbergs wird die Scheinhaftigkeit des Menschen als unhintergehbar gefasst, die Perspektivlosigkeit des Daseins im dramentechnisch innovativen Nachvollzug akzeptiert.

Klassische Moderne
(1910–1940)

Epoche und Rezeption

Für die Jahre von 1910 bis 1940 fehlen in der skandinavischen Literaturgeschichtsschreibung die zusammenfassenden Epochenbegriffe. Am ehesten hat sich noch ein Dezenniendenken durchgesetzt: die 10er als Ära des Kulturkonservativismus, den eine durch den Ersten Weltkrieg hervorgerufene Wertekrise ins Wanken bringt; die 20er als Zeit der Infragestellung traditioneller bürgerlicher Ideologeme samt deren ästhetischer Umsetzung; die 30er als Jahre der Auseinandersetzung mit Organisationsformen sozialer Kollektive inklusive der Reaktion auf den bedrohlichen Totalitarismus des Hitler- und des Stalinstaates. Eine solchermaßen pointierte Periodisierung der Zwischenkriegszeit folgt in erster Linie einem sozialhistorischen und literatursoziologischen Plot. In der skandinavischen Literaturwissenschaft setzte sie sich in den 70er Jahren vor allen bei denjenigen Forschern und Historiographen durch, die ein kapitalismusanalytisches und -kritisches Frageinteresse verfolgten. In den beiden Jahrzehnten darauf wurde die Periode für die internationale Nordische Philologie in dem Maße unattraktiver, wie deren soziologische Perspektive schwand. Das bedeutet auf der anderen Seite, dass vor allem Texte mit einer sozialkritischen Tendenz in der Literaturwissenschaft favorisiert wurden, wobei zum Beispiel kulturkonservative Belletristik oder formal epigonale Werke, die in ihrer Gegenwart viel beachtet wurden, nicht die gleiche Aufmerksamkeit erlangten.

Forschungstradition

Blickt man auf den Buchhandel im deutschsprachigen Raum, dann ist ebenfalls Zurückhaltung festzustellen. Hier haben sich kaum skandinavische Schriftsteller etablieren können, deren prägnanteste Werke in der Zwischenkriegszeit erschienen sind. Von ihnen nahm 1990 der Skandinavist Heiko Uecker elf Autoren in sein Handlexikon *Die Klassiker der skandinavischen Literatur* auf – sowie den über mehrere Epochen hinweg schreibenden Hamsun –, wobei auch deren Renommee in den Heimatländern eine Rolle spielte. Im Frühjahr 2003 waren jedoch im deutschsprachigen Verlagssortiment lediglich von fünfen von ihnen Bücher erhältlich: Martin Andersen Nexø, Sigurd Hoel, Pär Lagerkvist, Edith Södergran und Sigrid Undset. Letztere war mit sechs Titeln am besten vertreten, die anderen Autoren waren durch einen oder zwei Titel präsent. Als Dauererfolg hat sich neben Hamsun und Undset ein weiterer Norweger gehalten – ohne dass ihm jedoch jemand einen Klassikerstatus zuschreiben würde: Trygve Gulbranssen mit seinen Bauernromanen. Der vor allem im Nationalsozialismus aufgebaute norwegische Agrarromantizismus ist also weiterhin ein wichtiger Faktor für den Buchmarkt, wenn es um Skandinavien geht. Der antimodernistische Rezeptionsfilter, der auch lange nach 1945 die gesamtdeutsche Buchbranche dominierte, verhinderte eine Wahrnehmung der experimentellen Dichtung. In der BRD, der Schweiz und Österreich fand dagegen die existentialistische Metaphysik eines Pär Lagerkvist große Resonanz, die DDR konzentrierte sich konsequenterweise auf Autoren, die die Kollektivthematik behandelten. Sie behei-

Klassiker des deutschsprachigen Buchmarktes

matete und edierte Andersen Nexø und übersetzte die Romanserien der schwedischen Arbeiterautoren und anderer sozialistischer Schriftsteller. Keine Chance im deutschsprachigen Raum hatten Autoren, die eine sozialemanzipatorische Grundhaltung mit humorvoll unterhaltsamer Ausdrucksweise verbanden.

Sozialdemokratie und Kulturpolitik

In der politischen Geschichte Skandinaviens kam es in der Zwischenkriegszeit zum definitiven Durchbruch des modernen Parlamentarismus. Starke Sozialdemokratien, die sich unter fortschreitender Dämpfung des Klassenkampfgedankens zu Volksparteien entwickelten, akzeptierten das kapitalistische System als Prämisse für die Errichtung von Wohlfahrtssystemen. Der Politiker Per Albin Hansson formulierte 1928 mit dem Schlagwort vom »Volksheim« (*folkhem*) das Gesellschaftsideal der schwedischen Sozialdemokratie, das auch für die beiden anderen großen skandinavischen Länder Gültigkeit hat: ein demokratisches Staatssystem ohne Klassenprivilegien. In diesem Sinne setzte auch eine Demokratisierung und Pädagogisierung des Kultursektors ein. Kunst und Kultur sollten allen zugänglich sein und die Bildung sozial verantwortlicher Persönlichkeiten fördern. An der bürgerlichen Kulturinstitution und ihren Nobilitierungsriten selber wurde nicht gezweifelt, sie sollten lediglich nicht mehr dem Ausdruck von Reichtum oder Herrschaft dienen. In diese Zeit fällt auch der Ausbau vorbildlicher kommunaler Bibliothekssysteme. Ergänzt wurden diese Kultureinrichtungen durch solche der Arbeiterbewegung, in Schweden etwa durch die Volksparks (*folkparker*) mit ihrem Unterhaltungsangebot an Tanz, Lustspielen und Revuetheater. Der Unterhaltungskunst wurde von sozialdemokratischer Seite in erster Linie rekreativer Nutzen zuerkannt; eine etwaige emanzipatorische oder pädagogische Funktion sah man in ihr nicht.

»*Volksheim*«

Volkspark Malmö, Eingang (1910)

Literatursoziologischer vs. medienhistorischer Plot

Die sozialhistorisch orientierte skandinavische Literaturgeschichtsschreibung hat die Veränderungen auf dem literarischen Feld der Zwischenkriegszeit parallel zur politischen Entwicklung charakterisiert: Ermuntert durch Sozialrealisten wie Andersen Nexø, aber auch von den autobiographischen und politischen Texten Strindbergs, positionierten sich zunehmend Autoren aus dem nicht-bürgerlichen und nicht-akademischen Lager. Die Erfahrungswelten der Armen, Arbeiter und Angestellten lieferten jetzt die Sujets. Durch ihre Schilderung schrieben sich die nordischen Demokratien zum kollektiven Selbstbewusstsein. Als Antagonisten figurieren in dieser historiographischen Erzählung die konservativ-bürgerlichen Autoren, die sich in individualpsychologischen und kulturpessimistischen Thematiken ergehen. Eine solche Darstellung greift etwas zu kurz: Sie berücksichtigt zwar wichtige Akteure, aber sie lässt die massive Veränderung des medialen Schauplatzes außer Acht, auf dem die bisherige Rolle der Schrift- und Buchkultur als qualitativ und quantitativ wichtigstes Mittel der fiktionsgestützten gesellschaftlichen Kommunikation unmaßgeblicher wurde. Die rapide und flächendeckende Verbreitung von Film, Radio, Grammophon und Massenpresse samt ihrer populärkulturellen und unterhaltungsindustriellen Inhalte brachte die literarische Öffentlichkeit in eine Konkurrenzsituation. Diese forderte ihre Akteure, gleich welchen ideologischen Lagers, zur Reflexion der eigenen Geltungs- und Wertungskriterien, Themen und Ausdrucksformen heraus. Es ist besonders diese Dynamik, die in der folgenden Darstellung der belletristischen Produktion der Jahre 1910–40 beachtet werden soll.

Neue Medien: Das Buchmonopol bröckelt

Anfänge der Filmindustrie

1906 wurde in Kopenhagen die Nordisk Film Kompagnie gegründet, die zu den ältesten Filmunternehmen überhaupt zählt. In der Stummfilmära belieferten die Studios erfolgreich den Weltmarkt mit sozialen und erotischen Melodramen. Auch Farcen mit dem geradezu absurdistischen Slapstick des Komikerpaares »Fyrtaarnet og Bivognen« (Leuchtturm und Beiwagen, deutsch Pat und Patachon) liefen hervorragend.

Als Fiktionslieferant drängte sich das Kino in die Konkurrenz zu Belletristik und Theater. Das irritierte zunächst die etablierten Literaten, andererseits kam es bald zur Zusammenarbeit mit den neuen Medienmachern. U.a. schrieben die Romanciers Sophus Michaëlis und Hjalmar Bergman Drehbücher. Während der frühe dänische Film eher einer (schau-)spielerischen Amüsementskultur folgte, die seine Vergangenheit als Jahrmarktsgaukelei nicht verleugnete, strebte das schwedische Kino deutlicher nach Anerkennung als künstlerisches Medium und nach sozialer Nobilitierung. Mit der Adaption literarischer Vorlagen konnte man am symbolischen Kapital der bürgerlichen Buchkultur teilhaben. Literarische Bestseller versprachen außerdem klingelnde Kinokassen. Victor Sjöström verfilmte z. B. Ibsens populäre Ballade *Terje Vigen* (1916), das Drama *Berg-Ejvind och hans hustru* (Berg-Eyvind und sein Weib, 1917) des Isländers Jóhann Sigurjónsson, sowie mehrere Werke Selma Lagerlöfs. Typisch für Sjöström wie für einige andere skandinavische Stummfilmer ist die gesamtnordische Ausrichtung in der Wahl der Stoffe, wodurch in der ausländischen Rezeption der Filme der Eindruck von kultureller Homogenität der nordeuropäischen Staaten entstand. In anderen Lagerlöf-Bearbeitungen führte Mauritz Stiller Regie, darunter in *Gösta Berlings saga* (1924) mit Greta Garbo in ihrer ersten großen Rolle. Hier kamen die Charakteristika des ›schwedischen Stils‹ von Sjöström und Stiller zur vollen Entfaltung: Nordeuropäische Naturphänomene wurden als handelnde

Frühe Literaturverfilmungen

Berg-Eyvind und sein Weib, Verfilmung von Jóhann Sigurjónssons Drama durch Victor Sjöström (1917)

Mächte monumental in Szene gesetzt, und auch die dargestellten zwischenmenschlichen Beziehungen verliefen wuchtig fatal. Dieses natur- und bauernromantische Konzept verfolgte ebenfalls die nur zögerlich entstehende norwegische Kinoindustrie, die sich aber nie international behaupten konnte. In der spärlichen Produktion tauchen immerhin zwei Adaptionen von Hamsun-Romanen auf. In *Markens Grøde* (Segen der Erde, 1921) führte der Däne Gunnar Sommerfeldt Regie, und ein Jahr später verfilmte Harald Schwenzen *Pan*.

Der für das internationale künstlerische Kino inspirierendste Stummfilmregisseur Skandinaviens, der Däne Carl Theodor Dreyer, griff zwar den Fatalismus des ›schwedischen Stils‹ auf, doch spielte die Natur bei ihm gerade keine Rolle als schicksalhaft handelnde Instanz. Der Einfluss der Landschaft ist ebenso wie das Dekor der Kulisse asketisch reduziert. Zur verklärenden Abstraktion und metaphysischen Erhöhung der Charaktere in ihrem Leiden trägt die Bildführung mit geometrisch strengen Großaufnahmen der Gesichter bei. Der skandinavische Existenzialismus erhielt durch Dreyer – am prägnantesten vielleicht in *La passion de Jeanne d'Arc* (1928) – seine visuelle, cinematographische Ausdrucksform, die dann später zusammen mit der Dramenästhetik Strindbergs für die Arbeiten Ingmar Bergmans große Bedeutung erlangte.

Carl Theodor Dreyer

Um 1930 wurde der Stumm- vom Tonfilm abgelöst. Die Einbeziehung und Aufwertung des gesprochenen Wortes in der jeweiligen Landessprache bedeutete für die Filmindustrie gleichzeitig eine stärkere Fixierung auf den jeweiligen inländischen Markt. In Schweden und Dänemark entstand in den 30er Jahren vor allem Lustspiel-Kino, das sich auf die Traditionen des Volkstheaters – und nicht die des literarischen Sprechtheaters – stützte. Wenn man das Herz am richtigen Fleck hat und um eine (wort)witzige Antwort nicht verlegen ist, dann ist immer ein Happyend in Sicht. Dem heutigen gegen diese Filme gerichteten Eskapismusvorwurf muss man entgegenhalten, dass in den dargestellten Alltagswelten die Konflikte aus einer humanistischen, den ökonomischen und religiösen Ideologien misstrauenden Grundhaltung gelöst werden. In Schweden folgte auf die düstere Nationalromantik im Stummfilm

Tonfilmkomödien

ein heiteres Biedermeieridyll im frühen Tonfilm. Der darauf bezogene, abwertende Begriff »Pilsnerfilm« bezeichnet nicht nur das Figurenarsenal des Unterhaltungskinos, das billiges Bier statt großbürgerlichen Champagner trank, sondern auch die Kinokonsumenten aus der Arbeiter- und Angestelltenschicht. Das bürgerliche Literaturestablishment befürchtete einen Loyalitätsverlust für die nationale Kulturelite, als die es sich betrachtete. Noch 1937 lud der Schwedische Schriftstellerverband zu einer Protestveranstaltung ins Stockholmer Konzerthaus, wo der Verleger und konservative Journalist Carl Björkman den Unterhaltungsfilm als gefährliche Verdummung anprangerte.

Radio

Ein noch wichtigeres neues Massenmedium als das Kino war das Radio. Es erreichte weit mehr Konsumenten, und zwar täglich. Seit Mitte der 20er Jahre stand es in skandinavischen Stuben und konkurrierte mit der Feierabendlektüre. Das Radiomedium synchronisierte einerseits die Bevölkerung, die sich nun landesweit gleichzeitig mit demselben Inhalt beschäftigte, andererseits trug es zu einer kulturellen Horizonterweiterung über das Nationale hinaus bei, denn seine Wellen trugen es weit über Ländergrenzen hinweg. Während die Inhalte des Kinos kommerziell ausgerichtet waren – der Staat regulierte durch Zensieren und nur selten durch Produzieren –, blieb das Radio fest in öffentlicher Hand und verfolgte nicht zuletzt einen Bildungsauftrag. Es ist daher auch ein Indikator für den pädagogischen Stellenwert von Literatur in der offiziellen Kulturpolitik. Das Vorlesen war die üblichste Vermittlungsform von Belletristik. Dramenklassiker wurden als Hörspiele bearbeitet, wenn nicht gar direkt aus Theatervorstellungen übertragen. Der sozialdemokratische Kulturpolitiker und Radiointendant Julius Bomholt

Literatur im Äther

führte in Dänemark den sogenannten Radioroman ein. Dieser sollte in zehn bis zwölf in sich abgeschlossenen, halbstündigen Abschnitten eine Geschichte mit Dänemarkbezug erzählen, und dabei spannend und der Mehrzahl der Hörer zugänglich sein. 1941 ging das erste Resultat sehr erfolgreich über den Äther: *Elly Petersen*, geschrieben vom alltagsrealistischen Autor Mogens Klitgaard, handelt von einem Mädchen aus der Provinz, das sich als Hausangestellte durchs Leben und durch Kopenhagen schlägt. Die Sympathieträgerin aus der Angestelltenschicht verkörpert ein zeittypisches weibliches Rollenmodell. Sie hat vor allem Sinn für die praktischen Dinge und lernt allmählich, sich von sozialer und sexueller Bevormundung zu emanzipieren.

Grammophon

Neben dem Radio trug die Schallplatte als weiteres neues akustisches Medium zur Expansion der Unterhaltungsbranche bei. Musik, vor allem die leichte, war nie zuvor so präsent im öffentlichen Leben. Der Schlager mit seinen singbaren Identifikationsangeboten löste in der erotischen Selbstvergewisserung – nicht unbedingt floskelhafter als diese – die schriftliche Liebeslyrik ab. Liedermacher und Songschreiber mit literarischem Anspruch wie z. B. Evert Taube verdanken ihre Popularität nicht zuletzt dem Grammophon. Über den Plattenteller gelangten ebenso wie durch den Kinosaal die Produkte der US-amerikanischen Kulturindustrie nach Skandinavien und wurden von kulturpessimistischen Literaten in ihren Zeitdiagnosen heftig kritisiert, wenn nicht gar als Untergangssymptome dämonisiert.

Das Buch- und Pressewesen musste Wege finden, um sich wirtschaftlich gegen die neuen Massenmedien zu behaupten. Zwei Tendenzen seien hier angeführt. Zum einen entstanden massenwirksame billige Editionen und Distributionsformen jenseits von Buchhandlung und Bibliothek. Illustrierte verschleuderten Klassiker, Versandfirmen umgingen die Händler. Die traditionelle Verlagslandschaft sah sich Konkurrenten gegenüber, die die kaufmännische Absicht nicht mit dem Ethos nationaler Kulturpflege verbanden. Zum anderen reagierten die Printmedien mit einer noch stärkeren Einbeziehung von Illustrationen und sinnfällig bebilderter Umschlaggestaltung. Auch die Einführung des Comic strip in Zeitungen und Illustrierten war eine Reaktion auf die neue, nicht mehr sprachzentrierte Mediensituation.

Wortkunst und Bildkunst: Reflexe der Avantgardebewegungen

Experimentalkunst, die die Rezeptionsgewohnheiten der bürgerlichen Kunstinstitution in Frage stellte, war in der ideologischen Umbruchsphase allemal guter journalistischer Unterhaltungsstoff. Die Ismen der mitteleuropäischen bildkünstlerischen Avantgardebewegungen brachten neue ästhetische Erfahrungen, die die stärker als je zuvor bildorientierte Presse weitergab. Hinzu kamen spektakuläre Happenings und verbale Manifeste, die den sprachlichen Diskurs über die neuen Bilder antrieben. Die Baltische Ausstellung zu Weltkriegsbeginn 1915 in Malmö, eine Warenschau der Ostseeanrainerstaaten, erregte mit ihrer Präsentation von russischer Revolutionskunst besonders deshalb die Öffentlichkeit, weil hier innovative Ausdrucksformen mit Massenappell beabsichtigt waren, und nicht individualistische Outsiderästhetik. Der Hauptimpuls für skandinavische Künstler kam jedoch aus Paris, wo viele von ihnen postimpressionistische Malweisen adaptierten. Einige waren Schüler bei Henri Matisse und lernten den Fauvismus kennen; auch Fernand Legér hatte als Lehrmeister von Skandinaviern großen Einfluss.

Die erhöhte öffentliche Aufmerksamkeit gegenüber der Bildkunst nutzte der junge Literat Pär Lagerkvist für die eigene Positionierung zum Karrierestart. Nach einer Studienreise nach Paris erhob er in der Programmschrift *Ordkonst och bildkonst* (Wortkunst und Bildkunst, 1913) Expressionismus und Kubismus zum Leitmodell der literarischen Erneuerung. Schon der Untertitel »Über die Dekadenz der modernen Schönliteratur. Über die Vitalität der modernen Kunst« deutet die grobkörnige Metaphorik an, mit der lapidar eine diffizile psychologische und gesellschaftliche Referenz von Literatur aufgegeben werden soll. Die große Leidenschaft der modernen Belletristik, so Lagerkvist, sei die Schilderung »des Kranken, Ungesunden, des Überempfindlichen und Willenlosen«. »Aber die Zeit ist männlich gesund. Und so fern von Willenlosigkeit und Sentimentalität, dass sie es verdiente, man würde sie brutal nennen.« Den aktuellen schwedischen Autoren, die in naturalistischer Manier einen Wirklichkeitseffekt erzielten, fehle es an der großen Leitidee und am Konstruktionswillen. Literatur solle, im Sujet gespeist aus der Phantasie des Autors, gemäß einer nur sich selbst verpflichteten Textlogik hin zur ›reinen‹ Kunst streben. Insofern vertritt Lagerkvist im europäischen Kontext noch die ästhetizistische Haltung des *fin de siècle*. Vor allem der bildkünstlerische Kubismus (z. B. Picassos), so das Postulat, könne die Dichtung anleiten, nach formalen Regeln zu konstruieren anstatt Wahrscheinliches und Wirkliches zu referieren: »Eine Stimmung, ein Mensch, die zusammengestauchte Mächtigkeit einer Wortmasse, eine Veränderung durch die Entwicklung der Intrige – alles erzwingt ein Pendant als Gegengewicht, als *künstlerische* Erklärung, völlig analog mit der Linie, der Lichtnuance, dem Volumen, der Bewegung in einem kubistischen Kunstwerk, die jeweils ihre neutralisierende Gegenkraft erfordern auf die Gefahr hin, dass sonst das ganze Gebäude zusammenfällt.« Trotz dieser Vagheit, die den ganzen Essay bestimmt, erfuhr Lagerkvists Programmerklärung große Aufmerksamkeit, denn sie konfrontierte die Dichtung mit einem formalen Innovationssprung in der Malerei und forderte einen ebensolchen in der Literatur. Wenn Lagerkvist die seinem literarischen Ideal gemäße gültige Dichtung lobt, dann wird er archaistisch.

Pär Lagerkvists Manifest *Wortkunst und Bildkunst* (1913)

Angstdichtung

Altägyptische, -isländische und -fernöstliche Literatur, sowie die religiösen Schriften Bibel, Koran und Avesta empfiehlt er zu Studienzwecken. Die reinste und leidenschaftliche verbale Ausdrucksform ist für ihn jedoch die monotone, repetitive Totenklage in der »einfach gebauten Sprache irgend eines afrikanischen Negerstammes«. Hier teilt er mit den neuen französischen Kunststilen das Interesse für den Primitivismus und für dessen naivistische Reduktion. In seiner Lyrik der folgenden Jahre, *Ångest* (Angst, 1916) und *Kaos* (Chaos, 1919), folgte Lagerkvist ähnlichen Prinzipien. Mit reduziertem Wortschatz in knappen Strophen über Grundthemen wie Tod und Verlassenheit erreichen diese kaum welthaltigen Gedichte monumentale Wuchtigkeit. Das Wort »Angstdichtung« wurde zu einem festen Begriff in Schweden für diese ich-zentrierte Poesie über ein grundlos-grundsätzliches Leiden an der Welt. Allerdings lässt sich ihre Schreibweise auch dem schwedischen Symbolismus der 1890er zuordnen; sie gibt keinen Anlass, in unmittelbarer Abhängigkeit vom bildkünstlerischen Modernismus gelesen zu werden.

Neben Paris kamen wichtige Impulse aus Berlin. Dort hatte der mit der schwedischen Malerin Nell Roslund verheiratete Schriftsteller und Kritiker Herwarth Walden die Zeitschrift und die gleichnamige Galerie *Der Sturm* gegründet, die sich für die internationalen avantgardistischen Kunstrichtungen einsetzten. Nicht zuletzt die Begegnung mit Walden und den Aktivitäten des *Sturm*-Kreises gab Rudolf Broby-Johansen den Anstoß zur Veröffentlichung seiner Lyriksammlung *Blod* (Blut, 1922), die er im Untertitel als »expressionär« bezeichnet. Typisch für den schmalen Band ist das der dänischen Filmschauspielerin Asta Nielsen gewidmete Eröffnungsgedicht *Odalisk – Skønhed* (Odaliske – Schönheit). Beschrieben wird eine verfaulende, zusammenstürzende Großstadtwelt voller Mörder, Leichen, Unzucht und Triebverbrechen. Sprachliche Mittel wie elliptische Syntax, Alliterationen, Neologismen und Komposita verleihen den Tabubrüchen bezüglich der dargestellten Welt und der Institution Gedicht zusätzliche Prägnanz. Die pornographische und brutalistische Schockästhetik, die sich neben der Großstadt auch dem Krieg zuwendet, lehnt sich an den deutschen literarischen und bildkünstlerischen Expressionismus an (Grosz, Benn, Brecht). Nach der polizeilichen Beschlagnahmung und einem für Broby straffrei verlaufenen Prozess druckte Walden zwei der Gedichte auf Dänisch im *Sturm*. Die Selbstglorifizierung eines leidenden oder ekstatischen Subjekts ist dem Expressionismus Brobys fremd. Die Aussageinstanz beschreibt Exzesse, aber sie setzt sich nicht selbst in Szene – so entsteht ansatzweise eine zugespitzte sozialrealistische Optik.

Der Sturm in Dänemark

Kunstgeschichte als emanzipatorisches Projekt

Die Auseinandersetzung mit der Avantgardekunst bestärkte den kommunistischen Kulturkritiker und Essayisten Broby in seiner kritischen Revision der bürgerlichen Kunstinstitution. In seinen kunstpädagogischen Schriften rechnete er mit einer Kunstpraxis als Propaganda von Macht und Besitztum ab und betonte dagegen die in jedem Menschen angelegte spielerische Kreativität und den klassenunabhängigen Ausdruckswillen. In seinem reich bebilderten populärwissenschaftlichen Buch *Hverdagskunst – Verdenskunst* (1942; Kunst und Umwelt, 1959) ging er universalistisch zu Werk und setzte assoziativ die Formgebung der Dinge des täglichen Lebens mit den Kunstwerken aller Epochen und Erdteile miteinander in Bezug. Diese in viele Sprachen übersetzte und in vielen Neuauflagen erschienene Stilkunde regte zahllose Menschen an, soziale und institutionelle Schwellen zu überwinden und bewusst am Kunstgeschehen teilzuhaben.

Am augenfälligsten ist die Zusammenarbeit von Wort- und Bildkünstlern im dänischen Expressionismus in der vom *Sturm* angeregten Zeitschrift *Klin-*

gen (Die Klinge, 1917–20). Einer ihrer Beiträger war der sich als Dandypoet öffentlich in Szene setzende Emil Bønnelykke. In futuristischer Manier und im Walt Whitman-Ton zelebrierte er in seiner Lyrik, z.B. in *Asfaltens Sange* (Lieder des Asphalts, 1918), Technik, Jugend, Geschwindigkeit und quirliges Stadtleben. In *Klingen* druckte er eine Grafik als nonverbales ›Gedicht‹ unter dem Titel *Berlin*: Ähnlich wie im Ausschnitt des Gleisnetzes eines großstädtischen Bahnhofs verlaufen darin 27 parallele Linienpaare nebeneinander, übereinander, aufeinander zu. Viel Wirbel machte Bønnelykke mit der Lesung seines Prosagedichts über die ermordete Rosa Luxemburg, das er mit dem Abfeuern von Revolverschüssen beendete. Auch hier sprengte die Dichtung den Rahmen ihrer sprachlichen Medialität und die ihrer traditionellen Vermittlungsform. Das Andenken seines spielerisch-libidinösen Posierens für die Medienöffentlichkeit überschattete bald das Interesse für seine literarischen Arbeiten. Mit *Spartanerne* (Die Spartaner, 1919) hatte Bønnelykke dennoch einen bedeutsamen Experimentalroman vorgelegt. Sein Thema ist das jugendliche Lebensgefühl im Angesicht von Kriegskatastrophen, das in drei verschiedenen Epochen – in der Antike, in der Gegenwart des Ersten und in der Zukunft eines Zweiten Weltkriegs – beleuchtet wird. Von der Montagetechnik in David W. Griffiths Filmepos *The Birth of a Nation* (1915) inspiriert, versucht der Roman die zeitlich weit auseinanderliegenden Geschehnisse kontrapunktisch im Textfluss darzustellen.

Techniklob und Pose

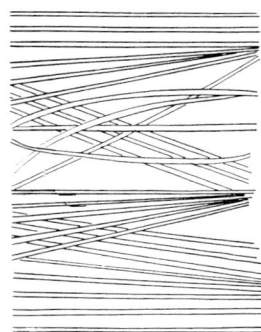

Emil Bønnelykkes expressionistisches Gedicht *Berlin* (1918)

Von der Weltanschauung zur Welt-Anschauung: bürgerliche Ideologeme in der Diskussion

Den Auftakt zu den politischen Transformationsprozessen, die sich in den ersten drei Jahrzehnten des 20. Jh. in Skandinavien abspielten, spiegelte kein Ereignis in der literarischen Öffentlichkeit so markant wie die Strindberg-Fehde 1910–12. Ihr Namensgeber August Strindberg erstellte in seinen letzten Lebensjahren in einer Reihe von Artikeln seine Diagnose des politischen und kulturellen Lebens des oscarianischen Schweden. Seine Kritik an Königtum, Kirche, Bürokratie und am nationalkonservativen Kulturestablishment löste die größte und am polemischsten geführte literarische Pressedebatte des Landes aus, die wiederum tiefe gesellschaftliche Unstimmigkeiten in Fragen der Politik und Weltanschauung offenlegte. In 465 Stellungnahmen beteiligten sich an ihr über 16 Monate hinweg ca. 300 Personen. Sie kann damit als der Höhepunkt jener Epoche seit der Aufklärung gesehen werden, in der das literarische Feld für die bürgerliche Öffentlichkeit als Diskussionsforum und als Podium der moralischen und ästhetischen Konsensfindung fungierte. Diese Funktion übernahmen in der Folgezeit mehr und mehr die neuen Massenmedien unter ihren eigenen Prämissen, was einerseits den Adressatenkreis vergrößerte, aber andererseits auch eine Verringerung der ästhetischen Dimension in der Argumentation mit sich führte. Strindbergs Angriffe richteten sich vornehmlich gegen konservative Literaten der 1890er wie Verner von Heidenstam und den verstorbenen Oscar Levertin sowie gegen die Schwedische Akademie mit ihrem Nobelpreis-Komitee, aber auch gegen die frauenpolitischen Konzepte von Ellen Key oder gegen den – wie er es nannte – »Entdecker-Humbug« des Forschungsreisenden und nationalreaktionären Monarchisten Sven Hedin. Demgegenüber propagierte er direkt den Anschluss an die Arbeiterbewegung und deren Ziele. Weil er sich darauf beschränkte,

Strindbergs Generalabrechnung

das Legitimierte und Autorisierte zu kritisieren, warfen ihm die Kontrahenten Paranoia vor. Olof Lagercrantz hat in der Biographie *August Strindberg* (Strindberg, 1980) 1979 die Debatte folgendermaßen zusammengefasst: »Letzten Endes betrifft die Strindberg-Fehde die Frage, wer bestimmt, was ein Dichter ist. Damit wird auch entschieden, was ein Mensch ist und wie die Gesellschaft aussehen soll, in der dieser Mensch leben kann.«

Militante Literaten

Heidenstam und Hedin gingen nach der Fehde noch stärker in die konservative Offensive. Als die von den Sozialdemokraten unterstützte liberale Regierung den Bau von Kriegsschiffen einsparen wollte, propagierte Hedin die Aufrüstung im Pamphlet *Ett varningsrop* (Ein Warnruf, 1912), das mit einer Million Exemplaren in der bis dahin größten Auflage aller Zeiten in Schweden gedruckt wurde. Für König Gustaf V. verfasste er 1914 offensichtlich mit Beistand von Heidenstam die sogenannte Burghofrede, in der jener sich mit patriarchalischem und militaristischem Pathos von der Verteidigungspolitik der Regierung distanzierte und durch diese Einmischung deren Abgang provozierte. Diese Vorgänge bestätigten im Nachhinein die Brisanz der in der Strindberg-Fehde aufgedeckten Verquickung von konservativem Literaturestablishment und politischer Führungsschicht vor der Einführung des demokratischen Parlamentarismus in Schweden.

Martin Andersen Nexø und die Sozialethik

In den ersten Band seines Hauptwerks, den vierbändigen Roman *Pelle Eroberen* (1906–10; Pelle der Eroberer, 1912), schrieb Martin Andersen Nexø die Widmung: »Dem Meister Henrik Pontoppidan«. Dieser hatte seine großen Gesellschaftspanoramen *Lykke Per* (1898–1904; Hans im Glück, 1906) und *Det forjættede Land* (1891–95; Das gelobte Land, 1908) an dem Modell des Bildungsromans ausgerichtet, der sich jedoch in einen Desillusionsroman verkehrt. Anstatt dass der Held zum Schluss gereift ein glückliches Leben als selbstbestimmtes Individuum im sozialen Verbund führt, hat er bei Pontoppidan den Glauben an kollektive oder metaphysische Ideale verloren und endet als zweifelnder Eigenbrötler. Konservativismus, leerformelhafte Religiosität, Egoismus und Zivilisationsangst im porträtierten bürgerlichen Dänemark lassen keinen Raum für Wunschbild-Euphorie. Andersen Nexø

»Dem Meister Henrik Pontoppidan«

Martin Andersen Nexø (2.v.r.) im Gespräch mit Helene Weigel (1.v.l) und Bertolt Brecht (2.v.l) 1939 in Lidingö bei Stockholm

hält dem nun die sozialistische Utopie entgegen. Er beschreibt optimistisch die Unterschicht nicht mehr als bloßes Opfer von Demütigung und Ausbeutung wie im Naturalismus, sondern als handelndes, die soziale Wirklichkeit veränderndes Kollektiv. Der Held wird geformt, bis er zur politischen Aktion gereift ist, die die proletarische Glücksutopie realisieren kann.

Pelle Erobreren – der Titel ist nicht ironisch gemeint wie *Lykke Per*, hier geht es wirklich um mentalen und intellektuellen Zugewinn, und zwar nicht nur individuell. Pelles Lebensweg von Bornholm nach Kopenhagen steht allegorisch für das Proletariat überhaupt. So durchschreiten die vier Bücher des Romans mit der Reifung Pelles auch vier Stadien in der Ideengeschichte der Arbeiterschaft gemäß den entsprechenden Gesellschaftsordnungen. In *Barndom* (Kindheit, 1906) wird in simplen agrarischen Produktionsformen fürs karge Überleben gearbeitet. Statt gegen die Ausbeutung aufzubegehren, dämonisiert das schicksalsergebene Landproletariat seine Unterdrücker. *Læreår* (Lehrjahre, 1907) fokussiert das kleinstädtische und kleinbürgerliche Handwerkssystem, das angesichts der industriellen Produktion verarmt. *Den store Kamp* (Der große Kampf, 1909) stellt Elend und Versumpfung des Lumpenproletariats der selbstbewussten Disziplin der Arbeiterbewegung in der Großstadt Kopenhagen gegenüber. Die allerdings schwankt zwischen revolutionärem Aufbegehren und dem sozialdemokratischen Kompromiss einer friedlichen Systemtransformation. *Gryet* (Das Morgengrauen, 1910) schließlich propagiert das Genossenschaftswesen als Synthese interner Widersprüche in der Arbeiterbewegung. Das Proletariat, aus dem er selbst stammt, ist bei Nexø Hort intuitiver Menschlichkeit. Wichtige Faktoren für die erstrebenswerte Sozialethik sind daneben für Nexø auch der Bildungsgedanke und die Idee der gemeinschaftlichen Fürsorge, die aus dem Grundtvigianismus stammen.

Ein Schmöker mit Tendenz

Die Frauenfiguren in *Pelle Erobreren* sind keine Erobererinnen, sondern Wahrerinnen; ihre politische Emanzipation ist kein Thema. Ihrem instinktiven Charakter wird keine andere Entwicklungsmöglichkeit zugesprochen, als ihre biologisch unvermeidliche Mutterschaft und Mütterlichkeit in der Aufopferung für die Familie auszuleben. Eine Apotheose dieses weiblichen Figurenkonzeptes entwarf Nexø im Roman *Ditte Menneskebarn* (Stine Menschenkind, 1918–23), der 1917–21 in fünf Bänden erschien. Dittes Leidensweg führt wie derjenige von Pelle von der Armut auf dem Lande ins Lumpenproletariat Kopenhagens; doch sie erfährt keinen Bildungsprozess, sondern durchläuft bis ans Ende der Kräfte Stadien der ständigen Steigerung von Demütigung und Menschenverachtung im Hochkapitalismus. Das Motiv von den Irrwegen der verfolgten Unschuld ist in Märtyrerlegenden oder im empfindsamen Roman (etwa bei Samuel Richardson) vorgezeichnet und wurde in der Kolportageliteratur reichlich aufgegriffen. In der dänischen Literatur hat H.C. Andersen u.a. mit dem *Mädchen mit den Schwefelhölzern* ebenfalls eine weibliche Figur geschaffen, deren sadistisch-sentimentale Destruktion den Stoff für die sozialkritische Entrüstung liefert. Nexøs monumental gedehnte Opferung des Schmerzensmütterchens Ditte mit dem großen Herzen kann als weiterer Ausdruck männlichen Unbehagens vor der Werktätigkeit der Frauen gesehen werden, die den Ruf nach Gleichberechtigung noch lauter werden ließ. Politisch-biographisch ist der Roman als mahnende Reaktion auf den Zusammenbruch der Zweiten Internationale und als Abrechnung mit den moderaten Reformisten der Arbeiterbewegung gedeutet worden. Nexø selbst trat aus der Sozialdemokratie aus und wurde Mitbegründer der Kommunistischen Partei Dänemarks.

Sozialistischer Sentimentalismus

Pelle Erobreren und *Ditte Menneskebarn* sind als zwei der zentralen Musterwerke des literarischen sozialistischen Realismus rezipiert worden. In den 30ern wurden Nexøs Bücher nicht nur im nationalsozialistischen Deutschland, sondern auch von dänischen Antikommunisten öffentlich verbrannt. Bis ins hohe Alter pries der Autor die Sowjetunion als Heimat des wahren Kommunismus. Als Reaktion auf den NATO-Beitritt Dänemarks 1949 ließ er sich in der DDR nieder, wo ein Kult um seine Person in Gang gesetzt wurde. Im selben Jahr bekam er Ehrendoktorwürden in Greifswald und Leipzig verliehen. In Dresden bewohnte er als Ehrenbürger der Stadt bis zu seinem Tod 1953 eine Ehrenwohnung, die später in ein Museum umgewandelt wurde. Die offizielle Ikonographie bemühte sich – so empfand es Nexø –, seine Bildnisse Goethes Physiognomie ähneln zu lassen, und auch sonst feierte man ihn als Inititialfigur der zu begründenden staatstragenden DDR-Poetik. Nach dem Mauerfall wurden die Exponate seines Dresdner Museums nach Bornholm verschifft, wo der Autor seine Kindheit in Armut verlebt hatte: nach Nexø.

Nationalliterarische Monumentalisierung in Norwegen

Nachdem Norwegen 1905 durch die Auflösung der Union mit Schweden vollständige politische Souveränität erlangt hatte, lässt sich in der literarischen Produktion eine regionalistische Wendung feststellen. Eine internationale Zielleserschaft wird unbedeutender, ebenso wie die einstigen universalen Thematiken von der gesellschaftlichen Modernisierung oder vom unbewussten Seelenleben. Konnten national orientierte Literaten vor 1905 in einem patriotischen Projekt mit Erlösungsverheißung gegen einen außenstehenden Kontrahenten agitieren, so verstanden sie sich danach vielmehr als Zementierer der Orts- und Kulturtradition ihrer einheimischen Leserschaft. Nach der siegreichen Schlacht errichtet man Monumente: Das erklärt vielleicht die Vielzahl der historischen Romane, oft auch als mehrbändige Serien angelegt, die jetzt geschrieben wurden, und die anstatt nonkonformistische Lebensentwürfe anzuregen vor allem moralische oder religiöse Richtlinien erörterten. In der Forschung wurde diese Tendenz oft als Indiz für den Verzicht der norwegischen Belletristik auf Teilhabe an der internationalen literarischen Moderne gewertet. Generell fand eine verstärkte Nationalisierung der Buchbranche statt, zu der auch die entdanisierenden Rechtschreibreformen von 1907 und 1917 beitrugen. Kopenhagen verlor seine Funktion als Publikationsort für Norwegen, woraus der einst wichtigste Verlag Gyldendal die Konsequenz zog und eine selbständige Abteilung in Kristiania gründete. Das neue Verlagshaus Norsk Gyldendal setzte dann erfolgreich auf üppige und zugleich preisgünstige Werkausgaben der Autoren des Modernen Durchbruchs, die so als Nationalklassiker zelebriert wurden.

Heimat und Ethos

In den jetzt erscheinenden historischen Romanen werden viele großstadtferne Regionen Norwegens und ihre Lokaltraditionen zum ersten Mal Gegenstand der Dichtung. Die Werke handeln von Menschen, die selbst keine Bücher lesen, höchstens die Bibel. Die Figuren – einfache Leute – müssen zwischenmenschliche und soziale Grundprobleme bewältigen, wobei ihnen nicht der komplexe intellektuelle Input der Gegenwart ihrer Leser zur Verfügung steht. Dem zeitgeschichtlichen Kontext der Leser mit seinen massenmedial behandelten globalpolitischen Konflikten und Katastrophen stellen die Romane nationalkulturelle lokale Thematiken entgegen. Kunst und Kultur beschränken sich in den dargestellten Welten zumeist auf Religion und Ritus. Die zentrale Instanz, nach der sich die Lebensentwürfe ausrichten, ist die Sippe.

Für Sigrid Undset war es in dem 1928 mit dem Nobelpreis ausgezeichneten dreibändigen Romanzyklus *Kristin Lavransdatter* (1920–22; Kristin Lavranstochter, 1926–27) das erklärte Ziel auszudrücken, dass das Individuum seine Familie stützen soll, um dadurch wiederum die Nation zu festigen. Die Titelheldin ist verwurzelt im katholischen Glauben des ausgehenden Mittelalters, in dem sich die Handlung zuträgt. Sie lernt, ihr Begehren zu zügeln, um die familiäre Gemeinschaft nicht zu gefährden. Neben der propagierten Eingliederung in die patriarchalisch organisierte Sippe, zu deren Wohlstand sie beizutragen hat, versteht sie sich komplementär als Magd Gottes. In den Roman fließt Undsets umfangreiches kulturhistorisches Fachwissen ein, das sie in mächtigen deskriptiven Tableaus einsetzt. Gleichwohl handelt es sich nicht um eine mentalitätsgeschichtlich korrekte Menschenschilderung, sondern um eine Fortführung des auch in den Gegenwartsromanen der Autorin diskutierten modernen Konzeptes von der weiblichen Autonomie ausgerechnet in dem traditionellen Rollenmodell als Mutter und liebende Gattin. Eine Selbstbestimmung in schöpferischer Lebenspraxis, wie sie die emanzipiert und unkonventionell lebende Titelheldin in Undsets Durchbruchswerk *Jenny* (1911; Jenny, 1921) als Kunstmalerin verwirklicht, kann nicht die Erfüllung bedeuten, wenn noch nicht der Idealpartner für ein romantisch-erotisches Eheprojekt gefunden ist. Wenn nur ungenügende Kandidaten zur Auswahl stehen, lehrt das Leben den Verzicht; die Partnerschaft wird als Exerzitium erfahren. 1924 konvertiert Undset zum Katholizismus. In ihren Texten tritt die Religiosität noch stärker als Sinnspender der Hauptfiguren in den Vordergrund und stellt dabei den Familiengedanken mehr und mehr in den Schatten. In den Romanen *Gymnadenia* (1929; Gymnadenia, 1929) und dem fortsetzenden *Den brændende busk* (1930; Der brennende Busch, 1931) wird der Moralismus der religiösen Riten gegen die familiäre zwischenmenschliche Ethik ausgespielt, wobei sich libidinös-masochistische Züge in der Heldenfigur andeuten.

Sigrid Undset, Gemälde von A. Svarstad (1911)

Cora Sandel hat mit ihrer *Alberte*-Trilogie (1926–39) einen Alternativentwurf für die weibliche Selbstentfaltung wider den Familienzentrismus formuliert. Im zweiten Band *Alberte og friheten* (1931; Alberte und die Freiheit, 1962) geht die Titelheldin nach einer eingeengten Kleinstadtjugend zu Beginn des 20. Jh. für viele Jahre nach Paris. Diese Zeit nutzt sie als Mitglied einer internationalen Boheme für eine erotische und berufliche Experimentalphase. Auch das Flanieren, die ziellos streunende, neugierige Hingabe an das Umgebende, die damals nur von sehr wenigen Autorinnen überhaupt als weibliche Lebensform in Betracht gezogen wurde, wird hier zum Thema. Wenn Alberte sich am Ende entschließt, in Norwegen als Schriftstellerin zu leben, ist sie dazu auch ohne ihr Kind und dessen Vater in der Lage.

Weibliche Freiheitsfindung

Viele kulturkonservative, ›neurealistische‹ Romane betonen dagegen das Familienethos. Olav Duun verfolgt in seiner sechsbändigen Romanserie *Juvikfolke* (1918–23; Die Juwikinger, 1927–29) über viele Generationen die soziale Autarkie einer Bauernfamilie und reflektiert so die Transformationsprozesse der norwegischen Gesellschaft durch die Jahrhunderte bis in die jüngste Vergangenheit (Sozialdemokratie). Die Sippengenealogie und -mythologie verfestigt die Autorität der Patriarchen, deren Funktion indes zumindest unter den geänderten Produktionsformen und politischen Organisationsformen der Gegenwart immer fragwürdiger wurde. Zu den damals typischen Romanserien, die regionales Bauern-, Arbeiter- und Handwerkerleben in großen historischen Schnitten auslegen, gehört *Christianus Sextus* (3 Bände, 1927–35; Grube Christianus Sextus, 1937–38) von Johan Falkberget über die Kupferbergwerksarbeiter in Røros im 18. Jh. sowie *Dansen*

Cora Sandel (Paris 1911)

Helden der Heimat

gjenom skuggeheimen (Der Tanz durchs Schattenreich, 10 Bände, 1911–24) von Kristofer Uppdal, worin am Beispiel der Wanderarbeiter die Entstehung von Proletariat und Arbeiterbewegung in Norwegen nachgezeichnet wird.

Von solchen übergeordneten sozialhistorischen Fragestellungen ist Trygve Gulbranssens Familien-Saga über die Bauern auf Bjørndal *Og bakom synger skogene* (1933; Und ewig singen die Wälder, 1935) frei. Hier wie in den Folgebänden *Det blåser fra Dauingfjell* (1934) und *Ingen vei går utenom* (1935; dt. zusammen unter dem Titel *Das Erbe von Björndal*, 1936) schlagen sich die in Kämpfen mit Bären, Wildwassern und anderen Naturgewalten gehärteten und heroisierten Männer von einem durch Aberglauben und Rachedrang geprägten sozialen Gebaren zur christlich-humanistischen Weltanschauung durch. Die Bücher stehen dem kleinbürgerlich-eskapistischen röhrenden Hirsch über dem Sofa näher als der aggressiven nationalsozialistischen ›Blut und Boden‹-Ideologie, für die sie der zeitgenössische deutsche Markt vereinnahmte. Mit einer Gesamtauflage von bisher über 12 Millionen Exemplaren in über 30 Sprachen und vor allem auf Deutsch gelang dem Autor ein enormer Medienerfolg. Die österreichische Verfilmung *Und ewig singen die Wälder* im melodramatischen Heimatgenre spielte in der Kinosaison 1959/60 den westdeutschen Kassenrekord ein, so dass im Folgejahr auch *Das Erbe von Björndal* auf die Leinwand gebracht wurde.

Hamsun zwischen Erzählmodernismus und Nationalsozialismus

Knut Hamsuns *Gesammelte Romane und Erzählungen* (1907)

Nihilistische Attacken auf die Kollektiverzählung

Die erste norwegische Ausgabe von Knut Hamsuns Gesammelten Werken 1907 zeigt als Titelgraphik eine Gebirgslandschaft, aus der als Felsen monumental Hamsuns Kopf ragt. Der schöpferische Kopf ist aus demselben Material gemacht wie das Land, aus dem er stammt. Aus der (Landes-)Natur ist ein solides Denkmal von bleibender Dauer entstanden, und die Illustration suggeriert, dass die Buchausgabe, auf der sie abgebildet ist, dies nicht weniger sei. Hamsun selbst vollzieht zu dieser Zeit einen Wandel in seiner Poetologie. Statt als ›neuromantische‹ Seelenschauen sind seine Bücher seit dem Doppelroman *Benoni* (1907; Benoni, 1909) und *Rosa* (1908; Rosa, 1909) als sogenannte ›neurealistische‹ Gesellschaftspanoramen ausgelegt. Ein humoristisch bis sarkastisch kommentierender Erzähler, der aber seine Informationen über die dargestellte Welt unzuverlässig mitteilt, führt eine bunte Galerie volkstümlicher Charaktere in nordnorwegischer Kleingemeinde vor. Die lokale Gemeinschaft ist technisch-zivilisatorischen Modernisierungsprozessen ausgesetzt, die grundsätzlich als niederträchtig konzipierten Figuren für ihre persönlichen Ausbeutungsprojekte nutzen. Das gleiche Grundthema, aber mit ernsterer Sozialkritik und einem über Jahrzehnte historisch perspektivierten Handlungsverlauf bringen die aufeinander bezogenen Romane *Børn av tiden* (1913; Kinder ihrer Zeit, 1914) und *Segelfoss by* (1915; Die Stadt Segelfoss, 1916). In der zuvor erschienenen Wanderer-Trilogie mit den blumigen Titeln *Under høststjærnen* (1906; Unter Herbststernen, 1908), *En vandrer spiller med sordin* (1909; Gedämpftes Saitenspiel, 1910) und *Den sidste glæde* (1912; Die letzte Freude, 1914) richtet ein lüsterner und leidender älterer Ich-Erzähler, der zudem noch Hamsuns Geburtsnamen Knut Pedersen trägt, in den von ihm heimgesuchten Gemeinwesen Intrigen und Schaden an. Wenn er dazwischen in der Bergwaldnatur Aufrichtung sucht, dann ist auch deren Schilderung zynisch durchbrochen. Man hat diese Texte als typisch modernistische Allegorien des Autors, der einen Roman sucht, gelesen. Die Fabel findet kein stabiles Sinnzentrum, das als Projekt angesteuert werden kann oder an irgendeiner Stelle einen krisenfreien Balancezustand verheißt. Was den Helden definiert, ist ein sadomasochistischer Aktionismus, der sich im (hinter-)listigen Erzählakt verdoppelt. Er ergeht sich in menschenverachtenden Zetereien und wirft allen anderen Leuten, ob Bauern, ob Bürgern, Degeneration und Sklavenmoral vor – eine nihilistische Provokation.

In seinen öffentlichen politischen Stellungnahmen ließ Hamsun, der Figur Knut Pedersen nicht unähnlich, keinen Allgemeinplatz rechtsreaktionärer und rassistischer Demagogie aus, was dann in den 30ern in seiner infamen Proganda für den Nationalsozialismus mündete. Doch in der Dichtung war Hamsun ambivalent. Sein Erfolgsroman *Markens grøde* (1917; Segen der Erde, 1918) konnte nur dadurch zum gefundenen Fressen für ein ›Blut und Boden‹-Publikum werden, weil dieses geflissentlich Ironiehinweise und narrative Komplikationen ignorierte. Das Szenario ist lapidar und bietet deshalb die Monumentalität, die faschistoide Heimatkunst als so erbaulich schätzt: Ein Mann, biblisch Isak benannt, und im Sinne eines Ursprungsmythos ohne eine je erwähnte Herkunft und Biographie, nimmt Ödland, macht es urbar und bewirtschaftet es. Die dumpfe Reflexionsarmut des stur auf der Scholle losackernden Landmannes reicht zwar aus, um simple Primärbedürfnisse zu befriedigen, sie macht ihn aber unfähig für jegliche soziale Problembewältigung. Das fängt mit der Frau an, die ihres Weges daherkommt und bleibt, und wird erst recht schwierig, wenn die Geld- und Warenwirtschaft über die Einsiedelei einbricht und die Pläne von Stadtmenschen die antizivilisatorische Idylle durchkreuzen. Die vielen *deus ex machina*-Lösungen konterkarieren einen Heroismus der archaischen Utopie. Das hinderte aber beispielsweise keineswegs den nationalsozialistischen Ideologen Alfred Rosenberg daran, den Hinterwäldlerroman als das »heutige große Epos des nordischen Willens in seiner ewigen Urform, heldisch auch hinterm Holzpflug, fruchtbringend in jeder Muskelregung, gradlinig bis ans unbekannte Ende« zu verbrämen, wie er 1930 in seinem *Mythus des 20. Jahrhunderts* schrieb.

Ackersmann auf Holzwegen

Auch der Literatur-Nobelpreis, der Hamsun 1920 für *Markens grøde* verliehen wurde – gemäß der Satzung der Jury »für das Hervorragendste in idealischer Richtung« – basierte auf einer blindlings harmonisierenden Lektüre des Romans und weihte den Autor zum Dichter des erbaulichen Schollenethos. Er selbst nahm dankend entgegen, doch bot er in seinen folgenden Büchern kein zweites Mal Anlass zu solcher Vereinnahmung. In der sarkastischen Gesellschaftssatire *Konerne ved vandposten* (1920; Die Weiber am Brunnen, 1921) verhöhnt der Erzähler eine Kleinstadt voll planloser Betriebsamkeit und allseitigem Betrug. Nur einige wenige Figuren, die statisch in ihrem primären Wirtschaftssektor harren oder bescheidenes Handwerk betreiben und die jede technische Innovation, jedes Gewinn- und Standesstreben ablehnen, werden von der Erzählerironie verschont. Die regressiv-antikapitalistische Farce setzt Hamsun in der Landstreicher-Trilogie mit den Romanen *Landstrykere* (1927; Landstreicher, 1928), *August* (1930; August Weltumsegler, 1930) und *Men livet lever* (1933; Nach Jahr und Tag, 1934), nun wiederum in einer nordnorwegischen Fischergemeinde, fort. Mit der Titelfigur August rückt der vagabundierende Geschäftemacher der Gründerzeit, ein bindungslos-amoralischer Spekulant, aber gleichzeitig auch ein Phantast, ein Lügen- und Fiktionsproduzent, in den Mittelpunkt. Seine Projekte richten viel Schaden an und verlaufen dann letzten Endes im Sand und in der Selbstdestruktion. Damit deutet der Text auch eine metapoetische Perspektive an: Autor und Titelheld können als Performer des Fabulierens betrachtet werden, die die Libido des Publikums reizen und seine Tagträume füttern. Das macht aber keinen Menschen besser, noch kann es brauchbare Utopien für das Leben aufzeigen.

Einträgliche Fehlrezeptionen

Verweigerung des Sozialen

Während sich der politische Debattierer Hamsun mehr und mehr im Nationalsozialismus verstrickt, u.a. indem er 1935 den im KZ internierten Pazifisten Carl von Ossietzky in einem skandalösen Zeitungsartikel öffentlich verspottet, umreißt sein Roman *Ringen sluttet* (1936; Der Ring schließt sich, 1936) dazu ganz im Widerspruch den Rückzug aus dem Sozialen. Gemessen an den nihilistischen Gesellschaftsmodellen in Hamsuns Zwischenkriegsproduktion zieht der Protagonist in der Lebensauffassung die Konsequenz. Er klinkt sich aus den sozialen Anerkennungsriten und Produktionskreisläufen aus; es gibt keine Motivation mehr. Da löst selbst zivilisatorische Modernisierung keinen Unwillen mehr aus. Auch in der kollektiven Regression zu arbeitsam archaischen Lebensformen deutet sich keine Utopie mehr an, wie in Hamsuns früheren Werken. Und die Erotik erscheint als müde Reproduktion kultureller Muster. Der Absurdismus in Skandinavien erhält mit diesem Roman ein frühes Hauptwerk. Es wäre mehr beachtet worden, wenn der öffentliche Faschist Hamsun nicht von seiner literarischen Rezeption abgelenkt hätte. 1943 schenkte er seine Nobelpreis-Medaille an Goebbels aus Verehrung für das, was er dessen »idealistischen Einsatz für Europa und die Menschheit« nannte.

Legitimationskrisen »mitten in einer Jazz-Zeit«

Tom Kristensen (um 1930)

Experiment mit dem Amüsement

In Dänemark haben Hamsuns Austritts- und Verweigerungserzählungen ein Pendant in Tom Kristensens Roman *Hærværk* (1930; Roman einer Verwüstung, 1992) gefunden, in dem mit dem Abschied von den religiösen und politischen Weltanschauungen experimentiert wird. Ein Kopenhagener Literaturkritiker kann es nicht mehr ertragen, beruflich immer Meinungen und Werturteile abliefern zu müssen, wobei er seinen eigenen Standpunkt gar nicht definieren kann. Zwar lernt er Repräsentanten für Kommunismus und Katholizismus kennen, doch will er sich bei der Ergründung seiner postulierten Innerlichkeit nicht von äußerlichen Ideologien lenken lassen. Stattdessen beschließt er, systematisch »vor die Hunde zu gehen«. Er kündigt Arbeit, persönlichen Umkreis und Familie auf und sucht in Bars und Tanzrestaurants mit Alkohol und Grammophonmusik Entgrenzungserlebnisse. Gerade die Unendlichkeits- und Erhabenheitserfahrung im berauschten dionysischen Tanz, nachdem alle vormaligen Lebenszusammenhänge zerstört sind, hat ihn am Ende wieder stabilisiert, so dass er einen neuen Integrationsversuch starten kann. Der Vergnügungsbetrieb hat hier eine kathartische Funktion, ganz im Gegensatz zum kulturkonservativen Gegenstück von *Hærværk*, Jakob Paludans Bildungsroman *Jørgen Stein* (2 Bände, 1932–33; Gewitter von Süd, 1940). Darin führt die Wertekrise des Bürgertums nach dem Ersten Weltkrieg vor allem auch deshalb in eine vermeintliche existentielle Leere, weil durch Amerikanisierung und kapitalistische Merkantilisierung des kulturellen Lebens die Menschen keine Transzendenzerfahrungen mehr sammeln können, wie sie u.a. die Kunst des 19. Jh. für sie angeblich geboten hatte. Der Titelheld versucht schließlich, nachdem er die Modernität der 20er Jahre ausgiebig gekostet hat, im Rückzug in ländliche Abgeschiedenheit die bürgerlichen Normen der Vergangenheit wiederaufleben zu lassen – eine resignative Lösung.

Midt i en Jazztid (Mitten in einer Jazz-Zeit, 1931), das Debütbuch des damals 22-jährigen Knud Sønderby, ist ein dritter dänischer Roman, der in seiner Zeitdiagnostik die neue Präsenz und Wirkungsweisen der expandierenden Unterhaltungskultur fokussiert. Als der jüngste der hier behandelten Autoren hat Sønderby seine Sozialisierung im liberalen Klima der 20er

Jahre erfahren, in denen die Auflösung der viktorianischen Kultur schon weit fortgeschritten war. Eine Kontrastierung mit dem alten Wertesystem und die Darstellung von diesbezüglichen Verlust- oder Überwindungsprozessen ist denn auch nicht sein Thema. Der Roman entwirft das Porträt der bürgerlichen Großstadtjugendlichen, einer Generation, die historisch zum ersten Mal als eigenständige Konsumentenschicht mit eigenem, kommerzialisiertem Life style hervortritt. Man verfügt über Geld, ist sexuell selbständig, stellt untereinander seine Weltgewandtweit und Ungezwungenheit zur Schau, während der hedonistische Verbrauch von Drinks, Zigaretten, Mode, leichter Musik, schnellen Autos, Illustrierten und Film hilft, die Langeweile zu dämpfen. Die Körperfixierung in Sport, Tanz, Sex und Mode fördert den Narzissmus; für starke emotionale Partnerbindung reicht die prinzipielle Gleichgültigkeit der Protagonisten nicht. Doch darüber klagt der Roman nicht: Die ironische und gewitzte Erzählinstanz gibt sich nicht klüger und auch nicht pathetischer als die Figuren, wodurch ein Eindruck von zuversichtlicher Nonchalance entsteht.

Lebensentwürfe im Genussmittelkonsum

Der finnlandschwedische Modernismus

Die moderne Lyrik und das experimentierende Schreiben fanden in Nordeuropa auf breiterer Basis zuerst unter finnlandschwedischen Literaten ihre Protagonisten. Gründe dafür können in der zunehmenden kulturellen Marginalisierung des finnlandschwedischen Bürgertums gesehen werden – der einstigen politischen Führungsschicht –, das vom nationalorientierten Kulturschaffen der finnischsprachigen Majorität ausgeschlossen war, sich stärker kosmopolitisch ausrichtete und so viel intensiver die internationale moderne Literatur rezipierte. Dazu kommt ein personelles Netzwerk, wie es gerade die überschaubare schwedischsprachige Literaturszene erlaubte. Manche Forscher haben die modernistische Pionierstellung auch mit der konkreten Erfahrung des grausamen Zusammenbruchs des sozialen Ethos im finnischen Bürgerkrieg 1918 in Verbindung gebracht; Finnland war das einzige nordeuropäische Land, in dem während des Ersten Weltkriegs Kämpfe stattfanden. Ein derartiger existentieller Schock braucht aber nicht unbedingt Konsequenzen für die ästhetische Innovation zu haben. Im Gegenteil drückt sich der größte Teil kriegsthematischer Literatur in einer konventionellen realistischen Diktion aus.

Gerade die Aufmerksamkeit gegenüber den internationalen literarischen Entwicklungen kennzeichnet auch den Hintergrund der Lyrikerin Edith Södergran, der Initial- und Schlüsselfigur des finnlandschwedischen Modernismus. Ihr symbolistischer Debütband *Dikter* (Gedichte, 1916) brach sowohl durch die reimlosen, zumeist freirhythmischen Verse mit der schwedischsprachigen Lyriktradition, als auch durch die vieldeutig-komplexe Verknüpfungslogik im Aufbau der Textargumentation. In anaphorischen Parallelismen, etwa in einer Reihe von Kataloggedichten, hebt sich die Unterscheidbarkeit zwischen Objekt- und Metaphernebene des schlichten naturlyrischen Vokabulars auf. Zentrales Thema ist die Selbstbehauptung des Ichs in einer Weiblichkeit, die es versucht, jenseits von repressiven Gender-Signifikanten zu bestimmen. Seine Souveränität gewinnt dieses Subjekt, indem es die dichotome Schematik der Geschlechtsidentifikation zwischen maskulin und feminin aufhebt. Das Gedicht *Vierge moderne*, das auf diese Weise Pointen des dekonstruktivistischen Feminismus der 80er Jahre vorwegnimmt, beginnt mit den vielzitierten Zeilen:

Edith Södergran, Selbstporträt (Davos zwischen 1912 und 1914)

> Jag är ingen kvinna. Jag är ett neutrum.
> Jag är ett barn, en page och ett djärvt beslut,
> jag är en skrattande strimma av en skarlakanssol...

(Ich bin keine Frau. Ich bin ein Neutrum. / Ich bin ein Kind, ein Page und ein mutiger Entschluss, / ich bin ein lachender Streifen einer Scharlachsonne...)

Gender und Begehren

Das Ich postiert sich als Neutrum außerhalb der sexuellen Zirkulation. Es erlangt so einen Status zumindest nahe der Vollkommenheit, wird umso begehrter, als es nicht selbst zu begehren braucht. Mit souveränem Glanz (Sonne) signalisiert es den Mangelzustand der/des Anderen. Allerdings ist ein Sonnenstreifen nicht die Sonne selbst, das Ich kann die totale Integrität nur *repräsentieren* (für die/den Anderen), aber nicht darin aufgehen: »Jag er en ingångsskylt till nya paradis.« (Ich bin ein Eingangsschild zu neuen Paradiesen.)

Die Partnererotik aus dieser Perspektive der (Nicht-)Weiblichkeit wird im Gedicht *Kärlek* (Liebe) beschrieben als eine Weggabe und Aufgabe der Signifikanten für die Person: »Min själ var en ljusblå dräkt av himlens färg; / jag lämnade den på en klippa vid havet / och naken kom jag till dig och liknade en kvinna.« (Meine Seele war ein hellblaues Kleid von der Farbe des Himmels; / ich ließ es/sie auf einer Klippe am Meer zurück / und nackt kam ich zu dir und glich einer Frau.) Die Gender-Zuschreibung ist hier wiederum eine Projektion von außerhalb. Auch ›Kindheit‹ (die Herkunftsgeschichte) und ›Heimatland‹ (die Einbindung in Kollektive) werden für das Ich in der Liebe nichtig. Zudem weiß es von der Hinfälligkeit des Körpers. Die Aufgabe der persönlichen Integrität, die in traditioneller Liebeslyrik für eine Erfüllung in der Hingabe stehen konnte, entpuppt sich bei Södergran am Ende als buchstäblich beklemmende Regression: »O, håll mig sluten i dina armar så fast att jag ingenting behöver.« (O, halte mich eingeschlossen in deinen Armen, so fest, dass ich nichts brauche.)

Um konzentriert eine Geschlechter- und Erfüllungsthematik behandeln zu können, greift Södergran in *Dikter* vielfach in symbolistischer Manier Märchenmotive und -szenarien auf, wodurch die Texte vordergründig eine popularkulturelle Zugänglichkeit erhalten. Im metaphorischen Grundbestand der Naturlyrik können durchaus auch Reminiszenzen an populäre Liedtextpoesie anklingen, etwa: »Ich bin des Herbstes letzte Blume.«

Titanisches Pathos

Der zweite Gedichtband *Septemberlyran* (Die Septemberlyra, 1918) lässt philosophische Reflexivität, sprachliche Vieldeutigkeit, aber auch das Defizitbewusstsein des lyrischen Ichs vollkommen beiseite. Stattdessen erhebt sich die Aussageinstanz zu einem titanischen Wesen von kosmischer Dimension, das sich an seinem allmächtigen Übermenschentum und seinem orphischen Schöpfertum berauscht. Mit dem Gedicht *An Nietzsches Grab* wird der Pate dieser Poesie gewürdigt. Die Rezensenten verhöhnten die Autorin wegen dieses Buches. Offensichtlich wurde die in den Kosmos greifende Selbstapotheose nur dem maskulinen Expressionismus zuerkannt, wo sie zum Standardrepertoire gehörte. In der weniger euphorisch gestimmten Sammlung *Rosenaltaret* (Der Rosenaltar, 1919) hat das Ich die Lyra beiseitegelegt und zelebriert als beschwörende Tempelpriesterin ein religiöses Ritual, dessen metaphysischer Adressat vage bleibt. Die Södergran-Biographik verknüpft diese kultische Performanz mit Anregungen, die die Autorin von ihrer Rudolf Steiner-Lektüre erfahren hat. Ihr letzter Gedichtband *Framtidens skugga* (Der Schatten der Zukunft, 1920) sammelt die Motive aus dem Gesamtwerk und radikalisiert sie im Todesbewusstsein. Das Subjekt vereint hier das Titanische und das Religiöse zur Preisung des Gottes Eros. Es weiß um seine leibliche Hinfälligkeit, doch dagegen apostrophiert es den Willen zur Macht und verherrlicht vitalistisch und pantheistisch den Körper. Erotische Szenarien wie in drückend-schwüler Dekadenzliteratur, in der das Ich allerdings die Stimulanzien noch außerhalb seiner selbst suchte, sind gewandelt in einen Expressionismus des Subjekts.

Edith Södergrans Lebensgeschichte (früher Tuberkulosetod, davor polyglotte Jugend in Sankt Petersburg, vergebliche jahrelange Kur im kosmopolitischen Davos, Verarmung, einsames Darben in Karelien samt Hohn der literarischen Institution) spielte und spielt eine wichtige Rolle für die große Popularität ihrer Gedichte. Zahlreiche Textinterpretationen stützen sich auf die Biographie der Autorin. Mittels dieser rationalisierenden Projektion ziehen die Lektüren zusätzliche existentielle Brisanz aus den Texten, deren innerliterarischen Leistungen somit aus außerliterarischer Perspektive legitimiert werden. Der dichterische Modernismus in Skandinavien hatte in Södergran eine Konsolidierungs- und Märtyrerfigur gefunden, die dem ästhetischen Projekt einen Glorienschein des Ernstes verlieh. In den 30er Jahren wurde ihr letztes Zuhause in Raivola eine Pilgerstätte für Lesepublikum und ambitionierte Autoren wie z.B. den schwedischen Lyriker Gunnar Ekelöf.

Auf Du und Du mit Edith

Die Netzwerkbildung und die internationale Orientierung unter den experimentellen finnlandschwedischen Literaten wurde einflussreich von Hagar Olsson gefördert, die dadurch mehr bekannt wurde als durch ihr belletristisches Schaffen. Als Literaturkritikerin in Helsingfors propagierte sie die künstlerischen Avantgardebewegungen und trat für Södergran ein. Als Essayistin und Redakteurin trug sie zu den gruppenfördernden Modernistenzeitschriften *Ultra* (1922, schwedisch und finnisch), *Quosego* (1928–29, schwedisch) und *Tulenkantajat* (Feuerträger, 1928–30, finnisch) bei. Mit *S.O.S.* (1929), einem pazifistischen Theaterstück zum Thema Giftgaskrieg, führte sie das expressionistische Drama in Finnland ein.

Elmer Diktonius schrieb im Gegensatz zu Södergrans amimetischer Poesie eine welthaltige expressionistische Lyrik, die allzu hermetische Metaphern oder gar Verrätselung vermied, sich dafür aber oft auf ein narratives Gerüst stützte und eine unkomplizierte sarkastische Rhetorik nutzte. Für den Sozialisten stand eine sozialkritische und sozialrevolutionäre Absicht hinter den Texten, in denen er – besonders in seiner prägnantesten Schaffensphase in den 20er Jahren – das Elend in den Städten, den Hunger, die Brutalität des Kriegs, die Verrohung des Sexus in der Prostitution und die Verlogenheit der Religionsanbieter anprangert. Södergran schrieb 1922 im Gedicht *Beslut* (Entschluss) in *Framtidens skugga* metapoetisch: »Varje dikt skall vara sönderrivandet utav en dikt, / icke dikt, men klomärken.« (Jedes Gedicht soll das Zerreißen eines Gedichtes sein, / kein Gedicht, sondern Klauennarben.) Hier wird die Poesie zur Spur und zum Beweis einer triumphalen Destruktion und Negation durch das Ich im ästhetischen Handeln. Ganz anders formuliert Diktonius im selben Jahr mit ähnlicher Raubtiermetapher im vielzitierten Gedicht *Jaguar* aus dem Band *Hårda sånger* (Harte Lieder): »Så är vi två, min dikt och jag: en klo. / En vilja är vi två, ett gap en tand. / Tillsammans är vi: en maskin som slår.« (So sind wir beide, mein Gedicht und ich: eine Klaue. / Ein Wille sind wir beide, / ein Schlund ein Zahn. / Zusammen sind wir: eine Maschine die schlägt.) Anstatt auf die Souveränität der Aussageinstanz in einem schon abgeschlossenen künstlerischen Prozess hinzuweisen, soll das Gedicht selber in der (sozialen) Welt Spuren hinterlassen, denn »att riva är en helighet så länge ruttet stinker« (Reißen ist etwas Heiliges, solange Verrottetes stinkt). Diktonius setzt zu diesem Ziel oft Kraftausdrücke ein, beschönigt wird nicht. Seinen innovativsten sprachkünstlerischen Beitrag

Elmer Diktonius' Sozialsarkasmus

findet man aber nicht in der Lyrik, sondern in dem nach dem Protagonisten benannten Prosabuch *Janne Kubik: Ett träsnitt i ord* (Janne Kubik: Ein Holzschnitt in Wörtern, 1932). Ein derb-primitiver Rotgardist schlägt sich durch den Bürgerkrieg, wobei Diktion und Erzählhaltung ebenso unstet vagabundieren. Viele der schwedischen Wörter sind hier durch Übersetzung oder Ableitung aus der finnischen Sprache neu entstanden.

Heitere Hermetik: Gunnar Björling

Für die wichtigste Zeitschrift ihrer Generation wählten die Avantgardisten einen selbstbewussten Namen: *Quosego*. Mit den drohenden Worten »Quos ego!« (Euch werd' ich ...!) beschwichtigt Neptun in Vergils *Aeneis* die Wellen im Sturm. Am stärksten auf Konfrontationskurs mit der literarischen Institution ging dabei Gunnar Björling, der von Anfang an von der Kritik mit Unbegreiflichkeitstopoi bedacht wurde. Gut ein Drittel der ersten *Quosego*-Nummer nahm seine Gedicht- und Aphorismensuite *4711. Universalistisk Dada-Individualism* (4711. Universalistischer Dada-Individualismus, 1928) ein. Der stilistischen Etikettierung darf man nicht trauen: Zwar stehen am Anfang drei regelrechte lautpoetische dadaistische Gedichte, von denen eines – wiederum kontrafaktisch – *Min nya saklighet* (Meine neue Sachlichkeit) betitelt ist, aber was dann folgt, sind Strophen, die vielmehr eine surrealistische Kombinationslogik aufzeigen. In fragmentierter Grammatik, elliptisch oder im Telegrammstil, konfrontieren die Texte häufig Phänomene des zeitgenössischen Großstadtlebens mit metaphysischen oder kryptisch-psychologischen Einschlägen, wobei sich aber nur in den seltensten Fällen alle Textelemente auf einer gemeinsamen Sinnebene zusammenführen lassen. »Jazzfinurlighet världspress telefon kaféensemblen« (Jazzpfiffigkeit Weltpresse Telefon das Caféensemble) – in Björlings urbanen Skizzen wird die neue massenkulturelle und -mediale Routine zum dominierenden Motiv. Daneben treten banale Alltagsgegenstände auf, die ein skurriles Eigenleben führen und ihre Benutzer bloßstellen. Im Manifest *Blixtanalys* (Blitzanalyse, ebenfalls in *Quosego*) betont Björling die Intensitätssteigerung der technisierten Lebenswelt und die Universalität der Zivilisation, die in seiner Poetik ein Unbegrenztheitsdenken und ein euphorisches Interesse für die äußeren Formen der Erscheinungsrealität auslösen: »Wir machen Ernst mit dem Nicht-Begrenzten: Wir wagen es, Skepsis gegen Pathos zu setzen, gegen das Pädagogische, die groben Linien, die Ziele.« Auch die Gedichtsammlung *Kiri-ra* (eine Silbenpermutation des Wortes Harakiri, 1930), die dadaistische Wortspiele, Satzbruchstückmosaike und in haikuhafter Prägnanz argumentierende Aphorismen enthält, verliert die ihr zugeschriebene Unbegreiflichkeit, wenn man sie als Großstadtpoesie voller Wirklichkeitszitate liest. Der surrealistische Schabernack liegt hier Björling noch näher als die hermetische Chiffrierung, der er im späteren Werk mit einem stärker naturlyrisch gefärbten Vokabular nachgeht.

Gunnar Björling, Karikatur von H. Hagelstam in *Quosego*

»Helsinki, the white city of the north, the cleanest city in the world, the most modern city in Europe«, heißt es 1936 im Vorwort eines Bildbandes über die finnische Hauptstadt. Und für die deutschsprachigen Leser wird u.a. das florierende Geschäftsleben gepriesen: »Der gewaltige Bau des modernen Kaufhauses von Stockmann kann sich in seinen Ausmaßen getrost mit Warenhäusern in Berlin, Paris oder London messen.«

Umschlag von Sandberg/ Viherjuuris *Helsinki – Helsingfors* (1936)

Neben Björling ist es vor allem der 1930 22jährig gestorbene Henry Parland, der am intensivsten auf diese neu erbaute urbane Außenwelt mit Verkehr, Reklame, Warenfetischismus und Amüsierbetrieb reagiert. Als Autor der Neuen Sachlichkeit lehnt er die zivilisationskritische Geste der Vorgängergeneration ab: »Das Erbrechen der Expressionisten kommt nicht nur vom Essen – auch vom Magen!«, spöttelte er einmal. Innereien exponiert Parland dagegen nicht, sein Blick gilt der Objektwelt. Seine Programmschrift *Sakernas uppror* (Aufruhr der Dinge, 1928) in *Quosego* schlägt die Ausdehnung des poetischen Vokabulars auf Alltagsphänomene vor, um in einem Animismus der trivialen Dinge ihre bewusstseinsprägende Wirkung zu erfassen. »Autoreifen, Strümpfe, Hustenpastillen«, heißt es abschließend, »lieben das Leben, ihr Oberflächlichkeitshymnus führt zu tieferen Zusammenhängen. Unmittelbar wie eine Krawatte – also Saxophon in der Jazzband des Lebens!« Das lebensfrohe Akzeptieren der Alltagswelt, wie sie hier zum Ausdruck kommt, setzt sich fort in Parlands plaudernden Kurzessays über Motorräder, Selters u. ä. In seiner Lyrik trifft diese Welt jedoch auf eine skeptischere Haltung, die in der Formgebung der Dinge einen die Menschen beengenden Imperativ erkennt, wenn nicht gar eine Kaschierung böswilliger Ideologie. Aber auch dann bleibt Parlands Tonfall nonchalant, was ihm den Ruf des »ersten ›hippen‹ schwedischen Poeten« (Olle Orrje) eingebracht hat. In seinem einzigen zu Lebzeiten veröffentlichten Lyrikband *Idealrealisation* (Ausverkauf der Ideale, 1929) und in den ebenso berühmt gewordenen Texten aus dem Nachlass dominieren epigrammatische Gedichte, die punktuelle Gedanken oder Situationen in leicht fassbaren Metaphern formulieren. Neben Björling ist Parland auch der erste schwedischsprachige modernistische Autor, der die Populärkultur produktiv aufgreift. Wo sich die bürgerliche literarische Institution strikt von der Massenkultur abgrenzte, ist sie für Parland eine begrüßte Lebenswirklichkeit und eine Folie für Intelligibilität und Esprit seiner eigenen Dichtung. Anlässlich Al Jolsons Hit im ersten Tonfilm *The Jazz Singer* (1927) schreibt er beispielsweise:

Henry Parlands Sachlichkeit

> Vad jag beundrar folk
> som endast stampar med fötterna
> när de
> hör ›Sonny boy‹.
>
> Mig säger varje schlager så oändligt mycket mera,
> den berättar mig
> alla rynkar i min tids ansikte
> och alla skönhetsmedel
> som skal råda bot på dem.

(Wie ich Leute bewundere, / die nur mit den Füßen stampfen, / wenn sie / ›Sonny boy‹ hören. // Mir sagt jeder Schlager so unendlich viel mehr, / er erzählt mir / von allen Falten im Gesicht meiner Zeit / und von allen Schönheitsmitteln, / die sie glätten sollen.)

Die Aufmerksamkeit gegenüber der Populärkultur ermöglicht Gegenwartsanalysen. Allerdings geht Parland nie soweit, dass er die Produzenten der angesprochenen Kulturgüter oder auch die der Gebrauchsdinge benennt und deren Interessen kritisiert.

5 unga: Vitalismus in Schweden

Der Impuls des finnlandschwedischen Modernismus mit seinen Großstadtsujets wurde wichtig für eine reichsschwedische Autorengeneration, die sich in ihren Texten vom lamentierenden, ich-zentrierten, transzendentalen Expressionismus Pär Lagerkvists absetzte. Mit der Lyrik- und Kurzprosa-Anthologie *5 unga* (5 Junge) stellte sich 1929 eine Gruppe Autoren vor, die die menschlichen Triebenergien glorifizierten und für diese gute Entfaltungsbedingungen in der modernen technisierten Lebenswelt feststellten. Der Ab-

Umschlag der Anthologie *5 unga* (1929)

Jazz als Leitkunst

schied von der transzendentalen Thematik charakterisiert die Beitragenden Erik Asklund, Josef Kjellgren, Artur Lundkvist, Harry Martinson und Gustav Sandgren gleichermaßen. Zu ihrem Inventar gehören nahe und ferne Häfen, Landstraßen, Tanzlokale, die Welt der Arbeiter mit gutwilligen Maschinen und dauerwilligen Frauen. Zu den markantesten Texten der Sammlung gehören vier Jazzgedichte von Artur Lundkvist, dem Propagandisten der Gruppe. Hatte die improvisierte afro-amerikanische Musik in den 1920er Jahren in Skandinavien vor allem kulturkonservative Autoren zu rassistischem, zotigem und zivilisationslarmoyantem Spott inspiriert, so wird sie bei Lundkvist zur zeitgenössischen Leitkunst schlechthin ausgerufen. Als solche konkurriert sie mit der Rolle der avantgardistischen Bildkunst für den literarischen Modernismus. Lundkvist erkennt die kombinatorische Syntax der spontanen Formarbeit im Jazz, die er zur Ästhetik des Surrealismus in Relation setzt. Er erkennt jedoch nicht die diffizile Kunsttechnik des Jazz. Sein *Neger mit Saxophon* (so der Titel eines der Gedichte aus *5 unga*) fördert in purer Emotionalität Lebensäußerungen des Unbewussten zutage. Dieser steht im primitivistischen Sinn für ungehemmte sexuelle Triebenergien, die kein Kulturballast des Abendlandes beeinträchtigt. Seine dionysische Entindividualisierung wird ursprungsmythisch verklärt. Wenn Lundkvist sich allerdings von vitalistischen und sex(ual)istischen Topoi löst, gelingen ihm originelle prozessuale und szenische Metaphern für die Musik. Als Lyriker lehnt er sich in Büchern mit programmatischen Titeln wie *Glöd* (Glut, 1928), *Naket liv* (Nacktes Leben, 1929), *Svart stad* (Schwarze Stadt, 1930), *Jordisk prosa* (Irdische Prosa, 1930), *Vit man* (Weißer Mann, 1932) an US-amerikanische Autoren wie Walt Whitman und Carl Sandburg an; die Schwarzenidyllik stammt von Sherwood Anderson und die Sexualitätsemphase wurde durch D.H. Lawrence angeregt. Mit seiner Vermittlung der nordamerikanischen Literatur hat Lundkvist für die 30er Jahre ähnlich viel geleistet wie etwas später der Lyriker Gunnar Ekelöf, den den französischen Spätsymbolismus und Surrealismus nach Schweden brachte. Von den *5 unga*-Kollegen waren es insbesondere Erik Asklund und Gustav Sandgren, die in trivialrealistischen Romanen den vitalistischen Aspekt weiter verfolgten.

Alltagsrealismen

Expressionismus am Ende

Nicht nur in der Lyrik, sondern auch in der Prosaliteratur wird in den 20er Jahren die Tendenz, die alltäglichen Dinge zu beschreiben und Themen aus der Lebenswirklichkeit aufzugreifen, immer deutlicher. Diese Entwicklung verläuft international und lässt sich als Gegenreaktion auf expressionistische Strömungen mit ihrem Erlösungs-Pathos und Ich-Kult nach der anthropologischen Ernüchterung durch den Weltkrieg begreifen. In einer populärkulturellen Perspektive kann aber auch auf die Kulturindustrie verwiesen werden, deren Produkte nur wenig das Alltagsleben thematisierten, sondern eskapistische Szenarien in Reichtum, Ferne und Vergangenheit lieferten. Während z.B. in den USA zu dieser Zeit das Soap-opera-Format mit seinem mittelständischen Personal fürs Radio erfunden wird, reagiert in Skandinavien eine vom Unterhaltungsbetrieb und von der Massenkultur sich deutlich distanzierende Autorengruppierung auf die Nachfrage der mittlerweile um das Arbeiter- und Angestelltenpublikum erweiterten Kulturkonsumenten nach narrativen Folien für die eigene Lebenswirklichkeit.

Harte Arbeit: schwedische ›Autodidakten‹

Seit Anfang der 20er Jahre trat in Schweden eine große Schar Autoren an die Öffentlichkeit, die aus proletarischen Verhältnissen stammten, ihren Unterhalt zunächst als Arbeiter verdient und keine akademische Ausbildung absolviert hatten. Die Literaturkritik fasste sie – und dazu gehörten auch die Beiträger von *5 unga* – unter den Bezeichnungen *arbetardiktare* (Arbeiterdichter), *proletärförfattare* (Proletarautoren) und *autodidakter* (Autodidakten) zusammen. Letzterer Begriff ist etwas verwirrend. Er bezieht sich auf den allgemeinen Bildungserwerb außerhalb von höheren Schulen, aber kann nicht das Erlernen von schriftstellerischen Fähigkeiten meinen, denn schließlich schult sich jeder Autor selbst durch eigene Lektüre. Insofern verrät das Wort ›Autodidakten‹ viel von der hierarchischen Organisation der literarischen Institution in Schweden, die sich damit selbst als Weihestätte sozialer Nobilitierung deklarierte: Die akademische Bildung, die prinzipiell die Zugehörigkeit zu einer wohlhabenden Gesellschaftsschicht voraussetzt, bleibt letztlich eben doch das Maß der Literatur. Die Arbeiterautoren passen sich den bürgerlichen Kulturnormen an und gehen nicht auf Konfrontationskurs z.B. durch Etablierung einer eigenen konkurrierenden Literaturszene. Die Demokratisierung des literarischen Feldes in Schweden geht einher mit einer Bestärkung seiner Parnasshierarchie. Dies findet seine Entsprechung im Kulturkonzept der Sozialdemokraten, die die bürgerliche Kulturinstitution und ihren Kanon nicht in Frage stellen, sondern für alle zugänglich machen wollten.

Anpassung und Kompensation

Die Arbeiterautoren schrieben im leicht fassbaren, unterhaltsamen, wenn nicht gar volkstümlichen Sozialrealismus vor allem autobiographisch geprägte Entwicklungsromane. Die Sinnfindung ihrer Protagonisten ließen sie in einen zuversichtlichen Glauben an eine egalitäre Gesellschaft mit Gemeinschaftsdenken münden. Mit ihren vielgelesenen Werken festigten sie das sozialdemokratische Selbstverständnis vom Volksheim. Umso mehr grenzten sie sich von damals idealtypischen bürgerlichen und akademischen Autoren wie Bertil Malmberg, Johannes Edfelt oder Hjalmar Gullberg ab, die in gebundener Lyrik pessimistisch eine vermeintliche Sinnleere der technisierten Zivilisation, Entfremdungen und Entzauberungen beklagten und sich dann nicht selten resignativ auf antikollektivistische, idealistische oder ästhetizistische Gegenkonzepte beriefen. Die Hauptproduktions- und Wirkungsphase der Arbeiterdichter beginnt in den 30ern, als sie sich ein breites Publikum erschlossen. In den 40er und 50er Jahren wurde der Umsatz außerdem multipliziert durch billige ›Volksauflagen‹ und Buchklubdistribution.

1933 gilt als Schlüsseljahr der Arbeiterdichtung, als die Autoren Ivar Lo-Johansson, Moa Martinson und Jan Fridegård ihre ersten zentralen Werke veröffentlichten. Sie stammten alle drei aus dem Landproletariat, in dem sie auch ihre Schilderungen ansiedelten. Deshalb wurden sie (zunächst herabsetzend) *statareskolan* (die Landarbeiterschule) genannt. Die *statare* waren besitzlose Gutshofangestellte, die z.T. in Naturalien entlohnt wurden und in demütigenden Verhältnissen untergebracht waren. Dieses Produktionssystem wurde in Schweden erst in den 40er Jahren abgeschafft. Lo-Johansson erzählte mit *Godnatt, jord* (Gute Nacht, Erde, 1933) seinen ersten Entwicklungsroman aus dem selbst erlebten Milieu, dem noch viele Bücher mit der gleichen Thematik folgten. Darstellungen der sozialen Erniedrigung wechseln mit humorvollen Episoden und leichtem Unterhaltungsstoff, Träume umreißen das Psychologische und die Natur liefert Symbole: So schrieb Lo-Johansson ein umfängliches Werk, für das er als populäre Monumentalgestalt der schwedischen Arbeiterliteratur gefeiert wurde.

»Statareskolan«

Ivar Lo-Johansson (l.) und Harry Martinson (1932)

Moa Martinson, die mit *Kvinnor och äppelträd* (Frauen und Apfelbäume, 1937) 1933 ihr Romandebüt vorlegte, brachte die doppelte Demütigung der Frauen im Landproletariat zur Sprache, denn neben der Armut hatten sie auch unter der patriarchalischen Unterdrückung innerhalb ihrer eigenen Gesellschaftsklasse zu leiden. Letzteres kann auch als Grund dafür angenommen werden, dass Moa Martinson als Frau eine Ausnahme unter den Arbeiterautoren blieb. Zur Kompensation glorifizierte sie die vitalistischen Mutterfiguren in ihren Büchern. Diese halten mit menschlicher Wärme und moralischer Autorität die Familien beisammen, während die Männer dem Suff erliegen.

Jan Fridegårds Roman von 1933, *En natt i juli* (Eine Nacht im Juli), handelt vom Mord an einem Streikbrecher während eines Statare-Streiks. Der gewalttätige Befreiungsprozess steht auch in seinem Hauptwerk im Vordergrund, der nach ihrem Protagonisten benannten *Lars Hård*-Trilogie (1935–36). Besonders der erste Band *Jag Lars Hård* (1935; Ich, Lars Hård, 1972) löste wegen seiner sexuellen Drastik heftige Pressekritik aus. Dabei machte Fridegård schon mit dem Titel ironisch auf seine *hard boiled*-Poetik aufmerksam. Der Held verkörpert kein edles Proletarierethos, sondern ist ein triebbesessener, rachsüchtiger Draufgänger, der in mokierender Selbstironie mit seinen Taten protzt. Andererseits kaschiert er so aus Selbstschutz sein weiches Herz, seine sozialen Ambitionen und sein poetisches Erlebnisvermögen. Der Roman wies allzu deutlich auf libidinös asoziale Aspekte der Arbeiterklasse hin, die sich, sollte es nicht zu einer Reifung kommen, kaum mit einer Sozialutopie in Einklang bringen ließen.

Weltgeschichte von ›unten‹

Als ein weiterer Arbeiterautor, der soziale Themen aus der Landwirtschaft behandelte, trat Vilhelm Moberg hervor. Mit der Tetralogie *Romanen om utvandrarna* (Der Roman von den Auswanderern, 1949–59) landete er einen der größten schwedischen Bucherfolge des 20. Jh. Das aufwendig recherchierte historische Epos über die Massenemigration schwedischer Bauern in die USA um 1850 erhellte ein von der damaligen offiziellen Geschichtsschreibung ausgeblendetes Kapitel. Moberg ging es auch im weiteren Werk um eine Umwertung; die ärmste Schicht wurde zum heroischen Akteur der nationalen Geschichte.

Der regionale, ländliche Bezug ist kennzeichnend für den Alltagsrealismus der schwedischen Arbeiterautoren. Die sprachkünstlerisch innovativeren ›Autodidakten‹ unter ihnen, wie Harry Martinson und Eyvind Johnson – beide erhielten 1972 den Nobelpreis von ihren Kollegen an der Schwedischen Akademie –, waren mit ihrer großen Auslandserfahrung nicht nur auf schwedische Themen fixiert. Martinson entwickelte in seinen modernistischen Texten, angefangen von den exotischen Impressionen seiner Seemannszeit, das Konzept vom ›Weltnomadentum‹, das gerade in der ständigen körperlichen und intellektuellen Bewegung die Utopie des neuen Menschen sah. Johnson beschreibt seinerseits das welterfahrende Vagabundieren im Paris-Roman *Stad i ljus* (Stadt im Licht, 1928; die französische Fassung erschien ein Jahr zuvor). Sein Interesse für Individual- statt Sozialpsychologie (wie in der Arbeiterdichtung sonst üblich) lässt ihn wie keinen zweiten schwedischen Autor mit der Erzähltechnik experimentieren: Perspektivensprünge, Bewusstseinsstrom oder jähes allegorisches Erzählen brechen mit der konventionellen linearen Erzählfolge. Die Tetralogie *Romanen om Olof* (1934–37; Hier hast du dein Leben, 1951), die Jugendgeschichte eines Jungen, der sich unter harten Arbeitsbedingungen in Nordschweden durchschlägt und dabei zur Literatur findet, schließt sich dabei am engsten an den arbeiterliterarischen Alltagsrealismus.

Kleine Männer in großen Städten: Angestellte und Urbanität

Die Großstadt Stockholm ist in der schwedischen Arbeiterdichtung eher ein Ort der Melancholie statt der Chancen und der Selbstverwirklichung. »Vi måste fånga de tusen sångerna i gatukorsningen / fånga fabriksvisslornas samlingsrop / och saxofonernas förgyllda gråt. / Vi måste lära de nya rytmerna / hos de snabba, starka, stålglänsande maskinerna.« (Wir müssen die tausend Lieder an der Straßenkreuzung fangen, / den Versammlungsruf der Fabrikspfeifen fangen, / und das vergoldete Weinen der Saxophone. / Wir müssen die neuen Rhythmen lernen / von den schnellen, starken, stahlglänzenden Maschinen), schrieb Lundkvist euphorisch und metapoetisch in *Svart stad*. Als er aber drei Jahre später Stockholm zum Schauplatz des Desillusionsromans *Floderna flyter mot havet* (Die Flüsse fließen zum Meer, 1934) machte, hatte er seine lyrischen Hauptthemen einer prosaisch-pessimistischen Revision unterzogen. Frustriert über die große Gleichgültigkeit gegenüber ihm als arbeitslosen Stadtstreicher, erkennt der Held im banalen Resümee, dass die Welt nun doch nicht gerade auf ihn gewartet hat. Ebenfalls aus der Perspektive der landflüchtigen Provinzler beschrieb Lo-Johansson in *Kungsgatan* (1935; Kungsgatan. Roman einer Straße, 1949) die gleichnamige Stockholmer Hauptgeschäftsstraße als »Canyon«, in dem die Schicksale stranden: wo die Geschlechtskrankheiten lauern und einstmals heißblütige Bauernkinder als traurige Freudenmädchen zugrundegehen. Lundkvists *5 unga*-Kollegen schrieben dagegen zur selben Zeit ermutigendere Stadterzählungen, die auch Möglichkeiten von gelingenden bescheidenen Lebensweisen darlegten. Kjellgren schilderte im Kollektivroman *Människor kring en bro* (1935; Begegnungen an einer Brücke, 1954) Brückenbauer, die selbst das Stadtbild umgestalten. Auch Asklund verzichtete in *Fanfar med fem trumpeter* (Fanfare mit fünf Trompeten, 1934) auf ausgedehnte Depressionsstudien und Verknappungsszenarien. Die Geschichte einer Jazzband handelt vielmehr

Scheitern in Stockholm

vom ästhetischen Engagement und schöpferischen Elan, mit denen man der materiellen Not der Krisenzeit ein Schnippchen schlägt. Vom schwedischen Literaturbetrieb wird Asklund nicht zuletzt für seine stimmungsvollen Beschreibungen der Stockholmer Stadtlandschaft verehrt.

Kopenhagener Angestelltenromane

Bei weitem stärker als in Schweden behandelte die sozialrealistische Literatur in Dänemark die Situation der ständig weiter verarmenden Angestelltenklasse mit ihrem kleinbürgerlichen kulturellen Hintergrund. Hans Falladas Bestseller *Kleiner Mann, was nun?* (1932), der sich seinerseits an Siegfried Kracauers soziologische Studie *Die Angestellten* (1930) anlehnte, erschien auf Dänisch in großer Auflage. Die hier geschilderten Beobachtungen über Berliner Verhältnisse trafen ebenso für Kopenhagen zu. Ähnlich wie Falladas Roman erzählt Mogens Klitgaard in *Der sidder en Mand i en Sporvogn* (Es sitzt ein Mann in einer Straßenbahn, 1937) die Geschichte vom ökonomischen und sozialen Abstieg einer Familie, die dennoch versucht, an ihren mittelständischen Normen und Zwängen festzuhalten. Diese resultieren denn auch im politischen Eskapismus. Der mit seinen Figuren solidarische, aber auch kritische Erzähler referiert laufend Nachrichten aus dem Stadtleben und der Weltpolitik, durch die die Handlung in die historische Situation der Jahre 1935–36 integriert wird. Diese Meldungen bewirken eine ironische Spannung, weil der Protagonist ohne sozialistische, globale Perspektive sie nicht auf seine eigene Lage beziehen und interpretieren kann.

Umschlag von Harald Herdals *Da läuft etwas verkehrt* (1936)

Die Personen in Leck Fischers Kollektivroman *Kontormennesker* (Büromenschen, 1933) beziehen ihr Selbstwertgefühl aus ihrer Bildung, die sie vermeintlich von den Arbeitern unterscheidet. Aber auch sie müssen erfahren, dass sie wie diese austauschbar sind und anonymisiert behandelt werden. Ihre standesbewusste Förmlichkeit verschärft nur die Hierarchie und verhindert Solidarität. Noch bissiger und spöttischer zeichnete Harald Herdal in *Der er noet i Vejen* (Da läuft etwas verkehrt, 1936) Verrohung und Heuchelei unter Büroangestellten. Sein Hauptwerk *Man skal jo leve* (1934; Man muss ja leben, 1950), ebenfalls in der zeittypischen Form des Kollektivromans geschrieben, beschreibt registrierend und ohne großen Handlungsbogen das Leben in einer verslumten Mietskaserne. Die Bewohner vegetieren trotz räumlicher Nähe isoliert und unglücklich dahin. Diese wohl negativste dänische Gesellschaftsstudie der Zwischenkriegszeit erlaubt keinen ideologisch räsonierenden Blickwinkel, der einen Lösungsansatz für die Misere verspräche. Die dargestellten Kommunisten geraten zu Karikaturen, weil ihre Theorie an den persönlichen und familiären Lebensumständen ihrer Mitbewohner vorbeigeht. Auch der norwegische Arbeiterdichter Rudolf Nilsen hatte im berühmten Gedicht *Nr. 13* (1926) die geradezu masochistische Hingabe von Miethausbewohnern an ein Dasein in elendsten Verhältnissen dargestellt, aber am Ende noch die Hoffnung herausgestrichen, dass junge lesende Männer, »den Weg in ein Land sehen, in dem es Nr. 13 nicht mehr gibt«, weil dort eine gerechtere Güterverteilung herrsche.

Poesie des Alltags

Klitgaard und Fischer verbindet mit anderen dänischen Alltagsrealisten ein Gespür für das, was man Alltagspoesie nennen könnte: eine milde Verklärung der nahen Dinge des täglichen Lebens, in der sich die Weltzugewandtheit der Neuen Sachlichkeit, der Optimismus des demokratischen Funktionalismus und die dänische Biedermeiertradition der vergnügten Bescheidenheit berühren. Kjeld Abell brachte mit der musikalischen Komödie *Melodien, der blev væk* (Die verschwundene Melodie, 1935; mit Songtexten vom späteren Kopenhagener Literaturprofessor Sven Møller Kristensen) die Alltagspoesie metaphorisch auf den Punkt. Der Büroangestellte Larsen – die Figur wurde in Dänemark zum Inbegriff des ›kleinen Mannes‹ – lässt sich von Arbeitgeber und Schwiegereltern kleinbürgerliches Spießertum aufoktroyieren und verliert so die »Melodie«, die freimütige Lebensfreude, die im Stück durch einen Swingsong ausgedrückt wird. Seine Frau macht sich auf die Suche und findet die »Melodie« – und damit eine vage sozialistische Utopie – schließlich bei einem Kind, einem Arbeiter und einem fußballspielenden Professor. Unterhaltung versteht diese revuehafte Komödie im wörtlichen Sinne als Unterstützung und Couragierung für die Alltagsbewältigung. Das charmante, antinaturalistische Spiel des Stücks mit den Illusionstechniken der Bühnenkunst ist deutlich vom zeitgenössischen französischen Theater und Film (etwa Jean Giraudoux oder René Clair) angeregt. Damit bot es eine elegante Alternative zur Brechtschen Verfremdungsästhetik und deren didaktisch-grotesker Überzeichnung populärkultureller Formen.

Songs

Auch dänische Revuesongs und Kabarettlieder wandten sich auf hohem literarischem Niveau alltagsrealistischen Themen zu. Einer der hervorragendsten Interpreten des Kopenhagener ›kleinen Mannes‹ war der Schauspieler Osvald Helmuth, der auf der Revuebühne Charakterlieder in nuancierte Porträtstudien umsetzte. So brillierte er beispielsweise mit den von Arvid Müller gedichteten Songs *Henne om Hjørnet* (Drüben um die Ecke, 1936) und *Havnen* (Der Hafen, 1937) in der Rolle des gewöhnlichen Lohnarbeiters, der in stiller Freude seine Stammkneipe besucht oder nach dem Tagwerk am Hafen vorbeiradelt, um von der unmöglichen Alternative eines Lebens in Freiheit und Ferne zu träumen.

Dass die dänische Songkunst in der Zwischenkriegszeit weitaus alltagsbezogener in ihrer Stoffwahl ist als die schwedische, mag an der volkstümlich-spielerischen Vaudevilletradition des Biedermeiers liegen, die sie fortsetzt. In Schweden lieferte dagegen Bellman das Vorbild: der alleinunterhaltende Bohemien aus dem 18. Jh., den die literarische Institution schließlich adelt. Die Revuebranche setzte hier noch stärker auf Prachtentfaltung als die dänischen Ausstattungsshows. Der am meisten gefeierte schwedische Revuestar der Epoche, Ernst Rolf, trat vor allem als der großbürgerliche Charmeur mit Frack und Zylinder, aber auch in Slapstick-Nummern auf. Auf der anderen Seite hatte sich im Musikkabarett der Troubadour mit Laute in der Bellman-Nachfolge als szenisches Rollenmodell durchgesetzt. Dadurch wurde ganz unironisch künstlerisches Standesbewusstsein ausgedrückt, denn die mittelalterlichen Troubadoure sangen ja für ein höfisches Publikum. Unterstrichen wird die soziale Abgehobenheit und artistische Distanz zum Stoff auch dadurch, dass sich (anders als in Dänemark!) schwedische Revue- und Kabarettsongs melodisch und rhythmisch nicht der damals populären Jazzästhetik öffneten, sondern den Couplets, Romanzen und funktionalen Musikformen des 19. Jh. verpflichtet blieben.

Popularkunst-Bremse Bellman

Der rückwärtsgewandte, nostalgisch-ironische Blick – der Literaturwissenschaftler Lars Lönnroth hat ihn als *campy*, als blasiert kitschig, bezeichnet – charakterisiert die Humoristik Birger Sjöbergs in der Liedersammlung *Fridas bok* (Fridas Buch, 1922), die er auf Tourneen zur Laute vortrug. In einer verschlafenen Kleinstadt will ein junger Ladengehilfe seiner Verlobten Frida schmeicheln, indem er sie mit imitierter hochkultureller Theatralik und seiner in der Leihbibliothek erworbenen Bildung besingt und belehrt und dazu die Vorzüge des Provinzörtchens preist. Die Lieder pendeln zwischen Pastiche und Parodie, zwischen Idyllik und gutmütiger Gesellschaftssatire.

Evert Taube: Schlagerstar mit Laute

Evert Taube

Dagegen wurden dem Publikum im Repertoire, das Evert Taube plaudernd und singend zur Laute vortrug, viel deftigere Geschichten geboten. Der Sänger und Songschreiber hatte als Seemann die Weltmeere bereist und fünf Jahre in Argentinien u. a. als Tangosänger und als berittener Mitarbeiter des dortigen Wege- und Wasserbauamtes gelebt. Anfang der 20er Jahre konnte er sich in Schweden mit Seemannsliedern, die seine Erlebnisse mit burlesker Fiktion vermischten, als Bühnenkünstler in Varietés und Badehotels etablieren. Der Showman Taube besaß die Fähigkeit, die erfundene Personengalerie als seine alten Bekannten aufleben zu lassen, mochten sie auch noch so sehr der Gaucholiteratur und Tangopoesie entsprungen sein. Im Mittelpunkt der naivistisch-volkstümlichen Balladen steht der mal als »er«, mal als »ich« besungene kecke Matrose Fritiof Andersson, der auf der ganzen Welt Abenteuer bestehen muss. Die Songs kommen in postkolonialistischer Perspektive nicht gut weg, wenn Kreolinnen ihre »rote Rose« feilbieten und »Neger« im Kampf erstochen werden. Mit solchen exotisch-libidinösen Szenarien konnte Taube ganz im Gegensatz zu Lundkvists thematisch verwandter Dichtung allerdings noch nicht die Aufmerksamkeit des Literaturbetriebs erregen. Stattdessen erreichte er mit Schallplatten ein großes Publikum. Schlagererfolge erzielte Taube insbesondere mit dialogisch angelegten Tanzkonversationsliedern, in denen der Schürzenjäger Fritiof seine Partnerin zu umgarnen versucht oder von ihr angehimmelt wird. Als Taube altersbedingt als Fritiofs Alter Ego nicht mehr so glaubwürdig wirkte, erfand er die Figur des im idyllischen Schweden lebenden, rüstigen Herrn Rönnerdahl, der nostalgisch von seinen früheren Abenteuern in den Pampas schwärmt. Damit konnte er gleichzeitig die Songmotivik heimatkünstlerisch erweitern. Wie bei den schwedischen Arbeiterdichtern, die sich in späteren Jahren bürgerlich klassizistischen Themen widmeten, so zeigt auch Taubes Werk eine soziale Kompensationsdynamik. Als er in den 50ern von einer neuen Autorengeneration als Sprachkünstler verehrt wurde, trat er in Reiseerinnerungen und Artikeln als Kenner der altfranzösischen Troubadourdichtung hervor, wodurch er sein eigenes musikkabarettistisches Rollenfach als Troubadour der Sphäre des ›bloß‹ Populärkulturellen enthob.

Populäre Genres: Kriminalroman und Humoristik

»Gute Kriminalromane«, notierte 1929 der österreichische Essayist Franz Blei, »hat der Norweger und abgefeimte köstliche Trunkenbold Elvestad geschrieben. Kaum dass darin ein Mord passiert, geschweige denn eine Serie von Torturen. Gute hat der Schwede Frank Heller geschrieben, mit ausgesprochener Sympathie für den Spitzbuben, der, auch wenn er geschnappt wird, seine Laune nicht verliert.« Damit sind die zwei wohl am meisten gelesenen zeitgenössischen skandinavischen Autoren im Deutschland der Weimarer Republik benannt. Frank Heller ist das Pseudonym für Gunnar Serner, der während seines philologischen Studiums in Lund in so engen Kontakt zur dortigen Halbwelt geriet, dass er schließlich wegen eines Bankbetrugs aus Schweden flüchten musste. Nachdem er sich auch als Systemglücksspieler in Monte Carlo versucht hatte, fand er in der Unterhaltungsschriftstellerei einen ertragreicheren Erwerbszweig. Heller wusste, worüber er schrieb. Seine Romane, die voller dezenter Bildungshinweise und geistreicher Konversationen sind, drehen sich um einen jovialen Gentlemandieb namens Filip Collins, mit dem er ausdrücklich an den Erfolg des Edelganoven Arsène Lupin aus der Feder von Maurice Leblanc anknüpfte. Parallel dazu baute der Autor

Gentlemankrimi und Detektivroman

eine Detektivserie mit dem Amsterdamer Psychiater Dr. Zimmertür als Hauptfigur auf.

Dem norwegischen Journalisten Sven Elvestad gebührt indes der Ruhm als nordischer Meister des Meisterdetektivgenres. Unter dem Pseudonym Stein Riverton, auf das der deutsche Buchhandel wegen antibritischer Ressentiments verzichtete, lancierte er mit Asbjørn Krag den Typus des smarten Ermittlers ohne privaten Persönlichkeitskern, der mit einer Vielzahl von technischen Hilfsmitteln und Maskierungen mit den Verbrechern in ein gewitztes Überführungsduell tritt. Kristiania wird hier zur urbanen Arena, deren Phänomenwelt beide Parteien mit Leichtigkeit manipulieren, um den Gegner zu täuschen. Im Gegensatz zur kanonisierten, die Stadt thematisierenden skandinavischen Erzählliteratur vor der Neuen Sachlichkeit, deren Figuren am vermeintlich falschen Schein der Großstadt, an Stuck und Fassaden, scheitern, sind in Rivertons antipsychologischen Detektivromanen die Helden mit semiotischer Kompetenz ausgestattet und greifen unterhaltsam unglaubwürdig selbst in ihre Zeichenumwelt ein. Damit bauen diese Texte kulturell erzeugte urbane Unheimlichkeit ab. Das war auch in der zeitgenössischen Krimiliteratur nicht selbstverständlich: Bei Edgar Wallace legt der Erzähler den mystifizierenden Nebel über London, bei Riverton/Elvestad legen ihn die Figuren.

Sven Elvestad, Karikatur von O. Gulbransson

In Dänemark trat unter den Kriminalautoren kein entsprechender internationaler Bestseller wie in den nordischen Nachbarländern hervor. Hier war einer der meistgelesenen Unterhaltungsliteraten Morten Korch, der seine Landromane in einer Mischung aus Humor, Sentimentalität und Spannung schrieb. Die Übeltäter sind die Repräsentanten der Systemwelt: Rechtsanwälte, Kredithaie, Großkapitalisten und -städter, die den herzlich-hilfsbereiten und heimatverbundenen Landbewohnern zumeist den Erbhof abknöpfen wollen. Der Lesegenuss speist sich aus dem Vollzug erwarteter stereotyper Handlungsmuster, in die immer wieder Tableaus gemütlicher Geselligkeit gestellt sind. Diese Trivialpathetik reizte auch den Filmer Lars von Trier, dessen Produktionsfirma Zentropa 1999/2000 Korch-Motive in eine Fernsehserie umsetzte.

Semiotik der Gemütlichkeit

Der künstlerisch herausragendste Unterhaltungsliterat der skandinavischen Zwischenkriegszeit ist indes der dänische Multikünstler Robert Storm Petersen (Storm P.), der vorwiegend als humoristischer Pressezeichner arbeitete. Neben tagesaktuellen Karikaturen und dem Comic strip *Peter og Ping* (mit dem neunmalklugen Männchen Peter Vimmelskaft und seinem Pinguin, ab 1922) veröffentlichte er 20 Bände mit Erzählungen (ab 1915). Diese illustrierten Texte, von denen viele zu den avantgardistischen Prosaexperimenten gerechnet werden können, haben Vergleiche mit Alphonse Allais und Kurt Schwitters provoziert; auch die Crazy-Komik der Marx Brothers wäre eine Referenz. Einige folgen der vom Kabarettschauspieler und Stand-up-Komiker Storm P. beherrschten Technik, zu vorgegebenen trivialen Themen ab- und ausschweifende Ad hoc-Plaudereien zu improvisieren (oft als Rollenmonologe eines beschaulich kommentierenden Vagabunden). Andere Texte betreiben die konsequente Zersetzung narrativer Strukturen: Sie beginnen als Parodie eines populärliterarischen Novellengenres (etwa der Detektivstory), weigern sich aber bald, eine thematisch kohärente Geschichte oder gar einen Plot anzusteuern. Die Handlungsträger durchlaufen phantastische Metamorphosen oder werden zugunsten einer Beschreibung ihrer skurrilen Requisiten gar nicht mehr weiter in eine Handlung eingebunden. Durch die Verknüpfung der entlegensten Sinnsphären, oft in ein und demselben Satz, entsteht ein surrealistischer Effekt. Das auftretende Personal an hintersin-

Erzählung komisch zersetzt

Storm P., *Peter und Ping: Die Welt ist voller Meinungen* (1931). »Eine herrliche Bibliothek!« – »Alles, was du hier siehst, sind kritische Werke über den Dichter Skrumpel!« – »Ja, aber was ist denn das für ein kleines Buch, das hier ganz alleine steht?« (Ping aus dem Off: »Echte Zigarren?«) – »Das ist das Buch, das Skrumpel geschrieben hat!«

nigen Landstreichern, biedermeierlichen Kleinbürgern und schrulligen Gelehrten bevölkert Storm P.'s Karikaturgenre *Fluer* (Fliegen, ab 1939). Den gezeichneten Figuren sind in Form von wortspielerischen Aphorismen Lebens- und Binsenweisheiten in den Mund gelegt: »Es kommt oft vor, dass man an etwas denkt, was sich bei näherem Nachdenken als ganz undenkbar erweist.«

Kulturradikalismus und Kulturkampf: Politik der Form

Die großen politischen, ideengeschichtlichen und lebensweltlichen Veränderungen der 20er und 30er Jahre wurden in den literarischen Öffentlichkeiten nicht nur reflektiert, sondern nicht selten auch von ihren Akteuren angeregt. Der emanzipatorische Anstoß des Brandesianismus – der von Georg Brandes und seinen Anhängern seit den 1870ern formulierten Gesellschaftskritik, die radikale soziale Veränderungen forderte – wirkte mit neuen theoretischen Impulsen weiter. In Skandinavien hat sich im Nachhinein die Bezeichnung Kulturradikalismus für diese Reformbewegung der Zwischenkriegszeit mit ihrem linksliberalistischen und sozialistischen Spektrum durchgesetzt. Damit wird die besondere Rolle der Kultur für die selbstbestimmte Entfaltung des Individuums betont. Es reicht nicht aus, dass unter gerechten Produktionsverhältnissen die materielle Versorgung gesichert ist, wie es die Hauptsorge der Sozialdemokraten und Kommunisten war. Die Kulturradikalen richteten ihre Aufmerksamkeit nicht nur auf die Inhalte der Kunst- und Unterhaltungsangebote, sondern untersuchten auch die Gestaltung von Architektur, Gebrauchsdesign und sozialen Ritualen, um darin den eventuellen Ausdruck von repressiver Ideologie zu erkennen und zu überwinden. Insofern bildete ihr Frageinteresse ein Pendant zur zeitgenössischen Kultursoziologie der Frankfurter Schule, obgleich sie wesentlich weniger theoretisch reflektiert argumentierten. Galt nach dem Ersten Weltkrieg die Kritik dem viktorianischen Autoritätsdenken, so verschärfte sie sich später angesichts der nationalsozialistischen Bedrohung zum antifaschistischen ›Kulturkampf‹ (*Kulturkampen* war der Name einer dänischen Zeitschrift der Jahre 1935–39). Dieser emanzipatorische Humanismus richtete seine soziologische Kritik vor allem gegen die traditionellen Konzeptionen von Pädagogik, Sexualmoral, Geschlechterrollen und gesellschaftlicher Bevormundung. Er stützte sich dabei auf Einsichten aus Marxismus, philosophischem Rationalismus und der Psychologie von Sigmund Freud und Wilhelm Reich. Ein wichtiger Impulsgeber war auch die vom französischen Autor Henri Barbusse begründete internationale *Clarté*-Bewegung mit ihrem pazifistischen und sozialistischem Programm. Ihr schlossen sich auch in Skandinavien Sektionen und Zeitschriften an.

Die dänische Zeitschrift *Kulturkampen*

Design und Kritik: Poul Henningsen

Zu den Vertretern des dänischen Kulturradikalismus gehören die oben als Alltagsrealisten behandelten Autoren und der kunstpädagogische Schriftsteller Broby-Johansen. Die Zentralgestalt war indes der vielseitig begabte Architekt Poul Henningsen (PH), der als Redakteur der Kulturzeitschrift *Kritisk Revy* (Kritische Revue, 1926–28) die Formen einzwängender Alltagskultur benannte und beanstandete. In der Architektur richtete er sich gegen den zeitgenössischen Neoklassizismus, im Gebrauchsdesign gegen die viktorianische Plüsch- und Stuckästhetik. Dagegen trat er konsequent für einen Funktionalismus der Bauhaus-Schule ohne Materialillusionen und falsche Historisierungen ein. Seine Lampenmodelle sind auch heute noch sehr gefragte Klassiker des Danish Modern Design. Eine offizielle Propagierung und Inszenierung des Funktionalismus (schwedisch *funkis*) wie in Schweden durch die Stockholmausstellung von 1930, unterstützt durch die anschlie-

Freiheit durch Funktionalismus

Poul Henningsen, Mitte der 1930er neben einem seiner Lampenklassiker

ßende Programmschrift *acceptera* (akzeptieren, 1931) ihres Kurators Gregor Paulsson und einer Reihe Architekten um Gunnar Asplund, hat in Dänemark kein Seitenstück. PH weitete den Funktionalismus indes auf weitere Bereiche aus. Er schlug eine an der Aussprache orientierte Orthographie vor, betonte den »Pädagogischen Wert der Pornographie« anlässlich des Auftritts von Josephine Baker und fand jene vermeintliche körperliche Ursprünglichkeit und kreative Selbstentfaltung auch im Jazz verwirklicht. An PH wird in prototypischer Weise die Entgrenzung der institutionalisierten literarischen Öffentlichkeit als traditionellem Podium für die kunstbasierte gesellschaftliche Selbstverständigung deutlich. Er agierte multimedial und drückte sich sowohl journalistisch als auch in populärkulturellen Genres aus. Dazu zählt seine Leistung als Innovator des Revuegenres. Anders als die traditionelle Nummernrevue aus locker gereihten satirischen Sketchen und Songs, sollte die PH-Revue eine durchgehende Handlung und eine deutliche gesellschaftsreformatorische Stellungnahme enthalten. So entstanden, beispielsweise in Zusammenarbeit mit den Autoren Otto Gelsted und Kjeld Abell, Parodien von Schauspielklassikern, zu denen PH die Songtexte in jazzrhythmischer Metrik und umgangssprachlicher Diktion schrieb. In *Pæn og høflig* (Hübsch und höflig, 1931) wird in Anlehnung an Shakespeares *Der Widerspenstigen Zähmung* ein patriarchalisch denkender Mann von einer emanzipierten Frau umerzogen, in *Op og ned med Jeppe* (Auf und ab mit Jeppe, 1937), einer sozialromantischen Umkehrung der Gesellschaftsschichtenthematik in Ludvig Holbergs *Jeppe på Bjerget* (1722; Der Verwandelte Baur, 1744), entdeckt ein reicher Firmenchef unter Arbeitern die Wonnen eines solidarischen proletarischen Lebens.

Auch für das Filmmedium entwickelte PH eine kulturradikale Ästhetik – ausgerechnet in einem ausgesprochen konservativen Projekt: der Lobpreisung der Nation. Der vom Außenministerium in Auftrag gegebene Film *Danmark* (Dänemark, 1935) sollte weltweit für das Land werben. PH drehte eine avantgardistische, humorvolle Dokumentarcollage in Anlehnung an Walter Ruttmanns *Berlin – Die Sinfonie der Großstadt* (1927). Er zeigte keine Sehenswürdigkeiten, sondern Arbeitsleben und Freizeit der Dänen. Die Darstellung von rationalisierten Produktionsprozessen wechselt mit Kamerafahrten durch bewegte Landschaften. Der so erreichte Eindruck der gleitenden Dynamik, den der unterlegte Hot- und Swingsoundtrack noch verstärkte, stand im diametralen Gegensatz zur monumentalen Statik des NS-Dokumentarfilms.

Den ›Hitlerstil‹ als Ausdruck der alle Lebensbereiche umfassenden kulturellen Gleichschaltung in Deutschland hatte PH zwei Jahre zuvor in der Streitschrift *Hvad med Kulturen* (in funktionaler Orthographie ebenfalls *va mæ kulturen* betitelt; Was mit der Kultur, 1933) analysiert und die linken Parteien zu einer vorbeugenden antitotalitaristischen Kulturarbeit aufgerufen. Die Sozialdemokratie forderte er auf, die Arbeiter nicht mit dem Abklatsch bürgerlicher Repräsentationsästhetik zufrieden zu stellen, und an die Kommunisten appellierte er, ihre Gleichgültigkeit gegenüber kulturellen Fragen aufzugeben. Demgegenüber konnte PH für die Tauglichkeit seines Konzepts der Symbiose von Populär- und Avantgardekultur, das sich an den natürlichen Bedürfnissen der Menschen und ihrer lustbetonten Selbstentfaltung ausrichtet, schon in der Gegenwart Beweise anführen: »Aber trotz allem ist eine Jugend aufgewachsen, infiziert mit Jazz und Funkis, mit Skepsis gegenüber falschem Respekt, mit Freiluftleben und mit der Fähigkeit, sich sexuell selbst zu bedienen. Es wird schwer werden, sie auf die Zeit vor 1900 zurückzudrehen. [...] Glaubt man denn, dass die Begeisterten, die zu Armstrongs

Reform durch Revue

Umschlag von
Poul Henningsens *Was mit der Kultur* (1933)

und Josephine Bakers Auftritten die Säle füllten, am nächsten Tag auf die Straße gehen und Hakenkreuze an die Zäune malen?«

Sex und Gesellschaft

In der Belletristik wurde das kulturradikale Projekt vorbereitet und unterstützt. Agnes Henningsen, die Mutter von PH, hatte in ihren Liebesromanen seit der Jahrhundertwende gegen die weibliche sexuelle Selbstunterdrückung und Monogamie geschrieben. Sie plädierte sowohl für die ökonomische Eigenverantwortung der Frau als auch für ihre Treue gegenüber der eigenen Libido. Die dänische Frauenrechtsbewegung sah darin eine Tabuverletzung. Sie wollte die politische Souveränität der Frau durch ein Ausblenden der Sexualität autorisieren, was in der Praxis Askese, heroische Selbstaufopferung in der Ehe oder die asexuelle Mutterrolle bedeutete. Als eine konservative Pressekampagne 1918 verhinderte, dass Agnes Henningsen das staatliche Dichterstipendium zuerkannt bekam, konnte die Autorin keine Unterstützung von den Frauenrechtlerinnen erwarten. Eine noch größere Debatte über Literatur und Sexualität löste in Schweden Agnes von Krusenstjerna aus. Mit der in der *Tony*-Serie (3 Bände, 1922–26) erzählten Entwicklungsgeschichte eines adeligen Mädchens, das gegen eine psychische Krankheit ankämpft, machte die Autorin weibliche Sexualität und weibliches Begehren in ungewöhnlicher Offenheit zum Thema. Ihre Romanserie *Fröknarna von Pahlen* (Die Fräulein von Pahlen, 7 Bände, 1930–35) zog die größte literarische Fehde der schwedischen Zwischenkriegszeit nach sich, die den reaktionären Ruf nach Einrichtung einer staatlichen Zensurbehörde laut werden ließ. Eingebettet in eine Sittenschilderung des niedergehenden schwedischen Adels vor dem Ersten Weltkrieg verfolgt der Text die sexualpsychologische Entwicklung zweier Frauen diesseits und jenseits der patriarchalen Sexualideologie bis hin zur abschließenden homosexuellen und inzestuösen Utopie der Frauenfamilie. Als Bonniers Verlag den Druck von Fortsetzungsbänden verweigerte, übernahm der Verlag der kulturradikalen Avantgardezeitschrift *Spektrum* (1931–33) die Publikation. Karin Boye, die *Spektrum* mitbegründet hatte, beschrieb im polystilistischen Experimentalroman *Kris* (1934; Krisis, 1985) die schwere Depression einer jungen Frau, die sich zwischen ihrer regressiven Selbstaufgabe in der christlichen Religion und einem gegen diese Ordnung rebellierenden homoerotischen Begehren entwickelt. Mit den genannten Werken gab die Belletristik die entscheidenden Impulse für die Diskussion der sexuellen Selbstbestimmung der politisch und ökonomisch emanzipierten ›neuen Frau‹, bevor die Problematik in der frauenpolitischen Öffentlichkeit behandelt wurde. Der allgemeine, außerliterarische Sexualitätsdiskurs wurde darüber hinaus gegen Ende der Zwischenkriegszeit stark vom österreichischen Psychoanalytiker Wilhelm Reich beeinflusst. Auf der Flucht vor dem Nationalsozialismus lehrte er 1934–39 in Dänemark und Norwegen, wie die familiäre und staatliche Unterdrückung der Sexualität zur Angst vor der Selbstbestimmung und zur Akzeptanz autoritärer Ideologien führe. In Dänemark entstand mit der Zeitschrift *Sex og Samfund* (Sex und Gesellschaft, 1937–40) ein auflagenstarkes Forum für diese Fragen.

Körper zur Sprache gebracht

Agnes von Krusenstjerna

Karin Boye

Erziehung: Kritik der Kränkung

Die norwegischen Kulturradikalen, die sich zunächst mit der Absicht, einen sozialistischen intellektuellen Führungskader zu bilden, um die Zeitschrift *Mot dag* (Dem Tag entgegen, 1921–36) sammelten, maßen ästhetischen

Die Zeitschrift *Mot dag* (1928)

Ambivalenz des »Jantegesetzes«

Fragen weniger Relevanz bei als die Gruppierungen in den Nachbarländern. Auch die Sexualpraxis war eher ein Randthema. Zwar diskutierte der kulturradikale Literat Sigurd Hoel Möglichkeiten und Schwierigkeiten des neuen erotischen Ethos im heiter geschriebenen Roman *Syndere i sommersol* (1927; Eine kleine Sommersünde, 2000); wichtiger als Sujet war für ihn aber die Entwicklung der kindlichen Psyche als Weichenstellung für den politischen Charakter. *Veien til verdens ende* (1933; Der Weg bis ans Ende der Welt, 1957) schildert die Niederlagen und Kränkungen eines Jungen im Aufwachsen, die ihn zu einem angsterfüllten und gefühlsunsicheren Menschen geraten lassen. Auch in seinem bekanntesten Buch *Møte ved milepelen* (1948; Begegnungen am Meilenstein, 1970), das die Ursachen der aktiven Teilnahme gewöhnlicher Bürger an der nationalsozialistischen Gewaltherrschaft zu ergründen versucht, richtet Hoel einen Fokus auf den Liebesverrat, den die Täter in Kinderjahren und Jugend erfuhren. Eine weitere retrospektive Erkundung psychischer Verletzungen, die zur Beschädigung des Charakters führen, schrieb Aksel Sandemose mit *En flyktning krysser sitt spor* (1933; Ein Flüchtling kreuzt seine Spur, 1973); 1955 erschien eine letztgültige zweite Fassung, in die der Autor seinen späteren Roman *Der stod en benk i haven* (Im Garten stand eine Bank, 1937) eingearbeitet hatte. Der Ich-Erzähler möchte in assoziativen Reflexionen und essayistischen Exkursen über seine jugendliche Sozialisation in einer Kleinstadt namens Jante herausfinden, welche Umstände ihn am Ende der Pubertät gedrängt haben, einen Mann umzubringen. Er ist davon überzeugt, dass der als Tyrannei empfundene Anpassungsdruck der Stadtbewohner und ihrer sozialen Einrichtungen ihn seelisch zerstört habe. Die soziale Bosheit versucht er durch eine Reihe von zehn Verbotssätzen, deren gemeinsame Maxime die Verhinderung von persönlicher Individualität ist (»Du sollst nicht glauben, dass du etwas *darstellst.*« etc.), gedanklich zu fassen. Das Wort »Jantegesetz« für diese repres-

Syndere i sommersol, Verfilmung von S. Hoels Roman durch Einar Sissener (1934)

sive Ordnung ging als soziologischer Terminus für den Konformitätszwang in alle skandinavischen Sprachen ein. Aber der Text ist zweideutig. Der Ich-Erzähler schildert sich selbst als unzuverlässig und prahlerisch übertreibend, was sich auch in der mythologischen Überhöhung seiner Erlebnisse ausdrückt. Er beschreibt andererseits nicht wenige idyllische Provinz-Szenarien, in denen er sich als Junge wohlfühlt, und er blendet in der Jugendgeschichte die Welt außerhalb Jantes so gut wie ganz aus. Deshalb ist das »Jantegesetz« auch lesbar als symptomatische simplifizierende Rationalisierung in der Rechtfertigung des asozialen Helden. Der Roman ist weniger ein allgemeingültiges Soziogramm von Kollektivzwängen als ein Psychogramm der Auflösung althergebrachter Maskulinitätsformeln in der Moderne.

Allegorien des Totalitarismus

Aksel Sandemose

Am Ende der Epoche kehrt sich die als solche erfahrene Nachkriegszeit in die Zwischenkriegszeit. Unter den skandinavischen Literaten, die vor und während des Zweiten Weltkriegs den Nationalsozialismus propagierten, ist Knut Hamsun der prominenteste. In Schweden gehörten der populärwissenschaftliche Schriftsteller Sven Hedin und der Literaturwissenschaftler Fredrik Böök zu den ultrakonservativen Apologeten des Dritten Reiches, während in Dänemark weniger herausragende Autoren wie der Provinzdichter Harald Bergstedt und der Produzent nationalistischer Heimatkunst Valdemar Rørdam die deutsche Gewaltherrschaft unterstützten. Der in Deutschland für seine Tierbücher sehr beliebte Svend Fleuron pflegte auch während der Okkupation Dänemarks die Verbundenheit, um den Umsatz nicht zu gefährden. Der Theaterautor und Pfarrer Kaj Munk, international bekannt als Verfasser des von Carl Th. Dreyer 1955 verfilmten Glaubensdramas *Ordet* (Das Wort, 1932), machte sich als Medienpersönlichkeit für Hitler und Mussolini stark. In ihnen sah er die Idee der heroischen Berufung verwirklicht, die er als solche auch zum Hauptthema seiner Bühnenstücke machte. Ab Kriegsbeginn setzte Munk sich dann aber als einer der hervortretendsten Gegner der deutschen Besatzungsmacht ein. Diese ließ ihn 1944 von einem Terrorkommando liquidieren.

Machtergreifende Autoren

Die aus einem sozialdemokratischen Hintergrund stammende, einst emanzipatorische Autorin Olga Eggers wandelte sich zur Nationalsozialistin, schrieb antisemitische Pamphlete und verherrlichte die Mutterschaft im Sinne der NS-Familienpolitik. Den gleichen Lagerwechsel vollzog in Norwegen der modernistische Lyriker Rolf Jacobsen, der als Zeitungsredakteur und regionaler Propagandachef für die Besatzer arbeitete. Am verheerendsten war das Wirken des Polizeibeamten Jonas Lie. Der Enkel des gleichnamigen naturalistischen Autors hatte unter dem Pseudonym Max Mauser ein paar reißerische Kriminalromane veröffentlicht, bevor er von der Besatzungsregierung zum Polizeiminister ernannt wurde. In dieser Funktion verantwortete er die Zwangsevakuierung der nordnorwegischen Bevölkerung im Zuge der deutschen ›Taktik der verbrannten Erde‹.

Schon in der Zwischenkriegszeit entstanden literarische Texte, die das Umsichgreifen des Nationalsozialismus zu erklären versuchten. Pär Lagerkvist formuliert mit der grotesken Erzählung *Bödeln* (1933; Der Henker, 1935) eine zum Kulturradikalismus konträre Position im Engagement gegen die Diktatur und deren mörderische Demütigung des Menschlichen. Der erste Teil spielt im Mittelalter. Die Anwesenheit eines Henkers löst bei den Gästen einer Schenke ängstlich-abergläubische Vermutungen über die Mächte des Bösen aus, für deren Stellvertreter sie ihn halten. Im zweiten Teil

Ewig-Böses als Erklärung

wechselt die Szenerie unvermittelt in ein Tanzlokal der 1930er Jahre, wo sich das Publikum unter faschistoider Rhetorik in einer mörderischen libidinösen Gewaltorgie ergeht. Am Ende ernennt die Menge den ebenfalls anwesenden Henker aus dem ersten Teil zu ihrem Führer. Nicht als das Resultat einer von autoritärer Ideologie geleiteten kulturellen Praxis wird hier der brutale Habitus und die Unmenschlichkeit des Totalitarismus dargestellt, sondern als schicksalhafte, ›ewige‹ Existenzbedingung. Der Text versucht eine ahistorische, metaphysische Deutung des ›Bösen‹, die letztlich zu einem Sich-Abfinden aufruft und nicht zur Vermeidung durch politisches Handeln. Karin Boyes Zukunftsroman *Kallocain* (1940; Kallocain, 1947) hält ähnlich außergeschichtlich wie *Bödeln* an einer Unauslöschbarkeit des ›Guten‹ fest. In dieser düsteren Utopie eines totalitären Weltstaates, der auf Bürokratie und Terror basiert, weitet die Wahrheitsdroge Kallocain die Kontrolle des Staates restlos bis ins Unterbewusstsein aus. Auch bei den linientreusten Untertanen wird so die Sehnsucht nach Freiheit und Liebe offengelegt.

Analyse durch Allegorie

Der Däne Hans Christian Branner betonte die spezifischen historischen Bedingungen des Dritten Reichs im Kollektivroman *Legetøj* (1936; Ein Dutzend Menschen, 1946), der allegorisch am Modell eines Kopenhagener Spielzeuggeschäftes die Entwicklung Deutschlands vom gebieterischen Kaisertum zur brutalen Diktatur nachzeichnet. Der Text bleibt ein zeittypischer realistischer Angestelltenroman, ohne dass allegorische Didaktik die staatspolitische Dimension überbetont. Auf beiden Ebenen gelingt es Branner, die Frage nach der Entstehung des skrupellosen autoritären Charakters im Einklang mit machtorganisatorischen und wirtschaftlichen Rationalisierungsprozessen aus freudianischer Perspektive zu erörtern.

Europäische Avantgarde – nationale Tradition: das Ringen der isländischen Literatur um Formen und Inhalte

Avantgardistische Herausforderungen

Nordals Hel *(1919) – Beginn der Moderne*

Als einer der ersten modernen Texte der isländischen Literatur gilt gemeinhin Sigurður Nordals in der Sammlung *Fornar ástir* (Alte Lieben, 1919) veröffentlichtes Prosagedicht *Hel* (Todesgöttin Hel). Die acht, zwischen 1913 und 1917 entstandenen Teile, aus denen *Hel* besteht, zeigen eine formale Heterogenität und eine Fragmentarisierung der Darstellungsweise, die in der thematisch konservativen und von alten Formen geprägten, in den 10er und 20er Jahren ungebrochen nachwirkenden Neuromantik nicht bekannt waren. *Hel* zitiert im Titel Arthur Rimbauds lyrische Prosatexte *Une saison en enfer* und August Strindbergs *Inferno* (1897; Inferno, 1898) und markiert schon dadurch, dass es sich in eine andere als die herrschende isländische Lyriktradition einschreibt. Die Neuerungen in Nordals Gedicht sind in der Tat beachtlich: Der Verzicht auf den Stab- und Endreim stellte einen frühen Bruch mit den mehrhundertjährigen metrischen Normen dar, wie er in Island erst nach der Mitte des Jahrhunderts im Zeichen des lyrischen Modernismus vollends vollzogen werden sollte, und die Auflösung der Strophe als formale Gliederungseinheit des lyrischen Textes zugunsten unterschiedlich langer Stücke mit rhythmisierter Prosa kam einer ebenso grundlegenden Herausforderung der poetischen Tradition gleich.

Nordals *Hel* präfiguriert mit der Karriere einer dezentrierten, modernen Persönlichkeit eine wesentliche Problematik der Literatur des 20. Jh. Die Hauptfigur Álfur frá Vindhæli – ein elfenartiges Windwesen – ist nicht fähig, sich zu binden oder sich einer Aufgabe wirklich zu widmen. Für den Hedonisten ist »Glück nicht eines, sondern in unzähligen Bruckstücken, und Glück ist, über all diese Bruckstücke zu verfügen«, er will sich nicht für eine von sieben schönen Frauen entscheiden müssen, sondern lieber »von ihnen allen träumen« können, und so verlässt er seine Geliebten immer wieder für neue Verlockungen und zieht weiter. Am Ende seines Lebens kehrt er, noch immer nicht gealtert, doch illusionslos geworden, an die Orte seiner Kindheit zurück, während die anderen Figuren um ihn herum ihr Leben gelebt haben. Nach dem Tod beschenkt ihn Hel mit Vergessen, und Álfur wird – fast ein zweiter Peer Gynt – mit seiner ersten Geliebten vereint. Die Raum-, Zeit- und Figurenbehandlung des Gedichts weist deutliche Übereinstimmungen mit expressionistischen Stationendramen wie Strindbergs *Stora landsvägen* (1909; Die große Landstraße, 1912) auf, da der Text wie diese das Bewusstsein der Zentralfigur über die Konfrontation mit verschiedenen Nebenfiguren konstituiert, so dass sie lediglich als Teilaspekte der Wahrnehmungsperspektive des Helden zu verstehen sind. Auch thematisch greift *Hel* eine ganze Reihe zeitgenössischer Diskurse des *fin de siècle*, der Dekadenz, des Vitalismus auf und kann ohne Einschränkungen als moderner Text europäischen Zuschnitts gelten.

Sigurður Nordal (1915)

Dasselbe trifft auf einige von Halldór Laxness' Gedichten aus den 20er Jahren zu, die 1930 in der Sammlung *Kvæðakver* (Gedichtsammlung) zusammengefasst wurden. Das 1924–25 entstandene *Únglingurinn í skóginum* (Der Jüngling im Wald) weicht in seiner Anlehnung an die poetologischen Modelle des Surrealismus und Dadaismus ebenso von der neuromantischen Tradition ab wie *Rhodymenia palmata* (1926), dessen Titel den Regelverstoß zum Prinzip erhebt, denn Rhodymenia palmata ist die botanische Bezeichnung für die unregelmäßig gewachsene Rotalge (isländisch *söl*), die als Metapher in verschiedenen Laxness-Gedichten erscheint.

Laxness' frühe Lyrik

Wie in früheren Phasen, bei der Aufklärung, der Romantik, dem Realismus etwa, zeigt sich auch hier, dass die Entwicklung der neueren isländischen Literatur wesentlich durch Innovationen, die aus dem Ausland übernommen werden, vorangetrieben wird. Allerdings werden diese avantgardistischen Herausforderungen erst nach dem Ende des Zweiten Weltkrigs in größerem Umfang aufgegriffen, und ein wesentlicher Teil der literarischen Debatten Islands im 20. Jh. ist durch die Auseinandersetzung zwischen eigenen Traditionsspuren und von außen kommenden Neuerungen bestimmt.

Mit wenigen Ausnahmen ist die isländische Lyrik in den ersten Jahrzehnten des neuen Jahrhunderts nämlich noch immer in einer nationalen Formsprache gehalten. Große Themen wie Vaterland, Natur, Geschichte, Muttersprache werden in den kanonisierten Formen mit feierlichem Pathos und Ernst beschworen. Die Literatur sieht eine ihrer Aufgaben in dieser Zeit, in der das Land nach wie vor mit dem dänischen König in Personalunion verbunden ist, im Dienst der Bestrebungen um die nationale Unabhängigkeit. Dichter wie der wortgewaltige Neuromantiker und Symbolist Einar Benediktsson verfassen pantheistische, mystisierende Hymnen und huldigen der Kraft der Natur des Landes, aus welcher Handlungsdevisen für die Nation abgeleitet werden, so in einem seiner bekanntesten Gedichte, *Dettifoss*, das diesen mächtigsten Wasserfall Islands als Muse anruft: »Sing, Dettifoss, sing laut der Sonne des Himmels entgegen. / Scheine, du Würde des Lichts auf dem Thron des Schattens. / Und treib meinen Sinn, du Rauschen, zu Liedern, die

Neuromantische Nationalromantik

leben, über das Spiel der größten Kraft, die unser Land gebar. / [...] Stärke mir Sinn und Hand, um zu schreiben.« In den Gedichten der sehr beliebten Lyrikerin Hulda (Pseudonym für Unnur Benediktsdóttir) stellt sich das Leben auf dem Land als Idylle dar, das in zahlreichen Varianten, oft in kleinen, fast biedermeierhaften Formen gepriesen wird. *Krossaumur* (Kreuzstich) aus der Sammlung *Við yzta haf* (Am äußersten Meer, 1926) beispielsweise aktiviert mit der Gegenüberstellung von warmem Süden und kaltem Norden, in dem die Menschen genügsam leben, einen alten Topos der skandinavischen Lyrik. Mit dem Doppelroman *Dalafólk* (Leute aus den Tälern, 1936–39) legt Hulda eine ausmalende Schilderung des Landlebens und zugleich eine Kritik an Laxness' Kleinbauernsatire in *Sjálfstætt fólk*, I-II (1934–35; Unabhängige Menschen, 1962) vor.

Erneuerung im Zeichen des Vitalismus

Für Erneuerungen der Lyrik auf der formalen und thematischen Grundlage der einheimischen Tradition stehen in den 10er und 20er Jahren vor allem Stefán (Sigurðsson) frá Hvítadal und Davíð Stefánsson frá Fagraskógi, die mit vitalistischen, volkstümlichen Gedichten neue Klänge der Einfachheit und Frische in die isländische Dichtung bringen. Des Letzteren Sammlungen *Svartar fjaðrir* (Schwarze Federn, 1919), *Kvæði* (Gedichte, 1922), *Kveðjur* (Grüße, 1924) enthalten individualistisch-romantisierende Gedichte über die sensuelle und spirituelle Liebe, die Freude an der Natur und dem Wechsel der Jahreszeiten, aber auch humoristische Stücke oder gar exotistische Horrorstories wie die ironische Schauermär von der männerverschlingenden Abbalabba-lá. Zahlreiche Texte Davíðs wurden vertont und machten ihn zusammen mit dem ›Dichter Reykjavíks‹, Tómas Guðmundsson, zum wohl populärsten isländischen Lyriker des Jahrhunderts. Stefán frá Hvítadals erster Band *Söngvar förumannsins* (Gesänge des Wanderers, 1919) markiert ebenfalls eine Abwendung weg von der pathetischen Lyrik der Nationalromantik hin zur zentrallyrischen Ich-Dichtung. Im kurzen Gedicht *Vorsól* (Frühlingssonne) etwa wird die Phantasie des lyrischen Ichs durch fliegende Schwäne ausgelöst; der Text drückt Freude und Dankbarkeit über die Natur als Gabe Gottes aus und enthält sich jeder Appelle.

Isländer schreiben in anderen Sprachen

Seit der Auswanderung nach Nordamerika, die Island vor allem in den 1870er-90er Jahren erfasste, bestand hauptsächlich im kanadischen Manitoba eine kulturell sehr aktive Bevölkerungsgruppe isländischer Herkunft. Diese ›Westisländer‹, wie sie bis heute genannt werden, brachten einige wichtige Vertreter der isländischen Dichtung, allen voran den Lyriker Stephan G. Stephansson, hervor und hielten an der Muttersprache als literarisches Ausdrucksmittel fest. Demgegenüber wandten sich in den Jahren nach 1900 vermehrt jüngere Autoren der kolonialen Sprache Dänisch zu, was die komplexe Beziehung zwischen ›Isländisch‹ und ›Ausländisch‹ in der gesamten ersten Jahrhunderthälfte nochmals akzentuierte, und zu einer Situation führte, die durchaus mit jener auf den Färöern vergleichbar war. Isländische, auf Dänisch schreibende Autoren wie die beiden Dramatiker Jóhann Sigurjónsson und Guðmundur Kamban, die in Dänemark erfolgreiche Stücke über Themen aus der isländischen Geschichte auf die Bühne brachten, oder der Epiker Gunnar Gunnarsson, der ebenfalls immer wieder historische Themen aufgriff, gehörten in einer Zeit, als es noch kaum kompetente Übersetzer aus dem Isländischen gab, lange zu den im Ausland bekanntesten Autoren Islands überhaupt. Auch der junge Laxness schrieb Kurzprosa auf Dänisch. Einer der produktivsten isländischen Prosaisten, Kristmann Guðmundsson, wählte für seine Hamsun-inspirierten, aus qualitativen und ideologischen Gründen später sehr umstrittenen Texte das Norwegische. Einen Sonderfall stellt in diesem Zusammenhang Jón Sveinsson dar, der als Jesuitenpater viele Jahre in Deutschland tätig war und unter dem Namen Jón Svensson ab 1913 in deutscher Sprache romantisch verklärte Erzählungen über eine Kindheit in Nordisland veröffentlichte. Svenssons *Nonni*-Bücher sind die international meistgelesenen Werke der isländischen Literatur und haben das Bild von Island, das man sich nicht zuletzt im deutschsprachigen Ausland machte, während Jahrzehnten nachhaltig geprägt.

Bréf til Láru *(1924) – ein isländisches surrealistisches Manifest*

Die konsequenteste Herausforderung an das Pathos der traditionellen Literatur formuliert das gattungsmäßig schwierig zu definierende Werk von Þórbergur Þórðarson. Mit seinen Texten halten Þórbergurs eigener Einschätzung nach Tempo, Leben, Treffsicherheit und stilistische Variationen in zuvor unbekanntem Ausmaß Einzug in die isländische Literatur, sie führen zur tiefgreifendsten literarischen Innovation seit der Romantik. In den frühen Gedichtsammlungen macht Þórbergur die Verweigerung zum Programm, karikiert in *Hvítir hrafnar* (Weiße Raben, 1922) Davíð Stefánssons *Svartar fjaðrir* und wird im Lauf seiner umfangreichen literarischen Produktion eine eigentliche Poetik des Fragments und eine Literatur der ›kleinen Gattungen‹ entwickeln. Das futuristische Credo, die Vorliebe für eine Rhetorik der Paradoxien und eine Geringschätzung des ›Heiligen‹ sind hauptsächliche Merkmale von Þórbergurs Texten.

Bréf til Láru (Brief an Laura, 1924) markiert in der Geschichte der isländischen Prosa den Beginn einer neuen Epoche. Dieses Buch, das vielleicht am adäquatesten als Epistel zu bezeichnen wäre, ist der radikalste von drei Texten (neben *Bréf til Láru Íslenzkur aðall* [Isländischer Adel, 1938] und *Ofvitinn*, I-II [Das Genie, 1940–41]), die auf autobiographischer Basis die Eingliederung der Autorfigur in die Gesellschaft 1909–24 und seine philosophischen und politischen Überzeugungen schildern. Wie bei Strindberg entwirft der Text das eigene Leben. *Bréf til Láru*, weder herkömmliche Autobiographie noch Roman im eigentlichen Sinn, stößt an die Grenzen des damaligen Literaturverständnisses und verneint die Tradition radikal. Seine literarischen Qualitäten liegen in dieser Negation des Bestehenden und in der sprachkritischen Auflösung der anerkannten Relation von Sprache und Realität und der Bedeutungssysteme, die Literatur traditionellerweise entwirft. Þórbergur evoziert durch den Griff zum Mittel der Groteske eine Leere, die auf die hohle Rhetorik der klassischen Formen aufmerksam macht. Seine Texte, allen voran eben *Bréf til Láru*, sind Suchen nach einer Sprache jenseits der Formel und nach Ausdrucksweisen jenseits des Kanons. Dies zeigt auch sehr deutlich ein weiterer, heute kaum bekannter Text, *Pistilinn skrifaði...*, I (Die Epistel schrieb..., 1933), der erste Band einer geplanten Serie, von der sozusagen als Einmann-Zeitschrift im Stil von Karl Kraus' *Die Fackel* jährlich ein Band erscheinen sollte – eine Mischung unterschiedlichster Diskursformen, Grotesken, Satiren, Karikaturen, Episteln, Briefe, Anekdoten und anderer Beispiele ›kleiner‹ Gattungen, die in ihrer Widersprüchlichkeit und dem Oszillieren zwischen Ernst und Spiel die Möglichkeit boten, dem sich ständig ändernden Denken der Autorfigur angemessene Ausdrucksformen zu verleihen. *Bréf til Láru* ist als Schrift im Geist des Futurismus bezeichnet worden, von gleicher ästhetischer Radikalität wie André Bretons *Surrealistisches Manifest*, das aus demselben Jahr stammt (Ástráður Eysteinsson). In

Umschlag von
Jón Svenssons *Nonni*

diesem Text verschmelzen Phantasie und politische Propaganda, wie bei den späteren Poststrukturalisten sind die Bedeutungen fließend; der Text ist vielstimmig und uneindeutig, formuliert keine Botschaft mit einer Gesamtbedeutung, sondern interessiert sich für Randphänomene des Kleinen, Unscheinbaren, Machtlosen. Wir haben es bei *Bréf til Láru* nicht mit einer eingebürgerten literarischen Gattung, sondern mit einem Konglomerat verschiedener Gattungen, sozusagen einer Gattung im Entstehen zu tun. In *Pistilinn skrifaði...* lösen sich die Gattungen dann geradezu auf.

Laxness' Romane der 20er und 30er Jahre

Auch Halldór (Guðjónsson) Laxness' erster bedeutender Roman *Vefarinn mikli frá Kasmír* (1927; Der große Weber von Kaschmir, 1988) ist wie *Bréf til Láru* ein dialogischer, polemischer, unreiner Text. Auch in ihm werden die zeitgenössischen Weltanschauungen und Glaubensvorstellungen des Europas nach dem Weltkrieg verhandelt und der alten isländischen Kultur gegenübergestellt. Doch die Geschichte von Steinn Elliði, dem jungen Künstler aus reichem Haus, der in weite Welt hinauszieht und auf ein glückliches Leben mit seiner Geliebten verzichtet, um katholischer Pater zu werden – was der Text keineswegs ungetrübt als überzeugende Lösung darstellt –, ist bei aller Experimentierfreude und trotz kräftiger Stilmischungen wesentlich traditioneller als Þórbergurs Text. Laxness stützt sich im Motto und in der Einteilung des Romans in einhundert Kapitel auf keine geringere Vorlage als Dantes *Divina Commedia*, macht also früh auf seine weltliterarischen Ambitionen aufmerksam. Die Erzählung weist einen klaren Verlauf mit einem Helden und einem durchgängigen Hauptstrang auf, und gattungsmäßig handelt es sich bei *Vefarinn mikli* unzweifelhaft um einen Bildungsroman, in dem zahlreiche Themenkomplexe auf später bei Laxness immer wieder auftauchende Problemgestaltungen hinweisen: das Dilemma, in dem sich der Mann zwischen der Frau und seiner Aufgabe befindet, die zentrale Rolle des Glaubens und der Ideologien, die Sexualität, und natürlich stets die Frage nach dem Merkmal und Wesen des Isländers (»Ich bin der wahre Isländer«, behauptet Steinn von sich).

Vefarinn mikli gehört zu Laxness' Jugendwerken. Das nächste Romanwerk – *Salka Valka* (1931–32; Salka Valka, 1951), ein Doppelroman bestehend aus *Þú vínviður hreini* (Du reiner Rebstock, 1931) und *Fuglinn í fjörunni* (Der Vogel am Strand, 1932) –, markiert den Beginn der mittleren Periode in seiner Produktion, die durch die große Anzahl gewichtiger sozialer und historischer epischer Romane gekennzeichnet ist, mit denen Laxness berühmt wurde und die ihm 1955 den Nobelpreis eintrugen. Schauplätze dieser Erzählwerke sind nun nicht mehr die großen Städte Europas wie in *Vefarinn mikli*, sondern kleine Käffer am Rand der Welt, Bauernhöfe in Gegenden, die zum Leben ungeeignet sind, oder, wie es am Anfang von *Salka Valka* heißt: »Wenn man in einer nasskalten Winternacht im Schiff an diesen Küsten entlangfährt, dann scheint es, als ob nichts auf der Welt unwichtiger und bedeutungsloser als so ein Dorf unter so hohen Bergen sein kann.« Gegenüber der theologischen Frage treten in den Texten der mittleren Periode politische und soziale Anliegen in den Vordergrund und dominieren Themenwahl und Darstellungsformen. Dies heißt primär, dass die Texte, die Laxness nach 1930 schreibt, einer ganz anderen als der avantgardistischen Ästhetik der frühen Lyrik und von *Vefarinn mikli* verpflichtet sind. In Adaption der Tradition des realistischen Romans beschreiben sie auf unmittelbar erkennbare Art und Weise das Leben gewöhnlicher Menschen in ihren sozi-

Umschlag der isländischen Erstausgabe von Halldór Laxness' *Salka Valka*, I (1931)

alen, wirtschaftlichen, politischen, religiösen Kontexten. Einzelschicksale kleiner Leute werden mit den Mitteln der erprobten Erzählkunst in große Sozialpanoramen eingebettet. Das Ergebnis sind leicht verständliche Studien über das Fühlen und Denken von Individuen, deren gesellschaftliches Handeln die Texte für jedermann psychologisch nachvollziehbar machen. Mittels einer außerordentlichen sprachlichen Souveränität gelingt es den Texten zu zeigen, dass das Leben in dem Fischerdorf unter den hohen Bergen genauso bedeutend und voller dramatischer Leiden und Freuden wie jenes in den Zentren der Welt ist. Laxness' Meisterschaft besteht darin, dass er mit einer stets neuen und unerwarteten, oft humorgeprägten Sprache das Gewöhnliche als singulär darstellt. Er kann erklären, warum die Menschen als von sozialen Kräften bestimmte Wesen so handeln, wie sie es tun. Daraus resultieren treffsichere Gesellschaftsanalysen mit kritischem Impetus und minuziöse Charakterschilderungen.

Sozialkritik und psychologisches Erzählen

So ist *Salka Valka* sowohl die Geschichte der Titelheldin wie die Geschichte der kleinen Gesellschaft, in der sie lebt. Ausführlich werden die sozialen Gruppen und die langsame Modernisierung des Orts in den Jahren zwischen ca. 1910 und 1920, Kontakte mit dem Sozialismus und erste Arbeitskämpfe beschrieben. Ein grundlegendes Muster aus *Vefarin mikli* wird hier wiederholt, indem die Fischarbeiterin Salka von ihrem Geliebten, einem aus Südisland zugezogenen Gewerkschafter, am Schluss verlassen wird und einsam zurückbleibt. Der Text stellt auch hier die Frau als beständige Kraft, die sich über besonders enge Beziehungen zur Natur und zum Land ausweist, den Mann als ruhelos, von politischen Ideologien umgetrieben dar. In *Sjálfstætt fólk* wird erneut offizielle mit persönlicher Geschichte verwoben: Die Hauptfigur Bjartur í Sumarhúsum, ein Siedler in der dreißigsten Generation und auch er ein ›wahrer Isländer‹, versucht mit allen Mitteln, sein großes Lebensprojekt zu realisieren – er will als Kleinbauer auf der Heide »Sein eigener Herr« (so eine der deutschen Übersetzungen neben »Der Freisasse« und »Unabhängige Menschen«) mit eigenen Schafen werden, ein Ziel, dem er alles unterordnet und das Wohlergehen seiner Familie opfert. Mit scharfer Ironie führt dieser Roman vor, aus welchen Gründen Bjartur untergehen muss, warum er kein Freisass wie Isak Sellanrå in Hamsuns *Markens grøde* (1917; Segen der Erde, 1918) ist und die Überwindung seines Daseins als Knecht letztlich nur auf Kosten der Menschlichkeit erfolgt. Einmal mehr demonstriert ein Laxness'scher Text – ein Grundzug dieser Romane – mit unerbittlicher Konsequenz das Scheitern einer Ideologie. In dem sehr umfangreichen, faszinierend gestalteten Romangebäude *Heimsljós* (1937–40; Weltlicht, 1955), bestehend aus den vier Teilen *Ljós heimsins* (Das Licht der Welt, 1937), *Höll sumarlandsins* (Der Palast des Sommerlandes, 1938), *Hús skáldsins* (Das Haus des Dichters, 1939) und *Fegurð himinsins* (Die Schönheit des Himmels, 1940), werden mit der Dichtung und der Religion zwei große, für folgende Texte zentrale Pole, um die sich Handlungen entwickeln, eingeführt. Ólafur Kárason ist ein armer Dichter, der sich der Macht der Phantasie überlässt und einer von religiöser Lichtmetaphorik geprägten Schönheit lebt, um die materialistische, geistesfeindliche Realität, in der er fortwährende Misserfolge einsteckt, zu überwinden. Die abschließende Besteigung des Berges, der ihn von seiner Freundin trennt, führt den Dichter auf einen hellen Gletscher: »Es war stilles Wetter mit dem Mond gerade im Süden und kaltem, bläulichem Licht. Er stieg den Berg empor. Unten waren steile Abhänge, weiter oben abfallende Mooshalden, danach Geröll, schließlich nur noch Schnee. [...] Als Kind hatte er am Strand in Ljósavík gestanden und betrachtet, wie die Wellen an und weggesogen wurden, aber jetzt stieg er

Epen über den Fischer, das Schaf und die Schönheit der Dichtung

Salka Valka, Zeichnung von Helgi Sigurðsson nach Anweisung von Halldór Laxness

weg vom Meer. Denk an mich, wenn du in starkem Sonnenschein bist. Bald scheint die Sonne des Auferstehungstages über den hellen Wegen, wo sie auf ihren Dichter wartet. Und die Schönheit wird allein herrschen.« Laxness zeigt in diesen Romanen der 30er Jahre ein neues, entidyllisiertes Bild von Island. Dieses und seine hauptsächlich in einer umfänglichen Journalistik und Essayistik formulierte Ideologie- und Gesellschaftskritik bringen ihn in einen Gegensatz zum offiziellen Island und zur konservativen Landbevölkerung, eine Konstellation, die sich erst mit *Íslandsklukkan* (1943; Islandglocke, 1951) in den 40er Jahren allmählich zu ändern beginnen wird. Mit den drei großen Romanserien der 30er Jahre gelingt es ihm vorerst, sich als bedeutenden Antipoden aus dem sozialistischen Spektrum zum konservativen Gunnar Gunnarsson zu positionieren. Er geht zielgerichtet daran, die Stellung als führender Schriftsteller in Island zu übernehmen und wird mit seinen Erfolgen in den 40er und 50er Jahren darüber hinaus ein internationaler Autor.

Während für den modernistischen Autor *avant la lettre* Þórbergur Þórðarson Schreiben ein (lebens)langes Projekt, immer eine Suche nach neuen Deutungen und ein Kampf um alternative Darstellungsformen ist, gelangt Laxness als der typischere der beiden Stilmeister der isländischen Zwischenkriegszeit nach einer kurzen Phase der Experimente rasch zur festen Romanform mit eindeutigen, wenn auch keineswegs vereinfachenden Aussagen. Laxness ist eher Weiterführer einer bestehenden großen Tradition. Er bricht die lyrischen und epischen Formexperimente der 20er Jahre zugunsten einer sozial engagierten Literatur in den 30er Jahren ab, bringt es auf dem Gebiet des epischen Erzähltexts im Kontext der isländischen Prosageschichte zu unerreichter Meisterschaft und wird die Versuche mit modernistischen Erzählformen erst wieder in den 60er Jahren aufgreifen. Laxness ist für seine Zeit durchaus repräsentativ: Der weltanschaulichen Radikalisierung, von der in den 30er Jahren fast sämtliche isländische Intellektuelle betroffen sind, entspricht ein weitgehender Verzicht auf anti-mimetische Poetiken und eine Präferenz realistischer Erzählweisen, wie sie der Roman des 19. Jh. etabliert hatte. Þórbergur dagegen bleibt seiner Literatur der hybriden Gattungen treu und verweigert eine Anlehnung an die eingebürgerten Formen des Romans; er hat trotz allseitiger Bewunderung kaum Nachfolger gefunden und wirkt vielleicht unter anderem auch deshalb immer noch so provozierend.

Alltingfeier 1930

Auch andere Bereiche der isländischen Kultur der Zwischenkriegszeit wie die Architektur, das Design, die Malerei oder Bildhauerei zeigten ähnliche Auseinandersetzungen zwischen Tradition und Innovation wie die Literatur im Zeitraum von 1910 bis 1940. Ein wesentliches Ereignis der Periode war die Alltingfeier (Alþingishátíð) 1930, die des tausendjährigen Jubiläums des isländischen Parlaments gedachte – übrigens im gleichen Jahr wie die große Stockholmer Ausstellung, die den Durchbruch des funktionalistischen Stils in Schweden brachte. Im Umfeld dieser Ausstellung warf die Nation einen Blick nach hinten in die eigene Geschichte und adaptierte zugleich die international gängige Formsprache des zeitgenössischen Funktionalismus: es entstand eine Art Saga-Funktionalismus. Beide Blicke – jener zurück und jener in die Gegenwart – waren in der Zwischenkriegszeit in der isländischen Kultur möglich.

Modernismus (1940–1980)

Vom Krisenbewusstsein zur Bewusstseinskrise

Die bedingungslose Kapitulation Deutschlands 1945 bedeutete in Norwegen und Dänemark die Befreiung von Besatzung und Fremdherrschaft, wohingegen Schweden als eines der wenigen europäischen Länder vom Krieg verschont geblieben war. Nach dem Scheitern der Bemühungen um eine gemeinsame nordische Verteidigungsallianz schlossen sich Dänemark und Norwegen 1949 der NATO an. Der Kalte Krieg, der das politische Klima zwischen Ost und West während der Nachkriegsjahre bestimmte, bewirkte auch im Norden eine zunehmende Furcht vor dem Kommunismus. Während in Norwegen der ehemalige Kommunist Arnulf Øverland nun für eine NATO-Mitgliedschaft seines Landes plädierte, debattierte man in Schweden über einen dritten Standpunkt, der weder mit der Position der Sowjetunion noch derjenigen der USA zusammenfallen sollte und von Literaten wie Karl Vennberg und Artur Lundkvist vertreten wurde. Auch bezüglich der Organisation des Staatswesens beschritten die schwedischen Sozialdemokraten, die bis 1976 ununterbrochen regierten, einen Mittelweg zwischen Kapitalismus und Sozialismus und bauten das Land zu dem aus, was in Schweden selbst als *folkhem* (»Volksheim«) bezeichnet wird und im Ausland als ›schwedisches Modell‹ große Beachtung fand. Ähnlich verlief die Entwicklung in Dänemark und Norwegen, wenn auch die Skepsis gegenüber der amerikanischen Außenpolitik aufgrund der NATO-Mitgliedschaft beider Länder mit größerer Zurückhaltung als in Schweden artikuliert wurde.

Dritte Standpunkt-Debatte

Die rasche Verbreitung des Fernsehens zu Beginn der 60er Jahre und die damit verbundene zunehmende Visualisierung trug wohl auch zu einem markanten Interessenanstieg für das Ausland – besonders für die Drittweltproblematik – bei. Die schwedischen Massenmedien berichteten ausführlich über den Befreiungskampf Kongos im Jahre 1960, und mit Dag Hammarskjöld war zudem ein Schwede Generalsekretär der UNO von 1953 bis zu seinem Unfalltod 1961. Der Entkolonialisierungsprozess erhielt jedoch durch den Vietnamkrieg der USA, dem man in Schweden früh schon skeptisch gegenüber stand, einen Rückschlag. Die sozialdemokratische Regierung des Landes unter Olof Palme entfremdete sich zusehends von der amerikanischen Außenpolitik, während das Land gleichzeitig zum Interessenvertreter der Drittweltländer wurde.

Wirtschaftlich gesehen zeichneten sich die 50er und 60er Jahre im Norden durch eine Hochkonjunktur aus, wobei Norwegen von den entdeckten Erdölvorkommen in der Nordsee noch zusätzlich profitieren konnte. Bereits 1952 schlossen sich die skandinavischen Länder – außer Finnland, das drei Jahre später beitrat – zum Nordischen Rat zusammen, der die Zusammenarbeit der Nordischen Länder stärken sollte. Die gute Wirtschaftslage erlaubte es den sozialdemokratischen Regierungen, ihre Länder zu sozialen Wohlfahrtsstaaten auszubauen, die auf der Welt ihresgleichen suchten. Der Preis

Vietnam-Demonstration 1966 mit der schwedischen Autorin Sara Lidman am Rednerpult

Skandinavische Kulturförderung

für die umfassende soziale Sicherheit der Bürger war eine hohe Steuerlast, gegen die die konservativen Parteien immer wieder ankämpften. Doch im Wesentlichen hat sich das skandinavische Modell bis heute gehalten. Zum skandinavischen Wohlfahrtsstaat gehört auch eine großzügige Kulturförderungspolitik. In Dänemark wurde 1964 ein staatlicher Fonds eingerichtet, der die Vergabe von Stipendien auf Lebenszeit ermöglichte, und in Norwegen hat der Staat 1965 mit der sogenannten *innkjøpsordning* (»Einkaufsregelung«) versucht, der serbelnden Buchbranche unter die Arme zu greifen. Mit dieser Ordnung verpflichtet sich der Staat, von jedem neuen Buch 1000 Exemplare zu kaufen und diese an die Bibliotheken zu verteilen. Dadurch wurde das verlegerische Risiko erheblich minimiert, so dass es sich die Verlage weiterhin leisten konnten, nicht marktgängige Literatur herauszugeben. Die Maßnahme kam ebenso den Autoren zugute, weil sich ihre Einkommen durch Zuschüsse des staatlichen Kulturfonds für die ersten 3000 verkauften Exemplare wesentlich verbesserten. Über Sinn und Unsinn dieser Regelung wurde immer wieder diskutiert – man bezichtigte die Verlage, es mit der Qualitätskontrolle ihrer Produkte nicht allzu ernst zu nehmen –, abgeschafft wurde sie jedoch bis heute nicht. Schweden erließ bereits 1954 ein Gesetz, wonach die Schriftsteller für die Bibliotheksausleihe ihrer Bücher entschädigt werden sollten. Und in den 60er Jahren vergab der Staat Arbeitsstipendien für Kulturschaffende, die auf ein garantiertes Einkommen hinausliefen.

Kulturkrise der Nachkriegszeit

Kulturell gesehen wurden die Nachkriegsjahre als Krisenzeit wahrgenommen, ›Kulturkrise‹ war ein Schlüsselwort der Epoche. Beeinflusst vom spanischen Kulturphilosophen José Ortega y Gasset und seinem Essay *La deshumanización del arte*, den er übersetzte, versuchte der dänische Autor Ole Sarvig in seinem Essayband *Krisens Billedbog* (Bilderbuch der Krise, 1950), die Entwicklung der modernen Malerei unter dem Aspekt einer Krise der Humanität zu interpretieren, die sich als Folge des Industrialisierungsprozesses in einer zunehmenden Entfremdung des Menschen von seiner ursprünglichen Lebenswelt manifestiere. Als Folge davon sei die Einheit zwischen dem Geistigen und dem Materiellen auseinandergebrochen. Dass die Vertreter des *Heretica*-Kreises, zu denen Ole Sarvig gehört, Kunst als Erkenntnisinstrument auffassen und den Künstler mit prophetischen Sehergaben ausstatten, rührt von ihrer Auffassung der künstlerischen Arbeit her, die sie als Tätigkeit begreifen, welche in ihrem handwerklichen Aspekt eine Brücke zwischen Intellekt und Materie bildet, wodurch ihnen die verlorene Einheit in der Kunst als aufgehoben gilt. Wie Sarvig haben viele die Herausbildung moderner Industriegesellschaften als eine sich zuspitzende Krise der Humanität interpretiert, die sich in einer immer stärker bemerkbaren Verdinglichung des Menschen artikuliere und im Zweiten Weltkrieg kulminiere. Dieser Krieg wurde als Zusammenbruch der westlichen Zivilisation und ihrer humanitären Werte gedeutet, was eine Rückbesinnung auf die Bedingungen der einzelnen menschlichen Existenz zur Folge hatte. Der französische Existenzialismus mit seiner Verneinung der Idee einer menschlichen Vorbestimmung und seiner Betonung der Verantwortung des Einzelnen, der seine Essenz durch sein Handeln erst festlegt, beeinflusste die Literatur des dänischen *Heretica*-Kreises und die schwedischen Autoren der 40er Jahre.

Ein Paradigmenwechsel zeichnet sich erst in den 60er und 70er Jahren ab, die gekennzeichnet sind durch eine Hinwendung zur konkreten Erfahrungswirklichkeit und eine Politisierung aller Lebensbereiche. Nicht mehr das Individuum und existentielle, sondern die Gesellschaft und politische Fragestellungen werden jetzt diskutiert. Neomarxistisches Denken gewinnt im Zuge der Studentenbewegung schnell an Einfluss und prägt die Polit- und Kulturdebatten der 70er Jahre, die innenpolitisch von Gleichberechtigungs- und zunehmend auch von Umweltschutzfragen dominiert sind. Wurde die Aufteilung des Lebens in verschiedene Funktionen in den 40ern noch beklagt, so akzeptiert man jetzt die verschiedenen Rollen des Individuums und verabschiedet die Authentizitätskonzepte früherer Zeiten.

Politisierung der Gesellschaft

Kennzeichnend hierfür ist die Kunstauffassung Per Højholts, die derjenigen Ole Sarvigs diametral entgegengesetzt ist. Spürt dieser noch einer verlorenen Einheit nach und deutet die Bilder Cézannes – ohne sie negativ zu bewerten – als Ausdruck einer Krise, so macht Højholt die Differenz zwischen Künstler und Werk, zwischen Sprache und Realität zur Prämisse seines Dichtens und zeigt sich dementsprechend beeindruckt von der Fähigkeit des Malers, Natur in Farben und Formen zu übersetzen, so dass der Abstand des Bildes zur Natur klar sichtbar bleibt. Højholt interessiert sich für den Verweischarakter des Kunstwerks im Hinblick auf sein eigenes Konstruktionsprinzip, wodurch die Grenze, die den Menschen von der Natur trennt, markiert wird, ohne dass dieser Befund als Krisensymptom gedeutet würde. Überhaupt erzeugt die stetig anwachsende Medialisierung der Gesellschaft ein stärkeres Reflektieren über Fragen nach dem Realitätsgehalt einer visuell vermittelten Welt bzw. nach der Rolle des Bewusstseins im Wahrnehmungsprozess.

Analog zum Strukturalismus als neuer geisteswissenschaftlicher Paradedisziplin, die in Dänemark früh rezipiert wurde, gewann ein Struktur- bzw. Systemdenken an Einfluss, das die Ungerechtigkeiten als Systemfehler verstand und entsprechend denunzierte. Das Interesse galt den Mechanismen der Systeme, von denen behauptet wurde, sie steuerten die gesellschaftlichen Prozesse gleichsam von alleine. Der Protest richtete sich gegen bürgerliche Gesellschaftsformen und deren Ideologie, die eine wieder erwachte Frauenbewegung als patriarchal entlarvte. In den Blick geriet dabei die Sprache, die in ihrer Funktion als Ideologieträger und Herrschaftsinstrument analysiert wurde. In der Literatur zeigte sich die Politisierung in einer Hinwendung zu unmittelbar gesellschaftsrelevanten Themen und einem entsprechenden Misstrauen gegenüber dem Fiktiven, von dem man glaubte, es lenke von der konkreten Wirklichkeit ab. Andererseits bewirkte die Überzeugung, der traditionelle Realismus habe seine Wirkung verloren, ein Experimentieren mit ›unreinen‹ realistischen Formen.

Individuum und Existenz

Literatur im Widerstand

Die Besetzung Dänemarks und Norwegens durch die Truppen Nazi-Deutschlands hatte in diesen Ländern eine Okkupations- und Widerstandsdichtung nach sich gezogen, die aufgrund der Zensur im neutralen Schweden oder in Island gedruckt wurde oder in Handabschriften zirkulierte. Für die Texte, die in den besetzten Ländern erscheinen konnten, zwang die Zensur zu einer Kunst der Andeutung. Bekannt wurden die Causerien Johan Borgens, der seine Texte in der Zeitung *Dagbladet* jeweils mit Mumle Gåsegg, nach einer gleichnamigen Märchenfigur, signierte. Der Widerstandwille äußerte sich vor allem in der Lyrik, die in erster Linie eine appellative Funktion zu erfüllen hatte und leicht verständlich sein musste. Einprägsame Reime und einfache Bildwahl ersetzten künstlerisches Raffinement. Wichtig für den norwegischen Widerstand waren Arnulf Øverland und Nordahl Grieg. Øverland wurde verhaftet und ins Konzentrationslager Sachsenhausen verschleppt, während Grieg, der in England als Kriegskorrespondent arbeitete und von dort seine Gedichte über den norwegischen Rundfunk verbreitete, in einem britischen Flugzeug den Tod fand, das 1943 über Berlin abgeschossen wurde. Øverland schrieb seine Verse während der Gefangenschaft in Oslo, im berüchtigten Gefängnis an der Møllergata 19 und im Konzentrationslager Sachsenhausen, die Buchpublikation seiner Kriegslyrik unter dem Titel *Vi overlever alt* (Wir überleben alles, 1945) erreichte nach dem Krieg unzählige Auflagen.

Schreiben gegen die Gewalt

In Dänemark wurde insbesondere die Bühne zum Ort künstlerischer Opposition. Kaj Munks historische Allegorie *Niels Ebbesen* (1942; Niels Ebbesen, 1944) sollte das dem Autor zufolge unheroische dänische Volk zu Tatkraft und heroischer Handlung wecken, während die Lieder Poul Henningsens für Kjeld Abells Revuekomödie *Dyveke* (1940) zu Schlagern in der »Dunkelheit vor der Morgenstunde« wurden, wie anspielungsreich auf die Zeitumstände formuliert wurde. Symbol des geistigen Widerstands war die illegal herausgegebene Anthologie *Der brænder en Ild* (Es brennt ein Feuer, 1944), die Beiträge berühmter Autoren wie Kjeld Abell, H.C. Branner, Martin A. Hansen, Tove Ditlevsen, Sarvig u.a. enthielt. Der dänische Widerstand ist mit dem Namen des jungen Dichters Morten Nielsen verbunden, der 22jährig an einer Schussverletzung starb. Sein Gedichtband *Krigere uden Vaaben* (Krieger ohne Waffen, 1943) kann als Aufruf gelesen werden, sich der nackten Wirklichkeit zu stellen und nicht die Augen vor ihr zu verschließen. Gleichzeitig sind seine Gedichte jedoch durch einen desillusionierten Blick eines einsamen lyrischen Ichs geprägt, das die Wirklichkeit als ›leer‹ begreift. Die aktuelle Kriegsthematik wird dergestalt immer wieder auf existentielle Fragestellungen hin ausgeweitet.

Unmittelbar nach dem Ende des Krieges erschienen zahlreiche Erfahrungsberichte, von denen einige durch das tragische Schicksal ihrer Verfasser berühmt wurden. Hierzu zählen Petter Moens *Dagbok* (1949; Petter Moens

Tagebuch, 1950) und die Briefe des jungen, von den Deutschen hingerichteten Freiheitskämpfers Kim Malthe-Bruun, die dessen Mutter nach dem Krieg unter dem Titel *Kim* (1945) veröffentlichte. Malthe-Bruun kam als junger Seemann früh mit dem Widerstand in Kontakt. Er verhalf verfolgten Menschen zur Flucht nach Schweden, wurde von den Deutschen verhaftet und schrieb im Gefängnis Briefe an seine Angehörigen, die in ihrer Huldigung des Lebens großen Eindruck machten. So verfasste der junge Thorkild Bjørnvig eine Gedichtsuite, die er *Kim – efter Læsningen af hans Breve* (Kim – nach der Lektüre seiner Briefe) betitelte und im Gedichtband *Anubis* 1955 veröffentlichte. Moen lochte seine Aufzeichnungen mit einer Nadel in Klopapier, das er in seiner Gefängniszelle versteckte. Er war eine wichtige Figur der Widerstandspresse, wurde 1944 verhaftet und kam um, als das Schiff, das ihn nach Deutschland bringen sollte, auf eine Mine fuhr.

Zu den eindringlichsten Erfahrungsberichten über die Gefängnisse und Konzentrationslager, die in den ersten Friedensjahren erschienen, zählen Lise Børsums *Fange i Ravensbrück* (Gefangene in Ravensbrück, 1946) und *Veien til Auschwitz* (Der Weg nach Auschwitz, 1947) von Kirsten Brunvoll. Andere konnten sich erst viel später über ihre Erlebnisse äußern, wie die polnische Jüdin Zenia Larsson, die nach dem Krieg mit einem Rotkreuztransport nach Schweden kam. Ihre autobiographischen Bücher *Skuggorna vid träbron* (Die Schatten bei der Holzbrücke, 1960) und *Lång är gryningen* (Lang ist die Dämmerung, 1961) sind Berichte über das Ghetto in Lodz bzw. über das KZ in Bergen-Belsen. Zu dieser Gruppe zählen der Norweger Herman Sachnowitz mit seinem Buch *Det angår også deg* (Es betrifft auch dich, 1976), der als einer der wenigen norwegischen Juden die Konzentrationslager überlebte, und Cordelia Edvardson, die Tochter der Dichterin Elisabeth Langgässer, die für *Bränt barn söker sig till elden* (1984; Gebranntes Kind sucht das Feuer, 1986) den Geschwister-Scholl-Preis erhielt. In diesem Buch wie in *Viska det till vinden* (1988; Die Welt zusammenfügen, 1989) koppelt sie ihre KZ-Erfahrungen mit ihrer persönlichen Familiengeschichte zusammen, bei der insbesondere das schwierige Mutter-Tochter-Verhältnis zur Debatte steht.

Skandinavische Holocaust-Literatur

Cordelia Edvardson

Die unmittelbare Nachkriegszeit war bei einem Großteil der Bevölkerung gekennzeichnet durch den Wunsch nach eindeutiger Schuldzuweisung, die Fragen nach der eigenen Verstrickung mit den Machthabern zunächst nicht aufkommen ließ. Als Tove Ditlevsen 1945 ein Gedicht über die geschlagenen deutschen Soldaten publizierte, erregte dies öffentlichen Unwillen, weil die Autorin die Täter auch als Opfer sah. Die Auseinandersetzung mit dem eigenen Versagen, der individuellen Schuld und Verantwortung sollte aber trotzdem ein bestimmendes Thema der Nachkriegsliteratur werden. Als einer der bekanntesten Romane, der die Okkupationsjahre thematisiert und einer kritischen Prüfung unterzieht, gilt Sigurd Hoels *Møte ved milepelen* (1947; Begegnungen am Meilenstein, 1970). In diesem Werk geht es um die Frage, wie ›gewöhnliche‹ Menschen zu Folterern und Nazis werden. Mit Hilfe psychoanalytischer Ansätze beginnt der Ich-Erzähler in den Kindheitserlebnissen seiner Freunde zu forschen. Diese frühen Erlebnisse sollen eine Erklärung für spätere Verhaltensmuster liefern. Der Ich-Erzähler, der von sich glaubt, eine reine Weste zu haben, merkt, dass er sich selbst verschuldet hat, indem er vor dem Krieg die große Liebe seiner Jugend verriet und nun mit der Tatsache konfrontiert wird, dass sein eigener Sohn Nationalsozialist wurde.

Berühmt sind die unverhohlenen Sympathien für das nationalsozialistische Deutschland des Nobelpreisträgers Knut Hamsun. Hamsun hatte sich schon 1935 in der Zeitung *Aftenposten* despektierlich über den deutschen Pazifisten Carl von Ossietzky geäußert, als diesem der Friedensnobelpreis zugeteilt

Hamsun und der Nationalsozialismus

> **Adolf Hitler.**
>
> Jeg er ikke verdig til at tale høirøstet om Adolf Hitler, og til nogen sentimental Rørelse indbyder hans Liv og Gjerning ikke.
>
> Han var en Kriger, en Kriger for Menneskeheden og en Forkynder av Evangeliet om Ret for alle Nasjoner. Han var en reformatorisk Skikkelse av høieste Rang, og hans historiske Skjebne var den, at han virket i en Tid av den eksempelløseste Raahet, som tilslut fældte ham.
>
> Slik tør den almindelige Vesteuropæer se paa Adolf Hitler. Og vi, hans nære Tilhengere, bøier nu vaare Hoder ved hans Død.
>
> *Knut Hamsun*

Nekrolog von Hamsun auf Hitler in der norwegischen Zeitung *Aftenposten* (2. Mai 1945)

wurde, indem er ihn »einen merkwürdigen Friedensfreund« nannte und ihm riet, die politische Führung seines Landes zu unterstützen in einer Zeit, in der Deutschland von der ganzen Welt bedroht werde. Solche Zeilen lösten einen Sturm der Entrüstung bei fast allen namhaften Schriftstellerkollegen seines Landes aus, von denen 22 ein Manifest unterzeichneten, in dem sie für den inhaftierten Ossietzky Partei ergriffen. Dies hinderte Hamsun jedoch nicht, 10 Jahre später, wiederum in der Zeitung *Aftenposten,* einen Nachruf auf Hitler zu schreiben, in dem er diesen als »Krieger für die Menschheit« und »reformatorische Erscheinung von höchstem Rang« bezeichnete. Derselben verklärenden Redeweise, mit der die historische Wahrheit auf den Kopf gestellt wird, bedient sich der greise Dichter in seinem letzten Werk, dem autobiographisch gefärbten Buch *Paa gjengrodde stier* (1949; Auf überwachsenen Pfaden, 1950), in dem er seinen Fall im Lichte einer ›Ewigkeitsperspektive‹ – »in hundert Jahren ist alles vergessen«, heißt es leitmotivisch – zu relativieren sucht. Er verharmlost und stilisiert sich als souveräner Geist, dem die Kleinlichkeiten des politischen Alltags nichts anhaben können. Erzähltechnisch gesehen handelt es sich um eine Ich-Erzählung, eine Erzählform, die Hamsun nur in seinen frühen Werken wie *Sult* (1890; Hunger, 1891) oder *Pan* (1894; Pan, 1895) anwandte. Dies darf aber nicht dazu verleiten, die Äußerungen des Erzählers mit denjenigen des Verfassers gleichzusetzen. Für den Erzähler ist sein Fall unwichtig, wohingegen der reale Autor, das zeigen seine Briefe aus der Zeit, an nichts anderes als »die Sache« denken kann.

Sigurd Evensmos *Englandsfarere* (1945; Englandfahrer, 1946) basiert auf autobiographischem Material. Der Autor versuchte zusammen mit anderen, sich mit einem Boot nach England abzusetzen. Die Gruppe fiel jedoch einem Verrat zum Opfer und alle bis auf den Verfasser, von dem sich die Besatzungsmacht noch in einer anderen Angelegenheit Auskunft erhoffte, wurden hingerichtet. Das Buch wurde bereits ein Jahr nach seinem Erscheinen verfilmt. Als Antwort auf Hoels Roman *Møte ved milepelen* kann *Det store veiskillet* (Der große Scheideweg, 1949) von Kåre Holt gelesen werden. Die Hauptperson Chris steht am 9. April 1940, dem Tag der deutschen Invasion, an einem Wendepunkt ihres Lebens. Die Erzählung spaltet sich in drei mögliche Lebenswege für ihn: Er kann entweder Nazist, Widerstandskämpfer oder Mitläufer werden. Im Gegensatz zu Hoel, dessen psychoanalytisches Erklärungsmuster die Frage nach der Verantwortung des Einzelnen obsolet zu machen droht, wird bei Holt die Wahl des Einzelnen und damit die Verantwortung für seine Handlungen betont. Der Krieg sollte auch zum Referenzpunkt der Werke des dänischen Schriftstellers Tage Skou-Hansen werden, welcher im Widerstand aktiv war und den Krieg mit existentiellen Grenzerfahrungen des Menschen in Verbindung bringt.

Befreiung des poetischen Bildes

Die 40er Jahre sind in den skandinavischen Ländern Dänemark, Norwegen und Schweden durch den definitiven Durchbruch des Modernismus gekennzeichnet, der sich in der finnlandschwedischen Literatur allerdings schon während des Ersten Weltkriegs etablierte und verbunden ist mit Namen wie Edith Södergran, Gunnar Björling und Elmer Diktonius, um nur drei wichtige Exponenten zu nennen. Eine Definition dieses vagen Begriffs ist schwierig, weil er nur eine Sammelbezeichnung für alle modernen, amimetischen literarischen Strömungen seit Baudelaires Lyrik ist. Generell könnte man jeden Text als modernistisch bezeichnen, dem eine deutliche Entrealisierungstendenz eingeschrieben ist, die es dem Leser verunmöglicht, das Gelesene am eigenen Bezugsfeld zur empirischen Realität zu messen.

Modernistischer Durchbruch

Noch während des Zweiten Weltkriegs etablierte sich die Avantgardebewegung zunächst in Schweden mit den sogenannten Autoren der 40er Jahre, die *fyrtiotalister*, die sich um die Zeitschrift *40-tal* gruppierten, welche von 1944–47 erschien. Ihren Vertretern gemeinsam ist eine ideologiekritische Haltung, die sich in einem grundsätzlichen Misstrauen gegenüber jeder Weltanschauung manifestiert. Entsprechend stand in der Literatur das Individuum im Zentrum des Interesses, wobei Angst-, Ohnmachts- und existentielle Verlorenheitsgefühle thematisiert wurden. Erik Lindegren schrieb mit *mannen utan väg* (Der Mann ohne Weg, 1942/46) den zentralen Gedichtzyklus der Bewegung. Kennzeichen seiner Gedichte ist die Spannung zwischen strenger Form und einer disharmonischen, alogischen Bildsprache. Jedes der 40 Gedichte besteht aus sieben Strophen à zwei Versen. Diese »zersprengten Sonette« (Lindegren) sollten das Lebensgefühl nach dem Weltkrieg ausdrücken, die Orientierungslosigkeit aufgrund des Zusammenbruchs eines verbindlichen Wertekanons:

Das schwedische fyrtiotal

> handen darrar i svindel på stryparnas stege
> giriga tårar prasslar i näktergalens tomma bur
>
> redan själva sörjandet kräver flera dödsoffer
> även en järnvägsolycka stammar förlåt
>
> ett avskalat öga brinner: kortslutning och ensamhet
> och ödet fotograferar ännu ett förvånat lik
>
> elden härjar även det oförsäkrade hjärtat
> och lidandets väktare flyr mot en fond av tro
>
> anonyma taggar drömmer sig till verklighet
> och gungar sig till törne på verklighetens sluttning
>
> men ett rop av smärta rullar uppför ett berg
> och kastar sig utför en brant för att krossa
>
> grandios vilar smärtans flykt på örnarnas duk
> medan vinden blandar artiga ansiktens kortlek

Erik Lindegren, Skulptur von A. Jones

Verselbständigung des poetischen Bildes

Dagermans Poetik der Angst

(die Hand zittert im Schwindel auf der Würgungen Leiter / gierige Tränen prasseln in der Nachtigall leerem Bauer // schon die Trauer allein fordert mehrere Todesopfer / auch ein Eisenbahnunglück stammelt Verzeihung // ein abgeschältes Auge brennt: Kurzschluss und Einsamkeit / und das Schicksal photographiert noch eine verwunderte Leiche // das Feuer verheert auch das unversicherte Herz / und des Leidens Wächter fliehen zu einem Glaubensfond // anonyme Stacheln träumen sich zur Wirklichkeit / und schaukeln sich zum Dorn auf der Wirklichkeit Abhang // aber ein Schmerzensruf rollt den Berg hinauf / und wirft sich auf eine Steile um zu zerschellen // grandios weilt des Schmerzes Flucht auf der Adler Tuch / während der Wind hübscher Gesichter Kartenspiel mischt [Übersetzung: Nelly Sachs])

Mannen utan väg liegen dichtungstheoretische Überlegungen T.S. Eliots zugrunde, dessen Werke von Lindegren und Karl Vennberg ins Schwedische übertragen wurden. Eliots Theorie des unpersönlichen Stils und des objektiven Korrelats als einzig verbleibende Möglichkeit, Gefühle auszudrücken, wie er es in seinem einflussreichen Essay *Hamlet and his Problems* (1920) formulierte, finden ihren Widerhall in Lindegrens Forderungen nach Befreiung des Bildes von seiner ausschmückenden Rolle und der Vermeidung des Privaten. Letzteres wird durch die weitgehende Abwesenheit des lyrischen Ichs in *mannen utan väg* auch formal unterstrichen.

Vennberg, neben Lindegren einer der wichtigsten Lyriker und Kritiker der Bewegung, stattet seine Poesie gerne mit Ironie und einem gewissen Sarkasmus aus, bedacht, alles Pathetische zu vermeiden. Schon mit *Halmfackla* (Strohfackel, 1944) zeigt sich der Autor als Meister der lakonischen Formulierung, die zum oft Hochgestimmten der Epoche nicht recht passen will; seine Gedichte betonen die Relativität der Werte und reden den alltäglichen Tätigkeiten das Wort. Vennberg schreibt unter dem Eindruck des Weltkriegs fast schon satirisch zu nennende Verse als Abgesang auf die abendländische Kultur, in *Tideräkning* (Zeitrechnung, 1945) treten solche Züge noch krasser hervor. Neben Eliot war auch Franz Kafka wichtig, den Vennberg seinen Landsleuten vorstellte. In einem berühmt gewordenen Essay verglich er Kafkas Werk mit dem »ungeheuren Ohnmachtsgefühl unserer Generation«, dessen antirealistische Schreibweise die Prosaliteratur der 40er Jahre nachhaltig beeinflusst habe.

Stilbildend sind aber auch die Amerikaner Hemingway und Faulkner geworden, wie Stig Dagermans Roman *Ormen* (1945; Die Schlange, 1985) zeigt, der deutlich von Faulkner beeinflusst ist. Beide teilen ein großes Interesse am Unbewussten sowie eine Fokussierung auf menschliche Destruktivität. Dagerman gilt als der prototypische Dichter der Epoche. In *Ormen* versetzt eine Schlange eine Kompanie Soldaten in Angst und Schrecken und raubt ihnen den Schlaf. Die Angst ist allgegenwärtig und vergiftet die Beziehungen zwischen den Soldaten. Thematisiert wird auch die durch verdrängte Erinnerungen an traumatische Ereignisse erzeugte Angst, die die Soldaten im Griff hält. Eigentlich handelt es sich bei *Ormen* um eine Anzahl Novellen, die durch eine Rahmenerzählung zusammengehalten werden. Dagerman, der 1946 als Journalist das zerbombte Deutschland bereiste, hielt seine Eindrücke im Band *Tysk höst* (1947; Deutscher Herbst, 1981) fest. Darin offenbart sich ein hellhöriger Reporter, der auf Probleme hinwies, die sich erst 20 Jahre später während der Studenten-Proteste stellen sollten, wenn er beispielsweise auf den unheilvollen Gegensatz zwischen den Generationen zu sprechen kommt.

Entscheidend für den modernistischen Durchbruch in Norwegen war das Jahr 1949, in welchem Paal Brekkes *Skyggefektning* (Schattenfechten), seine Übersetzung von Eliots *The Waste Land* und Tarjei Vesaas' Gedichtband

Lykka for ferdesmenn (Das Glück für die Reisenden) erschienen. Erst jetzt gelang der Anschluss an die europäische Avantgarde, obwohl modernistische Stilmittel schon viel früher verwendet wurden, zu denken ist hierbei etwa an den Symbolisten Sigbjørn Obstfelder oder Rolf Jacobsen. Brekkes *Skyggefektning* zeichnet sich durch eine nur noch von bestimmten Schlüsselwörtern zusammengehaltene, assoziative Bildersprache aus, mit der die »Brocken des Chaos« – so der bezeichnende Titel des ersten Teils – einer fragmentierten Wirklichkeitswahrnehmung auch formal ausgedrückt wurden. Eine ältere Literatengeneration um Arnulf Øverland und André Bjerke konnte mit solchen formalen Erneuerungen nichts anfangen und ergab sich in heftigen antimodernistischen Polemiken, in denen sie behauptete, es sei schon immer das Vorrecht der Literatur gewesen, die Dinge einfach und klar zu formulieren. Øverland machte sich die Lyrik Heinrich Heines zum Vorbild für sein eigenes Schaffen. Er polemisierte nicht nur gegen modernistische Lyrik, sondern holte in einem berühmten Vortrag, *Tungetale paa Parnasset* (Zungenreden auf dem Parnass) – die daraus entstandene Debatte erhielt deshalb den Namen *Tungetaledebatt* –, zum Rundumschlag gegen moderne Kunst generell aus. Mochte er auch manchem Traditionalisten aus der Seele sprechen, stellten seine Äußerungen doch ein Rückzugsgefecht dar, die Zeit war auch in Norwegen reif geworden, sich den internationalen Avantgardebewegungen zu öffnen. Diese Debatte hatte den Vorteil, dass eine junge Autorengeneration begann, sich auch theoretisch mit der neuen Kunstströmung auseinanderzusetzen. Insbesondere die Artikel Brekkes und Erling Christies trugen dazu bei, dem beklagten Theoriedefizit abzuhelfen und auf Verbindungslinien der eigenen Lyrik mit ausländischen Parallelerscheinungen hinzuweisen. Brekke hat sich nicht nur als Lyriker einen Namen gemacht, sondern war auch als Buchrezensent für verschiedene Osloer Tageszeitungen und als Übersetzer aktiv.

Tungetale-*Debatte*

Das Gefühl der Fremdheit, des Unvertrauten und Heimatlosen zeichnet die Lyrik Gunvor Hofmos aus, neben Brekke die zweite wichtige Modernistin der ersten Stunde. Bereits im formal noch traditionellen Debütband mit dem sprechenden Titel *Jeg vil hjem til menneskene* (Ich will heim zu den Menschen, 1946) wird das Fremdheitsgefühl des Ichs gestaltet, das sich in der Welt nicht mehr heimisch fühlen kann. »Zwischen mir und der Welt liegt eine verbrannte Brücke« dichtet Hofmo, und in der Sammlung *Fra en annen virkelighet* (Von einer anderen Wirklichkeit, 1948) wird selbst die beseelte Natur menschlicher Verletzlichkeit und Heimatlosigkeit überantwortet, wenn es heißt: »Lege deine Hand auf die Rinde des Baumes, sie blutet wie du [...] Horche in die Luft; sie ist heimatlos wie du.« Die Unbehaustheit des Menschen ist in Hofmos Lyrik stets begleitet von einer Suche nach Gott, nach einer verborgenen Instanz, die dem Dasein Sinn geben könnte.

»*Fragmenter af en Dagbog*«: zur Poetik des Heretica-Kreises

Auch für die dänischen Dichter standen existentielle Fragen im Vordergrund; sie thematisierten die *conditio humana* in einer Zeit der Bankrotterklärungen aller Heilslehren. Für den Schriftsteller Martin A. Hansen steht nach dem Zusammenbruch aller ›Ismen‹ der einzelne Mensch als »unbegreifliches Wort« zurück, wie er es in der Zeitschrift *Heretica* (1948–53) als dem wichtigsten Organ des Landes formulierte. Typisch für die Generation unmittelbar nach dem Zweiten Weltkrieg ist ihre hohe, fast schon sakral zu nennende Wertschätzung der Kunst, mit der das »Mysterium des Menschen« (Hansen) erkannt werden soll. Die besondere Position des Künstlers leitet sich aus dem

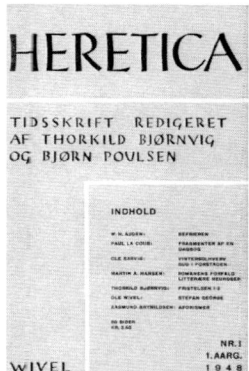

Die dänische Literaturzeitschrift *Heretica* (1948)

Absage an die Nachahmungskunst

Umstand ab, dass »seine Gedanken ausschließlich vom persönlichen Erleben geprägt sind und nicht von fachlichen oder politischen Begrenzungen«, wie man in der Verlagsannonce in der ersten Nummer von *Heretica* lesen kann.

Wie Lindegren will auch Paul la Cour in *Fragmenter af en Dagbog* (1948; Fragmente eines Tagebuches, 1955), ein Schlüsseltext zum Verständnis der dänischen Nachkriegslyrik, das poetische Bild von seiner ausschmückenden Rolle befreien: »Billedet er ikke Imitation. Det er selv en Verden.« (Das Bild ist keine Imitation. Es ist selbst eine Welt.) La Cour wendet sich mit solchen Formulierungen gegen die Bildverwendung zu deskriptiven Zwecken, wie er sie in der Lyrik eines Johannes V. Jensen vorfindet. Er macht einen Unterschied zwischen Poesie und Dichtung, erstere wird mit dem Leben schlechthin gleichgesetzt, ist höchste Wirklichkeit und die Einheit allen Seins. In seinen Gedichtbänden *Levende Vande* (Lebendige Wasser, 1946) und *Mellem Bark og Ved* (Zwischen Rinde und Holz, 1950) löst sich la Cour von den traditionellen metrischen Formen, aus dem Bewusstsein heraus, »dass wir heute das Gedicht vielleicht zerschlagen müssen, um die Poesie zu befreien«. Im Unterschied zu den *fyrtiotalister* geht la Cour jedoch von einem verborgenen Zusammenhang aller sichtbaren Dinge aus, von einer »Einheit des Lebens«, die sich hinter dem rational Einsehbaren versteckt. Das Bild wird zum Garanten »höherer Einsicht«, wie es in den *Fragmenter* formuliert wird. Der Dichter ist ein Seher, der Verbindungen wahrnimmt, die dem prosaischen Auge verborgen bleiben.

Solche Überlegungen zeigen deutlich die Nähe des *Heretica*-Kreises zum Symbolismus französischer Provenienz, weshalb die dänische Literaturforschung die ›Hereticer‹ eher als Spätsymbolisten bezeichnet und den eigentlichen Modernismus erst um etwa 1960 ansetzt. Diese Klassifizierung ist jedoch das Produkt der den Texten zugrundeliegenden Poetik und nicht der Texte selbst, denen ein antirealistischer Gestus durchaus eigen ist. Das zeigt sich auch in la Cours Poetik, die weniger von der konkreten Wirklichkeit ausgeht als vielmehr von der hinter dieser Wirklichkeit verborgenen Idee. Es wimmelt in *Fragmenter af en Dagbog* von Formulierungen, die die sinnliche Welt nur als Durchgang zu dem Wesentlichen (zur eigentlichen Realität) begreifen. La Cour scheut sich dabei nicht, von »Offenbarung« und »Mysterium« zu sprechen, um die Essenz des künstlerischen Prozesses zu charakterisieren. Er bringt Kunst in Verbindung mit einer geistigen Revolution und betont das Revolutionäre des »lebendigen Gedichts«. Allerdings schwingt in der Überschätzung der Möglichkeiten des künstlerischen Schaffensprozesses eine ästhetische Position mit, von der sich die kontinentaleuropäische Künstlergeneration der Nachkriegszeit gerade befreien wollte. Gottfried Benn verwies in *Probleme der Lyrik* (1950) nachdrücklich auf den handwerklichen Aspekt des Lyrikschreibens, und Paul Valéry machte schon in der Zwischenkriegszeit darauf aufmerksam, dass Gedichte aus Worten entstünden. Für la Cour hingegen heißt Gedichte schreiben, eine neue Art des Lebens zu schaffen.

Kunst als Mysterium

Eine besondere Rolle spielt die Kunst auch im Werk von Karen Blixen, die sich mit der Geschichtenerzählerin Scheherazade aus *1001 Nacht* verglich, die dank ihrer Fähigkeit zum spannenden Erzählen das gegen sie ausgesprochene Todesurteil aufheben kann. Ähnlich wie die Märchen aus *1001 Nacht* sind die Texte Blixens mit ihren zahlreichen Verschachtelungen strukturiert, und die von ihr bevorzugte Technik der Rahmenerzählung hat sie u.a. durch die Lektüre von Boccaccios *Decamerone* kennengelernt. Überhaupt ist das Motiv des Erzählens ein zentrales Thema ihrer Werke. Blixen wurde zuerst im englischsprachigen Raum mit *Seven Gothic Tales* (1934; Die Träumer

Karen Blixen

und andere Erzählungen, 1955) berühmt, ein Erzählband, den sie unter dem Pseudonym Isak Dinesen auf Englisch verfasste, bevor sie ihn ins Dänische umdichtete und im Jahr darauf als *Syv fantastiske Fortællinger* (Sieben phantastische Geschichten, 1982) in ihrem Heimatland herausgab. Ihre symbolisierende und mythisierende Erzählweise wurde im politisierten sozialrealistischen Literaturklima Dänemarks als Fremdkörper empfunden und entsprechend verhalten rezipiert. Blixen, die lange Jahre in Afrika eine Kaffeefarm besaß und von dieser Zeit in ihrer Autobiographie *Out of Africa/Den afrikanske Farm* (1937; Afrika, dunkel lockende Welt, 1938) berichtet, siedelt ihre Erzählungen gerne in fremden Ländern an und lässt sie mit Vorliebe im frühen 19. Jh. spielen, wobei eine adelige mit einer bürgerlichen Welt kollidiert, wie etwa in der Erzählung *Sorg-Agre* (Leid-Acker) aus dem Band *Vinter-Eventyr* (1942; Kamingeschichten, 1952), in der ein feudales Rechtsverständnis auf ein bürgerlich-aufgeklärtes trifft. Populär wurde auch die Novelle *Babettes Gæstebud* (1950; Babettes Fest, 1989), die als Allegorie auf die Kunst lesbar ist. Erzählungen wie *Ringen* (Der Ring, 1958) oder *Det ubeskrevne Blad* (Das unbeschriebene Blatt, 1942) handeln von schicksalshaften Begegnungen, gestalten aber zugleich Blixens Poetik. Beide Texte leben von etwas Rätselhaftem, das im Verlaufe des Erzählens nicht aufgelöst wird, und die Spannung in den Erzählungen steckt gerade in dem, was nicht gesagt wird. Blixen, die sich nicht scheute, durch ihre Pseudonyme, Verkleidungen und Maskenspiele sich selbst gleichsam als Kunstwerk zu inszenieren, verwebt in ihre Erzählungen oft Anspielungen auf andere Texte. *Vinter-Eventyr* etwa spielt schon mit dem Titel auf Shakespeares *The Winter's Tale* an, und *Babettes Gæstebud* ist durchsetzt von Allusionen auf die Bibel. Diese Intertextualität deutet auf einen Grundzug ihrer Erzählkunst hin, in der die Kunst-, Geschlechter- und Identitätsthematik zentral stehen.

Blixens phantastisches Erzählen

Provinz und Modernität

Im Unterschied zu Blixen, deren Geschichten in einem kosmopolitischen Milieu spielen, sind die Werke der in diesem Kapitel behandelten Autoren in der skandinavischen Provinz verankert. Hierzu zählen die Romane des Norwegers Tarjei Vesaas, die thematisch eng mit der norwegischen Provinz verknüpft sind, weshalb man ihn auch als Neuprovinzialisten bezeichnen könnte. Das ländliche Milieu, die Natur werden von Vesaas symbolhaft verdichtet, wie etwa im Roman *Fuglane* (1957; Die Vögel, 1961), neben *Is-slottet* (1963; Das Eisschloss, 1966) eines seiner Meisterwerke. In einer lyrisch verdichteten, suggestiven Sprache wird in *Fuglane* die Geschichte des Dorftrottels Mattis erzählt, der mit seiner Schwester Hege als Tagträumer in einem abgelegenen Haus wohnt und als Arbeitskraft in der Dorfgemeinschaft nicht zu gebrauchen ist. Mattis' Leben bildet einen Gegenentwurf zum nüchternen, arbeitsamen Leben seiner Mitmenschen, die seine »heilige Einfalt« nicht verstehen. Der Roman bezieht seine Spannung aus der Kontrastierung der inneren, reichen Symbolwelt Mattis', der über eine Sensibilität verfügt, die den anderen abgeht, mit der äußeren, monotonen Welt der dörflichen Gemeinschaft. Mattis versteht es, die Zeichen der Natur zu deuten, scheitert aber in seinen Bestrebungen, mit den Mitmenschen zu kommunizieren und geht am Ende zugrunde.

Tarjei Vesaas

Einen tragischen Ausgang nimmt auch die Begegnung zweier Mädchen namens Siss und Unn in *Is-slottet*. Nach einer Begegnung mit Siss, die den Leithammel der Klasse darstellt, stirbt die Einzelgängerin Unn in den Höhlen eines gefrorenen Wasserfalls. Thema des Romans ist der langsame Genesungsprozess von Siss, die ein Gelübde ablegte, Unn nie zu vergessen, wodurch ihre Lebensenergien allmählich in Todessehnsucht umgewandelt werden. Die allmähliche Befreiung Siss' von Unn, die als übermächtige Doppelgängerfigur den Identitätskern von Siss zu unterminieren droht, geschieht vor dem Hintergrund einer letztendlich doch erfolgreichen Trauerarbeit, im Verlaufe derer Siss lernt, den Verlust als solchen zu akzeptieren. Mit großem psychologischem Einfühlungsvermögen schildert Vesaas die Isolation des Einzelnen, der aber – im Gegensatz zu *Fuglane* – an der Kommunikationsunfähigkeit nicht zugrunde geht, sondern den Weg zurück in die menschliche Gemeinschaft am Schluss findet.

Ebenfalls einem lyrischen Prosastil verpflichtet und Gattungsgrenzen überschreitend ist die Literatur der Schwedin Birgitta Trotzig. Ihre Figuren sind oft Gefangene dunkler Triebkräfte, denen sie hilflos ausgeliefert sind, so dass sie auch potentiell aufscheinendes Glück zerstören. Im Zentrum ihres Schaffens stehen sozial benachteiligte oder gar ausgestoßene Menschen, um deren Erniedrigung ihr Schreiben kreist. Wichtiges Thema ist die erlösende Kraft der Liebe, obwohl im Wesentlichen das Scheitern und Leiden der Menschen im Zentrum stehen. Ähnlich wie Vesaas will Trotzig von dem schreiben, was sich einer Verbalisierung entzieht, »es gibt Regionen in der Seele, die ein wortloses Chaos sind«, heißt es im Roman *Sjukdomen* (1972; Die Krankheit, 1993), in dem ein subtiles Bild einer seelischen Krankheit gestaltet wird. Eine christliche Motivik wie im Roman *De utsatta* (1957; Die Ausgesetzten, 1967) zieht sich durch das gesamte Werk der vom Katholizismus geprägten Dichterin, die einen Essay über die Heilige Birgitta schrieb und Teilhard de Chardin übersetzte. Hintergrund der Legende – so der Untertitel des Romans – stellt die schwedische Landschaft Schonen im 17. Jh. dar, die von Schweden und Dänemark beansprucht wird. Die kriegerischen Auseinandersetzungen erzeugen eine Hungersnot, der Kinder zum Opfer fallen, die dunkle und trostlose Landschaft wird zur Metapher des Seelenzustands der Menschen. Hauptfigur ist ein Pfarrer, der aufgrund vermuteten Landesverrats von den Schweden seiner Funktion enthoben wird und all sein Eigentum verliert. Eine Bettlerschale wird ihm in die Hand gedrückt, und er wird auf eine erniedrigende Golgatawanderung gezwungen. Die Ähnlichkeit dieser Figur mit dem alttestamentarischen Hiob ist nicht zu übersehen, und sein Martyrium endet im Irrenhaus, das als breughelsche Höllenvision geschildert wird.

Sara Lidman verortet ihre Romane nicht nur thematisch in der nordschwedischen Provinz, sondern benutzt auch den Dialekt der Lokalbevölkerung als literarisches Stilmittel. In ihrem Debüt *Tjärdalen* (1953; Der Mensch ist so geschaffen, 1955) wird ein moralischer Konflikt thematisiert, bei dem der Zusammenhalt der Dorfgemeinschaft angesichts der Missetat eines Einzelnen auf die Probe gestellt wird. Diesem einzelnen, Jonas, wird die Hilfe verweigert, und der zu spät herbeigerufene Arzt fällt ein eindeutiges Urteil: »Das Dorf trägt Schuld an einem Mord.« Typisch für die 50er Jahre sind die Auseinandersetzungen mit Begriffen wie ›Schuld‹, ›Verrat‹ und ›Verantwortung‹. Lidman exemplifiziert das Spektrum möglicher Verhaltensweisen angesichts einer existentiellen Notsituation anhand des Mikrokosmos einer Dorfgemeinschaft, ohne dass Stellung bezogen würde. In *Hjortronlandet* (1955; Im Land der gelben Brombeeren, 1959) steht wieder die Schilderung eines provinziellen Milieus im Zentrum, das als Kontrast dient zur individuellen Entwicklungsgeschichte der Häuslertochter Claudette, die ihre dörfliche Geborgenheit mit der Zeit verlassen wird. Lidman zeichnet ein Bild von Nordschweden als einer durch große Armut geprägten Landschaft, in der sich die bäuerliche Bevölkerung eine Unmittelbarkeit der Gefühle sowie ei-

Birgitta Trotzig

Landschaft als Metapher

Aufwertung der Provinz

nen volkstümlichen Humor erhalten hat, die den Menschen in den städtischen Zivilisationsgebieten abhanden gekommen sind. Das provinzielle Milieu wird mit einer anarchischen Qualität versehen, die einen Gegensatz bildet zum zentralistischen Normierungsdruck des Landes. Solche Karnevalisierungsstrategien werden auch mit den zentralen Frauenfiguren deutlich gemacht. Durch Grina-Stina, Mutter von zehn Kindern, und Anna, die inoffizielle Hebamme der Gegend, werden das Lachen und die Weisheit zusammengeführt. Lidman unterstreicht das auch durch den unterschiedlichen Sprachgebrauch der Romanfiguren. Das Reichsschwedische erscheint als eine Sprache, die wegen ihrer nivellierenden, normierenden Tendenz zur Lüge neigt, wohingegen der Dialekt die Leute in ihrem Dasein profiliert und ihnen ihre Würde als Traditionsträger gibt, weil er ihre Geschichten und lokale Mythen aufbewahrt.

Lachen gegen die Obrigkeit

Existentielle Grundlagenforschung

Einer der schwedischen Verfasser, der am entschiedensten mit dem Realismus gebrochen hat, ist Lars Ahlin, dessen Roman *Om* (Wenn, 1946) vielleicht das eigenwilligste Romanexperiment der 40er Jahre darstellt, das geradezu postmodernistische Techniken vorwegnimmt. Ahlin begreift den Roman als Kommunikationsprozess mit dem Leser, der nur dann in Gang kommen könne, wenn mit der realistischen Illusionsbildung, bei der der Erzähler kaum in Erscheinung tritt, gebrochen werde. Er betont stattdessen das Moment des Erzählens selbst mit deutlich herausgearbeiteten Erzählerstimmen, die bestimmte Ideen und Positionen vertreten. Dadurch soll der Leser zu einer Auseinandersetzung gezwungen und die Identifikation mit der dargestellten Welt, nach Ahlin typisches Kennzeichen des illusionsbildenden Romans, verhindert werden. In Ahlins Romanen stehen deshalb nicht so sehr die Handlung im Vordergrund als vielmehr die Ideen und weltanschaulichen Positionen der Figuren, die der Autor als »Wortsituationen« bezeichnet. Das Kunstwerk ist nicht als etwas Abgeschlossenes zu begreifen, als Modell einer Welt, sondern als etwas Schaffendes, das auf aktive Rezeption angewiesen ist. Im Roman *Om* versucht er, diese Ideen literarisch umzusetzen, indem ständig auf das Fiktionale bzw. auf die sprachliche als die materielle Seite des Textes verwiesen wird. Der Roman kommt einer Aufforderung zum Gespräch gleich, wird doch die Hauptperson sowohl als Erzähler wie auch als Leser angesprochen: »Bengt som är du som är jag som är vem som helst« (Bengt, der du bist, der ich bin, der wer auch immer ist). Thema des Romans ist eine Vater-Sohn-Beziehung, ein bei Ahlin wiederkehrendes Motiv, in der der Sohn die Verantwortung für den gescheiterten Vater zu übernehmen hat. Der Roman kann als radikale Absage an den Wahrheitsanspruch einer bestimmten Ideologie gelesen werden. Auch in dieser ideologiekritischen Haltung ist das Buch ein repräsentatives Produkt des schwedischen *fyrtiotal*.

Partizipation des Lesers

Nach einigen formal traditionelleren Werken publizierte Ahlin 1952 den Roman *Fromma mord* (Fromme Morde), in dem der christliche Frömmheitsbegriff kritisiert wird. Im Zentrum der Handlung steht Aron, der nach längerer Abwesenheit in seine Geburtsstadt zurückkommt. Die Erzählung handelt von seinem neuerlichen Zusammentreffen mit vier Personen. Breiten Raum nehmen die Gespräche über die Vergangenheit ein sowie Arons Tagebuchaufzeichnungen, die gemäß dem Erzähler das Material des Buches bilden, das aus drei Ebenen besteht: Arons vergangenes und sein gegenwärtiges Leben sowie die Rückblicke des Herausgebers während des Redigierens von

Arons Tagebuch. Die Frommheit, von der im Roman die Rede ist, hat nicht nur eine christliche Färbung, wird doch allgemein das Festhalten an Werten und Idealen als Frommheit bezeichnet. Die »frommen Morde« bestehen darin, den Wert eines Menschen von der Übereinstimmung mit seinen Idealen abhängig zu machen. Dagegen setzt Ahlin seine »jämlikhetsvision« (Gleichheitsvision), in der er die fundamentale Gleichheit aller Menschen betont und es als Aufgabe des Schriftstellers betrachtet, das Gemeinsame zu betonen, indem er beispielsweise seine Formulierungskünste in den Dienst derer stellt, denen diese Kunst abgeht. Der Autor wird, wie es Ahlin selbst formulierte, zu einer Art *förbedare* (Vorbeter) für seine Figuren, und dieser Aspekt seiner Gleichheitsvision ist auch der problematischste, weil die Romanfiguren Gefahr laufen, alle mit derselben Stimme, mit der gleichen sprachlichen Elaboriertheit zu sprechen. Ein zentrales Thema im Roman *Natt i marknadstältet* (Nacht im Marktzelt, 1957) ist die Sehnsucht des Individuums nach menschlicher Gemeinschaft, das anhand einer schweren Ehekrise dargestellt wird. Ahlin kann als der große Verwandlungskünstler der schwedischen Literatur angesehen werden, der fortwährend mit verschiedenen Erzählstrategien und Kompositionsprinzipien experimentiert und mit seinen kulturtheoretischen Essays die intellektuellen Debatten der Nachkriegszeit wesentlich prägte.

Gyllenstens weltanschauliche Skepsis

Als »existentielle Grundlagenforschung« hat Lars Gyllensten, in Schweden auch als ständiger Sekretär der Schwedischen Akademie in den Jahren 1977–86 sowie als Mitglied des Nobelpreis-Komitees (1968–87) bekannt, seine schriftstellerische Tätigkeit bezeichnet und damit auf die prinzipielle Gleichwertigkeit von Forschen und Schreiben hingewiesen. Seine Skepsis allen festgefügten Weltanschauungen gegenüber machen ihn zu einem typischen Vertreter des schwedischen *fyrtiotal*, seine intellektuelle Experimentierlust, die sich in zahlreichen Pseudonymen niederschlägt, erzeugt ein rastloses Ausprobieren verschiedener Ideen und Standpunkte, die oft dialektisch zusammengefügt werden. Diese Methode hat Gyllensten bei dem für ihn wichtigen Denker Kierkegaard entlehnt.

Als sein eigentliches Debüt kann *Moderna myter* (Moderne Mythen, 1949) gelten, der erste Band einer »dialektischen Trilogie«, die noch die Bände *Det blå skeppet* (Das blaue Schiff, 1950) und *Barnabok* (Kinderbuch, 1952) umfasst. In diesen Texten wird im Sinne Kierkegaards ein dialektisches Spiel mit verschiedenen Lebenseinstellungen getrieben. *Moderna myter* entwirft mittels Essayfragmenten, Aphorismen, Gedichten u.a. eine intellektuell-ironische Lebenshaltung. Demonstriert wird der Bankrott der Naivität, wobei mit Naivität jede Art von festem Glauben gemeint ist. Gyllensten geht es um die Gestaltung eines »überzeugungslosen, bewussten Lebensstils, bei dem man selbst in jedem Augenblick seine Wirklichkeit als Artefakt oder Spiel schafft«, weil gemäß seiner Überzeugung diese nicht unabhängig vom menschlichen Willen existiert. Illustriert wird diese Haltung mit Bildern von Hieronymus Bosch, der von Gyllensten als Ironiker aufgefasst wird, »in einer endlosen Serie von Inkarnationen lebend«. Eine Antithese zu *Moderna myter* ist *Det blå skeppet*. Im Zentrum steht der Junge Abraham, der an Wunder glaubt und damit eine Position einnimmt, die der distanzierten, vernunftmäßigen aus *Moderna myter* entgegengesetzt ist. Im Unterschied zu Kierkegaards Abrahamfigur aus *Furcht und Zittern*, das dem Buch als Prätext dient, handelt es sich bei Gyllenstens Protagonisten jedoch nicht um einen erwachsenen »Glaubenshelden«, wodurch diese Haltung als naiv gebrandmarkt wird. In *Barnabok* schließlich werden die ironische und die naive Lebenseinstellung miteinander konfrontiert, verkörpert durch zwei Frauen, zwischen denen ein Mann wählen muss, wobei keine Wahl die richtige zu sein scheint; der Mann wird am Schluss zum Mörder.

Wie Kierkegaard ist Gyllensten ein Meister der virtuosen Inszenierung verschiedener Lebenseinstellungen und philosophischer Positionen, wobei die verschiedenen Bücher als unterschiedliche Meinungen innerhalb einer Diskussion aufgefasst werden können, für die sein gesamtes Werk stünde. Beispielhaft hierfür sind die Romane *Senilia* (1956) und *Juvenilia* (1965), in denen die resignierte passive Haltung des Alters mit der aktiven engagierten der Jugend kontrastiert und durchgespielt wird. *Sokrates' död* (Der Tod des Sokrates, 1960) stellt eine Entmystifizierung des Philosophen dar, der für seine Überzeugung in den Tod ging, in Gyllenstens Version jedoch aus der Optik der ihn umgebenden Personen beleuchtet wird, die seiner radikalen Haltung nicht viel abgewinnen können.

Identitäts- als Sozialisierungsproblematik

Das Verhältnis von Sozialisierung und Identitätsbildung ist ein zentrales Motiv beim Norweger Johan Borgen. Im Roman *Jeg* (Ich, 1959) wird die Frage nach der Identität radikal gestellt und formal nachvollzogen, indem das Ich in zwei Personen gespalten wird. Auch die sogenannte *Lillelord*-Trilogie, das Hauptwerk des Autors, thematisiert die Persönlichkeitsproblematik anhand der Hauptfigur Wilfred Sagen. Die Trilogie, bestehend aus den Bänden *Lillelord* (1955; Lillelord, 1979), *De mørke kilder* (1956; Die dunklen Quellen, 1980) und *Vi har ham nå* (1957; Wir haben ihn nun, 1981), kann als indivdual-psychologisches Romanwerk bezeichnet werden, in dem das Leben einer einzelnen Figur ebenso zur Debatte steht wie der allmähliche Verfall einer ganzen Gesellschaftsschicht, nämlich des Osloer Großbürgertums in der ersten Hälfte des 20. Jh. Wilfred Sagen, genannt Lillelord, schlüpft seit frühester Kindheit in verschiedene Rollen, ohne sich mit einer wirklich identifizieren zu können. Zuhause spielt er das wohlanständige Kind einer großbürgerlichen Familie, das genau weiß, was man von ihm erwartet, außer Haus ist er der Gassenschlingel, der vor kleinen Einbrüchen nicht zurückschreckt. Seine Lebensführung steht im Zeichen der Imitation, auch was sein äusseres Erscheinungsbild anbelangt. Mit seinem Lockenkopf und seinem einnehmendem Wesen scheint er eine Kopie von *Little Lord Fauntleroy* von Frances Hodgson Burnett zu sein, ohne jedoch über die Integrationskraft zu verfügen, die diese Romanfigur auszeichnet. Der erste Band endet mit dem mentalen Zusammenbruch des Protagonisten, der als künstlerisch begabte Symbolfigur eines dekadenten Großbürgertums vorübergehend verstummt. Der zweite Band spielt in der zwielichtigen Welt von Kriegsgewinnlern während und nach dem Ersten Weltkrieg in Kristiania (Oslo) und Kopenhagen. Sagen, der diesem Milieu ironisch gegenüber steht, beschäftigt sich mit Kunst, insbesondere Musik, bringt aber nichts Rechtes zustande. Immer wieder wird er von den destruktiven Kräften in ihm, den »dunklen Quellen« beherrscht, bis er in der Kopenhagener Unterwelt vollends zu verwahrlosen droht. Die Suche nach seinem eigenen Weg, nach den »hellen Quellen« der Kindheit treibt ihn schließlich in die umliegenden Wälder Kristianias hinaus. Der dritte Band spielt während der Okkupationszeit. Wilfred Sagen, inzwischen vierzigjährig, führt ein ruheloses Leben zwischen den Fronten, denn allen gilt er als zwielichtige, charakterlose Gestalt. Patrioten und Widerstandskämpfer sehen in ihm den Nazi-Kollaborateur, dass er in heroischem Alleingang verfolgte Juden über die Grenze nach Schweden schleust, können sie nicht nachvollziehen. Als ihn die Patrioten nach der Befreiung in seinem Versteck aufspüren, begeht er Selbstmord.

Spiel mit Rollen

Johan Borgen

Authentizitätssuche

Die Trilogie stellt eindringlich die Frage nach der Möglichkeit authentischer Lebensführung in einer sich rasant verändernden Welt. Das anfänglich virtuos beherrschte Rollenspiel des Protagonisten verunmöglicht es ihm, einen festen Identitätskern herauszubilden, so dass er zeitlebens eine gespaltene Persönlichkeit bleibt.

Die Suche nach dem Wesenskern des Ichs ist ein wiederkehrendes Thema in der Literatur der Zeit. Sie spielt eine zentrale Rolle im Roman *Solange* (1951) des Finnlandschweden Willy Kyrklund, in dem der Lebensweg der Protagonistin Solange geschildert wird. Diese sehnt sich nach einem authentischen Leben außerhalb des bürgerlichen Alltags, das die Bedeutungslosigkeit der eigenen Existenz durchbräche. Ihre Träume scheitern zunächst an einer verständnislosen Umgebung während ihrer Kindheit, später an der Realität der Ehe, weil ihr Mann seine eigenen Sehnsüchte schon begraben hat. Solange flüchtet und setzt ihrem Leben als Mensch ein Ende, in dem sie sich in Riedgras verwandelt. Mit dieser Verwandlung, die an Ovids *Metamorphosen* erinnert, wird ein intertextuelles Spiel mit antiken Mythen in Gang gesetzt. Solange wird mit Attributen Penelopes ausgestattet, und ihre Ehe mit Hugo konterkariert die Odysseus-Vorlage. Während dieser auf sich warten lässt und die Freier erschlägt, kommt Hugo jeden Abend nach Hause und reagiert auf Solanges Seitensprung nicht. Die Passivität der Figuren wird zum Signum der Zeit, in der die Menschen den Glauben verloren haben, durch eingreifendes Handeln etwas verändern zu können. Kyrklunds Roman liegt mit seinen modernen Erzähltechniken wie innerer Monolog und *stream of consciousness* ein antirealistisches Verfahren zugrunde, und der Autor baut den Text wie einen Entwicklungsroman auf, um dadurch jedoch gerade die Nichtentwicklung seiner Figuren umso deutlicher hervortreten zu lassen.

Klaus Rifbjerg (l.) und Leif Panduro

Der alltägliche gesellschaftliche Wahnsinn

In den modernen Klassikern *Den kroniske uskyld* (1958; Der schnelle Tag ist hin, 1962) von Klaus Rifbjerg und *Rend mig i traditionerne* (Zum Teufel mit den Traditionen, 1958) von Leif Panduro steht der Einzelne und sein Verhältnis zur Gesellschaft zur Debatte. Im Unterschied zu Borgens *Lillelord* handelt es sich bei beiden Romanen um Ich-Erzählungen aus der Perspektive von Pubertierenden. Panduros Roman wird von David erzählt, der in einer psychiatrischen Klinik liegt, weil seine Umwelt der Ansicht ist, sein Geisteszustand sei angegriffen. Das Verhältnis von Normalität und Wahnsinn bzw. Abweichertum ist ein bei Panduro wiederkehrendes Thema, und oft wird der Wahnsinn als gesunde Reaktion gegenüber einer Gesellschaft dargestellt, die in ihrer scheinbaren Rationalität und Normalität zu ersticken droht. Das zeigt sich schon auf den ersten Seiten des Romans, wo der junge David als Patient in der Irrenanstalt im Grunde die einzige normale Person ist. Er hat einen wachen Blick für das Groteske des Alltags: In seiner Beschreibung verkehrt sich die scheinbare Normalität seiner Familie in Wahnwitz. Verdeutlicht wird das auch mit der Sprache. Es sind die vermeintlich Normalen, die sich einer stereotypisierten Sprache und Sprachfloskeln bedienen und in jeder Situation das sagen, was der *common sense* sagen würde und nicht das zum Ausdruck bringen, was sie empfinden.

Konformitätsdruck und Pubertätsverwirrungen sind wichtige Themen in Rifbjergs Roman *Den kroniske uskyld*. Der Protagonist, Janus, erzählt von seinem Freund Tore und dessen Freundin Helle, die drei verbindet eine unproblematische Freundschaft, Metapher hierfür ist der Titel »die chronische Unschuld«. Helle gehört ebenso selbstverständlich zur Freundschaft zwischen Tore und Janus, wie dieser zu Helle und Tore gehört. Der Roman schildert die Gymnasiumszeit von Janus bis zu dem Punkt, an dem er sich von seinem Idol befreien kann. Tore und Helle als Inbegriff kindlicher Unschuld gehen beide zugrunde. Helle nimmt sich das Leben, nachdem ihre Mutter Tore verführt hat, und Tore wird geisteskrank. Rifbjerg selbst betrachtet das Buch als seinen Beitrag zur Entmystifizierung des durch die *Heretica*-Gruppe geprägten Literaturbegriffs. Sowohl er als auch Panduro sind beeinflusst von *The Catcher in the Rye* (Der Fänger im Roggen, 1951) des Amerikaners J.D. Salinger, das 1953 unter dem Titel *Forbandede Ungdom* (Verfluchte Jugend) auf Dänisch erschien und von Rifbjerg rezensiert wurde. Mit dem Amerikaner teilen die Dänen die Erzählperspektive aus dem Blickwinkel eines pubertierenden Jugendlichen und seine satirische, bisweilen groteske Schilderung der als falsch und verlogen gebrandmarkten Erwachsenenwelt, deren Forderung nach Normalität die jugendlichen Helden weder nachkommen können noch wollen.

Vorbild Salinger

Spielarten des Absurden

Die literarische Tradition des Absurden, verbunden mit dem dramatischen Schaffen Samuel Becketts oder Eugène Ionescos wurde von den Dänen Villy Sørensen und Peter Seeberg literarisch produktiv gemacht. Sørensen ist nicht nur Schriftsteller, sondern auch Kulturkritiker und Philosoph mit tiefenpsychologischem Interesse, der mit Monographien über Seneca, Nietzsche, Kierkegaard, Schopenhauer, Kafka bekannt geworden ist. Er debütierte 1953 mit dem Band *Sære historier* (Tiger in der Küche und andere ungefährliche Geschichten, 1959). Merkmal dieser »seltsamen« Erzählungen ist die Verbindung eines bewusst einfachen, märchenhaften Erzähltons mit einer dämonisierten absurden Wirklichkeit. Die Kommunikation der Figuren will nicht gelingen, und fortwährend geschehen »sære« (seltsame) Sachen, wenn etwa wie in der Erzählung *Tigrene* (Die Tiger) eine Kleinstadt unversehens Opfer einer Tigerplage wird. Ironie und Parodie sind wichtige Ingredienzien eines Erzählens, dessen mündlicher Duktus das dichte Netz von Anspielungen und Stilnachahmungen vergessen lässt und mit dem gewichtigen Inhalt kontrastiert, wie in der Erzählung *Blot en drengestreg* (Bloß ein Jungenstreich), in der in einem von Andersen beeinflussten Märchenton berichtet wird, wie zwei Jungen einem dritten ein Bein absägen, weil sie einer kindgerechten medizinischen Erklärung ihrer Eltern folgen und dergestalt die fatale Logik dieser Erklärung aufdecken.

Sørensens schräge Erzählungen

Thematisch eng verwandt mit den *Sære historier* sind die Erzählungen *Ufarlige historier* (Ungefährliche Geschichten, 1955), der Titel parodiert eine Aussage Hans Kirks, der den Debütband als »ufarlig leg med ingenting« (ungefährliches Spiel mit nichts) bezeichnete. Zentrales Thema ist die menschliche Neigung, nur die halbe Wahrheit anzuerkennen und die andere zu verdrängen. In der Erzählung *Duo* trifft die Hauptperson an einem Wahrheitskongress in Sandburg auf ein merkwürdiges Doppelwesen namens Duo mit einem Januskopf, missgebildeten Armen und vier Beinen. Dieses Doppelwesen entpuppt sich als die Wahrheit und wird, da die Versammlung mit ihm nicht leben will, geteilt. Die Vorderseite tritt in der Folge als Erlöser auf und kann das Problem der Wahrheit lösen, während die Rückseite blutend und namenlos davonschleicht. Typisch für Sørensen ist das Zwillingsmotiv mit den entsprechenden tiefenpsychologischen Konnotationen, geht es doch in vielen seiner Erzählungen um die destruktiven Folgen einer Abspaltung bzw. Verdrängung der Schattenseiten der eigenen Psyche. Sørensens fiktives Schreiben wird mit dem Band *Formynderfortællinger* (1964; Vormundserzählungen, 1968) abgeschlossen. War der Autor in den 50er Jahren noch mit den Verdrängungsmechanismen der menschlichen Psyche beschäftigt, so wird der Blick jetzt zeittypisch auf gesellschaftliche Mechanismen gelenkt. Wie der Titel schon zum Ausdruck bringt, steht in den neuen Erzählungen das Verhältnis von Macht und Ohnmacht bzw. Individuum und Gesellschaft zur Debatte. Mit seinen u. a. von Kafka und H.C. Andersen beeinflussten Geschichten schuf Sørensen eine Art moderne Märchenform, der Elemente aus verschiedenen Gattungen wie Legenden, Volksliedern, Märchen und Mythen zugrunde liegen und die prägend für die Entwicklung der dänischen Prosa wurde.

Weniger philosophisch als vielmehr poetisch veranlagt war Peter Seeberg, dessen Werk ebenfalls in der Erfahrung des Absurden verankert ist. Das Absurde äußert sich im vergeblichen Bestreben seiner Figuren, Welt und Dasein als sinnvoll erleben zu können. Seebergs Texte kreisen um existentielle Fragestellungen, die in einem scheinbar realistischen Erzählen fundiert, jedoch als symbolische Parabeln auf das moderne Leben zu lesen sind. In *Bipersonerne* (Nebenpersonen, 1956) wird das Leben in einem Zwangsarbeitslager außerhalb Berlins während des Zweiten Weltkriegs beschrieben. Die Geschichte spielt an sechs Werktagen, die die Kapitelüberschriften bilden, ist aber im Übrigen ohne Anfang und Ende. Gespräche der Zwangsarbeiter untereinander nehmen breiten Raum ein und ersetzen den Handlungsgang, der lediglich darin besteht, dass eine verlogene Filmidylle geplant wird, die den schon lange geschlagenen Deutschen Mut machen soll. Der Film kommt nie zustande, und die Tätigkeit der Arbeiter erschöpft sich in einem sinnlosen Umherschleppen diverser Materialien.

Der Einzelne als Nebenperson

Eigentliches Thema ist nicht etwa der Krieg, sondern der allmähliche Realitätsverlust der Arbeiter, die namenlos sind und sich fremd bleiben. Das einzige, das sie verbindet, ist der Zufall, der sie ins Lager führte. Hauptfigur in der internationalen Gemeinschaft ist der junge Däne Sim, die Übereinstimmung des Namens mit der lateinischen Konjunktivform des Verbs ›sein‹ in der ersten Person Singular ist wohl kein Zufall und deutet darauf hin, dass Sim wie alle anderen ›Nebenpersonen‹ seine Identität noch nicht gefunden hat. Ort und Milieu sind symbolisch zu lesen, obwohl Seeberg das Arbeitslager realistisch beschreibt und in dieser Beschreibung auf eigene Erfahrungen zurückgreifen kann. Im Unterschied zu Sørensen, bei dem oft eine einzelne Metapher zum Symbol aufgeladen wird – der Tiger als Symbol für das Gefährliche der Verdrängung –, kann Seebergs Lager nicht als Metapher gelesen werden. Erst die Erzählung als Ganzes wird zu einem Symbol für die Befindlichkeit des Menschen.

Peter Seeberg

Ausgangsbasis von Seebergs folgendem Roman *Fugls føde* (1957; Der Wurf, 1972) bildet die Aufforderung an die Hauptfigur, den Schriftsteller Tom, er solle etwas Wirkliches, etwas Bedeutungsvolles schreiben. Als Belohnung werden ihm 10000 Kronen angeboten. Auch dieser Name ist sprechend, weil *tom* auf Dänisch »leer« bedeutet, ein Wort, das seine Befindlichkeit genau umreißt. Tom ist ein Selbstbetrüger und lebt in einer Illusionswelt, deshalb kann er das Gewünschte nicht schreiben und die Summe nicht gewinnen. Sind *Bipersonerne* und *Fugls føde* durch ein gemeinsames Kommunikationsproblem miteinander verbunden – weder sind die Gefangenen fähig, sich als Gruppe zu formieren, noch kann Tom aus seiner Einsamkeit heraustreten –, liegt der Akzent im Novellenband *Eftersøgning og andre noveller* (Nachforschung und andere Novellen, 1962) auf dem Moment der Suche, die als sinnvolle menschliche Aktivität begriffen wird. Inspiriert von Albert Camus Sisyphos-Mythos als Grundfigur der absurden Existenz sind alle Figuren in diesen Novellen auf der Suche nach etwas, von dem sie nicht einmal wissen, weshalb sie es haben wollen, oder sie sind auf der Flucht vor etwas

Angsteinflößendem. In der Novelle *Hullet* (Das Loch) ist die Hauptperson Jes der einzige, der das Absurde bejahen kann. Hier werden Arbeiter aufgefordert, ein Loch bis nach China in die Erde zu graben. Die Arbeit ist an sich völlig sinnlos, und ihr Resultat wäre buchstäblich ein Loch, d.h. nichts. Sinnvoll kann sie einzig in der Bedeutung sein, die ihr der Einzelne beimisst.

Der Poet als Scherbensammler

Die Lyrik Gunnar Ekelöfs ist derart vielseitig, dass sie unmöglich mit einer einzelnen Strömung in Verbindung gebracht werden kann. Ekelöf hat sich in einem autobiographischen Essay als »Außenseiter« bezeichnet und sein Dichten gelegentlich mit der archäologischen Tätigkeit verglichen. Wie der Archäologe hat er einen wachen Blick für die Abfallprodukte der Gesellschaft, für das, was gewöhnlich kaum beachtet wird. Im Prosastück *På ödetomter* (Auf verlassenem Grundstück) dient ein Abfallhaufen als Metapher für das Gedächtnis und die Erinnerungen, der dem Wohlgeordneten vorgezogen wird. »Da liegt die Scherbe eines unvermittelten Gedankens, einer plötzlichen Erinnerung, die ich vielleicht mit einer anderen Scherbe zusammenfügen kann.« Dass das Leben aus Abfall Neues schöpft, ist ein zentraler Gedanke des Lyrikers, der sich nicht scheute, Versatzstücke aus der Massenkultur und alltagssprachliche Wendungen in seinen Gedichten zu verwenden, um so die Dichtung vom Nimbus des Elitären zu befreien und um die »Banalität zu adeln«. Ekelöf studierte in London und Uppsala Orientalistik sowie Musik und hat sich früh auch für die islamische Mystik interessiert. In Paris lernte er die neuesten Tendenzen der Malerei kennen und übersetzte surrealistische Lyrik aus dem Französischen. Einflüsse der zeitgenössischen französischen Kunst sind in seinem Debütband *sent på jorden* (Spät auf Erden, 1932) deutlich zu spüren, dessen Assoziationsströme einer Poetik des Traums zu folgen scheinen. Ekelöf hat stets einer entindividualisierenden Auffassung von Dichtung das Wort geredet und versucht, der Rezeption die Rückbindung des Textes an ein sinnstiftendes Subjekt zu verunmöglichen. Der konventionelle Wortsinn wird deshalb oft zerstört – »krossa bokstävlarna« (die Buchstäber zermalmen) – und das Wichtige als zwischen den Zeilen stehend aufgefasst. »Was ich geschrieben habe / ist zwischen den Zeilen geschrieben«, formulierte Ekelöf im Gedicht *poetik*, dessen Titel auf eine literarische Programmatik hindeutet.

Die poetische als archäologische Tätigkeit

In der Prosaskizze *Ett fotografi* (Eine Photographie, 1956) wird anhand eines Porträts des geisteskranken Vaters die Unmöglichkeit einer exakten Beschreibung demonstriert. Das dem Porträt Wesentliche kann sprachlich gerade nicht ausgedrückt werden, entsprechend ist Ekelöfs Kunst essentiell amimetisch. *Färjesång* (Fährlied, 1941) wollte der Lyriker als persönlichen Durchbruch verstanden wissen. Die Gedichte dieser Sammlung sind unter Untertiteln gruppiert, die teilweise aus der Musik stammen – *Fuge*, *Variationen* oder *Etüden* –, und schon der Haupttitel verweist ja auf die Musik. Die Texte kreisen zumeist um die Selbstsuche des Ichs in einer Realität, die in Konventionen erstarrt ist. Mystische Ideen dienen dazu, polare Betrachtungsweisen zu überwinden und Raum zu schaffen für ein dynamisches Weltbild:

> Inte dödslängtan
> men lära sig använda döden:
> Utan att döden funnes
> levde ingen.
>
> Inte livsdyrkan
> men lära sig använda livet:

> Den som verkligen lever
> är som vore han död.

(Keine Todessehnsucht / aber lernen, den Tod zu brauchen: / Gäbe es den Tod nicht / lebte niemand. // Keine Lebensverherrlichung / aber lernen, das Leben zu brauchen: / Wer wirklich lebt / ist als sei er tot.)

Färjesång übte mit seiner einfachen rhythmisierten Sprache großen Einfluss auf die neuere schwedische Lyrik aus.

Vor allem in der Sammlung *Strountes* (1955) zeigt sich Ekelöf als witziger Poet des Grotesken und Paradoxen, hinter dem jedoch eine bewusste Strategie steckt: »När man kommit så långt som jag i meningslöshet / är vart ord åter intressant« (Wenn man so weit wie ich im Sinnlosen gekommen ist, / wird jedes Wort wieder interessant), heißt es im Gedicht *poetik*. *Strountes* erweist sich als heterogene Sammlung, bestehend aus Fabeln, seltsamen Legenden, Reisegedichten und wortspielerischen Nonsenseversen. In der Betonung der konkreten Dinge sowie in der poetischen Nobilitierung unpoetischer Bereiche wendet sich der Zyklus gegen den überhöhten Modernismus der 40er Jahre und nimmt zugleich Tendenzen vorweg, die erst in den 60er Jahren Thema werden. Die Bedeutung Ekelöfs für die moderne schwedische Poesie kann nicht hoch genug veranschlagt werden, und es gibt kaum eine literarische Strömung, die nicht von seiner Lyrik beeinflusst worden wäre.

Aufruhr gegen das Autoritäre: Ingmar Bergman

Der Schwede Ingmar Bergman gilt als einer der bedeutendsten Regisseure der Filmgeschichte. Er drehte über vierzig Filme, von denen einige als Meisterwerke der Filmkunst gelten. Bergman hat sich aber auch als Theaterregisseur einen Namen gemacht. Er wuchs als mittleres von drei Kindern in einer evangelischen Pastorenfamilie auf. Will man seiner 1987 erschienenen Autobiographie *Laterna Magica* (Mein Leben, 1987) Glauben schenken, beruhte die Erziehung der Kinder »hauptsächlich auf Begriffen wie Sünde, Bekenntnis, Strafe, Vergebung und Gnade«, ein Terminus wie »Freiheit« sei in diesem System nicht vorgesehen gewesen. Bergman führt die nationalsozialistischen Sympathien seines familiären Umfelds auf diese rigide Autoritätshörigkeit zurück, von der er sich nur langsam wird lösen können. »My parents did their best to destroy the lives of their children«, formuliert er in einem Interview. Bergman hob die Bedeutung seiner demütigenden Kindheitserfahrungen für seine künstlerische Tätigkeit stets hervor, und das konfliktvolle Verhältnis zu den Eltern manifestiert sich in einer Anzahl wiederkehrender Themen- und Motivkreise, hierzu zählt etwa das auch an Ibsen erinnernde Motiv der Lebenslüge, etwa in *Smultronstället* (Wilde Erdbeeren, 1957), oder das Motiv der Demütigung in den Filmen, die sich mit der Künstlerproblematik auseinandersetzen, z.B. in *Gycklarnas afton* (Abend der Gaukler, 1953), in dem eine umherziehende Zirkusgesellschaft als gedemütigtes Gesindel dargestellt wird, welches von den Auftraggebern und der Obrigkeit von einem Ort zum andern getrieben wird. Vor einer allzu engen autobiographischen Deutung sollte man sich jedoch hüten, weil dadurch leicht der Blick auf die allgemeine existentielle Thematik verstellt wird, die nicht nur Bergmans Filmschaffen auszeichnet, sondern Signum der Epoche war. Hinzu kommt ein oft dichtes Netz von intertextuellen Bezügen, die die Filme gleichsam »entpersonalisieren«, und zwar sowohl, was die Thematik anbelangt, als auch deren Umsetzung ins einzelne Bild. Zu denken ist hier etwa an das berühmte Schlussbild aus *Det sjunde inseglet* (Das siebente Siegel, 1957) – der Titel

Künstlerische Bewältigung einer traumatischen Kindheit

verweist auf die *Offenbarung des Johannes* (»Als das Lamm das siebente Siegel brach«) –, welches eine Nachbildung des Totentanzes des spätmittelalterlichen Kirchenmalers Albertus Pictor darstellt. Bergmans internationaler Ruhm liegt nicht zuletzt in dem Umstand begründet, dass er sich in seinen Filmen mit religiösen und theologischen Fragestellungen beschäftigt, eine Thematik, die der Filmkunst in den 50er Jahren noch nicht unbedingt zugetraut wurde. Hinzu kommt auch ein ungewohnt nüchterner Blick auf bürgerliche Institutionen wie z.B. die Ehe und die Familie, welcher in seiner sezierenden, an die Psychoanalyse Freuds gemahnenden Art auf konservative Kreise provozierend wirkte.

Wie wichtig die Literatur für das Filmschaffen Bergmans ist, zeigt sich bereits in *Smultronstället*, in dem in der Nachfolge Strindbergs auf dessen Traum- und Kammerspielästhetik Bezug genommen wird. Der Film handelt von Isak Borg, einem berühmten Professor, der nach Lund reisen soll, um dort eine Ehrendoktorwürde zu empfangen. In der Nacht vor seiner Abreise hat der Professor einen Traum, in dem er sich tot in einem Sarg liegen sieht. Es ist dies die berühmte Traumvision, in der das Thema des Films bereits anklingt: die Angst vor dem Tod. Auf der Fahrt nach Lund wird der Protagonist mit realen und imaginären Stationen seines Lebenswegs konfrontiert, die ihn zu einer bitteren Bilanz zwingen. Borg sieht ein, dass er sich durch seine Lieblosigkeit den Menschen entfremdete und sich selbst um sein Glück betrog. Bergman wollte diesen Film als Selbstporträt verstanden haben, worauf auch die Initialen des Protagonisten, gespielt von Victor Sjöström, einem der großen Regisseure des schwedischen Stummfilms, von dem Bergmans Schaffen sehr beeinflusst war, hindeuten.

Auch dem Film *Det sjunde inseglet* liegt eine existentielle Thematik zugrunde. Im 14. Jh. kommt der Ritter Antonius Block mit seinem Knappen zurück in die Heimat. Er findet Schweden von der Pest verwüstet, und der Ritter beginnt, an Gott zu zweifeln. Als der Tod ihn holen will, begehrt er auf, weil er zuerst eine Antwort auf seine Fragen nach dem Sinn des Lebens

Literatur und Film

Der Tod (Bengt Ekerot) und sein Knecht Antonius Block (Max von Sydow) spielen Schach; Still aus I. Bergmans *Das siebente Siegel* (1957)

will. Sie einigen sich auf eine Schachpartie, die über das Schicksal des Ritters entscheiden soll. Sinn dieser Partie ist es, dem Ritter Aufschub zu gewähren auf seiner Suche nach Gott. Während das Spiel anhält, ziehen Antonius und sein Knappe wie in einem Stationendrama strindbergscher Provenienz weiter durchs Land, auf ihrer Wanderschaft begegnen sie den verschiedensten Menschen, die z.T. als Kontrastfiguren zum Ritter fungieren. Während der Ritter hartnäckig einen Gottesbeweis einfordert, wird sein Knappe Jöns zum zynischen Atheisten, der sich angesichts der menschlichen Grausamkeit einen Gott nicht mehr vorstellen kann. Bergman wollte den Film auch als ersten Schritt im Kampf gegen die eigene Todesangst verstehen und in den Figuren Jof und Mia das Heilige sehen, denn: »Der Mensch trägt seine eigene Heiligkeit, und sie ist irdisch, sie verfügt über keine außerirdischen Erklärungen«, wie er in *Bilder* (Bilder, 1991) 1990 formulierte.

Bergmans Konzept einer »irdischen Heiligkeit«

In *Fanny och Alexander* (Fanny und Alexander) aus dem Jahre 1983, Bergmans letztem Film, klingen die für Bergman charakteristischen Elemente noch einmal an: das Verhältnis von Traum/Albtraum und Wirklichkeit, Schuld und Sühne, die Liebe zum Theater, das Verhältnis der Geschlechter, die Rolle der Sexualität usw. Der Film beginnt mit einer Theaterminiatur und endet mit einer Textstelle aus Strindbergs *Traumspiel*. Erzählt wird die Geschichte der großbürgerlichen Theaterfamilie Ekdahl in Schweden vor dem Ersten Weltkrieg. Dabei wird die sinnlich-heitere Welt des Theatermilieus kontrastiert mit dem puritanisch-strengen Hause der Familie des Bischofs Vergérus, der Emilie Ekdahl nach dem Tode ihres Mannes Oscar ehelicht. Ihre Kinder Fanny und Alexander geraten dadurch in die Enge eines Hauses, in dem sie unter lieblosen Disziplinierungsversuchen leiden. Eine dichte Verweisstruktur auf frühere eigene Filme und auf Klassiker der skandinavischen Literatur ist dem Film eingeschrieben. Die fröhlichen Feste der Ekdahls verweisen direkt auf *Sommernattens leende* (Das Lächeln einer Sommernacht, 1955) und die ersten beiden Träume verweisen auf *Det sjunde inseglet* und *Smultronstället*, während der Name Ekdahl wohl nicht zufällig aus Ibsens Drama *Vildanden* (1884; Die Wildente, 1887) übernommen wurde, in dem sich Hjalmar Ekdal in seine Phantasiewelt flüchtet.

Bergman, der über Strindberg äußerte, er habe sich »in sein Fleisch eingebrannt«, hat dessen »Traumlogik«, verstanden als die Gleichzeitigkeit verschiedener Zeitstufen und die Aufhebung einer konventionellen Raumordnung – »Zeit und Raum existieren nicht«, heißt es im Vorwort zu Strindbergs *Traumspiel* – zum tragenden Gerüst vieler Filme gemacht, deren Erzählstruktur wie in der gleichzeitigen Literatur modernistisch aufgebrochen ist und wesentlich von den Erkenntnissen der Psychoanalyse profitiert. Als Verbindungsglied zwischen dem Film und der Literatur kann Bergmans Theaterarbeit angesehen werden. 26jährig wurde er zu Europas jüngstem Theaterdirektor an das Stadttheater Helsingborgs gewählt, und von 1976–82 wirkte er am Münchner Residenztheater. Als seine fruchtbarste Epoche dürften die Jahre 1952–58 gelten, in denen er als künstlerischer Leiter des Stadttheaters Malmö fungierte und das berühmte »Bergman-Ensemble« aufbaute, zu dem Schauspieler wie Bibi Andersson, Ingrid Thulin und Max von Sydow gehörten, die auch in seinen Filmen zu sehen sind.

Konfrontation und Engagement

Demokratisierung des Kulturbegriffs

Zu Beginn der 60er Jahre bahnt sich eine literarische Neuorientierung an. 1960 erscheint in Schweden eine Anthologie mit dem programmatischen Titel *Författarna tar ståndpunkt* (Die Autoren beziehen Standpunkt) und Schriftsteller wie Sonja Åkesson, Kai Henmark und P.C. Jersild wehren sich in einem Zeitungsartikel gegen die »Tyrannei der Form« und reden dem »spontanen Ausdruck« und dem »Engagement« das Wort. Ähnliche Überlegungen wurden in Dänemark und – wenn auch später – in Norwegen angestellt. In Dänemark forderte der einflussreiche Literaturkritiker Torben Brostrøm eine gegenwartsbezogene Literatur, eine Hinwendung zur konkreten Erfahrungswirklichkeit. Die Auseinandersetzung mit den konkreten Dingen des Alltags ersetzte die metaphysische Symbolisierungskunst der Hereticer, und die Sonderrolle, die diese den Künstlern zuschoben, sollte einer nüchternen Betrachtung Platz machen, bei der der Künstler zum Spracharbeiter mutiert.

Hinwendung zum Alltag

Diese ›Erdung‹ von Kunst und Künstler ist kein Spezifikum der skandinavischen Literaturen, sondern ein gemeinsames Merkmal der internationalen Kunstentwicklung. In Deutschland prägte ein Joseph Beuys das Schlagwort »Jeder Mensch ist ein Künstler«, in der amerikanischen Pop art begann ein

Bjørn Nørgaard beim Happening »Skulpturel demonstration« in der Galerie 101 in Kopenhagen (1966)

Antielitärer Gestus der Kunst

Andy Warhol, Cola-Dosen zu malen, und ein Roy Lichtenstein baute seine Malerei auf Comics-Elementen auf. All diesen Bestrebungen liegt die Absicht zugrunde, Kunst von der Aura des Außergewöhnlichen zu befreien und den künstlerischen Schöpfungsakt zu entmythisieren. Die Künstler lehnen sich auf gegen ihre Rolle des Auserwählten, die ihnen ein bürgerlicher Kulturbe-

Der norwegische *Profil*-Kreis in Trondheim (1967). 1. R. v. l. Ola Jonsmoen, Gert Nygårdshaug, Paal-Helge Haugen, 2. R. v. l. Bjørn Nilsen, Jorun Aanderaa, Kolbein Falkeid, 3. R. v. l. Liv Køltzow, Kjell Heggelund, Helge Rykkja, 4. R. Dag Solstad, 5. R. v. l. Einar Økland, Espen Haarvardsholm, 6. R. v. l. Ulv Langar, Even Lorck-Falch

trieb zugewiesen hat. Sie beginnen sich neu zu definieren, sprechen nun von der Arbeit am Material, von Handwerk und suchen mittels Happenings den direkten Kontakt zum Publikum. Man beginnt, Phänomene der sogenannten Massenkultur aufzugreifen und künstlerisch zu gestalten; die Grenzen zwischen der hohen und der populären Kultur werden fließend. In Norwegen wandte sich gegen Ende der 60er Jahre eine neue Autorengeneration um die Zeitschrift *profil* gegen den Hermetismus der bilderreichen modernistischen Poesie. »Vi vil ikke gi kaffekjelen vinger« (Wir wollen dem Kaffeekessel keine Flügel geben), verkündete Dag Solstad und lieferte damit das Motto der neuen Literatur, der es um die Kommunikation mit dem Publikum, um unmittelbares Verständnis und um eine neue Sachlichkeit ging, die in einer »Zärtlichkeit der Welt gegenüber« (Solstad) fundiert sein sollte. Paradigmatisch für diese Entwicklung steht das Werk des dänischen Lyrikers Ivan Malinowski. Seine Gedichte wurden in den 60er und 70er Jahren zunehmend politisch und thematisierten die moderne Entfremdung sowie den Sprachgebrauch, der diese Entfremdung verschleiert: »Afslør det sprog der tilslører / Fundamentale forskelle« (Entlarve die Sprache, die verschleiert / Fundamentale Unterschiede).

Inspiriert von Lars Ahlins Gleichheitsvision skizzierte der Schwede Bengt Nerman in dem einflussreichen Buch *Demokratins kultursyn* (Die Kulturauffassung der Demokratie, 1962) seine Gedanken bezüglich einer egalitären Kultur. Nerman entwirft einen dynamischen Kulturbegriff, der nicht normativ-wertend ist, sondern jede »menschliche Ausdrucksaktivität« als kulturelle Praxis begreift. Statt der Einzelne und existentielle Fragestellungen stehen nun die Gesellschaft bzw. der Einzelne als Träger einer bestimmten gesellschaftlichen Rolle im Zentrum des Interesses. Man kann in diesen Jahren eine Politisierung und Ideologisierung aller Gesellschaftsbereiche feststellen, und neomarxistisches Gedankengut gewinnt an Einfluss. In den Fokus der Kritik gerät die westliche Politik gegenüber den Ländern der Dritten Welt, die als imperialistisch bezeichnet wird. Symbolhaft hierfür steht der Vietnamkrieg der Amerikaner. Göran Sonnevi löste mit seinem Gedicht *Über den Krieg in Vietnam*, in dem vom »widerwärtigen Krieg der USA in Vietnam« die Rede ist, eine Debatte aus, in der sowohl die politische Aussage des Gedichts als auch seine formellen Eigenheiten diskutiert wurden. Der nüchterne Ton, in dem Sonnevi die Grausamkeit amerikanischer Kriegsführung mit der Perspektive des Fernsehzuschauers in der Idylle der schwedischen Wohlfahrtsgesellschaft kontrastierte, wirkte provozierend auf die schwedische Öffentlichkeit. Das Fernsehgerät wurde zum neuen Medium der Zeit, und es ist insofern bezeichnend, dass Sonnevis Gedicht auf die schrecklichen Kriegsbilder, die nun in die Intimität der schwedischen Wohlstandsidylle flimmerten, rekurrierte. Wurden die 40er und 50er Jahre noch vom Radio dominiert, so vollzog sich in den 60er Jahren mit dem Fernsehen eine Akzentverschiebung in Richtung Bild und Visualität.

Politisierung und Ideologisierung

Konfrontation mit dem Alltag

Als im Jahre 1960 der Gedichtband *Konfrontation* des Dänen Klaus Rifbjerg erschien, diente dieser Titel gleich auch als Bezeichnung einer neuen literarischen Strömung, die sich vom Spätsymbolismus der Hereticer ab- und der Alltagsrealität zuwandte. Hatten die Hereticer noch einer Poesie der Innerlichkeit das Wort geredet – »Die Poesie wohnt nicht in den Dingen. Sie wohnt in Dir. Sie ist das Werk Deiner Eingebung«, formuliert la Cour –, so geht es jetzt in genauer Umkehrung um eine Poetisierung der Dinge. Dieses Bestre-

Poetisierung der Dinge

Ding- statt Welthaltigkeit

ben teilt die Konfrontationsdichtung mit gleichzeitigen schwedischen Strömungen, vertreten etwa durch Göran Palm, unterscheidet sich aber von dessen Lakonie und Metaphernverzicht. Nüchterne Zuwendung zum Alltag und Bilderreichtum laufen in der dänischen Konfrontationsdichtung parallel. Die Gedichte sind szenischen Anordnungen vergleichbar, bei denen die verschiedensten Dinge aus den unterschiedlichsten Perspektiven beleuchtet werden. Es geht um den Versuch eines direkten und vorurteilslosen Erlebens der modernen Welt, wobei die perzipierten Dinge gleichwertig nebeneinander aufgereiht werden, und in dieser Aufreihung vermag das Ich keinen verbindlichen Sinn mehr zu sehen. Stattdessen schlüpft es in Rollen und spricht beispielsweise aus der Perspektive eines Fotoapparats oder einer Seife. Im Zentrum der Welt steht das Ding, das von aller metaphysischen Bedeutung befreit wird: »tom, tom, tom, saligt tom / er verden for andet end ting« (leer, leer, leer, selig leer / ist die Welt an anderem als Dingen). Der metaphysischen Beschaulichkeit aufgrund einer Beseelung der gegenständlichen Welt wird bei Rifbjerg der Röntgenblick vorgezogen, der durch die Oberfläche der Dinge hindurch sehen kann, bis sie in ihrer reinen Essenz aufscheinen und konkret werden.

Weniger wortreich als Rifbjergs Lyrik gibt sich der poetische Minimalismus des auf Neunorwegisch schreibenden Lyrikers Olav H. Hauge, der deutsche, englische und französische Lyrik ins Norwegische übertrug und sich für chinesische Verskunst interessierte. Diese internationale Orientierung kontrastiert mit seiner lokalen Verankerung, hat Hauge doch zeitlebens in Ulvik am Hardangerfjord gewohnt, wo er als Obstbauer arbeitete. Hauge debütierte verhältnismäßig spät im Alter von 38 Jahren mit dem Gedichtband *Glør i oska* (Glut in der Asche, 1946). Die Bände *Dropar i austavind* (Tropfen im Ostwind, 1966) und *Spør vinden* (Frag den Wind, 1971) zeichnen sich durch äußerste Verknappung der sprachlichen Mittel aus. Metaphern und Bilder werden zurückgedrängt zugunsten eines direkten Kontakts mit den Gegenständen, einer Poetik des Alltäglichen und des Konkreten:

Olav H. Hauge (1972)

Kom ikkje med heile sanningi,
kom ikkje med havet for min torste,
kom ikkje med himmelen når eg bed um ljos,
men kom med ein glimt, ei dogg, eit fjom,
slik fuglane ber med seg vassdropar frå lauget
og vinden eit korn av salt.

(Komm nicht mit der ganzen Wahrheit, / komm nicht mit dem Meer für meinen Durst, / komm nicht mit dem Himmel, wenn ich um Licht bitte, / aber komm mit dem Tau, dem Schimmer, der Flocke / so wie die Vögel Wassertropfen vom Bad mit sich tragen / und der Wind ein Salzkorn. [Übersetzung: Andreas Struve])

Hauges Verfahren der Verknappung wurde als poetischer Minimalismus bezeichnet, in Anlehnung vielleicht an den Begriff *minimal art* der Malerei, bei der es um eine Befreiung der bildnerischen Formen geht, die zum Bild selbst und dadurch aus ihrem ursprünglichen Funktionszusammenhang herausgelöst werden. Analog dazu tritt in Hauges Dinggedichten oft nicht mehr ein Ich beschreibend einem Gegenstand gegenüber, sondern der Gegenstand erscheint befreit, gewinnt ein Eigenleben und hat nicht mehr eine Funktion für das lyrische Ich zu erfüllen.

Schon im Debütband *jord og jern* (Erde und Eisen, 1933) zeichnet sich der Natur-Kultur Gegensatz als ein lyrisches Leitmotiv von Rolf Jacobsen ab, dem international bekanntesten norwegischen Lyriker des 20. Jh. Maschinen und die Großstadt werden zu Themen und als *Metaphysik der Stadt* – so ein

Gedichttitel – poetisch gestaltet. Bei Jacobsen gibt es keine Bereiche mehr, die als vermeintlich unpoetische sich der dichterischen Gestaltung entzögen. Er löst damit das ein, was Max Frisch 1947 von der deutschen Lyrik forderte, der er eine »antiquarische Metaphorik« vorwarf. Bei Jacobsen haben wir die von Frisch geforderte »sprachliche Durchdringung der Welt, die uns umstellt«, wenn er von Baggern und Hochspannungskabeln, von Asfalt, Reklame und Motoren dichtet. Indem er die Gegenstände und Maschinen der modernen Welt beseelt, geht er jedoch über eine nüchterne Beschreibung hinaus und dämonisiert sie, Grabmaschinen essen, und Maschinen sprechen zu den Menschen. Diese Anthropomorphisierung verwandelt die Technik in ein pervertiertes Naturwesen, mit dem Jacobsen die entfremdende Wirkung einer technisierten Welt auf den Menschen gestaltet. Auch formal fordert er die lyrische Tradition heraus, indem auf Strophenbau und Endreime weitgehend verzichtet wird. Ist bei ihm anfänglich noch eine Faszination angesichts der technischen Möglichkeiten bemerkbar, so weicht diese in seinen späteren Werken einer zunehmend kritischeren Haltung gegenüber einer Zivilisation, deren Zerstörungspotential Jacobsen zufolge immer bedrohlichere Züge annimmt.

Technik und Poesie

Die Entdeckung des Fremden: Dokumentarismus, Reise- und Reportagebücher

Im Zuge der zunehmenden Politisierung lässt sich eine wachsende Skepsis gegenüber dem Fiktiven konstatieren, das in den Verdacht gerät, eskapistische Bedürfnisse zu befriedigen. Das Misstrauen gegenüber einem Erzählen, das durch kein Faktenmaterial gebändigt wird, kennzeichnet das Schreiben zentraler Autoren wie Per Olof Sundman, Per Olov Enquist, Sara Lidman und Jan Myrdal, die alle ihr Schreiben an historisch Verbürgtes binden. Sundmans Erzähltechnik verbietet sich jegliches Psychologisieren oder Bewerten der Romanfiguren. Stattdessen nimmt sich der Erzähler zurück und vermittelt nur eine Außensicht der Figuren, über ihre Beweggründe für bestimmte Handlungsweisen erfährt der Leser nur das, was die Figuren im Gespräch mit anderen selbst preisgeben. Es geht um eine möglichst präzise Beschreibung der sichtbaren Welt, ein Erzählverfahren, das als ›objektiv‹ bzw. behavioristisch bezeichnet wurde und dessen Vorbild in den mittelalterlichen isländischen Sagas, in denen ebenfalls ein ›objektives‹, registrierendes Erzählen vorherrscht, gesucht werden kann. Es ist deshalb nicht verwunderlich, wenn Sundman mit *Berättelsen om Såm* (1977; Bericht über Samur, 1977) einen Roman vorlegt, in welchem der Versuch unternommen wird, Stoff und Erzählduktus der *Hrafnkels saga* in die Gegenwart zu verlegen. Dass die Wirklichkeit nicht durchschaubar ist, dass die Menschen in ihren Handlungsweisen rätselhaft sind und rätselhafter werden, und zwar gerade je mehr man über sie weiß, gehört zu den Prämissen des sundmanschen Erzählens. In einer Novelle seines Debütbandes *Jägarna* (Die Jäger, 1957) wird die Geschichte eines Jägers erzählt, der sich unvermittelt von seinen Jagdkameraden entfernt. Schließlich wird er nach einem Tag gefunden und auf die Frage, weshalb er weggegangen sei, heißt es: »›Ihr habt mich ja gejagt‹, antwortete er und starrte ins Feuer.«

Am bekanntesten ist Sundman mit dem Dokumentarroman *Ingenjör Andrées Luftfärd* (1967; Ingenieur Andrées Luftfahrt, 1969) geworden, für den er im Jahre darauf den Preis des Nordischen Rats, die höchste literarische Auszeichnung der nordeuropäischen Länder, erhielt. In diesem Roman wird die Geschichte eines missglückten Versuchs erzählt, den Nordpol mit einem

Misstrauen gegenüber dem Fiktiven

Sundmans ›objektives‹ Erzählen ...

Ballon zu erreichen. S.A. Andrée, seine Begleiter Knut Frænkel und Nils Strindberg waren 1897 von Spitzbergen aus gestartet und galten 30 Jahre als verschollen, bis man das letzte Lager und die Überreste der drei Polarfahrer auf einer Insel nördlich von Spitzbergen fand. Basierend auf den gefundenen Tagebüchern und Filmmaterial rekonstruierte der Autor die Geschehnisse vor und während der Reise und kam zum Schluss, dass das Unternehmen von Anfang an zum Scheitern verurteilt war. Ein wichtiges Thema ist denn auch die Frage, wie der Ratio verpflichtete Leute sich einem solchen irrationalen Unterfangen haben hingeben können. Es wird auf ein ganzes Bündel von Faktoren aufmerksam gemacht, die in ihrem Zusammenspiel die drei Ballonfahrer in eine Situation manövrierten, vor der es kein Zurück mehr gab. Da ist zum einen der Wettstreit der Nationen vor dem Hintergrund des europäischen Imperialismus – Norwegen hat mit Nansen große Erfolge vorzuweisen –, da ist zum anderen aber auch die Hybris des abendländischen Menschen, der keine Grenzen akzeptieren will. Dieser letzte Punkt hat Sundman den Vorwurf eingetragen, er betreibe eine Verherrlichung der individuellen Heldentat. Doch geht es dem Autor nur insofern um das einzelne Individuum, als er dessen Handlungen vor dem Hintergrund der herrschenden Ideologien motivieren kann. Gerade zu Beginn des Romans, in welchem die Vorbereitungen auf die Expedition zur Sprache kommen, wird diese Verzahnung von individueller Motivation und Zeitstimmung beleuchtet. Und auf der eigentlichen Expedition steht das Funktionieren der drei verschiedenen Charaktere als Gruppe im Zentrum der Aufmerksamkeit. Dass Sundman seinen Roman an die Perspektive Frænkels als Ich-Erzähler bindet, der als einziger der Expeditionsteilnehmer keine Tagebuchaufzeichnungen hinterließ, unterstreicht das fiktionale Element und den Aspekt der bewussten Rekonstruktion.

Magnetisörens femte vinter (1964; Der fünfte Winter des Magnetiseurs, 1966) von Per Olov Enquist ist durch eine Mischung von authentischen und fiktiven Quellen bestimmt, aus denen das Bild des Magnetiseurs und Wunderheilers Friedrich Meisner am Ende des 18. Jh. entworfen wird. Als Vorbild dient der damals berühmte deutsche Arzt Franz Anton Mesmer, der von den einen als Held gefeiert, von den anderen jedoch verfolgt wird, weil sie in ihm einen Scharlatan und Volksverhetzer sehen. Ort der Romanhandlung ist die deutsche Stadt Seefond im Jahre 1793. Hier taucht Meisner auf, der behauptet, die Leute mit seiner Kunst heilen zu können. Alles, was er verlangt, ist Vertrauen, und in einigen Fällen hat er Erfolg. So heilt er die blinde Tochter eines Arztes. Ausgerechnet diesem obliegt es nun, Meisner als Scharlatan zu entlarven. Bereits in diesem frühen Roman ist das Typische von Enquists Erzählverfahren angelegt, das die Suche nach dem Wahrheitsgehalt des sogenannten Faktischen zum integralen Bestandteil der Texte macht.

In *Legionärerna* (1968; Die Ausgelieferten, 1969) wird Schwedens Auslieferung von Balten an die Sowjetunion im Jahre 1946 thematisiert. Die bei Enquist oft gestellte Frage, wie unser historisches Wissen zustande kommt und welches seine Voraussetzungen sind, spiegelt sich in dem Dilemma des Erzählers/Berichterstatters wider, dessen eigene Bewertungen dem Ideal eines objektiven Registrierens im Wege stehen. *Sekonden* (1971; Der Sekundant, 1979) ist ein Roman aus der Welt des Leistungssports, einem Milieu, in dem sich Enquist als ehemaliger Hochspringer sehr gut auskennt. Im Zentrum des Textes steht ein Hammerwerfer, dessen zu leichtes Wurfgerät sein vorzeitiges Karriereende bedeutet. Die Geschichte eines individuellen Sportlerschicksals, dem wiederum dokumentarisches Material zugrunde liegt, wird verknüpft mit den Fragwürdigkeiten des Spitzensports, der in enger Verknüpfung mit

... und Zivilisationskritik

Enquists Frage nach der Wahrheit des Faktischen

den gesellschaftspolitischen Entwicklungen in Ost und West gesehen wird. Dem Ich-Erzähler als Sohn des Hammerwerfers geht es aber nicht nur um die Geschichte seines Vaters, seine eigene Identität steht ebenso zur Debatte wie das Vater-Sohn-Verhältnis. Um die verschiedenen Stränge zusammenzuhalten, wird die chronologische Linearität des Erzählens durch ein Nebeneinander von Gegenwart und distanzierter Erinnerung, von reportagehaftem Bericht und gesellschaftlicher Analyse ersetzt.

Das Misstrauen gegenüber dem Fiktionalen liegt auch den zahlreichen Reportagebüchern zugrunde, die in den 60er Jahren erschienen. Im Unterschied zur Dokumentarliteratur wird hier dem Ideal eines weitgehends fiktionsfreien Berichts nachgestrebt. Die Autoren verstehen ihre Rolle in erster Linie als Berichterstatter von Ereignissen, die möglichst direkt und ungefiltert durch den Erzähler vermittelt werden. Gerne wird deshalb die Interviewform verwendet, bekanntestes Beispiel hierfür sind die Gespräche mit Grubenarbeitern im nordschwedischen Kiruna und in Svappavaara, die Sara Lidman im Band *Gruva* (Grube, 1968) vereinigte. Die Interviews gerieten zur sozialen Anklage nicht nur der Herrschenden, sondern auch der Gewerkschaften, denen vorgeworfen wurde, sie hätten sich um das Los der Arbeiter zu wenig gekümmert. Nach einem Südafrikabesuch schrieb Lidman *Jag och min son* (1961; Ich und mein Sohn, 1969), empört über die Rassendiskriminierung in jenem Land. Über eine Reise nach Nordvietnam berichtet sie in *Samtal i Hanoi* (1966; Gespräche in Hanoi, 1967). Hier schreibt Lidman über südvietnamesische Foltermethoden, über Gespräche mit Politikern und Schriftstellern und zeigt sich überrascht vom Optimismus des nordvietnamesischen Volkes angesichts seines Leids. Die wachsende Skepsis gegenüber der westlichen Wohlstandsgesellschaft bzw. der kapitalistischen Wirtschaftsform ist bei vielen skandinavischen Schriftstellern jener Jahre als Resultat ihrer Reisen in die Länder der sogenannten Dritten Welt zu sehen. Typisch in dieser Hinsicht ist die Haltung Lidmans, die die amerikanische Kriegsführung in Vietnam und die Ausbeutung der heimischen Grubenarbeiter als Mechanismus desselben kapitalistischen Systems einstufte.

Reportage- und Interviewbücher

Der Schwede Jan Myrdal wurde mit *Rapport från kinesisk by* (1963; Bericht aus einem chinesischen Dorf, 1966) international bekannt, nachdem er zuvor schon mit *Kulturers korsväg* (1960; Kreuzweg der Kulturen, 1964) ein Buch über Afghanistan vorgelegt hatte, in dem er den Versuch unternahm, die Geschichte des Landes aus der Perspektive der einheimischen Bevölkerung zu erzählen. Hauptteil des Chinabuches stellen die Interviews mit den Bewohnern der Stadt Liu Ling dar, deren zum Teil widersprüchliche Erzählungen Myrdal unkommentiert wiedergibt. Die große internationale Beachtung dieses Rapports ist auf den Umstand zurückzuführen, dass der Verfasser einer der ersten Ausländer war, der Einsicht in die Funktionsweise eines chinesischen Dorfkollektivs erhielt.

Das Verhältnis von Kunst und Leben ist Thema in Sven Lindqvists *Myten om Wu Tao-Tzu* (Der Mythos über Wu Tao-Tzu, 1967), indem der Mythos des chinesischen Künstlers Wu Tao-Tzu, der in seiner eigenen Wandmalerei verschwand, mit der westlichen Welt kontrastiert wird. Lindqvists Buch ist z.T. als Polemik gegen Hermann Hesses Werk geschrieben, das geprägt sei vom Wunsch, aus der Wirklichkeit in die Kunst zu fliehen. Der Autor erzählt von seinen Erfahrungen in China, wo er einige Jahre als Student verbrachte, vor dem Hintergrund einer westlichen, ästhetischen Lebenseinstellung. Sein Buch ist jedoch kein zusammenhängender Bericht, sondern eine lose Folge von Beobachtungen, Reflexionen, Literaturanalysen, bei denen östlicher Kollektivismus mit westlichem Individualismus kontrastiert wird.

Aufarbeitung der nationalen Vergangenheit

Weniger ausgeprägt ist das dokumentarische Schaffen in Dänemark und Norwegen, obwohl der Däne Thorkild Hansen als der skandinavische ›Begründer‹ der Gattung angesehen werden kann. Hansens Teilnahme an archäologischen Ausgrabungen u.a. in Kuwait und Nubien sowie seine zahlreichen Auslandsreisen bilden den Stoff seiner Dokumentarromane. Hansen hat in Interviews wiederholt für ein objektives Erzählen plädiert, bei dem die Präsentation von Fakten und nicht von Meinungen im Vordergrund zu stehen habe. In *Det lykkelige Arabien* (1962; Reise nach Arabien, 1965) wird eine dänische Expedition nach Jemen geschildert. Dem Buch liegt die Geschichte der Königlich dänischen Jemen-Expedition 1761–67 zugrunde, der auktoriale Erzähler identifiziert sich mit dem Schicksal des Protagonisten, dem deutschen Landvermesser Carsten Niebuhr, und scheut sich – entgegen Hansens Interviewaussagen – nicht, das dokumentarische Material so zu gestalten, dass die Fakteninterpretation des Verfassers durchschimmert. Auch in der sogenannten Sklaventrilogie *Slavernes kyst* (Die Sklavenküste, 1967), *Slavernes skibe* (Die Sklavenschiffe, 1968) und *Slavernes øer* (Die Sklaveninseln, 1970) spielt ein tragischer Held die Hauptrolle. Auf den westindischen Inseln schafft Peter von Scholten die Sklaverei ab und muss sich wegen dieser Tat vor dem dänischen Reichsgericht verantworten. War seine Rehabilitation aufgrund der großen historischen Distanz einleuchtend, so kann das im Falle Knut Hamsuns nicht behauptet werden. In *Processen mod Hamsun* (1978; Der Hamsun Prozess, 1979) stilisiert Hansen den norwegischen Nobelpreisträger als großen Künstler, für dessen Genie andere Regeln zu gelten hätten als für den Durchschnittsmenschen. Auch dieses Buch ist eine Mischung aus Fakten und Reflexionen des Autors, der die Fakten so lange zurechtbiegt, bis sie in sein Argumentationsmuster passen. Das Buch löste eine zum Teil erbittert geführte Debatte aus, weil in einem politisierten linken Literaturmilieu, in dem die Demokratisierung und das Antielitäre gefordert wurden, Hansens elitäre Heldenverehrung stoßend wirken musste. Hinzu kam, dass der Versuch, Hamsuns Parteiergreifung für die Nationalsozialisten als Entgleisung eines Genies zu entschuldigen, nicht gutgeheißen wurde.

Das unentdeckte Geschlecht

Geschlecht und Gesellschaft

Bereits 1964 forderte die dänische Autorin Elsa Gress mit ihrem Buch *Det uopdagede køn* (Das unentdeckte Geschlecht) zu einer Debatte auf über Rolle und Funktion des weiblichen Geschlechts in der Gesellschaft. Wie der Titel – eine Anspielung auf den feministischen Klassiker *Das andere Geschlecht* (1949) von Simone de Beauvoir – andeutet, begreift Gress das weibliche Geschlecht als noch unentdeckte Ressource für die Gesellschaft. Im Zuge der Politisierung aller gesellschaftlichen Bereiche wurden die tradierten Werte und Moralvorstellungen ebenso wie die traditionelle Rollenverteilung zwischen Mann und Frau in Frage gestellt. Die Frau ist nicht wirklich frei, solange sie ökonomisch vom Mann abhängig und an Heim und Herd gebunden bleibt, lautete ein Fazit, das von immer mehr Frauen geteilt wurde. In den Blick gerieten die gesellschaftlichen Strukturen, die als patriarchal entlarvt wurden, aber auch Marktmechanismen, die einer freien Entfaltung der Frau hinderlich waren. Bedingt durch die wirtschaftliche Hochkonjunktur in den 60er Jahren änderte sich deren gesellschaftliche Rolle grundlegend, weil sie sich ebenso wie der Mann im Arbeitsmarkt integrierte, so dass in den skandinavischen Ländern Lohnarbeit beider Geschlechter schon bald die Regel wurde. Die neue Frauenbewegung entwickelte ein waches Sensorium für diskriminierende Gesetzgebungen, Rollenmuster und Verhaltensweisen.

Frauendemonstration in Kopenhagen (1960er Jahre)

Die Texte der Norwegerin Bjørg Vik, einer realistischen Erzähltradition verhaftet, kreisen um die häufig desaströsen Auswirkungen rigider Gesellschaftsnormen für Frau und Mann. Thematisch geht es in ihren Novellen aus dem Debütband *Søndag ettermiddag* (Sonntag Nachmittag, 1963) um Frauenschicksale, die oft aus der Perspektive einer anderen Frau erzählt werden, welche zunächst wenig Verständnis für solche Schicksale aufbringt, sich allmählich jedoch *contre cœur* mit ihnen zu solidarisieren beginnt. Die Erzählungen leben nicht unwesentlich aus dieser Spannung zwischen Erzählerfigur und erzähltem Inhalt, wobei erstere oft sehr ironisch dargestellt wird; ein Verfahren, das an Cora Sandel erinnert. Die weiblichen Figuren in Viks Erzählungen empfinden ihr Leben als sinnlos und schal, ohne genau zu wissen, weshalb. Es handelt sich zumeist um Frauen aus der Mittelklasse, denen es materiell an nichts mangelt, die jedoch verzehrt zu werden drohen durch die Gefühlskälte eines trostlosen Ehealltags; *Nødrop fra en myk sofa* (Notruf von einem weichen Sofa, 1966), so der Titel einer Novellensammlung, ist durchaus sprechend.

Eines von Viks besten Werken ist der Erzählband *Kvinneakvariet* (1972; Das Frauenaquarium, 1979), dessen Titelmetapher auf die Mythen anspielt, die die Frauen wie Fische in einem Aquarium gefangen halten. Das Buch gliedert sich in drei Abteilungen von jeweils drei Erzählungen. Jede dieser Abteilungen thematisiert weibliche Krisensituationen in den verschiedenen Lebensphasen sowie die Suche nach einer adäquaten Lebensform, der Geschlechterkonflikt ist in den Hintergrund getreten.

Kampf den Weiblichkeitsmythen

Groß war das Publikumsinteresse für das Theaterstück *To akter for fem kvinner* (Zwei Akte für fünf Frauen, 1974), das auf mehreren Bühnen gleichzeitig gespielt wurde und im Ausland ebenso Erfolg hatte. Das Thema ist denkbar einfach: Fünf Jugendfreundinnen, inzwischen alle um die Dreißig, erzählen einander über ihr Leben, und im Gespräch werden nach und nach die Unzulänglichkeiten der eigenen Lebensführung bloßgelegt. Wie in Ibsens Dramen lebt das Stück in erster Linie von den Gesprächen, eine eigentliche Handlung fehlt. Doch wenn am Schluss die ständig präsente Skulptur mit den drei Affen, die sich Ohren, Augen und Mund zuhalten, auf dem Fußboden zerschlagen wird, ist das als Appell an die Zuschauerinnen zu verstehen: Die Frauen sollen die Augen öffnen, hören und sich Gehör verschaffen.

Liv Køltzow debütierte 1970 mit dem Erzählband *Øyet i treet* (Das Auge im Baum), in welchem versucht wird, modernistische Erzählverfahren mit einer Geschlechterthematik zu verbinden. Wie der Titel andeutet, ist das Beobachten zentrales Thema der Erzählungen, etwa in der Novelle *I dag blåser det* (Heute ist es windig), in der ein Mädchen beim Versteckspiel in einem Baum sitzt und seine Spielkameraden beobachtet. Der Leser erfährt nicht viel mehr als das, was im Mädchen vorgeht. Die Handlungsarmut wird jedoch durch die sprachliche Präzision, mit der die Gedanken des Mädchens, das zwischen seiner Lust, am Spiel teilzunehmen und seiner Furcht, gesehen zu werden, hin und her schwankt, mehr als kompensiert. Die distanzierte Beobachterposition zeichnet den Erzählstil der Autorin insgesamt aus. Køltzow, beeinflusst vom französischen *nouveau roman* mit seinem Interesse für die Routinehandlungen eines trivialen Alltags, geht es in ihren Texten nicht um die Illustration einer These oder einer Idee, sondern um die verschiedenen »Facetten des Daseins« (»tilværelsens sammensatthet«), wie sie in einem Interview formulierte. Ihr stilistisches Raffinement ist gekennzeichnet durch eine suggestiv-musikalische Prosa, in der die erlebte Rede ein beliebtes Stilmittel ist. Das Erzähltempo passt sich den langsamen Veränderungen der Figuren an, was den Texten zu unrecht den Ruf eingetragen hat, langweilig zu sein. In den Romanen aus den 70er Jahren, *Hvem bestemmer over Bjørg og Unni?* (Wer bestimmt über Bjørg und Unni?, 1972) und *Historien om Eli* (Die Geschichte über Eli, 1975), stehen Rollen- und Identitätsfragen im Vordergrund. In letzterem wird ein weiblicher Emanzipationsprozess gestaltet, in dessen Verlauf Eli sich von ihrer Sozialisation in einer kleinbürgerlichen Familie und aus ehelicher Enge befreien kann. Wie Ibsens Nora nimmt auch dieser Text eine fragende Grundhaltung ein, ohne Elis Auf- und Ausbruch zu bewerten.

Mit *Män kan inte våldtas* (1975; Wie vergewaltige ich einen Mann?, 1980) erlangte die Finnlandschwedin Märta Tikkanen internationale Beachtung. Der Roman handelt von einer Frau, die an ihrem 40. Geburtstag vergewaltigt wird. Dieses Verbrechen ist der Initiator des erwachenden feministischen Bewusstseins der alleinerziehenden Mutter zweier Söhne, und sie beschließt, sich mit einer Gegen-Vergewaltigung an ihrem Peiniger zu rächen. Der Roman hat es weniger auf psychologische Differenzierung der Figuren abgesehen, sondern will durch seine zuweilen bittere Ironie und seine karikierende Figurenzeichnung überzeugen. Als typisch für ein politisiertes Bewusstsein ist der Umstand zu werten, dass es der Protagonistin nicht um einen privaten Racheakt geht, vielmehr will sie die Öffentlichkeit aufrütteln, auf ein Problem hinweisen, weshalb sie sich nach der Tat selbst anzeigt. Dass die Polizei ihr das Geschehen nicht glaubt – der Tatbestand ist vom Gesetz her auch nicht vorgesehen –, wird zur bitteren Pointe des Buches. Mit *Århundradets kärlekssaga* (1978; Die Liebesgeschichte des Jahrhunderts, 1981) wendet sich die Autorin der Gattung Rapportbücher zu, die hier zum Bekenntnishaften neigt. Der »Gedichtroman« ist Teil der Auseinandersetzung bzw. Antwort auf die autobiographischen Schilderungen ihres alkoholabhängigen Mannes, des Malers Henrik Tikkanen. Die Grenzen zwischen dem Privaten und dem Öffentlichen werden von der Frauenbewegung je länger je weniger

Liv Køltzow

Satire im Dienste der Patriarchatsentlarvung

akzeptiert, weil es gerade um die Sichtbarmachung des traditionellen Rollenverständnisses geht, das als diskriminierend aufgefasst und weil das Private als politisch relevant erachtet wird.

Als Bekenntnisliteratur, die mit ihrer Offenheit schockierte, kann der Memoirenband *Gift* (1972; Sucht, 1980) mit seinem doppeldeutigen Titel – »Gift« oder »verheiratet« – der Dänin Tove Ditlevsen gelesen werden, in dem die Autorin in einer nüchternen Sprache über ihre vier Ehen berichtet. Ditlevsen hat außer Romanen und autobiographischen Texten auch Gedichte geschrieben und als Lyrikerin mit dem Band *Pigesind* (Mädchensinn, 1939) debütiert. In diesem Band wie in den nachfolgenden *Lille Verden* (Kleine Welt, 1942) und *Kvindesind* (Frauensinn, 1955) wird der Leser mit einem weiblichen lyrischen Ich konfrontiert, das sich in einer Krise befindet. Die enge Verflechtung von Literatur mit dem eigenen Leben zeichnet sich hier bereits ab. Wie bei kaum einer anderen Autorin ist bei Ditlevsen das eigene konfliktvolle, von Drogenmissbrauch gekennzeichnete Leben der Stoff ihrer Bücher. Auch in anderen Erinnerungsbüchern wie *Barndom* (Kindheit, 1967) oder *Ungdom* (Jugend, 1967) wird das Persönliche in die Öffentlichkeit getragen. Geprägt sind viele ihrer Texte vom Konflikt zwischen der traditionellen Frauenrolle und der Künstlerrolle, schreibend hat sie versucht, den Hang zur Selbstdestruktion zu bewältigen. *Ansigterne* (1968; Gesichter, 1987) etwa ist eine Art Krankenjournal, bei welchem die Beschreibung des Krankheitsverlaufs wichtig wird im Hinblick auf die Genesung des Patienten. In diesem Buch wird aber nicht nur Privates diskutiert, vielmehr steht die Frage im Zentrum, inwieweit sich der Künstler politisch und sozial engagieren soll, wobei sich die Hauptfigur von solchen Forderungen distanziert. Über gesellschaftliche Mechanismen der Frauendiskriminierung erfährt der Leser von Ditlevsens Texten wenig, wichtig scheint hingegen der psychoanalytische Ansatz zu sein, mit dem die Nöte, Ängste und Phobien des Erwachsenendaseins aus Kindheitserlebnissen hergeleitet werden. Als beispielhaft hierfür können die Romane *Man gjorde et Barn Fortræd* (Man tat einem Kind etwas zuleide, 1941) und *Barndommens Gade* (Straße der Kindheit, 1943) gelten. Kindheitserinnerungen sind ein zentrales, wiederkehrendes Thema der Autorin, die in einer realistischen Tradition schreibt und zeitlebens auf Distanz zu modernistischen Formexperimenten blieb.

Einen eigenen, witzig-provozierenden Ton schlug die Norwegerin Gerd Brantenberg mit *Egalias døttre* (1977; Die Töchter Egalias, 1987) an. In diesem Roman, der in Deutschland große Beachtung fand, wird die traditionelle Rollenverteilung umgekehrt. Die Handlung spielt im Fantasieland Egalia. Mütter fungieren hier als die Oberhäupter der Familien und bekleiden die Führungspositionen in Wirtschaft und Politik, die Männer hingegen fristen ihr Dasein als Hausmänner und schlechtbezahlte Lohnempfänger. Die Bedeutung dieses Romans ist darin zu sehen, dass hier wohl erstmalig versucht wird, die Handlung in einer ›Frauensprache‹ zu erzählen, in der die weiblichen Formen die Norm sind und die männlichen als Abweichungen markiert werden müssen. Das Buch zeichnet sich durch überraschende Einfälle aus, die allesamt das Ziel verfolgen, das patriarchale System, zu dem die Sprache gezählt wird, als solches zu entlarven. Entlarvt wird dabei der Leser als Teil dieses Systems, weil er gewisse Passagen zweimal lesen muss, bis sein Hirn die feministische Drehung des Textes akzeptiert hat und versteht, was gemeint ist.

Die auf Neunorwegisch schreibende Lyrikerin Eldrid Lunden beschäftigt sich ebenfalls mit der Sprache als Macht- und Unterdrückungsinstrument. Lunden debütierte 1968 mit dem Gedichtband *f.eks. juli* (z.B. Juli), dessen

Tove Ditlevsen

Sprache und Geschlecht

›antilyrischer‹ Duktus sich bereits in der Titelgebung andeutet. Lunden sieht es als ihre Aufgabe an, »mit den Stimmen zu reden, die die Gesellschaft nicht hören will«, wie sie in einem Interview formulierte. Ihr Stil zeichnet sich durch Verdichtung und Konzentration aus, ein- bis dreizeilige Gedichte sind keine Seltenheit, dunkle Metaphern, wie sie aus der Verknappung der sprachlichen Mittel gerne resultieren, sucht man bei ihr dennoch vergebens. Ihre drei Gedichtbände *Inneringa* (Eingekreist, 1975), *Hard, mjuk* (Hart, weich, 1976) und *Mammy, blue* (1977) bilden eine Art Trilogie, in der die aktuellen Fragestellungen der damaligen Frauenbewegung thematisiert werden mit einem Schwergewicht auf der Identitäts- und Selbstbestimmungsproblematik. *Mammy, blue* – der Titel spielt auf Roger Whittakers Lied gleichen Namens an – ist ein Blues über die Situation der Frau. Mammy ist in der Schlagerversion die schwarze Sklavenfrau des 19. Jh., die in eine Mutterrolle gezwungen wird, ohne selbst Mutter zu sein. Die Thematik eines entfremdeten Frauenlebens greift Lunden auf, und zwar mit der Figur Anna, die mit der leitmotivisch wiederkehrenden Formel »Ich bin Anna« auf der Suche nach sich selbst ist. Geschildert wird im Gedichtzyklus der Weg zunehmender Identitätsbildung. Gegen den Schluss hin liest man in Anspielung auf Virginia Woolfs Klassiker *A Room of One's Own*: »Ich habe Sehnsucht, in einen Raum / zu kommen ...«

Weibliche Parodie auf männliche Schöpfermythen

Eine wichtige Inspiratorin und Mitstreiterin der schwedischen Frauenbewegung ist Sonja Åkesson. Bereits 1959 schreibt sie im Gedichtband *Glasveranda* über weibliche Antihelden, die im krassen Gegensatz zum weiblichen Schönheitsideal des Patriarchats stehen und über groteske Züge verfügen, die zum Markenzeichen ihrer Poesie werden. Am bekanntesten ist das Gedicht *Självbiografi* (Autobiographie) aus der Sammlung *Husfrid* (Hausfriede, 1963) geworden. Es handelt sich hierbei um eine Pastiche auf das Gedicht *Autobiography* des amerikanischen Beatpoeten Lawrence Ferlinghetti. Während der Mann bei Ferlinghetti an seine Berufung zum Dichter glaubt, über das abendländische Kulturerbe souverän zu verfügen scheint und sich mit Ikaros vergleicht, ist die Frau bei Åkesson passiv und depressiv, ungebildet, und die Flügel Ikaros' sind einem Buckel gewichen. Solche Degradierungsstrategien, mit denen Heroisches in den nüchternen Alltag übersetzt wird, sind kennzeichnend für Åkessons Dichtung, die sich mit dem unspektakulären Leben der schwedischen Durchschnittsfrau auseinandersetzt. Diese wird als unterdrückt dargestellt mit einer Tendenz, sich selbst klein und unbedeutend zu machen und in einer Ehe lebend, die als Versorgungsanstalt bezeichnet wird. Åkesson scheut nicht vor schlagwortartigen Formulierungen zurück, die sich in ihrer Drastik als Instrument im Frauenkampf jedoch gut eignen. Stilistisch sind die lakonisch formulierten Verse durch eine groteske Ironie gekennzeichnet, die im Dienste der Gesellschaftssatire steht. In Åkessons Dichtung geht es deshalb nicht um modernistische Formexperimente, sondern die Kommunikation mit den Lesenden steht im Vordergrund, weshalb die Dichterin als Vertreterin der neuen Einfachheit gesehen werden kann, in der die Dichtung bewusst der Alltagssprache angenähert wird. Allerdings findet die in den 60er Jahren beliebte Montagetechnik auch bei ihr Anwendung, etwa wenn sie wie in *Pris* (Prise/Preis, 1968) Ausschnitte aus Zeitungen und Warenkatalogen zusammenfügt, um auf die manipulatorische Kraft der Reklamesprache hinzuweisen.

Experimente mit der Einfachheit

Einen Schritt weiter als Rifbjerg mit seiner Konfrontationsdichtung geht der Schwede Göran Palm, der gegen die »abgestandene metaphysische Aristokratenmoderne« polemisiert, der er Weltfremdheit vorwirft. Er fordert stattdessen eine Lyrik, die mit der Einfachheit experimentiert und sich mit der gesellschaftlichen Realität auseinandersetzt als bloß mit anderen Texten oder mit einem Bildungsgut, von dem man annehmen müsse, es sei den meisten Lesern unbekannt. Palms Polemik richtet sich gegen die symbolische Bildersprache der *fyrtiotalister,* denen er mangelnde Rücksichtnahme auf das gewöhnliche Lesepublikum vorhält. In den Gedichtbänden *Hundens besök* (Besuch des Hundes, 1961) und *Världen ser dig* (Die Welt sieht dich, 1964) macht er sich über die Ästhetik modernistischer Bilderlyrik lustig. Dichtung soll nicht mehr länger Selbstzweck sein, sondern wird neu als Sprachhandlung begriffen, in deren Mittelpunkt die Kommunikation mit dem Leser steht. Der nüchterne Blick auf die Arbeit des Dichtens schließt eine Degradierung des Autors von seiner überhöhten Position ein. Der von Gott inspirierte Dichter mutiert zum gewöhnlichen Arbeiter am Wort, der fähig sein sollte, Rechenschaft über seine Arbeit abzulegen. In einer 1966 publizierten Lyrikanthologie fordert einer der Herausgeber, Björn Håkanson, den Leser explizit auf, das Buch als etwas anderes als ein »schönliterarisches Schmuckkästchen« zu lesen, um dann fortzufahren: »Hinter jedem Gedicht steckt ein schwedischer Steuerzahler. Schweden ist ein nordischer Wohlfahrtsstaat. Es lohnt sich, bei der Lektüre sogar solche Fakten im Gedächtnis zu behalten.« Palms Buchtitel, *Die Welt sieht dich,* deutet auf den Perspektivenwechsel hin. Gewohnt, die Welt mit eigenen Augen zu betrachten, erfährt sich das Ich durch Spiegelungsphänomene in einigen Gedichten des Bandes als beobachtet von der Welt. Der Dichter entwickelte sich in den 60er Jahren zu einem der profiliertesten Linksintellektuellen des Landes, dessen Kulturkritik durch einen starken antiamerikanischen Reflex geprägt war. Sein Engagement führte ihn dazu, sich im Stile Günter Wallraffs als Fabrikarbeiter anstellen zu lassen, und Palm publizierte zwei Bücher über diese Erfahrungen, in denen er die »Gegensprache der Arbeiter« gegenüber der Obrigkeitssprache verteidigte.

Degradierung des Autors

Beim Norweger Jan Erik Vold steht zunächst eine genaue Beobachtung statt vorschneller Metaphorisierung der Dinge im Vordergrund. Sein Plauderton über unlyrische Dinge dient dazu, die Gattung von ihrem erstarrten feierlichen Gestus zu befreien. Großen Publikumserfolg hatte er mit *Mor Godhjertas glade versjon. Ja* (Die fröhliche Version von Mutter Gutherz. Ja, 1968), in dem die Poetisierung des Alltags ebenso ihren Platz findet wie witzige Spielereien mit der symbolistischen Tradition. Im Vordergrund steht eine Alltagslyrik über unspektakuläre Dinge wie Straßenbahnschienen oder eine Rede über das Weißbrot. Der Band kann als poetische Huldigung der Stadt Oslo gelesen werden, spielt doch das hauptstädtische Milieu eine wichtige Rolle in den Gedichten und entsprechend ziert ein Stadtplan die Innenseite des Umschlags. Von Volds Interesse an asiatischer Kunst, Philosophie und Dichtungstheorie zeugen die Gedichtbände aus den 70er Jahren, in denen er Impulse aus dem Zenbuddhismus aufnahm und sich in Haikudichtung versuchte, wie im Band *spor, snø* (Spur, Schnee, 1970). Hier zeigt sich Vold zudem stark vom angelsächsischen Imagismus beeinflusst, wie das folgende, oft zitierte Haiku zeigt, bei dem es sich sogar um eine wörtliche Übersetzung des ersten Gedichts von Wallace Stevens aus seinem Zyklus *Thirteen Ways of Looking at a Blackbird* handelt, ohne dass Vold ein Wort über die wahre

Der Dichter als Schwadroneur

Urheberschaft verlöre: »tyve snødekte fjell / det eneste som rørte seg / var svarttrostens øye« (zwanzig schneebedeckte Berge / das einzige, was sich rührte / war das Auge der Amsel). Darüber hinaus hat sich Vold als Literaturkritiker, Herausgeber und Biograph einen Namen gemacht. Bekannt ist er für provokative Äußerungen, etwa im Band *Det norske syndromet* (Das norwegische Syndrom, 1979), in dem er die staatliche Einkaufsordnung für die seiner Meinung nach oft schlechte Qualität der Lyrik verantwortlich macht. Für seine Verdienste um die Literatur wurde Vold von der Universität Oslo im Jahre 2000 die Ehrendoktorwürde verliehen.

Literatur und Engagement

Torborg Nedreaas (1963)

Literatur und Klassengesellschaft

Fest verankert in einer realistischen Erzähltradition ist Torborg Nedreaas. Ihren literarischen Durchbruch erzielte sie mit dem Roman *Av måneskinn gror det ingenting* (1947; Im Mondschein wächst nichts, 1972). In einer Art Monolog erzählt eine Frau ihrem Gegenüber während eines nächtlichen Gesprächs, wie sie von einem Mann verraten wurde. Detailliert geschildert wird eine Abtreibungsszene, und die geradezu klinische Genauigkeit dieser Beschreibung hat den Roman berühmt gemacht. Das Gespräch bildet den Rahmen der Erzählung. Am bekanntesten ist Nedreaas aber mit ihrer Herdis-Figur geworden, die zum ersten Mal im Novellenband *Trylleglasset* (Das Zauberglas, 1950) auftaucht, um in den Romanen *Musikk fra en blå brønn* (1960; Musik aus einem blauen Brunnen, 1984) und *Ved neste nymåne* (Beim nächsten Neumond, 1971) zur Protagonistin zu werden. Herdis' Aufwachsen in Bergen während der Jahre um den Ersten Weltkrieg ist das Thema der Bücher, jedoch werden der individuellen Entwicklungsgeschichte immer wieder weltpolitische Ereignisse zur Seite gestellt. Die russische Revolution und der Krieg spielen beispielsweise eine große Rolle und lokal wird das damalige Bergen als Stadt mit deutlichen Klassenunterschieden geschildert, die von Herdis wahrgenommen werden. Im Zentrum steht das Leben von Herdis als Kind geschiedener Eltern, das beim Vater wohnt, sich jedoch nach der Mutter sehnt, und dieser Loyalitätskonflikt macht das Mädchen einsam. Das Gefühl des nicht richtigen Dazugehörens wird durch die Klassenschranken noch verstärkt, weil Herdis weder von den Arbeiterkindern noch von denjenigen des Bürgertums wirklich akzeptiert wird. Als Folge träumt sie sich in eine Fantasiewelt hinein, Symbol hierfür ist das Zauberglas, durch das die Welt gleichsam verzaubert erscheint. Gleichzeitig fungiert das Glas aber auch als Symbol ihres Künstlertalents, ein Thema, das in *Musikk fra en blå brønn* noch vertieft wird. Als einzige kann Herdis hören, wie aus der Tiefe des Brunnens, von dem sie sich magisch angezogen fühlt, schöne Musik erklingt. Er symbolisiert das Gefährliche und das Verlockende zugleich. In *Ved neste nymåne*, Nedreaas' letzter belletristischer Arbeit, schwört Herdis, eine selbständige Frau zu werden, eine Aussage, die mit ihrem Unterwerfungsdrang relatiert werden muss.

Nedreaas hat sich zeitlebens als Kommunistin verstanden, obwohl sie 1949 aus der Kommunistischen Partei Norwegens ausgeschlossen wurde. Dies hinderte sie jedoch nicht, sich zur Fürsprecherin des Ostblocks zu machen und vor den Gefahren einer Mitgliedschaft Norwegens in der NATO zu warnen. Ihre Kunst jedoch konnte sie weitgehend von einer schalen Tendenz freihalten, ging es ihr doch darum, die »unbekannten Tiefen« auszuloten, wie sie es einmal formulierte. Ihre Herdisbücher mit den wichtigen Themen wie Mädchensozialisation und Geschlechterthematik haben sie zu einer Vorläuferin der Frauenbewegung der 70er Jahre werden lassen.

Ebenso engagiert wie Nedreaas, wenn auch aggressiver im Ton war Jens Bjørneboe, der als angriffslustiger Debattant und Polemiker die Finger auf die wunden Punkte des norwegischen Staates legte. In seinen Essays geißelte er die staatliche Alkoholpolitik ebenso wie das Gefängniswesen, das Schulsystem oder die Gängelung des Bürgers durch staatliche Bevormundung. Sein soziales Gewissen und sein Gerechtigkeitssinn ließen ihn Partei für die Benachteiligten ergreifen. 1955 erschien der Schulroman *Jonas* (Jonas und das Fräulein, 1958), nachdem er mit *Før hanen galer* (1952; Ehe der Hahn kräht, 1987) einen Roman vorgelegt hatte, in dem er die medizinischen Experimente der Nationalsozialisten an den Konzentrationslagerhäftlingen thematisierte. Das Thema der menschlichen Bestialität zieht sich wie ein roter Faden durch sein gesamtes Werk. *Jonas* ist ein Generalangriff auf das staatliche Schulsystem Norwegens, das bei Bjørneboe bevölkert ist von systemfixierten, fantasielosen Lehrern, die mit der Legasthenie von Jonas nicht umgehen können. Als Alternative zum staatlichen Schulsystem wird die Rudolf-Steiner-Schule gesehen, an der Bjørneboe während der Abfassung seines Romans als Lehrer arbeitete. International bekannt geworden ist er mit der Trilogie *Bestialitetens historie* (Die Geschichte der Grausamkeit), bestehend aus den Bänden *Frihetens øyeblikk* (1966; Der Augenblick der Freiheit, 1968), *Kruttårnet* (Der Pulverturm, 1969) und *Stillheten* (1973; Die Stille, 1993). *Frihetens øyeblikk* wird aus der Perspektive eines Gerichtsdieners erzählt, dessen Protokolle über die Geschichte der menschlichen Bestialität den dokumentarischen Teil ausmachen. Die Auflistung der seit Beginn des europäischen Kolonialismus bis zu den Pogromen Hitlers und den Massenmorden Stalins begangenen Grausamkeiten hat zum Zweck, den europäischen Zivilisations- als Barbarisierungsprozess zu entlarven. Formal verzichtet Bjørneboe weitgehend auf eine konzise äußere Handlung, und es ist ein Merkmal dieser Ideenromane, dass die Vermittlung des Inhalts ein ungleich wichtigeres Anliegen ist als literarischer Gestaltungswille. Bjørneboe führt die kulturradikale Tradition des Landes, die verbunden ist mit Namen wie Arnulf Øverland, Helge Krog und Sigurd Hoel, weiter und verkörpert vielleicht am reinsten den Typus des engagierten Schriftstellers.

Bjørneboes Geschichte der Grausamkeit

Umschlag von Jens Bjørneboes *Frihetens øyeblikk* (1966)

Jazz & Poetry, Song, Rock und Revue

Im Zeitalter eines antielitären Kulturverständnisses wurde nach neuen Vermittlungsformen gesucht, um die Literatur zu verbreiten. Insbesondere die Lyrik hatte sich in den ersten Nachkriegsjahrzehnten in immer stärkerem Maße zu einer Sache für die wenigen Eingeweihten entwickelt. Jazz & Poetry-Veranstaltungen können als Resultat der Bemühungen aufgefasst werden, die Gattung zu revitalisieren und sie vom Geruch des Verstaubten und Intellektuellen zu befreien. Einer der ersten in den nordischen Ländern, der es als brillanter Gedichtrezitator in dieser Sparte zu Erfolg brachte, ist Jan Erik Vold, der bereits 1969 zusammen mit dem Jan Garbarek Quartett die Platte *Briskeby blues* einspielte. Zu Volds Begleitern zählten außer Garbarek so illustre Namen wie der amerikanischen Trompeter Chet Baker, der norwegische Pianist Egil Kapstad oder der amerikanische Bassist Red Mitchell. Das Doppelalbum *ingentings bjeller* (Schellen des Nichts, 1977) mit Jan Garbarek gibt einen Eindruck von Volds Phrasierungskunst und dem perfekten Timing zwischen Stimme und Instrumenten. Diese Einspielung ist auch international gesehen etwas vom besten, was die Gattung aufzuweisen hat.

Der Däne Benny Andersen war mit den Gedichten aus seinem ›Liedroman‹ *Svantes viser* (Svantes Lieder, 1972) über die Gestalt des fiktiven schwe-

Neue Vermittlungskanäle für die Literatur

Jan Erik Vold (r.) mit Chet Baker

dischen Lyrikers Svante Svendsen, geb. Svensson, die er zusammen mit dem Liedermacher Povl Dissing auf der Bühne vortrug, äußerst erfolgreich. Das Lied *Svantes lykkelige dag* (Svantes glücklicher Tag) wurde zum Evergreen und fand Eingang in die Liederbücher der Schulen. Andersen, auch als habiler Jazzpianist bekannt, hat ein unbestreitbares Talent für sangbare Strophen, für muntere, gelegentlich absurdistisch gefärbte Reimereien und lakonischen Wortwitz wie »Fuglene flyver i flok / når de er mange nok« (Die Vögel fliegen im Schwarm / wenn sie zahlreich genug sind) oder »Himlen er temmelig blå / og det kan jeg godt forstå« (Der Himmel ist ziemlich blau / und das kann ich gut verstehen). Solche Lakonismen sichern zusammen mit der krächzenden Stimme des Sängers dem Duo eine über die Landesgrenzen hinausgehende Popularität. Andersens Lyrik wird von der dänischen Forschung zur sogenannten Konfrontationsdichtung gezählt, obwohl er die rifbjergsche ›Dingverherrlichung‹ nicht teilt und stattdessen eher auf Humor und alltagssprachliche Wendungen setzt. Doch wird der Leser auch in Andersens Versen mit der eigenen Lebenswelt konfrontiert, mit dem banalen Alltag, der sich beispielsweise in klischeehaften Redeweisen äußern kann. Der Autor meidet jede Verstiegenheit, und ein selbstironischer Gestus lässt Pathos gar nicht erst aufkommen.

Troubadoure oder Liedersänger haben in den skandinavischen Ländern stets eine wichtige Rolle gespielt, und das gemeinsame Singen ist im öffentlichen wie im privaten Bereich immer noch gut verankert. Das Lied wird auch häufig für politische Zwecke instrumentalisiert, wie im Kampf gegen eine Mitgliedschaft Norwegens in der EG 1972, in dem sich die Liedermacher mit satirischen Umschreibungen bekannter Volkslieder und mit eigenen Liedern wirksam am Abstimmungskampf beteiligten. Ebenfalls in einen politischen Zusammenhang gehört der schwedische Revuestar Karl Gerhard, der in den 40er Jahren mit Satiren auf die Nationalsozialisten und deren schwedische Mitläufer bekannt wurde. Auch seine späteren Revues waren politisch und trugen so zu einer Hebung ihres sozialen Ansehens bei. Gerhards Texte zeichneten sich durch halsbrecherische Reime und höchstes literarisches Raffinement aus, die oft sogar für Muttersprachler schwer verständlich sind. Im Unterschied dazu entwickelte Povel Ramel mit seinen *Knäppupp*-Revues eine volkstümlichere Revueform, die als *crazy* bezeichnet werden kann: eine surreal angehauchte Revue aus dem Geiste der Marx Brothers mit artistischem Sprachwitz, bei dem der *nonsense* eine wichtige Rolle spielt. Ramels Markenzeichen ist die Parodie älterer Volkslieder eines Taube oder Bellman.

Der Liedermacher Olle Adolphson, in der französischen Troubadourtradition verankert, trat 1956 mit der Sammlung *Aubade* an die Öffentlichkeit. Der Begriff ›Aubade‹ bezeichnet ein mittelalterliches Tagelied, das die Trennung zweier Liebender im Morgengrauen nach einer unerlaubten Liebesnacht schildert. Adolphson schrieb Liedtexte von hoher literarischer Qualität. Eng mit den *radio days* der 50er Jahre waren in Norwegen Alf Prøysen, Thorbjørn Egner und Anne-Catharina Vestly verbunden. Das Programm »Kinderstunde für die Kleinsten« verhalf ihnen zu landesweiter Popularität. Prøysen kann als nationale Legende bezeichnet werden, seine Liedersammlungen erreichten Auflagenhöhen wie bei kaum einem anderen norwegischen Dichter. Lieder wie *Du ska få en dag i måra* (Du wirst morgen einen Tag bekommen), *Så seile vi på Mjøsa* (Wir segeln auf dem Mjøsasee) oder *Julekveldsvise* (Weihnachtsabendlied) wurden zu Klassikern des norwegischen Liedguts und verhalfen gleichzeitig den Dialekten zu einem höheren Prestige, sang doch der Troubadour konsequent in seinem Hedmarkdialekt.

Das literarische Chanson

In den 60er und 70er Jahren öffnete sich das populäre Lied zunehmend internationalen Einflüssen, insbesondere die amerikanischen Protestsongs von Bob Dylan, Peter Seeger, Joan Baez und anderen wurden rezipiert und deuten auf eine Politisierung des Lieds hin. Einer der ersten und populärsten Troubadoure, der gegen die Wohlständigkeit eines erstarrten, bürgerlichen »Volksheims« ansang, war der aus Holland stammende Cornelis Vreeswijk. *Ballader och oförskämdheter* (Balladen und Unverschämtheiten, 1964) heißt seine erste Platte, auf der er wie schon Bellman im 18. Jh. die Stockholmer Bohemienwelt mit seinen mehr oder weniger verkrachten Randexistenzen wie dem Kumpel Per oder Ann-Katarin Rosenblad bevölkert. Die Personengalerie wird auf den Platten *Ballader och grimascher* (Balladen und Grimassen, 1965) und *Grimascher och telegram* (Grimassen und Telegramm, 1966) noch erweitert. Die unverhohlene Sympathie, die diesen Antihelden entgegengebracht wird, war als Provokation der schwedischen Variante des Wohlfahrtsstaates gedacht, in dem alles seine bürgerliche Ordnung haben musste und die individuelle Lebensführung starken normierenden Kräften ausgesetzt war.

Vreeswijks Revitalisierung der Bellman-Tradition

Ist der Einfluss des französischen Chansonnier Georges Brassens auf diese frühen Einspielungen noch unverkennbar, hat sich Vreeswijk später dem Jazz und dem brasilianischen Samba geöffnet und im brasilianischen Liedermacher Chico Buarque einen Wesensverwandten gefunden. Die Politisierung des kulturellen Klimas in den 70er Jahren ist auch an Vreeswijk abzulesen, der in dieser Zeit eine Serie »Ansichtskarten« an zentrale Vertreter staatlicher Macht schrieb und die Lieder des Chilenen Victor Jara, der während des Militärputsches 1973 ermordet wurde, ins Schwedische umdichtete. Der heimischen Liedermachertradition gab Vreeswijk mit seinen Einspielungen von Bellman- und Taube-Liedern frische Impulse. Sie zeichnen sich durch jazzige Phrasierung und subjektiven Gestaltungswillen aus, wodurch sie sich vom biederen und kantenlosen Schönklang anderer Aufnahmen signifikant

»Cornelis singt Taube«, Plattencover (1969)

unterscheiden. Statt deren idyllisierender Vereinnahmung versucht der »fliegende Holländer«, wie der Liedermacher auch genannt wird, an die Atmosphäre, die Bellmans und Taubes Halbwelt auszeichnet, anzuknüpfen, ohne sie zu harmonisieren. Vreeswijk war einer der wenigen skandinavischen Liedermacher, die im ganzen Norden gleichermaßen populär wurden, und einige seiner Lieder wie etwa *Somliga går i trasiga skor* (Manche gehen in zerschlissenen Schuhen) sind Volkslieder geworden.

Der schwedische Autor und Rocksänger Ulf Lundell traf mit seinem Generationenroman *Jack* (1976) den Nerv v.a. einer jugendlichen Leserschaft. In *Jack* schildert ein Außenseiter gleichen Namens sein rastloses Leben, das geprägt ist von Rauschgift, Frauen und in bürgerlichem Sinne gestrauchelten Kumpels. Stilistisch bildet Lundell den Slang der Jugendsprache nach, und das Vorbild der amerikanischen Beatnik-Generation, v.a. Jack Kerouacs *On the Road* von 1957 ist unübersehbar. Neue Wege der Literaturvermittlung beschritt der norwegische Musiker und Schriftsteller Ketil Bjørnstad mit seiner Patagonia-Suite *Leve Patagonia* (Es lebe Patagonia, 1978). Das als Rockoper konzipierte Werk versucht, Leben und Wirken der Kristiania-Boheme mit der Zentralgestalt Hans Jæger musikalisch umzusetzen. Das Werk, eine länderübergreifende Produktion, bei der einige der bekanntesten Liedermacher Skandinaviens in die Rollen der Protagonisten der Zeit um die Jahrhundertwende schlüpfen, besticht durch melodiöse Arrangements und swingende Rockmusik.

System und Schrift

Während den Vertretern der konkreten Literatur die Sprache in erster Linie Experimentiermaterial ist, interessieren sich die »Systemdichter« vor allem für die Sprache in ihrer Eigenschaft als strukturierendes System der menschlichen Wahrnehmung. Der Akzent liegt bei ihnen auf dem Verhältnis von Sprache und Wirklichkeit. Folgt man Steffen Hejlskov Larsen, der den Begriff 1967 prägte, kann die Systemdichtung als Literatur definiert werden, die sowohl auf ihre sprachliche Seite als auch auf ihre Welthaltigkeit aufmerksam macht. Kennzeichnend für die Richtung ist ein geschärftes Bewusstsein für die Manipulationsfähigkeit der Sprache. Ihre Vertreter treffen sich in diesem Punkt mit gleichzeitigen Tendenzen im deutschen Sprachraum, wo der junge Peter Handke sich ebenfalls gegen einen unreflektierten Realismus wendet und darauf aufmerksam macht, dass die Wirklichkeit der Literatur Worte sind und sich nachdrücklich für einen bewussteren Umgang mit der Sprache einsetzt. Handke zufolge fungiert die Sprache gerade nicht als Glasscheibe, durch die man gleichsam unverstellt die Wirklichkeit betrachten kann. Systemdichtung zeichnet sich dadurch aus, dass ihr ein bestimmtes System – z.B. mathematische Formeln – zugrunde liegt. Paradebeispiel für diese Art des Dichtens ist die Lyrik Inger Christensens. In einem weiteren Sinne geht es in der Systemdichtung aber auch um schriftthematische Fragen, die zum integralen Bestandteil der Texte selber weden.

Text ≠ Leben

Show und Struktur

Hervorragender Vertreter dieser Richtung ist Per Højholt. In seinen Texten wird auf oft sehr witzige und spielerische Art der Versuch unternommen, die referentielle Seite der Sprache zu dekonstruieren und den Text als Text sichtbar und erlebbar zu machen. In den Essaysammlungen *Cézannes metode* (Cézannes Methode, 1967) und *Intethedens grimasser* (Die Grimassen der Nichtsheit, 1972) kreist er um Fragen der Textbedeutung und problematisiert die gängige Vorstellung, wonach Texte etwas beschreiben oder auf etwas hinweisen, was außerhalb von ihnen liegt. »Das Gedicht ist keine Information«, heißt es in *Cézannes metode*, sondern eine »sprachliche Situation«, die es ermöglicht, das »Wortlose, mit Worten zu erforschen«. Hinter solchen Gedanken steckt die Überzeugung von der Unmöglichkeit sprachlicher Weltrepräsentation. In Übereinstimmung mit zahlreichen Vertretern der literarischen Moderne betont Højholt die handwerkliche Seite der dichterischen Tätigkeit. In *Min hånd* (Meine Hand, 1966) wird die Dichtung als mit den Händen ausgeführte Spracharbeit aufgefasst. Højholt trägt seine Texte gerne als Entertainer selbst vor, ganz seiner Ästhetik der Show verpflichtet, wie er sie in *Intethedens grimasser* entwickelt. In Anlehnung an entsprechende Überlegungen Roland Barthes' fasst er die Show als artistisches Spiel auf, das kein anderes Ziel als sich selbst habe und transitorisch sei. Showelemente finden sich auch in der bildenden Kunst der Zeit, etwa bei Jean Tinguely und seinen Schrottplastiken, die sich selber zerstören und in Stockholm an einer wegweisenden Ausstellung für Furore sorgten. Tinguelys Entfunktionalisierung des Materials entspricht die Entfunktionalisierung der Sprache bei Højholt. Beiden gemeinsam ist das Showelement, das nur im Augenblick lebt und dessen Bedeutung sich in der Präsentation erschöpft und in keinerlei Verbindung mit demjenigen steht, der die Show präsentiert. *Show* (1966) heißt denn auch eine Sammlung von Nonsense-Texten, in denen u. a. Eier in die Subjektposition überführt werden, um die sprachliche Konstruktion sichtbar zu machen. Populär wurde Højholt mit *Gittes monologer* (Gittes Monologe, 1981), in welchen eine kleinbürgerliche Hausfrau in unbekümmerter Diktion Gedanken über Gott und die Welt anstellt.

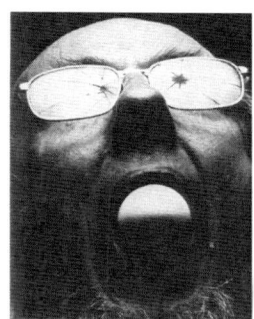

Per Højholt (1974)

Literatur als Artistik

Bei der Dänin Inger Christensen hingegen spielt das Showelement keine Rolle. Ihr Gedichtband *Det* (1969; Das, 2001) gilt als ein Hauptwerk der Systemdichtung. Es handelt sich um einen Schöpfungsbericht aus dem Wort »Det« (Es) heraus über die Entstehung der Sprache und der Welt, bestehend aus den Teilen Prologos, Logos und Epilogos und die Zahl acht vielfach variierend. Der erste Teil, der aus acht Mal 66 Zeilen besteht, ist eine Art Nachvollzug der Schöpfung, wie sie im Johannes-Evangelium formuliert wird. Logos als Mittelteil zerfällt in die drei Teile »die Bühne«, »die Handlung« und »der Text«, jeder Abschnitt setzt sich wiederum aus acht Unterabschnitten zusammen, die alle jeweils acht Gedichte umfassen. Die Unterabschnitte tragen alle die gleichen Titel, die Christensen der Präpositionstheorie des dänischen Linguisten Viggo Brøndal entlieh. Dieser Teil kann sowohl fortlaufend linear gelesen werden als auch diagonal, indem man mit dem ersten Gedicht der ersten Abteilung beginnt, um dann mit dem zweiten Gedicht der zweiten Abteilung fortzufahren, andere Kombinationsmöglichkeiten sind denkbar, wodurch das starre System beweglich wird. Beim Epilog schließlich handelt es sich um ein langes Prosagedicht, das von der Angst als existentiellem Grundgefühl handelt; der Gedichtzyklus endet mit demselben Wort, wie er begann.

Christensen legt ihren Werken immer ein bestimmtes System zugrunde, um sie zu entpersonalisieren und sie vom Geruch »eigener Seelentiefe« zu befreien. Sich selbst produzierende und regulierende Systeme sieht sie überall am Werk, »ob sie nun Bäume genannt werden oder Menschen«, wie die Lyrikerin in einem Essay formulierte. So kommt die Fibonacci-Reihe, auf der sich *alfabet* (1981; alphabet, 1988) aufbaut, oft in der Natur vor. Noam

System als Ordnungs- und Konstruktionsprinzip

Inger Christensen

Chomskys Theorie einer dem Menschen angeborenen Sprachfähigkeit gab der Autorin ein »fantastisches Glückgefühl«, wie sie in einem Essay schreibt. Sie kam zur Überzeugung, dass »ich das gleiche ›Recht‹ habe zu sprechen, wie der Baum Blätter zu treiben«. Das Labyrinth ist die Grundfigur in der Erzählung *Det malede værelse* (1976; Das gemalte Zimmer, 1989), einer Mordgeschichte aus der Renaissance, die auf der Verschränkung verschiedener Fiktions- und Wirklichkeitsebenen aufgebaut ist. Die Erzählung spielt am Hof des Renaissancefürsten Lodovico III. Gonzaga im späten 15. Jh. Dem Text dienen Fresken im Fürstenpalast in Mantua des Renaissancemalers Andrea Mantegna als Vorlage, die jedoch einer Neubewertung und Neulektüre unterzogen werden, indem die dargestellte fürstliche Prachtentfaltung durch die Thematisierung des Privatlebens unterminiert wird. Auch wenn jeder Teil der Erzählung bestimmten Fresken zugeordnet werden kann, handelt es sich dennoch nicht um eine Ekphrase, weil Christensen vom Verborgenen spricht, von dem, was die Fresken nicht oder nur andeutungsweise zeigen. Die drei Teile der Erzählung werden denn auch gerade nicht von den feudalen Würdenträgern erzählt, sondern von Nebenfiguren, die über keine Macht verfügen.

Spiel mit Diskursen und Gattungen

Zu den ›Schriftthematikern‹ zählt auch der frühe Svend Åge Madsen. Bei ihm spielt das Erzählen als Merkmal der Identitätsbildung eine zentrale Rolle und seine ersten Romane sind immer auch ein Experimentieren mit verschiedenen Gattungen, Erzähl- und Diskursformen. *Tilføjelser* (Hinzufügungen, 1967) beispielsweise besteht aus fünf Teilen, die alle mit dem Wort »Tavshed« (Schweigen) beginnen und in beliebiger Reihenfolge gelesen werden können. Die fünf Erzähler kennen jeweils die Texte der anderen und äußern sich, teilweise ironisch, zum Erzählprojekt der andern. Mit solchen formalen Kniffen wird die Vorstellung einer in sich abgeschlossenen, einsinnigen Erzählung eines einzelnen zuverlässigen Erzählers verworfen, der Text wird offen und potentiell unabschließbar, weil es keinen eindeutigen Sinn mehr gibt, auf den das Erzählen zusteuert. In den Romanen *Liget og lysten* (1968; Lüste und Leichen, 1969), *Tredje gang så tar vi ham ...* (Beim dritten Mal haben wir ihn, 1969) und *Maskeballet* (Der Maskenball, 1970) treibt Madsen ein ironisches Spiel mit Versatzstücken aus Krimis, Novellen und Zeitschriften, wobei *Maskeballet* als dänische Version des *Decamerone* lesbar ist.

Genreexperimente

In *Tugt og utugt i mellemtiden* (Zucht und Unzucht in der Zwischenzeit, 1976) werden die sozialen und politischen Verhältnisse der dänischen Stadt Århus in der späten Zwischenzeit (1500–2000 n.Chr.) von einem Schriftsteller des 21. Jh. aus analysiert. Mit diesem Kunstgriff wird Distanz zur unmittelbaren Gegenwart der 1970er Jahre gelegt, wodurch Århus gleichzeitig fremd und bekannt wirkt. Unterstrichen wird dieser Verfremdungseffekt durch den Rückgriff auf Erzählmuster, die der Unterhaltungsliteratur des 19. Jh. entnommen sind. Überhaupt ist es ein Kennzeichen des Romans, dass Versatzstücke aus ganz verschiedenen Gattungen (Krimi, Science Fiction, historischer Roman, Bildungsroman etc.) zur Anwendung kommen.

Punktroman

Mit *Anne* (1968; Anne, 1989) schrieb der norwegische Lyriker Paal-Helge Haugen eine Art Prosalyrik, die von der Literaturkritik mit der Etikette »Punktroman« versehen wurde, nachdem der Autor in der ersten Auflage seinen Text selber so bezeichnete. Als Punktroman wird ein prosalyrisches Werk bezeichnet, dessen lose Kompositionsform durch kurze Texte gekennzeichnet ist, in denen wie durch ein Brennglas gebündelt eine bestimmte Situation oder Handlung aufscheint. Die einzelnen Texte stehen in keinem augenscheinlichen Zusammenhang zueinander, sondern bilden Punkte in einem assoziativen Gewebe, das durch die Mitarbeit des Lesers als solches wahrgenommen und allenfalls entwirrt werden kann. Erzählt wird die Geschichte eines Mädchens, das zu Beginn des 20. Jh. an Tuberkulose stirbt. Das Besondere des Erzählverfahrens ist, dass die Geschichte nicht chronologisch-linear erzählt wird, sondern mit Auslassungen, mit »weißen Flecken auf der Karte«, um Haugens eigene Worte zu brauchen. Der Leser muss einen aktiven Part im Rezeptionsvorgang spielen, er wird zum Mitgestalter der Geschichte. Als sogenannte *ready mades* montiert der Autor Fragmente aus anderen Diskursformen in den Text, u.a. Textpassagen aus der Bibel (Hiob, Prophet Esaias), aus dem Kirchengesangbuch von Landstad, aus Johan Arndts Schrift *Wahres Christentum* und aus Schullesebüchern. Haugen will damit die geschlossene Erzählform aufbrechen und Bausteine präsentieren, die der Leser selber zusammensetzen muss. Diese dokumentarischen Teile sind anfänglich noch klar von den fiktionalen Texten getrennt, beginnen sich jedoch gegen den Schluss des Romans, in Annes Fieberphantasien vor ihrem Tode mit ihren eigenen Gedanken zu vermengen. Haugen macht so auf das Problem der Anverwandlung von Welt durch Sprache aufmerksam, und er geht davon aus, dass Sprache unsere Art zu denken strukturiert. Für den Autor ist Gesellschaftskritik deshalb notwendigerweise mit Sprachkritik verbunden. Deutlich wird das an der Figur Annes, deren Ideen und Überlegungen geprägt sind vom pietistischen (Sprach)Milieu, in dem sie aufwuchs. Haugen hat in diesem Zusammenhang den Begriff des »Metaphern-Realismus« verwendet, um auf die Metaphernhaltigkeit der – in diesem Fall – religiösen Sprache und deren prägender Kraft hinzuweisen. Darüber hinaus haben die Dokumentfragmente aber auch die Funktion, den assoziativen Erzählverlauf chronologisch zu strukturieren, indem sie markante Stationen in Annes Leben kenntlich machen, wenn etwa ein Todesattest indirekt auf den Tod ihrer Mutter hinweist oder ein Auszug aus einem Leselehrmittel auf Annes Einschulung anspielt.

Montagetechnik und Metaphernrealismus

Bei Einar Økland spielt die Montage ebenfalls eine wichtige Rolle. Ähnlich wie Ekelöf, dessen archäologisches Interesse Økland teilt, betätigt sich der Autor als Sammler, und zwar von Drucksachen aller Art wie Reklamebildern, Plakaten, Spielkarten, Annoncen, Briefmarken u.a., die als Sprachmaterial eines kulturellen Gedächtnisses in seinen Texten Eingang finden. Økland kann vielleicht am besten als Spracharbeiter bezeichnet werden. Mit diesem Begriff soll seine nüchterne Haltung gegenüber einer romantisch überhöhten Dichtungskonzeption wie seine generelle Skepsis gegenüber jeder Etikettierung unterstrichen werden. Økland ist ein rastloser Spieler mit den literarischen Gattungen, die von ihm gerne durchmischt werden. Er hat sich als Kinderbuchautor wie als Lyriker und Essayist einen Namen gemacht. Seine Vorliebe für Elemente der Volkskultur reiht ihn in eine Traditionslinie ein, die sich bis auf den Nationalromantiker Vinje aus dem 19. Jh. zurückverfolgen lässt, allerdings teilt Økland nicht dessen zentrallyrische Perspektive, sondern bevorzugt in seiner unreinen Poesie als Poet des 20. Jh. ein Spiel mit Rollen und Intertexten. Der Gedichtband *Bronsehesten* (Das Bronzepferd, 1975) hat wie die Bände *Romantikk* (Romantik, 1979) und *Blå roser* (1983; Blaue Rosen/Blå roser, 1988) den Begriff »Folkeminne« (Volksgut) als Untertitel, dergestalt auf das Spiel mit der (nationalen) romantischen Tradition hinweisend, deren Topoi und Bilder in die Gegenwart übersetzt werden. Ähnlich wie Benny Andersen klopft der Spracharbeiter Økland die Redewei-

Spiel mit der Tradition und den Gattungen

Einar Økland

sen des Volkes auf verschlissene Wendungen und verbrauchte Bilder hin ab und stellt seine Lyrik in den Dienst der Entlarvung und Verulkung z.B. einer hohlen Politrhetorik.

Das Buch *Amatør-album. Lyrisk landskapsroman med figurar* (Amateuralbum. Lyrischer Landschaftsroman mit Figuren, 1969) hat mit seiner Mischung aus lyrischen, essayistischen und dokumentarischen Passagen Ähnlichkeit mit Haugens *Anne*. Hier wie dort steht die Frage im Zentrum, wodurch sich ein Subjekt konstituiert. Bereits der Untertitel verweist auf die Mischform, in der der Erzähler über seine Vergangenheit reflektiert. Diese Form von autobiographischer Prosa wird zum Merkmal von Øklands Schreiben, der in einem antiromantischen Gestus das Ich als »soziologisches Phänomen« definierte. In *Amatør-album* wird jedes Gedichtfragment mit reflektierender Prosa verbunden, die den Faden des Gedichts weiterspinnt. Darüber hinaus sind die verschiedenen Kapitel mit Motti versehen aus unterschiedlichen dokumentarischen Quellen (lokalhistorische Schriften, Ortschroniken u.dergl.) und illustriert mit Fotos aus dem Familienalbum des Verfassers. Dieses Material verweist auf die Landschaft als das zentrale Moment des Buches, die wie das Ich jedoch flüchtig, transitorisch erscheint. Die wechselnde Landschaft, in der an den unerwartetsten Orten Blumen sprießen, liefert dem Ich gerade nicht einen festen Haltepunkt, an dem es sich orientieren und seine Existenz verorten könnte. Die romantische Flucht vor der Zerrissenheit des Ichs in einheitsstiftende Kindheitserinnerungen kann deshalb nicht mehr gelingen. Stattdessen wird der Leser mit Fragmenten von Erinnerungen konfrontiert, die mit der Gegenwart des Schreibzeitpunkts zusammengekoppelt werden.

Konkretistische Sprachspiele

Das Spiel mit der Sprache ist der sogenannten konkreten Literatur vorbehalten. Die Konkretisten, wie sie in Skandinavien genannt werden, arbeiten mit der Sprache als Material und betreiben damit Experimente, eine Tradition, die sich auf Mallarmé und Apollinaire zurückverfolgen lässt. Im deutschsprachigen Raum ist diese Richtung mit Namen verbunden wie Eugen Gomringer und Helmut Heissenbüttel. Skandinavische Vertreter sind u.a. die Schweden Torsten Ekbom und Öyvind Fahlström sowie die Dänen Vagn Steen und Hans-Jørgen Nielsen. Letzterer war einer der führenden Kulturkritiker seines Landes. Nachdem er mit Gedichtsammlungen wie *At det at* (Dass es dass, 1965), *Konstateringer* (Konstatierungen, 1966) und *Output* (1967) an die Öffentlichkeit trat, schrieb er mit *Nielsen og den hvide verden* (Nielsen und die weiße Welt, 1968) eine einflussreiche Kulturanalyse der Informationsgesellschaft, die auch in den skandinavischen Nachbarländern rezipiert wurde. Nielsen prägte darin den berühmt gewordenen Begriff des ›Attitüdenrelativismus‹, mit dem er sich gegen die Idee wandte, wonach der Mensch über einen authentischen Identitätskern verfüge. Das menschliche Leben ist Nielsen zufolge durch ein ständiges Rollenspiel charakterisiert, bei dem alle Rollen gleichwertig sind. Begriffe wie ›Spiel‹ und ›Spielregeln‹ sind wichtige Schlüsselwörter der Bewegung und ersetzen die Fragen nach dem Wesen der menschlichen Existenz, die noch die Heretiker beschäftigten.

Nielsens ›Attitüdenrelativismus‹

Nielsen zeigt sich in seinen Überlegungen vom kanadischen Medientheoretiker Marshall McLuhan und seinem Buch *Understanding Media: The Extensions of Man* (1964) beeinflusst. Dem Verzicht des Kanadiers auf inhaltliche Analyse sowie der Betonung des Einflusses der Form der neuen elektronischen Medien entspricht beim Dänen seiner Bestimmung von Literatur als »eksempler« (Beispiele) – so lautet der Titel einer von ihm herausgegebenen »Generationenanthologie« – für einen bestimmten Sprachgebrauch.

In markanter Absetzung von Paul la Cours Bestimmung der Dichtung als »Tat im Herzen der Dinge« spricht er von Dichtung als »Tat mit den Dingen« und bezeichnet diese literarische Bewegung als »dritte Phase des Modernismus«, um sie abzugrenzen von dessen erster Phase der Dichtung des *Heretica*-Kreises und von der zweiten, für die die Konfrontationsdichtung rifbjergscher Provenienz steht.

Nielsens ›Attitüdenrelativismus‹ lässt sich beispielsweise in Dag Solstads *Irr! Grønt!* (Irr! Grün!, 1969) nachweisen, in dem der Konflikt zwischen Rolle und Identität thematisiert wird. Der Protagonist des Romans, Geir Breivik, tritt als Spieler auf, weil er vom menschlichen Rollenspiel überzeugt ist. Alle Handlungen und Konzepte passen in bereits vorhandene Formen und Strukturen und sind nicht das, als was sie dem Individuum erscheinen, nämlich autonom gewählte Verhaltensweisen einer authentischen Lebensführung. Doch Solstads Roman zeigt auch die menschliche Abhängigkeit von Bildern. Wie sich Rolle und Identität letztlich nicht auseinander dividieren lassen, fließen auch die Bilder oder Formen und deren Imitation ineinander. Eine ähnliche Thematik verfolgt Lars Gustafsson in seinem fünfteiligen Romanzyklus *Sprickorna i muren* (Die Risse in der Mauer, 1971–78). Dieses Projekt einer literarischen Selbsterfahrung wird mit dem Roman *Herr Gustafsson själv* (1971; Herr Gustafsson persönlich, 1972) eingeleitet, bei dem es wichtig ist, die Titelfigur als literarische Stilisierung zu begreifen, die mit dem realen Autor nicht verwechselt werden darf. Gustafsson war überzeugt, dass sich niemand selbst erkennen und darstellen kann. Das einzige, was man tun könne, sei sich selbst zu erfinden. Solche Absagen an Authentizitätskonzepte sind typisch für die Autoren der Zeit, die sich oft in medialer Selbstinszenierung üben, so dass Fragen nach der Echtheit oder dem echten Ausdruck von vornherein als obsolet erscheinen.

Verabschiedung von Authentizitätskonzepten

Einer der bekanntesten unter ihnen, der Däne Dan Turèll, beeinflusst von den amerikanischen Rockpoeten Bob Dylan und Lou Reed sowie von der Literatur der Beatgeneration (Allen Ginsberg), schrieb 1973 *Sekvens af Manjana, den endeløse sang flimrende igennem hudens pupiller* (Sequenz von Manjana, der endlose Gesang flimmernd durch die Pupillen der Haut), eine Mischung aus verschiedenen Textformen und Gattungen, beinhaltend »Gedichte, Montage, Fotos, Psalmen« usw. Handgeschriebene Gedichte wechseln mit maschinengeschriebenen Texten, mit einer Betonung der Schrift als Schrift. Diese soll frei fließen und jeder Form von Erstarrung entgegenarbeiten. Als Song- und Textalbum ist *Karma Cowboy* (1974) konzipiert, auch diese Sammlung, in der der westliche Cowboyheld mit der buddhistischen Karmalehre zusammengekoppelt wird, überschreitet Gattungs- und Textgrenzen. Mit den populär gewordenen *Vangede billeder* (Vangede Bilder, 1975) gab der Autor dem Ort seiner Kindheit (Vangede) ein Gesicht, in dem sich seine Landsleute wiedererkennen konnten. Darin erweist sich Turèll als Meister des Slangs mit einem wachen Sinn für Sprachklischees, mit denen er gekonnt zu spielen versteht. Die Sprache der Arbeiterklasse wird zur Kunstform erhoben, und Vangede wird zum Symbol einer proletarischen Lebensform, die – fast schon romantisch überhöht – gekennzeichnet ist durch Körperlichkeit, Gemeinschaftssinn und Echtheit. In den sechs Bänden umfassenden *Medie-Montager* (Medien-Montagen, 1975–78) schreibt Turèll, der selber wiederholt mit Musikern zusammengearbeitet hat, über Literatur und Musik, Phänomene der Popkultur wie die Rolling Stones kommen dabei ebenso zur Sprache wie die Texte eines Per Højholt.

Lustvolle Grenzüberschreitungen

Umschlag von Dan Turèlls *Vangede billeder* (1975)

Zwischen Sozialrealismus und Sozialmodernismus

Überblickt man die skandinavischen Literaturen in der Zeit zwischen 1940 und 1980, fällt auf, dass allen modernistischen Formexperimenten zum Trotz eine markante realistische Tradition nie abriss. So hat sich in Dänemark gleichzeitig mit der Systemdichtung eine neurealistische Literaturströmung Gehör verschafft, die nüchtern registrierend die Alltagsprobleme des Durchschnittsmenschen beschreibt. Zu den bekanntesten Vertretern dieser Gattung zählen Anders Bodelsen, Christian Kampmann und Martha Christensen. Im Unterschied zum dänischen Neurealismus geht es im norwegischen Sozialrealismus nicht um eine möglichst nüchterne Wiedergabe des Alltags, sondern hier stehen politische Erörterungen im Zentrum des Geschehens, das von einem in die Handlung eingreifenden Erzähler bewertet wird. Das Individuum ist nur insofern von Interesse, als man an seiner Geschichte einen politischen Prozess ablesen kann.

Parteilichkeit der Profil-Generation

In den 70er Jahren begannen die Autoren um die Zeitschrift *profil* Romane mit einer klaren politischen Botschaft zu schreiben. Hierzu zählen die Texte Dag Solstads aus dieser Zeit. Solstad, der 1965 mit dem Novellenband *Spiraler* (Spiralen) debütierte, machte sich zunächst zum Fürsprecher einer modernistischen Romantradition, schrieb sich mit dem Band *Svingstol* (Drehstuhl, 1967) in die Ästhetik der Neuen Einfachheit ein, bevor er sich mit dem Roman *Arild Asnes 1970* (1971) dem Sozialrealismus zuwandte und alle beschuldigte, »kleinbürgerliche Intellektuelle« zu sein, die nicht für das Volk schreiben wollten. In Solstads Werken lassen sich die unterschiedlichen Strömungen, die die Kulturdebatten des Landes prägen, immer deutlich ablesen, da seine Bücher Experimente mit verschiedenen Positionen und Einstellungen sind. In den frühen 70er Jahren trat der Autor zusammen mit Kjell Askildsen, Espen Haavardsholm, Tor Obrestad u. a. der Kommunistischen Arbeiterpartei (AKP [m-l]) bei, ihre Literatur sollte fortan den Parteizielen dienen, und es wurde leidenschaftlich über die Funktion der Literatur in der Klassengesellschaft debattiert. In Solstads Roman schließt sich der Verfasser Arild Asnes als Hauptfigur der kommunistischen Bewegung an und gibt sein Schreiben auf, weil er sich, um dem Gefühl der Sinnlosigkeit und Leere zu entrinnen, nach einem festen Standpunkt sehnt. Der Roman endet damit, dass der Protagonist beginnt, das Parteiorgan *Klassekampen* (Der Klassenkampf) zu verkaufen. Bei Solstads Figuren handelt es sich fast immer um kritische Intellektuelle, die sich in ihren Rollen nicht zurechtfinden. In Schweden macht sich in den 70er Jahren ebenfalls ein neues Vertrauen in die Möglichkeiten der realistischen Erzählung bemerkbar, das sich in der Rückkehr großer Romanzyklen manifestierte. Zu denken ist hierbei etwa an Sven Delblancs *Hedeby*-Suite oder Kerstin Ekmans *Katrineholm*-Suite, mit denen beide Verfasser eine beträchtliche Leserschaft gewannen.

Fløgstads Karnevalismus

Im Spannungsfeld von Sozialmodernismus und -realismus bewegt sich Kjartan Fløgstad, der schon früh den Roman als bürgerliche Kunstform für tot erklärte und stattdessen eine ›unreine‹ Kunstform favorisierte, bei der Gattungen und Stilniveaus gemischt werden. Im Anschluss an entsprechende Überlegungen des russischen Kultur- und Literaturwissenschaftlers Michail Bachtin zu Dialogizität und Karnevalisierungsstrategien als Konzepten einer volkstümlichen Gegenkultur zeigt Fløgstad keine Berührungsängste vor der Populärkultur, sondern bezieht diese in sein Schaffen ein und sucht sie in seinen Essays theoretisch zu durchdringen. Er hat sich als Vermittler südamerikanischer Literatur einen Namen gemacht, der phantastische oder magische Realismus lateinamerikanischer Provenienz (Márquez, Borges, Cortázar) prägte ihn nachhaltig. Obwohl Fløgstad als Lyriker debütierte, ist er in erster Linie als Romanautor bekannt geworden. *Den hemmelege jubel* (Der heimliche Jubel, 1970) ist eine Sammlung literarischer und philosophischer Texte, in der Fragen nach der Funktion von Literatur und Kunst in einer modernen Industriegesellschaft diskutiert werden. Sein Engagement für die Arbeiterklasse, aus der er selber stammt, muss im Zusammenhang mit seinem Interesse für Marxismus und Sozialismus gesehen werden, wie es im Novellenband *Fangliner* (Fangleinen, 1972) zum Ausdruck kommt. *Fangliner* enthält wie schon *Den hemmelege jubel* Fiktions- und Sachprosa. Die Texte sind teilweise mit literarischen Anspielungen gespickt, mischen Versatzstücke der Populär- mit der Eliteliteratur und lehnen sich an die Alltagssprache des Volks an.

Magischer Realismus und unreine Romanform

Zu Fløgstads bedeutendsten Büchern zählen die beiden Romane *Dalen Portland* (1977; Dalen Portland, 1988) und *Fyr og Flamme* (Feuer und Flamme, 1980), für ersteres erhielt er den Preis des Nordischen Rates. Thema beider Bücher sind der Industrialisierungsprozess und die Geschichte der norwegischen Arbeiterklasse. Fløgstad hat *Dalen Portland* als »Karnevalsroman« bezeichnet und ein Karnevalsmotiv, gemalt von Francisco Goya, schmückt den Umschlag. Damit ist eine Rezeptionsvorgabe gegeben und tatsächlich sind Satire, grotesker Realismus und Degradierung im Dienste der Entlarvung von Machtmissbrauch wichtige Gestaltungsmittel. Das karnevalistisch Ambivalente zeichnet schon den Titel aus mit seiner Verschmelzung von »Dalen« als Ort des lokalen Bauerntums und »Portland« als Symbol des internationalen Kapitals und der Industriegesellschaft. Erzählt wird die Geschichte der Proletarisierung des Bauernstandes anhand der Figur Selmer Høysands. Dieser Teil des Romans spielt in den 30er Jahren, und der Anpassungsprozess Høysands an neue Produktionsarten wird in einer realistischen Erzählweise geschildert. Erst im zweiten Teil des Romans mit der Hauptfigur Rasmus Høysand, die Widerstand gegen kapitalistische Vereinnahmung leistet, wird der Realismus von karnevalistischen und burlesken Erzählverfahren durchbrochen. Rasmus' abenteuerliches Leben lässt sich vergleichen mit dem Leben des Picaro in einem Schelmenroman.

Als polyphoner Roman kann *Snöljus* (1979; Schneelicht, 1981) des Schweden Lars Andersson bezeichnet werden. Mit seinen wechselnden Erzählperspektiven und dem losen Kompositionsprinzip, bei dem Material aus anderen Textgattungen verwendet wird, weist der Roman in die postmodernistischen 80er Jahre. Andersson teilt mit Fløgstad das Interesse an sogenannten ›unreinen‹ oder ›offenen‹ Romanformen, die weder einer realistischen noch einer modernistischen Methode verpflichtet sind. In *Snöljus* findet man einen längeren biologischen Rapport in englischer Sprache, eine Passage des französischen Philosophen und Soziologen Henri Lefêbvre über kapitalistischen Städtebau, und mit akribischer Genauigkeit wird am Schluss über die Herkunft der übernommenen Texte Rechenschaft abgelegt. Im Unterschied zum klassischen Dokumentarroman interessiert sich der Autor jedoch nicht für die Rekonstruktion eines historischen Geschehnisses, sondern für den Konstruktionsaspekt einer denkbaren Möglichkeit, und eindringlich wird am Ende des Romans auf der Fiktionalität der Handlung und der Figuren beharrt. Ähnlich verfährt im Übrigen Hans-Jørgen Nielsen in seinem Generationenroman *Fodboldenglen* (1979; Jeder Engel ist schrecklich, 1986), wenn er einerseits die Protagonisten als fiktiv beschreibt, andererseits jedoch von den »dokumentarischen Details« spricht.

Der polyphone Roman

Auch bei Stig Larsson, der 1979 mit *Autisterna* (Die Autisten, 1989) debütierte, kündigt sich ein neues Erzählverfahren an. Eine Romanhandlung in traditionellem Sinne sucht man hier vergeblich, und der Protagonist zeichnet sich durch extreme Künstlichkeit aus. Larsson zieht mit *Autisterna* die Konsequenz aus der Einsicht, die immer mehr an Boden gewann, dass die Literatur und die empirische Wirklichkeit zwei verschiedene Bereiche seien, dass jene diese nicht abbilden könne. Literatur bleibe gleichsam gefangen in ihrer eigenen textuellen Verfasstheit. Die Hauptperson in *Autisterna* ist namenlos und hat wenig menschliche Eigenschaften. Sie verhält sich souverän gegenüber den Gesetzen von Zeit und Raum und ist nicht an die Bedingungen eines menschlichen Lebens gebunden, kann sie doch sterben und trotzdem weiterleben. Diese anonyme Figur hat nur noch eine Funktion im Hinblick auf ein Erzählen zu erfüllen, das den Gesetzen von Raum und Zeit enthoben ist, als Figur mit menschlichen Attributen ist sie nicht mehr begreifbar. Damit aber verabschiedet sich Larsson von jeglicher Form von Realismus und von modernistischen Spielarten, die sich in den Dezennien nach dem Zweiten Weltkrieg herausgebildet haben. Gemeinsam ist diesen Romanen von Fløgstad, Andersson, Nielsen, Larsson und anderen, dass sie vom Verlust der erzählerischen Unschuld geprägt sind, der eine vermehrte Reflexion auf den Erzählvorgang nach sich zieht und dies zum integralen Bestandteil der Texte macht.

Romanfigur als Erzählfunktion

Einer Art thematischer Karnevalisierung begegnen wir in den Kinderbüchern Astrid Lindgrens, mit denen die Autorin Weltruhm erlangte. Als 1945 *Pippi Långstrump* (Pippi Langstrumpf, 1949) erschien, bedeutete das in vielerlei Hinsicht etwas Neues im Kinderbuchgenre. Die Autorin mischt unbekümmert anarchischen Humor mit Idylle, Phantasie mit Realität und lässt mit Pippi eine Heldin auftreten, die in ihren übernatürlichen Kräften Züge eines grotesken Realismus aufweist. Durch ihren Freiheitsdrang und ihre unkonventionelle Art, die ihre Kraft aus der Imaginationsfähigkeit bezieht, führt sie das scheinbar rationale Verhalten der Erwachsenen immer wieder

Karnevalisierungsstrategien im Kinderbuch

Pippi Langstrumpf,
Illustration von
I. Vang-Nyman

ad absurdum. Pippis Spiel mit Vertretern behördlicher Macht wie etwa Polizisten oder ihr gewaltiger Hunger – sie verzehrt spielend 20 Torten – stießen anfänglich auf Unverständnis insbesondere bei den ausländischen Verlagen, denen Pippis anarchische Qualitäten zu subversiv und ihre irrealen Züge zu abstrus waren. Wurde zu Beginn das Buch noch als Angriff auf die Gesellschaft gewertet und Pippi als gefährliches Vorbild für Kinder hingestellt, sieht man in jüngerer Zeit das Mädchen als Symbolfigur für eine Erziehung zur Mündigkeit, die auf Phantasie, Neugier und Mut setzt. Die Autorin greift geschickt auf ältere Muster wie die englische Nonsenseliteratur (*Alice im Wunderland*) oder auf romantische Motive eines E.T.A. Hoffmanns zurück, wie etwa das Motiv des fremden Kindes, das in Pippis Elternlosigkeit anklingt. Das gleiche Motiv liegt der *Karlsson vom Dach*-Trilogie (1955–68) zugrunde, in der der gutmütige, stets hungrige Karlsson, der dank eines Propellers am Rücken fliegen kann, die Hauptrolle spielt. Wie im Karnevalesken so dient hier der Humor wesentlich dazu, das Normierte, Eindeutige, für das bei Lindgren die Welt der Erwachsenen steht, mit kindlicher Fantasie zu dynamisieren.

Nationalitätsdiskurse, Atomdichtung, modernistische Prosa: die isländische Nachkriegsliteratur

Das Trauma des Zweiten Weltkriegs und die isländische Literatur

Im Mai 1940 besetzten englische Truppen Island. Damit begann nach einem Jahrzehnt wirtschaftlicher und politischer Krisen jene Phase, die die isländische Gesellschaft und Kultur in kürzester Zeit grundlegend verändern sollte. Noch während des Kriegs rief Island nach einer Volksabstimmung im Juni 1944 die Republik aus und trennte sich damit einseitig von dem deutsch besetzten Dänemark. 1946 bewilligte das isländische Parlament einen Antrag der Amerikaner, militärische Stützpunkte in Island errichten zu dürfen, und 1948 trat das Land ohne eigene Streitkräfte der NATO bei. Die Anwesenheit einer zuerst englischen und ab 1941 amerikanischen Besatzungsmacht und die durch die Okkupation hervorgerufene Modernisierung versetzten Island in ein Trauma, das sich tief im kulturellen Gedächtnis eingrub: Mit dem Begriff *ástand* bezeichnet das Isländische jenen ›Zustand‹, der sich aus der Präsenz zehntausender fremder Soldaten im Land ergab. Im 19. und in der ersten Hälfte des 20. Jh. hatte sich der nationalromantische und unabhängigkeitspolitische Diskurs in einem wesentlichen Grad um die Kategorie ›Reinheit‹ gedreht; einer der Grundpfeiler isländischer Sprachpolitik beispielsweise war der Purismus, der einen von ausländischen Einflüssen möglichst unberührten Wortschatz zum Ziel hatte und sich an der Norm des klassischen Altisländischen des 13. Jh. orientierte. Reinheit spielte (und spielt noch heute, etwa im Tourismus oder in der Gesellschaftspolitik) aber auch in anderen Zusammenhängen eine fundamentale Rolle für das allgemeine Selbstverständnis der Isländer. Der (zu) enge Kontakt, den die Fremden den Isländern 1940 durch die zwar friedliche, aber immerhin erste militärische Besetzung in der isländischen Geschichte überhaupt aufzwangen, kam vor einem solchen Hintergrund einer Versehrung der Reinheit des Volkskörpers gleich, und dies

Ausrufung der Republik Islands auf Þingvellir (17. Juni 1944)

Verletzung der Reinheit

Íslandsklukkan: Geschichtsdeutung

bezieht sich nicht nur auf die zahlreichen, ungern gesehenen Verbindungen von Isländerinnen mit den Ausländern, sondern kann durchaus auf die isländische Wahrnehmung der dramatischen Ereignisse im Ganzen übertragen werden. Abgesehen von erst spät einsetzenden modernistischen Texten beschäftigte sich in der Folge sämtliche isländische Literatur bis weit in die 70er Jahre hinein direkt oder indirekt mit diesem Trauma der befleckten Reinheit. ›Nation‹ war das dominierende Thema, um das in diesen verwirrten Zeiten der überhasteten Entkolonialisierung und der Definition einer anfangs prekären Unabhängigkeit die politischen und kulturellen Energien des Landes sozusagen ständig kreisen. Der Diskurs über das ›Nationale‹ wurde in inzwischen kanonisierten Romanen von Halldór Laxness (*Islandglocke* und *Atomstation*) ebenso wie in zahllosen anderen Werken geführt, die heute vor allem noch in literaturhistorischer Perspektive interessieren.

Mit *Íslandsklukkan* (bestehend aus den drei Teilen *Íslandsklukkan* [Die Islandglocke, 1943], *Hið ljósa man* [Die lichte Frau, 1944], *Eldur í Kaupinhafn* [Feuer in Kopenhagen, 1946]; dt. Islandglocke, 1951) legt Laxness erstmals einen historischen Roman vor, und auch in diesem Genre bringt er es dank seiner sprachlichen Virtuosität zu großer Meisterschaft. Die im frühen 18. Jh. spielende Handlung ist nämlich sowohl in der Erzähler- wie in der Figurenrede in einer eigens für diesen Text geschaffenen, historisierenden Kunstsprache erzählt, ein Manierismus, der eigentlich eine Distanz zu den Ereignissen oder zumindest zur dargestellten Epoche herstellen und den Text als Kunstprodukt markieren müsste. In Wahrheit jedoch vermittelt die artifizielle Sprache einen starken Eindruck von Unmittelbarkeit und kulturhistorischer Authentizität, so dass sich der Text durch dieses Erzählmittel, das nochmals gesteigert in der Sagapastiche *Gerpla* (1952; Gerpla, 1977) angewendet werden wird, Autorität über die von ihm beschriebenen Dinge zu verschaffen vermag. Dieser Umstand war für die ursprüngliche Rezeption des Romans unter den skizzierten mentalen Gegebenheiten von Bedeutung. Denn wie in Laxness' Romanen aus den 30er Jahren werden in *Íslandsklukkan* am Beispiel prägnanter Einzelschicksale Fragen der nationalen Geschichte abgehandelt, wobei es hier hauptsächlich um die Freiheitsproblematik geht. Der Roman macht auf einer ersten Ebene die Unterdrückung und Ausbeutung der isländischen Bauern durch die einheimische Oligarchie im 17. und 18. Jh., auf einer weiteren Ebene die Unabhängigkeit des Landes von der Kolonialmacht als ideelles Konzept und konkrete Vision zum Thema. Da er dies auch dank der raffinierten Sprache mit großer Glaubwürdigkeit tut, erhält seine spezifische Deutung der nationalen Vergangenheit, vor allem des Verhältnisses zwischen Island und Dänemark, eine besondere Überzeugungskraft: Die ›Geschichte‹, wie sie die ›Geschichten‹ in *Íslandsklukkan* beschrieben, wurde von einem großen Teil der Bevölkerung als gültig, richtig und somit verbindlich akzeptiert. Die ›nationale‹ Lesart des Textes drängte sich in den 40er und 50er Jahren geradezu auf und wurde unterstützt durch Laxness' eigene Dramatisierung des Buches unter dem Titel *Snæfríður Íslandssól* (Snæfríður Islandssonne [Frauenname]), das 1950 als erstes Stück im neuen Nationaltheater in Reykjavík (*Þjóðleikhúsið*) aufgeführt wurde. Dass eine solche Lektüre einen wie immer bei Laxness vielstimmigen Text einseitig verabsolutiert, liegt ebenso auf der Hand, und zahlreiche gleichfalls wichtige Aspekte des Romans wurden denn auch anfänglich weniger zur Kenntnis genommen.

Dasselbe Phänomen trifft bei *Atómstöðin* (1948; Atomstation, 1955) zu. Dieser kurze Roman scheint sich direkt an den unmittelbar zurückliegenden politischen Auseinandersetzungen zu beteiligen, indem er erzählt, wie Island, eben erst unabhängig geworden, von der kapitalistischen Bourgeoisie an die Amerikaner verkauft wird und diesen als Atomstation im Nordatlantik dient, für die Linke ein Realität gewordener Albtraum. In einer grandiosen Satire am Schluss brandmarkt der Text diese Tat als Verrat: Die gleichen Machthaber, die gerade das Land veräußert haben, sind dafür besorgt, dass die sterblichen Überreste des romantischen Dichters Jónas Hallgrímsson, des ›Lieblings der Nation‹, aus Dänemark zurück in die Heimat überführt und mit großem Pomp neu beigesetzt werden, auf die Formel gebracht ›Land verkaufen/Gebeine begraben‹. Dabei bleibt schließlich offen, ob der Sarg – wie so viele andere Särge in Laxness' Erzählungen – nicht sogar leer ist. Der Text endet jedenfalls mit der absoluten Desillusionierung, was die Integrität des offiziellen Island angeht. Wenn man das Buch als politischen Text liest, was bei seinem Erscheinen die Regel war, stellt *Atómstöðin* unter anderem die Frage, wem das Land eigentlich gehört, eine Frage, die natürlich nicht nur innerhalb des Textes zutiefst irritierte.

Atómstöðin: Gesellschaftssatire

Aber weder *Íslandsklukkan* noch *Atómstöðin* sind einfache politische Parabeln. Sie knüpfen beide an von Laxness in früheren Romanen erarbeitete Themenkomplexe und Erzählverfahren an und führen diese weiter. Insbesondere *Atómstöðin* ist aufgrund der spezifischen Erzählperspektive bemerkenswert (Aldo Keel), denn hier handelt es sich um eine Ich-Erzählung, die durchgehend aus der Perspektive der weiblichen Hauptfigur Ugla dargestellt wird, deren persönliche und politische Bewusstwerdung dadurch sozusagen unvermittelt beschrieben wird. Von der Figurenkonzeption her verweist *Atómstöðin* durch den abgeklärten, über den Dingen stehenden Organisten mit Zügen, die an östliche Weisheitslehren erinnern, einerseits zurück auf *Vefarinn mikli frá Kasmír* (1927; Der große Weber von Kaschmir, 1988), andererseits voraus auf die Texte der 50er und 60er Jahre. Musik als nicht-symbolische Gegensprache – ein Aspekt, der in *Brekkukotsannáll* (1957; Das Fischkonzert, 1961) und in anderer Form in *Kristnihald undir jökli* (1968; Seelsorge am Gletscher, 1974) tragend wird – ist im Zusammenhang mit dieser Figur erstmals in Laxness' Werk so gewichtig eingesetzt. In beiden Romanen wird das Grundthema ›Liebesverrat‹ um die Dimension des ›Landesverrats‹ erweitert. Der gelehrte Arnas Arnæus, einer der drei Hauptfiguren

Desillusionsromane

in *Íslandsklukkan*, heiratet in Dänemark eine reiche Witwe, um sich weiterhin seiner Leidenschaft, dem Sammeln alter Handschriften und Bücher, widmen und das Erbe Islands vor dem Untergang retten zu können, und verzichtet auf eine Ehe mit seiner isländischen Geliebten, der Bischofstochter Snæfríður. Dass auch dieser Verrat zwecklos ist und damit wiederum eine Liebe der Vision geopfert wird, zeigt sich in zwei parallelen Desillusionierungsszenen am Schluss. Arnas Arnæus' Bibliothek geht im Brand von Kopenhagen unter – was er mit einem zum geflügelten Wort gewordenen Kommentar quittiert: »Dort sind die Bücher, die es bis zum Jüngsten Gericht niemals und nirgends wieder gibt« –, die Frau, die er liebte und mit der er träumte, auf weißen Pferden zu reiten, reitet schwarz gekleidet auf schwarzen Pferden neben ihrem Mann durch die isländische Landschaft. Verbrannte Handschriften (sie stehen für die Geschichte und das kulturelle Gedächtnis Islands) und die zerschlagene Glocke (ein Bild für die Unabhängigkeit) verbinden als zentrale Symbole die beiden Hauptstränge der Erzählung, die, über die dritte Hauptfigur des armen Bauern Jón Hreggviðsson, auch ein glänzender Pikareskroman ist. *Íslandsklukkan* erzählt auf höchstem Niveau die Geschichte des geschundenen Landes und dreier, auf unterschiedliche Weise vom Leben geschundener Menschen.

Wie erwähnt war Laxness keineswegs der einzige, der sich in Romanform zur politischen Situation äußerte, und *Atómstöðin* auch nicht der erste Text über die Thematik. Bereits 1943 bzw. 1945 hatten Jóhannes (Jónasson) úr Kötlum und Guðmundur G. Hagalín Romane mit so sprechenden Titeln wie *Verndarenglarnir* (Die Schutzengel) und *Móðir Ísland* (Mutter Island) vorgelegt. In den 50er Jahren erschienen Elías Mars *Vögguvísa* (1950; Chibaba, chibaba: Bruchstück eines Abenteuers, 1985) und *Sóleyjarsaga,* I–II (Geschichte von Sóley, 1954–59), Indriði G. Þorsteinssons *Sjötíu níu af stöðinni* ([Taxi Nummer] 79 ab Station, 1955) und andere, die Island als umgestülpte Gesellschaft schildern, in der sich die Jugendlichen in einer amerikanisierten Kultur zurechtfinden müssen. Mars *Vögguvísa* war gleichzeitig einer der ersten in der langen Reihe isländischer Stadt- und Partyromane und wurde neben seiner Erzähltechnik für eine Liste von 36 Ausdrücken für ›betrunken‹ beachtet. Aus diesen vielen realistischen Erzählungen ragte Jóhannes' úr Kötlum Gedichtzyklus *Sóleyjarkvæði* (Lied von Sóley, 1952) heraus, in dem das marxistische Anliegen – die Geißelung der Okkupation – mit den Mitteln einer alten volksliterarischen Gattung vorgetragen wird. Jóhannes, ein höchst produktiver und populärer Lyriker, betätigte sich unter anderem im patriotischen und im panegyrischen Genre und verfasste Hymnen auf die Republik (*Íslendingaljóð 17. júní 1944* [Isländergedicht 17. Juni 1944]) und auf Stalin (*Dagskipun Stalíns* [Stalins Tagesbefehl] in der Sammlung *Sól tér sortna* [Die Sonne wird schwarz, 1945]). *Sóleyjarkvæði* lehnt sich formal an die Volksballade an und erzählt in einfachen Strophen, wie Sóleys Bräutigam, ein Freiheitsheld, von den Helfern des Flugdrachens in einen Zauberschlaf versenkt wird und sie beim Volk Unterstützung gegen die Feinde des Landes findet. Sóley verkörpert in dieser simplen Dichotomisierung das echte Island, der Drachen, der aus dem Westen mit einem dicken Geldbeutel heranfliegt, den bedrohlichen Kapitalismus. 1965 wurde das Lied vertont und gewann in den 60er und 70er Jahren bei den Gegnern der amerikanischen Militärpräsenz große Beliebtheit.

Allerdings kommt man bei einem Rückblick nicht um die Feststellung herum, dass die isländische Prosa der 50er Jahre mit wenigen Ausnahmen Züge des Provinziellen trug. Sie stand eindeutig im Schatten von Laxness. Dieser dominierte die noch sehr kleine literarische Szene des Landes in den

Umschlag von Elías Mars
Sóleyjarsaga (1954)

Marxismus und Folklorismus

Im Schatten von Laxness

50er und 60er Jahren, ob er wollte oder nicht, fast vollständig und wurde im Ausland zum Synonym für isländische Gegenwartsliteratur schlechthin. Neben der unbestrittenen ästhetischen Qualität seiner Romane und der unerwarteten, da einen damals sozialistischen Autor ehrenden Verleihung des Nobelpreises 1955 waren das Verstummen der älteren Generation um Gunnar Gunnarsson und die Zurückhaltung der jüngeren Romanautoren, sich auf poetologische Innovationen einzulassen, Hauptgründe für diese spezifische Konstellation in den 50er Jahren. Nach *Atómstöðin* legt Laxness 1952 *Gerpla*, 1957 *Brekkukotsannáll*, 1960 *Paradísarheimt* (Das wiedergefundene Paradies, 1971) vor, drei wichtige Romane, die das mittlere und das spätere Werk miteinander verbinden. *Gerpla* ist Laxness' zweiter historischer Roman; der Titel ist ein aus *garpur* (Held), nach dem Muster altisländischer Sagakurztitel vom Typ *Eigla* für *Egils saga* gebildetes Kunstwort. Die Handlung ist ins frühe 11. Jh. verlegt und baut auf Ereignissen auf, die die *Fóstbrœðra saga* und die *Óláfs saga helga* erzählen. Wie in *Íslandsklukkan* hat sich Laxness für diesen Roman eine Kunstsprache konstruiert, deren Basis hier das Altisländische des 13. Jh. bildet. Und wie in *Íslandsklukkan* ermöglicht die Distanz zwischen der historischen, durch die eigenartige Sprachform scheinbar authentisch beschriebenen Welt des isländischen und norwegischen Mittelalters einerseits und andererseits der Auflösung eben dieser Welt mittels einer zynisch kommentierenden, zeitgenössischen Bewertung von einem modernen Standpunkt aus eine in solcher Krassheit von Laxness zuvor und nachher nie vorgeführte Zerstörung der Ideologien. Der Text zeigt, wie der Glaube an das Heldentum auf zerstörerischen Voraussetzungen beruht, und wie Kunst, in diesem Text Dichtung, die Lüge verherrlicht. Der isländische Skalde Þormóður verlässt seine Frau und Kinder, um seinen Schwurbruder zu rächen und dem norwegischen König Olav dem Dicken, der später der Heilige werden wird, ein Gedicht vorzutragen. Er scheitert mit beiden Projekten, die Begegnung mit dem König, dessentwegen er seine Familie geopfert hat, wird zum kompletten Desaster; schließlich vergisst er das Heldenlied und entfernt sich aus Geschichte und Text. »Verkürze deinem König nun die Zeit, Dichter, sagt Olav Haraldsson, und trag dein Heldengedicht heute Nacht am Grabhügel vor. Der Dichter antwortet, leicht abwesend: Nun kann ich mich nicht mehr an dieses Gedicht erinnern, sagt er, steht mühsam auf und humpelt an seinem Stock davon, und ist hinter dem Grabhügel verschwunden. Da war der Mond unter gegangen und die Nacht verhüllt Tal und Hügel in Stiklarstaðir, und den spätblühenden Holunder.« Die ›Annale über [den Hof] Brekkukot‹, wie *Brekkukotsannáll* wörtlich zu übersetzen wäre (der Roman heißt auf Deutsch *Das Fischkonzert*, auf Englisch *The Fish Can Sing*), greift nochmals auf das Thema Kunst im Dienst der Macht zurück. Ein isländischer Sänger, von einem reichen Kaufmann ausgehalten, feiert, so die isländische Presse, im Ausland Erfolge; zu Hause bleibt er, der auch sein persönliches Glück der Kunst geopfert hat, stumm in einem Akt der Verweigerung der Ausdrucksweise der Mächtigen. *Paradísarheimt* (Das wiedergefundene Paradies) – der Titel lehnt sich an die isländische Übersetzung von John Miltons *Paradise Regained* an – stellt die Glückssuche der Hauptfigur durchaus konkret dar: Der isländische Bauer Steinar wird von den Mormonen bekehrt, lässt seine Familie zurück und wandert nach Amerika aus. Als er nach langen Jahren zurück auf seinen Hof kommt, wird er gefragt, wer er sei: »Ich bin der Mann, der das Paradies zurückholte, nachdem es lange verloren gewesen war, und es seinen Kindern gab. [...] Ich habe die Wahrheit gefunden und das Land, in dem sie wohnt. Das ist zwar sehr viel wert. Aber jetzt geht es vor allem darum, diese Wiesenmauer wieder

Halldór Laxness bei der Nobelfeier 1955

Gerpla: *Der Wert der Dichtung*

Umschlag von Laxness' *Brekkukotsannáll* (1975)

Brekkukotsannáll: *Singen Fische?*

aufzubauen. Darauf fährt Bauer Steinar fort, als ob nichts geschehen wäre, Stein auf Stein in die alten Mauern zu legen, bis in Leiten unter den Leiten die Sonne unterging.« Steinar nimmt bereits die Tendenz zur Auflösung der Subjektidentität vorweg, die in *Kristnihald undir jökli* zum poetischen Prinzip gemacht wird. Er ist ein Mann, der nie ja oder nein sagt.

Paradísarheimt: Ja oder Nein?

»Endlich, endlich« – die Formrevolution in der isländischen Lyrik

Mit einem »endlich, endlich« wurde *Vefarinn mikli frá Kasmír* bei seinem Erscheinen 1927 von einem Rezensenten begrüßt, der die Modernität von Laxness' Roman als Befreiung empfand. Der modernistischen Lyrik gegenüber aufgeschlossene Kritiker mussten sich noch wesentlich länger gedulden und konnten die Formrevolution (*formbylting*) der gebundenen Dichtung erst um 1950 feiern. Die vereinzelten modernistischen und surrealistischen Versuche in den 10er und 20er Jahren waren wie bereits kurz geschildert für die Richtung, die die isländische Lyrik in den politisierten 30er und 40er Jahren einschlug, nicht repräsentativ gewesen. So vielgelesene Dichter wie Tómas Guðmundsson reimten noch um die Jahrhundertmitte nach allen komplizierten Regeln der alten Kunst, und es wäre ihnen nicht eingefallen, auf Stab- und Endreim oder die überlieferte Metrik und den Rhythmus zu verzichten. Auf diese Weise entstanden dichterische Ikonen wie beispielsweise Tómas' *Austurstræti* über eine Hauptstraße im Zentrum von Reykjavík oder *Hótel Jörð* (Hotel Erde; beide aus der Sammlung *Fagra veröld* [Schöne Welt, 1933]). Die formalen Forderungen wurden aber auch vom wichtigsten Vorläufer des Modernismus, Steinn Steinarr (Pseud. für Aðalsteinn Kristmundsson), noch weitgehend eingehalten. Das Einleitungs- und Titelgedicht seiner klassischen Sammlung *Tíminn og vatnið* (1948; Die Zeit und das Wasser, 1987) etwa lautet wie folgt:

> Tíminn er eins og vatnið,
> og vatnið er kalt og djúpt
> eins og vitund mín sjálfs.
>
> Og tíminn er eins og mynd,
> sem er máluð af vatninu
> og mér til hálfs.
>
> Og tíminn og vatnið
> renna veglaust til þurrðar
> inn í vitund mín sjálfs.

(Die Zeit ist wie das Wasser, / und das Wasser ist kalt und tief, / wie das Bewusstsein meiner selbst. // Und die Zeit ist wie ein Bild, / das gemalt ist vom Wasser / und mir zur Hälfte. // Und die Zeit und das Wasser / fließen weglos ins Trockene / in das Bewusstsein meiner selbst.)

Tod der traditionellen Gedichtform

Weniger der formalen Elemente und einfachen Sprache als vielmehr der Bilder, Klänge und Stimmungen wegen übte denn auch die Lyrik Steinn Steinarrs ihren nicht zu unterschätzenden Einfluss auf die folgende Generation isländischer Dichter aus. Seine Texte nehmen das Zerfallen der Welt und die Umwertung aller Werte allerdings bereits vorweg, und er war es, der im Oktober-Heft 1950 der Zeitschrift *Líf og list* (Leben und Kunst) den Satz formulierte: »Die traditionelle Gedichtform ist nun endlich tot.« Eine starke Wirkung der Bildsprache geht auch von Snorri Hjartarsons Lyrik aus. Mit seiner ersten Gedichtsammlung *Kvæði 1944* (Gedichte 1944, 1944) wird er

Handschriftliche Notizen von Steinn Steinarr zu *Tíminn og vatnið*

wie Steinn Steinarr zu einem Wegbereiter des Modernismus. Vor allem das metapoetische Anfangsgedicht *Í Úlfdölum* (In Wolfstälern – als Metatext dient die altnordische Fassung der Wielandsage) zeigt eine große Nähe zur bildenden Kunst. Thematisch sind Snorris Texte allerdings noch deutlich der Tradition verpflichtet. 1946 erscheint *Þorpið* (Das Dorf) von Jón (Jónsson) úr Vör, der erste Gedichtband in einem durchgehend modernen Ton. Hier weicht die Behandlung des Stoffes – die großen Fragen des Lebens, dargestellt am Alltag einfacher Leute in einer kleinen Siedlung – von der Feierlichkeit ab, die man aus anderen Gedichten kannte, und der Verzicht auf den gewohnten Rhythmus und die Reime markieren eine deutliche Formzäsur. »Dein Pflegevater weckt dich. / Es ist sechs Uhr, und du wälzt dich im weichen Bett herum. / Spürst durch den Schlaf die Schwere im Rücken, das Ziehen in den Schenkeln. / Das Kohlenschiff wartet in der Dunkelheit des tiefen Winters, zugefroren mit Schnee / und Eis, aber schwarz. // Du durchstößt mit einer Blechdose das dünne Eis der Wassereimer um / den Handtuchzipfel zu befeuchten und streichst die Krusten aus / den verschlafenen Augen. / Der Wintermorgen begegnet dir. / Das erste Tageslicht ist am Meeresrand. [...]« 1951 gibt Jón úr Vör eine Gedichtsammlung *Með hljóðstaf* (Mit Alliteration) heraus, die im Titel *ex negativo* auf die neue Lyrik Bezug nimmt. Hier legt er nochmals formal konventionelle Gedichte vor, weist aber explizit auf die Tradition hin.

Als Durchbruchsjahr des isländischen Modernismus kann dasselbe Jahr 1951 gelten, als Gedichtsammlungen von Hannes Sigfússon, *Imbrudagar* (Quatember), Stefán Hörður Grímsson, *Svartálfadans* (Tanz der Schwarzalfen), und Sigfús Daðason, *Ljóð 1947–1951* (Gedichte 1947–1951), herauskommen. Mit Einar Bragi und Jón Óskar bilden diese drei den inneren Kreis der sogenannten ›Atomdichter‹ (*atómskáld*), einer losen Gruppierung junger Dichter, die in diesem Jahr zwischen 23 und 32 Jahre alt sind. Der erste Atomdichter war benjamín, eine fiktive Figur in Laxness' *Atómstöðin*, gewesen, das erste Atomgedicht dessen »ó tata bomma, tomba ata mamma, ó tomma at, zugleich der Anfang einer neuen Schöpfungsgeschichte, neuer Mosaischer Gesetze, eines neuen Briefes an die Korinther und der Atombombe«. Von Laxness satirisch eingeführt, wurde der Terminus von der konservativ-reaktionären Kritik verunglimpfend verwendet, um von den Dichtern rasch selber als Zugehörigkeitsbezeichnung übernommen zu werden. Die Debatte um moderne Kunst und neue Lyrik wurde in Island in den 40er und 50er Jahren mit ähnlichen Argumenten wie in den nordischen Nachbarländern und übrigens auch nicht später als dort geführt (vgl. etwa die soge-

1951 – das Jahr des Modernismus

nannte *Tungetaledebatt* in Norwegen). Allerdings muss beachtet werden, dass die formalen Kriterien der Lyrik in der isländischen Tradition eine weit größere Verbindlichkeit hatte als anderswo und die Herausforderungen durch die neue Art zu dichten einen Angriff auf einen übergeordneten kulturellen Code darstellten. Paradoxerweise wurde die modernistische Lyrik, die sich eigentlich am liebsten von der Gesellschaft zurückgezogen hätte, von eben dieser Gesellschaft ernst genommen und befehdet.

Atomdichtung

Die isländische Atomdichtung basierte dabei nicht auf einer verbindlichen Poetik, ihre Vertreter bildeten keine Schule. Sie verstanden sich allerdings durchaus als Revolutionäre, die – am Anfang des Atomzeitalters – die traditionelle Lyrik wie mit einer Bombe zerstören wollten. Die Fragmentarisierung der Realität, in der modernen Kunst eine zentrale Operation, findet in der Metapher der atomisierenden/atomisierten Dichtung eine keineswegs unpassende begriffliche Entsprechung, was sicher auch zu ihrem Erfolg beigetragen hat. Als das am klarsten surrealistische Werk in der isländischen Lyrik ist Hannes Sigfússons *Imbrudagar* mit einer chaotischen, verzaubernden Bildsprache bezeichnet worden (Eysteinn Þorvaldsson). Das Gedicht *III* dieser Sammlung beginnt mit den Zeilen »Zögernd schlägt das Herz der Turmuhr / Zwölf schwarze Raben wirbeln ausgefranste Flügel / Das Hitzeflimmern im Ohr der Nacht ist stiller als der Mondschein / Und die blinde Pupille des Wassers dehnt sich in der Blindheit // Blinde Jahresringe eines alten Baumes // Die Adern der Stadt sind wie stille Maulwurfgänge [...].« Stefán Hörður Grímssons *Svartálfadans* eröffnet mit einem Text, der ebenfalls voller Tiervergleiche ist: »Das Auto das bei der Lichtung hält / wie ein schwarzer Käfer / ruht seine heißen Räder / während die Leute in den Wald strömen / und die Luft mit Blechdosengelächter füllen. / Dahinter liget der Weg / eine lange gewundene Schlange [...].« Sigfús Daðasons Gedicht *I* in *Ljóð* mit der ersten Zeile »Mannshöfuð er nokkuð þungt« (Der Kopf des Menschen ist ziemlich schwer) umreißt die Poetik der neuen Dichtung und das Prinzip der Zerstückelung in einer Weise, die es trotz Vorbehalten zu einer Art Programm der Atomdichtung macht: »Wir ließen den alten Aufenthaltsort zurück / – wie Zeitungen im Briefkasten – / ziehen nun weiter schauen uns nicht mehr um. // Oder zerbrachen wir auf einmal die Glashimmel / über unseren alten Tagen? / dazu brachen wir auf. // Und wenn wir auch fielen / löste uns die Sonne in die einzelnen Bestandteile auf / und allmählich würden wir wieder eine Einheit.«

Realismen und modernistische Erzählverfahren: die isländische Prosaliteratur in den 1960er und 70er Jahren

Nahm die isländische Lyrik den entscheidenden Paradigmenwechsel in Richtung auf eine modernistische Ästhetik in den frühen und mittleren 50er Jahren vor, so wurden zehn bis 15 Jahre später die Voraussetzungen für eine neue Erzählkunst gelegt. Von Romanen und Novellen, die zwischen 1965 und 1969 verfasst wurden, führen verschiedene Linien zu experimentierenden Prosatexten, die in den 80er und 90er Jahren Erfolge feiern konnten. Parallel zu diesen Texten, die sich an phantastischen, magischen, grotesken Erzählweisen orientierten, floss aber nach wie vor ein breiter Strom traditioneller Erzählungen. In diesen Werken wurden mit den Mitteln des psycho-

Psychologisch-realistische Romane

logisch-realistischen Romans soziale und politische Probleme der Zeit behandelt, konkret die Landflucht (z.B. in Indriði G. Þorsteinssons *Land og synir* [1963; Herbst über Island, 1966]), die Bedrohung der alten Kultur durch die neuen urbanen Lebensformen und die Amerikanisierung (z.B. Ingimar Erlendur Sigurðssons Stadtroman *Borgarlíf* [Stadtleben, 1965], sein *Íslandsvísa* [Islandslied, 1967] oder Jóhannes Helgis *Svört messa* [Schwarze Messe, 1965]) oder die Situation von Jugendlichen in der Stadt (z.B. Vésteinn Lúðvíkssons *Gunnar og Kjartan*, I–II [Gunnar und Kjartan, 1971–72]). Wie in den anderen skandinavischen Ländern erzählten diese sozialhistorischen Berichte von der großen Umwandlung der wirtschaftlich rückständigen Bauerngesellschaft in den Wohlfahrtsstaat, und es wurden unsentimentale Blicke auf das Leben der Fischer, Bauern, Arbeiter in der ersten Jahrhunderthälfte geworfen (z.B. Þorgeir Þorgeirssons *Hvunndagsfólk* [Alltägliche Leute, 1974]). Privilegierte Gattungen waren Biographien und Autobiographien, in denen sich häufig Autodidakten zu Wort meldeten (z.B. Tryggvi Emilssons Erinnerungswerk *Fátækt fólk* [Arme Leute, 1976], *Baráttan um brauðið* [Der Kampf um das Brot, 1977], *Fyrir sunnan* [In der Hauptstadt, 1979]; dt. Arm sein ist teuer, 1985). Auffällig ist im skandinavischen Vergleich, dass die isländische Literatur der 60er und 70er Jahre kaum Beispiele der Dokumentarliteratur aufwies und auch die feministische Frauenliteratur in diesen Jahren noch spärlich vertreten war. Solche Texte benutzten das Reservoir, das der multifunktionale, psychologisch-realistische Roman bereithält, und füllten das gegebene Muster nach Bedarf und Situation mit unterschiedlichen Inhalten. Die auf Wiedererkennen zielende Darstellungsweise ermöglichte eine direkte Solidarisierung mit den Figuren und ihrer Welt, und die Themen eigneten sich auch für Übertragungen in andere Medien. So wurde beispielsweise Indriði G. Þorsteinssons realistischer Roman *Land og synir* über junge Menschen in den 30er Jahren, die zwischen einer Existenz auf dem Land und der Abwanderung in die Stadt hin- und her gerissen sind, von Ágúst Guðmundsson 1980 verfilmt und stand mit der vom selben Regisseur ein Jahr darauf veranstalteten Verfilmung der altisländischen *Gísla saga Súrssonar* unter dem Titel *Útlaginn* (Der Geächtete) am Beginn der neuen isländischen Filmgeschichte. In politisierten Zeiten, wie es die späten 60er und 70er Jahre auch in Island waren, boten sich formal unproblematische Textverfahren, die das Augenmerk auf die Inhalte lenkten, zur Problemdiskussion besonders an.

Umschlag von Ingimar Erlendur Sigurðssons *Borgarlíf* (1965)

Still aus dem Film *Land og synir* (1980)

*Modernistische
Herausforderungen*

Größere Herausforderungen an eingeübte Leseweisen stellte wie in der Lyrik dagegen jene Prosa, die sich von den mimetischen Praktiken abwandte. Zwar wurden tendenziell die gleichen Stoffe wie in den realistischen Texten aufgegriffen – die Verunsicherung durch die sozialen Umwälzungen, die Furcht vor dem Verlust der kulturellen Zusammenhänge usw. –, der Unterschied lag keineswegs in den Inhalten und auch nicht in der Chronologie. Was die modernistischen jedoch von den traditionellen Texten unterschied, war das verunsichernde Erzählen der Ersteren im Gegensatz zum bestätigenden Erzählen der Letzteren. Unterschiedliche Ästhetiken existierten in der isländischen Literatur der 60er und 70er Jahre nebeneinander, oft entwickelte sich, wie bei einigen der herausragendsten Beispiele in der isländischen Literatur nach dem Zweiten Weltkrieg, eine phantastisch-groteske aus einer (scheinbar) realistischen Erzählweise heraus.

Verunsicherungen stellen sich beispielsweise ein, wenn in Svava Jakobsdóttirs Kurzroman *Leigjandinn* (Der Mieter, 1969), der mit der Schilderung eines ganz gewöhnlichen Morgens im Alltag einer jungen Hausfrau anfängt, unvermittelt ein wildfremder Mann in der Wohnung dieser Frau steht und sich einzurichten beginnt, sich ohne weitere Erklärungen bei dem Ehepaar als Untermieter niederlässt, den beiden die Fertigstellung ihres Eigenheims ermöglicht, dann ganz selbstverständlich mit ihnen in das neue Haus umzieht und am Schluss mit dem Ehemann zu einer Person verschmilzt; oder wenn in Svavas viel zitierter *Saga handa börnum* (Geschichte für Kinder) in der Erzählsammlung *Veizla undir grjótvegg* (Party an Steinwand, 1967) die Kinder einer jungen Frau, die gerade mit dem Kochen beschäftigt ist, in die Küche hereingestürzt kommen und ihr den Schädel aufsägen, weil sie wissen wollen, wie ein Gehirn aussieht; oder wenn in *Gefið hvort öðru ...* (Reicht einander ...), der Titelnovelle eines 1982 erschienenen Bandes von Svava, sich die Braut am Morgen der Trauung am Toilettentisch ihre Hand abhackt, um sie dem Bräutigam vor dem Altar zu überreichen. Svava Jakobsdóttir entwickelt in ihren Novellen und Romanen eine raffinierte Ästhetik der phantastischen Verunsicherung. In hyperrealistischen Settings inszenieren ihre Texte extrem reduzierte Personenkonstellationen, in die unversehens und ohne stilistische Ankündigung das Grauenhafte oder das Absurde einbrechen kann. Körper (meist weibliche) werden geöffnet, Gliedmaßen abgetrennt, körperliche Identitäten aufgelöst, zwei Figuren gehen ineinander auf, ohne dass dies eines besonderen Kommentars für notwendig erachtet würde, während in einem späteren Roman eine Figur auf zwei verschiedenen zivilisatorischen Ebenen als junge Frau in der Gegenwart bzw. als Tempelpriesterin in einer vorzeitlichen, matriarchalischen Gesellschaft angelegt ist (*Gunnlaðar saga* [Die Geschichte von Gunnlöd, 1987]). Svavas groteske und absurdistische Texte gehen dabei einen zielgerichteten Weg über die Phantastik zur Realität. Sie beinhalten neben der existentiellen immer eine soziologisch-kulturhistorische, frauengeschichtliche Dimension der Kritik, und die Erzählungen wurden deshalb oft als politische Parabeln gelesen – im Fall von *Leigjandinn* etwa über die amerikanische Präsenz in Island. Für die neue isländische Prosa von größerer Bedeutung ist allerdings die Begründung einer konsequent weiblichen Wahrnehmungsperspektive und eines grotesken Erzählmodus, die Svava mit ihren Texten der 60er Jahre vornimmt und die für Autorinnen wie Steinunn Sigurðardóttir, Vigdís Grímsdóttir oder Kristín Ómarsdóttir prägend geworden sind.

Weiterführende Aspekte modernistischen Erzählens im Umfeld des – auch in der isländischen Literaturgeschichte magischen – Jahres 1968 erarbeiten neben Svava Jakobsdóttir vor allem Thor Vilhjálmsson, Guðbergur Bergsson

Svava Jakobsdóttir

*Über die Phantastik
zur Realität*

und nochmals Halldór Laxness. Der radikalste Vertreter eines Modernismus, der sich an internationalen Standards orientiert und stofflich und stilistisch den konsequentesten Bruch mit der realistischen isländischen Tradition vollzieht, ist zweifellos Thor Vilhjálmsson. Seine ersten Erzählsammlungen – *Maðurinn er alltaf einn* (Der Mensch ist immer allein), *Dagar mannsins* (Tage des Menschen), *Andlit í spegli dropans* (Antlitz im Spiegel des Tropfens) usw. – erscheinen ab 1950 und lassen sich mit ihren südeuropäischen Schauplätzen und existentialistischen Themen geradezu in französische und italienische Kontexte einordnen. Mit *Fljótt fljótt sagði fuglinn* (Schnell schnell sagte der Vogel, 1968) und *Óp bjöllunnar* (Der Schrei des Käfers, 1970) legt er zwei *nouveaux romans* vor, wie es sie im Isländischen zuvor nicht gegeben hat. Der Titel von *Fljótt fljótt* ist T.S. Eliots *The Four Quartets* entnommen (»Quick quick said the bird«), aus denen auch das Motto dieses Romans und jenes des 1986 erschienenen *Grámosinn glóir* (Das Graumoos glüht, 1990) stammen. Mit Eliot und anderen Klassikern des Modernismus teilen Thors Texte die Faszination, die von den antiken Mythen mit ihren Darstellungen archaischer Gewalt ausgeht, wobei die klassischen Motive hier lediglich noch Zitatfunktion haben und keine Ordnung mehr stiften können. Die Figuren sind in ihrem Kunstcharakter klar erkennbar und haben mehrere Selbste, sie verändern sich und erweisen sich als unstabil. *Fljótt fljótt* und *Óp bjöllunnar* verzichten auf die herkömmliche narrative Wahrscheinlichkeit und ordnen die Erzähllogik einer kaldeidoskopischen Montagetechnik unter. Traditionelle Strukturen von Raum und Zeit sind aufgehoben. Die von starken visuellen Elementen, zahlreichen Wiederholungen, einer bewussten Verwendung der Rhetorik bestimmte Sprache wird an ihre äußersten Grenzen getrieben und nähert sich der Lyrik. Thor formuliert in diesen metapoetischen Texten eine modernistische Haupterfahrung: den Verlust überlieferter sinn- und formvermittelnder Kräfte. Literaturgeschichtlich symptomatisch ist dabei, dass diese extreme Spielart des abstrakten Modernismus zwar sogleich das Interesse der Spezialisten weckte, dass Thor jedoch kaum Nachfolger hatte und seine Texte beim größeren Publikum auf Unverständnis und Ratlosigkeit stießen. Erst mit dem traditioneller erzählten, historischen Roman *Grámosinn glóir* über einen konkreten Rechtsfall in Island, also einem weniger experimentierenden Text, wurde er wirklich erfolgreich. Der gebändigt modernistische Roman wurde 1986 mit dem Literaturpreis des Nordischen Rates ausgezeichnet.

Auch Guðbergur Bergssons ›Antiroman‹ *Tómas Jónsson, metsölubók* (Tómas Jónsson, Bestseller, 1966) zählt zur Gruppe der vielbeachteten Bücher, denen man außerhalb der Fachkreise anfänglich mit Misstrauen begegnete. Das Fehlen einer ›natürlichen‹ Handlungslogik und einer erzählerischen Voraussagbarkeit bestimmt *Tómas Jónsson* in gleichem Maß wie Thor Vilhjálmssons Texte. Figuren und Handlungen sind isoliert, Erzählperspektiven und Figurenbewusstsein extrem fragmentarisiert. Der Roman mit dem ironischen Titel bedient sich des Musters der Rahmenerzählung: Zum einen besteht sie aus den unvollständig überlieferten Aufzeichnungen der Hauptfigur Tómas Jónsson, eines alten, bösen, psychisch und physisch hässlichen Mannes, der in einer Kellerwohnung sitzt und sich über seine Untermieter, aber auch allgemein den üblen Zustand der Welt auslässt; zum anderen – typisch für die Gattung – sind diese Notizen von kommentierenden Herausgeberfiktionen umschlossen. Auf den ersten Blick und realistisch gelesen präsentiert uns der Text in Tómas Jónsson eine der unsympathischsten Figuren der isländischen Literatur. Der Mann ist in seinem Umgang mit den Mitmenschen überheblich, gemein, hinterhältig, verleumderisch. Er hat, wie er in seinem Keller

Internationaler Modernismus

Guðbergur Bergsson: Ästhetik des Hässlichen

haust, einen geistig eingeschränkten Horizont. Sein insistierendes Beschreiben von Körperausscheidungen wirkt abstoßend. Kurzum, er ist eine Zumutung, für eine identifizierende Lektüre denkbar ungeeignet und höchstens als artifizielles Produkt akzeptabel. Und in der Sichtbarmachung eben dieser Konstruiertheit besteht natürlich eines der Ziele des Textes. *Tómas Jónsson* ist nicht nur eine sehr präzise Gesellschaftsschilderung, der Roman entwirft zugleich implizit und explizit eine avancierte Poetik des modernen Romans, ist also Text und selbstreflektierender Meta-Text. »Was hier folgt, ereignet sich ohne jeden Zweck; und was für eine Rolle spielt es, ob eine Handlung oder ein Ereignis einen Zweck in sich birgt, wenn sie oder es sich nur ereignet; dass sich etwas ereignet, spielt die Hauptrolle«, heißt es an einer Stelle über den Stellenwert der Kontingenz. Als Leseanweisung formuliert einer der Herausgeber: »Es scheint so, als ob die Bücher in Blindheit geschrieben worden wären. Der Leser wird sich rasch darüber klar, dass es möglich ist, ihre Lektüre sogar mitten in einem Satz zu beginnen.« Und die fließenden Positionen der Hauptfigur werden im Text selber folgenderweise zusammengefasst: »Niemand sollte sich von diesen Ansichten binden lassen. Ansichten der Leute ändern sich täglich, und wenig hält der Erfahrung länger als vierundzwanzig Stunden Stand. Einige Menschen sind die direkte Folge des Denkens. [...] Andere Menschen leben ein wildes Leben aus sich selber heraus, das kein Denken braucht. [...] Tómas Jónsson gehört zu keiner dieser Gruppen. Sein Leben war, so weit man sehen kann, nichts. [...] Tómas Jónsson ist, davon abgesehen, eine Tatsache.«

Der modernistische Roman war in Island wie andernorts eine Reaktion auf die Krise des Romans, die daraus resultierte, dass diese ausschließlich psychologisch-realistische Poetik für wesentliche Probleme der Moderne keine adäquaten Beschreibungsmöglichkeiten mehr bereit hielt. Halldór Laxness erkannte die Sackgasse, in die das traditionelle Erzählen geraten war, erklärte (wie andere) 1960 den Roman für eine tote Form, wandte sich der Dramatik und Essayistik zu und legte erst 1968 wieder einen Roman vor. Bezeichnenderweise stießen nach 1965 in diese Romanpause des literarischen Übervaters einige jüngere Autorinnen und Autoren mit Texten, die nach neuen Ausdrucksformen suchten.

Kristnihald undir jökli: Metafiktion

Laxness' *Kristnihald undir jökli* liegt auf einer ähnlichen Linie wie die modernistischen Versuche und ist neben vielem anderen in höchstem Maß auch ein metafiktionaler Text über die Möglichkeiten bzw. Unmöglichkeiten, einen Roman gut zu schreiben. Allerdings scheint das Buch anfänglich einen ganz anderen Weg zu gehen. Der Bischof des Landes schickt nämlich einen jungen Theologen an einen Ort am Snæfellsnes-Gletscher, um dort zu untersuchen, auf welche Art und Weise das Christentum gehandhabt, wie mit ihm umgegangen wird (dies die exakte Bedeutung des Wortes *kristnihald*). Er wird Vebi (Vertreter des Bischofs) genannt und hat den Auftrag, einfach zu dokumentieren, sich jeglicher Wertungen und Kommentare zu enthalten. Wie ein Ethnograph zieht er aus, um die Menschen zu befragen, doch statt klarer Auskünfte erhält er ausweichende Anekdoten, langfädige Geschichten, lakonische Bemerkungen oder glatte Lügen. Zur gleichen Zeit, in der in Schweden Per Olov Enquist und Per Olof Sundman Dokumentarromane über das Misslingen eines unbeteiligten Beobachtens und eines neutralen, historisch glaubhaften Erzählens vorlegen, wird Vebi in Geschehnisse verwickelt, die er distanziert hätte betrachten sollen, und dies in einer Weise, dass sich am Schluss die Welt, die zu beschreiben er ausgesandt wurde, völlig vor ihm auflöst und er nicht weiß, ob er wieder aus ihr heraus finden wird. Auch poetologisch ist der Roman intrikat. Die ›Poetik‹ eines Bauern mit dem inter-

Umschläge von drei Laxness-Biographien (2003–2004)

textuell aufschlussreichen Namen Tumi Jónsson besteht beispielsweise darin, »die Geschichte, die erzählt wird, zu verfälschen, sich vor einer Anstrengung in Beschreibungen zu flüchten, die Hauptelemente auszulassen. [...] Deshalb wird daraus nie eine Geschichte, höchstens ein Erzählstoff.« Wiederum etabliert ein Text von Laxness eine Form von alternativer Sprache außerhalb des anerkannten Codes, die als semiotische Ausdrucksweise bezeichnet worden ist (Helga Kress). Hier sind es die Vögel, die jene Dinge auszudrücken vermögen, bei denen die menschliche Sprache mit ihrer Logik scheitert. Der Pfarrer: »Es ist schade, dass wir nicht wie die Vögel einander anzwitschern. Wörter sind verwirrend. Ich vergesse ständig die Wörter. Deshalb betrachte ich die Lilien des Ackers und vor allem und besonders den Gletscher. Wenn man den Gletscher lange genug anschaut, hören die Wörter auf, irgend etwas zu bedeuten. [...] Ich finde nur, dass Wörter, Wörter, Wörter und die Erschaffung der Welt zweierlei ist; zwei unzusammenhängende Dinge. Ich sehe nicht, wie das Schöpfungswerk in Wörter verwandelt werden kann; noch weniger Buchstaben; – kaum eine Lügengeschichte.« In Übereinstimmung mit diesem Sprach- und Schriftskeptizismus vertritt der Pfarrer ziemlich unorthodoxe, auf den Kern der monotheistischen Lehre zielende und diese eigentlich aufhebende Glaubensbekenntnisse (»Du sollst alle Götter außer den Herrn, deinen Gott, haben«). Angesichts solcher Argumentationsweisen muss Vebi feststellen, dass selbst die Vorstellungen von der Ganzheit und Unteilbarkeit des Menschen, die er aus der Hauptstadt mitbringt, am Rand der Welt untauglich sind, denn hier können merkwürdige Dinge geschehen: Úa, eine Frau unbestimmten Alters, tritt in mehreren Gestalten auf. Sie wird von den Männern begehrt und entzieht sich wie eine Figur in den Erzählungen Karen Blixens deren festschreibendem, festlegendem, also definitorischem Zugriff, indem sie immer wieder neue Formen annimmt – vielleicht hat sie sogar eine Zeit als gefrorener Lachs in einem Sarg im Gletschereis verbracht. Der Text hat keine bzw. mehrere Hauptfiguren (Vebi, Pfarrer, Úa), vollzieht eine Bewegung der Dezentrierung und Dekulturierung, ist ein anspruchsvoller sprach- und fiktionsbewusster Beitrag zur Diskussion der Romanästhetik wie auch eine satirische Kritik an den zeitgenössischen poetologischen Experimenten. Wie andere textuell avancierte Romane der 60er Jahre inspirierte *Kristnihald* die isländische Erzählprosa nach 1980.

Vogelgezwitscher, Sprachkritik

Gegenwart (1980–2000)

Einleitung

Ein literaturgeschichtlicher Überblick über die jüngste skandinavische Gegenwartsliteratur kann lediglich zu Kontexten und Konstellationen, die im Entstehen begriffen sind, Stellung beziehen. Das gilt auch für die einsetzende Literaturgeschichtsschreibung in den 80er und 90er Jahren: Während schwedische und norwegische Literaturhistoriker ihr Denken in Dezennien fortsetzen und Indizien für Umbrüche um 1970, 1980 und 1990 suchen, wird in einem dänischen literaturgeschichtlichen Entwurf die ästhetische Kontinuität des Zeitraums von 1970 bis 2000 hervorgehoben. Die dänische Literaturwissenschaftlerin Anne-Marie Mai spricht von einem »formalen Durchbruch«, den sie mit den inhaltlichen Präferenzen der Literatur des modernen Durchbruchs des vorigen Jahrhunderts kontrastiert. Nun lässt sich der moderne Durchbruch über andere Schlüsselmerkmale bestimmen als sein thematisches Problembewusstsein (vgl. den Beitrag in diesem Band), doch ist die bei Mai vorgeführte Orientierung der Literaturgeschichte an formalästhetischen Mitteln besonders fruchtbar, wenn man Tendenzen in einer schwer überschaubaren Textlandschaft ausmachen will. Eine implizite Annahme ist dabei, dass jeder neu entworfene Epochen- und Gattungsbegriff bereits auf vorherige Konstruktionen aufbaut und dass Verschiebungen eintreten, sobald literaturgeschichtliche Neubewertungen infolge von Re-Lektüren oder Entdeckungen älterer Texte stattgefunden haben. Ein solches Revisionsphänomen zeichnet sich bereits heute für den Begriff Postmodernismus ab, der eigentlich eine Epochenkonstruktion des Modernismus und des Modernen voraussetzt, über die jedoch bekanntermaßen kein Konsens besteht. Da die Relation der Begriffe Modernismus – Postmodernismus meist zum Ausgangspunkt einer Begriffsbestimmung postmodernistischer Literatur genommen wird, ist davon auszugehen, dass stets zwei Argumentationslinien miteinander konkurrieren werden: zum einen die Auffassung des Postmodernismus als eines gegenläufigen und zeitlich nachfolgenden Phänomens oder zum anderen als Weiterführung und Radikalisierung des Modernismus. Die im vorliegenden Abriss behandelten literarischen Tendenzen belegen die zweite Argumentationslinie: Im Modernismus vernachlässigte Themen werden in den skandinavischen Literaturen seit Ende der 70er Jahre nachgeholt, das in modernistischen Texten erarbeitete formalästhetische Repertoire wird in seiner ganzen Bandbreite zur Anwendung gebracht und erneuert. Die Genres werden durch Kombinationsformen erweitert, aber auch durch die Erschließung populär-kommerzieller oder theoretisch und philosophisch avancierter Themen und Textformen.

(Post-)Modernismus

Bereits modernistische Texte haben das sprachliche Vermögen problematisiert, die Erfahrungswelt wiederzugeben. Die mediale Verunsicherung der Wahrnehmung und die Angriffe auf das Deutungsrecht der Literatur sind aber zu keinem früheren Zeitpunkt so explizit in Literatur und Kunst thema-

Problematisierung der Wahrnehmung

Ein postmodernistischer Tempel vor dem modernistischen Gebäude des Nordjyllands Kunstmuseum in Ålborg; Bjørn Nørgaards *Drømmeslottet* (Das Traumschloss, 1979–82)

tisiert worden wie seit 1980. Die modernistische Sprach- und Systemkritik wurde in eine post-modernistische Analyse von Wahrnehmungsprozessen überführt, die Texte anderen Medien gleichstellt. Diese Skepsis gegenüber medienvermittelten Wahrnehmungen korrespondiert mit einem krisenbehafteten lebensweltlichen Wandel, der bereits Anfang der 70er einsetzte und die Transformation der Industriegesellschaft zur Dienstleistungs- und Informationsgesellschaft betrifft. Da dieser Wandel bis heute nicht abgeschlossen ist, lässt sich der Begriff Spätmoderne als adäquate, wenn auch behelfsmäßige Epochenbezeichnung verwenden.

Spätmoderne

Seit den 80er Jahren ist die in der Literatur vorgebrachte politische Kritik vornehmlich zu einer Kritik an der manipulativen Machtentfaltung der Medien geworden. Als ein weiteres postmodernistisches Schlüsselmerkmal gilt die bereits im Modernismus eingeleitete Infragestellung zuverlässiger Ordnungsideen, wie sie einst Wissenschaft oder Religion bieten konnten. Dies wurde vom französischen Philosophen François Lyotard als das Ende der ›großen Erzählungen‹ bezeichnet. An die Stelle einer übergeordneten, möglicherweise kollektiv verbindlichen Sinnstiftung treten fragmentarische Ordnungen und ein pluralistisches Nebeneinander von Klärungsansätzen.

Unter postmodernistischen Vorzeichen sind in den letzten beiden Jahrzehnten nicht nur die Literaturwissenschaft, sondern auch andere kulturwissenschaftliche, philosophische und ästhetische Disziplinen vom *linguistic turn* geprägt worden: Jede Bedeutungserzeugung ist an den Vorgang sprachlicher Produktion gebunden, sie findet diskursiv und prozessual statt. An den Gedanken der sprachlichen Konstituierung von Wahrnehmungen knüpft sich eine textliche Auffassung von Welt, indem Phänomene und Ereignisse der Lebenswelt mit sprachlichen Bedeutungserzeugungen analog geführt werden. Da Texte und Handlungen grundsätzlich an Sprachprozesse gebunden sind, werden die Vorstellung von einer Welt ›hinter der Sprache‹ und das Konzept der Mimesis verabschiedet. Dieses Konzept, das davon ausgeht, dass die Sprache ein immanentes Abbildungsvermögen besäße, wird von einem zeichenhaften Textverständnis und dem Konzept der Repräsentation abgelöst.

Sprachanalogie

Die Welt geht nicht grundsätzlich der Versprachlichung voraus, sondern alle Realitätsentwürfe konstituieren sich – wie Texte – durch sprachliche Handlungen. Der aus sprachlichen Zeichen zusammengesetzte literarische Text erhält den Status eines Superzeichens, das zwar auf die Erfahrungswelt referiert, aber zugleich auch auf seine eigene Materialität, auf die mögliche Zeichenbedeutung, die ihm Leser zuordnen und die nicht zuletzt auf andere Zeichen verweist. Damit umfasst der Begriff der Repräsentation sowohl die Ebene der Referenz als auch die Ebene der Darstellung und kreativen literarischen Leistung. Auch der *linguistic turn* stellt eine logische Verknüpfung zwischen Modernismus und Postmodernismus her, weil sich die konstruktivistische Perspektive oder das Modell zusammenwirkender Diskurse aus dem Strukturalismus der 60er Jahre entwickelt haben.

Bedürfnis nach Epochengliederung

Obwohl weitgehend Einigkeit darüber herrscht, dass Postmodernismus strenggenommen keine Epoche, sondern eine Konstellation oder Problematik bezeichnet, werden in den Literaturgeschichten Datierungen vorgenommen, die das Bedürfnis nach einer Gliederung in Perioden zeigen. Infolgedessen ist nicht auszuschließen, dass in einigen Jahrzehnten die Einschätzung vorherrschen wird, der Begriff Postmodernismus habe in erster Linie dazu gedient, eine Epochenschwelle zu konstruieren und ein Passepartout für die breite formalästhetische und thematische Auffächerung zu finden. Es erscheint sinnvoll, von einer postmodernistischen Anschauungsform zu sprechen: Diese fokussiert stets die Zeichenhaftigkeit und Selbstbezüglichkeit von Texten, ihre Austauschbeziehungen (Intertextualität) und ihr Vermögen, sich Material auch aus nicht-literarischen Diskursen anzueignen. So erklärt sich, dass erst aus heutiger Perspektive vermeintlich postmodernistische Verfahren wie metafiktionale Darstellungen, die den Schreibvorgang selbst zum Thema erheben, in älteren Texten identifiziert werden können. Auch eine solche Anschauungsform ließe sich eher an den sprachkritischen Modernismus rückbinden, der selbstreflexiv mit schriftthematischen Verfahren experimentierte.

Revidiertes Verständnis von Mimesis

Der Wettstreit um eine spätmodernistische und eine anti-modernistische Position ist auch in der Debatte um die Stellung des Realismus ablesbar: Entweder wird der mimetische Realismus als mit dem Modernismus und Postmodernismus unvereinbar betrachtet, oder aber man betont die realistischen Komponenten auch avancierter Schreibweisen, mit der Begründung, dass Mimesis, Imagination und Konstruktion nicht voneinander zu trennen seien und in der literarischen Darstellung stets ineinandergriffen. Obwohl im Rahmen der Metafiktion der Versuch unternommen wird, reine Textwelten zu entwickeln und Texte wie Zeichen nur noch aufeinander verweisen zu lassen, referieren selbst diese miteinander verschalteten Texte für sich genommen weiterhin auf eine außertextliche Welt. In Texten, die eine postmodernistische Anschauungsform konsequent umsetzen, wird eine Prozessmimesis angestrebt, die den Schreibvorgang oder die planvolle Konstruktion des Textes veranschaulichend nachvollzieht. Vor diesem Hintergrund stellt sich die Prozessmimesis als modernistisch *und* postmodernistisch dar, während eine sprachvertrauende Produktmimesis eher einer vormodernistischen Textauffassung verpflichtet ist.

Elementare Erzählungen

Durch das postmodernistische Theorie- und Zeichenbewusstsein hat sich die Sensibilität für die Funktionsweise von Erzählungen erhöht. Dabei ist nicht in erster Linie das Textgenre Erzählung, sondern die Grundstruktur des Narrativen gemeint: ein Ereignisverlauf, der im Vergleich zur Eingangssituation mit einer Art Erkenntniszuwachs endet. Narrative Vorstrukturierungen auf Handlungs- wie auf Präsentationsebene wurden dabei auch in Diskursen aufgedeckt, die bisher als weder literarisch noch fiktional galten. Dies gilt schließlich auch für die Literaturgeschichtsschreibung, die sowohl die narrativen und ästhetischen Wechselbeziehungen mitreflektieren als auch die diskursive Konstituiertheit von Gegenstand und Metatext berücksichtigen sollte. Entsprechend präsentiert sich auch der vorliegende Überblick als eine von vielen möglichen rückblickenden ›Geschichten‹ bzw. als ein Mosaik aus Erzählentwürfen, das sich voraussichtlich zu einem späteren Zeitpunkt andersartig zusammenfügen wird. Da kein sukzessives Sich-Ablösen von literarischen Techniken, sondern eine Simultaneität der Darstellungsformen vorherrscht, bietet es sich an, das nationalliterarisch übergreifend präsentierte Textkorpus mit Hilfe eines zusammengesetzten Feldes zu beschreiben, innerhalb dessen Merkmalskonzentrationen anzutreffen sind, die den vorliegenden komparatistischen Überblick gliedern.

Erweiterter Realismus

Skandinavische Bestseller in Deutschland

Romane, die sich in Skandinavien zu Bestsellern entwickelten, haben überwiegend gute Aussichten, auch im deutschen Sprachraum Verkaufserfolge zu erzielen. Mit den großen Erfolgen von Jostein Gaarders *Sofies verden* (1991; Sofies Welt, 1993) und Peter Høegs *Frøken Smillas fornemmelse for sne* (1992; Fräulein Smillas Gespür für Schnee, 1994) wurde ein Übersetzungsboom ausgelöst, dessen Auswirkungen bis heute bemerkbar sind. Das ›Smilla-Prinzip‹ dient inzwischen zur Bezeichnung der Erfolgswelle skandinavischer Literatur im Ausland. Zugleich ist damit der einsetzende Import auch derjenigen skandinavischen Literatur markiert, die den realistischen gesellschaftskritischen Roman überschreitet und sich der postmodernistischen Anschauungsform bedient. Obwohl sogenannte sozialrealistische Werke weiterhin den Markt beherrschen, gibt es deutliche Anzeichen dafür, dass die Verschmelzung elitärer und trivialer Formen erstens Gattungskombinationen vorangetrieben, zweitens erzählbewusste Verfahren in die Populärliteratur integriert sowie populärliterarische Elemente in ambitionierte Erzählprojekte einbezogen hat.

Reklame des Kopenhagener Verlags Rosinante

Fünf Gruppen beherrschen das Angebot: 1) Kriminalromane (z.B. Henning Mankell, Liza Marklund, Åke Edwardson, Karin Fossum, Anne Holt); 2) sozialrealistische und psychologisierende Relations- und Familienromane wie auch Liebesromane (z.B. Hanne-Vibeke Holst, Marianne Fredriksson, Inger Edelfeldt, Linn Ullman, Herbjørg Wassmo) und nostalgische Kindheitsschilderungen (z.B. Jonas Gardell, Monika Fagerholm, Niklas Rådström, Lars Saabye Christensen); 3) Romane über Übersinnliches, Erbauliches und New Age (z.B. Majgull Axelsson, Marie Hermanson, Ib Michael); 4) historische Romane (z.B. Jan Guillou, Per Olov Enquist, Erik Fosnes Hansen); 5) Romane für junge Erwachsene, Jugendliche und Kinder (z.B. Bjarne Reuter, Ingvar Ambjørnsen).

Den mit Abstand größten Verkaufserfolg erzielen skandinavische Krimis, die in spektakulärer Weise die Bestsellerlisten anführen. Kriminalromane haben wiedererkennbare und verkaufsfördernde Gattungseigenschaften; skandinavische Romane dieses Genres erfreuen sich großer Beliebtheit wegen ihrer zum Teil ironischen Auseinandersetzung mit Vorbildern der Krimiliteratur und wegen des Lokalkolorits. Es gibt jedoch auch Kriminalromane, deren Schauplätze geographisch unbestimmt oder außerhalb Skandinaviens angesiedelt sind (z. B. Håkan Nesser).

Sozialkritik im Krimi

Henning Mankells Romane belegen, dass gemäß der vom Autorenpaar Maj Sjöwall und Per Wahlöö begründeten Krimitradition eine Umwandlung des *hard-boiled*-Genre in eine psychologisierende und gesellschaftskritische Gattung stattgefunden hat. Mankells Roman *Mördare utan ansikte* (1991; Mörder ohne Gesicht, 1999) nimmt zum Thema Rassismus Stellung: Kommissar Wallander weigert sich, fremdenfeindliche Ermittlungsarbeiten zu führen und die letzten Worte einer ermordeten Frau, »Ausländer«, für bare Münze zu nehmen. In Reaktion auf die schleppende Polizeiarbeit drohen rassistische Gruppierungen in Südschweden mit Racheaktionen gegen Asylantenheime, gleichzeitig wirft die Presse der Polizei aufgrund ihrer lange Zeit ergebnislosen Nachforschungen eine Begünstigung rassistischer Lynchjustiz vor. Der stets übermüdete Wallander, neben den Ermittlungen mit seinem dementen Vater, seiner Scheidung und der ihm entfremdeten Tochter beschäftigt, kommt erst durch einen Zufall den Tätern, einem Roma und einem Tschechen, auf die Spur. Dieser Krimi erfüllt mehrere Funktionen, denn neben der elementaren Spannung wird eine gesellschaftskritische Analyse geliefert, die in ihrem Appell naturalistischer Tendenzliteratur nicht unähnlich ist. Die Inhalte der *Wallander*-Serie sind in vielerlei Hinsicht auf den deutschen Kontext übertragbar, in der Schilderung Schonens und in der Figurencharakteristik wird jedoch eine nordische Melancholie beschworen.

Eine Traditionslinie sozialrealistischer Krimi-Autorinnen lässt sich über die Vorbilder Maria Lang, Ulla Trenter und Kerstin Ekman rekonstruieren. Liza Marklund berücksichtigt die Themen weibliche Karriere und Doppelbelastung und variiert die Detektivin als journalistische Ermittlerin. Karin Fossum arbeitet mit ausführlichen Darlegungen der Täter- und Opferpsychologie, die häufig auf einen gesamtgesellschaftlichen Ursachenzusammenhang bezogen sind. Auch in diesen Texten ist das Anliegen erkennbar, eine Botschaft zu vermitteln und über gängige Unterhaltungsliteratur hinauszugehen – in vielen Kriminalromanen wird Kritik an den wachsenden sozialen Gegensätzen und dem wirtschaftlichen Neoliberalismus geübt. Die mit der Aufklärung der Kriminalfälle befassten Figuren übernehmen häufig die Funktion des Sprachrohrs. Wie die Geschichte des Detektivromans seit Edgar Allan Poe verdeutlicht, hat sich dieser Romantypus durch seine Austauschbeziehungen zu sowohl niedrigeren Gattungen (wie dem trivialen Schauerroman) als auch zu anerkannten Romangenres (wie dem Bildungsroman) erneuert. Diese Aufwertung des Kriminalromans wurde mit Umberto Ecos Bestseller *Der Name der Rose* (1980), der ursprünglich *Die Abtei des Verbrechens* heißen sollte, nachdrücklich bestätigt.

Hybridroman

Die sozialrealistische Schreibweise wird im dänischen Roman *Frøken Smillas fornemmelse for sne* nur phasenweise angewandt, sie erscheint im Gefüge des gattungskombinatorischen Romans fast als eine zitierte Darstellungsform des Kriminalromans. Die Handlung ist in eine nahe Zukunft verlegt, korrespondierend mit der düsteren Zivilisationskritik und der medizintechnologischen Science fiction-Handlung des Romans: Die Ich-Erzählerin, die philosophisch interessierte Geologin und Glaciologin Smilla Jaspersen, hat sich als Außenseiterin in Kopenhagen behaupten können, nimmt aufgrund ihrer Arbeitslosigkeit aber nicht am alltäglichen Leben teil. Sozial involviert wird sie erst als private Ermittlerin, nachdem sie *erspürt* und ermittelt hat, dass der tödliche Unfall eines grönländischen Jungen herbeigeführt wurde, um lebensgefährliche Arbeiten grönländischer Taucher vertuschen zu können. Mit diesem Leitthema lässt sich sowohl Kritik am Vorgehen der dänischen Kolonialmacht auf Grönland vorbringen als auch an den innerdänischen Verhältnissen. Smilla ist Tochter einer Grönländerin und eines Dänen, so dass sie ihren fremden Blick auf beide Kulturen richten kann. Im extrem handlungsforcierten Mittelteil des Romans tritt Smilla als kämpfende Amazone auf, die auf dem Expeditionsschiff Kronos den Siegeszug gegen ein Heer von Schurken antritt. Im letzten Teil entfaltet sich die apokalyptische Kraft des Eises, und damit erreicht der phantastische Spannungsbogen seinen Höhepunkt. Der Schluss bleibt demonstrativ verrätselt und den Spekulationen der Leser überlassen, obwohl Smilla selbst eine Art metaphysische Reise beendet hat: »Nur was man nicht versteht, kann man abschließen.« Der Roman wurde Anfang der 90er Jahre als wegweisende Genrekombination gewürdigt, als philosophischer Thriller und als überzeugende Verschmelzung von anspruchsvoller und populärer Ausrichtung. Der Hybridroman war im deutschsprachigen Raum zu dieser Zeit noch ein schwach entwickeltes Genre und mustergültig nur im Pastiche *Das Parfüm* (1986) von Patrick Süskind vertreten, das übrigens ein norwegisches Pendant in Nikolaj Frobenius' *Latours katalog* (1996; Der Anatom, 1998) gefunden hat.

Høegs Roman stellt unterschiedliche weltanschauliche Modelle einander gegenüber, doch weder Vernunft, Wissenschaft, New Age, Philosophie noch Technik können endgültige und verbindliche Antworten liefern. Auf diese Weise bilden Ungewissheit und Verunsicherung über die fortschreitende Entzauberung der Welt das eigentliche Hauptthema. Der Plot spricht dem Roman, der mit einem Monolog Smillas in Präsensform identisch ist, bei genauerer Betrachtung jegliche Authentizität ab und verweist die interdisziplinär bewanderte Ermittlerin in ihre Schranken: Da der Monolog mit einem Fiktionsbruch endet, wird den Lesern bewusst gemacht, dass sie sich von einer textimmanenten, sich selbst entwerfenden Figur in die Welt des Eises haben versetzen lassen und dass kein koordinierender, den Ereignisverlauf überblickender Erzähler für die spannenden Intrigen bürgt. Diese Aufdeckung der Illusion fällt in der Verfilmung des Romans 1997 (Regie Bille August) weg. Im Unterschied zu sozialrealistischen Romanen ist die ideologische Aufladung nicht in eine eindeutige Botschaft transformierbar. Das mehrdeutige Genre und die Authentizitätsverunsicherung bedingen sich in *Frøken Smilla* gegenseitig, so dass der Text einen beunruhigenden Charakter beibehält – anders als Krimis, die nach dem Prinzip eines zu vervollständigenden Puzzles angelegt sind.

Kerstin Ekmans internationaler Erfolgsroman *Händelser vid vatten* (1993; Geschehnisse am Wasser, 1995) baut zunächst auf einer vergleichbaren Genre-Kombination wie *Frøken Smilla* auf; die Aufklärung eines zwanzig Jahre zurückliegenden Mordfalles bildet das Grundgerüst. Anhand der involvierten Figuren wird unterschiedlichen Disziplinen (z.B. Lokalgeschichte, Ethnologie, Mnemotechnik) das Wort erteilt. Die Detektivinnen finden Mordverdächtige im nächsten Bekanntenkreis, was zu ausführlichen figurenpsychologischen Resümees Anlass gibt. Im Unterschied zu Høegs Roman erhält eine der ›großen Erzählungen‹ Priorität, nämlich die Psychoanalyse. Bei Ekman ist der Doppelmord im Zeichen der Modernisierungskritik zu sehen: Ein dörfliches Kollektiv in einem entvölkerten Landstrich in Nordschweden degeneriert in Folge übermäßiger sozialer Kontrolle und selbstgewählter Isolation. Die Städter und Touristen, die in Svartvattnet die unverdorbene Natur suchen, schätzen die längst fragil gewordene dörfliche Ordnung entweder falsch ein oder tragen dazu bei, sie durch Einmischung sogar zu gefährden. Der zweite Mord geht auf einen gefühlsgeladenen Figurenkonflikt zurück, den Kampf einer Mutter um ihren unter Mordverdacht stehen-

Verarbeitung des gesellschaftlichen Wandels

Eine junge Kerstin Ekman auf dem Land

den Sohn. Hier sind mythologische und psychische Urkräfte am Werk, die wieder einmal bestätigen, dass die Modernisierung des Landstrichs nur eine äußerliche ist, während irrationale Bedürfnisse und Bewertungsmaßstäbe unter der Oberfläche fortbestehen. Ekman beschreibt das Vakuum, das sich einstellt, wenn alte Wertordnungen obsolet geworden sind, aber keine neuen ideologischen Orientierungen an deren Stelle treten.

Die deutschen Leser wurden durch diesen Roman zwar mit den begehrten ›dunklen nordischen Seelenlandschaften‹ beliefert, doch werden sie zudem kritisch auf ihre eigene Projektion von Wunschbildern aufmerksam gemacht. Auch das Konzept der einheitlichen Ethnizität und Ursprünglichkeit wird durch die Darlegung des Zusammenwirkens von saamischen, schwedischen, norwegischen und finnischen ›nationalkulturellen‹ Elementen nachdrücklich hinterfragt. In Bezug auf das Ethnizitätsthema sind sowohl Høegs als auch Ekmans Roman durch eine postkoloniale Perspektive geprägt. Hierbei muss jedoch berücksichtigt werden, dass Ekman in der Niedergangsklage über den Kultur- und Geschichtsverlust dünn besiedelter Gebiete (*glesbygd*) teilweise selbst zu einer Mythisierung der vormodernen Epoche beiträgt und den Entwurf einer präkapitalistischen Idylle mitbegründet.

Weiterführung der ›Frauenliteratur‹

Ekman ist nicht nur im Bereich der Kriminalliteratur, sondern auch auf dem Gebiet des ›frauengeschichtlichen‹ Romans Pionierin: Ihre bereits 1974 begonnene und 1983 abgeschlossene Tetralogie *Häxringarna* (1974; Hexenringe, 1988), *Springkällan* (1976; Springquelle, 1989), *Änglahuset* (1979; Das Engelhaus, 1990) und *En stad av ljus* (1983; Eine Stadt aus Licht, 1992) spannt den Bogen vom Existenzkampf in der verarmten Provinz Ende des 19. Jh. bis zur persönlichen und beruflichen Selbstbestimmung in den 80er Jahren. Folgerichtig übernimmt im letzten Roman der Serie die Protagonistin selbst die Erzählperspektive, während zuvor eine auktoriale Instanz berichtet hat. Die Tradition eines Zeitromans mit weiblichen Handlungsträgern wird schließlich bis zu Marianne Fredrikssons schwedischem Rekordbestseller *Anna, Hanna och Johanna* (1994; Hannas Töchter, 1997) weitergeführt, der die erzählte Zeit von 1870 bis zur Gegenwart abdeckt. Eine spezielle Unterhaltungsliteratur von Autorinnen für Leserinnen ist entstanden, die mitunter an die Bekenntnisliteratur der 70er Jahre anknüpft. Dieses inzwischen vielfach variierte Rezept befolgt auch Suzanne Brøgger, die noch in den 70er

Jahren höchst provokante Texte verfasst hatte: In *Jadekatten* (1997; Die Jadekatze, 1999) erstreckt sich der Handlungszeitraum über fünf weiblich dominierte Generationen, die jeweils aus der Perspektive unterschiedlicher Erzählerinnen porträtiert werden. Hierbei findet eine allmähliche Abwendung von einer konventionell realistischen zu einer satirischen Darstellungsform statt, die vorherige Schriften Brøggers, aber auch ihre in Dänemark recht bekannte Biographie miteinbezieht.

Durch die Erweiterung vieler Genres wird nicht zuletzt die Auflösung der Grenzen zwischen Jugend- und Erwachsenenliteratur vorangetrieben. Eine Lektüre auf verschiedenen Ebenen ist möglich, unterschiedliche Lesergruppen werden simultan angesprochen. Der Roman *Sofies verden* von Jostein Gaarder lässt sich daher als ein Familienbuch bezeichnen. Dass dieser Roman in 44 Sprachen übersetzt, in 15 Millionen Exemplaren verkauft wurde und damit die Verkaufszahlen von Henrik Ibsens Werken übertrumpfte, lässt sich durch das gesteigerte populärwissenschaftliche Philosophie-Interesse allein nicht erklären. Möglicherweise spielt auch das gut verankerte Vertrauen in die didaktischen und unterhaltsamen Qualitäten der skandinavischen Kinder- und Jugendliteratur eine Rolle. Viele erfolgreiche Jugendbücher halten sich sehr lange auf dem Markt und werden medial aktualisiert und variiert: *Sofies verden* wurde nicht nur als CD-ROM, sondern auch als Musical, Theaterfassung, Hörspiel und Film gestaltet. Aus heutiger Sicht mag dieser Erfolg verblüffen, zumal die philosophischen Lehrgespräche zwischen der 15jährigen Sofie/Hilde und ihrem Lehrer geradezu hölzerne Dialoge sind. Der Philosophiekurs endet mit einem existentialistischen Gespräch in einem Osloer Café, wobei die Baskenmütze des Lehrers nicht fehlen darf. Der Erzählrahmen (mit Sofie als Leserin des Briefkurses), der zunächst die Wirklichkeitsebene zu repräsentieren scheint, und die dargestellte Welt, der die Figur Hilde angehört, werden miteinander verschaltet. Rahmen und Binnenerzählung können ihren Status als Außen- bzw. Innenwelt vertauschen: Hilde wird schließlich ebenfalls handelnde Figur und begegnet in der Schlussszene ihrem Ebenbild Sofie. Auf diese Weise haben die Leser nach abgeschlossener Lektüre selbst ein Kursmanuskript in den Händen, das die postmodernistische Textualitätsdiskussion veranschaulicht: Das Changieren zwischen den Darstellungsebenen sensibilisiert für die Möglichkeit einer textlichen Auffassung von Welt. Das pluralistische Nebeneinander von unterschiedlichen Wirklichkeiten lässt sich mit Hilfe von Texten ausdrücken, die miteinander interagieren. Dennoch versteht sich der Roman nicht als relativistisches Spiel, sondern als adaptierter Bildungsroman, der bewährte pädagogische Leitbilder stabilisiert.

Philosophie-Trend

Noch ausdrücklicher metafiktional angelegt ist das norwegische Jugendbuch *Romanen om Merkel Hanssen og Donna Winter og Den store flukten* (1986; Der Roman über Merkel Hanssen, Donna Winter und die große Flucht, 1987) von Tormod Haugen. Ähnlich wie in Jan Kjærstads Roman *Homo falsus eller det perfekte mord* (1984; Homo falsus oder der perfekte Mord, 1996) stellt der personale Erzähler Handlungsalternativen zur Diskussion, in denen die Figuren ein erzählerisches Eigenleben entfalten. Klarer als Gaarder setzt Haugen das reflexive Schreibverfahren didaktisch ein und macht sich zum Fürsprecher eines Anti-Realismus: »Wenn du beide Füße am Boden behältst, dann stehen Kopf und Körper still«, heißt es im Roman über Merkel.

Popularisierte Metafiktion

Im Vergleich zur Kriminalliteratur ist ein deutlicher zahlenmäßiger Rückgang sozialrealistischer Jugendbücher festzustellen. Phantastische Genres sowie Texte mit individuellen und existenziellen Thematiken werden bevorzugt. Das zahlenmäßige Anwachsen populärer dokumentarischer, historischer und biographischer Romane wirkt sich ebenfalls auf den Sektor der Jugendliteratur aus. Neben einer realistischen Tradition lässt sich auch eine surrealistische Richtung ausmachen, die mit Vorliebe das Entlegene und Unbeachtete fokussiert, nicht zuletzt in mitunter bizarren Illustrationen, die sich von vorherigen kindgerechten Darstellungen sehr abheben. Auch die Auseinandersetzung mit dem Medium Computer zeigt Wirkung in der Literatur für junge Erwachsene: John Erik Rileys Roman *Ikoner i et vindu eller Sagatid* (Icons in einem Fenster oder Märchenzeit, 1995) handelt von einer Gruppe von Jugendlichen, die sich per E-Mail über wichtige Lebensfragen austauschen und eine Erzählgemeinschaft wie die Figuren in Douglas Couplands Roman *Generation X* (1991) bilden.

Der ›Zeitroman‹

Garanten der Kontinuität

Der ›Zeitroman‹ ist ein Gesellschaftsroman mit chronikartigen Zügen, da der dargestellte historische Verlauf in der Gegenwart des Erzählers zu enden pflegt. Mit Ausgangspunkt in der Jetztzeit wird die Vergangenheit daraufhin ausgelotet, wie sie die Gegenwart der Erzähler prägt. Die epische Breite in Verbindung mit einer panoramatischen Orientierung ist dem mimetischen Realismus verpflichtet, dennoch lassen sich erstaunlich verschiedene Textbeispiele finden, die indirekt oder absichtsvoll die kontinuitätserzeugende Gesamtschau problematisieren und damit auch Aussagen darüber treffen, wie sich das kollektive und das individuelle Gedächtnis herausbilden. Dies lässt sich an vier völlig unterschiedlich ausgeformten Zeitromanen aus Dänemark, Norwegen, Schweden und Finnlandschweden nachvollziehen:

Im dänischen Roman *Byen og Verden* (1992; Die Stadt und die Welt, 1994) von Peer Hultberg scheint die jütländische Kleinstadt Viborg über ihre Bewohner zu erzählen, vielleicht sogar zu tratschen. Das Mentalitätsbild einschließlich der gegenseitigen sozialen Überwachung wird als eine Art Stimmenraum aus 100 figurenbezogenen, biographischen Sequenzen gebildet. Da sich einige der Lebenswege kreuzen, sind die Leser aufgefordert, die überlieferten Episoden selbst miteinander zu verknüpfen, so dass sich eine Lokalgeschichte ab ca. 1940 entfaltet, die für Dänemarks Provinz repräsentativ ist.

Während *Byen og Verden* polyzentrisch angelegt ist und die Erzeugung eines Geschichtsbewusstseins den Lesern überlässt, bevorzugt der norwegische Roman *Seierherrene* (Die Sieger, 1991) von Roy Jacobsen einen leicht zugänglichen Realismus, der sogar auf einen belehrenden auktorialen Erzähler nicht verzichtet. Der Aufstieg der norwegischen Arbeiter, ihr Weg vom verarmten Landproletariat der Fischerbauern zur bürgerlichen Mittelklasse in Oslo begründen den Titel. Der erste Teil des Romans ist an der Küste Helgelands Ende der 20er Jahre angesiedelt und handelt vom Überlebenskampf gegen kapitalistische Ausbeutung und Naturgewalten; er ist mit analytischen Kommentaren versehen, die eine sozialistisch gefärbte Geschichtsvermittlung durchscheinen lassen. Die Übersiedlung der ländlich sozialisierten Marta in die Großstadt Oslo im Jahr 1936 wird als Kulturschock dargestellt. Im zweiten Teil erhält ein Ich-Erzähler, Martas Sohn, das Wort, der in den 80er Jahren seine Familie durch seine Tätigkeit in der IT-Branche versorgt. Entsprechend verwandelt sich in diesem Teil der dialektale Sprachduktus in eine Umgangssprache der Städter.

Der finnlandschwedische Roman *Drakarna över Helsingfors* (Die Drachen über Helsingfors, 1996) von Kjell Westö thematisiert die soziale und kulturelle Stellung der finnlandschwedischen Minorität und spielt sich im selben Zeitrahmen wie *Seierherrene* ab. Die Handlung führt die Zuwanderung in die Städte mit dem sozialen Aufstieg der Figuren parallel und endet während des Wirtschaftsbooms der 80er Jahre, dem im Roman mit einer Rückbesinnung auf die kulturelle Tradition der eigenen Familie begegnet wird. Sowohl die Sinnsuche der Hippiegeneration als auch die enthusiastische Geschäftsmäßigkeit der Yuppies werden in einem nostalgischen Licht dargestellt.

Auch Ekmans Roman *Gör mig levande igen* (1996; Zum Leben erweckt, 2000) ist ein Kollektiv- und Zeitroman, der allerdings inhaltlich und erzähltechnisch den Brüchen und Diskontinuitäten Priorität einräumt. Die gesellschaftlich repräsentativen, sehr unterschiedlichen Lebensgeschichten sind thematisch an einen literarischen Gesprächskreis von Frauen gebunden, die aktuelle lebensanschauliche Fragen diskutieren. Dennoch laufen die an die verschiedenen Figurenperspektiven gebundenen Erzählstränge oft weit auseinander. Diese Auffächerung korrespondiert mit der zeitweiligen Auflösung und Neubildung der Frauengruppe. Es ist einer der beiden zentralen Figuren, der beharrlichen, greisen Finnlandschwedin Oda zu verdanken, dass der unterbrochene Dialog fortgesetzt wird, der immer wieder auf das pazifistische Engagement der Zwischenkriegszeit und die Anfänge des *folkhem* zurückführt und dieses Gedankengut u.a. auf die Kriegssituation auf dem Balkan in den 90er Jahren überträgt. Der sich vollziehende Umbau des schwedischen Wohlfahrtsstaates wird mit dem Bild einer leerstehenden funktionalistischen Villa belegt, die zum Entsetzen der Nachbarn in ein Asylantenheim umgewandelt werden soll.

Fragmentierung der Gesamtschau

Die mäandernde Komposition dieses Romans führt vor, wie sich der literarische Realismus über ein mehrstimmiges Verfahren erneuern kann. Ekmans und Hultbergs Texte widersetzen sich bezeichnenderweise einer linearen Darstellung der Zeitläufte, während Jacobsen und Westö mit einer vertrauten Chronologie arbeiten, die einen stark affirmativen Effekt hat. Allein Ekman als älteste Autorin geht kritisch auf die Erzählbedingungen in der bildüberflutenden Mediengesellschaft ein. Jacobsen, Hultberg und Westö dagegen behandeln die Aspekte ›Heimat in einer vergangenen Zeit‹ und ›heimatliche Orte‹. Auch wenn die realistischen Verfahren in diesen Beispieltexten sehr facettenreich und bei Hultberg und Ekman formbewusst angewandt werden, lässt sich das gemeinsame Anliegen formulieren, in einer Art Bilanz Aussagen zur Gegenwart zu treffen: Der Zeitroman stellt infolgedessen ein Modell dar, dessen Deutungsangebote und Sinngebungspotentiale sich leichter ablesen lassen als in der Wirklichkeit selbst. Allen Behauptungen zum Trotz, nach denen der literarische Realismus seit den 80er Jahren geradezu geächtet worden sei, lässt sich konstatieren, dass sich die realistische Darstellungsform bewährt und in neue Formen sozialrealistischen, phantastischen oder minimalistischen Erzählens aufgefächert worden ist.

Neue literarische Tendenzen

Neuentdeckung des Urbanen

Wie in der deutschsprachigen, englischen und französischen Literatur gilt die Stadt in den skandinavischen Literaturen als ein paradigmatischer Ort der Moderne. In der noch andauernden Spätmoderne wird die Stadt oft als textliches Konstrukt oder Medium metaphorisiert, das einen Strom von Zeichen freisetzt. Die ästhetischen, kulturellen, technologischen, medialen und gesellschaftspolitischen Veränderungen manifestieren sich in den konzentrierenden und auf das Umland ausstrahlenden Metropolen besonders deutlich. Hier bündeln sich verschiedene Modernisierungstendenzen und kreuzen sich unterschiedlichste Diskurse. Auf den europäischen Kontext bezogen gestand man Kopenhagen bereits in der Zwischenkriegszeit den Status einer Metropole zu, Stockholm jedoch erst Anfang der 80er Jahre und Oslo wenig später – wenn auch unter Vorbehalt. Eine Ursache für das schwächer ausgeprägte norwegische Interesse an der Stadtkultur könnte sein, dass Oslo aus historischen Gründen für eine nationalbewusste norwegische Identifikation wenig geeignet erscheint.

Attraktion Großstadt

In vielen modernistischen Texten wurde sowohl das innovative Vermögen der Großstädte gefeiert als auch Kritik an Entfremdung und Vereinzelung der Städter geübt. Markante Topoi der Stadtdarstellung der 70er Jahre sind soziale Brennpunkte in der Innenstadt oder die vorstädtischen Hochhaussiedlungen. An der städtischen Kulisse sind ökonomische Rezession und Umweltzerstörung ablesbar, die Stadt erscheint als eine bauliche Manifestation der Klassengesellschaft. Mit zurückgehender Suburbanisierung erhalten die verödeten Innenstädte erneut Aufmerksamkeit und werden restauriert, saniert oder verdichtet. In der postindustriellen Ära errichtet man ganze Stadtteile neu und stimmt sie auf den Dienstleistungs- und Unterhaltungsbereich ab (z.B. Aker Brygge in Oslo). Die Umfunktionierung industrieller Architektur und die Erschließung von Industriebrachen leiten eine kulturell und kommerziell motivierte Wiederentdeckung einer positiv gedeuteten Stadtkultur ein: Urbanität bezeichnet hierbei einen kulturellen und sozialen Mehrwert, den sich die Städter bei entsprechender Lebensführung aneignen können und der sie an einer städtischen Elite teilhaben lässt.

Aufgrund der wachsenden Kommerzialisierung der Kultur wird Urbanität ein Kennzeichen, das Konkurrenzfähigkeit innerhalb Europas signalisiert. Zur offiziellen Anerkennung der neuen europäischen Metropolen haben die Kulturhauptstadtjahre von Kopenhagen 1996 und Stockholm 1998 entscheidend beigetragen. Da sich Helsinki und Reykjavík (2000) den Titel der Kulturhauptstadt mit anderen Städten teilen mussten, war der Effekt in diesem Fall weniger deutlich. Mit der Lancierung der Öresund-Region wurde nicht zuletzt eine neue Stufe regionalen Städtemarketings erreicht, wobei das dänisch-schwedische Regionszentrum den sprechenden Namen »The Human Capital« (Den mänskliga Huvudstaden) erhalten hat. Insbesondere in Oslo und Helsinki hat von 1980 bis 2000 ein das Stadtbild verändernder Urbanisierungsschub stattgefunden, der im Vergleich zu anderen Städten durch seine zeitliche Raffung dramatisch wirkt. Auf diese Weise kam in den 80er Jahren in Norwegen und Finnland erstmals eine literarische Generation zu Wort, die großstädtisch sozialisiert worden war, während sich zuvor noch die Perspektive der Zuwanderer aus der Provinz behaupten konnte.

Stadt als Text und Medium

Zugleich entkonkretisiert sich in den 80er Jahren das Städtische, der Abgesang auf die sinnlich erfahrbare Stadt setzt ein: Die Großstadt fungiert selbst als Medium, d.h. als Bild- und Textgenerator, der das Verweisen der Zeichen aufeinander und deren Ablösung von der außertextuellen Welt vorantreibt. Wie etwa die Stadt-Metaphern der Collage, des Gewebes und Netzes verdeutlichen, wird in der literarischen *und* wissenschaftlichen Bewältigung von Großstadt unablässig zwischen Abstraktion und Verbildlichung hin- und hergeschaltet, um der Komplexität des Gegenstandes gerecht zu werden.

Die medienvermittelte Wahrnehmung referiert nicht zwangsläufig auf die städtische Erfahrungswelt, sondern vornehmlich auf literarisch verarbeitete Wahrnehmungen und bildliche Vorstellungen. Vor diesem Hintergrund entsteht schließlich die Auffassung von einer ortlosen Urbanität als einem mentalen Konzept. Eine solche vage, je nach Kontext und Sprecherinteresse variierende Definition hält davon ab, pauschalisierend eine literarische Urbanität oder eine fortlaufende literarische Urbanisierung der skandinavischen Literaturen anzunehmen.

Die spätmodernistische Stadtliteratur fragt theoriebewusst nach den sprachlichen und kognitiven Faktoren, die Stadtwahrnehmung konstituieren. Auffällig oft sind die Figuren in Stadtromanen damit befasst, eine Großstadt zu beschreiben oder zu erforschen. Aus dieser Intratextualität ergibt sich die Möglichkeit einer metafiktionalen Deutung, da über den Schreibvorgang stadtthematischer Texte reflektiert wird. Außerdem ist eine metaphorische Verselbständigung des Stadtraumes und des vorgestellten Wegenetzes festzustellen, da das topographische Konzept selbst als Strukturanalogie für den Textaufbau beansprucht wird.

In der Reaktion auf die jüngsten datentechnologischen Entwicklungen finden die ›Stadt als Text‹- und die ›Text als Stadt‹-Metaphorik eine weitere Steigerung. Um die vorgestellten Räume des Datennetzes veranschaulichen zu können, wird die vormals als unüberschaubar geltende Großstadt inzwischen sogar als orientierungsstiftende Metapher eingesetzt: So vergleicht Jan Kjærstad die Lektüre eines Hypertextes mit der Fortbewegung durch eine unbekannte Stadt. Der Norweger Kjærstad ist Begründer des konstruktivistischen skandinavischen Stadtromans, dessen Verfahren u.a. vom schwedischen Autor Aris Fioretos aufgegriffen wurde.

Jan Kjærstad

Kjærstads Oslo-Kriminalroman *Rand* (1990; Rand, 1992) überführt den städtischen Schauplatz von einem topographischen Ort zu einem Ort der Texte und beschreibt zugleich eine neuartige Poetik, die eine informationskritische ›Ästhetik des Feldes‹ entwirft: Dabei werden die Leser in ein assoziatives Netz aus metaphorischen Verweisungen eingebunden und müssen im Rahmen ihrer Hypothesenbildung fortlaufend überprüfen, ob die Datenkombinationen wesentliche Sinnbezüge herstellen oder nur eine Enzyklopädie aus Nonsenswissen erzeugen.

Der Ich-Erzähler in *Rand* begeht sechs Morde – entweder im Geiste, indem er sich als Schriftsteller in einen Mörder hineinversetzt, oder aber in seiner Eigenschaft als teilnahmslos mordender Psychopath, der ein Doppelleben führt: Im ersten Fall ist sein Bericht innerhalb der dargestellten Welt als fingiert einzustufen, im zweiten Fall sucht der mordende Ich-Erzähler als polizeilich ermittelnder IT-Experte nachträglich ein Motiv für seine eigenen Verbrechen, beide Lesarten – wenn nicht noch viele andere – lässt der Text zu.

Vervielfachung der Fiktionsebenen

Der erste Mord wird in der Nähe einer Bibliothek verübt, wodurch sich zwei textbewusste und selbstreflexive Deutungsmöglichkeiten ergeben: Ein Ort der Texte ist der Tatort, und an diesem wiederum wird ein Architekt getötet, der zahlreiche Osloer Gebäude entworfen hat (Analogie Textprodukt – städtebauliches Element). Die Berufe der Ermordeten sind so beschaffen, dass ihre Fachgebiete ein charakteristisches metaphorisches Repertoire aufweisen, es handelt sich u.a. um Typographie, Datentechnologie, Weberei, Musik und Fotografie. Legt man eine metafiktionale Perspektive an, kann die Beseitigung der fachlichen Repräsentanten verstanden werden als eine Verabschiedung der genannten Disziplinen als bildliche oder kompositorische Impulsgeber. Zugleich fungieren die mit der Texterstellung analogisierbaren Tätigkeiten wie etwa das Vernetzen oder Weben in *Rand* selbst als strukturelle Metaphern.

Auch der Stadtraum wird als fiktionales Gebilde und als ›gebauter Text‹ dargestellt, der Aufschlüsse über den Vorgang des Schreibens liefert. Der Erzähler betont, dass bei der Errichtung eines Gebäudes diejenige Bauphase ästhetisch am interessantesten sei, die das Gerüst sichtbar belasse. Die Baustelle im Bahnhofsviertel weist Merkmale einer Textwerkstatt oder eines metapoetischen Sinnbildes auf:

> Ich finde, dass es [...] fast unwirklich [...] ist, hier stehen zu können und Zeuge davon zu werden, dass neue Worte geschaffen werden, *Namen*, Oslo City, Oslo Plaza, Galleri Oslo, Oslo Spektrum. Durch die Luft schwingen zehn riesenhafte Kräne. Mich reizt es, ihre Bahn zu verfolgen, diese langsamen kreisförmigen Bewegungen. Ich nehme an, dass es zu weit hergeholt erscheint, sie mit Stiften zu vergleichen [...].

Aker Brygge, Oslo

Oslos Großbaustellen sind für den Ich-Erzähler Orte überraschender Begegnungen und Einsichten: Das simultane Fortschreiten von Verbrechen und städtischer Bautätigkeit suggerieren ihm, an einer bahnbrechenden Phase des neuen ubiquitären Oslo teilzuhaben. Die Klimax scheint erreicht, als der Erzähler vermeldet, er habe aufgrund der Datenstudien eine Entdeckung gemacht, die sich nicht in Worte kleiden lasse – »am Rande dessen, was ich zu sagen beabsichtige«. Diese kabbalistisch anmutende Wendung erinnert an Wittgensteins Diktum: »Worüber man nicht sprechen kann, darüber muss man schweigen.« In einigen Passagen der impliziten Rahmenhandlung hüllt sich der Text nun selbst in Schweigen, denn auf den letzten Romanseiten sind Schwärzungen, Stempel und RANDbemerkungen eines Redakteurs oder einer ausländischen Zensurbehörde eingefügt, die eine zweite Erzählinstanz etablieren (Herausgeberfiktion). Mit den interplanetarischen Übersichtskarten, einem Vorwort in nicht zu entschlüsselnden Schriftzeichen und dem in ähnlichen Schriftzügen abgefassten Glossar wird auf das Science fiction-Genre verwiesen. Eben jenes Glossar demonstriert die kombinationspoetische Herausforderung an den Leser einschließlich der Ermahnung, auf die systematischen Lügen nicht hereinzufallen: Während semantisch reiche Begriffe wie »Norwegen« oder »abstrakt« mit Hilfe einer knappen Phrase in die unbekannte Fremdsprache übersetzt werden, umfasst der erläuternde Abschnitt zur Simulations- und Analogievokabel »als ob« (som om) ganze 16 Zeilen.

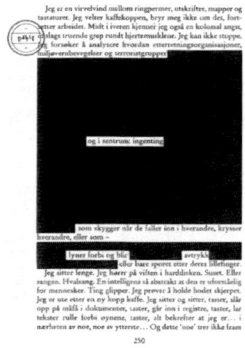

Seite aus Jan Kjærstads Roman *Rand*

Stadt als Gehirn

Die von Kjærstad bereits im Roman *Homo falsus* eingeführte ›Stadt als Gehirn‹-Metaphorik wird im Roman *Stockholm noir* (2000; Die Seelensucherin, 2000) von Aris Fioretos zu einer Bewusstseins- und Kartographiemetaphorik gesteigert – und dies in einer so zitatgesättigten und ironischen Weise, dass es den Lesern schwer gemacht wird, in der mit Schriftzeichen versehenen Stockholmer Schneelandschaft zuverlässige Anhaltspunkte für eine Gewichtung der parallelen Ereignisketten zu finden: Denn die Hauptfigur, eine junge Berlinerin, die im Stockholm des Jahres 1925 ihren verschollenen Vater sucht, wird diesen nicht finden, wie gleich am Romananfang verraten wird – auch wenn sich die Wege beider Figuren aus Leserperspektive beinahe kreuzen. Der gesamte Bericht über die bildhafte, aber auch buchstäblich umgesetzte biographische Spurensuche der Vera Grund wird schließlich in eine bewusst unglaubwürdige Herausgeberfiktion verschachtelt.

Dieser Pastiche-Roman spielt den Entwurf eines stadtgebundenen kognitiven und emotionalen Persönlichkeitsentwurfes durch und bedient sich dabei aller Mittel einer genussvoll inszenierten Intertextualität. Dass Fioretos einerseits auf Hjalmar Söderberg, den Dichterphilosophen Walter Benjamin und Paul Auster, andererseits auf die Phrenologie der 20er Jahre und noch viele weitere Prätexte zurückgreift, hat dabei einen irritierenden Effekt, da sich diese Inspirationsquellen gegenseitig relativieren. Es herrscht ein obsessives Interesse an konkretem Text *in* der Stadt und an der ›Stadt als Text‹-Metaphorik. Die Protagonistin beobachtet, dass ihre Routen durch Stockholm ein Muster bilden: Erst zeichnet sich eine Brille auf ihrem Stadtplan ab, dann ergeben sich phantasieanregende Liniengebilde und Koordinaten der Suchpunkte, die Vera zufolge entweder fallenden Schneeflocken, einer Notenpartitur oder einem Sternbild gleichen. Stockholm ist aus Veras Perspektive wie ein irreführender Erkenntnisparcours beschriftet, der zwar Überraschungen bietet, aber auch viele Geheimnisse der Stadt bewahrt.

Die wichtigste Karte, die auf das verschneite, entweder papierbogen- oder textähnliche Stockholm projiziert wird, ist jedoch ein graphisches Schaubild des menschlichen Gehirns. Diese anatomische Topographie wird vom Phrenologen Professor Schaumberg auf den Stadtplan übertragen, wobei er die Stockholmer Inseln und Felsen als geographische Entsprechungen zu verschiedenen Gehirnlappen identifiziert.

Umschlag von Aris Fioretos' *Stockholm noir*

Der Rhythmus Stockholms bzw. die Metrik und Reime des Stadttextes werden ebenso wie die Synchronizität der städtischen Ereignisse leitmotivisch behandelt. Den Höhepunkt in Veras Stadtwahrnehmung bildet eine Art Epiphanie-Erlebnis: Die Zeit bleibt stehen, und Vera befindet sich in Vergangenheit und Gegenwart, in einem Innen und Außen zugleich. Trotz eines hohen Maßes an Metafiktionalität bleibt in *Stockholm noir* eine Kombination aus existentiell-metaphysischer Dimension und Lokalkolorit erhalten. So sind die Leser dazu gezwungen, sowohl analytische Distanz zu wahren als auch eine Funktion des *suspension of disbelief* zu aktivieren. Diese Ambivalenz macht ein Charakteristikum vieler konstruktivistischer Texte aus.

In der Stadtliteratur ab 1980 findet parallel zur Postmodernerezeption eine Verselbständigung von Text-Text-Relationen in Romanen statt, die den Schauplatz Stadt weniger als topographisches, denn als kartographisches Milieu einsetzen und sich die Eigenschaft des städtischen Kreuzungspunktes von Diskursen zunutze machen. Es ist noch nicht abzusehen, ob die theoriebewusste und intellektuelle Stadtliteratur ihren Höhepunkt überschritten hat und ob damit das Interesse an einer ›sinnlichen Erfahrbarkeit‹ der Stadt wieder wachsen wird. Ende der 90er Jahre deutet sich in der Prosa eine Wiederbelebung realistischer und dokumentarischer Verfahren an, in der traditionelle Darstellungsformen wiederaufgegriffen oder weiterentwickelt werden: Der Stockholmroman *Vandrarna* (Die Wanderer, 2001) des Schweden Jan Henrik Swahn greift beispielsweise auf eine bewährte Textorganisation zurück, mit alternierenden Erzählperspektiven und den städtischen Plätzen und Verkehrsmitteln als Begegnungsorten.

Höhepunkt des Theoriebewusstseins?

Auch die Lyrik widmet sich ab 1980 verstärkt städtischen Schauplätzen und Wahrnehmungssituationen. Großstadt fungiert nicht länger als Kulisse oder sogenannte seelische Landschaft – die städtischen Elemente, Strukturen und Sinneseindrücke werden zu Grundmaterialien bei der Entwicklung poetischer Bilder. Aufgrund der Vertrautheit der Leser mit einer allgemeinen städtischen Szenographie kann eine bestimmte, literarisch dargestellte Stadt bekannt erscheinen, auch wenn die Leser sie aus eigener Erfahrung nicht kennen.

Analyse der Stadtwahrnehmung

Ulf Eriksson fokussiert in seinen Lyrik- und Prosatexten häufig den Nachvollzug von Erinnerungen im Schreibvorgang selbst: Die Textzeilen frieren Zeit in erinnerten oder antizipierten Wahrnehmungen ein. Die Stadt kann dabei als materialisierte Erinnerung und biographische Landschaft erscheinen, seien es paradigmatische Aussichtspunkte oder Blickachsen in der City oder der heimatliche Vorort, der sich als inspirierende »Unbekanntschaft« darbietet, weil er nicht wie die Innenstadt von Zeichen überladen ist. Über die Wahrnehmungskonstituierung eines Stadtwanderers am Stockholmer Sveavägen heißt es: »Der Blick erbaut sich selbst / aus den Elementen der Stadt« (aus Erikssons Lyrikband *Flamma Livsstund Kalla Eld* [Flamme Lebensdauer Kalla Feuer, 1998]). Imagination und Konstruktion greifen im lyrischen Prozess ineinander, und der Wahrnehmungsraum zwischen Subjekt und städtischer Erfahrungswelt wird sowohl kognitiv als auch über die sinnliche Wahrnehmung und »mit dem Maß des Körpers« ausgelotet. Die Passagen in der Stadt führen nicht nur von Raum zu Raum, sondern auch von Raum zu Text und von Text zu Text. Entsprechend sind Überblick und Teilnahme die beiden Maximen des idealen, aktualisierten Flaneurs in der Tradition Benjamins, für den Eriksson die Bezeichnung »das labyrinthische Ich« erfindet. Das Ineinanderprojizieren von Schrift und Blick findet beispielsweise in der Formulierung »der Tintendamm der Pupille« einen typischen Ausdruck.

Schrift- und Sprachreflexion

Materialität und Zeitlichkeit der Schrift sind auch für die Stadtlyrik von Katarina Frostenson zentral. Wie bei Eriksson verselbständigen sich poetisch ausgedeutete städtische Elemente zu eigenen lyrischen Spezialtermini, wobei Frostensons Texte die Konzentration und Reduktion der sprachlichen Einheiten weiter treiben. Klang und Rhythmus, teilweise auch die Typographie der Schrift, sollen die Materialität des gesprochenen Textes hervorheben.

Über den Vorort Hägersten in Stockholm heißt es in Frostensons Gedicht *Hägerstenen* (aus dem Band *Tankarna* [Die Gedanken, 1994]), der Name sei »oavtagbart«, d.h. nicht vom bezeichneten Objekt abzulösen, so als hätte die Bezeichnung bereits die Lebenswelt verändert. Statt eines Reihers (*häger*), den man bei einem wörtlichen Verständnis des Ortsnamens (*Reiherfelsen*) assoziieren könnte, wird nur ein kleiner Vogel erwähnt, dafür wandert *häger* in das Verb *hägra* (vorschweben) und in das Partizip *hägrande* (luftspiegelnd) zur Beschreibung der utopischen Ordnungsidee dieses Vorortes: »Sieh, eine Form schwebt, eine luftspiegelnde Form weist auf den Weg«, heißt es in der zweiten Strophe des Gedichts, und in der letzten: »Hinaus segeln wir auf einem Teppich aus Geschrei / der Ruf ein silbergrauer Rhombus über dem Feld«.

Klangliche Homonyme werden bei Frostenson dazu genutzt, in den Gedichten Mehrfachbedeutungen auf unterschiedlichen Bildebenen simultan zu entfalten. Die synästhetischen Verfahren und die musikalische Orientierung lassen die Bezeichnung neoromantische Dichtung treffend erscheinen. Zugleich bereichert Frostenson die postmodernistische Raumästhetik der 80er Jahre (neben Ulf Eriksson vertreten u.a. durch Ola Larsmo und Steve Sem-Sandberg), indem sie sich für die funktionslosen, leeren, mit unklaren Bedeutungen versehenen Orte in der Stadt interessiert und einen an der Peripherie geschulten Blick auch auf zentral gelegene Stadtgebiete richtet.

Das Stadtthema als Opernstoff

Katarina Frostensons akustische Ästhetik findet ihren bisherigen Höhepunkt im Opernlibretto *Staden* (Die Stadt, 1998; Musik: Sven-David Sandström). Unterschiedliche Stimmqualitäten sind auf den konkreten und sozialen Stadtraum bezogen: zum einen die Stimmen der Chöre, die z.B. die Jugendbanden aus den Vororten oder die Bewohner des Totenreichs repräsentieren, zum anderen markante Einzelstimmen, die in Duetten oder Soli individuelle Typen wie die *bag lady*, das verliebte Paar oder den Verkäufer verkörpern. Der Orpheus-Mythos ist die zugrundeliegende Erzählung, wie die Auftritte der androgynen Hauptfigur Sorl (schwed. Stimmengewirr, Raunen) belegen, die alle Figuren bei ihrer Suche begleitet und sich dabei auch als ›böser Verführer‹ erweist. *Staden* führt vor, dass die Großstadt das Unvorhergesehene beherbergen kann, dass sie die Begegnung mit dem Fremden anregt oder einfordert. Sorl verkörpert das überraschende und lockend-faszinierende Fremde, weckt aber auch Enttäuschung und schließlich Abscheu, als sie/er sich nicht vom Kollektiv der Städter bezwingen lässt.

Indem die Figuren in *Staden* mit ihren gesungenen Texten an verschiedenen symbolischen Orten auftreten, am glitzernden Kanal, im städtischen Garten oder auf einer Ebene außerhalb der Stadt, werden diese Räume zu Bedeutungszonen. Dies betrifft ebenso die unansehnlichen, als überflüssig geltenden städtischen Orte. In Frostensons Prosalyrik-Band *Överblivet* (Übriggeblieben, 1989) werden diese mit neuen Bedeutungen aufzuladenden Gebiete ebenfalls akustisch sensibel aufgespürt: »Auf der Suche nach Orten, die zwecklos geworden sind. Den ausgedienten, braunen. Wie der Park, den die Sonnenblumen übernommen haben. Solche, die hoch und schön, nur um ihrer selbst willen blühen. Orte für eine Begegnung, bei der alles nur Stimme ist, alles offenes Ohr.«

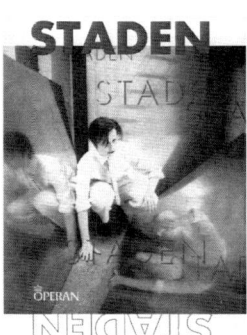

Programmheft zur Oper *Staden* von K. Frostenson und S.-D. Sandström (1998)

Der rezeptionsästhetisch verheißungsvolle Titel des Lyrikbands *Ubestemmelsessteder* (Unbestimmtheitsstellen, 1996) von Morten Søndergaard könnte eine vergleichbare ästhetische Neubewertung von Räumen suggerieren, variiert jedoch die klassische städtische Darstellungsform der Sozialgalerie und des Tableaus, verankert in Straßen und Plätzen Kopenhagens, die oft namentlich genannt werden. Der exemplarische Gehalt der Szenen führt einerseits zu einer Delokalisierung, insbesondere weil sich das lyrische Ich als sprachreflektierender Beobachter präsentiert, anderseits scheint ein Anstrich von Solidarität mit den städtischen Außenseitern durch. Hiermit zeichnet sich eine stärkere Hinwendung zur konkreten städtischen Situation ab, in der sich das lyrische Subjekt der für die Stadt typischen alltäglichen Fremdheit aussetzt. Es zeichnet die Literatur der 80er und 90er Jahre aus, dass die Bedingungen des Fremdseins in seiner räumlichen (Geographie, Topographie), zeitlichen (Historiographie) und individuell-biographischen Dimension ausgelotet werden.

Erkundungen des Fremden

Die für die 70er Jahre charakteristische Utopie einer bereichernden Multikulturalität hat – wie die zum Teil erschreckend breiten fremdenfeindlichen Bewegungen in den skandinavischen Ländern unterstreichen – an seiner ehemals suggestiven Überzeugungskraft eingebüßt, lebt in einigen sozialrealistischen Texten aber noch als Ideal fort. Die entsprechenden Maximen einer erhofften Begegnung oder gelungenen Verschmelzung der Kulturen lauten ›Das Beste aus beiden Welten vereinen‹ oder ›Voneinander lernen‹.

Xenophobie und Exotismus

Diejenigen Autoren, die an der Botschaft einer Solidarisierung festhalten, stellen das Fremde mit einem positiv intendierten und respektvollen Exotismus dar, wie etwa der Roman *Øyets sult* (Der Hunger des Auges, 1993) von Tove Nilsen. Das Fremdheitsthema bildet seit den frühesten Reiseberichten einen sensationsträchtigen Stoff, der seine Attraktionskraft trotz Massentourismus und alltäglicher Kontakte mit Migranten bis heute nicht eingebüßt hat. Dabei kann die erste Annäherung an eine Minorität offensichtlich kaum auf die Stilisierung des edlen Wilden verzichten. Britt Karin Larsens Roman *De som ser etter tegn* (Diejenigen die nach Zeichen Ausschau halten, 1997) über die Roma (*reisende* oder *tatare*) in Norwegen lässt die pädagogische Absicht einer sozialen Aufwertung erkennen: Die Roma, »ein Volk, das von Angst, Missverständnissen und Mystik umgeben war«, werden mit den Tugenden »Stolz, Gemeinschaftsgefühl, Ausdauer« versehen. Das Glossar für Romani-Begriffe im Anhang dieses Romans verleiht darüber hinaus einem sprachgeschichtlichen und ethnologischen Interesse Ausdruck und unterstreicht die didaktische Ambition.

Der Roman *Det sista ljuset* (Das letzte Licht, 1995) von Theodor Kallifatides behandelt ein griechisch-schwedisches Familiendrama. Aus der Perspektive der ersten Einwanderergeneration herrscht ein Gegensatz zwischen schwedischen und eingewanderten Personen, der für die zweite, bikulturell sozialisierte Generation nicht gleichermaßen relevant erscheint. Diese ist mit der schwierigen Aufgabe konfrontiert, zwei Normensysteme miteinander zu vereinbaren, die den Jugendlichen eine Position des Anderen in beiden kulturellen Kontexten zuweist. Der in Schweden aufgewachsene Sohn griechischer Eltern begeht in diesem Roman Selbstmord, da er aufgrund seiner Homosexualität in einen für ihn unlösbaren Konflikt geraten ist.

Ein weiterer sozialrealistischer Beispieltext schwankt zwischen den beiden didaktischen Absichten, die Begegnung mit dem Fremden harmonisch darzustellen, um in prophylaktischer Weise fremdenfeindlicher Ausgrenzung vorzubeugen und existierende Kulturunterschiede zu nivellieren, zum anderen den aktuellen Wissensstand über den Entstehungshintergrund rassistischer Denkmuster zu reflektieren. *Elskede Poona* (2000; Stumme Schreie, 2001), ein Kriminalroman von Karin Fossum, handelt von einer Inderin, die während der ersten Stunden ihres Aufenthaltes in Norwegen ermordet wird. Wie im Roman ausdrücklich und mit einem Anstrich interkultureller Erziehung formuliert, wird der indischen Besucherin zum Verhängnis, dass sie das Andere nicht nur hinsichtlich der Ethnizität, sondern auch des Geschlechts verkörpert. Bei aller Indignation des Erzählers über das repressive Kollektiv der Dörfler, die den Täter zu decken versuchen, verharmlost der Krimi die antirassistische Botschaft. Angesichts der sympathischen, zur Identifikation auffordernden Inderin, die ein besonders rechtschaffener norwegischer Angestellter auf einer Indienreise geheiratet hat, werden die Überfremdungsängste der Provinzbewohner überdeutlich *ad absurdum* geführt. Die didaktische Hauptintention macht Plot und Story vorhersehbar. Der Roman liefert eine pessimistische Einschätzung norwegischer Integrationspolitik. Der an die Einwanderer gestellten Erwartung, sich ›im Gastland‹ zu assimilieren, steht die Bestrebung der Majorität, das Verhältnis der Alterität aufrechtzuerhalten, widersprüchlich gegenüber.

Überkommenheit polarisierter Konzepte

Der Fremdheitsdiskurs hat offensichtlich die Bedenken literarischer Autoren vergrößert, an einer polaren Auffassung von Eigenem und Fremden festzuhalten. Auf den Konstruktcharakter von Ethnizität und auf die Strategie der Selbstexotisierung des Fremden geht der Roman *Maroonberget* (Der Maroonberg, 1996) von Ola Larsmo ausführlich ein. Der historisch verbürgte Protagonist ist der in Schweden freigesprochene afrikanische Sklave Couschi, genannt Badin, der, von der dänischen Kolonie St. Croix stammend, als Geschenk an den Hof Gustav III. geliefert wurde. Das Rollenfach des Hofnarrs und des edlen Wilden beherrscht Couschi bald perfekt. So kann er sich gemäß der Bildungs- und Verfeinerungsideale der Aufklärung entwickeln und dennoch seine beobachtende Außenseiterposition beibehalten. In einem parallelen Handlungsstrang in der Gegenwart stellt der schwarze Schwede Jimmy Recherchen über Couschi an, ausgehend von einem Porträtgemälde und zwei Statuen im Haga Park, die Sklaven darstellen. Seine Nachfor-

Adolf Badin, Gemälde von G. Lundberg (1775)

Umschlag von Ola Larsmos *Maroonberget* (1996)

schungen helfen ihm bei der Bearbeitung einer persönlichen Krise und bei der Bewältigung seines Außenseiterstatus, der für ihn durch die ausgrenzenden Verhaltensweisen der Stockholmer täglich erfahrbar ist.

Larsmo hat die biographischen Aufzeichnungen Couschis ausgewertet, die sich in der Universitätsbibliothek in Uppsala befinden. Wie das historische Notizbuch belegt, wollte Couschi sich eine Biographie ›erschreiben‹, nicht zuletzt weil er sich an seine Kindheit in der Karibik nicht mehr erinnern konnte. Erstmalig betrachtete er sich in der Position des Eigenen, indem er erkannte, »dass er Couschi ist, und nichts anderes« und damit die Definitionsmacht der Majorität außer Kraft setzt. Über seine wenigen autobiographischen Aufzeichnungen wird ihm ermöglicht, den äußerlichen Rollen, Titeln und Kostümen des Hofnarren eine selbstgewählte Persönlichkeit entgegenzustellen. In einem literaturwissenschaftlich anmutenden Kommentar seines Romans bezieht Larsmo die genealogische Konstruktion Couschis auf die Gegenwart: »[...] man kann die Linie in die Gegenwart verlängern, zu den Rastafaris oder zur Inventarisierung geschichtlicher Fiktionen, wie sie postimperialistische Forscher vornehmen« (1996).

Die mit dem Poststrukturalismus assoziierte Verweigerung gegenüber polaren Denkschemata wird in diesem Roman anschaulich vorgeführt: Die Dichotomie von Schwarz und Weiß erscheint in vielen sinnreichen Farbanspielungen und Figurenbeschreibungen aufgelöst. Die wechselseitige Bedingtheit der Farben wird hinterfragt, indem die Farben Weiß und Schwarz (Nicht-Weiß) nicht auf konventionelle Weise eine Achse bilden, sondern beispielsweise der Schnee des Nordens dem Zucker des Südens gegenübergestellt ist. Darüber hinaus findet ein chiastisches Vertauschen der Positionen des Anderen und des Eigenen statt: Beispielsweise verwechselt der Fotograf Jimmy die Aufnahmen eines ihn attackierenden Skinheads mit den Bildern der Statuen, die Couschi darstellen. Indem für Jimmy ersichtlich wird, dass ihm gegenüber auch Couschi die Position des Anderen einnehmen kann, akzeptiert er die Notwendigkeit, sein Selbstbild fortlaufend zu reflektieren.

Während Larsmos Roman historische Dokumente integriert, scheint Ylva

Eggehorns Roman *En av dessa timmar* (Eine dieser Stunden, 1996) eher der exotistischen Tradition verpflichtet, wie sie bereits im ersten literarischen Text über Couschi, nämlich *Morianen* (Der Mohr, 1844) von M.J. Crusenstolpe begründet wurde, seinerzeit ein sensationeller Verkaufserfolg. Entsprechend dominiert eine sentimentale Lektüre: Die Leerstellen in Couschis Leben werden aufgefüllt, und der Held mit einer Kindheit versehen, die seine sinnlichen Talente begründet. Dieser erotisch eingefärbte Exotismus wird dadurch legitimiert, dass eine Solidarität des Schwarzen mit den unterdrückten Frauen in seiner Umgebung angenommen wird: So vergleicht sich die historische Figur Charlotte de Geer mit einem unentdeckten Land, wodurch ethnische und gender-spezifische Fremdheit parallelisiert werden. Hierbei wird angedeutet, dass der nicht-definierte Status über die Objektrolle hinausweisen und unter bestimmten sozialen Voraussetzungen Selbstbestimmung ermöglichen kann: »Niemand hat mich eingezäunt oder vermessen, niemand hat eine Karte über mein Territorium angelegt.«

Konstituierung eines Subjekts

Diese ambivalente Freiheit des Noch-nicht-Bestimmten spielt Solvej Balles Robinsonade *Lyrefugl* (Der Lautenvogel, 1987) anhand eines Nullpunkterlebnisses durch. Als die Protagonistin Freia als Schiffbrüchige auf einer einsamen Insel von vorne anfangen muss, gelingt ihr ein Identitätsentwurf nur unter größten Schwierigkeiten. Sie muss die Erkenntnisstufen der europäischen Kulturgeschichte exemplarisch durchlaufen, die in der Romanhandlung auf den Maßstab der Insel reduziert ist. Wie Robinsons Kompagnon Freitag stammt die eines Tages eintreffende Vendri (vgl. franz. *vendredi*) aus einer nicht-europäischen Zivilisation. Vendri erweist sich jedoch als Teil von Freias Persönlichkeit, da die physische Anwesenheit Vendris auf der Insel von den später eintreffenden Rettern geleugnet wird. So wird die Begegnung mit dem Fremden variiert als eine Auslotung des Eigenen. Das große Interesse am Fremden und an der biographischen Erzählung bedingen sich gegenseitig.

Eine neue Reiseliteratur

Gerade Reisedarstellungen haben das Vermögen, die verallgemeinerten, meist bedrohlichen Konnotationen des Fremden am Beispiel zu konkretisieren, mitunter zu entschärfen und den Lesern die Funktionen des Fremdbildes für das Selbstbild vor Augen zu führen. Hierin besteht eine grundlegende ethische Funktion, die zunehmend reflektiert wird, nicht zuletzt, um die persönlichen Erlebnisse im Verhältnis zur unzuverlässigen Berichterstattung der Medien zu positionieren. Reiseschilderungen können prozesshaft nachvollziehbar machen, in welcher Weise unklar abgegrenzte und noch nicht definierte Bedeutungsbereiche des Anderen Verunsicherung hervorrufen können und welche Strategien entwickelt werden, um eine imaginierte Gemeinschaft als Bezugsgröße für das eigene Selbst aufrechtzuerhalten.

Das bewusste Aufsuchen des Unbekannten liegt den rastlosen Fahrten vieler Reiseschriftsteller zugrunde. Die Situation des Anderen lässt sich vorübergehend und meist ohne Verpflichtungen oder Konsequenzen in Augenschein nehmen. Das Reisen dient somit einer Erprobung von Persönlichkeitsentwürfen, so dass viele Reiseschilderungen in Reportage- oder Tagebuchform auch Aussagen über die Entstehungsbedingungen und Projektionen des Eigenen und Fremden treffen. In auffälliger Weise beziehen zahlreiche literarische Reiseschilderungen beispielsweise theoretische und anthropologische Schriften über interkulturelle Prozesse in die Darstellung mit ein. Ein weiteres Phänomen der Intertextualtität und Interdiskursivität besteht in der Überprüfung, Analyse und Kommentierung früherer Reiseberichte.

Viele Reiseschilderungen sind über die individuellen Erfahrungsberichte hinausgehend von unterschiedlichen Medien wie Texten, Bildern oder Filmen geleitet, die auffällig oft einen direkten Niederschlag in den Texten finden. Grob vereinfacht lassen sich zwei Textgruppen unterscheiden: erstens eine eher am Selbstbild orientierte Reiseschilderung und zweitens eine stärker objektfokussierte Darstellung. Beide Ausrichtungen sind mitunter in einem Text verschmolzen oder kommentieren einander, so dass Selbstwahrnehmung und Objektwahrnehmung in einer Wechselbeziehung dargeboten werden.

Zur ersten Gruppe der hauptsächlich mit dem Selbstbild befassten Reiseschriftsteller gehören u.a. Carsten Jensen, Barbara Voors und Robin Valtiala; sie erwähnen den angestrebten Bildungs- und den sogenannten therapeutischen Effekt des Reisens in ihren Texten ausdrücklich. Jensen entwickelt dementsprechend das Kombinationsgenre der Reisebiographie: *Jeg har set verden begynde* (Ich habe gesehen, wie die Welt anfängt, 1996) und *Jeg har hørt et stjerneskud* (Ich habe eine Sternschnuppe gehört, 1997). Das Fremde erhält, wie das Personalpronomen im Titel vorwegnimmt, hauptsächlich eine ›ego-zentrierende‹ Funktion für das wahrnehmende Subjekt.

Das reisende Ich

Auch die Ich-Erzählerin in *När elefanter dansar* (Wenn Elefanten tanzen, 1994) von Barbara Voors tritt einen autobiographisch motivierten *rite de passage* an und beendet mit ihrer Tansaniareise die haltlose Sinnsuche der Yuppie-Ära, was durch die Familiengründung nach ihrer Rückkehr unterstrichen wird. Die gleichmütige und humorvolle afrikanische Mentalität wird als der latent unzufriedenen, wertearmen und geschäftigen Lebensweise der Schweden und Westeuropäer schlichtweg überlegen dargestellt. Eine Anekdote verdeutlicht den Charakter der Selbstbegegnung und Ich-Suche in beiläufiger Weise: Als die Ich-Erzählerin Straßenschilder mit der Aufschrift »Barabara« liest, meint sie ihren Vornamen zu erkennen, bis sie erfährt, dass das Wort in Suaheli ›Weg‹ bedeutet.

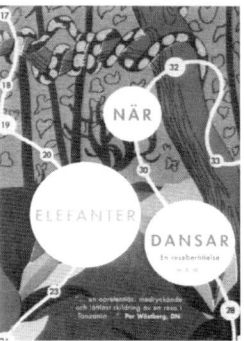

Umschlag von Barbara Voors' *Wenn Elefanten tanzen* (1994)

Robin Valtiala, der zwischen 1996 und 1999 durch Lateinamerika reiste, verfasst seinen Reisebericht in Helsingfors. Zwischen textimmantem Ich-Erzähler und Autor wird auch in diesem Beispieltext nicht unterschieden. Die Schreibmaschinen-Typographie des schlichten Bandes unterstreicht das persönliche Projekt in *Kontinent utan väggar* (Kontinent ohne Wände, 2000), das dem Erzähler nach eigener Einschätzung zu neuem Selbstbewusstsein verholfen hat. Die intendierte Einzigartigkeit der Reise korrespondiert mit dem Wunsch nach einem unverwechselbaren Charakter, womit eine Komponente der klassischen Bildungsreise aufgegriffen wird.

Zur Illustration der zweiten, stärker an der Objektwahrnehmung interessierten Textgruppe, sind die Reiseschilderungen von Kristian Petri besonders geeignet. Obwohl nachdrücklich subjektiv und beinahe im Sinne einer ethnologischen Beobachtung konzipiert, legen *Djungeln* (Der Dschungel, 1990), *Resan till Sachalin* (Die Reise nach Sachalin, 1992) und *Den sista ön* (1994; Die Insel am Ende des Meeres, 1999) eine kritische, auf den internationalen Horizont ausgerichtete Perspektive an. Der Ich-Erzähler hat nicht nur die passenden historischen Reiseberichte oder die jeweilige Lokalliteratur im Gepäck, sondern auch ein theoretisches und ästhetisches Bewusstsein, das eine Objektivierung der privaten Beobachtungen erlaubt. So richtet sich die Aufmerksamkeit auf Folgen der Umweltzerstörung und des Massentourismus als Ausdruck einer destruktiven Globalisierung, aber auch auf Paradoxa der Modernisierung, welche an unterschiedlichen Orten in zeitlich versetzten, beschleunigten oder verlangsamten Prozessen hervortreten: eine irritierende Simultaneität von Internet einerseits und Kannibalismus andererseits.

Theorie unterwegs

Die existentielle Bedeutung des Reisens kann Petri überzeugend herausarbeiten. Eine ego-zentrische Befangenheit wird u.a. dadurch überschritten, dass der Blick der anderen auf den Ich-Erzähler berücksichtigt wird. Die handlungsbetonten Abschnitte werden außerdem von Reflexionen unterbrochen, die beispielsweise problematisieren, wie sich Wahrnehmung und Erlebnis versprachlichen und dokumentieren lassen. An welche Episoden wird man sich später noch genau erinnern können? Wie wird man anderen von einem komplexen und ambivalenten Erlebnis erzählen? Die Reise wird bereits als zukünftiger Text antizipiert, womit sich Reisen, Lesen und Schreiben gegenseitig durchdringen. Schließlich verweisen auch die Eindrücke früherer und heutiger Reisen aufeinander: Werden Orte aufgesucht, die Erinnerungen und Bilder aus dem Unterbewusstsein wachrufen, gewinnen die biographischen Episoden des Reisens eine Eigendynamik, die auch Gegenstand einer speziellen Reiselyrik geworden ist (z.B. Eldrid Lunden, Tua Forsström, Henrik Nordbrandt). Welche Bilder behaupten sich, und welche werden unter dem Eindruck des Neuen verblassen? In welcher Weise werden sich Personen und Orte in der Erinnerung schrittweise verändern? Petri führt vor, wie durch textbewusste Reiseprojekte eine Intensivierung früherer und gegenwärtiger Erfahrungen stattfinden kann. Indem der Erzähler seinen textgesteuerten Blick auf die Orte richtet und z.B. eine bereits vorhandene literarische Darstellung hinterfragt, scheint eine polare Anschauungsform des Eigenen versus Fremden ausgeschlossen, denn beide Dimensionen greifen in der Textcollage schon ineinander. Der eigene Blick ist immer bereits von einem vorausgehenden fremden Blick gespeist.

Reisende als Reporter

Eine weitere Gruppe von Texten weist den Ich-Erzählern in noch stärkerem Maße als bei Petri die Rolle des Reporters oder recherchierenden Journalisten zu, der die Ergebnisse persönlich gefärbter Nachforschungen präsentiert. Drei Textbeispiele, die sich mit dem Thema Europa nach dem Fall der Mauer befassen, verdeutlichen das Anliegen der Reportage, lebendige Gegenwartsgeschichte zu vermitteln. Mediale Verunsicherung und widersprüchliche Informationsverbreitung lösen möglicherweise den fast anachronistisch wirkenden Wunsch aus, fremde Orte persönlich und konkret aufzusuchen. Da niemand noch einer ›objektiven Berichterstattung‹ vertrauen kann, wie die mediale Aufbereitung des Golfkriegs und des Balkankriegs nachdrücklich bewiesen hat, findet eine Aufwertung des subjektiven Berichts und der persönlichen Reportage statt. Mit dieser durch Diskursüberschneidungen ermöglichten Genreform ist eine Hoffnung auf Authentizität verknüpft.

Klaus Rifbjerg, der sich einst sehr polemisch über die ehemaligen deutschen Besetzer Dänemarks geäußert hatte, unternimmt in *Berlinerdage* (Berliner Tage, 1995) den Versuch, deutsche Vergangenheit nicht länger aus einer überlegenen Außensichtperspektive zu beurteilen. Während seines Aufenthaltes in Berlin befasst er sich intensiv mit der abermals historisch angereicherten Stadt, aber auch mit dem fremden autobiographischen Text einer historischen Berlinerin (Ursula von Kardorff). Der tief berührte Autor versetzt sich in den komplexen historischen Zusammenhang deutscher Schuld hinein und kritisiert eine vorschnelle Abqualifizierung der Deutschen, wie sie ihm zufolge von dänischer Seite häufig vorgekommen sei.

Neue Flaneure

Aus der Perspektive des recherchierenden Flaneurs beschreibt Ulf Peter Hallberg in *Flanörens blick. En europeisk färglära* (1993; Der Blick des Flaneurs. Eine europäische Farbenlehre, 1995) neben New York wichtige europäische Städte: Berlin, Wien, Budapest, St. Petersburg, Moskau und Paris. Hallberg ist durch seine schwedische Übersetzung ausgewählter Schriften Benjamins für die literarische Spurensuche besonders sensibilisiert. So sind die jeweiligen Stadtpläne immer auch literarische Landkarten, auf denen der als Flaneur auftretende Ich-Erzähler seine Gänge durch die Stadt und seine

Gespräche mit dort ansässigen Autoren verzeichnet. Dabei schenkt er den Passagen besondere Beachtung, die sich zwischen der Erfahrungswelt und den vorherigen Lektüren eröffnen und sich auch als paradigmatische Orte für die Erschließung unbekannter Kulturen erweisen. Vor diesem Hintergrund lässt sich der Untertitel der Textsammlung *En europeisk färglära* (Eine europäische Farbenlehre) als Entwurf einer gemeinsamen europäischen Kulturgeschichte deuten; das Ziel Hallbergs ist, dass zukünftige Leser »Stimmen, Sinneseindrücke und Schritte aus meiner und der Zeit der Erzählung wahrnehmen mögen«, also eine Art literarisches Geschichtsmonument.

Ampel, Fotografie aus Ulf Peter Hallbergs *Flanörens blick*

Ähnlich wie Hallberg motiviert Richard Swartz seine Textsammlung *Room service* (1996; Room service, 1997) mit der Dokumentation bereits verblassender Erinnerungen. Der Auslandskorrespondent, der u. a. für die beiden größten schwedischen Tageszeitungen arbeitet, hat das erklärte Ziel, mit seinen Reportagen die im Verschwinden begriffenen osteuropäischen Kulturen literarisch zu verewigen. Allerdings bettet er seine subjektiven Schilderungen biographisch ein, mit viel Sinn für die Atmosphäre und groteske Details. Durch den mitunter humoristisch-resignierten Tonfall des Ich-Erzählers lässt sich die kollektive Dynamik der in Auflösung begriffenen politischen Systeme der ehemaligen Ostblockstaaten auf die Ebene des Individuums hinunterprojizieren und in alltäglichen Szenen festhalten. Bei der Einsicht seiner Stasi-Akten stellt der seit Anfang der 70er Jahre der Spionage verdächtigte Swartz beispielsweise fest, dass die über ›Black‹ berichtenden Stasi-Mitarbeiter unterschiedliche schriftstellerische Präferenzen aufweisen. Der Autor Swartz befand sich damit in der seltenen Lage, zum Teil widersprüchliche biographische Dokumente fremder Verfasser mit seinen eigenen Lebenserinnerungen vergleichen zu können.

Neuer Dokumentarismus zwischen Historiographie und Biographie

Eine vergleichbare Auffächerung des Genres wie bei der Reiseschilderung und der Reportage findet sich auch im Dokumentarismus der 80er und 90er Jahre, der das Adjektiv neu insofern verdient, als er sich vom dokumentarischen Verständnis früherer Jahrzehnte unterscheidet. Vormals galt Dokumentarismus als themenerschließendes Genre mit geringem Bearbeitungsgrad, das jenseits des etablierten Kulturbetriebs publiziert werden und damit politische Durchschlagskraft gewinnen sollte (z.B. Interviewbücher). In der jüngsten Gegenwartsliteratur fungieren dokumentarische Elemente als Genrebausteine, die das Verhältnis von Fiktion und Nicht-Fiktion als fruchtbares Spannungsfeld gestalten. So wird häufig ein genrespezifisches Thema verarbeitet: die Verknüpfung interpretierter Daten zu narrativen Einheiten und die kontextabhängige Deutung von Ereignissen. Das Projekt einer authentischen Dokumentation erscheint mithin in höchst zweifelhaftem Licht: Bereits die Materialsichtung wirkt fiktionalisierend, da während der Stoffsammlung Vorentscheidungen über die narrative Basisstruktur getroffen werden. Indem der Dokumentarismus unterschiedliche Texte und Textsorten gegeneinander ausspielt, werden die vom jeweiligen Medium und Betrachterstandpunkt abhängigen Aussagebedingungen und die Zuverlässigkeit der Zeitzeugenposition grundsätzlich problematisiert: Mit der kritischen Einbeziehung der Medienberichterstattung und der Integration journalistischer Elemente in den Roman offenbart sich das bildende, auf eine Kritikfähigkeit abzielende Vermögen des Dokumentarismus.

Revision der Dokumentarliteratur

Zwei vorherrschende Verfahrensweisen zeichnen sich ab. Stellt man sich eine Skala mit den Extremen eines ›rohen‹ Dokumentarismus auf der einen und eines episch dichten auf der anderen Seite vor, nimmt der erwähnte Roman *Maroonberget* (Larsmo) eine mittlere Position ein: Die historischen Quellentexte Couschis bilden den Anteil der vorgefundenen und zitierten Texte, während die Romanhandlung um Jimmy eine fiktionale Einheit darstellt. Der Roman *Theres* (1996) von Steve Sem-Sandberg über das Phänomen des Terrorismus am Beispiel von Ulrike Meinhof bedient sich der ersten Verfahrensweise, einer direkten Weiterführung des traditionellen Dokumentarismus: eine offene, stark fragmentarisierte Form, die auch typographisch die mehrdeutige Quellenlage hervorhebt. Die Dokumentensammlung inkorporiert förmlich den unabschließbaren Interpretationsvorgang und die historisch variable Bedeutungskonstituierung. Die unkommentierte Gegenüberstellung von Dokumenten (Protokolle, Presseagentur-Meldungen, Flugblattpassagen oder Zeitungsüberschriften) setzt intensive Lesermitarbeit voraus und veranschaulicht zugleich die unterschiedlich ausgeprägte Macht der Textsorten. Welche Dokumente echt oder fingiert sind, lässt sich nicht überprüfen, da fast alle eingewobenen Texte Zitatcharakter annehmen. Erkennbare Dokumenteingriffe sind beispielsweise die Umarbeitungen protokollierter Gerichtsverhandlungen und Verhöre zu knappen Theaterszenen.

Diesem Typus stehen Romane gegenüber, die das recherchierte Material freier verarbeiten und zu neuen Ereignisverläufen arrangieren. Trotz ihres dokumentarischen Anteils werden diese gängigerweise als historische Romane bezeichnet, obwohl die Bezeichnung ›historiographische Erzählung‹ treffender ist, da sie einerseits die planvolle Gestaltung und andererseits den Entwurfcharakter der jeweiligen Geschichtsversion unterstreicht. Eine Teilgruppe dieser Texte machen wiederum die überaus beliebten Biographien über ›historische Persönlichkeiten‹ aus. Das lebhafte Interesse an personenorientierter Geschichte korrespondiert mit der Aufwertung des Individuums, dem wachsenden Philosophie-Interesse und mit der Suche nach Kontinuitäten, die die ›großen Erzählungen‹ ersetzen oder sogar reinstallieren könnten.

Historisch-biographische Romane

Der Roman *Livläkarens besök* (1999; Der Besuch des Leibarztes, 2001) von Per Olov Enquist entfaltet sich entlang der biographischen Erzählung über das skandalträchtige Schicksal Johann Friedrich Struensees (1737–72) und fokussiert zugleich die aufklärerische Utopie. Struensee wurde es als Betreuer des erkrankten Königs Christian VII. und als Geliebter der Königin Caroline Mathilde ermöglicht, rasch die Staatsgeschäfte zu übernehmen. Seine nur vier Jahre umfassende Machtperiode nutzte Struensee wider den herrschenden absolutistischen Zeitgeist zur Durchführung fortschrittlicher Reformen wie der Abschaffung der Folter und der Einführung der Pressefreiheit. Nach Struensees Hinrichtung setzten sich einige der auf demokratische Prinzipien vorausweisenden Reformtendenzen fort. Das im Roman behandelte Projekt einer ambivalenten Aufklärungsbewegung lässt sich möglicherweise auf die schwedische Modernisierungsdebatte und das Konfliktpotential kollektivistischer bzw. individualistischer Gesellschaftsformen beziehen.

Im Vergleich zu diesem leicht zugänglichen Roman stellt sich Enquists Text *Kapten Nemos bibliotek* (1991; Kapitän Nemos Bibliothek, 1994) zu Beginn der Lektüre spröde und widerspenstig dar, die fragmentarisierte Darbietungsform erinnert an die Formexperimente des frühen Modernismus. Kernpunkt der Handlung ist ein Kindheitstrauma, die Verwechslung zweier Jungen aus dem nordländischen Dorf Hjoggböle, die im Alter von sechs Jahren zu ihren leiblichen Eltern zurückgetauscht werden. Der namenlose Ich-Erzähler berichtet mit mündlich-dialektalem Einschlag aus der Perspektive eines Zehnjährigen, was eine – mit dem Abrücken von einer realistischen

Darstellungsweise einhergehende – markante Differenz zur schwedischen Standardsprache hervorruft, aber auch Abstand zu den geschilderten Schreckenserfahrungen gewährt. Der mit einer beziehungsreichen Textmetaphorik versehene Titel verweist nicht nur auf den Jules-Verne-Roman *L'île mystérieuse* (1870), dessen Topographie bei Enquist in einen symbolischen Zweitschauplatz transformiert wird. So wie ihn der Erzähler und sein ›Bruder‹ Johannes bei der gemeinsamen Lektüre kennengelernt haben, ist Nemo ein edelmütig rettender Held, er wird sogar dem »Menschensohn« gleichgestellt – eine Stilisierung zum Erlöser, die angesichts der pietistischen Überzeugung der Dorfbewohner sarkastische Züge hat. Die Textansammlung in Kapitän Nemos Bibliothek steht nicht nur für die vom Erzähler gelesenen Bücher, sondern auch für das Archiv aus Erinnerungstexten und aus den irreführenden Aufzeichnungen und Anweisungen von Johannes, der schließlich an Bord der Nautilus untergeht. Die angeblich von Johannes verfassten Texte mit zweifelhaftem Wahrheitsgehalt werden im Laufe der sich allmählich zusammensetzenden Handlung in einer Weise kommentiert, die nahelegt, dass Johannes' tödlicher Unfall bei der Suche nach einer Kinderleiche weniger konkret-realistisch, als allegorisch zu verstehen ist. Johannes ist möglicherweise ein Alter ego des Erzählers, der seine eigenen Erinnerungen anhand von imaginierten Gegendarstellungen anderer beteiligter Personen überprüft. Mithilfe der Lesermitarbeit erschließt sich die Biographie des Ich-Erzählers, und es wird eine verhaltene Erlösungsgeschichte entworfen, die sich in einem Phantasiereich abspielt. Es ist der Erzähler selbst, der die Nautilus samt ihrer Texte zur Bearbeitung des Traumas »in den Fluß der Einsicht« versenkt, möglicherweise um sein Alter ego zu entmachten, das die Narration sabotiert hat. Mithin scheint es so, als wenn nur derjenige der beiden ›Zwillingsbrüder‹ überleben kann, der Macht über die eigene biographische Erzählung gewinnt. Durch Enquists Roman *Lewis resa* (2001; Lewis Reise, 2003), der sich abermals kritisch mit dem historischen pietistischen Milieu auseinandersetzt, erlangt *Kapten Nemos bibliotek* neue Aktualität.

Phantasierte Erlösungsgeschichte

Auch die bekannte Trilogie von Henrik Stangerup fordert dazu auf, historische Biographien als Erkenntnishilfe zur Bearbeitung gegenwärtiger Existenzfragen heranzuziehen. Als Basisstruktur von *Vejen til Lagoa Santa* (1981; Der Weg nach Lagoa Santa, 1988), *Det er svært at dø i Dieppe* (1985; Es ist schwer, in Dieppe zu sterben, 1998) und *Broder Jacob* (1991; Bruder Jacob, 1995) dient Stangerup das Drei-Stadien-Modell von Søren Kierkegaard, das ein ethisches, ästhetisches und religiöses Stadium apostrophiert. Alle drei Lebensentwürfe verorten dänische Kulturpersönlichkeiten in einem internationalen Bezugsrahmen: Der Naturforscher P.W. Lund (1801–80) betreibt Evolutionsstudien im brasilianischen Lagoa Santa, wobei er an der Idee eines göttlichen Schöpfertums und einem beinahe fanatischen Wissenschaftsethos festhält. Seine Entwicklungsthese wird von Darwins Lehre überholt. Hingegen sucht der für die Biedermeierzeit revolutionäre Philosoph P.L. Møller (1814–65) sein Glück in erotischen Ausschweifungen, die ihn jedoch in den Wahnsinn treiben: Anders als Lund, der sich allmählich von der Welt entfernt, stürzt sich der Libertin Møller selbstzerstörerisch in die Welt. Zur Veranschaulichung des religiösen Stadiums wird im dritten Roman ein Mönch gewählt. Der Missionar Jacob de Dacia (1484–1566), illegitimer Abkömmling des dänischen Königs Hans, reist nach Mexiko, um die Indianer vor der brutalen Missionsarbeit der katholischen Kirche zu schützen. Für seine befreiungspädagogisch anmutende Missionsarbeit, die eine kirchliche Beteiligung der Ureinwohner trotz deren angeblicher ›Blutunreinheit‹ vorsah, wird Jacob mit einem Schweigegebot bestraft. Indem der Roman die Intole-

Drei-Stadien-Modell

ranz der katholischen Kirche und des (überwiegend als fortschrittlich geltenden) Franziskanerordens aufzeigt, wird ein Bezug auf die eingeschränkte politische Gedankenfreiheit und nicht zuletzt fremdenfeindliche Tendenzen in der Gegenwart hergestellt.

Didaktische historische Romane

Auch auf dem Gebiet der Literaturgeschichtsschreibung sind wachsende Überschneidungen von literarischen, historiographischen und populärwissenschaftlichen Diskursen zu beobachten. Mette Winge war lange Zeit als Literaturwissenschaftlerin in Kopenhagen tätig, und Carina Burman lehrt und forscht heute in Uppsala. Burmans Roman *Min salig bror Jean Hendrich* (Mein seliger Bruder Jean Hendrich, 1993) über das Leben des Dichters Johan Henric Kellgren ist ein Komplement zu ihrer 1988 erschienenen Doktorarbeit zum gleichen Thema und kokettiert mit dem Status des gefälschten historischen Manuskripts: »Die Zweifel, die über die Echtheit dieses Manuskripts herrschen, lassen eine Populärausgabe ratsamer erscheinen.« Die belehrende und unterhaltsame Künstlerbiographie liegt nicht nur bis heute im Trend, sondern sollte aufgrund seiner wertvollen Vermittlungsleistung auch als didaktisches Genre ernstgenommen werden, wie auch Winges Roman *Skriverjomfruen – en guvernanteroman* (Die Schreibjungfer – ein Gouvernantenroman, 1988) über die dänische Dramendichterin Charlotte Dorothea Biehl unter Beweis stellt. Dieser Roman schließt eine Lücke in der dänischen Literaturgeschichtsschreibung, da er ein Zeitalter lebendig werden lässt, aus dem nur wenige Quellen überliefert sind.

In ihrer epischen Geschmeidigkeit sind die beiden folgenden Biographien am weitesten entwickelt: Sie bilden geschlossene Romangebäude, obwohl sie doch zugleich die zugrundeliegenden historischen und wissenschaftlichen Quellen genau nachweisen. Der Roman *Sabina* (1994) von Karsten Alnæs engagiert sich im Sinne einer Sichtbarmachung weiblicher Kulturpersönlichkeiten. Dieser detailreiche realistische Roman erbringt den Nachweis, dass die russisch-jüdische Psychiaterin Sabina Spielrein die psychologischen Entwürfe von Freud und Jung entscheidend mitgeprägt hat, ohne dass die beiden Analytiker ihre Mitwirkung – über den Stellenwert der erotischen Beziehung hinaus – gewürdigt hätten. Alnæs verzichtet nicht darauf, im Nachwort eine

Fakten und Fiktionen

säuberliche Trennung des Faktenmaterials und der ›fiktionalen Ausgestaltung‹ vorzunehmen. In vergleichbarer Weise gibt Dorit Willumsen im Nachwort zu ihrem Roman *Bang* (1996) die Hauptinspirationsquelle an: Harry Jacobsens vierbändige Biographie (1954–74) über den *fin de siècle*-Dichter Herman Bang, die selbst stark fiktionalisiert ist, indem sie Bangs Werke in dessen Leben hineinliest und damit ein besonders engmaschiges Dichtungs- und Biographie-Gewebe erzeugt. Weitere Materialien Willumsens sind Memoiren von Zeitgenossen, Briefsammlungen und Forschungsarbeiten über den historischen Autor. *Bang*, bezeichnenderweise sowohl Dokumentarbiographie als auch Roman genannt, ist durch eine Art wechselseitiger Lähmung von Pastiche und Dokumentation gekennzeichnet. Im Vergleich zu den ›rohen‹ dokumentaristischen Genres erhält man der Eindruck, dass eine Konfrontation von Textmaterialien ästhetisch reizvoller ist, wenn sie ihre Reibungsflächen und Widersprüchlichkeiten sichtbar belässt und nicht, wie im Falle von *Bang*, um eine ausgewogene Synthese heterogener Quellen bemüht ist.

Das wissenschaftliche Literaturverzeichnis in beiden Romanen ist dabei nicht unbedingt als Indiz für eine konservative Kategorisierung der belletristischen und wissenschaftlichen Komponenten zu interpretieren, sondern als ein Signal, dass auch ältere Romane und Künstlerbiographien stets Quellen herangezogen haben, obgleich diese meist nicht nachgewiesen sind.

In den abqualifizierenden Begriffen »Pseudobiographie« oder »Pseudodokument«, wie sie Lars Lönnroth und Sven Delblanc in ihrer schwedischen Literaturgeschichte von 1989 für das neue Biographiegenre verwenden, kommt eine Verunsicherung über die fiktionalen und faktualen Anteile von Lebensbeschreibungen zum Ausdruck, die sich gemäß der postmodernistischen Anschauungsform jedoch mit einer gewissen Selbstverständlichkeit als intertextuelles Genre darbieten. Dahinter steht die Weigerung, das biographische Genre als ein fiktionales zu akzeptieren. Als hätte es einst ›wahrere‹ Biographien gegeben, wird verkannt, dass in den neuen Biographien mit den Erzählbedingungen und der Problematik des ›ge- und beschriebenen‹ Lebens bewusster umgegangen wird, ohne dass sich der ontologische Status des biographischen Genres dadurch verändert hätte. Das überlieferte Einzelschicksal einer historischen Figur kann innerhalb eines intertextuell vorgehenden Erzählvorhabens sogar etwas an Bedeutung einbüßen. Eine besonders anregende Situation kann entstehen, wenn unterschiedliche Biographien gegeneinander arbeiten und die Bedenken an einem verbindlichen Deutungsmodell umso deutlicher hervortreten (siehe z.B. die beiden schwedischen Biographien von Ebba Witt-Brattström *Ediths jag* [Ediths Ich, 1997] und Ernst Brunners *Edith* [1992] über die finnlandschwedische Lyrikerin Edith Södergran).

Vorbehalte der Kritik

Ein Alternativmodell der biographischen Darstellung wird von Jan Kjærstad in seiner Trilogie *Forføreren* (1993; Der Verführer, 1999), *Erobreren* (1996; Der Eroberer, 2002) und *Oppdageren* (1999; Der Entdecker, 2004) erprobt. Aus seiner Perspektive setzt sich der Mensch aus einer Ansammlung von Erzählungen zusammen. Die Chronologie der Biographie wird Kjærstad zufolge oft falsch gedacht, nämlich in einer linearen Entwicklung von der Geburt bis zum Tod. Statt dessen sollten besondere Ereignisse oder Krisen als entscheidende Punkte gedeutet werden, die zu einer Neubewertung des vergangenen bzw. zukünftigen Lebenslaufs aufforderten. Dieser Vorschlag ist als Versuch zu werten, Biographien jenseits der etablierten Muster von Chronologie und – meist psychologisch verstandener – Kausalität zu denken. Kjærstad gestaltet in der genannten Trilogie eine aus drei Schleifen bestehende Biographie ohne Zentralperspektive, die rückwärts und von unterschiedlichen Bilanzpunkten aus entwickelt wird. In seinem biographischen Ansatz schlägt sich der Einfluss dekonstruktivistischer Theorien nieder. Weder eine Ableitung des Werkes aus dem Leben noch eine Projektion des Lebens in das Werk können angesichts des heutigen Kenntnisstands legitime Verfahren von Künstlerbiographien sein. Zudem sind die unter Berufung auf ›große Erzählungen‹ hergestellten Ursachenzusammenhänge künstlerischer Produktion zutiefst zweifelhaft, wie die dekonstruktivistisch geprägten antibiographischen und pro-narrativen Analysen vieler Lebensbeschreibungen belegen.

Verzicht auf den roten Faden

Ähnlich wie in Kjærstads Konzept wird in Kirsten Thorups (auto)biographischem Text *Bonsai* (2000; Bonsai, 2005) auf eine fortlaufende Handlung und Erzählung verzichtet. Statt dessen sind Darstellungen unterschiedlicher Figuren lose miteinander verbunden, wobei die Textsorten (u.a. Briefe und Tagebuchaufzeichnungen der Figuren) stark variieren. Nach dem dystopischen und umfangreichen Roman *Elskede Ukendte* (Geliebte Unbekannte, 1994) wählt der jüngste Roman ein kleineres Format, welches möglicherweise auf Thorups modernistische Anfänge zurückverweist. Sogar der Titel könnte auf eine Maxime der Konzentration deuten, obwohl mit dem Bild des absichtlich verkrüppelten Miniaturbaumes auch die hemmende Sozialisation der Protagonistin Nina veranschaulicht wird. *Bonsai* stellt sich in seiner

Kombination unterschiedlicher Biographiestränge sogar als ein Metatext dar, der Thorups frühere Texte, beispielsweise die *Jonna*-Serie (1977–87), bündelt und so nicht zuletzt eine textübergreifende Kommunikation von Romanfiguren ermöglicht. Eine autobiographische Lesart bietet sich strenggenommen für *Bonsai* erst dann an, wenn den Lesern – ähnlich wie im Falle Enquists – Einzelheiten über den Lebenslauf der realen Autorin/des realen Autors bekannt sind. Es waren Vertreter der dänischen Medien, die zu einer Lektüre als Schlüsselroman animierten: Thorup habe in diesem Roman ihre Beziehung zu einem Kopenhagener Theaterregisseur verarbeitet, der 1990 an Aids gestorben war. Da der Roman das Thema der aktiven Sterbehilfe behandelt, die Angehörige und Freunde des Kranken gemeinschaftlich leisten, ergaben sich Spekulationen über Thorups eigene Ehegeschichte. Dass viele Rezipienten den Streitpunkt einer aktuellen ethischen Debatte in den Text hineinprojizierten, führte dazu, die interessante Konstruktion und die Überschreitung der realistischen Darstellungstechnik zu vernachlässigen.

Lektüre als Schlüsselroman

Die Funktion der Ich-Definition und Selbstvergewisserung erfüllt in besonderem Maße die Autobiographie: Hier findet im Unterschied zu den Biographien bekannter historischer Personen keine Dichotomisierung von Fakten und Fiktionen, sondern überwiegend eine Syntheseleistung des erinnernden Ichs statt, das auf ein erinnertes Ich referiert. Die Notwendigkeit einer planvollen Komposition bei einer textlichen Umsetzung von Erinnerung wird etwa in Lars Gustafssons Autobiographie *Ett minnespalats* (1994; Palast der Erinnerungen, 1996) zum Ausdruck gebracht, die zur narrativen Strukturierung ein mnemotechnisches Gebäude entwirft. Auf diese Weise wird die biographische Erzählung zugleich mit einer selbstreflexiven Dimension versehen.

Metafiktion

Gustafsson hat einen der bekanntesten metafiktionalen Romane verfasst: In *Bernard Foys tredje rockad* (1986; Die dritte Rochade des Bernard Foy, 1986) sind drei Fiktionsebenen ineinander geschachtelt. Die Titelfigur tritt im ersten Romanteil als Rabbi auf, der zwischen die Fronten zweier Spionageringe gerät. Der Mittelteil wird vom greisen und schließlich sterbenden Dichter B. Foy beherrscht, der den Agentenroman des ersten Teils verfasst hat. Von der ersten in die zweite Fiktionsebene werden u.a. ein Koffer und ein brutaler Spion mitgenommen. Im letzten Teil erklärt sich ein jugendlicher Debütant für die Darstellung in den ersten beiden Teilen verantwortlich, der das Textgebilde durch Traumsequenzen immer weiter entgrenzt. Indem u.a. auf Baudelaires *Les fleurs du mal* (1857), die Philosophie Heraklits und die Dichterautobiographie des Baudelairekenners Bertil Malmberg zurückgegriffen wird, ist ein besonders hohes Maß an Intertextualität festzustellen, das in diesem Fall sogar das übergeordnete Gestaltungsprinzip bildet.

Literatur über Literatur

Metafiktionale Literatur thematisiert ihren Entstehungsvorgang sowie generelle Probleme des Schreibens, des Erzählens oder der Versprachlichung ganz allgemein. Das Spektrum kann vom Modellrealismus, der im Text die Konstruktion eines Weltmodells mit literarischen Mitteln sieht, bis zu einer der Literaturtheorie ähnlichen Essayistik reichen, die im Sinne einer produktiven Kritik andere Texte reflektiert und kommentiert. Da die Prozessmimesis vorrangig ist, kann eine Story entweder gar nicht oder nur im Rahmen einer engagierten Leserarbeit identifiziert werden: Möglicherweise besteht die Story im sukzessiven Erzählablauf selbst.

Um zu veranschaulichen, wie metafiktionale Texte zwischen dargestellter und als Rahmen fungierender Welt hin- und herschalten, lässt sich als bildliche Analogie das Möbius-Band heranziehen, das in paradoxer und irritierender Weise zwischen Außen und Innen hin- und herwechselt. Auch die berühmte Zeichnung von M.C. Escher, auf der zwei Hände abgebildet sind, die sich gegenseitig zeichnen, drückt die Koexistenz zweier Modelle aus, die sich eigentlich ausschließen müssten. In didaktischer Weise wird hiermit demonstriert, wie verschiedene, gleich gültige Wirklichkeitskonstituenten nebeneinander bestehen und interagieren können: Die Texthaltigkeit der Welt sowie die medialisierte und unzuverlässige Wahrnehmungspraxis erfordern schließlich ein geschärftes Bewusstsein für die Komposition und die Erzählweise von Texten. Eine metafiktionale Tradition hat sich aus dem schriftthematischen Modernismus entwickelt. Inger Christensens Roman *Azorno* (1967; Azorno, 1972) ist einer der prototypischen Texte, auf dessen exemplarischen Charakter Jan Kjærstad hingewiesen hat. Das Verwirrspiel entsteht durch die Verschachtelung von Binnenerzählungen und deren Rahmen, was zu einer Verunsicherung über die jeweilige Position der Erzählinstanz führt. So wird immer wieder in Frage gestellt, wer eigentlich die Wiedergabe der Handlung zu verantworten hat, und somit die Möglichkeit des *suspension of disbelief* systematisch zerstört. Während *Azorno* wie Gustafssons erwähnter Roman von innen heraus zu wachsen scheint, indem jede Figur in jedem neuen Kapitel erklärt, den bisherigen Text bzw. Romanabschnitt verfasst zu haben, schaltet Kjærstads *Homo falsus* zwischen zwei konkurrierenden Instanzen hin und her. Es entsteht ein Wettkampf der beiden erzählenden Figuren, bei dem sie sich gegenseitig zu erzählten Figuren erklären. Erst berichtet die Figur des Schriftstellers über eine Figur namens Greta (Garbo), die bald jedoch selbst behauptet, Verfasserin aller vorausgegangenen Textkapitel zu sein. Die Figur des Schriftstellers erhält sogar einen unheilverkündenden Einladungsbrief von Greta, die zuvor mit Hilfe einer fernöstlichen Liebestechnik drei Männer zum Verschwinden gebracht hat. Die Schriftstellerfigur erklärt ihrerseits, den Roman mit Hilfe eines Computerprogramms kreiert zu haben, was ihre Glaubwürdigkeit ebenso schwächt wie ein Aufenthalt in einer psychiatrischen Klinik. Indem das letzte Kapitel aus der Perspektive eben dieses Schriftstellers verfasst ist, bleibt die Möglichkeit bestehen, dass Greta diesen Abschnitt fingiert hat und damit das letzte Wort behält.

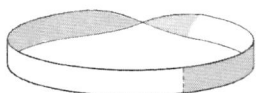

Das Möbiusband – Modell für ein metafiktionales Verfahren

Während das Verschachtelungsprinzip und der Perspektivenwechsel die Erzählmacht begründen oder für ungültig erklären, gibt es auch metafiktionale Werke, die entweder den gedanklichen Knoten bestehen lassen oder die eine Rätselfrage bezüglich der Kompositionsregeln gar nicht erst stellen.

Stellvertretend für einen metafiktionalen Knoten sei der Roman *Fjendens land* (Feindesland, 1994) von Astrid Saalbach genannt. Zunächst wird die Geschichte der jungen Mutter Agnete erzählt, die dem biologischen Vater ihres Kindes die Schwangerschaft und Geburt verheimlicht. Im zweiten Teil erfahren die Leser, dass Agnetes Geschichte von einer schriftstellernden Architektin verfasst wurde, die durch das Schicksal einer Bekannten zu ihrem Romanvorhaben angeregt worden war. Von nun an wechseln sich nach dem klassischen Muster die Handlungsstränge auf den beiden Fiktionsebenen ab. Die obere wirkt sich aber schließlich eigendynamisch auf die untere Fiktionsebene aus: Der Vater von Agnetes Sohn versucht diesen nach Tunesien zu entführen, nachdem er zufällig von einem Kopenhagener Taxifahrer, der sich auf die Erzählung einer Kundin berief, den Fortgang der Handlung erfahren hatte: »Sie war Schriftstellerin und dabei, eine Geschichte zu schreiben, die

Implosion der Erzählebenen

auf eine wirkliche Begebenheit zurückgeht, über eine Frau, die ein Kind mit einem tunesischen Einwanderer hat, ohne ihn davon zu unterrichten.« Das Wissen über die Fiktion beeinflusst das Verhalten des unglücklichen Vaters. Die erzählende Architektin müsste also innerhalb der dargestellten Welt Taxi gefahren sein und ihr Wissen an eine dargestellte Figur weitergegeben haben. In diesem Fall scheint die handlungsverändernde Wissensübertragung logisch nicht entschlüsselbar. Hiermit wird natürlich implizit auf die dritte Erzählinstanz von *Fjendens land* aufmerksam gemacht, die die beiden Handlungsstränge gegeneinander ausspielt und den fiktionalen *clash* erzeugt. In der Rahmenhandlung erklärt die Architektin ihren merkwürdigen Roman nämlich zu einem warnenden Beispiel: Dies könne passieren, wenn sich ein Laie mit Kunst befasse.

Das bekannte Element des Fiktionsbruchs, dessen sich auch Dramen bedienen, wenn Figuren kommentierend aus der Handlung heraustreten oder indem auf andere Dramen verwiesen wird, ist bei Saalbach in interessanter Weise variiert: Der Fiktionsbruch führt nicht ›an die Textoberfläche‹, in Richtung Leser, sondern implodierend weiter in die dargestellte Welt hinein. Ähnlich wie in *Homo falsus* sind beide Handlungsebenen am gleichen Schauplatz angesiedelt, was die irritierende Simultaneität von Erzählung und erzählter Welt herausstreicht.

Verschmelzung von Literaturtheorie und Lyrik

Karin Moe wiederum verzichtet sowohl darauf, eine die Textproduktion betreffende Rätselfrage aufzuwerfen als auch sie zu beantworten, und strebt eine leerstellenreiche, offene Ästhetik an, die mit der von lyrischen Texten übereinstimmt. In diesem Fall ist die Metafiktionalität intratextuell und intertextuell beschaffen. Die Autorin verdeutlicht in der Regel ihre Bezugnahme auf fremde und eigene Texte. Die Kurztextesammlung *Kjønnskrift* (Geschlechtsschrift/Schönschrift, 1980) appliziert und kommentiert Ansätze von Luce Irigaray und Helene Cixous. Moes Texte fordern nicht etwa zum identifikatorischen Hineinversetzen auf, sondern ihre Zielvorgabe lautet gerade, dass bei der Lektüre etwas »hinausgelesen« wird. Die choreographieähnliche Komposition arrangiert Fragmente und soll eigendynamisch etwas »hervorschreiben«, was selbst der Autorin vorher noch nicht bekannt war. Moe entwirft mehrstimmige Hybridformen in der Absicht, Formen des geschlechtsspezifischen Schreibens zu praktizieren und zu überprüfen. Die Bevorzugung des Vielfältigen, Heterogenen und Dialektischen begreift sie als weibliches Stilmerkmal. Ein Grenzgänger zwischen literaturtheoretischer Textsammlung, Werkstattband und biographischem Album ist die Anthologie *Sjanger* (Genres, 1986), die Moe aus eigenen und fremden Texten zusammengestellt hat – Dokumentation und literarisches Programm zugleich.

Buch-Experimente

Die Aufsplitterung der Form stellt in Moes experimentellem Roman *Kyka. Ein kriminell roman for ei stemma og kor/kai* (Kyka. Ein krimineller Roman für eine Stimme und Chor, 1984) einen narrativen Ereignisverlauf in Frage, und eine lineare Lektüre ist aufgrund der buchtechnischen und typographischen Darbietung weder im Ganzen noch im Detail möglich. Der Roman besteht aus zwei Buchhälften, die sich von der Vorderseite respektive Rückseite des Bandes aufblättern lassen. Nach Moes eigenen Angaben bildet *Kyka* die A-Seite und der Text *1984. Niklas Eggers aborterte skrifter* (1984. Niklas Eggers abgetriebene Schriften) die B-Seite. Beide Romanhälften sind auf Neunorwegisch verfasst. Der erste Teil ist von der Perspektive der sechsjährigen Kyka bestimmt, die in den 50er Jahren in einer dörflichen Gegend aufwächst. Er ist mehrstimmig aufgebaut; in der linken Spalte wird über den erotisch aufgeladenen Alltag des Mädchens berichtet, und in der rechten Spalte sind parallel dazu in kleineren Buchstaben fragmentarische Kommentare eines Stimmenchors wiedergegeben. Der Chor-Text enthält u.a. zeitgenössische Zeitungsmeldungen über einen Frauenmord, Gesprächsfetzen, Reklamephrasen, lokalpolitische Meldungen, Ausschnitte einer amerikanischen soziologischen Untersuchung über die norwegische Nationalkultur, eine Passage aus einem Interview mit einer Autorin. Hiermit entwirft der aus dem Drama übernommene Chor einen historischen Kontext. Die Bezüge zwischen den beiden Textspalten sind von den Lesern selbst herzustellen, von ihnen hängt die Bedeutungszuweisung und folglich auch die Interpretation eines Vergewaltigungsfalles ab. Blättert man das Buch vom rückwärtigen Einband her auf, hat man einen anderen, einstimmigen Roman vor sich. Aus einer männlichen Perspektive wird lediglich in fragmentarischen Sequenzen über ein – im Vergleich zu Kykas Beobachtungen – eher abgestumpftes Dasein berichtet. Der Hinweis auf George Orwells gleichnamigen Roman *1984* führt ins Leere. Zwischen den beiden Buchhälften befindet sich eine Doppelseite mit einer schwarzen Graphik, die jeweils ein weißes Frauenbein mit schwarzer Spitzenwäsche zeigt, dessen Oberschenkel in der Buchbindung enden. Wie es Moes Gestaltungsmaxime entspricht, ist die Lesermitarbeit sehr hoch anzusetzen: Sie rechnet mit der eigenen Bibliothek, der Lebenserfahrung und Lektüresituation ihrer Leser »im Gegensatz zu ›Totalschreibern‹, die glauben, dass die Leser noch nie ein Buch gelesen hätten«.

Mit der Materialität des Buches zu arbeiten und die Leser schließlich sogar visuell und haptisch zur Mitarbeit zu bewegen erinnert an modernistische schriftthematische Experimente, wie sie in der konkreten Lyrik, in zusammensteckbaren oder permutierenden Texten angewandt wurden. Im Kriminalroman *Bogen* (Das Buch, 1990) von Merete Pryds Helle enthält die Buchmitte eine weiße Doppelseite, die einer Art Schuldzuweisung an die Leser gleichkommt: Da die Protagonistin, selbst Schriftstellerin, spurlos aus dem Text verschwunden ist, werden die Leser des Mordes angeklagt. Das Befangensein in der Sprache soll nachvollziehbar gemacht werden: »Die Strafe besteht darin, unendlich lange in der Fiktion festzusitzen, sowohl in der Fiktion dieses Buches als auch im wirklichen Leben, d.h. außerhalb der Buchdeckel.« Hier sind die Grenzen des Textes identisch mit den Grenzen der Welt.

Materialität des Buches

Viele Autoren bedienen sich metafiktionaler Verfahren oder nehmen Schwerpunktsetzungen dieser Art innerhalb einzelner Werke vor, ohne dass der gesamte Roman dieses Merkmal in Anspruch nimmt. Mitunter können einzelne Gestaltungselemente einen metafiktionalen Effekt haben – wie der olympische Erzähler in Fioretos *Stockholm noir*, der vorgibt, nicht durch die schmutzigen Fensterscheiben einer Straßenbahn blicken zu können, oder Kirsten Thorups Erzählfigur Jonna, die sich innerhalb der von ihr erzählten Welt als Augenzeugin an verschiedenen Orten zugleich aufhält und Einblick in das Bewusstsein mehrerer Figuren hat. Der Roman *Faunen* (1991; Der Faun, 1994) von Anna-Karin Palm lässt die literarische Titelfigur lebendig werden und sich im viktorianischen Interieur einer Schriftstellerin räkeln, die sich eigentlich mit einem ganz anderen Thema befassen will.

Der Vorwurf des leserfeindlichen Experiments oder einer allzu theoriebewussten Tour de force lässt sich nicht nur durch diese humoristischen Effekte widerlegen, sondern auch durch den Umstand, dass metafiktionale Texte engagiert und appellativ sein können, wie viele der Romane von Svend Åge Madsen und Kjartan Fløgstad bezeugen. Bei Madsen ist das ethische und moralische Engagement besonders deutlich, indem jedes Werk eine Stellungnahme zu einem gesellschaftlich virulenten Diskussionsthema mit einem eigens hierfür entwickelten erzählerischen Experiment verknüpft. Der Ro-

Metafiktion und Botschaft

man *Genspejlet* (1999) – der Titel kann sowohl »Widergespiegelt« als auch »Genspiegel« bedeuten – ist auch ein Beitrag zur Debatte über die Gentechnologie. *At fortælle menneskene* (Die Menschen/Den Menschen erzählen, 1989) parodiert u. a. die systemkritische, psychoanalytisch inspirierte Symptomallektüre in der skandinavischen Literaturwissenschaft. Das Gedankenspiel in *Den gudelige farce* (Die göttliche Farce, 2002) illustriert, wie sich ein Leben ohne Unterbewusstsein gestalten würde, was der freudianischen ›großen Erzählung‹ jegliche Berechtigung nähme: »bewusstlos« wird variiert zu »unterbewusstlos«. Fløgstads Roman *Det 7. klima. Salim Mahmood i Media Thule* (Das 7. Klima. Salim Mahmood in Media Thule, 1986) führt am Beispiel der absurd überzeichneten Biographie eines in der Medienbranche tätigen Linguisten vor, wie das unverpflichtende Nebeneinander sprachlicher und bildlicher Zeichen in Beliebigkeit, nämlich eine neunorwegische *muzak* mündet. Der kompositionelle Rahmen dieses Romanexperiments wird paradoxerweise durch eine aufgelöste, versprengte Subjektivität und die sukzessive Selbstauflösung des Genres gebildet.

Das von selbstbezüglichen Texten vermittelte konstruktivistische Bewusstsein liefert den Lesern zum Teil überraschende Aufschlüsse über das Verhältnis von Fiktion und Wirklichkeit, aber auch über die Interaktion mehrerer Fiktionsebenen sowie über Fingierung, Simulation oder Fälschung. Das Ergebnis vieler literarischer Forschungsvorhaben lautet: Die Welt liegt nur in Gestalt der Erzählungen vor, die wir von ihr entworfen haben. Auch wenn frühere Epochen sich bereits metafiktionaler Formen bedient haben, ist die konzentrierte Auseinandersetzung mit diesem Thema, bei dem Form und Inhalt zusammenfallen, zeittypisch und lässt auch auf einen literaturphilosophischen Interessenschwerpunkt schließen.

Literatur als Erkenntnisform?

Minimalismus

In Prosa und Lyrik, aber auch im Drama lassen sich Tendenzen erkennen, die auf eine Intensivierung der Suche nach metaphysischen Gehalten hindeuten. Kontemplative Vertiefungen können durch metafiktionale Verfahren oder minimalistische Schreibweisen in der Prosa oder durch Gedichte angeregt werden, die sich selbstbezüglich als ein textliches Ereignis darbieten. Die Leser haben, sofern zur Mitarbeit bereit, die Möglichkeit, an der Suche der Schreibenden teilzuhaben. Existentielle Bedeutung hat das Verhältnis von Sprache und Welt, das über die Positionierung und Selbstvergewisserung des schreibenden und des lesenden Ichs entscheidet.

Bestimmte Verfahren, die sich auf wenige Mittel beschränken und die Konzentration und Entschleunigung anstreben, werden als minimalistisch bezeichnet. Verknappung und Aussparung, Nahsicht und Detailschilderung, der Zusammenfall von Erzählzeit und erzählter Zeit sind weitere Kennzeichen dieser minimalistischen Ästhetik. Eine ihrer Besonderheiten besteht darin, dass die Begegnung des Betrachters/Lesers mit einem Werk in dieses selbst eingerahmt erscheint. Auf diese Weise bestehen zugleich eine nach innen gerichtete Selbstreferenz des Werkes und eine nach außen gerichtete Referenz auf den Rezipienten. Vor diesem Hintergrund erreichen minimalistische Werke eine individuelle leserabhängige Konkretion. Den Lesern wird das Vorhandensein von potentieller Bedeutung suggeriert, das doch zugleich mit ihnen selbst als eigentlichen ›Urhebern‹ des Textes eng verknüpft bleibt.

Dass die Selbstbegegnung und womöglich auch Selbstbefragung der Rezipienten ein Faszinosum darstellt, belegen sowohl das neu erwachte Interesse an der Lyrik, die positive Aufnahme des verkürzten, in Fragmente lyrischer

Schönes (*Vakkert*, 2001) in der Inszenierung von Dieter Giesing am Schauspielhaus Bochum im Jahr 2004. Catrin Striebeck als Hilde und Burghart Klaußner als Geir.

Jon Fosse – Norwegens größter Dramatiker seit Ibsen?

Prosa gegliederten Punktromans als auch der europaweite Enthusiasmus für Jon Fosses Dramen. Die Dramentexte Fosses grenzen das Sprachmaterial durch Wortschatzbeschränkung und syntaktische Reduktionen ein, wobei Wiederholung und Auslassung zu einer weiteren Konzentration beitragen. Dass eines der nicht immer ausgesprochenen Hauptthemen Fosses das Verstreichen der Lebenszeit ist, korrespondiert mit einem interessanten Phänomen der Aufführungspraxis: Da seine Dramen kaum Regieanweisungen enthalten, wurden die Stücke in sehr unterschiedlichen Tempi gespielt, so dass sowohl mehrstündige als auch halbstündige Inszenierungen der selben Stücke stattfanden.

Fosses flexible Leerstellenästhetik lässt sich am Beispiel des Stücks *Ettermiddag* (Nachmittag, 2000) demonstrieren: Die Entwicklungsphasen einer Paarbeziehung werden zum Zeitpunkt eines Wohnungseinzuges und -auszuges zusammengeblendet, als eine neue Ehefrau anstelle der Ex-Frau einzieht. Ein alter Möbelpacker führt mit seinen geleerten Umzugskartons vor, wie dem Aufbruch und vermeintlichen Neuanfang bereits Vergänglichkeit innewohnt. Die zyklische Wiederholung und wechselseitige Durchdringung von Leben und Tod wird im Epilog zugespitzt und im Schlussbild choreographisch versinnbildlicht, in dem der alte Mann und eine weibliche Verstorbene eine Art verhaltenen Totentanz anführen. Die Rollenfiguren sprechen in ein Schweigen hinein, die Pausen scheinen einen Rahmen um die Sequenzen und Einzeläußerungen zu bilden. Die Annahme einer Dichotomie von ›Reden versus Schweigen‹ wäre irreführend; es wird ›beredte Stille‹ oder ›ein sprechendes Schweigen‹ inszeniert. Fosses Pausen markieren die unermüdlichen, mitunter desperaten Versuche, sich einem Gehalt der Rede anzunähern. Die Bewegung des Einkreisens ist die wesentliche Gesprächsfunktion in diesem Stück: die Konstituierung eines Kerngebiets, dem ein unbestimmt bleibender Sinn zugeordnet wird, ohne dass sich die angedeutete ›metaphysische Zone‹ erschließt. Die Pausen als Stellvertreter der verstreichenden Zeit machen den Hauptgegenstand des existentiellen Dramas bei Fosse aus: »Das Leben ist eine Pause zwischen Geburt und Tod«, wie es Gunnar Ekelöf einmal formulierte.

In den 90er Jahren setzt eine Hinwendung zur Kurzprosa ein, die möglicherweise durch den Minimalismus begünstigt wird. Der Ansatz, die Leser während der Lektüre zu einer Vertiefung und Konzentration zu nötigen, d.h. ihnen Reflexionszeit abzuverlangen, steht im wohl größtmöglichen Gegensatz zu einer im Vorübergehen erzählenden Pop-Literatur.

Kjell Askildsen arbeitet in seinen Kurzprosatexten mit einer nicht zuletzt auf Hemingways Ästhetik aufbauenden Reduktionstechnik. In thematischer Übereinstimmung mit Fosse geht es Askildsen z.B. in *Hundene i Tessaloniki* (Die Hunde in Thessaloniki, 1996) um die Entwicklung und Auflösung menschlicher Relationen, besonders von Paarbeziehungen, in der paradoxen Gleichzeitigkeit von Nähe und Entfremdung. In seiner Prosa ist eine wiederkehrende Abfolge elementarer Szenen auszumachen, in denen psychologische oder metaphysische Grundfragen mit auffallender Stetigkeit durchgespielt und variiert werden, mit teilweise unterschiedlichem Fokus der jeweiligen erzählerischen Untersuchung. Eine Analogie zu Fosses Pausentechnik besteht in dem bei Askildsen beschriebenen Ausweichen des Blicks oder der Vermeidung von Begegnung und Gespräch. Die unterschwelligen Spannungen und Konflikte werden intensiv um-schrieben, so dass das Unausgesprochene, aber Spürbare zum beunruhigenden Zentrum der Texte gerät. Der Erzähler selbst wahrt absolute Neutralität. Askildsen betont eine für den Minimalismus charakteristische Gleichwertigkeit von Schreiben und Nicht-Schreiben, ihm zufolge ist das Streichen von Sätzen ebenso wichtig wie deren Niederschrift. Die Pause und das weiße Papier tragen zur Bedeutungskonstituierung genauso bei wie Wort und Satz bzw. die Beschriftung einer Seite.

Fosse und Askildsen verleihen ihrer existentiellen Sinnsuche durch eine markante Form Ausdruck. Im Unterschied dazu arbeiten beispielsweise Hanne Ørstavik sowie Helle Helle und Solvej Balle mit anderen formalen und thematischen Schwerpunktsetzungen, die wegen ihrer Knappheit und Konsequenz aber vom Minimalismus inspiriert erscheinen. Die von Ørstavik beschriebenen elementaren Relationsdramen sind durch hohe atmosphärische Dichte und erzählerische Konzentration gekennzeichnet. Der handlungsarme, aber figurenpsychologisch aufgeladene Roman *Hus og hjem* (1999; Haus und Heim, 2001) von Helle Helle erscheint – im Vergleich zu beispielsweise Askildsens Prosa – weniger sparsam und bedient sich einer revidierten Form des Alltagsrealismus. Balles Roman *Ifølge loven* (1993; Nach dem Gesetz, 1996) bietet eine literarische Versuchsanordnung über vier existentielle Problematiken dar. Der Romantitel verweist auf Kafkas Parabel *Vor dem Gesetz*; das übergeordnete Thema wird auch mit Paragraphenzeichen und Gesetzeszitaten herausgearbeitet. Die vier Fallstudien überprüfen juristische, biblische und naturwissenschaftliche Gesetzmäßigkeiten auf ihre Gültigkeit, seien es krude Gedankenexperimente der Figuren oder allgemein anerkannte Regularitäten. Die auftretenden Figuren verfolgen jeweils ein Forschungsprojekt: Die physische Grundlage für den aufrechten Gang, die Ursache und Wirkung des Schmerzes, der Entwurf eines mathematisch begründeten Ichs sowie die künstlerische und wissenschaftliche Objekthaftigkeit des Körpers sind ihre Themen. Für alle Projekte gilt, dass die nach dem Gesetz suchende Figur mit der größtmöglichen Willkür und einer überraschenden Antwort konfrontiert wird. Die hingebungsvolle Anwendung von Rationalitätsprinzipien führt die Forschenden gerade in einen Bereich, der sich für die Ratio als nicht mehr zugänglich erweist. Auch im Zeitalter avancierter Kognitions-

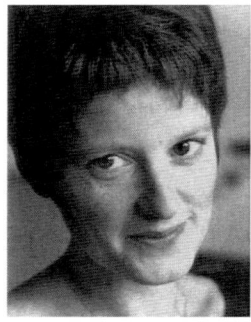

Solvej Balle

forschung und Neurobiologie behält das gesetzmäßig dargebotene Wissen den Status eines nur vorläufigen und zeitabhängigen Kenntnisstandes, aus dem riskante, in die Irre führende Erklärungsmodelle ableitbar sind. In einem Interview von 1993 führt Balle aus, dass die existentiellen Fragen – nicht zuletzt mit Hilfe diskursübergreifender Denkansätze – neu gestellt werden müssen und dass es dazu eines philosophischen Aufbruchs bedarf:

> Es gibt nicht länger eine Antwort außerhalb von uns selbst, in der Art des gesellschaftlichen Aufbaus, in den großen Ideologien oder auf irgendeiner Makroebene überhaupt. Es ist ein bekanntes Phänomen in den Naturwissenschaften, dass man mitunter in der Erforschung eines spezifischen Problems nicht weiterkommt, dass man sich plötzlich in einer Sackgasse befindet. Und dann nimmt die Forschung philosophische Züge an, man muss zurückkehren und bestimmte fundamentale Strukturen überdenken.

Aus eben diesem Grund wird bereits in Balles erwähnter Robinsonade *Lyrefugl* der Versuch unternommen, eine Lebensphilosophie zu entwickeln, die der individuellen Suche nach Sinn Rechnung trägt. Ein Band mit Gedichten ist einer der wenigen Gegenstände aus der Zivilisation, die die Schiffbrüchige auf die einsame Insel rettet: Es handelt sich um Inger Christensens Lyrikband *alfabet* (1981; alphabet, 1988). In Bezug auf Balles analytische Prosa- und Lyrik-Texte ist der Systemcharakter von *alfabet* wichtig, mit dem in diesem langen Gedicht neue Sprache und neue Bedeutung generiert werden. Das alphabetische System wird mit dem der Fibonacci-Zahlenreihe (1, 2, 3, 5, 8, 13, 21, ...) kombiniert, kompositorisch umgesetzt und schließlich eigendynamisch verfremdet, indem die Reihe plötzlich abbricht und die Ordnung wieder zerstört wird. Der Gedichtzyklus handelt von einer sukzessiven Wiedererschaffung der Sprache aus einer Erfahrung der Welt: Eine eindringliche Anrufung der Dinge, Pflanzen und Lebewesen, die es zwar noch in der Gegenwart des lyrischen Ichs gibt, wie etwa die Aprikosenbäume, die aber vom Verschwinden bedroht sind. Christensens zehn Jahre später verfasstes Requiem *Sommerfugledalen* (1991; Das Schmetterlingstal, 1998) verwendet ein klassisches Formprinzip, nämlich den Sonettkranz. Die Flügelform wird typographisch variiert, indem die Schlusszeile des jeweils vorausgehenden Sonetts die Anfangszeile des folgenden bildet, so dass zwei Sonette jeweils einen gemeinsamen Schmetterlingskörper haben. Im abschließenden 15. Sonett werden die Eingangszeilen aller vorausgehenden Sonette zu einem sogenannten Meistersonett komprimiert. Dieses gleicht einer Reihe von Schmetterlingskörpern, von denen alle anderen Sonette wie Flügel abstrahlen. Mit der dänischen Bezeichnung der Schmetterlinge als ›Sommervögel‹ sind diese als ambivalentes Vanitasmotiv begreifbar. Einerseits treten sie durch ihr Aufscheinen und Leuchten, das mit dem Hervorblitzen verloren geglaubter Kindheitserinnerungen assoziiert wird, als Lebenssymbole auf, andererseits mit dem Hinweis auf die allzu beschränkte Zeit des Sommers als Zeichen des Todes, die rasche Veränderlichkeit und eine Instabilität des Daseins ankündigen. Zudem findet Aristoteles' Auffassung der Schmetterlinge als Seelen der Verstorbenen Berücksichtigung.

Das kreative Vermögen der Sprache, neue bildliche Ausdrücke zu entwickeln, wird sogar mit den entomologischen Fachbezeichnungen metapoetisch erschlossen: Der Kaisermantel etwa suggeriert das Illusionäre und den falschen Schein (siehe H.C. Andersens Märchen *Des Kaisers neue Kleider*), der Atlasspinner ersinnt möglicherweise eine Weltkarte. Darüber hinaus wird auf ein neuromantisches und ein religiöses Bildinventar u.a. in Form der Psalmendichtung angespielt (»Engel des Lichts«). Während Balles Prosatext

Sinnsuche in der Lyrik

Ifølge loven die fortgesetzte Sinnsuche zum Menschsein gehörig erklärt, führt Christensens Requiem vor, dass die Suchbewegung und die metaphysische Tätigkeit die eigentlichen Ziele der Dichtung sind. Die intensive Erfüllung eines Augenblicks soll bei der Lektüre des Gedichts überpersönlich erfahrbar werden. In der einem ästhetischen Regelwerk unterworfenen sprachlichen Äußerung kann die Erfahrung zu etwas Exemplarischem erhoben und Erkenntnis freigesetzt werden. *Sommerfugledalen* ist somit Elegie und Hymne zugleich: Das Schöne ist dem Schrecklichen und das Ende dem Anfang stets eingeschrieben. Sowohl die überlebenswichtige Notwendigkeit der Illusion als auch die starke lyrische Bildkraft werden in einer intensiven ambivalenten Wahrnehmung konzentriert, wie das Meistersonett ausdrückt:

> Sie steigen auf, die Schmetterlinge des Planeten, / in der mittagsheißen Luft des Brajcinotals, / auf aus der unterirdisch bitteren Höhle, / die das Berggebüsch mit seinem Duft verdeckt.
> Als Bläuling, Admiral und Trauermantel, / als Pfauenauge flattern sie umher / und gaukeln dem Narren des Universums / ein Leben vor, das nicht wie nichts bloß stirbt.
> Wer ist es, der diese Begegnung verzaubert / mit einem Hauch von Seelenfrieden und süßen Lügen / und Sommergesichten von verschwundenen Toten?
> Mein Ohr antwortet mit seinem tauben Läuten: / Es ist der Tod, der mit eigenen Augen / dich ansieht vom Schmetterlingsflügel aus.

In dieser existentiellen Lyrik mündet die Umschreibung des Unsagbaren, die in den minimalistischen Genres mitunter ziellos bleibt, in eine momenthafte Offenbarung des Metaphysischen. Christensen charakterisiert ihre lyrische Strategie als einen Vorgang, der dem des automatischen Schreibens gleicht und bei dem die Sprache eine faszinierende Dynamik entwickelt: »Ich tue so, als ob die Sprache und die Welt ihre eigenen Verbindungen haben. Als ob die einzelnen Wörter außerhalb von mir die Phänomene unmittelbar berühren, auf die sie verweisen. So dass es der Welt möglich wird, einen Sinn in sich selbst zu finden. Einen Sinn, den es im voraus schon gibt« (*Hemmelighedstilstanden* [2000; Der Heimlichkeitszustand, 2000]).

Pia Tafdrup

Poetiken können als Metatexte sprachanalytischen und philosophischen Charakter annehmen, wie die beiden Beispiele *Over vandet går jeg. Skitse til en poetik* (Über das Wasser gehe ich. Skizze einer Poetik, 1991) von Pia Tafdrup und *Mit lys brænder* (Mein Licht brennt, 1985) von Søren Ulrik Thomsen belegen. In ihrer Poetik begründet Tafdrup die ästhetische Eigenbedeutung des sich selbst repräsentierenden Gedichts, das eine vorher nicht dagewesene Bedeutung erschaffe und damit frei von mimetischen Ansprüchen sei. Das Gedicht »lebt davon, sein eigenes Universum darzustellen, aber wohlgemerkt indem es sich bereits vorgegebener Einheiten bedient: Worten, die auf andere Fiktion verweisen oder auf die Welt außerhalb der Sprache«. In Tafdrups an der Schwedischen Akademie gehaltenen Poetik-Vorlesung *Of Thoughts and Words* (1994) vertritt die Autorin u.a. die Ansicht, dass die Utopien der 60er und 70er Jahre im Laufe der 80er Jahre erst schrittweise verabschiedet worden seien und dass eine Hinwendung zu metaphysischen und philosophischen Fragen Anfang der 90er Jahre eingesetzt habe – womit sie die oben zitierte Einschätzung Balles teilt.

Tafdrups Suite *Territorialsang. En Jerusalemkomposition* (Territorialgesang. Eine Jerusalemkomposition, 1994) erweitert das zuvor ›körpermodernistisch‹ beherrschte lyrische Repertoire der Dichterin. »Territorialsang« ist ein Begriff aus der Verhaltensforschung und dient der akustischen Kennzeichnung des Paarungsreviers. Da sich das lyrische Ich mit seiner jüdischen

Abstammung auseinandersetzt, hat der Titel sowohl konkrete als auch autobiographische und symbolische Bedeutung: Ein Gebiet wird erobert und im Laufe der dichterischen Entwicklung mit einem lyrischen Gesang usurpiert. Der kompositionelle Ort Jerusalem ist auch topographischer, symbolischer und mythologischer Ort, wodurch eine bildproduktive Verunsicherung von konventionellen Bedeutungen erreicht wird. Ein feierlicher, privatmythologischer Ton wird angeschlagen; durch die Leitmotive des Vogelflugs und der Spiralbewegung wird eine himmlische Erlösung angedeutet, womit die neosymbolistischen Anklänge zu religiösen gesteigert werden. Die Epiphanie aufzuspüren ist eine zentrale Motivation der dichterischen Tätigkeit, denn der »Schaffensprozess besteht darin, einen Weg dorthin zu finden, wo das Licht begraben ist« (Tafdrup, 1991).

Reklame für Lyrikveranstaltung

Auch Søren Ulrik Thomsen arbeitet eine neosymbolistische Poetik aus, die darüber hinaus minimalistische Züge aufweist: Für ihn ist das Gedicht eine Text-Skulptur im Jetzt. Der Titel seiner Poetik »Mein Licht brennt« veranschaulicht die Parallelität von Biographie und lyrischer Produktion und bemüht die Rede von einer Vanitas-Lektüre: Das Gedicht beginnt, findet statt und endet, nachdem seine Zeit verstrichen ist. Es ist damit ein textlich dargebotenes Intervall innerhalb der Zeit, das den Lesern eine Position in der zeitlichen Ausdehnung ihrer Biographie zuweist. Diese Leseästhetik eines ›Subjekts im Jetzt‹ erinnert an das Konzept der Werk-Betrachter-Beziehung in der minimalistischen Kunst: Leser oder Betrachter sollen in die Rezeption eines Textes oder Kunstwerks in dessen ästhetischen Zusammenhang integriert werden. Ein in dieser Art verfasstes Gedicht stellt hohe Formansprüche, denn es soll laut Thomsen so elaboriert sein, dass es sich als ein »konkretes, absolutes Anderes« darstellt, das jeden anderen nicht-poetischen Diskurs von sich weist. Die Selbstvergewisserung der Leser bestehe darin, sich als ein Gegenüber des Gedichts ihrer augenblicklichen Präsenz und ihrer Körperlichkeit bewusst und so an die Endlichkeit des Daseins erinnert zu werden. Diese ästhetizistische Note ist eng mit dem inszenierungsverliebten Zeitgeist der 80er Jahre verbunden.

Literatur intermedial

Der städtische Raum als Schmelztiegel der Kunstarten

Nicht nur gattungskombinatorische, intertextuelle und diskursübergreifende Verfahren machen die neuen literarischen Tendenzen aus, sondern auch die Hinwendung zu anderen künstlerischen Diskursen. Der städtische Raum ist in doppelter Hinsicht ein Schmelztiegel unterschiedlicher Künste: Diese begegnen sich innerhalb und außerhalb der kulturellen Institutionen und haben als gemeinsamen Darstellungsgegenstand oft die Stadt selbst. Beide Faktoren tragen in hohem Maße dazu bei, dass sich ein zeittypisches Urbanitätsideal verwirklichen kann.

Wie an der Kopenhagener Kunstszene in den 80er Jahren in besonders markanter Weise erkennbar wird, sind die ästhetischen Kooperationsprozesse an den konkreten Ort der Großstadt gebunden. Zum einen stimuliert die städtische Infrastruktur Kopenhagens mit ihren Cafés, Bars oder Galerien, leerstehenden Fabriketagen, besetzten Häusern und vernachlässigten Stadträumen künsteübergreifende und den Stadtraum erobernde Projekte. Zum anderen gehen die Impulse von der vielseitig interessierten Kopenha-

Michael Strunge

Neo(n)romantik

gener Szene aus, einer heterogenen Boheme aus Intellektuellen, Punks, Hausbesetzern und linken Aktivisten. Ihr den institutionellen Rahmen sprengendes künstlerisches Engagement erreicht seinen Höhepunkt in der Zeit von 1980 bis 1985. Die Szeneaktivitäten fächern sich u. a. in einer breiten Zeitschriftenlandschaft aus, dessen bekanntestes Produkt die von Michael Strunge herausgegebene Zeitschrift *Sidegaden* (Die Seitenstraße) wird. Im Editorial der Erstausgabe von 1981 heißt es: »Die Seitenstraßen führen dorthin, wo die Worte mehr sind als ein Geräusch. Sie bilden Kanäle, Leitlinien für die energiereichen Ströme, die zunächst nur als ein Zittern in den Nervenspitzen, in der Medienmaschine und den Vorstädten spürbar sind. Es sind Ströme, die uns an andere Orte führen können.« Auch die Interaktion der Künstler mit den Medien wird auf Dichterlesungen oder in Fernsehveranstaltungen dazu eingesetzt, einen kulturellen Trend zu lancieren, der sich auf unterschiedliche Lebensbereiche auswirkt. Um diesen fassen und atmosphärisch bestimmen zu können, wurde eigens der deutsche Begriff ›Zeitgeist‹ importiert. Der dänische Referenzrahmen für die sogenannten Kinder der 68er-Generation ist mit dem Spektrum ›zwischen Bowie und Baudrillard‹ umschrieben worden, wobei sich für die weiblichen Künstler die Reihe ›von Grace Jones bis Helene Cixous‹ eröffnen ließe.

Søren Ulrik Thomsen bezeichnet mit dem Begriff ›der blaue Raum‹ eine künsteübergreifende ästhetische Anschauungsform, die sowohl auf die Romantik als auch den Schein der städtischen Lichtreklamen referiert: Blau ist für ihn die »Farbe der unbegreiflichen, flimmernden Subjektivität, die schönste Neonfarbe, die Farbe, die totenstille Straßen durchdringt, in denen das Licht der Fernsehbildschirme vibriert, die Farbe der alten Blume und der ›neuen elektrisch blauen Poesie‹« (*Farvel til det blå rum* [Abschied vom blauen Raum, 1990]). Er bezeichnet die 80er Jahre in der Rückschau als »eine einzige lange nervöse Turbulenz«, mit der Großstadt als »setting und Ikone«. Die Sprache der Städter und der Stadt ist einem Gedicht Thomsens zufolge elementarer *city slang*, der die Stadt zur notwendigen Lebenswelt erklärt, von der aus sich der poetische ›blaue‹ Raum erschließen lässt. Das alltägliche Gedicht der Stadt entspricht einem Basiscode und Lebenstext: »Dasselbe Gedicht jeden Tag. / Die Worte weigern sich, die Bilder, die Städte zu verlassen. / City slang. / Blauer Raum / zwischen den Mauern. Nacht.« In der beschriebenen Szenographie wird die Nachtseite der Romantik beschworen, ebenso im Motto des Bandes, das B.S. Ingemann zitiert: »Bleib bei uns, wenn die Dunkelheit hervorbricht / Aus den Schleusen der Nacht!«

Thomsens Lyrikband *City slang* (City Slang) leitete 1981 die Ära der ›schwarzen Dichterlesungen‹ in Dänemark ein, Kunst und Literatur werden in stärkerem Maße als zuvor Mode- und Trendphänomene: Neonwölfe im Asphaltdschungel, Bohemiens in Bars, Tänzer in der Nacht – insbesondere in der neuen dänischen Malerei und in Michael Strunges suggestiver Lyrik wird an die expressionistische Auseinandersetzung mit der Großstadt angeknüpft. In Strunges Gedicht *Natmaskinen* (Die Nachtmaschine, aus: *Vi folder drømmens faner ud* [Wir entfalten die Fahnen des Traums, 1981]) heißt es: »Wir sind verkommene Engelskinder / mit Flügeln aus Zukunftsgesang / mit dem Kind im Blut und der Kippe im Maul«.

In der »Wilden Malerei« kehren große Metaphern und Symbole zurück, indem umfängliche Formate, satte und grelle Farben (besonders Schwarz, Neongelb und Blau), deutliche Konturen und als Motive Gegenstände und Körper in verfremdeten Proportionen oder schematischen Vereinfachungen bevorzugt werden. Neue, private und verrätselte Bildzeichen und Bildschriften – expressionistischen Hieroglyphen nicht unähnlich – werden erfunden,

Bøddel og offer
(Henker und Opfer)
von D. Dahlin (1982)

wobei auf den Gemälden horizontale Anordnungen ohne räumliche Tiefe vorherrschen. Die flächenhafte Bildauffassung und die Einbeziehung der Schrift, die oft zu einem tragenden Motiv wird, weisen Ähnlichkeiten zum Grafitti auf, das zu dieser Zeit Verbreitung findet. Bausteine aus ästhetischen Theorien und der aus Frankreich importierten postmodernistischen Philosophie werden respektlos und direkt in gemalte Zeichen übersetzt, mit einer großen Neugier auf eine Bildsprache jenseits der Wortsprache übertragen. Einen Gedankengang unmittelbar und roh in einem Bild ›auszuformulieren‹, wie es etwa Claus Carstensen mit dem Gemälde *Le Plaisir du Texte* (1982) versucht (vgl. Roland Barthes' gleichnamiges Werk), faszinierte seinerzeit auch die sprachreflektierenden und mitunter sprachbefangenen Dichter. Das gesamte in der Postmodernediskussion virulente theoretische Repertoire wird in die bunt gemischte Motiv- und Materialsammlung der Maler integriert. Einige Bilder sind sprachthematisierend, indem beispielsweise metaphorische Begriffe oder Redensarten wörtlich gemacht und direkt dargestellt werden. Der Museumsboom und die mediale Vermarktung der neuen Kunstszene setzen zeitgleich mit der Ausstellungstätigkeit der Vertreter der »Wilden Malerei« ein: Die erste skandinavische Ausstellung dieser Kunstrichtung fand 1982 unter dem Titel *Kniven på hovedet* (Das Messer auf dem Kopf) in einer Bibliothek im Kopenhagener Vorort Gentofte statt, wobei Thomsen die Lyriksammlung *Ukendt under den samme måne* (Unbekannt unter demselben Mond, 1982) als Ausstellungsobjekt beisteuerte, die jedoch keine direkte Verbindung zu den Gemälden aufnahm. Kehnet Nielsen setzt den Ausstellungstitel als eine mögliche metaphorische Redensart ins Bild.

Eine Auswahl von Gedichten aus dem Band *City slang* wurde vertont (Lars Hug und Søren Ulrik Thomsen: *City slang*, 1981) und trug dazu bei, dass das schmale Genre Lyrik populärkulturelle Verbreitung fand. Im Um-

Die Neuen Wilden

Kniven på hovedet (Das Messer auf dem Kopf), Gemälde von K. Nielsen (1982)

Vertonte Großstadtlyrik

gang mit der heruntergekommenen, aber doch verheißungsvollen Stadt sensibilisiert sich das wahrnehmende lyrische Ich. Aufgrund seiner apperzeptorischen Fähigkeiten kann es der Stadt neue subjektive Ansichten abgewinnen, selbst den verfallenen Räumen, die für die Mehrzahl der Städter banal oder hässlich sind. Das lyrische Ich ist überwältigt und voller Hingabe an den ästhetischen Augenblick, den der ›blaue Raum‹ ihm suggeriert. Der sich aus der ambivalenten Haltung ergebende Spannungszustand wird in der musikalischen Umsetzung von Lars Hug und seinen Musikern besonders durch die Stimmführung des Sängers akzentuiert. Von einem monotonen Rezitativ ausgehend wird eine Melodie entwickelt, die sich vom Sprechton ausgehend nur wenig nach oben oder unten bewegt. Das erste A-capella-Stück von *City slang* besteht aus der Zufallsmusik der Stadt, den Alltagsgeräuschen und Signalen, die die Städter umgeben, aber zugleich auch eine Art städtisches Unterbewusstsein ausmachen. Die zehn Lieder vermitteln heute nostalgische Zeitgeistkultur, insbesondere da sie eine an die Stilvorgaben der damaligen jugendlichen Subkulturen gebundene süßliche Melancholie und passionierte Blasiertheit ausdrücken. Die verletzlichen Bohemiens verharren an den öffentlichen Bühnenorten der Stadt in der Position unbeteiligter Beobachter, wie das Lied *Vent* (Warte) ausdrückt: »In der Kaffeebar mit Zigarette und Cola / im Frost über dem Fußgängerübergang / im dunkelroten Foyer des Kinos / auf der Flucht mit den Händen vor dem Gesicht / wir warten auf jemanden / [...] jahrelang / heute abend.« Für die musikalische Umsetzung sind die Dynamisierung der Sinneswahrnehmung und die Synästhesien interessant: »die Bilder der Nacht sind stürzende Farben«; »die fließenden und wehenden Gerüche des Autos, die fernen Signale des Radios«. Diese lassen sich in der gesanglichen Gestaltung durch eine weitere sinnliche Wahrnehmungsweise anreichern und damit intensivieren. Während das Gedicht *Passager. Rus og fald. Syn* (Passagen. Rausch und Fall. Anblick) besonders textnah, in Form des rhythmisch gelesenen Originaltextes umgesetzt wird, erhält das Reisegedicht *Hamburg-Köln* nur eine Instrumentalversion aus suggestiven Synthesizer-Akkorden, die eine Zugfahrt in der Art von Filmmusik illustriert. Die musikalische Lyrikvermittlung drückt mit ihrem Pathos eine *fin de siècle*-ähnliche Haltung der Lebensintensivierung angesichts einer Untergangsstimmung aus.

Eine späte Weiterentwicklung der 80er-Großstadtlyrik stellt eine Suite des Debütanten Bertrand Besigye aus rhythmischen Gedichten dar, die den Bogen zum musikalischen Genre des Rap spannen. *Og du dør så langsomt at du tror du lever* (Und du stirbst so langsam, dass du zu leben glaubst, 1993) löste Begeisterung aus, vermutlich weil niemand zuvor Oslo mit Hilfe des fremden Blicks einen so urbanen Bewusstseinszustand bescheinigt hatte. Hier wird die sinnliche Reizüberflutung vitalistisch gefeiert, in einem Vortrag, der die Wortzusammensetzungen zu Klangsalven gliedert. Typisch für den Sprechgesang ist die Geste des Zeigens: Sieh diese Stadt! Das lyrische Ich entwirft eine Route durch das Stadtgebiet, die es als berufene dichterische Stimme qualifiziert:

> Zeigte auf einen schlafenden Obdachlosen, der die Vorbeigehenden weckte / durch seinen Schlaf, zeigte auf wolfsheulende Straßenprediger / und pinguinwatschelnde Flaschensammler, zeigte auf einen Lippenstiftkuss / auf eine Arme-Männer-Stirn, auf Höflichkeitsphrasen, die sich / von allem Höflichen losgerissen hatten [...] Wie Kinder, die auf einen Affen im Käfig zeigen, zeigte ich auf dich, eine schlafende / Ballerina in einer Rüstung aus Beton versteckt. / Ich zeigte, bis sich der Zeigefinger fremd anfühlte / gegenüber den anderen Fingern der Hand, solange bis *du* anfingst

Bertrand Besigye
liest vor dem Osloer
Hauptbahnhof

zu zeigen, und du / zeigtest! Auf den krüppeldünnen Dornenkranz meiner Arme um dich herum, [...] du zeigtest auf alles Leben, das in alphabetischer Reihenfolge starb.

Das dialogische Sprechen entfaltet sich besonders im Rahmen von Besigyes Performance, die auch filmisch dokumentiert wurde. Das bekannte Inventar der Großstadtlyrik erscheint hier auf überraschende Weise ›gesampelt‹ (*sampling*: kompositorische Kombinationstechnik von Musikstücken).

Grenzüberschreitendes Theater

Die Popularisierung des Kunst- und Kulturbetriebs, die Diskursüberschreitungen und die Hybridisierung wirken sich auch auf die Institutionsgrenzen aus, wie die Auslagerung des Theaters in den städtischen Raum sowie die direkte Kooperation von Theater und Fernsehen veranschaulichen.

Die Osloer Performance-Aufführung von Cecilie Løveids *Badehuset* (Das Badehaus, 1989) ist auf das engste mit den Kulisseneigenschaften des Stadtraums assoziiert. Das Stück wurde auf dem Gelände einer Industriebrache aufgeführt, auf einem runden Platz in der Nähe stillgelegter Getreidespeicher. Sowohl die Silhouette Oslos als auch die als Kulisse einsetzbare Industriearchitektur bieten die Voraussetzungen für ein einzigartiges Bühnenbild. Die Einteilung in Akte orientiert sich sowohl an der Architektur des Platzes als auch an der Raumaufteilung einer vorgestellten Badeanstalt für Frauen. Die Theatergruppe *Verdensteater*, mit der die Autorin zusammenarbeitete, setzt insbesondere auf visuelle Konzepte, die eine Kooperation von Bild und Text verlangen. Von den 46 auftretenden Schauspielerinnen, Tänzerinnen und Sängerinnen haben nur drei Frauen eine Sprechrolle. Dem knapp bemessenen Text kommt keine dominierende Bedeutung zu; er ist integraler Bestandteil neben Bühnenbild und Choreographie, so dass sich der Text als Lesedrama in der Buchausgabe von *Badehuset* (1990) nur in Verbindung mit den großformatigen Fotografien der Aufführung ansatzweise entfalten kann. Mehr noch als eine Inszenierung institutioneller Theater hat die Aufführung im

Synergetische Inszenierungen

Freien einen temporären Ereignischarakter. Die extrem kurzen Sätze oder Stichwörter nehmen auf die Farbeffekte und Bewegungen der in der Frühlingsdämmerung hell aufscheinenden Figurengruppe Bezug. Alle Frauen verschiedensten Alters tragen uniforme Badekleider und Kappen, womit das Thema einer möglichen kollektiven weiblichen Biographie angedeutet wird. Wie so häufig in Løveids Dramen erscheinen die Texte als inszenierte Lyrik, die herkömmliche Zuordnungen wie Dialog oder Monolog nicht zulässt.

Der in Deutschland bereits bekannte schwedische Dramatiker Lars Norén nimmt in seinem berühmtesten Stück *Personkrets 3:1* (Personenkreis 3:1, 1998), dessen Titel eine bürokratische Bezeichnung der Sozialbehörden für eine Problemgruppe enthält, ebenfalls auf einen städtischen Platz Bezug, der als sozialer Brennpunkt schlechthin bekannt ist: Sergels torg in Stockholm, ein Platz, der zum Teil unterirdisch angelegt ist. Obwohl das sechsstündige Drama, 1999 in voller Länge als Fernsehspiel ausgestrahlt, wegen seiner naturalistischen Details als realistisch bezeichnet wurde, ist auch eine religiös anmutende Leidensgeschichte der Außenseiter zu erkennen, die von einer asozialen Gesellschaft geopfert werden. Die Verbreitung von Noréns Dramen ist durch das Fernsehen extrem gefördert worden: Bereits die Erfolgsstücke *Natten är dagens mor* (1982; Nacht, Mutter des Tages, 1987) und *Kaos är granne med gud* (1983; Chaos ist nahe bei Gott, 1987) wurden erst als Fernsehstücke aufgeführt und dann als Textfassungen publiziert. Diese Familiendramen stehen deutlich im Zeichen O'Neills, Albees und nicht zuletzt Strindbergs: Es geht vornehmlich um wechselseitige Abhängigkeiten in familiären und anderen gesellschaftlich gefügten Gruppen, deren Mitglieder sich gegenseitig über einen längeren Zeitraum geprägt und vor allem deformiert haben.

Neben dem Kammerspiel der bürgerlichen Familie gibt es in Noréns Werk das Institutionsdrama, das in Psychiatrie, Krankenhaus und Gefängnis angesiedelt ist. Die bislang größte Fernsehproduktion eines Norén-Dramas (*En sorts Hades*, Eine Art Hades, 1996) hat die Korridore einer psychiatrischen Klinik als Drehort und thematisiert die verdrängte Unterwelt der modernen und aufgeklärten Gesellschaft. Es fällt auf, dass die Dramen inzwischen immer stärker aufeinander Bezug nehmen und sich sogar selbst zitieren, wodurch eine starke Spannung zwischen den naturalistischen und den formreflektierenden Elementen entsteht.

Norén hat für seine Recherchen im Milieu von Obdachlosen, Drogenabhängigen und Psychiatriepatienten große Medienaufmerksamkeit erhalten, die mit *Sju tre* (Sieben drei, 1999) einen problematischen Höhepunkt erreichte: Nicht genug, dass sich zwei der als Schauspieler mitwirkenden Häftlinge öffentlich als Nationalsozialisten bezeichnet hatten – während der Aufführung von *Sju tre* flüchteten sie und waren an zwei Morden und einem Bankraub beteiligt. Wegen ihrer rechtsextremen Äußerungen auf der Bühne waren die Schauspieler zuvor bereits angezeigt worden. Wurden die Fiktion eines Theaterstücks und der Rollentext von Figuren mit real verbindlichen juristischen Maßstäben bewertet? Hatte hier eine künstlerische Initiative durch Schaffung von Publizität ein Verbrechen begünstigt? Dies war die Auffassung vieler empörter Schweden, die eine Strafverfolgung des Intendanten forderten. Möglicherweise hatte gerade die Medienpräsenz die Schauspieler zu anmaßenden, nahezu größenwahnsinnigen Vorhaben verleitet. Ihre Rolle im Theaterstück hatte sie ihrer Position als Strafgefangene in einer Weise enthoben, die den Einfluss der Fiktion auf die Wirklichkeit unterstreicht.

Eine vergleichbare Unvorhersehbarkeit in der Kollision von Fiktion und Lebenswelt stellte der dänische Künstler Claus Beck-Nielsen in das Zentrum

Lars Norén

seiner Aktion »Journalnr. XX« (Aktenzeichen XX, 2000/01), in der er seine eigene Person buchstäblich aufs Spiel setzte. Die Figur Claus Nielsen nahm im März 2001 ihre Existenz in Kopenhagen auf, ohne Wohnsitz, Personennummer und Gedächtnis. Von einem angenommenen Nullpunkt setzt sie sich der Alltagsrealität und der gesellschaftlichen Bühne aus. Durch die Reaktionen der Umwelt, durch zufällige Begegnungen und Gespräche, durch die Reaktionen der Sozialbehörden und der Polizei wurde ›Claus‹ allmählich eine Persönlichkeit zugewiesen. Ein Journalist, eine weitere vom Künstler abgespaltene Person, dokumentierte Claus' Erlebnisse. Die übergeordnete koordinierende Instanz, sofern diese überhaupt plausibel bleibt, verfasst schließlich eine Biographie über den verschwundenen Autor. Diese Fingierungsstrategie zielt darauf ab, eine Fiktion aufzubauen, sie in Form einer nach außen hin glaubwürdigen Rolle aufrechtzuhalten und sich als ein ›Anderer‹ der Wirklichkeit auszuliefern. Das Verfahren zur Gewinnung einer Persönlichkeit erinnert entfernt an Kaspar Hausers nachträglich zugewiesene Identität. Das mehrmonatige Projekt wurde in den Medien einerseits voyeuristisch ausgeschlachtet, andererseits war es heftig umstritten, weil es umfassende personelle und finanzielle Ressourcen der Kopenhagener Sozialbehörden beanspruchte.

Selbstveräußerungen

Ruft man sich die Maxime modernen Theaters in Erinnerung, nach der sich ein Stück erst bei der Aufführung vollendet, wird nachvollziehbar, warum sich die beiden skandalträchtigen Romane Carina Rydbergs erst in der Interaktion mit den Medien, insbesondere Fernseh-Talkshows und Boulevard-Presse, zu einem übergreifenden Spektakel entfalten konnten. Im Roman *Den högsta kasten* (Die höchste Kaste, 1997) rächte sich die Erzählerin Carina an einem namentlich genannten ehemaligen Liebhaber der realen Autorin durch die Auslieferung privater Informationen. In *Djävulsformlen* (Die Teufelsformel, 2000) betreibt sie mit dem in den Medien präsenten Künstler Ernst Billgren ein Katz-und-Maus-Spiel. Die Ankündigung, den Freund und Kollegen zu einem Teil der Fiktion zu machen, verliert ihren schmeichelhaften Charakter, sobald die Solidarität unterhöhlt ist und Raubbau an der quasi-öffentlichen Biographie des anderen betrieben wird. Fiktionalisierung wird hier als Akt der Annexion im Sinne eines Übergriffs praktiziert. Da die Fiktion Auswirkungen auf die Lebensgestaltung hat, inszeniert die Ich-Erzählerin ihren Alltag schließlich so, dass die gelebten und geschriebenen Ereignisse miteinander verschmelzen. Ein Netz aus Intrigen wird gesponnen, das literarisch verwertbares Material erzeugen soll. Weder Nielsens noch Rydbergs Inszenierungsprojekte hätten ohne eine aktive Mitwirkung der Medien stattfinden können.

Filme als Analyse von Erzählvorgängen

Nicht nur das Theater erlebt eine Renaissance, sondern auch der Film, wobei die dänischen Regisseure stärkste Impulsgeber sind, insbesondere Lars von Trier und die *Dogma*-Gruppe, aber auch die jüngst wiederentdeckte Regisseurin Jytte Rex. Von Trier und Rex bedienen sich metafiktionaler Verfahren, die implizit oder direkt der Literatur entliehen sind.

Erinnerungsmosaik

Rex' Super-8-Film *Den erindrende* (Der Erinnernde, 1985; 40 Min., Sprecher Povl Dissing), in dem Ausschnitte aus Jorge Luis Borges' Erzählungen *Gottes Schrift* und *Ireneo Funes, der Erinnernde* verlesen werden, ist dem Thema gewidmet, wie durch Erinnerungen Eigenwelten entworfen werden. Es handelt sich nicht um eine konventionelle Literaturverfilmung, sondern um die ›Insbildsetzung‹ zweier Texte. Eine einsame Gestalt im Rollstuhl vor einer Hochhauslandschaft, ein bleicher Gefangener in einem archaischen Verließ, in das nur einmal am Tag Licht fällt – diese beiden Figuren aus der filmischen Rahmenerzählung sind mit der Geschichte über den Jungen Ireneo verknüpft. Dieser ist nach einem Unfall gelähmt, aber mit einer übermenschlichen Erinnerungsfähigkeit begabt, die ihm erlaubt, sein bisheriges Leben und die gesamte Weltgeschichte in konkreten Details träumerisch nachzuvollziehen. So gelingt ihm eine Erweiterung der Zeit, die er wegen Überanstrengung jedoch mit dem Tod bezahlen muss. Der in seine Erinnerungen geflohene Gefangene erkennt, dass er die Freiheit wiedererlangen kann, wenn es ihm gelingt, das übergeordnete Muster seiner Erinnerungswelt zu finden. Nach seiner Auffassung übermittelt ein ebenfalls im Verließ eingesperrter Jaguar, dessen markant gemustertes Fell täglich für einen Moment sichtbar wird, die göttliche Botschaft: Für diese muss der Gefangene nun Worte finden, um dem Gefängnis seines Selbst zu entkommen. Auch für die Figur des gelähmten Hochhausbewohners, die der äußeren Rahmenerzählung angehört, deutet sich eine Krisenüberwindung auf dem Weg der Erinnerung an. Alle drei Rollen werden von der als androgyn dargebotenen Schauspielerin Rose Marie Tillisch gespielt. Das Thema der Motiv- oder Strukturanalogie beherrscht die Verknüpfung der Erzählebenen; es wird häufig mit Überblendungen gearbeitet, die eine Struktur doppelt nutzen (z. B. die Arkadengänge in Ireneos Zuhause und der aufwärts führende Gang des Runden Turms in Kopenhagen in rhythmischem Lichtwechsel).

Bei Rex wird Mehrstimmigkeit in einer Intensität und Komplexität visualisiert, die das Wahrnehmungsvermögen der Zuschauer fast übersteigt und es notwendig macht, die Filme mehrfach anzusehen. Kernelemente vieler Filme von Rex sind Szenen, die analog zu narrativen Einheiten gestaltet sind: Beispielsweise entspricht die wiederkehrende Eingangsszene mit einer Treppe einer Hinführung auf das Thema; eine Folge hintereinanderliegender Türöffnungen verweist auf Erzählebenen oder intertextuelle Eröffnungen. Der selbst zum Regisseur ausgebildete dänische Autor Jens Christian Grøndahl nennt Rex' Filme »lyrische, verrätselte Friese«, eine Umschreibung, die den Reihungsstil sowie ein festes Bildinventar zu erfassen vermag. Im Spielfilm *Planetens spejle* (Spiegel des Planeten, 1992), der u.a. auf Island gedreht wurde, tritt in einer Nebenrolle Inger Christensen mit einem charakteristischen Statement auf: »Hier muss man die Welt erdichten, sonst gibt es sie nicht.« Rex' Filme ordnen sich damit einer im weitesten Sinne dichterischen Tätigkeit zu.

Lars von Trier bescheinigt seinen Filmen einen ›metafilmischen Charakter‹, da sie – wie er betont – hauptsächlich davon handeln, »wie man Filme macht«. Intertextuelle oder interfilmische Bezugnahmen z. B. auf Carl Dreyers Stummfilme sind die Regel. Der umstrittene Film *Breaking the Waves* (1996) verbindet in einer grellen Motivik eine realistische mit einer allegorischen Ebene, die am Schluss des Films durch ein religiöses Wunder entweder zur Kollision gebracht oder aber aufgelöst werden: Nach dem Tod der übermenschlich liebenden Märtyrerin läuten riesige freischwebende Glocken im Himmel. Diese Szene irritiert auf geradezu schmerzhafte Weise, weil sie das Pathos, das der Film aufgebaut hat und mit dem es von Trier gelingt, jegliche Hollywood-Sentimentalität in den Schatten zu stellen, mittels eines Fiktionsbruchs entlarvt. Nicht zuletzt beruft sich der Regisseur auf einen Kerntext der Kinderliteratur: das Märchen von *Guldhjertet* (Goldherz, eine Variante des Sterntaler-Mädchens), das sich aus Liebe zu seinen Mitmenschen selbst opfert.

Lars von Trier

Ein didaktisches erzählerisches Experiment stellt der live übertragene Film *D-Day* dar, der im Jahre 2000 von fast einem Viertel der dänischen Bevölkerung gesehen wurde. Der Film der Gruppe um von Trier entstand aus vier Erzählsträngen, die auf vier verschiedenen Sendern gezeigt wurden und die von den Zuschauern durch Hin- und Herschalten (›Zappen‹) verbunden werden sollten. Ein weiterer Sender zeigte alle vier Filme simultan in einem *split screen*-Bild. Dieser Versuch des interaktiven Fernsehens setzt einen Wechsel der Erzähler- oder Figurenperspektive um, der in Buchform beispielsweise in Jan Kjærstads erwähnter Trilogie mit drei komplementären Romanbiographien verwirklicht wurde. Es konnten bei der Betrachtung von *D-Day* potentiell unendlich viele zuschauerabhängige Erzählungen entstehen, ähnlich wie bei der Lektüre von digitalen Hypertexten. Doch das Zapping-Verfahren forderte nicht nur zum Zusammensetzen auf, sondern auch zum Zerlegen, indem ein Erzählstrang zugunsten eines anderen verlassen wird. Es stellte sich heraus, dass diese Wahl oft eine Reduktion möglicher Sinnverknüpfungen bedeutete: Wer einen Film verfolgt, entscheidet sich notwendigerweise gegen drei andere. In der Kombination konnte ohne genaue Koordination der Filmstränge der Eindruck des Zufälligen und Beliebigen entstehen. Ebensowenig lässt das Medium Fernsehen während der Ausstrahlung der Sendung zu, eine einmal getroffene Lektüreentscheidung rückgängig zu machen, wie es Buchlesern durch Zurückblättern möglich ist. In dieser Hinsicht entspricht das Videoband der Druckfassung eines Textes und die Fernsehausstrahlung einer literarischen Lesung oder einer mündlichen Erzählung. Möglicherweise sind doch gerade die mündlichen Kommunikationsformen zukunftsweisend für die medialen Darbietungsformen von Texten bzw. ›textlichen Ereignissen‹.

Interaktives Fernsehen

Das filmische Konzept der dänischen *Dogma*-Regisseure geht aus einer intensiven Verschmelzung von Theater und Film hervor, da Improvisationen, die künstlerische Eigenverantwortung des Schauspielerteams (für Szenographie, Maske, Kostüm) und die Bild- und Tonaufnahmen vor Ort im Manifest der Dogma-Gruppe um von Trier (1995) zentral sind. Die dramatische Handlung lenkt die nachvollziehende Bewegung der mobilen Handkamera und ruft den Zuschauern den temporären Vorgang der filmischen Schauspiel-Aufzeichnung ins Bewusstsein. Der Regisseur Thomas Vinterberg, dessen Familiendrama *Festen* (Das Fest, 1998) auch im deutschen Raum bekannt ist, weist seiner filmisch-dramatischen Arbeit einen politischen Stellenwert zu, indem er das Anliegen einer menschlichen und medialen Wahrheitssuche pointiert.

Konstruktion einer Avantgarde

Literatur im Netz: Hypertextromane und spielerische Text-Animationen

Das seit 1995 kommerziell genutzte World Wide Web hat hohe Erwartungen hinsichtlich einer in Aussicht stehenden zweiten Medienrevolution geweckt, da das Internet im Gegensatz zu Radio und Fernsehen in seiner Kommunikation interaktiv angelegt ist. Der Text im Netz, Hypertext genannt, verfügt über Eigenschaften, die eine leserzentrierte Ästhetik zu begünstigen scheinen, indem eine Vielzahl möglicher Schaltstellen offeriert und die Verknüpfung von Textelementen per Mausklick vorgenommen wird, so dass einmalige Lektüreabläufe entstehen. Die Leser erhalten auf diese Weise den Status von Mitautoren und werden *wreader* genannt. Von dieser Legitimation subjektiver Lektüren und der Prozesshaftigkeit des zusammenzufügenden Textes ging die Verheißung einer datentechnologischen Innovation der Literatur aus, die sich jedoch nur in geringem Maße erfüllt hat.

Es lassen sich drei Arten von Netz-Literatur unterscheiden: erstens nachträglich digitalisierte Literatur (z.B. Volltextangebote wie www.lysator.liu.se/runeberg), zweitens Texte, die in gedruckter Form vorliegen und für das Netz adaptiert wurden (z.B. Klaus Høecks visuelle Poesie *Cassiopeia 10*, 2000), drittens Texte oder Spiele (*adventure games*), die eigens für den Computergebrauch konzipiert sind.

Zur hier ausgewählten dritten Textgruppe zählt der Diskettenroman *Iakttagarens förmåga att ingripa* (Das Vermögen des Beobachters einzugreifen, 1992) Karl-Erik Tallmos, der bereits im Titel das Interaktivitäts-Thema nennt. Er setzt sich aus den komplementären Teilen »New York« und »Stockholm« zusammen. Der Plot basiert auf dem Ereignisverlauf einer Reise, der Begegnung eines Schriftstellers mit einer Fotografin und dem Scheitern ihrer Liebesbeziehung. Die lineare Struktur ist durch die Nummerierung der Kapitel im Inhaltsverzeichnis weitgehend intakt. Auch wenn der Roman für die Digitalisierung konzipiert ist, kann man keine Überschreitung einer konventionellen realistischen Erzählweise feststellen, und es gibt keine dezidiert auf das Computermedium abgestimmten Darstellungsformen.

Vernetzt und unabgeschlossen

Im Vergleich hierzu ist der nur im World Wide Web gespeicherte und heute nicht mehr zugängliche dänische Text *Orphus i oververdenen* (Orphus in der Überwelt, begonnen 1996) in seiner Eigenschaft als ›Mitschreibroman‹ feuilletonistisch angelegt. Der Text wurde von Svend Åge Madsen lanciert, und sein Eröffnungskapitel legt erwartungsgemäß einige Spuren, welche die Leser/Mitautoren aufgreifen können: »Als er sie fand, war sie noch am Leben, aber jegliche Gehirnaktivität war aus ihr herausgesogen. Sie lag zusammengesunken vor dem Computer, auf dem ein ihm unbekannter Bildschirmschoner lief.« Da die Mitschreiber überall in den über Links verknüpften Verzweigungen ihre Ergänzungen, Fortsetzungen oder Kommentare anfügen können, ähnelt das virtuelle Gesamtgebilde dem Ausschnitt eines Rhizoms, d.h. eines unbegrenzten, mehrdimensionalen und unüberschaubar verzweigten Labyrinths. Der Roman bestand im Januar 2000 aus 131 Textelementen und endet vermutlich mit einer erwähnten Nachricht von der verschwunden geglaubten Eurydike-Figur. Die im Inhaltsverzeichnis mit Hilfe einer Baumstruktur wiedergegebene Auffächerung der Einzelabschnitte bestätigt, dass der kollektive Schreibprozess nicht linear angelegt ist und eine lineare Lektüre sogar ausschließt. Die Konzeption des Kollektivromans signalisiert ein ausgeprägtes Maß an Ironie, wie die Pseudonyme »H.Se Andersen« oder »Svend Åge II« belegen. Im Unterschied zu Tallmos geschlossener Präsentation überschreitet *Orphus i oververdenen* sich selbst, indem Links in das umgebende World Wide Web abzweigen, nicht zuletzt zur Homepage Gottes.

Entscheidende Lesermitarbeit

Das *Orphus*-Projekt erscheint im Unterschied zu vielen Text-Animationen spielerisch und offen, da jene eine Mitbestimmung der Anwender auf die Auswahl der Lektürevarianten beschränken, insbesondere wenn es nur eine begrenzte Anzahl von Fortsetzungsmöglichkeiten gibt. Merete Pryds Helle war an der Konzeption des Spiels *Giften* (Das Gift, 1998) beteiligt, in dem sich die Leser mit einer Journalistin identifizieren sollen, die einen Umweltskandal aufdeckt. Die detektivischen Ermittlungen der Figur hängen ganz von den Fähigkeiten der Anwender ab, z.B. davon, wie sie Quellen im virtuellen Archiv auszuwerten verstehen oder Interviews mit Informanten durchführen können. Die Handlung hört auf, falls die Leser bei ihren Recherchen keine Fortschritte erzielen. Die dänische Text-Animation *Blackout* (Michael Valeur und Simon Jon Andreasen, 1997) umfasst CD-ROM und Buch als Paket; die künstlerischen Ambitionen beider Komplemente werden von den

Szenenfoto aus der Computer-Textanimation *Blackout*

Verfassern betont, um sich von der Bild- und Textqualität herkömmlicher Computerspiele abzusetzen. Der gedruckte Text besteht aus isoliert dargebotenen Erzählsequenzen, die keine identifikatorische Lektürehaltung ermöglichen. Um die Route durch eine gefilmte, eigens für das Spiel hergestellte, plastische Stadtkulisse zurücklegen zu können, müssen sich die Spieler mit einer Figur identifizieren, die das Gedächtnis verloren hat und mit der Rekonstruktion ihrer Erinnerungen befasst ist. Dieses Thema scheint für Hypertexte und Animationen besonders ergiebig, wie bereits der weltweit erste Hypertext-Roman von Michael Joyce *Afternoon, a story* (1987) unter Beweis stellt. Die Vorgehensweise und die Wegwahl der Anwender entscheidet in *Blackout* über die weitere Spielentwicklung, außerdem speichert der Computer ein Eigenschaftsprofil der Spieler, das den Handlungsverlauf ebenfalls beeinflusst. In der Übertragung auf gedruckte Text entspricht dies einer Aktivierung der individuellen ›Bibliothek‹ der Leser. Auf diese Weise wird der kreative Anteil der Lesermitarbeit und ihre elementare Bedeutung für jede Entfaltung literarischer Texte erneut hervorgehoben.

Fazit: Hybridliteratur und Selbstreflexivität

Der den gängigen Lesegewohnheiten entgegenkommende produktmimetische Realismus bestimmt zwar die Übersetzungen auf dem deutschsprachigen Buchmarkt, doch ist darüber hinausgehend eine Vielzahl von Tendenzen auszumachen, die das hartnäckige Klischee eines ›skandinavischen Sozialrealismus‹ unterlaufen. Die im vorliegenden Mosaik herausgearbeiteten formalästhetischen und thematischen Übereinstimmungen der skandinavischen Literaturen sind selbstreflektierende Merkmale und gattungsüberschreitende Verfahren – in der Erzählprosa, in lyrischen Texten und im Drama. Der Begriff der Hybridliteratur wertet Kombinationen oder Genreverstöße auf, indem die zum Thema erhobene Selbstbezüglichkeit eine Schärfung des Erzählbewusstseins bewirkt. Möglicherweise ist die gattungsmäßige ›Haltlosigkeit‹ des Romans, d.h. sein Vermögen, sich unterschiedlichste Textsorten und Genremerkmale anzueignen, das Hauptcharakteristikum der aktuellen Romanliteratur. Zunehmend wird Textmaterial aus nicht-literarischen Diskursen in die Erzählprosa mit einbezogen.

Die Zunahme an Selbstreflexivität, sowohl innerhalb der Literatur als auch in anderen Kunstarten, ist eine Tendenz der Konzentration, die mit einem verstärkten Interesse an formaler Gestaltung einhergeht und einer – dem Postmodernismus häufig nachgesagten – spielerisch-unverpflichtenden Attitüde widerspricht. Aus konstruktivistischer Sicht setzt sich ein von der Literatur vermitteltes Theorie- und Erzählbewusstsein in unterschiedliche Bereiche ›gestaltender Medien‹ fort, womit die These eines in Frage gestellten Deutungsrechts der Literatur entkräftet wird.

Isländische Gegenwartsliteratur und die neuen Medien

Phantastisches Erzählen

Selbstverständlich markiert das Jahr 1980 in der Geschichte der neueren isländischen Literatur ebenso wenig wie in den anderen skandinavischen Ländern eine strikte Zäsur. Denn einerseits wird in den 80er Jahren an das modernistische Erzählen angeknüpft, wie es Halldór Laxness, Svava Jakobsdóttir, Thor Vilhjálmsson, Guðbergur Bergsson u.a. in den 60er Jahren als Methode entwickelt hatten, andererseits werden die in den 70er Jahren wieder in Mode gekommenen realistischen Darstellungsformen bruchlos weitergeführt und erfreuen sich großer Beliebtheit. Allerdings sind in den frühen 80er Jahren allmählich Schreibweisen zu beobachten, die sich als Anzeichen einer neuen Ästhetik eines phantastischen Erzählens deuten lassen und die sich gerade durch die bewusste Verschmelzung modernistischer und realistischer Traditionslinien auszeichnen. Diese narrative Richtung – in Anlehnung an südamerikanische Modelle oft pauschalisierend magischer Realismus genannt, was die Kombination der beiden Erzählmodi benennt – ist in den 80er Jahren in der schwedischen, norwegischen und dänischen Prosa mit Namen wie Lars Andersson, Göran Tunström, Kerstin Ekman, Kjartan Fløgstad, Tor Åge Bringsværd, Hans-Jørgen Nielsen, Ib Michael und zahlreichen anderen gut vertreten. Die isländische Erzählliteratur weist auch in dieser Phase viele Übereinstimmungen mit internationalen Bewegungen auf.

Neues Erzählen

Der bemerkenswerte Erfolg der Gegenwartsliteratur aus Island auf dem skandinavischen und kontinentalen Buchmarkt der letzten 10–15 Jahre macht jedoch noch auf einen weiteren Aspekt aufmerksam: Isländische Bücher werden nicht zuletzt von einem deutschsprachigen Publikum als Teil der als attraktiv empfundenen ›skandinavischen‹ Literatur rezipiert, wozu auch die inzwischen mehr und mehr professionalisierte Vermittlung beiträgt. Eine quantitativ wie qualitativ repräsentative Auswahl an isländischen Texten – Romane, Krimis, Kinder- und Jugendliteratur, Sachbücher – ist in zuverlässigen deutschen Übersetzungen greifbar. Einige davon, z.B. Steinunn Sigurðardóttirs *Tímaþjófurinn* (1986; Der Zeitdieb, 1997), Einar Már Guðmundssons *Englar alheimsins* (1993; Die Engel des Universums, 1999) oder Hallgrímur Helgasons *101 Reykjavík* (1996; 101 Reykjavík, 2002), haben die Grundlage von international beachteten Filmen abgegeben: *Voleur de Vie* (1998), *Angels of the Universe* (2000), *101 Reykjavik* (2000). Und es sind gerade solche Neuerungen im Mediensektor, die es rückblickend berechtigt erscheinen lassen, um und nach 1980 wenn nicht von einem radikalen literarischen Umbruch so doch von einer medialen Neuausrichtung zu sprechen, die nicht ohne Konsequenzen für die literarische Praxis und Ästhetik blieb. Beispielsweise verfolgte die 1983 an die Macht gekommene Mitte-Rechts-Regierung von Selbständigkeits- und Fortschrittspartei eine liberale Medienpolitik, die es einem Konsortium ermöglichte, 1984 eine zweite, private Fernsehstation (*Stöð 2*) zusätzlich zu dem seit 1966 bestehenden, staatlichen Monopolsender (*Sjónvarpið*) zu errichten. *Stöð 2* orientierte sich in Programmgestaltung und Formen an englischsprachigen Sendern wie Sky Channel und brachte eine weitreichende Öffnung der isländischen Medienlandschaft mit sich. 1998 wurde mit *Skjár 1* eine weitere private Station in Betrieb genommen. Ein Text wie der eben erwähnte Roman *101 Reykjavík* von Hallgrímur Helgason wäre ohne den Hintergrund der globalen MTV-Ästhetik nicht denkbar und zeigt, wie sensibel Literatur auf aktuelle mediale Herausforderungen reagiert. Prosaautoren und Lyriker betätigten sich in den 90er Jahren in großer Zahl als Texter für die Pop-Kultur, beispielsweise Sjón für die Sängerin Björk. Mit der Liberalisierung des Fernsehens fiel anfangs der 80er Jahre der Beginn des neuen isländischen Films zusammen, der sich vorwiegend über Verfilmungen literarischer Stoffe – etwa Pétur Gunnarssons *punktur punktur komma strik* (Punkt, Punkt, Komma, Strich, 1976; 1981 verfilmt in der Regie von Þorsteinn Jónsson) – ebenfalls als intermediale Kunst etablierte und seinerseits auf die Romanliteratur zurückwirkte.

Neue Medien

Dass die isländische Romanliteratur der 80er und 90er Jahre sozialhistorisch, zeit- und gesellschaftsbezogen, kritisch bleibt und neu nun auch experimentierend, ironisch, witzig wird, zeigt sich am deutlichsten an den Texten, mit denen Pétur Gunnarsson, Einar Kárason oder Einar Már Guðmundsson vor und nach 1980 den Durchbruch schaffen. Als eigentliche Übergangs- und Vermittlungsfigur zwischen den eindeutigen 70er und den uneindeutigeren 80er Jahren fungiert dabei Pétur Gunnarsson. Seine Tetralogie *punktur punktur komma strik*, *Ég um mig frá mér til mín* (Ich, meiner, mir, mich, 1978), *Persónur og leikendur* (Personen und Spieler, 1982), *Sagan öll* (Die ganze Geschichte/Geschichte zu Ende, 1985) stellt ein frühes und modellbildendes Beispiel eines in den folgenden Jahren ungemein verbreiteten Prosagenres dar, das die Darstellung der rasanten sozialen und wirtschaftlichen Entwicklung Islands nach dem Zweiten Weltkrieg und die Entstehung einer urbanen Zivilisation zum Generalthema hat. Noch mit den durchaus traditionellen narrativen Mitteln des psychologisch-realistischen Romans erzählt Pétur Gunnarsson die Geschichte einer Person vor dem Hintergrund einer ganzen Gesellschaft und deren Geschichte. Andri steht als Hauptfigur im Zentrum dieser individuell-sozialen Entwicklungsgeschichte, eines Generationenromans, der mit humoristischer Beschreibung des tragikomischen Alltags die problematische Identitätsfindung eines Jungen und gleichzeitig einer Gesellschaft über drei Jahrzehnte hinweg schildert.

Umschlag von Pétur Gunnarssons *punktur punktur komma strik* (1976)

In noch ausgeprägterem Maß ist Einar Kárasons sogenannte »Insel«-Trilogie *Þar sem djöflaeyjan rís* (1983; Die Teufelsinsel, 1997), *Gulleyjan* (1985; Die Goldinsel, 1997), *Fyrirheitna landið* (1989; Das gelobte Land, 1999) ein Text, der Zeitgeschichte abhandelt. Hier ist eine isländische Familie, die im Reykjavík der Wohnungsnot nach Kriegsende von amerikanischen Soldaten zurückgelassene Baracken übernimmt, das handlungstragende Kollektiv. Einar Kárason erzählt in einfacher und humorgeprägter Sprache von der

Dokumentarromane für die 80er Jahre

Reykjavík in den 60er Jahren

Armut und den Missständen, dem politischen und persönlichen Streben, Hoffen, Kämpfen der kleinen Leute am Rand der wachsenden Stadt. Den dokumentarischen Charakter der Erzählung unterstreichen in späteren Auflagen eingefügte, historische Fotografien aus den bis in die Mitte der 50er Jahre tatsächlich als Notunterkünfte benutzten Militärcamps. Es war besonders die spezifische Mischung aus Darstellung nationaler Geschichte und Bildung privater Mythologien, die die Inselbücher Einar Kárasons so erfolgreich machte. Diese erzählten einmal mehr die Geschichte vom befleckten Land und seinen Einwohnern, nun für eine Leserschaft in den 80er Jahren.

Wenn auf einen isländischen Autor der letzten zwanzig Jahre die Bezeichnung ›magischer Realist‹ zutrifft, dann wohl auf Einar Már Guðmundsson. Stärker als Einar Kárason und Pétur Gunnarsson verbindet er in seiner »Reykjavík«-Trilogie *Riddarar hringstigans* (1982; Die Ritter der runden Treppe, 1988), *Vængjasláttur í þakrennum* (Flügelschlagen in Dachrinnen, 1983), *Eftirmáli regndropanna* (Epilog der Regentropfen, 1986) Elemente des realistischen Erzählens – ein ausgeprägt soziales, manchmal politisches Anliegen – mit einer poetologisch höchst bewussten und raffinierten narrativen Ästhetik. Seine Romane lesen sich spannend und sind gleichzeitig wichtig in ihrer Intention, dabei äußerst anspruchsvoll in der sprachlichen und formalen Gestaltung. Einar Már Guðmundsson ist der Mythologe der Betonblocks, der neuen Quartiere Reykjavíks, die in den späten 50er und den 60er Jahren aus dem Boden schießen und in denen die Figuren seiner Erzählungen ihre Kindheit und Jugend verbringen. Die Romane der Trilogie und verschiedene seiner Kurzgeschichten sind Bruchstücke einer poetisierten Sozialgeschichte Islands und stellen in gleichem Maß wesentliche Beiträge zu einem metafiktionalen Diskurs dar.

Mit einem veritablen Hammerschlag beginnt der erste Roman, *Riddarar hringstigans*: Jói, der Ich-Erzähler, traktiert mit einem Hammer den Kopf seines besten Freundes und wird zur Strafe nicht zu dessen Geburtsparty eingeladen. Das Kleinstereignis wächst sich in der Phantasie des Erzählers zu einer eigentlichen Tragödie aus und dominiert vordergründig den mit Tempo, Präzision, Ironie erzählten Text, der den Alltag einer Gruppe von Jungen zum Inhalt hat und diesen Alltag durch seine narrative Methode mit geradezu mythischen Dimensionen auflädt. Dieses hochgradig effektive Erzählverfahren lässt sich auch an den anderen Bänden aufzeigen: Schon *Riddarar hringstigans* ist mit einem Motto von David Bowie versehen, und der nächste Band, *Vængjasláttur í þakrennum*, der in den 60er Jahren spielt, handelt thematisch im Kern von der musikalischen Populärkultur und deren im wörtlichen Sinn phantastischen Auswirkungen auf die Bewohner des Quartiers. Das magische Erzählen ist dabei nicht an Inhalten und Themen festzumachen – es werden nur in geringem Umfang alte Sagen, Mythen, Legenden usw. eingebaut –, sondern vielmehr an der Art und Weise, wie verschiedene Realitätsebenen sich gegenseitig bedingen. Der Text kreiert immer wieder aus alltäglichen Situationen heraus eine Abfolge sich überbietender Aktionen und schafft so seine eigene Mythomotorik. Den Gipfel der skurrilen Handlungsbegründungen erreicht er, als die erste Beatles-Platte ins Quartier kommt, die sich daraus ergebende Haarmode der Jungen den Friseur Anton rakari arbeitslos macht und ihn als neue Beschäftigung eine Taubenzucht beginnen lässt, welche von den Jugendlichen aufgegriffen und in großem Stil weitergeführt wird, was wiederum die vom Taubengurren schlaflosen und vom Vogeldreck geplagten Hausfrauen gemeinsam mit dem Gesundheitsamt zum Durchgreifen veranlasst, so dass die Vögel entfernt werden. Mit einem Blick auf eine leere Umgebung endet der Roman: »Weiterum liegen handgefertigte Taubenkäfige, zerstreut, als gehörten sie niemandem. Sonst sind die Straßen leer. Im Quartier sieht man keinen Vogel.« Popmusik, hier die der Beatles, und eine überbordende Vogelzucht sind in dieser Jugendmythologie jenes grenzüberschreitende Phantastische, das sich durch das erinnernde Erzählen aus dem Wirklichen entwickelt. Der Modus des Skurrilen und Grotesken verweist auf Spuren der Tradition, die Þórbergur Þórðarson in den 20er Jahren angelegt hatte. Ähnlich wie in Laxness' experimentellem Roman *Kristnihald undir jökli* (Seelsorge am Gletscher, 1974) von 1968 werden in »Flügelschlagen in Dachrinnen« Vogelsprache und Musik – avantgardistische wie populäre – aufeinander bezogen.

Konsequent arbeitet Einar Már Guðmundsson auch in den 90er Jahren an dem Projekt, eine eigene Ästhetik des Imaginären aus der poetisierten Alltagswirklichkeit, ein phantastisches Erzählen herzuleiten. Er tut dies in gleicher Weise in Scripts zu Filmen des Regisseurs Friðrik Þór Friðriksson – *Börn náttúrunnar* (Children of Nature, 1991), *Bíódagar* (Movie Days, 1994), *Englar alheimsins* (Angels of the Universe, 2000) – wie in einer Reihe von bisher drei Romanen mit den wunderbar poetischen Titeln *Fótspor á himnum* (1997; Fußspuren am Himmel, 2002), *Draumar á jörðu* (Träume auf Erden, 2000), *Nafnlausir vegir* (Namenlose Wege, 2002), die die Geschichte einer Proletarierfamilie seit dem frühen 20. Jh. als einen sich über mehrere Generationen hinweg ziehenden Existenzkampf erzählen. Zeitgeschichtliches Anliegen und ironische Figurenschilderung prägen diese Bücher ebenso wie den viel beachteten Roman *Englar alheimsins* über einen schizophrenen Jugendlichen, dessen Krankheit in einem Raum zwischen dem Realen, dem Absurden und dem Phantastischen angesiedelt wird. *Bítlaávarpið* (Das Beatles-Manifest, 2004) greift die Thematik von *Vængjasláttur í þakrennum* auf.

Einar Már Guðmundsson

Fragmente eines isländischen Diskurses der Liebe

Der Modus des Phantastischen bestimmt zahllose andere Erzählungen der 80er und 90er Jahre, wobei Texte über die Liebe von Autorinnen wie Steinunn Sigurðardóttir, Vigdís Grímsdóttir oder Kristín Ómarsdóttir eine interessante Stellung einnehmen. Ein frühes Beispiel für diese Textgruppe ist Steinunn Sigurðardóttirs Durchbruchsroman *Tímaþjófurinn* von 1986. Der Zeitdieb, der dem Roman den Titel gibt, ist der Mann, mit dem die Ich-Erzählerin eine hundert Tage dauernde Liebesbeziehung hat und der sie nach Ablauf dieser Zeit verlässt. Für Alda, eine als Lehrerin beruflich und sozial erfolgreiche junge Frau, bleibt von da an die Zeit stehen. Sie wähnt sich bis an ihr Lebensende in der Illusion, dass der untreue Geliebte – der wie in Einar Már Guðmundssons *Vængjasláttur í þakrennum* den Namen Anton trägt – zu ihr zurückkehren werde. Auf einer äußeren Ebene, im Berufs- und Familienleben, verläuft die Zeit normal. Auf der inneren Ebene der Gefühle, die die wirklich wichtige Realität darstellt, gilt eine andere Zeitdimension. Der Roman über den Liebesverrat handelt vom Diebstahl der Jugend, der Schönheit, der Gesundheit, also der Zeit (die übrigens in der isländischen Sprache das maskuline Geschlecht hat). *Der Zeitdieb* ist weniger eine Liebes- als eine Trennungsgeschichte. In inneren Monologen von lyrischer Prosa und mit der für Steinunn Sigurðardóttir bezeichnenden Ironie beschreibt der Text das Scheitern einer Liebe und damit eines Lebens und die Suche nach dem verlassenen Selbst. Vor allem das letzte ist ein Thema, das auch spätere Werke der Autorin immer wieder aufgreifen: Der Roman *Síðasta orðið* (Das letzte Wort, 1990) besteht aus verschiedenen Stimmen über denselben, eben verstorbenen Mann und rekonstruiert dessen schillernde Persönlichkeit; *Hjartastaður*

Steinunn Sigurðardóttir

Gestohlene Lebenszeit

(1995; Herzort, 2000) beschreibt die Reise von drei Frauen zum Ort der Kindheit als skurriles Road Movie durch Island und ist gleichzeitig eine sentimentale Reise durch die persönliche Biographie.

Auch Vigdís Grímsdóttirs Texte verlegen die Realität ins Innere, auch ihre Figuren erdichten sich ihre eigenen Welten. Das Imaginäre eröffnet ihnen alternative Existenzen des Sexuellen, Erotischen, Existenziellen. Ein Schlüsselbegriff ist hier das Verschwinden. Die zumeist weiblichen Figuren – oft Kinder, die bereits ein erwachsenes Bewusstsein haben, bzw. kindlich gebliebene Erwachsene – ziehen sich vor der zerstörerischen Welt des Äußeren zurück und verschwinden in eine andere Wirklichkeit, indem sie fliehen, träumen, erkranken oder sterben. Ganze Geschichten wie *Nætursöngvar* (Nachtgesänge, 1998) sind als Träume erzählt. Viele Texte von Vigdís Grímsdóttir enden mit Fluchten in die Auflösung, das Schweigen. »Ich verschwand in die heimtückische Zeit und das Schweigen«, heißt es gegen den Schluss der Gedichtsuite *Lendar elskhugans* (Die Lenden des Geliebten, 1991). Identitäten von Figuren lassen sich ändern, der Tod kann aufgehoben werden, Tote stecken in den Lebenden, sprechen durch sie und bestimmen sie, schreiben ihre Geschichte (*Ég heiti Ísbjörg ég er ljón* [Ich heiße Ísbjörg, ich bin ein Löwe, 1989]; *Grandavegur 7* [Grandavegur Nr. 7 = Straßenname, 1994]).

Wenn die Integrität von Figuren so extrem gefährdet und labil ist wie in diesen Texten, geschieht es leicht, dass diese sich nicht nur auflösen, sondern ineinander übergehen. Vigdís Grímsdóttirs Erzählungen und Gedichte führen hier eine von Svava Jakobsdóttir in die isländische Erzähltradition eingeführte Darstellungsform fort. Im Tanz verschmelzen etwa Hildur und Guðrún, die beiden Figuren in *Stúlkan í skóginum* (1992; Das Mädchen im Wald, 2000), zu einer Figur. Die Puppenmacherin Hildur küsst Guðrún und saugt sie in einem eigentlichen Vampyrakt aus: »Und ich merkte, wie ich verschwand, als sie sich auf meinen Körper legte, und es war irgendwie alles zugleich, angenehm, weh und schön. Und schließlich wusste ich, dass sie ihr Spiel vollendet hatte, und da war alles nur noch schön. [...] und ich glaubte, es war mir noch nie so gut gegangen [...] Und ich wusste da nicht, ob das alles ein Traum war [...]«, sagt Guðrún, die am Schluss selbst zur Puppe (gemacht) wird, und zitiert dabei eine Szene aus dem Anfang, in der sie bei Hildur vor einem Spiegel stand. Nicht nur der Körper und das Bewusstsein der Figuren in diesen Texten haben keine Grenzen und Stabilität, auch Zeit und Ort sind nirgends festgelegt und wechseln. In dem Haus an Grandavegur 7, in welches das Mädchen Fríða einzieht, leben Gespenster und sind für sie als Stimmen der Toten in der Gegenwart präsent.

Kreisbewegungen und Wiederholungen definieren die bilderreichen Texte. Sie arbeiten Vergangenes durch, spielen und experimentieren mit den verschiedenen Ebenen der Erzählung. Die Sprache weist poetische Merkmale auf, ist voller Töne, Klänge, Rhythmen. Es handelt sich um ausgeprägt selbstreferentielle Romane, die auf metafiktiv anspruchsvolle Weise über Themen wie Kunst, Kreativität, Existenz nachdenken. Liebe, Macht/Ohnmacht, Gewalt sind wiederkehrende thematische Elemente.

In *Ég heiti Ísbjörg* erzählt die Titelfigur in einer Gefängniszelle ihrem Anwalt ihre Geschichte. Während es ihm nur um das Geständnis und den Tathergang geht, greift Ísbjörg weit aus und berichtet von ihrer Kindheit und dem Vater, der sie und die Mutter misshandelte und Selbstmord beging, von der Jugend zusammen mit der Mutter, und schließlich von der Tat, die sie ins Gefängnis brachte, dem Totschlag an einem Freier, der zugleich der Vater ihres Sohnes ist. Die Erzählung ist einerseits als Dialog zwischen dem Ich, der Insassin, und einem Du, dem Anwalt, angelegt und handelt auf dieser Ebene

Postmoderne Spiegel-Szenen

auch poetologische Fragen wie die nach dem guten Zuhörer und Leser ab; sie ist andererseits eine eindringliche, therapeutische Nacherzählung eines von Übergriffen zerstörten, traumatisierten Lebens, für das es am Ende nur eine Lösung geben kann. »Ich gehe weg. Gehe an einen Ort, wo alles anderen Regeln gehorcht. Und an diesem Ort werde ich frei. Dort werde ich ein Löwe, ein Vogel, ein Wolf, ein Fisch, eine Hyäne oder Ísbjörg, je nachdem, wie es mir selber passt. Ich gehe weg von hier. [...] Ich bin entschlossen. Stark. Ich bin Ísbjörg.« Der Roman schließt in einer für Vigdís Grímsdóttirs Frauenfiguren spezifischen Bewegung der Vereinigung – »Ich betrachte das Mädchen. Ich betrachte sie, wie sie mit mir selber zusammenfließt. [...] Sie verschwand in mir, weil sie ich war. Ich sie. Und sie ging, weil ich kam, um zu leben« – und mit einem selbstbewussten und zuversichtlichen: »Ich heiße Ísbjörg. Ich bin ein Löwe.«

Aufgrund seiner Thematik erzielte Vigdís Grímsdóttirs *Z ástarsaga* (Z Liebesgeschichte, 1996) bei seinem Erscheinen ein großes Medienecho. Der Roman zählt mit Guðbergur Bergssons *Sú kvalda ást sem hugarfylgsnin geyma* (1993; Liebe im Versteck der Seele, 2000) zu den ersten der wenigen Werke in der isländischen Literatur, die unverblümt homoerotische Beziehungen beschreiben. Z ist über weite Strecken als eine Art Briefroman konstruiert und handelt von der Liebe zwischen der Dichterin Anna und Z. Anna schickt ihrer Geliebten Gedichte, diese schreibt ihr Briefe. Im Rahmen, der diese Liebesgeschichte zusammenhält, kommt Annas Schwester Arnþrúður zu Wort. Die traditionelle Form des Briefromans ist somit aufgebrochen. Der Text setzt sich aus den Erzählungen dreier verschiedener weiblicher Ichs zusammen und überwindet die radikale Ich-Perspektive der anderen Erzählungen Vigdís Grímsdóttirs durch eine Vielstimmigkeit, durch variierende Perspektiven auf die Liebe der beiden Frauen. Auch dieses Buch steht unter dem Zeichen des Todes und untergräbt damit die Regeln des klassischen Liebesromans, der auf die glückliche Zusammenführung von zwei (heterosexuellen) Liebenden hinstrebt: Anna ist unheilbar erkrankt und hat sich in ein Sommerhaus zurückgezogen, um allein zu sterben. In ihrer letzten Nacht verbrennt sie ihre Gedichte an die Geliebte und deren Briefe. Z ist die Geschichte über eine lesbische Liebe in einer Gesellschaft, die solche Beziehungen noch immer nicht eigentlich toleriert. Im Isländischen ist und war das Z nicht der letzte Buchstabe des Alphabets, sondern ein Schriftzeichen, das seit 1973 gar nicht mehr verwendet wird. Die Titelfigur teilt dessen Schicksal: Wie der Buchstabe wird sie, die sich zu ihrer verbotenen Liebe bekennt, ausgeschlossen. So ist Z, der Buchstabe und die Figur im Roman, ein Zeichen für das Unterdrückte, Inoffizielle, weil Abweichende.

In gewisser Weise knüpft Kristín Ómarsdóttir an Svava Jakobsdóttirs Poetik des zerstückelten Körpers an. Sie geht jedoch einige entscheidende Schritte weiter, indem sie nicht nur die herkömmlichen Inhalte zugunsten einer neuen Bildsprache des Grotesken auflöst, sondern auch im Formalen die traditionellen Gattungsgrenzen spielerisch überschreitet. Ihre Texte bestehen oft aus thematisch wie genremäßig hybriden, minimalistischen Erzählungen, die Prosa und Lyrik bunt mischen. Zentrale Themen, die sich wie rote Fäden durch die Romane, Novellistik und Dramatik ziehen, sind wie bei Steinunn Sigurðardóttir und Vigdís Grímsdóttir Liebe, Begehren, Sexualität, wobei Kristín Ómarsdóttirs Texte sozusagen zur dritten Generation der »schrägen« Literatur in Island zählen (so Geir Svansson). In ihnen sind alle klaren, sexuellen Zuordnungen aufgehoben, wird oft nicht mehr zwischen Geschlechtern unterschieden bzw. haben sexuelle Identitäten ihre Bedeutung und Aussagekraft verloren. Geschlecht, Sexualität, Gender befinden sich in ständiger

Queer *Literatur der 90er Jahre*

Hybride Formen – groteske Körperlichkeit

Entwicklung und Auflösung. Die aufgebrochenen Körper und die Transgressionen vom Leben in den Tod, die in der Lyrik oder in Romanen wie *Elskan mín ég dey* (Mein Liebling, ich sterbe, 1997) immer wieder vorkommen, tragen zum Grotesken bei, ja tragen es. Solche Effekte können sich unvermittelt aus harmlosen Idyllen von scheinbarer Posie ergeben – Beispiel: »Ein Mädchen in einem langen weißen Kleid geht auf einem Pfad. In ihrer Fußspur schießen sogleich Blumen hoch. Ein zweites Mädchen, auch weißgekleidet, geht ein wenig hinter ihr her und pflückt die Blumen.« (*Svartir brúðarkjólar* [Schwarze Brautkleider, 1992]) –, was auf ein weiteres wichtiges Element, die Parodie, verweist. Das Gedicht *Isländisches Geschlechtsleben II* aus der Sammlung *Lokaðu augunum og hugsaðu um mig* (Schließ die Augen und denk an mich, 1998) zeigt in seiner Absurdität eine beinahe emblematische Struktur und lebt von der Spannung von Titel, Bildbeschreibung und – allerdings verknappt mystifizierender – Erklärung:

> Ein Büroangestellter sitzt mit seinen Akten im Schoß
> auf einem mittelgroßen Stein und telefoniert.
> Drei junge Mädchen kriechen wie Riesenfliegen in einem Science fiction-Film
> im Blumenbeet vor dem Regierungssitz herum.
> So sadomasochistisch ist das Leben im Sommer in Reykavík.

Die Gegenwartsliteratur in der Pop-Kultur

Children of Nature, Filmplakat (1991); Script von Einar Már Guðmundsson

In einer Gesellschaft, die wie die isländische nicht einmal 300 000 Menschen umfasst, von einer Massenkultur zu sprechen, kann übertrieben erscheinen. Tatsächlich ist Island heute jedoch in höchstem Grad modern und urbanisiert und weist sämtliche Elemente der globalisierten Kultur auf. Das trifft auf die Literatur in gleichem Maß wie auf die anderen Künste und Medien zu. Vermutlich hängt jedoch u.a. mit der Kleinheit der Verhältnisse in der isländischen Kulturgesellschaft zusammen, dass die Grenzen zwischen den einzelnen Kunstarten etwas durchlässiger sind als anderswo und sich Autoren häufiger auch als bildende Künstler, Musiker, Filmer usw. betätigen. Die aktuelle Literaturszene in Reykjavík, auf das sich das Geschehen des Landes hauptsächlich konzentriert, ist vital und differenziert und umfasst alle Bereiche des Geschäfts mit der Ware Buch, d.h. öffentliche und private Fördermaßnahmen wie Preise und Stipendien, Literaturfestivals, Übersetzungen, Verfilmungen, Übertragungen in andere Medien, Bibliotheken u.v.m. Die Publikationstätigkeit wird seit einigen Jahren von Edda, einem Zusammenschluss der drei früher eigenständigen Imprints Almenna bókafélagið, Mál og menning und Vaka–Helgafell, dominiert. Dieser Großverlag nimmt eine beherrschende Stellung auf dem isländischen Buchmarkt ein und expandiert auch in die elektronischen Medien.

Der isländische Pop-Literat der 80er und 90er Jahre *par excellence* ist zweifellos Sjón (Pseudonym für Sigurjón B. Sigurðsson, mit der Bedeutung ›Sicht‹), ein äußerst produktiver Lyriker, Romancier, Dramatiker, Kinderbuchautor, Künstler, Musiker (Johnny Triumph in Sugarcubes/Sykurmolar), der sich problemlos und gleich elegant auf beiden Seiten der Demarkationslinie zwischen E- und der U-Kultur bewegt. Internationale Bekanntheit gewann Sjón durch die Texte und Musik, die er für und mit Björk schrieb. In seinen Romanen *Stálnótt* (Stahlnacht, 1986) – in dem Johnny Triumph wieder auftritt –, *Engill, pípuhattur og jarðarber* (Engel, Zylinder und Erdbeeren, 1989), *Augu þín sáu mig* (Deine Augen sahen mich, 1994) sind Spuren von Cyber Punk, Comics, Filmen zu sehen (Úlfhildur Dagsdóttir). Seine Texte

Pop aus Island: Sjón/Johnny Triumph und Björk

adaptieren Stoffe der Weltliteratur und sind von der globalen Medienkultur des ausgehenden 20. Jh. bestimmt.

Ein für die Mitte der 90er Jahre zeittypischer Roman des Künstlers, Journalisten und Schriftstellers Hallgrímur Helgason ist *101 Reykjavík*. Dieser Text beschreibt, wie ein junger Isländer, der in der City der Hauptstadt wohnt, sein Leben zwischen exzessivem Fernseh- und Videokonsum und dem Besuch von Diskotheken teilt. Gattungshistorisch haben sich solche Party-Romane in der isländischen Literatur seit den 50er Jahren gut etabliert. Neben der sprachlichen Kreativität sind an *101 Reykjavík* medienhistorisch die Einflüsse der TV-Ästhetik auf die narrative Struktur des Textes interessant. Auch *Dís* (2000; Männer gibt's wie Fisch im Meer, 2003) ist ein Roman über die *jeunesse dorée* aus dem Kreis 101 in der europäischen Kulturhauptstadt im Sommer des Jahres 2000: »Mittlerweile wohne ich in einem Stadtteil, dessen Namen jeder kennt: 101 Reykjavík. Auch wenn Leute über fünfzig in den seltensten Fällen wissen oder zumindest nicht glauben wollen, dass auch direkt auf dem Laugavegur Leute wohnen.« Der locker erzählte Generationenroman über einen Sommer stammt von einem Autorinnen-Kollektiv – Birna Anna Björnsdóttir, Oddný Sturludóttir, Silja Hauksdóttir –, erzielte einen überwältigenden Verkaufserfolg, wurde mit eigenem Soundtrack verfilmt und erhält vermutlich Fortsetzungen.

Wenn es noch eines Beweises bedurft hätte, dass die isländische Gegenwartsliteratur an Vielfalt und Breite der Gattungen ohne weiteres einen skandinavischen Standard erreicht, wäre er spätestens mit Arnaldur Indriðasons Kriminalromanen erbracht worden. Die rasch wachsende und auch in Deutschland sehr populäre Serie über die Reykjavíker Polizeikommissare Erlendur, Sigurður Óli und Elínborg – *Synir duftsins* (1997; Menschensöhne, 2005), *Dauðarósir* (Todesrosen, 1998), *Napóleonsskjölin* (1999; Gletschergrab, 2005), *Mýrin* (2000; Nordermoor, 2003), *Grafarþögn* (2001; Todeshauch, 2004), *Röddin* (2002; Engelsstimme, 2004), *Bettý* (2003; Tödliche Intrige, 2005), *Kleifarvatn* (2004; Kältezone, 2006), *Vetrarborgin* (Die Winterstadt, 2005) – ist ein gutes Beispiel für den gesellschaftsorientierten, psychologischen Spannungs- und Kriminalroman, wie er zur Zeit in den nordischen Ländern geschrieben wird.

Der isländische Mankell: Arnaldur Indriðasons Krimis

Ungleich unkonventioneller – nicht zuletzt, was die Verbreitungsformen betrifft – sind demgegenüber die Texte, die Andri Snær Magnason produ-

Lyrik als Konsumartikel: Andri Snær Magnasons *Bónus ljóð* (2. Aufl. 2003)

ziert. Und doch sind auch sie in ihrer Originalität und Marktorientiertheit typische Ausdrucksformen des medialisierten Zeitalters. Andri Snær Magnason war u. a. Initiator und Herausgeber des ersten Buches, das im Jahr 2000 erschien, der von zwölf jungen Dichtern geschriebenen Sammlung *Bók í mannhafið* (Buch ins Menschenmeer), die nicht in den Verkauf kam, sondern unter den Lesenden weitergegeben werden sollte. »Niemand darf dieses Buch besitzen, es soll wie eine Flaschenpost im Menschenmeer herumgetragen werden. Man darf das Buch lesen, danach soll man zuhinterst Namen und Fundort eintragen und es an einem sonnigen und trockenen Ort hinterlegen. WENN DU DIESES BUCH IN EINEM BÜCHERREGAL FINDEST! NIMM ES MIT! BEFREIE DAS BUCH!«

Bereits 1996 hatte Andri Snær Magnason eine der wohl am meisten verkauften Lyrikbände Islands überhaupt herausgebracht. Die *Bónus ljóð* (Bónus-Gedichte) wurden nur in den Filialen der Billig-Supermarktkette Bónus vertrieben und lagen neben Zeitungen und Zeitschriften auf. Die Kurz- und Kürzestgedichte – »Eisvogel / Nicht ich / waren die letzten Worte / der kleinen gelben Henne« – sind allerdings nicht nur Texte, die man beim Einkaufen gerade mal wie einen Schokoriegel noch mitnimmt, sie thematisieren zudem in ihrem Sprachwitz und ihrer Absurdität auf der Inhaltsebene das Universum eines modernen Supermarkts. In expliziter Anlehnung an Dantes *Divina Commedia* wird ein Gang durch einen Bónus-Laden als Wanderung durch die drei Reiche des Jenseits dargestellt: »Die Bónus-Gedichte schildern eine göttlich fröhliche Reise durch die Wunderwelt des Bónus-Geschäfts mit Aufenthalten im Paradies (Gemüseabteilung) und in der Hölle (Gefriertruhen und Kühlabteilung), ehe der Leser von einem weißen Wirbelwind in das schreckliche Fegefeuer (Hygieneartikel) gewirbelt wird.« 2003 kam eine um 33 % »erweiterte, überarbeitete, durchgesehene und nach den strengsten Erfordernissen der Konsumenten und internationalen Standards über die Qualität von Gedichtstoffen neugedruckte« Ausgabe heraus. Andri Snær Magnason zelebriert mit diesen Gedichten augenzwinkernd die moderne Konsumgesellschaft, ironisiert mit seinen Experimenten mit den Vertriebsformen die liberale Kulturindustrie und verfolgt gleichzeitig im Kern alte, aufklärerische Ziele und ethische Anliegen. In anderen Projekten (CD, Romane, Kinderbücher, Kulturjournalistik usw.) arbeitet er mit der mittelalterlichen literarischen Tradition und mit Volksüberlieferungen und praktiziert als ausgebildeter Literaturwissenschaftler eine hochgradige Intertextualität. Das Spiel, das seine Texte mit älteren Texten treiben, ist witzig und intelligent – und es ist repräsentativ für die neuere isländische Literatur generell.

Konsumkritik und Medienanalyse

Der Triumph der Intertextualität: die lange Geschichte der isländischen Literatur

Dieser Umgang mit Texten, der eben als charakteristisch für die aktuelle Literatur in Island bezeichnet wurde, soll abschließend an zwei Beispielen kurz illustriert werden. Dass Literatur aus Literatur gemacht wird, ist eine triviale Feststellung und braucht nicht weiter ausgeführt werden. Doch in dem konkreten Fall, um den es hier geht, steckt etwas mehr hinter der Plattitüde. Die These lautet nämlich, dass (erst) die isländische Literatur der letzten zehn bis zwanzig Jahre es geschafft hat, sich von der früher als erdrückend wahrgenommenen Tradition zu emanzipieren, dass sie mit dieser Tradition inzwischen ironisierend umgehen kann, ohne sie ganz zu verleugnen. Es wäre also die Rede von einer Bewegung weg von der ›Angst der Beeinflussung‹ hin zu einem entspannten Spiel mit der Intertextualität.

Erstes Beispiel: Der neueste Roman von Einar Már Guðmundsson, *Bítlaávarpið*, beginnt mit einer schwungvollen metafiktionalen Eskapade: »[...] Ich, Jóhann Pétursson, hatte das Beatles-Manifest verfasst, und ich stelle mich hier gleich zu Beginn vor, denn ich bin schon früher auf den Seiten dieses Autors vorgekommen. Er macht zwar nichts anderes als das zu schreiben, was ich ihm sage, bekommt aber die ganze Ehre und steckt das Honorar ein, das rechtens ungeteilt an mich gehen sollte. Aber so verhält es sich nun einmal. Wir Geschichtenfiguren haben kein Recht. Wir machen alle möglichen Dummheiten, und dann kommen die Autoren in die Zeitungen und sagen noch dümmere Dinge über uns. Wir sollten vielleicht vor Gericht gehen und wie alle anderen Klage einreichen. Dann könnte man in den Zeitungen lesen: Fünfzehn Geschichtenfiguren verklagen Autor, und man würde Konferenzen abhalten: Geschichtenfiguren tagen im Hotel Saga. Wo sollten sie sonst tagen?« Bei der mit einigem Selbstbewusstsein ausgestatteten, literaturtheoretisch versierten Figur handelt es sich um niemand anders als jenen Jói in Einar Már Guðmundssons *Riddarar hringstigans*, der seinem Freund den Hammer über den Kopf schlägt. Hier ist Jóhann zum Gymnasiasten herangewachsen, der in einer Band spielt und in ein Mädchen verliebt ist. Er lässt es indes bei dem Hinweis auf seine Existenz in früheren Erzählungen nicht bewenden, sondern fährt in seiner Vision der Tagung der literarischen Figuren fort: »Ich sehe, wie Bjartur í Sumarhúsum in einem Taxi mit zwei glatzköpfigen Männern kommt, die beide sagen, sie hätten ihn erfunden, doch er ist mit ihnen darüber ganz und gar nicht einig [...]«. In dem kurzen Satz, der für den weiteren Handlungsverlauf keine Rolle spielt, zitiert der Text gleich zwei Werke der neueren isländischen Literatur, zum einen Halldór Laxness' gewichtigen Roman *Sjálfstætt fólk* (Unabhängige Menschen, 1962) von 1934–35 über den Heidebauern Bjartur, zum anderen Hallgrímur Helgasons ausführlichen Roman *Höfundur Íslands* (2001; Vom zweifelhaften Vergnügen, tot zu sein, 2005), eine gleichfalls äußerst literaturbewusste Erzählung über einen alten Nationaldichter, der eines Tages in einem seiner eigenen Texte aufwacht. Der gealterte Schriftsteller trägt deutlich die Züge des haarlos gewordenen Laxness, der mürrische Bauer, auf dessen Hof er sich unversehens findet, solche von Bjartur. Mit *Höfundur Íslands* – was wörtlich »Der Autor Islands« bedeutet – hat der (glatzköpfige) Autor Hallgrímur Helgason ein Stück Literatur über Literatur, einen ironischen Beitrag über die nationale Ikone Laxness geschrieben, welcher von Einar Már Guðmundsson in *Bítlaávarpið* ganz nebenbei aufgegriffen wird.

Das Recht literarischer Figuren

Zweites Beispiel: 1987 erschien Svava Jakobsdóttirs Roman *Gunnladar saga* (Die Saga/Geschichte von Gunnlöð). Wie der Titel sagt, greift die Autorin in diesem Text auf den Ursprungs- und Begründungsmythos der isländischen Dichtung, die Erzählung von Gunnlöð und dem Dichtermet, zurück. In einem kultur- und zivilisationshistorisch weitausholenden Griff deutet der Roman die zentrale Mythe der altnordischen Literatur von der Herkunft der Dichtung, so wie sie in Snorri Sturlusons *Prosa-Edda* kanonisiert worden war, um. Drei Frauenfiguren tragen die mehrschichtige Erzählung: Dís (was Göttin heißt, aber auch ein gewöhnlicher Frauenname ist), eine junge Isländerin, wird verhaftet, als sie im Nationalmuseum in Kopenhagen aus einer Ausstellungsvitrine eine alte Schale entwendet. Sie sagt aus, sie habe die Schale nicht gestohlen, sondern zurückgeholt. Dadurch werden ein zweiter, thematisch bedeutsamer Erzählstrang und eine weitere Erzählebene eröffnet. Ihre Mutter – die Ich-Erzählerin der Rahmenhandlung – reist aus Island an, um sich um ihre Tochter zu kümmern, und wird mehr und mehr in diese zweite Geschichte verwickelt. Sie handelt von Gunnlöð, einer jungen Tem-

Nochmals die Geschichte von Gunnlöð

Odin hat Gunnlöd verführt und trinkt den Dichtermet.

Odin bringt den Dichtermet nach Åsgard.

Illustrationen von F. Graff (1986)

pelpriesterin eines urgeschichtlichen Volkes. Als Vertreterin des Landes fällt Gunnlöð die Aufgabe zu, den neuen König, Óðinn, in sein Amt einzuführen. Anlässlich einer großen Feier gibt sie ihm aus der goldenen Schale zu trinken und vollzieht mit ihm die heilige Hochzeit. Danach begeht der neue König jedoch einen Verrat: Er bemächtigt sich der Schale und führt mit Lokis Hilfe eine neue Gesellschaftsordnung ein, die der friedlichen älteren, in der die Frauen eine wichtige Rolle gespielt hatten, ein Ende setzt. Am Schluss des Romans fliegen Mutter und Tochter zurück nach Island. Bei der Ankunft wird die Mutter verhaftet, denn sie hat sich nach der Gerichtsverhandlung der Schale bemächtigt, da sie die Sicht von Dís/Gunnlöð übernommen hat und das Wissen um die Wahrheit, über das sie verfügen, öffentlich machen will. Der komplizierte, streckenweise etwas pathetische und in der Konstruktion nicht ganz überzeugende Roman hat deutliche frauenhistorische Dimensionen. Er entstand im Kontext ausgedehnter religionshistorischer Forschungen der Autorin, die sich auch in wissenschaftlichen Aufsätzen niederschlugen. Svava Jakobsdóttirs Roman reagiert auf die dominante, von Männern geschriebene Literaturgeschichtsschreibung, indem sie den Mythos, der in deren Mittelpunkt steht, neuschreibt. Was bei Snorri eine Geschichte über Óðinns Raub des Dichtertranks war, in welcher der Riesentochter Gunnlöð lediglich die Position des überlisteten Opfers zukam, wird in ihrer Version – die auf archaische, vor-patriarchalische, vor-christliche Überlieferungen zurückzugehen vorgibt, wie sie bruchstück- und andeutungsweise in der *Lieder-Edda* (*Hávamál* Strophen 13–14, 104–100) belegt sind – die Tempelpriesterin zur Garantin des Wohls ihres Landes, ausgestattet mit der Macht, den neuen König in seinem Amt zu inaugurieren. Erst die mittelalterliche Tradition habe, so *Gunnlaðar saga* explizit, aus der alten Darstellung eines Ritus eine Erzählung von der Herkunft der Dichtkunst gemacht. Der

Text, der von der Richtigkeit seiner Sicht durchaus überzeugt ist, ist in seiner zeittypischen Patriarchatskritik ebenso wie in seiner poetologischen Diskussion bemerkenswert, denn Auseinandersetzungen mit den altnordischen Mythen und Heldensagen stellen in der skandinavischen Erzählliteratur seit den 80er Jahren eine repräsentative Linie dar.

Gunnlaðar saga ist allerdings nicht der letzte Bearbeitung des Mythos vom Dichtermet. In einem 1996 in der Kurzgeschichtensammlung *Engar smá sögur* (Keine kleinen/kurzen Geschichten) erschienenen Text mit dem Titel *Gras* (deutsche Übersetzung »Gras« in der Anthologie *Flügelrauschen*, 2000) greift sie Andri Snær Magnason nochmals auf. Die Erzählung reagiert ihrerseits unmittelbar auf die feministische Umschreibung in *Gunnlaðar saga*: Arnar, ein junger Dichter, der im Sommer sein Geld damit verdient, dass er bei Eigenheimbesitzern Gras mäht, wird von einer Kundin, der bekannten Schriftstellerin Gunnlöð verführt, verbringt drei Nächte bei ihr und muss sich am dritten Tag in ein Gefäß der Marke Boðn übergeben. Seinen Dichterkollegen, die ihn beim Grasmähen unterstützen, geht es gleich; sie werden der Reihe nach von Gunnlöð ins Haus gerufen und übergeben sich nach drei Nächten in ihrem Bett in das Gefäß. Während die Dichter bis auf einen aufhören zu dichten, macht Gunnlöð weiter Karriere und erhält den Nobelpreis. Pikant ist an Andri Snær Magnasons Satire u. a., dass hinter der Figur der Schriftstellerin, die die jungen Dichter verführt und sie ihrer Kreativität beraubt, das Modell von Svava Jakobsdóttir sichtbar wird; so wohnt Gunnlöð im gleichen Quartier in Reykjavík wie die Autorin der *Gunnlaðar saga* bis zu ihrem Tod 2004.

Dabei ist die Erzählung *Gras*, in der die Gender-Konstellationen bei der literarischen Produktivität und die wichtigsten narrativen Abläufe in der eddischen Erzählung, die davon handelt, wie gute Dichtung entsteht, grundlegend umgekehrt, also pervertiert werden, eigentlich kein Ausdruck eines postmodernen, neukonservativen Backlash. Der oberflächlich gelesen vor allem witzige Text entpuppt sich bei einer tiefergehenden Lektüre als raffinierter, wenn auch verspielter, intertextueller Diskussionsbeitrag, wie er für die Literatur, die zur Zeit in Island geschrieben wird, nicht untypisch ist. Allerdings ist eine solche Diskussion nur in einem literarischen Kontext denkbar, in dem die Tradition in irgendeiner Weise noch eine Bedeutung, eine gewisse Aktualität und Präsenz hat, und dies trifft genau auf die literarische Situation in Island zu. Die isländische Gegenwartsliteratur arbeitet sich zwar immer noch an den beiden großen Polen der alten und der neuen literarischen Tradition – »Den Sagas« und »Laxness« – ab, aber sie kann es inzwischen mühelos und ohne Sanktionen auch in Form der Satire tun. In diesem Sinn ist die isländische Geschichte des literarischen Gedächtnisses lang und lebendig.

Metafiktion, Patriarchatskritik

Nochmals die Herkunft der Dichtkunst

Das literarische Gedächtnis

Färöische Literatur

Einleitung

Die im nördlichen Atlantik zwischen Norwegen, Schottland und Island gelegene Inselgruppe der Färöer wurde im 9. Jh. von Norwegen aus besiedelt. Die Kolonie dieser Aussiedler kam nach einer kurzen Phase der Unabhängigkeit unter norwegische Herrschaft und fiel 1380 zusammen mit Norwegen an Dänemark. Wie viele Menschen die Färöer im Mittelalter bewohnten, ist nicht genau bekannt; um 1800 betrug die färöische Bevölkerung etwas über 5000 Einwohner. Während Norwegen 1814 eine Union mit Schweden einging, blieben die Färöer dänisch und erhielten 1948 den Status der Selbstverwaltung innerhalb des dänischen Reiches. Heute leben rund 50 000 Färinger auf den Inseln.

Das Färöische gehört zu den westnordischen Sprachen und ist am engsten mit dem Isländischen und dem Westnorwegischen verwandt. Charakteristisch für das Färöische ist der Umstand, dass es trotz des kleinen Sprachgebiets in eine Reihe von Dialekten unterteilt ist. Im Unterschied zur literarischen Situation in Island weist die färöische Literatur keine ins Mittelalter zurückreichende schriftliche Tradition auf. Obwohl die Reformation wie in den anderen skandinavischen Ländern im 16. Jh. durchgeführt wurde, kam es auf den Färöern nicht zur Übersetzung der Bibel oder anderer theologischer Schriften. Das Land erhielt auch keine Druckerei, so dass das Dänische bis ins 20. Jh. als Sprache der Kirche und Verwaltung vorherrschte und erst im 19. Jh. eine färöische Schriftsprache geschaffen und färöische Bücher gedruckt wurden. Der mündlichen Dichtung, allen voran die für die färöische Kultur spezifischen Balladen, kam in dieser Situation jahrhundertelang eine herausragende kulturelle Bedeutung zu.

Färöische Schriftsprache erst im 19. Jh.

Während heute auf den Färöern eine differenzierte und lebendige literarische Szene existiert, die sich der färöischen Sprache als wichtigem Trägermedium des kulturellen Selbstverständnisses souverän und auf der Höhe mit den anderen skandinavischen Literaturen bedient, konnte sich ein modernes, an europäischen Standards orientiertes Gattungsspektrum in der färöisch geschriebenen Literatur erst im ausgehenden 19. und beginnenden 20. Jh. herausbilden.

Wie in anderen europäischen Ländern wurde auch auf den Färöern im 19. und 20. Jh. im Prozess des *nation building* u.a. auf der Grundlage der sich allmählich etablierenden Literatur in färöischer Sprache eine Vorstellung von ›dem Färöischen‹ und ein nationales Bewusstsein entwickelt, obschon das Land noch nicht eine selbständige Nation geworden war. Nachdem das Färöische als Schriftsprache in Gebrauch gekommen war, stellte es das hauptsächliche Kriterium dar, an dem ›das Nationale‹ gemessen wurde. Die vielfältigen Form- und Stilexperimente in der Literatur der letzten Jahrzehnte zeugen vom Erfolg der Bemühungen, das Färöische als literarische Sprache zu einem modernen Medium für verschiedenste Ausdrucksweisen zu machen.

Zu den färöischen Autoren, die im vergangenen Jahrhundert einen gewissen Bekanntheitsgrad auch außerhalb ihres eigenen Landes und Dänemarks erreichten, zählen Jørgen-Frantz Jacobsen und William Heinesen, die sich beide des Dänischen bedienten. Auf dem deutschen Buchmarkt gibt es vereinzelte Übersetzungen von färöischer Literatur, als letzte den Roman *Nú ert tú mansbarn á foldum* (1980) von Jens Pauli Heinesen, *Ein Kind hier auf Erden* (2001).

Die färöische Dichtung im Mittelalter und in der frühen Neuzeit

Die mündliche Dichtung

Die älteste färöische Dichtung besteht aus Balladen, Sagen, Märchen und anderen volkstümlichen Gattungen. In ihrer heutigen Form ist die färöische Ballade ein Tanzlied, bei dem eine Person – in der Regel ein Mann – die Rolle des Vorsängers übernimmt und die übrigen Tänzer zumindest in den Refrain einstimmen. Heute werden Balladen und Tanz in Tanzvereinen gepflegt und sind vor allem bei Hochzeiten beliebt.

Mittelalterliche Tanzballaden

Die färöischen Balladen (*kvæði*) haben mittelalterliche Wurzeln und wurden mündlich tradiert, sind indessen erst durch Beschreibungen und Aufzeichnungen aus dem 18. Jh. belegt, so dass man sich über ihre ursprüngliche Form keine genaueren Vorstellungen machen kann. Die meisten färöischen Balladen gehören zum Typ der Heldenballaden; sie handeln von Schlachten, in denen der Held seinen Vater rächt oder sein Recht auf andere Weise geltend macht. Die färöischen Balladen spielen an fremden Schauplätzen und umfassen wie in den anderen nordischen Ländern historische, magische, Legenden-, Ritter- und Scherzballaden. So ist etwa Karl der Große die Hauptperson im Balladenzyklus *Karlamagnusar kvæði* (Lied von Charlemagne), und eine andere Ballade erzählt von den Kämpfen seiner Leute in Roncesvalles in den Pyrenäen. Die Balladenstoffe entstammen auch häufig altnordischen Sagas oder mitteleuropäischen Epen. Der große Balladenzyklus über Sigurd Fafnersbane, *Sjúrðar kvæðini* (Die Lieder von Sigurd), gehört zum Stoffkreis der Völsungensage und ist mit dem mittelhochdeutschen *Nibelungenlied* verwandt. Nur eine einzige der alten Balladen spielt auf den Färöern und hat einen färöischen Helden: das *Sigmundarkvæði* (Lied von Sigmund), das von Sigmund Brestisson aus der *Færeyinga saga* (Saga von den Färingern) erzählt.

Einen anderen Balladentyp stellen Spottlieder, die *tættir* (Singular *táttur*), dar. Ihr Gegenstand sind reale Personen, die sich eines Vergehens schuldig gemacht haben. Die *tættir* weisen im Gegensatz zu den *kvæði* lokale färöische Stoffe auf und haben eine sozialisierende oder kritisierende Absicht.

Die anonymen, meist sehr umfangreichen Balladen sind in der Regel in Abschnitte oder Kapitel aufgeteilt, die jeweils bis zu 150–200 Strophen enthalten können, und weisen Refrains auf, die nach jeder Strophe wiederholt werden.

17. und 18. Jahrhundert

Im 17. und 18. Jh. kann man zwischen einer weltlichen und einer geistlichen Kultur unterscheiden: Die weltliche Kultur umfasste Balladen, Sagen, Märchen, Rätsel und Sprichwörter und bediente sich des Färöischen. Die religiöse Kultur hingegen fand auf Dänisch statt; sie basierte auf der Schrift, war je-

Weltliche Kultur auf Färöisch – religiöse auf Dänisch

doch für die Mehrheit der Bevölkerung mündlich. Norwegische und dänische Barockdichter wie Thomas Kingo, Petter Dass und Dorothe Engelbretsdatter waren für die färöische Kulturgeschichte wichtig und stellten neben den Balladen ein bedeutendes poetisches Reservoir dar.

Kartierungen des Landes

Die frühesten Beschreibungen der materiellen und kulturellen Beschaffenheit der Färöer, die lange als Teil der Ländereien des dänischen Königs betrachtet wurden, stammten von dänischen Beamten, beispielsweise von Lucas J. Debes, Pfarrer in Tórshavn und Autor der ersten großen topographisch-historischen Beschreibung des Landes: *Færoæ et Færoa reserata. Det er: Færøernis Oc Færøeske Indbyggeris Beskrifvelse* (Die Färinger und die Färöer ans Licht gebracht. Das ist: Beschreibung der Färöer und der färöischen Bewohner, 1673). Dieses Buch beschreibt, wie der in barocker Manier gehaltene Untertitel ausführlich formuliert, die Färöer und die Bewohner der Inseln, die verschiedenen Geheimnisse der Natur und einige Antiquitäten, die zuvor im Dunkel verhüllt waren und hier zum ersten Mal ans Licht gebracht werden. Das Werk gewann internationale Beachtung; bereits 1675 erschien es in englischer Übersetzung, knapp hundert Jahre danach auf Deutsch.

Jens Christian Svabo

In den Jahren 1781–82 bereiste Jens Christian Svabo im Auftrag des dänischen Königs die Färöer. Zweck der Reise, ganz im Sinne des Rationalismus, war es, Informationen über die nördlichen Besitzungen zusammenzutragen. Mit seinen *Indberetninger fra en Rejse i Færøe 1781 og 1782* (Bericht über eine Reise auf den Färöern 1781 und 1782) wirkte Svabo an der vom König angeordneten Kartierung des Landes mit. Die Färöer wurden zwar noch nicht im eigentlichen Sinn kartographiert, Svabos wie vorher schon Debes' Beschreibungen trugen jedoch zur Sichtbarmachung und Verschriftlichung der Inseln bei. Seine Vorschläge zur Verbesserung der färöischen Landwirtschaft, die zu einem zweckmäßigeren Ackerbau führen sollten, stießen allerdings auf Ablehnung; sein Reisebericht blieb Manuskript und wurde erst 1959 gedruckt.

Debes war dänischer Beamter und Theologe, während der Färinger Svabo eine Ausbildung in den natur- und gesellschaftswissenschaftlichen Fächern erhalten hatte, was sich in seinem Bericht niederschlägt. Der Text erschien auf Dänisch, da er für den König bestimmt war und es zu dieser Zeit noch keine färöische Schriftsprache gab. Svabo entwickelte aber auch eine eigene färöische Schriftsprache, die er zur Niederschrift von Balladen benutzte, und er verfasste darüber hinaus sprachgeschichtlich wertvolle Manuskripte für Wörterbücher. Svabo schrieb die Balladen in der Absicht auf, einige Zeugnisse der färöischen Sprache für die Nachwelt zu bewahren, einer Sprache, die seiner Ansicht nach degeneriert und ohne Überlebenschance war. Dass Svabo, der sich selbst als eine Art Museumskurator für die färöische Sprache betrachtete, dann aber ihr Lebensretter wurde, ist eine wichtige Pointe in der färöischen National- und Literaturgeschichte.

Claus Lund

Zu Svabos Zeitgenossen gehörte der Literat Claus Lund, der in den 1790er Jahren eine Reihe von Gedichten in den dänischen Zeitschriften *Minerva* und *Den danske Tilskuer* (Der dänische Zuschauer) veröffentlichte. Diese Texte wie auch seine Ballade *Sigmunds Tog mod Harald Jernhoved* (Sigmunds Zug gegen Harald Eisenkopf) beruhen auf Balladenmotiven; Letzterer reiht sich in den Balladenzyklus über Sigmund aus der *Færeyinga saga* ein. Lieder, Balladen und historische Ereignisse wurden rege benutzt, um die aufklärerischen Fortschrittsideen zu verbreiten. Zwanzig Jahre nach Lunds dänischen Gedichten mit färöischen Balladenstoffen begann man sich in wissenschaftlichen Kreisen in Dänemark für die originalen Texte zu interessieren. Besonders Svabo, aber auch Lund, der fernab vom Geschehen in Tórshavn saß, verfolgten die Fachliteratur ihrer Zeit, passten die historischen Stoffe den neuen patriotischen Gedanken an und wurden zu Wegbereitern der späteren Entwicklung.

Den dänischen Beamten folgten im 19. Jh. bürgerliche Entdeckungsreisende wie der Kieler Jurist Carl Julian Graba, der ein Tagebuch seiner Färöer-Reise 1828 verfasste.

Nationalromantik

Romantische Dichtung: neue Balladen

In der färöischen Agrargesellschaft waren die Bauernhöfe die kulturellen und literarischen Zentren; in der administrativen Hauptstadt Tórshavn wohnten die Verwaltungsbeamten, während die übrige Bevölkerung größtenteils aus Tagelöhnern bestand. Die färöische Landwirtschaft war zu keinem Zeitpunkt autark; Getreide, Zucker, Salz, Tabak, Holz und andere Waren mussten importiert werden. Der Import und der Export von Wollwaren und von Trockenfisch liefen über den königlichen Monopolhandel (1709–1856). Das färöische Parlament (*Lagting*) wurde 1816 aufgelöst, als die Färöer ein Regierungsbezirk des dänischen Reiches wurden, 1852 jedoch wieder eingesetzt, nachdem Dänemark 1849 ein Grundgesetz eingeführt hatte.

Gleichzeitig erreichten die Ideen des Nationalen die Färöer und eine Bewegung entstand, die sich die Förderung der färöischen Sprache und Kultur zum Ziel setzte. Literarisch gesehen sind die beiden Jahrzehnte vor und nach 1800 von besonderem Interesse, denn nun begannen erstmals namentlich bekannte Autoren als Dichtersubjekte ihre Werke in Balladenform selber niederzuschreiben, während die alten Balladen anonym gewesen waren.

Poul Nolsøe war Bauer, seine Tätigkeit als Seemann hatte ihn in den Jahren der Unabhängigkeitserklärung und der Französischen Revolution auch nach Amerika und Frankreich gebracht. Er verfasste eine Reihe satirischer Balladen, deren berühmteste das allegorische *Fuglakvæðið* (Vogelballade) ist. Hier treten korrupte Beamte in Raubvogelgestalt auf, die alle unternehmungslustigen Kräfte der kleinen Vögel, d.h. des Volkes, unterdrücken. Nolsøe ging später als Volksheld und Vorreiter der politischen Unabhängigkeitsbewegung in die Geschichte ein. Er brachte angeblich seine Balladen nicht selbst zu Papier, sondern ließ sie, während er in der Stube deklamierend auf und ab ging, von seinem Bruder aufschreiben. Seine Dichtung war neuartig für die Zeit; insbesondere wurde *Jákup á Møn* (Jakob am Strand), ein *táttur* über einen ziemlich erfolglosen Freier, seines bissigen Tonfalls und des zeitlosen Witzes wegen sehr geschätzt.

Poul Nolsøe

Etwas jünger als Nolsøe und ebenfalls Bauer war Jens Christian Djurhuus, der am Anfang des 19. Jh. eine Reihe neuer Balladen mit Themen aus der *Færeyinga saga* und der *Heimskringla* dichtete, welche ihm in dänischer Übersetzung bekannt waren. Sein *Sigmundar kvæði*, die dritte der Balladen über Sigmund, wird heute sehr oft für den Tanz verwendet. Eine andere bekannte Ballade von Djurhuus ist *Ólavur Tryggvason*; sie erzählt von der Seeschlacht, die der norwegische König Olav, der die Färöer christianisierte, gegen den dänischen und den schwedischen König führte, und in der er sein Schiff *Ormurin langi* (Der lange Drachen) verliert. Djurhuus' Balladen wurden mündlich tradiert, er schrieb jedoch auch einige seiner Balladen selbst auf und legte darüber hinaus ein Verzeichnis seiner Balladen an. Sein literarisches

Jens Christian Djurhuus: erstes färöisches Dichterwerk

Titelseite von Hans Christian Lyngbyes *Färöischen Liedern* (1822)

Werk ist damit das erste auf den Färöern, das man mit Sicherheit kennt. Djurhuus und Nolsøe erneuerten das Balladengenre. Djurhuus seinerseits kündigte, indem er die Literatur an die Schrift und eine bestimmte Person knüpfte, ein für den färöischen Kontext neues Verständnis von Literatur an.

Balladenaufzeichnungen und Balladenausgaben

Das allererste Buch mit färöischem Text war eine direkte Folge von Svabos Werk. Seine Balladenaufzeichnungen führten zu systematischen Sammlungen der alten Texte und 1822 erschien in Randers in Dänemark eine erste Balladenausgabe: *Færøiske Qvæder* (Färöische Lieder). Herausgeber war der Botaniker und Pfarrer Hans Christian Lyngbye, der auf einer Färöer-Reise auf die von Svabo erwähnten Balladen gestoßen war. Lyngbye sah in den Balladen einen vergessenen Schatz mittelalterlichen Ursprungs; für ihn waren die färöischen Balladen »ein seltenes Beispiel dafür, wie sich der Brauch der Vorzeit, alte Zeugnisse in mündlich überlieferten Gesängen zu bewahren, bei diesem fernabgelegenen und gleichsam isolierten färöischen Volk durch viele Jahrhunderte hindurch bis auf den heutigen Tag halten konnte«. Lyngbye erhielt die Manuskripte von Pfarrer Johan Hendrik Schrøter auf Suðuroy und Johannes Klemmensen aus Sand.

Das Matthäus-Evangelium auf Färöisch

Schrøter war maßgeblich an der ersten literarischen Publikation in färöischer Sprache beteiligt; gleichzeitig war er damit beschäftigt, das Neue Testament ins Färöische zu übersetzen. Als das *Evangelium Sankta Matthæusar* (Matthäus-Evangelium) 1823 erschien, war die Reaktion der Färinger, die noch nicht an eine färöische Bibelsprache gewohnt waren, äußerst zurückhaltend.

Die dritte färöische Publikation war die 1832 gedruckte Ausgabe der *Færeyinga saga*, die auf Altnordisch, Dänisch und Färöisch herauskam. Auch hier war Schrøter der Autor der färöischen Übersetzung, während der Sprachwissenschaftler C.C. Rafn die Edition besorgte. Dieses Werk begründete im Geiste der Romantik die färöische Geschichte, wie sie später im 19. Jh. und insbesondere in der Geschichtsschreibung des frühen 20. Jh. formuliert wurde.

Færøiske Qvæder, *Færeyinga saga* und *Evangelium Sankta Matthæusar* waren romantische Werke in dem Sinne, dass sie ›Stimmen der Vorzeit‹ aus der ›Tiefe des Volkes‹ repräsentierten und sich an das Volk in seiner Muttersprache wandten. Aus postkolonialer Perspektive ist interessant, dass Svabos und Schrøters Bücher erst Mitte des 20. Jh. herausgegeben bzw. wieder aufgelegt wurden, was bedeutete, dass sie einer breiteren färöischen Öffentlichkeit lange nicht zugänglich waren. Lyngbyes und Svabos Tätigkeit sind Teil der Kartierung der Färöer durch die Kolonialmacht, Schrøters Übersetzungen dienten religiösen und nationalen Zwecken. Die Funktion dieser Werke wurde später jedoch neu definiert, als man im Kontext des färöischen *nation building* das Färöische selber bestimmen wollte.

Die nationale Periode gegen Ende des 19. Jahrhunderts

Die färöische Schriftsprache

Die Idee einer färöischen Nationalliteratur entstand im späten 19. Jh., als auf der Grundlage der ersten färöischen Bücher der 20er und 30er Jahre und der daraufhin initiierten systematischen Sammlung und Aufzeichnung mündlicher Erzählstoffe die ersten Anthologien mit historischen und modernen Texten in färöischer Sprache herausgegeben wurden. Eine Hauptvoraussetzung war zudem die Schaffung der färöischen Schriftsprache durch den

Pfarrer und Philologen Venceslaus Ulricus Hammershaimb 1846, fast hundert Jahre nach Svabos ersten Balladenaufzeichnungen. Sie kam allerdings erst wirklich in Gebrauch, als die moderne Dichtung entstand. 1876 trafen sich färöische Studenten zum Fastnachtsfest im Studentenkollegium Regensen in Kopenhagen und dichteten zu diesem Anlass die ersten vaterländischen Lieder auf Färöisch. In den folgenden Jahren wurde das Fastnachtsfest zu einer Tradition, und 1892 wurden die Lieder unter dem Titel *Føriskar vysur* (Färöische Lieder) herausgegeben. Es handelt sich um eine Sammlung naturlyrischer Gesänge und studentischer Trinklieder, in denen eine national orientierte, optimistische Haltung, die Sehnsucht nach der Heimat und eine Naturidentifikation dominieren, wie in *Eg oyggjar veit, sum hava fjøll og grøna líð* (Ich kenne Inseln, mit Bergen und grünen Hängen) von Friðrikur Petersen. Diese Lieder und ihre zahlreichen Nachfolger definierten die färöische Landschaft als Ausdruck von Empfindungen und fungierten zugleich bis ins 20. Jh. hinein als neue Kartierung des Landes.

Vaterländische Lieder und Landschaftsbeschreibungen

Bereits früh gab es allerdings einzelne Ausnahmen, die von diesem Patriotismus abrückten. Die einzige Frau, die in *Føriskar vysur* repräsentiert ist, Billa Hansen, stellte beispielsweise das beschwerliche Arbeitsleben in der Großstadt dem Naturgenuss und der Freundschaft gegenüber, erwähnte jedoch mit keinem Wort die Heimatinseln. Zu dieser Zeit und auch später noch war die Ansiedlung des literarischen Schauplatzes außerhalb der Färöer freilich sehr selten.

Im traditionellen Ringtanz konnte eine persönliche Interpretation in der Art und Weise, wie der Vorsänger den Tanz anführte, zum Ausdruck kommen. Als formelhafte Texte, die sich stereotyper Beschreibungen und feststehender Wendungen bedienten, gab es in den epischen Balladen allerdings keine persönlichen Deutungen und Gefühlsäußerungen. Die neue Dichtung des späten 19. Jh. beschrieb demgegenüber Landschaften und Emotionen mit Hilfe einer innovativen und ursprünglichen Wortwahl, und so waren die Gedichte zum Lob des Vaterlandes, wie sie gegen Ende des 19. Jh. verfasst wurden, die ersten Werke, die die Wünsche und Gefühle eines lyrischen Ichs auf Färöisch ausdrückten.

Realistische und naturalistische Themen des modernen Durchbruchs, wie er aus den anderen skandinavischen Literaturen bekannt ist, gehen in der färöischen Literatur eine Verbindung mit dem Nationalen ein und kommen erst zu Beginn des 20. Jh. ernsthaft zur Entfaltung. Auch die Neuromantik dieser Zeit ist auf den Färöern national geprägt. Vorbilder für die erste färöische Nationaldichtung waren die dänische und andere nordische vaterländische Lyrik, die zu bekannten Melodien gedichtet wurde. Viele der frühen vaterländischen Lieder sind heute noch äußerst beliebt und gehören zu dem in *Songbók Føroya Fólks* (Gesangbuch des färöischen Volkes, 9. Aufl. 1997) gesammelten färöischen Liedgut. Zur selben Zeit entsteht die färöische Malerei, die zusammen mit der Literatur eine wichtige Rolle bei der Entwicklung der Idee von den Färöern als einer besonderen Nation spielt.

Zeitungen und Nationaldichtung

In diesem Zusammenhang darf auch die Bedeutung des neuen Massenmediums Zeitung nicht übersehen werden. 1852 kam die erste auf den Färöern gedruckte Zeitung heraus: *Færingetidende* (Färöernachrichten) informierte über die Verhandlungen im dänischen Parlament. Diese Zeitung war nur kurzlebig, wogegen die erstmals 1877 gedruckte *Amtstidende for Færøerne*, *Dimmalætting* (Amtszeitung für die Färöer, Morgengrauen) bis heute erscheint. Die von färöischen und dänischen Kaufleuten und Beamten gegründete Zeitung war ursprünglich dänisch und wollte ein Forum für die öffentliche Debatte über politisch und sozial bedeutende Themen schaffen. Die national gesinnten Färinger sammelten sich im *Føringafelag*, dem Färingerverein, der kurz nach einer historisch wichtigen Zusammenkunft im Tinghaus von Tórshavn am 2. Weihnachtstag 1888 gegründet wurde. Der Verein hatte zum Ziel, die färöische Sprache und Kultur zu Ehre und Würde zu bringen. Die erste Veranstaltung war eine Theatervorstellung, in der die ersten beiden färöischen Theaterstücke aufgeführt wurden: Súsanna Helena Paturssons *Veðurføst* (Wetterfest) und Rasmus Effersøes *Gunnar Havreki* (Gunnar der Schiffbrüchige).

Erste färöische Dramen

Die Debatte über das Färöische nahm zwar in *Amtstidende* ihren Anfang, doch 1890 bekam der Färingerverein mit *Føringatíðindi* (Färingerzeitung) sein eigenes Organ in färöischer Sprache. Der Redakteur der Zeitung und spätere Gründer der ersten Nationalpartei, Jóannes Patursson, war neben seiner Tätigkeit als Bauer und Politiker auch Schriftsteller. Sein Debütgedicht *Nú er tann stundin komin til handa* (Nun ist die Zeit gekommen) wurde beim Treffen 1888 vorgelesen und erzielte eine große Wirkung. 1898 kam eine weitere färöische Zeitung, *Fuglaframi* (Zum Wohl der Vögel, d. h. der Färinger), heraus.

In den 1890er Jahren sprachen die färöischen Zeitungen vor allem die nationale Gesinnung der Leser an. Erst nach 1900 erschienen Zeitungen, die mehr Gewicht auf soziale Verhältnisse und die Geschlechterfrage legten. Die sozialistische Zeitung *Tingakrossur* (Tingkreuz) erschien erstmals 1901. Da sie dänischsprachig war, wurde sie beschuldigt, die nationale Bewegung zerschlagen zu wollen. In den Jahren 1905–08 war die Frauenzeitung *Oyggjarnar* (Die Inseln) die einzige Zeitung auf Färöisch. Mit der Gründung der ersten Parteien 1906 wurden die Zeitungen zu Sprachrohren der Politik, *Amtstidende* für Sambandsflokkur (die Partei, die sich für die Zugehörigkeit zu Dänemark aussprach) und *Tingakrossur* für Sjálvstýrisflokkur (die Partei, die sich für die Selbstverwaltung einsetzte).

Die erste Hälfte des 20. Jahrhunderts

Muttersprache als antikoloniale Waffe

Die gesamte färöische Literatur des 20. Jh. steht im Zeichen des Postkolonialismus. Die dänische Regierung hatte bis 1938 verhindert, dass in den Schulen auf Färöisch unterrichtet wurde und die Muttersprache ein Schulfach war. Trotzdem wurde seit dem ausgehenden 19. Jh. färöisch geschrieben; die Autoren hatten die Sprache entweder selbst gelernt oder die 1899 gegründete färöische Volkshochschule besucht. Nach 1900 war bereits ein auf Färöisch geschriebener Text ein Ausdruck des Widerstands gegen die dänische Hegemonie. Die zahlreichen Zeitungen, Gesangbücher, Bibelgeschichten, Lesebücher und Anthologien mit färöischer Literatur waren Ausdruck der Bemühungen um die Förderung der färöischen Sprache und Kultur. 1921 kam die erste dauerhafte literarische Zeitschrift *Varðin* (Die Warte) heraus, die immer noch erscheint und lange Zeit das Forum für debütierende junge Autoren war.

Klassizistische Ideenwelt

Nachdem sich die erste nationalromantische Begeisterung gelegt hatte, suchten die Dichter nach neuen Vorbildern. Janus (Jens Hendrik Oliver) Djurhuus empfing seine poetische Taufe an dem erwähnten Weihnachtstreffen 1888, an dem Paturssons Gedicht vorgetragen wurde. Djurhuus ist in die Literaturgeschichte als der große Neubegründer der färöischen Literatur eingegangen: Er zeigte, dass die färöische Sprache eine moderne Kultursprache war, die Gefühle wie auch abstrakte Sachverhalte auszudrücken vermochte. Zugleich war er der erste Dichter, der eine eigene Lyriksammlung, *Yrkingar* (Gedichte, 1914), herausbrachte. Djurhuus übersetzte die *Ilias* sowie zahlreiche Gedichte der Weltliteratur, u.a. von Goethe und Fröding, ins Färöische. Die Vorstellungswelt in Djurhuus' Dichtung ist häufig in Gegensätzen geordnet. So steht im Gedicht *Atlantis* (1917) auf der einen Seite eine längst verschwundene Zivilisation, eine ersehnte Zeit, die von kulturellen Werten und Handlungswillen geprägt ist, auf der anderen Seite hindern dunkle Kräfte das lyrische Ich daran, sein Ziel zu erreichen. Das mit homerischem Pathos beschriebene Land wird mit Sigurd Fafnersbanes erster Liebe, Brynhild, verglichen:

Färöisch als Kultursprache

> Hana sveipti havsins lætta og hjómhvíta froða,
> og hon lýsti øll sum mureldur á mánableiku nátt,
> føgur eins og Brynhild Buðladóttir, vard av váðaloga,
> biðlavonda kongadóttirin av ongum manni átt.

(Umhüllt von weißen Wellenkämmen, / funkelte sie wie Meeresleuchten auf dem nachtdunklen Wasser, / schön wie Brynhild Budlis Tochter, von einer Lohe bewacht, / die Königstochter, kalt zu jedem Werber und noch nie umarmt von einem Mann.)

In Djurhuus' Gedichten findet sich eine mit dem nationalen Gedanken verknüpfte klassizistische Ideenwelt, die aber auch symbolistische Elemente aufweist. Gleichzeitig mit Djurhuus entwickelte sich eine neue Prosa. In Zeitungen und Zeitschriften erschienen realistische Gegenwartserzählungen, in denen die alten Sagen und Märchen die Grundlage bildeten. So verfasste Jørgen-Frantz Jacobsen in den 30er Jahren den historischen Liebesroman *Barbara* (1939; Barbara und die Männer, 1940), der die Sage über die schöne, aber böse Beinta zur Vorlage hat. Denselben Stoff hatte bereits der Roman *Beinta* (1927) von Hans Andrias Djurhuus verarbeitet, dessen Hauptwerk – eine Sammlung Kinderlieder, *Barnarímur* (1915) – zu den Klassikern der färöischen Kinderliteratur gehört.

Der für den Großteil der frühen färöischen Literatur typische Nationalismus konnte allerdings auch eine Bürde sein, was etwa in Andrea Reinerts Gedicht *Fráfaring* (Abreise, 1932) zum Ausdruck kommt, in dem das lyrische Ich beschließt, ein Du zu verlassen, das die Liebe, aber auch die Fesseln repräsentiert. Das Ich begibt sich hinaus aufs Meer, »wo die Wellen in Sehnsucht spielen«, ein Bild für die Unbeständigkeit des menschlichen Lebens.

Literatur in der Zwischenkriegszeit

Die Autorengeneration vom Anfang des 20. Jh. entwickelte die nationale Gesangsdichtung zu einer Naturlyrik weiter und hob deren dichterische Qualität. Insbesondere zwei Schriftsteller der 20er Jahre beschrieben Natur und Landschaft mit großer Meisterschaft: Christian Matras und William Heinesen. Bei Heinesen wird von einem Ort im Kosmos aus hymnisch über

Natur und Lyrik

das Leben gesprochen, wie beispielsweise in *Høbjergning ved Havet* (Heuernte am Meer, 1924):

> Hørte I Havets Aandedrag
> gennem Leernes Sang i den dalende Dag:
> en Stund er vort Liv ved Havets Bred,
> Havets Liv varer evigt ved!

(Hörtet ihr den Atemzug des Meeres / durch den Gesang der Sensen am sich senkenden Tag: / eine Stunde ist unser Leben am Meeresufer, / das Leben des Meeres währt ewig!)

Auch bei Matras finden sich die direkte Leseransprache und die Beseelung der Natur, wie beispielsweise im Gedicht über seine Heimatinsel Viðoy (*Viðoy*, in *Heimur og heima* [Welt und Heimat, 1933]):

> Sigl, oyggj, fram úr mjørka, nú ert tú eitt skip
> og tindarnir siglutrø,
> tú stevnir í veldiga heimin út
> við høgum og fjallarøð.

(Segle, Insel, heraus aus den Nebelschwaden, jetzt bist du ein Schiff / und die Gipfel sind Mäste, / du begibst dich hinaus in die weite Welt / mit Hügeln und Bergketten.)

Heinesen erlebt die Natur und den Menschen in ihr, deutet den Sinn der Natur. Matras spricht die Natur selber an und gibt ihr eine Bedeutung in der Welt der Menschen. Heinesen debütierte 1921 als Lyriker mit *Arktiske Elegier og andre Digte* (Arktische Elegien und andere Gedichte) und gab bis 1936 fünf Gedichtsammlungen heraus. Seine ersten Gedichte sind verschiedenen zeitgenössischen färöischen Dichtern, etwa J.H.O. Djurhuus, verpflichtet und haben ihm in der dänischen Literaturgeschichte einen Platz neben Naturlyrikern wie Thøger Larsen und Otto Gelsted gesichert. Der Wissenschaftler und Sprachforscher Matras gibt in seiner auf Färöisch verfassten Dichtung der großen Inspiration Ausdruck, die die Sprache selbst darstellt, und konkretisiert dieses Erlebnis.

J.H.O. Djurhuus' und Matras' dichterische Nachfahren sind den Klängen treu geblieben, die diese angestimmt haben. Karsten Hoydal und Regin Dahl gehören zu den wichtigsten Figuren in der Zeit nach dem Ersten Weltkrieg. Beide debütierten im Stil des neuromatischen Symbolismus der Zwischenkriegszeit, entwickelten dann aber je ihre eigene Sprache in modernistischer Richtung.

Die vaterländische Lyrik und die Naturdichtung definierten die färöische Landschaft, die realistische Prosaliteratur dagegen den färöischen Menschen, den Bauern und den Fischer, die Frau, das Kind. Literatur und Presse begründeten um 1900 einen färöischen Diskurs, ein System von Ideen und Vorstellungen, das es möglich machte, die nähere Umwelt als färöische zu begreifen, im Gegensatz zur übrigen Welt, die zunächst dänisch, dann englisch, isländisch, norwegisch usw. war.

Der färöische Roman

Am Beispiel des färöischen Romans werden die Beziehungen zwischen Färöisch und Dänisch besonders deutlich. Zwischen 1909 und 1969 erschienen 47, in der Zeit von 1970 bis 2000 50 Romane, wobei der Anteil der auf Dänisch geschriebenen Romane im ersten Zeitabschnitt 32, nach 1969 nur noch sechs betrug. Auch in diesem Bereich zeigt sich, dass Färöisch lange keine anerkannte Sprache war und erst 1948 mit dem Inkrafttreten der Selbstverwaltung wurde Färöisch die offizielle Sprache. Der erste färöische

Vier färöische Autoren 1924: Janus Djurhuus, Jørgen-Frantz Jacobsen, William Heinesen, Hans Andrias Djurhuus (v.l.n.r.)

Roman erschien 1909: *Bábelstornið* (Der Turm zu Babel), ein großer naturalistischer Roman, verfasst von Regin í Líð, ein Pseudonym für Rasmus Rasmussen, einen der Gründer der färöischen Volkshochschule. Sein Roman ist naturalistisch konzipiert und greift eine Reihe der vom modernen Durchbruch postulierten Themen auf. In den 1930er Jahren erhielt die färöische Prosa dann einen großen Schub. Es war die Zeit von Heinesens und Jacobsens dänischsprachigen Werken sowie des realistischen färöischen Romans.

Heðin Brú ist der große Autor des realistischen Romans in den 30er Jahren. Er verfasste einen Bildungsroman in zwei Bänden – *Lognbrá* (Luftspiegelung, 1930) und *Fastatøkur* (Fester Griff, 1935) – über einen Bauernsohn, der aus seinem Heimatdorf in die Welt hinausgeht, ein Leben als Fischer führt und schließlich wieder zur Scholle zurückkehrt. *Feðgar á ferð* (1940; Des armen Mannes Ehre, 1966) ist ein grotesk-humoristischer, streng durchkomponierter Roman über die traditionellen Denkweisen und Lebensformen. Martin Joensen ist der Verfasser der großen Fischerromane in der färöischen Literatur. *Fiskimenn* (Fischer, 1946) und *Tað lýsir á landi* (Es leuchtet auf dem Land, 1952) erzählen von den Fischern in den 30er und 40er Jahren, vom Leben an Bord der Schoner und in der Handelsstadt. Brú und Joensen beschreiben jeder auf seine Weise die Konfrontation zwischen der von Traditionen geprägten alten bäuerlichen Gesellschaft und der neuen Lebensweise, in der die von raschen Veränderungen gezeichnete Fischerei im Mittelpunkt steht. Zugleich beschreiben diese Romane die neuen Färöer und erhielten durch Neuauflagen in den 70er Jahren eine wichtige Identität stiftende Rolle.

Während Brús und Joensens Romane nach innen, zur Weiterentwicklung des Landes beitrugen, erfüllten Heinesens und Jacobsens Werke diese Aufgabe nach außen, indem sie die färöische Problematik dem dänischen Publikum präsentierten. Heinesen, der wie Jacobsen auf Dänisch schrieb, publizierte seinen ersten Roman, *Blæsende Gry* (Windiges Morgengrauen), 1934. Ähnlich wie die Romane seiner färöischen Autorenkollegen der 30er Jahre behandelt er in diesem Buch die Konfrontation zwischen der Denkweise der alten Bauernkultur und der modernen Stadtmentalität. Er ist danach als Au-

Der färöische Roman auf Dänisch

William Heinesens Romane

tor zahlreicher Romane und Erzählungen hervorgetreten; seine bekanntesten Werke sind der sozialrealistische Neusiedlerroman *Noatun* (1938; Noatun, 1939), die magisch-realistischen Romane *De fortabte Spillemænd* (1950; Die verdammten Musikanten, 1952) und *Moder Syvstjerne* (Mutter Siebenstern, 1952) sowie der historische Roman *Det gode Håb* (1964; Die »Gute Hoffnung«, 1967). Von seinem Spätwerk verdienen vor allem der poetische Roman *Tårnet ved verdens ende* (1976; Der Turm am Ende der Welt, 1991) und die Erzählsammlung *Laterna magica* (1985) Beachtung.

Aus postkolonialer Perspektive betrachtet, weist Heinesens Werk verschiedene interessante Züge auf. Die Originaltexte sind durchgängig von einer sprachlichen Hybridität geprägt, die Heinesens Herkunft widerspiegelt. Er gehörte mütterlicherseits zur vierten Generation von Einwanderern auf den Färöern und man sprach in Heinesens Familie dänisch. Er verbrachte fast sein ganzes Leben in Tórshavn und war eine wichtige Figur im öffentlich-kulturellen Leben der Stadt. Heinesen war gewissermaßen ein Kreole: Er gehörte der lokalen Elite an und war kolonialer Herkunft. Das Dänisch, das er in seinen Texten benutzt, ist vom altmodischen Sprachgebrauch seiner Familie bestimmt. Sprachlich zeichnen sich seine Romane und Erzählungen dadurch aus, dass im dänischen Text einzelne färöische Wörter eingestreut sind, entweder auf Färöisch geschrieben oder in danisierter Form. Die Texte erhalten dadurch gewissermaßen metonymische Spalten, die durch die Kultur des Kolonisators hindurch auf die färöische Kultur blicken lassen. Solche metonymischen Öffnungen in Heinesens (und Jacobsens) Romanen sprechen vermutlich insbesondere färöische Leser an, während übrige Leser einem Ausdruck wie »bjarga os ur vanda« (rette uns aus der Gefahr) in *Det gode Håb* unter Umständen mit Unverständnis begegnen, weil es sich hier um Färöisch in dänischer Orthographie handelt, was im Roman unübersetzt bleibt.

Ein- oder zweisprachiger Kanon?

Heinesens Werke erschienen ab den 70er Jahren in färöischer Übersetzung und wurden erst danach häufiger im Schulunterricht behandelt. In der färöischen Literaturgeschichtsschreibung ist diskutiert worden, ob auch die Autoren, die auf Dänisch schrieben, berücksichtigt werden sollen. Der färöische Literaturunterricht definierte früher ›Färöisch‹ über die Benutzung des Färöischen als Literatursprache, so dass Werke dänisch schreibender Färinger in der Regel nicht Gegenstand des Färöischunterrichts waren, sofern sie nicht in färöischer Übersetzung vorlagen. Dies betraf u.a. Heinesen und Jacobsen, deren Bücher in den großen dänischen Verlagen erschienen, aber auch Richard B. Thomsen, der zwischen 1944 und 1958 neun Romane auf den Färöern publizierte. Gewissermaßen lässt sich sagen, dass die gesamte färöische Literatur postkolonialistisch ist und eine komplexe Antwort auf die Hegemonie der Kolonialmacht darstellt, denn fast alle Texte und Werke verhalten sich auf die eine oder andere Weise zum Dänischen und zum dänischen Einfluss in der färöischen Kultur und Gesellschaft.

Moderne und Gegenwartsliteratur

Während des Zweiten Weltkriegs waren jegliche Verbindungen zu Dänemark unterbrochen und englische Truppen besetzten die Färöer, die nun vom *Lagting* und dem dänischen Regierungsvertreter regiert wurden. Nach dem Krieg konnten die Färöer den alten Status als dänischer Regierungsbezirk nicht wieder annehmen. In einer Volksabstimmung 1946 stimmte eine knappe Mehrheit für die Unabhängigkeit, doch das Votum wurde nicht umgesetzt. Stattdessen trat 1948 das bis heute bestehende Selbstverwaltungsgesetz in Kraft. Die Färöer sind seitdem ein teilautonomer Teil des dänischen Reiches, wobei das Parlament der Färöer (*Føroya løgting*) die legislative Macht auf den meisten Gebieten mit Ausnahme von Verteidigung, Polizei- und Rechtswesen, Devisen ausübt. 1957 wurde das Färöische Radio (*Útvarp Føroya*) gegründet, das für die Entwicklung der modernen färöischen Gesellschaft und nicht zuletzt für das Färöische eine sehr große Bedeutung erhielt, da ausschließlich in färöischer Sprache gesendet wird. 1949 wurde die Bibel komplett ins Färöische übersetzt und von der Brüdergemeinde herausgegeben; die von der Volkskirche autorisierte färöische Bibelübersetzung und das färöische Kirchengesangbuch erschienen 1961. Etwa zeitgleich mit dem Einzug des Modernismus in der färöischen Literatur debütierten von der Jahrhundertmitte an erstmals Autoren, die mit Färöisch als erster Unterrichtssprache aufgewachsen waren.

Selbstverwaltung 1948

Poetische Intensivierung – Modernismus

Der lyrische Modernismus gelangte etwa um 1960 auf die Färöer, nachdem sich modernistische Ansätze schon Ende der 40er Jahre bei Regin Dahl und Karsten Hoydal gezeigt hatten. 1963 erschien *lýtt lot* (laue brise) von Guðrið Helmsdal Nielsen, die damit gleich zwei literarische Meilensteine setzte: Es war die erste Gedichtsammlung einer Frau und die erste modernistische Gedichtsammlung auf Färöisch. Ihr zweiter Gedichtband *Morgun í mars* (Morgen im März, 1971) beinhaltet Gedichte auf Färöisch und Dänisch. Helmsdals Hauptthema ist die Sehnsucht, in der ersten Gedichtsammlung nach Erotik und Liebe, in der zweiten als grundsätzliche Bedingung des Lebens, als Sehnsucht nach einem nicht definierten Anderen. Im Gedicht *Dialogur við hondina* (Dialog mit der Hand) in *Morgun í mars* heißt es:

Die erste Lyrikerin

> Leiti aftur til tíðina áðrenn
> viðurkenningarnar vaknaðu
> tá lutir vóru lív
> Royni við penni
> at skava eiring burturav
> at kenna veruleikans titran.

(Suche nach der Zeit bevor / die Sinne erwachten / als die Dinge lebendig waren / Versuche mit einem Stift / den Kupferrost wegzukratzen / um das Beben der Wirklichkeit zu fühlen.)

Der färöische Modernismus thematisiert häufig, wie in Helmsdals Dichtung, die Konfrontation zwischen einer äußeren und einer inneren Welt. Helmsdals Orientierung nach innen steht das mehr nach außen gerichtete Werk von Steinbjørn B. Jacobsen gegenüber, der mit *Fræ* (Samen, 1966) debütierte und eine Reihe von Gedichtsammlungen herausgegeben hat, die in *Tinna og tám* (Feuerstein und Nebel, 1997) gesammelt vorliegen. Jacobsen schrieb in den 60er Jahren existenzialistisch geprägte Dramen und später die Romane *Hall* (Defizit, 1985) und *Kasta* (Werfen, 1991), Letzterer ein Fischerroman. Darüber hinaus trat er mit *Maria og rossið* (Maria und das Pferd, 1980) als Erneuerer des färöischen Kinderbuchs hervor.

Heðin Klein hat seit seinem Debüt im Jahr 1969 fünf Lyrikbände publiziert. Seine Gedichte beschreiben das Verhältnis des Kulturmenschen zur Natur, wie in *Undir bergi* (Unter dem Felsen). Sie zeichnen sich durch leise

Töne aus, was in den Titeln seiner Bücher anklingt, etwa *Veggjagrøs* (Wandgras, d. h. Gras, das an einer Steinmauer wächst, 1994).

Als der Modernismus die Färöer erreichte, war es bereits eine Selbstverständlichkeit, auf Färöisch zu schreiben. Die Debatte über die färöische Sprache war zwar noch nicht abgeschlossen, doch gab es in der Dichtung verschiedene Versuche, die Diskussion über Fragen der konservativen Sprachrichtigkeit hinaus zu öffnen und stattdessen den Reichtum des Färöischen vorzuführen und zu zeigen, inwiefern es in allen seinen Nuancen ein genuines Ausdrucksmittel war.

Die aktuelle Medienlandschaft

Heute sind die Färöer eine Industrie- und Informationsgesellschaft. Ihr Gleichgewicht ist freilich gefährdet, weil sie von der Fischerei als Haupterwerbsquelle abhängig sind. Anfang der 90er Jahre erlebten die Färöer eine ernsthafte Wirtschafts- und Ressourcenkrise. Viele öffentliche Institutionen und Banken mussten schließen, das gesamte Wirtschaftsleben wurde neu strukturiert. Im Kielwasser dieser Krise entstand eine neue nationale Welle, die die Parteien, die für die Autonomie der Färöer eintraten, an die Regierung brachte. Neue Verhandlungen mit der dänischen Regierung über den staatsrechtlichen Status der Färöer wurden in die Wege geleitet.

Um die Jahrtausendwende sank die Zahl der Zeitungen auf zwei große, eine regionale und ein Boulevardblatt. Die beiden großen Blätter *Dimmalætting* und *Sosialurin* gaben ihre Parteianbindung auf. Zwischen 2001 und 2004 erschien die anspruchsvolle Wochenzeitung *Fregnir*, die das Sprachrohr der Unabhängigkeitsbewegung in diesen Jahren war. Das größte Medienereignis der letzten Jahrzehnte war der Beginn des öffentlichen färöischen Fernsehens (*Sjónvarp Føroya*) im Jahr 1984. Es sendet Nachrichten, Kinderprogramme und allgemein kulturelle Sendungen und füllt die restliche Sendezeit mit Sendungen von den dänischen Kanälen.

Fernsehen

Druck- und Verlagswesen

In den 80er Jahren lag die jährliche Anzahl färöischer Publikationen bei etwa 100 Büchern. Nach einigen Schwankungen lag sie 2005 bei 158 Büchern. Von diesen waren 16 belletristische und fünf originale Kinderbücher, den Rest machten Fach- und Schulbücher sowie Übersetzungen (69) in allen Fachrichtungen aus. Zunehmend mehr färöische Bücher werden auf den Färöern selbst gedruckt: 1990 ca. 30 %, 2000 bereits ca. 65 %.

Seit den allerersten Buchpublikationen auf Färöisch gab es Vereine, die als Herausgeber fungierten. Die färöische Studentenvereinigung und der Färingerverein in Kopenhagen gaben verschiedene Werke, u. a. die ersten Liederbücher heraus. *Felagið Varðin* (Der Verein »Die Warte«) hat durch die Jahre hindurch neben der Zeitschrift *Varðin* eine Reihe wichtiger Bücher ediert. *Bókadeild Føroya Lærarafelags* (Buchsektion des färöischen Lehrervereins) ist ein Kinderbuchverlag, den die Gewerkschaft der Volksschullehrer betreibt. *Skúlabókagrunnur* (Der Schulbuchverlag) gibt mit öffentlichen Mitteln Schulbücher in färöischer Sprache heraus. Früher mussten färöische Autoren ihre Werke häufig im Selbstverlag (»Egið forlag«) herausgeben. In den 60er Jahren nahm der erste kommerzielle Verlag seine Tätigkeit auf, Emil Thomsens *Bókagarður* (Das Buchhaus), ein ›nationskonsolidierendes‹ Projekt, das wichtige Werke der färöischen Literatur im Neudruck herausbrachte. Erst in den 80er und 90er Jahren wurden Versuche unternommen, weitere Verlage zu gründen, doch nicht alle überlebten die Krise zu Beginn der 90er Jahre. Heute gibt es nur einen verhältnismäßig professionellen und gut funktionierenden Verlag, der zeitgenössische Literatur herausbringt: *Mentunargrunnur*

Studentafelagsins, die Stiftung des Färöischen Studentenvereins in Kopenhagen.

1964 ging der Literaturpreis des Nordischen Rates an W. Heinesen und den schwedischen Autor Olof Lagercrantz. Seit 1985 können auch färöische Werke für den Preis nominiert werden, und bereits ein Jahr darauf wurde der färöische Lyriker Rói Patursson ausgezeichnet. Es werden auch mehrere färöische Literaturpreise vergeben.

Öffnungen in der Prosa

Nach dem Zweiten Weltkrieg verschwand die alte Bauerngesellschaft endgültig, und die Romane fokussieren die moderne Gesellschaft und thematisieren das Bestreben der Menschen, sich in der Moderne zurechtzufinden. Ende der 40er und Anfang der 50er Jahre sind in der Romanliteratur die Nachwirkungen des Krieges zu spüren, wobei einige dieser Texte auf Dänisch geschrieben sind. Danach kommt es in den 60er und 70er Jahren zu erzähltechnischen Innovationen, die sich auf das Erbe von James Joyce und den französischen *nouveau roman* zurückführen lassen; die Neuerungen sind nicht radikal, sondern schlagen sich vor allem im größeren Interesse für die Darstellung des inneren Lebens der Romanfiguren und in der Thematisierung der Künstlerrolle nieder. Im Lauf dieses Prozesses wurde das Färöische definitiv zur Sprache des Romans. In den 1980er Jahren gab es zahlreiche Romandebüts: Krimis, historische Romane, Gegenwartsromane und ein erotischer Roman, der in Vietnam spielt. War früher für die allermeisten Autoren Dänemark das erste fremde Land, zu dem man in Beziehung trat, besteht inzwischen die Tendenz, das Dänische zu überspringen, um die färöische Thematik direkt in einem internationalen oder globalen Kontext anzusiedeln. Dies gilt etwa für Jens Pauli Heinesens siebenbändiges Romanwerk *Á ferð inn í eina óendaliga søgu* (Auf der Reise in eine unendliche Geschichte, 1980–92), in dem die historischen Ereignisse im Deutschland der 30er Jahre und in der Kommunistischen Partei der UdSSR in den 50er Jahren und auf Kuba zu Beginn der 60er Jahre eine wichtige Rolle spielen und als zeitlicher Rahmen fungieren. Auch Carl Jóhan Jensen prägte mit seinem Prosabuch *Rúm* (Raum, 1995) und den bahnbrechenden *Ósøgur um djevulskap* (Ungeschichten über die Teufelei, 2005), in denen ein Großteil der Personengalerie aus Ausländern besteht, die internationale Perspektive entscheidend. Man kann dies als Zeichen dafür deuten, dass das kulturelle *nation building* auf den Färöern vollzogen ist und sich die Literatur in einer neuen, kreativen Phase befindet.

Erzähltechnische Neuerungen

J. P. Heinesen debütierte 1953 als Prosaautor und publizierte 1958 seinen ersten Roman. Sein drittes Werk, *Frænir eitur ormurin* (Frænir heißt der Drachen, 1973), ist ein zeitkritischer Roman, in dem das Romanschreiben selbst im Mittelpunkt steht. Das Hauptanliegen des Erzählers besteht darin zu schildern, wie er dazu kam, über die dramatischen Begebenheiten zu schreiben, von denen der Text handelt. Darüber hinaus ist der Roman ein *rewriting* des *Sjúrðar kvæði* über Sigurd Fafnersbane. Die Künstlerproblematik ist auch das Hauptthema in Heinesens wichtigstem Werk, der Erinnerungssuite *Á ferð inn í eina óendaliga søgu* – wovon der erste Band auf Deutsch mit dem Titel *Ein Kind hier auf Erden* (2001) erschien.

Jens Pauli Heinesens Romane

Wie das Madeleinegebäck in Prousts *À la recherche du temps perdu* den Erzähler auf die Suche nach der verlorenen Zeit schickt, so hinterlässt ein Kindheitserlebnis bei Heinesens Protagonisten Hugin, der als Dreijähriger von einer fremden Frau entführt worden war, einen unauslöschlichen Eindruck und lässt ihn zum Künstler werden. Die Romansuite endet damit, dass Hugin die ersten Kapitel des Romans schreibt, den man gerade zu Ende gelesen hat.

Historische Romane

Im historischen Roman wird die nationale Vergangenheit im Kontrast zur Gegenwart lebendig. W. Heinesens *Det gode Håb* nimmt den historischen Lucas Debes als Modell für seine Hauptperson. Der Roman *... hvørt við sínar náðir* (... ein jeder im Frieden mit dem Seinen, 1990) von Dánjal Pauli Danielsen erzählt davon, wie ein neues Dorf gegründet und aufgebaut wird. Der Titel stammt aus Poul Nolsøes *Fuglakvæðið* und thematisiert den Anspruch des Menschen, der in einer kleinen Gesellschaft auf dem Land lebt, auf ein Leben nach individuellen Möglichkeiten. W. Heinesens bereits genannter Erinnerungsroman *Tårnet ved verdens ende* und Gunnar Hoydals zur gleichen Gattung zählendes Werk *Undir suðurstjørnum* (Unter südlichen Sternen, 1992) sind wichtige Beispiele der modernen färöischen Romankunst. *Undir suðurstjørnum* erzählt von der Reise dreier Geschwister nach Ecuador, wo sie einen Teil ihrer Kindheit verbracht hatten. Ihre Reise wird zum Auslöser von Recherchen und Vergleichen mit ihrem Heimatland – ein erzähltechnisch komplexer Roman mit intertextuellen Anspielungen auf Gedichte von Matras, Karsten Hoydal und Pablo Neruda, die im Roman zitiert und umgeformt werden. G. Hoydals Roman *Dalurin fagri* (Das schöne Tal, 1999) erzählt von einem Jungen, der in einem Tuberkulose-Sanatorium aufwächst. Es handelt sich hierbei um einen Roman ›aus zweiter Hand‹, da der Text auf Aufzeichnungen und Erzählungen von G. Hoydals Vater Karsten Hoydal basiert.

Erinnerungsromane

Einer der eigenwilligsten skandinavischen Autoren unserer Zeit ist K.O. Viderø, Pfarrer, Bibelübersetzer und Globetrotter. 1957 publizierte er eine Beschreibung seiner Pilgerreise *Ferð mín til Jorsala* (Meine Reise nach Jerusalem). 1990 und 1991 erschien eine Folge von fünf Büchern. Viderøs eigenwillige Romane *Frá landi á fyrsta sinni* (Zum ersten Mal auf See, 1991) und *Á Suðurlandið* (An der Südküste, 1992) erzählen von der Kindheit und Jugend des Erzählers und seinem ersten Fischfang an der Südküste Islands mit einem alten Schoner. Die Romane zeichnen sich durch eine besondere stoffliche Intensität aus. Sie unterscheiden sich von anderen Texten, vielleicht mit Ausnahme von James Joyces *Finnegans Wake*, weil sie in einer Sprache geschrieben sind, die sich zwischen Färöisch und Isländisch befindet. Außerdem weisen sie einen besonderen, beinahe rituellen und beschwörenden Wiederholungsstil auf, der trotz äußerer Handlungslosigkeit einen tiefen Eindruck hinterlässt. Die Romane haben viele Zitate auf Dänisch, die als Ruhepunkte in der Lektüre fungieren, da dieser Sprachcode dem färöischen Leser im Gegensatz zum privaten Code des restlichen Textes bekannt ist. Die dänischen Zitate können darüber hinaus als umgekehrte metonymische Öffnungen betrachtet werden. Im Vergleich zu den metonymischen Spalten in W. Heinesens Romanen ist der Effekt bei Viderø der entgegensetzte: Er schrieb weder in der Sprache der Kolonialmacht noch in der der gängigen Sprache der Kolonie, sondern er verwendete vielmehr eine imaginierte, private Sprache, in der Zitate in der Sprache der Kolonialmacht als völlig verständliche Pausen auftreten und, da sie häufig aus der religiösen Literatur stammen, Glauben und Geborgenheit repräsentieren.

Färöisch-isländische Kunstsprache

Literarische Geschlechterdebatte und neue Gattungen

Bereits seit dem ersten färöischen Roman im Jahr 1909 ist die Geschlechterthematik ein wesentliches Thema der färöischen Literatur. Regin í Líðs

Bábelstornið diskutiert Weiblichkeit und weiblichen Charakter, und in Heðin Brús Romanen ist es dem Protagonisten wichtig, ein ›richtiger Mann‹ zu werden. Nachdem Frauen in den 1980er Jahren begannen, sich als Autorinnen zu behaupten, hat die Thematik zunehmend an Bedeutung gewonnen. Oddvør Johansens erster Roman *Lívsins summar* (Sommer des Lebens, 1982) erzählt von der Kindheit und Jugend der Künstlerin. *Kata, ein seinkaður nekrologur* (Kata, ein verspäteter Nekrolog, 1984) von Ebba Hentze diskutiert die Entwicklung der Frauen zur Selbständigkeit, ihren Wunsch nach (Aus-)Bildung und den Widerstand der Gesellschaft, der ihnen dabei begegnet. Ähnliche Themen werden in Lydia Didriksens *Gráglómur* (Graue Augen, 1992), Bergtóra Hanusardóttirs *Skert flog* (Gestutzte Flügel, 1990) und bei Marianna Debes Dahl behandelt.

Oddvør Johansen

Magnus Dam Jacobsens autobiographische Erzählungen und Romane beschreiben Männlichkeit als eine physische Realität, die beständig trainiert und gepflegt werden muss, um nicht zu verfallen oder sich aufzulösen. Im postkolonialen Kontext interessant sind seine *Skitsur: býurin og stórbýurin* (Skizzen: das Dorf und die Großstadt, 1977) und die Schilderung einer Fischfangtour vor Grönland, *Í Grønlandi við Kongshavn – heilsan frá einum proletari* (In Grönland mit der Kongshavn – Grüße von einem Proletarier, 1976), in der Imaginationen von den Grönländern und Grönlands Zukunft thematisiert werden.

Hanus Andreassens Erzählungen handeln häufig von unvollkommenen Männern, die entweder nicht in der Lage sind, die Erwartungen der Familie oder ihrer Frauen zu erfüllen, oder sich in der politischen und ideologischen Wirklichkeit nicht zu Hause fühlen. Andreassens belletristisches Œuvre besteht aus vier Erzählsammlungen, sein größtes Werk ist jedoch eine dreibändige literarische Biographie über den Dichter J.H.O. Djurhuus. Andreassens jüngste Erzählsammlung, *Pílagrímar* (Pilger, 2002), die unter dem Namen Hanus Kamban erschien, verstärkt den Eindruck, dass sich in der färöischen Literatur ein Wechsel weg von der Lokalisierung der Werke in färöischen Milieus abzeichnet, was das postkoloniale Moment zwar nicht aus dem Wege räumt, ihm indes eine neue Wendung gibt. Kamban situiert seine neueren Erzählungen in bekannten Milieus, ohne jedoch Ortsangaben zu machen oder Namen zu nennen, die die Texte unmittelbar national festlegen würden.

Unvollkommene Männer

Die färöische Kriminalliteratur zählt einige wenige Titel, als wichtigste Jógvan Isaksens Romane *Blíð er summarnátt á Føroya landi* (1990; Mild ist die färöische Sommernacht, 1995), *Gráur oktober* (Grauer Oktober, 1994) und *Krossmessa* (Kreuzfindung, 2005) über Hannis Martinsson.

Das färöische Drama entstand in Zusammenhang mit der Errichtung des Fäiringervereins in Tórshavn. Es gibt heute viele Amateurtheatergruppen, von denen die größte und älteste ihr eigenes Theater in Tórshavn besitzt, *Sjónleikarhúsið* (Das Schauspielhaus). Die erste professionelle Theatergruppe, *Gríma* (Maske), existiert seit 1977 und war seit 1993 in einem Gebäude der Kommune Tórshavn, einer alten Molkerei, untergebracht. Hier nahm 2005 die neugegründete nationale Bühne, *Tjóðpallur Føroya*, ihre Aktivitäten auf.

Drama

Auf der Suche nach neuen Grenzen

Von großer Bedeutung für zeitgenössische wie spätere Autoren war der Lyriker Matras. Er formulierte sein dichterisches Ideal in *Einfeldin í orðum* (Die Einfachheit der Wörter, in *Úr sjón og úr minni* [Aus den Augen und aus dem Gedächtnis, 1978]) wie folgt: »Einfeldin í / orðum bíðar eftir okkum / ið yrkja // Finna vit hana?« (Die Einfachheit der Wörter / wartet auf uns / die dichten // Finden wir sie?). Moderne Dichter begegnen solchen Idealen mit Skepsis. Statt nach innen zu gehen und in der färöischen Sprache originale Ausdrücke aufzuspüren und alte wiederzubeleben, wenden sich die Autoren nach außen, suchen die Grenzen zur Alltagssprache, zur gesprochenen Sprache und zu den benachbarten Sprachen ab.

Carl Jóhan Jensens uneindeutige Texte

Zu den radikaleren unter ihnen gehört Carl Jóhan Jensen, dessen sprachliche Ausdrucksweise auf altnordische Formen zurückgreift und der sich schon dadurch dem Ideal der Einfachheit des Ausdrucks verweigert. Jensen hat ein Studium der Nordischen Philologie hinter sich und debütierte 1977 mit *Yrkingar* (Gedichte). Seitdem hat er drei Romane, sechs Gedichtsammlungen und eine Artikelsammlung verfasst. Er ist der Ansicht, dass die Welt die Vorstellungen des Ichs widerspiegelt und die Sprache das strukturierende Bewusstsein inmitten des Chaos darstellt. Die Welt ist zerschmettert, und der Dichter vermag sie wieder zusammenzusetzen, indem er neue Bedeutungen schafft. Diese modernistische Einstellung wird in Jensens zweideutiger Dichtung durchgängig spürbar. In *Hvørkiskyn* (etwa: Weder-Verständnis, 1990) wird die Sprache noch konsequenter als in den vorangegangenen Gedichtsammlungen aufgelöst. Der Titel ist eine sprachliche Neuschöpfung; im Titelgedicht wird sie als Trauer der Sprache darüber konkretisiert, dass die Bilder, die sie im Bewusstsein zu erzeugen vermag, nicht wirklich existieren. Jensens Texte schöpfen ihre sprachliche Inspiration aus dem Isländischen, zeugen von einem hohen sprachlichen Bewusstsein und thematisieren das Sprachsystem und den Sprachgebrauch in sehr dezidierter Weise. Seine intellektuellen Gedichte stellen auch die übrige färöische Lyrik zur Debatte.

Jensens Buch *Rúm* ist ein interessanter *nouveau roman*-artiger Text in vierzehn Abschnitten, der das gesellschaftliche Zusammenleben einiger Menschen in höheren, teilweise ausländischen bürgerlichen Kreisen in Tórshavn im Jahr 1919 beschreibt. Der Roman erinnert an ein Drama, ist aber zugleich dessen Gegenteil, indem große Teile des Textes aus der Retro- und Introspektion der Figuren bestehen. Es ist ein postmoderner Text ohne zusammenhängende Handlung im traditionellen Sinn. In den Namen der Hauptpersonen wird auf antike Literatur angespielt, während die Handlungsbestandteile und die Texte Zitate und dokumentarisches Material bearbeiten.

Ósøgur um djevulskap (Ungeschichten über die Teufelei) ist eine große und ambitionierte Erzählung über den Weg eines Mannes in das Dorf, in dem er zum Zeitpunkt der Erzählzeit lebt. Die verneinende Vorsilbe »ó-« verweist auf Sprachspiele, die den Text kennzeichnen und die sich auf frühere Texte von Jensen beziehen. Die im Titel genannte Teufelei bezeichnet die Atmosphäre von Bosheit, von der die Figuren des Buches umgeben sind – Totschlag, Gewalt, Vergewaltigung, Vampirismus und Kannibalismus. Formal ist das Buch durch verschiedene Erzählinstanzen, Zeiten und Erzählebenen charakterisiert. Der Text spielt an einem bestimmten Tag im Jahr 1969 und nimmt lange Rückblicke in die Zeit und Ausblicke nach Mitteleuropa vor. Dem Erzähler des Textes wird in Anmerkungen ständig von einer Erzählstimme widersprochen, ein Griff, den beispielsweise auch Jan Kjærstad oder Paul Auster anwenden. In den Anmerkungen wird auf wirkliche oder fingierte Quellen verwiesen und es werden richtige oder falsche Angaben über das weitverzweigte Personal der Erzählung gemacht. Wie in Jensens vorhergehendem Prosabuch *Rúm* sind die Hauptfigur und viele der anderen Figuren ausländischer Herkunft; ihr Weg auf die Färöer und ihr Leben hier stellen den Inhalt der Erzählung dar. Auch wenn das Buch nicht die Bezeichnung Roman trägt, weist es alle Anzeichen von Fiktionaliät auf, die für diese Gat-

Drei färöische Dichter 2003: Tóroddur Poulsen, Jóanes Nielsen, Carl Jóhan Jensen (v.l.n.r.)

tung bezeichnend sind. Das Ganze wird in einer künstlerischen Komposition zusammengehalten. *Ósøgur um djevulskap* wurde als ein Werk bezeichnet, das die gesamte zukünftige färöische Literatur prägen wird. Jensen ist wie in *Mentan og mentaskapur* (Kultur und Bildung, 2000) auch ein erfrischend kritisch-ironischer Essayist und schrieb regelmäßig Beiträge in der Wochenzeitung *Fregnir*.

Rói Patursson repräsentiert demgegenüber eine etwas einfacher zugängliche Richtung in der färöischen Lyrik. Er erhielt wie erwähnt den Literaturpreis des Nordischen Rates für die Gedichtsammlung *Líkasum* (1985), die Gedichte über Marx, Freud, die Friedens- und Abrüstungsdebatte, versehen mit zeitkritischen Kommentaren, aber auch Reflexionen über das Wesen der Dichtung und den Sinn des Lebens, der Wörter und des Alphabets enthält.

Zu jenen, die die Möglichkeiten der Alltagssprache bewusst zu nutzen versuchen, gehören der sozialistische Autor Jóanes Nielsen und der provokante Tóroddur Poulsen. Nielsen debütierte 1979 mit der Lyriksammlung *Trettandi mánaðin* (Der dreizehnte Monat) und veröffentlichte bislang insgesamt fünf Gedichtsammlungen, einen Erzählband, einen Roman und ein Drama. Seine Buchtitel, etwa *Pinnabrenni til sosialismuna* (Kleinholz für den Sozialismus, 1984), lassen auf seine politische Gesinnung schließen. Nielsens charakteristische Bildsprache kombiniert häufig Konkreta aus der Alltagssprache. In seiner Gedichtsammlung *Kirkjurnar á havsins botni* (Die Kirchen auf dem Meeresgrund, 1993) heißt es im Gedicht *Rødder* (Wurzeln), dass der Dichter dahin gelangen will, »har yrkingar verða skrivaðar við barberblaði. / Eg vil til tann reina skaldskapin sum dukar / í dieselmotorinum« (wo die Gedichte mit Rasierklingen geschrieben werden. / Ich will die reine Poesie, die / im Dieselmotor klopft). Sein Roman *Gummistivlarnir eru tær einastu tempulsúlurnar vit eiga í Føroyum* (Gummistiefel sind unsere einzigen Tempelsäulen auf den Färöern, 1991) ist aus einer stark männlich geprägten Perspektive erzählt, wie auch der Blick in seinen erotischen Gedichten einen fast pornographischen Charakter hat. Das Theaterstück *Eitur nakað land*

Lyrik als Provokation

weekend? (Gibt es ein Land namens Wochenende?, 2001) brachte Nielsen 2002 den Nordischen Dramatikerpreis ein. Es handelt von Patienten einer psychiatrischen Abteilung und ist auch ein literarischer und politischer Vatermord an Jóannes Patursson. 2005 gab Nielsen seinen dritten Roman, *Glansbílætasamlararnir* (Die Glanzbildsammler) heraus, der eine Gruppe von Männern und ihre Jugend im Tórshavn der 50er und 60er Jahre schildert. Nielsen und Poulsen parodieren gern die vaterländische Lyrik und die Nestoren der färöischen Dichtung.

Parodien der patriotischen Dichtungstradition

Tóroddur Poulsens Prosawerke *Reglur. Eitt brotsverk* (Regeln. Ein Verbrechen, 1994) und *Sót og søgn* (Ruß und Sage, 1997) stellen innovative Texte in der färöischen Literatur dar. *Reglur* ist ein eigenwilliges und inspirierendes Werk, in welchem Ironie, Verdoppelungen und Verschiebungen die Fragmente, aus denen das Buch besteht, kennzeichnen. Es handelt von einem Kioskbesitzer, einem Maler und zwei Dichtern, die die Kunst und das künstlerische Schaffen von verschiedenen Positionen aus betrachten. Statt modernistisch der Welt mittels eines mythologischen oder symbolischen Stoffes einen Sinn abzuzwingen, nutzt Poulsen in seinem Text ihre absurde und sinnentleerte Fragmentierung. Über dieses Chaos stellt er seine eigenen bildsprachlichen Fabulierungen und verzerrten Nachahmungen, trennt und vermischt Fiktion und Wirklichkeit. Wie Poulsens Gedichte ist auch *Reglur* charakteristisch in dem an der Alltagssprache orientierten Tonfall. Die Kombination von poetischen Betrachtungen, Zitaten aus Werken anderer Dichter und die mehrfachen Leben des Erzählers demonstrieren die ungeahnten Möglichkeiten der Sprache zur Sinnstiftung und Erzeugung von Bildern. Poulsen ist ein produktiver Autor, er hat dreizehn Gedichtsammlungen herausgegeben, von denen *Royggj* (Schilfrohr, 2002), *Svøvnlendingur rættar kumpas* (Ein Schlafländer richtet seinen Kompass, 2003) und *Morgunbókin* (Das Morgenbuch) seine Entwicklung zu einer stärker ästhetisierenden Lyrik dokumentieren, die er nun auch mit einer graphischen Tätigkeit verbindet.

Neben dieser formal avancierten Dichtung wird nach wie vor traditionelle Lyrik geschrieben, die innerhalb eines weitgefassten Modernismus angesiedelt ist. Außerdem wird auch in der Pop-Szene eifrig gedichtet; hier lebt die vaterländische Lyrik weiter, und J.C. Djurhuus' Ballade von Sigmund ist ein Rock-Hit geworden. Die Lyrik ist in der färöischen Literatur ein traditionelles, vor allem männlich dominiertes Genre. Moderne färöische Autorinnen haben sich zunehmend für die Prosa als Ausdrucksmittel entschieden, sich also auf ein eher ›unbesetztes‹ Genre geworfen.

Balladen als Rockmusik

Die hier beschriebene moderne färöische Literatur hat in verhältnismäßig kurzer Zeit große Fortschritte gemacht. Die alten Balladen, die gesammelt wurden, um die Spuren der färöischen Sprache zu bewahren, waren die Voraussetzung für das Überleben der Sprache und die Grundlage der gesamten späteren Dichtung auf Färöisch. Die nationale Dichtung nahm die färöische Schriftsprache dann ganz in Anspruch und sicherte ihr ihren jetzigen Status nicht nur als Schriftsprache, sondern als Idiom für alle sprachlichen Situationen auf den Färöern. Die moderne Literatur hat die Frage der Bewahrung und Pflege der Sprache hinter sich gelassen, und die bedeutendsten Werke widmen sich stattdessen dem künstlerischen Ausdruck und behandeln das Tun und die Probleme des modernen Menschen in einem globalen Kontext. Die färöische Literatur nimmt Eindrücke aus der zeitgenössischen internationalen Literatur und Kunst auf, formt sie um und setzt sie in neue, d.h. färöische Beziehungen.

Finnische Literatur

Einleitung

Eine Literatur in zwei Sprachen

Die Literatur Finnlands nimmt in Skandinavien eine Sonderstellung ein. Sie wird auf Finnisch und Schwedisch geschrieben, in zwei Sprachen also, die nicht miteinander verwandt sind. Während die finnlandschwedische Literatur die germanische Tradition der anderen skandinavischen Literaturen teilt, geht die finnischsprachige Literatur nicht aus dieser sprachlichen Wurzel hervor. Sie ist vielmehr, was ihren Ursprung anbelangt, an die alte finnisch-ugrische Kultur gebunden. Die Vorstellung einer finnisch-ugrischen Literatur indes wäre ein Konstrukt, dem es an jeder Plausibilität mangelte, da es Kulturräume zusammenbrächte, die sich über lange Zeiträume hinweg unter völlig verschiedenen Bedingungen herausgebildet haben. In kultureller, historischer, geographischer und politischer Hinsicht steht die finnische Literatur zweifellos in weitaus engerem Zusammenhang mit den Literaturen Skandinaviens als etwa mit der nur sprachlich verwandten Literatur Ungarns (von den Literaturen der kleinen ugrischen Völker in Sibirien ganz zu schweigen).

Die Voraussetzung, die sich aus diesem Umstand für die Literaturgeschichtsschreibung ergibt, könnte man paradox nennen, da sie sich einerseits großen Differenzen und andererseits ebenso großen Gemeinsamkeiten gegenüber sieht. Auf jeden Fall lässt sich aus dieser Konstellation nicht ohne weiteres die Rechtfertigung ableiten, die schwedischsprachige Literatur Finnlands von der finnischsprachigen abzutrennen und der schwedischen Literaturgeschichte zuzuschlagen. In Finnland jedenfalls werden die Werke beider Sprachen selbstverständlich dem einen Kanon der finnischen Literatur zugerechnet, zumal einige besonders wirkungsmächtige finnlandschwedische Autoren von größerer Bedeutung für die finnische (auch finnischsprachige) als für die schwedische Literatur gewesen sind. Dies gilt vor allem für zwei Schriftsteller des 19. Jh., für Johan Ludvig Runeberg, einen der Nationaldichter Finnlands sowie für Zacharias Topelius, der mit Nachdruck für ein eigenständiges kulturelles Selbstverständnis der Finnen eintrat.

Voraussetzungen der Literaturgeschichtsschreibung

Das Verhältnis von schwedisch- und finnischsprachiger Literatur in Finnland stellt sich heute ohnehin differenziert dar. Während die Werke von Autoren wie Tove Jansson, Märta Tikkanen oder Bo Carpelan nahezu durchweg in beiden Sprachen zugänglich sind und die finnischen Übersetzungen von Romanen namhafter Finnlandschweden (Kjell Westö, Monika Fagerholm) oft zeitgleich mit den schwedischen Fassungen auf den Markt kommen, fühlen sich v.a. finnlandschwedische Lyriker in einer Position zwischen allen Stühlen. Sie meinen, in der gesamtfinnischen literarischen Öffentlichkeit nicht ausreichend Gehör zu finden, fühlen sich aber auch nicht der Literatur Schwedens zugehörig und sehen sich so auf die kleine Leserschaft der Finnlandschweden reduziert.

Probleme der Zweisprachigkeit

Für den Versuch, die Geschichte der finnischen Literatur zu beschreiben, wirft die Zweisprachigkeit also grundlegende methodische Probleme auf. Die Abtrennung der schwedischsprachigen Literatur mag eine pragmatische Notwendigkeit darstellen und im Hinblick auf die sprachliche Verwandtschaft mit den anderen skandinavischen Literaturen durchaus plausibel sein, allerdings verursacht sie Argumentationslücken in der Darstellung der finnischsprachigen Literatur. Ein für deren Entwicklung maßgeblicher Aspekt, nämlich die Wechselbeziehung mit dem schwedischsprachigen Pendant, muss hier zwangsläufig zu kurz kommen. In der folgenden Darstellung ist mit dem Begriff »finnische Literatur« die in finnischer Sprache geschriebene Literatur gemeint. Damit soll jedoch keineswegs der irrtümlichen Annahme Vorschub geleistet werden, durch die sprachliche Differenz habe die finnischsprachige Literatur gewissermaßen eine linguistisch begründbare endogene Entwicklung durchlaufen und dabei pure Homogenität bewahrt.

Die Bedingungen einer jungen Literatur

Literaturgeschichte als Kolonialgeschichte

Da das Gebiet des heutigen Finnland von der Christianisierung bis zum Beginn des 19. Jh. zum schwedischen Königreich gehörte und anschließend bis zur staatlichen Unabhängigkeit im Jahr 1917 Teil des russischen Zarenreiches war, verläuft die Geschichte der finnischen Literatur über lange Zeiträume hinweg als Kolonialgeschichte. Die Literatur, die auf diesem Gebiet entstand, war über Jahrhunderte hinweg hauptsächlich schwedischsprachig. In dieser Hinsicht ist die Tradition der finnischen Literatur eng mit der Literatur Schwedens verbunden. Der selbe Umstand führte jedoch auch dazu, dass die Herausbildung einer breit gefächerten literarischen Kultur in finnischer Sprache bis weit ins 19. Jh. hinein aufgeschoben wurde, was in der Folgezeit wiederum für eine Verdichtung, mitunter auch für eine Beschleunigung der literarhistorischen Entwicklung gesorgt hat, die durchaus eine gesonderte Darstellung rechtfertigt.

Reges literarisches Leben

Obgleich die finnische Literatur auf eine vergleichsweise kurze Geschichte zurückblickt, zeigt sie heute eine Vielfalt, wie sie auch in den anderen skandinavischen Ländern zu erkennen ist (einschließlich der bekannten Palette einschlägiger Bestseller). Die lebendige literarische Szene gedeiht unter günstigen Voraussetzungen, zu denen ein dichtes Netz öffentlicher Bibliotheken, eine zunehmend differenzierte Verlagslandschaft und eine funktionierende Literaturförderung gehört. Weltweit zählen die finnischen Leser zu den eifrigsten, wie vergleichende Studien belegen. Ins Auge springt, dass sie, trotz der beachtlichen Anzahl alljährlich erscheinender Übersetzungen, Bücher von finnischen Schriftstellern bevorzugen. Bisweilen schenken sie einzelnen einheimischen literarischen Werken so große Aufmerksamkeit, dass sie – obwohl nicht der Genreliteratur zugehörig – zum Verkaufserfolg und omnipräsenten Gesprächsthema werden. Dann wird deutlich, wie stark in Finnland Empfänglichkeit und Wertschätzung für die sprachlich-künstlerische Betrachtung des Lebens ausgeprägt sind. Literatur wird nicht als Angelegenheit elitärer Zirkel begriffen, vielmehr scheint in allen Bevölkerungsschichten eine selbstverständliche Erwartung an die Aussagefähigkeit des geschriebenen Wortes zu leben. Zugleich mag man hier erkennen, wie sehr in der li-

Das Ansehen der Literatur

terarischen Öffentlichkeit noch immer ein Paradigma aus dem 19. Jh. nachwirkt, dem zufolge der Literatur eine bedeutende Funktion für das Selbstverständnis einer Nation zukommt. Nicht von ungefähr gibt es in Finnland gleich mehrere offizielle Gedenktage, die dem literarischen Erbe gewidmet sind. Neben dem Nationalepos *Kalevala* erweist man auch einzelnen Schriftstellern wie Johan Ludvig Runeberg, Aleksis Kivi, Eino Leino und neuerdings Minna Canth die Ehre, indem man landesweit die finnische Fahne hisst.

Diese etwas einseitige Erwartungshaltung zählt noch immer zu den maßgeblichen Bedingungen der finnischen Literatur. Sie korrespondiert mit einer Produktionsvorausetzung der Autoren: Sie schreiben stets für ein kleines Publikum, das überdies fast komplett innerhalb der finnischen Landesgrenzen lebt. Hinzu kommt, dass in Finnland weiterhin eine Vorstellung von der eigenen Nation als kompaktes, relativ homogenes Gemeinwesen herrscht. Das mag durchaus eine Beschränkung des Blickwinkels in der Literatur begünstigen. Tatsächlich haben es Werke, die sich weit von national-kulturellen Zusammenhängen entfernen und darauf verzichten, nachvollziehbare Aussagen über das Leben in der finnischen Gesellschaft zu treffen, oft schwer gehabt, breite Aufmerksamkeit zu finden. Erst seit Mitte der 90er Jahre setzen sich zusehends Texte durch, die literarische Resonanzräume jenseits der spezifisch finnischen Verhältnisse erklingen lassen, die sich z. B. mit Fragen der Multikulturalität auseinandersetzen oder einfach in anderen Teilen der Welt spielen.

Von den Anfängen bis zur Entstehung einer literarischen Kultur

Volksdichtung in mündlicher Überlieferung

Die Anfänge der finnischen Literatur wurzeln in der Volksdichtung, über deren Entstehung sich nur sprachhistorische Hypothesen aufstellen lassen. Man kann davon ausgehen, dass nach der letzten Eiszeit Zuwanderer vorwiegend aus südöstlicher Richtung das Gebiet des heutigen Finnland besiedelten. Unter den Angehörigen dieser Stämme bildete sich eine ostseefinnische Variante der finno-ugrischen Sprachfamilie heraus, eine Urform des heutigen Finnisch. In dieser Sprache entstand wohl die erste Volksdichtung, und zwar in einer Form, die sich über die Jahrtausende hinweg erhalten hat. Der synthetischen Struktur und dem Rhythmus der finnischen Sprache mit ihrer Betonung auf der ersten Silbe gemäß handelt es sich dabei um ein trochäisches Metrum. Ein Vers besteht aus acht Silben mit vier Hebungen. Man bezeichnet dieses Metrum als Kalevalametrum, da es mit der Kompilation und Herausgabe des finnischen Nationalepos *Kalevala* zu Beginn des 19. Jh. schriftlich fixiert wurde.

Kalevalametrum

Im Laufe der Entwicklung haben sich zwei Hauptlinien der Volksdichtung herausgebildet, eine epische und eine lyrische. Die epische Variante berichtet von den großen Zusammenhängen des Daseins, sie entwirft mythologische Muster und Modelle der Welterklärung. Offenbar hat sie dabei Einflüsse aus den paläoarktischen Kulturen Sibiriens (das lassen z. B. schamanistische Elemente vermuten) sowie aus den vorderasiatischen Hochkulturen (z. B. hinsichtlich des Weltschöpfungsmythos) aufgenommen. Bereits der Anfang der finnischen Dichtung, die mündliche Überlieferung, war also keineswegs homogen, zumal im Lauf der Zeit zahlreiche baltische und germanische Elemente hinzukamen.

Epische und lyrische Volksdichtung

Die lyrische Volksdichtung bestand aus Liedern, in denen die Erfahrungen des einzelnen Menschen besungen werden. Sie wurden hauptsächlich von Frauen überliefert und handeln bevorzugt von den verschiedenen Abschnitten weiblichen Lebens, nicht selten durchdrungen von der Klage über die harten Lebensumstände. Es finden sich jedoch auch Liebeslieder darunter, wie der folgende Anfang aus dem international wohl bekanntesten Beispiel zeigt:

> Jos mun tuttuni tulisi,
> ennen nähtyni näkisi,
> sille kättä kääppäjäisin,
> vaikk ois käärme kämmenpäässä,
> sille suuta suikkajaisin,
> vaikk ois suu suden veressä.

(Käm der liebe Wohlbekannte, / Völlig so wie er geschieden, / Kuß erkläng an seinen Lippen, / Hätt auch Wolfsblut sie gerötet, / Ihm den Handschlag gäb ich, wären / Seine Finger Schlangen.)

Die deutsche Fassung des Textes hat Johann Wolfgang Goethe unter dem Titel *Finnisches Lied* auf der Grundlage einer Übersetzung ins Französische erstellt, wobei er darauf verzichtet hat, neben dem Trochäus ein weiteres zentrales Kennzeichen dieser Art von Dichtung in der Übertragung wiederzugeben: den durchgängigen Gebrauch von Alliterationen anstelle von Endreimen.

In christlicher Zeit wurde die Volksdichtung durch die Adaption katholischer Legenden bereichert. Nach der Reformation und der Entstehung der Schriftsprache kamen neue narrative Elemente wie Balladen oder gereimte Volkslieder hinzu. Die alte Art zu singen wurde in Folge der Christianisierung immer weiter an den Rand gedrängt und lebte Anfang des 19. Jh. fast nur noch in Karelien fort. Dorthin sind seit dem 19. Jh. zahlreiche volkskundliche Sammelreisen unternommen worden. Welche Bedeutung die mündliche Überlieferung für das kulturelle Selbstverständnis der Finnen hat, kann man u.a. daran ablesen, dass das Volkskundliche Archiv der Finnischen Literaturgesellschaft eines der größten seiner Art auf der Welt ist.

Nach der Christianisierung

Schwedisch geprägte literarische Kultur

Im Zuge der Christianisierung in der Mitte des 12. Jh. wurde das heutige Finnland Teil des schwedischen Königreichs. Das führte nicht nur zu einem sukzessiven Zuzug aus Schweden, sondern auch dazu, dass die Sprache der Bildung und Administration fortan Schwedisch war, die Sprache des Volkes jedoch Finnisch. Erst nach der Reformation kam das Finnische auch in geistlich-öffentlichen Zusammenhängen zur Anwendung, konnte aber die Stellung des Schwedischen als Kultursprache nicht gefährden. Insofern war die literarische Kultur Finnlands bis Mitte des 19. Jh. schwedisch geprägt. Die Ausnahme bildeten einige, wenngleich gewichtige, Texte wie die Bibel oder das Gesangbuch. Daneben existierte in finnischer Sprache nur die mündlich überlieferte Volksdichtung.

Anbindung an das westliche Christentum

Dem Fundament der finnischen Literatur fehlen somit tragende Säulen, auf denen die Literaturen anderer Länder wesentliche Züge ihrer Entwicklung errichtet haben. Es fehlt v.a. die antike Tradition, aber weitgehend auch die Tradition des Mittelalters. Allerdings wurde im Mittelalter die Richtung für die weitere Entwicklung der finnischen Kultur vorgegeben, denn durch die Christianisierung von Schweden her und durch die Festigung der Macht Schwedens im 13. Jh. wurde Finnland an die Kulturtradition des westlichen Christentums gebunden. Nicht von ungefähr sind die frühesten bekannten in Finnland geschriebenen Texte zu Ehren Henriks, des Bischofs von Uppsala

Frontispiz zum *Missale Aboense*, kolorierter Holzschnitt

und finnischen Apostels, verfasst worden. Neben Handschriften über das Leben und die Wundertaten Henriks aus dem 14. Jh. ist hier insbesondere die 1290 fertiggestellte *Henriksliturgie* zu nennen.

Die Kultur der Benediktiner mit ihren starken literarischen Ambitionen hat in Finnland keine Rolle gespielt. Dominikaner und Franziskaner bildeten die stärksten Ordensgemeinschaften. Die erste Bibliothek in der Zeit der lateinischsprachigen literarischen Kultur entstand dementsprechend im 13. Jh. im Dominikanerkonvent des hl. Olaf.

Das erste für Finnland gedruckte Buch und zugleich die einzige Inkunabel der finnischen Literatur ist ein Messbuch, das der Turkuer Bischof Konrad Bitz in Auftrag gegeben hatte, und das als *Missale Aboense* (Missale von Åbo = Turku) im Jahr 1488 in Lübeck gedruckt wurde. Redigiert wurde es vom Abt des Dominikanerkonvents in Wesel. Das Werk umfasst 226 Blätter im Folio-Format, die Auflage von ca. 120 Exemplaren erschien in zwei Ausgaben: auf Papier und auf Pergament. Obgleich es sich um ein liturgisches Werk in lateinischer Sprache handelt, enthält es einige finnische Elemente, nämlich das Vorwort aus der Hand des Turkuer Bischofs und einen Kalender der Diözese Turku.

Missale Aboense, die komplette Seite

Die ersten finnischen Bücher: Bibel und Fibel

Die Entwicklung einer finnischsprachigen literarischen Kultur im eigentlichen Sinne nimmt ihren Anfang mit Mikael Agricola und der Entstehung der finnischen Schriftsprache, für die dieser das Fundament gelegt hat. Vor Agricola existierte die finnische Sprache – von wenigen Ausnahmen abgesehen – nicht in geschriebener Form. Agricola studierte von 1536–39 in Wittenberg, hauptsächlich bei Melanchthon. Dort begann er mit der Übersetzung des Neuen Testaments ins Finnische, die vermutlich Ende der 30er Jahre des 16. Jh. abgeschlossen war, jedoch wegen mangelnder finanzieller Mittel erst 1548 in Druck gehen konnte. Zuvor hatte er bereits eine Fibel sowie ein

Mikael Agricola und die finnische Schriftsprache

Titelseite von Mikael Agricolas Fibel

Gebetbuch vorgelegt. Bei der Fibel im Oktavformat handelt es sich um das erste in finnischer Sprache gedruckte Buch überhaupt. Es trägt den Titel *Abckirja* (Abc-Buch, 1543) und war offenbar als Schulbuch vorgesehen. Wie die norddeutsche Fibel – eines seiner Vorbilder – enthält das Buch neben dem Alphabet und Silbenübungen die Zehn Gebote, das Glaubensbekenntnis, das Ave Maria, Texte zur Liturgie sowie Gebete, darunter auch Stundengebete nach mitteleuropäischem Vorbild. Ein Verzeichnis der finnischen Zahlwörter rundet das Kompendium ab. In diesem Projekt spiegelt sich der erzieherische Gedanke der Reformation, dem Volk müsse das Lesen beigebracht werden, damit es in der Lage sei, die Bibel zu studieren. Im Zuge dieses Anspruchs brachte es Agricolas Fibel auf mehrere Auflagen.

Weitaus umfangreicher als die Fibel war Agricolas zweites publiziertes Werk mit dem Titel *Rucouskirja bibliasta* (Gebetbuch nach der Bibel, 1544). Es umfasst 877 Seiten und ist in der geistlichen Literatur Nordeuropas ohne Vergleich. Für die Geistlichkeit konzipiert, sollte das Buch die mittelalterlichen Breviere ersetzen. Neben liturgischen Texten, Gebeten und Kommentaren bot es auch kalendarische, astrologische und enzyklopädische Informationen.

Als Agricolas Hauptwerk muss allerdings seine Übersetzung des Neuen Testamentes (*Se Wsi Testamentti*, 1548) bezeichnet werden, die auf dem griechischen Neuen Testament des Erasmus, dessen lateinischer Übersetzung, auf der Vulgata, auf Luthers deutscher Fassung sowie auf der schwedischen Übersetzung beruht. Agricola gründete sein schriftliches Finnisch weitgehend auf südwestfinnischen Dialekt. Unter den etwa 6000 Wörtern, die er verwendet, finden sich jedoch auch zahlreiche Neologismen. Als Vorbilder für die Schreibweise dienten ihm Latein, Schwedisch und Deutsch. Seiner Übersetzung hat Agricola, der 1554 zum ersten lutherischen Bischof Finnlands ernannt wurde, gleich zwei Vorworte vorangestellt. Das eine ist theologischer Natur, das zweite widmet sich sprachlichen Fragen und schildert überdies den Weg des Christentums nach Schweden. Neben dem kompletten Neuen Testament hat Agricola etwa ein Fünftel des Alten Testaments übersetzt. Des weiteren stammen aus seiner Feder u.a. ein Handbuch für Priester, ein Messbuch sowie eine Übersetzung des Psalter (1551), die nicht zuletzt deshalb von Bedeutung ist, als sie im Vorwort ein Verzeichnis der alten finnischen Götter bietet – allerdings versehen mit der Warnung, tunlichst nicht an sie zu glauben. Mit diesem Text liegt heute die älteste erhaltene Quelle der finnischen Mythologie vor.

Vor der Entstehung einer literarischen Kultur

Die erste finnische Druckerei

Die erste komplette finnische Bibelübersetzung in Buchform erschien erst 1642. Sie umfasste 1486 Seiten im Format 167 x 301 mm, war typographisch aufwändig gestaltet und lag in einer Auflage von 1200 Exemplaren vor. Davon wurden wahrscheinlich 780 Exemplare nach Finnland geliefert – ein Vorrat, der bis zum Ende des 17. Jh. ausreichte, was einiges verrät über die literarische Kultur der damaligen Zeit. Im Grunde kann man nach Agricola zunächst noch lange nicht von einer finnischsprachigen literarischen Kultur sprechen. Dazu fehlten alle Voraussetzungen. Die Buchkultur beschränkte sich lange auf den Bereich der Kirche, und auch nach der Reformation war die Nachfrage nach finnischen Büchern so gering, dass sie von schwedischen Druckereien – wie auch im Falle der Werke Agricolas – leicht zufrieden gestellt werden konnte. Die erste finnische Druckerei entstand 1642 in Turku, zwei Jahre nach der Gründung der dortigen Universität. Sie wurde von dem deutschen Drucker Peter Wald betrieben, der zuvor im schwedischen Västerås gewirkt hatte. Später gründete Bischof Johannes Geselius d.Ä. eine eigene Druckerei, um seine Ambition, dem ganzen Volk das Lesen beizubringen, in die Tat umzusetzen. Der Betrieb wurde gewährleistet, indem aus allen Gemeinden Finnlands Hadern gesammelt wurden, die in der eigenen Papiermühle verarbeitet werden konnten. Gedruckt wurden Lehrbücher und Katechismen, Schriften für den kirchlichen Gebrauch und später auch eine zweite Auflage der Bibel (1685).

Wie stark zu jener Zeit noch die mündliche Überlieferung im Volk wirkte, lässt sich aus einem Versuch schließen, ihr explizit etwas in schriftlicher Form entgegenzusetzen. Jaakko Finno, der Verfasser des Gesangbuchs von 1583, verurteilte die Volksdichtung als heidnisch. Er verzichtete daher auf die für sie typischen Alliterationen und versuchte sich stattdessen an Endreimen – jedoch mit geringem Erfolg, denn bereits bei der Überarbeitung des Buches durch Hemmingius Henrici (1605) wurden wieder Stabreime aufgenommen.

Mikael Agricola, Holzschnitt von A. Edelfelt

Aus dem 16. und 17. Jh. liegen nur wenig gedruckte Texte in finnischer Sprache vor. Unter ihnen ragt ein zweibändiges Werk des Turkuer Bischofs Ericus Erici mit dem Titel *Postilla*, I–II (Postille, 1621/25) heraus, in dem auf über 2000 Seiten die finnischen Pfarrer als Erzieher des Volkes unterwiesen werden. Insbesondere soll ihnen nahegebracht werden, wie sie die Menschen in ihrer Muttersprache mit der Bibel vertraut machen können. Erwähnung verdient ferner ein Text, den der Schwede Johannes Messenius verfasste, als er eine 20jährige Haftstrafe im ostfinnischen Kajaani abbüßte, nachdem er als Historiker in Missgunst geraten war. Sein Bericht über Finnland und die Finnen in Reimform aus dem Jahr 1629, einer der wenigen weltlichen Texte jener Epoche, war zwar in schwedischer Sprache geschrieben, jedoch an finnische Leser gerichtet, mit der Aufforderung, gegenüber der eigenen Heimat Wertschätzung zu entwickeln. Das ist bemerkenswert, da hier erstmals an ein Bewusstsein für finnische Identität appelliert wird.

Literarische Entwicklung in Einzelwerken

Einen ersten Glanzpunkt in der Geschichte der finnischen Literatur setzte Juhana Cajanus mit einem 23-strophigen, trochäischen Gedicht, das Weltbild und Stilbegriff des Barock in Reinform präsentiert. Es handelt sich gewissermaßen um ein finnischsprachiges Nebenprodukt des neuen barocken Stilideals, das sich um 1680 in der schwedischsprachigen Dichtung Finnlands etablierte. Der Titel des 1683 gedruckten Gedichts ist heutzutage unter seiner ersten Zeile *Etkös ole ihmisparka* (Bist du nicht, du armer Mensch) bekannt, sein eigentlicher Titel lautet in Übersetzung: »Geistliche Weise, worin die Vergänglichkeit dieser Welt vorgebracht wird, ferner wie der Mensch gegen den Tod sich zu trösten vermöge«. Mit großem Bemühen um sprachkräftige Formulierungen beschwört Cajanus die Unabwendbarkeit des Todes im irdischen Jammertal und schwingt sich zu einer geradezu apokalyptischen Vision auf. In diesem Text ist sich der Mensch der Unbarmherzigkeit des Todes bewusst, für die das Gedicht ein eindrucksvolles Beispiel an das andere reiht. Und dieses Bewusstsein bewirkt einen seelischen Zustand, der sich in körperlichen Symptomen offenbaren kann – eine Gedankenbewegung mit cartesischen Zügen. Cajanus' Text nimmt geistige wie literarische Impulse seiner Zeit auf und findet in der finnischen Sprache adäquate Gestaltungsmöglichkeiten. Es handelt sich um ein Einzelwerk, in dem sich aber das Potenzial des Finnischen als Sprache der Dichtung abzeichnet.

Welt- und Stilbegriff des Barock

Die finnische Nationalbibliographie schlägt das Barock-Gedicht von Cajanus den Flugblattliedern zu und weist daher für die Jahre 1488–1700 lediglich 44 literarische Druckwerke aus: 31 auf Schwedisch, 12 in Latein und nur ein einziges finnischsprachiges Werk, nämlich *Ilo-Laulu Jesuxesta* (Freudengesang über Jesus, 1690). Diese Messiade von Matthias Salamnius fand über Jahrzehnte hinweg weite Verbreitung und lieferte dabei eine Bestätigung für die literarische Vollwertigkeit des folkloristischen Materials, da sie sich des Metrums der Volksdichtung bediente.

Die weltliche Dichtung des 17. Jh. war Gelegenheitsdichtung, die im akademischen Umfeld gedieh. Individuelle Erfahrungen, gar subjektive Empfindungen waren in diesem, an öffentliche Anlässe gebundenen Genre nicht vorgesehen. Ein lyrisches Ich im eigentlichen Sinn ist erstmals bei der ersten namentlich bekannten finnischen Autorin, der Finnlandschwedin Christina Regina von Birchenbaum, anzutreffen.

Die Volksdichtung beflügelt die Kunstdichtung

Im Zuge der Reformation hatte die Volksdichtung im kulturellen Diskurs an Bedeutung verloren, sie galt als heidnisch oder wurde der katholischen Zeit zugerechnet, mithin als Ausdruck einer geistigen Formation gesehen, die man für überwunden hielt. Das neue Interesse an der Volkstradition musste zunächst von höchster Stelle geweckt werden, vom schwedischen König Gustav Adolf II. und dessen Ambition, die altertümlichen kulturellen Schätze des Reiches zu sammeln und aufzubewahren. Auch im östlichen Teil des Reiches, in Finnland, wurden Pfarrer angehalten, ihre Aufmerksamkeit gegenüber der Volkstradition zu schärfen und Beispiele der Volksdichtung zu sammeln.

Im 18. Jh. stellten die wenigen finnischsprachigen Dichter eine Art Synthese von Volks- und Kunstdichtung her, indem sie sich in ihren Gedichten durchweg des trochäischen Metrums der mündlichen Überlieferung bedienten. Das zeigen z.B. die Gedichtsammlungen von Gabriel Calamnius, *Suru-Runot Suomalaiset* (Finnische Trauer-Gedichte, entstanden 1720, publiziert 1734) und *Wähäinen Cocous Suomalaisista Runoista* (Kleine Sammlung Finnischer Gedichte, 1755). Auch eines für die Fortentwicklung der finnischen Literatur wichtigsten und wirkungsmächtigsten Bücher der Epoche hat mit der Volksdichtung zu tun. Es handelt sich um eine wissenschaftliche Abhandlung in lateinischer Sprache: *De Poesi Fennica* (1766–68) von Henrik Gabriel Porthan. Diese Studie hebt die Verwandlung von Lebenserfahrung in gefühlsintensive Dichtung als ästhetischen Wert der Volksdichtung hervor und stellt einen direkten Zusammenhang zwischen der Schönheit der überlieferten Texte und dem Wert des finnischen Volkes her. Porthans Analyse weist die Existenz einer literarischen Substanz nach, wie sie nur eine lange Tradition anzureichern vermag. Die Volksdichtung wurde hiermit erstmals in den literarischen Kontext integriert, was für die Entwicklung der finnischen Literatur von zentraler Bedeutung war. Da eine literarische Tradition fehlte, konnte zuvor kaum eine Vorstellung davon gebildet werden, was Literatur in finnischer Sprache überhaupt sein könnte. Porthan zeigte, worin ihr Fundament nur bestehen konnte: in der Volksdichtung.

Henrik Gabriel Porthan

Erweiterung des literarischen Terrains im Geist der Aufklärung

Im Laufe des 18. Jh. vollzog sich eine allmähliche Erweiterung und Festigung des literarischen Terrains. Sie ging einher mit der Abgrenzung von kirchlichen Bezügen und der Konzentration auf das private Leben, das mit der Stärkung des Individuums in der aufgeklärten Gesellschaft an Bedeutung gewann. Es entstanden Trinklieder, Spottlieder und erste Liebesgedichte, auch erste Beispiele für Sachliteratur kamen hinzu. In Finnland begriffen nun die ersten Schriftsteller das Schreiben als Beruf, und allmählich fand die Literatur anderer Länder Leser. Angehörige der höheren Stände, Pfarrer, Gutsbesitzer, Professoren nahmen in ihre Privatbibliotheken einzelne Werke der europäischen Literatur auf. Öffentliche Bibliotheken gab es noch nicht. Auf den Märkten wurden sogenannte Volksbücher in Broschur und Flugschriften verkauft, ansonsten besorgten die Buchbinder, die das Privileg auf den Handel mit gebundenen Büchern besaßen, den Verkauf von Gesangbüchern, Katechismen, Almanachen und Andachtsbüchern. Die erste Buchhandlung im eigentlichen Sinn wurde 1789 in Turku gegründet, die nächste 1805 in Helsinki.

Der nationale Umbruch und die neue Funktion der Literatur

Romantischer Geist und sprachpolitische Brisanz

Die erste Hälfte des 19. Jh. stellt eine Phase bedeutender Umbrüche dar, die neue Voraussetzungen für die Entwicklung der finnischsprachigen Literatur schufen. Nachdem Russland im Finnischen Krieg Schweden besiegt hatte und der Frieden von Hamina (1809) geschlossen worden war, verlieh Zar Alexander I. Finnland den Status eines autonomen Großherzogtums und konstatierte die Erhebung Finnlands in die Reihe der Nationen. Finnland gehörte nun nicht mehr zum schwedischen Reich, das finnische Volk wurde als Volk unter anderen Völkern definiert. Zugleich lag es im Interesse des Zaren, die verfestigte schwedische Hegemonie zu schwächen und ihr gegenüber alles Finnische zu stärken. Das schuf günstige Voraussetzungen für die Stärkung der finnischen Sprache und damit der finnischen Kultur. Diese hatte sich in einem einzigartigen Spannungsfeld zu entwickeln: Es existierte ein Bewusstsein für die finnisch-ugrischen Wurzeln, die in der Volksdichtung noch zu erkennen waren, zugleich bestand durch die lange Zugehörigkeit zu Schweden eine feste Verankerung in der westlichen christlichen Tradition. Die Amts- und Kultursprache war nach wir vor Schwedisch, ebenso die Sprache der Stände, aber das Land war nun Teil des russischen Zarenreiches, wenngleich mit zunächst weit gehender Autonomie ausgestattet.

Stärkung der finnischen Sprache und Kultur

Ein Autor avancierte in der Zeit nach dem großen Umbruch zum ersten finnischsprachigen Schriftsteller, dessen Werk von der breiten Bevölkerung gelesen wurde. Die Rede ist von Jaakko Juteini. Seine Bücher trugen Titel wie *Der Finne oder Gedicht über den Fleiß in Finnland* (1816), er publizierte eine Sammlung von Trinkliedern (*Juoma-Lauluja*, 1844) und pries in seinen epischen Gedichten im Metrum der Volksdichtung abwechselnd das Volk und den Zaren. Sein Anliegen bestand darin, dem Volk Selbstwertgefühl zu geben und es zugleich zu unterweisen, weshalb er durchaus auch Ratschläge zur Behandlung von Krankheiten erteilte oder vor Aberglauben warnte. In Juteinis Bestreben ist noch der Geist der Aufklärung zu erkennen. Die Romantik als kulturelle Strömung setzte erst nach 1810 ein, manifestierte sich indes nur in einer geringen Zahl von Werken weniger Autoren. Ihre frühe Phase wird als Turkuer Romantik bezeichnet, da ihre Protagonisten im Umfeld der Universität lebten. Nach dem Brand von Turku im Jahr 1827 wurde

Romantik in Turku und Helsinki

die Universität nach Helsinki verlegt. Sie rückte damit näher an St. Petersburg heran und weiter aus der schwedischen Einflusssphäre heraus. Von nun an spricht man von der Helsinkier Romantik.

Die Bedeutung des Finnischen als Volkssprache

Eines der Anliegen und Verdienste der romantischen Strömung in ganz Europa, nämlich die kulturelle Bedeutung der jeweiligen Volkssprache hervorzuheben, gewann in Finnland aufgrund der spezifischen Umstände an besonderer Brisanz. Die Bildungsschicht war schwedischsprachig, die literarische Kultur schwedisch, aber die Mehrheit des Volkes sprach Finnisch. Den Wert des Finnischen zu betonen, hatte dadurch automatisch sprachpolitische aber auch standespolitische Implikationen. Der Status der Bildungselite wurde in Frage gestellt, das romantische Interesse an der sprachlichen und kulturellen Vergangenheit wandelte sich in ein Interesse an der zukünftigen Entwicklung der Kultur, der Gesellschaft und ihrer Sprachen. Einige Protagonisten der Helsinkier Romantik forderten schließlich, und das obwohl sie selbst schwedischsprachig waren, das Finnische müsse den Status erhalten, der ihm als Sprache der Mehrheit des Volkes gebühre. Adolf Ivar Arwidsson etwa sah im Finnischen »das sprechende und lebendige Bild der Vergangenheit, aber zugleich das Urbild und Lebensfundament der Zukunft«. Der romantische Geist suchte über die Sprache die mystische Vereinigung mit dem ursprünglichen Charakter des Volkes und unterstellte dabei dem Finnischen die Fähigkeit, das unmittelbare Erleben der Finnen zum Ausdruck zu bringen. Der Gedanke der Nation wurde hier eng an die Sprache und ihre Ausdrucksformen, also auch an die Literatur gebunden.

Aus den Vorlagen der Romantiker wurde die sprach- und kulturpolitische Doktrin der sogenannten ›Fennomanen‹ zur Gleichstellung des Finnischen mit dem Schwedischen entwickelt. In der Folge lässt sich ein wohl singuläres Phänomen verzeichnen: Eine geistige Elite fordert, die eigene Sprache gegen die des Volkes zu tauschen, mit der viele sich zuvor »nicht die Lippen beflecken« wollten. Erstaunlich daran ist vor allem, dass sich diese Entwicklung in Finnland nach und nach tatsächlich vollzog, wenngleich zunächst nicht ohne Widerstände.

Die Hebung volkstümlicher Schätze: Kalevala *und* Kanteletar

Hans Rudolf von Schröter, ein deutscher Jurastudent, kam an der Universität Uppsala mit finnischen Romantikern in Kontakt. Mit ihrer Hilfe übersetzte er vierzig finnische Volkslieder ins Deutsche, versah sie mit einem Vorwort und gab sie mitsamt der finnischen Originale unter dem Titel *Finnische Runen* (1819) als Privatdruck heraus. 1834 erschien eine neue Auflage in Deutschland, die deutschen Spätromantikern wie Jacob Grimm oder Friedrich Rückert die Gelegenheit bot, sich mit der bislang völlig unbekannten finnischen Volksdichtung und der darin zum Ausdruck kommenden Mythologie vertraut zu machen. Von Schröters Arbeit ist insofern charakteristisch, als sie aus privater Eigeninitiative hervorging und sich keiner institutionellen Unterstützung bedienen konnte. In den ersten Jahrzehnten des 19. Jh. fehlte es der finnischsprachigen Literatur an entsprechenden Voraussetzungen. Es gab noch keine Verlage und wenig Buchhandlungen, ein literarisches Leben hatte noch nicht entstehen können. Eine Weichen stellende Errungenschaft der Helsinkier Romantik war denn auch die Schaffung einer Institution, die sich der Förderung finnischsprachiger Literatur widmen sollte: die Gründung der Finnischen Literaturgesellschaft im Jahr 1831. Dort nahm man sich von Anfang an der Volksdichtung an. Zugleich trat die Literaturgesellschaft als der erste Verlag für finnischsprachige Literatur auf.

Die Finnische Literaturgesellschaft

Während der bedeutendste Vertreter der Helsinkier Romantik, Johan Ludvig Runeberg, dem Volk mit seinen Gedichten und Versepen in schwedischer Sprache Identifikationsangebote vor dem Hintergrund historischer Ereignisse und über die Auseinandersetzung mit der Natur machte, bestand die bedeutendste finnischsprachige literarische Leistung der Romantik in dem großen Projekt der Erschließung finnischer Volksdichtung durch Elias Lönnrot. Bereits Anfang des 19. Jh. war darüber spekuliert worden, dass sich aus den Tausenden von mündlich überlieferten Volksliedern möglicherweise ein zusammenhängendes Epos destillieren ließe. Aus den Sammlungen, die Zacharias Topelius herausgegeben hatte, konnte Lönnrot ersehen, dass in Karelien nach wir vor die mündliche Dichtungstradition lebendig war.

Lönnrot, der Sohn eines Dorfschneiders, hatte zunächst in Turku Geschichte studiert und mit einer Arbeit über die mythische Gestalt Väinämöinen abgeschlossen. Nach dem Brand von Turku nahm er in Helsinki das Studium der Medizin auf, promovierte über »die magische Medizin der Finnen« und trat die Stelle eines Kreisarztes im nordostfinnischen Kajaani an. Mit finanzieller Unterstützung durch die Finnische Literaturgesellschaft unternahm er zwischen 1828 und 1844 mehrere Wanderungen nach Karelien, wo er umfangreiches Material an Volksdichtung sammelte, indem er sich die mündlich überlieferten Fassungen von Liedsängern vortragen ließ und aufzeichnete. Dabei machte er die Erfahrung, dass die Sänger mehrere Gesänge zu verbinden wussten und leitete daraus die Legitimation ab, die einzelnen Gedichtvarianten zu verknüpfen, Verse auszutauschen und dort, wo Lücken blieben, selbst Ergänzungen hinzuzufügen. Er ordnete das Material, schuf motivische und narrative Zusammenhänge und kompilierte daraus das Versepos mit dem Titel *Kalevala*, dessen erste Version 1835 erschien.

Elias Lönnrot auf Sammelreise. Karikatur von A.W. Linsén (1847)

Das Kalevala

Umfasste die erste Ausgabe des *Kalevala* noch 32 Gesänge mit 12000 Versen, wies die zweite Ausgabe von 1849, bei der Lönnrot auch auf das Material anderer Forscher zurückgreifen konnte, bereits 50 Lieder und nahezu 23000 Verse auf. Das zugrunde liegende Material war heterogen, unterschiedlichen Alters und Inhalts. Was alle überlieferten Texte indes verband, war ihr Versmaß, eben jener leicht memorierbare vierhebige Trochäus mit zahlreichen Stabreimen, der fortan als »Kalevalametrum« bezeichnet wurde. In der Absicht, die archaische Frühzeit möglichst differenziert und farbenreich abzubilden, gestaltete Lönnrot daraus ein Epos aus mehreren Handlungssträngen. An den Anfang stellte er einen Mythos von der Entstehung der Welt. Im ersten Gesang lässt sich die Tochter der Luft ins Meer hinab, wo sie zur Wassermutter wird. Auf ihrem Knie legt eine Taucherente Eier. Diese zerbrechen, und aus den Stücken entsteht die Welt:

> Nicht verschlingt der Schlick die Eier, nicht verschluckt die See die Stücke;
> Sie verwandeln sich zum Guten, schön gestaltet alle Stücke:
> Aus des Eies untrer Hälfte wird die Mutter Erde unten,
> Aus des Eies obrer Hälfte wird der hohe Himmel oben;
> Aus dem obren Teil des Gelbeis wird die Sonne weithin strahlend,
> Aus dem obren Teil des Weißeis wird der Mond mit mildem Glanze;
> Was gesprenkelt in dem Ei ist, wird zu Sternen hoch am Himmel,
> Das, was dunkel in dem Ei ist, wird zu Wolken in den Lüften.

(Zitiert nach der Übersetzung von Hans und Lore Fromm, die jeweils zwei Verse in eine Zeile stellt.)

Nachdem von der Erschaffung der Welt und der Kultivierung des Bodens die Rede gewesen ist, folgt die allegorische Darstellung der heidnischen Zeit mit friedlichen Begegnungen aber auch mit Kämpfen zwischen dem Reich Kale-

Eine der berühmten *Kalevala*-Illustrationen von A. Gallén-Kallela: *Die Verteidigung des Sampo* (1896)

vala und dem finsteren Nordreich (Pohjola). Als Helden treten u. a. der weise Sänger Väinämöinen, der Schmied Ilmarinen sowie der junge Lemminkäinen auf. Sie alle fahren von ihrem Land Kalevala nach Pohjola, um die Nordlandtochter zu freien. Die Werbungsfahrten sind jeweils unterschiedlich motiviert, fallen aber dank der übermenschlichen Freierproben stets ereignisreich aus und führen die Helden z. B. bis in die Unterwelt.

Neben der Brautwerbung dient ein weiteres Motiv als Handlungsmovens: eine Art Wunderding oder auch Zaubermühle namens Sampo. Diesen Sampo hat Ilmarinen einst geschmiedet und in Pohjola zurückgelassen, er soll durch die dritte Nordlandfahrt des Epos nach Kalevala geholt werden. Der Raub gelingt zunächst, doch im Kampf auf dem Meer zerbricht der Sampo, und nur Bruchstücke davon können gerettet werden. Zum Ende hin mündet die Handlung wieder in kosmologische Vorstellungen, denn aus Rache für den Verlust des Sampo versteckt die Nordlandherrin die Gestirne in einem Berg, worauf Ilmarinen gezwungen ist, eine neue Sonne und einen neuen Mond zu schmieden, die er allerdings nicht zum Leuchten bringt. Väinämöinen lässt ihn daraufhin Schlüssel schmieden, um die Gestirne aus dem Berg zu befreien, doch während die Schmiedearbeit noch im Gange ist, lässt Louhi, die Nordlandherrin, Sonne und Mond frei.

Phantasie statt Logik

Man sieht hier, dass das *Kalevala* keineswegs mit stringenter Logik voranschreitet. Zu seinen Eigenheiten zählt eher farbige, variantenreiche Phantasie als ein bündiger Handlungsverlauf. Mehrfach begegnet man Motivwiederholungen, es kommt zu Schauplatzwechseln und Unterbrechungen der Handlungen, die dann wieder neue Anläufe erforderlich machen. Vielfach rücken die Bedeutung der Einbildungskraft und die Macht des gesprochenen bzw. gesungenen Wortes in den Vordergrund des Geschehens. So singt Väinämöinen schon zu Beginn einen Konkurrenten in den Sumpf. Später fertigt er aus einem Hechtknochen ein fünfsaitiges Instrument namens Kantele, dessen Klang die gesamte Schöpfung erfreut. Und wenn der weise Sänger am Ende auch aus der Welt weichen muss, hinterlässt er den Bewohnern Kalevalas seine Kantele.

Lönnrot hat die Bedeutung des Gesanges gewürdigt, indem er an den Anfang seines Werkes eine lange Folge von Versen stellte, in denen der Sänger seine Tätigkeit als Interpret der alten Überlieferungen thematisiert. Die ersten Zeilen des *Kalevala* lauten:

> Mieleni minun tekevi,
> aivoni ajattelevi
> lähteäni laulamahan,
> saa'ani sanelemahan,
> sukuvirttä suoltamahan,
> lajivirttä laulamahan.
> Sanat suussani sulavat,
> puhe'et putoelevat,
> kielelleni kerkiävät,
> hampahilleni hajoovat.

(Mich verlangt in meinem Sinne, mich bewegen die Gedanken, / An das Singen mich zu machen, mich zum Sprechen anzuschicken, / Stammesweise anzustimmen, Sippensang nun anzuheben. / Worte schmelzen mir im Munde, es entstürzen mir die Mären, / Eilen zu auf meine Zunge, teilen sich an meinen Zähnen. [Übersetzung: Hans und Lore Fromm])

Hier wie an jeder beliebigen anderen Stelle des Gesamttextes lassen sich die wesentlichen Charakteristika des typischen Kalevalaverses ausmachen: vierhebiger Trochäus, Stabreim und Parallelismus bzw. variierende Wiederholung. Nicht zu lesen ist eine weitere Dimension des kalevalischen Verses, nämlich die Melodie, in der er ursprünglich vorgetragen wurde, und die in den verschiedenen Sanggebieten voneinander abweichen können. Den meisten gemeinsam ist die Moll-Melodie sowie der Tonumfang von einer Quint, nach dem auch die Kantele gestimmt ist. Lönnrot hat sein Epos als Lesetext konzipiert, seine Bestandteile jedoch ließen sich ohne weiteres mit den überlieferten Melodien der kalevalischen Lieder singen.

Das *Kalevala* ist ein Produkt der Spätromantik, dennoch schien es die Existenz einer uralten finnischen Geschichte und eines eigenständigen, von Schweden und Russland unabhängigen Kulturerbes zu beweisen. Lönnrot leistete dieser Annahme übrigens Vorschub, indem er in beiden Ausgaben darauf verzichtete, seinen Namen in die Titelei aufnehmen zu lassen. Aber unabhängig davon, ob man an die historische Authentizität des *Kalevala* glaubte oder nicht, zeigte das Werk die Kapazitäten des Finnischen als Sprache der Dichtung auf. Das musste auch die schwedischsprachige Elite spätestens nach Erscheinen der ersten schwedischen Übersetzung von 1841 anerkennen. Die erste deutsche Übersetzung durch Anton Schiefner folgte übrigens 1852. Bis heute ist *Kalevala* in 51 Sprachen erschienen.

Die politische Kapazität des Finnischen

Unter dem Titel *Kanteletar* (Kanteletar, 1882; benannt nach dem fünfsaitigen Instrument Kantele) hat Lönnrot die lyrische Volksdichtung zusammengefasst und bearbeitet. Diese Dichtungen über die Erfahrungen des einzelnen Menschen erschienen 1840 in drei Heften, die insgesamt 652 Gedichte mit ca. 22000 Versen enthielten.

Agricola hatte einst die Voraussetzungen für die Entwicklung des Finnischen als Schriftsprache geschaffen, Lönnrots Arbeit präsentierte das Finnische nun als vollwertige Literatursprache. Damit war der entscheidende Schritt der Emanzipation getan. Erst von nun an kann von der Entwicklung einer finnischsprachigen Literatur gesprochen werden – genauer gesagt, von ihrem Beginn, denn nach wir vor fehlte es an den literarischen Institutionen sowie an einem nennenswerten Spektrum von Kunstdichtung.

Sprachpolitik und Literaturtheorie ohne Literatur

Zunächst aber musste sich die finnische Sprache auf allen gesellschaftlichen Ebenen durchsetzen. 1856 hielt Elias Lönnrot als erster eine Universitätsvorlesung in finnischer Sprache. Zwei Jahre später wurde das erste finnischsprachige Gymnasium gegründet und erst 1863 erließ Zar Alexander II. eine Verordnung, nach der das Finnische binnen zwanzig Jahren zur offiziellen Sprache neben dem Schwedischen werden sollte. Auf diese Entscheidung hatte ein Mann maßgeblichen Einfluss: Johan Wilhelm Snellman, der führende Ideologe des nationalen Erwachens und zu jener Zeit bereits Senator und Professor. Er verkörpert jenen geistesgeschichtlichen Aspekt, der dafür verantwortlich war, dass Fennomanie weit mehr bedeutete als das reine Interesse an der Vergangenheit. Snellman, der in Deutschland studiert und sich mit Hegels Denken auseinandergesetzt hatte, verknüpfte die romantischen Vorstellungen von der Bedeutung der Sprache mit der hegelschen Idee vom Nationalgeist, welcher in der Sprache des Volkes zum Ausdruck komme. Für die Bildung einer finnischen Nation hielt er es daher für unerlässlich, das Finnische zur Kultursprache zu erheben. Statt sich mit romantischer Verklärung des Volkes zu begnügen, setzte Snellman alles daran, seine Überzeugung in politisches Handeln umzumünzen. Als Zeitungsredakteur, Universitätsdozent, Senator und Reichstagsabgeordneter betrieb er die Fennifizierung aller gesellschaftlicher Ebenen, auch der Literatur.

Das snellmansche Denken wies der Literatur eine Schlüsselaufgabe für die Herausbildung einer Kulturnation zu. Das leistete einer forcierten Entwicklung der finnischsprachigen Literatur zunächst durchaus Vorschub, schuf aber auch einschränkende Anforderungen an die literarischen Leistungen, die eine Aufgabe im Dienste der Gesellschaft und der Nation zu erfüllen hatten. Individuelle Ausdrucksformen, deren einschlägige Nützlichkeit im snellmanschen Sinne sich nicht auf Anhieb erschloss, hatten in der Folgezeit bei der Literaturkritik einen schweren Stand. Überdies bildete dieses Anspruchsdenken im hegelschen rationalen Sinne einen Widerspruch zu der romantischen Wertschätzung alles Finnischen aufgrund der uralten Auseinandersetzung mit der Natur. Erst im überaus erfolgreichen Werk des Finnlandschweden Zacharias Topelius wurde dieser Konflikt in eine nationale Synthese übergeführt. Topelius' Handbuch *Boken om vårt land* (Buch über unser Land, 1875) versuchte alle Aspekte zusammenzufassen, die das finnische Selbstverständnis ausmachten, den natürlichen Voraussetzungen wurde dabei ebenso Rechnung getragen wie allerlei kulturellen Elementen. Topelius wollte vor allem den finnischen Kindern ein Kompendium an die Hand geben, in dem alles Wesentliche über die Natur, die Geschichte und die Bewohner Finnlands enthalten war.

Trotz aller Beschwörungen der Bedeutung einer finnischen Literatur für die Herausbildung einer Kulturnation fehlte bis über die Mitte des 19. Jh. hinaus eines: diese Literatur selbst. Abgesehen von Lönnrots *Kalevala* und *Kanteletar* existierte sie praktisch nicht. Und trotz dieser beiden Werke war das Potenzial des Finnischen als Literatursprache nicht unumstritten. Der Sprachwissenschaftler, Kritiker und Dichter August Ahlqvist hielt die fin-

Johan Wilhelm Snellman

Fennomanie

Literatur und Kulturnation

nische Sprache nach wir vor für nicht weit genug entwickelt und sah in den west- und mitteleuropäischen Literaturen Vorbilder, an denen man sich orientieren sollte. In seiner Lyrik versuchte er sich an Erweiterungen und Verfeinerungen des Finnischen, indem er sich europäischer Versmaße bediente und damit dem Kalevalametrum eine Alternative entgegensetzte. Auch wenn er das Finnische auf einem anderen Niveau ansiedelte als Snellman, teilte Ahlqvist mit diesem die Ansicht, der Literatur komme eine wesentliche Funktion im Entwicklungsprozess der Nation zu, ihr ästhetischer Eigenwert müsse dem gegenüber zurücktreten, künstlerische Autonomie könne ihr nicht zugestanden werden. Unter dieser Auffassung sollte nur wenige Jahre später der erste große finnische Dichter, nämlich Aleksis Kivi, zu leiden haben.

Der eigentliche Anfang der finnischen Literaturgeschichte

Etwa ab 1860 kommt die finnischsprachige Literatur in einer überschaubaren Zahl von Erzählwerken, Gedichten und Dramen allmählich auf die Beine. Den eigentlichen Beginn einer verspäteten, von nun an jedoch fulminanten Entwicklung muss man bei den Werken von Aleksis Kivi sehen, die unter allen literarischen Leistungen jener Zeit hervorragen und als Grundsteine der finnischen Literatur gelten. Interessant dabei ist, dass Kivi sich von Anfang an in allen Genres, in denen er schrieb, Vorbilder der europäischen Literatur zunutze machte und nicht allein aus der finnischen Überlieferung schöpfte. Nicht einmal in seiner Lyrik bediente er sich des traditionellen Versmaßes der Volksdichtung. Seine Gedichte bewegen sich bereits auf die gesprochene Sprache zu, sie wollen zugänglich und in zeitgenössischer Hinsicht volksnah sein.

Aleksis Kivi, Zeichnung von A. Forsell (1872)

Kivis Werk entstand zwischen 1860 und 1871, zu seinen Lebzeiten erschienen lediglich eine Gedichtsammlung (*Kanervala*, 1866), sieben Theaterstücke und ein Roman. Kivi übte nie einen anderen Beruf als den des Schriftstellers aus, was ihn sein ganzes Leben hindurch immer wieder in massive finanzielle Schwierigkeiten brachte. Da er finnisch schrieb, richteten sich seine Werke an ein geringes Publikum, denn eine finnischsprachige Leserschaft bildete sich gerade erst heraus. Noch sein Hauptwerk, der Roman *Seitsemän veljestä* (1870; Die sieben Brüder, 1921), wurde von der Finnischen Literaturgesellschaft in einer Auflage von nur 500 Exemplaren gedruckt, und zwar in vier broschierten Bänden. Davon wurden exakt 144 Exemplare verkauft – nämlich an die Subskribenten der Publikationsreihe, in der das Werk erschien. Kivi war auf private Zuwendungen angewiesen, denn nicht einmal nennenswerte Tantiemen für seine Dramen waren zu erwarten, da es noch keine professionelle finnischsprachige Bühne gab. Erst 1872 gründete Kaarlo Bergbom das Finnische Theater.

Die sieben Brüder

Das bis heute populärste Stück von Kivi wurde zu Lebzeiten des Verfassers nicht aufgeführt, jedoch mit dem erstmals vergebenen Staatspreis für Literatur ausgezeichnet. Kivi brachte die Komödie in fünf Akten mit dem Titel *Nummisuutarit* (Die Heideschuster, 1922) 1864 im Selbstverlag heraus. Das Geld dafür hatte er sich von Kaarlo Bergbom geliehen. In dem Stück, das Anregungen von Ludvig Holbergs Dramen aufnimmt, bedient sich Kivi einer humoristischen Strategie, um die absehbaren Folgen einer Epochenschwelle augenfällig zu machen: Die liebenswerten Protagonisten aus dem Handwerkermilieu machen irritierende Erfahrungen, indem sie feststellen müssen, dass ihr einfaches, klar strukturiertes und unerschütterliches Weltbild überholt ist, und sie daher in entscheidenden Situationen auf ungeahnte Widerstände stoßen.

Vom ersten Roman zur modernen Literatur

Aleksis Kivis epochemachender Roman

Kivis *Seitsemän veljestä* erzählt nicht in konventionell realistischer Manier aus dem Leben eines Helden. Vielmehr handelt es sich um einen Kollektivroman mit den sieben Söhnen eines südfinnischen Bauern im Zentrum und zugleich um die Geschichte eines Kultur- und Zivilisationsprozesses. Das erste Buch in finnischer Sprache war Agricolas Fibel. Der erste finnische Roman beginnt mit dem Lernen des Alphabets. Das fällt den sieben Jukola-Brüdern schwer, weshalb sie aus der Leseschule in den Wald flüchten. Damit fliehen sie vor den Anforderungen der Gesellschaft, geraten dadurch aber in eine Situation, in der sie sich über sich selbst und ihre Lebensumgebung, auch über ihre Herkunft und Tradition vergewissern können. Dass sie dabei nicht aus einer einzigen Quelle schöpfen, macht der Roman nicht zuletzt dadurch deutlich, dass er in seiner reichen Orchestrierung Stile und Diskurse mischt. Da werden Lieder gesungen, Visionen erzählt, alte Überlieferungen erinnert und biblische Geschichten wiedergegeben. Überdies führt die Flucht aus der Dorfgemeinschaft in die Wildnis die Brüder nicht nur durch manches Abenteuer, sondern zwingt sie auch, einen Prozess der Kultivierung mit eigenen Händen zu bewerkstelligen. Sie müssen Wälder roden, Sümpfe trocken legen, Ackerland anlegen, Häuser bauen.

Prozess der Kultivierung

Kivi spitzt typologisierend zu, er liefert keinen Abbildungsrealismus und keine psychologisch ausdifferenzierten Charaktere. Stattdessen bietet er die Grundelemente des Weges in die Gesellschaft an. Die sieben Protagonisten erlauben ihm, ein ganzes Spektrum von Verhaltensweisen aufzufächern, von der nüchternen Tatkraft, über die Neigung zur Verträumtheit und zum Spintisieren bis zur melancholischen Flucht in den Alkohol. Er lässt die Personen ausführlich zu Wort kommen und aktiviert in ihren Reden, was im Volk virulent ist. Indem er gerade in die Dialoge den Reichtum seiner Sprache verlegt, stattet er die Figuren mit großer Phantasie und Ausdrucksfähigkeit aus.

Am Ende entschließen sich die Jukola-Brüder, in die Gemeinschaft zurückzukehren. Indem sie ihre unterschiedlichen Fähigkeiten und ihre Kräfte bündeln, werden sie bald zu anerkannten Mitgliedern der Gesellschaft. Kivi macht deutlich, dass man ein nützliches Mitglied der Gemeinschaft erst werden kann, wenn man sich der individuellen und originär-kulturellen Verfasstheit gewahr ist, sich im Einklang mit ihr befindet. Die wilde Natur muss durchlebt werden, um den adäquaten Zugang zur offiziellen Kultur und Gesellschaft zu finden.

Individuelle Stilmischung versus national-kulturelle Erwartung

Kivis Roman fällt konstruktiv aus. Es ist ein Roman, dem Gesellschaftskritik noch fernliegen muss, da er eine Gesellschaft überhaupt erst kreiert. Dennoch stieß er auf heftige Kritik und wurde zunächst aus dem Verkauf genommen (eine Neuausgabe in einem Band erschien erst 1873). Ahlqvist bezeichnete den Roman als »Schandfleck in der finnischen Literatur«, da er in keiner Weise den didaktischen, staatstragenden Ansprüchen des neuen finnischsprachigen Bildungsbürgertums gerecht wurde. War vielen bereits der Autor selbst mit seinem unsteten Lebenswandel ein Dorn im Auge, störte sich Ahlqvist vor allem an der heterogenen Sprache des Romans, an den mitunter derben, vitalistischen Schilderungen des Lebens im Wald und überhaupt an den Hauptfiguren, die er für wenig salonfähig hielt. Sie schienen genau dem Vorurteil des unzivilisierten finnischen Waldbewohners zu entsprechen, von dem sich die Fennomanen abheben wollten. Da sich noch kein moderner Literaturbegriff herausgebildet hatte, waren Kivis Gegner nicht imstande, den Roman als Kunstwerk zu rezipieren, sie nahmen ihn allein vor dem Hintergrund ihrer nationalkulturellen Erwartungen auf. Die Freiheit des Künstlers hatte hinter der nationalen Aufgabe der Literatur zurück zu stehen. Kivis unbändige Stilmischung schien das Ideal einer einheitlich sich entwickelnden finnischen Literatur geradezu zu unterlaufen.

Kritischer Realismus

Zwischen Kivis konstruktivem Roman und den ersten gesellschaftskritischen literarischen Entwürfen liegt eine Phase der Stagnation. Während in den anderen Ländern Skandinaviens nach Georg Brandes' Vorlesungen von 1871 der ›Moderne Durchbruch‹ die ersten epochemachenden Werke von Bjørnson, Ibsen und Strindberg hervorbrachte, dauerte es in Finnland fast fünfzehn Jahre, bis die ersten Anzeichen eines kritischen Realismus erkennbar wurden. Nach Kivis frühem Tod hatte ein braver Konventionalismus dominiert, der keinerlei Werke von bleibender Bedeutung hervorbringen konnte. Es herrschte ein konservatives kulturelles Klima in einer Gesellschaft, in der Vertreter der Geistlichkeit und der reichen Landbesitzer die finnische nationale Bewegung und die daraus hervorgegangene Finnische Partei dominierten. Um die Entwicklung der finnischen Nation zu kontrollieren, versuchte man, Einflüsse von außen möglichst fernzuhalten. Es mussten sich in den 80er Jahren des 19. Jh. erst einzelne, aufgeschlossene und kritisch denkende Personen mit literarischen Ambitionen zusammentun, damit sich eine liberalere Weltsicht artikulieren konnte, die auch eine Kritik der sozialen Verhältnisse in dem idealisierten nationalen Gebilde namens Finnland einschloss. Innerhalb der überschaubaren Verhältnisse des kleinen Landes fanden nach und nach die Protagonisten einer neuen Schreibweise zusammen. Die maßgeblichen Autoren des ausgehenden Jahrhunderts wie Minna Canth, Juhani Aho und Arvid Järnefelt trafen sich in Salons und waren zum Teil eng befreundet.

Stagnation und Konventionalismus

Eine besonders engagierte Person war Minna Canth, die nach dem Tod ihres Mannes als Mutter von sieben Kindern eine Kurzwarenhandlung in der ostfinnischen Provinzstadt Kuopio führte, sich nebenbei über die moderne skandinavische, französische und russische Literatur ihrer Zeit informierte, mit Zeitgenossen korrespondierte und diskutierte und vor allem eigene Theaterstücke schrieb. Aus ihrer Feder stammen die ersten Dramen nach Aleksis Kivi und sie trägt darin bereits den beschleunigten Veränderungen der Gesellschaft Rechnung. Canth kommt für Finnland eine Funktion zu, die mit der Ibsens in Norwegen vergleichbar ist. Ihre Stücke prangern soziale Missstände und das patriarchalische Familiensystem, unter dem die Frauen zu leiden hatten, in einer Schärfe an, die regelmäßig Aufsehen erregte. So setzte etwa das Drama mit dem programmatischen Titel *Työmiehen vaimo* (Die Frau des Arbeiters, 1885) nach seiner Aufführung am Finnischen Theater eine enorm hitzige Debatte in Gang, weil es nicht nur zeigte, wie schnell Angehörige der Arbeiterklasse ins Elend abstürzen konnten, sondern auch, wie Frauen auf allen gesellschaftlichen Ebenen ihre Rechte verlieren, sobald sie eine Ehe eingehen. Canths folgendes Stück *Kovan onnen lapsia* (Kinder eines harten Schicksals, 1888), in dem die Vorstellung eines gewaltsamen Arbeiteraufstandes nahegelegt wird, musste gar nach der Erstaufführung vom Spielplan genommen werden, da der Finnische Senat drohte, dem ganzen Theater die finanzielle Unterstützung zu entziehen.

Minna Canth und das literarische Engagement

Canths Themen, auf der Bühne wie in ihren Prosawerken, sind die des europäischen Naturalismus, die Radikalität ihrer Gestaltung lässt jedoch im

Minna Canth in ihrem Salon

Juhani Ahos Prosarealismus

Laufe ihres Schaffens zu Gunsten einer psychologischen Betrachtung der weiblichen Hauptfiguren nach. Schon in ihrer Novelle *Salakari* (Die Untiefe, 1887), mit der Canth an die großen Ehebruchromane des 19. Jh. anknüpft, mündet der Seitensprung einer Frau in ein tolstoisches Sühneszenario: Unmittelbar nach dem Ehebruch erfährt die Frau, dass ihr Sohn schwer erkrankt ist. Dem Tod des Kindes folgt unweigerlich der Tod der Mutter, Leid und Selbstzerstörung treten an die Stelle eines neuen Lebens – in einem solchen Entwurf ist von Ibsens Nora, deren Schicksal Minna Canth einst inspiriert hatte, nichts mehr zu ahnen.

Dennoch ging Minna Canth weiter als Juhani Aho, dessen Prosarealismus die Zuspitzung der großen Konflikte scheut und selbst die scharfe Analyse gegenüber einer Bestandsaufnahme mit leicht symbolischer Aufladung zurücknimmt. Seine Novelle *Rautatie* (1884; Die Eisenbahn. Eine Erzählung aus Finnland, 1922) beschreibt die Begegnung eines alten Ehepaares auf dem Land mit den Errungenschaften der Industrialisierung. Die beiden hören vom Bau der Eisenbahn, ja absolvieren sogar eine Fahrt damit, ihr Weltbild jedoch wird dadurch nicht erschüttert. Sie kehren unbeschadet in ihr altes, von den Anforderungen der Natur und dem Lauf der Jahreszeiten geprägtes Leben zurück. Die alte Lebensform und die neue Zeit existieren in Ahos Text vorläufig in klarer Trennung von einander. Aho begnügt sich damit, einen Blick auf die kurze Irritation zu werfen, die beim Aufeinandertreffen von alten und neuen Lebensvorstellungen in den Menschen entstehen.

In seinen folgenden Romanen verfährt er ähnlich, allerdings begibt er sich nun in die Welt des finnischen Bürgertums, typischerweise repräsentiert durch die wohl situierte Geistlichkeit. Die Romane *Papin tytär* (Die Tochter des Pfarrers, 1885) und *Papin rouva* (1893; Ellis Ehe, 1896) zeigen, wie in der bürgerlichen Pfarrhofidylle die Entfaltung einer individuellen Persönlichkeit unmöglich ist, zumal für Frauen. *Papin rouva* hat Aho angelegt wie ein Stück von Ibsen. In die scheinbare Idylle eines abgelegenen Pfarrhauses, wo Elli in einer unglücklichen Ehe mit dem Pfarrer lebt, dringen die modernen Ideen aus der großen weiten Welt ein – und zwar in Gestalt eines Besuchers aus der Vergangenheit: Olavi Kalm, dem Elli früher zugetan war, kommt aus

Paris, um den Sommer auf dem Land zu verbringen. Er arbeitet an einer Studie über die Frau in der französischen Literatur des Realismus und tritt für die völlige Gleichberechtigung der Frauen ein. Aho, der selbst in Paris gelebt hat, transportiert seine modernen Vorstellungen also über den Verweis auf europäische literarische Vorbilder, kommt aber bei der Entlarvung der finnischen Idylle nicht ohne den Rekurs auf einschlägige runebergsche Motive aus. Aho verzichtet darauf, seinen Text auf einen gesellschaftlichen Konflikt mit unabsehbaren Folgen hin zuzuspitzen. Er begnügt sich mit einer Innenschau auf die Gemütslagen seiner Protagonisten und lässt seinen Roman ohne dramatische Wendung enden: Olavi reist ab, Elli bleibt, ohne Ehebruch begangen zu haben, in ihrer trostlosen Ehe zurück, allein mit der Gewissheit, einmal, wenn auch folgenlos, von einem anderen Menschen verstanden worden zu sein.

Die Frage nach dem Ich

Um die Wende zum 20. Jh. steht auch in Finnland die Verfasstheit des Subjekts in einer Zeit der Umwertung aller Werte infolge einer Epochenschwelle auf dem Prüfstand. Die Industrialisierung erfasst alle Lebensbereiche, sie dringt bis in die Peripherie Europas vor. In der vormodernen Zeit, zumal in einer Agrargesellschaft, wie sie in Finnland seit jeher herrschte, waren alle Zuordnungen eindeutig. Religion, Herkunft, Stand und Geschlecht bestimmten das Subjekt. Über die Koordinaten seines Ortes in der Welt konnte kein Missverständnis aufkommen. Mit der beginnenden Moderne verlieren die Verhältnisse, zumindest im Bürgertum, ihre Eindeutigkeit. Jeder einzelne muss nun die Koordinaten des eigenen Lebens selbst erst schaffen. Erstmals wird Entfremdung zur ausschlaggebenden Kategorie, die Unvereinbarkeit der Selbstwahrnehmung mit den Anforderungen der sozialen Umwelt. Hinzu kommt, dass sich in dieser Zeit auch erstmals Varianten eines antimetaphysischen Menschenbildes etablieren, durch die das Individuum nun nicht mehr allein als Geschöpf gedacht werden kann, sondern auch als Produkt der Evolution, der sozialen Verhältnisse oder des nie völlig beherrschbaren Unbewussten gesehen werden muss. Immer stärker wird nun die Suche des Individuums nach dem eigenen Ich zur bestimmenden Dynamik literarischer Texte. Es bleibt nicht bei der thematischen Auseinandersetzung mit dem zentralen Problem, vielmehr geht der Konflikt in die Sprache ein und wirkt sich auf deren Beschaffenheit aus. Literatur wird damit auch zum Experimentierfeld, zumindest aber zu einer Form, in der zeitgemäße Entwürfe von Individualität erprobt werden.

Entwürfe von Individualität

Explizit tritt das Problem des Ortes und der Befindlichkeit des Subjekts in Arvid Järnefelts literarischem Debüt, dem Roman *Isänmaa* (Vaterland, 1893) zu Tage. Järnefelts Bildungsroman wurzelt in der Tradition des Realismus, wächst aber bereits aus ihr heraus. Sein mimetischer Zugriff geht mit einer Form der sinnfälligen Zuspitzung einher, die dem Text eine stark allegorische, wo nicht symbolhafte Auflaßung verleiht. Denn die Lebensgeschichte des Protagonisten Heikki, der vom Land in die Stadt geht und sich daraufhin von seiner Heimat und deren Ordnung entfremdet, wird als eine paradigmatische präsentiert, in der sich die Entwicklung einer ganzen Nation widerspiegelt. Der Protagonist muß erkennen, dass er sich nicht mehr *a priori* seiner ländlichen Herkunft zugehörig fühlt, sondern mühsam entscheiden muss, wo und wie er seine Zukunft gestalten will. In der Gestalt des Heikki begegnet uns womöglich erstmals in einem Werk der finnischen Literatur ein modernes Subjekt mit seinen Bemühungen, eine eigene Identität zu entwickeln.

Nationale Neuromantik und erste moderne Tendenzen

Die Emanzipationsbemühungen gegenüber der schwedischen Kulturhegemonie hatten in der zweiten Hälfte des 19. Jh. sukzessive zu günstigeren Voraussetzungen für die Entwicklung einer finnischsprachigen literarischen Kultur geführt. 1872 wurden das Finnische Theater (heute das Finnische Nationaltheater) und die Verlage Gummerus und Weilin + Göös gegründet. Es folgten die heute größten Verlage Werner Söderström OY (1878) und Otava (1890), die ihre Bücher um die Jahrhundertwende in landesweit 56 Buchhandlungen vertreiben konnten. Die Abkopplung von der Kultur der ehemaligen Kolonialmacht Schweden ermöglichte, unbeeinflusst von der neuen Kolonialmacht Russland, ein wachsendes, weit gefächertes literarisches Leben, das jedoch bald schon neue Einschränkungen erfuhr. Denn ab 1890 sah sich das autonome Großherzogtum Finnland einem zunehmenden Druck des russischen Imperialismus und einer damit einher gehenden Russifizierungspolitik ausgesetzt, die u. a. dazu führte, dass 1900 Russisch zur obersten Amtssprache erhoben wurde.

Neues National-bewusstsein

Im Spannungsfeld der komplizierter werdenden gesellschaftlichen Entwicklung und der allenthalben spürbaren Folgen der zunehmenden Industrialisierung provozierte der zusätzliche kolonialistische Druck des russischen Zarenreiches ein neues Nationalbewusstsein. Mit dieser Dynamik wird häufig die Entstehung der nationalromantischen Epoche in Literatur und Kunst der damaligen Zeit erklärt, was allerdings einer Vereinfachung gleichkommt, denn die Verhältnisse waren komplizierter und teilweise paradox. Die entscheidende Erfahrung nach der Jahrhundertwende dürfte gerade die Wahrnehmung der modernen Unübersichtlichkeit gewesen sein, das Aufgehen der gewohnten klaren Verhältnisse in ideologische, politische und ästhetische Vielfalt und Widersprüchlichkeiten, die Erfahrung auch der Unvereinbarkeit von Individualität und Ideologie.

In der Literatur jener Zeit werden weiterhin gesellschaftskritische Stimmen laut, etwa in den Erzählungen und Dramen von Maria Jotuni, die sich unsentimental und in geradezu schroffem Stil mit dem Verhältnis der Geschlechter unter verschiedenen sozialen Verhältnissen auseinandersetzen. Aber zugleich keimen auch Ableger des mitteleuropäischen Symbolismus auf, Texte etwa von Volter Kilpi, in denen die Abkehr von Gegenwart und Gesellschaft zum Programm erhoben werden.

Für diese ästhetizistische Tendenz in der finnischen Literatur nach der Wende zum 20. Jh. steht auch L. Onervas Roman *Mirdja* (1908). Der pathetische, hochfliegende Text reduziert das mimetische Moment, die Abbildung äußerer Wirklichkeit, auf ein Minimum zu Gunsten des Blicks in das Innere der Hauptfigur Mirdja. Dabei wird die Innenschau dem Blick von außen gegenübergestellt und die Protagonistin als umgetrieben vom Konflikt zwischen Eigen- und Fremdwahrnehmung vorgestellt. Diese Mirdja trägt die Züge der Dekadenz, des *fin de siècle* an sich, wie sie auch in anderen europäischen Literaturen jener Zeit zu erkennen sind. Feinnervig und überspannt, unberechenbar und unbezähmbar, dabei reizvoll und lockend nimmt sie sich als literarische Figur ganz und gar konträr zu den volkstümlichen Helden der finnischen Literatur aus und bildet zugleich auch einen Kontrast zu den Werken der zeitgenössischen Neuromantiker. Zwar fließt in die Gestaltung der Mirdja nietzschescher Furor ein, vor allem aber ist sie eine Frau, keine ideologische Funktion und auch kein nationales Emblem, wie sie viele Maler und bedeutende Autoren der Epoche zu kreieren versuchten.

Fin de siècle und Neuromantik

Der Begriff Neuromantik bezeichnet jene Renaissance nach der Jahrhundertwende, in der ein neues Interesse am finnischen Altertum, an der Volksdichtung, an Karelien und *Kalevala* erwachte. Zahlreiche Künstler und Dichter unternahmen Reisen nach Karelien und fanden in den alten Überlieferungen Motive, aus denen sich idealtypische ästhetische Formationen mit entsprechenden Helden formen ließen, die sich als Gegenentwurf zur realistischen, gegenwartsbezogenen Kunst eigneten. Überdies kam diesen Entwürfen die Funktion zu, in einer unübersichtlich gewordenen Zeit, in der die Koordinaten dessen, was das spezifisch Finnische ausmachte, nicht mehr stabil und eindeutig zu sein schienen, neue Bilder von nationaler Identität zu kreieren.

Auch der bekannteste Autor jener Zeit, Eino Leino, ließ sich von einer Reise nach Karelien zu zwei Bänden mit Balladen inspirieren, die unter dem Titel *Helkavirsiä* (1903/16; Finnische Balladen. Helkalieder, 1934) erschienen. Darin macht er Figuren aus der finnischen Mythologie zu überdimensionalen Helden, lädt das alte Kalevalametrum mit symbolischer Mehrdeutigkeit auf, kombiniert archaische mit moderner Gedichtsprache. Die Balladen mit den holzschnittartig typisierten Heldenfiguren und dem erhabenen Ton ragen aus Leinos umfangreichem Werk heraus und sind bald schon zu nationalen Ikonen geworden. In ihrer emblematischen Bedeutung werden sie nur von Gemälden aus der Hand von Akseli Gallén-Kallela übertroffen. Der Zeitgenosse Leinos gehörte zeitweise der Künstlergruppe »Die Brücke« an, bildete jedoch keinen Stil aus, der mit dem deutschen Expressionismus vergleichbar wäre. Seine berühmtesten Gemälde, die noch vor der Jahrhundertwende entstandenen *Kalevala*-Motive, zeigen gleichwohl energische Strichführung und intensiven Farbgebrauch in dramatischen Bildkompositionen von enormer Einprägsamkeit. Diese Bilder haben den Helden des *Kalevala* Gesichter gegeben, man kann sie zum festen Bestandteil des kollektiven Bewusstseins rechnen. Wer in Finnland heute an das Epos denkt, sieht unwillkürlich Gallén-Kallelas Illustrationen vor sich.

Umschlag von Eino Leinos Gedichtband *Helkavirsiä* (1903)

Wie auch ohne heldenhafte Verklärung ein produktiver Rückgriff auf nationale Mythen möglich war, demonstriert der Roman *Laulu tulipunaisesta kukasta* (1905; Die glutrote Blume, 1936) von Johannes Linnankoski. Ob seines Erfolges beim zeitgenössischen Publikums wird diese in der finnischen Provinz angesiedelte Don-Juan-Geschichte mitunter leichtfertig der Trivialliteratur zugeschlagen. Dabei ist der moderne Impetus des Textes nicht zu übersehen, denn seine symbolisch aufgeladenen Naturschilderungen bewegen sich ebenso weitab einer schlichten realistischen Schreibweise wie die Gestaltung des Plots, der sich nicht in Kausalzusammenhängen sondern durch Motivverknüpfungen voranbewegt. Dabei bedient sich der Autor des Lemminkäinen-Motivs aus dem *Kalevala* und bietet trotz seiner wenig traditionellen Schreibweise ein klassisches, seit Kivi bekanntes Identifikationsmuster an: Der unstete Mann, bei Linnankoski ein Flößer, in dem das Feuer der Leidenschaft brennt, wird schließlich sesshaft, und der Leser findet am Ende das Feuer, das im Roman die Liebe symbolisiert, in einem wärmenden Ofen im selbst gebauten Haus wieder, wo der ehemalige Schwerenöter auf die Ankunft der Frau und des neugeborenen Kindes wartet.

Rückgriff auf nationale Mythen

Linnankoski verband nationale Mythen und Volksschilderung in einer modern angehauchten und zugleich leicht zugänglichen Sprache. Sein Bild des Volkes war jedoch simpel, bezog sich auf Charaktereigenschaften, die der Mentalität geschuldet waren und kam ohne politische Differenzierung aus. Linnankoski entwarf mythentaugliche Muster über Sozialisierung und Domestizierung sowie zum Bild von Mann und Frau. Ein ähnliches allegorisches Muster des Geschlechterverhältnisses, wenngleich von noch größerer mythischer Wucht, stammt von Juhani Aho, dessen Roman *Juha* (1911; Schweres Blut, 1920) eine junge Frau in das Spannungsfeld zwischen dem braven Ehemann, der in der Abgeschiedenheit der Provinz sein Land bestellt und dem Verführer von jenseits der Grenze bringt. Auf diese Konstellation ist immer wieder Bezug genommen worden, z.B. in Form von Verfilmungen, zuletzt durch Aki Kaurismäki (1999), der aus dem Stoff einen Stummfilm gemacht hat und damit die Signifikanz der Konstellation an sich betont, die sich ohne Worte selbst erklärt.

Was die Modernität der Darstellung anbelangt, war um die Jahrhundertwende die Prosa der Lyrik voraus. Als einziger Wegbereiter der modernen Poesie jener Zeit ist Otto Manninen zu nennen, in dessen metrischen Gedichten neue sprachliche und syntaktische Lösungen zur Anwendung kommen. Unter Ausschöpfung der klanglichen und strukturellen Eigenheiten des Finnischen schuf Manninen in symbolistischem Gestus vielschichtige poetische Gebilde, in denen sprachlichem Wohlklang der Vorrang vor Bezügen zur außerliterarischen Realität eingeräumt wird.

Voraussetzungen für Stimmenvielfalt

Das ›Goldene Zeitalter‹

Die Zeit der Jahrhundertwende, der Nationalromantik und des Jugendstils wird mitunter als das Goldene Zeitalter der finnischen Literatur und Kunst bezeichnet. Das hat mit der bis heute wirksamen nationalen Emblematik, die damals Gestalt gewann, zu tun sowie mit den zahlreichen Werken aus jener Zeit, die bis heute rezipiert werden. Die Gemälde der Epoche (von Malern wie Gallèn-Kallela, Albert Edelfelt, Helene Schjerfbeck oder Eero Järnefelt) gelten als die großen Schätze der finnischen Kunstsammlungen, und in Jean Sibelius, der seine Musik im Dialog mit der finnischen Überlieferung, Geschichte und Landschaft sah, sieht man noch immer den Inbegriff der für Finnland charakteristischen Tonkunst. Auch die lyrischen Gedichte Eino Leinos, die sprachliche Musikalität mit genauer Wahrnehmung zu verbinden wissen, erfreuen sich ungebrochener Beliebtheit und machen den Autor zu einem der großen Klassiker der finnischen Literatur. Vor allem aber rührt der Eindruck einer kulturellen Hochphase wohl von dem Umstand her, dass in jener Zeit erstmals die Voraussetzungen für künstlerische Vielfalt bestanden. Die entsprechenden Institutionen hatten sich herausgebildet, die Übersetzungstätigkeit hatte rapide zugenommen, Kontakte ins Ausland sorgten für neue Impulse, und es gab mittlerweile ein ausreichend großes Publikum.

Verlust von Homogenität

Für die gesamte finnische Gesellschaft ist nun eine zunehmende Stimmenvielfalt zu diagnostizieren, die sich z.B. in einem enormen Aufschwung der Printmedien widerspiegelt. Mit den zunehmenden Artikulationsmöglichkeiten und der Vielstimmigkeit zeichnete sich aber auch ein Verlust von Einheit und Homogenität ab, was der bürgerlichen Elite nicht gefiel. Geradezu schockiert war sie vom Erfolg der Sozialdemokraten bei den Wahlen von 1907. Im Bewusstsein des Volkes überlagerte der soziale Aspekt zusehends den nationalen. Die Erben der Fennomanie zeigten sich vom Volk enttäuscht. Snellmans idealistische Vorstellungen von einer einheitlichen, kontrollierten, auf kulturellem Selbstverständnis gründender Entwicklung verloren endgültig ihre Bedeutung. Und die Literatur verlor damit ihre Funktion als konstruktiver Faktor innerhalb dieser Entwicklung. Hierin bestand aber wiederum die Voraussetzung für die Erweiterung und Modernisierung des literarischen Ausdrucks.

Ein neuer Realismus

Der Weg zum Modernismus führt in der finnischen Literaturgeschichte zunächst über einen neuen, von aller Idealisierung entkleideten Realismus, in dem vertraute Motive, Typen und Handlungsorte in neuartiger Akzentuierung präsentiert werden. Maiju Lassila reduziert in seinem Roman *Tulitikkuja lainaamassa* (1910; Streichhölzer, 1982) die Personenschilderung auf ein Minimum und ersetzt die kausale Entwicklung der Handlung durch eine Verkettung von Zufällen, die das Geschehen komische und absurde Wendungen nehmen lässt. Sinnvolle Entwicklung gibt es hier nicht mehr, und den Protagonisten dieses in der nordkarelischen Provinz spielenden Romans wird jegliche Idealisierung versagt.

Ebenfalls in der Abgeschiedenheit der Provinz siedelt Ilmari Kianto seine berühmtesten Romane an. *Punainen viiva* (1909; Der rote Strich, 1920) und *Ryysyrannan Jooseppi* (1924) schildern Angehörige des einfachen Volkes in geradezu unbarmherziger Weise und liefern so eine Kontrafaktur der überkommenen Idealisierung des Volkes. Kianto mischt konkrete politische Aspekte mit symbolischen Abstraktionen, er zeigt, wie sozialistische Agitatoren in den abgelegenen Dörfern dank ihrer rhetorischen Fähigkeiten Erfolg haben und überblendet zugleich den konkreten roten Strich auf dem Wahlzettel mit der Blutspur, die die Naturgewalt in Gestalt eines Bären unter den Dorfbewohnern verursacht. Letztlich enthüllt Kianto den geschwächten Status der armen Landbevölkerung in der Umbruchzeit nach der Jahrhundertwende. Der Kampf ums tägliche Brot in der Auseinandersetzung mit der Natur ist nicht leichter geworden, und von der politischen Neuordnung und der zunehmenden Industrialisierung des Landes profitieren nur die Reichen.

Umbruchzeit nach der Jahrhundertwende

Mit eher analytischem Zugriff nähert sich Joel Lehtonen den Auswirkungen der beschleunigten Moderne auf die Menschen in der Provinz. Auch sein Roman *Putkinotko* (1919–20) spielt in der ostfinnischen Abgeschiedenheit, an jenem Ort dessen Name dem Buch den Titel gegeben hat. Er spielt an einem einzigen Sommertag, ist also von vorneherein nicht auf längere Entwicklungszusammenhänge hin angelegt. Stattdessen arbeitet er anhand von zwei Hauptfiguren einen Kontrast zwischen bürgerlichen Idealvorstellungen und sozialer Realität heraus. Der Buchhändler Aapeli Muttinen verbringt seinen Sommerurlaub auf dem Land, in einer von ihm als schön und ideal empfundenen Landschaft. Dort trifft er auf Juutas Käkriäinen, einen Kleinbauern, der mit seiner kinderreichen Familie in derselben Gegend im Elend lebt, in einer archaischen Lebensform zudem, die dem urban geprägten Muttinen wie ein schmutziger Anachronismus erscheinen muss. Als Vertreter einer modernen Zeit macht Muttinen die Erfahrung, dass eine unüberbrückbare Kluft aufgebrochen ist zwischen Seinesgleichen und den armen Käkriäinens, an denen die gesellschaftliche Entwicklung vorbeigegangen ist, zwischen urbanem Zentrum auch und ländlicher Peripherie.

Ideallandschaft und soziale Realität

In den Ländern Mitteleuropas trägt die Erfahrung des Ersten Weltkriegs, des massenhaften Tötens, das durch die fortgeschrittene Technisierung erst möglich geworden war, in extremer Weise zu Veränderungen in Kunst und Literatur bei. In Finnland, das nicht in den Krieg verwickelt war, wirkte sich eher die russische Revolution, welche 1917 die Unabhängigkeit des Landes mit sich brachte, und der 1918 folgende Bürgerkrieg aus. Lehtonens Roman der unüberbrückbaren Widersprüche erschien nach dem Bürgerkrieg, in dessen Folge ein weiterer Riss durch die Gesellschaft des Landes ging. Nach dem Erlangen der staatlichen Autonomie entbrannte ein blutiger Machtkampf zwischen Sozialisten (den sogenannten »Roten«) und Bürgerlichen (den

Frans Eemil Sillanpää in seinem Arbeitszimmer in der Villa Saavutus in Hämenkyrö (1923)

»Weißen«). Die Weißen gingen siegreich daraus hervor, zurück blieb jedoch ein nationales Trauma. Angehörige des Volkes, das in Abgrenzung von der schwedischen und danach von der russischen Kolonialmacht lange Zeit als einheitliche Größe gesehen wurde, waren plötzlich im Stande gewesen, sich mit größter Brutalität zu begegnen. Besonders schockiert hatten die Hinrichtungen, die von den Weißen an roten Gefangenen vorgenommen worden waren. Mit dieser Erfahrung schien jeder Rest der Vorstellung von einem einheitlichen finnischen Volk ausgelöscht.

Das fromme Elend

Frans Eemil Sillanpääs Roman *Hurskas kurjuus* (1919; Das fromme Elend, 1948) greift das Thema auf. Gleich im Prolog wird die Hinrichtung des Rotgardisten Juha Toivola geschildert. Anschließend wird das Leben der Hauptfigur von der Kindheit bis zur Exekution erzählt – die Geschichte einer desillusionierenden Entwicklung, in Form eines Anti-Bildungsromans, der das Leben seines Helden zum Anlass für eine Analyse der gesellschaftlichen Entwicklung Finnlands seit der Mitte des 19. Jh. nimmt. Sillanpää konterkariert dabei das Heranwachsen nationaler Ideen und Ideologien, indem er schildert, wie der Kapitalismus das Land ergreift und den Profiteuren der steigenden Holzpreise die Möglichkeit gibt, es sich in nationalem Gedankengut gemütlich zu machen, während arme Hunde wie Juha Toivola alles verlieren und nicht das geringste Bewusstsein von der Zugehörigkeit zu einer kulturell-nationalen Einheit zeigen. Toivola weiß die politische Entwicklung nicht einzuschätzen, noch vermag er, als er dazu von Verwandten, die er in seiner Not um Geld bittet, aufgefordert wird, folkloristisches Liedgut zum Besten zu geben. Wo das Geld ist, signalisiert Sillanpää, lebt der Mythos von der großen, finnischen Vergangenheit. Einer wie Juha Toivola aber weiß noch nicht einmal, was Volksdichtung überhaupt ist. Ebenso wenig ist er sich darüber im Klaren, als Roter im Bürgerkrieg an einem historischen Umwälzungsprozess beteiligt zu sein. Und schließlich wird er für eine Überzeugung exekutiert, die er gar nicht besaß. Er hatte sich vom Sozialismus einfach eine Besserung seiner erbärmlichen ökonomischen Lage versprochen. Trotz seines analytischen Impetus repräsentiert *Hurskas kurjuus* keine in politischer Hinsicht engagierte Literatur. Stattdessen zieht der Erzähler am Ende den Fokus ganz auf und lässt die konkreten historischen Ereignisse und das spezifische Schicksal des Juha Toivola als kleine Bestandteile eines großen Weltenlaufs erscheinen. Im Laufe der Erzählung ist jede ideologische Schlüssigkeit getilgt worden, alles geht ein in den großen, unbeirrbaren, von aller Sinnstiftung unbeeinflussten natürlichen Kreislauf.

Aufkeimender Modernismus

Sillanpääs Erzählweise fußt in *Hurskas kurjuus* weitgehend auf realistischen Modellen. In formaler Hinsicht avancierter war sein Debütroman *Elämä ja aurinko* (1916; Sonne des Lebens, 1951) ausgefallen, der metafiktive Tendenzen zeigte: ein Moment der Selbstvergewisserung in einer Welt mit instabilen Koordinaten. Das Jahr 1916 kann ohnehin als ein wichtiges Jahr für den aufkeimenden finnischen Modernismus betrachtet werden, da es weitere Werke mit stark ausgeprägten Zügen moderner Schreibweisen hervorbrachte. So begegnet man in Maiju Lassilas Roman *Kuolleista herännyt* (Von den Toten erwacht) der Skepsis gegenüber den großen Erzählungen. Maila Talvios Roman *Elämän kasvot* (Das Gesicht des Lebens) weist Affinitäten zum Expressionismus auf, und Aaro Hellaakoski bringt erstmals einen neuen Ton in der Lyrik zu Gehör. Nicht zuletzt erscheint in diesem Jahr der erste Gedichtband der Finnlandschwedin Edith Södergran, womit der sogenannte finnlandschwedische Modernismus seinen Anfang nimmt, der über die Grenzen Finnlands hinaus Wirkung entfaltete.

Finnlandschwedischer Modernismus

Das Schwedische musste sich nicht erst im 19. Jh. als Literatursprache entfalten, es wurzelte damals schon in einer weit zurück reichenden nordischen Tradition und konnte mit der beginnenden Moderne von den Dichtern freier und innovativer in literarischen Werken gestaltet werden. So entwickelte sich, parallel zu anderen europäischen Literaturen, in den 20er Jahren bereits eine avancierte moderne schwedischsprachige Lyrik in Finnland, die mit energischem Gestus die Dichtungskonventionen sprengte. Befreit von jeglicher staatstragender Funktion konnte sie experimenteller, kühner mit der Sprache als Material umgehen als die finnischsprachige Dichtung, in der lange die Forderung aus dem 19. Jh. nachwirkte, die Literatur müsse die originäre Kultur Finnlands stärken, ja nachgerade das Rückgrat der entstehenden Kulturnation bilden.

Eine Avantgarde wie in der finnlandschwedischen Dichtung gab es daher auf der finnischsprachigen Seite nicht, obwohl durchaus enge Kontakte zwischen den Dichtern unterschiedlicher Muttersprache bestanden. Sie publizierten in den gleichen Zeitschriften, z.B. in einem Forum wie *Ultra*. Die Sprachenfrage erschien unter dem Primat moderner poetologischer Erwägungen und einem erklärten Internationalismus als obsolet. Noch Jahre später ist das etwa daran zu erkennen, dass Hagar Olsson, eine der Vordenkerinnen des finnlandschwedischen Modernismus, ihr Drama *Lumisota* (Die Schneeballschlacht, 1939) in finnischer Sprache schrieb – passend zum kritischen Impetus des Stückes, das sich gegen jede Variante von Nationalismus richtet, auch gegen die finnische.

Unter den Protagonisten des Modernismus lebte geradezu ein Verlangen nach Internationalität auf. »Die Fenster auf nach Europa!«, lautet ein berühmt gewordenes Schlagwort aus dem Umfeld junger finnischsprachiger Autoren, die nach dem Titel einer Zeitschrift oft als »Tulenkantajat« (Feuerträger) bezeichnet werden. Tatsächlich hat gerade die finnische Poesie jener

Impulse aus anderen Literaturen

Zeit viele Impulse aus anderen Literaturen aufgenommen, aus der finnlandschwedischen natürlich, aber auch aus der französischen, englischen und deutschen. Zu avantgardistischen Leistungen wie bei den experimentierfreudigen finnlandschwedischen Zeitgenossen hat es allerdings nicht gereicht. Der Grund dafür dürfte in der kurzen Geschichte der finnischen Literatur zu suchen sein, die sich zu Beginn des 20. Jh. noch in einer Phase der Konsolidierung befand. Seit Aleksis Kivis Roman waren erst fünfzig Jahre vergangen, und in einem solchen Prozess der Festigung einer Literatursprache kann nicht zugleich ihre experimentelle Aufsplitterung betrieben werden.

Modernisierung der Gedichtsprache

Immerhin kam es in den 20er und 30er Jahren, nicht zuletzt inspiriert vom deutschen Expressionismus, zu ersten Versuchen, die Konventionen von Reim und Metrum zu überwinden und die sprachlichen Möglichkeiten des Gedichts zu erweitern. Katri Vala zeigt in ihren Gedichten große Nähe zum Menschheitspathos Edith Södergrans. Ihre Debütsammlung *Kaukainen puutarha* (Der ferne Garten, 1924) bedient sich bei der Ausgestaltung exotischer Szenarien, in denen weibliches Befinden, eine Sehnsucht auch nach entgrenzter weiblicher Identität zum Ausdruck kommt, des freien Verses. Auch Uuno Kailas verzichtet in seinen frühen Gedichten zunächst auf Metrum und Reim, kommt aber bald wieder darauf zurück. Die innovative Leistung seiner Lyrik liegt in ihrem Subjektivismus und in der Erweiterung des sprachlichen Spektrums, im Entwurf surrealer Bilder, in die das lyrische Ich die Erkenntnisse einer radikalen Innenschau überführt. Insbesondere werden Ängste und Schuldgefühle metaphorisch gefasst. Das gilt für die Bände *Silmästä silmään* (Auge in Auge, 1924) und *Paljain jaloin* (Mit nackten Füßen, 1928), vor allem aber für den Band mit dem programmatischen Titel *Uni ja kuolema* (Traum und Tod, 1931).

Als der in formaler Hinsicht flexibelste Dichter dieser zaghaft moderne Schreibweisen erprobenden Generation variierte P. Mustapää seinen im Prinzip freien Vers, wobei er immer wieder metrische Elemente aufnahm. Am weitesten aber treibt Aaro Hellaakoski die Modernisierung der Gedichtsprache voran. In seinem ersten Band *Runoja* (Gedichte, 1916) beschränkt er sich noch darauf, umgangssprachliche Wendungen und vermeintlich profane Motive in metrische Texte zu integrieren, *Jääpeili* (1928; Auf der Karte Europas ein Fleck, 1991) jedoch weist als einziges Werk jener Zeit Gedichte auf, in denen stellenweise die Syntax aufgelöst wird und wo dem Einzelwort gegenüber dem Satz- oder Verszusammenhang das Primat eingeräumt wird. In verhaltener Form experimentiert Hellaakoski dabei auch mit visuellen Gestaltungsmitteln.

Die Generation der »Feuerträger« forderte Offenheit gegenüber internationalen kulturellen Phänomenen und sie forderte zusehends Aufgeschlossenheit für die Dynamik der Gegenwart. Als weiteres Schlagwort kann dafür der Titel einer 1929 erschienen Essaysammlung von Olavi Paavolainen gelten: *Nykyaikaa etsimässä* (Auf der Suche nach der Gegenwart). Tatsächlich findet man nun auf Buchumschlägen futuristisch anmutende Bilder, die Hochhäuser, Fabrikschlote und Baukräne zeigen, die Zeitschrift *Tulenkantajat* bringt Beiträge über Erscheinungen der Populärkultur, und Mika Waltaris Roman *Suuri illusioni* (Die große Illusion, 1928) beschreibt sogar in einiger Ausführlichkeit ein Fußballspiel. Überhaupt bringt dieser Roman erstmals urbanes Bewusstsein mit durchweg positiver Konnotation zum Ausdruck, was beim jungen Publikum Ende der 20er Jahre großen Anklang fand.

Literarisches Leben in konservativem Klima

In den 20er Jahren wuchs das literarische Leben Finnlands in der Breite. Der große Aufschwung der Trivialliteratur fällt in diese Periode, er ging einher mit einem Aufschwung des gesamten Verlagswesens, der u.a. die Diversifizierung des Buchmarktes in die Segmente Belletristik, Sachbuch, Trivial- und Kriminalliteratur, Kinder- und Jugendbuch vorantrieb. Daneben blühte das literarische Leben in zahlreichen Literaturzeitschriften. Das alles geschah – z.T. paradoxerweise – in einem gesellschaftlichen Klima, das nach dem Sieg der Weißen im Bürgerkrieg durch eine bürgerlich-konservative Ideologie bestimmt war. Deren zentralen Werte waren staatliche Selbständigkeit, nationale Einheit und finnisches Nationalbewusstsein, einschließlich beharrlichen Festhaltens an der agrarischen Tradition und kirchlichen Moralvorstellungen. Wer Kritik an diesen tragenden Säulen der Ideologie zu üben wagte, riskierte es, marginalisiert zu werden.

So erging es Pentti Haanpää, der in seinen Erzählungen aus dem Band *Kenttä ja kasarmi* (Gelände und Kaserne, 1928) die unantastbare Institution des Militärs ins Visier nahm, indem er aufzeigte, wie deren hierarchische Organisation in den beteiligten Menschen den Sadismus hervor kehrte, unter dem andere wiederum entsprechend zu leiden hatten. Als er sich in den 30er Jahren erzählerisch mit den Auswirkungen der um sich greifenden Wirtschaftskrise auseinandersetzte, wurde er zu einer Geldstrafe verurteilt und fortan von allen bürgerlichen Verlagen boykottiert. Einige seiner bedeutendsten Werke konnten daher erst in den 50er Jahren, nach seinem Tod, erscheinen. Haanpää erteilte jeglichen kollektiven Vorstellungen und Ansprüchen eine konsequente Absage, indem er die Individualität über alle ideologischen Vorgaben erhob und diese damit grundsätzlich in Frage stellte.

Pentti Haanpää

Der Aufschwung der Rechten in mehreren Ländern Europas stärkte auch den konservativen Kräften Finnlands den Rücken. Im Gegenzug bildeten 1936 linksorientierte Autoren die Gruppe *Kiila* (Der Keil), sie traten für gesellschaftskritische Schreibweisen ein und engagierten sich u.a. für die Förderung von sogenannter Arbeiterdichtung. Dieser Ansatz wurde von den christlich-konservativen Vertretern in einer heftigen, in mehreren Printmedien ausgetragenen Debatte zurückgewiesen. Als erklärtes Feindbild der Linken fungierte der einflussreiche Kritiker und Schriftsteller V.A. Koskenniemi. Dieser hatte schon in seinem Frühwerk europäische Metren zur Anwendung gebracht und sich als Vertreter eines Neoklassizismus zu erkennen gegeben, der auf Antike Muster zurückgriff, um zu zeigen, dass Finnland als Teil des gesamteuropäischen Kulturerbes betrachtet werden konnte. Im Bürgerkrieg hatte Koskenniemi einem weißen Exekutionskomitee angehört, und in den 30er Jahren beschränkte sich seine Affinität zu Deutschland nicht auf Goethe, über den er ein Buch schrieb, sondern reichte bis zum Sympathisieren mit nationalsozialistischem Gedankengut, was ihm den stellvertretenden Vorsitz des von Goebbels initiierten Europäischen Schriftstellerverbandes einbrachte.

In den 1930er Jahren gedieh Literatur in Finnland jedoch keineswegs ausschließlich im Spannungsfeld der sich zuspitzenden politischen und wirtschaftlichen Krise. Das herausragende Beispiel dafür bietet eine Trilogie von Volter Kilpi, besonders dessen erster Teil, der Roman *Alastalon salissa* (Im Saal des Hofes Alastalo, 1933), in dem auf über 900 Seiten die Ereignisse von sechs Stunden eines Tages wiedergegeben werden, hauptsächlich die Verhandlungen von Hofbesitzern über die Gründung einer Schiffsbaugesellschaft. Der Roman spielt im Jahr 1860; Kilpi entzieht sich gewissermaßen

Volter Kilpi

aktueller Brisanz, um ein sprachliches Kunstwerk aus inneren Monologen und langen mäandernden Sätzen zu konstruieren, ein mehrdimensionales Panorama, das historischen Umständen, sozialen Zusammenhängen und der Individualität der beteiligten Personen zugleich Rechnung trägt. Die moderne Verfahrensweise der Kontrastierung von inneren Monologen erweist sich als adäquates Mittel zur Darstellung jenes Prozesses, der vollzogen werden muss, wenn Menschen mit unterschiedlichen Interessen ein gemeinsames Projekt bewerkstelligen wollen. Zugleich bildet Kilpis Text einen mit ästhetischer Konsequenz ausgeführten Gegenentwurf zu jeder Form von simplifizierender Wirklichkeitsdarstellung, wie sie einigen seiner Zeitgenossen, gerade aus politischer Motivation heraus, nur allzu leicht von der Hand ging.

Von der Etablierung des Modernismus zur literarischen Pluralität

Krieg und Literatur

Als Sillanpää im Dezember 1939 nach Stockholm reiste, um den Nobelpreis für Literatur in Empfang zu nehmen, war bereits der sogenannte »Winterkrieg« ausgebrochen, in dessen Folge Finnland weite Gebiete an die Sowjetunion abtreten musste, darunter Viipuri auf der Karelischen Landenge, die zweitgrößte Stadt des Landes, was wiederum zu großen Umsiedlungen führte. Der etwa hunderttägige Winterkrieg, der ein Jahr später folgende, in politischer Hinsicht äußerst problematische sogenannte »Fortsetzungskrieg« an der Seite Deutschlands (1941–44) und die anschließende Vertreibung der deutschen Truppen aus Lappland werden in Finnland noch heute eher als nationale Tragödie und weniger als Teil eines die ganze Welt erschütternden Krieges gesehen. Bezüge zum Holocaust werden nicht hergestellt, Fragen nach Schuld und der Dialektik der Aufklärung sind weitgehend ausgeblieben – auch in der Literatur, obwohl die Kriegsereignisse bis in die Gegenwart hinein ein Dauerthema der finnischen Literatur darstellen, dem sich bedeutende Autoren wie Paavo Rintala, Eeva Kilpi oder Antti Tuuri angenommen haben.

Mika Waltaris Eskapismus

Während des Krieges und in den Jahren danach lief die Buchproduktion, trotz allgemeinen Mangels, auf Hochtouren. In hohen Auflagen wurden Berichte über Kriegserfahrungen und Heimkehrergeschichten publiziert. Zu einem der größten Erfolge in den Umbruchjahren nach dem Krieg avancierte zunächst jedoch ein historischer Roman, der mit den traumatischen Ereignissen überhaupt nichts zu tun hatte. *Sinuhe, egyptiläinen* (1945; Sinuhe der Ägypter, 1948) von Mika Waltari spielt in der Jahrtausende zurückliegenden ägyptischen Vergangenheit und erzählt die Geschichte eines moralisch integren Arztes inmitten historisch-politischer Wirren. Waltari war bereits vor dem Krieg mit historischen Romanen in Erscheinung getreten, die bis heute stärker wahrgenommen werden als seine literarisch interessanteren Novellen. Mit seinem Sinuhe-Roman, der in Hollywood verfilmt und in viele Sprachen übersetzt wurde, gelang ihm ein Beispiel für gekonnt durchgeführten Eskapismus.

Waltari bot einen detailreichen aber sprachlich biederen Realismus. Einer vergleichbaren Erzähltechnik, jedoch ohne in das Fahrwasser literarischer

Trivialität zu geraten, bediente sich wenige Jahre später Väinö Linna in seinem Roman *Tuntematon sotilas* (1954; Kreuze in Karelien, 1955). In der Manier von Remarques *Im Westen nichts Neues* schildert Linna, wie eine Gruppe einfacher finnischer Soldaten durch den Krieg kommt. Sein Buch wurde zu einem enormen Erfolg, da es wie ein großes nationales Integrationsprojekt angelegt war. Linna knüpfte an Aleksis Kivis *Seitsemän veljestä* an, indem er einen Kollektivroman mit unterschiedlichen Typen schrieb, die jeweils einen anderen Dialekt sprechen, unterschiedliche Verhaltensweisen an den Tag legen und somit das gesamte Land repräsentieren, aber auch indem er, wie Kivi, den einfachen Männern große Redegewandtheit zuschreibt. Das schafft Identifikationsmöglichkeiten. Hinzu kommt, dass der Autor sein Augenmerk darauf richtet, wie die einzelnen Männer den konkreten Herausforderungen des Krieges begegnen und welches Schicksal sie erleiden. Analytische Erwägungen und Problematisierungen in politischer Hinsicht finden nicht statt. Linna schuf, unterstützt durch Verfilmungen und zahlreiche Neuauflagen, eine Grundlage für das Bild vom isolierten Krieg der Finnen, das noch heute populär ist.

Ein Kriegsroman als nationales Integrationsprojekt

In seiner folgenden Romantrilogie *Täällä Pohjantähden alla* (Hier unter dem Polarstern, 1959–62) nimmt sich Linna einer weiteren nationalen Tragödie, nämlich des Bürgerkriegs von 1918 an. Wieder blickt er auf das Schicksal der kleinen Leute, gibt sich nun allerdings dezidiert als Deuter von Geschichte zu erkennen, was teilweise Widerspruch bei Historikern weckte. Seiner traditionellen realistischen Schreibweise bleibt Linna treu. Eine solche Darstellungsform birgt jedoch ein Problem, wenn es um die Beschreibung von Krieg, Unmenschlichkeit, massenhaftem Töten geht. Die kausalen Verkettungen, der systematische Aufbau des realistischen Erzählens schafft Einheiten mit Anfang und Ende und klarem Verlauf, die Sinnlosigkeit und Vernichtungskraft des Krieges nicht deutlich zu machen vermögen. Dazu braucht es andere Darstellungsmittel.

Väinö Linna (1963)

Zeitgleich mit Linna zeigt Veijo Meri, wie diesem Problem mit modernen Erzählmitteln Rechnung getragen werden kann, ja wie sich die Kriegsthematik geradezu in besonderem Maße eignet, neue Erzählverfahren zu legitimieren. In den Erzählungen seiner Debütsammlung aus dem Jahr 1954, insbesondere aber in seinem Roman *Manillaköysi* (1957; Das Manilaseil, 1964) macht Meri die Absurdität des Krieges an sich augenfällig und spricht ihm zugleich jede Eignung zur kollektiven Sinnstiftung ab. Sein Held Joose Keppilä findet auf der Straße ein Seil. Erfreut, im Krieg endlich etwas Nützlichem zu begegnen, lässt er es sich um den Leib schlingen, um es im Fronturlaub seiner Frau als Wäscheleine mitzubringen. Auf der Zugfahrt nach Hause hört er allerlei Geschichten von anderen Soldaten, groteske, grausame, unglaubwürdige Erzählungen vom Krieg. Diese Binnenerzählungen machen den Großteil des Romans aus, der Hauptstrang mit dem Helden Joose Keppilä reiht sich in die Reihe dieser absurden Geschichten ein. Als Joose sein Ziel erreicht, wird er von dem eng geschnürten Seil ohnmächtig, seine Frau muss ihm den kostbaren Fund vom Leib schneiden. Als Wäscheleine taugt das Seil nun nicht mehr, womit die gesamte Reise sinnlos geworden ist. Die Struktur von *Manillaköysi* wird für Meris gesamte Prosa und Dramatik Stil bildend. Viele kleine Geschichten treten an die Stelle der einen großen, Sinn stiftenden Erzählung. Und statt kausaler Logik oder ideologischer Folgerichtigkeit prägt der Zufall den Gang der Ereignisse.

Neue Erzählverfahren

Der Krieg erscheint in der finnischen Literatur nicht als große Zäsur. Das Land war nicht besetzt worden, es hatte seine Staatsform erhalten können, und die Erfahrung, dem übermächtigen Feind Stand gehalten zu haben, vermochte sogar integrierend zu wirken. Daher finden sich in der Literatur der unmittelbaren Nachkriegszeit kaum Texte, die im Empfinden des Wertevakuums einer Stunde Null neu mit einer sprachlichen Inventur einsetzen. Die Ausnahme bildet ein von der Literaturgeschichtsschreibung notorisch unterschätzter, aber signifikanter Text von Lassi Nummi mit dem Titel *Maisema* (Landschaft, 1949). Nummi bedient sich in seinem schmalen Roman einer Erzählweise, die konsequent an die Wahrnehmung des Protagonisten gebunden ist, eines Fallschirmjägers, der irgendwo hinter den Linien landet und nun herausfinden muss, wo er sich überhaupt befindet. Sein langsames, tastendes Erschließen der Realität wird zur Metapher für menschliche Befindlichkeit nach einer gewaltigen Zäsur. Mit seiner Technik des sukzessiven Erfassens bewegt sich Nummi dicht an den avancierten Schreibweisen des französischen *nouveau roman*. In der Folgezeit ist der Autor vor allem als Lyriker in Erscheinung getreten, er gehört jedoch nicht zu denjenigen, die der Gattung zum Anschluss an den internationalen Prozess der modernen Poesie verholfen haben.

Der Nachkriegsmodernismus in der Lyrik

Jenes Spektrum an Schreibweisen, das man heute als finnischen Modernismus bezeichnet, setzte sich erst in den 50er Jahren durch, als Autoren wie Paavo Haavikko, Eeva-Liisa Manner, Tuomas Anhava und Mirkka Rekola auf den Plan traten und mit der Eigenwilligkeit ihrer Texte alle Fragen nach überkommenen Konventionen obsolet erscheinen ließen. Zuvor hatten einige Dichterinnen in einer Art Zwischenphase unmittelbar nach dem Krieg die Voraussetzungen geschaffen. Stellvertretend dafür mag die erste Gedichtsammlung von Aila Meriluoto stehen. Der Band mit dem Titel *Lasimaalaus* (Glasmalerei, 1946) verkaufte sich in einer Auflage von 30000 Exemplaren, er wurde als konstruktive Auseinandersetzung mit der konkreten historischen Situation und dem geistigen Klima gelesen, die eine Brücke schlug vom Gefühl existentieller Beklemmung zu einem neuen Anfang durch eine neue Generation. Die behutsame gedankliche Bewegung auf einen Neubeginn zu ging mit ebenso vorsichtigen sprachlichen und formalen Neuerungen einher. Ähnliches gilt für Eila Kivikk'aho, die sich in ihrem Gedichtband *Niityltä pois* (Von der Wiese fort, 1951) für den Übergang zum freien Vers der japanischen Tanka-Form bediente. Im selben Jahr erschien mit dem Debüt von Paavo Haavikko eine Sammlung von Gedichten, die sich in keiner Weise mehr den überkommenen Traditionen verpflichtet fühlten. *Tiet etäisyyksiin* (Wege in die Ferne; Gedichte, 1973) gilt als das bahnbrechende Werk des finnischen Nachkriegsmodernismus, da es in völlig freien Versen unkonventionelle Visionen höchst individueller Prägung ins Wort setzt.

Charakteristisch für die Dichtung des Nachkriegsmodernismus ist ihr freier Umgang mit der Syntax, ohne diese jedoch energisch zu untergraben oder gar aufzuspalten. Die Autoren des Modernismus repräsentieren keine radikale Avantgarde. Ihre formalen Neuerungen sind von nachhaltiger Wirkung gewesen, als revolutionär kann man sie kaum bezeichnen. Sie verwarfen jedoch die traditionelle Rhetorik der Lyrik und richteten ihr Hauptaugenmerk auf die Erneuerung und Erweiterung der Bildsprache. In unverkennbarer Anlehnung an das von Ezra Pound schon 1913 propagierte, auf rationaler wie emotionaler Ebene wirkende *image* insistierten sie auf der Autonomie und der Individualität des poetischen Bildes, auf der vollgültigen Erkenntnisfähigkeit des Gedichts. Lyrik sollte zum Ausdruck bringen, was sich anders nicht formulieren ließ, ihr Erkenntnischarakter in der Auseinandersetzung

Erweiterung der Bildsprache

mit der Wirklichkeit sollte durch unablässige poetologische Reflexion untermauert werden.

Der finnische Modernismus bildet ein Parallelphänomen zur Lyrik der 50er Jahre in Norwegen, auch Affinitäten zur Entwicklung der schwedischen Lyrik seit den 40er Jahren mögen erkennbar sein. Größere Bedeutung dürfte jedoch Übersetzungen aus dem Englischen zukommen, insbesondere der Herausgabe der Werke von T.S. Eliot (1949), ein Jahr nach dessen Auszeichnung mit dem Nobelpreis. Zumindest Haavikkos Gedichte zeigen einen ähnlichen Zugriff auf Geschichte, den Eliot in seinen prominenten Texten erprobt. Mit archaisch anmutenden und historisierenden Bildern stellt Haavikko Entfremdung her, signalisiert also eine Abkehr von der simplen Abbildfunktion des Gedichts. Beispielhaft dafür mag ein Text aus dem Jahr 1955 in der Übersetzung von Gisbert Jänicke stehen:

> Im Traum eine goldene Schale, im Traum ein offener Himmel, die
> Schalen aus Gold.
> Die Männer des Königs banden uns mit den Füßen an die Wipfel,
> bogen die Bäume herab.
>
> Das Grün in den Bäumen schlägt in Haß aus, wir hassen die
> Unsterblichkeit, der Himmel zerreißt.
> Das Grün in uns grünt, wir steigen auf an den Rand des Himmels,
> der Himmel beweint uns.
>
> Wir waren die Bogenschützen des Königs, wir sind die Blätter am
> Baum, die Blätter berühren den
> Himmel.
> Wir haben nicht das Gewicht eines Königssargs, wir steigen, die
> Bäume steigen ins Rot.

In vielen seiner frühen Gedichte entwirft Haavikko Szenarien, in denen Machtstrukturen zum Ausdruck kommen, die er wiederum mit der Willkür des Dichters in Zusammenhang bringt. Besonders eindrucksvoll gelingt ihm das in seinem Gedichtzyklus *Talvipalatsi* (1959; Die Nacht bleibt nicht stehen, 1986), in dem man den Höhepunkt seines Frühwerks und des Modernismus zugleich sehen kann.

Endgültig etabliert hat sich die neue Schreibweise mit dem Gedichtband *Tämä matka* (Diese Reise, 1956) von Eeva-Liisa Manner, der nicht nur von der Kritik, sondern auch vom breiten Publikum zustimmend aufgenommen wurde. Manners Gedichte artikulierten einen hohen sprachlichen Anspruch wie die Haavikkos, waren aber leichter zugänglich, da sich ihre individuelle Bildgestaltung häufig an Naturerfahrungen und an nachvollziehbaren Gefühlslagen entzündeten:

Etablierung der neuen Schreibweise

> Miten yksinäisyys minusta leviää,
> pensaat kuolevat pois,
> puut pakenevat ja näädät, ja näädät.
> Yön kylmyys sirrtyy hitaasti kauemmaksi
> kuin jäätikon reuna
> ja peittää pienet ruumiit.
> Puut ulkopuolella tyhjyyttä kannattavat,
> yksinäisyys
> niin kuin kivi puulta puulle siirtyy.
>
> Äärettömyyttä
>
> ja lunta.

(Wie die Einsamkeit von mir her sich ausbreitet, / die Büsche sterben hinweg, / die Bäume fliehen und die Marder, die Marder. / Die Kälte der Nacht rückt langsam weiter / wie der Rand eines Gletschers / und deckt die kleinen Leiber. / Die Bäume außerhalb tragen die Leere, / die Einsamkeit / rückt wie ein Stein von Baum zu Baum. // Endlosigkeit // und Schnee.)

Moderne Varianten der Prosa

Wie in der Lyrik führten die Neuerungen in der Prosa nicht zu radikalen Brüchen, sondern zu signifikanten Akzentverschiebungen. Die Schreibweise blieb transparent und somit zugänglich, aber Konzepte wie das vom allwissenden Erzähler wurden verabschiedet und das Primat der zusammenhängenden Handlung gebrochen. Die Aufzeichnung von Bewegungen und Abläufen und die Kombination kleinerer episodischer Einheiten lösten psychologisierende Personendarstellungen und große Erzählzusammenhänge ab. In Einzelfällen wurden gar multipersonale Entwürfe riskiert, so in Jorma Korpelas Roman *Tohtori Finckelman* (Doktor Finckelman, 1952), dessen Hauptfigur verschiedene Formen des Daseins durchläuft – ein Fall von spielerischem Existenzialismus, der in parodistischer Manier psychologische Bestimmungen verwirft.

Umschlag von Antti Hyrys *Maantieltä hän lähti* (1962)

Wo keine einheitlichen, geschlossenen, kausal verketteten Wirklichkeitszusammenhänge mehr unterstellt wurden, konnten solche auch nicht mehr mit den Mitteln des Realismus fiktionalisiert werden. Beispiele für den modernen erzählerischen Relativismus bieten neben den Werken von Veijo Meri und einigen Prosastücken von Paavo Haavikko vor allem die Prosa von Antti Hyry und Marja-Liisa Vartio. Hyrys Texte verzichten auf jede Konstruktion übergeordneter Zusammenhänge. Der Erzähler tritt vollkommen hinter die Wahrnehmung seiner Figuren zurück, die sich bevorzugt auf konkrete Details richtet und nur selten zu gedanklichen Abstraktionen führt. Erzählungen wie in dem Band *Junamatkan kuvaus* (1962; Erzählungen, 1983) wirken daher wie Aufzeichnungen von choreographischen Abläufen und dem Erfassen alltäglicher Einzelheiten. Unter dieser Oberfläche wird jedoch ein existentielles Vibrieren spürbar. Mit noch höherer Intensität tritt es in den Romanen und Erzählungen von Marja-Liisa Vartio zu Tage. Vartio setzt die moderne Erzähltechnik ein, um mit unterschwelligem Nachdruck zu vermitteln, welche spannungsreichen Beziehungen sich zwischen Menschen bilden. In Romanen wie *Se on sitten kevät* (Es ist also Frühling, 1957) oder *Hänen olivat linnut* (Sein waren die Vögel, 1967) muss sie nicht erklären, was zwei Personen verbindet oder trennt. Es genügt, sie in ihrem Handeln zu zeigen. Die Deutungshoheit ist hier vom Erzähler zum Leser übergegangen.

Erzählerischer Relativismus

Explizite metafiktive Skepsis an der Fähigkeit von Literatur, Wirklichkeit zu erfassen, wird in den Prosawerken des finnischen Modernismus kaum geäußert. Eine Ausnahme bildet die frühe Prosa von Pentti Holappa, wo, wie in den Erzählungen des Bandes *Muodonmuutoksia* (Metamorphosen, 1959), einem Erzählentwurf bisweilen ein möglicher anderer entgegen gehalten wird.

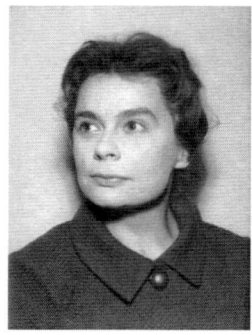

Marja-Liisa Vartio (1958)

Verzweigungen und Wandlungen des Modernismus

Das Insistieren des Modernismus auf dem Eigenwert und der Autonomie des literarischen Werks kommt dem Versuch einer Befreiung der Literatur von nationalen Aufgaben gleich, bedeutet aber auch den Verzicht auf den Anspruch gesellschaftlicher und politischer Relevanz. Schon in den 60er Jahren stieß diese Position auf Widerspruch, von einer darauf folgenden Ablösung des Modernismus kann jedoch nicht die Rede sein. Dessen literarische Gestaltungsweisen fanden noch lange Anwendung, nicht nur weil die Protagonisten der modernen Erneuerung weiter schrieben. Eher könnte man von einer Auffächerung des Modernismus sprechen, von einem Weiterspinnen der Möglichkeiten, die durch die errungene Autonomie der Literatur entstanden waren sowie von einer Ergänzung um gesellschaftlich relevante, kommunikative Dynamiken.

Diese Entwicklung lässt sich im Werk von Pentti Saarikoski nachvollziehen, der 1958 im Geiste der modernistischen Lyrik debütierte, bald aber die Fertigung poetischer Preziosen aufgab und zu einer Form der Poesie überging, die beweglicher war und sich ausdrücklich der Wirklichkeit zuwandte. Programmatisch nimmt sich der Titel des Gedichtbandes aus, der erstmals mit heterogenen Texten aufwartet, in denen alle stilistischen Ebenen ihren Platz haben, auch die normale Umgangssprache: *Mitä tapahtuu todella?* (Was geschieht wirklich?, 1962). Saarikoski akzentuierte den kommunikativen Impetus der Literatur, er suchte den Dialog mit den Lesern, indem er ihre Alltagserfahrung und ihre Sprache ernst nahm. Zugleich warf Saarikoski, der u. a. die *Odyssee*, aber auch den *Ulysses* von Joyce übersetzt hatte, Anker in der griechischen Antike aus. Bis in sein collagenhaftes Spätwerk hinein oszilliert seine Lyrik zwischen alltäglicher Erfahrung, politischem Kommentar und Aktivierung antiker Bezüge.

Pentti Saarikoski

Politik, Provinz und sexuelle Freiheit

In den 60er und 70er Jahren sind in der finnischen Literatur im Grunde all jene Tendenzen zu erkennen, die auch die anderen europäischen Literaturen prägen. Eine einheitliche Linie ist schwer auszumachen, doch stärker als je zuvor spiegeln sich gesellschaftliche und politische Entwicklungen in literarischen Werken, die von ihren Verfassern auch als Teil dieser Prozesse verstanden werden. Das Aufbegehren der jungen Generation gegen überkommene bürgerliche Moralvorstellungen und religiösen Puritanismus, das Einfordern individueller Freiheit in einem auf Vereinheitlichung hin orientierten Wohlfahrtsstaat, sexuelle Befreiung, Emanzipation der Frau, politisches Engagement, getragen von einer Affinität für den Sozialismus sowie eine neue Auseinandersetzung mit der jüngeren Vergangenheit, vor allem mit der Rolle der Elterngeneration während des Krieges – all das findet Eingang in die Literatur. Außerdem wird das Theater in Finnland von einer Welle der Politisierung erfasst.

Geradezu paradigmatisch stellt sich vor diesem Hintergrund das Werk von Hannu Salama dar. Sein Roman *Juhannustanssit* (1964; Mittsommertanz, 1966) erlangte Berühmtheit, weil der Autor dafür wegen Blasphemie zu einer Bewährungsstrafe verurteilt wurde. Der Anlass war die spöttische Rede einer Romanfigur, in der Jesus mit sexuellen Handlungen in Verbindung gebracht wurde. Der Literatur war es hier noch einmal gelungen, ein Tabu zu brechen, zumindest einen Stachel ins Fleisch der bürgerlichen Moral zu setzen. In späteren Romanen lässt Salama Schriftsteller als Protagonisten auftreten, die vom Rand aus ihren unerbittlichen Blick auf die Gesellschaft richten und konstatieren, wie alle ethischen Richtlinien sich zugunsten niederer Motive auflösen. Zwischen 1976 und 1984 versuchte Salama dies gar in einer komplexen Gesellschaftsanalyse in Form von sechs ineinander greifenden Romanen zu illustrieren. Wie total sein Anspruch war, belegt der Titel der 1984 erschienen Neuausgabe in einem Band: *Finlandia-sarja* (Der Fin-

Hannu Salama

Blick auf die Gesellschaft

landia-Zyklus). Eine ähnliche literarische Hybris hatte Jahre zuvor Marko Tapio mit einem – allerdings unvollendet gebliebenen – Romanzyklus an den Tag gelegt, der sich unter dem Titel *Arktinen hysteria* (Arktische Hysterie, 1967–68) an der Psychoanalyse einer ganzen Nation versuchte. Bescheidener im Zugriff, jedoch effektiv im Resultat, nehmen sich dagegen die Kriminalromane von Matti Yrjänä Joensuu aus, die seit 1976 mit literarischem Anspruch analytische Tiefenbohrungen an verschiedenen Stellen der Gesellschaft vornehmen.

Auch außerhalb des Krimi-Genres blühte in den 70er Jahren der Realismus. Seine prominentesten und erfolgreichsten Vertreter artikulierten sich bevorzugt in groß angelegten Romanfolgen, mit dem ehrgeizigen Anspruch, historische Entwicklung, soziale Zusammenhänge und die Geschichte einer oder mehrerer Familien in einem epischen Panorama anschaulich zu machen. Eeva Joenpelto bedient sich dabei einer auktorialen Erzählweise, die an den europäischen Realismus des 19. Jh. erinnert, Kalle Päätalo wiederum verlegt sich auf einen systematischen Detailrealismus, der noch die geringste Einzelheit ernst nimmt, sofern sie zur Erfahrungswirklichkeit des menschlichen Daseins gehört. Beide Autoren siedeln ihre Erzählungen übrigens außerhalb urbaner Zusammenhänge an und repräsentieren damit auch eine konstruktive Variante von Provinzliteratur, die nicht viel zu tun hat mit einem Werk wie *Maa on syntinen laulu* (Die Welt ist ein sündiges Lied, 1964) von Timo K. Mukka, in dem vor allem die Beklemmung provinzieller und weltanschaulich-religiöser Enge und die fatalen Folgen unterdrückter Sexualität zum Ausdruck kommt. Dieser Roman und seine Verfilmung durch Rauni Mollberg (1973) mag stellvertretend stehen für vergleichbare Texte und Filme der 60er und 70er Jahre, die existentialistische Ereignislosigkeit und Depression schildern, in die plötzlich die Kraft der Sexualität oder der Gewalt einbricht.

Nahezu alle künstlerischen Auseinandersetzungen mit der sexuellen Identität stammen in dieser Periode von Männern. Zu den wenigen Autorinnen, die weibliche Körperlichkeit und Sexualität zum Tabu brechenden Thema machten, gehörte Eeva Kilpi, deren erotisch aufgeladener Roman *Tamara* (1972; Tamara, 1974) die übliche, auf eine männliche Hauptfigur zentrierte literarische Konstellation und zugleich das übliche Rollenschema umkehrt, indem er die außerehelichen sexuellen Aktivitäten einer Frau zeigt, die mit einem impotenten Theoretiker zusammenlebt. Die entscheidende Geste des Textes besteht darin, die Protagonistin von jedem Schuldgefühl freizuhalten und stattdessen die Regeln des bürgerlichen Anstands als unmoralisch zu entlarven.

Gedichtbände von nachhaltiger Wirkung

In sprachlicher Hinsicht stellen sich die 60er und 70er Jahre als eine nicht all zu innovative Periode dar, die im Bereich der Prosa weniger originelle Schreibweisen hervorgebracht hat als in der Lyrik, wo sich immerhin eine weite Auffächerung der Sprechweisen vollzog. Überdies erschienen einige bedeutende Gedichtbände von nachhaltiger Wirkung, die sich keinen zeittypischen Strömungen zuordnen lassen. Hier müssen die Sammlungen *Puut, kaikki heidän vihreytensä* (Die Bäume, all ihr Grün, 1966) von Paavo Haavikko und *Fahrenheit 121* (1968) von Eeva-Liisa Manner, aber auch *Ilo ja epäsymmetria* (Freude und Asymmetrie, 1965) von Mirkka Rekola genannt werden. Rekola hatte 1954 im Geiste des Modernismus debütiert und seitdem eine höchst originelle, die Möglichkeiten der finnischen Sprache aufs Äußerste ausreizende, auf der Grenze zum Unsagbaren balancierende poetische Ausdrucksform entwickelt, in der körperliche und sprachliche Identität nicht zu trennen sind. Wohl nicht zuletzt da sie ihre Gedichte von allem Plakativen, also auch von zeittypischen Schlagworten freihielt, wurde Rekolas

Lyrik lange nicht die gebührende Aufmerksamkeit zuteil. Erst in den 90er Jahren wurde sie von jungen Dichtern wieder entdeckt und zu einem der großen Vorbilder erhoben.

Zu dem breiten Spektrum in der Poesie der 70er Jahre trugen außerdem zahlreiche neue Stimmen bei. Bei Jarkko Laine finden sich anfangs starke Anklänge an die amerikanische Beat-Poetry, Risto Rasa steht für eine reduzierte, naivistische Naturdichtung, Sirkka Turkka, Risto Ahti und Pentti Saaritsa für eine frei reflektierende Lyrik, die Intimität mit Welt- und Geschichtshaltigkeit zu verbinden weiß.

Das literarische Leben im heutigen Finnland

Im ausgehenden 20. Jh. bewirken nicht zuletzt günstige institutionelle Voraussetzungen eine Potenzierung der literarischen Vielfalt. Ein weit gespanntes und feinmaschiges Netz von eifrig genutzten Bibliotheken und ein ausgeklügeltes Förderungssystem, in dem neben projektgebundenen Zahlungen auch staatliche Stipendien bis zu fünf Jahren an Autoren vergeben werden, sind zentrale Faktoren des literarischen Lebens. Als ausgesprochen lebhaft erweist sich auch der Buchmarkt mit einer ständig wachsenden Zahl von Neuerscheinungen und zunehmender Diversifizierung, bei der zusehends kleinere Verlage neben den Branchenführern an Profil gewinnen. Zu einem beträchtlichen Marktfaktor ist dabei das Segment Kinder- und Jugendbuch geworden, das seit dem Krieg neben Tove Janssons *Mumin*-Büchern relativ wenige nationale Klassiker in finnischer Sprache hervorgebracht hat, jedoch enorm in die Breite gewachsen ist.

Auch das Theater hat seit Mitte der 70er Jahre neuen Aufschwung bekommen, dank experimentierfreudiger privater Bühnen und schillernder Figuren wie Jouko Turkka, die mit eigenen Stücken und phantasievollen Neuinszenierungen von Klassikern frischen Wind in die staatlichen und städtischen Häuser brachten.

Pluralität und Transparenz

In der Belletristik beginnt mit den 80er Jahren eine Phase der Pluralität. Erst jetzt kann man von postmoderner Stimmenvielfalt sprechen. Die Lyrik artikuliert sich in vielfältigen, individuellen Sprechweisen, einheitliche Linien lassen sich kaum noch konstruieren. Allerdings scheint der finnischen Poesie die allzu starke Abstraktion nach wie vor fremd zu sein. Die Gedichte sehr verschiedener Autoren weisen eine starke Gebundenheit an das konkret Erfahrbare auf. Sie entzünden sich am Inventar der sinnlich wahrnehmbaren Welt und setzen von daher ihre Bildfolgen in Gang – mal in meditativer Bewegung wie bei Jouni Inkala, mal in jähen Gedankensprüngen wie bei Anni Sumari. Auch wenn sich nun ein gesteigertes Bewusstsein für das sprachliche Material artikuliert, führt das bei semiotisch interessierten Dichtern wie Lauri Otonkoski oder Helena Sinervo nicht zu so sprachexperimentellen Texten, wie sie von finnlandschwedischen Dichterinnen der selben Generation geschrieben werden.

Gebundenheit an das konkret Erfahrbare

Nach wie vor ist sprachliche Transparenz und damit Zugänglichkeit ein Charakteristikum der finnischen Literatur. Das mag sich durchaus auf jene Tradition seit Agricola zurückführen lassen, nach der sich die finnischsprachige Literatur an das Volk richtet und nicht an die Elite. Dementsprechend trifft man in der finnischen Literatur kaum auf einen elitären Gestus. Und das wiederum bedeutet, dass die finnische Literatur auch in postmodernen

Zeiten nicht experimentierfreudig ist. Die wenigen Ausnahmen stammen z. B. von Matti Pulkkinen, dessen Roman *Romaanihenkilön kuolema* (Der Tod der Romanfigur, 1985) den Erzählfluss programmatisch autoreflexiv bricht, oder von Kari Aronpuro, der seine Lyrik als semiotisches Zusammenspiel heterogener Zeichen versteht.

Produktive Kombination aus Realismus und Modernismus

In der Prosa lebt bei vielen Autoren das Erbe von Realismus und Modernismus weiter, häufig in produktiver Kombiniation. So setzt Antti Tuuri eine moderne, subjektive Erzählperspektive ein, um ein episches Interesse im Stile realistischer Romane einzulösen, wenn er mit groß angelegten, mehrbändigen Zyklen die Konstanten von Mentalität und Lebensbewältigung in Ostbottnien in synchronen und diachronen Erzählbögen zu erfassen versucht. Mit konsequent schmuckloser, ökonomischer Erzählweise schreiben Olli Jalonen und Annika Idström ihre Analysen der Medien- und Konsumgesellschaft. Jalonens Interesse ist dabei soziologischer, das von Idström eher psychologischer Natur. Beide lassen starke Skepsis am Verantwortungs- und ethischen Bewusstsein des handelnden Subjekts erkennen. Wo Tuuri auf der Stabilität des gesunden Menschenverstandes insistiert, verzeichnen Jalonen und Idström Deformationen aufgrund von sozialen Anforderungen oder Rollenzuschreibungen. Jalonens Roman *Hotelli eläville* (Hotel für Lebende, 1983) eröffnet zudem eine politische Dimension, indem er die Atmosphäre des Kalten Krieges einfängt. Die Romane *Veljeni Sebastian* (1985; Mein Bruder Sebastian, 1992) oder *Kirjeitä Trinidadiin* (1989; Die Liebe um uns, 1993) von Annika Idström dagegen loten die Problematik familiärer Beziehungen aus.

Weibliche Perspektiven

Erweiterter Literaturbegriff

Noch in den 70er Jahren dominierten männliche Perspektiven die Literatur. In den 80er Jahre aber stammt mehr als die Hälfte der literarischen Debüts von Frauen. Einige davon wirkten wie anti-literarische Sprengkörper, die einem erweiterten Literaturbegriff Raum verschafften. Anja Kauranens fulminanter Debütroman *Sonja O. kävi täällä* (Sonja O. war hier, 1981) zeichnet das Bild einer zeitgemäßen *vierge moderne*, die sich nicht auf eine Rolle festlegen lässt, sondern Madonna und Hure sein kann und in sich auch männliche Anteile zu aktivieren vermag. Das grelle Frauen- und Zeitporträt wirkte nicht zuletzt durch seinen rigorosen Ton und seine unverhüllte Nahsicht auf Sexualität frappierend. Nach wie vor zählt die Autorin zu den prominentesten Vertreterinnen dezidiert weiblicher Literatur. Unter ihrem heutigen Namen Snellman hat sie in dem Roman *Pelon maantiede* (1995; Geografie der Angst, 2001) u. a. neuere Theorien zur weiblichen Aggression fiktionalisiert. Sie repräsentiert damit den hoch reflektierten Feminismus der 90er Jahre.

Pirjo Hassinen schafft in ihren Romanen Konstellationen, in denen wie unter dem Vergrößerungsglas weibliche Indentitätsbildung durch Ablösung von der Mutter und angesichts männlicher Erwartungen scharfe Konturen annimmt. Romane wie *Viimeinen syli* (Die letzte Umarmung, 1998) oder *Jouluvaimo* (2002; Die Samstagsfrau, 2005) überzeichnen gezielt, um vor allem die ungeheure Dynamik weiblichen Begehrens sichtbar werden zu lassen. Mit verhalteneren Mitteln kommen Raija Siekkinen und Leena Krohn aus. Siekkinen verleiht der weiblichen Wahrnehmung mit sprachlichen Differenzierungen im Detail Ausdruck und verzichtet auf große Erzählzusammenhänge. Krohn wiederum entwickelt in ihrer glasklaren Prosa mitunter essayistisch anmutende Denk- und Erzählmodelle, in denen die Konsistenz der

Realität hinterfragt wird, gerade auch angesichts neuer Phänomene wie virtuelle Wirklichkeit und künstliche Intelligenz.

Literarische Anthropologie in eigener Sache

Leena Krohns Poetik lässt sich ebenso schwer kategorisieren wie die ganz und gar gegenläufige von Rosa Liksom. Seit ihrem Debüt mit der Prosasammlung *Yhden yön pysäkki* (Haltestelle für eine Nacht, 1985) richtet sich ihr Interesse auf die Verlierer und Außenseiter der Gesellschaft, allerdings nicht im Sinne sozialkritischer Analysen. Häufig lässt sie ihre Figuren selbst zu Wort kommen und gibt damit Sprachformen Raum, die zuvor nicht als literaturfähig galten. Im Grunde betreibt sie eine Art literarischer Volkskunde, denn sie präsentiert sowohl Angehörige der urbanen Subkultur als auch Bewohner der entlegensten Provinz. In ihrem furiosen, z.T. satirischen Roman *Kreisland* (1996; Crazeland, 1999) durchläuft ihre Hauptfigur gar in einem Parforce-Ritt die großen Ideologien des 20. Jh., um schließlich in die Abgeschiedenheit Lapplands und ein einfaches Leben im Rhythmus der Natur zurückzukehren. Hier klingt ein neues Bewusstsein für die Tatsache an, dass die Finnen eine kulturelle Minderheit in Europa bilden. Einen verwandten Ansatz bietet Hannu Raittila, wenn er in seinem Roman *Canal Grande* (2000; Canal Grande, 2005) einen finnischen Ingenieur in Venedig auf die europäische Kulturtradition stoßen und dabei enorme Differenzen zur eigenen finnischen Prägung erkennen lässt.

Bewusstsein als kulturelle Minderheit in Europa

Auf ganz andere Art betreiben Jari Tervo und Kari Hotakainen spezifisch finnische Anthropologie. Tervos Romane spielen bevorzugt im Norden des Landes und bieten ein *Bestiarium arcticae* der Bewohner der Polarkreisregion. Hotakainen verfolgt eine Poetik des Alltags, indem er zeigt, was die sogenannten einfachen Leute umtreibt, wobei er sein Augenmerk gern auf die Tragikomödien des Familienlebens richtet, vor allem in *Sydänkohtauksia* (1999; Lieblingsszenen, 2001) und dem überaus erfolgreichen, nach einer Straße in Helsinki benannten Roman *Juoksuhaudantie* (2002; Aus dem Leben eines unglücklichen Mannes, 2005). Hotakainen bringt dabei auch Bewegung in die literarische Darstellung von Geschlechterrollen, indem er mit stereotypen Erwartungen spielt. Vor allem weil er seine Figuren mit viel Wortwitz ausstattet, fallen seine Lösungen komischer aus als die von Juha Seppälä, der seine Protagonisten oft mit Schweigen umgibt, wenn sie mit den Anforderungen der Welt und anderer Menschen in Schwierigkeiten geraten. Seppälä schreibt bevorzugt über Männer, ebenso wie Petri Tamminen, der in höchst komprimierter Form, etwa in dem schmalen Roman *Väärä asenne* (2000; Der Eros des Nordens, 2003), die Neurosen und Grotesken des männlichen Daseins im alltäglichen Szenario auf den Punkt bringt.

Kari Hotakainen

Seit den 80er Jahren erweist es sich als schwierig, einen breiten literarischen Mainstream zu definieren. Neben den einschlägigen Bestsellern öffnet sich ein heterogenes Feld von Formen und Themen. Die finnische Literatur erfreut sich dabei höherer Wertschätzung als Übersetzungen aus anderen Sprachen. Nach wie vor wird von Literatur Auskunft über die konkrete finnische Wirklichkeit erwartet. Dementsprechend erscheint das Bewusstsein für die spezifische Lebenssituation an der geographischen und kulturellen Peripherie Europas bei zahlreichen finnischen Autoren noch immer in starker Ausprägung, und viele von ihnen werden dem alten Gebot der anti-elitären, volksnahen sprachlichen Transparenz gerecht. Daneben entstehen allerdings auch Werke, die sich dieser genealogischen Linie nicht zuordnen lassen, sondern eher in Verwandtschaftsverhältnissen mit außerfinnischen literarischen

Phänomenen stehen. Das gilt z.B. für den Künstlerroman *Ystävän muotokuva* (1998; Porträt eines Freundes, 2002) von Pentti Holappa, die neoexistentialistischen Texte von Asko Sahlberg oder für den Roman *Laituri matkalla mereen* (2000; Treibholz im Fluss, 2005) von Daniel Katz, in dem die große europäische Erzähltradition widerhallt.

Bei den finnischen Lesern scheint das Interesse an der genuin finnischen Tradition allerdings nach wie vor besonders lebendig zu sein. Bezeichnend wirkt der große Erfolg einer Prosaversion des *Kalevala*, die sich besonders an Kinder richtet. Und eines der meist verkauften Bücher der letzten Jahre ist ein Kinderbuch von Mauri Kunnas, das unter dem Titel *Seitsemän koiraveljestä* (Die sieben Hundebrüder, 2002) den Roman von Aleksis Kivi und damit die Anfänge der literarischen Kultur Finnlands produktiv und liebevoll in Erinnerung bringt.

Saamische Literatur

Einleitung

Als Saami – früher Lappen – werden die indigenen, nicht-indoeuropäischen Bewohner des nördlichsten Skandinavien bezeichnet. Die saamischen Wohngebiete, Saamiland (*Sápmi*), befinden sich auf finnischem (ca. 7000 Menschen), norwegischem (ca. 40000), schwedischem (ca. 20000) und russischem (ca. 2000) Gebiet und haben heute eine Ausdehnung von Mittelskandinavien bis zur Kola-Halbinsel. Die Zahlenangaben variieren je nach Quelle sehr stark, da keine verlässlichen Volkszählungen der saamischen Bevölkerung vorliegen. Die reformatorische Mission und die Kolonisierung der saamischen Gebiete durch Norweger, Schweden und Finnen, eine gezielte Assimilationspolitik und schließlich die Industrialisierung setzten den traditionellen Lebensweisen der Saami, die während Jahrhunderten zu wesentlichen Teilen auf einer nomadisierenden Rentierzucht beruht hatten, bis um 1900 ein Ende.

Die früheste schriftliche Erwähnung der Saami als Fenni findet sich in Tacitus' *Germania* von 98 n.Chr., der sie als exotisches, geschichtsloses Volk schildert, das in naturhafter Zufriedenheit am Rand der Welt dahin vegetiert. Unter den späteren Beschreibungen der Saami ragt der Bericht des Ohthere aus der altenglischen Übersetzung der Weltgeschichte des Orosius (*Historia adversus paganos*, 417/18), die König Alfred der Große 893 verfasste, heraus. Zahlreiche Hinweise finden sich auch in den altnordischen Schriften. Im 17. und 18. Jh. trugen vor allem Johannes Schefferus' *Lapponia* (1673) und Carl von Linnés *Iter Lapponicum* (1732; Lappländische Reise, 1964) dazu bei, Wissen über die Saami im Ausland zu verbreiten. Die von den Saami selbst geleistete Wissensvermittlung erfolgte bis ins 20. Jh. hinein in der Form mündlicher Überlieferung über die Generationen hinweg. Auch die Wurzeln der traditionellen saamischen Literatur liegen in der Oralität.

Saamen – exotisches Naturvolk bei Tacitus

Das Saamische gehört wie das Finnische zur Familie der finnisch-ugrischen Sprachen und unterteilt sich in neun bis elf, zum Teil sehr unterschiedliche Varianten, von denen sechs offiziell als Schriftsprachen anerkannt sind und in denen auch Literatur publiziert wird. Von den heute etwa 25–30000 Menschen, die Saamisch beherrschen, sprechen etwa 80 % das Nordsaamische. Diese Zahlen stellen die potenziellen Leser der saamischen Literatur dar, in Wirklichkeit aber können nicht alle Menschen saamischer Muttersprache in dieser Sprache auch schreiben oder lesen. Spricht man von der schriftlichen saamischen Literatur, umfasst der Begriff sämtliche von Saami geschriebene Literatur. Die Literatursprachen können dann sowohl Saamisch als auch die anderen Hauptsprachen der saamischen Heimatregion sein.

Der Begriff saamische Literatur

Der eigentliche Durchbruch der saamischen Literatur erfolgte am Anfang des 20. Jh. Heutzutage werden pro Jahr durchschnittlich fünf bis zehn neue literarische Titel in einem der sechs kleineren saamischen Verlage veröffentlicht. Diese versuchen durch Übersetzungen, besonders ins Norwegische, die saamische Literatur auch in anderen Ländern und Sprachen bekannt zu machen. So sind beispielsweise die Gesamtwerke mehrerer saamischer Gegenwartsautoren auf Norwegisch greifbar. 1974–99 wurden einige Anthologien saamischer Literatur auf Norwegisch, Schwedisch, Finnisch, Englisch und Italienisch publiziert, z.B.: *Skabmatolak/Tulia kaamoksessa* (Feuer in der Polarnacht, 1974), *Ildstedene synger* (Die Feuerstellen singen, 1984), *Våja våja nana nana* (1991), *Vårt liv. Samiska dikter* (Unser Leben. Saamische Gedichte, 1991). Auf Englisch liegen vor: *In the Shadow of the Midnight Sun* (1996) und *Beyond the Wolf Line. An Anthology of Sámi Poetry* (1996). Die italienische Anthologie trägt den Titel *Canti Lapponi* (1992). Aus dem Werk einzelner Autoren gibt es Übersetzungen in Anthologien finnischer Literatur auf Französisch, Englisch und Tschechisch. 1999 erschien unter dem Titel *Tästä alkaa tie* (Hier beginnt der Weg) eine Literaturanthologie der Barents-Region in Finnisch und Schwedisch, in der auch die saamische Literatur vertreten ist. Außerdem sind ganze Werke einzelner Verfasser ins Englische (Rauni Magga Lukkari, Nils-Aslak Valkeapää) und Deutsche (Kirsti Paltto) übersetzt worden.

Die traditionelle Form des Joiks

Das Joik-Gedicht als Grundstein

Joik, abgeleitet von *juoigan*, ist die saamische Musikform, die in der traditionellen Gemeinschaft eine zentrale Rolle spielte. Aus gutem Grund kann man die Joik-Dichtung zudem als Beginn der saamischen Lyrik bezeichnen, denn von Anfang an formulierten die Saami in den Melodien und Worten der Joiks Gefühle und Wahrnehmungen. Die Joiks hatten viele unterschiedliche Formen, konnten aus langen epischen Texten, aber auch aus wenigen kurzen Wörtern bestehen, es gab weltliche und religiöse Joiks, solche mit und solche ohne Worte, Personen- oder epische Joiks. Zu Beginn des 16. Jh. wurde in Schweden und Finnland das Ausüben von Magie und der damit verbundene Gebrauch der Schamanentrommel und von Joiks im Zusammenhang mit religiösen Zeremonien verboten. Auch die ablehnende Haltung der um 1850 entstandenen, im Norden Skandinaviens sehr einflussreichen geistlichen Erweckungsbewegung der Laestadianer gegenüber den Joiks trug dazu bei, dass das Joik-Verbot in den Köpfen der Menschen bis in die 70er Jahre des 20. Jh. nachwirkte. Den Eroberkulturen fehlte das Verständnis für die vielfältigen Funktionen des Joiks in Ritualen, als ästhetischer Ausdruck von Empfindungen und Instrument der alltäglichen Kommunikation. In der Folge konnte das Joiken nur noch heimlich betrieben werden und sein Erlernen war nicht mehr selbstverständlich, womit ein zentraler Bestandteil des saamischen Weltbildes, eine alte Kulturtradition und ein bedeutender Teil der ontologischen Basis der saamischen Kultur unterdrückt wurde. Dies führte mit der Zeit dazu, dass die Mitglieder der saamischen Gemeinschaft selbst das Joiken für eine Sünde hielten und die Befolgung des Joik-Verbotes kontrollierten.

Verbot der Joiks

In den letzten Jahrzehnten hat der Joik jedoch eine Renaissance erfahren. Traditionelle Joiks sind wieder ans Tageslicht gekommen und es entstehen neue Joiks und Varianten. Seit dem Ende der 1960er Jahre konnte sich die saamische Gemeinschaft mit kommerziellen Aufführungen von Joiks als ethnischer Musik nach außen und vor sich selbst als saamisch repräsentieren, und es ist sogar ein gewisser Einfluss des Joiks auf die Weltmusik zu beobachten gewesen, was der Stimme der Saami in globalem Zusammenhang Gehör verschaffte. So hat die internationale Bekanntheit von Musikern wie Valkeapää, Mari Boine, Wimme Saari und den Angelit die Vorstellung von den Saami im Ausland verändert. Zugleich kann mit Hilfe des auf der Tradition basierenden Joiks der Unterschied zwischen politischem und kulturellem Zentrum und der Peripherie betont und das Saamische als Quelle des eigenen Bewusstseins und Stolzes erfahren werden. Die Wiederkehr des Joiks ist jedoch nicht allein an die Musik gebunden, sondern auch in der Literatur zu beobachten. Sein Einfluss tritt besonders in der Sprache, Form und Thematik der Lyrik zu Tage, er stellt aber auch in der Prosaliteratur ein Element dar, das mit verschiedenen Wertungen aufgeladen werden kann und mit dessen Hilfe die Figuren der Texte ihre Gefühle ausdrücken. Dennoch ist aus historischen Gründen die Haltung vieler Saami zum Joik nach wie vor widersprüchlich bis offen ablehnend. Nicht alle identifizieren sich mit dieser Tradition, denn der Joik wird mit dem alten saamischen Glauben und dem Heidentum in Verbindung gebracht.

Bereits die ersten lyrischen Gedichte in saamischer Sprache, die von Olaus Sirma niedergeschriebenen Texte *Guldnasaš* (Samtentlein) und *Moarsi fávrrot* (Brautjoik), können als Joiks bezeichnet werden. Mit ihnen gewann die saamische Lieddichtung europäisches Ansehen und lange blieben sie die bekanntesten saamischen Gedichte. *Guldnasaš* schildert die Gedanken eines jungen Mannes über die Liebe, während er auf Brautfahrt ist, und in dem sommerlichen *Moarsi fávrrot* ist die Rede von der Allmacht der Liebe, welcher große Entfernungen oder die Launen des jungen Gemüts nichts anhaben können. Diese Joiks erschienen 1673 in Schefferus' *Lapponia*, die gleich nach ihrer Veröffentlichung in mehrere europäische Sprachen übersetzt wurde (darunter 1674 ins Deutsche). Sirmas Joiks fanden dann besonders im England und Deutschland der Vorromantik große Beachtung. Die mitteleuropäischen Gelehrten bewunderten das lyrische Niveau. Herder begeisterte sich für sie und übertrug sie noch einmal ins Deutsche.

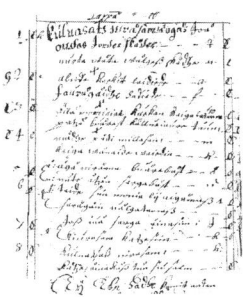

Olaus Sirma, Originalhandschrift *Guldnasaš*

> [...] Hätt' ich Flügel, zu dir zu fliegen, Krähenflügel,
> Dem Laufe der Wolke folgt' ich, ziehend zum Orra-See.
> Aber mir fehlen die Flügel, Entenflügel,
> Füsse, rudernde Füsse der Gänse, die hin mich trügen zu dir.
>
> Lange gnug hast du gewartet, so viel Tage,
> Deine schönsten Tage,
> Mit deinen lieblichen Augen, mit deinem freundlichen Herzen.
>
> Und wolltest du mir auch weit entfliehn,
> Ich holte dich schnell ein. [...]

(Johann Gottfried Herder, *Volkslieder*, 1779)

Ewald von Kleist, Goethe, Runeberg und Franzén nahmen für eigene Gedichte Impulse von Sirmas Joiks auf, und der amerikanische Lyriker Longfellow benutzte in seinem Gedicht *My Lost Youth* Zeilen aus *Moarsi fávrrot* als Intertext: »Bártni miella, biekka miella, nuora jurdagat guhkes jurdagat« (»A boy's will is the wind's will, And the thoughts of youth are long, long thoughts«). Sirma, der von 1675 bis zu seinem Tod als Seelenhirte der Saami in seinen Gemeinden Enontekiö und Rounala wirkte, wurde sich seiner Berühmtheit allerdings nie bewusst.

Unter dem Eindruck der nationalromantischen Ideen des frühen 19. Jh. und angeregt von dem Folkloristen C.A. Gottlund begann der in Uppsala studierende junge Saame Anders Fjellner, Material aus der saamischen Volkstradition zu sammeln. Während seines Studiums und später als Pfarrer zeichnete er mehrere Joik-Gedichte auf, von denen er berichtete, dass er sie in

Mit Joik-Gedichten in die Weltliteratur

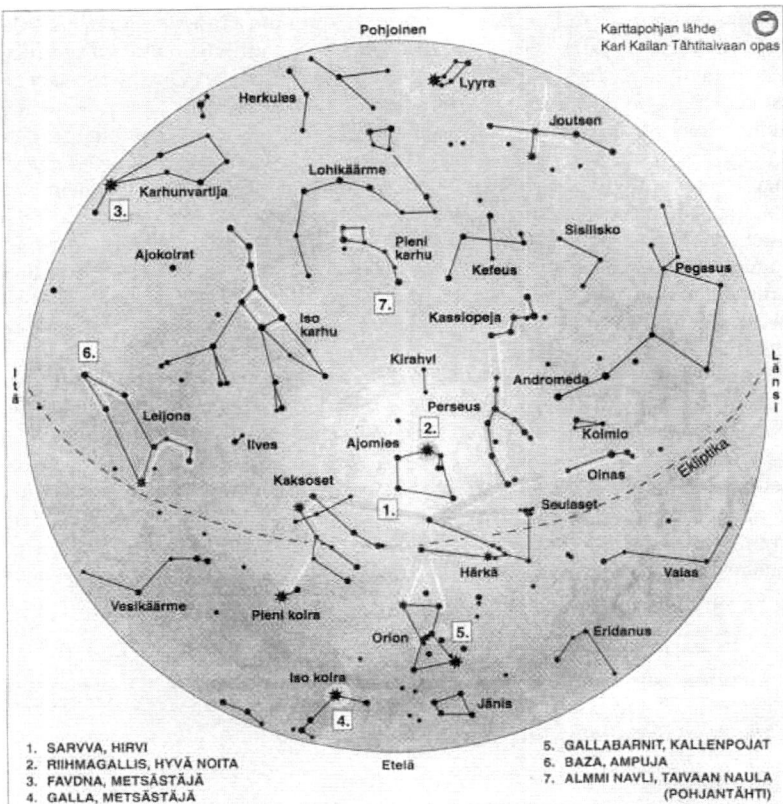

Der saamische Sternenhimmel

1. Elch
2. Guter Zauberer
3. Jäger (Arcturus)
4. Jäger (Sirius)
5. Oriongürtel
6. Schütze
7. Polarstern

Anders Fjellners ›Nationalepos‹

verschiedenen Gegenden Saamilands gehört habe. Fjellners Absicht bestand darin, aus der Joik-Dichtung ein saamisches Nationalepos zu kompilieren. Das bedeutendste und bekannteste Poem trägt den Titel *Peiven Parneh/Peiveparnen Suongoh Jettanasi ilmin* (Die Söhne der Sonne/Die Brautfahrt des Sohnes der Sonne in das Land der Riesen; auf Saamisch sind Fjellners Aufzeichnungen erstmals 1876 in Otto Donners Buch *Lappische Lieder* erschienen). In dieser mythischen Dichtung wird geschildert, wie der Sohn der Sonne ins Land der Riesen reist, sich dort in die Tochter eines Riesen verliebt und sie heiratet. Aus der Verbindung gehen die Söhne des Sonnensohns hervor, die sich nach ihrem Tod in die Sterne des Oriongürtels verwandeln. Dem Mythos zufolge sind sie die Urahnen der Saami. Fjellners Gedicht von den Söhnen der Sonne weckte seinerzeit in Schweden und Finnland wie im übrigen Europa Interesse und blieb auch unter den Saami nicht ohne Beachtung; so ist sein Einfluss in dem Gedicht *Sámi soga lávlla* (Das Lied des saamischen Geschlechts, 1906) des Nationaldichters Isak Saba erkennbar. Saba spricht darin von dem starken Geschlecht der Söhne der Sonne, das kein Feind besiegen könne. Von den Gegenwartsautoren hat Valkeapää das Motiv besonders in seinen poetischen Werken *Beaivi, áhčážan* und *Eanni, eannážan* (Die Erde, meine Mutter) verwendet. Das Gedicht wurde auch für das Theater dramatisiert und Fjellners Sammlung war wiederholt Gegenstand wissenschaftlicher Untersuchungen.

Zur gleichen Zeit wie Fjellner interessierten sich viele Pfarrer, die im saamischen Gebiet wirkten, sowie Finnougristen für die saamische Volksdichtung. So zeichnete etwa Jacob Fellman, der von 1820–31 Pfarrherr von Utsjoki war, eine bedeutsame Sammlung von Joiks und Geschichten auf, die später in dem Werk *Anteckningar under min vistelse i Lappmarken II* (Aufzeichnungen während meines Aufenthaltes in Lappland II, 1906) veröffentlicht wurde. Seine Sammlung enthält zahlreiche epische Joik-Gedichte, die von der Siedlungsgeschichte des Saamilandes, vom Geschlecht der Saami, von Kämpfen unter Schamanen und von der Kolonialisierung des Saamilands erzählen. Ein weiterer Zeitgenosse Fellmans, der Gründer der laestadianischen Bewegung Lars Levi Laestadius, schrieb vor seiner Erweckung ein Werk mit dem Titel *Fragmenter i Lappska Mytologien* (Fragmente der lappischen Mythologie), dessen Schwerpunkt eine Darstellung der Religion der Saami ausmacht, und das erst 1997 komplett erscheinen konnte. Um 1900 herum fand auch die musikalische Seite des Joiks Beachtung, und Forscher wie Armas Launis, Eliel Lagercrantz, A.O. Väisänen und Karl Tirén begannen, in verschiedenen Gegenden des Saamilandes Texte (*dajahusat*) und Melodien von Joiks zu sammeln. Die mit vier Bänden umfangreichste Sammlung veröffentlichte der Finnougrist J.K. Qvigstad unter dem Titel *Lappiske eventyr og folkesagn* (Lappische Märchen und Volkssagen, 1927–29). Bei der Feldarbeit halfen ihm mehrere Saami, u.a. der oben erwähnte Saba.

Lars Levi Laestadius

Die Entstehung der erzählenden Literatur nach 1900

Gemeinhin nennt man das Jahr 1619 die Geburtsstunde der saamischsprachigen Literatur. Damals erschienen in Stockholm *ABC Book på Lappesko Tungomål* (ABC-Buch in lappischer Sprache) und *En lijten sångebook* (Ein kleines Liederbuch) in saamischer Sprache. Es waren Übersetzungen, wie nahezu alle saamischsprachigen Werke bis zum Beginn des 20. Jh. Knapp dreihundert Jahre lang wurden auf Saamisch hauptsächlich religiöse Texte produziert, die von Pfarrern aus dem Gebiet der Saami stammten. Neben dieser thematisch eingeschränkten gedruckten Literatur spielte die orale Tradition eine umso größere Rolle. Sie hat in verschiedenen Gattungen, Formen und Themen der geschriebenen Literatur Spuren hinterlassen, und viele Autoren von Kinderbüchern und Romanen bedienen sich des Materials aus der saamischen Erzähltradition. Am deutlichsten zeigt sich die Nähe zur mündlichen Überlieferung in der Erinnerungsliteratur, der bevorzugten Gattung vieler saamischer Schriftsteller der älteren Generation. Diese Werke enthalten mythologische, historische und autobiographische Elemente. In Stil und Inhalt bewegt sich das Genre nahe der mündlichen Tradition, und es fehlen meist Kennzeichen einer eigentlichen Fiktionalisierung. In ihren Erinnerungen berichten die Autoren den Nachkommen, wie sie und ihre Eltern lebten, woran sie glaubten und was sie dachten.

Von der mündlichen zur schriftlichen Überlieferung

Am Anfang der Erinnerungsliteratur stehen die autobiographischen Aufzeichnungen von Lars Hætta und Anders Bær, die im Zusammenhang mit religiös und sozial bedingten Unruhen im norwegischen Kautokeino 1852 verurteilt wurden. Die Aufzeichnungen erschienen 1923 und 1926 in norwegischer Übersetzung und wurden erst 1956 unter dem Titel *Muitalusat* (Erzählungen) in saamischer Sprache publiziert. Hætta setzte seine literarische

Laufbahn später als Bibelübersetzer und Dichter geistlicher Lieder fort. Die Ereignisse von Kautokeino führten u.a. zu Grenzschließungen zwischen Norwegen, Schweden und Finnland und zwangen viele Rentierzüchter zur Umsiedlung. Davon war auch die Familie von Johan Turi betroffen, die nach Schweden ziehen musste. Turi wurde durch sein Werk *Muitalus sámiid birra* (1910) bekannt, das er mit Hilfe der dänischen Künstlerin Emilie Demant Hatt schrieb. Dem Buch wurde eine dänische Übersetzung an die Seite gestellt, und es erschienen Übertragungen ins Deutsche (*Das Buch des Lappen Johan Turi. Erzählung vom Leben der Lappen*, 1912), Englische, Schwedische, Französische und Finnische. Turi schrieb sein Buch, »um alles über das Leben und die Lage der Saami zu erzählen, damit nicht gefragt werden muss, wie die Lage der Saami ist, und damit nichts verfälscht werden muss«. Das Werk richtete sich an Außenstehende, besonders an die schwedischen Beamten, um deren Vorstellungen von den Saami zu korrigieren. Etwas früher hatte der saamische Politiker Elsa Laula das schwedischsprachige Pamphlet *Inför lif eller död: Sanningsord i de lappska förhållandena* (Um Leben oder Tod: Die Wahrheit über die Umstände der Lappen, 1904) herausgegeben, das in der Art von Turis Buch die Schwedifizierungs- und Besiedlungspolitik kritisierte, welche die Lebensvoraussetzungen der Saami beeinträchtigt hatten. Laula und Turi prangerten das infolge der kolonialistischen Machtausübung entstandene Ungleichgewicht an, das die Minderheit zwang, der Mehrheit Platz zu machen. Turis Werk wurde zu einem Klassiker der saamischen Erinnerungsliteratur. Davon inspiriert begannen viele weitere Saami, von ihren Lebenserfahrungen zu erzählen. Anta Pirak z.B. schrieb in luulesaamischer Sprache *Jåhttee saame viessom* (Das Leben eines umherziehenden Saamen, 1937).

Frauen traten in der Memoirenliteratur erst in den 1970er Jahren auf, als Saara Ranta-Rönnlund unter dem Titel *Nådevalpar* (Kinder der Gnade, 1971) Erinnerungen an ihre Kinder- und Jugendjahre als Hirtin veröffentlichte. Später erschienen drei weitere Werke von ihr, die ebenfalls das Leben der Rentierzüchter und die Glaubensvorstellungen der Menschen in Nordschweden zu Beginn des Jahrhunderts aus subjektivem Erleben heraus schildern. Überdies wird hier erstmals umfassend die Perspektive einer Saamin artikuliert. Die Verfasserin nimmt energisch Stellung zum Status der Frau in der Gemeinschaft der Rentierzüchter. In Ranta-Rönnlunds Nachfolge haben weitere Autorinnen ihre Erinnerungen veröffentlicht, u.a. Ellen-Sylvia Blind, Inger Huuva-Utsi, Stina Gaup-Westerlund, Ella-Karin Blind, Anni Kitti und Astrid Johnskareng. Von den männlichen Memoirenautoren seien Mikkel P. A. Bongo, Klemet N. Turi, Iisakki Paadar, Iisakki Mattus, Anders O. Eira und Ásllat Somby genannt.

Beginn des 20. Jahrhunderts: Identitätssuche und Abgrenzung von der Assimilationspolitik

Der erste saamische Roman, *Kong Akab og Naboths vingaard* (König Achab und Nabots Weinberg) von Matti Aikio, erschien 1904 in norwegischer Sprache. Ins Bewusstsein der Leser kam Aikio mit dem Werk *I dyreskinn* (In der Haut der Tiere, 1906), in dem er die Lebensumstände der Saami inmitten der Veränderungen, die die Gesellschaft auf die Probe stellten, realistisch beschreibt. Die Norwegisierungspolitik sowie die Minderwertigkeitsgefühle, die er während seines Studiums am Lehrerseminar in Tromsö erfahren hatte, ließen ihn Norwegisch als Literatursprache wählen. Aikios Frühwerk spiegelt seinen Kampf um Identität: Sollte er Saame sein oder Norweger werden? In seinem letzten Roman *Bygda på elveneset* (Das Dorf am Flussdelta, 1929), in dem er zum Gleichgewicht seinen Frieden mit seiner Geschichte gefunden hat, schildert Aikio das Aufeinandertreffen unterschiedlicher ethnischer Gruppen in einem saamischen Dorf und das harmonische Zusammenleben.

Zwei Zeitgenossen von Aikio, Anders Larsen und Pedar Jalvi, hingegen schrieben in ihrer Muttersprache. Der norwegische Saame Larsen publizierte im Selbstverlag die Novelle *Beaiveálgu* (Tagesanbruch, 1912), die teilweise als Fortsetzungsgeschichte in der von ihm herausgegebenen Zeitschrift *Sagai Muittalægje* (Der Nachrichtenerzähler) abgedruckt wurde. Die Zeitschrift erschien zwischen 1904 und 1911 im norwegischen Teil Saamilands und besaß angesichts des Norwegisierungsdruckes eine wichtige Funktion für die Herausbildung eines Selbstwertgefühls und politischen Bewusstseins der Saami.

Larsens Novelle handelt vom Heranwachsen des jungen Saami Ábo zum Volkserwecker. Dieser begegnet zahlreichen Missständen, die die Norwegisierungspolitik anfangs des 20. Jh. hervorgerufen hatte. Die assimilierten Klassenkameraden verspotten ihn als Lappenbengel, nach dem Übergang ins Arbeitsleben muss er seinen saamischen Familiennamen gegen einen neuen tauschen, und die Eltern der Norwegerin Maria stellen sich gegen eine Verbindung der beiden. Sie trennen die jungen Leute, worauf Maria stirbt und Ábo beschließt, in seine Heimatregion zurückzukehren. Dort fordert er die Dorfbewohner auf, gemeinsam das geistige Erbe des Geschlechtes der Saami zu verteidigen. Seine Worte öffnen den Zuhörern die Augen, denn sie hatten nicht nur von der Vergangenheit, sondern auch von der Gegenwart und der Zukunft des saamischen Geschlechts gehört. »Dat lei sidjiide dego beaiveálgu« (Das war für sie wie der Tagesanbruch), heißt es in dem Text. Ungeachtet aller Klischees formuliert Larsens Werk die Botschaft, dass die Saami wie andere Völker ein Recht auf ihre Kultur und Sprache besitzen.

Jalvi (urspr. Piera Klemetinpoika Helander) studierte 1911–15 am Lehrerseminar von Jyväskylä, wo er, angeregt durch nationalromantische Ideen und das Beispiel Aikios und Larsens, zu schreiben begann. Inspiriert von finnisch-nationalen Überzeugungen änderte er zunächst seinen Namen in die finnische Form Pekka Pohjansäde, bevor er den Autorennamen Pedar Jalvi annahm. Sein einziges belletristisches Werk erschien 1915 unter dem Titel *Muohtačalmmit* (Schneeflocken) mit Gedichten und Erzählungen. Am bekanntesten ist das Titelgedicht, das über den Gebrauch von Naturbildern die Saami auffordert, ihre Kräfte gegen die Unterdrücker zu vereinen. Während der Seminarzeit erwachte sein Interesse an der Vergangenheit und Tradition des saamischen Volkes, und so begann Jalvi, jeweils im Sommer in seiner Heimatgegend für die Finnische Literaturgesellschaft volkskundliches Material zu sammeln. Seine entsprechenden Aufzeichnungen erschienen, herausgegeben von Samuli Aikio, im Jahr 1966 unter dem Titel *Sabmelažžai maidnasak ja muihtalusak* (Märchen und Geschichten aus Lappland).

Natursymbolik gegen kulturelle Unterdrückung

Nachdem das 20. Jh. für die saamische Literatur vielversprechend begonnen hatte, bleiben die folgenden 40 Jahre ereignislos. Belletristik wurde noch am ehesten in der 1934 gegründeten Zeitschrift *Sápmelaš* (Saami) veröffentlicht. In diesem Organ debütierten z. B. Hans Aslak Guttorm, Pekka Lukkari, später auch Valkeapää und Paltto. Das einzige belletristische Werk, das zwischen 1940 und 1970 erschien, ist Guttorms Gedicht- und Erzählsammlung *Gohccán spálli* (Erwachter Wirbelwind, 1940). Wie im Falle Jalvis entstand auch Guttorms Frühwerk während seines Studiums Anfang der 30er Jahre am Seminar von Jyväskylä. Dort schrieb er u.a. das Poem *Čierru jietna meahcis* (Die weinende Stimme im Wald, erschienen 1982). Es erzählt von

Zeitschrift Sápmelaš

der Suche nach der Muttersprache, der goldenen Sprache, und von ihrer Bedeutung. Als Intertexte dieses in traditionellem Versmaß gehaltenen Gedichts fungieren Sabas *Sámi soga lávalla* und die Gedichte von Jalvi. Die Aussage des Poems kristallisiert sich in dem erstmals im Schulbuch *Samikiel Abis* (Saamische Fibel, 1934) erschienenen Gedicht *Eatnigiella* (Muttersprache, entstanden 1934). Die übrigen Teile von Guttorms Frühwerk mussten fast ein halbes Jahrhundert auf die Publikation warten. In seiner Prosa (*Golgadeamen* [Treibnetzfischfang im Herbst, 1982]; *Rádjajohtin* [Grenzbegehung, 1983]; *Iešnjárgga šiljut* [Die Höfe von Ješnjarga, 1986]) verband er geschickt die saamische Erzähltradition mit einer literarischen Form. Sein Auskommen fand er als Lehrer, zum größten Teil in Outakoski in der Gemeinde Utsjoki. Viele saamische Gegenwartsautoren wurden seine Schüler und begannen, von seinem Beispiel inspiriert, zu schreiben.

1970–1990: Der saamischen Literatur wachsen Flügel

Muttersprache und Emanzipation

Die ersten saamischsprachigen literarischen Werke wurden bereits ab 1910 veröffentlicht, doch der eigentliche Durchbruch fand erst Anfang der 70er Jahre statt. Nun erschienen in zunehmendem Maße Lyrik, Romane, Dramen und Kinderbücher von saamischen Autorinnen und Autoren. Für das »neue Erwachen« der saamischen Literatur gibt es mehrere Gründe. Einer davon ist sicher das weltweite Aufbegehren von Minderheiten. Ende der 60er, Anfang der 70er Jahre begannen die Saami wie viele andere ethnische Minoritäten, stärker als zuvor politische und ökonomische Rechte zu fordern. Dazu gehörte etwa das Recht, in der eigenen Muttersprache lesen und schreiben zu lernen und studieren zu können. Bisher hatte der größte Teil der saamischen Bevölkerung die elementaren Kenntnisse des Lesens und Schreibens ausschließlich in der Hauptsprache des jeweiligen Landes erworben, erst zu Beginn der 70er Jahre wurde in den Schulen des saamischen Gebietes das Saamische als Fach und Unterrichtssprache eingeführt. Außerdem organisierte man in zunehmendem Maße Saamischkurse, nachdem 1979 die vom Nordischen Saamirat akzeptierte nordsaamische Orthographie als die in allen skandinavischen Ländern offizielle saamische Schriftsprache in Gebrauch genommen wurde. Zu Beginn des genannten Jahrzehnts begann man ebenfalls, der Veröffentlichung von saamischen Kinderbüchern und Lehrmaterialien mehr Beachtung zu schenken. Von großer Bedeutung war der 1971 getroffene Beschluss, unter dem Dach des norwegischen Kulturrates eine Kommission zu bilden, deren Aufgabe darin bestand, die Publikation saamischer Literatur zu fördern. Sie finanzierte die Veröffentlichung von Büchern und gab die Zeitschrift *Čállagat* heraus, in der zahlreiche Autorinnen debütierten. Durch erweiterte Produktions- und Publikationsmöglichkeiten und zunehmende Nachfrage entstand allmählich der Berufsstand des saamischen Schriftstellers, und 1979 gründeten die Autoren ihren eigenen Verband (*Sámi Girječálliid Searvi*).

Das Schreiben in saamischer Sprache war lange das Hoheitsgebiet von Männern gewesen. Insofern fand in den 70er Jahren auch aus der Sicht weiblichen Schreibens ein Durchbruch statt. Das erste von einer Frau geschriebene

Offizielle saamische Schriftsprache

Kirsti Paltto

Werk in saamischer Sprache war Kirsti Palttos Sammlung von Erzählungen und Geschichten *Soagŋu* (Heiratsantrag, 1971), deren Ausgangspunkt in der saamischen Märchentradition liegt. Paltto ist die produktivste und vielseitigste Schriftstellerin; neben Erzählungen hat sie Kinderbücher, Gedichte, Theaterstücke, Hörspiele und Romane geschrieben. Seitdem kann man die Stimme von Frauen auf dem gesamten literarischen Terrain vernehmen, und heute sind die saamischen Autorinnen in der Mehrzahl. Zur gleichen Zeit wie Paltto begann die schwedische Saamin Annok Sarri Nordrå ihre literarische Laufbahn mit einer Romantrilogie in norwegischer Sprache, deren erster Teil *Ravnas vinter* (Ravnas Winter) 1973 erschien. Es folgten *Fjellvuggen* (Die Fjällwiege, 1975) und *Avskjed med Saivo* (Abschied von Saivo, 1981). Darin beschreibt Nordrå realistisch die gesellschaftlichen Veränderungen der 60er und 70er Jahre, von denen die saamische Gemeinschaft der Rentierzüchter betroffen war. Ravna, die Protagonistin der Romanserie, lebt inmitten des Wandels. Anhand ihrer Entwicklung schildert die Autorin Probleme und Lösungsversuche des Einzelnen. Sie kleidet das zentrale Problem der saamischen Identität in Worte: Ist Identität als essentieller Kern vorzustellen, von dem sich das Individuum gar nicht lösen kann, oder verändert sie sich gemäß der jeweiligen Situation? Viele saamische Schriftsteller haben in ihren Werken das Verhältnis des Saamischen zur Majoritätskultur in Schilderungen von Macht- und Unterwerfungsmechanismen, Erfahrungen der Gleichheit und Differenz und Überlebensstrategien behandelt.

Umschlag von Annok Sarri Nordrås Debütroman (1973)

Die Prosaliteratur der 80er Jahre: gesellschaftlicher Umbruch und Zeitgeschichte

Die 80er Jahre waren eine goldene Zeit der saamischen Prosa. Neben Paltto und Nordrå schilderten andere Romanautoren die saamische Gemeinschaft aus neuartiger Perspektive. Als zentrale Themen bildeten sich Schul- und Wohnheimerfahrungen der Kindheit heraus. In diesen Texten behandeln die Autoren Fragen der ethnischen Identität, die zugleich eine Problematik aus der Erfahrungswelt anderer Minderheiten darstellt. So verarbeitet beispielsweise Ellen Marie Vars in ihrem Roman *Kátjá* (1986) diese Thematik und öffnet zugleich den Weg zur Jugendliteratur. Auch viele Lyriker haben sich mit den Kindheitserfahrungen von Saami und deren Auswirkungen auf das spätere Leben auseinander gesetzt, wie Inghilda Tapio mit *Ii fal dan dihte* (Nicht nur darum, 1995) oder Paltto in ihrem Gedichtband *Beaivváža bajásdánsun* (Der Tanz der Sonne, 1985). Mitte des Jahrzehnts erweiterte Paltto ihre literarische Skala, als sie *Guhtoset dearvan min bohccot* (Mögen meine Rentiere gesund weiden, 1987), ihren ersten an erwachsene Leser gerichteten Roman veröffentlichte. Die finnische Übersetzung dieses Buches war 1986 einer der Kandidaten für den renommierten Finlandia-Preis und erschien vor dem saamischen Original. Der Grund war, wie so oft, Geldmangel. Die Fortsetzung folgte in dem Roman *Guržo luottat* (1991; Zeichen der Zerstörung, 1997), der von dem Leben der Menschen in dem kleinen saamischen Dorf Rievanjärvi zur Zeit des Zweiten Weltkrieges handelt. Durch die Entwicklungsgeschichte der Hauptfigur, des jungen Johannes, betrachtet die Autorin die Veränderungen, die in der saamischen Bevölkerung vor sich gehen und beschreibt das Aufeinanderprallen von saamischer und finnischer Weltanschauung und Lebensweise.

Palttos erstem Erzählband sind mittlerweile drei weitere gefolgt: *Risten* (Risten [Personenname], 1980), *Guovtteoaivvat nisu* (Die zweiköpfige Frau, 1987) und *Suoláduvvan* (Gestohlen, 2001; ein Jahr darauf für den Literatur-

Entscheidung für Saamisch als Literatursprache

Jovnna-Ánde Vest

preis des Nordischen Rates nominiert), in denen die Emanzipation der Frau und die Konflikte zwischen den Kulturen zentrale Themen sind. Wie bei anderen saamischen Autoren begegnet man in den Büchern von Paltto einer starken emotionalen Beziehung zum Saamischen, das sie erst im Erwachsenenalter studieren konnte. Für Mitglieder einer sprachlichen Minderheit ist die schriftliche Verwendung der Muttersprache keine Selbstverständlichkeit, sondern stets das Resultat einer bewussten Entscheidung, in der Welt der Fiktion ebenso wie im wirklichen Leben.

Jovnna-Ánde Vest wurde bekannt, nachdem er mit seinem Roman *Čáhcegáddái nohká boazobálggis* (Der Rentierpfad endet am Ufer, 1988) den Literaturpreis der Verlage Davvi Media und Aschehoug gewonnen hatte. Seitdem hat er von seinem jetzigen Wohnort Paris aus vier weitere Romane veröffentlicht. Was sein Debüt nicht zuletzt interessant macht, ist die Diskussion über die Gattungszugehörigkeit, die bei seinem Erscheinen geführt wurde: Ist die Geschichte über den Vater des Autors als wahre Geschichte oder als Fiktion zu lesen? Vest versucht, den Kern der mündlichen Erzählform zu erfassen, der im Verhältnis von Erzähltem zur Wahrheit gründet. In literarischer Rede hat er das historische Material fiktionalisiert, weshalb er Ereignisse, Personen und Zeit sowie die Erzählperspektive in anderer Weise gestalten konnte als in der Memoirenliteratur oder im mündlichen Diskurs. Vests jüngere Werke haben keine vergleichbare Polemik mehr provoziert. In den Romanen *Kapteainna ruvsu* (Die Rose des Kapitäns, 1991) und *Eallin bihtát* (Splitter des Lebens, 1992) schildert er die Emigration, die Trennung von der eigenen Familie und den dadurch vor sich gehenden Identitätsverlust. Beide Werke befassen sich auch mit dem Phänomen des Rassismus und der Gewalt bzw. dem Terror, die daraus hervor gehen. In ähnlicher Form wie Paltto beschäftigt sich Vest in seinem zuletzt erschienenen Romanen *Árbbolaččat*, I–II (Die Erben, I–II, 1996/2002) mit dem Leben der Menschen in einem kleinen saamischen Dorf und mit den Veränderungen in den 50er bis 70er Jahren.

Zu den Schriftstellern aus dem Teno-Tal gehört neben Guttorm, Paltto und Vest auch Olavi Paltto. Wie Vest reflektiert er in seinem Erzählband *Juohkásan várri* (Die geteilte Gefahr, 1995) über die Emigration, die Einsamkeit des Menschen und das Aufsuchen der eigenen Wurzeln. Der Trauer und Absurdität dieser Erzählungen stehen die humoristischen Geschichten des Bandes *Bearralat Deatnogáttis* (Perlen des Tenon-Tals, 1998) von Eino Guttorm gegenüber. Guttorms Sprache sprüht vor Witz, wenn er das Leben der Menschen entlang des Teno schildert. Aus demselben Ort stammt auch Johannes Guttorm, dessen Kurzprosa in *Jogašgátti nieiddat* (Die Töchter des Flussufers, 2000) die Leser mitten in das Marktgeschehen eines kleinen Dorfes führt.

Geschichte der Saamen als Palimpsest

Auch die auf Norwegisch schreibenden Arvid Hanssen, John Gustavsen, Ailo Gaup, Aagot Vinterbo-Hohr und Magnar Mikkelsen sind bedeutende Prosaschriftsteller der 80er Jahre. Vinterbo-Hohrs Sammlung von Prosagedichten *Palimpsest* (1987) wurde im Jahr seines Erscheinens mit dem Tarjei Vesaas-Preis ausgezeichnet. Der Erzähler der Texte sieht die saamische Geschichte als Palimpsest, dessen Spuren er folgt, um eine wirklichkeitsgetreuere Geschichte zu finden und darüber zu schreiben. Das Buch lässt sich auch aus feministischer Perspektive interpretieren, wonach die skandinavische Historiographie männlichem Schreiben entspricht und das weibliche Schreiben der Vorstellung der Saami über ihre Geschichte gleichkommt.

Die Geschichte der saamischen Literatur wäre unvollständig, würde man nicht auch die Kinder- und Jugendbücher erwähnen. Ausgangspunkt der

Kinderliteratur ist zum einen der Mangel an muttersprachlichen Büchern. Auch die Sorge um die Bewahrung der saamischen Sprache und das gewachsene Bewusstsein von der Bedeutung muttersprachlicher Literatur für die sprachliche Entwicklung der Kinder wirken als Anstoß zum Schreiben. Der starke Anstieg der Publikationen zu Beginn der 70er Jahre steht außerdem in Zusammenhang mit einem breiteren Interesse an den Bedingungen, unter denen saamische Kinder aufwachsen. Das saamische Kunstmärchen entstand auf der Grundlage der mündlichen Erzähltradition im Jahr 1940, als der Lehrer H.-A. Guttorm sein Buch *Gohccán spálli* veröffentlichte, das ein Märchen von den Töchtern der *gufiktars* (Erdgeister) enthielt. Für die eigentliche Geburtsstunde des saamischen Kinderbuchs hält man gemeinhin jedoch das Märchenbuch *Ámmul ja alit oarbmælli* (Ammul und die blaue Base, 1976) der norwegischen Saamin Marry A. Somby, das sich im Stile Guttorms der *gufiktar*-Tradition bedient. Die saamische Jugendliteratur ist ein noch jüngeres Phänomen. Sie entstand in den 80er Jahren und hat sich hauptsächlich auf die Schilderung der Gefühle von Mädchen konzentriert. Zu den erstrangigen Kinder- und Jugendbuchautoren der Gegenwart zählen neben Somby Kirsti Paltto, Rauna Paadar-Leivo, Inger Haldis Halvari, Ellen Marie Vars, Veikko Holmberg, Thomas Marainen, Inga Ravna Eira und Kerttu Vuolab.

Über das Märchen zur Kinder- und Jugendliteratur

Begegnung von Joik und Lyrik

Von den literarischen Gattungen der saamischen Literatur ist heutzutage die Lyrik die gefestigste und zugleich die außerhalb des saamischen Gebietes am besten bekannte. Ein sehr beliebter Dichter war Paulus Utsi, dessen erste saamische Gedichte in den 50er Jahren in der Zeitschrift *Samefolket* (Die Saami) herauskamen. Später erschienen die Gedichtsammlungen *Dikter* (Gedichte, 1970), *Giela giela* (Zunge aus Sprache, 1974) und postum das zusammen mit seiner Frau Inger Huuva-Utsi geschriebene Buch *Giela gielain* (Die Sprache auf der Zunge, 1980). Als in den ersten Jahrzehnten des 20. Jh. damit begonnen wurde, in Nordschweden Wasserkraftwerke zu bauen und in den Rentiergebieten Flüsse zu stauen, mussten die Rentierzüchter, darunter auch Utsis Familie, in andere Gebiete ausweichen und sich sprachlich wie kulturell neu anpassen. In seinen Gedichten erklingt eine starke ökologische Stimme. Neben Kindheitserinnerungen sind Rentiere und das Leben der Rentierzüchter zentrale Objekte seiner Lyrik. Utsi war auch das Vorbild für den Dichter und das künstlerische Multitalent Valkeapää. Áillohaš oder Áilu, wie sein saamischer Name lautete, war auf mehreren Gebieten ein richtungsweisender Wegbereiter. Bereits in den 60er Jahren erboste und begeisterte er Saami wie Mehrheitsbevölkerung, als er seine erste Joik-Platte *Joikuja* (Joiks, 1968) herausbrachte. Seitdem war Valkeapää einer der Fürsprecher des Joiks, trat selbst als Joik-Sänger auf und animierte junge Leute zum Joiken. Seine eigentliche Laufbahn als Schriftsteller begann, als er das Pamphlet *Terveisiä Lapista* (Grüße aus Lappland, 1971), eine heftige Verteidigungsrede für die saamische Kultur, veröffentlichte. Von seinem Beispiel inspiriert, publizierte Kirsti Paltto zwei Jahre später das vergleichbare Pamphlet *Saamelaiset* (Die Saami). Valkeapääs erste Gedichtsammlung *Giđa ijat čuovgadat* (Helle Frühlingsnächte) kam 1974 heraus und erschien 1985 erneut als Teil der Trilogie *Ruoktu váimmus* (Die Heimat im Herzen), zu der noch die Bände *Lávllo vizar biellocizáš* (Singe, zwitschere Uhrenvogel, 1976) und *Ádjaga silbasuonat* (Die Silberadern des Baches, 1981) gehören. Die Gedichte verbinden eine zeitliche Nähe, ein einheitlicher lyrischer Ton und die Thematik, außerdem

Nils-Aslak Valkeapää

Valkeapääs ökologische Stimme

Die Sonne, mein Vater

Visuelle Poesie

die Berührungen mit der Joik-Dichtung. In dieser Sammlung verleiht Valkeapää seiner Überzeugung Ausdruck, die auch für seine späteren Werke charakteristisch ist: der Glaube an die Natur, die Mutter des Lebens.

Der nächste poetische Text Valkeapääs war *Beaivi, áhčážan* (Die Sonne, mein Vater, 1991), für den er mit dem Literaturpreis des Nordischen Rates ausgezeichnet wurde, was der saamischen Literatur eine breitere Publizität zuteil werden ließ. *Beaivi, áhčážan* ist das umfangreichste und am meisten vom Mythos geprägte von Valkeapääs Werken. Bereits der Titel verweist auf den Mythos vom Ursprung der Saami als Kinder der Sonne. In seiner Imagination durchwandert der Dichter die Mythen und Erinnerungen von Generationen und verknüpft sie mit seinen eigenen Erinnerungen, Erlebnissen und Fantasien. Für dieses Werk trug Valkeapää sechs Jahre lang in Skandinavien, Europa und den USA Bilder über die Saami zusammen, die als Teil der Gedichte gelesen werden müssen, mit denen sie sich zu einer thematischen Einheit fügen. Auf diese Weise gelang es Valkeapää auch, die vielen sprachunkundigen Saami zu erreichen. Für die Saami ist die Familie von großer Bedeutung, und der einzelne Mensch wird zum Teil eines Ganzen, wenn er weiß, zu welcher Familie er gehört. Beim Betrachten der Fotos in Valkeapääs Buch lassen sich verwandtschaftliche Verhältnisse und Ähnlichkeiten studieren, so dass die innere Verbundenheit der Familien auf den Bildern hervorgehoben wird. Die emotionale Bindung an die Mutter Erde wird deutlich, wenn Valkeapää sie preist und das Augenmerk auf das Verhältnis von Mensch und Natur richtet. Darin greift er auf Joik-Texte und Glaubensvorstellungen zurück, in denen vorgeschrieben wird, wie die Erde und Natur zu behandeln sind.

Man kann Valkeapää, dessen Status in der saamischen Lyrik nicht hoch genug einzuschätzen ist, auch als Schöpfer einer visuellen Poesie in der saamischen Literatur bezeichnen. Bereits in *Ruoktu váimmus* funktionierten die Illustrationen und die graphische Gestaltung der Gedichte als Bestandteile eines ästhetischen Ganzen. In seinen späteren Werken setzte er diesen Stil verstärkt fort. Viele Autoren folgten ihm, worauf das Verfahren zu einem

Synnøve Persen,
Ábiid eadni (1994)

geassá obbassii
moskkosmuvan

veaigebiegga diehtá
buot

es wird bewölkt
ich sinke in Düsternis

der Wind der Dunkelheit
weiß alles

(Übersetzung: S. Moster)

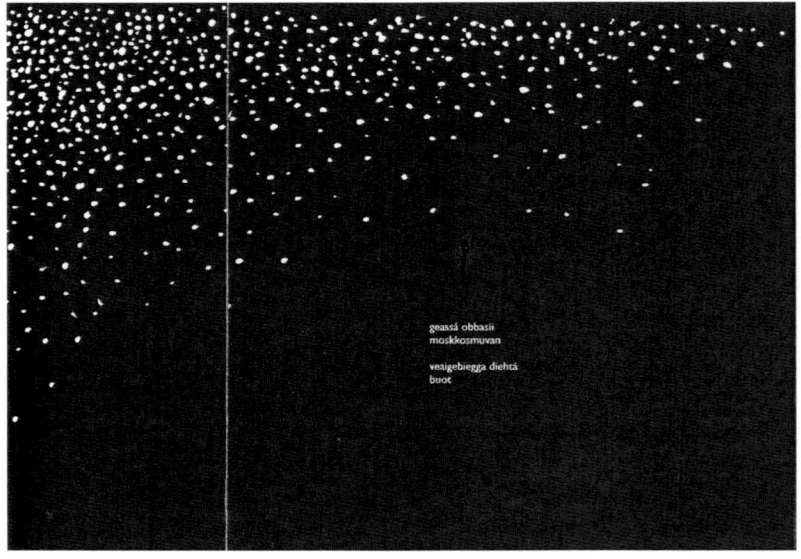

Markenzeichen der saamischen Poesie wurde. So stellen zum Beispiel in den Gedichtbänden von Synnøve Persen – *alit lottit girdilit* (Blaue Vögel fliegen, 1981), *biekkakeahtes bálggis* (Windloser Weg, 1992), *ábiid eadni* (Meeresmutter, 1994) – Bebilderung und Thematik eine untrennbare Einheit dar. Das Gleiche lässt sich über den Gedichtband *Duddjojun sánit* (Geschnitzte Worte, 1997) von Thomas Marainens und die Arbeiten vieler anderer sagen.

Während der letzten Jahrzehnte waren in der saamischen Poesie neben der vorherrschenden nordsaamischen auch Stimmen anderer saamischer Sprachen zu vernehmen. Stig Gælok Urheim hat mehrere Gedichtbände auf Lulesaamisch veröffentlicht, Claudia Fofonoff publizierte *Pââsjogg laulli* (Lieder vom Paatsjoki, 1988), eine Sammlung mit Geschichten und Gedichten auf Skoltsaamisch. Auf Tersaamisch erschien die Gedichtsammlung *Jealla* (Leben, 1989) von Oktyabrina Voronova und einige Jahre später auf Inarisaamisch Aune Kuuvas erstes lyrisches Werk *Uáináh-uv* (Siehst du?, 1992). Der erste südsaamische Gedichtband wiederum erschien 1987 aus der Feder des 74-jährigen Gaebpien Gåsta unter dem Titel *Gaaltije* (Quelle).

1990–2000: Gedichte vermitteln weibliche Wahrnehmung und flechten Sehnen

Nachdem die ersten Verfasser von Lyrik männlichen Geschlechts waren, ist auch auf diesem Gebiet die Vorherrschaft auf die Frauen übergegangen. Viele von ihnen schildern in ihren Gedichten, was es heißt, Frau zu sein, sie reflektieren über die Geschlechterrollen und suchen nach neuen Formen weiblicher und saamischer Identität. Die produktivste Lyrikerin ist Rauni Magga Lukkari, die sich in ihrem Werk mit den Veränderungen in der saamischen Gemeinschaft und der Stellung der Frau im Strudel dieser Veränderungen auseinander setzt. In ihren ersten Sammlungen *Jieŋat vulget* (Das Eis treibt davon, 1980) und *Báze dearvan, Biehtár* (Lebwohl, Petteri, 1981) beschreibt sie Erfahrungen und Konflikte im Zusammenhang mit der saamischen Identität. Frauenfragen werden nur indirekt berührt, etwa wenn es um Fragen der Minderheitspolitik oder um das Verhältnis von Saamitum und Machtstruktur geht. Gleichwohl ist in Lukkaris Texten die weibliche Stimme deutlich zu erkennen, so in *Losses beaivegirji* (Düsteres Tagebuch, 1986), das Frauen aus drei Generationen – Tochter, Mutter und Großmutter – und ihre Auffassungen von Frausein, Mutterschaft, Gleichberechtigung, Liebe und Lieblosigkeit in den Blick nimmt. Gegenüber den vorangegangenen Werken hat sich die Perspektive nun in die Gemeinschaft hinein verlagert, wodurch Fragen des Saamitums in den Hintergrund geraten. Betont wird der weibliche Blickwinkel, und zum zentralen Thema wird die Zusammengehörigkeit der Frauen und die Reflexion ihrer Erfahrungen als Bestandteil der gemeinschaftlichen Machtstruktur. In dem Band *Mu goŋagasa gollebiktasat* (Die goldenen Kleider meines Königs, 1991) ist die Autorin von kollektiven weiblichen Erfahrungen zur Darstellung der Liebesbeziehung zwischen Mann und Frau und der weiblichen Selbstfindung übergegangen. Dasselbe gilt für die Sammlung *Árbeeadni* (Erbmutter, 1997).

Rauni Magga Lukkari

Der Debütband der Dichterin Inger-Mari Aikio, *Gollebiekkat almmi dievva* (Himmel voller Goldwind, 1989) weist einer neuartigen Lyrik den Weg, in der die Sexualität der Frau und die erotische Spannung zwischen Mann und Frau sichtbar gemacht werden. Auch in Aikios späterem Werk sucht das lyrische Ich seine Grenzen als Frau, trachtet, mit überkommenen Verhaltensnormen zu brechen und sich im Geschlechts- und Liebesleben die gleichen Rechte zu nehmen, wie sie Männern zugestanden werden. Im jüngsten Band *Máilmmis dása* (Aus der Welt hierher, 2001) ist die Sprecherin der Gedichte keine einsame, nach Liebe suchende Frau mehr, sondern eine Mutter, die zwischen zwei Kulturen lebt und in einer fremden Umgebung zwischen den Rollen der Mutter, der Ehefrau und der Schwiegertochter balanciert.

Geflechte von Familiensehnen

Deutlich ernstere Gemütszustände beschreibt Risten Sokki in ihrem zweisprachigen Gedichtband *Bonán bonán soga suonaid/Jeg tvinner tvinner slektas sener* (Ich flechte flechte Familiensehnen, 1996). Die Sehne erscheint hier als Symbol, das verschiedene Generationen miteinander verknüpft und es der Autorin ermöglicht, sich mit der Hinrichtung ihres Urgroßvaters nach den Ereignissen von Kautokeino 1852 auseinanderzusetzen. Das lyrische Ich führt den Leser von einer Zeit in die nächste, vom Leben zum Tod. Die Sehne symbolisiert Wissen, Erinnerungen und die Geschichte des Geschlechts, die weder Fremdherrschaft noch Unterdrückung auszulöschen vermochten.

Mu eadni
Sunnen Iŋgá

Giitu
go áigá
diktet
mu dovdat
soga suonaid

Gievrras
rašes
varahuhttojuvvon

(Meine Mutter / Sunnen Inga // Danke / dass ich früh schon / fühlen / durfte / die Sehnen der Familie // Stark / schwach / blutunterlaufen [Übersetzung: S. Moster])

Wurzeln im alten Glauben

Neben der Geschichte und dem Joik war die ethnische Religion der Saami lange ein tabuisierter Bereich. Viele Schriftstellerinnen machten sich deshalb auf die Suche nach den Wurzeln des alten Glaubens und nahmen die Kraft der Beschützer des Lebens und der Frauen – Máttaráhkká, Sáráhkká, Juksáhkká und Uksáhkká – neu in Gebrauch. Für zahlreiche moderne Frauen war der alte saamische Glaube ein Mittel, um ihre besondere Stellung gegenüber den Männern sowie den Unterschied zum politischen Machtzentrum zu markieren. Zugleich kann man darin das Bestreben erkennen, zu den Quellen des Saamitums, den Wurzeln einer verlorenen Identität zurückzukehren. Mit Hilfe kosmischer Kräfte, durch die weiblichen Götter, ist es den Frauen möglich, Kontakt mit der Vergangenheit aufzunehmen und zugleich über weibliche Sexualität und Mutterschaft zu sprechen, so wie es Inga Ravna Eira in ihrem erzählenden Gedicht *Lieđážan* (Meine kleine Knospe, 1996) tut. Diese literarische Präsentation religiöser Fragmente ist auch als Kritik am patriarchalischen Christentum zu verstehen, weshalb sie nicht von allen Saami akzeptiert wird.

Mit Geburt, Tod und der Begrenztheit des menschlichen Daseins setzt sich ebenfalls Rose-Marie Huuvas Poem *Galbma rádná* (Der eisige Freund, 1999) auseinander. Es erzählt von den Gefühlen einer Frau, die erfährt, dass sie an Krebs erkrankt ist, von der Vorbereitung auf die Operation und von der Genesung. In den Gedanken des lyrischen Ichs wechseln Einsamkeit und Todesangst mit der Dankbarkeit für das gelebte Leben und die noch verbleibenden Tage.

Die saamische Dramenliteratur und das Theater

Untersucht man Fellmans Aufzeichnungen alter Joiks, stellt man fest, dass sich viele von diesen aus Dialogen zwischen Schamaninnen zusammensetzen. Sie erinnern an rituelle Dramolette, und man könnte darin den Beginn eines saamischen Dramas sehen. Die ersten saamischsprachigen Dramentexte entstanden für Aufführungen in Schulen. Die eigentliche Dramenliteratur nimmt ihren Anfang jedoch erst mit den Theateraktivitäten und dem zunehmenden Interesse der institutionellen Bühnen der Majoritätskulturen für saamische Stücke und der Gründung des Laientheaters *Dálvadis* im schwedischen Jokkmokk 1971. Ähnliche Theatergruppen entstanden an verschiedenen Stellen des saamischen Gebietes: das *Beaivváš Sámi Teahter* im norwegischen Kautokeino (1981), die *Rávgoš*-Gruppe im finnischen Outakoski und die Südsaamische Theatergruppe im norwegischen Snåsa (1980). Die Theater *Beivváš* und *Dálvadis* (das sich heute in Kiiruna befindet) haben ihren Status gefestigt und fungieren nun als professionelle Bühnen.

Eine der ersten Dramenautorinnen war Kirsti Paltto, deren finnischsprachiges Stück *Liemmajoen Anni* (Anni vom Liemmajoki, 1976) eine Auftragsarbeit für das Stadttheater Rovaniemi war. Palttos finnische Hörspiele wurden im Finnischen Rundfunk gesendet, darüber hinaus hat die Autorin für *Rávgoš* geschrieben und inszeniert. Eine zentrale Bedeutung für die saamische Dramenliteratur kommt dem *Beaivváš*-Theater zu, das Auftragsarbeiten an Schriftsteller vergab. U.a. standen dort Stücke von John Gustavsen, Marry A. Somby, Rauni Magga Lukkari, Inger Margarethe Olsen und Nils Utsi auf dem Spielplan. Gustavsens *Gumpegoddi* (Der Wolfstöter) über das Leben Johan Turis wurde Anfang der 90er Jahre aufgeführt. Lukkaris Monolog *Dearvvuođat* (Grüße, 1992) handelt vom Selbstmord von Jugendlichen. Im selben Jahr wurde Olsens erstes Stück *Earálágan* (Anders, 1992) über homosexuelle Jugendliche als Rock-Musical inszeniert. Ihr Stück *Giegat guhkket* (Die Kuckucke rufen, 1993) zeigt das Leben der skoltsaamischen Minderheit während des Zweiten Weltkriegs, und das ein Jahr später aufgeführte *Skoavdnji* (Das Ungeheuer) setzt sich mit familiärer Gewalt und der Unterdrückung der Frau auseinander. Sombys Märchenstück *Ráhkisvuođa soahki* (Die Liebesbirke, 1996) hat die saamische Erzähltradition als Ausgangspunkt. *Eatni váibmu vardá* (Mutters Herz blutet, 2000) des besser als Schauspieler bekannten Utsi ist eine historische Darstellung der Saamipolitik im Norwegen des frühen 20. Jh. Auf den Spielplänen der Theater stehen darüber hinaus saamische Versionen von Klassikern, Tanzaufführungen und Inszenierungen, die auf der Kultur anderer indigener Völker beruhen oder davon Impulse erhalten haben.

Aktuelle Dramatik

Die Entwicklung der saamischen Literatur und die neuen Herausforderungen

Die Entwicklung der saamischen Literatur von 1970 bis heute spiegelt die Veränderungen des Status der Saami als Minderheit und indigenes Volk. Die Autoren der 70er und 80er Jahre hatten persönlich erlebt, wie ihnen die Schule Muttersprache, Identität und Kultur raubte. Durch ihr Schreiben verarbeiteten sie diese kollektiven Erfahrungen und entwickelten zugleich eine Ausdrucksform in der eigenen Sprache. Im Werk zahlreicher Autoren wurden diese Erlebnisse literarisiert, was es erlaubte, schmerzliche Aspekte distanziert als Erfahrungen eines lyrischen Subjekts oder als fiktionale Ereignisse zu verarbeiten. Zugleich verteidigte das zeitbezogene Schreiben die

Rechte der saamischen Minderheit. In den 90er Jahren fanden die Saami in vielen Teilbereichen der Gesellschaft und in der Gesetzgebung Anerkennung. U.a. traten in den skandinavischen Ländern saamische Sprachgesetze in Kraft, die saamische kulturelle Selbstverwaltung wurde gestärkt, und in vielen Schulen kann für die gesamte Zeit der Schulpflicht muttersprachlicher Unterricht gewährleistet werden. Insofern müssen die Gegenwartsautoren nicht mehr in den Dienst kollektiver Anliegen treten. Statt dessen hat sich der Blick auf das eigene Ich und, in kritischer Weise, auf die nähere Umgebung gerichtet.

Saamische Literatur als Kern der kulturellen Identität

Mit ihren Werken haben die Schriftsteller nicht zuletzt der saamischen Vergangenheit und Kultur den ihr gebührenden Wert zurückgegeben. Sie haben in diesen Texten sichtbar gemacht, was über Jahrhunderte hinweg unsichtbar und Anlass zur Scham war. In der mündlichen Tradition, in Märchen, Geschichten, Mythologie und Joiks haben viele Autoren Inspiration für die Errichtung einer positiv empfundenen Identität gefunden. Vor allem die jüngeren Dichter haben sich die Joik-Tradition zu eigen gemacht. Ihre unmittelbare Beziehung zur Natur und ihre Bildsprache waren für zahlreiche Lyriker Grundelemente der poetischen Arbeit. Die Texte dieser Gegenwartslyriker sind fast ausnahmslos freirhythmisch, bewegen sich nahe an der gesprochenen Sprache und weisen eine für den Joik charakteristische Metaphorik auf. In der Epik wiederum wirken die mündliche Tradition und die Welt der Glaubensvorstellungen nach und sind in der Formsprache der Erzählung und im Gebrauch des traditionellen Erzählmaterials zu erkennen. Die saamische Tradition stützt sich damit auf ein vorhandenes Kulturerbe und dessen Möglichkeiten. Beim Blick auf die Geschichte der geschriebenen saamischen Sprache wird man feststellen, dass sie zwar erst in den letzten dreißig Jahren zu einer Sprache des umfassenden literarischen Ausdrucks geworden ist. Trotz dieser kurzen Zeit hat sich die saamische Literatur zu einer vielfältigen und für die saamische Kultur zentralen Kunstform entwickelt.

Grönländische Literatur

Einleitung

Die zu Dänemark gehörende, seit 1979 in Selbstverwaltung regierte Insel Grönland wird heute von rund 50000 Grönländern (Eskimos, in der Selbstbezeichnung ist heute *kalaallit* gebräuchlicher als *inuit*, ›Menschen‹) und rund 7000 Dänen bewohnt. Die drei ethnischen Gruppen der Westgrönländer, Ostgrönländer und Polareskimos, die sich voneinander sprachlich und kulturell deutlich unterscheiden, bilden etwa die Hälfte der weltweit ca. 90–100000 Inuit. Die Vorfahren der heutigen Grönländer wanderten vor ungefähr 1000 Jahren aus Alaska über Kanada ein, nach neueren archäologischen Befunden vielleicht noch etwas später. Zwischen dem Ende des 10. Jh. und dem 16. Jh. bestanden im Süden und Südwesten der Insel Siedlungen von Nordleuten aus Island und Norwegen. 1721 begann die Mission in Westgrönland und damit die Kolonisation, die Grönland zu einem Teil des dänischen Königreichs machte.

Grönländisch stellt den östlichen Zweig der Familie der ost-eskimoischen Sprachen (Inuit-Inupiaq) dar, die in Kanada und Alaska gesprochen werden.

Als grönländische Literatur wird die Gesamtheit des von Grönländern in grönländischer und dänischer Sprache verfassten Schrifttums verstanden. Grönland verfügt mit *Attakiorfik* und *Atuagkat* über zwei Verlage, die zusammen eine beachtliche Anzahl Titel auf Grönländisch herausgeben – auf Grönländisch verfasste Belletristik macht indessen nur einen kleinen Teil aus. Als einziges Kunst- und Kulturmagazin konnte sich *Neriusaaq* (Der Regenbogen) durchsetzen, das seit Beginn der 90er Jahre regelmäßig erscheint. Wie aus dem folgenden Überblick deutlich wird, handelt es sich bei der grönländischen Literatur um eine junge, sogenannte *emergent* Literatur, die sich in zahlreichen Aspekten über den postkolonialen Status der heutigen grönländischen Kultur und Gesellschaft definiert. Hier bestehen unübersehbare Parallelen mit der färöischen und vor allem der saamischen Literatur.

Der Begriff grönländische Literatur

Traditionelle Formen des Erzählens

Die orale Überlieferung

Vor der Ankunft der Europäer und der damit einsetzenden Mission im 18. Jh. kannten die grönländischen Inuit keine Schriftsprache. Dafür gab es eine reiche mündliche Tradition mit zahlreichen unterschiedlichen Formen von Erzählungen (Mythen, Sagen), Sprichwörtern, Reimen, Merkversen, magischen Formeln und eine große Anzahl an Gesängen. In Westgrönland wurde in den 1820er Jahren auf Initiative von Pastor Peder Kragh damit begonnen, die überlieferten Erzählungen von Grönländern auf Grönländisch aufschreiben zu lassen. Der berühmteste dieser Schreiber war Aron aus Kan-

Mündliches Erzählgut

Kajakfahrer, Aquarell von Aron von Kangeq (1867/68)

geq, dem es in den Jahren 1858–68 auf einzigartige Weise gelang, zahlreiche mündliche Erzählungen schriftlich zu fixieren. Ein Teil dieser Aufzeichnungen wurde in der neu gegründeten Buchdruckerei des Amtmanns H.J. Rink in Godthaab, dem heutigen Nuuk, publiziert. Aron war durch viele hundert Zeichnungen, Aquarelle und Holzschnitte zugleich der maßgebliche Illustrator der Sammlung.

Expeditionen und ethnologische Aufzeichnungen

Während die Kolonisierung Westgrönlands bereits im Jahre 1721 mit der Ankunft des Missionars Hans Egede einsetzte, ließen die geographischen Verhältnisse ein Vordringen der Europäer nach Ammassalik in Ostgrönland erst in den Jahren 1883–85 zu, als Gustav Holm seine Umiak-Expedition durchführte. Thule wurde sogar erst 1902–04 in der sogenannten literarischen Grönlandexpedition erreicht, an der u.a. der Polarforscher Knud Rasmussen teilnahm. Er errichtete eine Handelsstation, die zum Ausgangspunkt der Thule-Expeditionen wurde, von denen die fünfte (1921–24) Berühmtheit erlangte: Rasmussen nahm nämlich den alten Schlittenweg der Inuit in entgegengesetzter Richtung nach Kanada und Alaska und bewies damit die Zugehörigkeit der Grönländer zu den übrigen Inuit. Seine große Sammlung *Myter og Sagn fra Grønland*, I–III (Mythen und Sagen aus Grönland, 1921–25) wird von vielen als ein Hauptwerk der grönländischen Erzählforschung angesehen. In Nordgrönland geboren und aufgewachsen, sprach Rasmussen ausgezeichnet die Sprache seines Volkes und vermochte zudem in seiner flüssigen dänischen Übersetzung viele ästhetische Charakteristika der mündlichen Erzählform zu bewahren.

Wissenschaftliche Aufnahmen von Trommelgesängen wurden von William Thalbitzer (Ammassalik 1905–06) bzw. Erik Holtved (Thule 1937) auf Wachsrollen und Lackplatten aufgezeichnet. Darüber hinaus haben verschiedene Westgrönländer orale Erzähltraditionen in entlegeneren Gebieten schriftlich festgehalten, deren ›unberührte‹ Kultur eine wichtige Inspirationsquelle für das moderne Westgrönland darstellte.

Kirchenlieder und vaterländische Gesänge

Als Repräsentant der lutherischen Mission bemühte sich Egede um die Schaffung einer grönländischen Schriftsprache, um den Grönländern den Zugang zu den christlichen Texten in ihrer eigenen Sprache zu ermöglichen. Das erste grönländische Alphabet wurde bereits 1739 gedruckt, bald darauf erschien eine erste Ausgabe der Evangelien auf Grönländisch, ferner Luthers Katechismus und andere Texte für den kirchlichen Gebrauch. Die Kommunikation war jedoch schwierig. Nicht nur spielten die biblischen Geschichten in einer gänzlich anderen geographischen Region, sondern es gab für zentrale christliche Begriffe wie Sünde und Gnade in der Vorstellungswelt der Inuit keinerlei Entsprechungen. Die Missionare mussten eine Sprache schaffen, die für die Grönländer verständlich und natürlich war, weshalb sie eng mit den Einheimischen zusammen arbeiteten. So war etwa das Mädchen Arnarsaq aus der Diskobucht von unschätzbarer Hilfe für Egedes Sohn Poul. Als diesen 1740 eine Augenerkrankung zwang, Grönland zu verlassen, folgte ihm Arnarsaq nach Dänemark und arbeitete mehr als ein Jahr an einer grönländischen Übersetzung des Neuen Testaments, bevor sie nach Hause zurückkehrte. 1750 erschien P. Egedes *Dictionarium grönlandico-danico-latinum*, das erste grönländische Wörterbuch, und 1760 gab er die erste grönländische Grammatik heraus.

Titelseite von Hans Egedes Grönlandbeschreibung (1738)

Die überwiegende Anzahl der Lieder des grönländischen Kirchengesangbuchs waren Übersetzungen, jedoch konnten einige Missionare wie Knud Kjer und Carl Julius Spindler auch direkt auf Grönländisch dichten. Letzterer gehörte der deutschen Herrnhuter Brüdergemeine an, die in Grönland zwischen 1733 und 1900 missionierte. Sowohl Übersetzungen als auch Originale zählen heute zum grönländischen Liedgut.

Der erste original grönländische Kirchenlieddichter war Rasmus Berthelsen, Lehrer am Seminar in Nuuk, an dem seit 1845 die grönländische Kulturelite ausgebildet wurde. In seiner Jugend verbrachte Berthelsen dreieinhalb Jahre in Dänemark. Seine Dänischkenntnisse waren ihm in seiner langjährigen Tätigkeit als Redakteur der Zeitschrift *Atuagalliutit* (Etwas Lesenswertes, das nichts kostet) von großem Nutzen; diese Zeitschrift, die seit 1861 erscheint (ab 1952 zweisprachig grönländisch-dänisch), stellte die primäre Informationsquelle der Grönländer dar, um Neuigkeiten aus der Welt außerhalb Grönlands zu erfahren und im Feuilleton die Erzählkunst anderer Völker kennen zu lernen. Sie war auch das Medium, das den Grönländern zum ersten Mal die Möglichkeit gab, sich und ihr Leben in gedruckter Form vor einer größeren Öffentlichkeit in der eigenen Sprache zu formulieren. Berthelsen war für Rink bei der Aufzeichnung von Zeugnissen mündlicher Tradierung, nicht zuletzt durch Übersetzungen der gesammelten Handschriften, eine unentbehrliche Hilfe. Gleichzeitig arbeitete er als Informant für Samuel Kleinschmidt während dessen Arbeit am *Grønlandsk-Dansk Ordbog* (Grönländisch-Dänisches Wörterbuch, 1871). Kleinschmidt hatte 1851 eine *Grammatik der grönländischen Sprache* publiziert, die sich dadurch auszeichnete, dass sie im Gegensatz zu den früheren, an der lateinischen Grammatik orientierten Sprachlehren von den Strukturen der grönländischen Sprache ausging, was die Standardisierung der grönländischen Schriftsprache ermöglichte. Berthelsens berühmtestes Kirchenlied ist *Guuterput qutsinnermiu* (Unser Gott in der Höhe, 1858). In diesem Lied stimmt die singende Schar, das lyrische ›Wir‹ des Kirchenlieds, in den Lobpreis der Engelchöre ein, die den Hirten in der heiligen Nacht erschienen. Dieses sehr beliebte Lied wird in Grönland bis auf den heutigen Tag gesungen.

Rasmus Berthelsen

Standardisierung der grönländischen Schriftsprache

Berthelsen folgten weitere Grönländer, die eigene Kirchenlieder und Übersetzungen verfassten. Die bedeutendsten unter ihnen waren Henrik Lund und Jonathan Petersen, beide zugleich Begründer der weltlichen Liedtradition in Grönland. In ihren Texten wird die grönländische Natur besungen, womit auch das nationale Bewusstsein geweckt werden sollte. Ihre Kirchenlieder spielten in der 1908 gegründeten grönländischen national-christlichen Erweckungsbewegung *Peqatigiinniat* (Die zur Gemeinschaft Gehörenden) eine große Rolle. Die Losung der Bewegung lautete *Siumut, qummut* (Vorwärts, aufwärts) und signalisierte die materielle und religiöse Perspektive: ›vorwärts‹ in nationaler und materieller Hinsicht, ›aufwärts‹ im geistlichen Sinn, auf der Grundlage des Christentums. Zwei Lieder von Lund und Petersen werden abwechselnd als grönländische Nationalhymne gesungen. Lunds *Nunarput utoqqarsuanngoravit* (Du unser Land, so alt geworden, 1912) personifiziert Grönland in der Gestalt eines alten Mannes, unter dessen väterlicher Aufsicht die grönländische Bevölkerung behütet aufgewachsen ist. Die Vaterfigur ist jedoch vom Alter beschwert und das Land bedarf einer Erneuerung, die von außen, von ›reiferen‹, moderneren Gesellschaften kommen wird. Die letzte Strophe bringt sehr schön den zeittypischen Glauben an den geistigen und materiellen Fortschritt auf den Punkt:

Nationalhymnen

> Zurückhaltung ist nicht von Nutzen
> kalaallit, auf, erwachet, vorwärts
> Ein menschenwürdiges Leben ist unser Ziel
> glaubt endlich an eure eigene Kraft!

Die Grönländer übernehmen das Wissen der anderen und erscheinen selbst als moderne Menschen, eine indirekte Abrechnung mit der Kolonialherrschaft, in der die Dänen alle Entscheidungen trafen. Dem Lied wurde bei der Einführung der Selbstverwaltung jedoch einige Kritik entgegengebracht, weil man es als Ausdruck der Unterwürfigkeit des kolonisierten Volkes gegenüber der fremden Kultur betrachtete. In diesen Jahren bevorzugte man Petersens *Nuna asiilasooq* (Ein gewaltiges Land ist dies, vor 1920), eine Hymne auf das gebirgige Grönland, wo die Menschen den gesamten langen Küstenstreifen bewohnen, so dass sich eine Fahrt von Norden nach Süden als großartiges Reiseerlebnis gestaltet. Was sich in den Augen Außenstehender unwirtlich und gefahrvoll ausnehmen kann, erscheint den Grönländern als ein bewohntes und gastliches Land. Die letzte Strophe in Petersens Lied lautet:

> Zu Füßen der Felsmassive
> und an den Mündungen der Fjorde
> :: wohnt das Volk dieses Landes ::
> Aus dem Meer holt es sich den Fang,
> von dem es reichlich hat.
> Fürwahr, auf ewig
> ist dies das Land der kalaallit.

Hier werden sehr deutlich die Eigentumsverhältnisse markiert: Grönland ist das Land der Grönländer, wobei diese aufgefordert werden, die eigenen Ressourcen zu nutzen. Auf die heutige grönländische Jugend mag dies einfältig wirken. Die Texte sind dennoch sehr beliebt, nicht zuletzt wegen der eingängigen Melodien, die Petersen für beide Lieder komponierte.

1910–70

Zukunftsromane

Der erste grönländische Roman erschien 1914, *Sinnattugaq* (Der Traum). Sein Verfasser war Mathias Storch, der als Sohn eines Jägers aufwuchs, aber nach abgeschlossener Ausbildung am Seminar in Nuuk zum Theologiestudium nach Dänemark geschickt wurde. Mit der Arbeit am Roman begann er in den ersten Jahren seiner Anstellung als Lehrer, zu einer Zeit, da die erwähnte Erweckungsbewegung *Peqatigiinniat* eben ihren Höhepunkt erreicht hatte. Ausgangspunkt für die zeitgenössische Romanhandlung ist der beklagenswerte Zustand Grönlands, verursacht durch die dänische Verwaltung und das Verhalten der Grönländer. Die Hauptfigur des Romans, Pavia, verlässt sein Heimatdorf und zieht nach Nuuk, um einen Ausbildungsplatz anzunehmen und ›ein Arbeiter unter seinen Landsleuten‹ zu werden. Dieser Prozess vollzieht sich für Pavia jedoch nicht ohne persönliche Einbußen bis hin zu einer tiefen Krise. Der Titel des Romans verweist auf das Ende des Buches: Pavia erwacht plötzlich in Nuuk im Jahr 2105. Seine Umgebung hat sich in das Grönland verwandelt, nach dem er sich gesehnt hatte: eine betriebsame, gut organisierte Gesellschaft, nicht unähnlich einer dänischen Provinzstadt um 1910. Pavia erkennt die Wahrheit in der ständig wiederkehrenden Aussage ›der Arbeiter soll seinen Lohn erhalten‹. Der Roman illustriert den Zusammenhang zwischen der persönlichen Entwicklung eines Menschen zu einem religiösen, (aus)gebildeten und nationalbewussten Individuum einerseits und der Entwicklung der gesamten Gesellschaft andererseits. *Sinnatugaq* ist Storchs einziger belletristischer Text. Sein übriges Werk besteht aus kirchengeschichtlichen Arbeiten sowie einer Streitschrift auf Dänisch, *Strejflys over Grønland* (Streiflicht über Grönland, 1930).

Der zweite grönländische Roman *Ukiut 300-nngornerat* (300 Jahre später, 1931) stammt von Augo Lynge. Hier spielt sich die gesamte Handlung in der Zukunft ab, 2021, also dreihundert Jahre nach Egedes Ankunft in Grönland. Der Roman stellt eine Huldigung an die Entwicklung dar, die damals einsetzte und die in der beschriebenen Zukunftsvision Grönland zu einer gut funktionierenden skandinavischen Gesellschaft werden lässt. Als Krimi weckt der Roman die Neugier des Lesers auf die Auflösung des Geheimnisses. Gleichzeitig wird dadurch erreicht, dass sich der Leser in der geschilderten Gesellschaftsutopie zu Hause fühlen und die politische Botschaft des Romans erkannt werden kann: Die Grönländer sollen das traditionelle Jägerdasein zugunsten modernerer Erwerbsbereiche wie Fischerei und Schafzucht aufgeben. Lynge brachte seine Ansichten auch in zahlreichen Gedichten und Liedern zum Ausdruck und gab dazu seit 1934 die Zeitung *Taqqissuut* (Der Leuchter), ein Forum für die grönländische Gesellschaftsdebatte, heraus.

Die ›große Generation‹

In den Jahren 1921–27 waren Frederik Nielsen, Hans Lynge und Pavia Petersen Klassenkameraden am Seminar in Nuuk. Sie nahmen sich vor, eine grönländische Literatur zu schaffen, die der im Unterricht präsentierten dänischen Literatur – Werke der Nationalromantik von Autoren wie Andersen, Ingemann und Grundtvig – ebenbürtig sein konnte. Petersen starb bereits in jungen Jahren, Lynge widmete sich mit der Zeit vornehmlich der Malerei, Nielsen hingegen wurde zum *grand old man* der grönländischen Literatur.

Der erste grönländische Roman

Visionen einer grönländischen Zukunft

Grönländische Literatur nach dänischem Modell

Hans Lynge

Eskimoische Traditionen und christliche Ethik

Frederik Nielsen

Richtete die erste Autorengeneration den Blick in die Zukunft und betrachtete in der Regel Vergangenheit und Tradition als Hindernis für den Fortschritt, so schaute die zweite Generation zurück in die grönländische Geschichte. Von der dänischen Nationalromantik hatte man gelernt, die Wurzeln des Volkes als Grundlage der Nation anzusehen, die Beschäftigung mit der Vergangenheit gab daneben Raum für eine aufkeimende Unzufriedenheit mit dem beständigen Vorrang alles Dänischen und der Geringschätzung alles Grönländischen. In seinem Roman *Ersinngitsup piumasaa* (Der Wille des Unsichtbaren, 1938) versucht Lynge zu zeigen, dass die Vergangenheit Grönlands nicht nur durch ein schlechtes Heidentum gekennzeichnet war, sondern dass die Grönländer vielmehr eine eigene Spiritualität, einen Glauben an das ewige Leben besaßen, das an den individuellen Namen geknüpft war, der in der Erinnerung an den Verstorbenen in der nächsten Generation weiterlebte. Andere Traditionen hatten ihren Ursprung in den rauhen Bedingungen der arktischen Natur. Lynge zeigt sich in seinem Roman in starkem Maße von Rasmussen inspiriert, der in einem seiner Expeditionsberichte erzählt, wie er während eines Besuchs in einem Dorf im nordöstlichen Kanada das harmonische Verhältnis eines Ehepaars und seiner zwei Söhne bewundert – bis man ihm sagt, dass der Mann den richtigen Vater getötet und die Mutter der Jungen geheiratet habe. Rasmussen hofft, dass das Christentum angenommen werden wird, bevor die Knaben erwachsen sind, weil sie sonst nach Sitte der Eskimos dazu verpflichtet wären, ihren biologischen Vater zu rächen. Lynge dagegen zeigt in seinem Text, was geschieht, wenn sich das Christentum bis dahin nicht durchsetzt. Tatsächlich rächen die Brüder eines Tages ihren Vater und tun, was sie als ihre Pflicht erachten. Der eigentliche Konflikt spielt sich hingegen erst nach dem Mord ab, als der jüngere Bruder, Ulloriaq, voller Trauer beschließt, sich von den Menschen zurückzuziehen und ein *qivittoq*, ein einsamer Gebirgswanderer, zu werden, eine Figur, die im traditionellen Glauben äußerst negativ konnotiert war. Seine Geliebte folgt ihm jedoch in die Berge und bringt ihn ins Leben zurück. Die Aussage des Romans, dass die Liebe stärker als alles sei, ist zwar eher christlich als eskimoisch, wird aber in ein schamanistisches Gewand gekleidet, da sich Ulloriaq mit Hilfe seiner Geliebten von einem *qivittoq* zu einem *angakkoq*, Geisterbeschwörer, wandelt und als Heiler zum Wohl des ganzen Volkes zurückkehrt. So schafft Lynge einen neuen Mythos, der dem christlichen wie dem schamanistischen Erklärungsmuster Raum bietet. Neben diesem Roman verfasste er mehrere Theaterstücke, von denen drei gedruckt wurden. Ein Großteil der übrigen ist verloren gegangen, die in die Dramentexte eingebauten Lieder aber sind erhalten und stellen mit zahlreichen von Petersen und Nielsen verfassten Texten den Beitrag dieser Autorengeneration zum grönländischen Gesangbuch dar.

Auch Frederik Nielsen erhielt einen Teil seiner Ausbildung an einer dänischen Volkshochschule – in Südjütland, wo die nationale Frage eine besondere Rolle spielte – und auch bei ihm ist Rasmussens Einfluss spürbar. 1934 erschien sein Roman *Tuumarsi* (Tuumarsi [Personenname]), der Mitte des 19. Jh. spielt. Der Text schildert den Kampf der Großjäger um die Vereinigung von traditioneller Jägerkultur, christlichen Werten und aufkommender Geldwirtschaft. 1943 erschien *Qilak, nuna, imaq* (Himmel, Land, Meer), die erste, nicht für Gesang konzipierte Gedichtsammlung auf Grönländisch. Als sein Hauptwerk bezeichnete Nielsen selbst die Tetralogie über die grönländische Geschichte, deren erster Band den Titel *Ilissi tassa nunassarsi* (Dieses Land soll euer sein, 1971) trägt. Er schildert unter Verarbeitung grönländischer Mythen und Sagen die Auswanderung der Inuit aus der alten Heimat in Kanada und die Besiedlung Grönlands. Im zweiten Band, *Siulittuutip eqquunnera* (Die Erfüllung der Weissagung, 1982), ist der Leser Zeuge des Niedergangs der Siedlung der Nordleute im ausgehenden Mittelalter, während die Kolonialzeit das Thema von *Inuiaat nutartikkat* (Das erneuerte Volk, 1983) bildet. Der letzte Band *Nunaga, siunissat qanoq ippa?* (Mein Land, wohin geht deine Zukunft?, 1988) ist eine Schilderung des 20. Jh. bis zur Einführung der Selbstverwaltung. Mit diesem Werk schuf Nielsen eine nationale Saga, in der die Geschichte und eskimoischen Wurzeln die gemeinsame Grundlage bilden, die das grönländische Volk zusammenhält und für das Verhältnis zu den Inuit des ›alten Landes‹ beziehungsstiftend ist. Die grönländische Kultur wird im Roman nie als statisch oder rückwärts gewandt beschrieben. Während der langen Reisen treiben vielmehr Austausch und Aufnahme neuer Sitten und Traditionen als dynamische Kraft die Handlung voran und bringen das Volk weiter, wobei auch die dänische Kultur und Sprache als eine von außen kommende Inspiration für die innere Erneuerung dargestellt werden. Der Protagonist Piitaq verbringt lange Jahre seiner Ausbildung in Dänemark und hat einen dänischen Vater. Die genetische Herkunft ist jedoch nicht der entscheidende Faktor und das Dänische wird nicht als Gefährdung einer Identität betrachtet, die sich stolz zum Erbe des mythischen Vorvaters Avataq bekennt, der damals in einer Vision Grönland, das verheißene Land, erblickte und eine Stimme die Worte sprechen vernahm: »Dieses Land soll euer sein, jetzt und auf ewig!«

Die Kulturgeschichte der Inuit

Auch Pavia Petersens Roman *Niuertorutsip pania* (Die Tochter des Verwalters, postum 1944) thematisiert die Begegnung zwischen den Kulturen und die Identitätsproblematik. In einer zentralen Szene entdeckt die Protagonistin Ujuaannaaraq (Johanne), dass sie wegen ihres dänischen Vaters den anderen Kindern des Dorfes nicht gleicht. Für Ujuaannaaraq wird die entscheidende Herausforderung, das jeweilige Erbe der Eltern in ihr Leben zu integrieren, ohne sich für eines entscheiden zu müssen. Vom Vater hat sie Wissen, Physiognomie und Bildung, von der Mutter die grönländischen Traditionen und den tiefen christlichen Glauben. In der Einleitung des Romans kommt Ujuaannaaraqs Vater mit der Kiplingschen Überzeugung nach Grönland, dass Grönland und Dänemark ›wie Speck und Wasser‹ seien: Man kann sehr wohl beides in denselben Topf tun, doch verbinden werden sie sich nie. Am Ende belehrt ihn die Tochter von der Unrichtigkeit seiner Ansicht, denn sie selbst ist der biologische und kulturelle Beweis des Gegenteils. Mit der Betonung eines ›sowohl – als auch‹ anstelle eines ›entweder – oder‹ nimmt der Roman eine recht moderne Position in der Identitätsdebatte ein. Petersen verfasste außerdem das Schauspiel *Ikinngutigiit* (Die Freunde, 1938) und eine längere Erzählung mit dem Titel *Aasaq ukiorlu – asanninnerlu* (Sommer und Winter – und Liebe, 1941).

Pavia Petersen

›Speck und Wasser‹ oder Verschmelzung der Kulturen

Lynge und Nielsen haben sehr lesenswerte Memoiren herausgegeben, vor allem Lynges *Grønlands indre liv*, I–II (Grönlands inneres Leben, 1981–88) verdient Erwähnung. 1946–52 sammelte er in Upernavik in Nordwestgrönland mündliche Überlieferungen, die seiner Ansicht nach von den anderen Sammlern vergessen worden waren. Die Ergebnisse dieser Aufzeichnungen wurden 1955 wissenschaftlich in *Meddelelser om Grønland* (Mitteilungen über Grönland), 1967 in populärer Form in *Inugpait* (Großartige Menschen) ediert.

Vergangenheit und Folklore

Bis zum Zweiten Weltkrieg war Grönland praktisch von der Außenwelt abgeschnitten. Der Königlich Grönländische Handel monopolisierte Handel und Wirtschaft, und obwohl man allmählich begann, den Grönländern weiterführende Ausbildungen in Dänemark und die Teilnahme an politischen Entscheidungsprozessen zu ermöglichen, war die Grundeinstellung von dänischer Seite aus noch immer die, dass die Grönländer vor der Ausbeutung durch private Initiativen beschützt werden sollten. Nach dem Krieg wurde die Notwendigkeit von Veränderungen offensichtlich; die USA bekundeten militärstrategisches Interesse an Grönland und die UNO überwachte die weltweite Entkolonialisierung. In diesem Zusammenhang beschloss Dänemark, Grönland zu einem sogenannten gleichberechtigten Teil des dänischen Reiches zu ernennen. Die neue Verordnung trat 1953 in Kraft. Paradoxerweise nahm gerade in jenen Jahren, in denen die Entwicklung rasch voranschritt und alle Kräfte zur Modernisierung des Landes mobilisiert wurden, das Interesse an der eigenen Vergangenheit enorm zu.

Politische Modernisierung

Die Vergangenheit spielt denn auch eine entscheidende Rolle bei Autoren wie Otto Rosing, Villads Villadsen, Otto Sandgreen und Ole Brandt. Im Zentrum ihrer Texte steht die Überzeugung, dass die Literatur – und zwar sowohl die mündliche Tradition wie die schriftliche Fiktion als ihre Erbin – den Charakter einer inoffiziellen, indigenen Geschichtsschreibung besaß. Während die Dänen lange die offizielle Historiographie für sich in Anspruch nahmen, hatte ein von ›innen heraus‹ betrachtetes Grönland seinen Platz in der grönländischen Literatur – eine Gegenüberstellung, auf den auch der Titel von Lynges Memoiren anspielt.

Blick auf die Vergangenheit: Literatur als innere Geschichte

Einer der interessantesten Texte dieser Zeit ist Rosings Roman *Taseralik* (Taseralik [Ortsname], 1955), der in der Mitte des 19. Jh. spielt, als die Westgrönländer schon lange Christen waren, aber noch fernab von jeglicher Modernisierung lebten und die Abenteuerlust und das Fernweh der Vorväter dann und wann ungebrochen »in ihren Herzen erwachte«. Im ersten Teil des Romans wechselt die Perspektive zwischen zwei Familien in Nuuk in Mittelgrönland bzw. in Ilulissat in Nordgrönland, die sich vorbereiten, die lange Reise zum berühmten Sommerplatz (*aasivik*) bei Taseralik an der Mündung des Nordre Strømfjord anzutreten. Eine Liebesgeschichte zwischen einem jungen Mann und einem Mädchen steht im Zentrum der Romanhandlung. Außerdem werden der Bau eines Umiakbootes, das Verfertigen von Lederarbeiten, Jagd, alte Traditionen, der Konflikt zwischen dänischer und deutscher Mission beschrieben, wobei die Anlehnung an mündliche Erzählformen deutlich ist. Unterwegs auf der Reise zu den einzelnen Schauplätzen werden die verschiedenen Landschaften und die mit den grönländischen Landschaftsnamen verknüpften Geschichten präsentiert – gewissermaßen als Akt einer metaphorischen Rückeroberung des eigenen Landes, das die dänische Kolonialherrschaft mit den europäischen Ortsnamen in Besitz genommen hatte. Kurz vor seinem Tod gelang Rosing die Fertigstellung eines weiteren Romans, *Gulunnguaq* (Gulunnguaq [Personenname], 1968), dessen Handlung im 18. Jh. in der Diskobucht angesiedelt ist. Eine Witwe wird der Hexerei beschuldigt und kann nur durch die Vermittlung eines Missionars gerettet werden. Darüber hinaus publizierte Rosing 1957–61 in einem zweibändigen Werk *Angakkortalissuit* (Das Volk mit den mächtigen Geisterbeschwörern) Texte aus der ostgrönländischen Überlieferung. Als achtjähriger Junge war er mit seinem Vater Christian, einem Missionar, nach Ostgrönland gekommen. Die Begegnung mit der heidnischen Vergangenheit dort war für die gebil-

Reise zum Sommerplatz

deten Westgrönländer, die hier quasi von Angesicht zu Angesicht ihrer eigenen Vorzeit gegenüberstanden, zunächst ein Schock. Die sehr distanzierte Haltung ist in Christian Rosings Buch *Tunuamiut* (Die Ostgrönländer, 1906) erkennbar. Später lernten jedoch Rosing und vor allem seine Söhne, das ostgrönländische Kulturerbe höher zu schätzen.

Auch für Villadsen und Sandgreen waren Jahre in Ostgrönland entscheidend. Villads Villadsens Debütroman *Jensi* (Jensi [Personenname], 1958) handelt noch nicht von der Vergangenheit, sondern stellt den ersten modernen Gegenwartsroman in der grönländischen Literatur dar. Schauplatz der Handlung ist das Ammassalik der Nachkriegsjahre, als Dänen ins Land strömen und alles Neue in Grönland Einzug hält. Die Grönländer sind es gewohnt, zu den Dänen aufzuschauen und betrachten es als selbstverständlich, dass die Menschen in Dänemark wohlhabend sind und das Leben dort aufregend und erfüllt ist. Die junge Maren erlebt jedoch etwas anderes, als sie einen dänischen Hilfsarbeiter heiratet. Zurück in Grönland muss sie nach einer gescheiterten Ehe feststellen, dass sich ihre Jugendliebe von der menschlichen Gemeinschaft zurückgezogen hat, ein *qivittoq* geworden und inzwischen verstorben ist. Für Maren nimmt die Begegnung zwischen den Kulturen keinen glücklichen Ausgang.

Die Vergangenheit steht dann im Zentrum von Villadsens folgendem Werk, dem großartigen Epos *Nalusuunerup taarnerani* (In der Nacht des Heidentums, 1965). In einer Reihe erzählender Gedichte werden dramatische Episoden aus der grönländischen Erzähltradition wiedergegeben. Das Buch beginnt mit dem Kapitel »Qasapis letzter Tag« über die blutige Auseinandersetzung um Land zwischen Inuit und Skandinaviern. Die übrigen Episoden spielen in Ostgrönland zur Zeit der Einführung des Christentums Ende des 19. Jh. Der Geisterbeschwörer Aattaaritaa tötet seine Frau und verzehrt ihr Herz, der Großjäger Aviaaja wird des Seelenraubs angeklagt und ermordet, seine unversorgte Witwe ist gezwungen, zusammen mit ihren Kindern den Tod im Meer zu suchen. Die Einstellung zur Vergangenheit lässt sich mit dem Verhältnis zum alten Asenglauben in der dänischen Romantik vergleichen: Die alte Zeit war zwar großartig, aber auch unbarmherzig, und das Christentum wird als Beginn einer neuen, friedlicheren Zeit begrüßt. Die Form des Epos, das zu den Hauptwerken der grönländischen Literatur zählt, ist von Runebergs *Fänrik Ståls sägner* (Die Sagen des Fähnrich Stål) inspiriert. Villadsens spätere Romane wechseln zwischen historischen und aktuellen Themen. Er war einer der produktivsten Autoren grönländischer Sprache und verfasste verschiedene Theaterstücke und Kinderbücher.

Otto Sandgreen schrieb neben Essays über das Alltagsleben Erzählungen und einen Roman. Sein Werk zeigt sich vor allem vom ostgrönländischen Sagenstoff beeinflusst: *Isi isimik kigullu kigummik*, I–II (Auge um Auge, Zahn um Zahn, 1967) sowie *Taamani guutimik nalusuugama* (Meine eskimoische Vergangenheit, 1972). Die Bücher stellen eine Sammlung mündlichen Erzählstoffes dar, wobei von einer wörtlichen, quellengetreuen Wiedergabe der Erzählungen kaum die Rede sein kann. Der Text wird zwar vom ehemaligen Geisterbeschwörer Georg Qúpersimân erzählt, jedoch ist nur schwer erkennbar, welche Teile tatsächlich diesem Erzähler und welche dem Autor zuzuschreiben sind. Der Rahmen, innerhalb dessen die Geschichte erzählt wird, hat von Anfang an die Bekehrung zum Christentum zum Ziel, wobei nicht deutlich gemacht wird, ob es sich bei diesem Rahmen um den des Autors oder der Hauptfigur handelt. Die dänische Fassung *Min eskimoiske fortid* (1982) gehört zu den von Dänen am meisten benutzten Einführungen in die eskimoische Kultur.

Villads Villadsen

Als Grönländer in Dänemark

Otto Sandgreen

Eskimoische Vergangenheit

Ole Brandt

Das Werk von Ole Brandt ist von der westgrönländischen Vergangenheit des Autors, insbesondere der Geschichte seiner engeren Heimat und seiner Vorfahren charakterisiert. Er wurde in dem Dorf Iginniarfik geboren, wo in alter Zeit der Versammlungsplatz Taseralik die Leute aus dem Süden und Norden jeden Sommer vereinte. Brandt debütierte Ende der 60er Jahre und erzielte einen großen Erfolg mit der Radiolesung von *Qooqa* (Qooqa [Personenname], 1971 als Roman herausgegeben), dem mehrere Bücher über Qooqas Nachkommen folgten. Das Hauptthema von *Qooqa* ist die recht traditionelle Geschichte einer Blutrache; Brandt inszeniert jedoch seine Hauptperson als eine Art Kulturbringer, der die Blutrache in Grönland beendigt. Wie bei Lynge geht es nicht darum, dass eine Religion neu von außen kommt, vielmehr bringen die eigenen Kräfte des Landes Versöhnung und Veränderung in die eskimoische Kultur. Im Prolog des Romans spricht ein Geist der Vorzeit, der durchaus Qooqa sein könnte, zur jungen Generation und rät ihr, die Wurzeln nicht zu verachten, sondern wieder Respekt für ihren Ursprung zu gewinnen und auf die Werte aufzubauen, die die alte Kultur prägten: Selbständigkeit und Vermögen, auf eigenen Beinen zu stehen, ohne sich anderen unterzuordnen.

Seit dem Erscheinen von Lynges *Ersinngitsup piumasaa* hatte sich die Literatur wohl der Tradition zugewandt, in der lebensweltlichen Realität jedoch hatte sich an der Privilegierung des Dänischen und der Verachtung des Grönländischen nichts geändert. Nun wurde zunehmend ein Aufbegehren spürbar, und Texte wie Brandts *Qooqa* und Nielsens *Ilissi tassa nunassarsi* erhielten eine zentrale Bedeutung für die folgende Generation – Letzterer vor allem wegen seines Eingangsgedichts, in dem die visionäre Stimme den Grönländern nicht nur den dauerhaften Besitz ihres Landes verspricht, sondern gleichzeitig auch die berühmten Worte sagt:

> Tuaviorlusi iserfiginiarsiuk
> qavannga aallareerput allat nunasiniat.
> Pereersimappata aniatissigik [...]

(Eilt hinüber / Aus dem Süden kommen andere Siedler / Sind sie schon da, so werft sie hinaus [...])

1970–2000

Aufruhr und Selbstverwaltung

1970 markierte einen wichtigen Einschnitt in der grönländischen Geschichte und Kultur. Eine neue Generation betrat die politische Szene, und im Gegensatz zu ihren Vorgängern äußerten die jungen Politiker offene Kritik an der dänischen Regierung in Grönland. Die Zugehörigkeit zu Dänemark hatte nicht zur erhofften Gleichstellung geführt. Eine umfassende Danifizierung der Bevölkerung hatte eingesetzt, aber unabhängig davon, wie gut die Grönländer Dänisch lernten, bekamen sie nicht den gleichen Lohn. Dänen strömten nach Grönland, es wurde viel gebaut, und bei oberflächlicher Betrachtung begann Grönland den literarischen und politischen Zukunftsvisionen vom Jahrhundertanfang zu gleichen. Der entscheidende Unterschied war jedoch, dass die Wirklichkeit von den Dänen bewohnt wurde und sie die Grönländer auf eine Zuschauerrolle reduzierte. Bei den Grönländern wuchs der Verdacht, dass die Dänen das neue Grönland für sich selbst bauen wollten. Hier wurde die Literatur zu einem wichtigen Sprachrohr für den Protest.

Die beiden Anthologien *Puilasoq pikialaartoq* (Die sprudelnde Quelle, 1969) und *Allagarsiat* (Briefe, 1970) bezeichnen einen Neubeginn in der Literatur. Sie versammeln ältere wie einige jüngere Autoren, die später bekannt wurden: Moses Olsen, Arqaluk Lynge, Kristian Olsen, aaju (dies sein grönländischer Beiname), Hans Anthon Lynge u. a. Trotz seines geringen Umfangs nimmt das Werk von Moses Olsen eine zentrale Stellung in der grönländischen Literaturgeschichte ein. Verschiedene Symbole und Themen, die die 70er und 80er Jahre prägen sollten, finden sich in seinen in *Puilasoq pikialaartoq* gedruckten Gedichten; der Titel der Anthologie entstammt einer Zeile seines Gedichts *Nassuiaat* (Erklärung), das von der Poesie als einer Naturnotwendigkeit handelt. Die Bildsprache entstammt primär der grönländischen Natur, und obwohl viele der Gedichte den Zusammenstoß der Kulturen behandeln, lassen sie sich auch auf einer Ebene lesen, die die menschliche Existenz grundsätzlich thematisiert. Eindeutig politisch ist Olsen in der Erzählung *Aamma uagut taamaappugut?* (Sind wir auch so?) in *Allagarsiat*, in der mit den Vorstellungen abgerechnet wird, dass in einer Gesellschaft mit ungleicher Machtverteilung zwischen den einzelnen ethnischen Gruppen je Gleichheit erreicht werden könne.

Politisierung der Gesellschaft und Kultur

Wie Olsen war Arqaluk Lynge während der Studienjahre in Kopenhagen aktiv im Unge Grønlænderes Råd (Rat der jungen Grönländer). Nach seiner Rückkehr gehörte er zu den Gründern der *aasivik*-Treffen, der Wiederbelebung der alten, jeweils im Sommer stattfindenden Versammlungen, wo man sich zu Jagd und Fischfang traf und Neuigkeiten und Erzählungen austauschte. Nun war freilich die Politik das Thema. Die symbolische Beziehung zur Vergangenheit zeichnete auch die linksorientierte Partei Inuit Ataqatigiit aus, die Lynge mitbegründete und der er aktiv angehörte. Er war zudem in der Zusammenarbeit mit anderen Inuit in der Inuit Circumpolar Conference (ICC) engagiert. Sein literarisches Hauptwerk ist die zweisprachige Lyriksammlung *Tupigusullutik angalapput/Til hæder og ære* (Zu Ruhm und Ehre, 1982), deren übergeordnetes Thema eine Kritik am Kapitalismus, Imperialismus, Kolonialismus ist. Im Titelgedicht werden die zahlreichen Expeditionen, die Grönland ›entdeckten‹, ironisiert:

Arqaluk Lynges zweisprachiger Gedichtband

> Sie reisen und reisen
> und reisen zurück
> mit Karten des Landes
> die Lebensweise war beschrieben
> zu Ruhm und Ehre
> Medaillen und mehr
> weil sie ein Land bereist hatten
> in dem Menschen leben und wohnen.

Lynge gehört zu den Dichtern, die Dänisch und Grönländisch gleichermaßen kreativ beherrschen.

Zahlreiche grönländische Autoren ließen sich während ihrer Studienzeit in Dänemark vom französischen Existenzialismus inspirieren. In der Zeit der politischen Bewusstwerdung in den 70er Jahren wurde das allgemeine Gefühl des Fremdseins in der Welt in der Entfremdung konkretisiert, die die Grönländer unter der Kolonialherrschaft erlebten, so z. B. bei Kristian Olsen, aaju, dessen zweisprachige Gedichtsammlung *Kinaasutsip taallai/Balladen om identiteten* (Die Ballade von der Identität, 1978) von einer in akuter Krise befindlichen, zwischen Alt und Neu, zwischen Grönländisch und Dänisch hin- und hergerissenen Identität erzählt. Hier erscheint jede Vereinigung der Gegensätze und damit eine ›kombinierte‹ Identität unmöglich, in der die

Kristian Olsen, aaju

›Identitätsverwirrung‹

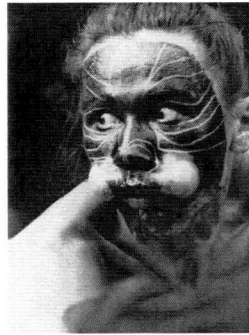

Silamiut-Theater

Grönländer für sich jeweils das Beste vom Grönländischen wie vom Dänischen auswählen, wie es noch Petersen erhofft hatte.

›Identitätsverwirrung‹ wurde nun zum Modewort des grönländischen wie des dänischen Diskurses über das moderne Grönland, verknüpft mit dem Kulturpessimismus, der sich in der westlichen Welt ausbreitete. Man entdeckte in den sogenannten ›ersten Nationen‹ die ›ursprünglichen Völker‹ der Erde und Träger einer ›Menschlichkeit‹ und glaubte, dass Völker wie die Indianer, Aborigines oder Inuit sie besessen hätten und sie aber von der profitorientierten, naturzerstörenden Kultur des weißen Mannes verdrängt worden sei. In dieser Zeit wurde der grönländische Name für Grönland, *Kalaallit nunaat* – wörtlich »Land der Grönländer« – aus ideologischen Gründen häufig als »Land der Menschen« übersetzt. Die Vorstellung von den Naturvölkern als den wahren Menschen kam auch im norwegisch-dänisch-grönländischen Theater *Tuukkaq* zum Ausdruck, das seinen Hauptsitz in Fjaltring in Nordwestjütland hatte und seit der Mitte der 70er Jahre und die 80er Jahre hindurch in Dänemark und im Ausland erfolgreich war. Die Stücke mit Performances, die sich am Körper-/Tanztheater orientierten, entstanden aus intensiven Studien vor allem von Rasmussens Schriften. Ein Ableger des Theaters, *Silamiut*, wurde 1984 in Grönland eröffnet, und den Stücken, die dort gespielt werden, liegen traditionelle Mythen und Sagen zugrunde.

Frauenliteratur und Geschlechterdebatte in der Literatur

Mit dem Aufschwung in Kunst und Literatur, der die 70er Jahre kennzeichnete, eröffnete sich schließlich auch ein Weg für weibliches Schreiben. In der mündlichen Tradition hatten sich Frauen den Männern noch einigermaßen ebenbürtig ausdrücken können. Durch die Mission lernten die Frauen zwar Lesen, Schreiben und Bibelkunde, aber ausschließlich Männer erhielten nach der Grundschule eine weitere Ausbildung, weshalb es auch als eine männliche Angelegenheit betrachtet wurde, sich schriftlich auszudrücken. Erst nach dem Zweiten Weltkrieg begann man ernstlich, sich um die Ausbildung der Frauen im Hinblick auf eine Erwerbstätigkeit zu bemühen.

Frauenerfahrung, weibliche Perspektiven

Zweifellos beförderten die vielen Anthologien, die seit etwa 1970 erschienen, die Präsenz der Frauen in der Literatur. In den beiden bekannten, bereits erwähnten Sammlungen von 1969 und 1970 noch schwach vertreten, waren Schriftstellerinnen zunehmend stärker repräsentiert in der seit 1978 unregelmäßig veröffentlichten literarischen Anthologiereihe *Suluit* (Flügel) wie auch in zwei Anthologien, die auf dänische Initiative hin zweisprachig herausgegeben wurden: *Inuit, ny grønlandsk lyrik* (Inuit, neue grönländische Lyrik, 1980) und *Inuit nipaat, grønlandske digte i 1980-erne* (Grönländische Gedichte der 80er Jahre, 1989).

Mâliâraq Vebæk

Mâliâraq Vebæk verfasste als erste Frau einen Roman auf Grönländisch, *Bussimi naapinneq* (Die Begegnung im Bus, 1981). Der Roman spielt zu jener Zeit, als viele dänische Handwerker nach Grönland kamen und manche grönländische Mädchen glaubten, das Glück sei in Dänemark zu finden. Dies gilt auch für die Erzählerin des Romans, Louise. Doch die Begegnung mit der unglücklichen Katrine öffnet ihr die Augen. Sie erkennt den Preis, den sie bezahlen musste, um sich zu assimilieren. Vebæk gehörte zu den gebildetsten Frauen ihrer Zeit. 1932 war sie unter den ersten Schülerinnen der neugegründeten Heimvolkshochschule für Mädchen in Aasiaat, und anschließend kam sie zur höheren Ausbildung nach Dänemark. Seit Mitte der 50er Jahre arbeitete sie als Dolmetscherin für die Grönländische Abteilung des Radios in Kopenhagen, wo sie auch ihre ersten Erzählungen las. Später verfasste sie Hörspiele für das grönländische Radio; ihre Texte sind in zahlreichen Anthologien abgedruckt.

Eine andere wichtige Autorin ist Dorthe Nathanielsen, die ebenfalls mit zahlreichen Gedichten in Anthologien vertreten war. Der Roman *Aani* (Aani [Personenname], 1986) schildert das Schicksal einer ganz gewöhnlichen grönländischen Frau, »einer Frau, von der niemand glauben würde, dass sie etwas zu sagen hätte«. Mit einer Mischung aus Freude und Missfallen sieht sie, wie ihre Tochter das eigene Leben in die Hand nimmt, um sich möglicherweise den Traum von einem ganz anderen Leben als Frau zu erfüllen, was ihr selber nie gelungen war. Der Roman ist eine herausragende Schilderung der rasch fortschreitenden Entwicklung des modernen Grönland aus der Sicht einer Frau. Auch Nathanielsen debütierte 1982 mit einem Buch, das sich auf die orale Erzähltradition stützt: *Ujuaansi avalak* (der Titel ist ein Wortspiel: der Protagonist, Ujuaansi, liebt den Tanz, und eine der Geschichten, die über ihn kursieren, handelt davon, wie er einmal auf einer Eisscholle aufs Meer hinausgetrieben wurde – beides, den Tanzboden betreten und vom Land abgetrieben werden, wird auf Grönländisch mit demselben Wort bezeichnet). Solche Erzählungen hörte Nathanielsen von ihrer Tante, Bibiane Mikkelsen, einer geschätzten Geschichtenerzählerin.

Mariane Petersen verfasste 1988 die erste selbständige Gedichtsammlung: *Niviugaq aalakoortoq allallu* (Die betrunkene Fliege und andere Gedichte), die vor allem die Rückkehr des Humors in die grönländische Dichtung markiert. Humor und Groteske hatten in der oralen Kultur Grönlands eine zentrale Stellung gehabt, waren aber, da sich die moderne Literatur in enger Verbindung mit der kirchlichen Erweckungsbewegung entwickelte, verdrängt worden. Dies trennte die Literatur vom Alltag, in dem der Humor weiterhin eine bevorzugte Form des sprachlichen Ausdrucks und geselligen Lebens darstellte. Petersen verschaffte mit ihrem Werk auch dem Erotischen wieder einen Raum in der Dichtung. 1993 erschien ihr *Inuiaat Nunaallu* (Ein Volk und sein Land), ein langes episches Gedicht über Grönlands Geschichte.

Auch im Werk von Jessie Kleemann, die eher durch Malerei und Performances bekannt wurde, spielt das Erotische eine wichtige Rolle. Kleemann gab nur eine einzige selbständige Gedichtsammlung heraus – *Taallat/Digte/Poems* (1997) –, sie ist jedoch in vielen Anthologien vertreten und repräsentiert Grönland häufig auf nordischen und internationalen Poesiefestivals. Während die Sammlung von 1997 insbesondere Gedichte expressionistischer, häufig surrealistischer Prägung enthält, die mit Bedeutung aus der traditionellen schamanistischen Erfahrungswelt aufgeladen sind, hat ihre Poesie in den letzten Jahren einen eher sozialrealistischen Charakter angenommen. Gleichzeitig wurde in Grönland begonnen, offen über zuvor tabuisierte Themen wie z. B. sexuelle Übergriffe und Inzest zu sprechen. Vivi Lynge Petrussen ist eine andere Autorin, die in diesem Genre Ausdruck sucht. Sie hat bislang ein Prosawerk *Naalliutsitaanerup pissaanerani* (In der Gewalt der Misshandlung, 2001) über Gewalt in der Ehe sowie die zweisprachige Gedichtsammlung *Kalunnerit/Lænker* (Ketten, 2001) herausgegeben.

Es wäre zu diskutieren, ob Grönland eine eigentliche ›Frauenliteratur‹ aufweist, da der Fokus der von Frauen verfassten Literatur im Grunde eher allgemein auf die Gesellschaft als spezifisch auf die Geschlechterdebatte ausgerichtet gewesen ist. Die Besorgnis über die gesellschaftliche Entwicklung ist ein zentrales Thema der jüngsten grönländischen Literatur. Hier wird die Notwendigkeit diskutiert, wieder eine ethische, geistige Grundlage zufinden, die den Menschen hilft, den Anforderungen der modernen Welt gerecht zu

Die betrunkene Fliege

Rückkehr des Humors und der Erotik

Schamanistischer Expressionismus – Tabuthemen

werden, und die auch die gegenseitigen Beziehungen der Menschen, darunter das Verhältnis der Geschlechter, verbessert.

Das Lokale und das Globale

Zwei wichtige Autoren der neuesten grönländischen Literatur sind Hans Anthon Lynge und Ole Korneliussen. Lynge debütierte 1970 mit einem Gedicht und einer Erzählung in der Anthologie *Allagarsiat*. 1976 erschien sein Roman *Seqajuk* (Der Untaugliche). Dieser Text thematisierte als einer der ersten die zahlreichen Selbstmorde von Jugendlichen auf Grönland, die mit der rasanten gesellschaftlichen Entwicklung und dem ungleichen Machtverhältnis zwischen den ethnischen Gruppierungen in Grönland in Verbindung gebracht werden. *Seqajuk* ist das Wort der Thule-Eskimos für einen schlechten Jäger, und die Darstellung einer solchen Figur als Protagonist eines Romans stellte einen offenen Bruch mit der traditionellen Literatur dar, die den selbständigen Jäger der Vergangenheit als nachahmenswertes Vorbild beschwor. *Seqajuk* wies auf die Notwendigkeit hin, der modernen Realität ins Auge zu sehen. Außerdem ist die Verantwortung des Einzelnen gegenüber der Gesellschaft Lynges Anliegen: In seinem Werk erprobt er verschiedene Möglichkeiten einer Synthese des Kollektivismus, der die alte Zeit geprägt hatte, mit dem Individualismus der Moderne. Lynge schreibt aus dem Herzen der grönländischen Gesellschaft heraus und gibt in der Begegnung zwischen Lokalem und Globalem Ersterem den Vorrang. So entsteht ein stiller Alltagsrealismus fernab jeglicher Heimatliteratur. In seinem Roman *Umiarsuup tikinngilaattaani* (Kurz bevor ein Schiff kommt, 1979) ist unter einer scheinbar glatten Oberfläche das Drama im Kleinen verborgen. In einem nordgrönländischen Dorf endet ein ganz gewöhnlicher Vormittag in einer Tragödie. Fächerartig breitet Lynge hier eine Reihe von Einzelschicksalen aus, um sie am Ende elegant zusammenzuführen. Ähnlich findet sich dies im Gedichtzyklus *Nunanni Avani* (Im Norden, wo ich wohne, 1990), in dem Kindheit und Jugend eines kleinen Mädchens von seiner Beziehung zur bettlägerigen Schwester geprägt sind. In seinem Roman *Allaqqitat* (Schriften, 1997) begegnet der Leser – wie häufig bei Lynge – einer Person im Dialog mit sich selbst. Der Roman hat keine lineare Handlung, abgesehen von der Rahmenerzählung, in der ein Mann eines Tages im Januar 1976 Besuch von einem ehemaligen Mitschüler bekommt, der ihn darum bittet, einiges von dem zu lesen, was er in den vergangenen Jahren geschrieben habe. Darauf verfolgt der Leser die Lektüre der Schriften bis zum letzten Tag im April 1979, dem Tag vor Inkrafttreten der Selbstverwaltung. Das Buch besteht aus vermischten Aufzeichnungen, Erinnerungen, kleinen Situationsschilderungen, alten Papieren, Zeitungsausschnitten usw., die sich mit allen jenen Erinnerungen und Überlegungen vermischen, die die Lektüre beim Freund, ›der Leser‹ genannt, evoziert. Die Pointe besteht im Aufbau des Romans, denn der faktische Leser wird in eine doppelte Leserposition gedrängt, in der er nicht nur die Standpunkte des Schreibenden, sondern auch die Reaktionen des fiktiven Lesers einbezieht und gleichzeitig die vergangenen zwanzig Jahre der Selbstverwaltung durchlebt, die außerhalb des fiktionalen zeitlichen Rahmen des Buches, aber innerhalb desjenigen von Autor und faktischem Leser liegen. Zahlreiche offen gelassene Fragen regen zum Nachdenken über grönländische Kultur, Tradition, Unterdrückung und Gesellschaftsentwicklung an.

Ole Korneliussen debütierte 1973 mit der Lyriksammlung *Putoq* (Das Loch); inspiriert vom französischen Existenzialismus und verfasst in einer verdichteten, beinahe surrealistischen Formsprache, wurde sie in den fol-

Hans Anthon Lynge

Alltagsrealismus

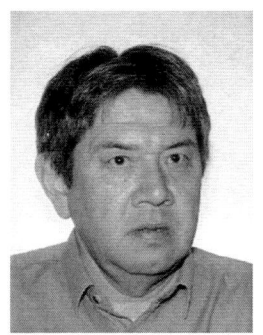

Ole Korneliussen

genden Jahren ein häufig zitierter Text. In seiner preisgekrönten Erzählung *Seqinnersumi apisoq* (Wenn Schnee fällt, während die Sonne scheint, 1987) wird das Thema Selbstmord vom Ich-Erzähler der Geschichte ähnlich wie in der zeitgenössischen Literatur formuliert: Die Entwicklung, die die Dänen in Gang gebracht haben, passt nicht zum grönländischen Leben, für den Einzelnen gibt es darin keinen Sinn oder festen Halt. 1991 gab Korneliussen seine alte Gedichtsammlung, ergänzt durch eine Reihe neuer Gedichte, unter dem Titel *Putoq Nutaaq* (Das neue Loch), erneut heraus. 1992 erschien die Erzählsammlung *Uumasoqat* (Mitgeschöpf). Hier wird die grönländische Gesellschaft aus der Perspektive eines Sommergastes betrachtet, der dazugehört und gleichzeitig ein Außenstehender ist. Manche der anderen Erzählungen beleuchten das existentielle Verhältnis zwischen dem Ich und ›dem Anderen‹ hinsichtlich der lockeren Beziehungen unter den Menschen in der modernen Gesellschaft, wobei mit der Inszenierung des unzuverlässigen Erzählers weiterexperimentiert wird. Seit 1967 lebt Korneliussen in Dänemark und ist ein engagierter Fürsprecher einer multikulturellen, mehrsprachigen Perspektive. Er übersetzt seine Texte selbst ins Dänische und unterstreicht, dass es sich dabei nicht um bloße Übersetzungen, sondern um eigenständige, gleichwertige Werke handle. Auch erscheint die grönländische Version nicht immer zuerst. Als einem der ersten grönländischen Autoren gelang Korneliussen 1999 mit dem Roman *Tarrarsuummi tarraq* (Der Schatten im Spiegel, 2000) ein großer Erfolg in Dänemark. Schauplatz ist im Wesentlichen eine Großstadt, die Kopenhagen sein könnte, daneben gibt es Merkmale eines anderen Ortes, der stark an Grönland erinnert. Zuweilen gleiten beide Geographien ineinander, die jeweiligen Gegensätze heben sich auf, so dass Hochhäuser zu Bergen werden, verkehrsreiche Straßen zu reißenden Strömen, die Hauptperson zu einem Wanderer in zwei Dimensionen: der konkreten und jener der Erinnerung. Im Gegensatz zum dominanten Diskurs der letzten zehn Jahre endet hier die Begegnung der Kulturen nicht in Entzweiung, sondern in einer Bereicherung – die Welt wird durch die beiden Identitäten größer und reicher. Unerschrocken greift Korneliussen zentrale Mythen der Entstehung der grönländischen Nation an. Anstatt erneut die unauflösliche Verbundenheit der Grönländer mit der Natur zu postulieren, lehnt er jedwede Form der Mythisierung ab und erklärt seine Feindschaft gegenüber jeglichem Nationalismus. Kein Volk sei durch seine sogenannte ›Kultur‹ prädestiniert, kein Mensch dazu ›bestimmt‹, an dem Ort zu leben, wo er geboren wurde.

Scheinbar stehen sich zwei Autoren wie Lynge und Korneliussen als Repräsentanten für das Lokale und das Globale diametral gegenüber. In beiden Romanen gibt es jedoch Fissuren, durch die entgegengesetzte Aussagen in den Text sickern. Bei genauerer Betrachtung hat sich Korneliussens Ich-Erzähler vielleicht doch nicht so gut in der großen »gastlichen« Stadt eingelebt, wie er eingangs behauptet, und obgleich Lynges Protagonist sich am liebsten auf »die angenehmen Seiten des Daseins als Grönländer« konzentrieren möchte, schleicht sich bei der Lektüre der unerwünschten Schriften seines Freundes ein Gefühl der *unhomeliness* in sein Zuhause ein, das ihn unvermittelt zwingt, Selbstverständlichkeiten in Frage zu stellen. Auch im Lokalen verwischen sich somit die Grenzen zwischen dem ›Draußen‹ und dem ›Drinnen‹ und Lynges wie Korneliussens Romane berühren – jeder von seiner Ausgangsposition aus – Problemfelder, die nicht nur das spezifisch Grönländische, sondern grundsätzlich den modernen Menschen in seinen Existenzbedingungen, jenseits jeder ethnischen und nationalen Zugehörigkeit behandeln.

Entwurzelung des Individuums

Multikulturelle, vielsprachige Perspektive

Untergrabung der Gründungsmythen

Verwischen der Grenzen

Bibliographie

Die folgende Bibliographie soll anhand der wichtigsten Forschungsliteratur einen Einsteig in die Beschäftigung mit der Geschichte der skandinavischen Literaturen ermöglichen. Es handelt sich dabei um eine Auswahl, die vor allem solche Werke verzeichnet, die von den Beiträgerinnen und Beiträgern der einzelnen Kapitel für ihre Darstellungen verwendet wurden. Weiterführende bibliographische Hinweise geben die beiden unten genannten Studienbibliographien zur Älteren und Neueren Skandinavistik.

Werke isländischer Verfasser sind entsprechend isländischen Gepflogenheiten unter dem Vornamen verzeichnet.

Allgemeines

Bibliographien

Gippert, Stefan u.a., *Studienbibliographie zur Älteren Skandinavistik*, Leverkusen 1991.
Schröder, Stephan Michael (Hg.), *Studienbibliographie zur Neuskandinavistik*, Berlin 1997. www-Version 2002: www2.rz.hu-berlin.de/skan/np/studbib/

Allgemeine Nachschlagewerke

Aschehoug og Gyldendals Store Norske leksikon, 12 Bände, Oslo 1978–81.
Den Store Danske Encyklopædi, 20 Bände, Kopenhagen 1994–2001.
Íslenska Alfræðiorðabókin, 3 Bände, Reykjavík 1990.
Nationalencyklopedin, 20 Bände, Höganäs 1989–96.
Uppslagsverket Finland, 3 Bände, Helsinki 1982–85.

Geschichte der skandinavischen Länder

Bohn, Robert, *Dänische Geschichte*, München 2001.
Cornell, Jan (Hg.), *Den svenska historien*, 15 Bände, Stockholm 1977–79.
Danstrup, John, Hal Koch (Hg.), *Danmarks historie*, 15 Bände, Kopenhagen 1969–72.
Debes, Hans Jacob, *Føringernes land – historien om den føroyske nutids oprindelse*, Frederiksberg 2001.
Findeisen, Jörg-Peter (Hg.), *Geschichte der Länder Skandinaviens*, 4 Bände, Regensburg 1997–2005.

Gad, Finn, *Grønland*, Kopenhagen 1984.
Gustafsson, Harald, *Nordens historia. En europeisk region under 1200 år*, Lund 1997.
Hansen, Lars Ivar, Bjørnar Olsen, *Samenes historie fram til 1750*, Oslo 2004.
Hjálmarsson, Jón R., *History of Iceland. From the Settlement to the Present Day*, Reykjavík 1993.
Klinge, Matti, *Die Geschichte Finnlands im Überblick*, Helsinki 1995.
Mykland, Knut (Hg.), *Norges historie*, 15 Bände, Oslo 1976–80.
Nordstrom, Byron J., *Scandinavia since 1500*, Minneapolis usw. 2000.
Norsk historie 800–2000, 6 Bände, Oslo 1999.
Olsen, Olaf (Hg.), *Danmarkshistorie*, 16 Bände, Kopenhagen 1988–91.
Pulsiano, Phillip u.a. (Hg.), *Medieval Scandinavia. An Encyclopedia*, New York usw. 1993.
Sawyer, Peter (Hg.), *The Oxford Illustrated History of the Vikings*, Oxford usw. 1997.
Sigurður Líndal (Hg.), *Saga Íslands*, 1-, Reykjavík 1974-.
West, John F., *Faroe, The Emergence of a Nation*, London 1972.

Literaturgeschichte

Alenius, Marianne u.a. (Hg.), *Kampen om litteraturhistorien. Festskrift til Pil Dahierup*, Kopenhagen 2004.
Andersen, Per Thomas, *Norsk litteraturhistorie*, Oslo 2001.
Bandle, Oskar, *Schriften zur nordischen Philologie*, Tübingen usw. 2001.
Beyer, Edvard (Hg.), *Norges litteraturhistorie*, 8 Bände, Oslo [4]1995–98.
Brøndsted, Mogens (Hg.), *Nordische Literaturgeschichte*, 2 Bände, München 1982/84.
Conrad, Fleming, *Smagen og det nationale. Studier i dansk litteraturhistorieskrivning 1800–1861*, Kopenhagen 1996.
Dahl, Árni, *Bókmentasøga*, 3 Bände, Tórshavn 1980–83.
Dahl, Willy, *Norges litteratur*, 3 Bände, Oslo 1981–89.
Dahlerup, Pil, »New Literary. Betragtninger over litteraturhistoriegenren«, in: *Kultur & Klasse* 29 (2001), Nr. 2.
Dansk litteraturs kanon (UVM 6-295). Uddannelsesstyrelsens temahæfteserie Nr. 11, Kopenhagen 2004.

Fidjestøl, Bjarne u.a., *Norsk litteratur i tusen år. Teksthistoriske linjer*, Oslo 1994.
Hagemann, Sonja, *Barnelitteratur i Norge*, 3 Bände, Oslo ²1975–78.
Isaksen, Jógvan, *Færøsk litteratur. Introduktion og punktnedslag*, Kopenhagen 1993.
Jørgensen, Jens Anker, Knud Wentzel (Hg.), *Hovedsporet. Dansk litteraturs historie*, Kopenhagen 2005.
Kittang, Atle u.a., *Om litteraturhistorieskriving. Perspektiv på litteraturhistoriografiens vilkår og utvikling i europeisk og norsk samanheng*, Øvre Ervik 1983.
Kaspersen, Søren u.a. (Hg.), *Dansk Litteraturhistorie*, 9 Bände, Kopenhagen ²1983–85.
Kåreland, Lena, *Möte med barnboken. Linjer och utveckling i svensk barn- och ungdomslitteratur*, Stockholm 1994.
Lassila, Pertti, *Geschichte der finnischen Literatur*, Tübingen usw. 1996.
Lönnroth, Lars, Sven Delblanc (Hg.), *Den svenska litteraturen*, 3 Bände, Stockholm ²1999.
Mortensen, Klaus P., May Schack (Hg.), *Dansk litteraturs historie*, 5 Bände, Kopenhagen 2006-.
Møller Jensen, Elisabeth u.a. (Hg.), *Nordisk kvindelitteraturhistorie*, 5 Bände, Kopenhagen 1993–98.
Paul, Fritz (Hg.), *Grundzüge der neueren skandinavischen Literaturen*, Darmstadt 1981.
Rosendahl Thomsen, Mads u.a. (Hg.), *Litteraturhistoriografi*, Aarhus 2005.
Rossel, Sven H. (Hg.), *A History of Scandinavian Literatures*, 4 Bände, Lincoln usw. 1992–98: Rossel, Sven H. (Hg.), *A History of Danish Literature*, 1992; Næss, Harald S. (Hg.), *A History of Norwegian Literature*, 1993; Warme, Lars G. (Hg.), *A History of Swedish Literature*, 1996; Schoolfield, George C. (Hg.), *A History of Finland's Literature*, 1998.
Sønsthagen, Kari, Lena Eilstrup (Hg.), *Dansk børnelitteratur historie*, Kopenhagen 1992.
Stefán Einarsson, *A History of Icelandic Literature*, New York 1957.
Tigerstedt, E.N. (Hg.), *Ny illustrerad svensk litteraturhistoria*, 5 Bände, Stockholm 1955–66.
Traustedt, Poul Henning (Hg.), *Dansk litteraturhistorie*, 6 Bände, Kopenhagen 1976–77.
Varpio, Yrjö (Hg.), *Suomen kirjallisuushistoria*, 3 Bände, Helsinki 1999.
Vésteinn Ólason u.a. (Hg.), *Íslensk bókmenntasaga*, 1-, Reykjavik 1992–96.
Williams, Anna, *Stjärnor utan stjärnbild. Kvinnor och kanon i litteraturhistoriska översiktsverk under 1900-talet*, Stockholm 1997.
Wrede, Johan u.a. (Hg.), *Finlands svenska litteraturhistoria*, 2 Bände, Helsinki usw. 1999/2000.

Sprachgeschichte

Bandle, Oskar u.a. (Hg.), *The Nordic Languages. An International Handbook of the History of the North Germanic Languages*, 2 Bände, Berlin usw. 2002/05.
Braunmüller, Kurt, *Die skandinavischen Sprachen im Überblick*, Tübingen ²1999.
Haugen, Einar, *Die skandinavischen Sprachen. Eine Einführung in ihre Geschichte*, Hamburg 1984.

Kunstgeschichte

Alm, Göran u.a. (Hg.), *Sigrums svenska konsthistoria*, Lund 1994-.
Berg, Knut (Hg.), *Norges malerkunst*, 2 Bände, Oslo 1993.
Fiell, Charlotte, *Skandinavisches Design*, Köln 2002.
Hornung, Peter Michael (Hg.), *Ny dansk kunsthistorie*, 10 Bände, Kopenhagen 1993–96.
Poulsen, Vagn u.a. (Hg.), *Dansk kunsthistorie*, 5 Bände, Kopenhagen 1972–75.
Valkonen, Markku, *Finnlands Kunst im Blickfeld*, Helsinki 1992.

Musikgeschichte

Andersson, Gregor (Hg.), *Musikgeschichte Nordeuropas. Dänemark, Finnland, Island, Norwegen, Schweden*, Stuttgart usw. 2001.
Jonsson, Leif u.a. (Hg.), *Musiken i Sverige*, 4 Bände, Stockholm 1994.
Schiørring, Nils (Hg.), *Musikkens historie i Danmark*, 3 Bände, Kopenhagen 1977–78.
Vollsnes, Arvid O. u.a. (Hg.), *Norges musikkhistorie*, 5 Bände, Oslo 2001.

Theatergeschichte

Kvam, Kela u.a. (Hg.), *Dansk teaterhistorie*, 2 Bände, Kopenhagen 1992.
Löfgren, Lars, *Svensk teater*, Stockholm 2003.
Lyche, Lise, *Norges teaterhistorie*, Asker 1991.
Marker, Frederick J. u.a., *A History of Scandinavian Theatre*, Cambridge 1996.
Sveinn Einarsson, *Íslensk leiklist*, 2 Bände, Reykjavík 1991/96.

Filmgeschichte

Bondebjerg, Ib u.a. (Hg.), *Dansk film 1972–97*, Kopenhagen 1997.
Cowie, Peter, *Scandinavian Cinema. A Survey of the*

Films and Film-Makers of Denmark, Finland, Iceland, Norway and Sweden, Hollywood 1992.
Furhammer, Leif, *Filmen i Sverige. En historia i tio kapitel*, Stockholm 1991.
Lachmann, Michael, *Film in Skandinavien 1945–1993. Dänemark, Finnland, Island, Norwegen, Schweden*, Berlin 1993.
Qvist, Per Olov, *Guide to the Cinema of Sweden and Finland*, Westport 2000.
Schepelern, Peter (Hg.), *100 års dansk film*, Kopenhagen 2001.

Mediengeschichte

Bruhn Jensen, Klaus (Hg.), *Dansk mediehistorie*, 3 Bände, Kopenhagen 1996–97.
Gustafsson, Karl Erik u.a. (Hg.), *Den svenska pressens historia*, 5 Bände, Stockholm 2000–03.

Philosophie- und Geistesgeschichte

Berg Eriksen, Trond, Øystein Sørensen (Hg.), *Norsk idéhistorie*, 6 Bände, Oslo 2001.
Broberg, Gunnar (Hg.), *Gyllene Äpplen. Svensk idéhistorisk läsebok*, 2 Bände, Stockholm 1991.
Ebbesen, Sten, Carl Henrik Koch (Hg.), *Den danske filosofis historie*, 1-, Kopenhagen 2002-.
Ebbestad Hansen, Jan-Erik, *Norsk tro og tanke*, 2 Bände, Oslo 1998.
Feldbæk, Ole (Hg.), *Dansk identitetshistorie*, 4 Bände, Kopenhagen 1991–92.
Frängsmyr, Tore, *Svensk idéhistoria*, 2 Bände, Stockholm 2000.
Kragh, Helge, *Dansk naturvidenskabs historie*, 4 Bände, Aarhus 2005–06.

Kulturgeschichte

Alho, Olli (Hg.), *Kulturlexikon Finnland*, Helsinki 1998.
Christensson, Jakob (Hg.), *Signums svenska kulturhistoria*, 8 Bände, Lund 2004-.
Lindroth, Sten, *Svensk lärdomshistoria*, 4 Bände, Stockholm 1975.
Nellemann, Georg (Hg.), *Dagligliv i Danmark i vor tid*, 2 Bände, Kopenhagen 1988–89.
Simmensen, Ingrid u.a. (Hg.), *Norges kulturhistorie*, 8 Bände, Oslo 1979–81.
Steensberg, Axel (Hg.), *Dagligliv i Danmark*, 4 Bände, Kopenhagen 1964–69.
Suomen kulttuurihistoria, 5 Bände, Helsinki 2002–04.
Wrangel, Ernst u.a. (Hg.), *Svenska folket genom tiderna*, 13 Bände, Malmö 1938–40.

Mittelalter (800–1500)

Beck, Heinrich u.a. (Hg.), *Reallexikon der Germanischen Altertumskunde*, 1-, Berlin usw. 1973-.
Bekker-Nielsen, Hans u.a., *Norrøn Fortællekunst. Kapitler af den norsk-islandske middelalderlitteraturs historie*, Kopenhagen 1965.
Byock, Jesse L., *Medieval Iceland. Society, Sagas, and Power*, Berkeley usw. 1988.
Byock, Jesse L., *Viking Age Iceland*, London 2001.
Clover, Carol J., John Lindow (Hg.), *Old Norse-Icelandic Literature. A Critical Guide*, Ithaca usw. 1985.
Clunies Ross, Margaret, *A History of Old Norse Poetry and Poetics*, Cambridge 2005.
Clunies Ross, Margaret, *Prolonged Echoes. Old Norse myths in medieval Northern society*, 2 Bände, Odense 1994/98.
Clunies Ross, Margaret, *Skáldskaparmál. Snorri Sturluson's ars poetica and medieval theories of language*, Odense 1987.
Clunies Ross, Margaret (Hg.), *Old Icelandic Literature and Society*, Cambridge 2000.
Dahlerup, Pil, *Dansk litteratur. Middelalder*, 2 Bände, Kopenhagen 1998.
Driscoll, Matthew James, *The Unwashed Children of Eve. The Production, Dissemination and Reception of Popular Literature in Post-Reformation Iceland*, Enfield Lock 1997.
Düwel, Klaus, *Runenkunde*, Stuttgart, Weimar 32001.
Engster, Hermann, *Poesie einer Achsenzeit. Der Ursprung der Skaldik im gesellschaftlichen Systemwechsel der Wikingerzeit*, Frankfurt a. M. usw. 1983.
Fix, Hans (Hg.), *Snorri Sturluson. Beiträge zu Werk und Rezeption*, Berlin usw. 1998.
Friis, Oluf, *Den danske Litteraturs Historie*, I, Kopenhagen ²1975. *Bibliografisk supplement*, Kopenhagen 1977.
Gísli Sigurðsson, Vésteinn Ólason, *The Manuscripts of Iceland*, Reykjavík 2004.
Glauser, Jürg, *Isländische Märchensagas. Studien zur Prosaliteratur im spätmittelalterlichen Island*, Basel usw. 1983.
Guðmundur Hálfdanarson, *Íslenska þjóðríkið, uppruni og endimörk*, Reykjavík 2001.
Guðrún Nordal, *Tools of Literacy. The Role of Skaldic Verse in Icelandic Textual Culture of the Twelfth and Thirteenth Centuries*, Toronto usw. 2001.
Haugen, Odd Einar (Hg.), *Handbok i norrøn filologi*, Bergen 2004.
Helga Kress, *Fyrir dyrum fóstru. Konur og kynferði í íslenskum fornbókmenntum*, Reykjavík 1996.
Jónas Kristjánsson, *Eddas und Sagas. Die mittelalterliche Literatur Islands*, Hamburg 1994.
Kalinke, Marianne E., *Bridal-Quest Romance in Medieval Iceland*, Ithaca usw. 1991.
Kalinke, Marianne E., *King Arthur North-by-Northwest*,

The matière de Bretagne *in Old Norse-Icelandic Romance*, Kopenhagen 1981.

Kramarz-Bein, Susanne, *Die Þiðreks saga im Kontext der altnorwegischen Literatur*, Tübingen usw. 2002.

Kulturhistorisk leksikon for nordisk middelalder fra vikingetid til reformationstid, 22 Bände, Kopenhagen ²1980–82.

Lie, Hallvard, *Om sagakunst og skaldskap. Utvalgte avhandlinger*, Øvre Ervik 1982.

Marold, Edith, *Kenningkunst. Ein Beitrag zu einer Poetik der Skaldendichtung*, Berlin usw. 1983.

McTurk, Rory (Hg.), *A Companion to Old Norse-Icelandic Literature and Culture*, Oxford 2005.

Meulengracht Sørensen, Preben, *Fortælling og ære. Studier i islændingesagaerne*, Aarhus 1992.

Meulengracht Sørensen, Preben, *Saga and Society. An Introduction to Old Norse Literature*, Odense 1993.

Mitchell, Stephen A., *Heroic Sagas and Ballads*, Ithaca usw. 1991.

Nielsen, Lauritz, *Danmarks middelalderlige Haandskrifter*, Kopenhagen 1937.

Nylén, Erik, Jan Peder Lamm, *Bildsteine auf Gotland*, Neumünster ²1991.

Poetry in the Scandinavian Middle Ages. Atti del 12e Congresso Internazionale di Studi sull'Alto Medioevo, Spoleto 1990.

Poole, Russell G., *Viking Poems on War and Peace. A Study in Skaldic Narrative*, Toronto usw. 1991.

Pulsiano, Phillip u.a. (Hg.), *Medieval Scandinavia. An Encyclopedia*, New York usw. 1993.

Sahlin, Claire L., *Birgitta of Sweden and the Voice of Prophecy*, Woodbridge 2001.

Schäfer, Ursula, *Vokalität. Altenglische Dichtung zwischen Mündlichkeit und Schriftlichkeit*, Tübingen 1992.

Schier, Kurt, *Nordlichter. Ausgewählte Schriften 1960–1992*, München 1994.

Sigurður Nordal (Hg.), *Litteraturhistorie*, 2 Bände, Stockholm usw. 1943/53.

Simek, Rudolf, *Lexikon der germanischen Mythologie*, Stuttgart ³2006.

Simek, Rudolf, Hermann Pálsson, *Lexikon der altnordischen Literatur*, Stuttgart 1987.

Torfi H. Tulinius, *Skáldið í skriftinni. Snorri Sturluson og Egils saga*, Reykjavík 2004.

Torfi H. Tulinius, *The Matter of the North. The rise of literary fiction in thirteenth-century Iceland*, Odense 2002.

Tranter, Stephen S., *Clavis Metrica: Háttatal, Háttalykill and the Irish Metrical Tracts*, Basel usw. 1997.

Turville-Petre, Gabriel, *Origins of Icelandic Literature*, Oxford 1967.

Uecker, Heiko, *Geschichte der altnordischen Literatur*, Stuttgart 2004.

Vésteinn Ólason, *Dialogues with the Viking Age. Narration and Representation in the Sagas of the Icelanders*, Reykjavík 1998.

von See, Klaus, *Skaldendichtung. Eine Einführung*, München, Zürich 1980.

Wawn, Andrew (Hg.), *Northern Antiquity. The Post-Medieval Reception of Edda and Saga*, Enfield Lock 1994.

Wollin, Lars, »Alfonso, vadstenabröderna och svenskans birgittinska europeisering«, in: Oskar Bandle u.a. (Hg.), *Verschränkung der Kulturen*, Tübingen usw. 2004, S. 63–76.

Würth, Stefanie, *Der »Antikenroman« in der isländischen Literatur des Mittelalters. Eine Untersuchung zur Übersetzung und Rezeption lateinischer Literatur im Norden*, Basel usw. 1998.

Frühe Neuzeit (1500–1720)

Akslen, Laila, *Femfaldig festbarokk. Norske perikopedikt til kyrkjelege høgtider*, Sofiemyr 2002.

Akslen, Laila, *Norsk barokk. Dorothe Engelbretsdatter og Petter Dass i retorisk tradisjon*, Oslo 1997.

Arvidi, Andreas, *Manuductio ad Poesin svecanam*, hg. von Mats Malm, Stockholm 1996.

Åslund, Leif, *Magnus Gabriel De la Gardie och vältaligheten*, Uppsala 1992.

Berg, Tor, *Johan Skytte. Hans ungdom och verksamhet under Karl IX:s regering*, Stockholm 1920.

Boken i Finland, Helsingfors 1988.

Boktryck i Sverige 500 år, Stockholm 1983.

Borup Jensen, Th., K.E. Bugge (Hg.), *Salmen som lovsang og litteratur*, 2 Bände, Kopenhagen 1972.

Brooks, Douglas A. (Hg.), *Printing and Parenting in Early Modern England*, Aldershot 2005.

Ekedahl, Nils, *Det svenska Israel. Myt och retorik i Haquin Spegels predikokonst*, Uppsala 1999.

Eriksson, Gunnar, *Rudbeck 1630–1702. Liv, lärdom, dröm i barockens Sverige*, Stockholm 2002.

Fafner, Jørgen, *Tanke og tale. Den retoriske tradition i Vesteuropa*, Kopenhagen 1982.

Friese, Wilhelm, »... *Am Ende der Welt*«. *Zur skandinavischen Literatur der frühen Neuzeit*, Leverkusen 1989.

Friese, Wilhelm, *Nordische Barockdichtung. Eine Darstellung und Deutung skandinavischer Dichtung zwischen Reformation und Aufklärung*, München 1968.

Friese, Wilhelm (Hg.), *Nordische Barocklyrik*, Tübingen usw. 1999.

Friese, Wilhelm (Hg.), *Skandinavische Lyrik im 17. Jahrhundert*, Tübingen usw. 2003.

Glauser, Jürg, Barbara Sabel (Hg.), *Skandinavische Literaturen der frühen Neuzeit*, Tübingen usw. 2002.

Hansson, Stina, *Ett språk för själen. Litterära former i den svenska andaktslitteraturen 1650–1720*, Göteborg 1991.

Hansson, Stina, *Från Hercules till Swea. Den litterära textens förvandlingar*, Göteborg 2000.

Hansson, Stina (Hg.), *Progymnasmata – retorikens bortglömda text- och tankeform*, Åstorp 2003.
Harris, Joseph (Hg.), *The Ballad and Oral Literature*, Cambridge MA 1991.
Jacobsen, J.P. u.a. (Hg.), *Danske Folkebøger fra 16. og 17. Aarhundrede*, 14 Bände, Kopenhagen 1915–36.
Jansson, Sven-Bertil, *Den levande balladen. Medeltida ballad i svensk tradition*, Stockholm 1999.
Johannesson, Hans-Erik (Hg.), *Mimesis förvandlingar. Tradition och förnyelse i renässansens och barockens litteratur*, Stockholm 2002.
Johannesson, Kurt, *I polstjärnans tecken. Studier i svensk barock*, Uppsala 1968.
Johannesson, Kurt, »Retorik och propaganda vid det äldre Vasahovet«, in: *Lychnos. Lärdomshistoriska samfundets årsbok* 1969–70, S. 1–60.
Johannesson, Kurt, *Svensk retorik från Stockholms blodbad till Almedalen*, Stockholm 1983.
Johannesson, Kurt, *The Renaissance of the Goths in Sixteenth-Century Sweden*, Berkeley usw. 1991.
Johannesson, Kurt u.a. (Hg.), *Svenska tal från Torgny lagman till Ingmar Bergman*, Stockholm 1992.
Johanson, Lars (Lucidor), *Samlade skrifter*, hg. von Stina Hansson, Stockholm 1997.
Jonsson, Bengt R., *Svensk balladtradition*, I, Stockholm 1967.
Jonsson, Bengt R. u.a., *The Types of the Scandinavian Medieval Ballad*, Stockholm 1978. usw.
Källquist, Eskil, *Thet Swenska Språketz Klagemål. Litteraturhistorisk undersökning jämte text och tolkning*, Uppsala 1943.
Kingo, Thomas, *Digtning i udvalg*, hg. von Marita Akhøj Nielsen, Kopenhagen 1995.
Kingo, Thomas, *Samlede Skrifter*, 8 Bände, hg. von Hans Brix u.a., Kopenhagen 1965–75.
Klemming G.E., J.G. Nordin, *Svensk boktryckeri-historia 1483–1883*, Stockholm ²1983.
Kværndrup, Sigurd, *Den østnordiske ballade – oral teori og tekstanalyse. Studier i Danmarks gamle Folkeviser*, Kopenhagen 2006.
Lewin, Barbro, *Johan Skytte och de skytteanska professorerna*, Uppsala 1985.
Lindgärde, Valborg, *Jesu Christi Pijnos Historia Rijmvijs betrachtad. Svenska passionsdikter under 1600- och 1700-talet*, Lund 1996.
Lundgreen-Nielsen, Flemming, Hanne Ruus (Hg.), *Svøbt i mår. Dansk Folkevisekultur 1550–1700*, 4 Bände, Kopenhagen 1999–2002.
Malm, Mats, *Det liderliga språket. Poetisk ambivalens in svensk ›barock‹*, Eslöv/Stehag 2004.
Malm, Mats, *Minervas äpple. Om diktsyn, tolkning och bildspråk inom nordisk göticism*, Stockholm/Stehag 1996.
Malmio, Kristina (Hg.), *Om barocken i Norden*, Helsinki 1999.
Margrét Eggertsdóttir, *Barokkmeistarinn. List og lærdómur í verkum Hallgríms Péturssonar*, Reykjavík 2005.
Margrét Eggertsdóttir, Þórunn Sigurðardóttir (Hg.), *Hallgrímsstefna*, Reykjavík 1997.
Nordström, Johan, *De yverbornes ö. Sextonhundratalsstudier*, Stockholm 1934.
Nordström, Johan, *Johannes Magnus och den götiska romantiken*, Stockholm 1975.
Ohlsson, Stig Örjan, *Språkforskaren Urban Hiärne*, Lund 1992.
Ohlsson, Stig Örjan, Bernt Olsson (Hg.), *Stiernhielm 400 år*, Stockholm 2000.
Olsson, Bernt, *Bröllops besvärs Ihugkommelse*, 2 Bände, Lund 1970.
Olsson, Bernt, *Den svenska skaldekonstens fader och andra Stiernhielmsstudier*, Lund 1974.
Olsson, Bernt, *Spegels Guds Werk och Hwila. Tillkomsthistoria, världsbild, gestaltning*, Stockholm 1963.
Paludan, J., *Fremmed Indflydelse paa den danske Nationalliteratur i det 17. og 18. Aarhundrede*, Kopenhagen 1887.
Piø, Iørn, *Nye veje til Folkevisen*, Kopenhagen 1985.
Rudbeck, Olaus, *Atlantica. Svenska originaltexten*, hg. von Axel Nelson, 5 Bände, Uppsala usw. 1937–50.
Sabel, Barbara, *Der kontingente Text. Zur schwedischen Poetik in der Frühen Neuzeit*, Tübingen usw. 2003.
Skafte Jensen, Minna (Hg.), *A History of Nordic Neo-Latin Literature*, Odense 1995.
Skandinavistik. Zeitschrift für Sprache, Literatur und Kultur der nordischen Länder 31 (2001), Heft 1 zum Thema »Literatur der frühen Neuzeit in Skandinavien«.
Skogekär Bergbo, *Wenerid*, hg. von Lars Burman, Stockholm 1993.
Storstein, Eira, Peer E. Sørensen, *Den barokke tekst*, Kopenhagen 1999.
Ueding, Gert (Hg.), *Historisches Wörterbuch der Rhetorik*, 1-, Tübingen 1992-.

Aufklärung (1720–1800)

Bohnen, Klaus u.a. (Hg.), *Der dänische Gesamtstaat. Kopenhagen, Kiel, Altona*, Tübingen 1992.
Bredsdorff, Thomas, *Den brogede oplysning. Om følelsernes fornuft og fornuftens følelse i 1700-tallets nordiske litteratur*, Kopenhagen 2004.
Breitholz, Lennart, *Studier i frihetstidens litteratur*, Uppsala 1956.
Christensson, Jakob, *Lyckoriket. Studier i svensk upplysning*, Stockholm 1996.
Detering, Heinrich u.a., *Dänisch-Deutsche Doppelgänger. Transnationale und bikulturelle Literaturen zwischen Barock und Moderne*, Göttingen 2001.

Eaton, John Wallace, *The German Influence in Danish Literature in the Eighteenth Century. The German Circle in Copenhagen 1750–1770*, Cambridge 1929.
Frängsmyr, Tore, *Sökandet efter upplysningen. En essä om 1700-talets svenska kulturdebatt*, Höganäs 1993.
Gerecke, Anne-Bitt, *Transkulturalität als literarisches Programm. Heinrich Wilhelm von Gerstenbergs Poetik und Poesie*, Göttingen 2002.
Gustavian Opera. An Interdisciplinary Reader in Swedish Opera, Dance and Theatre 1771–1809, Stockholm 1991.
Hoff, Karin, *Die Entdeckung der Zwischenräume. Literarische Projekte der Spätaufklärung zwischen Skandinavien und Deutschland*, Göttingen 2003.
Jarrick, Arne, *Mot det moderna förnuftet. Johan Hjerpe och andra småborgare i Upplysningstidens Stockholm*, Stockholm 1992.
Lamm, Martin, *Upplysningstidens romantik. Den mystiskt sentimentala strömningen i svensk litteratur*, 2 Bände, Lund ²1963.
Lehmann, Hartmut u.a., *Aufklärung und Pietismus im dänischen Gesamtstaat 1770–1820*, Neumünster 1983.
Lindroth, Sten, *Svensk lärdomshistoria. Bd. 4: Gustavianska tiden*, Stockholm 1981.
Magon, Leopold, *Ein Jahrhundert geistiger und literarischer Beziehungen zwischen Deutschland und Skandinavien, 1750–1850. Bd. 1: Die Klopstockzeit in Dänemark. Johannes Ewald*, Dortmund 1926.
Malm, Mats, *Textens autoritet. De första svenska romanernas villkor*, Stockholm 2001.
Öhrberg, Ann, *Vittra fruntimmer. Författarroll och retorik hos frihetstidens kvinnliga författare*, Södertälje 2001.
Rossel, Sven Hakon (Hg.), *Ludvig Holberg: A European Writer. A Study in Influence and Reception*, Amsterdam usw. 1994.
Sahlin, Gunnar, *Författarrollens förändring och det litterära systemet 1770–1795*, Stockholm 1989.
Segerstedt, Torgny T., *Den akademiska friheten under frihetstiden*, Uppsala, 1971.
Uecker, Heiko (Hg.), *Opplysning i Norden*, Frankfurt a. M. usw. 1998.
Winge, Vibeke, *Dänische Deutsche – deutsche Dänen. Geschichte der deutschen Sprache in Dänemark 1300–1800*, Heidelberg 1992.

Isländische Literatur 1750–1820

Ingi Sigurðsson, *Hugmyndaheimur Magnúsar Stephensens*, Reykjavík 1996.
Ingi Sigurðsson (Hg.), *Upplýsingin á Íslandi. Tíu ritgerðir*, Reykjavík 1990.
Jón Helgason, *Hrappseyjarprentsmiðja*, Kopenhagen 1928.
Jón Helgason, *Jón Ólafsson frá Grunnavík*, Kopenhagen 1926.
María Anna Þorsteinsdóttir. *Tveggja heima sýn. Saga Ólafs Þórhallasonar og þjóðsögurnar*, Reykjavík 1996.
Matthías Viðar Sæmundsson, »Erkendelsestyper. Oplysningens tre ansigter«, in: Heiko Uecker (Hg.), *Opplysning i Norden*, Frankfurt a. M. usw. 1998, S. 59–73.
Mitchell, P.M., Kenneth H. Ober, *Bibliography of Modern Icelandic Literature in Translation*, Ithaca usw. 1975.
Olafsson, Felix, *Ebenezer Henderson. Bibelselskabets stifter*, Kopenhagen 1989.
Senner, W.M., *The Reception of German Literature in Iceland, 1775–1850*, Amsterdam 1985.
Viljálmur Þ. Gíslason, *Eggert Ólafsson*, Reykjavík 1926.
Viljálmur Þ. Gíslason, *Íslensk endurreisn. Tímamótin í menningu 18. og 19. aldarinnar*, Reykjavík 1923.
Víkingur Kristjánsson, Þorfinnur Skúlason (Hg.), *Upplýsingaröldin. Úrval úr bókmenntum 18. aldar*, Reykjavík 2000.
Þórunn Valdimarsdóttir, *Snorri á Húsafelli. Saga frá átjándu öld*, Reykjavík 1989.

Romantik – Biedermeier – Poetischer Realismus (1800–1870)

Aarseth, Asbjörn, *Romantikken som konstruksjon. Tradisjonskritiske studier i nordisk litteraturhistorie*, Bergen 1985.
Ahlmo-Nilsson, Birgitta (Hg.), *Romantikens kvinnor. Studier i det tidiga 1800-talets litteratur*, Johanneshov 1990.
Aspelin, Kurt, *Poesi og verklighet*, 2 Bände, Stockholm 1967–77.
Bandle, Oskar u.a. (Hg.), *Nordische Romantik*, Basel usw. 1991.
Bernd, Clifford Albrecht, *Poetic Realism in Scandinavia and Central Europe 1820–1895*, Columbia 1995.
Böök, Frederik, *Den romantiska tidsåldern i svensk litteratur*, Stockholm 1918.
Conrad, Flemming, *Smagen og det nationale. Studier i dansk litteraturhistorieskrivning 1800–1861*, Kopenhagen 1996.
Engdahl, Horace, *Den romantiska texten. En essä i nio avsnitt*, Stockholm 1986.
Gustafsson, Lars, *Estetik i förvandling. Estetik och litteraturhistoria i Uppsala från P.D.A. Atterbom till B.E. Malmström*, Uppsala 1986.

Kristinn E. Andrésson, *Ný augu. Tímar Fjölnismanna*, Reykjavík 1973.

Lagerroth, Ulla-Britta u.a. (Hg.), *Romantiken över gränser*, Lund 1993.

Lunding, Erik, »Biedermeier og romantismen«, in: *Kritik* 7 (1968), S. 32–67.

Lysell, Roland, *Romantikens diktning. Bd. 2: Erik Johan Stagnelius. Det absoluta begäret och själens historia*, Stockholm usw. 1993.

Melberg, Arne, *Realitet och utopi. Utkast till en dialektisk förståelse av litteraturens roll i det borgerliga samhällets genombrott*, Stockholm 1978.

Møller, Lis u.a. (Hg.), *Romanticism in Theory*, Aarhus 2001.

Møller-Christensen, Ivy York, *Den danske eventyrtradition 1800–1870. Harmoni, splittelse og erkendelse*, Odense 1988.

Møller Kristensen, Sven, *Digteren og samfundet i Danmark i det 19. Aarhundrede. Bd. 1: Guldaldertiden*, Kopenhagen ²1965.

Nilsson, Albert, *Svensk romantik. Den platonska strömningen*, Lund ³1964.

Paul, Fritz, *Henrich Steffens. Naturphilosophie und Universalromantik*, München 1973.

Rubow, Paul V., *Dansk litterær kritik i det 19. århundrede indtil 1870*, Kopenhagen 1970.

Sanders, Karin, *Konturer. Skulptur- och dødsbilleder fra guldalderlitteraturen*, Kopenhagen 1997.

Sandhei Jacobsen, Yngve (Hg.), *Bevegelser i skrift. Bidrag til lesningen av Henrik Wergeland*, Oslo 2000.

Schmitz, Victor, *Dänische Dichter in ihrer Begegnung mit deutscher Klassik und Romantik*, Frankfurt a. M. 1974.

Schröder, Stephan Michael, *Literarischer Spuk. Skandinavische Phantastik im Zeitalter des Nordischen Idealismus*, Berlin 1994.

Scott-Sørensen, Anne (Hg.), *Nordisk salonkultur. Et studie i nordiske skønånder og salonmiljøer 1780–1850*, Odense 1998.

»Slöja och spegel – Romantikens former«, *Aiolos* 14–15 (2000).

Stewart, Jon (Hg.), *Kierkegaard and his Contemporaries. The Culture of Golden Age Denmark*, Berlin 2003.

Sveinn Yngvi Egilsson, *Arfur og umbylting. Rannsókn á íslenskri rómantík*, Reykjavík 1999.

Tøjner, Poul Erik et.al., *Kierkegaards æstetik*, Kopenhagen 1995.

Vedel, Valdemar, *Studier over Guldalder i dansk Digtning*, Kopenhagen ³1967.

Vinge, Louise, *Morgonrodnadens stridsmän. Epokbildningen som motiv i svensk romantik 1807–1821*, Lund 1978.

Die Moderne im Durchbruch (1870–1910)

Aarseth, Asbjørn, *Ibsens samtidsskuespill. En studie i glasskapets dramaturgi*, Oslo 1999.

Ahlström, Gunnar, *Det moderna genombrottet i Nordens litteratur*, Stockholm 1947.

Andersen, Per Thomas, *Dekadense i nordisk litteratur 1880–1900*, Oslo 1992.

Baumgartner, Walter, *Knut Hamsun*, Reinbek b. H. 1997.

Baumgartner, Walter, *Triumph des Irrealismus. Rezeption skandinavischer Literatur im ästhetischen Kontext. Deutschland 1860–1910*, Neumünster 1979.

Behschnitt, Wolfgang, *Die Autorfigur. Autobiographischer Aspekt und Konstruktion des Autors im Werk August Strindbergs*, Basel 1999.

Bradbury, Malcolm u.a. (Hg.), *Modernism 1890–1930*, Harmondsworth 1976.

Bredsdorff, Elias, *Den store nordiske krig om seksualmoralen. En dokumentarisk fremstilling af sædelighedsdebatten i nordisk litteratur i 1880'erne*, Kopenhagen 1973.

Dahlerup, Pil, *Det moderne gennembruds kvinder*, Kopenhagen 1983.

Englert, Uwe, *Magus und Rechenmeister. Henrik Ibsens Werk auf den Bühnen des Dritten Reiches*, Tübingen usw. 2001.

Fosli, Halvor, *Kristianiabohemen. Byen, miljøet, menneska*, Oslo 1994.

Gentikow, Barbara, *Skandinavien als präkapitalistische Idylle. Rezeption gesellschaftskritischer Literatur in deutschen Zeitschriften 1870 bis 1914*, Neumünster 1978.

Holm, Birgitta, *Selma Lagerlöf och ursprungets roman*, Stockholm 1984.

Kittang, Atle, *Luft, vind, ingenting. Hamsuns desillusjonsromanar frå Sult til Ringen sluttet*, Oslo ²1996.

Levy, Jette Lundbo, *Dobbeltblikket. Om at beskrive kvinder. Ideologi og æstetik i Victoria Benedictssons forfatterskab*, Kopenhagen 1980.

McFarlane, James Walter, *Ibsen & Meaning. Studies, Essays and Prefaces 1953–87*, Norwich 1989.

Møller Kristensen, Sven, *Impressionismen i dansk prosa 1870–1900*, Kopenhagen 1955.

Olsson, Ulf, *Levande död. Studier i Strindbergs prosa*, Stockholm usw. 1996.

Østerud, Erik, *Theatrical and Narrative Space. Studies in Ibsen, Strindberg and J.P. Jacobsen*, Aarhus 1998.

Robinson, Michael, *Studies in Strindberg*, Norwich 1998.

Sørensen, Bengt Algot, *J.P. Jacobsen*, München 1990.

Wischmann, Antje, *Ästheten und Décadents. Eine Figurenuntersuchung anhand ausgewählter Prosatexte der Autoren H. Bang, J.P. Jacobsen, R.M. Rilke und H. v. Hoffmansthal*, Frankfurt a. M. usw. 1991.

Klassische Moderne (1910–1940)

Baumgartner, Walter, *Knut Hamsun*, Reinbek b. H. 1997.
Butt, Wolfgang, *Mobilmachung des Elfenbeinturms. Reaktionen auf den Faschismus in der schwedischen Literatur 1933–1939*, Neumünster 1977.
Furulund, Lars, *Statarna i litteraturen. En studie i svensk dikt och samhällsdebatt*, Stockholm 1962.
Hammerich, Poul, *Lysmageren. En krønike om Poul Henningsen*, Kopenhagen 1986.
Hertel, Hans (Hg.), *Tilbageblik paa 30'erne. Literatur, teater, kulturdebat 1930–39*, 2 Bände, Kopenhagen 1981.
Keel, Aldo, *Martin Andersen Nexö. Der trotzige Däne*, Berlin 2004.
Kittang, Atle, *Luft, vind, ingenting. Hamsuns desillusjonsromanar frå Sult til Ringen sluttet*, Oslo ²1996.
Knudsen, Jørgen (Hg.), *Den kulturradikale udfordring*, Kopenhagen 2001.
Küster-Schneider, Christiane, *Schaufenster Zukunft. Die Stockholmausstellung 1930 als literarisches und gesellschaftliches Ereignis*, Freiburg i. Br. 2002.
Kylhammar, Martin, *Frejdiga framstegs män och visionära världs medborgare. Epokskiftet 20-tal–30-tal genom fem unga och Lubbe Nordström*, Stockholm 1994.
Lagerberg, Hans, *Ivar och Eyvind – en bok om relationen mellan Sveriges två största arbetarförfattare*, Stockholm 2003.
Longum, Leif, *Drømmen om det frie menneske. Norsk kulturradikalisme og mellemkrigstidens radikale trekløver. Hoel, Krog, Øverland*, Oslo ²1988.
Mai, Anne-Marie (Hg.), *Danske Digtere i det 20. århundrede. Bd. 1: Fra Henrik Pontoppidan til Karen Blixen*, Kopenhagen 2002.
Nolin, Bertil (Hg.), *Kulturradikalismen. Det moderna genombrottets andra fas*, Stockholm 1993.
Pettersson, Torsten, *Gåtans namn. Tankens och känslans mönster hos nio finlandsvenska modernister*, Helsinki usw. 2001.
Rees, Ellen, *On the Margins. Nordic Women Modernists of the 1930s*, Norwich 2005.
Richard, Anne Birgitte, *Køn og kultur. 1930ernes og 1940ernes kamp om køn, kultur og modernitet læst gennem kvindernes tekster*, Kopenhagen 2005.
Schröder, Stephan Michael, *Weiße Wiedergängerkunst, schwarze Buchstaben. Zur Interaktion von dänischer Literatur und Kino bis 1918*, Berlin 2003.
Strauß, Frithjof, *Soundsinn. Jazzdiskurse in den skandinavischen Literaturen*, Freiburg i. Br. 2003.
Timm, Mikael, *Evert Taube. Livet som konst, konsten som liv*, Stockholm 1998.
Witt-Brattström, Ebba, *Ediths jag. Edith Södergran och modernismens födelse*, Stockholm 1997.

Isländische Literatur 1910–1940

Ástráður Eysteinsson, »Baráttan gegn veruleikanum. Um Þórberg Þórðarson og bókmenntasmágreinar«, in: *Skírnir* 163 (1989), S. 293–314.
Bera Nordal (Hg.), *Í deiglunni 1930–1944. Frá Alþingishátíð til lýðveldisstofnunar*, Reykjavík 1994.
Friese, Wilhelm, *Halldór Laxness. Die Romane. Eine Einführung*, Basel usw. 1995.
Halldór Guðmundsson, *Halldór Laxness. Leben und Werk*, Göttingen 2002.
Knüppel, Christine, *Isländische Literatur in deutscher Übersetzung, 1860–2000*, Köln 2002.

Modernismus (1940–1980)

Aadland, Erling, »Forundring. Trofasthet«. *Poetisk tenkning i Rolf Jacobsens lyrikk*, Oslo 1996.
Baumgartner, Walter, *Tarjei Vesaas. Eine ästhetische Biographie*, Neumünster 1976.
Birkeland, Bjarte u.a. (Hg.), *Nazismen og norsk litteratur*, Oslo usw. 1975.
Bredsdorff, Thomas, *Sære Fortællere. Hovedtræk af den ny danske prosakunst i tiåret omkring 1960*, Kopenhagen 1967.
Brennecke, Detlef (Hg.), *Aspekte der skandinavischen Gegenwartsliteratur*, Heidelberg 1978.
Brostrøm, Torben, *Opgøret med modernismen*, Kopenhagen 1974.
Brostrøm, Torben (Hg.), *Moderne svensk Litteratur 1940–1972*, Kopenhagen 1973.
Carlsson, Ulf, *Cornelis Vreeswijk – artist – vispoet – lyriker*, Malmö 1996.
Cullhed, Anders, »Tiden söker sin röst«. *Studier kring Erik Lindegrens Mannen utan väg*, Stockholm 1982.
Espmark, Kjell, *Själen i bild. En huvudlinje i modern svensk poesi*, Stockholm 1977.
Hedlund, Tom, *Den svenska lyriken från Ekelund till Sonnevi*, Stockholm 1978.
Jensen, Jørgen Bonde u.a. (Hg.), *Romanen som offentlighedsform. Studier i moderne dansk prosa*, Kopenhagen 1977.
Karlsen, Ole, *Ein orm i eit auge. Om Einar Øklands forfatterskap*, Oslo 1997.
Karlsen, Ole, *Jan Erik Vold og Jan Erik Vold*, Oslo 2000.
Landgren, Bengt, *Den poetiska världen. Strukturanalytiska studier i den unge Gunnar Ekelöfs lyrik*, Stockholm 1982.
Larsen, Steffen Hejlskov, *Dansk lyrik 1955–1965. Modernismens lyrikere*, Kopenhagen 1973.
Larsen, Steffen Hejlskov, *Systemdigtningen. Modernismens tredje fase*, Kopenhagen 1971.

Lien, Asmund (Hg.), *Modernismen i skandinavisk litteratur som historisk fenomen og teoretisk problem*, Trondheim 1991.
Longum, Leif, *Et speil for oss selv. Menneskesyn og virkelighetsoppfatning i norsk etterkrigsprosa*, Oslo 1968.
Madsen, Peter (Hg.), *Linjer i nordisk prosa. Danmark 1965–1975*, Lund 1977.
Nilsson, Sven u.a. (Hg.), *Svensk litteratur i kritik och debatt 1957-70*, Stockholm 1972.
Norén, Kjerstin (Hg.), *Linjer i nordisk prosa. Sverige 1965–1975*, Lund 1977.
Rønning, Helge (Hg.), *Linjer i nordisk prosa. Norge 1965–1975*, Lund 1977.
Schou, Søren, *Dansk realisme 1960–75*, Kopenhagen 1976.
Seiler, Thomas, *På tross av. Paal Brekkes Lyrik vor dem Hintergrund modernistischer Kunsttheorie*, Basel usw. 1993.
Skyum-Nielsen, Erik, *Modsprogets proces. Poesi, fiktion, psyke, samfund. Essays og interviews om moderne dansk litteratur*, Kopenhagen 1982.
Trinkwitz, Joachim, *Studien zur Poetik Gunnar Ekelöfs*, Frankfurt a. M. 2001.
Uecker, Heiko (Hg.), *Fragmente einer skandinavischen Poetikgeschichte*, Frankfurt a. M. usw. 1997.
Vosmar, Jørn (Hg.), *Modernismen i dansk litteratur*, Kopenhagen 1967.
Wechsel, Kirsten, *Grenzüberschreitungen zwischen Realität und Fiktion. Engagierte Ästhetik bei Inger Christensen und Kjartan Fløgstad*, Göttingen 2001.

Isländische Literatur 1940–1980

Barüske, Heinz (Hg.), *Moderne Erzähler der Welt. Island*, Tübingen 1974.
Elín Bára Magnúsdóttir u.a. (Hg.), *Halldórsstefna*, Reykjavík 1993.
Erlendur Jónsson, *Íslenzk skáldsagnaritun 1940–1970*, Reykjavík 1971.
Eysteinn Þorvaldsson, *Atómskáldin. Aðdragandi og upphaf módernisma í íslenskri ljóðagerð*, Reykjavík 1980.
Jóhann Hjálmarsson, *Íslenzk nútímaljóðlist*, Reykjavík 1971.
Keel, Aldo, *Innovation und Restauration. Der Romancier Halldór Laxness seit dem Zweiten Weltkrieg*, Basel 1981.
Sveinn Skorri Höskuldsson, *Að yrkja á atómöld*, Reykjavík 1971.

Gegenwart (1980–2000)

Aabenhus, Jørgen u.a. (Hg.), *80–90. Nordisk antologi*, Kopenhagen 1989.
Bibliotekstjänst (Hg.), *Svenska samtidsförfattare*, 3 Bände, Lund 1997–2003.
Bibliotekstjänst (Hg.), *15 författare. Porträtt av svenska samtidsförfattare*, Lund 1994.
Gemzøe, Anker u.a. (Hg.), *Metafiktion – Selvrefleksionens retorik i moderne litteratur, teater, film og sprog*, Kopenhagen 2001.
Grive, Madeleine u.a. (Hg.), *Att skriva sin tid. Nedslag i 80- och 90-talet*, Stockholm 1993.
Heitmann, Annegret, *Selbst schreiben. Eine Untersuchung zur dänischen Frauenautobiographik*, Frankfurt a. M. usw. 1994.
Heitmann, Annegret (Hg.), *Arbeiten zur Skandinavistik. 14. Arbeitstagung der deutschsprachigen Skandinavistik, 1.-5.9. 1999 in München*, Frankfurt a. M. 2001 (besonders S. 115–183 »Metropole und Region«).
Hoff, Karin, »›Monument-‹ und Dokumentarliteratur. Versuch einer Poetik«, in: Heiko Uecker (Hg.), *Fragmente einer skandinavischen Poetikgeschichte*, Frankfurt a. M. usw. 1997, S. 323–335.
Hoff, Karin, *Vier Autoren suchen einen Roman. Debatte, Dialog und poetischer Diskurs in der schwedischen Prosaliteratur der 1980er Jahre*, Frankfurt a. M. usw. 1993.
Jansson, Bo, *Postmodernism och metafiktion i Norden*, Uppsala 1996.
Kaspar, Ingolf, *Minimalismus und Groteske im Kontext der postmodernen Informationskultur. Ästhetische Experimente in der norwegischen und isländischen Gegenwartsliteratur*, Frankfurt a. M. 2001.
Kjellgren, Thomas, *I österled. Finsk, finlandssvensk och baltisk prosa från 1970 till idag samt kommenterad boklista*, Lund 2000.
Kjellgren, Thomas, *I västerled. Dansk, färöisk och norsk prosa från 1970 till idag samt kommenterad boklista*, Lund 2000.
Larsson, Lisbeth, *Sanning och konsevkens. Marika Stiernstedt, Ludvig Nordström och de biografiska berättelserna*, Stockholm 2001.
Lindgren, Marianne, »1980–1993«, in: Ib Fischer Hansen u.a. (Hg.), *Litteraturhåndbogen. Bd. 1: Litteraturhistorisk oversigt*, Kopenhagen ⁵1996, S. 418–453.
Lindgren, Marianne (Hg.), *For længe siden lige før. 1980–1990. En Antologi*, Kopenhagen 1990.
Lund, Merete u.a., *Postmodernisme. Rummet mellem masse- og finkultur*, Kopenhagen 1987.
Mai, Anne-Marie, »Det formelle gennembrud. Dansk litteratur i tiden 1970 til 2000«, in: dies. (Hg.), *Danske digtere i det 20. århundrede. Bd. 3: Fra Kirsten Thorup til Christina Hesselholdt*, Kopenhagen 2000, S. 535–596.

Møller Jensen, Elisabeth (Hg.), *Nordisk kvindelitteraturhistorie. Bd. 4: På jorden. 1960–1990*, Kopenhagen 1997.
Nordisk litteratur. Nordic Literature Magazine, Kopenhagen 1993-.
Rottem, Øystein, *Norges litteraturhistorie. Vår egen tid 1980–1998*, Oslo 1998.
Røssaak, Eivind, *Det postmoderne og de intellektuelle. Essays og samtaler*, Oslo 1998.
Rühling, Lutz, *Opfergänge der Vernunft. Zur Konstruktion von metaphysischem Sinn in Texten der skandinavischen Literaturen vom Barock bis zur Postmoderne*, Göttingen 2002.
Sander, Ulrike-Christine, *Ichverlust und fiktionaler Selbstentwurf. Die Romane Lars Gustafssons*, Göttingen 1998.
Schiedermair, Joachim, »Blinde Ekphrasen: Gustaf Lundbergs Bild Badin (1775) in Ola Larsmos Roman Maroonberget (1996)«, in: Hanna Eglinger u.a. (Hg.), *BildDurchSchrift. Zum visuellen Diskurs in der skandinavischen Gegenwartsliteratur*, Freiburg i. Br. 2002, S. 103–126.
Stjernfelt, Frederik u.a., *Billedstorm. Om dansk kunst og kultur på det seneste*, Kopenhagen 1989.
Timm Knudsen, Britta, »Den konkrete erfaring – om minimalisme i kunsten«, in: *Litteraturmagasinet Standart* 2 (1998); http://www.statsbiblioteket.dk/standart/98-2/
Wischmann, Antje, *Verdichtete Stadtwahrnehmung. Untersuchungen zum literarischen und urbanistischen Diskurs in Skandinavien 1955–1995*, Berlin 2003.
Zima, Peter, *Moderne / Postmoderne. Gesellschaft, Philosophie, Literatur*, Tübingen usw. 1997.

Isländische Literatur 1980–2000

Franz Gíslason u.a. (Hg.), »Wenn das Eisherz schlägt. Isländische Nachkriegsliteratur, Kunst und Kultur«, *Die horen* 143 (1986).
Franz Gíslason u.a. (Hg.), *Wortlaut Island. Isländische Gegenwartsliteratur*, Bremerhaven 2000.
Geir Svansson, »Ósegjanleg ást. Hinsegin sögur og hinsegin fræði í íslensku samhengi«, in: *Skírnir* 172 (1998), S. 476–527.
Kaspar, Ingolf, *Minimalismus und Groteske im Kontext der postmodernen Informationskultur. Ästhetische Experimente in der norwegischen und isländischen Gegenwartsliteratur*, Frankfurt a. M. usw. 2001.
Kolbrún Haraldsdóttir u.a. (Hg.), *Flügelrauschen. Erzählungen zeitgenössischer isländischer Autoren*, Göttingen 2000.
Kreutzer, Gert (Hg.), *Isländische und färöische Gegenwartsautoren*, Köln 2002.
Laschen, Gregor u.a. (Hg.), *Ich hörte die Farbe blau. Poesie aus Island*, Wilhelmshaven 1992.
Úlfhildur Dagsdóttir u.a. »Bókmenntavefurinn«, www.bokmenntir.is (Bio-Bibliographien und Artikel über die wichtigsten isländischen Gegenwartsautorinnen und -autoren).

Färöische Literatur

Andreassen, Eyðun, *Folkelig offentlighed. En undersøgelse af kulturelle former på Færøerne i 100 år*, Kopenhagen 1992.
Ashcroft, Bill u.a., *The Empire Writes Back. Theory and Practice in Post-Colonial Literatures*, London 1989.
Bandle, Oskar, »Modern färöisk literatur – en paradigmatisk utveckling«, in: ders., *Schriften zur nordischen Philologie. Sprach-, Literatur- und Kulturgeschichte der skandinavischen Länder*, Tübingen usw. 2001, S. 453–466.
Bandle, Oskar, »Moderne färöische Literatur. Versuch einer Standortbestimmung«, in: *ibd.*, S. 421–452.
Brix, Kirsten, *Dialog i Babelstårnet. Analyse af Regin í Líðs fiktive prosaforfatterskab*, Tórshavn 2002.
Dahl, Árni, *Bókmentasøga*, 3 Bände, Tórshavn 1980–83.
Djupedal, Reidar, »Jens Christian Svabo. Eitt tillag til lívssøgu hansara«, in: *Varðin* 32 (1957), S. 49–134.
Flohr Sørensen, Hanne, »›Mit forhold til det danske sprog er fatalt bestemt.‹ William Heinesens dansksprogede forfatterskab. Baggrund og konsekvenser«, in: *Fróðskaparrit* 47 (1999), S. 5–31.
Graba, Carl Julian, *Tagebuch, geführt auf einer Rejse nach Färö im Jahre 1828* (1830), Kiel 1993.
Isaksen, Jógvan, *Færøsk litteratur. Introduktion og punktnedslag*, Kopenhagen 1993.
Jakobsen, Jakob, *Poul Nolsöe. Lívssøga og irkingar* (1912), Tórshavn 1966.
Joensen, Jóan Pauli, »At finna ella uppfinna tað føroyska«, in: *Fróðskaparrit* 36–37 (1988–89), S. 28–38.
Joensen, Leyvoy, »Barbara and the Dano-Faroese Moment«, in: Malan Marnersdóttir u.a. (Hg.), *Úthavsdagar. Oceaniske dage*, Tórshavn 2000, S. 64–87.
Lyngbye, Hans Christian (Hg.), *Færøiske Qvæder om Sigurd Fofnersbane og hans Æt* (1822), Tórshavn 1980.
Marnersdóttir, Malan, »Færøsk litteratur – en oversigt«, in: dies., *Analyser af færøsk litteratur*, Århus 2001, S. 8–34.
Marnersdóttir, Malan, *Hvør av øðrum. Samansetning, frásøgn og millumtekstleiki í føroyskari skaldsøgu eftir 1970*, Tórshavn 2000.
Marnersdóttir, Malan, »Kvinder og mænd i færøsk litteraturhistorieforskning«, in: dies., *Analyser af færøsk litteratur*, Århus 2001, S. 52–62.
Marnersdóttir, Malan, »Ólavur Trygvason í søgu og kvæði«, in: Anfinnur Johansen (Hg.), *Eivindarmál.*

Heiðursrit til Eivind Weyhe á seksti ára degi hansara 25 apríl 2002, Tórshavn 2002.

Matras, Christian, *Evangelium Sankta Mattæusar. Bd. 2: Um týðingina av bókini*, Tórshavn 1973.

Matras, Christian, *Føroysk bókmentasøga*, Kopenhagen 1935.

Rasmussen, Petur Martin, *Den færøske sprogrejsning. Med særligt henblik på kampen om færøsk som kirkesprog i national og partipolitisk belysning*, Hoydalur 1987.

Simonsen, Malan, »Føroyska bókmentaalmennið í 19. øld«, in: *Fróðskaparrit* 32 (1985), S. 6–14.

Simonsen, Malan, *Konurák*, Tórshavn 1989.

Simonsen, Malan, *Kvinnurøddir. Kvinnur í almenna kjakinum 1890–1902*, Tórshavn 1985.

Stössinger, Verena, Anna Katharina Dömling (Hg.), »*Von Inseln weiß ich …*«. *Geschichten von den Färöern*, Zürich 2006.

Thomassen, Arnfinnur, *Færøsk i den færøske skole. Fra århundredeskiftet til 1938*, Odense 1985.

Finnische Literatur

Eskola, Katarina, *Lukijoiden kirjallisuus Sinuhesta Sonja O:hon*, Helsinki 1990.

Fromm, Hans, *Kalevala. Das finnische Epos des Elias Lönnrot*, Stuttgart 1985.

Grellmann, Hans, *Finnische Literatur*, Breslau 1932.

Häkli, Esko u.a. (Hg.), *Bibliophilie und Buchgeschichte in Finnland*, Berlin 1988.

Hein, Manfred Peter, »Beitrag zum finnischen Gedicht«, in: Paavo Haavikko, *Gedichte*, Frankfurt a. M. 1973, S. 89–118.

Hein, Manfred Peter, »Beitrag zur finnischen Geschichte und Literatur«, in: ders., *Moderne Erzähler der Welt. Finnland*, Tübingen usw. 1974.

Honko, Lauri u.a. (Hg.), *The Great Bear. A Thematic Anthology of Oral Poetry in the Finno-Ugrian Languages*, Helsinki 1993.

Jahrbuch für finnisch-deutsche Literaturbeziehungen. Mitteilungen aus der Deutschen Bibliothek, Jg. 1-, Helsinki 1977-.

Karkama, Pertti, *Kirjallisuus ja nykyaika. Suomalaisen sanataiteen teemoja ja tendenssejä*, Helsinki 1994.

Korolainen, Tuula (Hg.), *Kirjaseikkailu. Lasten- ja nuortenkirjallisuuden opas*, Helsinki 2001.

Koskela, Lasse, *Suomalaisia kirjailijoita Jöns Buddesta Hannu Ahoon*, Helsinki 1990.

Kuivasmäki, Riitta, »Jugendliteratur in Finnland«, in: *Jahrbuch für finnisch-deutsche Literaturbeziehungen* 21 (1989), S. 34–50.

Kunnas, Maria-Liisa, *Muodon vallankumous. Modernismin tulo suomenkieliseen lyriikkaan 1945–1959*, Helsinki 1981.

Kunze, Erich, *Deutsch-finnische Literaturbeziehungen. Beiträge zur Literatur- und Geistesgeschichte*, Helsinki 1986.

Kunze, Erich, *Finnische Literatur in deutscher Übersetzung 1675–1975. Eine Bibliographie*, Helsinki 1982.

Kurikka, Kaisa (Hg.), *Identiteettiongelmia suomalaisessa kirjallisuudessa*, Turku 1995.

Laitinen, Kai, *Finnlands moderne Literatur*, Hamburg 1969.

Laitinen, Kai, *Suomen kirjallisuuden historia*, Helsinki 1981.

Lassila, Pertti, *Geschichte der finnischen Literatur*, Tübingen usw. 1996.

Leino, Eino, *Die Hauptzüge der finnischen Literatur*, Helsinki ²1980.

Lönnrot, Elias, *Der Wanderer oder Erinnerungen an eine Reise zu Fuß durch Häme, Savo und Karelien anno 1828*, Leipzig 1991.

Lyytikäinen, Pirjo (Hg.), *Dekadenssi vuosisadanvaihteen taiteessa ja kirjallisuudessa*, Helsinki 1998.

Nevala, Maria-Liisa (Hg.), »*Sain roolin johon en mahdu*«. *Suomalaisen naiskirjallisuuden linjoja*, Helsinki 1989.

Niemi, Juhani, *Proosan murros. Kertovan kirjallisuuden modernisoituminen Suomessa 1940-luvulta 1960-luvulle*, Helsinki 1995.

Rausmaa, Pirkko-Liisa u.a. (Hg.), *Finnische Volksmärchen*, München 1993.

Tarkka, Pekka, *Suomalaisia nykykirjailijoita*, Helsinki ⁶2000.

Turunen, Risto u.a. (Hg.), *Vaihtuva muoto. Tutkielmia suomalaisen romaanin historiasta*, Helsinki 1992.

Wrede, Johan, »Die schwedische Literatur Finnlands – ein kurzer Überblick«, in: *Jahrbuch für finnisch-deutsche Literaturbeziehungen* 26 (1994), S. 142–164.

Saamische Literatur

Arnberg, Matts u.a., *Joik / Yoik*, Stockholm 1969.

Bäckman, Louise, »Female – Divine and Human. A Study of the Position of the Woman in Religion and Society in Northern Eurasia«, in: Åke Hultkrantz (Hg.), *The Hunters. Their Culture and Way of Life*, Tromsø 1982, S. 144–162.

Gaski, Harald (Hg.), *In the Shadow of the Midnight Sun. Contemporary Sami Prose and Poetry*, Kárášjohka 2000.

Gaski, Harald (Hg.), *Sami Culture in a New Era. The Norwegian Sami Experience*, Kárášjohka 1997.

Helander, Elina u.a. (Hg.), *No Beginning, No End. The Sami Speak Up*, Edmonton 1998.

Hirvonen, Vuokko, »How to make the Daughter of a Giant a Sami. A Myth of the Sami People's Origin«, in: Juha Pentikäinen (Hg.), *Sami Folkloristics*, Turku 2000, S. 215–231.

Hirvonen, Vuokko, *Saamenmaan ääniä. Saamelaisen naisen tie kirjailijaksi*, Helsinki 1999.
Hirvonen, Vuokko, »Samiska kvinnoförfattare – En historik över hundra år av skrivande«, in: Satu Gröndahl (Hg.), *Litteraturens gränsland. Invandrar- och minoritetslitteratur i nordiskt perspektiv*, Uppsala 2002, S. 181–200.
Hirvonen, Vuokko, *Sydämeni palava. Johdatus saamelaiseen joiku- ja kertomusperinteeseen, taiteeseen ja kirjallisuuteen*, Oulu 1995.
Kulonen, Ulla-Maija u.a. (Hg.), *The Saami. A Cultural Encyclopaedia*, Helsinki 2005.
Kuokkanen, Rauna, »Let's vote who is most authentic! Politics of identity in contemporary Sami literature«, in: Armand Garnet Ruffo (Hg.), *(Ad)dressing Our Words. Aboriginal Perspectives on Aboriginal Literatures*, Penticton 2001, S. 79–100.
Lehtola, Veli-Pekka, »Saamelaiskirjallisuus vanhan ja uuden risteyksessä«, in: Matti Savolainen (Hg.), *Marginalia ja kirjallisuus. Ääniä suomalaisen kirjallisuuden reunoilta*, Helsinki 1995, S. 36–92.
Lehtola, Veli-Pekka, *The Sámi People. Traditions in Transition*, Inari 2002.
Lundmark, Bo, *Anders Fjellner – Samernas Homeros – och diktningen om solsönerna*, Umeå 1979.
Osgood Dana, Kathleen, *Áillohaš the Shaman-Poet and His Govadas-Image Drum. A Literary Ecology of Nils-Aslak Valkeapää*, Oulu 2003.
Pentikäinen, Juha, *Saamelaiset. Pohjoisen kansan mytologia*, Helsinki 1995.
Piippola, Irene, *Girjin. Näkökulmia saamelaiskirjallisuuteen / Oaidninvuogit sámi girjjalasvuhtii / Aspekter till samiska litteratur*, Rovaniemi 2000.
Rajala, Britt, Kirsten Thisted, »De oprindelige folk i Norden«, in: Unni Langås u.a. (Hg.), *Nordisk kvindelitteraturhistorie. Bd. 4: På jorden. 1960–1990*, Kopenhagen 1997, S. 548–565.
Sammallahti, Pekka, *The Saami Languages. An Introduction*, Kárášjohka 1998.
Sergejeva, Jelena, »Oktjabrina Voronova, the First Kola Sami Writer«, in: Sinikka Tuohimaa (Hg.), *On the Terms of Northern Woman*, Oulu 1995, S. 148–152.
Seurujärvi-Kari, Irja u.a., *The Sámi. The Indigenous People of Northernmost Europe*, Brüssel 1997.
Solbakk, John Trygve (Hg.), *The Sámi People. A Handbook*, Kárášjohka 2006.
Wretö, Tore, »Olof Sirma. Lappmarkpräst och samelyriker«, in: *Tre kulturer* 1 (1983) Umeå, S. 49–74.

Grönländische Literatur

Berthelsen, Chr., *Grønlandsk litteratur. Kommenteret antologi*, Århus 1983.

Berthelsen, Chr., »Main Themes in Greenlandic Literature«, in: *Folk* 30 (1988).
Holtved, Erik, *The Polar Eskimos. Language and Folklore*, Kopenhagen 1951.
Langgård, Karen, »Fjeld, elv og hav. Natursynet i Tarrarsuummi tarraq/Saltstøtten«, in: *Grønlandsk Kultur- og Samfundsforskning* 00/01 (2001).
Langgård, Karen, »Frederik Nielsens tetralogi«, in: *Grønlandsk Kultur- og Samfundsforskning* 92 (1992).
Langgård, Karen, »Henrik Lunds brug af forlæg i sin religiøse digtning«, in: *Grønlandsk Kultur- og Samfundsforskning* 94 (1994).
Langgård, Per, »Grønlandsk litteratur i 70-erne og 80-erne«, in: *Nordica* 7 (1990), S. 15–37.
Lorentzen, Jørgen u.a. (Hg.), *Inuit, kultur og samfund. En grundbog i eskimologi*, Aarhus 1999.
Lynge, Hans, *Den usynliges vilje*, Nuuk 1990.
Petersen, Robert, »Greenlandic Written Literature«, in: William C. Sturtevant (Hg.), *Handbook of North American Indians*, Washington 1984.
Rajala, Britt, Kirsten Thisted, »De oprindelige folk i Norden«, in: Unni Langås u.a. (Hg.), *Nordisk kvindelitteraturhistorie. Bd. 4: På jorden. 1960–1990*, Kopenhagen 1997, S. 548–565.
Thalbitzer, William, *The Ammassalik Eskimo. Contributions to the Ethnology of the East Greenland Natives*. Kopenhagen 1914–41.
Thisted, Kirsten, »Dengang i de ikke rigtigt gamle dage‹. Grønlandsk fortælletradition som kilde til 1700-tallets kulturmøde«, in: Marianne Alenius u.a. (Hg.), *Digternes paryk. Studier i 1700-tallet*, Kopenhagen 1997, S. 73–86.
Thisted, Kirsten, »Mundtlighed/skrift, en teoretisk indkredsning af ›det grønlandske‹ i grønlandsk litteratur«, in: *Grønlandsk Kultur- og Samfundsforskning* 92 (1992).
Thisted, Kirsten, »Nationalfølelse og skriftsprog. En studie i de første grønlandske romaner«, in: *Danske Studier* 85 (1990), S. 109–129.
Thisted, Kirsten, *Således skriver jeg, Aron. Samlede fortællinger og illustrationer af Aron fra Kangeq*, Nuuk 1999.
Thisted, Kirsten, »Som spæk og vand? Om forholdet mellem Danmark og Grønland set fra den grønlandske litteraturs synsvinkel«, in: Satu Gröndahl (Hg.), *Litteraturens Gränsland. Indvandrar- och minoritetslitteratur i nordiskt perspektiv*, Uppsala 2002.
Thisted, Kirsten, »Stepping off the map? Grønlandsk litteratur mellem globalisering og nation«, in: *Edda* 4/01 (2001), S. 419–436.
Thuesen, Søren, *Fremad, Opad. Kampen for en moderne grønlandsk identitet*, Kopenhagen 1988.

Autoren- und Werkregister

Vorbemerkung

Um eine raschere Orientierung zu ermöglichen, sind im folgenden Register nach den Namen die Lebensdaten und bei skandinavischen Autorinnen und Autoren zudem die Nationalitäten bzw. im Fall des Saamischen die kulturelle und sprachliche Zugehörigkeit verzeichnet. Dabei werden folgende Abkürzungen verwendet:

D Dänemark
F Finnland
Fä Färöer
G Grönland
I Island
N Norwegen
S Schweden
Sa schreiben auf Saamisch

Wie in der Bibliographie sind isländische Personennamen unter dem Vornamen eingeordnet.

Es wird – in Abweichung von den skandinavischen Regeln, nach denen die Buchstaben ä, æ, ö, ø, å, þ usw. am Ende des Alphabets stehen – die folgende alphabetische Reihenfolge verwendet: Zahlen, Aa/aa, A/a, Ä/ä, Æ/æ, Á/á, Å/å, B/b, C/c, Č/č, D/d, Ð/ð, đ, E/e, É/é, F/f, G/g, H/h, I/i, Í/í, J/j, K/k, L/l, M/m, N/n, Ŋ/ŋ, O/o, Ö/ö, Ø/ø, Œ/œ, Ó/ó, P/p, Q/q, R/r, S/s, Š/š, T/t, U/u, Ü/ü, Ú/ú, V/v, W/w, X/x, Y/y, Ý/ý, Z/z, Ž/ž, Þ/þ.

5 unga (5 Junge) (schwed. Anthologie) 249–251, 253
40-tal (40er Jahre) (schwed. Zeitschrift) 277
1001 Nacht 138, 280

A

Aarestrup, Emil (1800–56), D 152–154
– *Digte* (Gedichte) 153
– *Efterladte Digte* (Nachgelassene Gedichte) 153
– *Erotiske Situationer* (Erotische Situationen) 153
– *Ritorneller* (Ritornellen) 154
Aarhus, Jacob Madsen (1538–86), D 60
Aasen, Ivar (1813–96), N 177
– *Norsk Grammatik* (Norwegische Grammatik) 177
– *Norsk Ordbok* (Norwegisches Wörterbuch) 177
ABC Book på Lappesko Tungomål (ABC-Buch in lappischer Sprache) 451
Abell, Kjeld (1901–61), D 254, 260, 274
– *Dyveke* (Personenname) 274
– *Melodien, der blev væk* (Die verschwundene Melodie) 254
Abrogans 26
Adelborg, Ottilia (1855–1936), S 212
Adlersparre, Sophie (1823–95), S 224
Adolphson, Olle (1934–2004), S 309
– *Aubade* 309
Aftenbladet (norweg. Zeitung) 185
Aftenposten (norweg. Zeitung) 275f.
Afzelius, Arvid August (1785–1871), S 175
– *Svenska folkvisor* (Volkssagen und Volkslieder aus Schwedens älterer und neuerer Zeit) (mit Erik Gustaf Geijer) 175
Agrell, Alfhild (1849–1923), S 191f.

– *Ensam* (Einsam) 191
Agricola, Mikael (ca. 1510–57), F 55, 413–415, 420, 424, 443
– *Abc-kirja* (Abc-Buch) 55, 414
– *Rucouskirja bibliasta* (Gebetbuch nach der Bibel) 414
Ahlin, Lars (1915–97), S 283, 295
– *Fromma mord* (Fromme Morde) 283
– *Natt i marknadstältet* (Nacht im Marktzelt) 284
– *Om* (Wenn) 283
Ahlqvist, August (1826–89), F 422–424
Aho, Juhani (1861–1921), F 425–427, 430
– *Juha* (Schweres Blut) 430
– *Papin rouva* (Ellis Ehe) 426
– *Papin tytär* (Die Tochter des Pfarrers) 426
– *Rautatie* (Die Eisenbahn. Eine Erzählung aus Finnland) 426
Ahti, Risto (*1943), F 443
Aikio, Inger-Mari (*1961), Sa 459
– *Gollebiekkat almmi dievva* (Himmel voller Goldwind) 459
– *Máilmmis dása* (Aus der Welt hier her) 460
Aikio, Matti (1872–1929), Sa 452f.
– *Bygda på elveneset* (Das Dorf am Flussdelta) 453
– *I dyreskinn* (In der Haut der Tiere) 452
– *Kong Akab og Naboths vingaard* (König Achab und Nabots Weinberg) 452
Aikio, Samuli (*1937), Sa siehe Jalvi, Pedar
Al Jolson (1886–1950) 249
– *The Jazz Singer* (Film) 249
Albee, Edward (*1928) 372
Alexanders saga (Geschichte von Alexander dem Großen) 29
Alfred der Große (849–99) 447
Allagarsiat (Briefe) (grönländ. Anthologie) 473, 476
Allais, Alphonse (1855–1905) 257

Allers Familiejournal (schwed. Zeitschrift) 186
Almqvist, Carl Jonas Love (1793–1866), S 108, 135, 145f., 149–151, 163, 168–170, 180f.
– *Amorina* (Amorina) 163
– *Äfven om Humor, och Stil deri* (Auch über den Humor, und den Stil darin) 149
– *Baron Julius K** 145
– *De dödas sagor* (Die Sagen der Toten) 168
– *Det går an* (Es geht an) 170
– *Dialog om sättet att sluta sycken* (Dialog über die Art, Stücke zu beenden) 149
– *Drottningens juvelsmycke* (Der Königin Juwelenschmuck) 151
– *Gabrièle Mimanso* (Gabrièle Mimanso) 181
– *Guldfågel i paradis* (Goldvogel im Paradies) 151
– *Hinden* (Die Hirschkuh) 145
– *Jagtslottet* (Das Jagdschloss) 145
– *Murnis* (Ortsname) 168f.
– *Ormus och Ariman* (Ormus und Ahriman) 180
– *Palatset* (Der Palast) 181
– *Parjumouf* (Parjumouf) 180
– *Rosaura eller Sagan om Behagets vingar* (Rosaura oder Über die Flügel der Anmut) 151
– *Schems-El-Nihar* (Personenname) 180
– *Semiramis* (Personenname) 180
– *Smaragdbruden* (Die Smaragdbraut) 181
– *Svenska rim* (Schwedische Reime) 145
– *Törnrosens bok* (Dornrosenbuch) 145f., 150, 180f.
Alnæs, Karsten (*1938), N 356
– *Sabina* 356
Ambjørnsen, Ingvar (*1956), N 335
Amor und Psyche 224

Amtstidende for Færøerne, Dimmalætting (Amtszeitung für die Fäöer, Dimmalætting) 395f., 402
Amundsen, Roald (1872–1928), N 210
Angelit (Musikgruppe), Sa 448
Andersen, Benny (*1929), D 307f.
- *Svantes lykkelige dag* (Svantes glücklicher Tag) 308
- *Svantes viser* (Svantes Lieder) 307
Andersen, Hans Christian (1805–75), D 139–141, 146, 149, 157–161, 167, 171–173, 179f., 182, 239, 287f., 365, 467
- *At være eller ikke være* (Sein oder nicht sein) 157
- *Billedbog uden Billeder* (Bilderbuch ohne Bilder) 146
- *Christines Billedbog* (Christines Bilderbuch) 140
- *De røde Skoe* (Die roten Schuhe) 172
- *Den grimme Ælling* (Das hässliche Entlein) 172
- *Den lille Havfrue* (Die kleine Meerjungfrau) 172
- *Den lille Pige med Svovelstikkerne* (Das kleine Mädchen mit den Zündhölzern) 172, 239
- *Det nye Aarhundredes Musa* (Die Muse des neuen Jahrhunderts) 172
- *Dryaden* (Die Dryade) 172
- *Dynd-Kongens Datter* (Schlammkönigs Tochter) 172
- *En Digters Bazar* (Eines Dichters Bazar) 182
- *Et Besøg i Portugal* (Reisebilder aus Spanien und Portugal) 182
- *Et Stykke Perlesnor* (Ein Stück Perlenschnur) 173
- *Eventyr, fortalte for Børn* (Märchen) 171f.
- *Fodreise fra Holmens Canal til Østpynten af Amager* (Abenteuer und Mährchen einer Neujahrsnacht) 149, 158
- *Fyrtøiet* (Das Feuerzeug) 172
- *I Spanien* (In Spanien) 182
- *I Sverrig* (In Schweden) 179, 182

- *Improvisatoren* (Jugendleben und Träume eines italienischen Dichters) 139f.
- *Keiserens nye Klæder* (Des Kaisers neue Kleider) 172, 365
- *Klods-Hans* (Hans Tolpatsch) 173
- *Kun en Spillemand* (Nur ein Geiger) 140, 158
- *Levnedsbog* (Lebensbuch) 158
- *Maurerpigen* (Raphaella) 161
- *Märchen meines Lebens ohne Dichtung* 158
- *Mit Livs Eventyr* (Das Märchen meines Lebens) 158
- *Mulatten* (Horatio, der Mulatte) 161, 180
- *O.T.* (O.T.) 167
- *Skyggebilleder af en Reise til Harzen* (Reiseschatten) 182
- *Skyggen* (Der Schatten) 173
- *Sneedronningen* (Die Schneekönigin) 172
- *Tante Tandpine* (Tante Zahnschmerz) 172
- *Vanddraaben* (Der Wassertropfen) 173
Andersen, Tryggve (1866–1920), N 210
- *Mot Kvæld* (Gegen Abend) 210
Anderson, Sherwood (1876–1941) 250
Andersson, Lars (*1954), S 317f., 378
- *Snöljus* (Schneelicht) 317
Andreasen, Simon Jon (*1967), D und Michael Valeur 376
- *Blackout* 376f.
Andreassen, Hanus (auch Hanus Kamban) (*1942), Fä 405
- *Pílagrímar* (Pilger) 405
Andrée, Salomon August (1854–97), S 210
Andri Snær Magnason (*1973), I 385f., 389
- *Bók í mannhafið* (Buch ins Menschenmeer) 386
- *Bónus ljóð* (Bónus-Gedichte) 386
- *Gras* (Gras) 389
Angelus Silesius (Pseud. für Johann Scheffler) (1624–77) 88
Angered-Strandberg, Hilma (1855–1927), S 213

- *Den nya världen* (Die neue Welt) 213
- *På prärien* (In der Prärie) 213
Anhava, Tuomas (*1927), F 438
Apollinaire, Guillaume (1880–1918) 314
Arctander, Holger (17. Jh.), N 74
Ari enn fróði Þorgilsson (1068–1148), I 20, 43f.
- *Íslendingabók* (Isländerbuch) 20, 44
Ariost (eig. Ludovico Ariosto) (1474–1533) 149
Aristoteles (384–322 v.Chr.) 24, 365
- *Poetik* 24
Arnaldur Indriðason (*1961), I 385
- *Bettý* (Tödliche Intrige) 385
- *Dauðarósir* (Todesrosen) 385
- *Grafarþögn* (Todeshauch) 385
- *Kleifarvatn* (Kältezone) 385
- *Mýrin* (Nordermoor) 385
- *Napóleonsskjölin* (Gletschergrab) 385
- *Röddin* (Engelsstimme) 385
- *Synir duftsins* (Menschensöhne) 385
- *Vetrarborgin* (Die Winterstadt) 385
Arndt, Johann (1555–1680) 312
- *Wahres Christentum* 312
Arnórr Þórðarson jarlaskáld (11. Jh.), I 38
- *Magnúsdrápa* (Preisgedicht auf Magnus) 38
Aron aus Kangeq (1822–69), G 463f.
Aronpuro, Kari (*1940), F 444
Arrebo, Anders (1587–1637), D 67, 72, 74f.
- *Hexaëmeron* (H. in dänischen Versen) 67, 72, 74f.
Arrebo, Christen Anders (17. Jh.), D 67
Arvidi, Andreas (1620–73), S 67
- *Manuductio ad poesin svecanam* (Handbuch zur schwedischen Dichtung) 67
Arwidsson, Adolph Ivar (1791–1858), F 175, 418
- *Svenska fornsånger* (Alte schwedische Lieder) 175

Asbjørnsen, Peter Christian (1812–85), N und Jørgen Moe 176
- *Norske Folkeeventyr* (Norwegische Volksmärchen) 176
Askildsen, Kjell (*1929), N 316, 364
- *Hundene i Tessaloniki* (Die Hunde in Thessaloniki) 364
Asklund, Erik (1908–80), S 250, 253f.
- *Fanfar med fem trumpeter* (Fanfare mit fünf Trompeten) 253
Asplund, Gunnar (1885–1940), S 260
- *acceptera* (akzeptieren) 260
Atlakviða in grœnlenzca (Atlilied) 16f.
Atlamál in grœnlenzco (Jüngeres Atlilied) 16f.
Atterbom, Per Daniel Amadeus (1790–1855), S 132, 134f., 150–152
- *Blommorna* (Die Blumen) 151
- *Fågel Blå* (Vogel blau) 151
- *Lycksalighetens ö* (Die Insel der Glückseligkeit) 150f.
- *Minnen från Tyskland och Italien* (Aufzeichnungen [...] aus Deutschland und Italien) 135
- *Minnesrunor* (Gedächtnisrunen) 151
- *Rimmarbandet* (Die Reimbande) 132
- *Svenska Siare och Skalder* (Schwedische Seher und Skalden) 134
Atuagalliutit (Etwas Lesenswertes, das nichts kostet) (grönländ. Zeitschrift) 465
August, Bille (*1949), D 337
Auster, Paul (*1947) 345, 406
Avesta 236
Axelsson, Majgull (*1947), S 335
Ältere Edda, Poetische Edda, Lieder-Edda 5, 8, 34, 44, 47, 388
Älteste Óláfs saga helga 29
Äsop (6. Jh. v.Chr.) 87
Ágætar fornmannasögur (Ausgezeichnete Geschichten von den Alten) 129
Ágúst Guðmundsson (*1947), I 327
- *Útlaginn* (Der Geächtete) (Film) 327

Árni Magnússon
  (1663–1730), I 70
Árni Magnússon frá
  Geitastekk (1753–97), I
  129
Åkesson, Sonja (1926–77), S
  293, 304
– *Glasveranda* 304
– *Husfrid* (Hausfriede) 304
– *Pris* (Prise/Preis) 304
– *Självbiografi* (Autobiographie) 304

B

Bachtin, Michail
  (1895–1975) 316
Baez, Joan (*1941) 309
Bagger, Carl (1807–46), D
  161
– *Min Broders Levnet*
  (Meines Bruders Leben)
  161
Baggesen, Jens Immanuel
  (1764–1826), D 9, 86f.,
  100–102, 119f., 129, 135,
  138, 150
– *Adam und Eva* 102
– *Der vollendete Faust* 102
– *Digtervandringer*
  (Dichterwanderungen) 101
– *Labyrinten* (Baggesen
  oder Das Labyrinth) 101
– *Noureddin til Aladdin*
  (Noureddin an Aladdin)
  138
– *Parthenaïs oder die
  Alpenreise* 102
– *Philosophischer Nachlaß*
  102
Baker, Josephine (1906–75)
  260
Balle, Solvej (*1962), D 350,
  364f.
– *Ifølge loven* (Nach dem
  Gesetz) 364, 366
– *Lyrefugl* (Der Lautenvogel) 350, 365
Balzac, Honoré de
  (1799–1850) 108
Bang, Herman (1857–1912),
  D 185–187, 189,
  191–196, 201, 209, 220,
  356
– *Haabløse Slægter*
  (Hoffnungslose
  Geschlechter) 191, 209
– *Impressionisme. En lille
  Replik* (Der Impressionismus. Eine kleine Replik)
  192
– *Irene Holm* (Irene Holm)
  220
– *Ludvigsbakke* (Ludvigshöhe. Roman einer
  Krankenpflegerin) 196

– *Realisme og Realister*
  (Realismus und Realisten)
  192
– *Stuk* (Stuck) 189
– *Tine* (Tine) 196
– *Ved Vejen* (Am Wege) 195
Banks, Sir Joseph
  (1743–1820) 124
Barbusse, Henri
  (1873–1935) 259
Barlaams saga ok Josaphats
  (Saga von Barlaam und
  Josaphat) 30
Barnablaðið (Das
  Kinderblatt) (isländ.
  Zeitschrift) 212
Barnbibliotek Saga
  (Kinderbibliothek Saga)
  (schwed. Publikationsserie) 212
Barthes, Roland (1915–80)
  311, 369
– *Le plaisir du texte* 369
Basedow, Johann Bernhard
  (1723–90) 92
Baudelaire, Charles Pierre
  (1821–67) 108, 152, 358
– *Les fleurs du mal* 358
– *Spleen de Paris* 152
Baudrillard, Jean (*1929)
  368
Bær, Anders Pedersen (1825–
  82), Sa und Lars Hætta
  451
– *Muitalusat* (Erzählungen)
  451
Bárðar saga Snæfellsáss
  (Saga von Bárðr, dem
  Schutzgeist von Snæfell)
  22
Bååth, Albert Ulrik (1853–
  1912), S 212
Beatles 380f.
Beauvoir, Simone de
  (1908–86) 300
– *Le deuxième sexe* 300
Beck-Nielsen, Claus (*1963),
  D 232f.
– *Journalnr. XX* (Aktenzeichen XX) (Performance)
  373
Beckett, Samuel (1906–89)
  287
Bellman, Carl Michael
  (1740–95), S 117–119,
  150, 255, 309f.
– *Bacchi Orden* 118
– *Bacchi Tempel* 118
– *Epistel 27* 118
– *Fredmans Epistlar*
  (Fredmans Episteln) 117f.
– *Fredmans Sånger* (Fredmans Lieder) 118, 119
Benedictsson, Victoria
  (1850–88), S 191, 205f.,
  220, 228

– *Den bergtagna* (Die
  Verzauberte) 205f., 220,
  228
– *Från Skåne* (Aus Schonen)
  191
– *Pengar* (Geld) 205
– *Ur mörkret* (Aus dem
  Dunkel) 205
Benjamin, Walter
  (1892–1940) 345
Benn, Gottfried (1886–1956)
  280
– *Probleme der Lyrik* 280
Bergbom, Kaarlo
  (1843–1906), F 423
Bergman, Hjalmar
  (1883–1931), S 232
Bergman, Ingmar (*1918), S
  233, 290–292
– *Bilder* (Bilder) 292
– *Det sjunde inseglet* (Das
  siebente Siegel) 290–292
– *Fanny och Alexander*
  (Fanny und Alexander)
  292
– *Gycklarnas afton* (Abend
  der Gaukler) 290
– *Laterna Magica* (Mein
  Leben) 290
– *Smultronstället* (Wilde
  Erdbeeren) 290–292
– *Sommarnattens leende*
  (Das Lächeln einer
  Sommernacht) 292
Bergsbók (Buch von Bergr
  Sokkason) 43
Bergsøe, Vilhelm
  (1835–1911), D 162
– *Fra Piazza del Popolo*
  (Von der Piazza del
  Popolo) 162
Bergstedt, Harald
  (1877–1965), D
Bernsdorff, Johan Hartvig
  Ernst (1712–72) 81f.
Berntsen, Arent (1610–80),
  N 74
– *Danmarckis oc Norgis
  Fructbar Herlighed* (Die
  fruchtbare Herrlichkeit
  Dänemarks und
  Norwegens) 74
Berthelsen, Rasmus
  (1827–1901), G 465f.
– *Guuterput qutsinnermiu*
  (Unser Gott in der Höhe)
  465
Bertrand, Louis (1807–41)
  152
– *Le Gaspard de la nuit* 152
Besigye, Bertrand (*1972), N
  370f.
– *Og du dør så langsomt at
  du tror du lever* (Und du
  stirbst so langsam, dass
  du zu leben glaubst) 370

Beskow, Elsa (1874–1953), S
  212
– *Puttes äventyr i
  blåbärsskogen* (Hänschen
  im Blaubeerenwald) 212
Beuys, Joseph (1921–86)
  293
Bevers saga (Saga von Bever)
  30
Beyer, Absalon Pederssøn
  (1528–75), N 58
– *Om Norgis Rige* (Über
  das Reich Norwegen) 58
*Beyond the Wolf Line. An
  Anthology of Sámi Poetry*
  (Anthologie) 448
Bibel 4, 20, 26f., 55–58, 74,
  77, 92f., 108, 110f., 117,
  123, 141f., 236, 240, 281,
  291, 312f., 390, 394, 396,
  401, 404, 412–415, 452,
  474
Biehl, Charlotte Dorothea
  (1731–88), D 97–99, 356
– *Den kierlige Mand* (Der
  liebenswürdige Mann) 99
– *Mit ubetydelige Levnets
  Løb* (Der Verlauf meines
  unbedeutenden Lebens)
  97
Birchenbaum, Christina
  Regina von (frühes
  17. Jh.), F 416
Birger Gregersson
  (ca. 1327–83), S 25
Birgitta Birgersdotter, Heilige
  Birgitta von Schweden
  (1302/3–73), S 19, 22–26,
  282
– *Revelationes celestes*
  (Himmlische Offenbarungen) auch *Liber
  celestis reueleaciones* 19,
  22–26
Birna Anna Björnsdóttir
  (*1975), I 385
– *Dís* (Männer gibt's wie
  Fisch im Meer) (mit
  Oddný Sturludóttir und
  Silja Hauksdóttir) 385
Bjarnar saga Hítdælakappa
  (Saga von Björn, dem
  Helden aus Hítardalr) 21,
  40
Bjarni Pálsson (1719–79), I
  122–124, 128
Bjarni Thorarensen
  (1786–1841), I 133, 178
– *Ísland* 178
– *Íslands minni* (Gedächtnis
  Islands) 178
Bjerke, André (1918–85), N
  279
Björg Einarsdóttir (auch
  Látra-Björg) (1716–84), I
  130

Björk Guðmundsdóttir
(*1965), I 379, 385
Björkman, Carl (1901–61), S
234
Björling, Gunnar (1887–
1960), F 248f., 277
- 4711. Universalistisk
Dada-Individualism
(4711. Universalistischer
Dada-Individualismus)
248
- Blixtanalys (Blitzanalyse)
248
- Kiri-ra 248
- Min nya saklighet
(Meine neue Sachlichkeit)
248
Bjørneboe, Jens Ingvald
(1920–76), N 307
- Bestialitetens historie
(Die Geschichte der
Grausamkeit) 307
- Før hanen galer
(Ehe der Hahn kräht) 307
- Frihetens øyeblikk
(Der Augenblick der
Freiheit) 307
- Jonas (Jonas und das
Fräulein) 307
- Kruttårnet (Der
Pulverturm) 307
- Stillheten (Die Stille) 307
Bjørnson, Bjørnstjerne
(1832–1910), N 176f.,
186f., 191, 201–203, 212,
425
- Arne (Arne) 176
- Det flager i Byen og på
Havnen (Flaggen über
Stadt und Hafen) 191
- Det ny System (Das neue
System) 191
- En Fallit (Ein Bankrott)
191
- En glad Gut (Ein frischer
Bursche) 176
- En Hanske (Ein
Handschuh) 203
- Over Ævne I
(Über die Kraft) 191
- Sigurd Slembe (Sigurd
Slembe) 177
- Synnøve Solbakken
(Synnöve Solbakken) 176
Bjørnstad, Ketil (*1952), N
310
- Leve Patagonia
(Es lebe Patagonia) 310
Bjørnvig, Thorkild
(1918–2004), D 275
- Anubis (Personenname)
275
- Kim – efter Læsningen af
hans Breve (Kim – nach
der Lektüre seiner Briefe)
275

Blake, William (1757–1827)
108
Blanche, August (1811–68),
S 181
- Sonen av söder och nord
(Armand) 181
- Vålnaden (Das Gespenst)
181
Blei, Franz (1871–1942) 256
Blicher, Steen Steensen
(1782–1848), D 161–163,
179
- Brudstykker af en
Landsbydegns Dagbog
(Aus dem Tagebuch eines
Dorfküsters) 162
- E Bindstouw (Die
Strickstube) 179
- Hosekræmmeren
(Der Strumpfkrämer) 163
- Læsefrugter (Lesefrüchte)
162
- Nordlyset (Nordlicht) 162
- Præsten i Vejlbye (Der
Pfarrer in Veilby) 162
- Sildig Opvaagnen
(Spätes Erwachen) 162
Blind, Ella-Karin (1925–93),
Sa 452
Blind, Ellen-Sylvia (*1925),
Sa 452
Blixen, Karen (1885–1962),
D 280f., 331
- Babettes Gæstebud
(Babettes Fest) 281
- Det ubeskrevne Blad
(Das unbeschriebene
Blatt) 281
- Out of Africa/Den
afrikanske Farm (Afrika,
dunkel lockende Welt)
281
- Ringen (Der Ring) 281
- Seven Gothic Tales
(Die Träumer und andere
Erzählungen) 280
- Sorge-Agre (Leid-Acker)
281
- Syv fantastiske Fortællinger (Sieben phantastische
Geschichten) 281
- Vinter-Eventyr (Kamingeschichten) 281
Boccaccio, Giovanni
(1313–75) 280
- Decamerone 280, 312
Bodelsen, Anders (*1937), D
316
Boethius de Dacia
(ca. 1240–80/90), D 15
- Modi significandi
(Bezeichnungsweisen) 15
Boeve de Haumtone 30
Boileau-Despréaux, Nicolas
(1636–1711) 111, 116,
124

Boine, Mari (*1956), Sa 448
Bomholt, Julius
(1896–1969), D 234
Bongo, Mikkel P.A. (*1921),
Sa 452
Bording, Anders (1619–77),
D 70
- Den danske Mercurius
(Der dänische Merkur) 70
Borgen, Johan (1902–79), N
274, 285f.
- De mørke kilder (Die
dunklen Quellen) 285
- Jeg (Ich) 285
- Lillelord (Lillelord) 285f.
- Vi har ham nå (Wir haben
ihn nun) 285
Borges, Jorge Luis
(1899–1986) 316, 373
- Gottes Schrift 373
- Ireno Funes, der
Erinnernde 373
Bosch, Hieronymus
(1450–1516) 284
Boucher, François (1703–70)
112
Bourget, Paul (1852–1935)
208
- Theorie der Dekadenz
208
Bowie, David (*1947) 368,
380
Boye, Birgitte Catharine
(1742–1824), D 98f.
- Gorm den Gamle (Gorm
der Alte) 98
- Sigrid eller Regnalds Død
(Sigrid oder Regnalds
Tod) 98
Boye, Karin (1900–41), S
261, 264
- Kallocain (Kallocain) 264
- Kris (Krisis) 261
Böhme, Jacob (1575–1624)
142
Böök, Fredrik (1883–1961),
S 263
Bønnelykke, Emil
(1893–1953), D 237
- Asfaltens Sange
(Lieder des Asphalts) 237
- Berlin 237
- Spartanerne
(Die Spartaner) 237
Børsum, Lise (1908–85), N
275
- Fange i Ravensbrück
(Gefangene in Ravensbrück) 275
Bragi hinn gamli Boddason
(9. Jh.), N 33f., 36f.
- Ragnarsdrápa (Preisgedicht auf Ragnarr) 33f.,
36f.
Brandes, Edvard (1847–
1931), D 185, 186

Brandes, Georg (1842–
1927), D 171, 183–187,
190–192, 197, 201–203,
215–217, 222, 258, 425
- Aristokratisk Radikalisme
(Aristokratischer
Radicalismus) 216
- Det moderne Gjennembruds Mænd (Die
Männer des Modernen
Durchbruchs) 183
- Det uendeligt Smaa og det
uendeligt Store i Poesien
(Das unendlich Kleine
und das unendlich Große
in der Poesie) 192
Brandt, Ole (1918–81), G
470, 472
- Qooqa (Personenname)
472
Branner, Hans Christian
(1903–66), D 264, 274
- Legetøj (Ein Dutzend
Menschen) 264
Brantenberg, Gerd (*1941),
N 303
- Egalias døttre (Die
Töchter Egalias) 303
Brassens, Georges (1921–81)
309
Brecht, Bertolt (1898–1956)
236, 238
Bredal, Niels Krog
(1732–78), N 98
- Gram og Signe
(Gram und Signe) 98
- Tronfølgen i Sidon (Die
Thronfolge in Sidon) 98
Brekke, Paal Emmanuel
(1923–93), N 278f.
- Skyggefektning
(Schattenfechten) 278f.
Bremer, Fredrika (1801–65),
S 115, 169, 182
- Famillen H*** (Die
Familie H.) 169
- Grannarne (Die
Nachbarn) 169
- Hemmen i den nya
verlden (Das Zuhause in
der neuen Welt) 182
- Hemmet (Das Haus) 169
- Hertha, eller en själs
historia (Hertha) 169
- Lifvet i gamla verlden
(Das Leben in der alten
Welt) 182
- Teckningar utur
hvardagslifvet (Skizzen
aus dem Alltagsleben) 169
Breta sögur (Geschichten der
Briten) 29
Breton, André (1896–1966)
267
- Surrealistisches Manifest
267

Breviarium Holense
(Breviar von Hólar) 54
Breviarium Ottoniense
(Breviar von Odense) 54
Bringsværd, Tor Åge
(*1939), N 378
Broby-Johansen, Rudolf
(1900–87), D 236, 259
– *Blod* (Blut) 236
– *Hverdagskunst –
Verdenskunst* (Kunst und
Umwelt) 236
– *Odalisk – Skønhed*
(Odaliske – Schönheit)
236
Brorson, Hans Adolph
(1694–1764), D 88f.
– *Den yndigste Rose er
funden* (Die lieblichste
Rose ist gefunden) 89
– *Svane-Sang* (Schwanen-
gesang) 89
– *Troens rare Klenodie*
(Das seltene Kleinod des
Glaubens) 89
Brostrøm, Torben (*1927),
D 293
*Bröllops beswärs Ihugkom-
melse* (Hochzeitsmühen-
erinnerung) 65, 73f., 76
Brøgger, Suzanne (*1944), D
338f.
– *Jadekatten* (Die Jadekatze)
339
Brøndal, Viggo (1887–1942),
D 311
Brun, Johan Nordahl
(1745–1816), N 94, 99
– *Einer Tambeskielver*
(Personenname) 94
– *Zarine* (Personenname)
94
Brunner, Ernst (*1950), S
357
– *Edith* 357
Brunvoll, Kirsten
(1895–1976), N 275
– *Veien til Auschwitz*
(Der Weg nach Auschwitz)
275
Brú, Heðin (1901–87), Fä
399, 405
– *Fastatøkur* (Fester Griff)
399
– *Feðgar á ferð* (Des armen
Mannes Ehre) 399
– *Lognbrá* (Luftspiegelung)
399
Bureus, Johannes (1568–
1652), S 52f., 66, 70
Burman, Carina (*1960), S
356
– *Min salig bror Jean
Hendrich* (Mein seliger
Bruder Jean Hendrich)
356

Büchner, Georg (1813–37)
164
– *Lenz* 164
Byron, Georg Gordon Lord
(1788–1824) 180
– *Don Juan* 180, 224

C

Cajanus, Juhana (1655–81),
F 415
– *Etkös ole ihmisparka*
(Bist du nicht, du armer
Mensch) 415
Calamnius, Gabriel
(1695–1754), F 416
– *Suru-Runot Suomalaiset*
(Finnische Trauer-
Gedichte) 416
– *Wähäinen Cocous
Suomalaisista Runoista*
(Kleine Sammlung
finnischer Gedichte) 416
Campe, Joachim Heinrich
(1746–1818) 128
Camus, Albert (1913–60)
288
Canth, Minna (1844–97), F
411, 425f.
– *Kovan onnen lapsia*
(Kinder eines harten
Schicksals) 425
– *Salakari* (Die Untiefe) 426
– *Työmiehen vaimo* (Die
Frau des Arbeiters) 425
Canti Lapponi (saam.
Anthologie) 448
Caoursin, Guillaume (15.
Jh.) 54
– *Descriptio obsidionis
urbis Rhodie* (Beschrei-
bung der Belagerung der
Stadt Rhodos) 54
Carpelan, Bo (*1926), F 409
Carroll, Lewis (Pseud. für
Charles Lutwidge
Dodgson) (1832–98)
– *Alice's Adventures in
Wonderland* 319
Carstensen, Claus (*1957),
D 369
Cats, Jacob (1577–1660) 67
Celsius, Anders (1701–44), S
103
– *Observationer* (Beobach-
tungen) 103
Cervantes Saavedra, Miguel
de (1547–1616) 148
– *Don Quixote* 166
Cézanne, Paul (1839–1906)
273
Chanson d'Aspremont 30
Chanson de Roland 30
Chanson des Saisnes 30
Charcot, Jean Martin
(1825–1893) 205

Chardin, Teilhard de
(1881–1955) 282
Chateaubriand, François
René (1768–1848) 180
– *Atala* 180
Chet Baker (1929–88) 307f.
*Le Chevalier Ogier de
Danemarche* 30
Chico Buarque (*1944) 309
Chievitz, Poul (1817–44), D
162
– *Fra Gaden* (Von der
Straße) 162
Chomsky, Noam (*1928)
312
Chrétien de Troyes
(ca. 1150–89) 30, 32
– *Erec et Enide* 30f.
– *Perceval* 30f.
– *Yvain* 30f.
Christensen, Inger (*1935),
D 310–312, 359, 365f.,
374
– *alfabet* (alphabet) 311,
365
– *Azorno* (Azorno) 359
– *Det* (Das) 311
– *Det malede værelse* (Das
gemalte Zimmer) 312
– *Hemmelighedstilstanden*
(Der Heimlichkeits-
zustand) 366
– *Sommerfugledalen* (Das
Schmetterlingstal) 365f.
Christensen, Lars Saabye
(*1953), N 335
Christensen, Martha
(1926–95), D 310
Christensen, Mathilde (Illa)
(1851–1922), D 195
– *Skitser* (Skizzen) 195
– *Skitser. Anden Samling*
(Skizzen. Zweite
Sammlung) 195
Christie, Erling (1928–96),
N 279
Christina, Leonora
(1621–98), D 65, 69, 71,
73, 76f.
– *Jammers Minde*
(Sorgengedächtnis) 65, 71,
76f.
Chrysostomus, Oluf
(ca. 1500–53), D 58
– *Lamentatio ecclesie*
(Klagelied der Kirche) 58
Cixous, Helene (*1937) 360,
368
Clair, René (Pseud. für René
Chaumette) (1898–1983)
255
Claussen, Sophus
(1865–1931), D 219f.
– *Antonius i Paris*
(Antonius in Paris) 219
– *Ekbátana* 219

– *Valfart* (Wallfahrt) 219f.
Clári saga (Saga von Clárus)
30
Codex argenteus
(Silberbibel) 64
Codex Bureanus
(Codex von Johannes
Bureus) 19
Collett, Camilla (1813–95),
N 159f., 170
– *Amtmandens Døttre*
(Die Amtmanns-Töchter)
170
– *I de lange Nætter*
(In den langen Nächten)
159
– *Paa et gammelt Herresæde*
(Auf einem alten
Herrensitz) 160
Comte, Auguste (1798–1857)
189f.
– *Discours sur l'esprit
positif* 189
Cooper, James Fenimore
(1789–1851) 181, 185
Cortázar, Julio (1914–84)
316
Corvinus, Antonius
(1501–53) 55
– *Passio* (Passion) 55
Coupland, Douglas (*1961)
340
– *Generation X* 340
Cramer, Johann Andreas
(1723–88) 81, 91
– *Der nordische Aufseher*
81, 91
Creutz, Gustav Philip
(1731–85), S 111, 119
– *Atis och Camilla*
(Atis und Camilla) 111f.
– *Sommer-Qväde*
(Sommerlied) 111
Crusenstolpe, Magnus Jacob
(1795–1865), S 350
– *Morianen* (Der Mohr)
350
Čállagat (Schriften) (saam.
Zeitschrift) 454

D

Dagbladet (norweg. Zeitung)
274
Dagens Nyheter (schwed.
Zeitung) 185
Dagerman, Stig (1923–54), S
278
– *Ormen* (Die Schlange)
278
– *Tysk höst* (Deutscher
Herbst) 278
Dagskrá (Programm) (isländ.
Zeitung) 186
Dahl, Regin (*1918), Fä 398,
401

Dahlberg, Erik (1625–1703), S 65f.
- *Svecia antiqua et hodierna* (Schweden in der Vergangenheit und Gegenwart) 65f.
Dahlgren, Carl Fredric (1791–1844), S 150
- *Molbergs epistlar* (Molbergs Episteln) 150
Dalin, Olof von (1708–63), S 9, 105–107, 110, 112, 121
- *Sagan om hästen* (Die Sage vom Pferd) 106
- *Then swänska Argus* (Der schwedische Argus) 105, 107, 112
Dalí, Salvador (1904–89) 36
Danielsen, Dánjal Pauli (1913–91), Fä 404
- *... hvørt við sínar náðir* (... ein jeder im Frieden mit dem Seinen) 404
Danmarks gamle Folkeviser (Dänemarks alte Volksballaden) 69
Dante Alighieri (1265–1321) 268, 386
- *Divina Commedia* 268, 386
Dares Phrygius (3. Jh.) 29
Darwin, Charles (1809–82) 189–191
- *On the Origin of Species by Means of Natural Selection* 189
- *On the Descent of Man* 189
Dass, Petter (1647–1707), N 72, 74, 76, 125, 392
- *Nordlands Trompet* (Nordlandstrompete) 72, 74–76, 125
Davíð Stefánsson frá Fagraskógi (1895–1964), I 266f.
- *Kvæði* (Gedichte) 266
- *Kveðjur* (Grüße) 266
- *Svartar fjaðrir* (Schwarze Federn) 266f.
De la Gardie, Magnus Gabriel (1622–86), S 53, 64f.
De syv vise Mestre (Die sieben weisen Meister) 58
Debes, Lucas Jacobsøn (1623–76), D 392, 404
- *Færoæ et Færoa reserata* 392
Debes Dahl, Marianna (*1947), Fä 405
Delblanc, Sven (1931–92), S 316, 357
- *Hedeby*-Suite (*Åminne* [Strom der Erinnerung];

Stenfågel [Steinvogel]; *Vinteride* [Winterschlaf]; *Stadsporten* [Das Stadttor]) 316
Deleuze, Gilles (1925–95) 156
Demant Hatt, Emilie (1873–1958), D 452
Den danske Rimkrønike (Die dänische Reimchronik) 55
Den danske Tilskuer (Der dänische Zuschauer) (dän. Zeitschrift) 392
Der brænder en Ild (Es brennt ein Feuer) (dän. Anthologie) 274
Der Sturm 236
Derrida, Jacques (1930–2004) 156
Descartes, René (1596–1650) 102, 104
Destouches, Philippe Néricault (1680–1754) 99
Dickens, Charles (1812–70) 185
Diderot, Denis (1713–84) 148
Didriksen, Lydia (*1957), Fä 405
- *Gráglómur* (Graue Augen) 405
Die Gelehrtenwelt 121
Diktonius, Elmer (1896–1961), F 247, 277
- *Hårda sånger* (Harte Lieder) 247
- *Jaguar* 247
- *Janne Kubik: Ett träsnitt i ord* (Janne Kubik: Ein Holzschnitt in Wörtern) 248
Dissing, Povl (*1938), D 308, 373
Ditlevsen, Tove (1917–76), D 274f., 303
- *Ansigterne* (Gesichter) 303
- *Barndom* (Kindheit) 239, 303
- *Barndommens Gade* (Straße der Kindheit) 303
- *Gift* (Sucht) 303
- *Kvindesind* (Frauensinn) 303
- *Lille Verden* (Kleine Welt) 303
- *Man gjorde et Barn Fortræd* (Man tat einem Kind etwas zuleide) 303
- *Pigesind* (Mädchensinn) 303
- *Ungdom* (Jugend) 303
Djurhuus, Hans Andrias (1883–1951), Fä 397, 399
- *Barnarímur* (Kinderlieder) 397

- *Beinta* (Personenname) 397
Djurhuus, Janus (Jens Hendrik Oliver) (1881–1948), Fä 397–399, 405
- *Atlantis* 397
- *Yrkingar* (Gedichte) 397
Djurhuus, Jens Christian (1773–1853), Fä 393f., 408
- *Ólavur Tryggvason* 393
- *Sigmundar kvæði* 393
Dogma-Gruppe 373, 375
Donner, Otto (1835–1909), F 450
- *Lappische Lieder* 450
Doyle, Sir Arthur Conan (1859–1930) 185
- *Sherlock Holmes*-Bücher 212
Drachmann, Holger (1846–1908), D 191, 212
- *Forskrevet* (Verschrieben) 212
Dreyer, Carl Theodor (1889–1968), D 233, 263, 374
- *Ordet* (Das Wort) (Film) 263
- *La passion de Jeanne d'Arc* (Film) 233
Drysdale, George (1912–81) 204
Dumas (père), Alexandre (1802–70) 185
Duun, Olav (1876–1939), N 214
- *Juvikfolke* (Die Juwikinger) 214
Dybfest, Arne (1869–92), N 210
- *Ira* (Ira) 210
Dylan, Bob (*1941) 309, 315
Dýravinurinn (Der Tierfreund) (isländ. Zeitschrift) 212

E

Eco, Umberto (*1932) 336
- *Der Name der Rose* 336
Edda siehe *Ältere Edda* und Snorri Sturluson
Edelfeldt, Inger (*1956), S 335
Edelfelt, Albert (1854–1905), F 430
Edfelt, Johannes (1904–97), S 251
Edvardson, Cordelia (*1929), S 275
- *Bränt barn söker sig till elden* (Gebranntes Kind sucht das Feuer) 275

- *Viska det till vinden* (Die Welt zusammenfügen) 275
Edwardson, Åke (*1953), S 335
Effersøe, Rasmus (1857–1916), Fä 396
- *Gunnar Havreki* (Gunnar der Schiffbrüchige) 396
Egede, Hans Poulsen (1686–1758), N 465, 467
Egede, Poul Hansen (1708–89), N 465
- *Dictionarium grönlandico-danico-latinum* 465
Eggehorn, Ylva (*1950), S 350
- *En av dessa timmar* (Eine dieser Stunden) 350
Eggers, Olga (1875–1945), D 263
Eggert Ólafsson (1726–68), I 122–126, 128
- *Búnaðarbálkur* (Zyklus vom Landleben) 125
- *Hegra-kvæði* (Reihergedicht) 125
- *Ísland* (Island) 126
- *Ísland ögrum skorið* (Island, von Buchten zerschnitten) 126
- *Kvæði* (Gedichte) 124
- *Rata-ljóð* (Gedicht über Rati) 125
- *Reise igiennem Island* (Reise durch Island) 122–124
- *Sótt og dauði Íslenzkunnar* (Krankheit und Tod des Isländischen) 126
- *Uppkast til forsagna um brúðkaupssiðu* (Entwurf zu Vorschriften über Hochzeitsbräuche) 126
Egill Skalla-Grímsson (ca. 910–990), I 35, 39, 44
- *Sonatorrek* (Der Söhne Verlust) 39
Egils saga Skalla-Grímssonar (Saga von Egill, dem Sohn des Skalla-Grímr) 14, 21, 35f., 39–41, 43, 46f., 323
Egner, Thorbjørn (1912–90), N 309
Ehrensvärd, Carl August (1745–1800), S 119f.
- *De fria konsters philosophi* (Die Philosophie der freien Künste) 119
- *Resa til Italien* (Reise nach Italien) 119
Eilífr Goðrúnarson (10. Jh.), I 38
- *Christus*-Strophe 38

Einar Benediktsson
(1864–1940), I 186, 217,
265
- *Dettifoss* (Name eines
  Wasserfalls) 265
- *Sögur og kvæði* (Geschichten und Lieder) 217
- *Stjörnudýrð* (Sternenpracht) 217
Einar Bragi (1921–2005), I
325
Einar Hjörleifsson Kvaran
(1859–1938), I 213
- *Vonir* (Hoffnungen) 213
Einar Kárason (*1955), I
379f.
- *Fyrirheitna landið*
  (Das gelobte Land) 379
- *Gulleyjan* (Die Goldinsel)
  379
- *Þar sem djöflaeyjan rís*
  (Die Teufelsinsel) 379
Einar Már Guðmundsson
(*1954), I 378–381, 384,
387
- *Bítlaávarpið* (Das Beatles-Manifest) 381, 387
- *Draumar á jörðu*
  (Träume auf Erden) 381
- *Eftirmáli regndropanna*
  (Epilog der Regentropfen)
  380
- *Englar alheimsins* (Die
  Engel des Universums)
  378, 381
- *Fótspor á himnum*
  (Fußspuren am Himmel)
  381
- *Nafnlausir vegir*
  (Namenlose Wege) 381
- *Riddarar hringstigans*
  (Die Ritter der runden
  Treppe) 380, 387
- *Vængjasláttur í þakrennum* (Flügelschlagen in
  Dachrinnen) 380f.
Eira, Anders O. (*1925), Sa
452
Eira, Inga Ravna (*1948), Sa
457, 460
- *Liedážan* (Meine kleine
  Knospe) 460
Eiríkr Oddsson
  (Mitte 12. Jh.), I 29
- *Hryggjarstykki*
  (»Rückenstück«) 29
Eiríkur Björnsson viðförli
  (1830–1910), I 129
Eiríkur Laxdal (1743–1816),
  I 129
- *Álfasagan mikla* (Die
  große Elfengeschichte)
  130
- *Ólafs saga Þórhallasonar*
  (Saga von Ólafur
  Þórhallason) 129f.

- *Ólandssaga* (Nichtlands-Geschichte) 130
Ekbom, Torsten (*1938), S
314
Ekelöf, Gunnar (1907–68), S
108, 247, 250, 289f., 313,
364
- *Ett fotografi*
  (Eine Photographie) 289
- *Färjesång* (Fährlied) 289f.
- *På ödetomter* (Auf verlassenem Grundstück) 289
- *poetik* 290
- *sent på jorden*
  (Spät auf Erden) 289
- *Strountes* 290
Ekman, Kerstin (*1933), S
316, 336–338, 341, 378
- *Änglahuset*
  (Das Engelhaus) 338
- *En stad av ljus*
  (Eine Stadt aus Licht) 338
- *Gör mig levande igen*
  (Zum Leben erweckt) 341
- *Händelser vid vatten*
  (Geschehnisse am Wasser)
  337
- *Häxringarna*
  (Hexenringe) 338
- *Katrineholm*-Suite
  (*Häxringarna* [Hexenringe]; *Springkällan*
  [Springquelle]; *Änglahuset*, [Das Engelhaus];
  En stad av ljus [Stadt aus
  Licht]) 316
- *Springkällan*
  (Springquelle) 338
Elie de Saint Gille 30
Eliot, Thomas Stearns
  (1888–1965) 278, 329,
  439
- *The Four Quartets* 329
- *Hamlet and his Problems*
  278
- *The Waste Land* 278
Elis saga ok Rósamundu
  (Saga von Elis und
  Rósamunda) 30
Elías Mar (*1924), I 322
- *Sóleyjarsaga* (Geschichte
  von Sóley) 322
- *Vögguvísa* (Chibaba,
  chibaba: Bruchstück eines
  Abenteuers) 322
Ellis, Havelock (1859–1939)
  205
- *Man and Woman* 205
Elster, Kristian (1841–81), N
185
Elucidarius 20, 29
En lijten sångebook
  (Ein kleines Liederbuch)
  451
En Ræffue Bog (Ein
  Fuchsbuch) 58f.

Engar smá sögur
  (Keine kleinen/kurzen
  Geschichten) (Anthologie)
  389
Engelbretsdatter, Dorothe
  (1634–1716), N 71–73,
  76, 392
- *Siælens Sang-Offer*
  (Gesangsopfer der Seele)
  71f.
- *Taare-Offer* (Tränenopfer)
  71, 76
Enquist, Per Olov (*1934), S
  297f., 330, 335, 354f., 358
- *Kapten Nemos bibliotek*
  (Kapitän Nemos
  Bibliothek) 354f.
- *Legionärerna*
  (Die Ausgelieferten) 298
- *Lewis resa* (Lewis Reise)
  355
- *Livläkarens besök*
  (Der Besuch des
  Leibarztes) 354
- *Magnetisörens femte
  vinter* (Der fünfte Winter
  des Magnetiseurs) 298
- *Sekonden*
  (Der Sekundant) 298
Erasmus von Rotterdam
  (1466–1536) 414
Erex saga (Saga von Erex)
  30
Erici, Ericus
  (ca. 1545–1625), F 415
- *Postilla* (Postille) 415
Erik XIV. (1533–77), S 63
- *Oratio contra Danos*
  (Rede gegen die Dänen)
  63
Eriksson, Ulf (*1958), S
  345f.
- *Flamma Livsstund Kalla
  Eld* (Flamme Lebensdauer
  Kalla Feuer) 346
Escher, Maurits Cornelis
  (1898–1972) 359
Etlar, Carit (Pseud. für Johan
  Carl Christian Brosbøll)
  (1816–1900), D 212
Eufemiavisor (Eufemia-Gedichte) 30–32, 69
Evensmo, Sigurd (1912–78),
  N 276
- *Englandsfarere*
  (Englandfahrer) 276
Ewald, Herman Frederik
  (1821–1908), D 212
Ewald, Johannes (1743–81),
  D 93–98, 152
- *Adam og Ewa* (Der Fall
  des ersten Menschen) 95
- *Balders Død* (Balders
  Tod) 95
- *De poesis natura et indole*
  94

- *Fiskerne* (Die Fischer.
  Ein Singspiel in drey
  Aufzügen) 95
- *Haab og Erindring*
  (Hoffnung und
  Erinnerung) 96
- *Kong Christian stod ved
  højen Mast* (König
  Christian stand am hohen
  Mast) 95
- *Levned og Meninger*
  (Leben und Ansichten)
  96f.
- *Rolf Krage* (Rolf Krage)
  95
Eyrbyggja saga (Saga von
  den Leuten auf Eyr) 22,
  39, 44
Eyvindr Finnsson skáldaspillir (10. Jh.), I 46
- *Háleygjatal* (Verzeichnis
  der Leute von Hálogaland) 46

F

Fagerholm, Monika (*1961),
  S 335, 409
Fahlström, Öyvind
  (1928–76), S 314
Falkberget, Johan
  (1879–1967), N 241
- *Christianus Sextus* (Grube
  Christianus Sextus) 241
Falkeid, Kolbein (*1933), N
  294
Fallada, Hans (1893–1947)
  254
- *Kleiner Mann, was nun?*
  254
Fasting, Claus (1746–91), N
  94, 99
- *Hermione* 94
Faulkner, William
  (1897–1962) 278
Faust 58
Færeyinga saga (Saga von
  den Färingern) 21, 391,
  393f.
Færingetidende
  (Färingerzeitung) 395
Fellman, Jacob (1795–1875),
  F 451, 419
- *Anteckningar under min
  vistelse i Lappmarken II*
  (Aufzeichnungen während
  meines Aufenthaltes in
  Lappland II) 451
Ferlinghetti, Lawrence
  (*1919) 304
- *Autobiography* 304
Feuerbach, Ludwig
  (1804–72) 190
Fibiger, Mathilde (1830–72),
  D 169
- *Clara Raphael* 169

Fielding, Henry (1707–54) 106
– *The History of Tom Jones, a Foundling* 106
Finno, Jaakko (ca. 1540–88), F 415
Fischer, Leck (1904–56), D 254
– *Kontormennesker* (Büromenschen) 254
Fioretos, Aris (*1960), S 343–345, 361
– *Stockholm noir* (Die Seelensucherin) 344f., 361
Fjellner, Anders (1795–1876), Sa 449f.
– *Peiven Parneh/Peiveparnen Suongoh Jettanasi ilmin* (Die Söhne der Sonne/Die Brautfahrt des Sohnes der Sonne in das Land der Riesen) 450
Fjölnir (isländ. Zeitschrift) 127, 130, 133, 176, 179
Flateyjarbók (Buch von Flatey) 40, 43, 46
Fleming, Paul (1609–40) 149
Fleuron, Svend (1874–1966), D 263
Floire et Blancheflor 30
Flores och Blanzeflor (Flores und Blanzeflor) 30
Fløgstad, Kjartan (*1944), N 316–318, 361f., 378
– *Dalen Portland* (Dalen Portland) 317
– *Den hemmelege jubel* (Der heimliche Jubel) 317
– *Det 7. klima. Salim Mahmood i Media Thule* (Das 7. Klima. Salim Mahmood in Media Thule) 362
– *Fangliner* (Fangleinen) 317
– *Fyr og Flamme* (Feuer und Flamme) 317
Flóres saga ok Blankiflúr (Saga von Flóres und Blankiflúr) 30
Flygare-Carlén, Emilie (1807–92), S 158, 181
– *Minnen af svenskt författarliv 1840–60* (Erinnerungen schwedischen Autorenlebens 1840–60) 158
– *Rosen på Tistelön* (Die Rose von Tistelön) 181
Fofonoff, Claudia (*1947), Sa 459
– *Pââsjogg laulli* (Lieder von Paatsjoki) 459
Fornelius, Laurentius (1606–73), S 67

– *Poetica tripartita* (Dreiteilige Poetik) 67
Fornsvenska legendariet (Altschwedisches Legendarium) 19, 27
Forsskål, Peter (1732–63), S 92
Forsström, Tua (*1947), F 352
Fortunatus 58
Fosnes Hansen, Erik (*1965), N 335
Fosse, Jon (*1959), N 363f.
– *Ettermiddag* (Nachmittag) 363
– *Vakkert* (Schönes) 363
Fossum, Karin (*1954), N 335f., 348
– *Elskede Poona* (Stumme Schreie) 348
Författarna tar ståndpunkt (Die Autoren beziehen Standpunkt) (schwed. Anthologie) 293
Føringatíðindi (Färingerzeitung) 396
Føriskar vysur (Färöische Lieder) 395
Fóstbrœðra saga (Saga von den Schwurbrüdern) 21, 323
Francke, August Hermann (1663–1727) 123
Franzén, Frans Michael (1772–1847), F 119f., 449
– *Menniskans anlete* (Des Menschen Antlitz) 119
– *Resedagbok* (Reisetagebuch) 119
– *Sången öfver grefve Gustaf Philip Creutz* (Lied über Graf G.P.C.) 119
– *Selmasånger* (Selmalieder) 119
Fredriksson, Marianne (*1927), S 335, 338
– *Anna, Hanna och Johanna* (Hannas Töchter) 338
Fregnir (fär. Zeitung) 402, 407
Freud, Sigmund (1856–1939) 36, 200, 224, 259, 356, 407
– *Die Traumdeutung* 224
Freylinghausen, Johann Anastasius (1670–1739) 88
Fridegård, Jan (1897–1968), S 251f.
– *En natt i juli* (Eine Nacht im Juli) 252
– *Lars Hård*-Trilogie (*Jag Lars Hård* [Ich, Lars Hård]; *Tack för himlastegen* [Danke für die Himmelsleiter];

Barmhärtighet [Barmherzigkeit]) 252
Friðrik Þór Friðriksson (*1954), I 381
– *Bíódagar* (Movie Days) (Film) 381
– *Börn náttúrunnar* (Children of Nature) (Film) 381, 384
– *Englar alheimsins* (Angels of the Universe) (Film) 379, 381
Friis, Peder Claussøn (1545–1614), N 58
– *Norrigis Bescriffuelse* (Beschreibung Norwegens) 58
– *Om Diur, Fiske, Fugle, og Trær udi Norrige* (Über Tiere, Fische, Vögel und Bäume in Norwegen) 58
Frimann, Peter Harboe (1752–1839), D 94
– *St. Sunnives Kloster* (St. Sunnives Kloster) 94
Frisch, Max (1911–91) 297
Frobenius, Nikolaj (*1965), N 337
– *Latours katalog* (Der Anatom) 337
Frostenson, Katarina (*1953), S 346f.
– *Hägerstenen* 346
– *Överblivet* (Übriggeblieben) 346f.
– *Staden* (Die Stadt) (mit Sven-David Sandström) 346f.
– *Tankarna* (Die Gedanken) 346
Fröding, Gustaf (1860–1911), S 186, 220, 397
Fuglaframi (Zum Wohl der Vögel) (fär. Zeitung) 396

G

Gaarder, Jostein (*1952), N 335, 338f.
– *Sofies verden* (Sofies Welt) 335, 339
Gad, Emma (1852–1921), D 204
Gallehus (Runeninschrift) 13
Gallén-Kallela, Akseli (1865–1931), F 209, 420, 429f.
Galterus de Castellione (ca. 1135–1179) 29
Gamalnorsk homiliebok (Altnorwegisches Homilienbuch) 20f.
Garbarek, Jan (*1947), N siehe Vold, Jan Erik

Garbo, Greta (Pseud. für Greta Lovisa Gustafsson) (1905–90), S 232
Garborg, Arne (1851–1924), N 185, 201f., 208, 210, 222
– *Trætte Mænd* (Müde Seelen) 208, 210, 216
Garborg, Hulda (1862–1934), N 206
Gardell, Jonas (*1963), S 335
Gaup, Ailo (*1944), Sa 456
Gaup-Westerlund, Stina (1917–1985), Sa 452
Gåsta, Gaebpien (Pseud. für Gustav Kappfjell) (1913–99), Sa 459
– *Gaaltije* (Quelle) 459
Geijer, Erik Gustaf (1783–1847), S 135, 158, 175, 177
– *Iduna* (schwed. Zeitschrift) 175
– *Minnen* (Erinnerungen) 158
– *Odalbonden* (Der Freibauer) 175
– *Svenska folkvisor* (Volkssagen und Volkslieder aus Schwedens älterer und neuerer Zeit) (mit Arvid August Afzelius) 175
– *Vikingen* (Der Wikinger) 175
Geijerstam, Gustaf af (1858–1909), S 210
– *Medusas hufvud. En spösyn ur lifvet* (Das Haupt der Medusa) 120
Geisli (Lichtstrahl) 28
Gellert, Christian Fürchtegott (1715–69) 128f.
Gelsted, Otto (1888–1968), D 260, 398
Geoffrey of Monmouth (ca. 1100–1154) 29
Gerhard, Karl (1891–1964), S 308f.
Gerhardt, Paul (1607–76) 88
Gerson, Johannes (1363–1429) 55
– *Aff dyäfwlsens frästilse* (Von der Versuchung des Teufels) 55
Gerstenberg, Heinrich Wilhelm von (1737–1823) 91f.
– *Briefe über die Merkwürdigkeiten der Literatur* 91f.
– *Gedicht eines Skalden* 92
– *Iduna* 92
Gessner, Salomon (1730–88) 129

- *Der Tod Abels* 129
Gestur Pálsson (1852–91), I 191
- *Vordraumur* (Ein Frühlingstraum) 191
Ginsberg, Allen (1926–97) 315
Giraudoux, Jean (1882–1944) 255
Gísla saga Súrssonar (Saga von Gísli, dem Sohn von Súrr) 22, 40, 327
Goethe, Johann Wolfgang von (1749–1832) 80, 101, 105, 108f., 111, 121, 139, 148, 158, 164, 168, 170, 180, 240, 397, 412, 435, 449
- *Dichtung und Wahrheit* 158
- *Die Leiden des jungen Werthers* 80, 121, 164, 168
- *Die Wahlverwandtschaften* 170
- *Finnisches Lied* 412
- *Von deutscher Baukunst* 101
- *West-Östlicher Diwan* 180
- *Wilhelm Meisters Lehrjahre* 157f., 160
Goldoni, Carlo (1707–93) 99
Goldschmidt, Meïr Aron (1819–87), D 136, 157f.
Corsaren (dän. Zeitschrift) 136
- *En Jøde* (Ein Jude) 158
- *Hjemløs* (Heimatlos) 157f.
- *Livserindringer og Resultater* (Lebenserinnerungen und Resultate) 158
Gomringer, Eugen (*1925) 314
Gottfried von Straßburg (gest. um 1215) 31
Gottlund, Carl Axel (1796–1875), F 449
Gottsched, Johann Christoph (1700–66) 124
Goya, Francisco (1746–1828) 317
Graba, Carl Julian (1799–1874) 393
Grágás (»Graugans«, Gesetz des isländischen Freistaats) 20, 40
Grœnlendinga saga (Saga von den Grönländern) 21
Gress, Elsa (1919–88), D 300

- *Der Tod Abels* 129
- *Det uopdagede køn* (Das unentdeckte Geschlecht) 300
Grettis saga Ásmundarsonar (Saga von Grettir Ásmundarson) 22, 43, 46
Grieg, Nordahl (1902–43), N 274
Griffith, David Wark (1875–1948) 237
- *The Birth of a Nation* 237
Grimm, Jacob (1785–1863) und Wilhelm Grimm (1786–1859) 176, 418
- *Kinder- und Hausmärchen* 176
Griseldis 58
Grípisspá (Voraussagung des Grípir) 46
Grosz, George (1893–1959) 236
Grøndahl, Jens Christian (*1959), D 374
Grubbe, Samuel (1786–1853), S 134
Grundtvig, Nicolai Frederik Severin (1783–1872), D 89, 174, 467
Guðbergur Bergsson (*1932), I 328f, 378, 383
- *Sú kvalda ást sem hugarfylgsnin geyma* (Liebe im Versteck der Seele) 383
- *Tómas Jónsson, metsölubók* (Tómas Jónsson, Bestseller) 329f.
Guðbrandur Þorláksson (1541–1627), I 77
Guðmundur G. Hagalín (1898–1985), I 322
- *Móðir Ísland* (Mutter Island) 322
Guðmundur Kamban (1888–1945), I 266
Guðrúnarkviða önnur (Zweites Gudrun-Lied) 46
Guillou, Jan (*1944), S 335
Gulbranssen, Trygve (1894–1962), N 230, 242
- *Det blåser fra Dauingfjell* (Das Erbe von Björndal) 242
- *Ingen vej går utenom* (Das Erbe von Björndal) 242
- *Og bakom synger skogene* (Und ewig singen die Wälder) 242
Gulbransson, Olav (1873–1958), N 226, 257
Gullberg, Hjalmar (1898–1961), S 251
Gunnar Gunnarsson (1889–1975), I 266, 270
Gunnsteinn Eyjólfsson (1866–1910), I 213

- *Eleonóra* 213
Gustafsson, Lars (*1936), S 315, 358f.
- *Bernard Foys tredje rockad* (Die dritte Rochade des Bernard Foy) 358
- *Ett minnespalats* (Palast der Erinnerungen) 358
- *Herr Gustafsson själv* (Herr Gustafsson persönlich) 315
- *Sprickorna i muren* (Die Risse in der Mauer) 315
Gustav II. Adolf (1594–1632), S 62
- *Avskedstalet till ständerna* (Abschiedsrede an die Stände) 62
Gustav III. (1746–92), S 103–105, 112f., 115–120, 149, 348
Gustavsen, John (*1943), Sa 456, 461
- *Gumpegoddi* (Der Wolfstöter) 461
Guta saga (Geschichte der Gotländer) 4, 19, 49
Gutalag (Gesetz der Gotländer) 19
Guttorm, Eino (*1941), Sa 456
- *Bearralat Deatnogáttis* (Perlen des Tenon-Tals) 456
Guttorm, Hans Aslak (1906-92), Sa 453f., 457
- *Čierru jietna meahcis* (Die weinende Stimme im Wald) 453
- *Eatnigiella* (Muttersprache) 454
- *Gohccán spálli* (Erwachter Wirbelwind) 453, 457
- *Golgadeamen* (Treibnetzfischfang im Herbst) 454
- *Iešnjárgga šiljut* (Die Höfe von Ješnjarga) 454
- *Rádjajohtin* (Grenzbegehung) 454
Guttorm, Johannes (*1938), Sa 456
- *Jogašgátti nieiddat* (Die Töchter des Flussufers) 456
Gyðinga saga (Geschichte der Juden) 29
Gyllembourg-Ehrensvärd, Thomasine (1773–1856), D 170f.
- *En Hverdagshistorie* (Eine Alltagsgeschichte) 170

- *To Tidsaldre* (Zwei Zeitalter) 171
Gyllenborg, Gustaf Fredrik (1731–1808), S 111f.
- *Verlds-föraktaren* (Der Menschenfeind) 111
Gyllensten, Lars (*1921), S 108, 284f.
- *Barnabok* (Kinderbuch) 284
- *Det blå skeppet* (Das blaue Schiff) 284
- *Juvenilia* 285
- *Moderna myter* (Moderne Mythen) 284
- *Senilia* 285
- *Sokrates' död* (Der Tod des Sokrates) 285

H

Haanpää, Pentti (1905–55), F 435
- *Kenttä ja kasarmi* (Gelände und Kaserne) 435
Haavardsholm, Espen (*1945), N 294, 316
Haavikko, Paavo (*1931), F 438–440, 442
- *Puut, kaikki heidän vihreytensä* (Die Bäume, all ihr Grün) 442
- *Talvipalatsi* (Die Nacht bleibt nicht stehen) 439
- *Tiet etäisyyksiin* (Gedichte) 438
Haeckel, Ernst (1834–1919) 191
Hagedorn, Friedrich von (1708–54) 128
Hallberg, Ulf Peter (*1953), S 352f.
- *Flanörens blick. En europeisk färglära* (Der Blick des Flaneurs. Eine europäische Farbenlehre) 352f.
Halldór (Guðjónsson) Laxness (1902–98), I 73, 265f., 268–270, 320–325, 329–331, 378, 381, 387, 389
- *Atómstöðin* (Atomstation) 320–323, 325
- *Brekkukotsannáll* (Das Fischkonzert) 321, 323
- *Fegurð himinsins* (Die Schönheit des Himmels) 269
- *Fuglinn í fjörunni* (Der Vogel am Strand) 268
- *Gerpla* (Gerpla) 320, 323
- *Heimsljós* (Weltlicht) 269

- *Höll sumarlandsins*
  (Der Palast des Sommerlandes) 269
- *Hús skáldsins* (Das Haus des Dichters) 269
- *Íslandsklukkan* (*Íslandsklukkan* [Die Islandglocke], *Hið ljósa man* [Die lichte Frau], *Eldur í Kaupinhafn* [Feuer in Kopenhagen];
  dt. Islandglocke) 270, 320–323
- *Kristnihald undir jökli* (Seelsorge am Gletscher) 321, 324, 330f., 381
- *Kvæðakver* (Gedichtsammlung) 265
- *Ljós heimsins* (Das Licht der Welt) 269
- *Paradísarheimt* (Das wiedergefundene Paradies) 323
- *Rhodymenia palmata* 265
- *Salka Valka* (Salka Valka, Frauenname) 268f.
- *Sjálfstætt fólk* (Unabhängige Menschen) 266, 269, 387
- *Snæfríður Íslandssól* (Snæfríður Islandssonne, Frauenname) 321
- *Únglingurinn í skóginum* (Der Jüngling im Wald) 265
- *Vefarinn mikli frá Kasmír* (Der große Weber von Kaschmir) 268f., 321, 324
- *Þú vínviður hreini* (Du reiner Rebstock) 268

Haller, Albrecht von (1708–77) 91, 102, 126
- *Die Alpen* 102

Hallfreðar saga vandræðaskálds (Saga von Hallfreðr, dem schwierigen Dichter) 21

Hallgrímur Helgason (*1959), I 378f., 385, 387
- *101 Reykjavík* (101 Reykjavík) 378f., 385
- *Höfundur Íslands* (Vom zweifelhaften Vergnügen, tot zu sein) 387

Hallgrímur Pétursson (1614–74), I 61, 71, 73, 76f.
- *Allt eins og blómstrið eina* (So wie die eine Blume) 76
- *Guð á himnum hjálpi mér* (Gott im Himmel helfe mir) 61
- *Passíusálmar* (Passionspsalmen) 71, 73, 76

Hallman, Carl Israel (1732–1800), S 118
Hallr Þórarinsson (12. Jh.), I und Rögnvaldr Kali Kolsson 37
- *Háttalykill* (Versmaßschlüssel) 37
Halvari, Inger Haldis (*1952), Sa 457
Hamburger Berichte von gelehrten Sachen 107
Hamðismál (Hamdir-Lied) 34
Hammarsköld, Lorenzo (1785–1827), S 132, 134
- *Svenska Vitterheten* (Schöne Literatur Schwedens) 134
Hammershaimb, Venceslaus Ulricus (1819–1909), Fä 395
Hammershøi, Vilhelm (1864–1916), D 196
Hamsun, Knut (Pseud. für Knud Pedersen) (1859–1952), N 133, 189, 202, 212, 214, 225–227, 230, 233, 242–244, 263, 267, 269, 275f., 300
- *August* (August Weltumsegler) 243
- *Benoni* (Benoni) 242
- *Børn av tiden* (Kinder ihrer Zeit) 242
- *Den sidste glæde* (Die letzte Freude) 242
- *En vandrer spiller med sordin* (Gedämpftes Saitenspiel) 242
- *Fra det moderne Amerikas Aandsliv* (Vom Geistesleben des modernen Amerika) 217
- *Fra det ubevidste Sjæleliv* (Vom unbewussten Seelenleben) 214
- *Konerne ved vandposten* (Die Weiber am Brunnen) 243
- *Landstrykere* (Landstreicher) 243
- *Markens grøde* (Segen der Erde) 233, 243, 269
- *Men livet lever* (Nach Jahr und Tag) 243
- *Mysterier* (Mysterien) 202, 225
- *Paa gjengrodde stier* (Auf überwachsenen Pfaden) 276
- *Pan. Af Løjtnant Thomas Glahns Papirer* (Pan. Aus Lieutenant Thomas Glahns Papieren) 226, 233, 276
- *Ringen sluttet* (Der Ring schließt sich) 244
- *Rosa* (Rosa) 242
- *Segelfoss by* (Die Stadt Segelfoss) 242
- *Sult* (Hunger) 189, 212, 214, 225, 276
- *Under høststjærnen* (Unter Herbststernen) 242
Handke, Peter (*1942) 310
Handlingar (Abhandlungen) (schwed. Zeitschrift) 103
Hannes Finnsson (1739–96), I 128f.
- *Kvöldvökurnar* (Abendwachen) 128f.
Hannes Sigfússon (1922–97), I 325f.
- *III* (Gedicht) 326
- *Imbrudagar* (Quatember) 325f.
Hansen, Billa (1864–1951), Fä 395
Hansen, Martin A. (1909–55), D 274, 279
Hansen, Thorkild (1927–89), D 92, 300
- *Det lykkelige Arabien* (Reise nach Arabien) 92, 300
- *Processen mod Hamsun* (Der Hamsun Prozess) 300
- *Slavernes kyst* (Die Sklavenküste) 300
- *Slavernes øer* (Die Sklaveninseln) 300
- *Slavernes skibe* (Die Sklavenschiffe) 300
Hanssen, Arvid (1932–98), Sa 456
Hansson, Ola (1860–1925), S 196, 209, 217
- *Friedrich Nietzsche – seine Persönlichkeit und sein System* 217
- *Parias* (Parias) 209
- *Sensitiva amorosa* (Sensitiva amorosa. Neue Herzprobleme) 196, 209
Hanusardóttir, Bergtóra (*1946), Fä 405
- *Skert flog* (Gestutzte Flügel) 405
Harboe, Ludvig (1709–83), D 126f.
Harmsól (Sorgensonne) 28
Harpestreng, Henrik (gest. 1244), D 29
Harsdörffer, Georg Philipp (1607–58) 67
Hartmann von Aue (ca. 1160/70–nach 1210) 31
Hassinen, Pirjo (*1957), F 444

- *Jouluvaimo* (Die Weihnachtsfrau) 444
- *Viimeinen syli* (Die letzte Umarmung) 444
Hauch, Carsten (1790–1872), D 134, 157
- *En polsk Familie* (Eine polnische Familie) 157
Hauge, Olav Håkonson (1908–94), N 296
- *Dropar i austavind* (Tropfen im Ostwind) 296
- *Glør i oska* (Glut in der Asche) 296
- *Spør vinden* (Frag den Wind) 296
Haugen, Paal-Helge (*1945), N 294, 312, 314
- *Anne* (Anne) 312, 314
Haugen, Tormod (*1945), N 339
- *Romanen om Merkel Hanssen* (Der Roman über Merkel Hanssen) 339
Hauksbók (Buch von Haukr Erlendsson) 43
Hazelius, Artur (1833–1901), S 215
Hætta, Lars (1834–96), Sa siehe Bær, Anders Pedersen
Hálfdanar saga svarta (Saga von Hálfdan dem Schwarzen) 35
Hávamál (Lied des Hohen) 8, 14, 46, 388
Håkanson, Björn (*1937), S 305
Hedin, Sven (1865–1952), S 210, 237f., 263
- *Ett varningsrop* (Ein Warnruf) 238
Hegel, Frederik (1817–87), D 186
Hegel, Georg Wilhelm Friedrich (1770–1831) 135, 422
Heggelund, Kjell (*1932), N 294
Heiberg, Johan Ludvig (1791–1860), D 135f., 147–149, 161, 170
- *Elverhøi* (Die Elfen) 147
- *En Sjæl efter Døden* (Eine Seele nach dem Tode) 161
- *Fata Morgana* 147
- *Intelligensblade* (dän. Zeitschrift) 135
- *Interims-Blade* (dän. Zeitschrift) 135
- *Julespøg og Nytaarsløier* (Weihnachtsspäße und Neujahrspossen) 147, 149
- *Kjøbenhavns flyvende Post* (Kopenhagens

fliegende Post) (dän.
  Zeitschrift) 135f., 170
- *Nøddeknækkerne*
  (Die Nussknacker) 147
- *Nye Digte*
  (Neue Gedichte) 161
- *Om Vaudevillen som
  dramatisk Digtart*
  (Über das Vaudeville als
  dramatische Dichtart) 147
- *Recensenten og Dyret*
  (Der Rezensent und das
  Tier) 147
- *Syvsoverdag*
  (Siebenschläfertag) 147
Heiberg, Johanne Louise
  (1812–90), D 160
- *Et Liv gjenoplevet i
  Erindringen* (Ein Leben,
  in der Erinnerung
  wiedererlebt) 160
Heidegger, Martin
  (1889–1976) 156
Heidenstam, Verner von
  (1859–1940), S 185, 215,
  237f.
- *Renässans* (Renaissance)
  215
Heilagra manna sögur
  (Heiligenleben) 6, 27f.
Heimskringla siehe Snorri
  Sturluson
Heine, Heinrich
  (1797–1856) 133, 136,
  175, 182, 279
Heinesen, Jens Pauli
  (*1932), Fä 391, 403
- *Á ferð inn í eina óendaliga
  søgu* (Auf der Reise in
  eine unendliche
  Geschichte) 403
- *Frænir eitur ormurin*
  (Frænir heißt der
  Drachen) 403
- *Nú ert tú mansbarn á
  foldum* (Ein Kind hier auf
  Erden) 391, 403
Heinesen, William
  (1900–91), Fä 390,
  397–400, 403f.
- *Arktiske Elegier og andre
  Digte* (Arktische Elegien
  und andere Gedichte) 398
- *Blæsende Gry* (Windiges
  Morgengrauen) 399
- *De fortabte Spillemænd*
  (Die verdammten
  Musikanten) 400
- *Det gode Håb* (Die »Gute
  Hoffnung«) 400, 404
- *Højbjergning ved Havet*
  (Heuernte am Meer) 398
- *Laterna magica* 400
- *Moder Syvstjerne*
  (Mutter Siebenstern) 400
- *Noatun* (Noatun) 400

- *Tårnet ved verdens ende*
  (Turm am Ende der Welt)
  400, 404
Heissenbüttel, Helmut
  (1921–96) 314
Helgesen, Poul (auch Paulus
  Helie) (1480–1536), D
  56f., 59f.
Hellaakoski, Aaro
  (1893–1952), F 433f.
- *Jääpeili* (Auf der Karte
  Europas ein Fleck) 434
- *Runoja* (Gedichte) 434
Helle, Helle (*1965), D 364
- *Hus og hjem* (Haus und
  Heim) 364
Helle, Merete Pryds (*1965),
  D 361, 376
- *Bogen* (Das Buch) 361
- *Giften* (Das Gift) 376
Heller, Frank (Pseud. für
  Gunnar Serner)
  (1886–1947), S 256
Helmsdal Nielsen, Guðrið
  (*1941), Fä 401
- *Dialogur við hondina*
  (Dialog mit der Hand)
  401
- *lýtt lot* (laue brise) 401
- *Morgun í mars* (Morgen
  im März) 401
Helmuth, Osvald
  (1894–1966), D 255
Hemingway, Ernest (1899–
  1961) 278, 364
Henderson, Ebenezer
  (1784–1885) 124
- *Iceland; or the Journal of
  a Residence in that Island*
  124
Henmark, Kai (1932–80), S
  293
Henningsen, Agnes
  (1868–1962), D 261
Henningsen, Poul (auch PH)
  (1894–1967), D 259f.,
  274
- *Danmark* (Dänemark)
  (Film) 260
- *Hvad med Kulturen –
  va mæ kulturen*
  (Was mit der Kultur) 260
- *Op og ned med Jeppe*
  (Auf und ab mit Jeppe)
  260
- *Pæn og høflig* (Hübsch
  und höflich) 260
Henrici, Hemmingius
  (gest. 1619), F 415
Henriksliturgie 413
Hentze, Ebba (*1930), Fä
  405
- *Kata, ein seinkaður
  nekrologur* (Kata, ein
  verspäteter Nekrolog)
  405

Heraklit von Ephesos
  (um 500 v.Chr.) 358
Herdal, Harald (1900–78),
  D 254
- *Der er noet i Vejen* (Da
  läuft etwas verkehrt) 254
- *Man skal jo leve*
  (Man muss ja leben) 254
Herder, Johann Gottfried
  (1744–1803) 121, 174,
  449
- *Iduna, oder der Apfel der
  Verjüngung* 174
- *Volkslieder* 449
Heretica (dän. Zeitschrift)
  279f.
Hermanson, Marie (*1956),
  S 335
Herr Ivan 30
*Hertig Fredrik av Norman-
  die* (Herzog Fredrik aus
  der Normandie) 30
Hertz, Henrik (1798–1870),
  D 148
Herzbuch 69
Hesiod (um 700 v.Chr.) 77
Hesse, Hermann
  (1877–1962) 299
Hiärne, Urban (1641–1724),
  S 70
Hierta, Lars Johan
  (1801–72), S 136
- *Aftonbladet* (
  schwed. Zeitung) 136
Hilde-Sage 34
Hirðskrá
  (Gefolgschaftsrecht) 20
Historia Caroli Magni 30
Historia Norwegiæ 20
Hjálmar Jónsson á Bólu
  (auch Bólu-Hjálmar)
  (1796–1875), I 130
Hodgson Burnett, Frances
  (1849–1924) 285
- *Little Lord Fauntleroy*
  285
Hoel, Sigurd (1890–1960),
  N 230, 262, 275–277,
  307
- *Møte ved milepelen*
  (Begegnungen am
  Meilenstein) 262, 275f.
- *Syndere i sommersol* (Eine
  kleine Sommersünde) 262
- *Veien til verdens ende*
  (Der Weg bis ans Ende der
  Welt) 262
Hoffmann, Ernst Theodor
  Amadeus (1776–1822)
  149, 151, 164f., 317
- *Der goldene Topf* 149
- *Elexiere des Teufels* 149
- *Klein Zaches* 149
- *Prinzessin Brambilla* 149
Hofmo, Gunvor (1921–95),
  N 279

- *Fra en annen virkelighet*
  (Von einer anderen
  Wirklichkeit) 279
- *Jeg vil hjem til menneskene*
  (Ich will heim zu den
  Menschen) 279
Holappa, Pentti (*1927), F
  440, 446
- *Muodonmuutoksia*
  (Metamorphosen) 440
- *Ystävän muotokuva*
  (Porträt eines Freundes)
  446
Holberg, Ludvig
  (1684–1754), N/D 73, 81,
  83–93, 96–100, 113, 128,
  147, 150, 161, 260, 423
- *Ad virum perillustrem
  Epistola* (Nachricht von
  meinem Leben) 87
- *Bergens Beskrivelse*
  (Beschreibung Bergens) 83
- *Den politiske Kande-
  støber* (Der Politische
  Kannengießer) 84, 100
- *Epistler* (Briefe) 87
- *Erasmus Montanus eller
  Rasmus Berg*
  (Erasmus Montanus) 85
- *Jean de France eller Hans
  Frandsen* (Jean de France
  oder Der deutsche
  Franzose) 85
- *Jeppe paa Bjerget eller
  den forvandlede Bonde*
  (Der verwandelte Bauer)
  85, 260
- *Moralske Fabler*
  (Moralische Fabeln) 87
- *Moralske Tanker*
  (Moralische Gedanken)
  87
- *Nicolai Klimii iter
  subterraneum*
  (Nicolai Klims Unter-
  irdische Reise) 86f., 98,
  100, 128
- *Peder Paars* (Peter Paars)
  73, 83, 86, 161
- *Ulysses von Ithacia* 84
- *Zille Hans Dotters
  Gynaicologia eller
  Forsvars Skrift for
  Qvinde-Kiønnet* (Ver-
  teidigungsschrift für das
  weibliche Geschlecht) 98
Holmberg, Veikko (*1945),
  Sa 457
Holst, Hanne-Vibeke
  (*1959), D 335
Holt, Anne (*1958), N 335
Holt, Kåre (1917–97), N
  276f.
- *Det store veiskillet*
  (Der große Scheideweg)
  276

Holtved, Erik (1899–1981), D 464
Homer (Mitte 8. Jh. v.Chr.)
- *Odyssee* 83, 161, 441
- *Ilias* 397
Hooker, William Jackson (1785–1864)124
- *Journal of a Tour in Iceland* 124
Horaz, Quintus (Horatius) Flaccus (65–8 v.Chr.) 84, 87, 113, 120, 124
Horn, Agneta (1629–72), S 65, 69
- *Leverne* (Autobiographie) 65
Hostrup, Jens Christian (1818–92), D 148
Hotakainen, Kari (*1958), F 445
- *Juoksuhaudantie* (Aus dem Leben eines unglücklichen Mannes) 445
- *Sydänkohtauksia* (Lieblingsszenen) 445
Hoydal, Gunnar (*1941), Fä 404
- *Dalurin fagri* (Das schöne Tal) 404
- *Undir suðurstjørnum* (Unter südlichen Sternen) 404
Hoydal, Karsten (1912–89), Fä 398, 401, 404
Höijer, Benjamin (1767–1812), S 134
Høeck, Klaus (*1938), D 376
- *Cassiopeia 10* 376
Høeg, Peter (*1957), D 335, 337f.
- *Frøken Smillas fornemmelse for sne* (Fräulein Smillas Gespür für Schnee) 335–337
Høegh-Guldberg, Ove (1731–1808), D 82, 92
- *Den aabenbarede Theologie* (Die geoffenbarte Theologie) 92
- *Den naturlige Theologie* (Die natürliche Theologie) 92
Højholt, Per (1928–2004), D 273, 310f., 315
- *Cézannes metode* (Cézannes Methode) 311
- *Gittes monologer* (Gittes Monologe) 311
- *Intethedens grimasser* (Die Grimassen der Nichtsheit) 311
- *Min hånd* (Meine Hand) 311
- *Show* 311

Hørup, Viggo (1841–1902), D 185
Hrafnkels saga (Saga von Hrafnkell) 22, 297
Huitfeldt, Arild (1549–1609), D 57
- *Danmarckis Rigis Krønicke* (Chronik des Reichs Dänemark) 57
Hug, Lars (*1953), D *siehe* Thomsen, Søren Ulrik
Hulda (Pseud. für Unnur Benediktsdóttir Bjarklind) (1881–1946), I 217, 266
- *Dalafólk* (Leute aus den Tälern) 266
- *Krosssaumur* (Kreuzstich) 266
- *Við yzta haf* (Am äußersten Meer) 266
Hultberg, Peer (*1935), D 340f.
- *Byen og Verden* (Die Stadt und die Welt) 340
Huuva, Rose-Marie (*1943), Sa 460
- *Galbma rádná* (Der eisige Freund) 460
Huuva-Utsi, Inger (1914–84), Sa *siehe* Utsi, Paulus
Hymiskviða (Hymir-Lied) 7
Hyry, Antti (*1931), F 440
- *Junamatkan kuvaus* (Erzählungen) 440
- *Maantieltä hän lähti* (Er ging von der Landstraße) 440

I

Ibsen, Henrik (1828–1906), N 133, 165f., 177f., 184, 186f., 198–202, 205–207, 212, 215, 220, 222, 228, 232, 290, 292, 302, 339, 363, 425f.
- *Brand* (Brand) 165
- *Et Dukkehjem* (Nora oder ein Puppenheim) 199, 202, 220, 302, 426
- *Fruen fra Havet* (Die Frau vom Meer) 200
- *Gengangere* (Gespenster) 200
- *Hedda Gabler* (Hedda Gabler) 200f., 212, 216
- *Kongs-Emnerne* (Die Kronprätendenten) 177
- *Naar vi døde vaagner. En dramatisk epilog* (Wenn wir Toten erwachen. Ein dramatischer Epilog) 201, 205
- *Peer Gynt* (Peer Gynt) 165, 166, 265

- *Rosmersholm* (Rosmersholm) 200
- *Terje Vigen* (Personenname) 232
- *Vildanden* (Die Wildente) 200, 222, 228, 292
Idström, Annika (*1947), F 444
- *Kirjeitä Trinidadiin* (Die Liebe um uns) 444
- *Veljeni Sebastian* (Mein Bruder Sebastian) 444
Ildstedene synger (Die Feuerstellen singen) (saam. Anthologie) 448
Illustreret Familie-Journal (dän. Zeitschrift) 186
In the Shadow of the Midnight Sun (saam. Anthologie) 448
Indriði G. Þorsteinsson (1926–2002), I 322, 326, 327
- *Land og synir* (Herbst über Island) 326f.
- *Sjötíu níu af stöðinni* ([Taxi Nummer] 79 ab Station) 322
Ingemann, Bernhard Severin (1789–1862), D 151, 158, 163f., 168, 176f., 180, 368, 467
- *Altertavlen i Sorø* (Das Altarbild von Sorø) 163
- *Araberen i Constantinopel* (Der Araber in Konstantinopel) 180
- *De sorte Riddere* (Die schwarzen Ritter) 176
- *Erik Menveds Barndom* (Die erste Jugend Erick Menveds) 177
- *Eventyr og Fortællinger* (Abenteuer und Erzählungen in Callot-Hoffmanscher Manier) 151
- *Kong Erik og de Fredløse* (König Erik und die Geächteten) 177
- *Kunnuk og Naja* (Kunnuk und Naja) 180
- *Levnetsbog* (Lebensbuch) 158
- *Prinds Otto af Danmark og hans Samtid* (Prinz Otto und seine Zeit) 177
- *Procne* (Personenname) 168
- *Sphinxen* (Die Sphinx) 164
- *Valdemar Seier* (Waldemar der Sieger) 177
- *Varners poetiske Vandringer* (Varners poetische Wanderungen) 168

Ingimar Erlendur Sigurðsson (*1933), I 326f.
- *Borgarlíf* (Stadtleben) 327
- *Íslandsvísa* (Islandslied) 327
Inkala, Jouni (*1966), F 443
Inuit nipaat, grønlandske digte i 1980-erne (Grönländische Gedichte der 80er Jahre) (Anthologie) 474
Inuit, ny grønlandsk lyrik (Inuit, neue grönländische Lyrik) (Anthologie) 474
Ionesco, Eugène (1912–94) 287
Irigaray, Luce (*1930) 360
Isaksen, Jógvan (*1950), Fä 405
- *Blíð er summarnátt á Føroya landi* (Mild ist die färöische Sommernacht) 405
- *Gráur oktober* (Grauer Oktober) 405
- *Krossmessa* (Kreuzfindung) 405
Islandske Maanedstidender (Isländische Monatsneuigkeiten) (isländ. Zeitschrift) 127
Ívens saga (Saga von Íven) 30f.

J

Jacobsen, Harry (1895–1975), D 356
Jacobsen, Jens Peter (1847–85), D 157, 183, 186, 190, 196–198, 202, 209
- *Fra Skitsebogen* (Hier müssten Rosen stehen) 198
- *Fru Marie Grubb* (Frau Marie Grubbe) 197
- *Mogens* (Mogens) 191, 197f.
- *Niels Lyhne* (Niels Lyhne) 157, 183, 185, 197, 209
Jacobsen, Jørgen-Frantz (1900–38), Fä 390, 397, 399f.
- *Barbara* (Barbara und die Männer) 397
Jacobsen, Magnus Dam (1935–78), Fä 405
- *Í Grønlandi við Kongshavn – heilsan frá einum proletari* (In Grönland mit der Kongshavn – Grüße von einem Proletarier) 405
- *Skitsur: býurin og stórbýurin* (Skizzen: das Dorf und die Großstadt) 405

Jacobsen, Rolf (1907–94), N 263, 279, 296f.
– *jord og jern* (Erde und Eisen) 296
Jacobsen, Roy (*1957), N 340f.
– *Seierherrene* (Die Sieger) 340f.
Jacobsen, Steinbjørn B. (*1937), Fä 401
– *Fræ* (Samen) 401
– *Hall* (Defizit) 401
– *Kasta* (Werfen) 401
– *Maria og rossið* (Maria und das Pferd) 401
– *Tinna og tám* (Feuerstein und Nebel) 401
Jalonen, Olli (*1954), F 444
– *Hotelli eläville* (Hotel für Lebende) 444
Jalvi, Pedar (1888–1916), Sa 453, 454
– *Muohtačalmmit* (Schneeflocken) 453
– *Sabmelažžai maidnasak ja muihtalusak* (Märchen und Geschichten aus Lappland) (hg. von Samuli Aikio) 453
James, Henry (1843–1916) 108
Janson, Kristofer (1841–1917), N 213f.
– *Et Arbeidsdyr* (Ein Arbeitstier) 213
– *Sara* (Personenname) 213
– *Vildrose* (Wildrose) 213
Jansson, Tove (1914–2001), F 409, 443
– *Mumin*-Bücher 443
Jara, Victor (1932–73) 309
Jaspers, Karl (1883–1969) 156
Järnefelt, Arvid (1862–1931), F 425, 427
– *Isänmaa* (Vaterland) 427
Järnefelt, Eero (1863–1937), F 430
Jæger, Hans (1854–1910), N 203, 310
– *Fra Kristiania-Bohêmen* (Christiania-Bohême) 203
Jean Paul (Pseud. für Johann Paul Friedrich Richter) (1763–1825) 88, 121, 148, 150
Jensen, Carl Jóhan (*1957), Fä 403, 406f.
– *Hvørkiskyn* (Weder-Verständnis) 406
– *Mentan og mentaskapur* (Kultur und Bildung) 407
– *Ósøgur um djevulskap* (Ungeschichten über die Teufelei) 403, 406f.
– *Rúm* (Raum) 406

– *Yrkingar* (Gedichte) 406
Jensen, Carsten (*1952), D 351
– *Jeg har hørt et stjerneskud* (Ich habe eine Sternschnuppe gehört) 351
– *Jeg har set verden begynde* (Ich habe gesehen, wie die Welt anfängt) 351
Jensen, Johannes Vilhelm (1873–1950), D 226–228, 280
– *Den gotiske Renaissance* (Die gotische Renaissance) 227
– *Digte 1906* (Gedichte 1906) 227
– *Forsvundne Skove* (Verschwundene Wälder) 227
– *Interferens* 227
– *Kongens Fald* (Des Königs Fall) 227
– *Kulien* (Der Kuli) 227
– *Paa Memphis Station* (Auf dem Bahnhof von Memphis) 227
– *Ved Frokosten* (Beim Frühstück) 227
Jersild, Per Christian (*1935), S 293
Joenpelto, Eeva (1921–2004), F 442
Joensen, Martin (1902–66), Fä 399
– *Fiskimenn* (Fischer) 399
– *Tað lýsir á landi* (Es leuchtet auf dem Land) 399
Joensuu, Matti Yrjänä (*1948), F 442
Johansen, Oddvør (*1941), Fä 405
– *Lívsins summar* (Sommer des Lebens) 405
Johanson, Lars (auch Lasse Lucidor) (1638–74), S 65, 71, 73, 75
– *Bruhg-Fakla* (Brautfackel) 71
– *Helicons Blomster* (Helicons Blumen) 65
– *Nys när Frigga satt i bade* (Neulich, als Frigga im Bade saß) 75
Johnskareng, Astrid (*1939), Sa 452
Johnson, Eyvind (1900–76), S 253
– *Romanen om Olof* (Hier hast du dein Leben) 253
– *Stad i ljus* (Stadt im Licht) 253
Jones, Grace (*1952) 368
Jonsmoen, Ola (*1932), N 294

Jordanes (6. Jh.) 51, 61
– *Getica* (Geschichte der Goten) 51
Jotuni, Maria (1880–1943), F 428
Joyce, James (1882–1941) 403f., 441
– *Finnegans Wake* 404
– *Ulysses* 441
Joyce, Michael (*1945) 377
– *Afternoon, a story* 377
Jørgensen, Johannes (1866–1956), D 214
Jóhann M. Bjarnason (1886–1945), I 213
– *Íslenskt heljarmenni* (Ein isländischer Kraftmensch) 213
Jóhann G. Sigurðsson (1882–1906), I 217
Jóhann Sigurjónsson (1880–1919), I 232f., 266
– *Bjærg Eyvind og hans hustru* (Berg-Eyvind und sein Weib) 232f.
Jóhannes Helgi (*1926), I 327
– *Svört messa* (Schwarze Messe) 327
Jóhannes (Jónasson) úr Kötlum (1899–1972), I 322
– *Dagskipun Stalíns* (Stalins Tagesbefehl) 322
– *Íslendingaljóð 17. júní 1944* (Isländergedicht 17. Juni 1944) 322
– *Sóleyjarkvæði* (Lied von Sóley) 322
– *Sól tér sortna* (Die Sonne wird schwarz) 322
– *Verndarenglarnir* (Die Schutzengel) 322
Jón Árnason (1819–88), I und Magnús Grímsson 176
– *Íslenzk æfintýri* (Isländische Märchen) 176
Jón Hjaltalín (1807–82), I 129
Jón (Jónsson) úr Vör (1907–2000), I 325
– *Með hljóðstaf* (Mit Alliteration) 325
– *Þorpið* (Das Dorf) 325
Jón Ólafsson (1593–1679), I 70
– *Reisubók* (Reisebuch) 70
Jón Ólafsson úr Grunnavík (1705–79), I 128
– *Sagan eður æventýrið af Nicolause Klím* (Die Geschichte oder das Märchen von Nikolaus Klim) 128
Jón Óskar (1921–98), I 325

Jón Steingrímsson (1777–1851), I 129f.
– *Ævisaga* (Lebensgeschichte) 129
Jón Sveinsson (auch Jón Svensson) (1857–1944), I 267
– *Nonni*-Bücher 267
Jón Vídalín (1666–1720), I 75, 125
Jón Þorkelsson (1697–1759), I 127
Jón Þorláksson á Bægisá (1744–1819), I 129
Jónas Hallgrímsson (1807–45), I 130, 133, 175f., 179, 321
– *Ísland* 179
– *Gunnarshólmi* (Ortsname) 179
Judichær, Søren Poulsen Gotlænder (1599–1668), D 67
– *Prosodia Danica* (Dänische Reimkunst) 67
– *Synopsis Prosodiæ Danicæ* (Auszug aus der dänischen Reimkunst) 67
Jung, Carl Gustav (1875–1961) 356
Juteini, Jaakko (1781–1855), F 417
– *Suomalainen elli runo ahkeruudesta Suomessa* (Der Finne oder Gedicht über den Fleiß in Finnland) 417
– *Juoma-Lauluja* (Trinklieder) 417
Jüngere Edda siehe Snorri Sturluson

K

Kafka, Franz (1883–1924) 278, 287f., 364
– *Vor dem Gesetz* 364
Kailas, Uuno (1901–33), F 434
– *Paljain jaloin* (Mit nackten Füßen) 434
– *Silmästä silmään* (Auge in Auge) 434
– *Uni ja kuolema* (Traum und Tod) 434
Kalevala 410f., 418, 419–422, 429, 446
Kallifatides, Theodor (*1938), S 348
– *Det sista ljuset* (Das letzte Licht) 348
Kampmann, Christian (1939–88), D 316
Kant, Immanuel (1724–1804) 79, 100, 102, 115, 122, 134, 138

- *Beantwortung der Frage: Was ist Aufklärung?* 115
- *Die Kritik der Urteilskraft* 134
- *Geschichte und Naturbeschreibung der merkwürdigsten Vorfälle des Erdbebens* 122
- *Kritik der reinen Vernunft* 100

Kanteletar (Kanteletar) 418, 420, 422
Kapstad, Egil (*1940), N 307
Karl Magnus 30
Karl Magnus' Krønike (Chronik von Karl dem Großen) 30
Karlamagnusar kvæði (Lied von Charlemagne) 391
Karlamagnús saga (Saga von Karl dem Großen) 30
Karlevi (Runeninschrift) 4, 12
Karlfeldt, Erik Axel (1864–1931), S 217
Katz, Daniel (*1938), F 446
- *Laituri matkalla mereen* (Treibholz im Fluß) 446

Kauranen, Anja siehe Snellman, Anja
Kaurismäki, Aki (*1957), F 430
Kejser Octavianus (Kaiser O.) 58
Kellgren, Johan Henric (1751–95), S 112–117, 119f., 128, 356
- *Den nya Skapelsen eller Inbildningens Verld* (Die neue Schöpfung) 117
- *Gustav Wasa* (mit Gustav III.) 116
- *Ljusets fiender* (Die Feinde des Lichtes) 116
- *Man äger ej snille för det man är galen* (Man besitzt nicht Genie, weil man verrückt ist) 116
- *Mina löjen* (Worüber ich mich lustig mache) 116

Kerfstedt, Amanda (1835–1920), S 204
Kerouac, Jack (1922–69) 310
- *On the Road* 310

Kerr, Alfred (1867–1948) 201
Key, Ellen (1849–1926), S 206, 212, 237
- *Barnets århundrade* (Das Jahrhundert des Kindes) 212
- *Missbrukad kvinnokraft* (Missbrauchte Frauenkraft) 206

Kexél, Olof (1748–96), S 118
Kianto, Ilmari (1874–1970), F 431
- *Punainen viiva* (Der rote Strich) 431
- *Ryysyrannan Jooseppi* (Jooseppi von Ryysyranta) 431

Kieler, Laura (1849–1932), N 204
Kielland, Alexander (1849–1906), N 186, 191, 202
- *Garman & Worse* (Garman & Worse) 191, 202
- *Skipper Worse* (Schiffer Worse) 202

Kierkegaard, Søren Aabye (1813–55), D 136, 140, 154–156, 162, 171, 216, 284f., 287, 355
- *Af en endnu Levendes Papirer* (Aus eines noch Lebenden Papieren) 140
- *En litterær Anmeldelse* (Eine literarische Anzeige) 171
- *Enten-Eller* (Entweder-Oder) 154–156
- *Forførerens Dagbog* (Das Tagebuch eines Verführers) 154f.
- *Frygt og Bæven* (Furcht und Zittern) 155, 284
- *Gjentagelsen* (Die Wiederholung) 156
- *Om Begrebet Ironi* (Über den Begriff der Ironie) 154
- *Om min Forfatter-Virksomhed* (Eine Verfasser-Existenz eigener Art) 156
- *Stadier paa Livets Vei* (Stadien auf dem Lebensweg) 155f.
- *Synspunkter for min Forfatter-Virksomhed* (Der Gesichtspunkt für meine Wirksamkeit als Schriftsteller) 156

Kilpi, Eeva (*1928), F 436, 442
- *Tamara* (Tamara) 442

Kilpi, Volter (1874–1939), F 428, 435f.
- *Alastalon salissa* (Im Saal des Hofes Alastalo) 435

Kingo, Thomas (1634–1703), D 68, 75f., 89, 392
- *Aandelige Siunge-Koor* (Geistlicher Singchor), 75

- *Danmarks Og Norges Kirkers Forordnede Psalme=Bog* (Das verordnete Psalmenbuch für die Kirchen Dänemarks und Norwegens) 68

Kirk, Hans (1898–1962), D 287
Kitti, Anni (1892–1987), Sa 452
Kivi, Aleksis (1834–72), F 411, 423–425, 429, 434, 437, 446
- *Kanervala* 423
- *Nummisuutarit* (Die Heideschuster) 423
- *Seitsemän veljestä* (Die sieben Brüder) 423f., 437

Kivikk'aho, Eila (1921–2004), F 438
- *Niitytlä pois* (Von der Wiese fort) 438

Kjalnesinga saga (Saga der Leute von Kjalarnes) 22
Kjærstad, Jan (*1953), N 339, 343f., 357, 359, 375, 406
- *Erobreren* (Der Eroberer) 357
- *Forføreren* (Der Verführer) 357
- *Homo falsus eller det perfekte mord* (Homo falsus oder der perfekte Mord) 339, 344, 359f.
- *Oppdageren* (Der Entdecker) 357
- *Rand* (Rand) 343f.

Kjellgren, Josef (1907–48), S 250, 253
- *Människor kring en bro* (Begegnungen an einer Brücke) 253

Kjer, Knud (1802–65), D 465
Klassekampen (Der Klassenkampf) (norweg. Zeitschrift) 316
Klausturpósturinn (Die Klosterpost) (isländ. Zeitschrift) 128
Kleemann, Jessie (*1959), G 475
- *Taallat/Digte/Poems* 475

Klein, Heðin (*1950), Fä 401
- *Undir bergi* (Unter dem Felsen) 401
- *Veggjagrøs* (Wandgras) 402

Kleinschmidt, Samuel (1814–86) 465
- *Grammatik der grönländischen Sprache* 465

- *Grønlandsk-Dansk Ordbog* (Grönländisch-Dänisches Wörterbuch) 465

Kleist, Ewald Christian von (1715–59) 128, 449
Klemmensen, Johannes (1794–1869), Fä 394
Kleve, Stella (Pseud. für Ingrid Mathilda Malling) (1864–1942), S 204f.
- *Pyrrhussegrar* (Pyrrhussiege) 204

Klingen (Die Klinge) (dän. Zeitschrift) 236f.
Klitgaard, Mogens (1906–45), D 234, 254
- *Der sidder en Mand i en Sporvogn* (Es sitzt ein Mann in einer Straßenbahn) 254
- *Elly Petersen* 234

Klopstock, Friedrich Gottlieb (1724–1803) 81, 90f., 94f., 105, 120f., 129, 141
- *Der Messias* 81, 90, 95, 129

Knorring, Sophie von (1797–1848), S 169
- *Illusionerna* (Täuschungen) 169

Kong Appolonius (König A.) 58
Konrað Gíslason (1808–91), I 175
Konungs skuggsjá/Speculum regale (Königsspiegel) 20
Koran 236
Korch, Morten (1876–1954), D 257
Kormáks saga (Saga von Kormákr) 21
Korneliussen, Ole (*1947), G 476f.
- *Putoq* (Das Loch) 476
- *Putoq Nutaaq* (Das neue Loch) 477
- *Seqinnersumi apisoq* (Wenn der Schnee fällt, während die Sonne scheint) 477
- *Tarrasuummi tarraq* (Die Schatten im Spiegel) 477
- *Uumasoqat* (Mitgeschöpf) 477

Korpela, Jorma (1910–64), F 440
- *Tohtori Finckelman* (Doktor Finckelman) 440

Koskenniemi, Veikko Antero (1885–1962), F 435
Krohn, Leena (*1947), F 444f.
Køltzow, Liv (*1945), N 294, 302

- *Historien om Eli*
 (Die Geschichte über Eli)
 302
- *Hvem bestemmer over Bjørg og Unni?*
 (Wer bestimmt über Bjørg und Unni?) 302
- *I dag blåser det*
 (Heute ist es windig) 302
- *Øyet i treet*
 (Das Auge im Baum) 302
Kracauer, Siegfried (1889–1966) 254
- *Die Angestellten* 254
Krag, Anders (1558–1600), D 60
Krag, Vilhelm (1871–1933), N 217
Kraus, Karl (1874–1936) 267
- *Die Fackel* 267
Kristensen, Tom (1893–1974), D 244
- *Hærværk* (Roman einer Verwüstung) 244
Kristín Ómarsdóttir (*1962), I 328, 381, 383
- *Elskan mín ég dey* (Mein Liebling, ich sterbe) 384
- *Lokaðu augunum og hugsaðu um mig* (Schließ die Augen und denk an mich) 384
- *Svartir brúðarkjólar* (Schwarze Brautkleider) 384
Kristmann Guðmundsson (1902–83), I 266
Kritisk Revy (Kritische Revue) (dän. Zeitschrift) 259
Krog, Helge (1889–1962), N 307
Krohg, Christian (1852–1925), N 194f., 203, 212
- *Albertine* (Albertine) 194f., 203
Króka-Refs saga (Saga von Króka-Refr) 22
Krusenstjerna, Agnes von (1894–1940), S 261
- *Fröknarna von Pahlen* (Die Fräulein von Pahlen) 261
- *Tony*-Serie (*Tony växer upp* [Tony wächst auf]; *Tonys läroår* [Tonys Lehrjahre]; *Tonys sista läroår* [Tonys letztes Lehrjahr]) 261
Kulturkampen (Der Kulturkampf) (dän. Zeitschrift) 259
Kunnas, Mauri (*1950), F 446

- *Seitsemän koiraveljestä* (Die sieben Hundebrüder) 446
Kuuva, Aune (*1940), Sa 459
- *Uáináh-uv* (Siehst du?) 459
Kylver (Runeninschrift) 13
Kyrklund, Willy (*1921), F 286
- *Solange* (Personenname) 286

L

La Cour, Paul (1902–56), D 280, 295, 315
- *Fragmenter af en Dagbog* (Fragmente eines Tagebuches) 280
- *Levende Vande* (Lebendige Wasser) 280
- *Mellem Bark og Ved* (Zwischen Rinde und Holz) 280
Lacan, Jacques (1901–81) 36
Laclos, Pierre Ambroise François Choderlos de (1741–1803) 154
- *Les liaisons dangereuses* 154
Laestadius, Lars Levi (1800–61), S 451
- *Fragmenter i Lappska Mytologien* (Fragmente der lappischen Mythologie) 451
Lagercrantz, Eliel (1894–1973), F 451
Lagercrantz, Olof (1911–2002), S 238, 403
- *August Strindberg* (Strindberg) 238
Lagerkvist, Pär (1891–1974), S 230, 235f., 249, 263
- *Ångest* (Angst) 236
- *Bödeln* (Der Henker) 263f.
- *Kaos* (Chaos) 236
- *Ordkonst och bildkonst* (Wortkunst und Bildkunst) 235
Lagerlöf, Petrus (1648–99), S 67
- *Inledning till det Swenska Poeteriet* 67
Lagerlöf, Selma (1858–1940), S 185f., 212f., 222–225, 232f.
- *Antikrists mirakler* (Wunder des Antichrist) 224
- *Dagbok för Selma Ottilia Lovisa Lagerlöf* (Das Tagebuch der Selma Ottilia Louvisa Lagerlöf) 222

- *En herrgårdssägen* (Eine Gutsgeschichte) 223
- *Gösta Berlings saga* (Gösta Berling) 222, 224, 232
- *Herr Arnes penningar* (Herrn Arnes Schatz) 223
- *Jerusalem* (*Jerusalem I: I Dalarne* [Jerusalem I: In Dalarne]; *Jerusalem II: I det heliga landet* [Jerusalem II: Im heiligen Lande]) 224
- *Kejsarn av Portugallien* (Der Kaiser von Portugallien) 222f.
- *Mårbacka* (Mårbacka) 224
- *Nils Holgerssons underbara resa genom Sverige* (Wunderbare Reise des kleinen Nils Holgersson mit den Wildgänsen) 212
Lai du cort mantel 30
Laine, Jarkko (*1947), F 443
Landnámabók (Besiedlungsbuch) 41, 43f., 48
Landstad, Magnus Bostrup (1802–80), N 175
- *Norske Folkeviser* (Norwegische Volkslieder) 175
Lang, Maria (Pseud. für Dagmar Lange) (1914–91), S 336
Langgässer, Elisabeth (1899–1950) 275
Larsen, Anders (1870–1949), Sa 453
- *Beaiveálgu* (Tagesanbruch) 453
- *Sagai Muittalægje* (Der Nachrichtenerzähler) (saam. Zeitschrift) 453
Larsen, Britt Karin (*1945), N 347
- *De som ser etter tegn* (Diejenigen die nach Zeichen Ausschau halten) 347
Larsen, Steffen Hejlskov (*1931), D 310
Larsen, Thøger (1875–1928), D 398
Larsmo, Ola (*1957), S 346, 348f., 354
- *Maroonberget* (Der Maroonberg) 348f., 354
Larsson, Carl (1853–1919), S 212, 215
Larsson, Stig (*1955), S 317f.
- *Autisterna* (Die Autisten) 317f.
Larsson, Zenia (*1922), S 275

- *Lång är gryningen* (Lang ist die Dämmerung) 275
- *Skuggorna vid träbron* (Die Schatten bei der Holzbrücke) 275
Lasse Lucidor *siehe* Johanson, Lars
Lassila, Maiju (1868–1918), F 431, 433
- *Kuolleista herännyt* (Von den Toten erwacht) 433
- *Tulitikkuja lainaamassa* (Streichhölzer) 431
Laula Renberg, Elsa (1877–1931), Sa 452
- *Inför lif eller död: Sanningsord i de lappska förhållandena* (Um Leben oder Tod: Die Wahrheit über die Umstände der Lappen) 452
Launis, Armas (1884–1959), F 451
Laurenssen, Peder (1485/90–1552), D 58
Lawrence, David Herbert (1885–1930) 250
Lärbo St. Hammars (Bildstein) 7
Leblanc, Maurice (1864–1941) 256
Lefèbvre, Henri (1901–91) 317
Leffler, Anne Charlotte Edgren (1849–92), S 191f.
- *Ur lifvet* (Aus dem Leben) 192
Legenda aurea 27
Legér, Fernand (1881–1955) 235
Lehtonen, Joel (1881–1934), F 431
- *Putkinotko* (Ortsname) 431
Leibniz, Gottfried Wilhelm (1646–1716) 91, 120
Leiðarvísan (Wegweiser) 28
Leino, Eino (1878–1926), F 411, 429f.
- *Helkavirsiä* (Finnische Balladen. Helkalieder) 429
Lenngren, Anna Maria (1754–1817), S 112–115
- *Grevinnan* (Die Gräfin) 115
- *Skaldeförsök* (Dichtungsversuche) 114
- *Portraitarne* (Die Porträts) 115
Lenngren, Carl Peter (1750–1827), S 112, 114
Leopold, Carl Gustaf af (1756–1829), S 115f., 120, 132
- *Försynen* (Die Vorsehung) 116

Lessing, Gotthold Ephraim (1729–81) 90f., 95, 128, 146
- *Laokoon* 146
- *Miss Sarah Sampson* 95, 175
Levertin, Oscar (1862–1906), S 185, 209, 217, 237
- *Nya dikter* (Neue Gedichte) 209
Lévi Strauss, Claude (*1908) 37
Lichtenstein, Roy (1923–97) 294
Lidman, Sara (1923–2004), S 272, 282f., 297, 299
- *Gruva* (Grube) 299
- *Hjortronlandet* (Im Land der gelben Brombeeren) 282
- *Jag och min son* (Ich und mein Sohn) 299
- *Samtal i Hanoi* (Gespräche in Hanoi) 299
- *Tjärdalen* (Der Mensch ist so geschaffen) 282
Lidner, Bengt (1757–93), S 120f.
- *De galne* (Die Wahnsinnigen) 122
- *Erik XIV* 122
- *Grevinnan Spastaras död* (Gräfin Spastaras Tod) 122
Lie, Bernt (1868–1916), N 212
- *Svend Bidevind* (Personenname) 212
Lie, Jonas (1833–1908), N 186f., 191, 195, 201f., 212, 263
- *En Malstrøm* (Ein Mahlstrom) 191
- *Et Samliv* (Eine Ehe) 195
- *Kommandørens Døtre* (Die Töchter des Kommandeurs) 195
- *Livsslaven* (Lebenslänglich verurteilt) 191
- *Maisa Jons* (Maisa Jons) 191
- *Onde Magter* (Böse Mächte) 212
Lie, Jonas (auch Max Mauser) (1899–1945), N 263
Lieder-Edda siehe *Ältere Edda*
Liksom, Rosa (Pseud. für Anni Ylävaara) (*1958), F 445
- *Kreisland* (Crazeland) 445
- *Yhden yön pysäkki* (Haltestelle für eine Nacht) 445

Lindegren, Erik (1910–68), S 277f., 280
- *mannen utan väg* (Der Mann ohne Weg) 277f.
Lindgren, Astrid (1907–2002), S 318f.
- *Karlsson på taket*-Trilogie (*Lillebror och Karlsson på taket* [Karlsson vom Dach]; *Karlsson på taket flyger igen* [Karlsson fliegt wieder]; *Karlsson på taket smyger igen* [Der beste Karlsson der Welt]) 319
- *Pippi Långstrump* (Pippi Langstrumpf) 318
Lindqvist, Sven (*1932), S 299
- *Myten om Wu Tao-Tzu* (Der Mythos über Wu Tao-Tzu) 299
Linna, Väinö (1920–92), F 437
- *Täällä Pohjantähden alla* (Hier unter dem Polarstern) 437
- *Tuntematon sotilas* (Kreuze in Karelien) 437
Linnankoski, Johannes (1869–1913), F 429
- *Laulu tulipunaisesta kukasta* (Die glutrote Blume) 429
Linné, Carl von (1707–78), S 92, 107f., 110, 119, 123, 447
- *Flora lapponica* 107
- *Iter Lapponicum* (Lappländische Reise) 107, 447
- *Nemesis divina* (Die göttliche Vergeltung) 108
- *Philosophia botanica* 107
- *Species plantarum* 107
- *Systema naturae* (Naturae-Systema) 107
Linnéa (schwed. Zeitschrift) 212
Livijn, Clas (1781–1844), S 150, 164
- *Riddar S:t Jöran* (Der Ritter St. Georg) 150
- *Spader Dame* (Pik Dame) 150, 164
Líf og list (Leben und Kunst) (isländ. Zeitschrift) 324
Lífssaga (Lebensgeschichte) 29
Lo-Johansson, Ivar (1901–90), S 251–253
- *Godnatt, jord* (Gute Nacht, Erde) 251
- *Kungsgatan* (Kungsgatan. Roman einer Straße) 253
Lombroso, Cesare (1836–1909) 205

Longfellow, Henry Wadsworth (1807–82) 449
- *My Lost Youth* 449
Lorrain, Claude (1600–82) 111f.
Lönnrot, Elias (1802–84), F 419, 421f.
Lönnroth, Lars (*1935), S 357
Løveid, Cecilie (*1951), N 371
- *Badehuset* (Das Badehaus) 371
Lukan (39–65) 29
Lukkari, Pekka (*1918), Sa 453
Lukkari, Rauni Magga (*1943), Sa 448, 459, 461
- *Árbeeadni* (Erbmutter) 459
- *Báze dearvan, Biehtár* (Lebwohl, Petteri) 459
- *Dearvvuodat* (Grüße) 461
- *Jienat vulget* (Das Eis treibt davon) 459
- *Losses beaivegirji* (Düsteres Tagebuch) 459
- *Mu gonagasa gollebiktasat* (Die goldenen Kleider meines Königs) 459
Lund, Claus (1739–1815), Fä 392
- *Sigmunds Tog mod Harald Jernhoved* (Sigmunds Zug gegen Harald Eisenkopf) 392
Lund, Henrik (1875–1948), G 466
- *Nunarput utoqqarsuanngoravit* (Du unser Land, so alt geworden) 466
Lundell, Ulf (*1949), S 310
- *Jack* 310
Lunden, Eldrid (*1940), N 303f., 352
- *f.eks. juli* (z.B. Juli) 303
- *Hard, mjuk* (Hart, weich) 304
- *Inneringa* (Eingekreist) 304
- *Mammy, blue* 304
Lundkvist, Artur (1906–91), S 250, 253, 271
- *Floderna flyter mot havet* (Die Flüsse fließen zum Meer) 253
- *Glöd* (Glut) 250
- *Jordisk prosa* (Irdische Prosa) 250
- *Naket liv* (Nacktes Leben) 250
- *Neger med saxofon* (Neger mit Saxophon) 250
- *Svart stad* (Schwarze Stadt) 250, 253

- *Vit man* (Weißer Mann) 250
Luther, Martin (1483–1546) 56, 414
Luxemburg, Rosa (1870–1919) 237
Lyngbye, Hans Christian (1782–1837), D 394
- *Færøiske Qvæder* (Färöische Lieder) 394
Lynge, Arqaluk (*1947), G 473
- *Tupigusullutik angalapput/Til hæder og ære* (Zu Ruhm und Ehre) 473
Lynge, Augo (1899–1959), G 467
- *Taqqissuut* (Der Leuchter) (Zeitung) 467
- *Ukiut 300-nngornerat* (300 Jahre später) 467
Lynge, Hans (1906–88), G 467–469, 472
- *Ersinngitsup piumasaa* (Der Wille des Unsichtbaren) 468, 472
- *Grønlands indre liv* (Grönlands inneres Leben) 469
- *Inugpait* (Großartige Menschen) 469
- *Meddelelser om Grønland* (Mitteilungen über Grönland) 469
Lynge, Hans Anthon (*1945), G 473, 476f.
- *Allaqqitat* (Schriften) 476
- *Nunanni Avani* (Im Norden, wo ich wohne) 476
- *Seqajuk* (Der Untaugliche) 476
- *Umiarsuup tikinngilaattaani* (Kurz bevor ein Schiff kommt) 476
Lynge Petrussen, Vivi (*1961), G 475
- *Kalunnerit/Lænker* (Ketten) 475
- *Naalliutsitaanerup pissaanerani* (In der Gewalt der Misshandlung) 475
Lyotard, Jean François (*1925) 333
Lyschander, Claus Christofersen (1558–1624), D 74

M

Mackenzie, Sir George Stewart (1780–1848) 124, 179
- *Travels in the Island of Iceland* 124

Macpherson, James (1736–96) 90
- Ossian = *Fragments of Ancient Poetry* 90, 176
Madsen, Svend Åge (*1939), D 312, 361, 376
- *At fortælle menneskene* (Die Menschen/Den Menschen erzählen) 362
- *Den gudelige farce* (Die göttliche Farce) 362
- *Genspejlet* (Widergespiegelt/Genspiegel) 362
- *Liget og lysten* (Lüste und Leichen) 312
- *Maskeballet* (Der Maskenball) 312
- *Orphus i oververdenen* (Orphus in der Überwelt) 376
- *Tilføjelser* (Hinzufügungen) 312
- *Tredje gang så tar vi ham ...* (Beim dritten Mal haben wir ihn) 312
- *Tugt og utugt i mellemtiden* (Zucht und Unzucht in der Zwischenzeit) 312
Magelona 58
Magnus, Johannes (1488–1544), S 51, 58, 61f.
- *Historia de omnibus Gothorum Sveonumque regibus* (Geschichte aller Könige der Göten und Schweden) 51, 58, 62
Magnus, Olaus (1490–1557), S 58f., 62, 70
- *Carta Marina* 58f.
- *Historia de gentibus septentrionalibus* (Geschichte von den Völkern im Norden) 58, 62, 70
Magnús, Heiliger (gest. 1116) 29
Magnús Grímsson (1825–60), I *siehe* Jón Árnason
Magnús Stephensen (1762–1833), I 125, 127–130
- *Einfalt matreiðsluvasakver* (Einfaches Taschenkochbüchlein) 128
- *Island í det Attende Aarhundrede* (Island im 18. Jahrhundert) 128
- *Ljóssins óvinir* (Die Feinde des Lichts) 128
- *Margvíslegt gaman og alvara* (Verschiedenerlei Spaß und Ernst) 129

- *Skemmtileg vinagleði* (Unterhaltsame Freude für Freunde) 128f.
- *Upplýsingin* (Die Aufklärung) 128
Malinowski, Ivan (1926–89), D 295
Mallarmé, Stéphane (1842–98) 314
Mallet, Paul Henri (1730–1807) 81, 98
- *Histoire de Dannemarc* 81, 98
- *Monumens de la mythologie et de la poésie des Celtes* 81, 98
Malmberg, Bertil (1889–1958), S 251, 358
Malthe-Bruun, Kim (1923–45), D 275
- *Kim* 275
Manet, Edouard (1832–83) 194
Mankell, Henning (*1948), S 335f.
- *Mördare utan ansikte* (Mörder ohne Gesicht) 336
- *Wallander*-Serie 336
Mann, Thomas (1875–1955) 202
- *Buddenbrooks* 202
Manner, Eeva-Liisa (1921–95), F 438f., 442
- *Fahrenheit 121* 442
- *Tämä matka* (Diese Reise) 439
Manninen, Otto (1872–1950), F 430
Marainen, Thomas (*1945), Sa 457, 459
- *Duddjojun sánit* (Geschnitzte Worte) 459
Marcolfus 58
Marholm-Hansson, Laura (1854–1928) 206, 217
- *Das Buch der Frauen* 206
Marie de France (ca. 1130/40–1200) 30, 46
- *Lais* 30, 46
Maríu saga (Saga von Maria) 28
Markalls sömnlösa nätter (Markalls schlaflose Nächte) 132
Marklund, Liza (*1962), S 335
Marlitt, Eugenie (1825–87) 212
- *Im Hause des Kommerzienrates* (dän. Hos Kammerraaden) 212
Martinus de Dacia (gest. 1304), D 15
- *Modi significandi* (Bezeichnungsweisen) 15

Martinson, Harry (1904–78), S 250–253
Martinson, Moa (1890–1964), S 252
- *Kvinnor och äppelträd* (Frauen und Apfelbäume) 252
Marx, Karl (1818–83) 407
Marx Brothers 257
Matisse, Henri (1869–1954) 235
Matras, Christian (1900–88), Fä 397f., 404f.
- *Einfeldin í orðum* (Die Einfachheit der Wörter) 405
- *Úr sjón og úr minni* (Aus den Augen und aus dem Gedächtnis) 405
- *Viðoy* 398
- *Heimur og heima* (Welt und Heimat) 398
Matthías Jochumsson (1835–1920), I 73
Mattias von Linköping, Magister (ca. 1300–50), S 24f.
- *Poetria* (Poetik) 24
- *Testa nucis* (Nussschale, Rhetorik) 24
Mattus, Iisakki (*1937), Sa 452
Maurer, Konrad (1823–1902) 176
- *Isländische Volkssagen der Gegenwart* 176
Mayneriis, Maynus de (gest. 1370) 54
- *Dyalogus creaturarum moralizatus* (Sittenlehrendes Gespräch der Schöpfung) 54
Málfræðiritgerðir (Grammatische Abhandlungen) 15
Márquez, Gabriel García (*1928) 316
McLuhan, Marshall (1911–80) 314
- *Understanding Media: The Extensions of Man* 314
Melanchthon, Philipp (1497–1560) 63, 413
Melsteðs Edda 2, 9
Melusina 58
Meri, Veijo (*1928), F 437, 440
- *Manillaköysi* (Das Manilaseil) 437
Meriluoto, Aila (*1924), F 438
- *Lasimaalaus* (Glasmalerei) 438
Messenius, Johannes (1579–1636), S 58, 415
- *Sveopentaprotopolis* 58

Michael, Ib (*1945), D 335, 378
Michaëlis, Sophus (1865–1942), D 232
Mikkelsen, Bibiane (1882–1964), G 475
Mikkelsen, Magnar (*1938), Sa 456
Mill, John Stuart (1806–73) 189f., 202
- *Utilitarianism* 189
- *On the Subjection of Women* 202
Milton, John (1608–74) 109, 129, 141, 323
- *Paradise Lost* 109, 129
- *Paradise Regained* 323
Minerva (dän. Zeitschrift) 392
Minnisverð tíðindi (Erinnerungswürdige Neuigkeiten) (isländ. Zeitschrift) 127
Missale Aboense (Messbuch von Åbo/Turku) 55, 413
Mitchell, Red (1927–92) 307
Moberg, Vilhelm (1898–1973), S 252
- *Romanen om utvandrarna* (*Utvandrarna* [Bauern ziehen übers Meer]; *Invandrarna* [Neue Heimat in fernem Land]; *Nybyggarna* [Die Siedler]; *Sista brevet till Sverige* [Der letzte Brief nach Schweden]) 252
Moe, Jørgen (1813–82), N *siehe* Asbjørnsen, Peter Christian
Moe, Karin (*1945), N 360, 361
- *1984. Niklas Eggers aborterte skrifter* (1984. Niklas Eggers abgetriebene Schriften) 360
- *Kjønnskrift* (Geschlechtsschrift/Schönschrift) 360
- *Kyka* (Kyka) 360
- *Sjanger* (Genres) 360
Moen, Petter (1901–44), N 274
- *Petter Moens dagbok* (Petter Moens Tagebuch) 274
Mogensøn, Michel (1590–1654), N 74
Molbech, Christian (1783–1857), D 177
Molière, Jean-Baptiste Poquelin (1622–73) 84, 111
- *Le Misanthrope* 111
Mollberg, Rauni (*1929), F 442

Monet, Claude (1840–1926) 192f.
Moniage Guillaume 30
Montesquieu, Charles Louis des Secondat (1689–1755) 79, 82, 119
Morhof, Daniel Georg (1639–91) 39
- *Unterricht von der teutschen Sprache und Poesie* 39
Morus, Thomas (1478–1535) 86
- *Utopia* 86
Mot dag (Dem Tag entgegen) (norweg. Zeitschrift) 261f.
Möðruvallabók (Buch von Möðruvellir) 43, 47
Mörk, Jacob (1715–63), S 106
- *Adalriks och Göthildas äfwentyr* (Adalriks und Göthildas Abenteuer) (mit Anders Törngren) 106
- *Thekla* 106
Möttuls saga (Saga vom Mantel) 30
Møller, Peder Ludvig (1814–65), D 355
Møller, Poul Martin (1794–1838), D 162
- *En dansk Students Eventyr* (Abenteuer eines dänischen Studenten) 162
Møller Kristensen, Sven (1909–91), D 254
- *Melodien, der blev væk* (Die verschwundene Melodie) 254
Mukka, Timo K. (1944–73), F 442
- *Maa on syntinen laulu* (Die Welt ist ein sündiges Lied) 442
Munch, Edvard (1863–1944), N 188, 201, 209, 216, 218f.
Munch, Peter Andreas (1810–63), N 177
Munk, Kaj (1898–1944), D 263, 274
- *Niels Ebbesen* (Niels Ebbesen) 274
- *Ordet* (Das Wort) 263
Mustapää, P. (Pseud. für Martti Haavio) (1899–1973), F 434
Muus, Rudolf (1862–1935), N 212
Müller, Arvid (1906–64), D 255
- *Havnen* (Der Hafen) 255
- *Henne om Hjørnet* (Drüben um die Ecke) 255
Myrdal, Jan (*1927), S 297, 299
- *Kulturers korsväg* (Kreuzweg der Kulturen) 299
- *Rapport från kinesisk by* (Bericht aus einem chinesischen Dorf) 299

N

Nansen, Fridtjof (1861–1930), N 210f.
- *Fram over Polhavet* (In Nacht und Eis. Die Norwegische Polarexpedition 1893–1896) 211
Nathanielsen, Dorthe (*1934), G 475
- *Aani* (Personenname) 475
- *Ujuaansi avalak* (Ujuaansi fährt hinaus) 475
Nationaltidende (Nationalzeitung) (dän. Zeitung) 185
Necrologium Lundense (Lundenser Totenverzeichnis) 18
Nedreaas, Torborg (1906–87), N 306f.
- *Av måneskinn gror det ingenting* (Im Mondschein wächst nichts) 306
- *Musikk fra en blå brønn* (Musik aus einem blauen Brunnen) 306
- *Trylleglasset* (Das Zauberglas) 306
- *Ved neste nymåne* (Beim nächsten Neumond) 306
Neriusaaq (Der Regenbogen) (grönländ. Zeitschrift) 463
Nerman, Bengt (*1922), S 295
- *Demokratins kultursyn* (Die Kulturauffassung der Demokratie) 295
Neruda, Pablo (1904–73) 404
Nesser, Håkan (*1950), S 336
Nexø, Martin Andersen (1869–1954), D 230–232, 238–240
- *Barndom* (Kindheit) 239
- *Den store Kamp* (Der große Kampf) 239
- *Ditte Menneskebarn* (Stine Menschenkind) 239
- *Gryet* (Das Morgengrauen) 239
- *Læreår* (Lehrjahre) 239
- *Pelle Erobreren* (Pelle der Eroberer) 238f.
Nibelungenlied 391
Niebuhr, Carsten (1733–1815) 92, 300
- *Reisebeschreibung nach Arabien* 92
Nielsen, Asta (1881–1972), D 236
Nielsen, Frederik (1905–91), G 467–469, 472
- *Ilissi tassa nunassarsi* (Dieses Land soll euer sein) 468, 472
- *Inuiaat nutartikkat* (Das erneuerte Volk) 469
- *Nunaga, siunissat qanoq ippa?* (Mein Land, wohin geht deine Zukunft?) 469
- *Qilak, nuna, imaq* (Himmel, Land, Meer) 468
- *Siulittuutip eqquunnera* (Die Erfüllung der Weissagung) 469
- *Tuumarsi* (Personenname) 468
Nielsen, Hans-Jørgen (1941–91), D 314f., 317f., 378
- *At det at* (Dass es dass) 314
- *Fodboldenglen* (Jeder Engel ist schrecklich) 317
- *Konstatering* (Konstatierungen) 314
- *Nielsen og den hvide verden* (Nielsen und die weiße Welt) 314
- *Output* 314
Nielsen, Jóanes (*1953), Fä 407f.
- *Eitur nakað land weekend?* (Gibt es ein Land namens Wochenende?) 407f.
- *Glansbílætasamlararnir* (Die Glanzbildsammler) 408
- *Gummistivlarnir eru tær einastu tempulsúlurnar vit eiga í Føroyum* (Gummistiefel sind unsere einzigen Tempelsäulen auf den Färöern) 407
- *Kirkjurnar á havsins botni* (Die Kirchen auf dem Meeresgrund) 407
- *Pinnabrenni til sosialismuna* (Kleinholz für den Sozialismus) 407
- *Rødder* (Wurzeln) 407
- *Trettandi mánaðin* (Der dreizehnte Monat) 407
Nielsen, Kehnet (*1947), D 369
Nielsen, Morten (1922–44), D 274
- *Krigere uden Vaaben* (Krieger ohne Waffen) 274

Nietzsche, Friedrich (1844–1900) 215–217, 287
- *Die Fröhliche Wissenschaft* 216
Nilsen, Bjørn (*1934), N 294
Nilsen, Rudolf (1901–29), N 254
- *Nr. 13* 254
Nilsen, Tove (*1952), N 347
- *Øyets sult* (Der Hunger des Auges) 347
Njáls saga (Saga von Njáll) 22, 45, 47, 178
Nolsøe, Poul (1766–1809), Fä 393f., 404
- *Fuglakvæðið* (Vogelballade) 393, 404
- *Jákup á Møn* (Jakob am Strand) 393
Nokkrir margfróðir söguþættir Íslendinga (Einige sehr gelehrte Geschichtserzählungen der Isländer) 129
Nordbrandt, Henrik (*1945), D 352
Nordenflycht, Hedvig Charlotta (1718–63), S 111, 113–115
- *Den sörjande Turtur-Dufwan* (Die trauernde Turteltaube) 114
- *Fruentimrets Forsvar, emot J.J. Rousseau, medborgare i Genève* (Die Verteidigung der Frau, gegen J.J. Rousseau, Bürger von Genf) 114
Nordrå, Annok Sarri (*1931), Sa 455
- *Avskjed med Saivo* (Abschied von Saivo) 455
- *Fjellvuggen* (Die Fjällwiege) 455
- *Ravnas vinter* (Ravnas Winter) 455
Norén, Lars (*1944), S 372
- *En sorts Hades* (Eine Art Hades) 372
- *Kaos är granne med gud* (Chaos ist nahe bei Gott) 372
- *Natten är dagens mor* (Nacht, Mutter des Tages) 372
- *Personkrets 3:1* (Personenkreis 3:1) 372
- *Sju tre* (Sieben drei) 372
Novalis (Pseud. für Friedrich von Hardenberg) (1772–1801) 108, 131, 143, 151
- *Heinrich von Ofterdingen* 151

Nørgaard, Bjørn (*1947), D 293, 333
Nummi, Lassi (*1928), F 438
- *Maisema* (Landschaft) 438
Ny Illustrerat Tidning (Neue illustrierte Zeitung) (schwed. Zeitschrift) 186
Ny Jord (Neue Erde) (dän. Zeitschrift) 215
Nybble (Runeninschrift) 14
Nyerup, Rasmus (1759–1829), D *siehe* Rahbek, Knud Lyhne
Nygårdshaug, Gert (*1946), N 294
Nyström, Jenny (1854–1946), S 212
Nyt Dansk Maanedsskrift (Neue dänische Monatsschrift) (dän. Zeitschrift) 191

O

Obrestad, Tor (*1938), N 316
Obstfelder, Sigbjørn (1866–1900), N 218, 220, 222, 279
- *Allegro sentimentale* (Allegro sentimentale) 218
- *Digte* (Gedichte) 218, 220
- *En Præsts Dagbog* (Tagebuch eines Priesters) 218
- *Jeg ser* (Ich sehe) 218
- *Korset. En kjærligheds historie* (Das Kreuz. Eine Liebesgeschichte) 218
Oddný Sturludóttir (*1979), I *siehe* Birna Anna Björnsdóttir
Oddr Snorrason (2. Hälfte 12. Jh.), I 29
- *Óláfs saga Tryggvasonar* (Saga von Olav Tryggvason) 29, 39
Oehlenschläger, Adam Gottlob (1779–1850), D 95, 102, 123, 131f., 134f., 138f., 141, 145–149, 158, 174f., 179
- *Aladdin* (Aladdin) 138f.
- *Baldur hin Gode* (Balder der Gute) 174
- *Correggio* (Correggio) 138
- *Digte af Adam Øhlenslæger* (Lieder und Romanzen) 131, 145f., 175
- *Guldhornene* (Die Goldhörner) 131, 146
- *Helge* (Helge) 174f.

- *Hroars saga* (König Hroar in Leire) 174
- *Hrolf Krake* 95, 174
- *Langelands-Reisen* (Die Langelands-Reise) 179
- *Nordens Guder* (Die Götter Nordens) 174
- *Nordiske Digte* (Nordische Gedichte) 174
- *Øen i Sydhavet* (Die Inseln im Südmeere) 148
- *Poetiske Skrifter* (Poetische Schriften) 138
- *Sanct Hansaften-Spil* (St. Johannis-Abend-Spiel) 147
- *Selbstbiographie des Verfassers bis zu seinem dreissigsten Jahre* 158
- *Thors Rejse til Jothunheim* (Die Götter des Nordens) 174
Ohthere (ca. 880) 447
Olsen, Inger Margarethe (*1956), Sa 461
- *Earálágan* (Anders) 461
- *Giegat guhkket* (Die Kuckucke rufen) 461
- *Skoavdnji* (Das Ungeheuer) 461
Olsen, Kristian, aaju (*1942), G 473
- *Kinaasutsip taallai/ Balladen om identiteten* (Die Ballade von der Identität) 473
Olsen, Moses (*1938), G 473
- *Aamma uagut taamaappugut?* (Sind wir auch so?) 473
- *Nassuiaat* (Erklärung) 473
Olsson, Hagar (1893–1972), F 247, 433
- *Lumisota* (Die Schneeballschlacht) 433
- *S.O.S.* 247
O'Neill, Eugene (1888–1953) 372
Onerva, L. (Pseud. für Hilja Onerva Lehtinen) (1882–1972), F 428
- *Mirdja* (Personenname) 428
Opitz, Martin (1597–1639) 67
Orosius, Paulus (gest. nach 417) 447
- *Historia adversus paganos* 447
Ortega y Gasset, José (1883–1955) 272
- *La deshumanización del arte* 272

Orwell, George (1903–50) 361
- *1984* 361
Ossian *siehe* Macpherson, James
Otonkoski, Lauri (*1959), F 443
Ovid, Publius Ovidius Naso (43 v.Chr.–17/18 n.Chr.) 286
- *Metamorphosen* 286
Oxenstierna, Johan Gabriel (1750–1818), S 112, 115f.
- *Oyggjarnar* (Die Inseln) (fär. Zeitung) 396
Økland, Einar (*1940), N 294, 313f.
- *Amatør-album* (Amateur-album) 314
- *Blå roser* (Blaue Rosen/ Blå roser) 313
- *Bronsehesten* (Das Bronzepferd) 313
- *Romantikk* (Romantik) 313
Ørstavik, Hanne (*1969), N 364
Ørsted, Hans Christian (1777–1851), D 131
- *Aanden i Naturen* (Der Geist in der Natur) 131
Øverland, Arnulf (1889–1968), N 271, 274, 279, 307
- *Vi overlever alt* (Wir überleben alles) 274
- *Tungetale paa Parnasset* (Zun-genreden auf dem Parnass) 279
Óláfr Þórðarson (ca. 1210–59), I 15
- *Málfræðinnar grundvöllr* (Grundlage der Grammatik) 15
- *Málskrúðsfræði* (Wissenschaft vom Sprachschmuck) 15
Óláfs saga helga (Saga von Olav dem Heiligen) 29, 40, 323
Óttar svarti (Beginn 11. Jh.), I 35

P

Paadar, Iisakki (*1925), Sa 452
Paadar-Leivo, Rauna (*1942), Sa 457
Paavolainen, Olavi (1903–64), F 434
- *Nykyaikaa etsimässä* (Auf der Suche nach der Gegenwart) 434
Palladius, Peder (1503–60), D 56

Palm, Anna-Karin (*1961), S 361
- *Faunen* (Der Faun) 361
Palm, Göran (*1931), S 296, 305
- *Hundens besök* (Besuch des Hundes) 305
- *Världen ser dig* (Die Welt sieht dich) 305
Palmblad, Vilhem Fredrik (1788–1852), S 132, 149, 157, 180
- *Amala* 180
- *Åreskutan* (Das Ruderboot) 149
- *Fjällhvalfvet* (Das Berggewölbe) 149
- *Öfver Romanen* (Über den Roman) 149
- *Resorna* (Die Reisen) 149
- *Slottet Stjerneborg* (Das Schloss Sternenburg) 149
- *Vådelden* (Der Unglücksbrand) 149
Paltto, Kirsti (*1947), Sa 448, 453–457, 461
- *Beaivváža bajásdánsun* (Der Tanz der Sonne) 455
- *Guhtoset dearvan min bohccot* (Mögen meine Rentiere gesund werden) 455
- *Guovtteoaivvat nisu* (Die zweiköpfige Frau) 455
- *Guržo luottat* (Zeichen der Zerstörung) 455
- *Liemmajoen Anni* (Anni von Liemmajoki) 461
- *Risten* (Personenname) 455
- *Saamelaiset* (Die Saami) 457
- *Soagņu* (Heiratsantrag) 455
- *Suoláduvvan* (Gestohlen) 455
Paltto, Olavi (*1942), Sa 456
- *Juohkásan várri* (Die geteilte Gefahr) 456
Paludan, Jakob (1896–1975), D 244
- *Jørgen Stein* (Gewitter von Süd) 244
Paludan-Müller, Frederik (1809–76), D 161, 166, 180
- *Adam Homo* (Adam Homo) 161, 166
- *Zuleimas Flugt* (Zuleimas Flucht) 180
Panduro, Leif (1923–77), D 286
- *Rend mig i traditionerne* (Zum Teufel mit den Traditionen) 286

Parcevals saga (Saga von Parceval) 30
Parland, Henry (1908–30), F 248f.
- *Idealrealisation* (Ausverkauf der Ideale) 249
- *Sakernas uppror* (Aufruhr der Dinge) 249
Partalopa saga (Saga von Partalopi) 30
Partenopeus de Blois 30
Passow, Anna Catharina von (1731–57), D 98f.
- *Den uventede Forlibelse eller Cupido Philosoph* (Die unerwartete Verliebtheit oder Cupido, der Philosoph) 98
Patursson, Jóannes (1866–1948), Fä 396f., 408
- *Nú er tann stundin komin til handa* (Nun ist die Zeit gekommen) 396
Patursson, Rói (*1947), Fä 403, 407
- *Líkasum* (So wie) 407
Patursson, Súsanna Helena (1864–1916), Fä 396
- *Veðurføst* (Wetterfest) 396
Paulsson, Gregor (1898–1977), S 260
- *acceptera* (akzeptieren) 260
Päätalo, Kalle (1919–2002), F 442
Pedersen, Christiern (ca. 1488–1554), D 56f., 60
- *Kong Olger Danskis Krønike* (Chronik von König Olger von Dänemark) 57
- Ausgabe *Gesta Danorum* von Saxo Grammaticus 57
Pedersen, Knud siehe Hamsun, Knut
Persen, Synnøve (*1950), Sa 458f.
- *ábiid eadni* (Meeresmutter) 459
- *alit lottit girdilit* (Blaue Vögel fliegen) 459
- *biekkakeahtes bálggis* (Windloser Weg) 459
Petersen, Fríðrikur (1853–1917), Fä 395
- *Eg oyggjar veit* (Ich kenne Inseln) 395
Petersen, Jonathan (1881–1961), G 466
- *Nuna asiilasooq* (Ein gewaltiges Land ist dies) 466

Petersen, Mariane (*1937), G 475
- *Inuiaat Nunaallu* (Ein Volk und sein Land) 475
- *Niviugaq aalakoortoq allallu* (Die betrunkene Fliege und andere Gedichte) 475
Petersen, Pavia (1904–43), G 467, 469
- *Aasaq ukiorlu – asanninnerlu* (Sommer und Winter – und Liebe) 469
- *Ikinngutigiit* (Die Freunde) 469
- *Niuertorutsip pania* (Die Tochter des Verwalters) 469
Petri, Kristian (*1956), S 351f.
- *Den sista ön* (Die Insel am Ende des Meeres) 351
- *Djungeln* (Der Dschungel) 351
- *Resan till Sachalin* (Die Reise nach Sachalin) 351
Petri, Olaus (1493–1552), S 56, 59
Pétur Gunnarsson (*1947), I 379
- *Ég um mig frá mér til mín* (Ich, meiner, mir, mich) 379
- *Persónur og leikendur* (Personen und Spieler) 379
- *punktur punktur komma strik* (Punkt, Punkt, Komma, Strich) 379
- *Sagan öll* (Die ganze Geschichte/Geschichte zu Ende) 379
Phosphoros (schwed. Zeitschrift) 132, 151
Physiologus 21, 29
Picasso, Pablo (1881–1973) 235
Pilo, Carl Gustav (1711–93), S 81, 104
Pindar (522/518–nach 446 v.Chr.) 51f.
- *Pythien* 51
Pirak, Anta (1873–1951), Sa 452
- *Jåhttee saame viessom* (Das Leben eines umherziehenden Saamen) 452
Placitusdrápa (Lobgedicht auf Placitus/Eustachius) 21, 29
Platon (427–347 v.Chr.) 52, 77
- *Kritias* 52
- *Timaios* 52

Plautus, Titus Maccius (250–184 v.Chr.) 84
Poe, Edgar Allan (1809–49) 336
Poetische Edda siehe *Ältere Edda*
Poetisk Kalender (Poetischer Kalender) (schwed. Zeitschrift) 149, 157
Poetiske Samlinger (Poetische Sammlungen) (Anthologie) 93
Politiken (Die Politik) (dän. Zeitschrift) 185
Pontoppidan, Erik (1698–1764), D 88, 127
- *Den nye Psalme-Bog* (Das neue Psalmenbuch) 88
- *Everriculum* (Kehrbesen) 127
Pontoppidan, Henrik (1857–1943), D 185, 191, 238
- *Det forjættede Land* (Das gelobte Land) 238
- *Fra Hytterne* (Aus ländlichen Hütten) 191
- *Isbjørnen* (Der Eisbär) 191
- *Lykke Per* (Hans im Glück) 238f.
Pope, Alexander (1688–1744) 129
- *An Essay on Man* 129
Porthan, Henrik Gabriel (1739–1804), F 416
- *De Poesi Fennica* 416
Posten (Die Post) (dän. Zeitschrift) 114
Postola søgur (Sagas von den Aposteln) 28
Poulsen, Tóroddur (*1957), Fä 407f.
- *Morgunbókin* (Das Morgenbuch) 408
- *Reglur. Eitt brotsverk* (Regeln. Ein Verbrechen) 408
- *Royggj* (Schilfrohr) 408
- *Sót og søgn* (Ruß und Sage) 408
- *Svøvnlendingur rættar kumpas* (Ein Schlafländer richtet seinen Kompass) 408
Pound, Ezra (1885–1972) 438
Pram, Christen Henriksen (1756–1821), D 100
profil (norweg. Zeitschrift) 295, 316
Prosa-Edda siehe Snorri Sturluson
Proust, Marcel (1871–1922) 403
- *À la recherche du temps perdu* 403

Prøysen, Alf (1914–70), N 309
- *Du ska få en dag i mårå* (Du wirst morgen einen Tag bekommen) 309
- *Julekveldsvise* (Weihnachtsabendlied) 309
- *Så seile vi på Mjøsa* (Wir segeln auf dem Mjøsasee) 309
Ptolemaios (nach 83–nach 161) 53
Puilasoq pikialaartoq (Die sprudelnde Quelle) (Anthologie) 473
Pulkkinen, Matti (*1944), F 444
- *Romaanihenkilön kuolema* (Der Tod der Romanfigur) 444
Puschkin, Alexander (1799–1837) 161
- *Eugen Onegin* 161

Q

Quosego (finnlandschwed. Zeitschrift) 247–249
Qvigstad, Just Knud (1853–1957), N 451
- *Lappiske eventyr og folkesagn* (Lappische Märchen und Volkssagen) 451

R

Rabener, Gottlieb Wilhelm (1714–71) 128
Rafn, Carl Christian (1795–1864), D 394
Ragnars saga loðbrókar (Saga von Ragnarr Lodenhose) 44
Ragvaldi, Nicolaus (ca. 1380–1448), S 61f.
- *Oratio de præeminentia regnorum Gothiæ et Suetiæ* (Rede über die Vortrefflichkeit der Könige von Gothia und Svetia) 61
Rahbek, Karen Margarete (1775–1829), D 146
Rahbek, Knud Lyhne (1760–1830), D 128, 134, 175
- *Bidrag til den danske Digtkunsts Historie* (Beiträge zur Geschichte der dänischen Dichtkunst) (mit Rasmus Nyerup) 134
- *Folkeviser* (Volkslieder) 175
Raittila, Hannu (*1956), F 445

- *Canal Grande* (Canal Grande) 445
Ramel, Povel (*1922), S 309
- *Knäppupp*-Revues 309
Ramée, Pierre de la (auch Petrus Ramus) (1515–72) 63
Ramsundsberget (Bilddarstellung mit Runen) 35
Ranta-Rönnlund, Saara (1903–79), Sa 452
- *Nådevalpar* (Kinder der Gnade) 452
Rasa, Risto (*1954), F 443
Rask, Rasmus (1787–1832), D 177
Rasmussen, Knud (1879–1933), G 464, 468, 474
- *Myter og Sagn fra Grønland* (Mythen und Sagen aus Grönland) 464
Ravn, Hans Mikkelsen (1610–63), D 67
- *Rythmologia Danica* (Dänische Verskunst) 67
Rådström, Niklas (*1953), S 335
Reed, Lou (*1942) 315
Regin í Líð (Pseud. für Rasmus Rasmussen) (1871–1962), Fä 399, 404
- *Bábelstornið* (Der Turm zu Babel) 399, 405
Reich, Wilhelm (1897–1957) 259, 261
Reinert, Andrea (1894–1941), Fä 397
- *Fráfaring* (Abreise) 397
Rekola, Mirkka (*1931), F 438, 442
- *Ilo ja epäsymmetria* (Freude und Asymmetrie) 442
Remarque, Erich Maria (1898–1970) 437
- *Im Westen nichts Neues* 437
Renan, Ernest (1823–92) 190
Reuter, Bjarne (*1950), D 335
Rex, Jytte (*1942), D 373f.
- *Den erindrende* (Der Erinnernde) 373
- *Planetens spejle* (Spiegel des Planeten) 374
Reykjahóltsmáldagi (Güterverzeichnis des Hofes Reykholt) 21
Richardson, Samuel (1689–1761) 106, 239
- *Pamela: or, Virtue Rewarded* 106
Richter, Christian Friedrich (1676–1711) 88

Ridderstad, Carl Fredrik (1807–86), S 181
- *Samvetet eller Stockholms Mysterier* (Das Gewissen oder die Geheimnisse von Stockholm) 181
Rifbjerg, Klaus (*1931), D 286f., 295f., 305, 352
- *Berlinerdage* (Berliner Tage) 352
- *Den kroniske uskyld* (Der schnelle Tag ist hin) 286
- *Konfrontation* 295
Riis, Jørgen (1717–49), D 91
- *Den Danske Spectator* (dän. Zeitschrift) 91
Riley, John Erik (*1970), N 340
- *Ikoner i et vindu eller Sagatid* (Icons in einem Fenster oder Märchenzeit) 340
Rimbaud, Arthur (1854–91) 264
- *Une saison en enfer* 264
Rink, Hinrich Johannes (1819–93), D 465
Rintala, Paavo (1930–99), F 436
Rit (Schriften) 127
Riverton, Stein (Pseud. für Sven Elvestad) (1884–1934), N 256f.
Robbe-Grillet, Alain (*1922) 156
- *La reprise* 156
Rode, Helge (1870–1937), D 217
Rolf, Ernst (1891–1932), S 255
Rolling Stones 315
Rosenberg, Alfred (1893–1946) 243
- *Mythus des 20. Jahrhunderts* 243
Rosenstein, Nils von (1752–1824), S 115
- *Försök till en avhandling om upplysningen* (Versuch einer Abhandlung über die Aufklärung) 115
Rosing, Christian (1866–1944), G 470f.
- *Tunuamiut* (Die Ostgrönländer) 471
Rosing, Otto (1896–1965), G 470
- *Angakkortalissuit* (Das Volk mit den mächtigen Geisterbeschwörern) 470
- *Gulunnquaq* (Personenname) 470
- *Teseralik* (Ortsname) 470
Roslund, Nell (1887–1975), S 236

Rousseau, Jean-Jacques (1712–78) 79, 96, 111, 113f., 121, 157
- *Les Confessions* 96
- *Julie ou La nouvelle Héloïse* 111
Rögnvaldr Kali Kolsson (12. Jh.) siehe Hallr Þórarinsson
Rök (Runeninschrift) 4, 12f.
Rørdam, Valdemar (1872–1946), D 263
Rómverja saga (Geschichte der Römer) 29
Rudbeck, Olof (1660–1749), S 51–53, 61f., 77f.
- *Atland eller Manheim* (Atlantis oder Menschenwelt) 51–53, 61, 77f.
Runeberg, Johan Ludvig (1804–77), F 176, 178, 409, 411, 419, 449, 471
- *Elgskyttarne* (Die Elchjäger) 176
- *Fänrik Ståls sägner* (Die Sagen des Fähnrich Stål) 178, 471
- *Hanna* (Hanna) 176
- *Julqvällen* (Der Weihnachtsabend) 176
- *Kung Fjalar* (König Fjalar) 176
- *Vårt land* (Unser Land) 178
Ruttmann, Walter (1887–1941) 260
- *Berlin – Die Sinfonie der Großstadt* (Film) 260
Rückert, Friedrich (1788–1866) 418
Rúnatalsþáttr Óðins (Óðins Runenverzeichnis) 14
Rydberg, Carina (*1962), S 373
- *Den högsta kasten* (Die höchste Kaste) 373
- *Djävulsformlen* (Die Teufelsformel) 373
Rydberg, Viktor (1828–95), S 180f., 212
- *Fribytaren på Östersjön* (Der Korsar) 181
- *Lille Viggs äfventyr på julafton* (Klein Viks Abenteuer am Weihnachtsabend) 212
- *Singoalla* (Singoalla) 180
Rykkja, Helge (*1943), N 294

S

Saalbach, Astrid (*1955), D 359f.
- *Fjendens land* (Feindesland) 359f.

Saari, Wimme (*1959), Sa 448
Saarikoski, Pentti (1937–83), F 441
- *Mitä tapahtuu todella?* (Was geschieht wirklich?) 441
Saaritsa, Pentti (*1941), F 443
Saba, Isak (1875–1921), Sa 450, 454
- *Sámi soga lávalla* (Das Lied des saamischen Geschlechts) 450, 454
Sachnowitz, Herman (1921–78), N 275
- *Det angår også deg* (Es betrifft auch dich) 275
Sahlberg, Asko (*1964), F 446
Salama, Hannu (*1936), F 441
- *Finlandia-sarja* (Der Finlandia-Zyklus) 441
- *Juhannustanssit* (Mittsommertanz) 441
Salamnius, Matthias (vor 1650–91), F 416
- *Ilo-Laulu Jesuxesta* (Freudengesang über Jesus) 416
Salinger, Jerome D. (*1919) 287
- *The Catcher in the Rye* 287
Sallust (86–35/34 v.Chr.) 29
Saly, Jacques François Joseph (1717–76) 81
Samefolket (Die Saami) (saam. Zeitschrift) 457
Samikiel Abis (Saamische Fibel) 454
Sandburg, Carl (1878–1967) 250
Sandel, Cora (Pseud. für Sara Fabricius) (1880–1974), N 241
- *Alberte*-Trilogie (*Alberte og Jakob* [Alberte und Jakob]; *Alberte og friheten* [Alberte und die Freiheit]; *Bare Alberte* [Alberte und das Leben]) 241
Sandemose, Aksel (1899–1965), D/N 262f.
- *Der stod en benk i haven* (Im Garten stand eine Bank) 262
- *En flyktning krysser sitt spor* (Ein Flüchtling kreuzt seine Spur) 262
Sandgreen, Otto (1914–99), G 470f.

- *Isi isimik kigullu kigummik* (Auge um Auge, Zahn um Zahn) 471
- *Taamani guutimik nalusuugama* (Meine eskimoische Vergangenheit) 471
Sandgren, Gustav (1904–83), S 250
Sandström, Sven-David (*1942), S siehe Frostenson, Katarina
Sarti, Giuseppe (1729–1802) 81
Sartre, Jean-Paul (1905–80) 156
Sarvig, Ole (1921–81), D 272–274
- *Krisens Billedbog* (Bilderbuch der Krise) 272
Saxo Grammaticus (ca. 1150–1220), D 11f., 14, 22, 44, 49, 57, 58, 62, 94, 174
- *Gesta Danorum* (Die Taten der Dänen) 11f., 14, 49, 58, 94, 174
Sápmelaš (Saami) (saam. Zeitschrift) 453
Scalabrini, Paolo (1713–1803) 81, 99
Schack, Hans Egede (1820–59), D 166f.
- *Phantasterne* (Die Phantasten) 166
Schefferus, Johannes (1621–79), S 70, 447, 449
- *Lapponia* 70, 447, 449
Scheffler, Johann siehe Angelus Silesius
Schelling, Friedrich Wilhelm Joseph (1775–1854) 131, 134, 142
Schiefner, Anton (1817–79) 420
Schiller, Friedrich von (1759–1805) 120, 138, 175, 177
Schjerfbeck, Helene (1862–1946), F 430
Schjøtt, Mathilde (1844–1926), N 186
Schlegel, Friedrich von (1772–1829) 131, 134, 144f., 148f., 180
- *Athenaeum* 132, 145
- *Brief über den Roman* 148f.
- *Gespräch über die Poesie* 148
- *Über die Sprache und Weisheit der Inder* 180
Schlegel, Johann Elias (1719–49) 90f.
- *Canut* 91

- *Der Fremde* (Wochenzeitung) 90f.
- *Gedanken über die Aufnahme des dänischen Theaters* 91
Schnabel, Johann Gottfried (1692–vor 1760) 148
- *Die Wunderliche Fata einiger Seefahrer* 148f.
Schopenhauer, Arthur (1788–1860) 287
Schottel (auch Justus Georg Schottelius) (1612–76) 67
Schøning, Gerhard (1722–80), N 93, 122f.
- *Norges Riiges Historie* (Norwegische Reichsgeschichte) 93
- *Reise [...] giennem en Deel af Norge* (Reise durch einen Teil Norwegens) 123
Schrader, Johann Hermann (1684–1737) 88
- *Vollständiges Gesangbuch* 88
Schröter, Hans Rudolf von (1798–1842) 418
- *Finnische Runen* 418
Schrøter, Johan Hendrik (1771–1851), Fä 394
Schwenzen, Harald (1895–1954), N 233
- *Pan* (Film) 233
Schwitters, Kurt (1887–1948) 257
Scott, Sir Walter (1771–1832) 177
Seeberg, Peter (1925–99), D 287f.
- *Bipersonerne* (Nebenpersonen) 288
- *Eftersøgning og andre noveller* (Nachforschung und andere Novellen) 288
- *Fugls føde* (Der Wurf) 288
- *Hullet* (Das Loch) 289
Seeger, Peter (*1919) 309
Sem-Sandberg, Steve (*1958), S 346, 354
- *Theres* (Theres) 354
Seneca, Lucius Annaeus (4 v.Chr.–65 n.Chr.) 287
Seppälä, Juha (*1956), F 445
Sergel, Johan Tobias (1740–1814), S 104, 118
Seuse, Heinrich (1295–1366) 23
Sex og Samfund (Sex und Gesellschaft) (dän. Zeitschrift) 261
Seyðabrævið (Schafsbrief) 20f.
Shaftesbury, Anthony Ashley Cooper, Earl of (1671–1713) 79, 105

Shakespeare, William (1564–1616) 90f., 95, 120, 147, 149, 192, 200, 260, 281
- *A Midsummer Night's Dream* 147
- *The Taming of the Shrew* (Der Widerspenstigen Zähmung) 260
- *The Winter's Tale* 281
Sibbern, Frederik Christian (1785–1872), D 168
- *Efterladte Breve af Gabrielis* (Nachgelassene Briefe von Gabrielis) 168
- *Om Elskov eller Kjerlighed imellem Mand og Qvinde* (Über die Liebe oder die Zuneigung zwischen Mann und Frau) 168
- *Psychologie* 168
Sibelius, Jean (1865–1957), F 430
Siekkinen, Raija (1953–2004), F 444
Sigfús Daðason (1928–96), I 325f.
- *I* (Gedicht) 326
- *Ljóð 1947–1951* (Gedichte 1947–1951) 325f.
Sighvatr Þórðarson (11. Jh.), I 37
- *Erfidrápa Óláfs helga* (Erinnerungsgedicht für den Heiligen Olav) 37
Sigismunda 58
Sigmundarkvæði (Lied von Sigmund) 391
Sigrdrífumál (Gedicht der Sigrdrífa) 14
Sigurd-Lied 46
Sigurður Breiðfjörð (1796–1846), I 130, 176
- *Núma rímur* (Rímur von Númi) 176
- *Rímur af Tistrani og Indíönu* (Rímur von Tistran und Indíana) 130, 176
Sigurður Nordal (1886–1947), I 264f.
- *Fornar ástir* (Alte Lieben) 264
- *Hel* (Todesgöttin Hel) 264f.
Sigurður Pétursson (1759–1827), I 129
Sigurður Sigurðsson (1879–1939), I 217
Silfverstolpe, Magdalena (1782–1861), S 146
Silja Hauksdóttir (*1976), I siehe Birna Anna Björnsdóttir

Simonides (556–468 v.Chr.) 45
Sirma, Olaus (ca. 1650–1719), Sa 449
- *Guldnasaš* (Samtentlein) 449
- *Moarsi fávrrot* (Brautjoik) 449
Sissener, Einar (1897–1968), N 262
- *Syndere i sommersol* (Sünder unter Sommersonne) (Film) 262
Sjöberg, Birger (1885–1929), S 255
- *Fridas bok* (Fridas Buch) 255
Sjöström, Victor (1879–1960), S 232f., 291
- *Berg-Ejvind och hans hustru* (Berg-Eyvind und sein Weib) (Film) 232f.
- *Terje Vigen* (Film) 232
Sjöwall, Maj (*1935), S 336
Sjón (Pseud. für Sigurjón B. Sigurðsson) (*1962), I 379, 384f.
- *Augu þín sáu mig* (Deine Augen sahen mich) 384
- *Engill, pípuhattur og jarðarber* (Engel, Zylinder und Erdbeeren) 384
- *Stálnótt* (Stahlnacht) 384
Sjúrðar kvæðini (Die Lieder von Sigurd) 391, 403
Skabmatolak/Tulia kaamoksessa (Feuer in der Polarnacht) (saam. Anthologie) 448
Skånske Lov (Schonisches Gesetz) 18
Skogekär Bergbo (schwed. Pseudonym) (17. Jh.) 68, 72f.
- *Fyratijo små wisor* (40 kleine Lieder) 72f.
- *Thet Swenska Språketz Klagemål* (Klage der schwedischen Sprache) 73, 76
- *Visorna tala till läsaren* (Die Lieder sprechen zum Leser) 72
- *Wenerid* 68, 73, 75
Skou-Hansen, Tage (*1925), D 277
Skram, Amalie (1846–1905), N 186, 202f., 212
- *Børnefortællinger* (Kindererzählungen) 212
- *Forraadt* (Verraten) 203
- *Lucie* (Lucie) 203
Skytte, Johan (auch Johannes Schroderus) (1577–1645), S 62–64

- *Een kort Vnderwijsning*
  (Eine kurze Unterweisung)
  64
- *Oratio [...] artium liberalium majestas*
  (Rede über die Vornehmheit der freien Künste) 62
- *Oratio de Svecorum Gothorumque vetustate*
  (Oratio von der alten Schweden vnd Gothen Tapfferkeit) 62
- *Oratio [...] sine eloqventiae* (Rede, dass man ohne Wohlredenheit) 64

Sillanpää, Frans Eemil (1888–1964) F 432f., 436
- *Elämä ja aurinko* (Sonne des Lebens) 433
- *Hurskas kurjuus* (Das fromme Elend) 432f.

Sinervo, Helena (*1961), F 443

Sneedorf, Jens Schielderup (1724–64), D 91
- *Den patriotiske Tilskuer* (Der patriotische Aufseher) 91

Snellman, Anja (*1954), F 444
- *Pelon maantiede* (Geografie der Angst) 444
- *Sonja O. kävi täällä* (Sonja O. war hier) 444

Snellman, Johan Wilhelm (1806–81), F 422f., 430

Snorra Edda siehe Snorri Sturluson

Snorri Björnsson á Húsafelli (1710–1803), I 129f.
- *Sperðill* (Personenname) 129

Snorri Hjartarson (1906–86), I 324f.
- *Í Úlfdölum* (In Wolfstälern) 325
- *Kvæði 1944* (Gedichte 1944) 324

Snorri Sturluson (1178/9–1241), I 1f., 5, 7f., 10–12, 22, 35–37, 41, 44, 46, 106, 174, 387
- *Edda, Jüngere Edda, Prosa-Edda, Snorra Edda* 1f., 5f., 8–12, 23, 36f., 44, 68, 94, 124f., 387
- *Gylfaginning* (Täuschung des Gylfi) 6, 11, 34
- *Háttatal* (Versmaßverzeichnis) 6, 37
- *Heimskringla* (Weltkreis) 35, 39, 41, 44, 46, 106, 174, 393
- *Skáldskaparmál* (Dichtungsrede) 2, 6, 11, 16

- *Ynglinga saga* (Saga von den Ynglingar) 44

Sokki, Risten (*1954), Sa 460
- *Bonán bonán soga suonaid/Jeg tvinner tvinner slektas sener* (Ich flechte flechte Familiensehnen) 460

Solstad, Dag (*1941), N 294f., 315f.
- *Arild Asnes 1970* (Personenname) 316
- *Irr! Grønt!* (Irr! Grün!) 315
- *Spiraler* (Spiralen) 316
- *Svingstol* (Drehstuhl) 316

Somby, Ásllat (*1913), Sa 452

Somby, Marry A. (*1953), Sa 457, 461
- *Ámmul ja alit oarbmælli* (Ammul und die blaue Base) 457
- *Ráhkisvuoda soahki* (Die Liebesbirke) 461

Sommerfeldt, Gunnar (1887–1947), D 233
- *Markens Grøde* (Segen der Erde) (Film) 233

Songbók Føroya Fólks (Gesangbuch des färöischen Volkes) 395

Sonnevi, Göran (*1939), S 295
- *Om kriget i Vietnam* (Über den Krieg in Vietnam) 295

Sosialurin (Der Sozialist) (fär. Zeitung) 402

Söderberg, Hjalmar (1869–1941), S 185, 189, 220f., 228, 345
- *Den allvarsamma leken* (Das ernste Spiel) 185
- *Historietter* (Historietten) 220f.
- *Lifvets fiender* (Die Feinde des Lebens) 189
- *Tuschritningen* (Die Tuschzeichnung) 220, 228

Södergran, Edith (1892–1923), F 230, 245–247, 277, 357, 433f.
- *An Nietzsches Grab* 246
- *Beslut* (Beschluss) 247
- *Dikter* (Gedichte) 245f.
- *Framtidens skugga* (Der Schatten der Zukunft) 246f.
- *Kärlek* (Liebe) 246
- *Rosenaltaret* (Der Rosenaltar) 246
- *Septemberlyran* (Die Septemberlyra) 246
- *Vierge moderne* 245

Sønderby, Knud (1909–66), D 244
- *Midt i en Jazztid* (Mitten in einer Jazz-Zeit) 244

Søndergaard, Morten (*1964), D 347
- *Ubestemmelsessteder* (Unbestimmtheitsstellen) 347

Sørensen, Villy (1929–2002), D 287f.
- *Blot en drengestreg* (Bloß ein Jungenstreich) 287
- *Duo* 287
- *Formynderfortællinger* (Vormundserzählungen) 287
- *Sære historier* (Tiger in der Küche und andere ungefährliche Geschichten) 287
- *Tigrene* (Die Tiger) 287
- *Ufarlige historier* (Ungefährliche Geschichten) 287

Spegel, Haquin (1645–1714), S 72, 74f.
- *Guds Werk och Hwila* (Gottes Werk und Ruhe) 72, 74f.

The Spectator (Zeitschrift) 91, 105

Spektrum (dän. Zeitschrift) 261

Spencer, Herbert (1820–1903) 189

Spieß, Christian Heinrich (1755–99) 163
- *Biographien der Wahnsinnigen* 163

Spindler, Carl Julius (1838–1918) 465

Staël, Anne Louise Germaine Necker, Baronne de Staël-Holstein (1766–1817) 224
- *Corinne ou l'Italie* 224

Staffeldt, Adolf Wilhelm Schack von (1796–1826), D 135, 141, 175
- *Digte* (Gedichte) 175
- *Ved Emmas Dødsseng* (An Emmas Todesbett) 141

Stagnelius, Erik Johan (1793–1823), S 9, 141–144, 148, 152f., 168
- *Bacchanterna* (Die Bachanten) 148
- *Det gifs ett Ord allena* (Es gibt nur ein Wort) 143
- *Kärleken* (Die Liebe) 142f.
- *Liljor i Saron* (Die Lilien in Saron) 142f.
- *Martyrerna* (Die Märtyrer) 142, 148

- *Riddartornet* (Der Ritterturm) 148
- *Till Förruttnelsen* (An die Verwesung) 144, 153

Stangerup, Henrik (1937–98), D 355
- *Broder Jacob* (Bruder Jacob) 355
- *Det er svært at dø i Dieppe* (Es ist schwer, in Dieppe zu sterben) 355
- *Vejen til Lagoa Santa* (Der Weg nach Lagoa Santa) 355

Steen, Vagn (*1928), D 314

Stefán Hörður Grímsson (1919–2002), I 325f.
- *Svartálfadans* (Tanz der Schwarzalfen) 325f.

Stefán Ólafsson (ca. 1619–88), I 73

Stefán (Sigurðsson) frá Hvítadal (1887–1933), I 266
- *Söngvar förumannsins* (Gesänge des Wanderers) 266
- *Vorsól* (Frühlingssonne) 266

Steffens, Henrich (1773–1845), N 122, 131–135, 158
- *Indledning til philosophiske Forelæsninger* (Einleitung zu philosophischen Vorlesungen) 131
- *Was ich erlebte* 158

Steiner, Rudolf (1861–1925) 246

Steinn Steinarr (Pseud. für Aðalsteinn Kristmundsson) (1908–58), I 324f.
- *Tíminn og vatnið* (Die Zeit und das Wasser) 324f.

Steinunn Sigurðardóttir (*1950), I 328, 378, 381, 383
- *Hjartastaður* (Herzort) 381
- *Síðasta orðið* (Das letzte Wort) 381
- *Tímaþjófurinn* (Der Zeitdieb) 378, 381
- *Voleur de Vie* (Film) 379

Stephan G. Stephansson (1853–1927), I 266

Sterne, Laurence (1713–68) 79, 96, 101, 105, 148, 150
- *A Sentimental Journey through France and Italy* 96, 101
- *The Life and Opinions for Tristram Shandy, Gentleman* 96

Stevens, Wallace (1879–1955) 305
- *Thirteen Ways of Looking at a Blackbird* 305

Stiernhielm, Georg (1598–1672), S 53, 60, 65–68, 70, 72f., 75f.
- *Hercules* 60, 65, 68, 75f.
- *Musæ suethizantes* 67

Stiller, Mauritz (1883–1928), S 232
- *Gösta Berlings saga* (Film) 232

Stjórn (»Herrschaft«) 27

Stockholms Posten (Die Stockholmer Post) (schwed. Zeitung) 114

Storch, Mathias (1883–1957), G 467
- *Sinnattugaq* (Der Traum) 467
- *Strejflys over Grønland* (Streiflicht über Grönland) 467

Storm Petersen, Robert (auch Storm P.) (1882–1949), D 257f.
- *Fluer* (Fliegen) 258
- *Peter og Ping* (Peter und Ping) 257f.

Sturlunga saga (Saga von den Sturlungen) 6, 35

Strengleikar (Gesungene Geschichten) 30, 33, 46

Strindberg, August (1849–1912), S 108f., 121, 184–187, 189, 201–204, 206–208, 212, 214, 220, 222, 228f., 232f., 237f., 264f., 267, 291f., 372, 425
- *Dygdens lön* (Der Lohn der Tugend) 204
- *Ett dockhem* (Ein Puppenheim) 207
- *Ett drömspel* (Ein Traumspiel) 229, 292
- *Fadren* (Der Vater) 207
- *Fröken Julie* (Fräulein Julie) 207
- *Giftas I-II* (Die Verheirateten) 204, 207
- *I hafsbandet* (An offener See) 207, 212, 217
- *Inferno* (Inferno) 228, 264
- *Ockulta Dagboken* (Das okkulte Tagebuch) 109
- *Pelikanen* (Der Scheiterhaufen) 229
- *Röda rummet* (Das rote Zimmer) 185, 189
- *Spöksonaten* (Die Gespenstersonate) 229
- *Stora landsvägen* (Die große Landstraße) 265
- *Svenska öden och äventyr I* (Schwedische Schicksale und Abenteuer I) 220
- *Till Damaskus* (Nach Damaskus) 229
- *Tjänstekvinnans son. En själs utvecklingshistoria* (Der Sohn der Magd. Die Entwicklungsgeschichte einer Seele) 206
- *Utveckling* (Entwicklung) 220

Strunge, Michael (1958–86), D 368
- *Natmaskinen* (Die Nachtmaschine) 368
- *Sidegaden* (Die Seitenstraße) (dän. Zeitschrift) 368
- *Vi folder drømmens faner ud* (Wir entfalten die Fahnen des Traums) 368

Stuckenberg, Viggo (1863–1905), D 217

Sue, Eugène (1804–57) 181, 185
- *Mystères de Paris* 181

Suluit (Flügel) (grönländ. Anthologiereihe) 474

Sumari, Anni (*1965), F 443

Sundman, Per Olof (1922–92), S 297f., 330
- *Berättelsen om Såm* (Bericht über Samur) 297
- *Ingenjör Andrées Luftfärd* (Ingenieur Andrées Luftfahrt) 297
- *Jägarna* (Die Jäger) 297

Sunesøn, Anders (ca. 1160–1228), D 15
- *Hexaëmeron* (Sechstagewerk) 15

Süskind, Patrick (*1949) 337
- *Das Parfüm* 337

Svabo, Jens Christian (1748–1824), D 392, 394f.
- *Indberetninger fra en Rejse i Færøe* (Bericht über eine Reise auf den Färöern) 392

Svava Jakobsdóttir (1930–2004), I 328, 378, 382f., 387–389
- *Gefið hvort öðru ...* (Reicht einander ...) 328
- *Gunnlaðar saga* (Die Geschichte von Gunnlöd) 328, 387–389
- *Leigjandinn* (Der Mieter) 328
- *Saga handa börnum* (Geschichte für Kinder) 328
- *Veizla undir grjótvegg* (Party an Steinwand) 328

Svedberg, Jesper (1653–1735) S 108

Svenska Dagbladet (schwed. Zeitung) 185

Swahn, Jan Henrik (*1959), S 345
- *Vandrarna* (Die Wanderer) 345

Swartz, Richard (*1945), S 353
- *Room service* (Room service) 353

Swedenborg, Emanuel (1688–1772), S 105, 108–110, 116, 142, 169
- *Arcana coelestia* (Himmlische Geheimnisse) 109
- *De cultu et amore Die* (Gottes-Anbetung und Gottes-Liebe) 109
- *Diarium spirituale* (Geistiges Tagebuch) 109
- *Drömboken* (Das Traumbuch) 109
- *Vera christiania religio* (Die wahre christliche Religion) 109

Swift, Jonathan (1667–1745) 86
- *Gulliver's Travels* 86

Syv, Peder (1631–1702), D 69–72
- *Nogle betenkninger om det Cimbriske Sprog* (Einige Überlegungen zur kimbrischen Sprache) 71
- *Tohundrede Viser* (Zweihundert Lieder) 69

T

Taarnet (Der Turm) (dän. Zeitschrift) 214

Tacitus, (Publius Gaius) Cornelius (56–nach 118) 447
- *Germania* 447

Tafdrup, Pia (*1952), D 366f.
- *Of Thoughts and Words* (Vorlesung) 366
- *Over vandet går jeg* (Über das Wasser gehe ich) 366
- *Territorialsang* (Territorialgesang) 366

Taine, Hippolyte (1828–93) 190

Tallenius, Samuel (1646–1702), S 61
- *Then grymma Döhden* (Der grausame Tod) 61

Tallmo, Karl-Erik (*1953), S 376
- *Iakttagarens förmåga att ingripa* (Das Vermögen des Beobachters einzugreifen) 376

Talvio, Maila (Pseud. für Maria Mikkola) (1871–1951), F 433
- *Elämän kasvot* (Das Gesicht des Lebens) 433

Tamminen, Petri (*1966), F 445
- *Väärä asenne* (Der Eros des Nordens) 445

Tapio, Inghilda (*1946), Sa 455
- *Ii fal dan dihte* (Nicht nur darum) 455

Tapio, Marko (1924–73), F 442
- *Arktinen hysteria* (Arktische Hysterie) 442

Taube, Evert (1890–1976), S 234, 256, 309f.

Tausen, Hans (1494–1561), D 56, 59f.
- *Edt kort antswar ...* (Eine kurze Antwort) 59

Tästä alkaa tie (Hier beginnt der Weg) (saam. Anthologie) 448

Tegnér, Esaias (1782–1846), S 175
- *Frithiofs saga* (Die Frithiofs-Sage) 175

Tervo, Jari (*1959), F 445

Thalbitzer, William (1873–1958), D 464

Theodoricus Monachus (12. Jh.), N 20
- *Historia de antiquitate regum norwagensium* (Geschichte der Vergangenheit der norwegischen Könige) 20

Thomsen, Richard B. (1888–1970), Fä 400

Thomsen, Søren Ulrik (*1956), D 366–368
- *City slang* (City Slang) (Vertonung mit Lars Hug) 368–370
- *Farvel til det blå rum* (Abschied vom blauen Raum) 368
- *Hamburg-Köln* 370
- *Mit lys brænder* (Mein Licht brennt) 366
- *Passager. Rus og fald. Syn* (Passager. Rausch und Fall. Anblick) 370
- *Ukendt under den samme måne* (Unbekannt unter demselben Mond) 369
- *Vent* (Warte) 370

Thomson, James (1700–48) 126

Thor Vilhjálmsson (*1925), I 328f., 378

- *Andlit í spegli dropans* (Antlitz im Spiegel des Tropfens) 329
- *Dagar mannsins* (Tage des Menschen) 329
- *Fljótt fljótt sagði fuglinn* (Schnell schnell sagte der Vogel) 329
- *Grámosinn glóir* (Das Graumoos glüht) 329
- *Maðurinn er alltaf einn* (Der Mensch ist immer allein) 329
- *Óp bjöllunnar* (Der Schrei des Käfers) 329

Thorild, Thomas (1759–1808), S 110, 112, 116, 120–122
- *Den nye granskaren* (Wochenschrift) 121
- *En critik öfver critiker* (Eine Kritik über Kritiker) 120f.
- *Om Quinnokönets naturliga höghet* (Über die natürliche Größe des Weibergeschlechts) 121
- *Passionerna* (Die Leidenschaften) 112, 120f.

Thorup, Kirsten (*1942), D 357f., 361
- *Bonsai* (Bonsai) 357f.
- *Elskede Ukendte* (Geliebte Unbekannte) 357
- *Jonna*-Serie 358

Thorvaldsen, Bertel (1770–1844), D 132

Tieck, Ludwig (1773–1853) 131, 147f., 150f.
- *Der gestiefelte Kater* 147, 150
- *Die Insel Felsenburg* 148
- *Phantasus* 151

Tikkanen, Henrik (1924–84), F 302

Tikkanen, Märta (*1935), F 302, 409
- *Århundradets kärlekssaga* (Die Liebesgeschichte des Jahrhunderts) 302
- *Män kan inte våldtas* (Wie vergewaltige ich einen Mann?) 302

Tilskipun um húsagann (Erlass über die Hauszucht) 126
Tilskipun um húsvitjanir (Erlass über die Visitationspflicht) 126
Tingakrossur (Tingkreuz) (fär. Zeitung) 396

Tinguely, Jean (1925–91) 311

Tirén, Karl (1869–1955), S 451

Topelius, Zacharias (1818–98), F 409, 419, 422
- *Boken om vårt land* (Buch über unser Land) 422

Törngren, Anders (1713–79), S *siehe* Jacob Mörk

Tómas Guðmundsson (1901–83), I 266, 324
- *Austurstræti* (Straßenname) 324
- *Fagra veröld* (Schöne Welt) 324
- *Hótel Jörð* (Hotel Erde) 324

Trenter, Ulla (*1936), S 336

Treschow, Niels (1751–1833), N 133f.

Trier, Lars von (*1956), D 257, 374f.
- *Breaking the Waves* (Film) 374
- *D-Day* (Film) 375

Tristrams saga ok Ísöndar (Saga von Tristram und Ísönd) 29, 32

Troil, Uno von (1746–1803), S 124
- *Bref rörande en resa till Island 1772* (Briefe betreffend eine Reise nach Island im Jahr 1772) 124

Trotzig, Birgitta (*1929), S 282
- *De utsatta* (Die Ausgesetzten) 282
- *Sjukdomen* (Die Krankheit) 282

Trójumanna saga (Geschichte der Trojaner) 29

Tryggvi Emilsson (1902–93), I 327
- *Æviminningar*-Trilogie (*Fátækt fólk* [Arme Leute], *Baráttan um brauðið* [Der Kampf um das Brot], *Fyrir sunnan* [In der Hauptstadt]; dt. Arm sein ist teuer) 327

Tulenkantajat (Feuerträger) (finn. Zeitschrift) 247, 433f.

Tullin, Christian Braunmann (1728–65), N 91, 126, 129
- *En Maij-Dag* (Der Maitag) 91

Tunström, Göran (1937–2000), S 378

Turèll, Dan (1946–93), D 315
- *Karma Cowboy* 315
- *Medie-Montager* (Medien-Montagen) 315

- *Sekvens af Manjana* (Sequenz von Manjana) 315
- *Vangede billeder* (Vangede Bilder) 315

Turi, Johan (1854–1936), Sa 452, 461
- *Muitalus sámiid birra* (Das Buch des Lappen Johan Turi) 452

Turi, Klemet Nilsen (1895–1972), Sa 452

Turkka, Jouko (*1942), F 443

Turkka, Sirkka (*1939), F 443

Tuuri, Antti (*1944), F 436, 444

U

Uglspil (Eulenspiegel) 58
Ullman, Linn (*1966), N 335
Ultra (finnlandschwed. Zeitschrift) 247, 433
Undset, Sigrid (1882–1949), N 230, 241
- *Den brændende busk* (Der brennende Busch) 241
- *Gymnadenia* (Gymnadenia) 241
- *Jenny* (Jenny) 241
- *Kristin Lavransdatter* (Kristin Lavranstochter) 241

Uppdal, Kristofer (1878–1961), N 242
- *Dansen gjenom skuggeheimen* (Der Tanz durchs Schattenreich) 241

Urheim, Stig Gælok (*1961), Sa 459

Utsi, Nils (*1943), Sa 461
- *Eatni váibmu vardá* (Mutters Herz blutet) 461

Utsi, Paulus (1918–75), Sa 452, 457
- *Dikter* (Gedichte) 457
- *Giela giela* (Zunge aus Sprache) 457
- *Giela gielain* (Die Sprache auf der Zunge) (mit Inger Huuva-Utsi) 457

V

Vala, Katri (Pseud. für Karin Alice Heikel) (1901–44), F 434
- *Kaukainen puutarha* (Der ferne Garten) 434

Valeur, Michael (*1961), D *siehe* Andreasen, Simon Jon

Valéry, Paul (1871–1945) 280

Valkeapää, Nils-Aslak (1943–2001), Sa 448, 450, 453, 457f.
- *Ádjaga silbasuonat* (Die Silberadern des Baches) 457
- *Beaivi, áhčážan* (Die Sonne, mein Vater) 450, 458
- *Eanni, eannážan* (Die Erde, meine Mutter) 450
- *Gida ijat čuovgadat* (Helle Frühlingsnächte) 457
- *Joikuja* (Joiks) 457
- *Lávllo vizar biellocizáš* (Singe, zwitschere Uhrenvogel) 457
- *Ruoktu váimmus* (Die Heimat im Herzen) 457f.
- *Terveisiä Lapista* (Grüße aus Lappland) 457

Vallentunakalendariet (Kalendarium von Vallentuna) 19

Valtiala, Robin (*1967), F 351
- *Kontinent utan väggar* (Kontinent ohne Wände) 351

Valvers þáttr (Erzählung von Valver [Gauvain]) 30

Varðin (Die Warte) (fär. Zeitschrift) 396, 402

Vars, Ellen Marie (*1957), Sa 455, 457
- *Kátjá* 455

Vartio, Marja-Liisa (1924–66), F 440
- *Hänen olivat linnut* (Sein waren die Vögel) 440
- *Se on sitten kevät* (Es ist also Frühling) 440

Vatnshyrna (Buch aus Vatnshorn) 43

Väisänen, A.O. (1890–1969), F 451

Västgötalagen (Landschaftsgesetz von Västergötland) 19

Våja våja nana nana (saam. Anthologie) 448

Våra Försök (Unsere Versuche) (schwed. Zeitschrift) 110f.

Vårt liv. Samiska dikter (Unser Leben. Saamische Gedichte) (Anthologie) 448

Vebæk, Mâliâraq (*1917), G 474

- *Bussimi naapinneq* (Die Begegnung im Bus) 474
Vedel, Anders Sørensen (1542–1616), D 57f., 69
- *Den Danske Krønicke* (Die dänische Chronik) 57f.
- *It Hundrede vduaalde Danske Viser* (Einhundert ausgewählte dänische Lieder) 58, 69
Vedel, Valdemar (1865–1942), D 215
Vennberg, Karl (1910–95), S 271, 278
- *Halmfackla* (Strohfackel) 278
- *Tideräkning* (Zeitrechnung) 278
Veraldar saga (Weltgeschichte) 29
Verðandi (Die Werdende/ Zukunft) (isländ. Zeitschrift) 127
Verelius, Olof (1618–82), S 51, 53
- *Hervarar saga på Gammal Götska* (Saga von Hervör, in altem Götisch) 51
Vergil (70–19 v.Chr.) 76, 125, 248
- *Aeneis* 83, 120, 161, 248
- *Georgica* 125
Verne, Jules (1828–1905) 355
- *L'île mystérieuse* 355
Vesaas, Tarjei (1897–1970), N 278, 281f.
- *Fuglane* (Die Vögel) 281f.
- *Is-slottet* (Das Eisschloss) 281
- *Lykka for ferdesmenn* (Das Glück für die Reisenden) 279
Vest, Jovnna-Ánde (*1948), Sa 456
- *Árbbolaččat* (Die Erben) 456
- *Čáhcegáddái nohká boazobálggis* (Der Rentierpfad endet am Ufer) 456
- *Eallin bihtát* (Splitter des Lebens) 456
- *Kapteainnu ruvsu* (Die Rose des Kapitäns) 456
Vestly, Anne-Catharina (*1920), N 309
Vésteinn Lúðvíksson (*1944), I 327
- *Gunnar og Kjartan* (Gunnar und Kjartan) 327
Viderø, K.O. (1906–91), Fä 404

- *Á Suðurlandið* (An der Südküste) 404
- *Ferð mín til Jórsala* (Meine Reise nach Jerusalem) 404
- *Frá landi á fyrsta sinni* (Zum ersten Mal auf See) 404
Vigdís Grímsdóttir (*1953), I 328, 381–383
- *Ég heiti Ísbjörg ég er ljón* (Ich heiße Ísbjörg, ich bin ein Löwe) 382
- *Grandavegur 7* (Grandavegur Nr. 7 = Straßenname) 382
- *Lendar elskhugans* (Die Lenden des Geliebten) 382
- *Næutursöngvar* (Nachtgesänge) 382
- *Stúlkan í skóginum* (Das Mädchen im Wald) 382
- *Z ástarsaga* (Z Liebesgeschichte) 383
Vik, Bjørg (*1935), N 301
- *Kvinneakvariet* (Das Frauenaquarium) 301
- *Nødrop fra en myk sofa* (Notruf von einem weichen Sofa) 301
- *Søndag ettermiddag* (Sonntag Nachmittag) 301
- *To akter for fem kvinner* (Zwei Akte für fünf Frauen) 301
Vilhjálmur Stefánsson (1897–1962), I 210
Villadsen, Villads (*1916), G 470f.
- *Jensi* (Personenname) 471
- *Nalusuunerup taarnerani* (In der Nacht des Heidentums) 471
Vinje, Aasmund Olafsson (1818–70), N 177, 313
- *Dølen* (Der Talbewohner) (norweg. Zeitschrift) 177
Vinterberg, Thomas (*1969), D 375
- *Festen* (Das Fest) (Film) 375
Vinterbo-Hohr, Aagot (*1936), Sa 456
- *Palimpsest* 456
Vitterhets-Nöjen (Die Vergnügungen der schönen Literatur) (schwed. Zeitschrift) 112
Vídalínspostilla (Postille von Bischof Jón Vídalín) 75
Víglundar saga (Saga von Víglundr) 22
Vogt, Nils Collett (1864–1937), N 217

Vold, Jan Erik (*1939), N 305–308
- *Briskeby blues* (Platte mit Jan Garbarek) 307
- *Det norske syndromet* (Das norwegische Syndrom) 306
- *ingentings bjeller* (Schellen des Nichts) (Platte mit Jan Garbarek) 307
- *Mor Godhjertas glade versjon. Ja* (Die fröhliche Version von Mutter Gutherz. Ja) 305
- *spor, snø* (Spur, Schnee) 305
Voltaire, François Marie Arouet de (1694–1778) 79, 104, 116, 122
- *Poème sur le désastre de Lisbonne* 122
Voors, Barbara (*1967), S 351
- *När elefanter dansar* (Wenn Elefanten tanzen) 351
Vormordsen, Frans (1491–1551), D 58
Voronova, Oktyabrina (1934–90), Sa 459
- *Jealla* (Leben) 459
Voss, Johann Heinrich (1751–1826) 101
Voyage de Charlemagne en Orient 30
Völsunga saga (Saga von den Völsungen) 16f., 44, 46
Vreeswijk, Cornelis (1937–87) 309f.
- *Ballader och grimascher* (Balladen und Grimassen) 309
- *Ballader och oförskämdheter* (Balladen und Unverschämtheiten) 309
- *Grimascher och telegram* (Grimassen und Telegramm) 309
- *Somliga går i trasiga skor* (Manche gehen in zerschlissenen Schuhen) 310
Vuolab, Kerttu (*1951), Sa 457

W

Wahlöö, Per (1926–75), S 336
Walden, Herwarth (Pseud. für Georg Levin) (1878–1941) 236
Wallace, Edgar (1875–1932) 257
Wallmark, Pehr Adam (1777–1858), S 132

Wallin, Johan Olof (1779–1839), S 120
- *Försök till svensk psalmbok* (Versuch eines schwedischen Psalmenbuches) 120
Wallraff, Günter (*1942) 305
Waltari, Mika (1908–79), F 434, 436
- *Sinuhe, egyptiläinen* (Sinuhe der Ägypter) 436
- *Suuri illusioni* (Die große Illusion) 434
Warhol, Andy (1928–87) 294
Wassmo, Herbjørg (*1942), N 335
Welhaven, Johan Sebastian (1807–73), N 133, 175
- *Halvhundrede Digte* (Ausgewählte Gedichte) 175
- *Nyere Digte* (Neuere Gedichte) 175
Wergeland, Henrik (1808–45), N 133, 141f., 146, 148, 152f., 158f., 168, 180
- *Den indiske Cholera* (Die indische Cholera) 180
- *Digte. Første Ring* (Gedichte. Erster Ring) 152
- *Dødningskallen* (Totenschädel) 152f.
- *Harlequin Virtuos* 148
- *Hassel-Nødder* (Haselnüsse) 158f.
- *Jan van Huysums Blomsterstykke* (Das Blumenstück des Jan van Huysum) 146, 152
- *Om Smag og Behag man ikke disputere* (Über Geschmack lässt sich nicht streiten) 148
- *Papegøien* (Der Papagei) 148
- *Poesier* (Poesien) 152
- *Skabelsen, Mennesket og Messias* (Die Schöpfung, der Mensch und der Messias) 133, 141
- *Sujetter for Versemagere* (Sujets) 152
Wessel, Johan Herman (1742–85), N 99
- *Kierlighed uden Strømper* (Der Bräutigam ohne Strümpfe) 99
Westö, Kjell (*1961), F 340f., 409
- *Drakarna över Helsingfors* (Die Drachen über Helsingfors) 340

Wetterbergh, Carl Anton (auch Onkel Adam) (1804–89), S 212
Whitman, Walt (1819–92) 250
Whittaker, Roger (*1936) 304
Wicksell, Knut (1851–1926), S 204
Willumsen, Dorit (*1940), D 356
- *Bang* 356
Winge, Mette (*1937), D 356
- *Skriverjomfruen – en guvernanteroman* (Die Schreibjungfer – ein Gouvernantenroman) 356
Winckelmann, Johann Joachim (1717–68) 119
Winther, Christian (1796–1876), D 176
- *Hjortens Flugt* (Des Hirsches Flucht) 176
Witt-Brattström, Ebba (*1953), S 357
- *Ediths jag* (Ediths Ich) 357
Witterhetsarbeten (Arbeiten zur schönen Literatur) (schwed. Zeitschrift) 110
Wittgenstein, Ludwig (1889–1951) 344

Wivallius, Lars (1605–69), S 76
- *Om döden till de dödelige* (Über den Tod zu den Sterblichen) 76
Wolff, Christian (1679–1754) 91
Wolfram von Eschenbach (ca. 1160/80–1220) 31
Woolf, Virginia (1882–1941) 304
- *A Room of One's Own* 304
Worm, Ole (1588–1654), D 53, 70
Wulfila (ca. 311–83) 26, 64

Y

Young, Edward (1683–1765) 105

Z

Zola, Emile (1840–1902) 192
Zorn, Anders (1860–1920), S 215
Zwilgmeyer, Dikken (1853–1913), N 212f.
- *Inger Johanne*-Bücher 212

Þ

Þess svenska Gustav Landkrons og þess engelska Bertholds fábreytilegir Robinsons, eður lífs- og ævisögur (Die unterhaltsamen Robinsone oder Schicksals- und Lebensgeschichten des Schweden Gustav Landkron und des Engländers Berthold) 129
Þiðreks saga af Bern 30, 33, 46
Þjóðólfr ór Hvini (11. Jh.), I 46
- *Ynglingatal* (Verzeichnis des Ynglingar-Geschlechts) 46
Þorgeir Þorgeirsson (*1933), I 327
- *Hvunndagsfólk* (Alltägliche Leute) 327
Þorgils gjallandi (Pseud. für Jón Stefánsson) (1851–1915), I 191, 195
- *Gamalt og nýtt* (Altes und Neues) 191
- *Upp við fossa* (Oben bei den Wasserfällen) 191, 195

Þorsteinn Jónsson (*1946), I 379
- *punktur punktur komma strik* (Punkt, Punkt, Komma, Strich) (Film) 379
Þorsteinn Pétursson (1710–85), I 127, 129
- *Biographia Thorsteni Petri* 127
- *Manducus eða Leikafæla* (Fresser oder Spielverderber) 127
Þorvaldur Böðvarsson (1758–1836), I 129
- *Abels dauði* (Der Tod Abels) 129
Þórbergur Þórðarson (1889–1974), I 267, 270, 381
- *Bréf til Láru* (Brief an Laura) 267f.
- *Hvítir hrafnar* (Weiße Raben) 267
- *Íslenzkur aðall* (Isländischer Adel) 267
- *Ofvitinn* (Das Genie) 267
- *Pistilinn skrifaði...*, I (Die Epistel schrieb..., I) 267f.

Bildquellen

akg images **193, 194 L, 216**
H.C. Andersen Hus, Odense **167**
Andreassen, Hanus, J.H.O. Djurhuus, Bd. 2, Kopenhagen: Mentunargrunnur Studentafelagsins, 1995, S. 231 **399**
Böðvar Kvaran, *Viðeyjarprent*, Reykjavík: Reykjavíkurborg 1995, S. 9 **127**
Brostrøm, Torben, Mette Winge (Hg.), *Danske digtere i det 20. århundrede*, Bd. 2, Kopenhagen, 43 **237**
Buvik, Per, Geir Mork, *Jeg fant, jeg fant! Lesebok*, Oslo: Aschehoug 1988 **285**
Claussen, Sophus: *Antonius i Paris. Valfart*, Kopenhagen: Borgen 1990, 149 **220**
Collingwood, W.G., *Á söguslóðum*, Reykjavík 1969, Abb. 6 **47**
Danish Literary Magazine 10 (1996) **335**; (1997) **377**; (1999) **367**
Dansk Litteraturhistorie, red. av Busk-Jensen, Lise et al., Bd. 4, S. 13 **298**; S. 73 **85**; Bd. 5, S. 317 **136 R**; Bd. 6, **196**; Bd. 7, S. 250 **244**; S. 467 **311**
Den heliga Birgitta, *Himmelska uppenbarelser*, Malmö: Allhems Förlag 1957, nach S. 43 **21**
Diplom- og handskriftsfotografiarkivet, Nordisk institut, Universitet i Bergen (AM 619 4°, bl. 56v, l. 12-23) **18**
DLB 214, S. 94 **312**, S. 97 **303**
Engelbretsdatter, Dorothe, *Samlede skrifter*, utg. av Kristen Valkner. Oslo: Aschehoug 1999, 310 **76**
Fietzek, G., Glasmeier, M. (Hg.), *August Strindberg. Verwirrte Sinneseindrücke. Schriften zu Malerei, Fotografie und Naturwissenschaften*, Dresden 1998 **229**

Finnische Literaturgesellschaft **419, 423, 426, 437**
Fischer Hansen, Ib u.a. (Hg.), *Litteratur Håndbogen*, Bd. 1, Kopenhagen: Gyldendal, 5. Aufl. 1981, S. 324 **301**
Folkver, Per **364**
Frederiksborgmuseet, Hillerød **77, 81, 131, 138, 170**
Fregnir, Tórshavn (Foto: Laufey H. Blaasvær) **405, 407**
Gísli Sigurðsson, Vésteinn Ólason, *Handritin*, Reykjavík: Stofnun Árna Magnússonar á Íslandi 2002, S. 184 **2, 2**
Gotlands Runinskrifter, hg. v. Sven B.F. Jansson, Elias Wessén, Teil 1, Stockholm 1962, Pl. 15 oben **13**
Grögaard Johan Fredrik, *Jan Erik Vold, 50*, Oslo: Gyldendal norsk forlag 1989, S. 74 **308**
Guðni Elísson (Hg.), *Heimur kvikmyndanna*, Reykjavík: Forlagið 1999, S. 901 **269**; S. 912 **327**
Hakala, Paula **450**
Hammerich, Poul, *Lysmageren. En krønike om Poul Henningson*, Kopenhagen 1986, S. 265 **259**
Hammerich, Paul, *Panduros verden*, Kopenhagen 1977, S. 180 **286**
Harsløf, Olav, *Mondegruppen. Kampen om kunsten og socialismen i Danmark 1928–32*, Kopenhagen: Museum Tusculanums Forlag 1997, S. 167 **262**
Hauck, Karl, »Germanische Bilddenkmäler des früheren Mittelalters«, in: *DVjs* XXXI: 3 (1957), 349-379 (Fig. 16, nach Foto aus dem Antikvarisk Topografiska Arkivet – ATA, Central Board of National Antiquities, Stockholm) **7O**
Hirvonen, Vuokko **454**
Holm, Birgitta, *Sara Lidman – i liv och text*, Stockholm 1998, S. 273 **272**

Ibsen, Henrik, »Et Dukkehjem« paa Nationaltheatret (Original-Fotografier), Kopenhagen 1880 **199U**
Idestam-Almquist, B., Ragnar Allberg, *Vid svenska filmens vagga*, Stockholm 1936, S. 127 **233**
J.P. Jacobsens spor i ord, billeder og toner, udg. v. J.P. Jacobsen-Selskabet, Kopenhagen **197**
Jónas Kristjánsson, *Eddas and Sagas*, 3. Aufl. 1997, Tafel 6 (Foto: Arne Mann Nielsen) **49**
Det kongelige Bibliotek, Kopenhagen **89, 96, 140, 153, 155, 182L, 192**
Kreis, Franziska **42**
Kristján Karlsson, *Halldór Kiljan Laxness*, Reykjavík 1962 **323**
Kungliga biblioteket, Stockholm **142**
Lindgren, Astrid, *Pippi Långstrump*, Stockholm [1945] 2003, S. 38 **318**; S. 40 **369O**
Linné, Carl von, *Lappländische Reise*, Leipzig, S. 195 **107**
Lönnroth, Lars, Sven Delblanc (red.), Den svenska litteraturen, Stockholm 1988, S. 67 **108**; Stockholm 1990, S. 43 **282**
Lunds Domkyrkas Nekrologium (= Monumenta Scaniæ Historica: Necrologium Ludense), hg. v. Lauritz Weibull, Lund: Berlingska boktryckeriet 1923, Frontispiz **16**
Madsen, Søren **468**
Margrét Eggersdóttir, *Barokkmeistarinn. List og lærdómur í verkum Hallgríms Péturssonar*, Reykjavík: Stofnun Árna Magnússonar 2005, S. 304 **61**

Montan, Ulla **366, 445**
The Munch Museum/ The Munch Ellingsen Group/VG Bild-Kunst, Bonn 2006 **188, 216, 219**
Nasjonalgalleriet, Oslo **203U**
National Board of Antiquities, Helsinki **413, 414, 422**
National Gallery, London **112**
Nationalbibliothek Island **179**
Nationalencyklopedin, Bd. 6, Höganäs, Bra Böcker 1991, 467 (Scandia Photopress) **231**
Nationalmuseum, Stockholm **82**
Nielsen, Kehnet / Statens Museum for Kunst Kopenhagen **369U**
Nilsson, Stig A. **341**
Norges innskrifter med de yngre runer. Bryggen i Bergen, Bd. 1, hg. v. James E. Knirk, Oslo 1980-90, 202 (Nr. 743) **15**
Norges litteraturhistorie, Bd. 1, S. 516 **83**; Bd. 2, 102f., S. 231 **152**; S. 119 **184**; S. 88 **188**; Bd. 3, S. 486 **203O**; S. 95 **276**; S. 259 **302**; Bd. 5, S. 106 **262, 263**; Bd. 6, **256, 288, 291, 294, 296**
Norsk kvinnelitteraturhistorie, Bd. 2, Oslo 1989 (Foto: Gyldendal) **241**
Ny dansk kunsthistorie, Bd. 9: Geometri og bevægelse, v. Mikkel Bogh, Kopenhagen 1996.1 **293**
Ny illustrerad svensk litteraturhistoria, hrsg. v. E.N. Tigerstedt, Bd. 2, S. 653 **261**; S. 692 **248**; Bd. 3, S. 265 **176, 178**; S. 427 **137**
Nylén, Erik, *Stones, Ships and Symbols. The Picture Stones of Gotland from the Viking Age and before*, Stockholm: Gidlunds 1987, S. 51 **7U**
Ohlbaum, Isolde **275**
Öldin okkar. Minnisverð tíðindi 1931-1950, hg. v. Gils Guðmundsson,

Reykjavík: Forlagið Iðunn 1975, S. 202 **320**
Oslo under 1000 år **344**
Otava Publishing Company Ltd. **432**; (Foto: Pentti Unho) **440**; (Foto: Irmeli Jung) **441**
Penne, Sylvi, *Norsk Litteraturhistorie for ungdomstrinnet*, Oslo 1991, 101 (Foto: O. Væring) **241**
Persen, Synnøve **458**
picture-alliance/dpa, (Foto: May © dpa Fotoreport) **343**; (Foto: Hubert Boesl © dpa) **374**; (Foto: Scanpix Olav Olsen © dpa – Report) **363**; (Foto: Claudia Esch-Kenkel © ZB – Fotoreport) **372**
Recht, Roland, *L'Alsace gothique de 1300 à 1365*, Editions Alsatia 1974, S. 37 **102**
C.A. Reitzels Forlag 1985 **197**
Rottem, Øystein, *Norges litteraturhistorie. Etterkrigslitteraturen*, Bd. 2, Oslo: J.W. Cappelens Forlag 1997, S. 246 **314**
Saastamoinen, Minna **459**
„*Således skriver jeg, Aron". Samlede fortællinger og illustrationer af Aron fra Kangeq (1822-1869)*, hg. v. K. Thisted, Bd. 1, Atuakkiorfik 1999, S. 27 **464**
Scanpix/BAM/ Heine Pedersen **368**
Seyðabrævið, Tórshavn: Føroya Fróðskaparfelag 1971 (Manuskript: Universitätsbibliothek Lund) **19**
Sigurður Nordal, *Ritverk. List og lífsskoðun*, Bd. 1, Reykjavík: Almenna Bókafélagið 1987, S. 37 **265**
Södermanlands Runinskrifter, hg. v. Erik Brate, Elias Wessén, Teil II, Stockholm 1924-36, Pl. 48, Sö 101 **35**
Som en eld över askan. Edith Södergrans fotografier, Helsingfors 1993, S. 83 **245**
Sørensen, Bengt Algot, *Jens Peter Jacobsen*, München 1990, S. 96 **198**
Statens historiska museum, Stockholm **13**
Statens porträttsamling, Gripsholm **66, 349L**
Storm Petersen, Robert, *Tegninger og tekster 1919-1939*, København 1975, 21 (Robert Storm Petersens Museumsfond) **257, 258**
Svanberg, Birgitta, *Sanningen om Kvinnorna. En läsning av Agnes von Krusenstjernas romanserie Fröknarna von Pahlen*, [o.O.] 1989 (Foto: Anna Riwkin) **261**
Svanberg, Jan; Qwarnström, Anders, *Sankt Göran och draken*. Jan, Stockholm: Tidens Förlag 1993, Abb. 37 **28**
Svava Jakobsdóttir, *Veizla undir grjótvegg*, Reykjavík 1967 (Schutzumschlag, innen) **328**
Svendmøller, R. **467**
Svendsen, Hanne Marie, Werner Svendsen, *Geschichte der Dänischen Literatur*, Neumünster, Kopenhagen 1964, S. 144 **96**; S. 145 **90**
Svennberg, Åsa **349R**
Svensk Fimindustri **291**
Svenska Skriftprof. Från Erik den heliges tid till Gustaf III:s, Stockholm: Generalstabens Litografiska Anstalt 1894 (efter original i riksarkivet och K. Biblioteket), Pl. XIX, N. 30 **18**
Syversen, Johnny **371**
Theaterankündigung in *Dagens Nyheter*, Sommer 2002 **363**
Theaterhistorisches Museum Christiansborg, Kopenhagen **139, 160**
Theaterwissenschaftliche Sammlung, Schloss Wahn, Universität zu Köln **166**
Tilemann, Henrik **159, 159**
Turun taidemuseo **420**
Ulrichsen, Rolf Chr. / Scanpix Norway **281**
Universitätsbibliothek Basel (aus: *Codex Wormianus*, Copenhagen 1931) **7**
Universität Uppsala **14, 449**
University Museum of National Antiquities, Oslo **38**
Utsi, Per-Ola, DAT, Norway **457**
Witt-Brattström, Ebba, *Moa Martinsson. Skrift och drift i trettiotalet*, Stockholm (Åhlén & Åkerlunds bildarkiv) **252**
Zimmering, Max, *Martin Andersen Nexø. Ein Lebensbild*, Berlin 1963 (Martin Andersen Nexø-Gedenkstätte, Dresden) **238**

www.flyingmachines.org/swdbg.html **109**
www.lysator.liu.se/runeberg/svlihist/110.gif **120**
www.lysator.liu.se/runeberg/svlihist/lenngren.html **114**